全国高等学校中医药对外教育规划教材

National Planned University Textbooks for International Traditional Chinese Medicine Education

中医临床基础

Clinical Fundamentals of Traditional Chinese Medicine

主编 王新华

Chief Editor Wang Xinhua

高等教育出版社
Higher Education Press

内容提要

本书分为总论和各论两大部分。总论介绍伤寒学说、温病学说和脏腑经络学说的源流；外感、内伤杂病的概念、病因与发病、主要辨证方法、防治原则以及辨证思维方法。各论分为上、下两篇。上篇介绍外感病证治，下篇介绍内伤杂病证治。外感病以六经辨证、卫气营血辨证为纲；内伤杂病以脏腑经络和气血津液辨证为纲，以证候为目，并收入妇产科杂病内容。本书是在《伤寒论》、《金匮要略》和温病学等经典原著的基础上，吸收历代医家的研究成果，把三门课程的内容有机地融合在一起，用现代语言和形象直观的图表方式来表述。教材内容以国内中医药本科教育教学大纲为基础，并结合执业中医师(针灸师)考试和国外行医的实际需要而编撰。

本书供接受中医药教育的海外学生(包括接受学历教育的学生及短期班学生)及国内接受双语教学的学生使用，同时也是中医出国人员进行中医药国际交流的重要工具书。

图书在版编目(CIP)数据

中医临床基础/王新华主编. —北京:高等教育出版社, 2008.1

ISBN 978-7-04-022364-4

Ⅰ.中… Ⅱ.王… Ⅲ.中医学临床-中医学院-教材-汉、英 Ⅳ.R24

中国版本图书馆 CIP 数据核字(2007)第 171836 号

策划编辑 杨 兵 刘 轩　责任编辑 丁燕娣　封面设计 刘晓翔　责任绘图 杜晓丹
版式设计 马敬茹　责任校对 张 颖　责任印制 宋克学

出版发行 高等教育出版社
社　　址 北京市西城区德外大街 4 号
邮政编码 100011
总　　机 010-58581000
购书热线 010-58581118
免费咨询 800-810-0598
网　　址 http://www.hep.edu.cn
　　　　 http://www.hep.com.cn
网上订购 http://www.landraco.com
　　　　 http://www.landraco.com.cn
畅想教育 http://www.widedu.com
经　　销 蓝色畅想图书发行有限公司
印　　刷 高等教育出版社印刷厂

开　　本 850×1168　1/16
印　　张 53
字　　数 1320 000
版　　次 2008 年 1 月第 1 版
印　　次 2008 年 1 月第 1 次印刷
定　　价 97.00 元

物料号　22364-00

全国高等学校中医药对外教育规划教材

National Planned University Textbooks for International Traditional Chinese Medicine Education

中医临床基础

中文主审　彭胜权

主　　编　王新华

副 主 编　赵天才　陈　明

编　　者（按姓氏拼音排序）

陈　明　　（北京中医药大学）
刘　杨　　（成都中医药大学）
王　苹　　（福建中医学院）
王新华　　（广州中医药大学）
袁冬生　　（广州中医药大学）
赵鸣芳　　（南京中医药大学）
赵天才　　（陕西中医学院）

英文主审　Brenda Hood

主　　译　王新华

副 主 译　谢金华　李　敏

译　　者（按姓氏拼音排序）

何金洋　　（广州中医药大学）
贺小英　　（广州中医药大学）
李　敏　　（广州中医药大学）
王新华　　（广州中医药大学）
谢金华　　（美国中西部东方医学院）
周　刚　　（北京中医药大学）
周颖芳　　（广州中医药大学）

Clinical Fundamentals of Traditional Chinese Medicine

Chief Reviewer of Chinese Version Peng Shengquan

Chief Editor Wang Xinhua

Vice Chief Editors Zhao Tiancai Chen Ming

Editors (in alphabetical order by surnames)

Chen Ming	(Beijing University of Traditional Chinese Medicine)
Liu Yang	(Chengdu University of Traditional Chinese Medicine)
Wang Ping	(Fujian College of Traditional Chinese Medicine)
Wang Xinhua	(Guangzhou University of Traditional Chinese Medicine)
Yuan Dongsheng	(Guangzhou University of Traditional Chinese Medicine)
Zhao Mingfang	(Nanjing University of Traditional Chinese Medicine)
Zhao Tiancai	(Shanxi College of Traditional Chinese Medicine)

Chief Reviewer of English Version Brenda Hood

Chief Translator Wang Xinhua

Vice Chief Translators Xie Jinhua Li Min

Translators (in alphabetical order by surnames)

He Jinyang	(Guangzhou University of Traditional Chinese Medicine)
He Xiaoying	(Guangzhou University of Traditional Chinese Medicine)
Li Min	(Guangzhou University of Traditional Chinese Medicine)
Wang Xinhua	(Guangzhou University of Traditional Chinese Medicine)
Xie Jinhua	(Midwest College of Oriental Medicine, USA)
Zhou Gang	(Beijing University of Traditional Chinese Medicine)
Zhou Yingfang	(Guangzhou University of Traditional Chinese Medicine)

序

中医药学是独具中国特色、科学与人文融合的整合医学，继承创新、我主人随、弘扬其原创思维与原创优势，服务人类健康，我们责无旁贷。发展对外中医药教育事业是向世界传播、弘扬中华民族这一优秀文化遗产的重要渠道。晚近，到中国学习自然科学的外国留学生中，学习中医中药的留学生数量一直名列前茅。越来越多的外国学生渴望来华接受正规的中医学历教育，全面、系统地学习中医药学。大批外国留学生、进修生学成归国后，将学到的知识广为辐射、传播，对扩大中医药在国际上的影响发挥了重要的作用。

鉴于东西方地域、文化、语言、接受习惯等差异，带来交流上的障碍，而中医理论的深奥古朴，也给留学生的学习带来一定的制约，确实需要编写一套为留学生学习，适教适学的中医药对外教育教材。

高等教育出版社此次邀我为这套中医药对外教育教材作序，我有一种责任感和使命感不容推卸。读过整套教材的策划思路及部分书稿，发现这套教材在内容、形式上有许多新颖之处：譬如以大量直观、形象的图表形式来诠释中医基础理论；以典型案例和操作实例来梳理辨证思路，演示中医技法，提炼中医临证精髓；充分考虑留学生地域、文化、语言、接受习惯的差异，舍繁就简，文字通俗易懂又不失中医本色；注重留学生中医整体思想和辨证论治思维方式的培养，密切联系临床实践；还有吸收了中医中药教学和科学研究的最新成果，以及中医名词术语更为规范化，中医英文翻译参照了更为严格的标准。难能可贵的是，作者队伍均为活跃在对外教育教学、临床一线的学术骨干，他们的教学经验得以充分体现，也是培养人才的过程。

相信这套书的出版将促进中医药对外教育教材建设不断完善、发展，使其逐步走向成熟。为推动中医药事业真正走向世界，不断提高学术地位而努力，为生命科学与医学科学的进步做一份有力度有意义的工作。

王永炎

2006年10月

Foreword

Traditional Chinese medicine (TCM) is an integrative medicine containing science, humanism and characteristics of Chinese culture. It's our responsibility to follow the traditions of TCM, keep its advantages, and innovate this medicine for the benefit of human health. International TCM education is an important platform to disseminate this excellent cultural legacy of China to the world. Among the overseas students who come to China to learn natural science, the numbers of TCM students have been steadily increasing and are the greatest in number. More and more foreign students dream of coming to China for comprehensive and systematic TCM education in an overall and systemic way. In addition, lots of foreign students who either study or get advanced training in China also play a significant role in extending the international influence of TCM through disseminating what they have learned in China after they return home.

Communication barrier may arise from the differences of geographic regions, cultures, languages and learning habits between the east and the west; the ancient and profound TCM theory may also cause difficulty in understanding. Therefore it is indeed necessary to compile a set of good textbooks for international TCM education.

I feel duty-bound to write the foreword for this set of textbooks for international TCM education upon the invitation of Higher Education Press. After reading the overall scheme and part of the book scripts, I found that this set of textbooks is novel in both the content and the format. For example, many vivid and objective charts and illustrations are used to explain the essential TCM theory; typical cases and practical examples are used to sort out the idea of syndrome differentiation, demonstrate TCM skills and extract the essence of TCM syndrome diagnosis; easy-to-understand words are used with full consideration of the differences of overseas students from different regions, cultures, using different languages and of different learning habits; more is placed on training the students' holistic thinking and clinical skills and giving them the idea of treating diseases based on syndrome differentiation; the up-to-date TCM teaching and scientific research achievements are also combined in the textbooks; the standardized TCM terms and their English translation are adopted by following the rigorous criteria. Above all, the authors of the textbooks are all working on the frontier of both education and clinical practice. Therefore, the process of writing the book is also a process of displaying their teaching experiences as well as cultivating the qualified personnel.

I am sure that the publication of this set of textbooks will promote and perfect the construction of textbooks for international TCM education. Let's work together to spread the TCM career throughout the world, raise TCM academic level and promote the development of life science and medical science.

Yong Yan-Wang

October, 2006

出版说明

为适应21世纪中医药学的发展，满足中医药国际交流与合作的需要，加强中医药对外教育学术体系建设，在教育部高等教育司等有关部门的支持、指导下，由高等教育出版社组织，以国内开展中医药对外教育卓有成效的中医药院校为牵头单位，联合全国各高等中医药院校，开发编写了此套“全国高等学校中医药对外教育规划教材”。

本套教材采用中英对照形式，包括《中医基础理论》、《中药学》、《方剂学》、《中医诊断学》、《中医临床基础》、《中医内科学》、《针灸学》、《推拿学》、《中医文化导读》9本，入选“普通高等教育‘十一五’国家级规划教材”。

本套教材内容以国内中医药本科教育教学大纲为基础，涵盖国内外执业中医师（针灸师）考试要求掌握的知识点，并密切结合在国外行医的实际需要。依据国家中医药管理局最新颁布的“中医药名词术语规范”及《中医药常用名词术语英译》为标准，借鉴和吸收了中医药研究的最新成果，力求体现当代中医药学术发展的水平。根据中医药对外教育的特点，充分考虑留学生因语言文化地域差异所带来的接受习惯不同，注重传承与创新并举，理论与实践并重，经典与简约并蓄，注重满足教学需求，注重素质与能力的培养。全套教材论述严谨，语言流畅简洁、层次分明、翻译准确，编排形式新颖，图文并茂，并采用双色印刷和彩色插页，增强可读性。

本套教材由长期从事中医药对外教育、教学经验丰富的专家、教授和学术骨干担任主编、主译和编者。邀请著名中医药学专家为学术顾问，体现了中医药学术界集体智慧的结晶。

本套教材适用于接受中医药教育的海外学生（包括接受学历教育的学生及各种短期班学生）、国内学生的双语教学以及国内外研究中医药的学者。

将祖国传统医学系统、全面、不失本色地推向世界，弘扬中医药传统文化，是我们的共同目标。尽管我们在出版本套教材的工作中力求尽善尽美，但仍存在着不足和遗憾，恳请广大专家、教师和学生提出宝贵意见与建议，以共同提高中医药国际化教育水准，推进中医药现代化和国际化发展进程。

高等教育出版社

2006年9月

Note for Publication

With strong support from the Higher Education Department, Ministry of Education, Higher Education Press organizes the compilation of this series of *National Planned University Textbooks for International Traditional Chinese Medicine Education*. This set of textbooks is intended to adapt to the development of traditional Chinese medicine (TCM) in the 21st century; meet the needs of international exchange and cooperation in the field of TCM; and fortify the academic system construction of TCM overseas education. Led by TCM universities with outstanding achievements in TCM overseas education, all the TCM universities of China participated in the book compilation.

Written in both Chinese and English, this set of textbooks includes the following nine volumes: *Basic theories of Traditional Chinese Medicine*, *Chinese Materia Medica*, *Formulas of Traditional Chinese Medicine*, *Diagnostics of Traditional Chinese Medicine*, *Clinical Fundamentals of Traditional Chinese Medicine*, *Internal Medicine of Traditional Chinese Medicine*, *Acupuncture and Moxibustion*, *Tuina of Traditional Chinese Medicine* and *A Guide to Traditional Chinese Medicine Culture*. This set of textbooks is selected to be the *11th Five-Year National Planned Textbooks for Higher Education*.

Based on the teaching scheme for domestic TCM undergraduate education, this set of textbooks covers the examination outline for professional TCM practitioners (acupuncturists) both at home and abroad, closely relates to the actual requirement of practicing medicine in overseas countries, and adopts the latest version of *Standardization of Traditional Chinese Medicine Terms* and *English Translation of Common Terms In Traditional Chinese Medicine* issued by the State Administration of Traditional Chinese Medicine. In addition, the updated research achievements are also included in the books to manifest the modern academic level of TCM. Considering the characteristics of TCM overseas education as well as the language and cultural differences faced by the overseas students, this set of textbooks puts equal emphases on inheritance and innovation, on theory and practice, and on classics and simplicity. In addition, this set of textbooks aims at meeting the teaching and learning requirements as well as enhancing the students' quality and ability. The textbooks are well-organized with precise elaborations, smooth but concise language and accurate translation. Two-color printing and colored illustrations make the books more readable.

The experienced experts, professors, and academic backbones in the field of TCM overseas education and distinguished TCM experts were invited as the chief editor, editors and chief translator as well as academic consultants, which makes this set of textbooks the fruits of collective wisdom.

This set of textbooks is intended primarily for the overseas students who are learning TCM (including the students of degree education and students of short-term training programs); the students in China of bilingual education; and the scholars doing research on TCM both at home and abroad.

It's our common goal to introduce TCM to the world systematically and completely without losing its characteristics as well as to spread the traditional culture of Chinese medicine. Although we have tried our best to perfect the books, flaws or mistakes may not be completely avoided. We sincerely hope for comments or suggestions from experts, teachers and students in order to raise the international TCM education level and boost the modernization and internationalization of TCM.

Higher Education Press

September, 2006

前言

中医临床基础学科涵盖了伤寒论、金匮要略和温病学三门课程，是一门连接中医学基础理论与临床的桥梁学科。其主要内容是研究和阐发具有普遍意义的辨证论治原则、规律和方法。

《中医临床基础》的编写既注重与中医学基础理论学科和临床学科的衔接，又避免了过多重复；既注重三门经典课程的整合，又避免机械拼接；既保留了原著的精华，又注意归纳提炼和直观化；既以国内中医药本科教育教学大纲为基础，又结合执业中医师（针灸师）考试和国外行医的实际需要。本教材有以下几点特色和创新。

1. 从教材内容上，外感病证治篇把伤寒六经证治和温病卫气营血证治有机整合，六经病变证作为外感病变证另列一章论述。杂病证治篇以《金匮要略》内容为主线，结合《伤寒论》中有关杂病的内容论述。

2. 从教材形式上，按照本套教材建设方案、编写原则和基本要求，直观化、图表化率达30%。证候分析、方证鉴别和每章节后的小结均用表格形式，一目了然，避免文字表达的累赘和重复。

3. 从内容的编排上，体现既忠实于原著，又高于原著的精神。以《伤寒论》、《金匮要略》和《温病条辨》等著作原文为基础，但又不局限于对原文的解读，因而没有像三门独立课程那样进行词解和释义，而注重于对病机、辨证要点和方（类）证的归纳、概括、比较、提炼和发挥。

4. 除某些代表性方证外，方药部分仅列方药组成和古法用量（外感病卫气营血证治部分未列），而未列方解、古方煎服法和临床加减运用，有利于与方剂学和临床学科衔接，避免重复，体现本课程以重点掌握辨证论治精髓的原则，为读者进一步学习和研究原著条文和临床实践留出空间。

5. 中医药名词术语英译以谢竹藩主编的《中医药常用名词术语英译》和全国科学技术名词审定委员会公布的《中医药学名词》为标准，中药名以拉丁名和拼音并列。

本教材由全国各高等中医药院校推荐的中医临床基础学科专家共同编写。本教材分工：总论中之温病学说、温病的概念、病因与病机、卫气营血辨证和三焦辨证，各论卫气营血证治中气分证由王新华教授编写；卫分证、营血分证由袁冬生教授编写；总论中脏腑经络学说、杂病和辨证思维与学习方法，各论杂病证治中惊悸、胸痹、肺痿、肺痈、咳嗽上气、腹满、寒疝、宿食、肠痈小便不利、淋病、虚劳病、消渴病、百合病、脏躁证、奔豚气病由赵天才教授编写；呕吐哕、下利、黄疸、经络病证治、气血津液病辨证及妇人病证治由王苹教授编写；总论中伤寒学说、伤寒的概念、六经辨证，各论六经病证治中太阳病本证、阳明病本证、结胸证、痞证、阳明发黄证由陈明教授编写；少阳病本证、太阴病本证、邪热内扰证、水气内停证、蓄血证、合病并病证、厥逆证由赵鸣芳教授编写；少阴病本证、厥阴病本证、心肾阳虚证、脾虚证阴阳两虚证、少阴病咽痛证、呕哕下利证、伤寒类似病及霍乱与差后劳复病证治由刘杨教授编写。本教材由原国家重点学科中医临床基础学科带头人、全国统编教材《温病学》（第六版）主编、广州中医药大学彭胜权教授担任主审。由本教材主编王新华教授同时担任主译，并邀请加拿大籍中医专家、中医博士后 Brenda Hood 女士对本书英文翻译内容进行审定。

本教材的编写试图整合伤寒论、金匮要略和温病学三门课程，是本学科教材建设新的尝试，疏漏之处难免，敬祈专家学者指正，以期不断提高教材质量。

王新华

2006年10月

Preface

The content of this textbook The Clinical fundamentals of Traditional Chinese Medicine covers the content of three courses, namely Treatise on Cold-Induced Diseases, Synopsis of the Golden Chamber and Warm Diseases. Its subject matter covers the link between basic TCM theory and clinical practice. Its main purpose is to teach and elucidate the common underlying principles, rules and methods of syndrome differentiation.

The Clinical fundamentals of Traditional Chinese Medicine, a bilingual textbook, has been compiled based on the following principles: without excessive overlap, emphasis should be placed on linking those subjects which constitute basic TCM theory with clinical practice; an attempt should be made to integrate - not just lump together -the three classic courses; and the original text of the works in question should be included with additional summarization, refining and illustration of the content so as to facilitate learning. The content of this text is not only based on the teaching guidelines for undergraduate TCM education in China, but has also been crafted with an eye towards the requirements of TCM herbalist (or acupuncturist) licensing tests and overseas practice. The following lists the special aspects and innovations seen in this textbook:

1. In terms of content, the regular six-meridian cold-Induced febrile disease syndromes and the four level defense-*qi*-nutrient-blood syndromes are integrated within the category of exogenous disease. The six-meridian theory deterioration syndromes are inward moving patterns of exogenous diseases and are discussed in an independent section of the chapter on exogenous disease. The Synopsis of the Golden Chamber, in combination with the relevant chapters on miscellaneous disease from the Treatise on Cold-Induced Diseases constitutes the chapter on miscellaneous diseases.

2. In terms of format, the illustrations and summarization by tables and figures accounts for about 30 percent of the content, in accordance with the plan, principles and requirements of the compilation and construction of this bilingual TCM textbooks series. The analyses of syndromes, differential diagnoses and summaries are clearly illustrated by tables, and in this way help to reduce complexity and unnecessary repetition.

3. In terms of the arrangement of the content, it is derived and defined from such original source material as the Treatise on Cold-Induced Diseases, Synopsis of the Golden Chamber and Analysis of Warm Diseases, etcetera. The authors have not limited themselves to explanations of terms and phrases in the original source materials as is often the case in the teaching content of these three courses, but rather, have emphasized summarization, comparison, defining and describing the development of pathogenesis, as well as key points for syndrome differentiation and differential diagnosis.

4. With the exception of formulas for exogenous disease defense-qi-nutrient-blood system syndromes, the compositions and historical dosages are all listed. However, explanations of formulas, the decocting methods and clinical modifications are not mentioned except for a few typical formulas. This is done to help the students to link the study of TCM formulas with clinical courses, while at the same time helping to avoid unnecessary repetition. This course emphasizes the essence of syndrome differentiation as the key point of study, thus leaving space for the readers to further study the original source material and other clinical subjects.

5. The translation of TCM terminology is based on the text English Translation of Common Terms in TCM edited by Xie Zhufan, and Terms of TCM Science compiled by The National Committee of Scientific and Technological Terminology. Both the Latin name and the Chinese phonetics are used for the translation of herbs.

This textbook was compiled by experts in the field of the clinical fundamentals of traditional Chinese medicine from colleges and universities of traditional Chinese medicine around China. Professor Wang Xinhua was responsible for content related to warm diseases including the school of warm disease, etiology and pathogenesis, defense-*qi*-nutrient-blood syndrome differentiation and triple energizer syndrome differentiation in the general introduction, as well as warm disease diagnosis and the treatment of *qi* system syndromes in specific discussions. Professor Yuan Dongsheng was responsible for content related to the diagnosis and treatment of the defense and nutrient-blood system warm disease syndromes in specific discussions. Professor Zhao Tiancai was responsible for content on *Zang-fu* and meridian theory schools, miscellaneous diseases, differentiation thinking and learning methods in general introduction, as well as fright palpitation, chest impediment, pulmonary atrophy, lung abscess, cough and dyspnea, abdominal fullness, cold hernia, food retention, suppurative infection in the intestine, dysuria, stranguria, consumptive disease, wasting thirst (diabetes), lily disease, visceral hysteria, and *qi* up-rushing disease in specific discussions. Professor Wang Ping, was responsible for content concerning vomiting and hiccup, diarrhea, jaundice, meridian diseases, diseases of *qi*, blood and body fluid and women's diseases in specific discussions. Professor Chen Ming was responsible for content concerning the school of cold-induced disease, six meridian syndrome differentiation in general introduction, and basic *taiyang* disease syndromes, basic *yangming* disease syndromes, thoracic accumulation syndromes, stuffiness syndromes as well as *yangming* jaundice disease and six meridian disease syndromes and treatment in specific discussions. Professor Zhao Mingfang was responsible for content related to basic *shaoyang* disease syndromes, basic *taiyin* disease syndromes, heat syndromes, water *qi* halted internally syndromes, blood accumulation syndromes, combination and overlapping of syndromes as well as cold-limb syndromes in six meridian disease syndromes and treatment in specific discussions. Professor Liu Yang was responsible for content on basic *shaoyin* disease syndromes, basic *jueyin* disease syndromes, spleen deficiency syndromes, deficiency of both *yin* and *yang* syndromes, *shaoyin* sore throat syndromes, cholera and over-strain relapse syndromes in six meridian disease syndromes and treatment in specific discussions. Professor Peng Shengquan, the chief editor of the sixth edition national textbook on warm diseases and the former leading professor of clinical fundamentals of TCM, was the chief reviewer for this textbook. The chief editor, professor Wang Xinhua was also the chief translator of the textbook, while Dr. Brenda Hood from Canada, a TCM expert and post-doctoral fellow was invited to revise the translation.

The compilation of the textbook represents a new approach in attempting to integrate the three basic clinical courses of Cold-Induced Disease, Synopsis of the Golden Chamber and Warm Disease. In a work of this magnitude, it is difficult to avoid making errors, so comments, critiques and corrections would be very much appreciated to help us improve the quality of this textbook.

Wang Xinhua

October, 2006

目录

总论

各论

上篇 外感病证治

下篇 杂病证治

Contents

General Introduction

Specific Discussions

Part 1 Syndrome Differentiation and the Treatment of Exogenous Diseases

总　　论

第一章

外感与杂病的学术源流

第一节 伤 寒 学 说

一、伤寒学说的研究范围及《伤寒论》的学术地位

伤寒学说是以中医经典著作《伤寒论》以及历代医家研究《伤寒论》的学术成就为研究对象，以六经辨证理论体系为主要研究内容，以提高临床辨证论治水平与临床疗效为最终目的的一门学说。《伤寒论》作为《伤寒杂病论》的一部分，是一部论述外感病辨证论治的专著，是中国第一部理法方药完善、理论联系实际的临床著作。它继《黄帝内经》(全书简称《内经》)、《难经》等中医经典理论著作之后，系统地揭示了外感病及某些杂病的诊治规律，发展并完善了六经辨证的理论体系，从而奠定了中医临床辨证论治的基础。1800多年以来，《伤寒论》的理、法、方、药理论一直有效地指导着中医的临床实践，对中医学的发展作出了重要的贡献，并对世界医学的发展产生深远的影响。

二、《伤寒论》的产生与沿革

《伤寒杂病论》为东汉张仲景所著，约成书于东汉末年(公元200—210年)。张仲景，名机，字仲景，东汉荆州南阳郡涅阳(今河南省邓县)人，其生卒约为公元150—219年。他受业于同郡名医张伯祖，经过多年的学习，在理论和临床经验上都胜过他的老师，时人称赞他“识用精微过其师”，成为汉代的名医，与华佗齐名。《伤寒杂病论》成书之后，由于兵火战乱的洗劫，使原书不久即散佚不全。后经西晋太医令王叔和搜集并整理成册，名为《伤寒论》，使此书得以幸存。其后，又经东晋、南北朝，该书流传于民间，直至唐代名医孙思邈晚年见到《伤寒论》全书，遂将其收录到他撰写的《千金翼方》之中，成为现存《伤寒论》的最早版本。到了北宋，林亿等人奉命校订《伤寒论》，并于北宋治平二年(公元1065年)刊行，成为后世流行的《伤寒论》；其后又校订了原书的杂病部分，即成为后世的《金匮要略》。现在通行的《伤寒论》版本有两种：一是宋本，二是成本。前者即林亿等人校订的刻本，但此原校本已无保存，所见只有明代赵开美的复刻本(又称赵刻本，简称赵本)，赵本按宋版复刻，保存了宋版《伤寒论》的原貌，为后世医家所喜用；后者是南宋绍兴14年(公元1144年)成无己的《注解伤寒论》，该本经明代嘉靖年间汪济川校而复刻，流行于世，亦可称汪校本。

三、《伤寒论》的学术渊源与成就

张仲景在《伤寒杂病论·自序》中说："撰用《素问》、《九卷》、《八十一难》、《阴阳大论》、《胎胪药录》，并《平脉辨证》，为《伤寒杂病论》合十六卷。"故其学术渊源主要有两个方面：①医学理论及诊病方法继承于《黄帝内经》、《难经》、《阴阳大论》等经典著作；②药学理论及方药运用主要继承于《神农本草经》、《胎胪药录》及《汤液经》等经典著作。

张仲景在系统总结秦汉以前医学成就的基础上，结合自己多年丰富的临床经验，撰成了《伤寒杂病论》。

《伤寒论》的学术成就可概括为以下几个方面。

1. 系统总结了秦汉以前的医学成就　通过总结前人的医学成就并继承、发扬和运用之，使中医学的基本理论与临床实践密切结合起来，理、法、方、药体系得以完善。

2. 创立了六经辨证理论体系　在《黄帝内经》六经分证的基础上，创造性地把外感疾病错综复杂的证候表现及其演变规律加以总结，创立了六经辨证理论体系。在该体系中，囊括了后世所谓的八纲、脏腑、病因以及卫气营血等辨证方法，从此开创了中医临床治疗学的先河。

3. 奠定了中医辨证论治的基础　《伤寒论》将《黄帝内经》以来的阴阳五行、藏象经络、病因病机等学说，以及诊断、治疗方面的方法和技能有机地结合在一起，全面系统地运用汗、吐、下、和、温、清、消、补八法，对外感病的发生、发展和辨证论治提出了切合实际的辨证纲领和具体的治疗措施，创制了许多行之有效的方剂(计 113 方，缺 1 方)，全面奠定了中医学辨证论治的基础。

4. 对后世医家影响甚大　《伤寒论》不仅为诊疗外感疾病提供了辨证纲领和治疗方法，同时也给中医临床各科提供了辨证治疗的一般规律，对后世医家有很大的启发作用，如明清时代的温病学说，就是在《伤寒论》的基础上进一步发展起来的。《伤寒论》对外感疾病的论述虽详于寒而略于温，但对温病的病因、证候特征、治则及方药均有论述，成为后世温病学发展的基础。同时，《伤寒论》的学术思想使后世医家颇受启发，涌现出许多《伤寒论》学家、流派和研究专著，使伤寒学说成为中医学中最有影响的学说，《伤寒论》被后世医家奉为"医门之圣书"，张仲景则被誉为"医圣"。

四、伤寒学派的形成及伤寒学说的发展

《伤寒论》创立了六经辨证体系，奠定了中医辨证论治的基础，历代医家无不是以研读伤寒为主要治学方法，他们奉《伤寒论》为"医家之规矩"、"治病之宗本"、"方书之祖"，并对其进行广泛的整理、研究和发挥，形成了伤寒学派，其学术成就成为伤寒学说的重要组成部分。伤寒学派在其发展过程中大体经历了三个发展阶段。

(一) 晋唐时期的搜集、整理阶段

在这个阶段中，主要表现为西晋王叔和对《伤寒杂病论》的撰次整理。他对《伤寒论》撰次整理的方法是从脉、证、方、治入手，有序进行，切实体现出张仲景辨证论治的精神。与王叔和同时代的皇甫谧(公元 215—282 年)对其作了肯定的评价，说："近代太医令王叔和撰次仲景选论甚精，指事施用。"所谓"选论"是说王叔和对搜集起来的张仲景的《伤寒论》"旧论"进行了一番去粗存精、去伪存真的整理，使其更切合临床实际，因而达到"甚精"的程度。可见，王叔和最大学术成就即在于他通过搜集整理《伤寒论》，再现了张仲景的辨证论治精神，并使之发扬光大。

然而，王叔和撰次整理的《伤寒论》亦未得到广泛流传，以致唐代孙思邈直到晚年著《千金翼

方》时，才见到《伤寒论》，感叹道："伤寒热病，自古有之，名贤睿哲，多所防御，至于仲景，特有神功，寻思旨趣，莫测其致，所以医人未能钻仰。"于是采取"方证同条，比类相附"的研究方法，将《伤寒论》条文分别按方证比附归类，独立写成两卷，收录于《千金翼方》之中。孙氏以方名证，归类比较的研究方法，实为后世从方证角度探索《伤寒论》的先导。此外，孙思邈总结《伤寒论》的治法大意"不过三种：一则桂枝，二则麻黄，三则青龙，此之三方，凡疗伤寒，不出之也。"明代方有执、喻嘉言等，竟将此学术思想发挥为"三纲鼎立"的学说，足见其对后世的影响深远。

（二）宋金时期的研究、发挥阶段

在这个时期，由对《伤寒论》的整理转向对《伤寒论》的研究，涌现出一批优秀的《伤寒论》研究学者，留下了许多研究《伤寒论》的著作和具有理论联系实际特色的学术思想。其中具有代表性的有庞安时的《伤寒总病论》，该书着重病因、发病方面的阐发，提出寒毒、异气之说；韩祗和的《伤寒微旨》，从脉证分辨，以脉为先；朱肱的《南阳活人书》，对三阴三阳的本质进行了探讨，倡经络之说；许叔微的《伤寒九十论》，对《伤寒论》方药进行临床验证；郭雍的《伤寒补亡论》则搜集世说以补充、丰富伤寒的内容。

此阶段特别值得一提的是成无己，他首次倡导对《伤寒论》进行全面注解，成为中国医学史上第一个注解《伤寒论》的人。他注解的方法是以经解论，经论结合，重在阐明学理，使《伤寒论》第一次获得理论上的说明。同时他对论中50个主要症状的发生机理、表现特点以及形证异同等都作了精辟的阐述和辨别。在成氏的影响下，加深了广大医家对《伤寒论》的理解和运用，开辟了用注解、释义的方法研究《伤寒论》的先河，直接导致了以后对《伤寒论》的研究蔚然成风。也就是在这个阶段，伤寒学派真正形成，成为伤寒学说发展的一个重要里程碑。

（三）明清时期的发展、兴盛阶段

明清时期为《伤寒论》学术发展的兴盛时期。在这一时期，伤寒学派内部围绕着《伤寒论》的编次注释、研究方法、六经本质等问题展开了热烈的论争，由此而形成了新的不同的流派。通过广泛的学术争鸣，大大促进了《伤寒论》理论和实践的发展。引起这次学术争鸣的始肇端于明代方有执的错简重订之说。方氏认为王叔和编次的《伤寒论》"颠倒错乱殊甚"，因此必须"重修考订"。他采取整移改削的方法，将《伤寒论》大加修订，著成《伤寒论条辨》。喻嘉言对方氏的考订大加赞赏。在方、喻的影响下，伤寒研究界一时刮起了错简重订之风。如张璐著《伤寒缵论》，认为注伤寒诸家多有分歧，唯方、喻之书，可使分歧"渐归一贯"。之后，一些著名医家如程郊倩著《伤寒论后条辨直解》、章虚谷著《伤寒本旨》、周扬俊著《伤寒论三注》、黄坤载著《伤寒悬解》等，无不是以错简立说，指王叔和之非，议成无己之误，形成错简重订学派。

与之相反的是，另外一些医家如张卿子、张志聪、张锡驹、陈修园等，却对王叔和的编次持赞成态度，他们认为王氏之编次，仍为伤寒之旧，不必对此改弦更张；而成无己的注释，不仅未曲解仲景之说，相反，成氏引经释义，以经解经，实为诸家所不胜。这些医家，被称为维护旧论派。其中以陈修园影响最大，他对王叔和编次《伤寒论》的学术价值及气节进行了高度评价。这一派中近世学者也不乏其人，如著名中医学家江阴曹颖甫著《伤寒发微》，西安黄竹斋著《伤寒论集注》，其编次注释在博采众家之所长的同时，在学术上倾向于王叔和、成无己，可谓近代维护旧论之代表。

介于二者之间，别有一派伤寒学者，如柯韵伯、尤在泾、沈金鳌、钱璜等，他们认为《伤寒论》的精神实质是辨证论治，不管是仲景旧论，还是叔和撰次，只要有利于辨证论治的运用，就应当认真掌握学习，至于其错简和真伪并不是主要问题。他们受孙思邈"方证同条，比类相附"的启发，运用归类编次的研究方法，或按方类证，或按法类证，或按症类证，或按因类证，或分经审证，从不同角度充分揭示了《伤寒论》的辨证论治规律，大大丰富和发展了仲景学说。

中华人民共和国成立后，仲景学说迎来了一个更好的发展时期，各种伤寒研究著作和学术论文，一批批涌现出来，对张仲景《伤寒论》从病因病机、方证脉理、治疗方法以及方法论、认识论等进行了全面而深入的探讨，与此同时，对《伤寒论》的方药进行了大量的临床观察与实验研究，以探讨其作用机理，其研究规模空前，研究方法先进，极大地促进了仲景学说的发展，提高了人们对《伤寒论》理、法、方、药科学性的认识，使伤寒学说显示了理论的可靠性、临床的实用性和强大的生命力。迄今为止，历代与《伤寒论》有关的著作达 3 000 多种，在日本、韩国等亦达到 300 余种。自 1950 年至今，在国内外学术期刊公开发表的论文达近 2 万篇，其数量之多，影响之大，实属罕见，使伤寒学说在中医学术领域有着不可替代的重要价值和学术地位。

第二节 温病学说

温病学学科的建立，是中医学的一个重要发展，也是中医学术发展的一大进步，温病学已成为中医学的重要组成部分。温病学的发展大体上经历了如下几个时期：战国至晋唐时期是温病学的萌芽阶段，宋金元时期是温病学的成长阶段，明清时期是温病学的成熟阶段。

一、萌芽阶段——战国晋唐时期

温病病名最早见于《内经》，如《素问·六元正纪大论》载有“气乃大温，草乃早荣，民乃厉，温病乃作。”除此之外，在《难经》中也有关于温病病名的记载，如《难经·五十八难》说：“伤寒有五，有中风，有伤寒，有湿温，有热病，有温病。”可见，当时已把温病作为广义伤寒中的一种病。

（一）温病的病因

《素问·阴阳应象大论》提到“冬伤于寒，春必病温”，这是关于伏气温病病因的最早理论依据。关于季节与温病发病的关系，《素问·热论》指出：“凡病伤寒而成温者，先夏至日者为病温，后夏至日者为病暑。”后世关于春温与暑温的命名，与这一论述有密切的关系。

（二）温病的病邪性质

关于温病的病邪性质，在《内经》中亦有认识，并把明显具有传染性和流行性的疾病称为“疫”，如《素问·刺法论》就谈到“五疫之至，皆相染易，无问大小，病状相似”，这对后世温疫学说的建立有一定的影响。

（三）温病的临床表现特点

温病的临床表现，在《内经》中也有较多的描述，如《灵枢·论疾诊尺》篇提出：“尺肤热甚，脉盛躁者，病温也。其脉盛而滑者，病且出也。”在《素问·评热病论》中又云：“有病温者，汗出辄复热，而脉躁疾，不为汗衰，狂言不能食。”

（四）关于温病的治疗

《内经》中提出了一些温病的治则，如《素问·热论》曰：“其未满三日者，可汗而已；其满三日者，可泄而已。”即区别邪热之在表、在里而分别施治。同时还根据病因病机确立了治则，如《素问·至真要大论》提出：“风淫于内，治以辛凉，佐以苦”；“热淫于内，治以咸寒，佐以甘苦”；“湿淫于内……以苦燥之，以淡泄之”；“热者寒之”；“燥者濡之”等，这些都是后世温病学家遵循的基本治疗原则。

此外，关于温病临床表现的描述，还见于汉代张仲景的《伤寒杂病论》中，如“太阳病，发热而渴，不恶寒者，为温病”；“太阳中热者，暍是也。汗出恶寒，身热而渴，白虎加人参汤主之。”这些论述都强调了温病症状的温热特点。该书中提出的一些治法方药，为后世温病学家所继承，如清热的白虎汤、竹叶石膏汤，攻下的大承气汤、小承气汤、调胃承气汤，养阴清热的黄连阿胶汤等，都是治疗温病的重要方剂，并在此基础上衍生出许多新的方剂用于温病的治疗。

尔后，晋代王叔和、葛洪，隋代巢元方，唐代孙思邈等诸家先后从不同侧面对温病作了不同程度的发挥。晋代王叔和在继承《内经》“冬伤于寒，春必病温”观点的基础上，在《伤寒例》中进一步提出“伏寒化温”的论说，为后世医家提出伏气学说奠定了基础。他还提出“时行之气”的观点，对后世创立新感温病说以及疫病学说有重要的影响。晋代葛洪的《肘后备急方》中明确指出温病的发生是由于自然界中存在的“疠气”。书中不仅记载了天花传入我国内地的情况，还记录了治疗温毒发斑等病的方剂。隋代巢元方在《诸病源候论》叙述了诸病的致病因素、病机原理及症状特点，对温病的病因及其传染性有了较为明确的认识。唐代孙思邈的《千金要方》中载有治温病方十首，其中葳蕤汤由后世温病学家加减化裁作为滋阴解表剂，用以治疗阴虚外感表证。书中还特别强调“辟温”，并且载有太乙流金散(雄黄、雌黄、矾石、鬼箭羽、羚羊角)烧烟熏之以辟温气的方法。此外，《千金要方》中记载的许多方剂也是后世温病学家的常用方，如犀角地黄汤成为后世治疗血分证的代表方，而《千金翼方》中所载之紫雪丹又是后世治疗高热、神昏的清热开窍名方。

晋唐以前对温病虽有一定认识，但理论上较为简朴；尚无论述温病的专门著作，有关温病病名、病因、症状、治疗、预防的记载，均散见于中医文献之中；在概念上，温病与伤寒未有明确划分，仍是将温病隶属于伤寒范围。

二、成长阶段——宋金元时期

自张仲景《伤寒论》问世，确立了外感病六经辨证论治体系后，在相当长的一个历史阶段，治疗外感热病基本上都以《伤寒论》的方法处方为普遍原则。随着社会的发展，医疗实践的深入，认识水平的提高，仅用《伤寒论》经方治疗外感热病，已不能适应临床实践的需要。自宋代开始，不少医家开始突破了“法不离伤寒，方必遵仲景”的框框，提出应灵活应用经方的主张。

宋代朱肱在《伤寒类证活人书》中注重伤寒与温病的辨别，对多种温病，如热病、中暑、温病、温疟、风温、温疫、湿温、温毒等进行了详尽的阐述，在治疗上虽未冲破《伤寒论》的藩篱，但并不墨守《伤寒论》成方，而能灵活化裁，变动不拘。他指出不可拘泥使用古方，而要因人、因地、因病、因时而异，这对促进学术发展无疑具有突破性意义。

庞安时在《伤寒总病论》中亦着意区分温病与伤寒，并将温病分为一般温病及天行温病两类，强调寒温分治，并在孙思邈论五脏温毒的基础上，详述了天行温病的病因、发病、证治、预防，指出天行温病与异气有关，季节不同则证型不同，治法有别，但总以清热解毒、重用石膏为主。在对温病的病因认识方面，也有了重大的发展，如郭雍在《伤寒补亡论》中强调温病不限于伏气温病一种，提出也有感受春季时令之邪而发为温病者，为后世把温病分为伏气温病和新感温病两类奠定了基础。

金元四大家之一的刘河间，根据自己的临床体会，创立了六气皆从火化的病机学说及辛凉甘寒解表的治疗原则。他认为伤寒六经传变都以热证为主，提出：“六气皆从火化”，“六经传受，由浅至深，皆是热证，非有阴寒证。”治疗上应以寒凉清热为主。故其被后世称为“寒凉派”的开山之祖。他认为在热病初期，单用辛温解表，足以误人，从而创制出双解散、防风通圣散等表里双解的方剂，把辛温解表药与寒凉清里药配合起来，强调对热性病的治疗投用清热解毒之品。后世有“伤寒宗仲景，热病崇河间”之说。这也标志着外感温热病的理法方药诸方面开始自成体系，温热学说初具规模。

此外，这一时期还有不少医家也对温病学的研究作出了很大贡献。如元代医家罗天益对热性病的证治规律进行了整理，他在《卫生宝鉴》中提出可按邪热所在的上、中、下三焦及气分、血分的不同部位分别制方用药，这对后世温病卫气营血和三焦辨证体系的形成有一定的影响。元代末年医家王安道，进一步从概念、发病机理和治疗原则等方面把温病与伤寒明确区分开来。他在《医经溯洄集》中强调伤寒温病“自是两途，岂可同治”，明确反对把伤寒与温病混为一谈，认为温病的发病机理与伤寒有很大的不同，温病多属里热外发，即使见有表证，亦多是里热怫郁所致，所以对温病表证的治疗应以清里热为主，解表兼之。从此，对温病的认识便开始从伤寒学说体系中摆脱出来，这是温病学自成体系的开端，故清代温病学家吴鞠通称王安道“始能脱却伤寒，辨证温病”。

三、成熟阶段——明清时期

明清时期对温病的认识更加深化，理论上日臻完善，治疗上不断丰富，创造性地总结出一套比较完整的辨证论治理论和方法，使温病学说成为独立的学科体系。

明清之际，温疫流行猖獗，尤以江浙一带为著，且该地区气候溽暑，热病盛行，客观上促使江浙诸医家对温热病进行研究。这期间涌现出许多杰出的医家，他们在温病学说上的研究取得了卓越的成就。如在温病的发生上，明代医家汪石山明确提出了“新感温病”之说，认为温病不独有“冬伤于寒，春必病温”的伏气温病，而且还有“新感之温病”。他将温病分为“伏气”和“新感”两类。明代医家张凤逵编著了我国第一部暑病的专著《伤暑全书》，对暑病的因证脉治进行了全面论述。该书对温疫亦形成了一套比较完整的认识，是当时集暑病理论证治大成之作。在明代医家中，以明末吴又可在温病学上的贡献最为突出。他对温疫之病因病机、症状、发病规律、病理变化与治法方药进行了大量的医疗实践和观察研究，并加以系统探讨和全面总结，写成《温疫论》二卷。这是我国第一部温疫专著，在世界传染病医学史上具有重大的贡献。这本书在温疫的致病原因、受邪途径、病变部位、治疗方法、传染流行等方面都提出了独特的见解。吴氏指出：伤寒与温疫在病因病理和证候表现诸方面有较大之别（表 1-2-1）。

表 1-2-1 伤寒与温疫的鉴别

	伤寒	温疫
病因	六淫，即风、寒、暑、湿、燥、火	杂气或称疠气
感邪途径	邪自皮肤腠理而入	邪自口鼻而入
传变	循六经传变	邪伏膜原，外传于经或内传于腑
初起治疗	以发表为先	以疏利为主

对于温疫的论治，吴氏提出了“祛邪为第一要义”、“客邪贵乎早逐”、“解后宜养阴”等许多重要观点。同时他还提出，不同的疫病，其所感受的疠气也各不相同；疠气所造成的疫病流行有一定的周期性，流行程度每年也有所不同；在理法方药上他创立了达原饮以治疗湿热秽浊之疫，为温病邪伏膜原的治疗开辟了新途径。这些观点对后世温病学家的学术思想都有很重要的影响。

清代中叶，温病学说逐渐成熟起来，从病因病机到辨证施治有了较为完整的理论体系，并涌现出一批有杰出成就的温病医家，如叶天世、吴鞠通、薛生白、王孟英、陈平伯、杨栗山、余师愚、雷少逸等，其中以叶天士、吴鞠通、薛生白及王孟英最为突出，被称为清代温病学"四大家"。

叶天士是清代众多温病学家中的杰出代表，也是创立温病辨证论治完整体系的杰出代表，被誉为"温热大师"。由他口授，顾景文整理而成的《温热论》，被称为温病学理论的奠基之作。书中揭示了不同于《伤寒论》的"卫、气、营、血"辨证纲领，阐明了温病的病因病机、感邪途径、病变部位、传变规律；创立了温病卫气营血辨证论治的理论体系，他认为"温邪上受，首先犯肺，逆传心包。肺主气属卫，心主血属营"，"卫之后方言气，营之后方言血"，在治疗上提出了卫气营血各阶段的治疗大法。这些论述极大地提高了河间学派对温热病的认识，使温热病形成了更为独立、完整的体系，彻底从伤寒病中分离出来。此外，他还注重舌、齿、斑、瘖的辨别，丰富了温病诊断学的内容，并且提出了治疗妇女温病的原则和大法。叶天士也因此成为这一时期的代表医家、温病学派的中坚人物。此外，《临证指南医案》、《三时伏气外感篇》等著作亦是叶氏临床经验的总结，具有较高实用价值，备受后世医家推崇。

然而叶天士的《温热论》侧重于温热病证，而疏于湿温论治。与叶天士同期的著名医家薛生白所著的《湿热病篇》填补了这一重要的医学空白。

首先，薛氏从侵犯途径、侵犯部位、传变规律等方面指出湿热病邪与其他外感病之区别。其次，薛氏对于湿热病的辨证治疗也有其独特的见解，他根据病邪属表属里、湿重热重、在上在下以及寒化热化诸方面因素，归纳为湿热本证、湿热表证、湿邪偏重于里、湿热并重于里、热邪偏盛于里、湿热充斥三焦、湿热阴伤及湿热阳虚等证型，从病机到病证，从治法到方药条分缕析，使复杂胶滞难以着手的湿温病的诊治有了成法。《湿热病篇》是我国第一部论述湿热性温病的专著。其按湿邪在上、中、下三焦不同部位进行施治的方法，进一步丰富了温病学的内容。

其后，余师愚著《疫疹一得》，认为温疫乃运气之淫热邪毒从口鼻入侵于胃，敷布于十二经脉所致，临床以疫疹、头痛、汗出、呕恶、下利为常见症状，治疗必用石膏之剂清瘟败毒，平息诸经之热。凡此皆与吴又可所论温疫大相径庭，实为补充了吴氏之未逮。

然而，真正把温病学说树立起来的医家是吴鞠通。吴鞠通在其著作《温病条辨》中创立了三焦辨证，制定了三焦分证的治疗原则，并总结出一套温病治疗大法和方剂，从而构成了温病辨证论治的完整体系。三焦辨证，补充了叶氏卫气营血辨证的不足，两种辨证体系相辅相成，使温病学形成了以卫气营血、三焦辨证为核心的辨证论治体系，从此温病辨证理论更加趋于完善。同时，他还提出清营、清宫、清络、育阴等治疗原则，并创制桑菊饮、银翘散、清营汤、清络饮、三甲复脉汤等著名方剂，深化了温病清热养阴的治疗大法。由此，《温病条辨》也成为后世学习温病学的必读著作。

继之，王孟英著成《温热经纬》一书，该书以《内经》、《伤寒论》、《金匮要略》等经典著作中有关热性病证的论述为"经"，以后世叶天士、陈平伯、薛生白、余师愚等医家的温病论著内容为"纬"，对温病学进行了一次大总结，并对暑邪、伏气温病、顺传逆传等均作了深入的阐发，纠正了前人的谬误，弥补了前人之不足。该书对温病学的理论和证治进行了较全面、系统的整理，是当时集温病学大成之作，成为学习温病学的入门之著。至此，温热学说与温疫学说均日臻完善。

清代除叶、薛、吴、王温病四大家外，尚有许多医家及其著作，如杨栗山著《伤寒温疫条辨》、陈平伯著《外感温病篇》、柳宝诒著《温热逢源》、雷少逸著《时病论》、俞根初著《通俗伤寒论》、戴天章著《广温热论》等，都从不同角度补充和丰富了温病学的内容。

这一阶段的主要特点是：温病学的理论已经形成完整的体系，温病与伤寒得到了明确区分，对各种温病的治疗已有了一整套的证治方药，并出现了众多温病学家及大量温病学专著。以卫气营血和三焦辨证论治体系的创立为标志的温病学说正式形成。这也标志着中医外感热病学的发展取得了划时代的成果，是中医学发展历史中的一个重要阶段。

第三节 脏腑经络学说

脏腑经络学说是中医学理论体系的重要组成部分，是内伤杂病辨证论治的理论基础。

一、脏腑学说

（一）脏腑学说的概念

脏腑学说，古时称作藏象学说，是通过对人体外部现象的观察，来研究人体各脏腑组织器官的形态结构、生理功能、病理变化及其相互关系，以及脏腑与精、气、血、津液、神之间关系的学说。它是中国劳动人民和历代医家在长期的生活和医疗实践的基础上，在古代朴素的哲学思想指导下概括而成的关于人体生理、病理的理论，是中医学理论体系的重要组成部分，对疾病的诊断、防治具有重要的指导意义。

（二）脏腑学说的形成因素

1. 古代解剖学知识为脏腑学说的形成奠定了形态学基础　脏腑学说的产生，首先是以形态学为基础，没有解剖学的实践，便没有各个脏腑器官的概念，更不用说脏腑理论了。尽管中医学所说的脏腑与现代医学所说的同名脏器不能完全等同，但其基本概念无疑仍以脏器实体为依据，因此，解剖学方法是脏腑理论诞生的基础。

早在原始社会，人们通过宰杀动物和战争中掠夺来的俘虏对动物和人体的内部器官有了最早的观察和了解，这是解剖学的滥觞。

《史记·扁鹊仓公列传》记载上古时期的名医俞跗已有“割皮解肌，决脉结筋，搦髓脑，揲荒爪幕，湔浣肠胃，漱涤五藏”等对人体实施割腹治疾的技术，并积累了较丰富的解剖知识与操作技巧。《内经》中对脏腑形态已有较细致的观察和记载。如《灵枢·经水》说：“若夫八尺之士，皮肉在此，外可度量切循而得之。其死可解剖而视之，其藏之坚脆，府之大小，谷之多少，脉之长短，血之清浊……皆有大数。”（藏同脏，府同腑。）

《难经》对脏器形态描述也较具体，还记载了“七冲门”的名称与部位，这些都与近代解剖相似，反映了汉代以前中医学在形态学方面已经达到了较高的水平。

2. 以形态学知识为基础认识脏腑的某些功能　通过人体解剖，不但获得了脏腑形态学方面的知识，且可根据脏腑形态推测其功能。如心的形态是如倒垂莲蕊，中有“七孔”，与血管相连接，联系自己的心跳体验，因而认定心有主血脉的功能；肺状如蜂巢，与外界相通，加上自身的呼吸体验，认定肺有主呼吸的功能；脾与胃“以膜相连”，因而推测“脾为胃行其津液”；胃“容水谷三斗五升”，称为“水谷之海”，人七日不食饮则死，故推测人体每日消耗五升水谷，而水谷中精华物质的化生是人体赖以生存的基本条件，故《内经》特别重视胃气的消化功能，强调“有胃气则生，无胃气则死”，“五藏者，皆禀气于胃，胃者，五藏之本也”。

3. 通过整体性观察赋予内脏某些复杂功能　虽然脏腑学说的某些概念可以依据形态学知

识加以推理而获得,但由于古代解剖学是比较简单而粗糙的,对于一些复杂问题则难以阐明。因此,古人又采取整体观察法来认识人体和内脏功能。

所谓整体观察法即通过观察人体外在的生理、病理征象来推测内脏的某些功能的一种认识方法,此方法是古人认识内脏、建立脏腑理论体系的主要方法。古人通过临床观察,发现每一类疾病发作时,总有大致相同的一组症状出现,这一组症状与人体外在的一定部位和器官相联系,与人体内脏的一定生理功能破坏有关。如心主血脉,心慌时面色苍白,因而建立了面与心的联系,产生了心"其华在面"的概念;再如房劳过度时可见腰膝酸软、精神恍惚、性功能障碍等症,而腰为肾之府,因而得出生殖功能与肾相关的推论,还得出肾藏精,精化髓,髓汇脑,精充则髓满,髓满则精神充沛的论断,故《素问·上古天真论》有"积精全神"之说,《素问·灵兰秘典论》则认为肾为"作强之官,伎巧出焉"。

4. 古代哲学思想的渗透使脏腑理论趋于系统化　古代哲学的气、阴阳、五行诸学说渗透到中医学中,对脏腑理论的形成及系统化起了重要作用。

气学说中气的无形而运行不息的概念渗透到中医学中,产生了人体各脏之气也不断运动的概念。各脏之气的运动,推动着各脏的功能发挥,维持着各脏之间的协调。

阴阳学说渗透到中医学中,用以说明人体的部位、功能等多个方面。在脏腑学说中,分脏腑为阴阳,分气血为阴阳,分精气为阴阳。尤其是将精与气各分阴阳,建立了"五脏精气阴阳"理论体系,充实与发展了脏腑理论。

五行学说渗透到中医学中,对脏腑系统理论的建立,即对以五脏为中心的五个生理病理系统的建立,起到了非常重要的作用。运用五行学说,中医学以五脏为中心,以经络为联络桥梁,联络六腑、五官、七窍、五志、五液等,构成五个生理病理系统。中医学还用五行学说,把自然环境的变化分为五类,如五时、五方、五化、五色、五味等,以与五脏相通应,反映了"天人一体"的思想。中医学还运用五行学说的生克制化运动规律,阐释了五脏之间既相互资生又相互制约的关系,而这种关系的协调维持着机体内环境的稳定。

5. 临床实践的不断验证使脏腑理论日臻完善　中医学丰富的临床经验的积累是产生脏腑理论的源泉,多数脏腑理论都是古代医家通过长期对生理病理现象的观察与体悟而得出的。理论产生之后,还需要临床实践的验证,如肾主生长发育与生殖及肾主骨的理论,对临床不育症、小儿发育迟缓症、早衰症、老年痴呆症等的防治和各类骨折的治疗,都有重要的指导意义;临床实践亦是对其理论正确与否的检验。

(三) 脏腑学说的主要特点

由于历史及方法学等方面的原因,使中医脏腑学说具有以下几个特点。

1. 运用宏观思维,进行整体观察　脏腑学说初步形成于《内经》时代。古代医家运用宏观思维和整体观察的研究方法,不仅对人体自身表现出来的各种生理和病理现象进行观察分析,而且对人体周围的事物和现象,如天文、地理、气象、动物、植物以及社会、文化层面等,进行了广泛的观察和分析,并将对自然和社会观察的结果与人体的生理病理结合起来研究,以得出有关生命、健康和疾病的结论。如对心脏的研究,以宏观思维从与季节的关系,与五味、五色的关系来说明心有通和明的生理特点,以人的精神方面和血液循环方面的异常征象来反证和推理心的主血脉和主神志的生理功能。

2. 以五脏为中心,重视整体联系　脏腑学说的整体联系观点,主要体现在以五脏为中心的人体自身的整体性及人与自然社会环境的统一性两个方面。脏腑学说是以五脏为中心来说明脏与腑、脏与形体官窍、脏与精神情志的整体生理联系；说明五脏与五季、五方、五色、五味之间的整体联系。

3. 注重脏腑功能，轻视形态结构　脏腑学说，对脏腑功能论述得较为详细，而对脏腑形态结构的认识则较为表浅和粗糙。古代科学技术的不发达固然是其原因，但无疑也受到道家的“重道轻器”思想的影响。中医学重视对无形之气的探讨，并试图以气来说明脏器的功能，而对有形脏器的形态结构的研究不够深入。

（四）脏腑辨证思想是临床诊疗思维的核心

在中医对疾病的诊疗实践中，不论内伤、外感疾病，不论内外妇儿等各科临床，大多数病证的诊断最终都只有全部或部分落实到脏腑辨证上，才能在治疗上有明确的立法、处方和用药。就中医临床基础学科来说，《金匮要略》以脏腑经络辨证为主要辨证方法；《伤寒论》虽以六经辨证为主，《温病学》虽以卫气营血辨证和三焦辨证为主，但其中诸多方证无不蕴含着丰富的脏腑辨证精髓。中药各有其脏腑归经，《金匮要略》、《伤寒论》、《温病学》中对方药运用之疗效，有不少仍是落实到脏腑而具体体现的。

二、经络学说

（一）经络学说的概念

经络是人体运行全身气血、联络脏腑肢节、沟通上下内外的通路，是经脉和络脉的总称。经络学说是研究经络的概念、经络系统的构成、经络的生理功能和病理变化及其与脏腑精、气、血、津液之间相互关系的系统理论，是中医学理论体系的重要组成部分。

（二）经络学说的形成基础

1. 十二经脉的存在是经络学说形成的核心　早在长沙马王堆3号汉墓医简中就发现了三部针灸经络的文献，比较完整地记载了11条经脉的名称、起止、走向、疾病等，而且分为足、臂两类。说明在《内经》之前，古人就已对经络有了一定的初步认识。

2. 针灸疗法的发明和针灸感觉传导的发现是经络学说形成的实践依据　早在远古时代，我们的祖先在同大自然作斗争的生活、生产实践过程中，发现体表偶然被火灼伤，或被碎石砸伤、荆棘刺伤后，能使体内某些疼痛和疾患减轻或消失。经历过无数次这样的反复实践，于是积累了经验，逐步学会使用“砭石”为针，刺激体表的一定部位（或压痛处）来解除体内疾病的痛苦；懂得用火点灼灸某部位的皮肤，具有镇痛等疗效。从“砭石处”到“灼伤处”，都是属于一种“以痛为腧”的体表浅刺的外治法。这是古老的针刺和灸术的萌芽时期。

随着社会生产力的不断发展与冶金术的发明和广泛使用，针刺用具也逐步得到改进。人们学会以金属造针，制作出各种类型的针具。

针灸术的疗效与“气至”、“得气”有不可分割的联系。所谓“气至”、“得气”，就是指针刺或灸灼穴位时，患者产生酸、麻、胀、沉重或冷热的感觉，以及这些感觉沿经脉传导放散的现象，现代则称为循经感传现象。

因此，可以说古代医家经过长期对针刺“得气”现象的观察，归纳和总结出手足十二经脉和奇经八脉等循行分布与其属络脏腑的关系，以及证候群的规律性，创立了经络学说。

3. 古代解剖生理学的观察是创立经络学说的重要条件　早在公元前5世纪以前，中国医学家对人体脏腑器官的解剖结论，有的已接近于近代解剖学的测定。《灵枢》中的《经水》、《肠胃》等篇，为我们提供了古代进行过人体解剖的线索。《内经》中有关经络的记述，很大一部分是根据体表解剖、局部解剖和系统解剖观察得来的。古人所说的“经络”，既包括肉眼所见到的某些结构，也与通过临床所观察到的某些生理、病理现象密切相关，是结构态与功能态的有机统一。因此，可以说解剖生理学的观察是创立针灸经络学说的重要条件之一。

4. 腧穴功效的总结和体表病理现象的推理是经络学说形成的理论基础之一　古人通过实践，将穴位的主治作用进行整理分类、归纳分析发现，主治范围基本相同的穴位往往有规律地排列在一条路线上。如分布于胸部外上方及上肢内侧前缘的穴位，一般都能主治肺、气管、咽喉和体表相应部位的疾病，而这条路线上所出现的证候又同该条路线上穴位的主治基本一致。因而，由腧穴功能的分类以及相互间的联系而产生了经络联系的概念，从而说明经络的形成与穴位功效的总结有不可分割的关系。

临床实践中发现，当体内某一脏腑发生疾病时，在体表相应部位可出现一些病理现象，如压痛、结节、皮疹、色泽变化等异常反应。《灵枢·背腧》记载：“欲得而验之，按其处，应在中而痛解，乃其腧也。”就是说脏腑有病，按压体表某部位，出现反应点，病痛也随之缓解。因此，腧穴功效的总结和体表病理现象的推理是经络学说形成的理论基础之一。

（三）经络学说的特点

1. 经络系统的整体性　这是经络学说最大的特点，包括人体自身经络系统的整体联系和人体经络与自然环境之间的联系。

人体中的经络系统，包括十二经脉、奇经八脉、十二经别，以及由十二经脉分出的别络、孙络，连属于十二经脉的十二经筋和十二皮部，是一个密切相连的通路系统。人体的脏腑形体官窍，正是由经络系统的沟通联络作用而构成一个有机整体。经络学说认为，自然界是生命之源泉，是人类赖以生存的必要条件，自然界的一切运动变化，都会在人体内引起一定的应答反应。这种反应有助于人体同外界保持相对协调和平衡，正常生命活动得以实现，而经络系统正是维持内外环境平衡的协调与控制系统。

2. 结构与功能的统一性　经络最初是建立在直观的、粗糙的解剖学的基础之上。经络系统可以说涵盖了现代解剖学所说的血管（即经脉）、肌腱以及一些大的神经（即经筋）等组织结构，如《灵枢·本藏》说：“经脉者，所以行血气而营阴阳，濡筋骨，利关节者也。”具有运行气血作用的非血管莫属。《灵枢·经脉》中说：“经脉十二者，伏行分肉之间，深而不见……诸脉之浮而常见者，皆络脉也。”《内经》中经筋也是经络系统的组成部分。上述之经脉皆为形态学上的表述。

经络学说虽然基于具体的血管、神经、肌腱等结构的存在，但又超越了这些结构，即其中任何一种结构或三种结构的总和都不能全面地阐释经络的全部功能，如经络与脏腑官窍的特定联系，经络的感应传导信息作用，经络的双向调节作用等，因此经络是经过了整体化联系、推理、演变及功能作用的综合而抽象出来的一个人体结构功能系统，是形态和功能的有机统一，它是和脏腑学说密切相关的，是人体内外上下的联系途径。

第二章

外感病

第一节　外感病的概念

一、伤寒

“伤寒”的含义有广义和狭义之分。广义伤寒的“寒”作“邪”字讲，包括风、寒、暑、湿、燥、火六淫之邪及疫疠之邪，也就是说凡是从外感受邪气致病者，皆是伤寒的范畴。所以，广义伤寒乃是指一切外感病的总称，正如《素问·热论》所说：“今夫热病者，皆伤寒之类也”。狭义伤寒的“寒”，作风寒讲，即是指外感风寒之邪而即发的外感病，它是广义伤寒的一种。例如，《难经·五十八难》说：“伤寒有五，有中风，有伤寒，有湿温，有热病，有温病。”其中“伤寒有五”之“伤寒”，为广义伤寒；五种之中之“伤寒”，即为狭义之“伤寒”。《伤寒论》以伤寒命名，书中分别论述了伤寒、中风、温病等，应属广义伤寒的范围，但从全书的篇幅上看，又以论述人体感受风寒之邪所致疾病的辨证论治规律即狭义伤寒为主。此外，《伤寒论》所说的伤寒病，从广义上讲也包括西医学中伤寒、副伤寒等疾病，只是不能将二者等同起来。

二、温病

温病是由温邪引起的以发热为主症，具有热象偏重、易化燥伤阴等特点的一类急性外感热病，属广义伤寒范畴。温邪有多种，不同温邪可导致各种不同温病。温病一般具有以下几个基本特征。

（一）病因主要是外感温邪

温邪主要包括风热、暑热、湿热、燥热、温毒和疠气病邪，其分别导致风温、暑温、湿温、秋燥、春温、温毒和温疫。从病邪性质来说，可分为温热和湿热两类。

（二）以热象偏盛、化燥伤阴为临床特征

温病的临床表现特点有：①以发热为主症；②伴随热象偏盛证候：如口渴、心烦、尿赤、舌红、脉数等；③易出现险恶证候：如斑疹、痉厥、神昏谵语、吐衄等；④易出现阴津耗伤证候：如口鼻干燥、干咳、渴饮、大便燥结，或低热神倦、手足瘛疭、苔黄燥或干绛等。

（三）以卫气营血及三焦为传变规律

温病的病情发展具有明显的阶段性，表现为人体的卫气营血和三焦所属脏腑的功能失调和实质损害，并以此作为辨证论治的纲领。温病初起多在卫分（或上焦），病邪深入多在气分（或中焦),严重者可传入营血分(或下焦)。

(四)有传染性、流行性、季节性、地域性

温病有一定的传染性和流行性,与人体的体质、社会环境以及病邪的种类和毒力有密切关系。其中,具有强烈传染性并能引起流行的称为温疫,亦称“瘟疫”。伤寒、温病与温疫的关系以及伤寒与温病的鉴别见图2-1-1和表2-1-1。温病的发生和四时气候有关,不同季节有不同温病。春季温暖多风,多出现风温、春温;夏季炎热多雨,多出现暑温、湿温;秋季气候干燥,易出现秋燥等。不同区域,由于自然环境、气候和人的体质差异而有不同温病或表现为不同证候,如岭南地区夏季炎热多雨,多暑温及暑湿为患;云南、海南等地多瘴疟等。

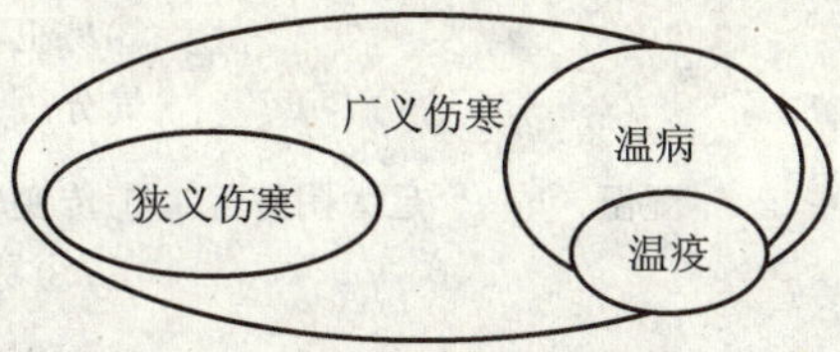

图2-1-1 伤寒、温病与温疫的关系

表2-1-1 伤寒与温病的鉴别

	伤寒	温病
病因	风寒病邪	温邪
感邪途径	皮毛、足太阳膀胱	口鼻、手太阴肺
病机	寒邪束表卫阳受郁	热盛伤阴
传变	六经	卫气营血(三焦)
初起证候	恶寒发热、头身痛、无汗、脉浮紧	发热恶风、口渴、脉浮数
初起治疗	辛温解表	辛凉解表
传染性、流行性	弱	较强

第二节 外感病的病因和发病

一、外感病的病因

外感病的病因是指引起外感病发生的致病因素。人体感受外邪是否发病还取决于发病的条件,即正气与邪气双方力量的对比情况,正气虚弱,抗病力低下,则外邪得以侵袭人体,并发生一系列的病理变化,引起不同的病证。

外感病邪包括了以六淫命名的风热病邪、风寒病邪、暑热病邪、暑湿病邪、湿热病邪、燥热病邪等,此外,还包括了温毒病邪、疠气病邪等。外感病病邪比较见表2-2-1。

从现代科学角度看,外感病主要是指多种急性传染病和感染性疾病,所以外感病的病因实际上主要是各种病原微生物。外感病的病因学说之所以主要按六淫立论,其原因一方面是四时的气候变化确实与不同温病的发生有密切的关系,这主要是由于不同季节会影响到自然界病原微

表2-2-1 外感病病邪比较表

病邪名称	好发季节	病邪性质	所致外感病名称	病位	致病特点
风热病邪	冬春季节	风热	风温	肺	①多从口鼻而入，首先犯肺；②易化燥伤阴；③变化迅速，易逆传内陷
风寒病邪	冬季	风寒	伤寒	肺、肌表	①寒为阴邪，易伤阳气；②寒性凝滞；③寒性收引
暑热病邪	夏季	暑热	暑温	足阳明胃经	①伤人急速，径犯阳明；②易耗气伤津；③易犯心包，闭窍动风；④易夹湿邪，郁阻气分
湿热病邪	长夏	湿热	湿温	足太阴脾经	①传变较慢，病势缠绵；②病位以脾胃为主；③易困阻清阳，闭郁气机
燥热病邪	秋季	燥热	温燥	肺	①病位以肺为主；②致津液干燥；③易从火化
疫疠病邪	四季均可，春季尤甚	强烈传染性	温疫	特定脏腑	①致病力强；②多从口鼻而入，有特异的病变定位；③强烈的传染性，易引起流行；④为病严重，病情凶险，传变迅速，症状复杂多变
温毒病邪	四季均可	温热	大头瘟等	局部瘀结	①攻窜流走；②蕴结壅滞

生物的生长繁殖、相关传播媒介的生活条件以及人体的防御外邪的状态等；另一方面是因为中医外感病学长期以来，把六淫作为外感病的发生主因，并在长期实践中已形成了一整套“审证求因，审因论治”的理论体系，在临床上有效地指导立法用药。所以，这一病因学说是有实用价值的，目前仍在辨证论治体系中发挥重要的作用。当然，现在对六淫的认识不能单纯地视之为气候变化等物理性的致病因素，而应视六淫的性质特点是对各种病原微生物致病特性的归纳，所以以六淫命名的外感病邪，实质是包括了各种病原微生物在内。

温邪除了包括许多病原微生物外，也包括了一些非生物性的致病因素，如环境高温而引起的中暑等疾病。

二、外感病的发病

外感病发病的内容包括发病因素、感邪途径及发病类型等，即主要从人体是感受外邪的原因、病邪侵犯人体的途径和发病后的临床表现的类型等进行阐述。

（一）发病因素

1. 体质因素　是外感病发病的决定性因素之一，它决定着外感病是否发生及发病后的证候类型。

首先，体质因素是外感病的先决条件。外邪侵袭人体后是否发病，取决于体质的强弱，亦即正气的盛衰。正气盛则防卫能力强，邪气就难以侵入；反之，正气虚则防卫能力下降，邪气就较易侵入而发病。此外，体质的强弱还决定着正邪力量的对比，从而影响着发病之病势转归，即正盛邪衰者病轻易愈，正衰邪重者病重易变。若群体正气不足，防御力低下，外感温热病邪则易发生及导致流行。预防措施不力，计划免疫实施情况不佳，均可使人群易染性增加。

其次，体质因素决定外感病发病后的证候类型。这主要体现在两个方面：①感受相同的致病因素，因个体体质之差异，而表现出不同的证候类型。例如，同是感受风寒之邪，因体质差异而有表实、表虚证之不同。素体腠理致密者，感受风寒之邪常表现为恶寒、无汗、脉浮紧的表实证；素体腠理疏松者，感受风寒之邪常表现为恶风、汗出、脉浮缓的表虚证。②病因不同，而体质因素相同时，也可表现为相同或相类似的证候类型。如阳热体质，发病易现热证，即使感受风寒之邪，也易郁而化热。

2. 自然因素 主要是指气候因素。气候变化异常，不仅可影响人体的抗病能力，而且也会影响外感病邪的产生和致病。如非其时而有其气，骤冷暴热，疾风霪雨等，人体不能适应寒暖的骤然变化，易感邪发病。故巢元方《诸病源候论》说："皆因岁时不和，温凉失节，人感乖戾之气而生病，则病气转相染易，乃至灭门，延及外人。"长夏季节气温炎热，雨水亦多，这种气候条件不仅极易滋生湿热病邪，还会影响人体的脾胃运化功能，所以较易感受湿热病邪而发生湿温。气候反常，或大旱、大涝等自然灾害之后，温邪也易猖獗而广泛传播，从而引起温病的暴发流行。古人所说的"大灾之后，必有大疫"就反映了自然灾害与温疫的关系。此外，空气中存在的放射性物质、污染粉尘、刺激性气体或其他有毒物质，均可降低人体防邪抗病的能力，增加温邪的易染机会。

3. 社会因素 人们所处的社会状况，包括经济条件、营养调配、体育锻炼、卫生习惯、卫生设施和防疫制度等，都会影响到人体的健康水平和防御外感病的能力。从温疫流行的资料可知，温病频繁发生和流行的年代和地方，都与人民生活贫困、体质差、抗病力弱，且经济文化落后、卫生及防疫设施缺少，加上战争频繁、社会动荡、人口流动迁徙等有关，这就是一般所称的"大兵之后，必有大疫"。新中国确立了"预防为主"的方针，对传染病采取了一系列防治措施，从而有效地控制和降低了多种急性传染性温病的发生与流行。

4. 情志因素 情志活动是外界刺激所引起的内脏功能的反应，情志的好坏与机体所处的自然和社会条件密切相关。长期的情志过激，如多怒、烦惊、易恐等，会造成机体的正气虚弱，防御病邪能力下降，从而较易招致外邪的侵入而发病。东汉末年，政治极其动荡，战争、自然灾害连年不断，人们疲于奔命，惊恐害怕，惶惶不可终日，家庭的悲欢离合，使其精神和心理受到极大的刺激，导致机体抗病能力下降，因此患伤寒者众多，且极易死亡。所以，情志因素导致机体内环境的改变，在外感病的发病中同样具有重要的作用。

（二）感邪途径

1. 空气相染，从皮毛和呼吸道入侵 皮毛主一身之表，它在卫气作用下，通过正常开合以保持机体内外环境的统一，防御外邪的侵袭。一旦卫外功能下降，皮毛失固，外邪即可乘虚而入，以至形成卫气与外邪抗争，皮毛开合失司的卫表证候。从呼吸道入侵的外邪，初起病变多在上焦手太阴肺。

2. 饮食相染，从口入侵 邪从口腔而入，多系饮食不洁所致。口气通于胃，病邪从口腔而入，可直犯胃腑及肠道。湿温、霍乱等湿热性质温病和寒邪直犯太阴经的六经病证，感邪途径均属于这一类型。

3. 接触相染，从皮毛而入 与某些具有传染性的患者直接接触，病邪可从皮毛而入，染易其人。此外，接触疫水而感邪发病，也属于接触相染之例。

（三）发病类型

1. 病发于表　即伤寒和新感温病，指感邪后立即发病的一类外感病。这类外感病的特点是：初起病邪在表，一般无里热证，以发热恶寒、无汗或少汗、头痛、咳嗽、苔薄白、脉浮数等卫表证候为主。初起治疗以解表透邪为大法，若治疗得当，邪自外解，预后较好。应注意的是，有的外感病虽然初起时也以里热证为主要表现，但其临床特点若与当时的时令主气致病特点相符合，也属于病发于表。如暑温，初起时表现为阳明里热见证，但其发生于夏暑之时，与暑邪的致病特点相符，所以属于新感温病。属于这类外感病的有伤寒、风温、秋燥、暑温、大头瘟、烂喉痧等。

2. 病发于里　即伏邪温病，简称“伏邪”。指感邪后未即发病，邪气伏藏，逾时而发的温病。阴精不足的体质易患伏邪温病。伏邪温病的特点是：病发即显现出一派里热证候，若无外邪诱发，一般无表证，初起以灼热、烦躁、口渴、尿赤、舌红等里热表现为主。其传变趋向是：伏邪由里达表，则邪势衰退，病情好转；伏邪进一步内陷深入，则病情加重。伏邪温病病情较重，病程较长。若伏邪不能外达或透邪不尽则病情反复，变证迭起，病难速愈。伏邪的治疗初起以清泄里热为主，伏邪温病主要有春温、伏暑。伏邪温病与新感温病比较见表2－2－2。

表2－2－2　新感温病与伏邪温病比较表

类型	新感温病	伏邪温病
成因	感邪后立即发病	感邪后邪气伏藏，逾时而发
病机传变	初起病邪在表，或从表解，或自表入里，由浅至深传变	伏邪自里而发，或由里达表，或进一步内陷深入，若伏邪不能外达或邪透不尽，则病难速愈
证候特点	初起即现表证，而无里热证	初起即现里热证，如无外感引发，则无表证
初起治疗	以解表透邪为主	以直清里热为主

3. 合病与并病　凡两经或三经的证候同时出现者，为合病；若一经病证未罢又出现另一经证候者，则称为并病。其区别主要在于发病时间上的差异，即所谓“合则一时并见，并则以次相乘。”合病多见于病邪较盛之时，由于邪盛，可同时侵犯两经或三经；并病多体现于病位传变之中，病位的传变，多是病变过程中病变部位发生了相对转移的现象，并且原始病位的病变依然存在（表2－2－3）。外感病有一定的传变规律，如六经、卫气营血、三焦等。

- 外感病的发病
  - 发病因素
    - 体质因素：人体的抗病能力
    - 自然因素：气候因素
    - 社会因素：经济条件、营养调配、体育锻炼、卫生习惯、卫生设施及防疫等
    - 情志因素：长期的情志过激，如多怒、烦惊、易恐等
  - 感邪途径
    - 空气相染：如伤寒、风温、烂喉痧等
    - 饮食相染：如寒邪直犯太阴经、湿温、霍乱等
    - 接触相染：如疟疾、疫疠等
  - 发病类型
    - 病发于表：伤寒和新感温病，如风温、秋燥、暑温、大头瘟、烂喉痧等
    - 病发于里：伏邪温病，如春温、伏暑等
    - 合病：如伤寒之太阳与少阳合病、气营血同病等
    - 并病：如卫气同病、卫营同病等

表 2-2-3 合病与并病比较表

类型	不同经络证候的出现时间顺序	好发时间
合病	两经或三经的证候同时出现	多见于病邪较盛之时
并病	一经病证未罢又出现另一经证候	多体现于病位传变之中

三、外感病的传变

外感病的传变是指外感病邪在体内的发展变化。其传变遵从一定的规律:六经传变、卫气营血及三焦传变。分述如下。

(一) 六经传变

六经传变指外感伤寒病的一般传变规律,六经传变学说是张仲景《伤寒论》在《内经》外感病发展变化规律的基础上所创立的。

六经病证是脏腑经络变化的临床表现,人体脏腑经络互为表里、相互络属,成为一个不可分割的整体,故往往一经有病,就会影响到其他经,从而产生六经病的传变。

六经病传变与否,主要取决于三个方面。一是决定于正气的盛衰:正气充盛,抗邪有力,则邪不能内传;反之,正气虚衰,抗邪无力,则邪气内传。若邪已内传,在正邪相争,正气得到恢复,重新具备了驱邪的能力时,则可使病情由里出表而向愈。二是决定于邪气的轻重:感邪重,其势盛,则邪气往往内传,甚至直入三阴;若感受邪气不甚,或在与正气斗争中已衰,则无力内传,或即使内传,致病能力也较弱,往往容易被正气或药物驱之外出。三是决定于治疗的当否:在外感疾病发生发展的过程中,能否进行早期治疗、正确治疗,则是关系到疾病能否传变及传变趋向的重要因素。

六经病证特别是三阴经病证的发病,不仅只是从传经而来,而且还有“直中”一途。直中,是指病邪不经太阳阶段或三阳阶段而直接进入阴经的一种发病形式。之所以会产生直中,其主要原因是机体正气虚弱,抗邪无力,因此病邪才得以越过阳经而直达阴经发病。

六经可以单独为病,也可以两经或三经合并为病,因此,在六经病证中又有“合病”、“并病”之称者。在《伤寒论》中有太阳阳明合病、太阳少阳合病、阳明少阳合病、三阳合病及太阳与少阳并病、太阳与阳明并病、少阳与阳明并病等。

(二) 卫气营血传变

卫气营血传变指在温病病程中,病变部位的变化出入,发生于卫、气、营、血四个阶段之中的病理过程。卫分是温病的初期阶段,病位在于肺卫;气分是温病的中期阶段,病位在肺、胃、肠、胆、脾;营分是温邪深入于里,为温病的严重阶段,病位主要在心与心包;血分属温病的晚期阶段,病位则在心、肝、肾。

卫气营血的病位传变,一般多从卫分开始,经由卫分,而气,而营,而血的发展,称为“顺传”,反映出病邪由表入里、由浅至深,病势由轻转重的传变过程。这种传变过程为温病传变的一般规律。但因患者有体质强弱及反应状态不同,致病温邪性质各异,临床上有不传和特殊传变两种情况。所谓不传,是指邪犯卫分,经治疗后邪从外解而病愈。所谓特殊传变一是指邪从卫分直入心包,称为“逆传”(表 2-2-4);二是指病发于里,开始就见气分或营血分病变,而后传出气分,逐渐趋向好转,痊愈。这种初起即见里证的病,往往反复性大,病情较重。此外,卫气营血传变,还有卫分证未罢,又兼气分证而致“卫气同病”者;或气分证尚存,同时出现营分、血分证而成“气营两燔”、“气血两燔”者；更有严重者为邪热充斥表里，遍及内外，出现卫气营血同时累及的局面。

表2-2-4 顺传与逆传的比较

传变	释义
顺传	病变多由卫分→气分→营分→血分。它体现了病邪由表入里、由浅入深，步步深入，病情由轻而重、由实至虚的传变过程
逆传	病邪入卫分后，不经气分阶段而直接深入营、血分。实际上“逆传”只是“顺传”规律中的一种特殊类型，只不过病情更加急剧、重笃

（三）三焦传变

三焦传变指病变部位循上、中、下三焦而发生转移变化。一般多由上焦手太阴肺开始，向中焦阳明胃传变，亦可传入心包；中焦病不愈，则多传入下焦肝肾。病邪始于上焦手太阴肺，传至中焦阳明胃腑的过程，称为顺传；温邪自手太阴肺传至手厥阴心包的过程，称为逆传。由于人体是一个有机的整体，邪之所感，随处可传，并不是固定不变的。在三焦传变过程中，有上焦未罢而又见中焦证的，亦有中焦证未除而又出现下焦证的。

三种传变规律的比较见表2-2-5。

表2-2-5 三种传变规律的比较

传变	传变规律
六经传变	太阳经→阳明经→少阳经→太阴经→少阴经→厥阴经
卫气营血传变	卫分→气分→营分→血分
三焦传变	上焦手太阴肺→中焦阳明胃腑→下焦肝肾

（四）卫气营血辨证与三焦辨证的关系

卫气营血辨证与三焦辨证相互关联，但又有所不同：

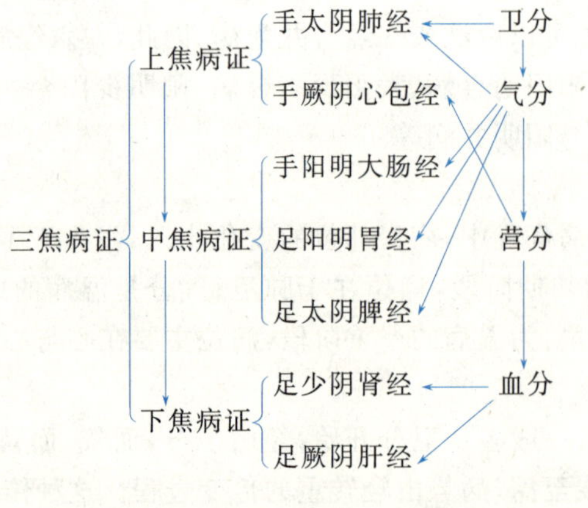

以具体病变而言，上焦手太阴肺之病，相当于邪在卫分，但邪热壅肺而无表证者，则属于气分范围。邪陷上焦厥阴心包的病变，属于营分范围，但其病机变化与营分证不完全相同：前者主要是邪热内陷，包络机窍阻闭，心神逼乱；后者是营热阴伤，心神受扰。气分病变不限于阳明胃肠及足太阴脾经，只要温邪不在卫表，又未深入营血，皆属于气分范围。下焦病变与动血耗血的血分病变有明显的区别，前者是热伤肝肾真阴、精血，其证属虚；后者病变以热盛迫血为主，病变不限于下焦，其证属实或中有虚候。

临床应用时应将二者有机结合，灵活应用。一般先以卫气营血辨证确定病变深浅层次及发展趋势，再用三焦辨证确定病变部位。卫气营血辨证主要反映卫气营血的功能失常及其损伤，虽然涉及相关脏腑的功能失调，但不是主要的；同样，三焦辨证也是一定程度上反映出卫气营血的病机变化，但也不是主要的。可见两种辨证方法偏重不同，所起作用不同，故不能相互代替。二者相辅而行，才能将病变层次及部位，病证类型及性质，病势轻重及转归等辨析清楚、准确，为治疗提供可靠的依据。

小结

外感病属于疾病中的一大类别，其发生具有明显的季节性。外感病的病因主要是外感六淫，包括风热病邪、风寒病邪、暑热病邪、湿热病邪、暑湿病邪、燥热病邪。另外，温毒病邪、疠气病邪也具有温热性质特点，也属温邪范围。不同的病邪具有各自不同的致病特点，但它们也具有共同特性：从外感受，致病迅速，致病后出现相关发热、恶寒征象，季节相关；在一定条件下可以相互影响及转化，如寒郁化热、热灼成燥、热蒸湿动等，以及病位有别，如风寒病邪首先侵犯足太阳膀胱经，风热病邪先犯手太阴肺经，暑热病邪先犯阳明胃经，湿热病邪多困足太阴脾经等。所以对于疾病的证候要按“审证求因”的方法来探求疾病的病因，以期得到正确的治疗。

影响外感病的发生及流行有多方面的因素。人体的体质因素、环境及地域等自然因素，经济条件、营养调配、卫生习惯、防疫制度等社会因素。这些因素共同作用于人体就决定了外感病的发生与否及感染何种病邪。外感病邪侵袭人体每因病邪种类的不同而有不同的感染途径。一般通过空气、饮食和接触等感染。外感病发病后的临床表现，可将外感病分为病发于表的新感温病、病发于里的伏邪温病及合病并病三大类。

外感病发病后，病邪在患者体内的传变有一定的规律性，包括六经传变、卫气营血传变和三焦传变。六经传变是外感伤寒病的一般传变规律，卫气营血传变是在温病病程中，病变部位的变化出入，发生于卫、气、营、血四个阶段之中的病理过程。由卫分、气分传至营血，病情多由轻变重、由浅入深，病势则趋向恶化；而病变由营血转出卫气分，病情由重变轻、由深出浅，病势则趋于好转或自愈。三焦传变是指病变部位循上、中、下三焦而发生转移变化。

第三节 外感病的主要辨证方法

一、六经辨证

六经是太阳、阳明、少阳、太阴、少阴、厥阴的统称，《伤寒论》以六经作为辨证论治的纲领。《伤寒论》的六经分证是在《素问·热论》六经分证的基础上，吸收汉以前有关平脉辨证与医疗实践的经验，而使之更加系统化和更具有实践性。如《素问·热论》只是将六经作为一个分证的概念，而不是作为一个辨证的方法；在内容上，也只论述了六经的热证、实证，而未论及其虚证、寒证。而《伤寒论》的六经以脏腑经络为基础，既作为分证的纲领，又作为论治的依据；在内容上，不仅论述了热证、实证，也论述了虚证、寒证。《伤寒论》的六经辨证，就是根据人体抗病能力的强弱，病势的进退、缓急等各方面的因素，对疾病发生、发展过程中的各种证候，即病、脉、证、治各方面，进行分析、归纳、综合，借以判断病变的部位、病邪的性质、正邪的盛衰以及治疗的顺逆等，从而作为其诊疗的依据。六经辨证是主要用于外感疾病的一种辨证方法。

具体来说，如风寒初客于表，出现恶寒、发热、头项强痛、脉浮等太阳经脉受邪，正邪交争于表的证候，称为太阳病；若邪气化热入里，表现为但热不寒、口渴、汗出，或腹满疼痛拒按、大便秘结等胃肠燥热实证，称为阳明病；若邪气虽已离表，但尚未入于里，与正气交争于半表半里，证见往来寒热、胸胁苦满、默默不欲饮食、心烦喜呕、口苦、咽干、目眩等胆火气郁、枢机不利的表现者，称为少阳病。以上为三阳经病证。三阳经病证为邪气初入人体，邪气虽盛，但正气不衰，机体抗病能力强，故多呈现热证、实证。若病邪深入三阴，表现为吐利纳呆、腹满而痛、喜温喜按等中阳虚弱、寒湿内盛等证者，称为太阴病；若见恶寒蜷卧、手足厥冷、下利清谷、精神萎靡、脉沉微细等心肾阳虚，阴血不足表现者，称为少阴病；若见消渴、气上撞心、心中疼热、饥而不欲食、食则吐蛔或呕吐、下利等上热下寒、寒热错杂之证者，称为厥阴病（表 2－3－1）。以上为三阴经病证。三阴经病证皆为正气衰减，机体抗病能力弱，故多呈现虚证、寒证。上述可知，所谓六经分证，既是对疾病所表现的六类证候的系统概括，又表示病变过程中的既不相同而又相互联系的六个阶段，同时也体现了六经分阴阳、联脏腑，阴阳又统领表里、寒热、虚实，脏腑又包含五脏和六腑等六经与八纲、六经与脏腑之间的内在联系。

表 2－3－1 六经辨证简表

证名	病机	辨证要点
太阳病	经脉受邪、正邪交争于表	恶寒、发热、头项强痛、脉浮
阳明病	邪气化热入里	但热不寒、口渴、汗出，或腹满疼痛拒按、大便秘结
少阳病	邪尚未入于里，与正气交争于半表半里	往来寒热、胸胁苦满、默默不欲饮食、心烦喜呕、口苦、咽干、目眩
太阴病	中阳虚弱，寒湿内盛	吐利纳呆、腹满而痛、喜温喜按
少阴病	心肾阳虚，阴血不足	恶寒蜷卧、手足厥冷、下利清谷、精神萎靡、脉沉微细
厥阴病	上热下寒、寒热错杂	消渴、气上撞心、心中疼热、饥而不欲食、食则吐蛔或呕吐、下利

二、卫气营血辨证

卫气营血辨证理论是清代温病学家叶天士所创立的。它是一种论治外感温热病的辨证方法，即将外感温热病发展过程中所反映的不同病理阶段分为卫分证、气分证、营分证和血分证四类，用以说明病位的深浅、病情的轻重和传变的规律，对温病的病理变化及证候类型进行高度的概括，以指导临床治疗。

卫营气血是由水谷化生的维持人体生命活动的精微物质。其分布有表里层次的区别：卫敷布于肌表，气充养全身，营则行于脉中，血是营注于脉化赤而成。由此可知，卫、气分布的层次较浅，营、血分布的层次较深。而且卫气营血的作用又各不相同：卫有捍卫肌表、抗御外邪入侵、控制腠理开合、调节体温等作用，卫的功能活动正常，卫表固密，外邪难于入侵；气是人体脏腑生命活动的动力，是整体防御功能的体现，凡外邪入侵，气必聚积病所，与病邪相争；营为精微物质，有营养全身的作用；血与营的作用相似，起着营养和滋润的作用。叶天士以卫气营血的这些生理功能为基础，将卫气营血这个物质性的概念，转化成为结合生理、病理、证候和层次的一个综合性概念。

温热病邪一旦入侵人体，即激发防御功能，出现一系列的抗邪反应；并导致卫气营血功能失调及实质损害。一般而言，卫分、气分的病机变化以功能失调为主，营分、血分的病变以实质损害为主。

卫气营血辨证的意义，一是明确病变深浅层次；二是确定证候类型及病变性质；三是为确立正确的治法提供依据。

卫分证是温热病邪初袭人体肌表，引起卫外功能失调的一种证候。卫分证是温热病的初起阶段。

气分证是指温热病邪内传脏腑，正胜邪实，阳热亢盛所表现的里实热证候。气分证的病变较广泛，凡温热病邪不在卫分，又未传入营(血)分，皆属气分范围，涉及的病变部位主要有肺、胃、脾、肠、胆、膜原、胸膈等，因而有不同的兼证。气分证与卫分证、营(血)分证的区别是：气分证既无恶风寒等卫分症状，又无斑疹、舌绛等营(血)分症状。

营分证是指温热病邪内陷，劫灼营阴，心神被扰所表现的证候。营分证是温热病发展过程中较为深重的阶段。确定温热病邪进入营分的依据：一是发热类型为身热夜甚，它不同于卫分的发热与微恶风寒并见，也不同于气分的但恶热不恶寒。二是有程度不等的神志异常，轻则心烦不寐，重则时而谵语。气分证虽然也可出现神志的变化，但无特殊的营分证表现。三是舌质红绛，一般无苔垢。叶天士说："其热传营，舌色必绛。"可见舌质红绛是营分证所具有的特异舌质变化，是判断温热病邪传入营分的重要标志。

血分证是指温热病邪深入阴血，导致动血、动风、耗阴所表现的一类证候，是温热病发展过程中最为深重的阶段。病变主要累及心、肝、肾三脏。血分证是营分证病变的进一步加重及发展，对脏腑、经络造成更严重的损害。血分证与营分证的鉴别在于：血分证见急性多部位、多窍道出血，斑疹显露，而营分证仅因营热窜络出现斑疹隐隐，并未有窍道出血现象；血分证舌质由红绛转为深绛。血分证病情危重凶险，积极而恰当的救治，可使血分热渐衰，正气逐渐恢复，病情可望获得缓解。若血分热毒极盛，正不敌邪，可因血脉瘀阻、脏气衰竭或急性失血，气随血脱而死亡。

卫分证、气分证、营分证与血分证辨证见表 2-3-2。

表 2-3-2　卫分证、气分证、营分证与血分证辨证简表

病理阶段		病机	临床表现	辨证要点
卫分证		温邪袭表 肺卫失宣	发热，微恶风寒，头痛，汗出不畅，口微渴，咳嗽或咽部不适，苔薄白，脉浮数	发热，微恶风寒，脉浮数
气分证		邪入气分 里热蒸腾	发热，不恶寒，汗出，口渴，尿黄，舌红苔黄，脉数	发热，不恶寒，苔黄
营分证		热灼营阴 心神被扰	身热夜甚，口干但不欲饮，心烦，甚则神昏谵语，斑疹隐隐，舌绛，脉弦细数	身热夜甚，心烦，斑疹隐隐，舌绛
血分证	实热证	热盛动血 心神扰乱	身热夜甚，心烦躁扰，昏谵，痉厥，各种出血证，舌质深绛，脉弦细数	身热，躁扰，各种出血证，舌质深绛
	虚热证	热伤真阴 虚风内动	低热，颧红，手足心热，心烦，心悸，口干咽燥，手足蠕动，甚则瘛疭，神疲，耳聋，舌干绛少苔，脉虚数或结代	低热，手足心热，手足蠕动，舌干绛少苔，脉虚数

三、三焦辨证

三焦是上焦、中焦、下焦的合称。三焦的概念有二:一是指六腑之一,即脏腑之间和脏腑内部的间隙互相沟通所形成的通道。在这一通道中运行着元气和津液。所以气的升降出入,津液的输布与排泄,都有赖于三焦的通畅。二是单纯的部位概念,即膈以上为上焦,膈至脐为中焦,脐以下为中焦。本节侧重讲其部位概念。

三焦辨证,是清代吴鞠通依据《内经》关于三焦所属部位的概念,将外感温热病的证候归纳为上、中、下三焦病证,用以阐明三焦所属脏腑在温热病过程中的病理变化、证候表现及其传变规律,并指导治疗的一种辨证方法。

三焦所属脏腑的病理变化和临床表现,也标志着温热病发展过程中的不同病理阶段。上焦病证主要包括手太阴肺和手厥阴心包的病变,其中手太阴肺的证候多为温病的初起阶段;中焦病证主要包括手阳明大肠、足阳明胃和足太阴脾的病变;下焦病证主要包括足少阴肾和足厥阴肝的病变,多为肝肾阴虚之候,属温病的后期阶段。

(一) 上焦病证

上焦病证是指温热之邪侵袭手太阴肺经和手厥阴心包经所表现的证候,多为温病的初期。由于肺主气属卫,故在上焦病证中,温热之邪初犯人体,既可能肺卫同时受邪,也可能只限于肺脏受邪,邪热壅肺,表卫症状不甚明显。病情严重时,温热之邪可逆传心包。

(二) 中焦病证

中焦病证是指温热之邪侵袭中焦脾胃,邪从燥化和邪从湿化所表现的证候,一般为外感热病的中期或极期。温邪自上焦传入中焦,脾胃二经受病,若邪从燥化,表现为阳明燥热伤阴之证;若邪从湿化,则成为太阴湿热证。

(三) 下焦病证

下焦病证是指温热之邪犯及下焦,劫夺肝肾之阴所表现的证候,为外感热病的后期阶段。

三焦辨证见表 2-3-3。

表 2-3-3 三焦辨证简表

证型		病机	临床表现	辨证要点
上焦	手太阴(肺)	邪袭肺卫 肺气失宣	发热,微恶风寒,头痛,口微渴,咳嗽,苔薄白,脉浮数	发热,微恶风寒,咳嗽,脉浮数
		邪热壅肺 肺气阻闭	身热,汗出,口渴,咳嗽,气喘,胸闷胸痛,舌红苔黄,脉数	身热,口渴,喘咳,苔黄,脉数
	手厥阴(心包)	邪陷心包 心窍闭阻	身热,肢厥,神昏谵语或昏愦不语,舌謇或舌绛	昏谵、身热,肢厥,舌謇或舌绛
中焦	足阳明(胃)	胃热炽盛 蒸腾于外	发热,不恶寒,反恶热,面赤,汗出,口渴,气粗,舌红苔黄躁,脉洪数	发热,汗出,渴饮,苔黄燥,脉洪数
	手阳明(大肠)	热结肠道 腑气不通	日晡潮热,语声重浊,腹满或腹痛,便秘,溺涩,舌苔黄而焦燥,脉沉实	潮热,便秘,苔黄而燥,脉沉实
	足太阴(脾)	湿热困脾 气机郁阻	身热不扬,汗出热不退,身重肢倦,胸脘痞闷,泛恶欲呕,苔腻,脉濡缓	身热不扬,肢倦脘痞,苔腻,脉濡缓

续表

证型		病机	临床表现	辨证要点
下焦	足少阴（肾）	热邪久留 肾阴耗损	身热，颧红，手足心热甚于手足背，口燥咽干，神疲脉虚	手足心热甚于手足背，口燥咽干，神疲脉虚
	足厥阴（肝）	水不涵木 虚风内动	低热，手足蠕动，甚则瘛疭，心中憺憺大动，舌干绛少苔，脉虚弱	手足蠕动，或瘛疭，舌干绛，脉虚弱

小结

六经辨证、卫气营血辨证、三焦辨证是外感病的主要辨证方法。六经辨证是将外感病发生、发展过程中所表现的不同证候，以阴阳为总纲归纳为三阳病（太阳病、阳明病、少阳病）、三阴病（太阴病、少阴病、厥阴病）两大类，分别从邪正斗争关系、病变部位、病势进退缓急等方面阐述外感病各阶段的病变特点。卫气营血辨证为清代温病学家叶天士所创立，是对温病的病理变化及证候类型的高度概括。三焦辨证是清代吴鞠通依据《内经》关于三焦所属部位的概念，将外感温热病的证候归纳为上、中、下三焦病证，用以阐明三焦所属脏腑在温热病过程中的病理变化、证候表现及其传变规律，并指导治疗的一种辨证方法。

第四节 外感病的防治原则

外感病的治疗，是在外感病辨证论治理论的指导下，通过收集大量的临床资料，明确病因病机之后，制定相应的治疗大法，选用相应的方药，以祛除病邪，调整机体功能，扶助正气，以使患者恢复健康。

正确而及时的治疗可以减少患者的病痛，促使患者早日恢复健康，尤其对于具有传染性的疾患来说，还有助于阻止其传播蔓延，保护健康人群。在外感病的治疗中，确立治法是最为关键的，正如华岫云在《临证指南医案》中所说的“立法之所在，即理之所在，不遵其法，则治不循理矣”。

一、外感病的主要治法

外感病病情复杂，变化多端，在治疗时几乎要用到中医学的各种治法。以下讨论外感病的几种主要治疗大法，主要包括解表、清热、和解、祛湿、通下、化瘀、开窍、熄风、养阴、固脱等法。

（一）泄卫解表法

泄卫解表法是通过疏泄卫表，透邪外出以解除外感病表证的一种治法。本法属八法中“汗法”的范围，适用于外感病初起，邪在卫表者。泄卫解表法的主要作用是开泄腠理，疏解表邪，透疹外达。由于引起外感病卫表证的病邪种类有风寒、风热、暑热、湿热、燥热等不同，所以泄卫解表法又可分为如下几种：辛凉解表（又称“辛凉解肌”），以辛散凉泄之剂以疏散卫表风热之邪；辛温解表，以辛温发汗之品使在表的寒邪随汗而外出；透表清暑，以辛温之品外散表寒，合辛凉清暑和苦温化湿之品解在里之暑湿；宣表化湿，以芳香宣透之品疏化肌表湿邪；疏表润燥，以辛凉清润之品疏解肺卫燥热。

（二）清解气热法

清解气热法是以清解气分邪热之品以解除气分邪热的一种治法，又称“清气法”。本法属八法中“清法”的范围，适用于外感病气分里热亢盛，但尚未与燥屎、食滞、痰湿、瘀血等有形实邪相互搏结的病证，即伤寒阳明经证。清解气热法的主要作用是清热保津、止渴除烦，使气分无形邪热或从外泄或从里解。气分证是外感病过程中邪正交争最激烈的阶段，如果气分邪热不能及时清泄，则其邪可里结阳明，或内传营血，甚至导致液涸、窍闭、动风、正气外脱等险局，所以清解气分之热对于提高外感病疗效、改善外感病的预后至关重要。由于气分无形邪热的所在部位、病势浅深、病邪性质各有不同，清解气热法又可分为以下几种：轻清宣气，以轻清之品宣畅气机、透热外达；辛寒清气，以辛寒之品透热外达，大清气分邪热；清热泻火，以苦寒清热解毒之品直清里热，泻火解毒。

（三）通下逐邪法

通下逐邪法是通过攻逐泻下，以通导里实邪热外泄的一种治法，又称“攻下法”。本法属八法中“下法”的范围，适用于外感病有形实邪内结肠腑或下焦的病证，如热结肠腑（阳明腑实）、湿热积滞交结胃肠等。通下逐邪法的主要作用是通腑泄热、荡涤积滞等。由于内结实邪的性质有燥屎、积滞等异，而病变部位也有肠腑、下焦的不同，通下逐邪法又可分为如下几种：通腑泄热，以苦寒攻下之剂攻逐肠腑实热燥结；导滞通便，通导肠胃湿热积滞；增液通下，通下剂配合滋养阴液剂以泻下肠腑热结。

以上几种通下逐邪法在运用时，应根据体质与兼夹之邪的不同而灵活变化。如腑实而正虚者，攻下当配合扶正之品，即攻补兼施；腑实而兼肺气不降者，攻下当配合宣肺之品；腑实而兼热蕴小肠者，攻下当配合清泄肠腑火热之品；腑实而兼邪闭心包者，攻下当配合开窍之品；腑实而兼阳明邪热亢盛者，攻下当配合清解气热之品。

（四）和解祛邪法

和解祛邪法是通过和解、疏泄、分消，以祛除半表半里病邪的一种治法，又称“和解法”。本法属八法中的“和法”，适用于外感病病邪处于少阳、三焦、膜原等半表半里位置者。使用和解祛邪法的作用是透解邪热，疏泄分消，宣通气机，以达到外解里和的目的。在外感病治疗中较为常用的和解祛邪法大致有以下几种：清泄少阳，清泄少阳胆经半表半里邪热，和降胃中痰湿；分消走泄，宣利气机，清化三焦邪热痰湿；开达膜原，以疏利透达之品开达踞于膜原的湿热秽浊之邪。

以上几种和解法都用于邪在半表半里者，属气分之治法，但具体作用各不相同。总的来说，和解法的清热作用较弱，且多兼具治痰湿的作用。具体而言：和解（或清泄）少阳法所治之证为邪在少阳胆经；分消走泄法所治之证为邪在三焦，湿邪尚未明显化热；开达膜原法所治之证为邪在膜原，湿热秽浊郁闭较甚。

（五）祛湿解热法

祛湿解热法是通过祛除湿邪、清解邪热，以清除湿热病邪的一种治法，用于湿热性质的外感病。本法的主要作用是宣通气机、运脾和胃、通利水道。在临床上，湿与热相合所引起的疾病，由于湿浊属阴邪，黏腻难解，故病势多缠绵日久。凡兼挟有湿邪者，必须注意祛湿，否则热邪也难祛除，即叶天士所说“湿不去则热不除”。外感病治疗中较为常用的祛湿解热法大致分为以下几种：宣气化湿，以芳香宣散之品以宣通气机，透化在表湿热之邪；燥湿清热，以辛开苦降之剂燥湿清热;分利湿邪,以淡渗之品利尿渗湿,使湿热之邪从小便而去。

以上化湿三法作为祛湿清热法的代表,各有一定的适应范围:宣气化湿法主要用于湿重于热者,燥湿清热法主要用于湿热俱盛者,分利湿邪法主要用于湿热之邪偏下者。而在实际运用时,这几种治法则常相互配合:如淡渗分利之品虽主要用于湿热在下焦者,但上中二焦有湿邪时,亦可配合使用,即"治湿之法,不利小便非其治也"。

(六) 清营凉血法

清营凉血法是通过清营泄热、凉血解毒、滋养阴液、通络散血,以清除营血分邪热的一种治法。本法也属八法中"清法"的范围,适用于外感病邪入营血分,营热或血热的病证。清营凉血法包括清营泄热法和凉血散血法两种,其作用主要是清营分或血分的邪热。外感病治疗中常用的清营凉血法大致有以下几种:清营泄热,在清解营分邪热剂中伍以轻清透泄之品,使营分邪热外透而解的一种治法;凉血散血,用凉解血分邪热、活血散血之剂以清散血分瘀热的一种治法;气营(血)两清,指清营或凉血法与清解气热法互相配合应用,以双解气营或气血邪热的一种治法。

清营法与凉血法虽有类似之处,但前者主在透邪外达,故应配合透泄之品;后者主在凉散,故应配合活血散血之品。外感病发展到营血分阶段,病势已较危重,病情亦多复杂,所以清营凉血法在运用时每要与其他治法相配合。除了上述的与清气法合用外,如出现神昏、痉厥者,应配合开窍、熄风之品。

(七) 开窍醒神法

开窍醒神法是通过开通心包机窍,促使神志苏醒的一种治法。本法适用于邪入心包或痰浊内蒙机窍而引起的神志异常证。其作用主要为清泄心包邪热、芳香透络、清化湿热痰浊等。根据开窍醒神法作用和适应证的不同,分为以下几种具体治法:清心开窍,以清解心热、透络开窍之品促进神志清醒;豁痰开窍,以清化湿热痰浊之品宣通窍闭,促进神志清醒。

外感病出现的神志异常,病变有在气、在营之别。清心开窍法主治邪已入营血,往往还要配合清营凉血之品;豁痰开窍法所治之证乃属湿热性外感病的气分病变,如痰湿秽浊甚者,清化痰湿之中还须配合苏合香丸等温开之品。

(八) 活血化瘀法

活血化瘀法是通过活血化瘀而祛除瘀血的方法。《伤寒论》中论述了下焦蓄血证等外感病中瘀热互结病,制定桃核承气汤、抵当汤、抵当丸等活血化瘀方剂。活血化瘀法有清心通瘀与通瘀破积之分,前者化瘀力量较平缓,后者则较为峻猛。上述通下逐邪、清营凉血法也有化瘀之意。清心通瘀,以清心开窍、活血通瘀药物来祛除闭阻于心包的痰热瘀血;通瘀破结,以活血通瘀、通下破结的药物来治疗破散下焦的瘀热蓄结。

(九) 熄风止痉法

熄风止痉法是通过平熄肝风而制止痉厥的一种治法。本法用于热甚动风或阴虚风动证。其主要作用为凉泄肝经邪热,滋养肝肾阴液,以控制抽搐。由于引起肝风内动的原因有热盛动风和阴虚风动之别,所以熄风止痉法有以下两种:凉肝熄风,以清热凉肝之品熄风止痉;滋阴熄风,通过滋养肝肾、潜镇肝阳以平熄肝风。

痉厥是外感病过程中一个较危重的症状,应立即采取有效措施迅速止痉。在使用熄风止痉法时,除了要分虚实而论治外,还要根据具体的临床表现而配合其他治法,如在热盛动风时,每同时有热闭心包,即热入手足厥阴,应开窍熄风并施。

（十）固脱救逆法

固脱救逆法是通过大补元气、阴液以固敛气阴或阳气，救治脱证的一种治法。本法属于八法中“补法”的范围，适用于患者正气素虚而邪气太盛，或汗下太过、阴液骤损，阴伤及阳，导致的气阴外脱或阳气外脱的厥脱证候。固脱法的作用主要有益气敛阴和回阳固脱两个方面。根据外感病中虚脱的不同类型，固脱救逆法又分为以下两种：益气敛阴，用益气生津、敛汗固脱之品补益气阴、收敛汗液以救虚脱；回阳固脱，用辛热、甘温之品峻补阳气，救治厥脱。

在外感病过程中，可因阴伤及阳或阳气暴脱而出现阳气外脱，所以治疗脱证亦有补气阴与补阳气之分。上述两法虽各有适应范围，但临床上常将两法配合运用以治阴津与阳气俱脱者；如其人内闭外脱，治当固脱与开窍并用。

（十一）滋阴生津法

滋阴生津法是通过滋养阴液来补充人体阴液耗伤的一种治法，又称“养阴法”、“滋阴法”。本法属八法中的“补法”范围，适用于外感病后期脏腑阴液大伤者。滋阴生津法的作用有滋补阴液、润燥制火等。由于阴液耗伤的部位和程度不同，滋阴生津法又可分为以下几种：滋养肺胃，以甘凉濡润之品滋养肺胃阴液；增液润肠，以甘寒、咸寒之品滋润肠液以通大便；填补真阴，以甘寒、咸寒、酸寒之品填补肝肾阴液。

二、外感病的预防

（一）预防的意义

外感病中的温病具有传染性、流行性，其中温疫更具有起病急骤、来势较猛、病情较重等特点，对社会和家庭能造成严重的危害，所以外感病的预防具有十分重要的意义。我国把“预防为主”作为卫生工作的方针之一，近50年来，大力开展以除害灭病为中心的群众性爱国卫生运动，推广预防接种，取得了巨大的成就，外感病的发生率明显下降。事实证明，外感病是必须预防，又是可以预防的。掌握外感病发生和流行的规律，采取各种切实有效的措施，包括发掘中医学和民间的方法，可以更有效地预防外感病的发生。

（二）预防方法

预防外感病的具体方法很多，其中免疫接种等特异性措施，对一些相应的传染病有肯定的预防作用。以下介绍一些具有中医中药特色的预防外感病的方法。

1. 培固正气，强壮体质　“邪之所凑，其气必虚”。培固正气，强壮体质的方法甚多，主要有以下几种。

（1）锻炼身体以增强体质：我国人民创造了许多保健强身的方法，古代有气功、太极拳、五禽戏、八段锦、保健按摩及各种武术运动等，现代有各种体育运动，每个人可以根据自身的年龄、职业、爱好等，选择锻炼项目，提高自身抵抗力。

（2）顺应四时气候变化：人们在日常生活中，应根据季节的变化和气温的升降，合理安排作息时间，及时调整衣被和室内温度。

（3）注意环境、个人、饮食卫生：应经常保持生活和工作环境的整洁卫生，居处要空气新鲜、阳光充足、温度适宜。养成良好的个人卫生习惯，不随地吐痰，饭前便后洗手。在饮食上不食用腐败变质食物，不过食辛辣炙煿之品，不嗜烟酒等。

2. 及时诊治，控制传播　对具有传染性的外感病患者，必须早期发现、早期隔离、早期诊治，并及时向有关防疫部门报告，使防疫部门能随时掌握疫情，采取相应措施。这不仅有利于患者及早得到诊治，同时也有助于及早控制疾病的传播，防止发生流行。

为了有效地控制传染性外感病的传播，除了对患者进行隔离外，还需对曾经接触过患者的人进行必要的检疫或其他检查，有时还要采取措施控制人群的流动。患者在隔离期，应避免与健康人或其他疾病患者的接触。需接触时应有一定的隔离措施，如戴口罩、隔离帽，穿隔离衣、鞋等。患者的痰液、呕吐物、粪便、血液等都不可随便向外排放，应集中起来做消毒处理。患者的衣物及其他生活用具也要经过消毒处理。

3. 预施药物，防止染病　预施药物是指在外感病流行期间，于一定范围内，对可能感染外邪的人群使用药物，以防止外感病的发生与传播。目前较多使用的预防方法有以下几种。

（1）熏蒸法：即用药物加温燃烧烟熏，或煮沸蒸熏。此法一般适用于以呼吸道为传播途径的外感病预防。

（2）滴喷法：即用药物滴入鼻孔，或喷入咽部。此法也用于呼吸道传染病。

（3）服药法：即用一味或多味中药煎服，或制成丸、散剂内服。如预防流行性感冒可选用银花、连翘、野菊花、桉树叶、贯众、螃蜞菊、黄皮叶等；预防流行性脑脊髓膜炎可选用大蒜、银花、连翘、千里光、贯众、野菊花、蒲公英、鲜狗肝菜、鲜鬼针草等；预防传染性肝炎可选用糯稻根、茵陈等；预防痢疾可选用马齿苋、大蒜、食醋等。在使用时，可选其中一味或数味煎汤内服，每日一剂，连服2～4天。目前常用的板蓝根冲剂以及凉茶类如王老吉凉茶、邓老凉茶等，对外感病也有一定的预防作用。此外，还有不少流传于民间的简便易行的预防外感病的方法，有待于进一步挖掘。

小结

外感病的治疗应遵循表里先后、分辨寒热、调整阴阳、邪正兼顾等原则，按病邪的所在部位不同而确立治法，注意“透”与“泄”，使病邪外出的通道畅通，并根据外感病的不同性质和发展类型采取不同的治法。外感病的治法有泄卫解表、清解气热、通下逐邪、和解祛邪、祛湿解热、清营凉血、开窍醒神、活血化瘀、熄风止痉、固脱救逆、滋阴生津等。

外感病的预防主要应从培固正气、避免外邪、预防用药和及时诊治几个方面入手。

第三章

杂　病

我国现存最早的临床医学专著《伤寒杂病论》，首次将疾病分为外感热病和内伤杂病两部分。宋以后该书以《伤寒论》和《金匮要略》两书刊行于世，其中《金匮要略》论述了杂病的病因、病机、预防和治疗，构建和创立了脏腑经络辨证、病与证相结合的杂病诊疗体系，为内伤杂病的防治奠定了基础，树立了典范。

第一节　杂病的概念

一、杂病的含义与范围

杂，是多种多样、不单纯之意。所谓杂病，是指由于多种原因引起的各种内伤疾病的总称。其相对于外感病而言，病因多样、病机复杂、起病缓慢、病种较多、病名繁杂，故冠以杂病统称之。尽管仲景在《伤寒杂病论》中将人类疾病分为两大类，其中发热者多归为外感热病，不发热者多归为内伤杂病，但却以《痉湿暍病脉证并治》作为杂病各论的首篇，意在提醒人们，外感病与杂病虽然可分，但亦可相互兼夹，有时也难以截然分开。如痉病、湿病、暍病等杂病的发生，虽然是以气血津液不足、脏腑经络失调为内因，但外感风寒、风湿或暑邪亦是必不可少的诱发因素；而外感病中的太阳蓄血证、蓄水证、结胸证、痞证、大青龙汤证、小青龙汤证等，也都有明确的内因，并非单一的外邪所致；另外，伤寒外感表证若失治、误治而造成的种种变证，实质已转为杂病。《金匮要略》中论述了内科、外科、妇科诸多杂病，可见在仲景时代，杂病的范围很广，几乎涵盖了内、外、妇、儿各科除外感病之外的大多数疾病。

二、杂病的命名方式

由于杂病的种类较多，故其命名形式也多种多样，若就《金匮要略》来看，主要有以下几种。

（一）以主症命名

如消渴、腹满、呕吐、下利等病，均以主要症状命名，这些症状，正是临床辨证的核心，是辨病的关键。如此命名，突出了主症，便于确认病变脏腑。如消渴病就是以口渴多饮、随饮随消、虽饮而渴不解为主症的疾病，围绕这一主症，首先辨清病位，依据病位确定治则治法。如“渴欲饮水，口干舌燥者，白虎加人参汤主之。”“男子消渴，小便反多，以饮一斗，小便一斗，肾气丸主之。”

（二）以病因、病机命名

如湿病、暍病、蛔虫病、宿食病、痰饮病等，都是据其主要病因命名的，如此则直接揭示出病因，便于有针对性地制定治则治法。如痰饮病的命名，揭示出致病因素为痰饮；据痰饮的性质提出治疗原则为“温药和之”；并根据痰饮停留部位的不同分为痰饮（狭义）、悬饮、溢饮、支饮辨证论治。血痹、虚劳等则是以病因结合病机来命名的疾病。如血痹，是气血不足，感受外邪，血行痹阻而成，故名。

（三）以病位结合病机命名

如胸痹、肺痿、肺痈、肠痈等病，是根据病变部位结合病机命名的，如此命名则易于辨清病位、病机。譬如胸痹病，仅看病名便知其病位在胸膺部，以胸阳不振、阴寒痹阻不通为基本病机，在此基础上，再辨别其虚实轻重缓急进行论治。

（四）以特殊临床表现命名

如奔豚气、历节、阴狐疝、浸淫疮等病，是根据其特殊的临床表现命名的，而这些临床表现具有唯一性，是其他杂病不具备的。以此命名，在诊断上一目了然。如奔豚气病，发于惊恐，为气作祟，发作时气从少腹上冲胸咽，患者痛苦异常，平时则一如常人，特征极其鲜明，见其症便可断其病。又如黄疸病以身、目、尿俱黄为特征，诊断亦以此为依据，在此基础上，再按引起的病因不同，分为谷疸、酒疸、女劳疸进行论治。如此命名，更利于初学者掌握。

此外，仲景对杂病的命名还有其他形式，例如，以病位结合主症如心痛；以治疗主药命名如百合病；以疾病发生的特殊阶段如妇人妊娠病、产后病等，此不一一列举。

第二节　杂病的病因病机

早在《内经》中就已将病因分为“阴”、“阳”两大类，但较系统而全面进行病因分类者，《金匮要略》实属首创。仲景以天人相应的整体观念为指导，在病因方面以脏腑经络分内外，提出了“千般疢难，不越三条”的病因分类学说。在病机方面以“厥阳独行”为例，提出了阴阳失调是一切内伤杂病的总病机。在此基础上根据人与自然以及人体内部各脏腑间的相互关系，论述了发病和病机演变规律。

一、杂病的病因

人是一个有机的整体，人体各脏腑组织之间，以及人体与外界环境之间，既相互对立，又相互统一，它们在不断地产生矛盾同时又不断地解决矛盾的过程中，维持着相对的动态平衡，从而保持着人体正常的生理活动。当这种动态平衡因某种原因遭到破坏，而又不能自行调节恢复时，人体就会发生疾病。这种引起人体发生疾病的原因就是病因。

也就是说，病因是指破坏人体自身及其与外界环境之间的相对平衡状态而引发疾病的原因。外感六淫、内伤七情、饮食失宜、劳逸不当以及外伤、虫兽伤等，在一定条件下都能令人发病。另外，在一定病因作用下，脏腑经络、气血津液功能失调所形成的病理产物如痰饮、瘀血、宿食等停积于体内，又可成为新的致病因素。《金匮要略·脏腑经络先后病脉证第一》论对病因分类时云：“夫人禀五常，因风气而生长，风气虽能生万物，亦能害万物。如水能浮舟，亦能覆舟……千般疢难，不越三条：一者，经络受邪，入脏腑，为内所因也；二者，四肢九窍，血脉相传，壅塞不通，为外皮肤所中也；三者，房室、金刃、虫兽所伤。以此详之，病由都尽。”现以《金匮要略》有关内容为主结合其他论述分析如下。

(一) 外所因

1. 反常气候　正常的自然气候变化称为“六气”，是自然界万物赖以生存和生长的必需条件，对人体是无害的。只有当气候变化异常，与节令不相适应，或太过或不及，或非其时而有其气，这些反常气候，才可能引起疾病的发生。《金匮要略·脏腑经络先后病脉证第一》第8条对此有详论，大意是：冬至之后的六十天，正值雨水节，此为少阳当令之时，自然界的阳气开始生长，气候逐渐转暖，这是正常规律。如果未到雨水节，而气候已经温暖，这是时令未到气候已到，即“未至而至也”；如已到雨水节，气候尚未温和，这是时令已到而气候未到，此即“至而不至也”；如已到雨水节，气候仍然很冷，这是时令已到，而严寒的气候当去不去，此即“至而不去也”；如已到雨水节，气候却像盛夏般炎热，这是气候“至而太过也”。无论先至、不至、不去、还是太过，皆属反常气候，统称为六淫，都可能导致人体发病。

2. 五邪中人　《金匮要略·脏腑经络先后病脉证第一》云：“清邪居上，浊邪居下，大邪中表，小邪中里，谷饪之邪，从口入者，宿食也。五邪中人，各有法度，风中于前，寒中于暮，湿伤于下，雾伤于上，风令脉浮，寒令脉急，雾伤皮腠，湿流关节，食伤脾胃，极寒伤经，极热伤络。”此对各种病因的特性、致病规律及其某些临床表现作了进一步的阐述，便于临证时通过观察患者的各种症状和体征，来推测疾病的病因，从而为治疗提供可靠的依据。这种思维方法为后世的病因辨证及审证求因、审因论治奠定了坚实的基础。

五邪的性质、致病规律及某些临床表现如下。

(1) 风邪：①风为大邪，其性散漫，多中肌表：风邪具有轻扬善行，向上、向外、升发的特点，因其性散漫而不居，无处不到，故为大邪；常伤及人体的头面、肌表、肩背等属于阳的部位。②风为阳邪，中于午前：风邪善动而不静，多侵袭人体阳位而为病，故属阳邪。而一日之中，午前为阳，为风邪当旺之时，故风邪伤人多在午前。③风令脉浮：因风邪伤人多侵袭肌表，病位在外，人体正气抗邪使脉气鼓动于外，同时风性散漫不收，故使脉象应指多浮而缓。

(2) 寒邪：①寒为小邪，其性紧束，常中经络之里：寒邪为冬令主气，具有寒冷收引之性，与风邪散漫开泄、无处不到之性相反，故称为小邪。寒邪侵袭人体，可使气机收敛，皮肤、肌腠、经脉拘急收引，气血凝结，阻滞不通，不通则痛，故见各种疼痛症状。例如，寒邪侵袭体表经脉引起头项强痛、骨节疼痛，伤及内脏可致胸腹冷痛等。②寒为阴邪，中于日暮：阳盛则热，阴盛则寒，寒为阴气盛的表现，其性属阴，故为阴邪。而一日之中，午前为阳，午后为阴，日暮之后，为阴寒渐盛之时，亦为人体阳气始衰之时，故寒邪多在此时侵入人体，损伤阳气而令人致病。例如，寒邪损伤肌表卫阳则见恶寒、头项强痛，损伤太阴脾阳则见脘腹冷痛、呕吐、便溏等症。③寒令脉急(紧)：因寒邪收引紧束，侵入人体使经脉拘急收引，阳气闭郁不宣，气血凝滞不通，故脉象应指多紧急而不柔和。

(3) 雾露之邪：①雾露为清邪，其性轻浮，居上而伤于上：雾露与水湿本为同类，所不同者，雾露乃天之雾气，为浊中之清，其性轻浮上行。例如，人晓行雾中，雾邪蒙蔽头面清窍，令清阳闭郁，则会出现头痛、鼻塞等症。②雾伤皮腠：因雾露轻清，有飘浮上行、向外的特点，故善侵袭头面，损伤皮腠，令肌表阳气疲惫，腠理不畅，汗出不彻而表现为湿郁肌表之症，如身困乏力，肺气不利，上逆作喘等。

(4) 湿邪：①湿为浊邪，流注于下：与雾邪相对，湿为地之湿气，为浊中之浊。其性类水，水性下行，故湿邪常注于下，易伤人体下部等导致下肢水肿、淋浊、带下、泄泻等病症。②湿性重滞，易流关节：“重”，即沉重或重着之意，是指感受湿邪，其临床表现多有沉重、重着的特点。如湿邪袭表，则见头重如裹、周身困重、四肢倦怠等。“滞”即黏滞、停滞之意，即感受湿邪，易致经络阻滞、气血不通。而关节为宗筋所聚之处，故湿邪留滞经络，则使关节疼痛重着、屈伸不利、甚则肿胀变形。③湿为阴邪，易阻遏气机，损伤阳气：湿性重滞而类水，故为阴邪。侵入人体后，留滞于脏腑经络，最易阻遏气机，使气机升降失常，经络阻滞不畅，而出现胸闷脘痞、大便不爽、小便短涩等症。因湿为阴邪，阴胜则阳病，故湿邪入侵，常易损伤人体阳气。脾为阴土，主运化水湿，性喜燥而恶湿。故湿邪留滞，常先困脾，使脾阳不振，运化无权，水湿内停，发为腹泻、尿少、水肿、腹水等症。④湿性黏滞：“黏”，即黏腻，湿邪的黏腻停滞特性主要表现为两个方面：一是症状的黏滞不爽，如大便黏腻、排泄不爽或里急后重，小便涩滞不畅，舌苔黏腻等；二是病情缠绵难愈，常反复发作，时起时伏，病程较长。

(5) 谷饪(饮食)之邪：①饮食之邪，从口而入，易成宿食：饥饱失常、饮食不洁或饮食偏嗜，均能成为致病原因。若暴饮暴食，饮食摄入过量，则致饮食内停而成宿食，出现脘腹胀满、嗳腐吞酸、厌食、恶心呕吐等症；若误食不洁或腐烂变质或有毒饮食，可引起多种胃肠道疾病，出现腹痛、腹泻、呕吐等症，甚者死亡。②易伤脾胃：胃主受纳，脾主运化，共同完成饮食的消化吸收，故饮食失宜主要是损伤脾胃，导致脾胃纳运失司、升降失常，临床出现腹胀便溏或恶心呕吐等症。而脾不运化，又可聚湿生痰，或见食滞化热成实等变症。小儿脾胃功能虚弱，加之饮食不知自控，故常发生食伤脾胃病症。另外，在疾病初愈阶段，由于脾胃尚虚，饮食过量或进食不易消化之物，常可引起疾病复发，中医称之为“食复”。③饮食偏嗜：若过分偏爱或排斥某些食物，就会造成人体内某些营养成分的过剩或不足，导致阴阳失调而发病。例如，五味配五脏，倘若长期嗜食某种食物，就会造成与之相应的内脏机能偏盛，久之则可损伤其他脏腑，破坏五脏的平衡协调，导致疾病的发生；若长期偏嗜寒食或热食，可引起脏腑阴阳盛衰的变化而导致疾病发生；若长期过食生冷，可损伤脾胃阳气，使寒湿中生；长期过食辛温燥烈之品，可致胃肠积热，甚者可化燥伤阴，损伤脉络，引发出血等病症。故仲景在《金匮要略》首篇即强调养生防病要做到“服食节其冷、热、苦、酸、辛、甘……”。

此外，仲景论暍病也涉及暑邪为患。

(二) 内所因

《金匮要略·脏腑经络先后病脉证第一》曰：“若五脏元真通畅，人即安和……经络受邪，入脏腑，为内所因也……不遗形体有衰，病则无由入其腠理。”强调了人体正气在发病中的重要作用，指出外邪之所以入中人体的关键，在于脏腑正气不足无力抗邪所致。正如《素问》所言：“正气存内，邪不可干”；“邪之所凑，其气必虚”。从而提出了内伤杂病以脏腑经络正气虚损为根本原因的发病学思想，确立了治杂病以脏腑经络病机为基础，于扶正中祛除内外诸邪的治疗大法。

(三) 不内外因

房劳过度、虫兽伤、金刃利器、外伤等致病因素，既非异常气候所致，又与内在正气强弱无关，即便是正气再强，也难免遭其伤害，故仲景将其单独归为一类。

1. 房劳过度　肾藏精，主封藏，肾精是五脏阴精之根本，不宜过度耗泄。若性生活不加节制，房事太过，耗伤肾精，可出现腰膝酸软、眩晕耳鸣、遗精早泄、阳痿或月经不调、不孕、不育等病症。

2. 虫兽伤　包括毒虫叮螫和毒蛇、猛兽咬伤等，轻者局部损伤，出现溃破、肿痛、出血等；重者伤及全身或内脏，甚至死亡。其中毒蛇、毒蝎等咬伤，其毒素可致全身出现中毒症状，如救治不及时，常致死亡。

3. 外伤　包括金刃伤、枪弹伤、跌打伤、持重伤、暴力等各种外力损伤。轻则引起皮肤肌肉瘀血肿痛、出血，或筋伤、骨折、脱臼；重则伤及脏腑导致昏迷甚至死亡。当皮肉损伤之后，若治疗不当或感染邪毒，可致局部溃烂流脓，称为"金疮"。

此外，烧烫伤、火热疗法运用不当、冻伤、剧烈的自然灾害等亦是致病因素。

（四）七情致病

"人有五脏化五气，以生喜、怒、悲、忧、恐 。"在正常情况下，七情一般不会使人致病。只有在突然、强烈或长期持久的情志刺激下，超过了人体自身生理调节范围和耐受能力，使人体气机逆乱、气血失和、阴阳不调，才会导致疾病的发生。由于七情致病直接损伤脏腑气血，故称之为"内伤七情"。《素问・阴阳应象大论》说："怒伤肝"、"喜伤心"、"思伤脾"、"忧伤肺"、"恐伤肾"。

《金匮要略》对七情致病亦有重点论述，如惊悸病、奔豚气病、妇人脏躁、邪哭、癫狂等病，均与情志失调有关。另外，由于情志不遂，肝郁化火引发的其他疾病，更是不胜枚举。总括七情致病的特点，有以下共性。

1. 直接伤及内脏　五脏与情志活动密切相关，不同的情志刺激，可损伤相应的脏腑，故有"怒伤肝"、"喜伤心"、"思伤脾"、"忧伤肺"、"恐伤肾"之说。而心藏神，是人体生命活动的主宰，所以各种情志刺激又与心脏密切相关，通过心脏还可影响及其他脏腑而发病，可见心在七情致病中起着主导作用。临床上情志所伤的病证，多见心、肝、脾三脏及气血失调。如伤肝可见精神抑郁，烦躁易怒，头晕目眩，两胁胀痛及咽中如有炙脔等；伤心则见心悸怔忡，失眠多梦，善悲伤欲哭，或哭笑无常，狂躁谵语等；伤脾可见纳差，便溏，脘腹痞满等。

2. 影响脏腑气机　七情对脏腑的损伤，主要是通过影响脏腑气机，使气机失调、气血运行逆乱而发病。正如《素问・举痛论》说："怒则气上，喜则气缓，悲则气消，恐则气下……惊则气乱……思则气结"。

3. 影响病情变化　在内伤杂病的发展演变过程中，常因剧烈的情志刺激而使病情发生波动。七情太过，往往会使病情加重，甚至恶化。例如，肝阳上亢者，常因激动恼怒，使肝阳暴张，出现突然昏仆、不省人事、半身不遂、口眼㖞斜等症。反之，若心情舒畅，乐观豁达，可使气血调畅，五脏安和，病情因而减轻，甚或痊愈。因此，正确调摄情志，对疾病的康复有着重要意义。

4. 多发为情志病　剧烈突然或长期的情志刺激，可致脏腑气机逆乱而发病。如猝受惊恐可致"奔豚气病"；忧思郁结可致"梅核气病"；情志不遂或思虑过度可致"脏躁病"；忧伤气结，内有干血可致"虚劳病"。此外，其他如"百合病"、"邪哭"、"妇人杂病"等亦多与七情内伤有关。

二、杂病的发病

仲景从"天人相应"的整体观念出发，认为人体自身是一个统一的有机整体，同时人与自然界也是密切相关、协调统一的。只有在这种统一性遭到破坏的情况下，即人体内环境或内、外环境失调时，才会导致疾病的发生。在内、外环境中，反常气候（邪气）有致病作用，人体正气（五脏元真）有抗病能力。疾病的发生与否，取决于正、邪双方力量的对比。一般而言，人体正气的强弱，是疾病发生、发展的内在基础（发病学之内因）；邪气的侵袭，是疾病发生的外部条件（发病学之外因），外因通过内因而起作用。正能胜邪则不病，反之即病。如《金匮要略・脏腑经络先后病脉证第一》篇曰："夫人禀五常，因风气而生长，风气虽能生万物，亦能害万物……若五脏元真通畅，人即安和。"

三、杂病的传变

人体脏腑经络的功能不是孤立的。在生理情况下，脏腑之间相互联系、相互资生、相互制约；在病理情况下，又相互影响。中医学把病理情况下脏腑之间的相互影响，称之为“传变”。掌握疾病的传变规律，从而进行预见性的治疗，是杂病防治的关键。如《金匮要略·脏腑经络先后病脉证第一》篇云：“见肝之病，知肝传脾，当先实脾。”只有这样，才能及时截断疾病的传播途径，使病变局限化，易于治疗。

与外感热病相比，杂病的传变相对较为复杂，但临床多见以下几种传变方式。

（一）按五行生克顺序传

疾病在脏腑之间的传变，可分为相生关系的传变和相克关系的传变。

1. 相生关系的传变　包括“母病及子”和“子病及母”两个方面。前者是指疾病的传变从母脏传及子脏，如肾属水，肝属木，木能生水，肾病及肝，即是母病及子，亦称“水不涵木”；后者是指疾病的传变从子脏传及母脏，如心病及肝，即是子病及母，临床上常见的心肝血虚和心肝火旺，皆属于子病及母。

2. 相克关系的传变　包括“相乘”和“相侮”两个方面。

（1）相乘：是相克太过而为病。引起五脏相乘的原因有两种：一种是某脏过盛，而致被克之脏受到过分克伐；另一种是某脏过弱，不能耐受“克伐”之脏的克制，从而出现克伐太过。如肝旺影响脾胃的运化功能，而出现胸胁苦满、脘腹胀痛、泛酸、泄泻等表现时，称为“木旺乘土”，亦即《金匮要略》所谓“见肝之病，知肝传脾”；反之，先由脾胃虚弱，不能耐受肝的相乘，而出现头晕乏力、纳呆嗳气、胸胁胀满、腹痛、泄泻等表现时，称为“土虚木乘”。

（2）相侮：又称反侮，即反向克制而为病。形成五脏相侮亦有两种情况，即“太过”相侮和“不及”相侮。如肺金本能克制肝木，因暴怒而致肝火亢盛，肺金不仅无力制约肝木，反遭肝火之反向克制，而出现急躁易怒、面红目赤，甚则咳逆上气、咯血等木侮金的症状，称为“木火刑金”，此属“太过”相侮；不及相侮，是指由于某脏虚损，导致“我克”之脏反克的现象，如脾土虚衰不能制约肾水，出现全身水肿，称为“土虚水侮”。

（二）按表里关系传变

表里关系传变包括体表与内脏的传变以及脏与腑的传变。

1. 体表与内脏的传变　杂病虽以内伤为主因，但亦常由外邪诱发。外邪袭人，多先中肌表，若此时脏腑正气不足，外邪即可乘机内传脏腑。如湿邪外袭，流注关节，引起肌肉关节疼痛，若不能及时由表而解，内传于脾，阻滞气机，使脾失运化，可致腹满脘闷、小便不利、便溏等症。反之，内脏的病变，若治疗恰当及时，正气来复，可抗邪外出于表而解。

2. 脏与腑的传变　一脏一腑，一阴一阳，互为表里。相为表里的脏腑在生理上相互资生、相互促进、相互制约，在病理上则相互影响、相互传变。如脾病，脾气失于运化，出现腹胀满闷，久则导致食积于胃，使胃失和降而胃气上逆，则又见脘痛、纳呆、甚则呕吐等症；若肾气亏虚，机体失于温煦，则见形寒畏冷、腰膝酸软等症，同时因肾气虚不能助膀胱气化则小便不利，或膀胱失于固摄则见小便清长等症。

（三）循经络传变

经络是联络人体脏腑器官、形体诸窍、表里上下的通道。在正常情况下，人体诸部分之间的相互沟通，彼此联系，气血津液的运行，都是通过经络的传注来实现的。在病理情况下，经络又成为传注病邪，导致疾病传变的途径。外邪侵犯人体，常以经络为通路，从皮毛腠理内传五脏六腑，脏腑之间又以经络联通而使病变相互影响。如肝病影响脾胃，心火下移小肠等。《金匮要略·中风历节病脉证并治第五》云："邪在于络，肌肤不仁；邪在于经，即重不胜；邪入于腑，即不识人；邪入于脏，舌即难言，口吐涎"，反映了外邪循着经络，由表入里的传变规律。经络不仅是外邪由表入里和脏腑之间相互传变的途径，也是脏腑与体表组织之间病变相互影响的途径。脏腑的病变可以通过经络的传导，反映于体表的特定部位或相应的孔窍，如肝火上炎，可见目赤肿痛；心火上炎可见口舌红赤甚或生疮，等等。

第三节 杂病的主要辨证方法

辨证是中医认识和诊断疾病的方法。辨证的过程即是诊断的过程。

辨证，即是辨别、分析疾病的证候，就是将四诊所收集的病史资料，在整体观念的指导下，运用中医基础理论加以综合、分析、归纳，找出疾病的病因、性质、部位以及邪正关系，从而对疾病在现阶段的病理本质作出判断，最后概括为某种证候的诊断过程。

在《金匮要略》中，运用的辨证方法虽然较多，但以脏腑辨证作为杂病辨证的核心。

一、脏腑经络辨证

内伤杂病一般具有起病缓慢、病程较长、多发于脏腑、变化较慢的特点，比较适宜于脏腑经络辨证。张仲景继承《内经》脏腑经络分证的理论和方法，结合内伤杂病的发病特点和临床实际，并与治法方药相结合，形成了脏腑经络辨证论治体系。《金匮要略·脏腑经络先后病脉证第一》篇以整体观念为指导思想，以脏腑经络学说为理论基础，认为疾病证候的产生，都是人体整体功能失调，即脏腑经络病理变化的反应。从这一基本观点出发，确立了脏腑经络辨证为内伤杂病的主要辨证方法。

（一）脏腑辨证

脏腑辨证，是根据脏腑的生理功能、病理表现，对疾病证候进行分析归纳的一种辨证方法，是各种辨证的基础。

张仲景在《金匮要略》中对脏腑经络辨证方法的运用并不是孤立的，而是与八纲辨证、病因辨证、气血津液辨证等辨证方法紧密结合，灵活运用。

《金匮要略》中涉及心、肝、脾、肺、肾、五脏等文字的约 150 处，涉及大肠、小肠、胃、三焦、膀胱、腑等文字的近 40 处。如《肺痿肺痈咳嗽上气病》篇多涉及肺的病变；《痰饮咳嗽病》和《水气病》篇多涉及肺、脾、肾、三焦、膀胱的病变，且有"水在肝"等水在五脏和"心水"等五脏水的论述；《五脏风寒积聚病》篇以五脏辨证为主，论述了五脏中风、中寒、五脏气绝所出现的真脏脉，以及肝着、肾着、脾约、大肠与小肠寒热等病变；《腹满寒疝宿食病》和《呕吐哕下利病》篇多涉及脾、肾、肝、胃、肠的病变；还有心火亢盛的泻心汤证、心阳虚痰浊内阻的桂枝去芍加蜀漆龙骨牡蛎救逆汤证、心肝血虚失眠的酸枣仁汤证、肝脾失调的当归芍药散证等。

（二）经络辨证

经络辨证，源于《灵枢·经脉篇》，该篇指出："经脉者，所以能决死生，处百病，调虚实，不可不通。"说明经脉在决断死生、诊断百病、调和虚实等方面的重要性。简而言之，经络辨证是以经络学说为理论依据，对患者所反映的症状、体征进行分析综合，以判断病属何经、何脏、何腑，并进而确定发病原因、病变性质及其病机的一种辨证方法。

经络的生理功能如《灵枢·海论篇》说："十二经脉者，内属于脏腑，外络于肢节。"经络分布周身，运行全身气血，联络脏腑关节，沟通上下内外，使人体各部相互协调，共同完成各种生理功能。当人体患病时，经络又是病邪传递的途径，外邪从皮毛、口鼻侵入人体，首先导致经络之气失调，进而内传脏腑；反之，如果脏腑发生病变时，同样也可循经络反映于体表，在体表经络循行的部位，特别是经气聚集的腧穴之处，出现各种异常反应，如麻木、酸胀、疼痛、对冷热等刺激的敏感度异常，或皮肤色泽改变。这样，便可辨别病变所在的经络、脏腑。

就杂病的辨证而言，虽以脏腑经络辨证为主要方法，但相对而言，仍侧重于脏腑辨证，涉及经络辨证之内容相对较少，《金匮要略》中涉及经、络、经络、百脉等文字的共23处。《趺蹶手指臂肿转筋阴狐疝蛔虫病》篇指出："病趺蹶，其人但能前，不能却，刺腨入二寸，次太阳经伤也。"《中风历节病》篇对中风病提出了邪"在络"、"在经"、"入腑"、"入脏"的辨证纲领；百合病是论述以心肺百脉为主的病变；前述"肝着"病亦涉及经脉病变；等等。有关十二经脉的循行与临床辨证请详参《灵枢经》和《针灸学》。

二、气血津液辨证

气血津液辨证是常见的辨证方法之一，是根据四诊所得的临床资料，联系气血津液和脏腑的生理功能特点，运用八纲辨证的分析方法，找出气血津液的病理变化规律而进行辨证论治。

气血津液是构成人体和维持人体生命活动的基本物质，在人体脏腑功能活动中起着重要的作用，是脏腑学说的重要组成部分。气血津液的产生及其作用的发挥须依赖脏腑正常的功能活动；而脏腑正常生理功能的维持，须靠气的推动、血的濡养、津液的滋润来协助。因此当脏腑功能失常时，必然会引起气血津液的病变，而气血津液的病变也必然导致脏腑功能的失常。气血津液辨证可分为气血辨证和津液辨证，且均可见到虚证与实证。虚证有气虚、血虚、气血两虚、津液不足等证；实证有气滞证、气逆证、血瘀证、痰饮证等。

第四节　杂病的防治原则

张仲景对内伤杂病的防治，在继承《内经》、《难经》学术思想的基础上，紧密结合临床实践并予发挥、发展，提出了防治结合、防重于治的原则大法。

一、杂病的预防原则

（一）未病先防

张仲景继承《内经》、《难经》治未病的学术思想，重视对疾病的预防，在《金匮要略》首篇即论曰："若人能养慎，不令邪风干忤经络……更能无犯王法、禽兽灾伤；房室勿令竭乏，服食节其冷、热、苦、酸、辛、甘，不遗形体有衰，病则无由入其腠理"，对预防疾病的具体方法作了详细说明。

（二）既病防传

若预防不及，已经患病，就应及早诊治，防止疾病发展传变。如仲景《金匮要略》首篇指出："适中经络，未流传脏腑，即医治之。四肢才觉重滞，即导引、吐纳、针灸、膏摩，勿令九窍闭塞"；

“见肝之病，知肝传脾，当先实脾”。揭示了对杂病的防治，应以整体观念为指导，根据脏腑经络之间的相互关系，当邪浅病轻在表之时尽快治疗；当病变在内可能传及他脏之前就应及时兼治将病而暂时未病之脏腑，以截断疾病的传变途径，使病变局限化而易于治疗。其充分体现了早治防传的治未病思想。

二、杂病的治疗原则

关于内伤杂病的治疗，《金匮要略》中提出了诸多原则。

（一）扶正兼以祛邪

由于正虚是杂病发生的内在根据，外邪是致病的条件，所以在治疗上应以扶正为主，兼以祛邪，使邪去正安。如《金匮要略·血痹虚劳病脉证并治第六》篇的薯蓣丸、大黄䗪虫丸，均是扶正祛邪的代表方剂。

（二）虚证重补脾肾

肾为先天之本，生命之根；脾为后天之本，气血生化之源。杂病发展到后期，多会损伤脾肾，而脾肾一旦虚损，又会影响其他脏腑，使病变复杂化。所以，重视补益脾肾是治疗虚损类杂病的根本原则。如《金匮要略·血痹虚劳病脉证并治第六》篇的小建中汤、黄芪建中汤、肾气丸等方证均是其例。

（三）分清标本缓急

病有标本缓急，治有先后主次。如表里同病的一般治疗原则是先解表后治里，以防外邪内传引发变证；但若里证甚急，不先急治则会致正气虚衰，甚或出现危象，则应先治里虚，后解表邪。在新旧同病时应先治新病，后治痼疾。正如《金匮要略》首篇所云：“……病，医下之，续得下利清谷不止，身体疼痛者，急当救里；后身体疼痛，清便自调者，急当救表也。”又云：“夫病痼疾加以卒病，当先治其卒病，后乃治其痼疾也。”

（四）注重因势利导

这一原则是依据病邪停聚的部位、病变趋势及驱除邪气的途径之不同，假以药物的作用就近引导，使邪气容易排出体外，达到祛邪而不伤正的目的。如《金匮要略·水气病脉证并治第十四》篇云：“诸有水者，腰以下肿，当利小便；腰以上肿，当发汗乃愈。”腰以下肿者，说明水气在里偏下属阴，水易从下部而去，故用利小便之法；腰以上肿者，说明水气在表偏上属阳，水易从肌表而除，故用发汗之法。又如宿食在上脘以瓜蒂散吐之，宿食在肠以大承气汤下之；“酒黄疸者……腹满欲吐，鼻燥；其脉浮者先吐之，沉弦者先下之”亦属此类。

（五）区分病治异同

这一原则包括“同病异治”和“异病同治”两个方面。由于疾病演变的复杂性，一病可含数证，不同的病在其发展过程中也可出现同一种证，因此在治疗中当遵循病治异同的原则。

所谓“同病异治”，是指同一疾病，由于病情发展、病机变化以及邪正消长的差异和所处的病变阶段不同，所表现出的证各不相同，治疗时应据不同的证采用不同的治法方药。如《金匮要略·痰饮咳嗽病脉证并治第十二》篇对溢饮病的治疗，“当发其汗，大青龙汤主之；小青龙亦主之”；《金匮要略·胸痹心痛短气病脉证并治第九》篇“胸痹心中痞，留气结在胸，胸满，胁下逆抢心，枳实薤白桂枝汤主之；人参汤亦主之”，等等。

所谓“异病同治”，是指不同的疾病，在其发展过程中，出现了相同的病机变化、表现出基本相同的证候时，也可采用相同的治法方药进行治疗。例如，肾气丸在《金匮要略》中用以治疗虚劳腰痛、痰饮、消渴、妇人转胞不得溺和脚气上入五种不同的病，就是因为这五种病均具有肾气虚弱、气化功能减退的病机，同为肾气虚证，故均用肾气丸以扶助肾气。

(六) 虚实必须异治

虚实异治原则实际上是对《内经》“虚则补之”、“实则泻之”治则的具体运用。病变发展过程中，由于邪正双方力量的消长转化，可表现出虚证、实证或虚实夹杂证，故治疗时必须分辨虚实之不同而分别治之，虚者用补法，实者用泻法，虚实夹杂则攻补兼施。否则，虚当实泻，实当虚补，必使病情恶化。故中医界常言医者勿犯虚虚实实之误。张仲景在《金匮要略》首篇即告诫：“……经曰：‘虚虚实实，补不足，损有余，’是其义也”。

另外，尚有调整阴阳、治病求本、三因制宜等治疗原则，在杂病的治疗中也经常运用。

第四章

辨证思维与学习方法

第一节 辨证思维方法

中医学是中华民族在长期的医疗、生活以及生产实践中，积累总结而成的具有独特理论风格和丰富诊疗经验的医学体系，有着鲜明的历史、民族文化、地域等特色。了解和熟悉一些辨证思维方法，对于深入理解和掌握《中医临床基础》学科的基本理论、基本知识和基本技能将大有裨益。现仅从“中医学常用思维方法”和“《伤寒论》蕴涵的辨证思维方法”两方面论述如下。

一、中医学常用思维方法

（一）整体思维

整体思维又称整体观念，是从事物整体出发，着眼于从整体与部分、整体与层次、整体与结构、整体与环境的相互关联和相互作用认识事物的思维方法。它把对象世界理解规定为一个连续的、不可分割的有机整体，整体由部分构成，但部分作为整体的构成要素，其本身也是一个连续的、不可分割的整体。整体与部分并不是完全间隔的两个世界，由于它们或者受着某一共同规律（道或理）的支配，或者有着同构（如阴阳、五行结构）关系，或者由共同的基质（如气）构成，因此，部分就必然蕴涵着整体的功能与信息，即整体与部分之间有着相类、相似、相通的特征。在这一思维框架中，道、气、太极、理是代表整体或全体的基本范畴，阴阳、五行等则是这一整体的基本构成要素，“天人合一”是这一整体思维的根本特点。

中医学的整体观念最为显著，认为天地是一个整体，人存在于天地之间，与天地息息相通；人的身体也是一个整体，身体的各器官之间存在着密不可分关系；人与社会也密切相关，精神和物质、思维和存在是完全统一的。

（二）抽象思维

抽象思维也称逻辑思维，其特点是以抽象的概念、判断和推理作为思维的基本形式，以分析、综合、比较、抽象、概括和具体化作为思维的基本过程，从而揭示事物的本质特征和规律性联系。

抽象思维是在反映客观现实的基础上，以感性认识为前提，对事物本质属性进行抽象，然后在抽象同一规律的规定下，坚持固定分明的界限，始终保持抽象思维的不矛盾性、确定性和论证性。

抽象思维在中医学的应用也很广泛，无论是其理论的建构还是临床诊治均离不开抽象思维。例如，中医从五脏六腑的各种外在表象、各自功能出发，找出表现脏腑功能的内部联系、根本因素和基础的东西，抽取出五脏和六腑各自共同功能的本质特性分别为“藏精气而不泻”和“传化物而不藏”，这就是一种“抽象的规定”。把指日光向背的阴阳，演变为“天地之道”的阴阳，成为归纳一切事物及其发展规律的基本概念，以概括客观世界事物对立统一的属性，也是抽象思维的结果，故《灵枢·阴阳系日月》言：“且夫阴阳者，有名而无形。”

（三）形象思维

形象思维又称直感思维，指人们在认识客观事物时，以形象信息的输入、筛选、加工、存储、输出等过程来反映事物的本质规律的思维方法。形象思维同直感经验有关，其思维过程包括形象感受、形象存储、形象判断、形象创造及形象描述五个环节。形象思维不同于抽象思维。前者运用形象概括的方法得到理性形象，中间经过形象观念和联想（包括想象、幻想等）；后者运用抽象概括的方法得到理论，中间经过抽象概念、判断、推理和论证。在表现形式上，二者具有具体性与间接性、直观性和抽象性的不同；但在具体思维过程中，二者又是始终交错在一起、相互影响、相互促进，共同向前发展。

形象思维是把握医学对象本质的桥梁，中医学家运用形象思维在宏观层次把握了自然、人体和疾病的本质、规律和联系，它使中医学家获得了中医学的生理、病理、论断和治疗的理论。如运用五行学说建立脏腑理论的框架，用如雾、如沤、如渎分别表征上、中、下三焦的功能特点，均体现了形象思维的特点；饮食物的传输过程、气的生成、血的生成等，也经过了以想象为表现形式的形象思维的道路。中医临床思维也主要是通过形象性加工，方达到把握疾病本质和联系的目的。首先，辨证的过程就是寻求整体病机形象的构思过程，在相当大的程度上，是一个动态图像的识别过程；其次，治法的构思也离不开想象，因为具体的治则内容，是从治疗的目的转化而来，治疗的目的，是医生经形象性构思在大脑中形成的；最后，治疗思维则是运用形象思维，对选药、组方和调整病机所形成的理性构思。例如，中医想象到火性炎上的形象，并用相火上升的机理把握肝阳上亢的病理实质，再联想到自然界中的釜底抽薪，构思出扭转相火上升的病机需要的治法。总之，中医学较多地依重形象思维，至少给其带来了表象性（即直观可感性）、整体性和模糊性的特点。

（四）经验性思维

经验性思维是利用以往经验，分析和解决现实问题的一类思维方法。作为创造性思维方法的对称，经验性思维方法的基本特征是人们自觉或不自觉地按照习以为常的思考方向和路径分析与处理问题，具有习惯性、常规性、技能性。经验性思维方法体现了人们与生俱来的学习能力。在社会生活中，人们每当面临需要解决的问题或采取行动之前，通常首先将当前的问题与自己已有的经验进行比较，寻找、选择某种成功的先例，随之自然地按照这种固有的模式分析、解决、处理当前的问题。

经验性思维方法建立在应用试错法自我积累经验和学习他人经验的基础上，对于分析和解决重复出现的常规性问题，可以提高工作效率。中医诊疗活动在很大程度上即是一种经验性思维，中医学“凭经验”亦即通过经验性思维方法顺利完成对疾病的诊治。但是，客观世界是异彩纷呈的，疾病状态复杂多样，新的、从未出现过的、非规范性的、非典型的问题层出不穷，因此经验性思维方法不足以应付包含众多未知因素的非常规问题。对于非常规问题，如果囿于经验性思维方法，墨守成规，在疾病的诊治中就会造成误诊、误治。所以，在科研和临床诊治活动中，既要运用经验性思维方法处理常规要素、常规环节的各种具体问题，又要充分发挥创造性思维方法的创新作用，有机地将二者结合起来。

（五）创造性思维

广义的创造性思维可指一切对未知事物进行有创见的思索的过程；狭义的创造性思维专指人们在科学研究中进行创造性智力活动时的思考方法，如发明新技术、形成新观念、创造新理论等具有开创性活动的思维方法。

创造性思维方法作为经验性思维方法的对称，是一种包含多种思维类型的复合思维方法，贯穿于创造性活动的各个阶段。创造性思维是创造性地提出问题、分析问题、解决问题的思维过程，一般分为四个阶段。①准备阶段：创造主体要广泛搜集和积累各种资料和感性材料，极力摆脱传统观念的束缚，发现理论或实际的不完善之处，发现具有全新意义的新事实，提出有待解决的新问题；②孕育（酝酿）阶段：创造主体运用各种一般性方法，以已有材料为基础，对创造目标进行连续的、积极的思考，提出各种设想；③明朗（颖悟）阶段：创造主体要注意捕捉机遇性事件，利用局外信息的启发，激发想象力，诱导灵感状态的出现，发挥潜意识的作用，从而获得新颖奇特的思路和设想，为解决既定问题创造条件；④验证阶段：创造主体要在意识中整理潜意识的产物，寻找适宜的验证方法，或实施新的设想，最终创造出新理论、新技术等。创造性思维最基本的形式是想象、直觉和灵感。

中医学的发展离不开创造性思维，正是由于无数中医学家的不断创新，才使中医学千百年来兴旺不衰，屹立于世界医学之林。如张仲景在《内经》基础上，将理、法、方、药一线贯联，创立了六经辨证论治纲领和脏腑经络杂病诊疗体系，开创了临床治疗学之先河；金元四大家根据各自的实践经验，分别提出了"火热论"、"祛邪论"、"脾胃论"和"相火论"；吴又可通过细致的观察，深入的实践和缜密的推理论证，创立"戾气"学说，对温病病因提出了天才的创见；叶天士、吴鞠通等温病学家，根据温热病的发生发展规律，创立了卫气营血和三焦辨证论治理论体系及治疗法则，等等。目前，中医学正处于一个新的历史时期，中医发展面临许多新问题，更需要发挥创造性思维的作用，作出创新。

（六）发散思维

发散思维又称扩散思维、辐射思维，是指以某一思考对象为出发点，通过想象、联想、猜测等思维心理过程，诱发各种新思想的一种思维方法。它既不受已有的知识和经验的局限，又不受已经确定的公式、方法、规则、范围或思路的束缚，使思维在同一来源上朝着各个不同的方向扩展，产生众多的创造设想。

这种方法和单一、刻板及封闭的思维方法不同，其主要特点是：①流畅性：指发散思维用于某一方向时，能举一反三，迅速地沿着这一方向发散出去，形成同一方向的丰富内容；②变通性：指发散思维能从思维的某一方向跳到第二、第三、第四方向……使方向越来越多，有更多的方向、方面可供选择和考虑，从而形成立体思维而编织成思维之网；③独创性：指发散思维能形成自己与众不同的独特见解，它可以使思维突破常规和经验的束缚，获得新颖的、独特的创造成果。思维的流畅性、变通性、独创性是发散思维由低级到高级的层次飞跃，由流畅性进到变通性再到独创性，思维活动就进入到创新的高级阶段。

发散思维方法具体形式很多，主要有多向思维方法、侧向思维方法和反向思维方法等。

发散思维也是中医临床常用的思维方法，如由"春夏养阳，秋冬养阴"引申出的冬病夏治之法，最早用于老年性慢性支气管炎的防治，后从慢性阳虚疾患季节性发作的基点出发，治疗方法由药物内服发展为外治，治疗病种亦扩大到慢性鼻炎、痹证等疾病，这一过程即运用了发散思维的方法。

（七）聚合思维

聚合思维又称辐合思维、集中思维、收敛思维，是指以某个思考对象为中心，把各种各样的解法或设想从不同的方向指向这个思考对象，通过分析、综合、概括使思路条理化，形成或选择一个最优解法或设想的思维方法。它是以问题的条件、前提与某一答案的联系为基点，利用已知的信息，排除不相干因素，通过集中，指向一个正确的思维目标，其基础是抽象、概括、判断和推理。它能把散在的辐射性思维牵引回来，向着某一思维目标发起思维攻势，这种攻势是多侧面、多方位、多层次的，在时间上既是多路同时汇集、又是连续不断的，在空间上是立体网络式的，通过去粗取精、去伪存真而使思考范围慢慢缩小，逐步清晰，本质渐渐显露，最后探求出事物的原因或结果。

聚合思维的过程，首先是掌握各种有关信息；其次是对掌握的各种已知信息进行清理，从而找出它们的共同之处，发掘事物的本质；最后是客观地、实事求是地得出科学结论，获取思维目标。

中医对疾病的诊断和确定治法方药的过程，即是一种聚合思维的过程。

在创造活动中，聚合思维与发散思维是互补的。运用发散思维方法可以产生各种各样的创造性设想，但要决定究竟哪一个最有可能获得成功，必须依靠聚合思维方法进行辨识、评价和抉择，而聚合思维方法所要求的指向特定思考对象的各种各样的设想，一般则要由发散思维方法来提供。

（八）求同思维

求同思维是指在两个或两个以上不同事物之间寻求相同、相近之处的思维方式。其致思趋向是异中求同，使人们从已知领域进入未知领域；运思途径是从对不同事物的结构、功能、属性、特征方向的分析开始，逐步进行比较，把其中的相同之处找出来，在此基础上形成新的认识；即从对立、差别出发，经过分析比较，归纳整理出相同相近之处，是从异到同。

中医理论的建构离不开求同思维，因为要建立一门科学，人们的认识总不能仅仅停留在一个个具体事物的认识上，总是要通过对每一个具体事物的认识去把握某一大类事物存在、发展、变化的共同规律，离开对共同规律性东西的把握就无所谓科学而言。求同思维也是中医临床辨证思维方式之一，如《素问·至真要大论》分析病机言："诸逆冲上，皆属于火"，"诸躁狂越，皆属于火"，即是异中求同。《伤寒论》、《金匮要略》等中医经典著作中都有不少"异病同治"的内容，所谓"异病同治"亦是求同思维的具体运用。

（九）求异思维

求异思维是指在相同或相近的事物之间寻求相异之处的思维方式。其致思趋向是探求同类事物中的相异之处，借以开拓人们的视野；运思途径是对同类对象进行分析比较，找出它们在结构、功能、形成原因、发展过程、各种属性等方面的不同之处；即从相同、相近出发，经过分析比较，抽象概括出区别、差异之处，是从同到异。

求异思维也是中医辨证思维方式之一，《素问·至真要大论》分析病机言："诸痉项强，皆属于湿"，"诸暴强直，皆属于风"；"诸转反戾，水液浑浊，皆属于热"，即是同中求异，将抽搐、痉挛之症析因为湿、风、热之不同。《伤寒论》、《金匮要略》等典籍中论述了大量的"同病异治"的内容，所谓"同病异治"正是求异思维在疾病诊治中的具体体现。

（十）模糊思维

模糊思维是指对于那些在主体确定的区分标准面前没有绝对分明界限的事物的整体抽象。其致思趋向是要探求边界类属不清晰、性态不确定的事物，在一定范围、一定程度内的精确性认识；运思途径是从事物的模糊性现象出发，借助模糊集合等数学工具，提炼出反映事物不确定、不清晰特性的数学模型，借助于各种特性量的规定而认知、把握对象质的特征；或不通过赋值运算，而是根据在长期实践基础上掌握的经验来认知对象。

和精确思维相比，模糊思维具有灵活、简便的特点。它不像精确思维那样必须经过大量的观察、实验、测量占有对象各种性态的精确数据，然后才能进一步思维，作出结论；而是运用大体正确的模糊信息，参照以往经验，即可进行较准确的判断，这些信息既可以是理性的，也可以是感性的，不像精确思维要求的那样严格，也不需要有更繁琐的条件，便可得出基本正确的结论。精确思维往往要进行严密的计算和推理论证，从一步到另一步，不允许前后颠倒、随意省略，相比之下，模糊思维却比较简化，逻辑程序较少，有时凭直感即可作出判断。

中医学较多地运用了模糊思维的方法，中医把人体正常的生理活动，概括为“阴平阳秘”，把病理机制概括为“阴阳失调”、“邪正分争”，把治疗概括为“谨察阴阳所在而调之，以平为期”等，这些近似数学语言进行的描述，较精确地反映了人体生理、病理和治疗的本质；中医常用多少、甚、甚微、益甚、有无、强弱、大渴、蒸蒸、啬啬、淅淅、翕翕等近似量词，作量的分析，都体现了模糊思维的特点。

二、《伤寒论》蕴涵的辨证思维方法

《伤寒论》、《金匮要略》和《温病学》等医籍中都蕴涵着极其丰富的辨证思维方法，现仅以《伤寒论》为例简析如下。

（一）类比思维法

类比法又称对比法，是一种直接的对应思维方式，即将患者的临床表现和已知某病或某证进行比较，若二者主要特征吻合，此病或证之诊断便可成立。仲景所列的六经提纲证及具体汤方证是诊断疾病的主要依据。如凡具有“脉浮，头项强痛而恶寒”的特征即属太阳病。太阳病若见汗出的即为太阳中风证；若见无汗的则属太阳伤寒证。凡具有“发热，汗自出，不恶寒反恶热”即为阳明病。阳明病若见腹胀满，不大便即属阳明腑证；反之即属阳明经证。而“有柴胡证，但见一证便是，不必悉具”更是类比法的典型运用。这种诊断思维方法是仲景最为常用的，示后人学习《伤寒论》以规矩。

（二）比较思维法

比较思维法是通过对不同或相似证候的对比分析，以确定疾病同异关系的一种辨证思维方法。张仲景运用此法，约有三个方面。

1. 对立比较法　即抓住某一关键性的症状、体征或脉象，从其反面进行分析比较的辨证思维方法。此法较类比思维法联系更加广泛。如《伤寒论》第 13、35、14、31 诸条都是以“有汗”、“无汗”，作为太阳中风证与太阳伤寒证及其兼证证候鉴别诊断和用药之关键；还有以“口不渴，必恶寒”与“口渴，不恶寒”辨伤寒与温病（3、6 条），以发热与无热辨阴阳（7 条），以是否欲近衣被辨寒热真假（11 条），以脉静与数急辨邪之未传和已传（4 条），以小便利与不利辨蓄血与蓄水证（125、126 条），以口渴与不渴辨水蓄下焦膀胱与水停中焦胃脘（73 条），以汗后恶寒与不恶寒辨别证之虚实（70 条）等。

2. 横向比较法　即就一个病证和几个相关的病证进行比较，从不同的侧面揭示其全部面目的的辨证思维方法。以此可提高对该病证认识的广度。如《伤寒论》对大陷胸汤证 131 条与痞证的比较，说明其病因为误下后邪气内陷；136 条与大柴胡汤证的比较，揭示其病机为有形之水与邪热相结；137、138 条与小结胸证的比较，指出其病位涉及心下至少腹；149 条与半夏泻心汤证的比较，论述其症状为“心下满而硬痛”；128、129 条与脏结证比较，指出其脉象为寸浮关沉；还以“日晡所小有潮热”等 137 条而区别于阳明燥结腑实之承气汤证。张仲景通过上述对比，把大陷胸汤证从病因病机、病位、症状、脉象等不同角度与相关方证之疑似之处都阐发无遗，真可谓淋漓尽致。

又如 149 条论述少阳病误下后的三种转归，一是柴胡证仍在，当有胸胁苦满之症；二是转变为结胸证，有心下满而硬痛表现；三是形成痞证，有心下满而不痛的症状，此是以满痛来对比鉴别少阳证、结胸证和痞证之不同。

3. 纵向比较法　即通过对同一症或证的分析比较，从较深层次揭示其不同的内在本质的辨证思维方法。由此可克服认识上的表面性和片面性，提高对病证认识的深度。如《伤寒论》中对衄血一证的辨别，46 条和 56 条说明其成因为外邪郁闭较重，阳气郁遏较甚化热而伤及阳络所致；111 条为太阳中风证误以火劫发汗，风火相煽，热毒炽烈而上熏，灼伤阳络所致；202、227 条则分别为阳明血分、气分热盛，迫血妄行之衄；也有因伤寒表实失汗致衄（55 条），少阴病肾阳衰微，但厥无汗而强发之致衄（294 条）者，等等。其治疗有可汗（55 条）、不可汗（86 条）、可清（202、227 条）等之别，也有衄后自愈者（47 条）。此外，《伤寒论》中对诸如下利、烦躁、发热、腹满、腹痛、呕吐等证都有较详细的鉴别分析，若能联系有关条文前后比较，自可了然在胸。

（三）演绎思维法

演绎思维法是根据认识论对事物本质的认识由浅入深、由粗到精的原理，对病情进行层层深入的辨证分析方法。如《伤寒论》第 208 条“阳明病，脉迟，虽汗出不恶寒者，其身必重，短气，腹满而喘，有潮热者，此外欲解，可攻里也。手足濈然汗出者，此大便已硬也，大承气汤主之。”“汗出不恶寒”为阳明病出汗之特征。阳明病有阳明经证与阳明腑证之分，此条言脉迟、腹满而喘、潮热，是为阳阴腑证；然阳明腑证又因热结程度的不同，而选用不同的承气汤方。手足濈然汗出，是由于肠中已燥，体内没有足够的津液蒸发于全身，而只能将少量的汗液蒸发于脾主之四肢所引起的，故见到手足濈然汗出，说明大便已硬燥屎内结，可以用大承气汤攻下。从阳明病到阳明腑证再到大承气汤证，这种层层深入的辨证思维方法即是演绎法的体现。

（四）反证思维法

反证思维法即抓住病证的某些特征性表现，反证其非彼证而属此证的辨析方法。其主要体现在三个方面。

1. 以治禁反证法　即从某些方剂的治疗禁忌中可反证某些证候之有无、某方之功用及使用时机。如《伤寒论》16 条曰：“桂枝本为解肌，若其人脉浮紧，发热汗不出者，不可与之也。常须识此，勿令误也。”以此可反证桂枝汤证之脉非浮紧，症状必有汗出。132 条指出：“结胸证，其脉浮大者，不可下，下之则死。”结胸证脉见浮大，脉浮为表邪未尽，脉大则为里实未成，若脉见浮大无力，则属正虚邪实之候。由此反证，结胸证用大陷胸汤，必须是脉沉实有力与心下硬满疼痛并见，表邪已去，里实已成，方为脉证相符，攻下才可无虞。

2. 以误治后之见证反证法　通过对误治后情况的分析，亦可反证其当属何种病证。如“伤寒，服汤药，下利不止，心下痞硬，服泻心汤已。复以他药下之，利不止，医以理中与之，利益甚。理中者，理中焦，此利在下焦，赤石脂禹余粮汤主之。复不止者，当利其小便”（159 条）。此条所论伤寒误下导致下利有寒热错杂、中焦虚寒、下焦滑脱等不同情况。若其利属下焦虚寒滑脱不固，用理中汤显然药不对症，以用之后利益甚可反证其利不在中焦而在下焦。若服赤石脂禹余粮汤后下利仍不止，其人又有小便不利者，则属水湿渗于大肠之故，治从利小便而实大便之法。又如“发汗，病不解，反恶寒者，虚故也。芍药甘草附子汤主之”(68 条)。本条以“反恶寒”为辨证关键，即发汗后恶寒不仅不罢，反而加重，又无发热、脉浮等症，可知其“病不解”并非表证不解，再结合“虚故也”自注句及用方来看，当属阴阳两虚之证。

3. 以方剂功效反证法　某些类似病证，单从其症状来看差别不大，但实际上其病因病机、治疗迥异。对此张仲景并未直叙其他症状，而是列举治疗方剂，学者由其方剂的功效自可推论出其主治属何种病证。如“少阴病，吐利，躁烦，四逆者，死”(《伤寒论》296 条)；“少阴病，吐利，手足逆冷，烦躁欲死者，吴茱萸汤主之”(《伤寒论》309 条)。二者症状颇相类似，但前者系阴寒极盛，真阳欲绝之候，预后不良；后者是寒邪犯胃，胃中虚冷所致，用吴茱萸汤温胃散寒、降逆止呕。若后者果系前者之证，用四逆汤之类急救回阳都难奏效，更不用说用吴茱萸汤了。因此，从所用方药反证，后者重在呕吐，虽有下利必不甚剧，手足逆冷与烦躁乃因呕吐频繁且剧烈所致，与真阳欲绝之四逆躁烦有本质的不同。又如 318 条气郁致厥证，虽云四逆，但从所用疏肝解郁之四逆散分析，乃肝胃气滞、气机不利而阳郁所致，以此反证此非少阴阳衰阴盛之厥逆，实属少阴类似证，该条首冠“少阴病”以资鉴别。

(五) 排他思维法

排他法即排除诊断法，也就是列举某些不曾出现的具有鉴别意义的特征性症状，以除外某些病证之存在，从而确定诊断的一种辨析方法。其主要有以下两个方面。

1. 列举阴性症状排除法　即在叙述若干阳性症状的基础上，再列举具有鉴别意义的几个阴性症状，以排除某些病证，从而确定诊断的一种方法。如《伤寒论》61 条为下后复汗而烦躁之证，但烦躁一证六经病证均可出现，其性质有虚实寒热之异，仅凭其昼躁夜静、脉沉微、身无大热的症状还不足以诊断其为肾阳虚，故该条以“不呕，不渴，无表证”的阴性症状，排除了病在三阳之可能，然后再结合下后复汗伤液损阳之病机，即可确诊其为肾阳虚之烦躁证，治当急救回阳。174 条以“不呕，不渴”排除了病在少阳和阳明，“大便硬，小便自利”则排除了内湿，从而肯定了风寒湿邪痹着肌表的诊断。166 条痰饮停聚胸膈的瓜蒂散证亦可见发热、恶风、自汗症状，该条则以“病如桂枝证，头不痛，项不强”排除了太阳中风证。

2. 比较排除法　即对某些疑似病证，就彼证不应出现的症状与此证比较，从而肯定此证的辨析方法。如 148 条以少阴纯阴结并不具有的症状与少阳阳微结之证比较后，排除了纯阴结证。二者证候疑似，但病机大不相同。阳微结之手足冷、脉沉紧而细、微恶寒等症，与纯阴结甚为相似，但纯阴结为阳衰阴盛，虽恶寒而不发热，纯属在里，“不得复有外证”；而阳微结则既有发热恶寒之表证，又有心下满、口不欲食、大便硬之里证，“为半在里半在外也”。此外，二者均可见脉沉紧，但“阴不得有汗，今头汗出，故知非少阴也”。

(六) 试探思维法

试探法又称试治法，即对于不典型或较复杂的病证一时难以明确诊断的，可先提出有根据的假设诊断，然后进行试探性治疗，以协助明确诊断的鉴别方法。如《伤寒论》209 条指出：“阳明病……若不大便六七日，恐有燥屎，欲知之法，少与小承气汤，汤入腹中，转矢气者，此有燥屎也，乃可攻之。若不转矢气者，此但初头硬、后必溏，不可攻之。”此先予小承气汤试探，根据病者服药后转矢气与否以确定肠中有无燥屎阻结。214 条大意与此条类同。又如 332 条曰：“伤寒，始发热六日，厥反九日而利。凡厥利者，当不能食；今反能食者，恐为除中。食以索饼，不发热者，知胃气尚在，必愈。恐暴热来出而复去也……”此厥多于热，为阴盛阳虚。理应不能食，现反而能食，是胃气来复而向愈的佳兆，还是胃气将竭的除中死候呢？很难确诊。此时可借助"食以索饼"后发热与否进行判断，并借此测知其病势进退及预后良恶。

（七）动态思维法

疾病是一个不断变化的动态演变过程。因此，只有用动态思维的方法去观察病情，才能全面、准确地把握疾病，进行恰当的施治。根据疾病的动态变化去辨证分析，把握其发展趋势，并指导治疗的辨证分析方法称为动态辨证法。

《伤寒论》在六经病证的辨治过程中，始终注意运用动态思维去观察六经病证的变化，分析邪正消长及病理演变过程，以明确病机，进而判断其传变、转归及预后，指导治疗。如第4、5条都是从临床脉证的动态变化角度，来判断疾病是否发生传变。尽管在受邪之初，如果脉证发生了变化，则说明疾病发生了传变；相反，尽管受邪已二三日，如果脉证没有变化，则提示疾病没有传变。又如339条则根据肢厥、饮食、小便的动态变化判断热厥轻证的两种发展趋向。在伤寒阳热内郁之热厥轻证的病变过程中，经过"数日"之后，若肢厥消失而手足温暖，小便由黄而转清长，由不欲食而渐食欲增加，则提示里热已除，胃气已和，病情向愈；反之若见四肢厥逆加重，并发生呕吐、胸胁烦满，小便仍然短赤等，是邪热内郁加重，病势加剧之征。

（八）时相思维法

由于疾病都处于动态变化过程中，在各个发展阶段，其病位、病性、病机、证候特点及病势趋向各不相同。根据疾病在发生发展转归过程中的阶段性和时间性进行辨证，称为时相辨证法。

伤寒是多种外感疾病的总称。外感病具有发病急、变化快、阶段性明显的特点。张仲景在运用六经辨证的过程中，有机地融入时相辨证方法，用以分析病机，区别病期、病位，说明发病形式、证候特点，判断病势趋向等。六经病证是以六经所属的经络脏腑为依据，综合多种因素对外感疾病的发展规律加以总结，概括而成的六大病证类别。鉴于六经所属的经络脏腑及生理特点各异，反映出的病证也具有明显的阶段性，亦即在整个疾病演变过程中所处的病期时相不同，因此按照病期时相就可区分六经病证。太阳病见于外感病之初期阶段，属表证；阳明病是六经病中期阳热极盛阶段，属于里热实证；少阳病多见于六经病证中前期阶段，属于半表半里之热证；太阴病见于六经病证中期之虚寒阶段；少阴病多值六经病变过程中后期危重阶段；厥阴病多见于六经病变之末期阶段。

六经病之病位，统言之有表里之异，分言之则有三阳三阴之殊。张仲景一般根据发病日数、病程长短以区别其病位。三阳病多处于疾病的中期以前，初感邪气，病势趋外，其病程一般较短；三阴病或诸多变证，病位较深，一般发病时日较久。这是时相辨证法辨别病位的一般规律。

病程是指疾病发生、发展、转归的自然时间期限。任何疾病都有一个自然期限，伤寒六经病证亦不例外。如第8、10条，提示太阳表证一般七日左右病情将减轻，由病邪初解到正气恢复尚需三至五日，故太阳病从发病至机体完全康复的自然病程约为十二日左右。

（九）反馈思维法

临床实践过程中，根据初次诊断治疗后出现的各种反应而进行再次辨证，从而进一步把握疾病本质的辨证方法，称为反馈辨证法。按照患者服药后反馈的信息资料去进行分析，综合判断，是临床常用的思维方法。从哲学角度讲，是通过实践以检验认识、修正认识的再认识过程。《伤寒论》在六经病证的辨治过程中，广泛地应用了这种认识疾病的思维方法。由四诊收集资料，到分析、综合辨证，得出初步诊断，确定治法和方药，是一个具体的临床医疗过程。鉴于医生对疾病的认识受主观或客观条件的限制，初次诊断往往难以完全准确地把握疾病的本质，况且诊断治疗正确与否，也只有通过实践检验才能确定。所以患者在初次治疗后的种种反应，就成为下次辨证的重要依据。张仲景特别注意收集患者用药后的变化情况，并与原病证对比分析，以检验辨证治疗是否得当，以便及时地修正诊断及治法，调整方药。214条曰："阳明病……小承气汤主之。因与承气汤一升，腹中转气者，更服一升；若不转气者，勿更与之。明日又不大便，脉反微涩者，为难治，不可更与承气汤也"，即是其例。针对错综复杂、暂时难以明确诊断的疑难病证，《伤寒论》多借助类比推理法，把问题局限在可能性最大的范围内，提出假设性诊断，并施以相应的治疗。通过有目的的试探性治疗，及时了解患者的反馈信息，不断地修正原诊断，最后达到正确认识疾病之目的。《伤寒论》159条是张仲景将反馈辨证法用于试探性诊治的典型条文。

归纳反馈辨证思维法在《伤寒论》中的应用意义主要有验证辨治、试探诊治、了解病势、判断药效、提示治禁等几个方面。

第二节 学习方法

学习任何一门学科和著作，不论其难度与深度如何，只要学习的目的明确，方法得当，再加上主观上的努力和客观上的帮助与引导，就一定能够学好。对于《中医临床基础》学科所涵盖的《伤寒论》、《金匮要略》和《温病学》这几门课程的学习，当然也不例外。张仲景在《伤寒杂病论·自序》中所述的"勤求古训，博采众方……并平脉辨证"，是其治学态度与方法的精辟概括，很值得我们效法。

古人曰："工欲善其事，必先利其器。"就学习来说，了解和掌握一定的学习方法，就是"利其器"的过程。下面，结合《中医临床基础》学科的基本特点，介绍一些学习方法，供学习时参考。

一、提高认识，明确目的

历来被医家们奉为学习中医的四大经典著作中，《中医临床基础》学科所涵盖的医著占其中的四分之三，足见其在中医学中的地位和作用。我们现在学习《中医临床基础》学科的目的，主要在于掌握其基本理论、基本知识和基本技能，进一步提高辨证论治水平和临床思维能力，更好地继承和发扬中医学的宝贵遗产，为运用中医中药防病治病、为人类的健康事业作出积极的贡献。

二、了解特点，以利入门

由于《伤寒论》、《金匮要略》成书年代久远，文字古朴，言精而奥，法简而详，使两书具有与其他古典医著所不同的特点。了解其特点，则有利于入门，否则将难以学懂，更谈不上深入学习与临床应用。温病学形成于明清时期，以《温热论》、《湿热病篇》、《温病条辨》等为代表著作，其文字相对好理解一些。故下面仅简述《伤寒论》、《金匮要略》著作中的一些基本特点。

（一）体例特点

《伤寒论》以六经病证分篇，《金匮要略》按某一或数个杂病分篇，各篇均标明"×××病脉证治"，示人以病为纲、病证结合、脉证合参，辨证与论治紧密结合的重要意义。每篇均以条文的形式叙述，论述疾病的纲领、病因病机、主证、兼证、变证，然后确立治则，据证提出治法方药，有的还涉及预防、护理、判断预后等，以利于掌握疾病的证治规律。

（二）写作特点

《伤寒论》、《金匮要略》都采用的是汉代散文文体为主，个别地方杂有骈偶文体。汉代散文是先秦历史散文和哲学散文的继续，文字古朴，言简意赅，仲景更运用了原则启发、举例说明、重点鉴别等朴实的表达手法，全书以简短的条文叙述，文字简练质朴。然而在文法修辞方面较多地使用了省文法、倒叙法、插叙法，给正确领会文义造成一定困难。

1. 省文法　又称省笔法或省略法，即省略了句子中的部分内容。这和当时的书写条件及仲景采取的文体有关。在学习时如何辨识是否省文？凡条文过简、脉证不全、证治不全者多有省略。对此，要注意联系前后文及相关内容来考虑，或运用以方测证、以证测方、以证测脉、以病机测证（症）等方法分析，正确体会出原文省略的内容。古人曾说要善于"从无字处读出有字来"，即是针对省文这种情况而言。如《伤寒论》第 1 条"太阳之为病，脉浮，头项强痛而恶寒"，已指出太阳经证的主脉是浮，而第 2 条叙述太阳中风证时只提脉缓，第 3 条论太阳伤寒证时只言脉紧，两条均省去了一个浮字；第 51 条"脉浮者，病在表，可发汗，宜麻黄汤"仅言脉与治法，而省去了主症，须参见第 3、35 条，方为全面。又如《金匮要略·痰饮咳嗽病脉证并治第十二》篇第 2 条已指出"饮后水留在胁下，咳唾引痛，谓之悬饮"，故第 22 条只言"病悬饮者，十枣汤主之"，省去了其病位与主症。

2. 倒叙法　亦称兜转法，略同于现代的倒装语法，即不按正常的语序、文意叙述，而是有目的地颠倒词句以加强语气或调和音节等。阅读时如果按正常语序随文释义，就会错解文意。学习中若遇文意不连贯，或逻辑上有矛盾的条文时，则应注意是否有倒装现象。如《伤寒论》第 41 条："伤寒，心下有水气，咳而微喘，发热不渴，服汤已渴者，此寒去欲解也，小青龙汤主之"。其"小青龙汤主之"一句应紧接"发热不渴"之下才符合原意。《金匮要略·水气病脉证并治第十四》篇第 5 条："里水者，一身面目黄肿，其脉沉，小便不利，故令病水。假如小便自利，此亡津液，故令渴也。越婢加术汤主之。"其"越婢加术汤主之"当接在"故令病水"之后，因小便自利而渴表示津液已伤，则不宜用越婢加术汤治之。

3. 插叙法　亦称插笔，即在叙述中插入有关的阐发性或对比性文字，以引起读者重视。如《金匮要略·腹满寒疝宿食病脉证治第十》篇第 13 条"腹满不减，减不足言，当须下之，宜大承气汤"，其"减不足言"即为插笔，是针对第 3 条"腹满时减，复如故，此为寒，当与温药"而言。另外仲景在部分条文还有自注句，对所述证候的成因病机予以提示说明（如《伤寒论》124 条），也类似插叙法。

（三）字词特点

随着历史的演变，古汉语中部分字、词的含义也发生了变化，如果不加分析地套用现代汉语的意思去理解，就难免误解原意。如《伤寒论》第 29 条"脚挛急、厥愈足温"之"脚"、"足"二字，若按今意去解释即错。"脚"之古义指小腿腓肠肌，脚挛急即小腿腓肠肌痉挛、拘急；"足"之古义指现代意义的脚，厥愈足温即四肢厥冷的症状缓解，脚已温暖。在记载多种药物的炮制方法时曰"熬"（如水蛭、虻虫、瓜蒂、葶苈子等），如按现代意义放在水中煮理解即错。《说文解字》云："熬，干煎也"，即现代炒、焙之意。此外，文中还有大量的异体字、古今字、通借字，如鞕—硬、蚘—蛔、荣—营、差—瘥等。总之，文词方面的障碍需要大家平时读书时多留心、勤动手，不清楚者多查阅有关工具书加以解决。

三、前后对照，融会贯通

为较全面地掌握各篇病证论治的精神内容，并针对原书在写作上有详有略及省文法的特点，在学习中应特别注意前后对照互参。或从前后条文中找出省文内容，或联系前后条文全面认识脉因证治，或前后病证、条文对勘，以比较其病因病机脉证及治法方药的异同，特别是同病异治、异病同治。通过对比分析，将原文以病证为纲，按病因、病机、脉证（包括各种证型）、治法、方药、禁忌、预后等分类归纳，即能达到系统了解、重点掌握的目的，从而把握各个病证的辨证论治规律，以便在理解的基础上加深记忆。

四、参阅文献，开阔思路

《伤寒论》与《金匮要略》更是一脉相连，理论均源于《内经》、《难经》，而又有所发展。在药物学方面，与《神农本草经》有密切联系。其他如《脉经》、《针灸甲乙经》、《肘后方》、《诸病源候论》、《备急千金要方》、《千金翼方》、《外台秘要》等均是与汉代相距不远时代的重要医籍，均不同程度地记载有《伤寒论》和《金匮要略》的一些内容，且其语言文字和学术思想都比较接近，可以互相会通。因此，学习时应结合参阅。其意义有二：其一，通过参阅《内经》、《难经》有助于深入了解原书的学术思想源流和立论依据，参阅《神农本草经》有助于认识原书处方用药之旨和药物功能主治，参阅《伤寒论》与《金匮要略》不仅可以互相印证，更可以互相补充伤寒与杂病的辨证论治，参阅上述晋至隋唐医籍可以旁证互补，互相会通；其二，上述晋至隋唐医籍记载有原书的一些内容，可以作为校勘之用，有助于认识仲景原书的本来面貌。

五、联系实际，学以致用

学习古典医著，既要对文句进行推敲和探讨其实质含义，但又不能仅仅停留于字面和文献上的学习，更应该重视理论联系实际，学以致用。在通学数遍之后，应大胆而细心地把其理法方药应用到临床实践中去，这样一方面可以验证其是否确切有效，加深对原论的理解，启发深入钻研的兴趣与信心；另一方面还可以通过临床实践及实验研究，发展本论理法，扩大其方药的运用。现代在《伤寒论》、《金匮要略》、《温病学》理法方药的实际应用方面已做了不少工作，取得一些成果和可喜的苗头。如以大柴胡汤为主治疗急性胆囊炎、胆石症、急性胰腺炎等急腹症；根据五苓散化气行水的作用，推广应用于肾炎、睾丸鞘膜积液的治疗；用四逆加人参汤中西结合抢救休克；还有人根据《伤寒论》下法的启示，用承气汤为主，中西医结合治疗观察急性肾衰竭及中毒性休克；用大黄牡丹皮汤治疗急性阑尾炎、阑尾周围脓肿；用温病学的诸多理法方药防治病毒性肝炎、流行性出血热等，均取得了较好的疗效。

各　论

上篇　外感病证治

第五章

六经病本证证治

六经，统指太阳、阳明、少阳、太阴、少阴、厥阴六经及其所属相应脏腑的生理功能而言。外邪侵犯上述经脉、脏腑后所发生的病证，就称为六经病。而六经病本证，则是指具有六经病临床特征的一类病证。如太阳病的桂枝汤类证、麻黄汤类证；阳明病的白虎汤类证、承气汤类证；少阳病的柴胡汤类证；太阴病的四逆辈证；少阴病的四逆汤类证、黄连阿胶汤证；厥阴病的乌梅丸证、当归四逆汤证、白头翁汤证等。本章兹结合原文对六经病本证的病因病机、证候特点及治疗方药逐一进行讨论。

第一节　太阳病本证

太阳，概指足太阳膀胱经、手太阳小肠经及其膀胱和小肠两腑的生理功能，外邪侵犯太阳经、腑所发生的病证，即为太阳病。而具备发热恶寒、头项强痛、脉浮等症状特征的证候，即为太阳病本证。正如《伤寒论》第1条说："太阳之为病，脉浮，头项强痛而恶寒。"由于太阳病本证是外感病的初期阶段，病位在表，病性属阳、属表，故又称表证。

足太阳经主一身之表，与卫气的运行密切相关。卫气平旦时出于目，从目内眦上行至头，循项而下太阳，因而起到主表的作用。若风寒侵袭肌表，太阳首当其冲，致使营卫失调，太阳经气不利，而发为太阳病。

太阳病的基本特点是脉浮、头项强痛、恶寒，但由于体质有强弱不同，感邪有轻重之异，太阳病本证又可分为太阳中风证、太阳伤寒证、太阳温病证以及表郁轻证等类型。

治疗太阳病本证，以辛温发汗解表为其总的原则，据太阳病本证的证型不同，而分别施以麻黄汤、桂枝汤、桂枝麻黄各半汤、桂枝二麻黄一汤等。而对于太阳病本证之兼证治则，则在主治方剂中随证化裁。

太阳病本证病邪不解，可传入他经，最常见者是传入阳明、少阳、少阴三经。至于太阳病当在几日传，或先传哪一经，或为合病，或为并病，并无固定局势，总以脉证为凭。

一、中风表虚证

（一）桂枝汤证

【原文汇要】太阳病，发热，汗出，恶风，脉缓者，名为中风。[《伤寒论》.2(此为条文序号，下同)]

太阳中风，阳浮而阴弱，阳浮者，热自发，阴弱者，汗自出，啬啬恶寒，淅淅恶风，翕翕发热，鼻

鸣干呕者，桂枝汤主之。(《伤寒论》.12)

太阳病，头痛发热，汗出恶风者，桂枝汤主之。(《伤寒论》.13)

病常自汗出者，此为荣气和。荣气和者，外不谐，以卫气不共荣气谐和故尔。以荣行脉中，卫行脉外，复发其汗，荣卫和则愈，宜桂枝汤。(《伤寒论》.53)

病人藏无他病，时发热，自汗出，而不愈者，此卫气不和也。先其时发汗则愈，宜桂枝汤。(《伤寒论》.54)

【辨证要点】以发热、汗出、恶风、脉浮缓为主症，可伴有头项痛、鼻鸣、干呕等症。

【证候分析】见表5-1-1。

表5-1-1 桂枝汤证证候分析表

主症	症状特点	病机分析
发热	发热较温和，呈“翕翕发热”状	风属阳邪，卫属阳气，风袭卫抗，两阳相争
汗出	皮肤潮润，以手按之可知有汗	风性开泄，侵袭体表，卫气不固，营阴外泄
恶风	有风即觉怕冷，无风相对较安	汗出肌疏，不胜风袭
脉浮缓	脉象表浅而松弛	卫气抗邪，营阴外泄
头痛	疼痛部位多见于头项部	外邪侵袭太阳经脉，经气不利
鼻鸣	多伴有鼻塞、流涕、喷嚏、咳嗽	肺合皮毛而开窍于鼻，外邪犯表，肺气不利
干呕	是外感证的常见伴症，多有食欲欠佳	肺胃同主肃降，肺气不利，影响胃气肃降

【基本病机】风邪中表，卫不外固，营不内守，营卫不调。

【治法】祛风解肌，调和营卫。

【方药】桂枝汤。

桂枝汤方：

桂枝三两(去皮) 芍药三两 甘草二两(炙) 生姜三两(切) 大枣十二枚(擘)

上五味，㕮咀三味，以水七升，微火煮取三升，去滓，适寒温，服一升。服已须臾，啜热稀粥一升余，以助药力。温覆令一时许，遍身漐漐微似有汗者益佳，不可令如水流漓，病必不除。若一服汗出病瘥，停后服，不必尽剂。若不汗，更服依前法；又不汗，后服小促其间，半日许，令三服尽。若病重者，一日一夜服，周时观之，服一剂尽。病证犹在者，更作服。若不汗出，乃服至二、三剂。禁生冷、黏滑、肉面、五辛、酒酪、臭恶等物。

(二) 桂枝加葛根汤证

【原文汇要】太阳病，项背强几几，反汗出恶风者，桂枝加葛根汤主之。(《伤寒论》.14)

【辨证要点】项背拘紧、转动不自如，汗出，恶风，发热，脉缓。

【证候分析】

太阳中风证兼项背拘急 {
项背强几几——风寒之邪侵袭，客于太阳经输，经脉气血运行不利，以致筋脉肌肉拘急不舒
桂枝汤证——风邪侵袭，营卫不和
}

【基本病机】风邪外侵，营卫不和，经输不利，筋脉失养。

【治法】祛风解肌，升津舒经。

【方药】桂枝加葛根汤。

桂枝加葛根汤方：

葛根四两　桂枝一两(去皮)　芍药二两　生姜三两(切)　甘草二两(炙)　大枣十二枚(擘)　麻黄三两(去节)

(三) 桂枝加厚朴杏子汤证

【原文汇要】太阳病，下之微喘者，表未解故也，桂枝加厚朴杏子汤主之。(《伤寒论》.43)

喘家作，桂枝汤加厚朴杏子佳。(《伤寒论》.18)

【辨证要点】轻微气喘，或素有喘疾，遇风寒诱发，汗出，恶风，发热，脉缓。

【证候分析】见表5-1-2。

表5-1-2　桂枝加厚朴杏子汤证证候分析表

主症	症状特点	病机分析
喘	其喘轻微，必见汗出、恶风，且内无热象	表邪内入，肺失宣降；或素有喘病，新感风寒
桂枝汤证	同前桂枝汤证	风邪侵袭，营卫不和

【基本病机】风寒束表，营卫不调，肺气上逆。

【治法】祛风解肌，降气平喘。

【方药】桂枝加厚朴杏子汤。

桂枝加厚朴杏子汤方：

桂枝三两(去皮)　甘草二两(炙)　生姜三两(切)　芍药三两　大枣十二枚(擘)　厚朴二两(炙，去皮)　杏仁五十枚(去皮尖)

(四) 桂枝加附子汤证

【原文汇要】太阳病，发汗，遂漏不止，其人恶风，小便难，四肢微急，难以屈伸者，桂枝加附子汤主之。(《伤寒论》.20)

【辨证要点】汗漏不止，恶风寒较重，伴有头痛，发热，四肢拘急不适，小便不利。

【证候分析】见表5-1-3。

表5-1-3　桂枝加附子汤证证候分析表

主症	症状特点	病机分析
汗出	汗出较多，呈漏汗状	表虚误汗，卫阳大虚；肌腠不固，营阴外泄
恶风	恶风寒程度较桂枝汤证为重	过汗伤阳，肌腠严重不固
小便难	小便量少而不利	过汗伤阳，膀胱气化无力；过汗伤阴，膀胱津液亏少
四肢拘急，难以屈伸	表现轻微，多见于下肢	过汗伤阳损阴，阳虚筋脉失煦，阴虚筋脉失养

【基本病机】卫阳大伤，阳不摄阴，营阴外泄。

【治法】调和营卫，扶阳固表。

【方药】桂枝加附子汤。

桂枝加附子汤方：

桂枝三两(去皮)　芍药三两　甘草三两(炙)　生姜三两(切)　大枣十二枚(擘)　附子一枚(炮，去皮，破八片)

(五) 桂枝去芍药汤证及桂枝去芍药加附子汤证

【原文汇要】太阳病，下之后，脉促胸满者，桂枝去芍药汤主之。(《伤寒论》.21)

若微寒者，桂枝去芍药加附子汤主之。(《伤寒论》.22)

【辨证要点】胸满，脉促，恶寒，发热。

【证候分析】见表5-1-4。

表5-1-4　桂枝去芍药汤证及桂枝去芍药加附子汤证证候分析表

主症	症状特点	病机分析
胸满	胸闷不畅感，但并非憋闷异常	胸阳不伸，气机不利
脉促	脉来急促，并非数中一止之间歇脉	表邪入胸，正邪相争
恶寒	有明显恶寒时脉多见微	胸阳不振，阳气不足
发热	脉促胸满时有，脉微恶寒时无	表邪入里，正邪相搏

【基本病机】胸阳不振，表邪未解。

【治法】温振胸阳，兼解表邪。

【方药】桂枝去芍药汤、桂枝去芍药加附子汤。

桂枝去芍药汤方：

桂枝三两(去皮)　甘草二两(炙)　生姜三两(切)　大枣十二枚(擘)

桂枝去芍药加附子汤方：

上方加：附子一枚(炮，去皮，破八片)

(六) 桂枝新加汤证

【原文汇要】发汗后，身疼痛，脉沉迟者，桂枝加芍药生姜各一两人参三两新加汤(简称桂枝新加汤)主之。(《伤寒论》.62)

【辨证要点】身疼痛，汗后身痛不减，甚或加重，脉沉迟，可伴有恶风寒，发热，汗出等。

【证候分析】见表5-1-5。

表5-1-5　桂枝新加汤证证候分析表

主症	症状特点	病机分析
身疼痛	身痛，汗出不减反重	营气不足，筋脉失养
脉沉迟	必沉迟而无力	汗后伤营，气血虚少
汗出恶风	仍有桂枝汤证特点	卫不外固，营不内守

【基本病机】营气不足，筋脉失养。

【治法】养营益气，调和营卫。

【方药】桂枝新加汤。

桂枝新加汤方：

桂枝三两(去皮)　芍药四两　甘草二两(炙)　人参三两　大枣十二枚(擘)　生姜四两

二、伤寒表实证

(一) 麻黄汤证

【原文汇要】太阳病，或已发热，或未发热，必恶寒，体痛，呕逆，脉阴阳俱紧者，名为伤寒。(《伤寒论》.3)

太阳病，头痛发热，身疼腰痛，骨节疼痛，恶风，无汗而喘者，麻黄汤主之。（《伤寒论》.35）

【辨证要点】发热恶寒，身体诸痛，无汗而喘，脉阴阳俱紧。

【证候分析】见表5-1-6。

表5-1-6　麻黄汤证证候分析表

主症	症状特点	病机分析
恶寒	无风亦恶寒，有风则更甚	风寒外束，凝滞卫阳，温煦失职
发热	热度较高，与恶寒并见	风寒外束，卫不得宣，郁闭于表
无汗	肤干而热	寒邪束表，腠理郁闭，营阴郁滞
诸痛	痛发于足太阳经循行部位	寒邪凝滞，卫闭营凝，经脉不利
咳喘	多与无汗并见	寒邪束表，毛窍闭塞，肺失宣发
呕逆	较轻微，或不出现	风寒束表，肺气不利，胃气不降
脉浮紧	多伴有身痛出现	寒邪凝滞，卫闭营凝，经脉不利

【基本病机】风寒束表，卫闭营凝，肺气不利。

【治法】发汗解表，宣肺平喘。

【方药】麻黄汤。

麻黄汤方：

麻黄三两（去节）　桂枝二两（去皮）　甘草一两（炙）　杏仁七十个（去皮尖）

【方证鉴别】

（1）伤寒表实证与中风表虚证鉴别：见表5-1-7。

表5-1-7　伤寒表实证与中风表虚证鉴别表

	伤寒表实证	中风表虚证
病机	风寒束表，卫闭营凝	风邪侵袭，营卫不和
主症	无汗，恶寒，喘，身痛，脉浮紧	汗出，恶风，脉浮缓
治法	发汗解表，宣肺平喘	祛风解肌，调和营卫
方药	麻黄汤	桂枝汤

（2）麻黄汤与桂枝加厚朴杏子汤证中喘的鉴别：

表证兼喘：
- 桂枝加厚朴杏子汤证：太阳中风表虚而喘——喘见汗出、恶风
- 麻黄汤证：伤寒表实而喘——喘见无汗、恶寒或身体疼痛

（3）麻黄汤与桂枝新加汤证身痛的鉴别：

身痛：
- 桂枝新加汤证：营阴不足，筋脉失养——身痛较轻，恶风，汗出，且汗后身痛不减，甚或较前更重，脉来沉迟
- 麻黄汤证：风寒外束，卫闭营凝——身痛较重，恶寒，无汗，但汗后身痛减轻，脉来浮紧

（二）葛根汤证

【原文汇要】太阳病，项背强几几，无汗恶风，葛根汤主之。（《伤寒论》.31）

【辨证要点】项背拘紧、转动不自如，无汗，恶寒，脉浮紧。

【证候分析】见表5-1-8。

表5-1-8　葛根汤证证候分析表

主症	症状特点	病机分析
项背强几几	项背拘紧，转动不自如较重	风寒束于太阳经脉，气血运行不畅，经输不利
恶风	无汗而恶风	风寒束表，营卫郁遏

【基本病机】风寒外束，太阳经输不利。

【治法】发汗解表，升津舒经。

【方药】葛根汤、葛根加半夏汤。

葛根汤方：

葛根四两　麻黄三两（去节）　桂枝二两（去皮）　生姜三两（切）　甘草二两（炙）　芍药二两　大枣十二枚（擘）

【方证鉴别】

项背强几几 { 桂枝加葛根汤证——表现较轻，伴有汗出、恶风
葛根汤证——表现较重，伴有无汗、恶寒

（三）大青龙汤证

【原文汇要】太阳中风，脉浮紧，发热恶寒，身疼痛，不汗出而烦躁者，大青龙汤主之。若脉微弱，汗出恶风者，不可服之。服之则厥逆，筋惕肉瞤，此为逆也。（《伤寒论》.38）

伤寒脉浮缓，身不疼但重，乍有轻时，无少阴证者，大青龙汤发之。（《伤寒论》.39）

【辨证要点】本汤证由伤寒表实证兼阳热内郁症状组成。辨证要点为恶寒发热，身痛或重，不汗出而烦躁，脉浮紧或浮缓。

【证候分析】见表5-1-9。

表5-1-9　大青龙汤证证候分析表

主症	症状特点	病机分析
发热恶寒	伴有无汗烦躁	风寒束表，卫闭营凝
烦躁	有闭闷郁蒸感	风寒闭郁在表，阳气郁遏在里
脉浮缓	为浮紧之象减轻，非表虚证之松弛象	邪气渐入，寒趋化热
身重	时轻时重	阳郁肌表，气机不利

【基本病机】风寒闭郁在表，阳气郁遏于里，表里俱实。

【治法】外散风寒，内清郁热。

【方药】大青龙汤。

大青龙汤方：

麻黄六两（去节）　桂枝二两（去皮）　甘草二两（炙）　杏仁四十枚（去皮尖）　生姜三两（切）　大枣十枚（擘）　石膏如鸡子大（碎）

（四）小青龙汤证

【原文汇要】伤寒表不解，心下有水气，干呕、发热而咳，或渴，或利，或噎，或小便不利、少腹满，或喘者，小青龙汤主之。（《伤寒论》.40）

伤寒心下有水气，咳而微喘，发热不渴。服汤已渴者，此寒去欲解也。小青龙汤主之。（《伤寒论》.41）

【辨证要点】本汤证由伤寒表实证兼水饮内停症状组成。辨证要点是发热恶寒，咳喘，痰稀色白，舌苔白滑，脉弦紧。

【证候分析】见表5-1-10。

表5-1-10　小青龙汤证证候分析表

主症	症状特点	病机分析
咳喘	夜晚为重，伴见痰白而稀，苔白滑或水滑	风寒夹胃中水饮犯于肺，肺失宣降
发热	伴有恶寒	风寒束表，营卫郁闭
口渴	不喜饮，或喜热饮	饮停不化，气不布津
下利	多表现为泄下稀水、量少	水饮下渍大肠
噎	咽喉紧束，呼吸、吞咽皆不利感	水寒滞气，气机不利
小便不利	多表现为小便频数而少	水饮下蓄膀胱，气化不利

【基本病机】风寒外束，水饮内停，外寒内饮，相互搏击。

【治法】外散风寒，内化水饮。

【方药】小青龙汤。

小青龙汤方：

麻黄（去节）　芍药　细辛　干姜　甘草（炙）　桂枝（去皮）各三两　五味子半升　半夏半升（洗）

【方证鉴别】

喘：
- 桂枝加厚朴杏子汤证：表虚兼喘——特点是汗出而喘
- 麻黄汤证：表实而喘——特点是无汗而喘
- 小青龙汤证：外寒内饮而喘——特点是无汗而喘，且有内饮之症

三、表郁轻证

（一）桂枝麻黄各半汤证

【原文汇要】太阳病，得之八九日，如疟状，发热恶寒，热多寒少，其人不呕，清便欲自可，一日二三度发。脉微缓者，为欲愈也；脉微而恶寒者，此阴阳俱虚，不可更发汗、更下、更吐也；面色反有热色者，未欲解也，以其不得小汗出，身必痒，宜桂枝麻黄各半汤。（《伤寒论》.23）

【辨证要点】表证日久，症状轻微，发热恶寒如疟状，一日二三度发，或伴有面热、身痒。

【证候分析】

表证日久　邪郁不解：
- 表现
  - 发热恶寒如疟状；一日二三度发——病久邪微，郁而不解
- 传变
  - 不呕——胃气尚和，未传少阳
  - 清便欲自可——里气尚可，未传阳明
- 转归
  - 脉象略微和缓——邪气渐退，太阳之气渐复，为欲愈
  - 脉微恶寒——太阳、少阴阳气俱虚
  - 面热身痒——表郁不解，阳气怫郁

【基本病机】表郁日久，阳气怫郁于表，邪轻证轻。

【治法】辛温解表，小发其汗。

【方药】桂枝麻黄各半汤。

桂枝麻黄各半汤方：

桂枝一两十六铢（去皮）　芍药　生姜（切）　甘草（炙）　麻黄（去节）各一两，大枣四枚（擘）　杏仁二十四枚

（二）桂枝二麻黄一汤证

【原文汇要】服桂枝汤，大汗出，脉洪大者，与桂枝汤如前法。若形似疟，一日再发者，汗出必解，宜桂枝二麻黄一汤。（《伤寒论》.25）

【辨证要点】恶寒发热如疟状，一日发作两次，或伴有汗出，身痒。

【证候分析】

服桂枝汤后：
- 汗大出——发汗不得法 } 仍与桂枝汤
- 脉洪大——发汗太过，阳气暂盛于外 } 仍与桂枝汤
- 形似疟，一日再发——微邪稽留不去——桂枝二麻黄一汤

【基本病机】表郁日久，邪微证微。

【治法】辛温轻剂，微发其汗。

【方药】桂枝二麻黄一汤。

桂枝二麻黄一汤方：

桂枝一两十七铢（去皮）　芍药一两六铢　麻黄十六铢（去节）　生姜一两六铢（切）　杏仁十六枚（去皮尖）　甘草一两二铢（炙）　大枣五枚（擘）

（三）桂枝二越婢一汤证

【原文汇要】太阳病，发热恶寒，热多寒少。脉微弱者，此无阳也，不可发汗。宜桂枝二越婢一汤。（《伤寒论》.27）

【辨证要点】本证由表郁轻证兼内有微热症状组成。发热恶寒如疟状，发热重，恶寒轻，兼见口微渴，心微烦。

【证候分析】

太阳病 { 发热恶寒 / 热多寒少 } { 轻微表郁 / 兼有内热 } 桂枝二越婢一汤　若见 { 脉略弱 / 表证罢 } 不可发汗

【基本病机】表郁邪轻，外寒内热。

【治法】小发其汗，兼清郁热。

【方药】桂枝二越婢一汤。

桂枝二越婢一汤方：

桂枝（去皮）　芍药　麻黄　甘草（炙）各十八铢　大枣四枚（擘）　生姜一两二铢（切）　石膏二十四铢（碎，绵裹）

小结

太阳病本证小结见表 5-1-11。

表 5-1-11　太阳病本证小结表

	病机	辨证要点
桂枝汤证	风邪侵袭,营卫不和	汗出,恶风,脉浮缓
桂枝加葛根汤证	营卫不和,经输不利	项背拘紧,伴汗出、恶风等
桂枝加厚朴杏子汤证	营卫不和,肺气上逆	喘,伴汗出、恶风等
桂枝加附子汤证	卫阳大伤,阳不摄阴	汗漏不止,恶风寒较重
桂枝去芍药及加附子汤证	胸阳不振,表邪未解	胸满,脉促,恶寒,发热
桂枝新加汤证	营气不足,筋脉失养	身痛汗出不减反重,脉沉迟
麻黄汤证	风寒束表,卫闭营凝	恶寒,无汗,身痛,喘
葛根汤证	风寒外束,经输不利	项背拘紧,伴无汗、恶寒等
大青龙汤证	外有风寒,内有郁热	无汗,恶寒,烦躁
小青龙汤证	外有风寒,内有水饮	发热恶寒,咳喘,痰稀色白
桂枝麻黄各半汤证	表郁日久,阳郁于表	轻度阵发性寒热,身痒
桂枝二麻黄一汤证	表郁日久,邪微证微	阵发性寒热,其势更微
桂枝二越婢一汤证	表郁邪轻,外寒内热	阵发性寒热,热重寒轻

第二节　阳明病本证

阳明,概指足阳明胃经、手阳明大肠经及其胃和大肠两腑的生理功能。邪入阳明经、腑所发生的病证,即为阳明病。阳明病本证的特征是内热亢盛,津伤化燥,而表现为里、热、实证。正如《伤寒论》第 180 条说:“阳明之为病,胃家实是也。”

阳明病本证的成因不外有二:一是他经之邪传入阳明,最常见的是太阳病或少阳病失治、误治,以致津伤化燥邪传阳明;也有因太阴病阳复太过,阴病出阳,转为阳明病者。二是邪气直中阳明,化燥成实,此与阳明素来阳盛津亏或食积内留等内因相关。患者素体阳旺或食积内留化热,外邪可不经太阳、少阳而直接侵入阳明,导致阳明热证、实证。

阳明病本证以里、热、实为证候特点,分为热实证和燥实证两大类。邪入阳明经,表现为里热盛实、胃热弥漫的阳明热证,可见身热、汗出、烦渴、脉浮滑或脉洪大之症。邪入阳明腑,表现为邪热与糟粕相结的阳明腑实证,既可见潮热、谵语、烦躁、汗出等里热炽盛之象,又可见不大便、腹胀满、绕脐痛等腑气不通之证。

阳明病本证的治则,总以祛邪为要,热者宜清,实者宜下,故清、下二法为阳明之主要治法。就清法治阳明热证而言,根据邪气传经的不同阶段,又有栀子豉汤的清宣郁热法、白虎汤类的辛寒清热法、猪苓汤的育阴利水清热法等不同。同样,阳明实证用下法,也有大承气汤的峻下、小承气汤的缓下、调胃承气汤的和下、麻子仁丸的润下、蜜煎导或猪胆汁的导下等区别,必须在分辨邪气的程度和证候性质的基础上正确地使用,方不致误。

在一般情况下,凡阳明热证、实证,不再传与他经。但在阳明燥热内盛时,如治疗不当,亦可致火热上迫肺金、下劫肝肾,轻则伤津耗气,重则阴损及阳。此外,阳明与太阴相表里,若阳明病时过用清、下,损伤脾阳、脾气,病可转为太阴,故后世有“实则阳明,虚则太阴”之说。

一、阳明热证

（一）栀子豉汤证

【原文汇要】阳明病，脉浮而紧，咽燥口苦，腹满而喘，发热汗出，不恶寒，反恶热，身重。若发汗则躁，心愦愦，反谵语。若加温针，必怵惕烦躁不得眠。若下之，则胃中空虚，客气动膈，心中懊憹，舌上苔者，栀子豉汤主之。（《伤寒论》.221）

阳明病，下之，其外有热，手足温，不结胸，心中懊憹，饥不能食，但头汗出者，栀子豉汤主之。（《伤寒论》.228）

【辨证要点】虚烦不得眠，心中懊憹，舌苔薄黄或黄白相间，伴饥不能食，但头汗出等。

【证候分析】见表5－2－1。

表5－2－1 栀子豉汤证证候分析表

主症	症状特点	病机分析
心中懊憹	心中烦乱至极，莫可名状	无形邪热扰于胸膈
舌上苔	多见舌苔薄黄或黄白相间	热扰胸膈，邪热不甚
饥不能食	一般不伴见胃脘胀、痛	热及于胃，胃气呆滞
但头汗出	多于烦躁时出现	热郁胸膈，上蒸于头

【基本病机】无形邪热扰于胸膈。

【治法】清宣郁热。

【方药】栀子豉汤。

栀子豉汤方：

栀子十四个（擘） 香豉四合（绵裹）

（二）白虎汤证

【原文汇要】伤寒脉浮滑，此以表有热，里有寒，白虎汤主之。（《伤寒论》.176）

【辨证要点】以身热，汗出，口渴，心烦，小便短赤，脉浮滑，舌红苔黄等为主症。

【证候分析】见表5－2－2。

表5－2－2 白虎汤证证候分析表

主症	症状特点	病机分析
身热	热势张扬，弥漫全身	热炽于里，蒸腾于外
汗出	连绵不断，现于全身	里热炽盛，迫津外泄
口渴	渴喜冷饮	热盛伤津
心烦	程度较轻，烦而不躁	阳明热扰心神
脉浮滑	指下充盛洪大之感	阳明热盛，充斥内外

【基本病机】热盛阳明，充斥内外，表里俱热。

【治法】辛寒清热。

【方药】白虎汤。

白虎汤方：

知母六两 石膏一斤（碎） 甘草二两（炙） 粳米六合

(三) 白虎加人参汤证

【原文汇要】服桂枝汤，大汗出后，大烦渴不解，脉洪大者，白虎加人参汤主之。(《伤寒论》.26)

伤寒若吐、若下后，七八日不解，热结在里，表里俱热，时时恶风，大渴，舌上干燥而烦，欲饮水数升者，白虎加人参汤主之。(《伤寒论》.168)

伤寒无大热，口燥渴，心烦，背微恶寒者，白虎加人参汤主之。(《伤寒论》.169)

若渴欲饮水，口干舌燥者，白虎加人参汤主之。(《伤寒论》.222)

【辨证要点】为白虎汤证加津气两伤症状：口干舌燥而大渴引饮，甚则饮水而烦渴不解，发热，汗出，脉洪大。或伴有时时恶风，或背微恶寒等。

【证候分析】见表 5-2-3。

表 5-2-3　白虎加人参汤证证候分析表

主症	症状特点	病机分析
大渴	口渴较甚，饮水不解	阳明热盛，伤津耗气
身热	热势较深，久按肌肤灼手，不因汗出而减	阳明内热炽盛
汗出	连绵不断	内热炽盛，迫津外泄
脉洪大	可表现为洪大而无力	内热充斥表里，气血涌盛内外
时有恶风或背恶寒	程度较轻	汗出肌疏

【基本病机】阳明热盛，津气两伤。

【治法】辛寒清热，益气生津。

【方药】白虎加人参汤。

白虎加人参汤方：

知母六两　石膏一斤　甘草二两(炙)　人参三两　粳米六合

(四) 猪苓汤证

【原文汇要】若脉浮发热，渴欲饮水，小便不利者，猪苓汤主之。(《伤寒论》.223)

【辨证要点】本证由里热、阴伤、水气不行三组症状组成，结合《少阴病篇》319 条，其辨证要点为：发热，心烦不得眠，口渴，小便不利，脉浮，或见下利，咳而呕。

【证候分析】见表 5-2-4。

表 5-2-4　猪苓汤证证候分析表

主症	症状特点	病机分析
小便不利	多有尿频、尿急、尿痛等膀胱刺激症	肾阴不足，水热互结
渴欲饮水	口渴欲饮，但饮水量不多	热盛胃肾阴伤
发热	表现为久按之肌肤觉热	邪热内盛
脉浮	多有数象	里热充斥于外

【基本病机】阴虚水热互结。

【治法】滋阴清热利水。

【方药】猪苓汤。

猪苓汤方：

猪苓(去皮)　茯苓　泽泻　阿胶　滑石(碎)各一两

二、阳明实证

（一）调胃承气汤证

【原文汇要】阳明病，不吐不下，心烦者，可与调胃承气汤。（《伤寒论》.207）

太阳病三日，发汗不解，蒸蒸发热者，属胃也，调胃承气汤主之。（《伤寒论》.248）

伤寒吐后，腹胀满者，与调胃承气汤。（《伤寒论》.249）

【辨证要点】阳明腑三承气汤证均由三组症状组成，调胃承气汤证为阳明半热半实证，其辨证要点是：①阳明腑局部症：腹胀满，大便不通；②发热症：蒸蒸发热；③神志症：心烦。

【证候分析】见表 5－2－5。

表 5－2－5 调胃承气汤证证候分析表

主症	症状特点	病机分析
腹胀满、不大便	程度轻，尚不见大满或满痛拒按	燥热结滞，腑气不畅
蒸蒸发热	热较收敛，不若白虎汤证之弥漫	阳明燥热，蒸腾于外
心烦	程度较甚，或有躁动不安之象	阳明燥热，上扰心神

【基本病机】邪热与阳明糟粕初结，里热炽盛为主，腑气不畅为辅。

【治法】泄热调胃，兼以润燥通便。

【方药】调胃承气汤。

调胃承气汤方：

甘草二两（炙） 芒硝半升 大黄四两（清酒洗）

（二）小承气汤证

【原文汇要】阳明病，其人多汗，以津液外出，胃中燥，大便必硬，硬则谵语，小承气汤主之。若一服谵语止者，更莫复服。（《伤寒论》.213）

若腹大满不通者，可与小承气汤微和胃气，勿令至大泄下。（《伤寒论》.208）

阳明病，谵语发潮热，脉滑而疾者，小承气汤主之。因与承气汤一升，腹中转气者，更服一升，若不转气者，勿更与之。明日又不大便，脉反微涩者，里虚也，为难治，不可更与承气汤也。（《伤寒论》.214）

下利，谵语者，有燥屎也，宜小承气汤。（《伤寒论》.374）

【辨证要点】小承气汤证为阳明腑实轻证，其辨证要点是：①阳明腑局部症：腹胀，甚至腹大满不通，大便硬，或下利；②发热症：潮热；③神志症：谵语；④脉象：脉滑而疾；⑤其他症：汗出。

【证候分析】见表 5－2－6。

表 5－2－6 小承气汤证证候分析表

主症	症状特点	病机分析
腹大满、大便硬	尚未至腹痛拒按程度	燥屎初结胃肠，腑气失于通畅
或下利	所下粪水臭秽，必伴腹满、潮热、舌苔黄燥等症	肠中燥屎阻结，迫津从旁而下
潮热	多见于下午申酉阳明气旺时	阳明浊热外发肌肤
谵语	多见于下午申酉阳明气旺时	阳明浊热上扰心神
脉滑疾	脉见一息六至以上	燥屎结聚未牢
汗出	多是手足漐漐汗出	燥热迫津外泄

【基本病机】燥屎初结胃肠，腑实尚未形成。

【治法】泄热通腑，行气导滞。

【方药】小承气汤。

小承气汤方：

大黄四两　厚朴二两(炙，去皮)　枳实三枚(大者，炙)

(三) 大承气汤证

【原文汇要】阳明病，下之，心中懊侬而烦，胃中有燥屎者，可攻。腹微满，初头硬，后必溏，不可攻之。若有燥屎者，宜大承气汤。(《伤寒论》.238)

大下后，六七日不大便，烦不解，腹满痛者，此有燥屎也。所以然者，本有宿食故也，宜大承气汤(《伤寒论》.241)

病人不大便五六日，绕脐痛，烦躁，发作有时者，此有燥屎，故使不大便也。(《伤寒论》.239)

阳明病，谵语有潮热，反不能食者，胃中必有燥屎五六枚也。若能食者，但硬耳，宜大承气汤下之。(《伤寒论》.215)

腹满不减，减不足言，当下之，宜大承气汤。(《伤寒论》.255)

病人小便不利，大便乍难乍易，时有微热，喘冒不能卧者，有燥屎也，宜大承气汤。(《伤寒论》.242)

【辨证要点】大承气汤证为阳明腑实重证，其辨证要点是：①阳明腑局部症：大便硬，甚至多日不大便，拟或热结旁流；腹胀满绕脐痛，拒按，日晡为甚。②发热症：日晡所潮热，或时有微热。③神志症：心中懊侬而烦，且久久不解、日晡为重，甚则谵语。④脉象：脉沉实有力。⑤其他症：手足漐漐汗出，小便不利，反不能食，喘冒不能卧者。

【证候分析】见表5-2-7。

表5-2-7　大承气汤证证候分析表

主症	症状特点	病机分析
大便硬	表现为多日不大便	燥屎结聚大肠
或下利	所下粪水臭秽，必伴腹满、潮热、舌苔黄燥等症	肠中燥屎阻结，迫津从旁而下
腹胀满痛拒按	常见绕脐痛，且持续不减，日晡为重	燥屎结聚，腑气壅滞
日晡潮热	因邪热深伏，热势反轻	阳明浊热外发肌肤
心中懊侬而烦	始终伴随大承气汤证出现，日晡加重	阳明浊热上扰心神
谵语	日晡为重	阳明浊热上扰心神
脉沉实有力	阳明腑实之脉象特征	燥屎结聚，腑实已成
汗出	多是手足漐漐汗出	阳明燥热，迫津外泄
小便不利	表现为小便短赤	燥热内盛，灼伤津液
不能食	燥结程度较甚时出现	燥屎结聚，腑气不行
喘	不伴有咳嗽	腑气不通，秽浊上熏于肺
眩冒	表现为眩而不觉头部闷重	腑气不通，秽浊上犯清阳

【基本病机】邪热燥屎结聚，阳明腑实已成。

【治法】峻下热实，荡涤燥结。

【方药】大承气汤。

大承气汤方：

大黄四两(酒洗)　厚朴半斤(炙,去皮)　枳实五枚(炙)　芒硝三合

【方证鉴别】

阳明腑实证
- 调胃承气汤——重在泄热,故燥热邪气偏重者宜用
- 小承气汤——重在通腑,故腑气不通为主者宜用
- 大承气汤——泄热与通腑俱重,故燥热内结、腑气不通者宜用

(四) 麻子仁丸证

【原文汇要】趺阳脉浮而涩,浮则胃气强,涩则小便数。浮涩相搏,大便则硬,其脾为约,麻子仁丸主之。(《伤寒论》.247)

【辨证要点】大便硬,甚则干如羊屎,小便数,腹无所苦。

【证候分析】见表5-2-8。

表5-2-8　麻子仁丸证证候分析表

主症	症状特点	病机分析
大便硬	甚则干如羊屎,但腹无所苦	胃热盛,脾阴亏,肠道失润
小便数	小便频数而不短涩	脾运失调,津液偏渗膀胱
趺阳脉浮涩	指下觉脉大而不流畅	胃气热,脾阴伤

【基本病机】胃热盛,脾阴虚,肠腑失润。

【治法】泻胃滋脾,润肠通便。

【方药】麻子仁丸。

麻子仁丸方：

麻子仁二升　芍药半斤　枳实半斤(炙)　大黄一斤(去皮)　厚朴一尺(炙,去皮)　杏仁一升(去皮尖,熬,别作脂)

三、阳明寒证

【原文汇要】阳明病,若中寒者,不能食,小便不利,手足濈然汗出,此欲作固瘕,必大便初硬后溏。所以然者,以胃中冷,水谷不别故也。(《伤寒论》.191)

食谷欲呕,属阳明也,吴茱萸汤主之。得汤反剧者,属上焦也。(《伤寒论》.243)

【辨证要点】不能食,食则呕吐,呕吐物无酸腐气味,或呕吐痰涎清水,常伴有胃脘隐痛,喜温喜按,甚则手足厥冷。

【证候分析】见表5-2-9。

表5-2-9　阳明寒证证候分析表

主症	症状特点	病机分析
不能食	无饥饿感	胃中虚寒,无力化谷
呕吐	多于进食时发生,呕吐物清稀寒凉	胃中虚寒,降纳无力
小便不利、大便先硬后溏	大便即使溏亦不爽	中焦虚寒,水谷不别
手足汗出	必出冷汗	中阳不足,阳失固摄

【基本病机】胃阳不足，水谷不别，浊阴上逆。

【治法】温中和胃，降逆止呕。

【方药】吴茱萸汤。

吴茱萸汤方：

吴茱萸一升（洗）　人参三两　生姜六两（切）　大枣十二枚（擘）

小结

阳明病本证小结见表5－2－10。

表5－2－10　阳明病本证小结表

	病机	辨证要点
栀子豉汤证	无形邪热扰于胸膈	虚烦不得眠，心中懊憹
白虎汤证	热盛阳明，充斥内外	身热，汗出，口渴，心烦，脉浮滑
白虎加人参汤证	热盛阳明，气津两伤	大烦渴不解，身热，汗出，脉大
猪苓汤证	阴虚水热互结	小便不利，口渴，心烦，发热
调胃承气汤证	燥热初结，腑气不畅	腹胀满，蒸蒸发热，心烦
小承气汤证	燥屎初结，腑实未成	腹胀便硬，潮热，谵语，脉滑疾
大承气汤证	燥屎结聚，腑实已成	腹满痛拒按，便秘，潮热谵语
麻子仁丸证	胃热盛，脾阴虚，肠失润	大便硬而腹无所苦，小便频数
吴茱萸汤证	胃阳不足，浊阴上逆	呕吐痰涎清水

第三节　少阳病本证

少阳即小阳、弱阳，阳气始生，正气偏弱，抗病能力不及太阳、阳明有力。正气不足，邪气侵入少阳即可导致少阳病变。

少阳包括足少阳胆经与手少阳三焦经及其胆、三焦两腑。少阳胆木，内寄相火。邪入少阳，胆火内郁，经气不利，则口苦、咽干、目眩、目赤、耳聋、胸胁满、心烦、脉弦细。

胆为中清之府，与肝共司疏泄，调畅气机，协助脾胃运化水谷。胆府不利，疏泄失职，故而神情淡漠，情绪低落，不思饮食，恶心呕吐，腹痛腹泻或便秘不畅。

太阳主开，阳明主合，少阳为枢。少阳病外可及于太阳，里可及于阳明。少阳又为三阴之屏障，处于阴阳之间。太阳表寒证宜辛温发汗，阳明里热实证宜寒凉清下，三阴里虚寒证宜温里补虚。少阳病半表半里证，有寒有热，往来寒热，惟以和解为宜，小柴胡汤是和解少阳之代表方。

三焦主决渎而通调水道。少阳手足两经相连，功能相关。少阳胆气不利，可进一步影响三焦功能。三焦功能失职，水液代谢失常，可见小便不利、心悸等表现，治疗当在和解的基础上加强利水化饮。

一、小柴胡汤证

【原文汇要】少阳之为病，口苦，咽干，目眩也。(《伤寒论》.263)

少阳中风，两耳无所闻，目赤，胸中满而烦者，不可吐下，吐下则悸而惊。(《伤寒论》.264)

伤寒，脉弦细，头痛发热者，属少阳。少阳不可发汗，发汗则谵语，此属胃。胃和则愈，胃不和，烦而悸。(《伤寒论》.265)

伤寒五六日中风，往来寒热，胸胁苦满，默默不欲饮食，心烦喜呕，或胸中烦而不呕，或渴，或腹中痛，或胁下痞硬，或心下悸、小便不利，或不渴、身有微热，或咳者，小柴胡汤主之。(《伤寒论》.96)

伤寒中风，有柴胡证，但见一证便是，不必悉具。凡柴胡汤病证而下之，若柴胡证不罢者，复与柴胡汤，必蒸蒸而振，却复发热汗出而解。(《伤寒论》.101)

阳明病，发潮热，大便溏，小便自可，胸胁满不去者，与小柴胡汤。(《伤寒论》.229)

阳明病，胁下硬满，不大便而呕，舌上白苔者，可与小柴胡汤，上焦得通，津液得下，胃气因和，身濈然汗出而解。(《伤寒论》.230)

【辨证要点】小柴胡汤证以往来寒热、胸胁苦满、心烦喜呕、默默不欲饮食、脉弦细为主要脉症。常伴有口苦、咽干、目赤、目眩、耳鸣耳聋等表现，头痛位于侧面，或偏于一侧，还可见腹痛、大便不调或溏或硬等。除往来寒热外，主要包括两方面的症状，一是与少阳胆腑及少阳胆经循行部位有关，如胸胁苦满、口苦、目赤目眩、耳鸣耳聋、偏头痛等；另一方面是少阳枢机不利，土木不调，脾胃运化功能失常的一些表现，如呕吐、不欲食、腹痛及大便不调等。若影响三焦决渎功能，还可见小便不利、心悸诸症。小柴胡汤证症状极多，要在“但见一证便是，不必悉具”。

【证候分析】见表5-3-1。

表5-3-1 小柴胡汤证证候分析表

主症	病机分析
往来寒热	邪入少阳，正邪分争，正胜则热，邪胜则寒
胸胁苦满	枢机不利，胆热内郁，少阳经气不舒
神情默默	枢机不利，胆气郁滞，正气不足
不欲饮食、喜呕	胆木之邪乘犯脾胃，脾运失健，胃气上逆
心烦	胆热扰心则心烦
口苦、咽干、目眩	枢机不利，胆气上逆，木火上扰，津液受灼
偏头痛、目赤、耳鸣耳聋	少阳木火循经上扰
脉弦细，舌苔白等	邪入少阳，枢机不利之征

【基本病机】邪犯少阳，胆火内郁，枢机不利。

【治法】和解少阳，调畅枢机，助正达邪。

【方药】小柴胡汤。

小柴胡汤方：

柴胡半斤　黄芩三两　人参三两　半夏半升(洗)　甘草(炙)　生姜(切)各三两　大枣十二枚(擘)

若胸中烦而不呕者，去半夏、人参，加瓜蒌实一枚；若渴，去半夏，加人参合前成四两半、瓜蒌根四两；若腹中痛者，去黄芩，加芍药三两；若胁下痞硬，去大枣，加牡蛎四两；若心下悸、小便不利者，去黄芩，加茯苓四两；若不渴，外有微热者，去人参，加桂枝三两，温覆微汗愈；若咳者，去人参、大枣、生姜，加五味子半升、干姜二两。

二、柴胡桂枝干姜汤证

【原文汇要】伤寒五六日，已发汗而复下之，胸胁满微结，小便不利，渴而不呕，但头汗出，往来寒热，心烦者，此为未解也，柴胡桂枝干姜汤主之。(《伤寒论》.147)

【辨证要点】本证是除往来寒热、胸胁满、心烦、口干等小柴胡汤证的见证外，尚有小便不利、头汗出等症状，口渴明显，胸胁部结滞不适。

【证候分析】见表 5－3－2。

表 5－3－2 柴胡桂枝干姜汤证证候分析表

主症	病机分析
往来寒热	邪入少阳，正邪分争，正胜则热，邪胜则寒
胸胁苦满微结	枢机不利，胆热内郁，水饮内结，经气不舒
心烦	胆热扰心则心烦
口渴	少阳枢机不利，木火灼津
小便不利	邪入少阳，枢机不利，少阳三焦决渎失职
但头汗出	水饮与邪热郁结于里，不能外达而上冲于头

【基本病机】少阳枢机不利，水饮内结。

【治法】和解少阳，温化水饮。

【方药】柴胡桂枝干姜汤。

柴胡桂枝干姜汤方：

柴胡半斤　桂枝三两(去皮)　干姜二两　瓜蒌根四两　黄芩三两　牡蛎二两(熬)　甘草二两(炙)

三、柴胡加龙骨牡蛎汤证

【原文汇要】伤寒八九日，下之，胸满烦惊，小便不利，谵语，一身尽重，不可转侧者，柴胡加龙骨牡蛎汤主之。(《伤寒论》.107)

【辨证要点】本证在胸胁苦满、心烦、小便不利等热郁少阳、水饮不化的病证基础上，情志异常征象突出，惊恐不安，烦躁谵语。

【证候分析】见表 5－3－3。

表 5－3－3 柴胡加龙骨牡蛎汤证证候分析表

主症	病机分析
胸胁苦满	邪入少阳，胆热内郁，经气不舒
心烦，惊恐不安，谵语	少阳木火燔灼，水聚成痰，痰热扰心
小便不利	少阳枢机不运，三焦气化不利
一身尽重，不可转侧	疏泄不利，阳气内郁，不得宣达，气机壅滞

【基本病机】邪犯少阳，弥漫三焦，水饮不化，痰热扰心。

【治法】和解少阳，化气利水，泄热化痰，重镇安神。

【方药】柴胡加龙骨牡蛎汤。

柴胡加龙骨牡蛎汤方：

柴胡四两　龙骨　黄芩　生姜（切）　铅丹　人参　桂枝（去皮）　茯苓各一两半　半夏二合半（洗）　大黄二两　牡蛎一两半（熬）　大枣六枚（擘）

小结

少阳病本证小结见表 5－3－4。

表5－3－4　少阳病本证小结表

	病机	辨证要点
小柴胡汤证	枢机不利，胆火上炎	往来寒热，口苦，胸胁苦满等
柴胡桂枝干姜汤证	枢机不利，水饮内结	往来寒热，小便不利，胸胁满结等
柴胡加龙骨牡蛎汤证	邪犯少阳三焦表里	胸胁苦满，烦惊谵语，一身尽重

三阳病主要证治鉴别见表 5－3－5。

表5－3－5　三阳病主要证治鉴别表

	太阳病	阳明病	少阳病
热型	恶寒发热	但发热不恶寒	往来寒热
头痛	头项强痛	前额头痛	两侧头痛
主脉	浮	大	弦细
病位病性	表寒证	里热实证	半表半里证
治法	汗法	清、下法	和法
代表方	麻黄汤或桂枝汤	白虎汤或承气汤	小柴胡汤

第四节　太阴病本证

太阴病是三阴病的初始阶段，病由阳转阴，机体抗病能力衰减，呈现出脾阳虚弱、寒湿内盛的特点。故太阴病位在里，病性属阴，为里虚寒证。

太阴，指足太阴脾经与手太阴肺经及其脾、肺两脏而言。太阴病以足太阴脾病为主，手太阴肺之病变，因肺主皮毛，多为表证，亦属太阳病范畴，已在太阳病篇论述。

太阴主脾。脾与胃同主中焦，胃司纳而脾主运，脾主湿而胃主燥，脾主升而胃主降。脾胃燥湿相济，升降协调，共同完成水谷的受纳、运化、吸收功能。

太阴为病，中焦虚寒，运化失司，以致腹满时痛而食不下；若水湿内阻，升降失常，则呕吐而下利。

太阴虚寒，以温中散寒为其治疗大法；若水湿内阻而呕吐下利者，又应健脾燥湿。理中汤是温中散寒、健脾燥湿的代表方。

一、四逆辈证

【原文汇要】太阴之为病，腹满而吐，食不下，自利益甚，时腹自痛。若下之，必胸下结硬。（《伤寒论》.273）

自利不渴者，属太阴，以其藏有寒故也，当温之，宜服四逆辈。（《伤寒论》.277）

【辨证要点】本证主要包括三个方面的症状，一是腹部胀满时痛；二是食不下，即食欲不振或不能进食；三是呕吐、下利。其下利多不渴，有别于热性的下利证。

【证候分析】见表 5－4－1。

表 5－4－1　四逆辈证证候分析表

主症	病机分析
腹满而吐	脾阳亏虚，寒湿内阻，气机不畅，浊阴上逆
食不下	脾胃虚弱，受纳腐熟运化失职
自利不渴	运化失职，寒湿内停，水湿下渗，津尚未伤
大便溏稀	脾虚气陷，寒湿下注
时腹自痛	中阳不温，气机阻滞，脾虚寒凝

【基本病机】脾阳虚损，寒湿内盛。

【治法】“当温之”即温中散寒，健脾燥湿。

【方药】宜服四逆辈。轻者用理中汤（丸），重者用四逆汤。

方药分别参见第八章第一节及本章第五节。

原文为何不直接提出理中汤方药，而言“四逆辈”？这是示人要根据下利的发展变化，选定温脾或温补脾肾的方药。太阴“自利益甚”，下利逐渐加重，容易向肾阳虚发展。若脾肾阳虚，则须于理中汤中加用附子温肾阳，理中汤加附子即理中汤与四逆汤（附子、干姜、甘草）的合方。

二、桂枝加芍药汤与桂枝加大黄汤证

【原文汇要】本太阴病，医反下之，因尔腹满时痛者，属太阴也，桂枝加芍药汤主之；大实痛者，桂枝加大黄汤主之。（《伤寒论》.279）

太阴为病，脉弱，其人续自便利，设当行大黄芍药者，宜减之，以其人胃气弱，易动故也。（《伤寒论》.280）

【辨证要点】腹满时痛，或大实痛，但无食不下、呕吐、下利等明显脾虚寒湿证。

【证候分析】见表 5－4－2。

表 5－4－2　桂枝加芍药汤与桂枝加大黄汤证证候分析表

主症	病机分析
腹满时痛	脾家血络不和
大实痛	脾家络脉郁滞较甚

【基本病机】脾家血络不和，甚则郁滞。

【治法】通阳益脾，活络止痛，方用桂枝加芍药汤；或兼化瘀导滞。

【方药】桂枝加芍药汤、桂枝加大黄汤。

桂枝加芍药汤方：

桂枝三两(去皮)　芍药六两　甘草二两(炙)　大枣十二枚(擘)　生姜三两(切)

桂枝加大黄汤方：

桂枝三两(去皮)　大黄二两　芍药六两　生姜三两(切)　甘草二两(炙)　大枣十二枚(擘)

小结

太阴病本证小结见表5-4-3。

表5-4-3　太阴病本证小结表

	病机	辨证要点
四逆辈方证(理中汤证)	脾阳不足，寒湿内盛	腹满，食不下，自利，口不渴
桂枝加芍药汤证	邪陷太阴，脾络不和	腹满时痛，但无下利、呕不食等
桂枝加大黄汤证	邪陷太阴，脾络瘀滞	腹痛较剧，或兼便秘

第五节　少阴病本证

少阴病是六经病变发展过程中的危重阶段，其病机为心肾虚衰、气血阴阳不足，其中又以阳虚寒化证为常见。

少阴包括手少阴心经和足少阴肾经及其心、肾两脏。心、肾是关系人体生命的根本之脏。在生理功能方面，手少阴心属火，主血脉，为君主之官，主神明，有主宰人身脏腑和精神意识思维的作用；足少阴肾属水，为封藏之本，主藏精，内寓真阴真阳，为先天之本，凡人体之生化，无不根源于此。在经脉的循行方面，手少阴心经，起于心中，出属心系，下膈，络小肠；足少阴肾经，起于小趾之下，斜入足心，循内踝之后，上踹内，贯脊，属肾，络膀胱。经络的络属关系，构成了太阳主外、少阴主内的表里对应的密切关系。心、肾二脏密切联系，正常时心火下蛰于肾，肾水上济于心，以成心肾相交，水火既济，以维持人体的生命活动。

《伤寒论》以"少阴之为病，脉微细，但欲寐"(281条)为少阴病提纲，因阳气衰微，鼓动无力，故脉微；阴血不足，脉道不充，则脉细。心肾虚损，精气不足，神气不充，故但欲寐，使病者呈精神萎靡、体力疲惫之态。此脉证特点也说明了少阴病心肾虚衰，气血阴阳不足的基本病机。

少阴病的发生，一是素体少阴阳虚或阴虚，复感外邪，邪气直中少阴，内外合邪而发病；二是病在他经，因失治、误治损伤心肾阴阳而转属少阴。太阳和少阴为表里关系，若正气虚衰，太阳之邪最易陷入少阴。

由于心肾两脏的性质不同，加之致病因素和患者体质特点不同，病入少阴又可分为阳虚寒化证与阴虚热化证两大类。少阴病寒化证以恶寒、蜷卧、小便清长、手足逆冷、下利清谷、脉微等虚寒脉证为临床特点；少阴热化证以心烦不寐、舌红少苔、脉细数等阴虚火旺脉证为临床特点，当少阴热化，土燥水竭时，还可产生少阴急下之证。当然，病至少阴，机体抗病能力已明显衰退，故少阴病当以阳虚寒化证作为病变重点。

少阴病的治疗，原则上以扶正为主。寒化证治宜回阳救逆，以四逆汤为代表方剂；热化证治宜育阴清热，以黄连阿胶汤为代表方剂。有关少阴病的病机演变及出现疑似证等，均需在扶正基础上辨证治之。

少阴病的转归，亦与体质强弱、感邪轻重、治疗当否有关。病入少阴，病已涉及人体根本，与他经病证相比，预后更多不良。尤其是少阴寒化证，阳气的存亡，常常是决定预后的关键，其基本规律是阳回则生，阳亡则死。

一、少阴寒化证

（一）四逆汤证

【原文汇要】少阴病，脉沉者，急温之，宜四逆汤。(《伤寒论》.323)

少阴病，饮食入口则吐，心中温温欲吐，复不能吐。始得之，手足寒，脉弦迟者，此胸中实，不可下也，当吐之。若膈上有寒饮，干呕者，不可吐也，当温之，宜四逆汤。(《伤寒论》.324)

【辨证要点】四肢厥逆，畏寒蜷卧，神疲欲寐，腹痛呕利，下利清谷，小便清白，舌淡苔白滑，脉沉迟微细。临床上只要疾病发展到有肢厥恶寒，神疲蜷卧，脉沉微弱等主证即可辨为本证。

【证候分析】见表 5－5－1。

表 5－5－1 四逆汤证证候分析表

主症	病机分析
四肢厥逆、畏寒蜷卧	少阴阳虚，无力温煦
神疲欲寐	阳虚不温，神气不振
腹痛呕利，下利清谷，小便清白	火不暖土，脾肾虚寒，升降失常
舌淡苔白滑，脉沉迟微细	阳虚寒盛，脉道鼓动乏力

【基本病机】心肾两虚，阳衰阴盛。

【治法】回阳救逆。

【方药】四逆汤。

四逆汤方：

甘草二两(炙)　干姜一两半　附子一枚(生用，去皮，破八片)

（二）通脉四逆汤证

【原文汇要】少阴病，下利清谷，里寒外热，手足厥逆，脉微欲绝，身反不恶寒，其人面色赤。或腹痛，或干呕，或咽痛，或利止脉不出者，通脉四逆汤主之。(《伤寒论》.317)

【辨证要点】手足厥冷，下利清谷，身反不恶寒，面赤，脉微欲绝；或干呕，腹痛，或咽痛，或利止脉不出等。临床见阳虚阴寒较盛的基础上出现身反不恶寒，面赤等假热之征即可辨为本证。

【证候分析】见表 5－5－2。

表5-5-2 通脉四逆汤证证候分析表

主症	病机分析
手足厥冷,脉微欲绝,神疲	阳气大虚,阴寒内盛
身反不恶寒,面赤咽痛	阴寒内盛,虚阳被格拒于外或上
腹痛,下利清谷,呕逆	火不暖土,虚寒中阻,升降失常
利止脉不出	阳气欲绝,阴液将尽

【基本病机】阴寒内盛,格阳于外。

【治法】破阴回阳,通达内外。

【方药】通脉四逆汤。

通脉四逆汤方:

甘草二两(炙) 附子大者一枚(生用,去皮,破八片) 干姜三两(强人可四两)

其脉即出者愈。面色赤者,加葱九茎;腹中痛者,去葱,加芍药二两;呕者,加生姜二两;咽痛者,去芍药,加桔梗一两;利止脉不出者,去桔梗,加人参二两。病皆与方相应者,乃服之。

(三) 白通汤证

【原文汇要】少阴病,下利,白通汤主之。(《伤寒论》.314)

【辨证要点】神疲欲寐,手足厥冷,下利清谷,面色赤,脉沉微。本证临床特点是在阳虚阴寒较盛的基础上出现面色浮红嫩赤即可确立。

【证候分析】见表5-5-3。

表5-5-3 白通汤证证候分析表

主症	病机分析
手足厥冷,神疲欲寐,脉微欲绝	阴寒内盛,阳虚不振
下利清谷	火不暖土,脾肾两虚,水谷不化
面色赤	虚阳被阴寒格拒于上

【基本病机】阴寒内盛,格阳于上。

【治法】破阴回阳,通达上下。

【方药】白通汤。

白通汤方:

葱白四茎 干姜一两 附子一枚(生,去皮,破八片)

(四) 白通加猪胆汁汤证

【原文汇要】少阴病,下利脉微者,与白通汤。利不止,厥逆无脉,干呕烦者,白通加猪胆汁汤主之。服汤脉暴出者死,微续者生。(《伤寒论》.315)

【辨证要点】下利滑脱不禁,厥逆,干呕,心烦,面色赤,神疲欲寐,脉微弱欲绝。

【证候分析】见表5-5-4。

表5-5-4 白通加猪胆汁汤证证候分析表

主症	病机分析
厥逆神疲,滑脱下利,脉微欲绝	阴寒内盛,阳虚不振,病情严重
面色赤,干呕心烦	阴寒极盛,格虚阳上越

白通汤证与白通加猪胆汁汤证的鉴别要点是，两证均为阴盛格阳于上证，比较而言，前证较轻，而白通加猪胆汁汤证为重，有阳竭阴脱之势，且有阴寒盛而格拒阳药，阴不系阳之机。

【基本病机】阳脱阴竭，寒热格拒，阴阳有离绝之势。

【治法】破阴回阳，宣通上下，反佐寒咸，滋阴养液。

【方药】白通加猪胆汁汤。

白通加猪胆汁汤方：

葱白四茎　干姜一两　附子一枚(生，去皮，破八片)　人尿五合　猪胆汁一合

（五）真武汤证

【原文汇要】少阴病，二三日不已，至四五日，腹痛，小便不利，四肢沉重疼痛，自下利者，此为有水气。其人或咳，或小便利，或下利，或呕者，真武汤主之。(《伤寒论》.316)

【辨证要点】小便不利，畏寒，神疲肢厥，腹痛下利，四肢沉重疼痛，脉沉弱，苔白滑。或心下悸、头眩，或咳，或喘，或呕逆，身瞤动，振振欲擗地，或小便清而频数。

【证候分析】见表 5－5－5。

表 5－5－5　真武汤证证候分析表

主症	病机分析
神疲，畏寒，肢厥，脉沉弱	少阴阳虚阴盛
小便不利	少阴阳虚，膀胱气化不利
腹痛下利，四肢沉重疼痛，苔白滑	阴寒凝滞，脾虚不运，水气浸渍
眩悸，咳喘，呕逆，身瞤动等	皆为阳虚水气泛滥之或然症

【基本病机】少阴阳虚，水气泛溢。

【治法】温阳化气行水。

【方药】真武汤。

真武汤方：

茯苓三两　芍药三两　白术二两　生姜三两(切)　附子一枚(炮)

（六）附子汤证

【原文汇要】少阴病，得之一二日，口中和，其背恶寒者，当灸之，附子汤主之。(《伤寒论》.304)

少阴病，身体痛，手足寒，骨节痛，脉沉者，附子汤主之。(《伤寒论》.305)

【辨证要点】背恶寒，手足寒，身体痛，神疲，骨节痛，口中和，舌质淡，苔白滑，脉沉。本证临床特点是在阳虚阴寒证的基础上见身体疼痛较为突出。

【证候分析】见表 5－5－6。

表 5－5－6　附子汤证证候分析表

主症	病机分析
背恶寒，手足寒，神疲，脉沉弱	少阴阳虚，温煦乏力
身体痛，骨节痛	气血不足，寒湿不化，浸渍于肌肉骨节之间
口中不苦不燥不渴	一般无明显呕利津伤以及无内热伤津

【基本病机】肾阳虚衰，寒湿内盛。

【治法】温阳化湿，祛寒镇痛。

【方药】附子汤。

附子汤方：

附子二枚（炮） 茯苓三两 人参二两 白术四两 芍药三两

（七）桃花汤证

【原文汇要】少阴病，下利，便脓血者，桃花汤主之。（《伤寒论》. 306）

少阴病，二三日至四五日，腹痛，小便不利，下利不止，便脓血者，桃花汤主之。（《伤寒论》. 307）

【辨证要点】下利滑脱不禁，便脓血，色赤暗，白多红少，腹痛绵绵，喜温喜按，小便不利；畏寒神疲，面色淡白，纳差懒言；舌淡，苔白，脉沉弱。

【证候分析】见表 5-5-7。

表 5-5-7 桃花汤证证候分析表

主症	病机分析
下利滑脱不禁，便脓血	阳虚不固，统摄无权
色赤暗，腹痛绵绵，喜温喜按	阳虚寒湿凝滞
畏寒神疲，面色淡白，纳差懒言	少阴阳虚，温煦乏力
小便不利	下利过多，津液损伤，化源不足

【基本病机】脾肾阳虚，寒湿凝滞，滑脱不禁。

【治法】温涩固脱。

【方药】桃花汤。

桃花汤方：

赤石脂一斤（一半全用，一半筛末） 干姜一两 粳米一升

【证候鉴别】虚寒下利与实热下利鉴别见表 5-5-8。

表 5-5-8 虚寒下利与实热下利鉴别表

	病机	主症
虚寒下利	脏腑阳虚 寒湿内阻	下利稀溏，或下利清谷，甚利下脓血而色暗，滑脱不禁，腹痛绵绵，喜温喜按，里急后重不显，无热不渴，舌淡脉弱，多属久病
实热下利	实热内迫 壅遏大肠	下利急迫，甚便下脓血，气味臭秽，腹痛较剧，或里急后重，发热口渴，舌红脉数，多属新病

二、少阴热化证

（一）黄连阿胶汤证

【原文汇要】少阴病，得之二三日以上，心中烦，不得卧，黄连阿胶汤主之。（《伤寒论》. 303）

【辨证要点】心中烦，不得眠，口燥咽干，舌红苔少，脉细数。常兼或手足心热，小便短黄。

【证候分析】见表 5-5-9。

表5-5-9　黄连阿胶汤证证候分析表

主症	病机分析
心烦不得卧	邪从热化，阴虚火旺，心肾不交
口燥咽干，手足心热，小便短黄	邪热上亢
舌红苔少，脉细数	少阴病热化证，阴虚火旺之征

【基本病机】阴虚火旺，心肾不交。

【治法】滋阴泻火，交通心肾。

【方药】黄连阿胶汤。

黄连阿胶汤方：

黄连四两　黄芩二两　芍药二两　鸡子黄二枚　阿胶三两（一云：三挺）

（二）猪苓汤证

【原文汇要】少阴病，下利六七日，咳而呕渴，心烦不得眠者，猪苓汤主之。（《伤寒论》.319）

【辨证要点】心烦不得卧，小便不利，舌红苔少，脉细数。或见下利，咳而呕渴。

【证候分析】见表5-5-10。

表5-5-10　猪苓汤证证候分析表

主症	病机分析
心烦不得卧，舌红苔少，脉细数	邪从热化，阴虚火旺，心肾不交
小便不利	热扰膀胱，影响气化，水热互结
或见下利，咳而呕渴	均为水气泛滥，津伤失润之征

【基本病机】少阴热化，阴虚水热互结。

【治法】清热育阴利水。

【方药】猪苓汤。

猪苓汤方见本章第二节。

小结

少阴病本证小结见表5-5-11。

表5-5-11　少阴病本证小结表

	病机	辨证要点
四逆汤证	少阴阳衰，阴寒内盛	四肢厥逆，畏寒蜷卧，下利清谷，脉沉而微
通脉四逆汤证	阳衰阴盛，格阳于外	上证基础上出现身反不恶寒或面赤，脉微欲绝
白通汤证	阴寒下盛，格阳于上	面赤，手足厥冷，下利清谷，脉微欲绝
白通加猪胆汁汤证	阳脱阴竭	下利滑脱不禁，厥逆无脉，干呕，心烦
真武汤证	少阴阳虚，水气泛滥	小便不利，腹痛下利，神疲肢厥

续表

	病机	辨证要点
附子汤证	肾阳虚衰，寒湿内盛	背恶寒，手足寒，身痛，口中和，脉沉
桃花汤证	脾肾阳衰，下焦不固	下利不止，便脓血、色暗，腹痛绵绵、喜温喜按
黄连阿胶汤证	水亏火旺，心肾不交	心烦，不眠，舌红少苔，脉细数
猪苓汤证	少阴阴虚水热互结	心烦，不眠，小便不利

第六节　厥阴病本证

厥阴为三阴之尽，其病往往是六经病证的最后阶段。由于阴尽而阳生，极而复返，故邪入厥阴，脏腑损伤，气机逆乱，阴阳失调，其病常以阴阳混淆，寒热错杂，上热下寒为主。

厥阴包括手厥阴心包经和足厥阴肝经及其肝、心包络两个脏腑。足厥阴肝为风木之脏，主藏血而内寄相火，性喜条达，功擅疏泄，与足少阳胆构成表里络属关系。既能调畅情志，疏利气机，又参与脾胃运化功能。手厥阴心包为心之外卫，代心用事，以相火为用。心包之火以三焦为通路下达，使肾水温暖以涵养肝脏，从而使肝胆条达，气机和畅，纳运有序，阴阳燮理，以促进脏腑功能活动，保持人体健康。

《伤寒论》326 条以“厥阴之为病，消渴，气上撞心，心中疼热，饥而不欲食，食则吐蛔。下之利不止”为厥阴病提纲，即说明了厥阴病寒热错杂、上热下寒的基本病机和证候特点。

厥阴病大多由他经传变而来，既可由太阴、少阴传入，又可从三阳经内陷。其中与少阳经的关系尤切，少阳病里虚，邪可传入厥阴；厥阴病阳复，邪亦可转出少阳。

厥阴受邪，阴阳失调，若邪从寒化，则为厥阴寒证；邪从热化，则为厥阴热证。病至厥阴，正邪相争，阴阳消长、阴胜可厥，阳胜易热，阴阳互有争胜，则可表现为手足厥热交替出现，临床可据厥与热的时间长短、程度轻重，来判断厥阴病的阴阳消长、病势进退及预后。病至厥阴，常因“阴阳气不相顺接”而致手足厥冷者，称为厥证，也可因木邪乘土而常见呕吐、哕、下利等证。

厥阴病的治疗，当因证而异。对寒热错杂、上热下寒的基本病机当寒温并治，如乌梅丸可为其代表方。厥阴寒证，或温经养血，或温胃降逆，当归四逆汤、吴茱萸汤为其代表方剂；厥阴热证，当用凉肝解毒法，白头翁汤为代表方剂。其他厥、呕、哕、利诸证，当遵循“观其脉证，知犯何逆，随证治之”的原则来进行。故厥阴病的治禁也不可一概而论，对寒证及寒热错杂证，汗、吐、清、下等法皆属禁忌；对于热证，则忌用发汗温补等法。

厥阴病的预后及转归，主要有以下几方面：厥阴正复邪退，可有向愈之机；厥阴阳复太过，可发生痈脓、便血或喉痹等热证；若阳亡阴竭，则预后不良。

一、厥阴寒热错杂证

（一）乌梅丸证

【原文汇要】伤寒，脉微而厥，至七八日肤冷，其人躁无暂安时者，此为藏厥，非蛔厥也。蛔厥者，其人当吐蛔。今病者静而复时烦者，此为藏寒。蛔上入其膈，故烦，须臾复止，得食而呕又烦者，蛔闻食臭出，其人常自吐蛔。蛔厥者，乌梅丸主之。又主久利。（《伤寒论》.338）

【辨证要点】手足厥冷，心烦，心中疼热，或绕脐腹痛，时发时止，饥不欲食，食则诸证加重、呕吐或吐出蛔虫（即蚘），或见口渴，气上撞心，或下利。

【证候分析】见表5-6-1。

表5-6-1　乌梅丸证证候分析表

主症	病机分析
心烦口渴，气上撞心，心中疼热	木火燔灼、心包相火上炎
饥不欲食	厥阴脏寒留于肠中
腹痛，吐蛔	蛔虫逆动
久利	寒热错杂，日久不解，土虚木伐
手足厥冷	气机紊乱，阴阳之气不相顺接

【基本病机】寒热错杂，蛔虫内扰。

【治法】滋阴泄热，温阳通降，兼安蛔止痛。

【方药】乌梅丸。

乌梅丸方：

乌梅三百枚　细辛六两　干姜十两　黄连十六两　附子六两（炮，去皮）　当归四两　蜀椒四两（出汗）　桂枝六两（去皮）　人参六两　黄柏六两

（二）干姜黄芩黄连人参汤证

【原文汇要】伤寒本自寒下，医复吐下之，寒格，更逆吐下，若食入口即吐，干姜黄芩黄连人参汤主之。（《伤寒论》.359）

【辨证要点】呕吐频作，或食入口即吐，下利。可兼口渴，口臭，食少乏力，腹胀满痛。

【证候分析】见表5-6-2。

表5-6-2　干姜黄芩黄连人参汤证证候分析表

主症	病机分析
口渴，口臭	上热
食少乏力，腹胀满痛，下利	下寒
呕吐频作，或食入口即吐	寒热格拒

【基本病机】上热下寒，寒热格拒。

【治法】寒温并用，清上温下。

【方药】干姜黄芩黄连人参汤。

干姜黄芩黄连人参汤方：

干姜　黄芩　黄连　人参各三两

（三）麻黄升麻汤证

【原文汇要】伤寒六七日，大下后，寸脉沉而迟，手足厥逆，下部脉不至，喉咽不利，唾脓血，泄利不止者，为难治。麻黄升麻汤主之。（《伤寒论》.357）

【辨证要点】手足厥逆，咽部不利，咯脓血，泄利不止，寸脉沉迟，下部脉不至。可见口渴，心烦，食少，腹痛，无汗。

【证候分析】见表5-6-3。

表5-6-3 麻黄升麻汤证证候分析表

主症	病机分析
寸脉沉迟，手足厥逆，无汗	邪陷于里，阳郁不伸
咽喉不利，口渴心烦，咯脓血	热郁于上，灼伤肺络
泄利食少，腹痛，下部脉不至	脾虚不运，寒盛于下

【基本病机】邪陷阳郁，寒热错杂，肺热脾寒。

【治法】发越郁阳，清肺温脾。

【方药】麻黄升麻汤。

麻黄升麻汤方：

麻黄二两半(去节) 升麻一两一分 当归一两一分 知母十八铢 黄芩十八铢 葳蕤十八铢(一作菖蒲) 芍药六铢 天门冬六铢(去心) 桂枝六铢(去皮) 茯苓六铢 甘草六铢(炙) 石膏六铢(碎，绵裹) 白术六铢 干姜六铢

二、厥阴寒证

(一) 当归四逆汤证

【原文汇要】手足厥寒，脉细欲绝者，当归四逆汤主之。(《伤寒论》.351)

【辨证要点】手足厥寒，脉细欲绝。或四肢关节疼痛，或身疼腰痛，脘腹冷痛，或指鼻耳尖边青紫，月经愆期，痛经等，口淡，舌质淡，苔白滑。

【证候分析】见表5-6-4。

表5-6-4 当归四逆汤证证候分析表

主症	病机分析
手足厥寒，脉细欲绝	血虚受寒，寒凝经脉，脉道不利
四肢关节疼痛及身疼腰痛	寒滞经络，留着关节
月经愆期，痛经	寒凝胞宫
脘腹冷痛，口淡舌淡，苔白滑等	皆虚寒之征

【基本病机】营血不足，寒凝经脉。

【治法】养血通脉，温经散寒。

【方药】当归四逆汤。

当归四逆汤方：

当归三两 桂枝三两(去皮) 芍药三两 细辛三两 甘草二两(炙) 通草二两 大枣二十五枚(擘，一法十二枚)

(二) 当归四逆加吴茱萸生姜汤证

【原文汇要】若其人内有久寒者，宜当归四逆加吴茱萸生姜汤。(《伤寒论》.352)

【辨证要点】内有久寒，手足厥寒，脉细欲绝，脘腹冷痛，呕吐涎沫。或四肢关节疼痛，或舌卷囊缩、寒疝痛经、少腹冷痛等。

【证候分析】本证以当归四逆汤证表现为基础，强调血虚寒凝兼内有久寒的证治。“久寒”当指沉寒痼疾，犹与肝、胃相关，因而可出现呕吐、脘腹冷痛，甚至舌卷囊缩、寒疝痛经、少腹冷痛等。

【基本病机】血虚寒凝，兼肝胃沉寒。

【治法】养血温经，暖肝温胃。

【方药】当归四逆加吴茱萸生姜汤。

当归四逆加吴茱萸生姜汤方：

当归三两　芍药三两　甘草二两（炙）　通草二两　桂枝三两（去皮）　细辛三两　生姜半斤（切）　吴茱萸二升　大枣二十五枚（擘）

【方证鉴别】四逆汤证、当归四逆汤证、四逆散证比较见表5-6-5。

表5-6-5　四逆汤证、当归四逆汤证、四逆散证比较表

	相同主症	相异主症	病机	治法
四逆汤证	四肢冷凉（四逆）	冷过肘膝，一身虚寒，脉沉微	阳衰阴盛	回阳救逆
当归四逆汤证		手足厥寒，虚寒状轻，脉细欲绝	血虚寒凝	温经通脉
四逆散		冷不过肘膝，无虚寒证，脉弦	阳郁不达	疏达郁阳

（三）吴茱萸汤证

【原文汇要】干呕，吐涎沫，头痛者，吴茱萸汤主之。（《伤寒论》.378）

【辨证要点】干呕，或吐涎沫，头痛，尤以巅顶冷痛为特征，舌苔白滑，脉沉弦。或手足厥冷，脘腹冷痛，喜温喜按，不欲饮食。

【证候分析】见表5-6-6。

表5-6-6　吴茱萸汤证证候分析表

主症	病机分析
干呕，或吐涎沫	肝寒犯胃，胃失和降，浊阴上泛
头痛，巅顶冷痛	阴寒之气循厥阴之经上扰

【基本病机】肝寒犯胃，中焦虚寒，浊阴上泛。

【治法】暖肝温胃降浊。

【方药】吴茱萸汤。

吴茱萸汤方见本章第二节。

三、厥阴热证

白头翁汤证

【原文汇要】热利下重者，白头翁汤主之。（《伤寒论》.371）

下利欲饮水者，以有热故也，白头翁汤主之。（《伤寒论》.373）

【辨证要点】腹痛，下利，便脓血，里急后重，肛门灼热，渴欲饮水，舌红苔黄，脉滑数。或发热，小便短赤，或苔黄腻，脉沉弦数。

【证候分析】见表5-6-7。

表 5-6-7 白头翁汤证证候分析表

主症	病机分析
下利，腹痛急迫，里急后重	厥阴肝热下迫大肠，气滞壅塞，湿热内蕴
利下红白黏液或脓血，肛门灼热	湿热郁遏，损伤肠道络脉，化腐成脓
发热口渴，舌红苔黄腻，脉滑数	均为热利下迫，湿热内蕴及津液受灼之征

【基本病机】肝经湿热下迫，大肠传导失司。

【治法】清热燥湿，凉肝止利。

【方药】白头翁汤。

白头翁汤方：

白头翁二两　黄柏三两　黄连三两　秦皮三两

小结

厥阴病本证小结见表 5-6-8。

表 5-6-8 厥阴病本证小结表

	病机	辨证要点
乌梅丸证	上热下寒，蛔虫内扰	腹痛时作，呕吐蛔虫，甚则手足厥冷
干姜黄芩黄连人参汤证	胃热脾寒，寒热格拒	食入即吐，下利便溏
麻黄升麻汤证	邪陷阳郁，肺热脾寒	咽喉不利，唾浓血，厥冷，泄利不止，寸脉沉迟、尺脉不至
当归四逆汤证	血虚寒凝，经脉不畅	手足厥寒，脉细欲绝
当归四逆加吴茱萸生姜汤证	血虚寒凝，兼肝胃沉寒	上证基础上见胃痛呕逆
吴茱萸汤证	肝寒犯胃，浊阴上逆	呕吐涎沫，头痛以巅顶为甚
白头翁汤证	肝经湿热下注大肠	下利脓血夹杂，肛门灼热，里急后重

第六章

卫气营血证治

第一节　卫　分　证

卫分证是邪气侵袭人体初起，致使肺失宣降，卫失开合，出现一系列卫外功能失常的表现。关于卫分证辨证的理论源于《内经·灵枢本脏篇》："卫气者，所以温分肉，充皮肤，肥腠理，司开合者也"；"卫者，卫外而为固也"。指出了卫气敷布于体表，有温养肌肤、启闭汗孔、抵御外邪的作用。

卫分证主要特点是：发热、恶寒同时并见，伴微汗出，口微渴，舌边尖红，脉浮数等。由于风热之邪从口鼻吸受而入，故发热重而恶寒轻，与风寒束表恶寒重而发热轻不同；热伤津液较轻，故口微渴；舌边尖红，脉浮数均为邪热在卫之象。

卫分证，邪在肺卫，病邪轻浅，其在上焦，治宜轻清，宣泄上焦，忌用辛温，亦不可过于苦寒，寒凉则易使气机闭塞，郁不能开，热不得外达，病必增重。

一、风热犯卫证

本证是感受春季或冬季的风热病邪引起的肺卫表热证。春季风木当令，气候温暖多风，阳气升发；若人体素禀不足，正气虚弱，卫外不固，或起居不慎，寒温失调，即可感受风热病邪，着而成病，病之初即发为本证，多见于风温。

风热病邪属阳邪，其性升散、疏泄，多从口鼻而入。肺位居高，首当其冲，所以外感风热之邪初起以邪犯肺卫，病在上焦手太阴肺经为多见。本证如感邪不甚，并经及时治疗，则可终止病变发展，获得早期治愈；若失治误治，肺卫之邪不解，则可内传入气分。

【原文汇要】太阴风温、温热、温疫、冬温，初起恶风寒者，桂枝汤主之；但热不恶寒而渴者，辛凉平剂，银翘散主之。温毒、暑温、湿温、温疟，不在此例。(《温病条辨》)

太阴温病，恶风寒，服桂枝汤已，恶寒解，余病不解者，银翘散主之……(《温病条辨》)

太阴风温，但咳，身不甚热，微渴者，辛凉轻剂桑菊饮主之。(《温病条辨》)

【临床表现】

1. 风热犯卫　发热，微恶风寒，微汗出，头痛，咳嗽，咽红或痛，口微渴，舌边尖红、苔薄白，脉浮数。

2. 风热犯肺　但咳，身热不甚，口微渴，舌苔薄白，脉浮。

【证候分析】见表 6－1－1。

表6-1-1 风热犯卫证证候分析表

主症	病机分析
发热，微恶风寒，微汗出	邪袭于表，卫气被郁，开合失司
咳嗽	肺气失于宣降
口微渴	伤津较轻
头痛，咽痛，脉浮数	风热在表
舌边尖红，苔薄白	邪在肺卫

【基本病机】风热侵袭肺卫，宣降失司。

【治法】辛凉解表，疏风泄热。

1. 风热犯卫 银翘散。

银翘散方：

银花 连翘 桔梗 竹叶 生甘草 荆芥穗 淡豆豉 牛蒡子 鲜芦根 薄荷

2. 风热犯肺 桑菊饮。

桑菊饮方：

杏仁 连翘 薄荷 桑叶 菊花 桔梗 苇根 生甘草

【证候鉴别】与伤寒太阳证鉴别见表6-1-2。

表6-1-2 风热犯卫证与伤寒太阳证鉴别表

	风热侵袭肺卫证	伤寒太阳证
病因	风热病邪	风邪或风寒病邪
受邪途径	口鼻而入，先受于肺	皮毛而入，先受于足太阳
病机	风热侵袭肺卫，宣降失司	风寒束表，卫强营弱
初起	发热，微恶寒，咳嗽，脉浮数	恶寒发热，有汗或无汗，脉浮紧或浮缓
治法	辛凉解表	辛温发汗解表
主方	银翘散、桑菊饮	麻黄汤、桂枝汤

【方证鉴别】银翘散证与桑菊饮证比较见表6-1-3。

表6-1-3 银翘散证与桑菊饮证比较表

	银翘散	桑菊饮
功效	重在清解表热	重在宣肺止咳
病位	卫	肺
证候	热重	咳重

风热犯卫证属表热证，可见发热，微恶风寒，咳嗽，微汗出，脉浮数。治则为辛凉解表，疏风泄热。若发热重，为银翘散证；若咳嗽重，则为桑菊饮证。素体阴分不足者，可酌加甘寒之味，但不可过于滋腻，防其阻滞气机而恋邪也。

二、湿遏卫气证

本证为卫气同病，内外合邪，湿重热轻之候，既有湿郁卫表的表证，又有湿郁气分、脾湿不运的里证。多见于湿温、暑湿。

【原文汇要】 邪在气分，即当分别湿多热多。湿多者……治法总以轻开肺气为主……宜用体轻而味辛淡者治之，辛如杏仁、蔻仁、半夏藿梗；淡如苡仁、通草、茯苓、猪苓、泽泻之类，启上闸，开支河，导湿下行以为出路，湿去气通，布津于外，自然汗解。（《医原·湿气论》）

头痛恶寒，身重疼痛，苔白不渴，脉弦细而濡，面色淡黄，胸闷不饥，午后身热，状若阴虚，病难速已，名曰湿温。汗之则神昏耳聋，甚则目瞑不欲言，下之则洞泄，润之则病深不解。长夏深秋冬日同法，三仁汤主之。（《温病条辨》）

【临床表现】恶寒少汗，身热不扬，午后热象较显，头重如裹，面色淡黄，表情淡漠，身重肢倦，胸脘痞闷，纳呆不饥，舌苔白腻，脉濡或缓。

【证候分析】见表 6-1-4。

表 6-1-4 湿遏卫气证证候分析表

主症	病机分析
恶寒少汗，身热不扬	湿热之邪郁遏肌表，卫气闭郁，开合失司
头重如裹，身重肢倦，胸脘痞闷	湿热上蒙清窍，中阻脾胃
舌苔白腻，脉濡或缓	湿邪偏重之象

【基本病机】湿邪偏重，湿热之邪郁遏卫气，卫气同病。

【治法】芳香化湿，透表清热。

【方药】

1. 湿邪郁表，表湿明显者 藿朴夏苓汤。

藿朴夏苓汤方：

藿香 半夏 赤茯苓 杏仁 生薏仁 白蔻仁 猪苓 泽泻 淡豆豉 厚朴

2. 湿中蕴热，里湿较甚者 三仁汤。

三仁汤方：

杏仁 飞滑石 白通草 白蔻仁 竹叶 厚朴 生薏仁 半夏

藿朴夏苓汤与三仁汤二方配伍原则相似，均有开上、畅中、渗下之功，能宣化、清除表里之湿热而用于湿热郁遏卫气之证。其中藿朴夏苓汤因有藿香、淡豆豉，故其解表之力胜于三仁汤，较适用于湿邪偏于卫表而化热未甚者；三仁汤因有竹叶、滑石，故其清热之力优于藿朴夏苓汤，较适用于湿渐化热者。

三、暑湿郁表证

本证为暑湿初起，外邪郁遏肌表。暑湿发于夏季或夏秋之交，夏季气候炎热，暑气既盛，且雨湿较多，湿气亦重，天暑下迫，地湿上蒸，湿气与暑热相合，则形成暑湿病邪。感受暑湿之邪初起由肺先受病，外则邪郁肌表而发为本证。

【原文汇要】手太阴暑温，如上条证，但汗不出者，新加香薷饮主之。（《温病条辨》）

暑月乘凉饮冷，阳气为阴寒所遏，皮肤蒸热，凛凛畏寒，头痛头重，自汗烦渴；或腹痛吐泻者，宜香薷、厚朴、扁豆等味。（《湿热病篇》）

【临床表现】身热，微恶风寒，头痛，身重肢酸，无汗或微汗，脘痞，口不渴，舌尖红、苔白腻或微黄，脉浮滑数或濡数。如兼有寒湿者，可见发热无汗，恶寒，甚则寒战，身形拘急，胸脘痞闷，心中烦，时有呕恶。

【证候分析】见表6-1-5。

表6-1-5　暑湿郁表证证候分析表

主症	病机分析
身热，微恶风寒	暑湿犯卫，邪正交争
头痛胀重，身重肢节酸楚，无汗或微汗	暑湿遏阻经络肌肤，腠理郁遏
脘痞，口不渴	暑湿中阻，气机不畅
舌红，苔白腻；脉浮滑或濡数	暑湿在表

【基本病机】暑热夹湿，郁遏于表。

【治法】透邪达表，涤暑化湿。

【方药】新加香薷饮。

新加香薷饮方：

香薷　银花　鲜扁豆花　厚朴　连翘

本证失治误治，易传入气分而困阻中焦。治疗以透邪达表，涤暑化湿为法，如叶天士所云："暑必夹湿，二者皆伤气分，从口鼻吸而受，必先犯肺，乃上焦病，治法以辛凉微苦，气分上焦廓清则愈。"

【证候鉴别】与湿遏卫气证鉴别见表6-1-6。

表6-1-6　暑湿郁表证与湿遏卫气证鉴别表

	暑湿郁表证	湿遏卫气证
病因	暑湿之邪	湿热之邪
发病季节	夏季酷暑	四季皆可发生，夏末秋初为多
主症	身热，微恶风寒，头痛，身重肢酸，无汗或微汗，脘痞，口不渴，舌尖红苔白腻或微黄，脉浮滑数或濡数	恶寒少汗，身热不扬。头重如裹，身重肢倦，胸脘痞闷，舌苔白腻，脉濡或缓
病机	暑热夹湿，郁于肌表	湿邪偏重，湿热之邪郁遏卫气，卫气同病
治法	涤暑化湿，透邪达表	芳香化湿，透表清热
方药	新加香薷饮	藿朴夏苓汤或三仁汤

四、燥热犯卫证

本证为秋燥的初起阶段，秋燥是发于秋季的一种外感温病。燥为秋之气，秋有初秋、深秋之别，故秋感燥邪，又有温燥、凉燥之分。初秋承暑热之令，虽已入秋，其气尚温，此时人所感受者，多为温燥；深秋时节，西风肃杀，天气清凉，此时人所感受者，多为凉燥。温燥为病，属温热病范畴。即本证中燥邪乃指温燥而言。

【原文汇要】温自上受，燥自上伤，理亦相等，均是肺气受病……当以辛凉甘润之方，气燥自

平而愈，慎勿用苦燥，劫烁胃汁。（《三时伏气外感篇》）

脉右数大，宜清气分中燥热。桑叶、杏仁、大沙参、象贝母、香豉、黑栀皮。（《三时伏气外感篇》）

秋感燥气，右脉数大，伤手太阴气分者，桑杏汤主之。（《温病条辨》）

【临床表现】头痛发热，微恶风寒，干咳无痰，咽喉口鼻干燥，舌边尖红、苔薄白干燥，脉多浮数。本证可兼有咽部红肿、干痛或鼻衄等症。

【证候分析】见表6-1-7。

表6-1-7　燥热犯卫证证候分析表

主症	病机分析
发热，微恶风寒，头痛	温燥邪气侵袭肺卫，正邪交争
咽干鼻燥，咳嗽少痰或干咳，口渴	燥热伤津液，肺失肃降
舌边尖红，苔薄白而干，脉浮数	燥热之邪在表

【基本病机】燥热侵袭，肺津受伤。

【治法】辛凉宣肺，清热润燥。

【方药】桑杏汤。

桑杏汤方：

桑叶　杏仁　沙参　象贝　淡豆豉　栀子　梨皮

汪昂说："燥证路径无多，故方法甚简，始用辛凉，继用甘凉。"燥证变证不多，只需分温燥、凉燥之不同而治。前人曾这样说："治火可用苦寒，治燥必用甘寒。""火郁可以发，燥胜必用润。""火可以直折，燥必用濡养。"所以，虽然燥热之邪致病有时热象明显，但万不可用苦寒泄热。

【证候鉴别】与风热犯卫证鉴别见表6-1-8。

表6-1-8　燥热犯卫证与风热犯卫证鉴别表

	燥热犯卫证	风热犯卫证
外邪	燥热之邪	风热之邪
症状特点	咽干而渴，口鼻干燥	身热恶风，口微渴
病机	燥热侵袭，肺津受伤	风热侵袭肺卫，宣降失司
治法	辛凉宣肺，清热润燥	辛凉解表
方药	桑杏汤	银翘散、桑菊饮

小结

卫分证是常见于温病发病最早阶段的证候类型。其病位在肺、卫。临床多见由风热病邪和燥热病邪侵袭肺卫所致；湿热病邪、暑湿之邪侵袭人体，发病初期亦可见卫分证。卫分证一般表现为一派邪气在表之象，治疗原则以辛凉疏散表邪为主。风热、湿热、暑湿、燥热均可导致卫分证，由于感邪不同，而有较明显的季节性。如风热以冬春为主，暑湿发在夏季，燥热在秋季，湿热则四季皆可产生，而夏末秋初雨湿较多，气候炎热，湿热交蒸，则湿热病邪较易形成并易侵袭人体而致病。

卫分证由于感邪及病位不同，其治则也有所差异。如风热侵袭肺卫证当热重，病位主要在卫时，选用辛凉平剂银翘散；当病位在肺时，则选用辛凉轻剂桑菊饮。湿遏卫气证，则选藿朴夏苓汤或三仁汤。暑湿郁遏肌表时，则以祛暑利湿清热为主，用新加香薷饮。燥热侵袭肺卫证病机变证相对较少，选用桑杏汤加减（表6-1-9）。温病一般传变迅速，所以温病卫分证一般较为短暂，在此时如调治适当，则可阻断温病之继续传变，因此卫分证的治疗相当重要。

表6-1-9 卫分证治表解

	病机	辨证要点	治法	方药
风热犯卫证	风热侵袭肺卫，宣降失司	发热，微恶寒，或咳，脉浮数	辛凉解表	银翘散、桑菊饮
湿遏卫气证	湿热之邪郁遏卫气，湿重于热	恶寒少汗，身热不扬，头重如裹，肢倦，脘痞，苔白腻，脉濡或缓	芳香化湿，透表清热	藿朴夏苓汤、三仁汤
暑湿郁表证	暑热夹湿，郁遏于表	身热，微恶风寒，头痛，身重肢酸，口不渴，苔白腻，脉濡数	透邪达表，涤暑化湿	新加香薷饮
燥热犯卫证	燥热侵袭，肺津受伤	发热，微恶风寒，干咳无痰，口鼻干燥，脉浮数	辛凉宣肺，清热润燥	桑杏汤

第二节 气 分 证

气分证是温热病邪在里的阶段。其受邪途径或由卫分传来，或是温热邪气直入气分，或因伏邪内发而致。它是正邪相争于里，从而影响脏腑功能活动，使之处于亢奋状态而引起的一类证候。温热病在气分阶段，一般邪气盛而正气不衰，正邪斗争剧烈，呈现一派阳热有余之象。因此气分证以里热炽盛为主要临床特点。气分证候的范围相当广泛，病变部位或在肺，或在胸膈，或在肠胃，或在肝胆等。

一、热灼胸膈证

本证乃卫分之证已罢，热邪入里，灼于胸膈，不能外发所致，并伴腑实证和上焦火证。本证多见于风温和春温。

【原文汇要】凉膈散，治大人小儿脏腑积热，烦躁多渴，面热头昏，唇焦咽燥，舌肿喉闭，目赤鼻衄。颔颊结硬，口舌生疮，痰实不利，涕唾稠黏，睡卧不宁，谵语狂妄，肠胃燥涩，便溺稠结。一切风壅，并宜服之。（《太平惠民和剂局方》）

湿热发痉，神昏笑妄，用清泄芳开不效者，须知热邪蕴结，法非下者，宜仿凉膈散。（《温热论》）

里热已甚，阳邪怫郁，作战而不能汗出，虽下症未全者，宜凉膈散。(《集补温热证治诸方》)

【临床表现】身热恶热，烦躁不安，胸膈灼热如焚，唇焦咽燥，口渴，咽喉肿痛，口舌生疮，面红目赤，小便短赤，大便秘结，舌心干四边色红、苔黄燥，脉数有力。

【证候分析】见表6-2-1。

表6-2-1 热灼胸膈证证候分析表

主症	病机分析
身热恶热、烦躁不安	热邪在里
唇焦咽燥，口渴	热邪化火灼津
胸膈灼热如焚	胸膈热甚
大便秘结	大肠燥结
舌心干四边色红、苔黄燥，脉数有力	里热炽盛之象

【基本病机】热壅胸膈，化火灼津，微兼腑实。

【治法】凉膈泄热。

【方药】凉膈散。

凉膈散方：

川大黄　朴硝　山栀仁　薄荷叶　竹叶　黄芩　连翘　甘草　白蜜

此证是气分热邪壅于胸膈，化火灼津，微兼腑实，较伤寒六经证之热郁胸膈(栀子豉汤证)为重。须用凉膈散以凉膈泄热方为适宜。

【证候鉴别】与热郁胸膈证鉴别见表6-2-2。

表6-2-2 热灼胸膈证与热郁胸膈证鉴别表

	热灼胸膈证	热郁胸膈证
病位	气分，胸膈	气分，胸膈
病机	气分热邪壅于胸膈，化火灼津，微兼腑实	余热郁于胸膈
证候特点	胸膈灼热，烦渴便秘	心烦懊侬，坐卧不安
治法	凉膈泄热	宣郁清热
方药	凉膈散	栀子豉汤

二、风热壅肺证

本证乃温热病邪外感，或由卫分传来，或直接中于气分，而使邪热壅滞于肺而引起的证候。多见于风温或春温证。

【原文汇要】喘咳息促，吐稀涎，脉洪数，右大于左，喉哑，是为热饮，麻杏石甘汤(即麻黄杏仁甘草石膏汤)主之。(《温病条辨》)

【临床表现】身热恶热，汗出口渴，咳喘气急，甚则鼻翼煽动，胸胁满闷，痰白黏稠或黄，舌红苔黄，脉滑数。

【证候分析】见表6-2-3。

表6-2-3 风热壅肺证证候分析表

主症	病机分析
身热恶热,汗出口渴	邪热在里,蒸腾于外
咳喘气急,胸胁满闷	肺气壅塞
口渴,痰白黏稠或黄	热灼津液
舌红苔黄,脉滑数	里有痰热

【基本病机】风热上壅,肺失宣降。

【治法】清热宣肺。

【方药】麻黄杏仁甘草石膏汤。

麻黄杏仁甘草石膏汤方:

麻黄 杏仁 石膏 炙甘草

本证属于气分实热证,病在上焦。如风热壅肺证实邪较盛,咳喘痰热者可加黄芩、贝母、瓜蒌;喘甚不得卧者加葶苈子、苏子、鱼腥草等以增强清肺化痰平喘之力。肺热较甚而肺气郁闭不甚,有化脓成痈倾向者,可用千金苇茎汤加减。

【证候鉴别】与风热犯卫证鉴别见表6-2-4。

表6-2-4 风热壅肺证与风热犯卫证鉴别表

	风热壅肺证	风热犯卫证
病机	风热上壅,肺失宣降	风热犯卫,影响肺之宣降
主症	身热恶热,汗出口渴,咳喘气急,胸胁满闷,痰白黏稠或黄,舌红苔黄,脉滑数	发热,微恶风寒,无汗或少汗,咳嗽,舌边尖红,苔薄白,脉浮数
治法	清热宣肺	辛凉解表
方药	麻黄杏仁甘草石膏汤	桑菊饮

三、燥热伤肺证

本证见于秋燥,为燥热病邪从卫分传入气分,燥热化火,肺经热盛,气阴受伤所致。

【原文汇要】自制清燥救肺汤,治诸气膹郁诸痿喘呕,桑叶经霜者得金气柔润不凋之为君……石膏煅禀清肃之气极清肺热二钱五分,甘草和胃生津一钱,人参生胃之津养肺之气……痰多加贝母,瓜蒌;血枯加生地黄;热甚加犀角,羚羊角或加牛黄。(《医门法律》)

诸气膹郁,诸痿喘呕之因于燥者,喻氏清燥救肺汤主之。(《温病条辨》)

【临床表现】发热头痛,干咳无痰,或痰少而燥,甚则痰中带血,喘息气急,鼻燥咽干,心烦口渴,胸胁疼痛,少气乏力,舌边尖红,苔薄黄而干,脉数。

【证候分析】见表6-2-5。

表6-2-5 燥热伤肺证证候分析表

主症	病机分析
发热头痛,少气乏力	热扰清窍,伤及气阴
心烦口渴,干咳无痰,甚则痰中带血	燥热灼津,伤及肺络
喘息气急,胸胁作痛	燥热壅肺,气机不畅
舌边尖红,苔薄黄而干或少苔,脉数	气分燥热,伤及津液

【基本病机】燥热壅肺，气阴受伤。

【治法】清肺润燥，益气养阴。

【方药】清燥救肺汤。

清燥救肺汤方：

石膏　霜桑叶　人参　杏仁　胡麻仁　阿胶　麦冬　枇杷叶　炙甘草

肺燥可以导致喘息气急，气滞胸闷，也可导致痿证（包括肺痿）。肺燥证候，应以喻嘉言所创清燥救肺汤治疗。

【证候鉴别】与燥热犯卫证鉴别见表6-2-6。

表6-2-6　燥热伤肺证与燥热犯卫证鉴别表

	燥热伤肺证	燥热犯卫
症状特点	发热燥咳，心烦口渴	发热微恶风寒，咽干，口鼻干燥
病机	燥热壅肺，气阴受伤	风热侵袭肺卫，宣降失司
治法	清肺润燥，益气养阴	辛凉宣肺，清热润燥
方药	清燥救肺汤	桑杏汤

四、燥犯清窍证

本证乃温燥邪气侵袭肺胃气分，化火上扰清窍之候。一般发于秋季。见于秋燥。

【原文汇要】燥气化火，清窍不利者，翘荷汤主之。（《温病条辨》）

清窍不利，如耳鸣，目赤，龈肿，咽痛之类。翘荷汤者，亦清上焦气分之燥热也。（《温病条辨》）

【临床表现】发热，口鼻干燥，耳鸣目赤，齿龈肿痛，舌苔薄黄而燥，脉数。

【证候分析】见表6-2-7。

表6-2-7　燥犯清窍证证候分析表

主症	病机分析
发热	燥热内盛
口鼻干燥	燥热耗伤肺胃津液
耳鸣目赤，齿龈肿痛	燥热化火，上攻清窍
舌苔薄黄而燥，脉数	气分燥热之象

【基本病机】气分燥热，上犯清窍。

【治法】清透燥热。

【方药】翘荷汤。

翘荷汤方：

薄荷　连翘　生甘草　黑栀皮　桔梗　绿豆皮

本证为温燥之邪在气分，以清窍干燥为特征，与燥热犯卫之邪在卫分病位不同，依据因势利导原则，应清透燥热之邪。本证燥邪尚未大伤气阴，因此不必用润肺。

【证候鉴别】与燥热犯卫证鉴别见表6-2-8。

表6-2-8 燥犯清窍证与燥热犯卫证鉴别表

	燥犯清窍证	燥热犯卫
症状	发热,口鼻干燥,耳鸣目赤	发热微恶风寒,干咳,口鼻干燥
病机	气分燥热,上犯清窍	风热侵袭肺卫,宣降失司
治法	清透燥热	辛凉宣肺,清热润燥
方药	翘荷汤	桑杏汤

五、湿热困阻中焦证

本证可见于湿温病和暑温夹湿过程中,为湿热(暑湿)之邪困阻中焦气分,湿郁化热,湿热并重,互结中焦,脾胃升降失常所致。

【原文汇要】腹痛痞满,呕吐不纳,舌白或黄,手扪之糙,渴不引饮,大便泄泻,小溲不利,或赤而短。此湿热内结于脾……舌苔黄滑者,宜辛开清解法,如藿香左金汤,连朴饮之类。(《重订广温热论》)

【临床表现】发热汗出不解,口渴不欲多饮,胸闷脘痞,恶心呕吐,大便溏臭,小便短赤,舌质红,苔黄腻,脉濡数。

【证候分析】见表6-2-9。

表6-2-9 湿热困阻中焦证证候分析表

主症	病机分析
发热汗出不解	热蒸湿动,黏滞难祛
口渴不欲多饮	热盛津伤,湿邪内留津不上升
脘痞呕恶,便溏溲赤	湿热中阻,气机不畅
舌红,苔黄腻,脉濡数	湿热内盛之候

【基本病机】湿热困阻中焦,脾胃升降失常。

【治法】辛开苦降,清化湿热。

【方药】王氏连朴饮。

王氏连朴饮方:

姜黄连　制厚朴　石菖蒲　制半夏　淡豆豉　炒山栀　芦根

本证病机重点是湿热交蒸于中焦脾胃,湿热并重之证,应注意与湿重于热之三仁汤证、热重于湿之白虎加苍术汤证和三石汤证鉴别。治疗上,"徒清热则湿不退,徒祛湿则热愈炽",二者必须兼顾。

【证候鉴别】与湿遏卫气证鉴别见表6-2-10。

表6-2-10 湿热困阻中焦证与湿遏卫气证鉴别表

	湿热困阻中焦证	湿遏卫气证
主症	发热汗出不解,口渴不欲饮,胸闷脘痞,恶心呕吐,大便溏臭,小便短赤,舌红,苔黄腻,脉濡数	恶寒少汗,身热不扬,头重如裹,身重肢倦,胸脘痞闷,舌苔白腻,脉濡或缓
病机	湿热并重,困阻中焦	湿邪偏重,湿热之邪郁遏卫气,卫气同病
治法	辛开苦降,清化湿热	芳香化湿,透表清热
方药	王氏连朴饮	藿朴夏苓汤或三仁汤

六、湿热弥漫三焦证

本证可见于湿温病和暑温夹湿过程中，为湿热(暑湿)之邪弥漫三焦气分致气机不畅，三焦失司之候。本证多数热重湿轻。

【原文汇要】暑湿蔓延三焦，舌滑微黄，邪在气分者，三石汤主之。(《温病条辨》)

再论气病有不传血分，而邪留三焦，亦如伤寒中少阳病也。彼则和解表里之半，此则分消上下之势，随证变法，如近时杏、朴、苓等类，或如温胆汤之走泄。因其仍在气分，犹可望其战汗之门户，转疟之机括。(《温热论》)

【临床表现】身热面赤，耳聋眩晕，咳痰带血，不甚渴饮，胸闷脘痞，恶心呕吐，大便溏臭，小便短赤，舌质红赤，苔黄腻，脉滑数。本证若热蒸湿于外也可发为黄疸，便结溲赤等症。

【证候分析】见表6-2-11。

表6-2-11　湿热弥漫三焦证证候分析表

主症	病机分析
身热面赤，耳聋眩晕	湿热蒸腾，清窍被蒙
咳痰带血，脘痞呕恶，便溏溲赤	湿热漫及三焦
舌红，苔黄腻，脉滑数	湿热内盛之候

【基本病机】湿热(暑湿)内盛，三焦气滞。

【治法】分消湿热，宣通三焦。

【方药】三石汤。

三石汤方：

飞滑石　生石膏　寒水石　杏仁　竹茹　银花　金汁　白通草

湿热弥漫三焦证一般热重于湿，与暑温夹湿相比较而言，邪犯部位更广泛，而后者则暑热为重。湿热最易阻气，要清利三焦湿热，必须首先开上焦，因上焦是气体输布之源，人体气机的总司。气化则湿热易化。本证临证表现复杂多变，须依据三焦不同表现分别选择适当药物。

【证候鉴别】与暑温夹湿证鉴别见表6-2-12。

表6-2-12　湿热弥漫三焦证与暑温夹湿证鉴别表

	湿热弥漫三焦证	暑温夹湿证
主症	身热面赤，耳聋眩晕；咳痰带血，脘痞呕恶，便溏溲赤	壮热汗出，面赤气粗，口渴欲饮，脘痞身重
病机	湿热(暑湿)内盛，三焦气滞	胃热炽盛，兼夹湿邪
治法	分消湿热，宣通三焦	清气泄热，兼化脾湿
方药	三石汤	白虎加苍术汤

七、邪伏膜原证

本证乃湿热疫戾邪气侵袭人体初起，邪气伏于膜原之候。湿热疫戾之邪来势迅猛，故其初起不经表证阶段，即直接内伏于半表半里之膜原。可见于湿温、温疫。

【原文汇要】温疫初起，先憎寒而后发热，日后但热而无憎寒也。初得之二三日，其脉不浮不沉而数，昼夜发热，日晡益甚，头疼身痛。其时邪在伏脊之前，肠胃之后，虽有头疼身痛，此邪热浮越于经，不可认为伤寒表证，辄用麻黄桂枝之类强发其汗。此邪不在经，汗之徒伤表气，热亦不减。又不可下，此邪不在里，下之徒伤胃气，其渴愈甚。宜达原饮。(《温疫论》)

湿热阻遏膜原，舌苔必白，心胸必痞，发为疟疾，是名“湿疟”，与秋风成疟有间，故仿吴又可达原饮加减，以达膜原之邪，合入不换金正气散意，祛岚瘴湿热也。(《湿热病篇》)

【临床表现】初起先憎寒而后发热，继则但发热而不憎寒，日晡益甚；头身疼痛，胸闷脘痞，时作呕恶；舌苔白腻如积粉，脉弦数。

【证候分析】见表 6-2-13。

表 6-2-13 邪伏膜原证证候分析表

主症	病机分析
先憎寒而后发热	阳气不达表，正邪交争
后但热不寒，日晡益甚	渐成里热证
头身疼痛	邪气弥漫于表
胸闷脘痞，时作呕恶	湿热疫疠弥漫于里，困阻中焦
舌苔白腻如积粉，脉弦数	湿遏热伏，气机阻滞

【基本病机】邪踞膜原，秽湿内阻。

【治法】开达膜原。

【方药】达原饮。

达原饮方：

槟榔 厚朴 草果仁 知母 白芍 黄芩 炙甘草

本证以憎寒发热，舌苔白厚腻浊或如积粉为特征，其性属湿热，病位在膜原。湿浊郁结，既不可发汗，又不可攻下，一般化湿之剂也难解，宜开达膜原、疏利透达之和解法。

【证候鉴别】与伤寒少阳证鉴别见表 6-2-14。

表 6-2-14 邪伏膜原证与伤寒少阳证鉴别表

	邪伏膜原证	伤寒少阳证
主症	先憎寒而后发热，头身疼痛，胸闷脘痞，时作呕恶；舌苔白腻如积粉，脉弦数	寒热往来，口苦，咽干，目眩，脉弦
病机	邪踞膜原，秽湿内阻	邪入少阳，正邪纷争，枢机不利
治则	开达膜原	和解少阳
方药	达原饮	小柴胡汤

八、湿热郁于胆腑证

本证是中焦湿热不解，郁于胆腑，热重于湿之候。多见于暑湿、伏暑、湿温。

【原文汇要】蒿芩清胆汤，和解胆经方，俞氏经验方。(《重订通俗伤寒论》)

伏暑多夹湿，脉色必滞，口舌必腻，或有微寒，或单发热，热时脘痞气窒，渴闷烦冤，每午后则甚，入暮更剧，天明得汗稍缓，至午后又甚，似疟无定时。（《温病条辨》）

【临床表现】寒热如疟，热重寒轻，午后热甚，心烦口渴，胸脘痞闷，两胁胀满，呕恶口苦，小便不利，舌苔黄腻，脉滑数。

【证候分析】见表6－2－15。

表6－2－15　湿热郁于胆腑证证候分析表

主症	病机分析
寒热如疟，热重寒轻，午后热甚	湿热阻滞，正邪交争
胸脘痞闷，两胁胀满，呕恶口苦	少阳枢机不利
舌苔黄腻，脉滑数	湿热内停

【基本病机】湿热郁于胆腑，热重于湿。

【治法】清泄少阳，分消湿浊。

【方药】蒿芩清胆汤。

蒿芩清胆汤方：

青蒿　淡竹茹　半夏　赤茯苓　青子芩　生枳壳　陈广皮　碧玉散

足少阳胆经与手少阳三焦经合为一经，若受湿遏热郁，则三焦之气机不畅，胆中相火乃炽。胆主疏泄，为气机出入之枢纽；三焦司气化，为阳气、水液升降之通道，二者皆与气机升降出入有关，故三焦湿热不解，气机不畅，可导致胆郁火炽之证，治胆亦不离三焦。

【证候鉴别】与伤寒少阳证鉴别见表6－2－16。

表6－2－16　湿热郁于胆腑证与伤寒少阳证鉴别表

	湿热郁于胆腑证	伤寒少阳证
主症	寒热如疟，热重寒轻，呕恶口苦，舌苔黄腻，脉滑数	寒热往来，口苦，咽干，目眩，脉弦
病机	湿热郁于胆腑，热重于湿	邪入少阳，正邪纷争，枢机不利
治则	清泄少阳，分消湿浊	和解少阳
方药	蒿芩清胆汤	小柴胡汤

九、湿热发黄证

本证是中焦脾胃湿热不解，热重于湿，郁于肝胆，发为阳黄之候。多见于湿温病。

【原文汇要】阳明温病，无汗或但头汗出，身无汗，渴欲饮水，腹满舌燥黄，小便不利者，必发黄，茵陈蒿汤主之。（《温病条辨》）

疫邪传里，遗热下焦，小便不利，邪无输泄，经气郁滞，其传为疸，身目如金，宜茵陈蒿汤。（《温疫论》）

【临床表现】周身、面目发黄，鲜明如橘子色，无汗，或但头汗出而身无汗，渴欲饮水，腹满胁痛，食少泛恶，小便不利，舌苔黄燥或黄腻，脉滑数。

【证候分析】见表6－2－17。

表 6-2-17　湿热发黄证证候分析表

主症	病机分析
周身，面目发黄	湿热郁蒸，胆热液泄，泛溢肌肤
无汗，或但头汗出而身无汗	湿热郁阻，肌表气机闭塞
腹满胁痛，食少泛恶	湿热阻滞，气机不畅
小便不利	三焦气化失司，水道不通
舌苔黄燥或黄腻，脉滑数	里有湿热而热重于湿

【基本病机】湿热郁于肝胆，热重于湿。

【治法】清热利湿退黄。

【方药】茵陈蒿汤。

茵陈蒿汤方：

茵陈蒿　栀子　生大黄

黄疸以寒热虚实分为阳黄、阴黄，阳黄中又包括了热重于湿、湿重于热诸证。本证为热重于湿之阳黄证。主要为中焦脾胃运化升降失司，致使湿热不解，熏蒸肝胆，犯溢肌肤而发黄。治之以茵陈蒿汤。

【证候鉴别】与寒湿发黄证鉴别见表 6-2-18。

表 6-2-18　湿热发黄证与寒湿发黄证鉴别表

	湿热发黄证	寒湿发黄证
主症	身目发黄，鲜明如橘子色，渴欲饮水，恶心欲呕，便结尿赤，脉滑数	身目黄其色晦暗，小便不利，便溏，纳呆，腹满，口不渴，畏寒喜暖，舌胖质嫩，脉沉迟无力
病机	湿热郁于肝胆，热重于湿	中阳不足，寒湿内阻，肝胆失疏
治法	清热利湿退黄	温中散寒利湿
方药	茵陈蒿汤	茵陈术附汤

十、热炽阳明证

本证为温热病邪内犯气分，尚未与手阳明大肠积滞相结，相当于伤寒六经证治之阳明经证。可见于多种温病。

【原文汇要】面赤神烦，大渴多汗，热燔阳明之经也，白虎汤为主方。(《温热逢源》)

太阴温病，脉浮洪，舌黄，渴甚，大汗，面赤，恶热者，辛凉重剂白虎汤主之。(《温病条辨》)

【临床表现】壮热，恶热，面赤，大汗出，渴喜冷饮，舌红，苔黄而燥，脉滑数或洪大。

【证候分析】见表 6-2-19。

表 6-2-19　热炽阳明证证候分析表

主症	病机分析
壮热，恶热，面赤	阳明热盛，里热蒸腾
大汗出	里热迫津外泄
渴喜冷饮	热盛伤津，引水自救
苔黄而燥，脉滑数或洪大	热盛津伤

【基本病机】胃热炽盛，津液受伤。

【治法】清热保津。

【方药】白虎汤。

白虎汤方见第五章第二节。

本证以大热、大汗、大渴、脉洪大“四大”症为主症。白虎汤为清泄阳明胃热的代表方剂。若热盛而津气耗损，兼有背微恶寒、脉洪大而芤者，可用白虎加人参汤；若兼夹湿邪，兼见脘痞身重者，可用白虎加苍术汤。吴鞠通提出白虎汤有“四禁”，即“脉浮弦而细者，不可与也；脉沉者，不可与也；不渴者，不可与也；汗不出者，不可与也。”是指邪在肌表或少阳不可用；里虚者不可用；阳明腑实或阴寒内结不可用；热势不盛者不可用。

【证候鉴别】与风热壅肺证鉴别见表6-2-20。

表6-2-20 热炽阳明证与风热壅肺证鉴别表

	热炽阳明证	风热壅肺证
主症	大热、大渴、汗大出，脉洪大	身热恶热，汗出口渴，咳喘气急，胸胁满闷，痰白黏稠或黄，舌红苔黄，脉滑数
病机	胃热炽盛	风热上壅，肺失宣降
治法	清热保津	清热宣肺
方药	白虎汤	麻黄杏仁甘草石膏汤

十一、热盛气津两伤证

本证为手太阴肺与足阳明胃经无形热邪弥漫，热盛逼迫津液外泄，耗伤津气。可见于风温、春温和暑温。

【原文汇要】太阴温病，脉浮大而芤，汗大出，微喘，甚至鼻孔煽者，白虎加人参汤主之。脉若散大者，急用之倍人参。(《温病条辨》)

手太阴暑温，或已经发汗，或未发汗，而汗不止，烦渴而喘，脉洪大而芤者，白虎加人参汤主之。(《温病条辨》)

【临床表现】高热不退，汗出不止，大渴饮冷，气短神疲，面赤心烦，甚则微喘鼻煽，舌有裂纹，舌苔黄燥而干，脉洪大而芤。

【证候分析】见表6-2-21。

表6-2-21 热盛气津两伤证证候分析表

主症	病机分析
高热不退，汗出不止，大渴饮冷，气短神疲	肺胃热邪弥漫，津气耗伤
面赤心烦	热扰心神
甚则微喘鼻煽	热邪迫肺，肺气上逆
舌有裂纹，舌苔黄燥而干，脉洪大而芤	热盛伤气津之象

【基本病机】肺胃热盛，气津两伤。

【治法】清除里热，益气生津。

【方药】白虎加人参汤。

白虎加人参汤方见第五章第二节。

白虎加人参汤与王氏清暑益气汤均属攻补兼施之剂，但白虎加人参汤清热力强；王氏清暑益气汤清热力缓。前者用人参益气以保津，防止虚脱；后者则重在生津，兼以益气。

【证候鉴别】与暑伤津气证鉴别见表 6-2-22。

表 6-2-22 热盛气津两伤证与暑伤津气证鉴别表

	热盛气津两伤证	暑伤津气证
主症	高热不退，汗出不止，大渴饮冷，气短神疲，脉洪大而芤	身热，心烦，自汗，口渴欲饮，肢倦神疲，舌红，苔薄黄干，脉虚细数
病机	肺胃热盛，气津两伤较轻	暑热未清，津气受伤较甚
治法	清除里热，益气生津	清热涤暑，益气生津
方药	白虎加人参汤	王氏清暑益气汤

十二、热结肠腑证

本证为温热病邪内踞气分，与手阳明大肠积滞相结，相似于伤寒六经证治之阳明腑实证。可见于多种温病。

【原文汇要】阳明温病，汗多谵语，舌苔老黄而干者，宜小承气汤。（《温病条辨》）

阳明温病，面目俱赤，肢厥甚则通体皆厥，不瘛疭，但神昏，不大便七八日以外，小便赤，脉沉伏，或并脉亦厥，胸腹满坚，甚则拒按，喜凉饮者，大承气汤主之。（《温病条辨》）

本论于阳明下证，峙立三法：热结液干之大实证，则用大承气；偏于热结而液不干者，旁流是也，则用调胃承气；偏于液干多而热结少者，则用增液，所以回护其虚，务存津液之心法也。（《温病条辨》）

阳明温病，纯利稀水无粪者，谓之热结旁流，调胃承气汤主之。（《温病条辨》）

【临床表现】身热恶热，日晡潮热，神昏谵语，汗出口渴，大便秘结，或纯利恶臭稀水，腹满痛拒按，舌苔黄厚干燥，甚则焦黑起芒刺，脉沉实有力。

【证候分析】见表 6-2-23。

表 6-2-23 热结肠腑证证候分析表

主症	病机分析
身热恶热，神昏谵语，汗出口渴	邪热内结，热扰心神
下利稀水无粪	热结旁流
大便秘结，腹满痛拒按	燥屎内结，阻滞气机
舌苔黄厚而干燥，脉沉实有力	有形实热内结

【基本病机】有形热结于内，腑气不通。

【治法】攻下热结。

【方药】

1. 大承气汤。

大承气汤方见第五章第二节。

2. 小承气汤。

小承气汤方见第五章第二节。

3. 调胃承气汤。

调胃承气汤方见第五章第二节。

三承气汤均为《伤寒论》之方，温病用其方而减其枳、朴之量，是因伤寒与温病病因、病机不同。因温热之邪易化燥伤阴，故减枳、朴之量，以减其燥烈之弊，一般说来，温热病用调胃承气汤加减较多，而用大、小承气汤相对较少。

【证候鉴别】与热炽阳明证鉴别见表6-2-24。

表6-2-24 热结肠腑证与热炽阳明证鉴别表

	热结肠腑证	热炽阳明证
主症	身热恶热，神昏谵语，汗出口渴，大便秘结，腹满痛拒按，舌苔黄厚而干燥，脉沉实有力	大热、大渴、汗大出，脉洪大
病机	有形热结于内，腑气不通	胃热炽盛
治法	攻下热结	清热保津
方药	大承气汤、小承气汤、调胃承气汤	白虎汤

十三、湿热结聚肠腑证

本证为湿热郁蒸气分，困阻中焦，并与积滞互结，阻滞肠道所致。多见于湿温或暑湿。

【原文汇要】枳实导滞汤，下滞通便法，俞氏经验方。(《重订通俗伤寒论》)

蕴伏膜原之暑湿，从中而作。固当辨其所传而药之。尤以辨其暑与湿孰轻孰重……传二肠则伏邪依附糟粕，即用枳实导滞汤苦辛通降，从大便而解。(《重订通俗伤寒论》)

【临床表现】身热呕恶，脘腹痞满灼热，便溏臭不爽，黄赤如酱，舌苔黄腻，脉濡数。

【证候分析】见表6-2-25。

表6-2-25 湿热结聚肠腑证证候分析表

主症	病机分析
身热呕恶，脘腹痞满灼热	湿热内蕴，脾胃升降失司
便溏臭不爽，黄赤如酱	湿热与食滞交结
舌苔黄腻，脉濡数	湿热积滞内蕴之征

【基本病机】湿热夹食滞交结肠胃，脾胃升降失司。

【治法】清热化湿，导滞通下。

【方药】枳实导滞汤。

枳实导滞汤方：

枳实　生大黄(酒洗)　山楂　尖槟榔　薄厚朴　小川连　六和曲　青连翘　老紫草　细木通　生甘草

本证积滞与湿热互结于肠道,非通导不能去其积滞,又非清化不能解其湿热。因其非阳明腑实燥结,故不得用三承气苦寒下夺。若误投承气大剂峻攻,其行速,徒伤正气而暑湿仍然胶着不去,故需再三缓下清化,暑湿积滞方尽。往往需要连续攻下,但制剂宜轻,因势利导,即所谓"轻法频下",不宜峻剂猛攻。

【证候鉴别】与热结肠腑证鉴别见表6-2-26。

表6-2-26　湿热结聚肠腑证与热结肠腑证鉴别表

	湿热结聚肠腑证	热结肠腑证
主症	身热呕恶,脘腹痞满灼热,便溏臭不爽,黄赤如酱,舌苔黄腻,脉濡数	身热恶热,神昏谵语,汗出口渴,大便秘结,或纯利稀水,腹满痛拒按,舌苔黄厚而干燥,脉沉实有力
病机	湿热夹食滞交结肠胃,脾胃升降失司	有形热结于内,腑气不通
治法	清热化湿,导滞通下	攻下热结
方药	枳实导滞汤	大承气汤、小承气汤、调胃承气汤

十四、肠热下利证

本证多由肺胃邪热下移大肠,热迫大肠,津液下渗,故致下利。多见于风温、春温证。

【原文汇要】下后,利不止,脉促表未解,喘而汗出者,葛根黄芩黄连汤主之。(《温热朗照》)

阳明之有葛根芩连汤也,犹太阳之有大青龙,少阳之有小柴胡也。太阳以麻黄解表,石膏清里;少阳以柴胡解表,黄芩清里;阳明则以葛根解表,芩、连清里。表里各不同,而解表清里之法则一也。(《世补斋医书》)

【临床表现】身热口渴,泻利频繁,大便黄臭而稀,肛门灼热,舌苔黄,脉数。

【证候分析】见表6-2-27。

表6-2-27　肠热下利证证候分析表

主症	病机分析
身热口渴	热盛津伤
泻利频繁,大便黄臭而稀,肛门灼热	大肠热盛,迫津液与粪便下渗
舌苔黄,脉数	热盛之象

【基本病机】热盛于肠腑,迫津液下渗。

【治法】清热止利。

【方药】葛根黄芩黄连汤。

葛根黄芩黄连汤方:

葛根　甘草　黄芩　黄连

本证多由肺、胃邪热传变而来，热盛于肠腑，迫津液下渗而成下利，治法中应以清热止利为根本，再以升提下渗之津液为辅助，因此用葛根黄芩黄连汤。

【证候鉴别】与热结旁流证鉴别见表6-2-28。

表6-2-28 肠热下利证与热结旁流证鉴别表

	肠热下利证	热结旁流证
主症	身热口渴，泻利频繁，大便黄臭而稀，肛门灼热，舌苔黄，脉数	身热恶热，汗出口渴，纯利恶臭稀水，腹痛拒按，舌苔黄厚干燥，脉沉实有力
病机	肺热下迫大肠	大肠燥热，内有燥屎，津液下渗
治法	清热止利	攻下热结
方药	葛根黄芩黄连汤	大承气汤、小承气汤、调胃承气汤

十五、暑湿邪留气分证

本证是夏季外感暑湿邪气，留于气分，阻滞经络，蒙扰清阳所致。常见于暑湿初起或暑湿后期。

【原文汇要】手太阴暑温，发汗后，暑证悉减。但头微胀，目不了了，余邪不解者，清络饮主之。邪不解而入中下焦者，以中下法治之。（《温病条辨》）

【临床表现】发热，口渴不甚，头晕脑胀，胸脘痞闷或心烦，身倦纳减，舌苔白微腻，脉濡数。

【证候分析】见表6-2-29

表6-2-29 暑湿邪留气分证证候分析表

主症	病机分析
发热，口渴不甚	暑湿留滞气分
头晕脑胀，胸脘痞闷或心烦，身倦纳减	暑湿上蒙清窍，气机阻滞
舌苔白微腻，脉濡数	暑湿浊邪之象

【基本病机】暑湿留滞气分，蒙扰清阳，气机阻滞。

【治法】疏表清暑化湿。

【方药】清络饮。

清络饮方：

鲜荷叶边　鲜银花　西瓜翠衣　丝瓜皮　鲜竹叶心　鲜扁豆花

本证乃暑湿为病，不必拘泥于暑湿后期余邪不解者。夏暑季节感受暑湿之邪，见发热、头目不清、胸痞纳呆者均可用本方。临床上可加六一散、青蒿等以加强清暑化湿之力。

【证候鉴别】与湿遏卫气证鉴别见表6-2-30。

表 6-2-30 暑湿邪留气分证与湿遏卫气证鉴别表

	暑湿邪留气分证	湿遏卫气证
主症	发热，头晕脑胀，胸脘痞闷，舌苔白微腻，脉濡数	恶寒少汗，身热不扬，头重如裹，身重肢倦，舌苔白腻，脉濡或缓
病机	暑湿留滞气分，蒙扰清阳，气机阻滞	湿邪偏重，湿热之邪郁遏卫气，卫气同病
治法	清暑化湿	芳香化湿，透表清热
方药	清络饮	藿朴夏苓汤

十六、湿热酿痰蒙蔽心包证

本证乃由于感受湿热之邪蒸酿成痰，痰浊蒙蔽心包络而出现神志异常证候。多见于湿温、暑湿。

【原文汇要】湿热证，初起壮热口渴，脘闷懊憹，眼欲闭，时谵语，浊邪蒙闭上焦。（《湿热病篇》）

世医不知其为湿温，见其头痛恶寒，身重疼痛也，以为伤寒而汗之，汗伤心阳，湿随辛温发表之药蒸腾上逆，内蒙心窍则神昏，上蒙清窍则耳聋目瞑不言。（《温病条辨》）

【临床表现】身热不退，朝轻暮重，神识昏蒙，似清似昧，时有谵语，舌苔黄腻，脉濡滑数。

【证候分析】见表 6-2-31。

表 6-2-31 湿热酿痰蒙蔽心包证证候分析表

主症	病机分析
神识昏蒙，似清似昧，时有谵语	湿热上蒸，蒙蔽心包
身热不退，朝轻暮重	气分湿热郁蒸
舌苔黄腻，脉濡滑数	湿热蕴结之象

【基本病机】湿热蒸酿成痰，痰浊蒙蔽心包。

【治法】清热化湿，豁痰开窍。

【方药】菖蒲郁金汤。

菖蒲郁金汤方：

石菖蒲　郁金　炒山栀　连翘　木通　鲜竹叶　丹皮　竹沥　灯心　玉枢丹

本证属气分证，其神志异常程度较轻，表现特点为神识昏蒙、似清似昧、时有谵语，与热结腑实证、营血分证和热入心包证所表现的神志异常不同，应注意鉴别。若湿浊偏盛而热势不显者，可送服苏合香丸以化湿辟秽，芳香开窍；若痰热较重，可加服至宝丹以清心化痰开窍。

十七、热盛动风证

本证是指温热病邪在气分，热邪过盛而引起手足抽搐、颈项强直，甚则角弓反张等动风征象。可见于风温、春温、暑温、温疫等。

【原文汇要】阳明温病，无汗，小便不利，谵语者，先与牛黄丸。不大便，再与调胃承气汤。（《温病条辨》）

太阴温病，脉浮洪，舌黄，渴甚，大汗，面赤，恶热者，辛凉重剂白虎汤主之。（《温病

条辨》)

白虎本为达热出表，若其人脉浮弦而细者，不可与也；脉沉者，不可与也；不渴者，不可与也；汗不出者，不可与也。常须识此，勿令误也。(《温病条辨》)

形似伤寒，但右脉洪大而数，左脉反小于右，口渴甚，面赤，汗大出者，多曰暑温，在手太阴。白虎汤主之。(《温病条辨》)

【临床表现】高热汗出，口渴饮冷，舌苔黄燥，脉弦数有力；或日晡潮热，汗出渴饮，大便秘结，腹满痛拒按，舌苔黄燥，甚则焦燥起芒刺，脉沉弦有力，并见手足抽搐，颈项强直，甚则角弓反张。

【证候分析】见表 6-2-32。

表 6-2-32 热盛动风证证候分析表

主症	病机分析
高热汗出，口渴欲饮，或日晡潮热	气分热盛
大便秘结，腹满痛拒按	气分有形热结
手足抽搐，颈项强直，甚则角弓反张	热盛动风之象
舌苔黄燥，甚则焦燥起芒刺，脉沉弦有力	热盛伤津、热盛动风

【基本病机】气分热盛，引动肝风。

【治法】清热凉肝熄风。

【方药】羚角钩藤汤。

羚角钩藤汤方：

羚羊角　钩藤　川贝母　桑叶　生地　菊花　白芍　竹茹　甘草　茯神

本证由气分热极而动风，用羚角钩藤汤以凉肝清热，平肝熄风。临床上需重视祛除引起肝风内动的邪热，视其热属无形或有形，治之以清气分热或攻下热结。本证的病位在气分，这不同于阴虚动风、营热动风或肝阳化风等，应注意鉴别。

十八、毒壅气分证

本证是由于温毒邪气自口鼻内侵肺胃，热毒壅滞气分，窜扰营分形成烂喉丹痧之证，其病位主要在气分，其特点在于热毒壅滞。见于温毒证。

【原文汇要】凉膈散……连翘，生栀子，黄芩，薄荷，桔梗，生甘草，生石膏，竹叶，此上、中二焦泻火药也。热淫于内，治以咸寒，佐以苦甘，故以连翘、黄芩、竹叶，薄荷升散于上。古方用大黄、芒硝推荡其中，使上升下行而属自清矣。予忆疫疹乃无形之毒，投以硝、黄之猛烈，必致内溃。予以石膏易去硝、黄，使热降清升而疹自透。亦上行下行之意也。(《疫疹一得》)

锡类散……专治烂喉时证，及乳蛾、牙疳、口舌腐烂。凡属外淫为患，诸药不效者，吹入患处濒死可活(《温热经纬》)

【临床表现】高热口渴，烦躁不安，丹痧密布肌肤，咽喉红肿，腐烂疼痛，舌红苔黄，脉数。

【证候分析】见表 6-2-33。

表6-2-33 毒壅气分证证候分析表

主症	病机分析
高热口渴，烦躁不安	温毒内郁伤津，热扰心神
丹痧密布肌肤	气分热毒壅滞，窜扰营分，血郁肌肤
咽喉红肿，腐烂疼痛	肺胃热毒上攻，气血壅滞
舌红苔黄，脉数	气分炽热之象

【基本病机】热毒壅滞气分，窜扰营分。

【治法】清透热毒。

【方药】

1. 余氏清心凉膈散(内服)。

余氏清心凉膈散方：

黄芩 生栀子 生石膏 连翘 竹叶 薄荷 桔梗 生甘草

2. 锡类散(吹喉)。

锡类散方：

象牙屑 珍珠 青黛 冰片 壁钱 牛黄 人指甲

本证属于温毒蕴结于气分形成丹痧烂喉之证，当清解热毒。余氏清心凉膈散为凉膈散去大黄、芒硝，加桔梗、石膏，以清气分热毒，配以锡类散吹喉解毒，内外兼治。

【证候鉴别】与气血两燔证鉴别见表6-2-34。

表6-2-34 毒壅气分证与气血两燔证鉴别表

	毒壅气分证	气血两燔证
主症	高热口渴，烦躁不安，丹痧密布肌肤，咽喉红肿，腐烂疼痛	高热汗出引饮，头痛，神昏狂躁，发斑，吐衄
病机	热毒壅滞气分，窜扰营分	疫毒邪气内侵脏腑，气血同病
治法	清透热毒	清气凉血，泄火解毒
方药	余氏清心凉膈散(内服)锡类散(吹喉)	清瘟败毒饮

十九、火毒郁于三焦证

本证为湿热火毒郁于三焦气分，不得宣泄之候。多因温热初起，过用寒凉，遏阻阳气，以致火郁于内，寒遏于外而成。多见于温毒、温疫。

【原文汇要】温病亦杂气中之一也，表里三焦大热，其证不可名状者，升降散主之。(《温病医方撮要》)

温病总计十五方，轻则清之，神解散、清化汤……重则泻之，增损大柴胡汤、增损双解散……普剂消毒饮、解毒承气汤六方。而升降散，其总方也，轻重皆可酌用。察证切脉，斟酌得宜。病之变化，治病之随机应变，又不可执方耳。(《温病医方撮要》)

【临床表现】憎寒壮热，一身尽痛，四肢厥冷，头痛眩晕，咽喉肿痛，口气如火，口干口渴，胸膈满闷，脘腹胀痛，恶心呕吐，烦躁不宁，神昏谵语，大便干结，小便涩痛，发斑发疹，吐衄便血，舌质红、苔黄燥，脉数有力。

【证候分析】见表 6－2－35。

表 6－2－35 火毒郁于三焦证证候分析表

主症	病机分析
憎寒壮热，一身尽痛，四肢厥冷	火郁于内，格阴于外
头痛眩晕，咽喉肿痛，口气如火	火毒内伏，气血上壅
胸膈满闷，脘腹胀痛，恶心呕吐	火热内郁，气机塞滞
烦躁不宁，神昏谵语	火毒不得外发，内扰神明
大便干结，小便涩痛	火毒与糟粕相结；火热下移小肠、膀胱
发斑发疹，吐衄便血	火邪不得外发，内窜营血

【基本病机】寒邪外遏，火毒内郁。

【治法】宣泄郁火。

【方药】升降散。

升降散方：

白僵蚕　全蝉蜕　广姜黄　川大黄

升降散是杨栗山之名方，现代应用此方作为温毒、温疫治疗的基本方加味治疗，并纳入如严重急性呼吸道综合征（非典型肺炎）等急性传染病的治疗方案中。

【证候鉴别】与湿热弥漫三焦证鉴别见表 6－2－36。

表 6－2－36 火毒郁于三焦证与湿热弥漫三焦证鉴别表

	火毒郁于三焦证	湿热弥漫三焦证
主症	憎寒壮热，烦躁神昏，便结尿痛，发斑吐衄	身热面赤，耳聋眩晕；咳痰带血，脘痞呕恶，便溏溲赤
病机	寒邪外遏，火毒内郁	湿热（暑湿）内盛，三焦气滞
治法	宣泄郁火	分消湿热，宣通三焦
方药	升降散	三石汤

二十、湿热蕴毒证

本证多见于湿温病湿热并重阶段，乃湿热交蒸，充斥气分，蕴毒上蒸所致。

【原文汇要】瘟疫者，浑身壮热，惛惛不爽，沿门阖境，递相传染，盛于春夏之间者是也。虽因时气而得，然所感者，皆由恶毒异气而成，非若春寒、夏凉、秋热、冬温之类也。是以此病四时无间，最易传染……近叶氏立甘露消毒丹、神犀丹二方，亦颇可法，故特录之。（《治温阐要》）

甘露消毒丹乃治湿温时疫之主方也……人在气交之中，口鼻吸受其气，留而不去，乃成湿温疫疠之病，而为发热倦怠，胸闷腹满，肢酸咽肿，斑疹身黄，颐肿口渴，溺赤便秘，吐泻疟痢，淋浊疮疡等证。但看病人舌苔淡白，或厚腻或干黄者，是暑湿热疫之邪，尚在气分，悉以此丹治之应效，并主水土不服诸病。（《温热经纬》）

【临床表现】发热口渴，咽喉肿痛，胸痞腹胀，肢酸身重，小便黄，或身目发黄，舌苔黄而腻，脉滑数。

【证候分析】见表 6-2-37。

表 6-2-37 湿热蕴毒证证候分析表

主症	病机分析
发热口渴，咽肿	湿热熏蒸，热伤津液，上攻咽喉
胸痞腹胀，肢酸身重	湿邪阻滞，中焦气机受阻
身目发黄	湿热熏蒸肝胆
苔黄而腻，脉滑数	湿热俱盛之象

【基本病机】湿热交蒸，充斥气分，蕴毒上蒸。

【治法】化湿清热，解毒利咽。

【方药】甘露消毒丹。

甘露消毒丹方：

飞滑石 绵茵陈 淡黄芩 石菖蒲 川贝母 木通 藿香 射干 连翘 薄荷 蔻仁

本证为湿热交蒸而湿热俱盛，蕴结化毒，治宜用清热利湿、化浊解毒法，以甘露消毒丹治之。本方临床应用甚广，凡湿温、暑湿时疫之属于湿热并重、邪留气分者，皆可以本方治之。近时多种急慢性传染病如严重急性呼吸道综合征、获得性免疫缺陷综合征（艾滋病）等证见湿热并重者，均用本方加减治疗。王孟英称之为“治湿温时疫之主方”。

小结

气分证的出现，多是由卫分传入，也有初起发病于里，而即见气分证——阳明证。如春温、暑温等病。因此它较之卫分便略为深重。气分病变部位包括面广，主见于中焦（中期或极期），涉及肺、胃、肠、脾、胆等许多脏腑。

气分证是正邪俱盛，抗争剧烈的热证、实证。“气有余便是火”，所以气分病变虽因所涉及的脏腑而异，但其总的机理都是热邪郁阻气机，疏泄、传导功能失常。治疗总的是以清气透热或泄热为主（表 6-2-38）。

表 6-2-38 气分证治表解

病位	证型	病机	辨证要点*	治法	方药
胸膈	热灼胸膈	热壅胸膈，化火灼津	胸膈灼热，烦渴便秘	凉膈泄热	凉膈散
肺	风热壅肺	风热上壅，肺失宣降	咳喘气急，胸胁满闷，痰白黏稠或黄	清热宣肺	麻黄杏仁甘草石膏汤
	燥热伤肺	燥热壅肺，气阴受伤	干咳，甚则痰中带血，喘促，少气	清肺润燥，益气养阴	清燥救肺汤
	燥犯清窍	气分燥热，上犯清窍	口鼻干燥，耳鸣目赤	清透燥热	翘荷汤
脾	湿热困阻中焦	湿热困阻中焦，脾胃升降失常	发热汗出不解，渴不欲饮，脘痞呕恶，便溏尿赤	辛开苦降，清化湿热	王氏连朴饮

续表

病位	证型	病机	辨证要点*	治法	方药
	暑湿邪留气分	暑湿留滞气分，蒙扰清阳	头晕脑胀，脘痞，苔白微腻，脉濡数	疏表清暑化湿	清络饮
三焦	湿热弥漫三焦	湿热内盛，三焦气滞	耳聋眩晕，咳痰带血，脘痞呕恶，便溏溲赤	分消湿热，宣通三焦	三石汤
膜原	邪伏膜原	邪踞膜原，秽湿内阻	先憎寒后发热，头身痛，脘痞呕恶，苔白腻如积粉	开达膜原	达原饮
肝胆	湿热郁于胆腑	湿热郁于胆腑，热重于湿	寒热如疟，热重寒轻，呕恶口苦	清泄少阳，分消湿浊	蒿芩清胆汤
	湿热发黄	湿热郁于肝胆，热重于湿	身目发黄，鲜明如橘子色，恶心欲呕，便结尿赤	清热利湿退黄	茵陈蒿汤
	热盛动风	气分热盛，引动肝风	手足抽搐，颈项强直，甚则角弓反张，苔黄燥	清热凉肝熄风	羚角钩藤汤
胃肠	热炽阳明	胃热炽盛，津液受伤	大热、大渴、汗大出，脉洪大	清热保津	白虎汤
	热盛气津两伤	肺胃热盛，气津两伤	高热，汗出不止，渴饮，气短神疲，脉洪大而芤	清除里热，益气生津	白虎加人参汤
	热结肠腑	有形热结于内，腑气不通	便秘，腹满痛拒按，苔黄厚而干燥，脉沉实有力	攻下热结	三承气汤
	湿热结聚肠腑	湿热夹滞交结肠胃，脾胃升降失司	脘腹痞满灼热，便溏臭不爽，黄赤如酱，苔黄腻	清热化湿，导滞通下	枳实导滞汤
	肠热下利	肺热下迫人肠	泻利频繁，大便黄臭而稀，肛门灼热	清热止利	葛根黄芩黄连汤
心包	湿热酿痰蒙蔽心包	湿热蒸酿成痰，痰浊蒙蔽心包	身热朝轻暮重，神识昏蒙，似清似昧，时有谵语，苔黄腻	清热化湿，豁痰开窍	菖蒲郁金汤
温毒充斥全身	毒壅气分	热毒壅滞气分，窜扰营分	丹痧密布肌肤，咽喉红肿，腐烂疼痛	清透热毒	余氏清心凉膈散
	火毒郁于三焦	寒邪外遏，火毒内郁	憎寒壮热，烦躁神昏，便结尿痛，发斑吐衄	宣泄郁火	升降散
	湿热蕴毒	湿热交蒸，充斥气分，蕴毒上蒸	咽喉肿痛，胸痞腹胀，肢酸身重，或身目发黄	化湿清热，解毒利咽	甘露消毒丹

* 均具有气分证的主证：发热，汗出，口渴，舌红，苔黄等

第三节　营血分证

邪热入营，是温热病气分病变的进一步发展，阴液亏损是病变的主要方面。营分证的发生，主要有三方面原因：一是邪在卫分，误用辛温发汗而致邪热迫入营分；二是温热病气分邪热不解，内传入营；三是伏气温病初发于营分。

营分证候是温热邪气深入阴分，损伤人体营养物质的轻浅阶段。因为“心主血属营”，所以营分证候的病变部位在心和心包。它主要表现为热伤营阴和热陷心包两大类。

血分证候是温热邪气深入阴分，损伤人体营养物质的深重阶段。它主要表现为血液溢出脉外，或血热动风，或血液的严重消耗。

因为心主血脉，肝藏血，肾藏精，而精血又互相化生，所以血分证候的病变部位，主要在心肝肾三脏。从病变类型来看，血分证候主要表现为血热动血、血热动风、血热阴伤三大类型。

营分证与血分证都是温病病邪深入的表现，而且营分证往往已涉及血分，营血分证紧密联系。

一、热灼营阴证

本证是温病热邪深入营分，营阴被灼，虽然邪气主要在营分，但血中瘀热已甚，且营分证都有阴虚的成分在内。可见于多种温病。

【原文汇要】太阴温病，寸脉大，舌绛而干，法当渴，今反不渴者，热在营中也，清营汤去黄连主之。(《温病条辨》)

脉虚，夜寐不安，烦渴，舌赤，时有谵语，目常开不闭或喜闭不开，暑入手厥阴也。手厥阴暑温，清营汤主之；舌白滑者，不可与之。(《温病条辨》)

【临床表现】身热夜甚，烦渴或口反不甚渴，或竟不渴，心烦躁扰，或时有谵语，或见斑点隐隐，舌质红绛、无苔、脉细数。

【证候分析】见表6-3-1。

表6-3-1 热灼营阴证证候分析表

主症	病机分析
身热夜甚	热邪在营阴
心烦躁扰，或时有谵语	营热扰心
斑点隐隐	热伤血络
舌质红绛、无苔，脉细数	营热鼓动血液，耗伤营阴

【基本病机】热邪入营窜络，扰动心神。

【治法】清营泄热，解毒养阴。

【方药】清营汤。

清营汤方：

犀角(用水牛角代) 生地 玄参 竹叶心 麦冬(连心) 丹参 黄连 银花 连翘

“入营尤可透热转气”是本证治法的特点，清营汤是清泄营热的基本方。“透热转气”，一是指银花、连翘、竹叶三味药与清营药合用，可使营热外达，透出气分而解；二是指营分证而兼有气机不畅者，皆应在清营的同时，配入宣通气机之药，以求营分热邪有外泄之路。

【证候分析】见表6-3-2。

表6-3-2 热盛动血证证候分析表

主症	病机分析
身热夜甚	热在阴分
躁扰昏狂	血分热盛，热扰心神

续表

主症	病机分析
吐、衄、便、尿、非时行经等出血及发斑	热在血分，损伤血络
舌质紫绛而干，脉数	热在血分，耗伤津液、营血

二、热盛动血证

本证属于血分证，为温热病邪深入血分，灼伤血络，迫血妄行，溢出脉外，造成人体各部位出血证候。本证有伤阴的一面，但主要特点在于耗血动血。可见于多种温病。

【原文汇要】犀角地黄汤，治伤寒及温病，应发汗而不汗之内蓄血者，及鼻衄吐血不尽，内余瘀血，面黄，大便黑，消瘀血方。（《千金要方》）

太阴温病，血从上溢者，犀角地黄汤合银翘散主之。（《温病条辨》）

时欲漱口不欲咽，大便黑而易者，有瘀血也，犀角地黄汤主之。（《温病条辨》）

【临床表现】身热夜甚，躁扰昏狂，或吐血，或衄血，或便血，或尿血或非其时而行经，且血量多，或发斑，斑点紫黑，舌质紫绛而干，脉数。

【基本病机】血分热炽，灼伤血络，迫血妄行。

【治法】凉血散血。

【方药】犀角地黄汤。

犀角地黄汤方：

干地黄　生白芍　丹皮　犀角(用水牛角代)

“入血直须凉血散血”是本证的治疗原则。散血含义有二，一是活血，二是养阴。本证之出血，乃因血热而致，但若寒凉太过，亦有“血遇寒则凝”之弊，故须活血；再者，离经之血，瘀于体内，因此亦须活血；三者，血分热毒炽盛，耗伤血中津液，导致血液浓稠，运行塞滞，也须活血。热毒炽盛，耗伤津液，必治以大剂养阴之药，滋阴养液，使血中津液得充，而不致黏稠，则其聚可散，其流亦畅。所以说养阴之药亦有散血之功。临床应用时可根据不同出血部位加用凉血止血药。

【证候鉴别】与热灼营阴证鉴别见表 6-3-3。

表 6-3-3　热盛动血证与热灼营阴证鉴别表

	热盛动血证	热灼营阴证
主症	身热夜甚，躁扰昏狂，或吐、衄、便等出血症，或发斑，舌质紫绛而干，脉数	身热夜甚，心烦躁扰，或时有谵语，或见斑点隐隐，舌质红绛、无苔，脉细数
病机	热入血分，灼伤血络，迫血妄行	热邪入营窜络，扰动心神
治法	清热解毒，凉血散血	清营泄热，解毒养阴
方药	犀角地黄汤	清营汤

三、气营(血)两燔证

本证为气分热邪未解，而营分（或血分）热毒又盛，以致形成气营(血)两燔证候。多见于春温、暑温和温疫。

【原文汇要】太阴温病，气血两燔者，玉女煎去牛膝加元参主之。（《温病条辨》）

气血两燔，不可专治一边，故选用张景岳气血两治之玉女煎。去牛膝者，牛膝趋下，不合太阴证之用。改熟地为细生地者，亦取其轻而不重，凉而不温之义，且细生地能发血中之表也。加元参者，取其壮水制火，预防咽痛失血等证也。玉女煎去牛膝熟地加细生地元参方。(《温病条辨》)

太阴温病，不可发汗，发汗而汗不出者，必发斑疹；汗出过多者，必神昏谵语。发斑者化斑汤主之……禁升麻、柴胡、当归、防风、羌活、白芷、葛根、三春柳。(《温病条辨》)

阳明斑者，化斑汤主之。(《温病条辨》)

【临床表现】壮热，口渴，头痛，烦躁不安，肌肤发斑，甚或吐血、衄血，舌绛苔黄，脉数。

【证候分析】见表 6－3－4。

表 6－3－4 气营(血)两燔证证候分析表

主症	病机分析
壮热，口渴，头痛，苔黄	气分热盛
烦躁不安，舌绛	热扰心营
肌肤发斑，甚或吐血、衄血	血分热毒炽盛，迫血妄行

【基本病机】气分热毒不解，(营)血热又起。

【治法】气营(血)两清。

【方药】证情较轻，无明显出血见症者，可用加减玉女煎；若斑疹显露而色深者，宜化斑汤；若气营血证候俱全，证情严重者，宜清瘟败毒饮。

1. 加减玉女煎。

加减玉女煎方：

生石膏　知母　玄参　细生地　麦冬

2. 化斑汤。

化斑汤方：

生石膏　知母　生甘草　玄参　犀角(水牛角代)　白粳米

3. 清瘟败毒饮。

清瘟败毒饮方：

生石膏　生地黄　犀角(水牛角代)　真川连　栀子　桔梗　黄芩　知母　赤芍　玄参　连翘　甘草　丹皮　鲜竹叶

本证是气营或气血或气血营分同时为邪热所侵，其特点是既有气分证，又有营分或血分证，因此较之单纯的气分热盛或热入营血更为复杂。治疗时分别以气分、营分、血分的主方合并对应治疗，这是本证治疗的明显规律。

【证候鉴别】与热盛动血证鉴别见表 6－3－5。

表 6－3－5 气营(血)两燔证与热盛动血证鉴别表

	热盛动血证	气营(血)两燔证
主症	壮热口渴，心烦躁扰，甚或昏狂谵妄，吐血、衄血、肌肤发斑，舌绛、苔黄燥，脉数	身热夜甚，躁扰昏狂，或吐、衄、便等出血症，或发斑，舌质紫绛而干，脉数
病机	气分热毒不解，(营)血热又起	热入血分，灼伤血络，迫血妄行

续表

	热盛动血证	气营(血)两燔证
治法	清气凉血化斑	凉血散血
方药	加减玉女煎、化斑汤、清瘟败毒饮	犀角地黄汤

四、热闭心包证

热闭心包证是指热邪击溃了心包的防御功能而深入于心包之中，扰动心神而导致神昏谵语、四肢厥逆等证候。可由卫分邪热直接内陷所致，即所谓逆传。本证多见于风温、春温、暑温等。

【原文汇要】温邪上受，首先犯肺，逆传心包。(《温热论》)

若平素心虚有痰，外热一陷，里络就闭。(《温热论》)

太阴温病，不可发汗，发汗而汗不出者，必发斑疹，汗出过多者，必神昏谵语……神昏谵语者，清宫汤主之……(《温病条辨》)

温毒神昏谵语者，先与安宫牛黄丸、紫雪丹之属，继以清宫汤。(《温病条辨》)

湿温邪入心包，神昏肢逆，清宫汤去莲心、麦冬，加银花、赤小豆皮，煎送至宝丹，或紫雪丹亦可。(《温病条辨》)

【临床表现】身灼热，四肢厥逆，神昏谵语或昏愦不语，或见手足瘛疭，舌謇短缩，舌质红绛，苔黄燥，或舌质鲜绛无苔，脉细滑数。

【证候分析】见表6-3-6。

表6-3-6　热闭心包证证候分析表

主　症	病机分析
身热灼手，四肢厥逆	热邪内陷，热深厥深
神昏谵语或昏愦不语	热扰心神
手足瘛疭，舌謇短缩	心包热盛，淫及于肝，心包痰热阻塞舌络
舌质红绛，脉细滑数	营分热盛而阴伤

【基本病机】邪热内陷心包，心神受扰。

【治法】清心凉营，豁痰开窍。

【方药】清宫汤送服安宫牛黄丸或至宝丹、紫雪丹。

清宫汤方：

玄参心　莲子心　竹叶卷心　连翘心　犀角尖(水牛角代)　连心麦冬

本证神志异常的特点是神昏谵语或昏愦不语，与热结肠腑证、营分证和湿痰蒙窍证所见神志异常表现不同，病机有异，当注意鉴别。

安宫牛黄丸、至宝丹和紫雪丹三方皆有清热解毒、通络开窍、苏醒神志之效，属“凉开”法，是治疗温病昏谵要药，俗称“三宝”。其中安宫牛黄丸长于清热解毒，多用于高热昏迷之证；至宝丹长于芳香辟秽，多用于窍闭神昏；紫雪丹长于止痉熄风，多用于高热惊厥之证。

【证候鉴别】与湿热酿痰蒙蔽心包证鉴别见表6-3-7。

表6-3-7　热闭心包证与湿热酿痰蒙蔽心包证鉴别表

	热闭心包证	湿热酿痰蒙蔽心包证
主症	身灼热，痰壅气粗，四肢厥逆，神昏谵语或昏愦不语，舌红绛，脉滑数	身热不退，朝轻暮重，神识昏蒙，似清似昧，时有谵语，舌苔黄腻，脉濡滑数
病机	邪热内陷心包，心神受扰	湿热蒸酿成痰，痰浊蒙蔽心包
治法	清心凉营，豁痰开窍	清热化湿，豁痰开窍
方药	清宫汤送服安宫牛黄丸或至宝丹、紫雪丹	菖蒲郁金汤

小结

营血分证，一般多见于温病的极期或晚期，由于温邪深入，营血受伤所致。营血分证的出现，标志着其病位较深，病情重笃。营血分证的产生，多由气分邪热炽盛，不能外解，继续内传发展而成；亦可因机体正气内馈，病邪猖獗，或失治误治，病邪迅速内陷营血而致；至于湿热性质的温病，如湿温，则大多是气分湿邪化火后才传入营血，出现营血分证。

营为血之表，血为营所化，营分与血分关系极为密切。邪在营分和血分，虽有浅深轻重之分，但在临床实际上，二者却是难以截然划分的。营血属阴，同行脉中，周流不息，营分受邪，必累及血分；血分有热，必耗损营阴。叶天士说："营分受热，则血液受劫"。故临床上，在多数情况下，营血分证是同时出现的。

营血分证的治疗原则是：清营凉血，解毒养阴。由于营血分证其证情复杂，常夹杂不同的并发证，故应当灵活辨治。如兼瘀热结滞者，须配合活血化瘀；若邪陷心脑者，当配合开窍醒神；或因热盛动风者，又宜配合凉肝熄风（表6-3-8）。

表6-3-8　营血分证表解

	病机	辨证要点	治法	方药
热灼营阴证	热邪入营窜络，扰动心神	身热夜甚，心烦躁扰，或时有谵语、斑点隐隐，舌绛	清营泄热，解毒养阴	清营汤
热盛动血证	血分热炽，灼伤血络，迫血妄行	身热夜甚，躁扰昏狂，或吐、衄、便等出血症，或发斑，舌质紫绛	凉血散血	犀角地黄汤
气营（血）两燔证	气分热毒不解，（营）血热又起	壮热，口渴，烦躁不安，发斑，甚或吐血、衄血，舌绛苔黄	气营（血）两清	加减玉女煎、化斑汤、清瘟败毒饮
热闭心包证	邪热内陷心包，心神受扰	身热，肢厥，神昏谵语或昏愦不语，舌干绛无苔	清心凉营，豁痰开窍	清宫汤送服安宫牛黄丸或至宝丹、紫雪丹

第四节　邪热伤阴证

温病邪气由表向里，深入阴分，传入血分后即停止传变。因此温病后期，外侵的温邪逐渐消退，而人体正气受到损伤。此时病变脏腑受损未复，功能失常，加之余邪留恋，因而出现一系列证候，概称为后期证候。这一阶段病理特点以气阴受伤为主。

一、肺胃阴伤证

本证为温病邪热虽退或余邪未净，肺阴、胃阴受伤之候，多见于风温或秋燥的后期。

【原文汇要】燥伤肺胃阴分，或热或咳者，沙参麦冬汤主之。(《温病条辨》)

秋燥复伤，宿恙再发，未可补涩，姑与甘药养胃。麦冬、玉竹、北沙参、生甘草、茯神、糯稻根须。(《临证指南医案》)

【临床表现】身热不甚或不发热，干咳不已或痰少而黏，口舌干燥而渴，舌红苔少，脉细。

【证候分析】见表6-4-1。

表6-4-1　肺胃阴伤证证候分析表

主症	病机分析
身热不甚或不发热	邪热已退或余邪未尽
干咳不已或痰少而黏	肺津受伤，肃降失职
口舌干燥而渴	胃津受伤，失却濡润
舌红苔少，脉细	肺胃阴伤

【基本病机】温邪已退或余邪未尽，肺胃阴伤。

【治法】滋养肺胃，生津润燥。

【方药】沙参麦冬汤加地骨皮。

沙参麦冬汤加地骨皮方：

沙参　玉竹　生甘草　冬桑叶　麦冬　生扁豆　花粉　地骨皮

肺胃阴伤证是风温或秋燥后期出现的主证，此时虽热邪渐退，但肺胃阴气已伤，主病脏腑之功能尚未恢复，应治之以甘寒滋阴清热，切不可见发热而滥用苦寒之品。

二、邪留阴分证

本证为温热病后期余邪未尽，深伏阴分，耗伤阴液所致。本证多见于风温、春温等后期。

【原文汇要】夜热早凉，热退无汗，热自阴来者，青蒿鳖甲汤主之。(《温病条辨》)

【临床表现】夜热早凉，热退无汗，饮食尚可而形体消瘦，舌红少苔，脉细弦数。

【证候分析】见表6-4-2。

表6-4-2　邪留阴分证证候分析表

主症	病机分析
夜热早凉，热退无汗	余热深伏厥阴
饮食尚可而形体消瘦	邪不在气分
舌红少苔，脉细弦数	阴虚内有郁热

【基本病机】温病热邪留于阴分。

【治法】养阴透热。

【方药】青蒿鳖甲汤。

青蒿鳖甲汤方：

青蒿　鳖甲　细生地　知母　丹皮

本证虽是温病后期，但邪气仍然深伏于里，不可小视，须滋补已伤之阴液，同时透络清热，使邪气有出路，万不可只顾滋阴，闭门留寇。青蒿鳖甲汤之用，妙在青蒿与鳖甲的配伍，诚如吴鞠通所说："本方有先入后出之妙，青蒿不能直入阴分，有鳖甲领之入也；鳖甲不能独出阳分，有青蒿领之出也。"

【证候鉴别】邪留阴分证与肺胃阴伤证、余毒伤阴证鉴别分别见表6-4-3，表6-4-4。

表6-4-3　邪留阴分证与肺胃阴伤证鉴别表

	邪留阴分证	肺胃阴伤证
主症	夜热早凉，热退无汗，舌红苔少，脉细弦数	干咳或痰少而黏，口舌干燥而渴，舌红苔少，脉细
病机	温病余热深伏阴分，耗伤阴液	温邪已退或余邪未尽，肺胃阴伤
治法	养阴透热	滋养肺胃，生津润燥
方药	青蒿鳖甲汤	沙参麦冬汤

表6-4-4　邪留阴分证与余毒伤阴鉴别表

	邪留阴分证	余毒伤阴证
主症	夜热早凉，热退无汗，饮食尚可而形体消瘦，舌红少苔，脉细弦数	烂喉痧咽喉腐烂局限于一点，时痛时止，肌肤丹痧消退；午后低热，舌红干，脉细数
病机	温病热邪留于阴分	阴津亏虚，余毒未尽
治法	养阴透热	滋阴生津，清解余毒
方药	青蒿鳖甲汤	清咽养营汤

三、暑伤津气证

本证为暑热末期，暑热未清，津气已伤之候。常见于暑温病中、后期阶段。

【原文汇要】此脉此证，自宜清暑益气以为治，但东垣之方，虽有清暑之名，而无清暑之实。观江南治孙子华之案，程杏轩治汪木工之案，可知，故临证时须斟酌去取也。余每治此等证，辙用西洋参、石斛、麦冬、黄连、竹叶、荷梗、知母、甘草、粳米、西瓜翠衣等以清暑热而益元气，无不应手取效也。(《温热经纬》)

【临床表现】身热，气促，心烦，自汗；口渴欲饮，肢倦神疲，舌红，苔薄黄干，脉虚细数。

【证候分析】见表6-4-5。

表6-4-5　暑伤津气证证候分析表

主症	病机分析
身热，心烦	暑热未清
自汗，肢倦神疲	暑热伤气
口渴欲饮	暑热伤津
舌红，苔薄黄干，脉虚细数	暑热未清，津气已伤之象

【基本病机】暑热未清，津气受伤。

【治法】清热涤暑，益气生津。

【方药】王氏清暑益气汤。

王氏清暑益气汤方：

西洋参　石斛　麦冬　黄连　竹叶　荷梗　知母　甘草　粳米　西瓜翠衣

暑伤津气证中暑热内郁与津气耗伤相互影响，互为因果：热盛汗出必多，汗多必耗气伤津，气虚固摄无力，又反过来更加剧自汗津泄，如此反复终将导致津气欲脱。从暑入阳明到暑伤津气再到津气欲脱，其病机演变过程主要为暑热越来越轻，而津气两伤却越来越重。本方与东垣清暑益气汤同治暑病气阴两伤证，本方清暑热之力较强，并在益气中注重养阴生津，治暑热仍盛、津气耗伤者；后者注重健脾燥湿，益气培中，治暑湿伤气或元气本虚感受暑湿者。

【证候鉴别】与暑湿伤气证鉴别见表6－4－6。

表6－4－6　暑伤津气证与暑湿伤气证鉴别表

	暑伤津气证	暑湿伤气证
主症	身热，心烦，自汗；口渴欲饮，肢倦神疲，舌红，苔薄黄干，脉虚细数	身热自汗，心烦口渴，胸闷气短，肢倦神疲，尿赤便溏，苔腻，脉濡滑
病机	暑热未清，津气受伤较甚	暑湿未清，元气耗伤
治法	益气生津，清热涤暑	清暑化湿，益气和中
方药	王氏清暑益气汤	李氏清暑益气汤

四、真阴欲竭证

本证为温病日久，温热邪气损伤肝血肾精，而致真阴耗竭，虚热内生，邪少虚多之候。多见于春温、风温、暑温重证后期。

【原文汇要】风温、温热、温疫、温毒、冬温，邪在阳明久羁，或已下，或未下，身热面赤，口干舌燥，甚则齿黑唇裂，脉沉实者，仍可下之，脉虚大，手足心热甚于手足背者，加减复脉汤主之。（《温病条辨》）

温病耳聋，病系少阴，与柴胡汤者必死。六七日以后，宜复脉辈复其精。（《温病条辨》）

温病误用升散，脉结代，甚者脉两至者，重与复脉。虽有他症，后治之。（《温病条辨》）

汗下后，口燥咽干，神疲欲眠，舌赤苔老，与复脉汤。（《温病条辨》）

【临床表现】身低热，手足心热甚于手足背，口干舌燥，心悸，神倦欲眠，甚则神昏，或见耳聋舌强，舌红少苔，脉虚大或迟缓结代。

【证候分析】见表6－4－7。

表6－4－7　真阴欲竭证证候分析表

主症	病机分析
身低热，手足心热甚于手足背	肝肾阴亏，虚热内生
口干舌燥	真阴亏损，津不上承
神倦欲眠，心悸	心阴大亏，心神失养
舌红少苔，脉虚大或迟缓结代	真阴亏损，血液干涸

【基本病机】温病日久，真阴耗损，虚热内生。

【治法】滋阴清热。

【方药】加减复脉汤。

加减复脉汤方：

炙甘草 干地黄 生白芍 麦冬 阿胶 麻仁

温邪最易耗液伤阴，温病日久，热邪余毒久羁，每多深入下焦，劫烁肝血肾精，而致真阴耗损，虚热内生，呈现虚多邪少之候。此时纯属真阴损而虚热生，无需温通阳气，故用《伤寒论》复脉汤去参、桂、姜、枣、酒之辛甘温热之品，加入酸甘敛阴的白芍，而成加减复脉汤以专着于培补真阴。

【证候鉴别】与邪留阴分证鉴别见表6-4-8。

表6-4-8 真阴欲竭证与邪留阴分证鉴别表

	真阴欲竭证	邪留阴分证
主症	低热，手足心热甚于手足背，口干舌燥，神倦欲眠，舌红少苔，脉虚大或迟缓结代	夜热早凉，热退无汗，饮食尚可而形体消瘦，舌红少苔，脉细弦数
病机	温病日久，真阴耗损，虚热内生	温病热邪留于阴分
治法	滋阴清热	养阴透热
方药	加减复脉汤	青蒿鳖甲汤

五、阴虚风动证

本证为水不涵木，以致虚风内动之候，多由肝肾耗损发展而来，故亦为温病后期的表现。多见于风温、春温、暑温重证后期，秋燥重证后期有的亦可见之。

【原文汇要】下焦温病，热深厥甚，脉细促，心中憺憺大动，甚则心中痛者，三甲复脉汤主之。(《温病条辨》)

【临床表现】手指蠕动，甚或瘛疭，口角颤动，两目上视或斜视，筋惕肉瞤，心中憺憺大动，甚则心中作痛，时时欲脱，形消神倦，齿黑唇裂，舌干绛少苔或光绛无苔，或干焦紫晦如猪肝样，脉虚弱或细促。

【证候分析】见表6-4-9。

表6-4-9 阴虚风动证证候分析表

主症	病机分析
手指蠕动，口角颤动，筋惕肉瞤	虚风内动
心中憺憺大动，甚则心中作痛	真阴亏损，心失所养
形消神倦，齿黑唇裂	肝肾阴亏
舌干绛少苔或光绛无苔，脉虚弱或细促	肝肾阴亏失养失润之象

【基本病机】肝肾阴虚，失养失润，虚风内动。

【治法】滋阴养血，潜阳熄风。

【方药】三甲复脉汤。

三甲复脉汤方：

炙甘草　干地黄　生白芍　麦冬　阿胶　麻仁　生牡蛎　生鳖甲　生龟板

虚风内动是下焦温病邪在厥阴肝经的病变，是温热病后期（正虚），邪正相争的相持阶段（邪少虚多）。在这个阶段，正虚是矛盾的主要方面。由于正气虚弱，不能清理残余的病邪，所以形成相持不下的局面，故育阴、潜阳、熄风是治疗的主要方法。本方为加减复脉汤加生牡蛎、生鳖甲和生龟板而成，在滋养肝肾的基础上，同时加三甲以潜阳熄风、养心安神。

【证候鉴别】与热盛动风证鉴别见表6-4-10。

表6-4-10　阴虚风动证与热盛动风证鉴别表

	阴虚风动证	热盛动风证
主症	温病后期，手指蠕动，心中憺憺大动，形消神倦，齿黑唇裂，舌干绛少苔或光绛无苔，脉虚弱或细促	高热汗出，腹满痛拒按，手足抽搐，颈项强直甚或角弓反张
病机	肝肾阴虚，失养失润，虚风内动	气分热盛，引动肝风
治法	滋阴养血，潜阳熄风	清热凉肝熄风
方药	三甲复脉汤	羚角钩藤汤

六、肠燥津亏证

本证多见于各种温病后期，为邪热虽退或衰微，但阴津亏虚，肠失滋润，津枯肠燥之候。

【原文汇要】阳明温病，无上焦证，数日不大便，当下之，若其人阴素虚，不可行承气者，增液汤主之。服增液汤已、周十二时观之，若大便不下者，合调胃承气汤微和之。（《温病条辨》）

下后数日，热不退，或退不尽，口燥咽干，舌苔干黑或金黄色，脉沉而有力者，护胃承气汤微和之，脉沉而弱者，增液汤主之。（《温病条辨》）

阳明温病，下后二、三日，下证复现，脉下甚沉或沉而无力，止可与增液，不可与承气。"（《温病条辨》）

……津液不足，无水舟停者，间服增液，再不下者，增液承气汤主之。（《温病条辨》）

【临床表现】发热已退或身热不甚，口干咽燥，大便秘结，舌红干，脉沉细弱。

【证候分析】见表6-4-11。

表6-4-11　肠燥津亏证证候分析表

主症	病机分析
发热已退或身热不甚	邪热衰微，阴津亏损
口干咽燥，大便秘结	阴津亏损，濡养不足
舌红干，脉沉细弱	邪退液亏之象

【基本病机】邪热渐退，阴津亏损，肠道失润。

【治法】滋阴增液，润肠通便。

【方药】增液汤。

增液汤方：

玄参 麦冬 细生地

温病大便不通的原因只有两条，一是热结，二是津亏。偏于热结者，应以承气汤类主之；而偏于津亏者，则应以增液汤类主之；而临床中尚有阴液素亏的热结便秘，则应以承气与增液汤参合的增液承气汤治之；尚有气阴两伤的热结便秘，则应以补气阴兼攻下的新加黄龙汤治之。

【证候鉴别】与阳明腑实证鉴别见表6-4-12。

表6-4-12 肠燥津亏证与阳明腑实证鉴别表

	肠燥津亏证	阳明腑实证
主症	发热已退或身热不甚，口干咽燥，大便秘结，舌红干，脉沉细弱	身热恶热，神昏谵语，汗出口渴，大便秘结，腹满痛拒按，舌苔黄厚而干燥，脉沉实有力
病机	邪热渐退，阴津亏损，肠道失润	有形热结于内，腑气不通
治法	滋阴增液，润肠通便	攻下热结
方药	增液汤	大承气汤、小承气汤、调胃承气汤

小结

在温病的传变过程中，由于热邪炽盛，必然易使阴津受损，正气受伤。故气阴受伤是温病常见的病理转归和主要矛盾。机体阴津受伤，轻则口干口渴，咽干舌燥，干咳少痰，或肠燥便秘等；重则常见低热不退，或午后潮热，手足心热甚于手足背，心悸、耳聋，甚或心中憺憺大动，手足蠕动或瘛疭，时时欲脱。如若气阴两伤，津气欲脱，则可出现汗出不止，喘渴欲脱，神疲肢凉，脉散大无力等。若正虚邪恋，则常见身热不解，或夜热早凉，口干唇燥，或消渴不已，烦躁不眠，舌红干或红绛，脉细数等。治疗上应扶助正气，调节阴阳为主。若阴液受伤者，以滋阴增液为基本；并见虚风内动者，宜结合重镇潜阳熄风；若气阴两伤者，宜气阴双补；有外脱趋势者，又宜结合固脱。若兼余邪留恋者，则宜结合清除余邪(表6-4-13)。

表6-4-13 邪热伤阴证表解

	病机	辨证要点	治法	方药
肺胃阴伤证	温邪已退或余邪未尽，肺胃阴伤	干咳或痰少而黏，口舌干燥而渴，舌红苔少，脉细	滋养肺胃生津润燥	沙参麦冬汤加地骨皮
邪留阴分证	温病热邪留于阴分	夜热早凉，热退无汗，饮食尚可而形体消瘦，舌红少苔，脉细弦数	养阴透热	青蒿鳖甲汤
暑伤津气证	暑热未清，津气受伤	身热，心烦，自汗，渴饮，肢倦神疲，舌红，脉虚细数	清热涤暑益气生津	王氏清暑益气汤
真阴欲竭证	温病日久，真阴耗损，虚热内生	低热，手足心热甚于手足背，口干舌燥，神倦，舌红少苔，脉虚大	滋阴清热	加减复脉汤

续表

	病机	辨证要点	治法	方药
阴虚动风证	肝肾阴虚，虚风内动	手指蠕动，心中憺憺大动，形消神倦，舌干绛少苔，脉虚弱或细促	滋阴养血 潜阳熄风	三甲复脉汤
肠燥津亏证	邪热渐退，阴津亏损，肠道失润	身热不甚，口干咽燥，大便秘结，舌红干，脉沉细弱	滋阴增液 润肠通便	增液汤

温病后期邪气渐退，但余热未净，津液未复，调养不当，最易反复，因此温病后期患者除了辨证论治外，患者饮食起居的调养亦很重要。早在《素问·热论》中就有"热病少愈，食肉则复，多食则遗"的禁忌。

第七章

六经病变证证治

所谓变证，即变化了的病证，是因失治误治而导致病证未循一般的病变规律演变。变证多是因未能及时治疗或使用错误的治法而引起，但也有些变证的形成其实是病证本身的病变规律所决定的。变证有寒、热、虚、实的不同，致病之邪有无形和有形的差异。张仲景《伤寒论》指出变证的治疗原则是："观其脉证，知犯何逆，随证治之。"其实质就是理、法、方、药一线贯穿的辨证论治。因此，治疗仍当遵循寒者温之、热者清之、虚者补之、实者攻之的原则；若表里同病，则又须据其轻重缓急分别采用先表后里和先里后表或者表里同治的治疗法则。

第一节　热　　证

热证，指阳热有余的邪热内盛证，表现为热郁胸膈、肺、胃、大肠等，其治以清解邪热为法。

一、栀子豉汤证

【原文汇要】发汗吐下后，虚烦不得眠，若剧者，必反复颠倒，心中懊侬，栀子豉汤主之；若少气者，栀子甘草豉汤主之；若呕者，栀子生姜豉汤主之。(《伤寒论》.76)

发汗若下之，而烦热胸中窒者，栀子豉汤主之。(《伤寒论》.77)

伤寒五六日，大下之后，身热不去，心中结痛者，未欲解也，栀子豉汤主之。(《伤寒论》.78)

【辨证要点】心烦不得眠，心中懊侬，反复颠倒，起卧不安，身热，或胸中窒，或心中结痛，或少气，或呕吐，舌苔薄黄或黄白相间。

【证候分析】见表 7-1-1。

表 7-1-1　栀子豉汤证证候分析表

主症	病机分析
虚烦不得眠，若剧者，必反复颠倒，心中懊侬	无形之热邪蕴郁于胸膈，心神被扰
胸中窒塞	热郁胸膈，胸中气机不畅
心中结痛	病变由气及血，气血阻滞

【基本病机】热郁胸膈。

【治法】清宣郁热。

【方药】栀子豉汤。

栀子豉汤方见第五章第二节。

二、栀子甘草豉汤证

【原文汇要】见上《伤寒论》第76条。

【辨证要点】栀子豉汤证见少气(呼吸低弱,自觉气不够用)者。

【证候分析】见表7-1-2。

表7-1-2　栀子甘草豉汤证证候分析表

主症	病机分析
栀子豉汤证	热郁胸膈
少气	火热郁胸,热伤中气

【基本病机】火热郁胸,热伤中气。

【治法】清宣郁热,益气和中。

【方药】栀子甘草豉汤。

栀子甘草豉汤方:

栀子十四个(擘)　甘草二两(炙)　香豉四合(绵裹)

三、栀子生姜豉汤证

【原文汇要】见上《伤寒论》第76条。

【辨证要点】栀子豉汤证见呕吐者。

【证候分析】见表7-1-3。

表7-1-3　栀子生姜豉汤证证候分析表

主症	病机分析
栀子豉汤证	热郁胸膈
呕吐	热扰胸膈,胃气上逆

【基本病机】热扰胸膈,胃气上逆。

【治法】清宣郁热,降逆止呕。

【方药】栀子生姜豉汤。

栀子生姜豉汤方:

栀子十四个(擘)　生姜五两　香豉四合(绵裹)

四、栀子厚朴汤证

【原文汇要】伤寒下后,心烦腹满,卧起不安者,栀子厚朴汤主之。(《伤寒论》.79)

【辨证要点】心烦,卧起不安,腹满。

【证候分析】见表7-1-4。

表7-1-4 栀子厚朴汤证证候分析表

主症	病机分析
心烦	热扰胸膈
腹满	浊气壅滞于腹
卧起不安	胸腹气机壅滞,烦满太甚

【基本病机】热扰胸膈,气滞于腹。

【治法】清热除烦,宽中消满。

【方药】栀子厚朴汤。

栀子厚朴汤方:

栀子十四个(擘) 厚朴四两(炙,去皮) 枳实四枚(水浸,炙令黄)

五、栀子干姜汤证

【原文汇要】伤寒,医以丸药大下之,身热不去,微烦者,栀子干姜汤主之。(《伤寒论》.80)

凡用栀子汤,病人旧微溏者,不可与服之。(《伤寒论》.81)

【辨证要点】心烦,身热,下利。

【证候分析】见表7-1-5。

表7-1-5 栀子干姜汤证证候分析表

主症	病机分析
心烦	胸膈蕴热,心神被扰
身热	邪热不尽
下利	攻下过度,脾之阳气受损

【基本病机】胸膈有热,中焦有寒。

【治法】清热除烦,温中止利。

【方药】栀子干姜汤。

栀子干姜汤方:

栀子十四个(擘) 干姜二两

六、麻黄杏仁甘草石膏汤证

【原文汇要】发汗后,不可更行桂枝汤,汗出而喘,无大热者,可与麻黄杏仁甘草石膏汤。(《伤寒论》.63)

下后,不可更行桂枝汤,若汗出而喘,无大热者,可与麻黄杏子甘草石膏汤。(《伤寒论》.162)

【辨证要点】咳喘,痰黄而稠,身热,汗出,口渴,舌红苔黄,脉数等。

【证候分析】见表7-1-6。

表7-1-6 麻黄杏仁甘草石膏汤证证候分析表

主症	病机分析
咳喘	邪热壅肺,肺失清肃
汗出	热迫津液外泄
身热	肺热壅盛

【基本病机】邪热壅肺。

【治法】清热宣肺，降气平喘。

【方药】麻黄杏仁甘草石膏汤。

麻黄杏仁甘草石膏汤方：

麻黄四两（去节）　杏仁五十个（去皮尖）　甘草二两（炙）　石膏半斤（碎，绵裹）

七、葛根黄芩黄连汤证

【原文汇要】太阳病，桂枝证，医反下之，利遂不止，脉促者，表未解也；喘而汗出者，葛根黄芩黄连汤主之。（《伤寒论》.34）

【辨证要点】本证下利不止，以利下臭恶黏稠，暴注下迫为特点，肛门灼热，小便黄赤，脉促有力。可伴汗出，咳喘，恶寒发热，舌红苔黄等症。

【证候分析】见表7-1-7。

表7-1-7　葛根黄芩黄连汤证证候分析表

主症	病机分析
下利臭恶，暴注下迫	肠中热盛，逼津下泄
脉促有力	热促血行加速
汗出	热逼津液外泄
（咳）喘	肠热壅盛，肺失肃降

【基本病机】肠热逼迫津液下泄，或兼表热未解。

【治法】清热升津止利，兼以解表。

【方药】葛根黄芩黄连汤。

葛根黄芩黄连汤方：

葛根半斤　甘草二两（炙）　黄芩三两　黄连三两

附：热入血室证比较　见表7-1-8。

表7-1-8　热入血室证比较表

	刺期门证	小柴胡汤证	自愈证
病机		月经期感受外邪，外邪化热，侵入血室	
	月经已过，肝经经气不利	月经提前停止，少阳经气不利	经水适来
主症	胸胁下满，谵语，脉迟，身凉	往来寒热	昼日明了，暮则谵语
治疗	刺期门泻肝经之热	小柴胡汤和解少阳	无犯胃气及上中焦，有自愈可能

小结

热证小结见表7-1-9。

表7-1-9　热证小结表

	病机	辨证要点
栀子豉汤证	热郁胸膈	虚烦不眠，心中懊侬，反复颠倒
栀子甘草豉汤证	热扰胸膈，中气受伤	上证见少气
栀子生姜豉汤证	热扰胸膈，胃气上逆	上证见呕吐
栀子厚朴汤证	热扰胸膈，气滞于腹	心烦，卧起不安，腹满
栀子干姜汤证	胸膈有热，中焦有寒	心烦，身热，下利
麻黄杏仁甘草石膏汤证	邪热壅肺	咳喘，身热，汗出，口渴，脉数
葛根黄芩黄连汤证	肠热迫津下泄	下利臭秽，肛门灼热，身热，口渴

第二节　水气内停证

"水气"与"水饮"作为病因，其概念基本相同，所以水气一般均作"水饮"解释。水液不能化生津液，停留体内即为水饮。水气、水饮为同一病理产物，又是一种致病之邪，所以又常称为水饮之邪。但水气与水饮之间还是有一些差异。水气又称水饮之气，除了水饮内停的病变外，还有"气"的病理特点，气无形不定而又具攻冲的特性，水气为病全身内外上下都可引起病变，随着病变部位的不同，临床表现各种各样，并常出现气上冲、气上冲胸、欲作奔豚等症状。水饮清稀，所以又称为淡饮，多因阳气亏虚、失于蒸化而成。所以，水气病证的治疗应以温阳化气利水为其基本原则，此所谓"病痰饮（淡饮）者，当以温药和之。"并随具体病变部位的不同，进行针对性的治疗，如心阳虚则温补心阳、化气利水，脾阳虚则温阳健脾、化气利水，肾阳虚则温补肾阳、化气利水等。若有上冲之势，须配合平冲降逆方法给予治疗。

一、苓桂甘枣汤证

【原文汇要】发汗后，其人脐下悸者，欲作奔豚，茯苓桂枝甘草大枣汤（简称苓桂甘枣汤）主之。（《伤寒论》.65）

【辨证要点】脐下局部跳动，欲作奔豚，脉弱无力。常兼心悸、汗出、苔滑等症状。

【证候分析】见表7-2-1。

表7-2-1　苓桂甘枣汤证证候分析表

主症	病机分析
脐下悸，欲作奔豚	下焦水寒之气，有上冲之势
心悸、汗出，脉弱无力	心阳亏虚
苔滑	水寒不化

【基本病机】心阳亏虚，水气不利。

【治法】通补心阳，化气利水。

【方药】苓桂甘枣汤。

苓桂甘枣汤方：

茯苓半斤　桂枝四两(去皮)　甘草二两(炙)　大枣十五枚(擘)

二、苓桂术甘汤证

【原文汇要】伤寒若吐、若下后，心下逆满，气上冲胸，起则头眩，脉沉紧，发汗则动经，身为振振摇者，茯苓桂枝白术甘草汤(简称苓桂术甘汤)主之。(《伤寒论》.67)

【辨证要点】心下(胃脘)胀满，自觉胃脘之气向心胸部冲顶，起则头眩，脉沉紧。

【证候分析】见表7-2-2。

表7-2-2　苓桂术甘汤证证候分析表

主症	病机分析
心下胀满	脾阳受损，脾运失职，心饮内停
气上冲胸	心阳亏虚，心下之水气上冲
起则头眩	脾阳气虚，水饮中阻，清气难升
脉沉紧	寒水内停

【基本病机】心脾阳虚，水气内停。

【治法】温补心脾，化气利水。

【方药】苓桂术甘汤。

苓桂术甘汤方：

茯苓四两　桂枝三两(去皮)　白术　甘草各二两(炙)

三、真武汤证

【原文汇要】太阳病发汗，汗出不解，其人仍发热，心下悸，头眩，身瞤动，振振欲擗地者，真武汤主之。(《伤寒论》.82)

【辨证要点】本证以心悸、头眩、身瞤动、振振欲擗地、小便不利为主症，可兼全身浮肿、苔白、脉沉紧等表现。

【证候分析】见表7-2-3。

表7-2-3　真武汤证证候分析表

主症	病机分析
心悸	水气凌心
头眩	水饮内阻，清阳之气不能上升
身瞤动，振振欲擗地	水气浸渍肢体
小便不利	水饮内停

【基本病机】肾阳亏虚，水饮泛滥。

【治法】温补肾阳，化气利水。

【方药】真武汤。

真武汤方见第五章第五节。

四、五苓散证

【原文汇要】太阳病，发汗后，大汗出，胃中干，烦躁不得眠，欲得饮水者，少少与饮之，令胃气和则愈。若脉浮，小便不利，微热消渴者，五苓散主之。(《伤寒论》.71)

发汗已，脉浮数，烦渴者，五苓散主之。(《伤寒论》.72)

中风发热，六七日不解而烦，有表里证，渴欲饮水，水入则吐者，名曰水逆，五苓散主之。(《伤寒论》.74)

【辨证要点】本证口渴欲饮水，饮后不能解渴，小便不利、量少而困难，舌苔白滑，脉浮。或兼发热，恶寒，呕吐，下利，少腹里急等症状。

【证候分析】见表7-2-4。

表7-2-4 五苓散证证候分析表

主症	病机分析
消渴	水不化津，津不上承
小便不利，少腹里急	膀胱气化不利，水饮内停
舌苔白滑	水寒不化
发热、恶寒	表邪未解
呕吐	水饮内停，胃气上逆
下利	水渍于肠

【基本病机】膀胱气化不利，水饮内停；或兼表邪未解。

【治法】化气利水，兼解表邪。

【方药】五苓散。

五苓散方：

猪苓十八铢（去皮） 泽泻一两六铢 白术十八铢 茯苓十八铢 桂枝半两（去皮）

五、桂枝去桂加茯苓白术汤证

【原文汇要】服桂枝汤，或下之，仍头项强痛，翕翕发热，无汗，心下满微痛，小便不利者，桂枝去桂加茯苓白术汤主之。(《伤寒论》.28)

【辨证要点】小便不利，心下满而微痛，头项强痛，翕翕发热，无汗。

【证候分析】见表7-2-5。

表7-2-5 桂枝去桂加茯苓白术汤证证候分析表

主症	病机分析
小便不利	水饮不化
头项强痛，翕翕发热而无汗	饮停膀胱，膀胱经气被遏
心下满微痛	水渍于胃，胃气不和

【基本病机】脾虚水停，太阳经气受阻。

【治法】健脾利水，通阳化气。

【方药】桂枝去桂加茯苓白术汤。

桂枝去桂加茯苓白术汤方：

芍药三两　甘草二两(炙)　生姜(切)　白术　茯苓各三两　大枣十二枚(擘)

小结

水气内停证小结见表7-2-6。

表7-2-6　水气内停证小结表

	病机	辨证要点
苓桂甘枣汤证	心阳亏虚，下焦寒水欲逆	脐下悸，欲作奔豚，小便不利
苓桂术甘汤证	心脾阳虚，中焦水饮上逆	心下逆满，气上冲胸，心悸头眩，脉沉紧
真武汤证	少阴阳虚，水气内停	心悸，头眩，身瞤动，振振欲擗地，下肢水肿，小便不利，脉沉
五苓散证	水蓄膀胱，气化不利	口渴欲饮，小便不利
桂枝去桂加茯苓白术汤证	脾虚水停，表虚不畅	小便不利，心下满，无汗发热，头项痛

第三节　蓄　血　证

蓄血证，是指邪热与瘀血相结的病证，分太阳蓄血与阳明蓄血证两种。泻热活血是其基本的治疗原则。

一、太阳蓄血轻证

【原文汇要】太阳病不解，热结膀胱，其人如狂，血自下，下者愈。其外不解者，尚未可攻，当先解其外；外解已，但少腹急结者，乃可攻之，宜桃核承气汤。(《伤寒论》.106)

【辨证要点】本证以精神亢奋，其人如狂(烦躁异常但意识清晰的状态)，少腹急结为主要表现。可兼发热，便秘，舌红瘀紫，脉涩沉实等症状。

【证候分析】见表7-3-1。

表7-3-1　太阳蓄血轻证证候分析表

主症	病机分析
神情如狂	瘀热上扰心神
少腹急结	瘀热结聚下焦

【基本病机】瘀热初结。

【治法】活血化瘀，泻下瘀热。但若表证未解之时，应暂缓攻下，以免外邪内陷，而当先解其表，待表证已解，唯如狂而少腹急结，才可攻下。

【方药】桃核承气汤。

桃核承气汤方：

桃仁五十个(去皮尖) 大黄四两 桂枝二两(去皮) 甘草二两(炙) 芒硝二两

二、太阳蓄血重证

【原文汇要】太阳病六七日，表证仍在，脉微而沉，反不结胸，其人发狂者，以热在下焦，少腹当硬满，小便自利者，下血乃愈。所以然者，以太阳随经，瘀热在里故也，抵当汤主之。(《伤寒论》.124)

太阳病身黄，脉沉结，少腹硬，小便不利者，为无血也。小便自利，其人如狂者，血证谛也，抵当汤主之。(《伤寒论》.125)

【辨证要点】本证以精神亢奋，烦躁不安，甚至神志失常，奔跑呼叫，打骂不避亲疏，少腹硬满为突出表现，脉象沉结而小便自利。可兼见身黄，舌紫或有瘀斑等症。

【证候分析】见表7-3-2。

表7-3-2 太阳蓄血重证证候分析表

主症	病机分析
发狂(或如狂)	瘀热上扰心神
少腹硬满	瘀热结聚下焦
身黄	热入血分，血受煎熬
脉沉结	血蓄于里，气血受阻

【基本病机】瘀热结深。

【治法】破瘀泻热。

【方药】抵当汤。

抵当汤方：

水蛭(熬) 虻虫各三十个(去翅足，熬) 桃仁二十个(去皮尖) 大黄三两(酒洗)

三、太阳蓄血缓证

【原文汇要】伤寒有热，少腹满，应小便不利，今反利者，为有血也，当下之，不可余药，宜抵当丸。(《伤寒论》.126)

【辨证要点】本证以发热，少腹满而又小便自利为特点；舌紫暗，脉沉结。

【证候分析】见表7-3-3。

表7-3-3 太阳蓄血缓证证候分析表

主症	病机分析
少腹满	瘀热结聚下焦
小便自利	病在血分不在气分，膀胱气化功能正常
无如狂发狂	瘀热结聚日久而热衰

【基本病机】瘀热结聚日久，病势较缓。

【治法】破血散瘀，兼以泄热。

【方药】抵当丸。

抵当丸方：

水蛭二十个（熬）　虻虫二十个（去翅足，熬）　桃仁二十五个（去皮尖）　大黄三两

【方证鉴别】太阳蓄水证与太阳蓄血证比较见表 7－3－4。

表 7－3－4　太阳蓄水证与太阳蓄血证比较表

	太阳蓄水证	太阳蓄血证
病机	外邪循经入里	
	膀胱气化失职，水饮内停	瘀热结聚于下焦
症状	小便不利，渴欲饮水，饮不解渴，苔白滑，少腹里急	如狂或发狂，小便自利，少腹急结或硬满，脉微而沉或沉结
鉴别要点	病在气分，小便不利	病在血分，小便自利
治法	化气利水	泻热活血
方药	五苓散	桃核承气汤或抵当汤（丸）

四、阳明蓄血证

【原文汇要】阳明病，其人喜忘者，必有畜血。所以然者，本有久瘀血，阳明证，故令喜忘。屎虽硬，大便反易，其色必黑者，宜抵当汤下之。（《伤寒论》.237）

【辨证要点】本证以喜忘，屎硬色黑易解为审证要点，可见舌紫、脉数等瘀热征象。

【证候分析】见表 7－3－5。

表 7－3－5　阳明蓄血证证候分析表

主症	病机分析
喜忘	瘀血日久，心失所养
屎硬色黑易解	离经之血与燥屎相结

【基本病机】瘀热结于胃肠。

【治法】破血泻热。

【方药】抵当汤。

抵当汤方见前。

小结

蓄血证小结见表 7－3－6。

表 7-3-6 蓄血证小结表

	病机	辨证要点
桃核承气汤证	瘀热初结于太阳血分	其人如狂，少腹急结
抵当汤证	瘀热深结于太阳血分	其人发狂，少腹硬满，小便自利
	瘀热结于阳明血分	其人喜忘，大便硬色黑易解
抵当丸证	瘀热结聚，病势较缓	少腹满，小便自利，发热

第四节 脾 虚 证

脾虚证为外感疾病过程中，邪气内入，损伤中焦脾胃之气，表现以脾虚失运、寒湿内停为主的一类病证。

一、厚朴生姜半夏甘草人参汤证

【原文汇要】发汗后，腹胀满者，厚朴生姜半夏甘草人参汤主之。(《伤寒论》.66)

【辨证要点】腹胀满，食入增剧，食消则减，食欲不振，精神困顿，四肢乏力，舌淡苔白腻，脉缓。

【证候分析】见表 7-4-1。

表 7-4-1 厚朴生姜半夏甘草人参汤证证候分析表

主症	病机分析
腹胀满，食后加重	脾气虚损，运化无权，内生痰湿气滞
精神困顿，食欲不振，四肢乏力	脾阳不振，脾虚不运，不能实四肢
舌淡苔白腻，脉缓	为脾虚舌脉之征

【基本病机】脾虚失运，痰阻气滞。

【治法】健脾温运，宽中除满。

【方药】厚朴生姜半夏甘草人参汤。

厚朴生姜半夏甘草人参汤方：

厚朴半斤(炙，去皮) 生姜半斤(切) 半夏半升(洗) 甘草二两(炙) 人参一两

二、小建中汤证

【原文汇要】伤寒二三日，心中悸而烦者，小建中汤主之。(《伤寒论》.102)

【辨证要点】心中悸而烦，腹中痛，喜温喜按，精神不振，面色无华，食欲不振，舌淡苔白，脉弱而涩或弦。或兼恶寒未尽。

【证候分析】见表 7-4-2。

表 7-4-2　小建中汤证证候分析表

主症	病机分析
心中悸而烦	气血不足，心无所主，复被邪扰
腹中挛急作痛，喜温喜按	气血不足，中焦虚寒，肝木乘虚侮土

【基本病机】中焦虚寒，气血不足，复被邪扰。

【治法】温中补虚，调和气血。

【方药】小建中汤。

小建中汤方：

桂枝三两（去皮）　甘草二两（炙）　大枣十二枚（擘）　芍药六两　生姜三两（切）　胶饴一升

呕家不可用建中汤，以甜故也。

三、桂枝人参汤证

【原文汇要】太阳病，外证未除而数下之，遂协热而利，利下不止，心下痞硬，表里不解者，桂枝人参汤主之。（《伤寒论》.163）

【辨证要点】下利不止，心下痞硬，舌淡苔白滑，脉缓弱。或脘腹冷痛，食少呕逆，兼发热恶寒。

【证候分析】见表 7-4-3。

表 7-4-3　桂枝人参汤证证候分析表

主症	病机分析
下利不止，心下痞硬	屡用攻下，反伤脾阳，脾气虚寒，升降失司
脘腹冷痛，食少呕逆	中阳不运，寒湿内阻，浊阴上逆

【基本病机】脾虚失运，寒湿内阻，兼表邪不解。

【治法】温中解表。

【方药】桂枝人参汤。

桂枝人参汤方：

桂枝四两（别切）　甘草四两（炙）　白术三两　人参三两　干姜三两

小结

脾虚证小结见表 7-4-4。

表 7-4-4　脾虚证小结表

	病机	辨证要点
厚朴生姜半夏甘草人参汤证	脾气虚弱，气机不运	腹胀满，食后甚
小建中汤证	中焦虚寒，气血不足	心悸而烦，腹痛喜温喜按
桂枝人参汤证	中焦虚寒兼表邪不解	下利不止，心下痞硬，兼发热恶寒

第五节　阴阳两虚证

阴阳两虚证为外感疾病过程中，以正气受损，阴阳俱虚为主而形成的一类病证。

一、甘草干姜汤证、芍药甘草汤证

【原文汇要】伤寒，脉浮，自汗出，小便数，心烦，微恶寒，脚挛急。反与桂枝欲攻其表，此误也。得之便厥，咽中干，烦躁吐逆者，作甘草干姜汤与之，以复其阳。若厥愈足温者，更作芍药甘草汤与之，其脚即伸；若胃气不和，谵语者，少与调胃承气汤，若重发汗，复加烧针者，四逆汤主之。(《伤寒论》.29)

【辨证要点】恶寒，自汗出，四肢不温，烦躁，吐逆，咽干，脚挛急，小便数等。

【证候分析】见表7-5-1。

表7-5-1　甘草干姜汤证、芍药甘草汤证证候分析表

主症	病机分析
四肢不温，恶寒，小便数	阳虚不温，亦不能制约下焦
咽干，脚挛急	阴虚不能濡润筋脉
烦躁，吐逆	阴寒上逆于胃

【基本病机】中阳不足，阴亏失养，阴阳两虚。

【治法】先扶阳，后益阴。

【方药】扶阳用甘草干姜汤；益阴用芍药甘草汤。

甘草干姜汤方：

甘草四两(炙)　干姜二两

芍药甘草汤方：

芍药　甘草(炙)各四两

二、芍药甘草附子汤证

【原文汇要】下之后，复发汗，必振寒，脉微细。所以然者，以内外俱虚故也。(《伤寒论》.60)发汗，病不解，反恶寒者，虚故也。芍药甘草附子汤主之。(《伤寒论》.68)

【辨证要点】振栗恶寒，脚挛急，脉微细等。

【证候分析】见表7-5-2。

表7-5-2　芍药甘草附子汤证证候分析表

主症	病机分析
振栗恶寒	误治后阳气更加受损，阳虚而不能温煦肌表
脚挛急	阴随阳泄，阴虚筋脉失于濡润
脉微细	阳虚无力鼓动血行，阴虚不能充盈脉道

【基本病机】阴阳两虚，阳虚失温，阴虚失濡。

【治法】扶阳益阴。

【方药】芍药甘草附子汤。

芍药甘草附子汤方：

芍药　甘草各三两(炙)　附子一枚(炮，去皮，破八片)

三、炙甘草汤证

本汤证内容详见第九章第一节。

四、茯苓四逆汤证

【原文汇要】发汗，若下之，病仍不解，烦躁者，茯苓四逆汤主之。(《伤寒论》.69)

【辨证要点】烦躁，肢厥，脉微细。并常见恶寒，心悸，神疲，舌淡苔白等。

【证候分析】见表7-5-3。

表7-5-3　茯苓四逆汤证证候分析表

主症	病机分析
肢厥，恶寒，舌淡苔白	少阴肾阳受损，阳气不温
烦躁	阳虚而神气浮越，阴虚而阳无所恋
脉微细，神疲欲寐	正少阴提纲之心气血阴阳俱不足之征

【基本病机】少阴阳虚，阴液不继。

【治法】回阳益阴。

【方药】茯苓四逆汤。

茯苓四逆汤方：

茯苓四两　人参一两　附子一枚(生用，去皮，破八片)　甘草二两(炙)　干姜一两半

小结

阴阳两虚证小结见表7-5-4。

表7-5-4　阴阳两虚证小结表

	病机	症状特点
甘草干姜汤证	中阳不足	肢厥，烦躁，吐逆
芍药甘草汤证	津亏筋脉失养	小腿挛急
芍药甘草附子汤证	阴阳两虚，筋脉失养	小腿挛急，恶寒，脉微细
炙甘草汤证	心之阴阳两虚	脉结代，心动悸
茯苓四逆汤证	少阴阳虚，阴液不继	烦躁不分昼夜，肢厥

第六节 结 胸 证

结胸证是以无形之邪与有形之水饮结聚胸胁、胸膈部位为基本病机的一种病证，其主要证候为胸胁脘腹疼痛拒按。本证根据病机特点可分为热实结胸和寒实结胸两大类，而治疗总以逐邪破结为主。

一、大陷胸汤证

【原文汇要】伤寒六七日，结胸热实，脉沉而紧，心下痛，按之石硬者，大陷胸汤主之。(《伤寒论》.135)

太阳病，重发汗而复下之，不大便五六日，舌上燥而渴，日晡所小有潮热，从心下至少腹硬满而痛，不可近者，大陷胸汤主之。(《伤寒论》.137)

【辨证要点】心下疼痛，按之石硬，甚至从心下至少腹硬满疼痛，不可触按，大便秘结，日晡所小有潮热，口燥而渴，舌苔黄腻或黄厚而燥，脉沉紧。

【证候分析】见表7-6-1。

表7-6-1 大陷胸汤证证候分析表

主症	症状特点	病机分析
心下痛	按之石硬，甚则从心下至小腹硬满疼痛拒按	水热互结于胸膈胃脘
不大便，日晡潮热，口渴舌燥	一派气分热实之象	水热结甚，波及肠腑不通
脉沉紧	指下呈有力实象	水热凝结

【基本病机】无形之邪热内陷与有形之水饮相结于胸膈脘腹。

【治法】泻热逐水开结。

【方药】大陷胸汤。

大陷胸汤方：

大黄六两(去皮)　芒硝一升　甘遂一钱匕

【证候鉴别】本证之重证，有类似阳明腑实之表现，应予区分(表7-6-2)。

表7-6-2 大陷胸汤证与阳明腑实证鉴别

	大陷胸汤证	阳明腑实证
病因病机	汗下后邪热内陷与痰水相结	汗下后津伤化燥，邪热与糟粕相结
病位	胸膈胃脘	肠胃
证候特点	心下，或心下旁及胸胁，甚则从心下至少腹硬满而痛不可近，虽有不大便，但只是小有潮热，并无谵语	腹满痛，或绕脐疼痛，潮热，谵语等

二、大陷胸丸证

【原文汇要】病发于阳，而反下之，热入因作结胸；病发于阴，而反下之，因作痞也。所以成结

胸者，以下之太早故也。结胸者，项亦强，如柔痉状，下之则和，宜大陷胸丸。（《伤寒论》.131）

【辨证要点】胸膈心下疼痛，颈项强直，俯仰不能自如，汗出，脉沉紧。

【证候分析】

热与水结病位偏上：
- 如柔痉状——项部经脉受阻，津液不得布散而经脉失养（颈项强直、俯仰不能自如、汗出）
- 心下硬满疼痛——邪热与水饮相结

【基本病机】水热结聚于肺胃，津凝不布。

【治法】泻逐肺胃水热，峻药缓攻。

【方药】大陷胸丸。

大陷胸丸方：

大黄半斤　葶苈子半升（熬）　芒硝半升　杏仁半升（去皮尖，熬黑）　甘遂一钱七

三、小陷胸汤证

【原文汇要】小结胸病，正在心下，按之则痛，脉浮滑者，小陷胸汤主之。（《伤寒论》.138）

【辨证要点】心下胀满或痞硬，按之则痛，可伴有嘈杂泛酸，或胸闷喘满，咳吐黄痰。苔黄腻，脉浮滑或滑数。

【证候分析】见表 7-6-3。

表 7-6-3　小陷胸汤证证候分析表

主症	症状特点	病机分析
心下胀满或痞、按之疼痛	正在心下	痰热结于心下，气机不通
脉浮滑	脉轻取即得，按之滑数有力	痰热内盛，充斥内外

【基本病机】痰热互结心下。

【治法】清热化痰开结。

【方药】小陷胸汤。

小陷胸汤方：

黄连一两　半夏半升（洗）　瓜蒌实大者一枚

【方证鉴别】见表 7-6-4。

表 7-6-4　大、小陷胸汤证鉴别表

	大陷胸汤证	小陷胸汤证
病情	重	轻
病势	急	缓
病因	热与水结	热与痰结
病位	从心下旁及两胁、下至少腹	正在心下
病症	硬满而痛不可近，脉象沉紧	按之则痛，脉象浮滑
治法	泻热逐水	清热化痰
方药	大陷胸汤	小陷胸汤

四、三物白散证

【原文汇要】寒实结胸，无热证者，与三物小陷胸汤，白散亦可服。(《伤寒论》.141下)

【辨证要点】胸胁或心下硬满而痛，甚则连及少腹，大便不通，或喘息咳唾，口不渴。苔白滑，脉沉弦。

【证候分析】见表7-6-5。

表7-6-5 三物白散证证候分析表

主症	病机分析
有胸胁或心下硬满而痛，甚则可连及少腹，或胸闷咳唾喘息，大便不通	寒水痰饮邪气结聚于胸膈胃脘
口不渴，苔白滑，脉沉弦	无明显热证

【基本病机】寒痰水饮结聚胸脘。

【治法】温寒逐水，涤痰破结。

【方药】三物白散。

三物白散方：

桔梗三分 巴豆一分(去皮心，熬黑研如脂) 贝母三分

上三味为散，内巴豆，更与臼中杵之，以白饮和服，强人半钱匕，羸者减之。病在膈上必吐，在膈下必利，不利进热粥一杯，利过不止，进冷粥一杯。

【方证鉴别】热实结胸证与寒实结胸证鉴别见表7-6-6。

表7-6-6 热实结胸证与寒实结胸证鉴别表

	热实结胸证	寒实结胸证
病性	阳热实证	阴寒实证
病因	邪热与痰水互结	寒邪与痰水互结
病症	心下或引胁、腹痛，拒按	类似热实结胸，但无热证
治法	泻热逐水，或清热化痰	温下寒实
方药	大、小陷胸汤	三物白散

小结

结胸证小结见表7-6-7。

表 7-6-7　结胸证小结表

	病机	辨证要点
大陷胸汤证	饮热互结于胸腹	心下硬满，甚则从心下至少腹硬满痛拒按，脉沉紧，或伴有潮热、便秘
大陷胸丸证	饮热互结，势缓偏上	胸膈心下硬痛，项强，汗出
小陷胸汤证	痰热互结于心下	心下痞满，按之疼痛，苔黄腻，脉浮滑
三物白散证	寒痰互结于心胸	心胸硬痛，喘息咳唾，苔白滑，脉沉弦

第七节　痞　证

痞证是以心下痞满而不硬不痛为临床表现的一种病证，乃气机痞塞于心下所致。根据引起气机痞塞的邪气不同，而表现有热痞、寒热错杂痞、痰气痞、水痞、饮痞等不同证型，治疗以消痞散结为主要治法。

一、大黄黄连泻心汤证

【原文汇要】心下痞，按之濡，其脉关上浮者，大黄黄连泻心汤主之。（《伤寒论》.154）

【辨证要点】本证属热痞证，由心下痞与里热证组成。证见心下痞满，不痛不硬，按之柔软，心烦，口渴，小便黄赤，舌红苔黄，脉数或关脉浮。

【证候分析】见表 7-7-1。

表 7-7-1　大黄黄连泻心汤证证候分析表

主症	症状特点	病机分析
心下痞	胃脘痞塞，不胀不痛，按之柔软	心火不得下降于肾而成邪热，郁于心下，气机痞塞不通
关脉浮	临床多见滑象	心下有无形邪热痞塞

【基本病机】无形邪热结于心下，气机痞塞不通。

【治法】泻热消痞。

【方药】大黄黄连泻心汤。

大黄黄连泻心汤方：

大黄二两　黄连一两

二、附子泻心汤证

【原文汇要】心下痞，而复恶寒汗出者，附子泻心汤主之。（《伤寒论》.155）

【辨证要点】在热痞证（大黄黄连泻心汤证）的基础上出现恶寒汗出。

【证候分析】

热结心下卫阳不足 { 心下痞——无形邪热结于心下；恶寒汗出——卫阳温煦、卫外功能失司 }

【基本病机】无形邪热结于心下，卫阳温煦、卫外功能失司。

【治法】泻热消痞，扶阳固表。

【方药】附子泻心汤。

附子泻心汤方：

大黄二两　黄连一两　黄芩一两　附子一枚(炮，去皮，破，别煮取汁)

三、半夏泻心汤证

【原文汇要】伤寒五六日，呕而发热者，柴胡汤证具，而以他药下之，柴胡证仍在者，复与柴胡汤。此虽以下之，不为逆，必蒸蒸而振，却发热汗出而解。若心下满而硬痛者，此为结胸也，大陷胸汤主之。但满而不痛者，此为痞，柴胡不中与之，宜半夏泻心汤。(《伤寒论》. 149)

【辨证要点】心下痞满而不痛，恶心呕吐，肠鸣，下利，纳呆，食则痞满更甚，舌淡，苔白腻或微黄。

【证候分析】见表 7－7－2。

表 7－7－2　半夏泻心汤证证候分析表

主症	症状特点	病机分析
心下痞	按之柔软不痛	脾寒胃热错杂，气机升降痞塞
呕吐	可见呕吐痰涎	胃气不降
肠鸣下利	下利之物清稀	脾气不升

【基本病机】(肝)胆热与脾胃寒杂错，气机升降出入痞塞。

【治法】和中消痞。

【方药】半夏泻心汤。

半夏泻心汤方：

半夏半升(洗)　黄芩　干姜　人参　甘草(炙)各三两　黄连一两　大枣十二枚(擘)

四、生姜泻心汤证

【原文汇要】伤寒汗出解之后，胃中不和，心下痞硬，干噫食臭，胁下有水气，腹中雷鸣，下利者，生姜泻心汤主之。(《伤寒论》. 157)

【辨证要点】心下痞硬，按之不痛，嗳气带有食臭味，肠鸣声较大，下利清稀或夹有不消化食物，恶食，舌淡，苔白腻或滑腻或微黄，脉弦滑。

【证候分析】见表 7－7－3。

表 7－7－3　生姜泻心汤证证候分析表

主症	症状特点	病机分析
心下痞	按之发硬	脾寒胃热错杂，夹水饮食滞
呕吐嗳气	有酸腐之食臭味	食滞于胃，胃气不和
肠鸣下利	肠鸣漉漉，下利清稀	水饮渍肠，脾气不升

【基本病机】寒热错杂于中，气机痞塞不通，兼有水饮食滞。

【治法】和胃降逆，散水消痞。

【方药】生姜泻心汤。

生姜泻心汤方：

生姜四两(切)　甘草三两(炙)　人参三两　干姜一两　黄芩三两　半夏半升(洗)　黄连一两　大枣十二枚(擘)

五、甘草泻心汤证

【原文汇要】伤寒中风，医反下之，其人下利日数十行，谷不化，腹中雷鸣，心下痞硬而满，干呕心烦不得安。医见心下痞，谓病不尽，复下之，其病益甚，此非结热，但以胃中虚，客气上逆，故使硬也，甘草泻心汤主之。(《伤寒论》.158)

【辨证要点】心下痞满而硬，肠鸣较剧，下利频作，夹有不消化之食物，呕逆，心烦不安，舌苔或白滑而腻或黄腻，脉濡或弦缓。

【证候分析】见表7-7-4。

表7-7-4　甘草泻心汤证证候分析表

主症	症状特点	病机分析
心下痞	痞满且硬	脾胃大虚，寒热错杂
肠鸣下利	腹中雷鸣，下利频作，夹有不消化食物	脾胃虚甚，水谷不别
干呕	可伴心烦不得安	胃虚气逆

【基本病机】脾胃虚甚，寒热错杂，气机痞塞。

【治法】益中和胃，消痞止利。

【方药】甘草泻心汤。

甘草泻心汤方：

甘草四两(炙)　黄芩三两　干姜三两　半夏半升(洗)　大枣十二枚(擘)　黄连一两

六、旋覆代赭汤证

【原文汇要】伤寒发汗，若吐，若下，解后，心下痞硬，噫气不除者，旋覆代赭汤主之。(《伤寒论》.161)

【辨证要点】频频嗳气，或呕吐痰涎，胃脘痞满，舌苔白腻或白厚腻，脉缓或滑。

【证候分析】见表7-7-5。

表7-7-5　旋覆代赭汤证证候分析表

主症	症状特点	病机分析
心下痞硬	不因噫气而减	胃虚痰阻，气机痞塞
噫气	持续不断，频频发作	胃虚痰阻，其气上逆

【基本病机】胃虚痰阻，虚气上逆。

【治法】和胃化痰降逆。

【方药】旋覆代赭汤。

旋覆代赭汤方：

旋覆花三两 人参二两 生姜五两 代赭一两 甘草三两(炙) 半夏半升(洗) 大枣十二枚(擘)

【方证鉴别】与生姜泻心汤证鉴别见表7-7-6。

表7-7-6 旋覆代赭汤证与生姜泻心汤证鉴别表

主症	生姜泻心汤	旋覆代赭汤
心下痞硬	寒热错杂,兼水饮食滞	胃虚痰阻,胃气上逆
噫气	嗳气有食臭味,伴腹中雷鸣下利	噫气不除但无食臭,又无肠鸣、下利

七、五苓散证

【原文汇要】本以下之,故心下痞,与泻心汤,痞不解,其人渴而口燥烦,小便不利者,五苓散主之。(《伤寒论》.156)

【辨证要点】本证即在五苓散证中出现心下痞,辨证要点是心下痞,烦渴,小便不利。

【证候分析】见表7-7-7。

表7-7-7 五苓散证证候分析表

主症	病机分析
小便不利、口渴	水蓄下焦,膀胱气化失司
心下痞	下焦水气上泛,障碍中焦脾胃气机升降

【基本病机】水蓄下焦,上泛中焦,气机痞塞。

【治法】化气行水。

【方药】五苓散。

五苓散方见本章第二节。

八、十枣汤证

【原文汇要】太阳中风,下利呕逆,表解者,乃可攻之。其人漐漐汗出,发作有时,头痛,心下痞硬满,引胁下痛,干呕短气,汗出不恶寒者,此表解里未和也,十枣汤主之。(《伤寒论》.152)

【辨证要点】胸胁心下痞硬,咳唾引痛,干呕短气,下利,或兼头痛,汗出有时,但不恶寒。

【证候分析】见表7-7-8。

表7-7-8 十枣汤证证候分析表

主症	病机分析
胸胁心下硬满疼痛	水饮内停,阻碍气机
咳唾短气	水气上凌心肺,其气不利
干呕	水饮上逆于胃,胃气上逆
下利	水饮下渍于肠,传导失常
头痛	水饮上干清窍,清窍不利
汗出	水饮外泛肌表,影响营卫

【基本病机】水饮停聚胸胁心下，充斥上下内外，气机升降不利。

【治法】攻逐水饮。

【方药】十枣汤。

十枣汤方：

芫花　甘遂　大戟

上三味等分，各别捣为散，以水一升半，先煮大枣肥者十枚，取八合，去滓，内药末，强人服一钱匕，羸者服半钱，温服之，平旦服。若下少，病不除者，明日更服，加半钱。得快下利后，糜粥自养。

九、大柴胡汤证

【原文汇要】伤寒发热，汗出不解，心中痞硬，呕吐而下利者，大柴胡汤主之。（《伤寒论》.165）

【辨证要点】小柴胡汤证而见心下痞硬，呕吐不止，下利不爽、臭秽，发热。

【证候分析】见表 7－7－9。

表 7－7－9　大柴胡汤证证候分析表

主症	症状特点	病机分析
心下痞硬	甚至心下急痛	邪入少阳，气机郁滞较重
呕吐	呕吐频作	胆热犯胃，热壅气滞
下利	下利臭秽而不爽	少阳郁热下迫于肠，气机不利

【基本病机】少阳气机郁滞较重，化热渐甚。

【治法】和解少阳，通郁开结。

【方药】大柴胡汤。

大柴胡汤方：

柴胡半斤　黄芩三两　芍药三两　半夏半升（洗）　生姜五两（切）　枳实四枚（炙）　大枣十二枚（擘）

小结

痞证小结见表 7－7－10。

表 7－7－10　痞证小结表

	病机	辨证要点
大黄黄连泻心汤证	无形邪热痞结于心下	心下痞，按之柔软，脉关上浮
附子泻心汤证	热痞心下，卫阳不足	上证兼见恶寒汗出
半夏泻心汤证	寒热错杂，气机痞塞	心下痞，呕吐，下利
生姜泻心汤证	寒热错杂兼水饮食滞	心下痞而硬，嗳食臭，肠鸣甚
甘草泻心汤证	寒热错杂，脾胃虚甚	痞、利俱甚

续表

	病机	辨证要点
旋覆代赭汤证	胃虚痰阻，虚气上逆	心下痞硬，噫气不除
五苓散证	水蓄下障碍中焦气机	心下痞，小便不利，口渴
十枣汤证	水饮停聚胸胁心下	胸胁心下痞硬，咳唾引痛干呕
大柴胡汤证	少阳气郁，波及中焦	心下痞，口苦，呕吐，胁胀

第八节　阳明发黄证

一、湿热发黄证

（一）茵陈蒿汤证

详见第九章第十一节。

（二）栀子柏皮汤证

【原文汇要】伤寒身黄发热，栀子柏皮汤主之。（《伤寒论》.261）

【辨证要点】为湿热发黄之轻证，身黄如橘子色鲜明，目黄，小便不利而黄，发热，心烦懊侬，无汗或汗出不畅，舌红苔黄、脉数。

【证候分析】见表7－8－1。

表7－8－1　栀子柏皮汤证证候分析表

主症	症状特点	病机分析
身黄、目黄	黄色鲜明如橘子色	湿热蕴结，熏蒸肝胆
小便不利而黄	排出不畅，量少色黄	湿热下注，膀胱气化受阻
发热	热度不高，但缠绵难愈	湿热内盛，熏蒸肌表

【基本病机】湿热相合，熏蒸肝胆。

【治法】清热利湿退黄。

【方药】栀子柏皮汤。

栀子柏皮汤方：

肥栀子十五个（擘）　甘草一两（炙）　黄柏二两

（三）麻黄连翘赤小豆汤证

【原文汇要】伤寒瘀热在里，身必黄，麻黄连翘赤小豆汤主之。（《伤寒论》.262）

【辨证要点】发热，恶寒，无汗，身黄如橘子色，目黄，小便不利而色黄。

【证候分析】

湿热兼表{ 恶寒，无汗，头痛，身痒——外有寒邪束表
　　　　　身黄如橘子色，心烦懊侬，小便不利——内有湿热蕴结

【基本病机】外有风寒束表，内有湿热蕴结。

【治法】解表散邪，清热利湿。

【方药】麻黄连翘赤小豆汤。

麻黄连翘赤小豆汤方：

麻黄二两（去节）　连翘二两（连翘根）　杏仁四十个（去皮尖）　赤小豆一升　大枣十二枚（擘）　生梓白皮一升（切）　生姜二两（切）　甘草二两（炙）

二、寒湿发黄证

【原文汇要】阳明病，脉迟，食难用饱，饱则微烦头眩，必小便难，此欲作谷瘅。虽下之，腹满如故，所以然者，脉迟故也。（《伤寒论》.195）

伤寒发汗已，身目为黄，所以然者，以寒湿在里不解故也。以为不可下也，于寒湿中求之。（《伤寒论》.259）

【辨证要点】身黄其色晦暗，小便不利，大便溏泄，纳呆，腹满，头眩，口不渴，畏寒喜暖，体倦肢冷，舌胖质嫩，脉沉迟无力。

【证候分析】见表 7-8-2。

表 7-8-2　寒湿发黄证证候分析表

主症	症状特点	病机分析
身目为黄	黄色晦暗	寒湿阻于肝胆，胆汁疏泄失常
小便不利	或见小便发黄	寒湿内盛，气化不能
食难用饱	多不欲食	阳明中寒，腐熟无权
头眩	多伴头闷重	寒湿阻于中焦，清阳不升
腹满	可伴大便溏泄	寒湿阻于中焦，气机壅滞
心烦	不如湿热心烦之重	寒湿郁蒸扰心
脉迟	必是迟而无力	阳明中寒

【基本病机】中阳不足，寒湿内阻，肝胆失疏。

【治法】温中散寒利湿。

【方药】《伤寒论》未出方，湿盛者可使用茵陈五苓散，寒盛者可酌用茵陈术附汤或茵陈理中汤。

三、火劫发黄证

【原文汇要】阳明病，被火，额上微汗出，而小便不利者，必发黄。（《伤寒论》.200）

【辨证要点】发黄伴热炽津伤证。身黄如橘子色，小便不利，头微汗出，发热，口渴，舌红绛少苔，脉细数。

【证候分析】见表 7-8-3。

表 7-8-3　火劫发黄证证候分析表

主症	病机分析
身黄	火攻于内，迫于血分，熏灼肝胆
小便不利	热炽津伤，无水成溺
额上微汗出	热炽津伤，无津作汗

【基本病机】热炽津伤，胆热液泄。

【治法】清热凉血，利胆退黄。

【方药】《伤寒论》未出方药，可酌情使用犀黄丸之类。

小结

阳明发黄证小结见表7-8-4。

表7-8-4 阳明发黄证小结表

	病机	辨证要点
茵陈蒿汤证	湿热蕴结，熏蒸肝胆	身黄（目黄）如橘子色，无汗，小便不利而尿色深黄，口渴
栀子柏皮汤证	湿热相合，熏蒸肝胆	见上症而较轻
麻黄连翘赤小豆汤证	风寒束表，湿热蕴结	发热，恶寒，无汗，身黄（目黄）如橘子色，小便不利而色黄
寒湿发黄证	寒湿内阻，肝胆失疏	身目黄，其色晦暗，小便不利，大便溏泄，脉沉迟无力
火劫发黄证	热炽津伤，胆热液泄	发黄伴热炽津伤证

第九节 合病、并病证

合病和并病是六经病中较为特殊的发病形式，都是相对复杂的病证。两经或两经以上同时发生的病证，称为合病，其发生的两经病证无先后次第之分。如太阳阳明合病、阳明少阳合病以及三阳合病等。一经病证未罢，另一经病证又起者，称为并病，其两经病的发生有先后次第之分。如太阳病证未罢，又见少阳病证，即为太阳少阳并病。

一、合病证

（一）太阳与阳明合病证

1. 麻黄汤证

【原文汇要】太阳与阳明合病，喘而胸满者，不可下，宜麻黄汤。（《伤寒论》.36）

【辨证要点】以恶寒发热无汗，咳喘胸满为主症，伴见不大便，但未有腹满疼痛诸症。

【证候分析】见表7-9-1。

表7-9-1 麻黄汤证证候分析表

主症	病机分析
恶寒发热无汗	风寒束表
（咳）喘胸满	肺失宣降，气机壅滞
不大便	肺与大肠相表里，肺气不降，肠腑传导不利

【基本病机】风寒束表，肺气不利，腑气不降。以太阳伤寒表实证为主，阳明里实证甚轻。

【治法】辛温发汗，宜降肺气。肺气得以宣降，腑气下行，大便可有不治而解的可能。

【方药】麻黄汤。

麻黄汤方见第五章第一节。

2. 葛根汤证

【原文汇要】太阳与阳明合病者，必自下利，葛根汤主之。（《伤寒论》.32）

【辨证要点】本证有恶寒发热无汗之风寒表实证，其下利以水粪杂下无热象为特点。可兼头项强痛甚至项背强几几。

【证候分析】见表7-9-2。

表7-9-2　葛根汤证证候分析表

主症	病机分析
恶寒发热无汗头项强等	风寒束表，太阳经气不利
下利	胃肠受寒，腑气不和，传导失司

【基本病机】风寒束表，腑气不和。

【治法】辛温发汗，升津止利。

【方药】葛根汤。

葛根汤方见第五章第一节。

3. 葛根加半夏汤证

【原文汇要】太阳与阳明合病，不下利但呕者，葛根加半夏汤主之。（《伤寒论》.33）

【辨证要点】在恶寒发热无汗等风寒表实证的基础上兼有呕吐，可伴头项强痛甚至项背强几几等症状。若传导失职，下利亦是可见之症，所以不必拘泥原文汇要“不下利但呕”之言。

【证候分析】见表7-9-3。

表7-9-3　葛根加半夏汤证证候分析表

主症	病机分析
恶寒发热无汗头项强等	风寒束表，太阳经气不利
呕吐	胃肠受寒，胃气上逆

【基本病机】风寒束表，胃气上逆。

【治法】辛温发汗，和胃降逆。

【方药】葛根加半夏汤。

葛根加半夏汤方：

葛根四两　麻黄三两（去节）　甘草二两（炙）　芍药二两　桂枝二两（去皮）　生姜二两（切）　半夏半升（洗）　大枣十二枚（擘）

（二）太阳与少阳合病证（黄芩汤证）

【原文汇要】太阳与少阳合病，自下利者，与黄芩汤；若呕者，黄芩加半夏生姜汤主之。（《伤寒论》.172）

【辨证要点】本证下利，以腹痛、泻而不爽、急逼难耐甚则里急后重为特点。利下臭恶，或脓血便。伴见发热、口苦等症状。

【证候分析】见表7-9-4。

表7-9-4 太阳与少阳合病证证候分析表

主症	病机分析
下利，泻而不爽	少阳邪热移行胃肠，肠热迫津下泄
腹痛，里急后重	胆木乘土，气机不畅
发热，口苦	胆热液蒸

【基本病机】少阳邪热移行胃肠。

【治法】清热止利，缓急止痛。

【方药】黄芩汤；若伴呕吐则用黄芩加半夏生姜汤。

黄芩汤方：

黄芩三两　芍药二两　甘草二两（炙）　大枣十二枚（擘）

黄芩加半夏生姜汤方：

黄芩三两　芍药二两　甘草二两（炙）　大枣十二枚（擘）　半夏半升（洗）　生姜一两半（一方三两切）

（三）三阳合病证

1. 小柴胡汤证

【原文汇要】伤寒四五日，身热恶风，颈项强，胁下满，手足温而渴者，小柴胡汤主之。（《伤寒论》.99）

【辨证要点】本证身热恶风，颈项强，胁下满，手足温而渴。以胁下满为少阳证审证关键。

【证候分析】见表7-9-5。

表7-9-5 小柴胡汤证证候分析表

主症	病机分析
颈项强	三阳合病，经气不利
胁下满	少阳邪郁，枢机不利
身热恶风	太阳表邪未解
手足温而渴	阳明热灼津伤

【基本病机】三阳合病，重在少阳枢机不利。

【治法】和解少阳。少阳主枢机在表里之间，三阳合病治从少阳，使枢机运转，庶可使表里通达，阴阳和调，而三阳之邪均可得解。

【方药】小柴胡汤。

小柴胡汤方见第五章第三节。

2. 白虎汤证

【原文汇要】三阳合病，腹满身重，难以转侧，口不仁面垢，谵语遗尿。发汗则谵语。下之则额上生汗，手足逆冷。若自汗出者，白虎汤主之。（《伤寒论》.219）

【辨证要点】本证以身热，自汗出，脉浮大上关上为主要脉症，兼见身重难以转侧，腹满，寐则汗出，面垢，口不仁，谵语，遗尿等表现。

【证候分析】见表7-9-6。

表7-9-6　白虎汤证证候分析表

主症	病机分析
发热身重，难以转侧，脉浮大上关上	初起三阳合病，经气不利
身热汗自出	三阳合病，统归阳明
腹满	阳明热壅气滞
面垢	阳明热盛，循经上熏

【基本病机】三阳合病，重在阳明内热。

【治法】治取阳明，辛寒清热。不可发汗，汗则热更盛津更伤，谵语加重。不可攻下，妄自攻下，阳气外脱于上则额上生汗，阳气衰竭则手足厥冷。

【方药】白虎汤。

白虎汤方见第五章第二节。

（四）太阳少阴两感证（麻黄细辛附子汤证、麻黄附子甘草汤证）

【原文汇要】少阴病，始得之，反发热，脉沉者，麻黄细辛附子汤主之。（《伤寒论》.301）

少阴病，得之二三日，麻黄附子甘草汤微发汗。以二三日无证，故微发汗也。（《伤寒论》.302）

【辨证要点】本证发热恶寒同见，其脉不浮而反沉为特点，且无下利清谷、手足厥逆等表现。可兼神疲，无汗，身痛等症状。

【证候分析】见表7-9-7。

表7-9-7　太阳少阴两感证证候分析表

主症	病机分析
发热，恶寒	风寒犯表
恶寒，脉沉	少阴阳气不足
无下利清谷、手足厥逆之症	里虚不甚

【基本病机】太（阳）少（阴）两感，少阴里虚不甚。

【治法】温阳解表，表里同治。

【方药】轻则用麻黄附子甘草汤，重则用麻黄细辛附子汤。

麻黄附子甘草汤方：

麻黄二两（去节）　甘草二两（炙）　附子一枚（炮，去皮，破八片）

麻黄细辛附子汤方：

麻黄二两（去节）　细辛二两　附子一枚（炮，去皮，破八片）

二、并病证

（一）太阳与少阳并病证（柴胡桂枝汤证）

【原文汇要】伤寒六七日，发热微恶寒，支节烦疼，微呕，心下支结，外证未去者，柴胡桂枝汤

主之。(《伤寒论》.146)

【辨证要点】本证以发热微恶寒,肢节烦疼,心下支结,微呕为主症。可兼头项强痛,口苦,咽干,目眩,脉弦细等表现。

【证候分析】见表7-9-8。

表7-9-8 太阳与少阳并病证证候分析表

主症	病机分析
发热微恶寒,肢节烦疼	病在太阳,表邪未解
微呕,心下支结	邪在胆逆在胃,胃气不和而上逆

【基本病机】风寒袭表,少阳枢机不利。

【治法】和解少阳,解散表邪。

【方药】柴胡桂枝汤。

柴胡桂枝汤方:

桂枝一两半(去皮) 黄芩一两半 人参一两半 甘草一两(炙) 半夏二合半(洗) 芍药一两半 大枣六枚(擘) 生姜一两半(切) 柴胡四两

(二) 少阳与阳明并病

1. 大柴胡汤证

【原文汇要】太阳病,过经十余日,反二三下之,后四五日,柴胡证仍在者,先与小柴胡。呕不止,心下急,郁郁微烦者,为未解也,与大柴胡汤,下之则愈。(《伤寒论》.103)

【辨证要点】本证发热较重,热势不因汗出而减弱,伴见心烦,呕吐,其心下(胃脘及两胁)痞硬拘急。可兼见口苦,脘腹疼痛,下利不爽或便秘等症状。

【证候分析】见表7-9-9。

表7-9-9 大柴胡汤证证候分析表

主症	病机分析
发热汗出不解	少阳邪热壅盛
心烦	胆热扰心
呕吐	胃气上逆
脘腹疼痛	邪在胆逆在胃,木乘脾土

【基本病机】少阳腑热壅盛,少阳邪热侵及阳明。

【治法】清疏少阳,通下里实。

【方药】大柴胡汤。

大柴胡汤方见本章第七节。

2. 柴胡加芒硝汤证

【原文汇要】伤寒十三日不解,胸胁满而呕,日晡所发潮热,已而微利,此本柴胡证,下之以不得利,今反利者,知医以丸药下之,此非其治也。潮热者,实也,先宜服小柴胡汤以解外,后以柴胡加芒硝汤主之。(《伤寒论》.104)

【辨证要点】本证胸胁满而呕吐与小柴胡汤证同，不同之处在于潮热而下利。

【证候分析】见表7－9－10。

表7－9－10　柴胡加芒硝汤证证候分析表

主症	病机分析
胸胁满而呕	少阳枢机不利
潮热	邪热炽盛
下利	肠热迫津下泄

【基本病机】少阳枢机不利，阳明热盛。

【治法】和解少阳，泻下里热。

【方药】柴胡加芒硝汤。

柴胡加芒硝汤方：

柴胡二两十六铢　黄芩一两　人参一两　甘草一两（炙）　生姜一两（切）　半夏二十铢（本云五枚，洗）　大枣四枚（擘）　芒硝二两

小结

合病、并病证小结见表7－9－11。

表7－9－11　合病、并病证小结表

	病机	辨证要点
麻黄汤证	太阳表邪犯肺与大肠	恶寒发热无汗，咳喘胸满，或伴不大便
葛根汤证	太阳之邪犯阳明大肠	下利，恶寒发热无汗
葛根加半夏汤证	太阳之邪犯阳明胃腑	呕吐，恶寒发热无汗
黄芩汤证	少阳邪热内犯阳明	下利灼肛，或大便不爽、臭秽，腹痛，口苦，溲短，脉弦数
小柴胡汤证	三阳合病，偏重少阳	胁下满伴身热恶风，颈项强，手足温而渴
白虎汤证	三阳合病，偏重阳明	身热，汗出伴腹满，面垢，口不仁，身重难以转侧，甚则谵语，遗尿等
麻黄细辛附子汤证	太少两感，里虚兼表	发热，恶寒，神疲，脉沉
麻黄附子甘草汤证	太少两感，里虚兼表	上症较轻者
柴胡桂枝汤证	营卫不和，枢机不利	发热微恶寒，肢节烦疼，心下支结，微呕
大柴胡汤证	少阳邪热侵及阳明	呕不止，心下急，郁郁微烦，口苦，便秘
柴胡加芒硝汤证	少阳邪热侵及阳明	胸胁满，呕吐，潮热，下利

附:少阴咽痛证小结 见表 7-9-12。

表 7-9-12 少阴咽痛证小结表

证型	病机	主症	治法	方药
虚热型	下利伤阴 虚火上扰	咽部肿痛不甚,胸满,心烦或咽干 咽痒,少痰	滋阴扶脾 清热利咽	猪肤汤
客热型	邪热客于 少阴经输	咽喉红肿疼痛(较轻)	清热解毒 利咽	甘草汤 桔梗汤
痰热型	痰热闭阻 咽伤生疮	咽部损伤,生疮溃烂,声音嘶哑, 甚或不能语言	清热涤痰 敛疮消肿	苦酒汤
客寒型	寒痰客于 少阴经输	咽痛较甚,声音重浊,一般无红 肿,痰涎清稀	通阳散寒 涤痰开结	半夏散及汤

第十节 厥 逆 证

《伤寒论》中所言厥证,是指手足(四肢)冷而不温的病证。手足不温又称为手足逆冷。其冷从指趾末端沿着四肢向近躯干延伸,有沿伸至指掌趾足关节、腕踝关节、肘膝关节、肩髋关节的不同。逆冷的部位离躯干越近,逆冷的程度就越重。关于厥证的病机和特点,337 条说:"凡厥者,阴阳气不相顺接,便为厥。厥者,手足逆冷者是也。"至于引起阴阳二气不相顺接的原因,则有虚实寒热的不同,须仔细辨别而进行针对性的治疗。虚者补之,有补血、温阳之别;实则泻之,又须据其病位之异,采用涌吐、清热、攻下等不同的治疗。

一、热厥证

【原文汇要】伤寒脉滑而厥者,里有热,白虎汤主之。(《伤寒论》.350)

【辨证要点】本证手足厥冷,以身热(躯干发热)为特点,脉滑。先发热后厥冷,热深厥深,热微厥微。可兼口渴,小便短赤,大便干结不通,舌红苔黄等症状。

【证候分析】见表 7-10-1。

表 7-10-1 热厥证证候分析表

主症	病机分析
手足厥冷	阳气不达四末
先发热后必厥	厥因热致
热深厥深,热微厥微	厥热相应
身热,脉滑	阳热内伏

【基本病机】热邪深伏,阳气内郁。

【治法】辛寒清热。若燥屎内结,阳明腑实则应寒下。

【方药】白虎汤。

白虎汤方见第五章第二节。

二、寒厥证

【原文汇要】大汗出，热不去，内拘急，四肢疼，又下利厥逆而恶寒者，四逆汤主之。(《伤寒论》.353)

大汗，若大下利，而厥冷者，四逆汤主之。(《伤寒论》.354)

【辨证要点】本证手足厥冷，以全身恶寒为特点，脉象沉微。伴下利完谷不化，大汗出。可兼四肢疼痛拘急，发热等症状。

【证候分析】见表7-10-2。

表7-10-2 寒厥证证候分析表

主症	病机分析
手足厥冷	阳气不达四末
全身怕冷	肾阳亏虚，阴寒内盛
下利完谷不化	脾肾阳衰，水谷不得温化
大汗出	阳气外脱，津失固摄
脉沉微	肾阳亏虚，鼓动无力

【基本病机】阳衰阴盛。

【治法】温阳救逆。

【方药】四逆汤。

四逆汤方见第五章第五节。

三、痰厥证

【原文汇要】病人手足厥冷，脉乍紧者，邪结在胸中，心下满而烦，饥不能食者，病在胸中，当须吐之，宜瓜蒂散。(《伤寒论》.355)

【辨证要点】本证手足厥冷，以心胸满闷，心烦欲吐，饥不能食为特点，脉乍紧。

【证候分析】见表7-10-3。

表7-10-3 痰厥证证候分析表

主症	病机分析
手足厥冷	痰食阻滞胸膈，阳气不达四末
心下满而烦，饥不能食	邪阻胸膈胃脘，气机不畅
脉乍紧	痰食有形之邪凝聚，病程短暂

【基本病机】痰食阻滞胸膈，胸阳被遏。

【治法】涌吐痰食。

【方药】瓜蒂散。

瓜蒂散方：

瓜蒂一分(熬黄) 赤小豆一分

上二味，各别捣筛，为散已，合治之，取一钱匕，以香豉一合，用热汤七合，煮作稀糜，去滓，取汁合散，温顿服之。不吐者，少少加，得快吐乃止。诸亡血虚家，不可与瓜蒂散。

四、水厥证

【原文汇要】伤寒厥而心下悸，宜先治水，当服茯苓甘草汤，却治其厥。不尔，水渍入胃，必作利也。(《伤寒论》.356)

伤寒汗出而渴者，五苓散主之；不渴者，茯苓甘草汤主之。(《伤寒论》.73)

【辨证要点】本证手足厥冷，伴以心悸、苔白滑之水寒之象，可兼见下利、背冷如掌大等症状。

【证候分析】见表 7-10-4。

表 7-10-4 水厥证证候分析表

主症	病机分析
手足厥冷	水停胃脘，中阳不达四末
心下悸	胃阳不足，不能化饮，水气凌心

【基本病机】水停中焦，胃阳不布。

【治法】温胃散水。

【方药】茯苓甘草汤。

茯苓甘草汤方：

茯苓二两 桂枝二两(去皮) 甘草一两(炙) 生姜三两(切)

五、气厥证

【原文汇要】少阴病，四逆，其人或咳，或悸，或小便不利，或腹中痛，或泄利下重者，四逆散主之。(《伤寒论》.318)

【辨证要点】手足厥逆。可兼见胸胁疼痛，腹痛，泄利下重。

【证候分析】见表 7-10-5。

表 7-10-5 气厥证证候分析表

主症	病机分析
手足厥逆	少阴阳气郁遏，不达四末
胸胁疼痛，腹痛，泄利下重	阳气内郁，气机不调

【基本病机】少阴阳气内郁。

【治法】疏通气机，透达郁阳。

【方药】四逆散。

四逆散方：

甘草(炙) 枳实(破，水渍，炙干) 柴胡 芍药

咳者，加五味子、干姜各五分，并主下利；悸者，加桂枝五分；小便不利者，加茯苓五分；腹中痛者，加附子一枚，炮令坼；泄利下重者，先以水五升，煮薤白三升，煮取三升，去滓，以散三方寸匕内汤中，煮取一升半，分温再服。

六、血厥证

当归四逆汤证,《伤寒论》.351 条,见第五章第六节。

七、蛔厥证

乌梅丸证,《伤寒论》.338 条,见第五章第六节。

小结

厥证小结见表 7 - 10 - 6。

表 7 - 10 - 6　厥证小结表

	病机	辨证要点
热厥(白虎汤证)	邪热内郁不达四末	手足厥冷,脉滑有力或为实大,胸腹灼热
寒厥(四逆汤证)	阴寒内盛,脾肾阳衰,不能通达四末	手足厥冷,脉微欲绝,恶寒倦卧,下利清谷,冷汗淋漓
血厥(当归四逆汤证)	血虚寒凝经脉	手足厥寒,脉细欲绝
蛔厥(乌梅丸证)	上热下寒,蛔虫窜扰	手足逆冷,心烦,腹痛,呕吐,诸症时发时止
气厥(四逆散证)	少阴阳气内郁不达四末	手足厥冷,或咳,或悸,或小便不利,或腹中痛,或泄利下重
水厥(茯苓甘草汤证)	水停于胃,胃阳不布	手足厥冷,心下悸,苔白滑
痰厥(瓜蒂散证)	痰食阻滞胸膈,胸阳不布	手足厥冷,脉乍紧,心下满而烦,饥不能食

第八章

霍乱与差后劳复病证治

第一节　霍乱病证

霍乱，是以突发上吐下泻为主要临床表现的胃肠病证。霍，有急骤、卒然之意；乱，即撩乱、变乱之意。因其病发病突然，顷刻之间吐泻交作，挥霍撩乱，故名霍乱。

霍乱四季皆有，而以夏秋季节较为多见。其病多由饮食不洁、冷热不调，或感受暑湿、寒湿、疫疠之邪，伤及脾胃，使中焦升降失司，清浊相干，气机逆乱所引起。正如《灵枢·五乱篇》曰："清气在阴，浊气在阳，营气顺脉，卫气逆行，清浊相干……乱于胃肠，则为霍乱。"

霍乱与伤寒发病的区别见表8-1-1。

表8-1-1　霍乱与伤寒发病区别表

	病因	病机	脉证
霍乱	六淫与饮食杂糅之邪干于肠胃	脾胃升降失常，清浊相干	初起即见吐利交作，脉微涩
伤寒	六淫外邪袭表	外邪袭表，营卫不和；由表入里，影响脏腑	初起发热恶寒、头痛、脉浮，邪传入里，方见吐利

《伤寒论》中霍乱病篇所讨论的内容范围较广，实际上包括了多种急性胃肠病变。后世医家根据临床表现的不同，将霍乱分为湿霍乱和干霍乱两类。即上吐下泻、挥霍无度者，为湿霍乱；欲吐不吐，欲泻不泻，腹中绞痛，烦闷不安，短气汗出者，为干霍乱。本篇所论，当属湿霍乱。其中因寒湿所致之湿霍乱，又称寒霍乱；因暑热所致者，又称热霍乱。本篇所述乃以吐利为主的霍乱中之寒证。

霍乱的发生多因内外合邪，故在疾病初起阶段，于呕吐下利的同时，多兼有发热恶寒、头痛身疼等表证，临床可根据疾病的不同表现而随证施治。

一、霍乱病脉证纲要

【原文汇要】问曰：病有霍乱者何？答曰：呕吐而利，此名霍乱。（《伤寒论》．382）

问曰：病发热头痛，身疼恶寒，吐利者，此属何病？答曰：此名霍乱。霍乱自吐下，又利止，复更发热也。（《伤寒论》．383）

【辨证要点】上吐下泻，挥霍撩乱。或兼发热恶寒、头痛身疼等。

【证候分析】见表8－1－2。

表8－1－2　霍乱病证候分析表

主症	病机分析
上吐下泻，挥霍撩乱	清浊相干，阴阳乖隔，脾胃升降失常
兼发热恶寒、头痛身疼	正邪相争于表

【基本病机】内外合邪，升降失司，清浊相干，气机逆乱。

二、霍乱病辨治

（一）五苓散证、理中丸及汤证

【原文汇要】霍乱，头痛发热，身疼痛，热多欲饮水者，五苓散主之。寒多不用水者，理中丸主之。（《伤寒论》.386）

【辨证要点】五苓散证：突发吐利兼作，脉浮发热，头痛身疼，小便不利，渴欲饮水。

理中丸及汤证：突发吐利频繁，腹中冷痛，喜温喜按，不欲饮水，舌淡苔白，脉缓弱。发热头身疼痛则不明显。

【证候分析】见表8－1－3。

表8－1－3　五苓散证、理中丸及汤证证候分析表

主症	病机分析
上吐下泻，挥霍撩乱	清浊相干，阴阳乖隔，脾胃升降失常
寒热，头身痛，渴饮，小便不利	清浊不分，三焦水道不利，病证偏表
寒多不渴，腹中冷痛，喜温喜按	中焦阳虚，寒湿内阻，清浊相干

【基本病机】五苓散证：表邪不解，里气不和，清浊相干，升降失序。

理中丸及汤证：中焦阳虚，寒湿内阻，清气不升，浊气上逆。

【治法】五苓散证治法：外疏内利，表里两解。

理中丸及汤证治法：温中散寒，健脾燥湿。

【方药】五苓散、理中丸及汤。

五苓散方见第七章第二节。

理中丸方：

人参　干姜　甘草（炙）　白术各三两

若脐上筑者，肾气动也，去术，加桂四两；吐多者，去术，加生姜三两；下多者，还用术；悸者，加茯苓二两；渴欲得水者，加术，足前成四两半；腹中痛者，加人参，足前成四两半；寒者，加干姜，足前成四两半；腹满者，去术，加附子一枚。

（二）四逆汤证

【原文汇要】吐利汗出，发热恶寒，四肢拘急，手足厥冷者，四逆汤主之。（《伤寒论》.388）

既吐且利，小便复利而大汗出，下利清谷，内寒外热，脉微欲绝者，四逆汤主之。（《伤寒论》.389）

【辨证要点】吐利汗出，发热恶寒，手足厥冷，四肢拘急，下利清谷，脉微欲绝。

【证候分析】见表8-1-4。

表8-1-4 四逆汤证证候分析表

主症	病机分析
上吐下泻，挥霍撩乱	清浊相干，阴阳乖隔，脾胃升降失常
恶寒，手足厥冷，汗出，发热	阳虚不温，弱阳被格拒，有阳亡脱液之势
四肢拘急	上吐下利，津液耗伤
下利清谷，脉微欲绝	火不暖土，阴盛阳微欲绝

【基本病机】吐利亡阳，火不暖土。

【治法】回阳救逆。

【方药】四逆汤。

四逆汤方见第五章第五节。

（三）通脉四逆加猪胆汁汤证

【原文汇要】吐已下断，汗出而厥，四肢拘急不解，脉微欲绝者，通脉四逆加猪胆汤主之。（《伤寒论》．390）

【辨证要点】频繁吐利后，已无物吐下，汗出而厥，四肢拘急不解，神疲，脉微欲绝。或反不恶寒。

【证候分析】见表8-1-5。

表8-1-5 通脉四逆加猪胆汁汤证证候分析表

主症	病机分析
频繁吐利后，无物可吐，无物可利	吐利太甚，水谷津液涸竭
汗出而厥	亡阳外越欲脱，不能固表温煦四末
四肢拘急不解	阴阳气血虚竭，筋脉失于濡养
脉微欲绝，神疲	阴虚血脉不充，阳虚无力推动
反不恶寒	阴寒太盛，格虚阳浮越于表

【基本病机】吐利过重，阳亡阴竭。

【治法】回阳救逆，益阴和阳。

【方药】通脉四逆加猪胆汁汤。

通脉四逆加猪胆汤方：

甘草二两（炙） 干姜三两（强人可四两） 附子大者一枚（生，去皮，破八片） 猪胆汁（半合）

（四）四逆加人参汤证

【原文汇要】恶寒脉微而复利，利止亡血也，四逆加人参汤主之。（《伤寒论》．385）

【辨证要点】频繁吐利后利止，恶寒而脉微，神疲，肢厥。

【证候分析】见表8-1-6。

表 8-1-6　四逆加人参汤证证候分析表

主症	病机分析
吐利交作后利自止	泻利过度，阴血耗伤，以致无物可下
恶寒脉微，神疲肢厥等	气随液泄，阳随气脱，不能温暖和振奋

【基本病机】吐利过重，阳亡液脱。

【治法】回阳救逆，益气生津。

【方药】四逆加人参汤。

四逆加人参汤方：

甘草二两（炙）　附子一枚（生，去皮，破八片）　干姜一两半　人参一两

小结

霍乱病方证小结见表 8-1-7。

表 8-1-7　霍乱病方证小结表

	病机	辨证要点
五苓散证	表邪不解，里气不和，升降失序	突发吐利兼作，脉浮发热，头身痛，小便不利，渴欲饮水
理中丸及汤证	中焦阳虚，寒湿内阻，清浊相干	突发吐利频繁，腹中冷痛，喜温喜按，不欲饮水
四逆汤证	阳衰阴盛，火不暖土	吐利汗出，畏寒发热，四肢拘急，手足厥冷，脉微欲绝
通脉四逆加猪胆汁汤证	吐利过重，阳亡阴竭	频繁吐利后，已无物吐下，汗出而厥，四肢拘急不解，脉微欲绝
四逆加人参汤证	吐利过重，阳亡液脱	频繁吐利后利止，恶寒而脉微，神疲，肢厥

第二节　差后劳复证

差后劳复证为疾病初愈后，由于饮食起居失常、劳作伤正等，导致疾病复发的病证。其中因劳而复发者，称为劳复；因饮食调理不当而复发者，称为食复。

大病初愈，气血未复，正气尚虚，余邪未尽，此时愈后调理十分重要。当慎起居、调饮食、静养调理，预防疾病复发。若稍有疏忽，起居无常，饮食失节，妄劳妄作，均有引起疾病复发的可能。

由于病后气血损伤有轻重，余邪留扰的部位有不同。本节重点讨论了差后劳复中的热扰胸膈、邪犯少阳、阳明余邪内扰、气津两伤、虚寒喜唾等病证内容。这些内容为病后调理及治疗提出了理论依据和治疗方法。

一、枳实栀子豉汤证

【原文汇要】大病差后，劳复者，枳实栀子豉汤主之。(《伤寒论》.393)

【辨证要点】心烦懊侬，胸膈痞满，食少纳呆，舌苔薄黄略腻，脉滑数。

【证候分析】见表8-2-1。

表8-2-1 枳实栀子豉汤证证候分析表

主症	病机分析
心烦懊侬	大病初愈，病后过劳，余热复聚，热郁胸膈
胸膈痞满	气机痞塞
食少纳呆	胃气未复，郁热内扰
舌苔薄黄略腻，脉滑数等	上焦郁热之征

【基本病机】余热复聚，热郁胸膈，气机痞塞。

【治法】清热除烦，宽中行气。

【方药】枳实栀子豉汤。

枳实栀子豉汤方：

枳实三枚(炙) 栀子十四个(擘) 香豉一升(绵裹)

若有宿食者，内大黄如博棋子五六枚，服之愈。

二、小柴胡汤证

【原文汇要】伤寒差以后，更发热，小柴胡汤主之。脉浮者，以汗解之；脉沉实者，以下解之。(《伤寒论》.394)

【辨证要点】差后复热，口苦咽干，心烦欲吐，胸满，脉弦等。

【证候分析】见表8-2-2。

表8-2-2 小柴胡汤证证候分析表

主症	病机分析
差后复热	余邪未尽，或复感外邪，致少阳枢机不利
口苦咽干心烦	少阳相火上炎灼津，内扰心神
胸满，欲吐，脉弦	经气不畅，胃气上逆，疏泄不利

【基本病机】差后复发，邪干少阳，枢机失运。

【治法】和解少阳。若脉浮，表邪未尽，宜发汗解表；若脉沉实，里有积滞，当泻下和里。

【方药】和解少阳方用小柴胡汤；若解表或泻下当据证灵活选方。

小柴胡汤方见第五章第三节。

三、牡蛎泽泻散证

【原文汇要】大病差后，从腰以下有水气者，牡蛎泽泻散主之。(《伤寒论》.395)

【辨证要点】腰以下水气壅滞，小便不利，膝胫足跗皆肿，或兼大腹肿满，脉沉实。

【证候分析】见表8-2-3。

表8-2-3　牡蛎泽泻散证证候分析表

主症	病机分析
小便不利	湿热壅滞，气化不行
水肿未消，膝胫足跗等腰以下肿	水湿之邪凝聚于下
兼大腹肿满，脉沉实	水肿实证

【基本病机】湿热壅滞，膀胱不利，水蓄于下。

【治法】逐水清热，软坚散结。

【方药】牡蛎泽泻散。

牡蛎泽泻散方：

牡蛎（熬）　泽泻　蜀漆（暖水洗，去腥）　葶苈子（熬）　商陆根（熬）　海藻（洗，去咸）　瓜蒌根各等分

四、理中丸证

【原文汇要】大病差后，喜唾久不了了，胸上有寒，当以丸药温之，宜理中丸。（《伤寒论》.396）

【辨证要点】大病差后，喜吐清冷唾沫或痰涎，久不了了，食少，口淡，舌淡苔白，脉缓弱等。

【证候分析】见表8-2-4。

表8-2-4　理中丸证证候分析表

主症	病机分析
食少口淡，舌淡苔白，脉缓弱	大病差后，中焦虚寒，脾失健运
喜吐清冷唾沫或痰涎	脾失健运则水停为痰，肺失宣降则水聚为饮

【基本病机】中焦虚寒，痰饮上泛。

【治法】温中补阳。

【方药】理中丸。

理中丸方见本章第一节。

本证虽为寒饮聚于胸膈，以泛唾涎沫为主，然未导致肺气上逆，故不出现咳喘，自与表证未解、寒饮犯肺之小青龙汤证有别。

五、竹叶石膏汤证

【原文汇要】伤寒解后，虚羸少气，气逆欲吐，竹叶石膏汤主之。（《伤寒论》.397）

【辨证要点】热病解后，虚弱消瘦，少气短息，干呕欲吐，或伴口渴、心烦、少寐、舌红少苔、脉虚数等。

【证候分析】见表8-2-5。

表8-2-5 竹叶石膏汤证证候分析表

主症	病机分析
热病解后，虚弱消瘦	余热未清，气阴两伤，津液不能滋养形体
少气短息	中气不足
气逆欲吐	余热内扰，胃失和降
渴烦少寐、舌红少苔、脉虚数	余热未尽，气阴两伤之征

【基本病机】病后余热未清，气阴两伤。

【治法】清热和胃，益气生津。

【方药】竹叶石膏汤

竹叶石膏汤方：

竹叶二把　石膏一斤　半夏半斤（洗）　麦门冬一升（去心）　人参二两　甘草二两（炙）　粳米半升

【方证鉴别】与白虎加人参汤证比较见表8-2-6。

表8-2-6 竹叶石膏汤证与白虎加人参汤证比较表

	异同	竹叶石膏汤证	白虎加人参汤证
病机	同	邪热耗伤气津	
	异	气津两伤，余热未尽	阳明热盛，气津两伤
主症	同	发热汗出，口渴尿少，舌红脉数	
	异	虚羸少气，气逆欲吐，心烦喜呕，脉虚数	背微恶寒，时时恶风
治法	同	清热益气生津	
	异	兼养阴和胃	清热为主，辅益气生津
方药	同	石膏、炙甘草、粳米、人参	
	异	竹叶、麦冬、半夏	知母

小结

差后劳复证小结见表8-2-7。

表8-2-7 差后劳复证小结表

方证	病机	辨证要点
枳实栀子汤证	余热复聚，热郁气滞	心烦懊侬，胸膈痞满，食少纳呆
小柴胡汤证	大病差后，余邪不尽	发热，多是低热不退
牡蛎泽泻散证	湿热滞下，气化不利	膝胫足跗皆肿，小便不利
理中丸证	脾肺虚寒，阳不摄阴	病后喜吐唾沫或清水痰涎，久而不止
竹叶石膏汤证	津气两伤，余热不尽	形瘦气短，干呕，低热，口渴，脉虚数

下篇　杂病证治

第九章

脏腑病证治

第一节　惊　悸　病

一、惊悸病概说

（一）含义

惊与悸是两种疾病，惊指惊恐，精神不定，卧起不安；悸是自觉心中跳动不安。惊之证发于外，多自外来；悸之证在于内，多自内生。但惊与悸又互有联系，突然受惊必伴心悸；心悸又易并见惊恐，故常惊悸并称。

心悸是以阵发性心中悸动，惊惕不安，甚则不能自主为主要表现的一种病证。心悸日久不愈，病情发展而严重者，心中惕惕、不能自控，则为怔忡。心悸亦称惊悸、心动悸。心悸亦可作为症状见于其他病证，如胸痹、虚劳、眩晕、水肿等。

（二）辨证要点

临床辨证当注意心悸的虚实、发作特点、脉象变化，结合辨病，正确施治。

1. 辨虚实　虚证要辨五脏、气血阴阳；实证要辨痰火、水饮、瘀血及其阻滞部位。本证以虚证居多，亦可由虚致实，由实致虚，虚实夹杂。对于虚实相兼之证，要分辨其虚与实之轻重，抓主要矛盾。

2. 辨心悸与怔忡　心悸多有诱发因素，或情绪改变，或紧张劳累，病来迅速，呈阵发性，亦可自行缓解，病情较轻。怔忡多由久病体虚，心脏受损，无精神因素亦可发生，持续心悸，心中惕惕，不能自控，动则尤甚，病情较重。心悸日久不愈，亦可发展成怔忡。

（三）与相关病证的鉴别

惊悸应与相关病证的鉴别见表 9－1－1。

表 9－1－1　惊悸与真心痛、奔豚气和脐下悸鉴别表

	病位	证候特点
惊悸	心胸	心中悸动，惊惕不安，不能自主
真心痛	心前区或胸骨后放射至肩背	以心痛为主症放射至肩背，可伴见心悸不安，脉结代，甚者可见唇甲发绀，手足青至节，呼吸急促，大汗淋漓，病情危急
奔豚气	小腹至胸咽	自觉气从少腹上冲胸咽，腹痛，烦躁，呈发作性
脐下悸	脐下	自觉脐下筑筑跳动

(四)治疗原则

虚证治当补益气血、调理阴阳;实证当化痰涤饮、活血祛瘀;虚实相兼则辨虚实轻重,灵活运用扶正祛邪之法。

二、惊悸病的病因病机

【原文汇要】寸口脉动而弱,动则为惊,弱则为悸。(《金匮要略》十六.1)

【病机分析】本条从脉象论述惊和悸的病因病机(表 9-1-2)。但惊和悸的病因病机是多方面的,脉象也绝非仅此两种,临证当注意分辨。

表 9-1-2 惊悸病因病机分析表

寸口脉象	病因病机	主病
动脉(如豆粒转动)	由于外界的刺激,如卒受惊恐,使心无所倚,神无所归,血气逆乱	"动即为惊"(精神不宁,卧起不安)
弱脉(细软无力)	气血不足,心失充养	"弱则为悸"(心中悸动不宁)

三、惊悸病的辨证论治

(一)心阳虚证

【原文汇要】发汗过多,其人叉手自冒心,心下悸,欲得按者,桂枝甘草汤主之。(《伤寒论》.64)

火逆下之,因烧针烦躁者,桂枝甘草龙骨牡蛎汤主之。(《伤寒论》.118)

伤寒,脉浮,医以火迫劫之,亡阳,必惊狂,卧起不安者,桂枝去芍药加蜀漆牡蛎龙骨救逆汤主之。(《伤寒论》.112)

火邪者,桂枝去芍药加蜀漆牡蛎龙骨救逆汤主之。(《金匮要略》十六.12)

【辨证要点】心悸,以手按捺心胸部位,胸闷气短,面白肢冷,或烦躁不安,或惊狂、卧起不安,舌淡苔白,脉虚弱或沉细无力。

【证候分析】见表 9-1-3。

表 9-1-3 心阳虚证证候分析表

主症	病机分析
心悸,以手按捺心胸	太阳病过汗,损伤心阳,心失温养则空虚无主
胸闷气短,舌淡脉虚	心气不足,胸阳不振
或烦躁不安	心阳虚弱,心神失养、失潜而浮越于外
或惊狂、卧起不安	心阳虚损,水饮痰浊乘机扰心

【基本病机】太阳病过汗,或火疗后又误下,损伤心阳,心失温养。

【治法】补益心阳。若心神浮越烦躁,当补益心阳、镇潜安神;若心阳虚损而见惊狂者,当补益心阳、镇惊安神。

【方药】轻证用桂枝甘草汤;较重证用桂枝甘草龙骨牡蛎汤;重证用桂枝去芍药加蜀漆牡蛎龙骨救逆汤(《金匮要略》又称作桂枝救逆汤)。

桂枝甘草汤方：

桂枝四两(去皮)　甘草二两(炙)

桂枝甘草龙骨牡蛎汤方：

桂枝一两(去皮)　甘草二两(炙)　牡蛎二两(熬)　龙骨二两

桂枝救逆汤方：

桂枝三两(去皮)　甘草二两(炙)　生姜三两　牡蛎五两(熬)　龙骨四两　大枣十二枚　蜀漆三两(洗去腥)

本方有温阳、镇惊、安神之效，因其所主证候紧急，且由火逆所致，故方名“救逆”。

(二) 心阴阳两虚证

【原文汇要】伤寒脉结代，心动悸，炙甘草汤主之。(《伤寒论》.177)

【辨证要点】心动悸，脉结、代，胸闷气短，面色萎黄，神疲乏力，舌质淡。

【证候分析】见表 9-1-4。

表 9-1-4　心阴阳两虚证证候分析表

主症	病机分析
心动悸	心阴心阳两虚，心主失养
脉结、代	心气不足，脉气鼓动无力，营血涩滞
胸闷气短	心气不足，胸阳不振
面色萎黄	心气、心血不足，不能上荣于面
神疲乏力	气血亏虚，心神失养

【基本病机】外邪已退，心脏气血阴阳俱虚，而以阴血虚为主。

【治法】补益心之气血阴阳。

【方药】炙甘草汤。

炙甘草汤方：

甘草四两(炙)　生姜三两(切)　人参二两　生地黄一斤　桂枝三两(去皮)　阿胶二两　麦门冬半升(去心)　麻仁半升　大枣三十枚(擘)

(三) 水气凌心证

【原文汇要】心下悸者，半夏麻黄丸主之。(《金匮要略》十六.13)

【辨证要点】心下悸，可伴见胸脘痞闷，短气喘息，咳吐痰涎，恶心呕吐等症，舌苔白腻，脉弦滑。

【证候分析】见表 9-1-5。

表 9-1-5　水气凌心证证候分析表

主症	病机分析
心下悸	水饮内停，上凌于心，心阳被遏，心失温养
胸脘痞闷，短气喘息，咳吐痰涎	水饮凌心犯肺，心阳不振，肺失宣发肃降
恶心呕吐	饮停中焦，胃失和降
舌苔白腻，脉弦滑	水饮内停

【基本病机】水饮内停，上凌于心，阻遏心阳。

【治法】蠲饮通阳，降逆定悸。

【方药】半夏麻黄丸。

半夏麻黄丸方：

半夏 麻黄等分

若肾阳虚衰，水气泛溢致心悸，伴头目眩晕、小便不利、身体振颤不稳欲扑地等症者，当温阳利水，方用真武汤。

小结

惊悸病证治小结见表9－1－6。

表9－1－6 惊悸病证治小结表

	病因病机	主症	治法	方药
心阳虚证	太阳病发汗过多，损伤心阳，心失温养	心悸，以手按捺心胸，胸闷气短，面白肢冷，或烦躁，或惊狂、卧起不安，舌淡，脉虚	补益心阳，或兼镇惊安神	桂枝甘草汤，或桂枝甘草龙骨牡蛎汤，或桂枝救逆汤
心阴阳两虚证	心之气血阴阳亏虚，心失所养	心动悸，脉结、代，胸闷气短，面色萎黄，神疲乏力，舌质淡	补益心之气血阴阳	炙甘草汤
水气凌心证	水饮内停，上凌于心，阻遏心阳	心下悸，可伴见胸脘痞闷，短气喘息，咳吐痰涎，恶心呕吐等症，苔白腻，脉弦滑	蠲饮通阳，降逆定悸	半夏麻黄丸

第二节 胸痹（心痛）病

一、胸痹（心痛）病概说

（一）含义

胸痹，“胸”指胸膺部；“痹”者，闭也，闭塞不通之意，不通则痛。可见胸痹是以病位和病机命名，以胸膺部满闷不舒，甚则胸痛彻背为主症的一种疾病。

心痛，是心前区疼痛和胃脘部疼痛的统称，是以病位和症状命名的。心前区疼痛，为心之本脏自病，病情相对较重或危重，如《灵枢·厥论》篇云：“真心痛，手足青至节，心痛甚，旦发夕死，夕发旦死。”一般将其归属于胸痹范畴。胃脘痛（亦称胃心痛、心痛），即胃脘部正当心窝处疼痛。

（二）病因病机

【原文汇要】师曰：夫脉当取太过不及，阳微阴弦，即胸痹而痛，所以然者，责其极虚也。今阳虚知在上焦，所以胸痹、心痛者，以其阴弦故也。（《金匮要略》九.1）

平人无寒热，短气不足以息者，实也。（《金匮要略》九.2）

【病机分析】以“阳微阴弦”之脉象论述胸痹、心痛的病机。“阳微”，指关前之寸脉微，是上焦阳气不足，胸阳不振之象；“阴弦”，指关后之尺脉弦，为下焦（亦有在中焦者，如第3条）阴寒太盛，痰浊水饮内停之征。“阳微”与“阴弦”并见，说明胸痹、心痛的病机是上焦阳虚，阴邪上乘，胸阳痹阻，邪正相搏而成，本虚而标实。

（三）辨证要点

1. 辨病位　胸痹病的发生，见胸满、喘息咳唾、胸背痛，或心痛彻背，其病位在胸，涉及背部；有的可扩展到胃脘与两胁。

2. 辨轻重　轻者仅见“胸中气塞（胸闷之意）、短气”；重者则见“不得（平）卧，心痛彻背”。

3. 辨急缓　胸痹病大多呈急性发作，心胸剧痛，病势急迫；有的仅有气短、乏力、畏寒怕冷等症，此多为平素病情缓解期，病势轻缓。

4. 辨虚实　胸痹病为虚实夹杂之证。其急性发作时，多偏重于标实之证；而当其处于病情缓解期，则偏重于本虚之证。

（四）与相关病证的鉴别

胸痹与相关病证的鉴别见表9－2－1。

表9－2－1　胸痹与悬饮、肺痈、胃脘痛、胆系疾病鉴别表

	病位	临床特点
胸痹	胸部，涉及背及胃脘部	胸膺满闷不舒，短气，甚则胸痛放射至背或胃脘部，疼痛较剧，呈发作性，伴喘息咳唾、不得平卧
悬饮	胸胁	胸胁胀痛持续不解，咳唾、转侧或深呼吸时疼痛加重，并有咳嗽、咳痰等肺系症状
肺痈	胸	发热，咳嗽，咳即胸中隐痛，咳腥臭脓痰或脓血
胃脘痛	胃脘	胸痹病胸痛可放射至胃脘部，其不典型者疼痛可在胃脘，而易与胃脘痛混淆；但胃脘痛的疼痛多在食后或饥饿时，且多伴嗳气、呃逆、反酸等症
胆系疾病	右胁	疼痛以右胁肋部为主，可放射至右肩背部及胃脘，呈阵发性发作（常因进食油腻之物、生气、劳累、感冒而诱发），多伴发热、口苦、恶心、呕吐等症

（五）治疗原则

先祛邪以治其标，后扶正以治其本。在其急性发作时，偏于标实之证，多用通阳宣痹、豁痰化饮、降气散结、活血化瘀等祛邪之法；在其病情缓解期，则偏于本虚之证，多用温阳益气等扶正之法。

二、胸痹病的辨证论治

（一）痰饮壅塞证

【原文汇要】胸痹之病，喘息咳唾，胸背痛，短气，寸口脉沉而迟，关上小紧数，瓜蒌薤白白酒汤主之。（《金匮要略》九.3）

胸痹不得卧，心痛彻背者，瓜蒌薤白半夏汤主之。（《金匮要略》九.4）

胸痹，胸中气塞，短气，茯苓杏仁甘草汤主之……（《金匮要略》九.6）

【辨证要点】胸闷，短气，胸痛彻背，伴喘息咳唾，甚则不能平卧，舌质淡胖，苔白厚腻，寸部脉沉而迟，关部脉小紧或弦滑。

【证候分析】见表9－2－2。

表9－2－2　痰饮壅塞证证候分析表

主症	病机分析
寸部脉沉而迟	上焦阳气虚，胸阳不振
关部脉小紧或弦滑	中焦有停饮，阴寒内盛
胸闷（胸中气塞），心痛彻背	寒饮上乘，阻遏胸阳，胸背之气痹阻不通
短气，喘息咳唾，甚则不能平卧	寒饮上乘，气机阻滞，肺气失于宣降
舌质淡胖，苔白厚腻	痰饮内盛

【基本病机】胸阳不振，内停于中焦或下焦之痰饮上乘，胸阳被遏而闭塞不通，肺气失于宣降，气机阻滞而成胸痹。

【治法】痰浊壅塞较轻者当宣痹通阳，豁痰下气；痰浊壅塞较盛者兼以逐饮降逆；饮阻气滞之胸痹轻证，治当宣肺化饮。

【方药】一般用瓜蒌薤白白酒汤；痰浊壅盛者用瓜蒌薤白半夏汤；饮阻气滞之胸痹轻证用茯苓杏仁甘草汤。

瓜蒌薤白白酒汤方：

瓜蒌实一枚（捣）　薤白半斤　白酒七升

瓜蒌薤白半夏汤方：

瓜蒌实一枚（捣）　薤白三两　半夏半升　白酒一斗

茯苓杏仁甘草汤方：

茯苓三两　杏仁五十个　甘草一两

（二）气机阻滞证

【原文汇要】胸痹心中痞，留气结在胸，胸满，胁下逆抢心，枳实薤白桂枝汤主之……（《金匮要略》九.5）

胸痹，胸中气塞，短气……橘枳姜汤主之。（《金匮要略》九.6）

【辨证要点】喘息咳唾，胸痛背，胸满，短气，胃脘部痞满，自觉胁下有气上冲心胸，伴腹胀、大便不畅。其轻者仅见胸中气塞、短气。

【证候分析】见表9－2－3。

表9－2－3　气机阻滞证证候分析表

主症	病机分析
喘息咳唾，胸痛背	痰浊上乘，胸阳痹阻
胸满，短气	气结在胸，肺气不利
胃脘部痞满	胃脘气机痞塞
胁下气逆上冲心胸	气机升降失常
腹胀，大便不畅	气机阻滞，腹气壅塞
若仅见胸中气塞、短气	气滞饮停

【基本病机】素体胸阳不足，加之饮食不当或情志失调而伤及脾胃，脾胃失于健运转输，则致痰浊上乘，胸阳痹阻，气机阻滞而成。本证的病变部位，向上邪气逆于心胸，向下扩展至胃脘与两胁。病情偏重于实证。第6条所述为气滞饮停的胸痹轻证。

【治法】急则治其标，当通阳宣痹，泄满降逆。若为气机阻滞之轻证当行气化饮。

【方药】方用枳实薤白桂枝汤，轻证用橘枳姜汤。

枳实薤白桂枝汤方：

枳实四枚　厚朴四两　薤白半斤　桂枝一两　瓜蒌一枚（捣）

橘枳姜汤方：

橘皮一斤　枳实三两　生姜半斤

【方证鉴别】橘枳姜汤方证与茯苓杏仁甘草汤证均以胸中气塞、短气为主症，病机皆为饮阻气滞，但前方证偏饮阻于肺，后方证偏气滞于胃，故用两方治之，此为同病异治之例。

（三）寒湿痹阻证

【原文汇要】胸痹缓急者，薏苡附子散主之。（《金匮要略》九.7）

【辨证要点】据“胸痹”二字和方义分析，主症为胸背疼痛或心痛彻背，时作时止，喘息咳唾，短气，伴四肢不温或拘挛、面色苍白，舌质淡，苔白而滑，脉沉迟。

【证候分析】见表9－2－4。

表9－2－4　寒湿痹阻证证候分析表

主症	病机分析
发则胸背疼痛或心痛彻背，病势急迫	阳气不足，寒湿内盛，阻闭胸阳
缓则诸症显减	邪正相争，互有胜负
喘息咳唾，短气	肺气不利
四肢不温或拘挛	阳气不足，寒湿浸渍筋脉
面色苍白	阳气虚失于温煦
舌淡，苔白而滑，脉沉迟	阳气不足，寒湿内盛

【基本病机】阳气不足，寒湿内盛，阻闭胸阳。

【治法】温阳散寒，除湿止痛。

【方药】薏苡附子散。

薏苡附子散方：

薏苡仁十五两　大附子十枚（炮）

（四）脾胃阳虚证

【原文汇要】胸痹心中痞，留气结在胸，胸满，胁下逆抢心……人参汤亦主之。（《金匮要略》九.5）

【辨证要点】胸背痛（痛势较缓），胸满，短气，胃脘痞满，胁下气逆上冲心胸，兼见四肢不温、倦怠少气、大便溏泄，舌淡苔白，脉沉迟无力。

【证候分析】见表9－2－5。

表9-2-5 脾胃阳虚证证候分析表

主症	病机分析
胸背痛(痛势较缓),胸满,短气	胸阳不振,中阳虚弱,寒凝气滞,阻闭胸阳
胃脘痞满,胁下气逆上冲心胸	中阳虚衰,气机失调
四肢不温,倦怠少气,大便溏泄	脾胃运化无力,气血生化不足
舌淡苔白,脉沉迟无力	阳气虚弱

【基本病机】胸阳不振,中阳亏虚,寒凝气滞,痹阻胸阳。

【治法】缓则治其本,当温补中阳、健脾和胃。

【方药】人参汤(即理中汤)。

人参汤方:

人参　甘草　干姜　白术各三两

【方证鉴别】本方证与枳实薤白桂枝汤证,病机、主症、病位等皆有相似之处,但二者病性有偏虚、偏实之异,病势有缓、急之别,病情有轻、重之分,故治疗立补、通两法。充分体现了张仲景对《内经》急则治标、缓则治本、虚则补之、实则泻之治疗原则的灵活运用。现将两方证鉴别如表9-2-6。

表9-2-6 枳实薤白桂枝汤证与人参汤证鉴别表

		枳实薤白桂枝汤证	人参汤证
相同点		病机皆有胸阳不振,寒气凝滞,气结在胸,本虚标实;主症均见胸满、胸痛、心下痞满、胁下之气上冲心胸;病位由胸部扩展至胃脘两胁	
不同点	病机	痰浊壅塞,气滞不通	中阳虚衰,气机不运
	病性	偏于实证	偏于虚证
	兼症	腹胀,大便不畅,舌苔厚腻,脉弦紧或弦滑	四肢不温,神疲乏力,少气懒言,便溏,舌淡,脉沉弱而迟
	治法	宣痹通阳,泄满降逆	温中益气,扶助中阳
	药物	瓜蒌,薤白,枳实,厚朴,桂枝	人参,甘草,干姜,白术

附:心痛(胃脘痛)证治

(一)寒饮气逆证

【原文汇要】心中痞,诸逆心悬痛,桂枝生姜枳实汤主之。(《金匮要略》九.8)

【辨证要点】心中痞、心悬痛(胃脘痞满而牵引作痛),气逆抢心,胸满,干呕,舌淡苔白滑,脉沉弦或弦滑。

【证候分析】见表9-2-7。

表9-2-7 寒饮气逆证证候分析表

主症	病机分析
心中痞,心悬痛,胸满	寒饮停聚于心下,上逆心胸,气机痞塞
气逆抢心,干呕	胃失和降,寒饮随胃气上逆
舌淡苔白滑,脉沉弦或弦滑	寒饮内停

【基本病机】寒饮停聚于心下，上逆心胸，气机痞塞。

【治法】温化水饮，下气降逆。

【方药】桂枝生姜枳实汤。

桂枝生姜枳实汤方：

桂枝　生姜各三两　枳实五枚

【方证鉴别】本方证与枳实薤白桂枝汤证、橘枳姜汤证皆有相似之处，兹作如下鉴别（表9-2-8，表9-2-9）。

表9-2-8　桂枝生姜枳实汤证与枳实薤白桂枝汤证鉴别表

		桂枝生姜枳实汤证	枳实薤白桂枝汤证
相同点		皆有痰饮内停、气机不畅的病机和心中痞、胸满、气逆之症状，都用桂枝、枳实通阳消痞	
不同点	病机	痰饮中阻，上逆心胸，气机痞塞（由胃脘上及心胸）	痰浊上乘阳位，气滞较甚（病由胸扩展至胃脘及两胁）
	主症	心中痞，心悬痛，胸满，气逆，干呕	胸痹（喘息咳唾，胸背痛，短气），兼见心中痞、胸满、胁下逆抢
	治法	温化水饮，下气降逆	宣痹通阳，泄满降逆
	药物	生姜	瓜蒌，薤白，厚朴

表9-2-9　桂枝生姜枳实汤证与橘枳姜汤证鉴别表

		桂枝生姜枳实汤证	橘枳姜汤证
相同点		皆有饮停于胃、气机不利之病机和胸满症状，均用枳实、生姜下气除满、化饮降逆	
不同点	病证名	寒饮气逆之心（胃）痛证	气滞饮阻之胸痹轻证
	病机	中阳不足，胃气夹寒饮上逆心胸，气机痞塞	饮停于胃，气滞偏盛，胸中气机不利
	主症	心中痞，心悬痛，气逆抢心，干呕气塞，兼胸满	胸中气塞（胸部满闷）、短气，兼心下痞满
	治法	温化水饮，下气降逆	行气化饮，和胃降逆
	药物	桂枝	橘皮

（二）阴寒痼结证

【原文汇要】心痛彻背，背痛彻心，乌头赤石脂丸主之。（《金匮要略》九.9）

【辨证要点】除“心痛彻背，背痛彻心”（胃脘部与背部疼痛相互牵引，痛势剧烈）外，以方测证，当有四肢厥冷、冷汗自出、面色苍白、口唇青紫、舌淡苔白、脉沉迟或沉紧等症。

【证候分析】见表9-2-10。

表9-2-10　阴寒痼结证证候分析表

主症	病机分析
心痛彻背，背痛彻心（胃脘与背部相互牵引疼痛）	阳气虚衰，阴寒痼结于胃脘及背部、充斥于内外脏腑经络，寒气攻冲，阳气痹阻
四肢厥冷	阳气虚不达四末
面色苍白，口唇青紫	阳气虚温煦失司
冷汗自出	阳气虚阴津失其固摄

【基本病机】阳气虚衰，阴寒痼结，寒气攻冲，阳气痹阻不通。

【治法】温阳散寒，峻逐阴邪。

【方药】乌头赤石脂丸。

乌头赤石脂丸方：

蜀椒一两一法二分。 乌头一分（炮） 附子半两（炮）一法一分。 干姜一两一法一分。 赤石脂一两一法二分。

上五味，末之，蜜丸如桐子大，先食服一丸，日三服。不知，稍加服。

【方证鉴别】乌头赤石脂丸证与瓜蒌薤白半夏汤证均有“心痛彻背”之症，但其病机、病位、病势和治疗均有所不同（表 9－2－11）。

表 9－2－11 乌头赤石脂丸证与瓜蒌薤白半夏汤证鉴别表

	乌头赤石脂丸证	瓜蒌薤白半夏汤证
病名	心痛（胃痛）	胸痹
病机	阴寒痼结，寒气攻冲	胸阳不振，痰浊壅塞
病位	偏于下（胃脘）	偏于上（心胸）
病情	极重，病势急迫	较重，病势相对稍缓
主症	心痛彻背，背痛彻心（胃脘与背相互牵引疼痛）四肢厥冷，冷汗自出	心痛彻背（痛由心胸通达背部），喘息咳唾，不得平卧，短气
治法	温阳散寒，峻逐阴邪	宣痹通阳，逐饮降逆

小结

胸痹病证治小结见表 9－2－12。

表 9－2－12 胸痹病证治小结表

	病因病机	主症	治法	方药
痰饮壅塞	胸阳不足，痰饮上乘，胸阳被遏，气机痞塞	胸闷、短气、胸痛彻背，伴喘息咳唾，甚则不能平卧，舌淡苔白腻，脉沉迟或弦滑；轻证仅见胸闷、短气而无胸痛	宣痹通阳豁痰下气	一般用瓜蒌薤白白酒汤；重证用瓜蒌薤白半夏汤；轻证用茯苓杏仁甘草汤
气机阻滞	痰饮上乘，胸阳痹阻，气机阻滞，病变由胸扩展至胃脘、两胁	重者胸痛彻背，胸满，短气，胃脘痞满，自觉胁下有气上冲心胸，伴腹胀、大便不畅，舌苔厚腻，脉弦紧，轻者胸闷、短气，可兼心下痞满、呕吐等	重者通阳宣痹，泄满降逆；轻者行气化饮	重者用枳实薤白桂枝汤；轻者用橘枳姜汤
寒湿痹阻	阳气不足，寒湿内盛，痹阻胸阳	胸背剧痛，喘息咳唾，四肢不温，面色苍白，舌淡苔滑，脉沉迟	温阳散寒除湿止痛	薏苡附子散
脾胃阳虚	胸阳不振，中阳亏虚，寒凝气滞	胸闷、短气、胸背痛（痛势较缓），伴胃脘痞满、四肢不温、倦怠少气，舌淡，脉沉迟无力	温补中阳健脾和胃	人参汤

心痛(胃脘痛)病证治小结见表 9－2－13。

表 9－2－13　心痛(胃脘痛)病证治小结表

	病因病机	主症	治法	方药
寒饮气逆	中阳不足饮,停心下,上逆心胸	胃脘痞满而牵引作痛,胸满,干呕,舌淡苔白滑,脉沉弦或弦滑	温化水饮下气降逆	桂枝生姜枳实汤
阴寒痼结	阳气虚弱,阴寒痼结,寒气攻冲	心痛彻背,背痛彻心(胃脘与背疼痛相互牵引,痛势剧烈),伴四肢厥冷,冷汗出,面白唇青,舌淡苔白,脉沉迟或沉紧	温阳散寒峻逐阴邪	乌头赤石脂丸

第三节　肺　痿　病

一、肺痿病概说

(一) 含义

肺痿,是由某些原因致肺脏气津耗伤而肺气痿弱不振,临床以咳吐浊唾涎沫为特点的一种慢性虚损性疾患。其是根据病位、病机命名的。

(二) 辨证要点

当据脉症等辨清其虚热与虚寒属性。虚热性肺痿因阴液亏耗,虚热内生,虚火灼肺而成,咳吐浊唾涎沫,其质较黏稠,不易咯出,口干咽燥,脉数而无力;虚寒性肺痿因肺中虚冷,阳虚不能化气布津而成,口中有清稀涎唾,量多易咯,口不渴,形寒肢冷,脉沉迟或沉细无力。

(三) 与相关病证的鉴别

肺痿与相关病证的鉴别见表 9－3－1。

表 9－3－1　肺痿与肺痈、肺痨、咳嗽上气病鉴别表

	临床表现	相互关系
肺痿	以咳吐浊唾涎沫为主症,病属虚证,有虚热证与虚寒证之分	
肺痈	以发热,咳则胸痛,继之咳痰腥臭,甚则咯吐脓血,脉数有力为主症;病性属实证;病情演变可分为表证期、酿脓期和溃脓期	若失治、误治,日久不愈耗伤肺之气阴则可转为肺痿
肺痨	以咳嗽、咯血、潮热、盗汗为主症	日久不愈亦可转为肺痿
咳嗽上气	以咳嗽气喘、不能平卧,或喉中有痰鸣声为主症,伴外感风寒或风热症状	

(四) 治疗原则

以扶正补虚为原则,虚热性者治以养阴清热、益气生津;虚寒性者治以温养阳气。

二、肺痿病的辨证论治

(一) 虚热性(阴虚火旺)

【原文汇要】问曰:热在上焦者,因咳为肺痿。肺痿之病,从何得之?师曰:或从汗出,或从呕

吐，或从消渴，小便利数，或从便难，又被快药下利，重亡津液，故得之。

曰：寸口脉数，其人咳，口中反有浊唾涎沫者何？师曰：为肺痿之病。若口中辟辟燥，咳即胸中隐隐痛，脉反滑数，此为肺痈，咳唾脓血。

脉数虚者为肺痿，数实者为肺痈。（《金匮要略》七.1）

【基本病机】素体阴津不足，虚火内生；或外感病发汗太过；或因杂病消渴，小便频数；或因热病大便难而过用峻下之剂，等等；使津液重伤，虚热内生，虚火上炎，熏灼于肺，气逆久咳，耗伤肺气，肺气痿弱不振而成肺痿。

其以阴津亏耗，虚热内生，虚火灼肺，气阴两伤，肺气痿弱不振为基本病机。

【辨证要点】咳吐浊唾或涎沫，口干，咽喉干燥不利，气急喘促，舌红少苔，脉数或细数无力。

【证候分析】见表 9-3-2。

表 9-3-2 虚热性肺痿证候分析表

主症	病机分析
咳吐浊唾或涎沫，气急喘促	津伤生热，虚火灼肺，炼液为痰，肺失清肃，肺气痿弱，肺气上逆
口干，咽喉干燥不利	津伤失润，肺气痿弱，津液失于敷布
舌红少苔，脉数或细数无力	阴虚生热，气阴两伤

【治法】养阴清热，润肺止咳。

【方药】麦门冬汤，或清燥救肺汤。

麦门冬汤方：

麦门冬七升　半夏一升　人参三两　甘草二两　粳米三合　大枣十二枚

清燥救肺汤方见第六章第二节。

（二）虚寒性（肺中虚冷）

【原文汇要】肺痿吐涎沫而不咳者，其人不渴，必遗尿，小便数，所以然者，以上虚不能制下故也。此为肺中冷，必眩，多涎唾，甘草干姜汤以温之。若服汤已渴者，属消渴。（《金匮要略》七.5）

【辨证要点】咳吐涎沫，其质清稀量多，不咳，口不渴，头晕目眩，形寒肢冷，小便频数甚则遗尿，舌质淡润，苔白，脉沉迟或沉细。

【证候分析】见表 9-3-3。

表 9-3-3 虚寒性肺痿证候分析表

主症	病机分析
咯吐涎沫，其质清稀量多	上焦阳虚不能化气，肺气虚寒不能摄津布津
不咳，口不渴	上焦虚寒，肺冷气阻而无力上逆
头晕目眩	肺气虚寒，清阳不升，清窍失养
形寒肢冷	素体阳气不足（如脾阳虚或肾阳虚）
小便频数甚则遗尿	肺气虚治节不用，不能制约下焦膀胱
舌质淡润，苔白，脉沉迟	阳气不足

【基本病机】阳气不足，肺中虚冷，不能布津摄津；治节不用，不能制约下焦膀胱，而成肺痿之虚寒证。

【治法】温肺复气。

【方药】甘草干姜汤。

甘草干姜汤方见第七章第五节。

小结

肺痿病证治小结见表9－3－4。

表9－3－4 肺痿病证治小结表

	病因病机	主症	治法	方药
虚热性（阴虚火旺）	阴津耗伤 虚火灼肺	咳吐浊唾，口干咽燥，舌红少苔，脉数而无力	养阴清热	麦门冬汤
虚寒性（肺中虚冷）	阳气亏虚 肺气虚寒	咳吐清稀涎沫，口不渴，头眩，小便频数或遗尿，舌淡苔白，脉沉迟	温肺复气	甘草干姜汤

第四节 肺 痈 病

一、肺痈病概说

（一）含义

肺痈，是肺脏某一局部生疮形成痈肿脓疡的一种疾病，临床以发热、咳嗽、胸痛、咳吐腥臭脓痰，甚则咳吐脓血为特征。本病多因风热毒邪犯肺，蕴结不解，壅滞肺络，热壅血瘀，以致血败肉腐而化脓成痈。其病理演变和临床表现一般可分为表证期、酿脓期和溃脓期三个阶段。

（二）辨证要点

1. 辨病期 《金匮要略》对肺痈的病因、病理演变过程和病期等都作了较详细的论述。

【原文汇要】问曰：病咳逆，脉之何以知此为肺痈？当有脓血，吐之则死，其脉何类？师曰：寸口脉微而数，微则为风，数则为热；微则汗出，数则恶寒。风中于卫，呼气不入；热过于营，吸而不出。风伤皮毛，热伤血脉。风舍于肺，其人则咳，口干喘满，咽燥不渴，多唾浊沫，时时振寒。热之所过，血为之凝滞，蓄结痈脓，吐如米粥。始萌可救，脓成则死。（《金匮要略》七．2）

【证候分析】

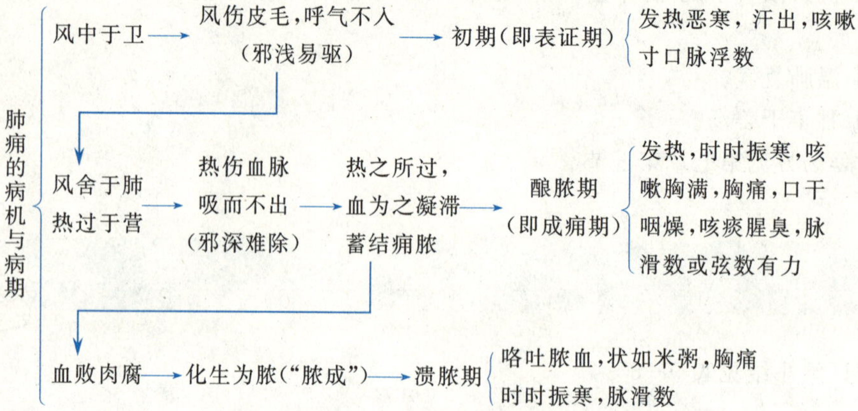

2. 辨病性　肺痈初期及酿脓阶段，邪气犯及肺卫或蓄结壅滞于肺，邪气亢盛，正气不虚，属实证、热证；溃脓之后，大量腥臭脓痰或脓血排出，身发热随之渐退，咳嗽亦减轻，但常伴有胸胁隐痛、短气自汗、面色不华、消瘦乏力，脉细数无力，则多属虚实夹杂之证。

3. 辨痰浊　发热、胸痛、咳嗽、气喘、咳出浊痰等症，许多外感病中皆可出现，那么，如何辨其是否属肺痈？除着重从起病急骤、发展迅速、热势高亢、咳痰量多而气味腥臭等辨别为肺痈外，还可结合对痰浊的细致观察加以分辨：沉者是痈脓，浮者是痰。

（三）与相关病证的鉴别

1. 感冒风热证　肺痈初期与感冒风热证皆可见发热恶寒、咳嗽、脉浮数等，但后者表证症状较重，伴见头痛、肢体酸楚、鼻塞、鼻流黄浊涕、咽燥，或咽喉乳蛾红肿疼痛等；而前者肺热症状显著，热势较高，胸痛、咳时尤甚，呼吸不利，咳痰稍黏而量渐多，脉浮数而滑。

2. 痰饮咳嗽病　痰饮咳嗽病有咳嗽、咳逆倚息、咳痰量多等症易与肺痈相混，但痰饮咳嗽病病程长、起病缓慢、可反复发作，不发热或热势不高、痰量虽多但质清稀而无腥臭脓痰及脓血痰；肺痈则起病急，发展快，症状重。

此外，本病还当与虚热性肺痿、肺痨相鉴别，详见第三节肺痿。

（四）治疗原则

清热解毒、散结消痈、化瘀排脓为治疗肺痈的基本原则。而根据病期的不同，当灵活采取相应的治法，即初期疏风解表，清肺解毒；酿脓期应清热解毒，散结化痰，活血消痈；溃脓期应化瘀排脓解毒，日久若兼气阴不足者可配益气养阴之品。

张仲景指出“始萌可救，脓成则死”，是强调肺痈应争取早期治疗的重要性。

二、肺痈病的辨证论治

（一）痰热壅肺（酿脓期）

【原文汇要】肺痈，喘不得卧，葶苈大枣泻肺汤主之。（《金匮》七.11）

肺痈胸胀满，一身面目浮肿，鼻塞清涕出，不闻香臭酸辛，咳逆上气，喘鸣迫塞，葶苈大枣泻肺汤主之。方见上，三日一剂，可至三四剂，此先服小青龙汤一剂乃进。小青龙方见咳嗽门中。（《金匮要略》七.15）

【辨证要点】发热，胸胀满或胸痛，咳吐浊痰，喘鸣迫塞，不得平卧，脉数有力。或见鼻塞清涕出，不闻香臭酸辛，一身面目浮肿。

【证候分析】见表 9－4－1。

表 9－4－1　痰热壅肺证证候分析表

主症	病机分析
发热，胸胀满或胸痛	风热毒邪入里，热蕴于肺
咳吐浊痰，喘鸣迫塞，不得平卧	痰热壅肺，肺气闭郁，气机上逆
脉数有力	邪热亢盛
或见鼻塞清涕出，不闻香臭酸辛	外邪犯表，肺窍不利
一身面目浮肿	肺气闭郁，宣降失司，水气逆行

【基本病机】热蕴于肺，灼津成痰，痰热交阻，壅遏肺气，肺气闭郁，尚未成脓。

【治法】泻肺逐痰，开宣肺气。

【方药】葶苈大枣泻肺汤。

葶苈大枣泻肺汤方：

葶苈　大枣十二枚

本方为泻肺逐邪之峻剂，适用于肺痈表证已除而脓尚未成，或脓初成而肺气壅闭较甚，邪盛正不虚者。若表证未罢，则宜先解表，表解后再用本方。临证运用时，若热毒炽盛者，可加黄芩、栀子、鱼腥草等以清热泻火解毒；若毒瘀较重者，可加桃仁、赤芍、冬瓜仁等以清热凉血、化瘀消痈。

（二）痈成脓溃（溃脓期）

【原文汇要】咳而胸满，振寒脉数，咽干不渴，时出浊唾腥臭，久久吐脓如米粥者，为肺痈，桔梗汤主之。（《金匮要略》七.12）

【辨证要点】发热，振寒，胸满，咳嗽，咳吐腥臭脓痰或脓血，其脓黏稠形如米粥，咽干不渴，舌红苔黄或黄腻，脉数或滑数。

【证候分析】见表 9－4－2。

表 9－4－2　痈成脓溃证证候分析表

主症	病机分析
发热，振寒，胸满，咳嗽	痰热壅肺，热毒入于肺之营血，肺气不利
咳腥臭脓痰或脓血	热毒痰瘀壅肺，血败肉腐，痈成脓溃
舌红苔黄，脉数或滑数	热毒内盛

【基本病机】热毒痰瘀壅滞于肺，血败肉腐，痈成脓溃。

【治法】排脓解毒。

【方药】桔梗汤。

桔梗汤方：亦治血痹。

桔梗一两　甘草二两

临床可原方应用；若病情较重，亦可酌加鱼腥草、蒲公英、苇茎等清热解毒排脓之品；咯血者可酌加山栀、藕节炭、白茅根等。《千金》苇茎汤具有清肺化痰、活血排脓的作用，临证亦可选用。

小结

肺痈病证治小结见表 9－4－3。

表 9－4－3 肺痈病证治小结表

	病因病机	主症	治法	方药
痰热壅肺	热蕴于肺，灼津成痰，痰热交阻，壅遏肺气	发热，胸胀满或胸痛，咳吐浊痰喘不得卧，脉数有力	泻肺逐痰	葶苈大枣泻肺汤
痈成脓溃	热毒痰瘀壅滞于肺，血败肉腐，痈成脓溃	发热，振寒，胸满，咳吐腥臭脓痰或脓血，其痰黏稠，形如米粥	排脓解毒	桔梗汤

第五节 咳嗽上气病

一、咳嗽上气病概说

（一）含义

“上气”，是指气逆而喘促，故“咳嗽上气”即咳嗽气喘之意。临床上咳嗽与气喘多并见，故常将二者并称，但其具体证候又有主次不同。咳嗽、气喘，既是症状，见于多种疾病之中，又可作为独立的证候。

本节所言“咳嗽上气”，以饮邪内停、风寒或风热邪气外束，肺气不利为病因病机，以咳嗽、气喘、不能平卧，或喉中有痰鸣声为临床特征。《金匮要略》的咳嗽上气病，包括了后世的咳嗽、哮证和喘证。

（二）辨证要点

1. 辨虚实 “上气面浮肿，肩息，其脉浮大，不治，又加利尤甚”（《金匮要略》七.3）；“上气喘而躁者，属肺胀，欲作风水，发汗则愈”（《金匮要略》七.4）。此为张仲景辨咳嗽上气病虚、实证之论。虚者多为肾气亏虚，或肺肾、脾肾虚弱，肾不纳气，则咳喘声低息微，张口抬肩呼吸，呼多吸少，神疲气怯，脉浮大无根；或为肺胃阴虚，虚火上炎所致，则见咳嗽、气喘、咽喉干燥不利等症。实证的证型较多，若痰浊壅肺，则以咳喘痰多，其痰稠黏如胶，呼吸困难，不能平卧为主症；内饮外寒，肺气胀满则见咳嗽、气喘、烦躁等症；寒饮郁肺，则以咳喘、喉中痰鸣如水鸡声为主症。

2. 辨寒热 要辨清其寒热之在表、在里；是单纯的寒证、热证，还是寒热夹杂证。咳嗽上气因肺胃阴虚的属虚热证；寒饮郁肺者为表里俱寒证。此外，还有因外感风寒之邪，内有饮邪，郁热犯肺所致者，以咳喘、胸满、烦躁、脉浮为主症；有外感风热，内有水饮，饮热郁肺较甚者，以咳喘、烦躁、口渴、舌苔黄、脉浮大或脉数为主症。

3. 辨哮喘 哮证与喘证皆可见气息喘促，但哮证以发作时喉中哮鸣如水鸡声为临床特点，且可反复发作；而喘证是以呼吸困难，甚则张口抬肩、鼻翼煽动、不能平卧为特征。

4. 辨痰饮　咳吐胶稠黏痰者属痰浊壅肺；咳吐清稀涎沫者为寒饮郁肺。

（三）与相关病证的鉴别

肺痿、肺痈、胸痹、痰饮、水气等病均有咳喘症状，故都应与咳嗽上气病相鉴别(9-5-1)。

表 9-5-1　咳嗽上气病与相关病证鉴别表

	病因病机	临床特点
咳嗽上气	外邪内饮郁阻肺气；或肺阴不足，虚火灼肺	咳嗽、气喘、不能平卧，或喉中痰鸣如水鸡声
肺痿	肺虚内热，虚火灼肺，或肺中虚冷，肺气痿弱不振	咳吐浊唾涎沫
肺痈	风热毒邪犯肺，热壅血瘀，肉腐成脓	发热、咳嗽、胸痛、吐腥臭脓痰甚至吐脓血
胸痹	胸阳不足，痰饮上乘，痹阻胸阳	胸闷、胸背痛，甚则心痛彻背，伴喘息咳唾、短气
痰饮	肺、脾、肾等某一脏腑功能失调，水液内停，聚为痰病	据饮停部位不同而有广、狭义之分，广义分为痰饮（狭义）、悬饮、溢饮和支饮。支饮以咳逆倚息、短气不得卧为主症；悬饮以咳嗽、胸胁疼痛为主症
水气病	水饮内停，外溢肌肤	以头面、肢体浮肿为主症，正水亦可见咳嗽症状

（四）治疗原则

实证当祛邪宣肺，降逆下气；虚证当扶正益气或养阴。

二、咳嗽上气病的辨证论治

（一）寒饮郁肺证

【原文汇要】咳而上气，喉中水鸡声，射干麻黄汤主之。(《金匮要略》七.6)

【辨证要点】咳嗽气喘，咳清稀白痰，喉中痰鸣如水鸡声，胸闷，伴微恶寒发热、头身疼痛、无汗等症，舌苔白滑，脉浮紧或浮弦。

【证候分析】见表 9-5-2。

表 9-5-2　寒饮郁肺证证候分析表

主症	病机分析
咳嗽气喘，咳清稀白痰	寒饮郁肺，肺失宣降
喉中痰鸣如水鸡声	痰饮阻于气道，呼吸之气触动痰饮
胸闷	肺气壅滞
微恶寒发热，头身疼痛，无汗	风寒邪气束表，营阴郁滞
舌苔白滑，脉浮紧或浮弦	外感风寒，内有水饮

【基本病机】素有水饮内停，外感风寒，外邪引动内饮而致寒饮郁肺，肺失宣降，气逆而上。

【治法】散寒化饮，宣肺降逆。

【方药】射干麻黄汤。

射干麻黄汤方：

射干十三枚一法三两。 麻黄四两 生姜四两 细辛 紫菀 款冬花各三两 五味子半升 大枣七枚 半夏(大者洗)八枚一法半升。

(二) 痰浊壅肺证

【原文汇要】咳逆上气,时时吐浊,但坐不得眠,皂荚丸主之。(《金匮要略》七.7)

【辨证要点】咳嗽气喘,胸闷,不能平卧,频吐浊痰黏稠如胶,咳吐不爽,舌苔滑腻,脉弦滑。

【证候分析】见表9-5-3。

表9-5-3 痰浊壅肺证证候分析表

主症	病机分析
咳嗽气喘	肺气失于宣降
频吐浊痰黏稠如胶,咳吐不爽	痰浊壅盛,肺气闭郁,痰浊随逆气上犯
胸闷,不能平卧	肺气壅滞
舌苔滑腻,脉弦滑	痰浊内盛

【基本病机】痰浊壅盛,肺气闭郁,气机壅塞,气逆痰涌。

【治法】宣壅导滞,利窍涤痰。

【方药】皂荚丸。

皂荚丸方:

皂荚八两(刮去皮,用酥炙)

上一味,末之,蜜丸梧子大,以枣膏和汤服三丸,日三夜一服。

本方证稠痰黏肺,病势急迫,有可能出现痰壅气闭之危,非一般化痰之品所能除,故用除痰之力最猛的皂荚涤痰开闭,但因其药性较猛,且有微毒,故当遵照仲景用法。

【方证鉴别】皂荚丸证与射干麻黄汤证皆治痰饮犯肺之咳嗽上气证,但病因有痰与饮,病情有轻与重,病势有缓与急之异。兹列表对比如下(表9-5-4)。

表9-5-4 皂荚丸证与射干麻黄汤证鉴别表

		皂荚丸证	射干麻黄汤证
相同点		病位均在肺,皆有痰饮壅肺、肺失宣降、气机不利之病机,都有咳喘、胸满、咳痰之症	
不同点	病因病机	痰浊壅盛,肺气闭郁	寒饮郁肺,风寒束表
	主症	频吐浊痰黏稠如胶,咳吐不爽,不能平卧,舌苔滑腻,脉弦滑	喉中痰鸣如水鸡声,痰质清稀易咳,无不得卧,兼见微恶寒身痛,苔白滑,脉浮紧
	治法	宣壅导滞,利窍涤痰	散寒化饮,宣肺降逆
	方药	皂荚丸	射干麻黄汤

(三) 寒饮夹热证

【原文汇要】咳而脉浮者,厚朴麻黄汤主之。(《金匮要略》七.8)

肺胀,咳而上气,烦躁而喘,脉浮者,心下有水,小青龙加石膏汤主之。(《金匮要略》七.14)

【辨证要点】咳嗽,气喘,胸满,喉中痰鸣,咽喉不利,倚息不得平卧,烦躁,脉浮;后一方证兼见恶寒发热、头身疼痛、无汗、脉浮紧等症。

【证候分析】见表 9-5-5。

表 9-5-5 寒饮夹热证证候分析表

主症	病机分析
咳嗽，气喘，胸满，倚息不得平卧	饮热迫肺，肺气上逆
喉中痰鸣，咽喉不利	痰阻气道，肺气不利
烦躁	郁热扰及心神
脉浮	病势趋表，病位偏上
恶寒发热，头身疼痛，无汗，脉浮紧	外感风寒，邪气束表

【基本病机】素有寒饮内伏，部分饮邪郁久化热，饮热迫肺，肺气上逆；后一方证是在此基础上，又兼感风寒之邪而成。

【治法】散寒化饮，宣肺平喘，兼清郁热，有表证者兼以解表。

【方药】厚朴麻黄汤，或小青龙加石膏汤。

厚朴麻黄汤方：

厚朴五两　麻黄四两　石膏如鸡子大　杏仁半升　半夏半升　干姜二两　细辛二两　小麦一升　五味子半升

小青龙加石膏汤方：《千金》证治同，外更加胁下痛引缺盆。

麻黄　芍药　桂枝　细辛　甘草　干姜各三两　五味子　半夏各半升　石膏二两

【方证鉴别】厚朴麻黄汤证与小青龙加石膏汤证皆为寒饮夹热之咳喘证，两方同用麻黄、石膏、半夏、干姜、细辛、五味子。所不同者，前一方用厚朴、杏仁、小麦，说明其治偏重于泄满降逆，其证偏于饮闭肺气，胸满、喘息之症较著；而后一方用桂枝、芍药、甘草，说明其证兼外感风寒表证，临床则兼见恶寒、发热、无汗等症。

厚朴麻黄汤证与射干麻黄汤证皆为寒饮郁肺之咳喘，均以散寒化饮、宣肺降逆为基本治法，皆用麻黄、细辛、半夏。而前者寒饮郁闭肺气并兼郁热，胸满、喘息之症较甚且兼烦躁，治偏泄满降逆兼清郁热；后者系寒饮郁闭肺气，气道不利，兼风寒束表，以咳喘、喉中痰鸣如水鸡声为主症，兼见微恶寒、身痛等表证症状，治偏祛痰利气兼解表散寒。

（四）饮盛迫肺证

【原文汇要】脉沉者，泽漆汤主之。（《金匮要略》七.9）

【辨证要点】咳嗽，气喘，胸满，身重而肿，小便不利，舌苔白腻而滑，脉沉。

【证候分析】本条紧承第 8 条“咳而脉浮……”，论述水饮内盛，上迫于肺的咳嗽上气证证治（表 9-5-6）。

表 9-5-6 饮盛迫肺证证候分析表

主症	病机分析
咳嗽，气喘，胸满	水饮内停，上逆迫肺，肺失宣降
小便不利	饮邪内阻，水道不畅
身重而肿	水饮外溢肌肤
舌苔白腻而滑，脉沉	饮邪内结，病位偏里

【基本病机】脾虚失运，水饮内停，水道不利，饮邪日盛，上逆迫肺，肺失宣降。

【治法】逐水通阳，化饮降逆，兼以益气清热。

【方药】泽漆汤。

泽漆汤方：

半夏半升 紫参五两一作紫菀。 泽漆三斤(以东流水五斗，煮取一斗五升) 生姜五两 白前五两 甘草 黄芩 人参 桂枝各三两

(五)饮热迫肺证

【原文汇要】咳而上气，此为肺胀，其人喘，目如脱状，脉浮大者，越婢加半夏汤主之。(《金匮要略》七.13)

【辨证要点】咳嗽，喘促气急，胸中憋闷，目睛胀突如脱出状，发热，心烦，口渴喜冷饮，舌红苔黄，脉浮大有力。

【证候分析】见表9-5-7。

表9-5-7 饮热迫肺证证候分析表

主症	病机分析
咳嗽，喘促气急，胸中憋闷	内有水饮，外感风热，饮热迫肺，肺气胀满
目睛胀突如脱出状	肺气壅逆，咳喘较剧
发热，心烦，口渴喜冷饮	内有郁热，扰心伤津
舌红苔黄，脉浮大有力	内外合邪，饮热郁肺

【基本病机】素有水饮内停，复感风热之邪，外邪引动水饮，水饮夹热上迫于肺，肺失宣降，肺气胀满。

【治法】宣肺泄热，化饮降逆。

【方药】越婢加半夏汤。

越婢加半夏汤方：

麻黄六两 石膏半斤 生姜三两 大枣十五枚 甘草二两 半夏半升

【方证鉴别】越婢加半夏汤证与小青龙加石膏汤证皆为饮邪夹热迫肺之咳喘证，均为表里同病，但有表热表寒之别、郁热轻重之异，现鉴别如表9-5-8。

表9-5-8 越婢加半夏汤证与小青龙加石膏汤证鉴别表

		越婢加半夏汤证	小青龙加石膏汤证
相同点		两方证皆为表里同病、饮邪夹热迫肺之证；主症都有咳喘、烦躁；均用麻黄、石膏、半夏、甘草宣肺清热，化饮降逆	
不同点	病因病机	内有水饮，外感风热，饮热郁肺	内有水饮郁而化热，外感风寒，外邪引动水饮，饮热郁肺
	证候特点	内外俱热，饮热俱重	外寒内饮俱重，郁热较轻
	主症	喘急，目睛胀突如脱出状，咳痰白稠或黄，口渴，舌红苔黄，脉浮大而数	咳痰清稀色白，倚息不得平卧，伴恶寒发热、头身疼痛、无汗、脉浮紧
	治法	宣肺泄热，化饮降逆	解表化饮，清热除烦

续表

		越婢加半夏汤证	小青龙加石膏汤证
不同点	方药	越婢加半夏汤 重用麻黄、石膏发越水气，清宣郁热，两药的用量分别是小青龙加石膏汤的两倍、四倍	小青龙加石膏汤 重用麻黄、桂枝、细辛解表散寒，干姜、半夏、细辛温化寒饮，轻用石膏清泄郁热

（六）阴虚火旺证

【原文汇要】大逆上气，咽喉不利，止逆下气者，麦门冬汤主之。（《金匮要略》七.10）

【辨证要点】咳嗽，气喘，咽喉干燥不利，咳痰不爽，口干，舌红少苔，脉虚数。

【证候分析】见表9－5－9。

表 9－5－9　阴虚火旺证证候分析表

主症	病机分析
咳嗽，气喘，咳痰不爽	肺胃津液耗伤，虚火上炎，熏灼于肺
咽喉干燥不利	虚火熏灼于肺及肺胃之门户，肺失清肃
口干，舌红少苔，脉虚数	阴虚火旺

【基本病机】阴津耗伤，阴虚则火旺，虚火上炎，熏灼于肺及肺胃之门户——咽喉，肺失清肃，肺胃之气俱逆。

【治法】养阴清热，降逆下气。

【方药】麦门冬汤。

麦门冬汤方见本章第三节。

小结

咳嗽上气病证治小结见表9－5－10。

表 9－5－10　咳嗽上气病证治小结表

病因病机		主症	治法	方药
寒饮郁肺	外寒内饮，郁阻肺气	咳嗽气喘，咳痰清稀，喉中痰鸣如水鸡声，伴微恶寒发热、无汗、脉浮紧	散寒化饮 宣肺降逆	射干麻黄汤
痰浊壅肺	痰浊壅盛，肺气闭郁	咳嗽气喘，不得平卧，痰黏如胶，咳唾不爽	宣壅导滞 利窍涤痰	皂荚丸
寒饮夹热	寒饮内伏，郁久化热，饮热迫肺，或兼风寒外束	咳嗽气喘，咳痰清稀，胸满，烦躁，或兼恶寒发热、头身疼痛、无汗	散寒化饮 宣肺平喘 兼清郁热	厚朴麻黄汤，兼表证者用小青龙加石膏汤
饮盛迫肺	脾虚饮停，饮邪日盛，上迫于肺	咳嗽气喘，身重而肿，小便不利	逐水通阳 化饮降逆	泽漆汤
饮热迫肺	水饮内停，复感风热，饮热迫肺	咳嗽，喘促气急，目睛胀突如脱出状，发热，心烦，口渴，舌红苔黄，脉浮大有力	宣肺泄热 化饮降逆	越婢加半夏汤

续表

病因病机		主症	治法	方药
阴虚火旺	肺胃津伤，虚火灼肺，气逆不降	咳嗽气喘，咽喉干燥不利，咳痰不爽，舌红少苔，脉虚数	养阴清热 降逆下气	麦门冬汤

第六节　腹　满　病

一、腹满病概说

（一）含义

腹满有症状与病名双重含义。其作为症状，即腹部胀满，可见于多种疾病之中；作为病名，是指以腹部胀满为主症，多伴有腹痛等症的一种疾病。

（二）与相关病证的鉴别

1. 寒疝　以腹痛为主症，病性属寒，亦可因受寒而诱发。腹满病是以腹部胀满为主症，可伴有腹痛。

2. 胃脘痛　指胃脘部正当心窝处疼痛的一种病症。其又称作心痛，详见本章第二节。

3. 外科腹痛　腹痛剧烈而有定处，压痛明显，多伴有发热，病势急迫。

4. 妇科腹痛　多在小腹部位，其痛大多与经、带、胎、产某一方面有关。

二、腹满病的辨证与治则

（一）虚寒证

【原文汇要】趺阳脉微弦，法当腹满，不满者必便难，两胠疼痛，此虚寒从下上也，当与温药服之。（《金匮要略》十.1）

腹满时减，复如故，此为寒，当与温药。（《金匮要略》十.3）

【辨证要点】腹满时减，复如故，趺阳脉微弦。

“腹满时减，复如故”，为虚寒性腹满的辨证特点之一，若参照本篇第2、13条理解则更为全面。

“不满者必便难，两胠疼痛”，指出了临床亦可见到的另一种情况。同样阴寒内盛，若无腹满，则可能出现大便秘结或两胠（胸胁两旁当臂之处）疼痛之症。脾胃虚寒则中阳不运，肝气上逆则疏泄失职，阴寒之气聚于腹，攻冲不散，下闭阴窍则大便困难，旁攻胠胁则两胠疼痛。

【证候分析】见表9-6-1。

表9-6-1　虚寒证证候分析表

主症	病机分析
腹满时减，复如故	脾胃阳虚，肝寒上逆，寒气凝聚，气机痞塞。寒气得温则散，得寒则复又凝聚
趺阳脉微弦	脾胃阳虚，厥阴肝寒之气从下焦上乘中焦

【基本病机】脾胃阳虚，肝寒上逆。“此虚寒从下上也”之“虚”，是指脾胃阳虚，“寒”代表厥阴肝寒之气，“从下上也”是指肝寒之气从下焦上乘于中焦。

【治法】“当以温药服之”，是针对虚寒性腹满或大便难，或两胠疼痛而提出的治则，临床应据证采用温补或温下之法。

【方药】本条未出方，可据证选用理中汤、附子粳米汤或大黄附子汤等方。

（二）实热证

【原文汇要】病者腹满，按之不痛为虚，痛者为实，可下之。舌黄未下者，下之黄自去。（《金匮要略》十.2）

【辨证要点】腹满拒按，按之则痛，腹满不减，减不足言，大便不通，舌红苔黄。

“病者腹满，按之不痛为虚，痛者为实”，是以腹部切诊法辨别腹满虚实属性的一般方法。但并非绝对依据，如实证腹满之轻者可见不按不痛，若重者是不按自痛，按之满痛更甚；按之痛者亦非皆为实证，亦可见于某些严重的虚寒证，如本篇大建中汤证有“上下痛而不可触近”之症；故临证当四诊合参，将一般与特殊情况区分开来，才能得出正确的辨证结论。

【证候分析】见表9-6-2。

表9-6-2　实热证证候分析表

主症	病机分析
腹满拒按，按之则痛	有形之邪停积肠道，气机痞塞
腹满不减，减不足言	腑气壅塞不通，邪不去则气不行
大便不通	邪实阻滞，大肠传导失司
舌红苔黄或黄燥	实热内盛，甚则耗伤津液

【基本病机】燥屎或宿食、蛔虫等有形之邪停积肠道，腑气壅滞不通。

【治法】腹满实证的治法是“可下之”，当据证灵活掌握，如寒下或温下、润下、攻逐瘀血、攻逐水饮等。腹满实热证的治法是苦寒攻下。

【方药】如承气汤之类。

【证候鉴别】第2、3条为辨别腹满虚实寒热和确立治法之纲领。现结合本篇有关内容，就虚寒性和实热性腹满证的辨证要点与治法归纳如表9-6-3。

表9-6-3　虚寒性和实热性腹满的辨证要点与治法对比表

		虚寒性腹满证	实热性腹满证
主症	问诊	腹满时减，复如故	腹满不减，减不足言
	望舌	舌质淡，苔白滑	舌质红，苔黄（苔黄厚而燥）
	切诊	趺阳脉微弦，腹部按之不痛（喜温喜按）	脉沉实或滑数，腹部按之则痛或痛甚
病机		脾胃阳虚，寒气凝聚，气机痞塞	燥屎或宿食、蛔虫等有形之邪停积肠道，腑气阻滞不通
治法		温法（温中补虚）	下法（苦寒攻下）

（三）寒实内结之危证

【原文汇要】病者痿黄，躁而不渴，胸中寒实，而利不止者，死。（《金匮要略》十.4）

【辨证要点】腹满，痿黄（面色与皮肤萎黄晦暗而无光泽），躁而不渴（手足躁动，口不渴），下利不止。

【证候分析】见表9-6-4。

表9-6-4 寒实内结之危证证候分析表

主症	病机分析
腹满	寒实内结，脾阳衰微，气机痞塞
痿黄（面色与皮肤萎黄晦暗）	脾阳衰微，气血亏耗而不外荣
手足躁动	寒实内结于中，阴盛阳微
口不渴	里无热
下利不止	中阳衰败，脏气下脱

【基本病机】寒实内结，脾阳衰微，邪实正虚。

【预后】邪盛正衰，病情危重，预后不良。

三、腹满病的辨证论治

（一）实热证

1. 里实兼表证

【原文汇要】病腹满，发热十日，脉浮而数，饮食如故，厚朴七物汤主之。（《金匮要略》十.9）

【辨证要点】腹部胀满，发热十日，脉浮数，饮食如故，大便秘结，舌红苔薄黄。

【证候分析】见表9-6-5。

表9-6-5 里实兼表证证候分析表

主症	病机分析
腹部胀满，大便秘结	外感风寒，部分邪气化热入于阳明，实热内结，腑气壅滞不畅
发热十日，脉浮数	太阳表邪未尽解，里已化热
饮食如故	实热结聚于肠，积滞未甚
舌红，苔薄黄	里有热

【基本病机】阳明热结里实，兼太阳表证未尽解，里实甚于表证。

【治法】表里双解，即行气除满，通腑泄热，兼疏表散寒。

【方药】厚朴七物汤。

厚朴七物汤方：

厚朴半斤 甘草 大黄各三两 大枣十枚 枳实五枚 桂枝二两 生姜五两

原方后加减法：若胃气上逆而呕者，加半夏降逆止呕；若见下利为里热积滞已下，腑气已通，或兼脾气已伤，故去大黄以免苦寒伤中；若寒多者，是表邪较重，则增生姜用量以散表寒。

2. 里实胀重于积证

【原文汇要】痛而闭者，厚朴三物汤主之。（《金匮要略》十.11）

【辨证要点】腹满胀痛拒按，大便不通，无矢气，舌红苔黄，脉沉实或滑数有力。

【证候分析】见表9-6-6。

表9-6-6　里实胀重于积证证候分析表

主症	病机分析
腹满胀痛拒按	实热内积胃肠，腑气壅塞，气滞重于积滞
大便不通，无矢气	胃肠热结，大肠传导失司
舌红苔黄，脉沉实或滑数有力	里热亢盛

【基本病机】实热内积胃肠，腑气壅塞，气滞重于积滞。

【治法】行气泄满，去积通便。

【方药】厚朴三物汤。

厚朴三物汤方：

厚朴八两　大黄四两　枳实五枚

【方证鉴别】本方与厚朴七物汤皆重用厚朴行气泄满为君，又臣以枳实破气消痞，大黄去积通便，说明两方证都有气机壅滞较甚、腹满里实、大便不通等热结里实之特点。但厚朴七物汤方证为表里同病，故方中又用桂枝汤去芍药以解表和营；而本方证不兼表证，大黄用量较前方多一两以加强通下之力。

本方与小承气汤两方组成药味相同，但药量、君药、功效、主治不同。本方重用厚朴为君药，突出了行气泄满的效用特点，故更名为"厚朴三物汤"（表9-6-7）。

表9-6-7　厚朴三物汤与小承气汤证治鉴别表

		厚朴三物汤	小承气汤
药物用量	厚朴	八两	二两
	大黄	四两	四两
	枳实	五枚	三枚（大者）
君药		厚朴	大黄
煎法		先煮厚朴、枳实，后下大黄	三味同煎
功效		行气泄满，去积通便	泄热通便，破滞除满
适应证		腹满里实胀重于积证。症见腹满胀痛（偏于中上腹），大便不通，舌红苔黄厚，脉沉实或滑数有力	阳明腑实轻证。症见便秘，腹胀痛，潮热，谵语，或下利，舌红苔黄，脉沉实有力

3. 里实兼少阳证

【原文汇要】按之心下满痛者，此为实也，当下之，宜大柴胡汤。（《金匮要略》十.12）

【辨证要点】按之心下（胃脘及两胁）满痛，尚应具往来寒热、胸胁苦满、心烦、大便秘结、舌红苔黄、脉弦数有力等症。

【证候分析】见表9-6-8。

表9-6-8　里实兼少阳证证候分析表

主症	病机分析
按之心下满痛，大便秘结	阳明里热结滞成实，腑气壅滞不通
往来寒热，胸胁苦满，心烦	少阳邪热未尽，枢机不利，胆火内郁
舌红苔黄，脉弦数有力	少阳、阳明里热亢盛

【基本病机】少阳邪热未尽，阳明里热结滞成实。

【治法】和解少阳，通下阳明热结里实。

【方药】大柴胡汤。

大柴胡汤方见第七章第七节。

【方证鉴别】本方与厚朴七物汤均被称作表里双解之剂，二者攻下阳明里实之品与作用基本相同，但解表之药与所治之表证却异。厚朴七物汤以桂枝汤去芍药解太阳表邪（为绝对之表证），而本方以柴、芩、姜、夏和解少阳之邪（与阳明里证相比，属相对之表浅证）。

本方证与小柴胡汤证有异同之处，兹鉴别如表9-6-9。

表9-6-9 大柴胡汤证与小柴胡汤证鉴别表

		大柴胡汤证	小柴胡汤证
相同点		病机均有少阳枢机不利，胆火内郁；主症皆有口苦，咽干，往来寒热，胸胁苦满，默默不欲饮食；治疗都以和解少阳，皆用柴胡、黄芩、半夏、生姜、大枣	
不同点	病机	大肠腑气不通，阳明燥结里实	脾胃升降失调
	主症	郁郁微烦，心下急而痞硬，腹满痛，便秘或下利	心烦喜呕，兼脉细
	治法	通下阳明里实	益气和中，扶正达邪
	用药	芍药，枳实，大黄	人参，炙甘草

4. 里实积胀俱重证

【原文汇要】腹满不减，减不足言，当须下之，宜大承气汤。（《金匮要略》十.13）

【辨证要点】腹满不减，减不足言（所谓减微不足道，有加强辨证之意），脐腹疼痛拒按，发热，大便不通，舌红苔黄燥，脉沉实或数而有力。

由本篇2、3、13条可见，张仲景辨别腹满病之虚、实，主要是从切按腹部、望舌、问诊（问腹满减与不减等）及脉诊等方面加以判断，体现了其四诊合参的诊断学思想与方法。

【证候分析】见表9-6-10。

表9-6-10 里实积胀俱重证证候分析表

主症	病机分析
腹满不减，减不足言	阳明热结里实，腑气不通，气滞与积滞俱重
脐腹疼痛拒按	邪热与糟粕结滞于肠，按之腑气壅滞更甚而痛剧
大便不通	腑气通降受阻，大肠传导失职
发热，舌红苔黄燥	阳明里热亢盛，津液耗伤
脉沉实或数而有力	邪盛正不虚，邪正相搏

【基本病机】阳明热结里实，腑气不通，气滞与积滞俱重。

【治法】峻下热结，破滞除满。

【方药】大承气汤。

大承气汤方见第五章第二节。

【方证鉴别】以上厚朴七物汤等四方均治实热性腹满，须注意辨别使用。其鉴别详见表9-6-11。

表 9-6-11　治疗实热性腹满四方证治鉴别表

		厚朴七物汤	厚朴三物汤	大柴胡汤	大承气汤
相同点		均治实热性腹满，共同病机为热结里实、腑气不通；皆以腹满，按之则痛（或痛剧），不大便，舌红苔黄，脉数为主症；均有通下里实，行气泄热除满之功；方中皆用枳实、大黄			
不同点	适应证	阳明里实兼太阳表寒证	里实气滞胀重于积	阳明里实兼少阳证	热结里实积胀俱重
	其他见症	发热，脉浮数	满痛偏于中脘，满甚于痛	满痛以心下及两胁为主，往来寒热，郁郁微烦，口苦，脉弦	满痛以脐腹部为主，持续不减，舌苔黄燥
	其他药物	厚朴，桂枝，甘草，生姜，大枣	厚朴	柴胡，黄芩，芍药，半夏，生姜，大枣	厚朴，芒硝
	功效	通下里实，兼以解表	行气泄满，去积通便	通下热结，和解少阳	峻下热结，破滞除满

（二）虚寒证

1. 脾胃虚寒，水湿内停证

【原文汇要】腹中寒气，雷鸣切痛，胸胁逆满，呕吐，附子粳米汤主之。（《金匮要略》十.10）

【辨证要点】腹胀满，腹中雷鸣（肠鸣）切痛（剧痛），胸胁逆满，呕吐（清稀水或杂有不消化食物），四肢不温，舌淡苔白滑，脉沉迟。

【证候分析】见表 9-6-12。

表 9-6-12　脾胃虚寒水湿内停证证候分析表

主症	病机分析
腹中雷鸣切痛	脾胃阳虚，水湿不化，攻走肠间
腹部胀满	寒气凝滞，阳气不通
胸胁逆满	寒气上逆，肝气郁滞不畅
呕吐	寒气犯胃，胃失和降
四肢不温	阳气虚不达四末
舌淡苔白滑，脉沉迟	脾胃阳虚，水湿内停

【基本病机】脾胃阳虚（“腹中寒气”），水湿内停，寒饮上逆。

【治法】温中散寒止痛，化湿降逆止呕。

【方药】附子粳米汤。

附子粳米汤方：

附子一枚（炮）　半夏半升　甘草一两　大枣十枚　粳米半升

上五味，以水八升，煮米熟，汤成，去滓，温服一升，日三服。

【方证鉴别】本方与理中汤皆有温中散寒止痛作用，同治脾胃虚寒证。但理中汤以温中散寒为主，主症为下利，治疗时兼以补气健脾；而本方有水湿内停，气机逆乱，并影响及胸胁，以腹满剧痛、呕吐为主症，重在温中散寒止痛，化湿降逆止呕。

2. 脾胃阳虚，阴寒内盛证

【原文汇要】心胸中大寒痛，呕不能饮食，腹中寒，上冲皮起，出见有头足，上下痛而不可触近，大建中汤主之。(《金匮要略》十.14)

【辨证要点】心胸中大寒痛，呕不能饮食，腹中上冲皮起出现有头足，上下痛而不可触近，腹满，手足逆冷，舌质淡、苔白滑，脉沉迟或沉弦紧。

【证候分析】见表 9－6－13。

表 9－6－13　脾胃阳虚阴寒内盛证证候分析表

主症	病机分析
心胸中大寒痛	脾胃阳衰，寒气充斥于胸腹
腹中上冲皮起出现有头足，上下痛而不可触近	寒气上下攻冲，气机凝滞
呕不能饮食	寒气上冲，胃失和降
手足逆冷	阳气虚不达四末
舌淡苔白滑，脉沉迟或沉弦紧	脾胃阳虚

【基本病机】“腹中寒”(脾胃阳衰，阴寒内盛，寒气充斥于胸腹)，上下攻冲，气机凝滞。

【治法】大建中气，温阳止痛。

【方药】大建中汤。

大建中汤方：

蜀椒二合(去汗)　干姜四两　人参二两　饴糖一升

服药后饮粥，亦是补养脾胃之意；“温覆”以取其助阳散寒之功。

【方证鉴别】本方证与附子粳米汤证在病机、病位、主症、治法、用药等诸方面皆有共同之处，应注意辨别(表 9－6－14)。

表 9－6－14　大建中汤证与附子粳米汤证证治鉴别表

		大建中汤证	附子粳米汤证
病机		脾胃阳衰，中焦寒盛	脾胃阳虚，水湿内盛
主症		心胸中大寒痛，上下痛不可触近，腹部上冲皮起出现有头足，呕不能饮食	腹中雷鸣切痛，胸胁逆满，呕吐或兼不能食
病势		急重	较缓
治法		温阳散寒，益气建中	散寒降逆，温中止痛
用药	散寒止痛	干姜	炮附子
	降逆止呕	蜀椒	半夏
	温补脾胃	人参，饴糖	甘草，粳米，大枣

3. 脾肾虚寒，水饮上逆证

【原文汇要】寒气厥逆，赤丸主之。(《金匮要略》十.16)

【辨证要点】除手足厥冷外，尚有腹满腹痛、呕吐、肠鸣、心下悸、头晕目眩、舌淡胖苔白滑、脉沉迟或沉弦等症。

【证候分析】见表 9－6－15。

表 9-6-15　脾肾虚寒水饮上逆证证候分析表

主症	病机分析
手足厥冷	脾肾阳虚，阳气不能外达四末
腹满腹痛，呕吐，肠鸣，心下悸，头晕目眩	寒气夹水饮上逆，升降失司
舌淡胖苔白滑，脉沉迟或沉弦	脾肾阳虚，水饮内盛

【基本病机】脾肾阳虚，水饮内盛，寒气夹水饮上逆。

【治法】温补脾肾，散寒止痛，化饮降逆。

【方药】赤丸。

赤丸方：

茯苓四两　乌头二两（炮）　半夏四两（洗）一方用桂　细辛一两《千金》作人参

上四味，末之，内真朱为色，炼蜜丸如麻子大，先食酒饮下三丸，日再夜一服；不知，稍增之，以知为度。

"半蒌贝敛芨攻乌"，是后世医家提出的药物配伍禁忌"十八反"的内容之一。《雷公药性赋》认为：乌头反半夏，不宜同用。此处仲景两药并用，旨在相反相成，以取速效，且配成丸剂用量亦小，又以蜜制其悍，故药后可获良效而无毒性。

不过，临床运用本方时仍应慎重，须注意患者体质、用量、煎服法等情况，以防止产生毒、副作用。

【方证鉴别】本方与四逆汤皆治厥逆，但本方证阳虚程度轻而兼有水气，病势较缓故治可缓图；而四逆汤证则阳气虚衰不兼水气，病势急重而急当回阳救逆。

本方与附子粳米汤两方皆治阳虚寒饮上逆的腹满痛之证，但本方证兼有肾阳虚，腹痛较剧而有四肢厥逆、心下悸、头晕目眩等症；后一方证仅为中焦阳虚而寒饮上逆，故呕吐、肠鸣较著，伴胸胁逆满等症。两方的药物组成与功效大小、剂型、服用方法、服药后的护理方法等亦有所不同。

（三）寒实证

【原文汇要】胁下偏痛，发热，其脉紧弦，此寒也，以温药下之，宜大黄附子汤。（《金匮要略》十.15）

【辨证要点】胁下偏痛，发热，腹满疼痛拒按，大便秘结，形寒肢冷，舌苔白腻，脉紧弦。为邪实正虚，本虚标实之证。

【证候分析】见表 9-6-16。

表 9-6-16　寒实证证候分析表

主症	病机分析
胁下偏痛	肝经寒气凝聚，少阳胆经经气不畅
腹满疼痛拒按，大便秘结	寒实内结胃肠，腑气不通
发热	寒实内结，阳气郁滞，营卫失调
形寒肢冷	阳气虚不达四末
舌苔白腻，脉紧弦	主寒主痛

【基本病机】素体阳气不足，寒实内结，腑气不通，积滞不行。

【治法】温下寒积。

【方药】大黄附子汤。

大黄附子汤方：

大黄三两　附子三枚（炮）　细辛二两

【方证鉴别】本方与《伤寒论》麻黄细辛附子汤仅一味药之差，但功效、主治大不相同。仲景方中附子与细辛同用，具温阳散寒止痛之功，主治寒邪伏于阴分之证，若配辛温宣散之麻黄，则名麻黄细辛附子汤，重在温散表寒，属温经解表法，适用于少阴阳虚兼太阳表寒证；而配以大黄，则名大黄附子汤，重在温下寒积，属温阳通便法，适用于阳虚寒实内结证。两方中附子的用量亦不相同，如《古方作法举隅》曰："麻黄细辛附子汤中附子只用一枚，此方附子用三枚，所以然者，麻附细辛是三味温药，只相助而不相制，故附子一枚已足。此方大黄苦寒且系三两，若只用附子一枚，岂不为大黄牵制，阻碍其已寒兴阳之功？"

小结

腹满病是以腹部胀满为主症，多伴有腹痛的一种疾病。其或由实热、燥屎等结聚胃肠，腑气不通；或脾胃阳虚，水饮、阴寒内盛；或寒实内结、阳气被郁所致（表 9－6－17，表 9－6－18）。

表 9－6－17　腹满病辨证分类表

	主症	治法
实热证	腹满不减，减不足言，按之则痛，舌红苔黄，脉数或滑数、弦数、沉实有力	寒下
虚寒证	腹满时减，复如故，按之不痛（喜温喜按），舌淡苔白，脉微弦或沉细、沉迟无力	温补
寒实证	胁下偏痛，腹满痛，大便难，发热，脉弦紧	温下

表 9－6－18　腹满病证治小结表

		病因病机	主症	治法	方药
实热证	里实兼表证	阳明热结里实，兼太阳表证未尽解，里实甚于表证	腹部胀满，发热十日，脉浮数，饮食如故，大便秘结，舌红苔薄黄	行气除满 通腑泄热 疏表散寒	厚朴七物汤
	里实胀重于积证	实热内积胃肠，腑气壅塞，气滞重于积滞	腹满胀痛拒按，大便不通，无矢气，舌红苔黄，脉沉实或滑数有力	行气泄满 去积通便	厚朴三物汤
	里实兼少阳证	少阳邪热未尽，阳明里热结滞成实	按之心下（胃脘及两胁）满痛，往来寒热，胸胁苦满，心烦，大便秘结，舌红苔黄，脉弦数有力	和解少阳 通下阳明 热结里实	大柴胡汤
	里实积胀俱重证	阳明热结里实，气滞与积滞俱重	腹满不减，减不足言，脐腹疼痛拒按，发热，大便不通，舌红苔黄燥，脉沉实或数而有力	峻下热结 破滞除满	大承气汤

续表

		病因病机	主症	治法	方药
虚寒证	脾胃虚寒水湿内停证	脾胃阳虚，水湿内停，寒饮上逆	腹胀满，腹中雷鸣切痛，胸胁逆满，呕吐，四肢不温，舌淡苔白滑，脉沉迟	温中止痛 降逆止呕	附子粳米汤
	脾胃阳虚阴寒内盛证	脾胃阳衰，阴寒内盛，寒气充斥于胸腹，上下攻冲，气机凝滞	心胸中大寒痛，呕不能饮食，腹中上冲皮起出现有头足，上下痛而不可触近，腹满，手足逆冷，舌质淡，苔白滑，脉沉迟或沉弦紧	大建中气 温阳止痛	大建中汤
	脾肾虚寒水饮上逆证	脾肾阳虚，水饮内盛，寒气夹水饮上逆	手足厥冷，腹满痛，呕吐，肠鸣，心下悸，头晕目眩，舌淡胖苔白滑，脉沉迟或沉弦	温补脾肾 散寒止痛 化饮降逆	赤丸
寒实证	寒实证	素体阳虚，寒实内结，腑气不通，积滞不行	胁下偏痛，发热，腹满疼痛拒按，大便秘结，形寒肢冷，舌苔白腻，脉紧弦	温下寒积	大黄附子汤

第七节　寒　疝　病

一、寒疝病概说

（一）含义

寒疝是一种阴寒内盛而以腹中拘急疼痛为主症的疾病。《说文解字》曰："疝，腹痛也。"其病性属寒，受寒易发作。可见，寒疝是以病性和主症命名的。本病或因阳气不足，寒邪直中入里，伤及阳气，寒气内结；或由于阳气、阴血不足，腹部经脉失于温煦、濡润而成。其病情有虚有实，病位有里寒与表里皆寒之别，病变脏腑多与肝、脾、肾有关。

（二）与相关病证的鉴别

中医学论疝的范围较广，《内经》中就有㿗疝、冲疝、疝瘕等七疝之论，张仲景所论有寒疝、阴狐疝之别。其寒疝相当于后世所论的腹中之疝，阴狐疝相当于睾丸之疝（包括西医学之腹股沟斜疝等）。

（三）成因、辨证与治则

【原文汇要】寸口脉弦者，即胁下拘急而痛，其人啬啬恶寒也。（《金匮要略》十.5）

夫中寒家，喜欠，其人清涕出，发热色和者，善嚏。（《金匮要略》十.6）

中寒，其人下利，以里虚也，欲嚏不能，此人肚中寒。一云痛。（《金匮要略》十.7）

夫瘦人绕脐痛，必有风冷，谷气不行，而反下之，其气必冲；不冲者，心下则痞也。（《金匮要略》十.8）

腹痛，脉弦而紧，弦则卫气不行，即恶寒，紧则不欲食，邪正相搏，即为寒疝。（《金匮要略》十.17 条上段）

其脉数而紧乃弦，状如弓弦，按之不移。脉数弦者，当下其寒；脉紧大而迟者，必心下坚；脉大

而紧者，阳中有阴，可下之。(《金匮要略》十.20)

【证候分析】第 5 条论述表里皆寒的寒疝脉症，可与首条"趺阳脉微弦"对比分析理解(表 9-7-1)。

表 9-7-1 表里皆寒的寒疝脉症分析表

主症	病机分析
寸口脉弦，啬啬恶寒	寒邪犯表，卫阳被遏
胁下拘急而痛	肝寒之气随经脉上逆

第 6、7 两条论述同因异证的感寒证。所谓"同因"，是指同是素体中阳不足体质之人感受外寒；而"异证"则是指表现出寒邪犯表之中阳不足兼表寒证(第 6 条，表 9-7-2)、寒邪直中于里之中阳虚衰里寒证(第 7 条，表 9-7-3)。

表 9-7-2 中阳不足兼表寒证证候分析表

主症	病机分析
鼻流清涕，发热，色和	中阳素虚不甚，卫气不固，外感风寒，肺失宣降
频打呵欠	正气抗邪，里阳欲伸
善嚏	正气尚有驱邪外出之势

表 9-7-3 中阳虚衰里寒证证候分析表

主症	病机分析
下利，腹痛，肚中寒	中阳素虚较甚，寒邪直中于里，寒凝气滞，脾失健运，清浊不分
欲嚏不能	里阳虚无力驱邪外出

以上两条均未出方，据其病机和证候分析，第 6 条证候可用温中益气兼以解表之法，可选用桂枝人参汤，或补中益气汤等方加解表之品；第 7 条证候当温阳止痛、散寒止利，方选理中汤等，亦可酌加吴茱萸、豆蔻、肉桂等温散之品。

第 8 条论述里寒便闭证误下后的变证(表 9-7-4)。

表 9-7-4 里寒便闭证误下后的变证证候分析表

主症	病机分析
绕脐痛，"谷气不行"(大便不通)	"必有风冷"(即风冷寒邪直中腹部)，脾胃运化失司，谷食不消，寒气凝结
其气必冲	虽经误下，但正气尚有抗拒下药之力
不冲者，心下则痞也	误下后正虚邪陷，聚而成痞

寒实内结证误用苦寒攻下后的治疗，"其气必冲者"可用桂枝加桂汤温阳散寒、降逆平冲；"不冲者，心下则痞"，可选用桂枝人参汤以温中健脾、散结消痞，或用甘草泻心汤加减治之。

第 17 条上段论述寒疝的成因与主要脉症(表 9-7-5)。

表 9-7-5　寒疝的成因与主要脉症分析表

主症	病机分析
腹痛(绕脐痛)	阴寒内结,阳气不通,外寒直中入里,邪正相搏
恶寒(畏寒喜暖)	里阳虚不达于外,卫阳虚不能卫外
不欲食(纳差食少)	中阳素虚,外寒直中,脾胃失运
脉弦紧	内外皆寒,经脉拘急收引

第20条论述寒疝实证的脉症和治则。其主要精神仍是以脉论理,即以几种脉象相合来说明复杂病情的脉搏形态,并提示病机和指出治则;同时又突出寒疝的主脉是紧或弦。寒证见紧或弦而有力之脉为寒实证,才"可下之";若为弦而无力则属虚证。由本条可见,脉象主病和病之主脉并非一成不变,临证还须结合其他症状综合分析。

以上六条概括性地论述了寒疝的成因、辨证和治则。成因有阳气不足而感受寒邪或外寒直中腹部;辨证有阳虚里寒证、兼表寒证,有里虚寒证,有寒实内结证,有误下后的变证;治则有"当下其寒"、"可下之"。论证方法多采用以脉论理之法。

二、寒疝病的辨证论治

(一) 阴寒痼结证(典型证)

【原文汇要】寒疝绕脐痛,若发则白汗出,手足厥冷,其脉沉紧者,大乌头煎主之。(《金匮要略》十.17条下段)

【辨证要点】绕脐剧痛,白汗出(冷汗自出),手足厥冷,口唇青紫,面色苍白,舌淡苔白,脉沉紧。

【证候分析】见表9-7-6。

表 9-7-6　阴寒痼结证证候分析表

主症	病机分析
绕脐剧痛	阴寒凝滞,阳气不通
冷汗自出	疼痛剧烈,气机失调,卫气不固
手足厥冷	阳虚阴盛,阳气不达四末
唇青面白,脉沉紧	阴寒凝滞于里

【基本病机】阳气虚弱,阴寒凝滞,阳遏不行。

【治法】破积散寒,温阳止痛。

【方药】大乌头煎。

大乌头煎方:

乌头大者五枚(熬,去皮,不㕮咀)

上以水三升,煮取一升,去滓,内蜜二升,煎令水气尽,取二升,强人服七合,弱人服五合。不差,明日更服,不可一日再服。

(二) 血虚内寒证

【原文汇要】寒疝腹中痛,及胁痛里急者,当归生姜羊肉汤主之。(《金匮要略》十.18)

【辨证要点】腹痛，胁痛里急，其痛喜温喜按，面色苍白，气短乏力，舌淡苔白，脉弦细涩或沉弦无力。

【证候分析】见表9-7-7。

表9-7-7 血虚内寒证证候分析表

主症	病机分析
腹痛，胁痛里急	肝血不足，气虚寒生，胁、腹失于温煦和濡润
其痛喜温喜按	血虚内寒之痛，得温、得按则痛减
面色苍白，气短乏力	气血亏虚
脉弦细涩或沉弦无力	血虚内寒，脉气鼓动无力

【基本病机】血虚内寒，胁、腹失于温濡。

【治法】养血散寒，温里止痛。

【方药】当归生姜羊肉汤。

当归生姜羊肉汤方：

当归三两　生姜五两　羊肉一斤

"寒多者，加生姜成一斤"以加强温散寒邪之力，亦说明本方散寒止痛生姜必不可少。"痛多而呕者"，乃寒凝气滞，肝气乘脾犯胃，故加橘皮理气和胃、白术健脾培土以御木。

（三）里寒兼表证

【原文汇要】寒疝腹中痛，逆冷，手足不仁，若身疼痛，灸刺诸药不能治，抵当乌头桂枝汤主之。(《金匮要略》十.19)

【辨证要点】腹中痛，四肢逆冷，手足不仁，身体疼痛，头痛鼻塞，舌淡苔薄白，脉浮弦或浮紧。

【证候分析】，见表9-7-8。

表9-7-8 里寒兼表证证候分析表

主症	病机分析
腹中痛	阳气虚弱，寒气凝结
四肢逆冷	阳气虚衰，不能外达四末
手足不仁	阳衰阴盛，气血不畅，筋脉肌肤失养
身体疼痛，头痛鼻塞，脉浮	风寒束表，营卫不和

【基本病机】阳气虚弱，寒气凝结，阻闭气血，兼风寒束表，营卫不和。

【治法】表里双解，即温阳散寒止痛，解肌调和营卫。

【方药】乌头桂枝汤。

乌头桂枝汤方：

乌头

上一味，以蜜二斤，煎减半，去滓，以桂枝汤五合解之，得一升后，初服二合，不知，即服三合；又不知，复加至五合。其知者，如醉状，得吐者，为中病。

桂枝汤方见第五章第一节。

本方证表里证候两相对照，是以里证为重为急。故徐彬《金匮要略论注》谓"以乌头攻寒为主，而合桂枝汤以和营卫，所谓七分治里，三分治表也。”

小结

寒疝是一种阴寒内盛而以腹中拘急疼痛为主症的疾病。《金匮要略》对其辨治分为阴寒痼结、血虚内寒、里寒兼表三个证型。现鉴别小结如表 9-7-9。

表 9-7-9 寒疝证治鉴别小结表

		阴寒痼结证	血虚内寒证	里寒兼表证
相同点		病机、病性皆有内寒，主症均有腹痛、脉弦紧，治法都应温里散寒止痛		
不同点	病机	阳虚内寒，阴寒痼结，阳遏不行	阳虚内寒，阻闭气血，兼风寒束表	血虚内寒，胁、腹失于温濡
	主症	绕脐痛，有发作性剧痛、冷汗自出、手足厥冷，舌淡苔白，脉沉紧	腹中痛，四肢逆冷，手足不仁，身体疼痛，头痛鼻塞，舌淡苔薄白，脉浮弦或浮紧	腹及胁肋部拘急疼痛，痛势缓而喜温按，面色苍白，舌淡苔白，脉弦细涩或沉弦无力
	治法	破积散寒 温阳止痛	温里止痛 散寒解表	养血散寒 温里止痛
	药物组成	乌头大者五枚，蜜二升	乌头（五枚），蜜二升，桂枝汤五合	当归三两，生姜五两，羊肉一斤

第八节 宿 食 病

一、宿食病概说

宿食，又称伤食或食积、停食，是脾胃功能失常或因饮食不节等，使食物经宿不消而停积胃肠所致的一种疾病。

宿食的发生大多与饮食不当有关，如《素问·痹论篇》曰：“饮食自倍，肠胃乃伤”；《金匮要略》首篇指出：“谷饪之邪，从口入者，宿食也”、“食伤脾胃”。本病的病理变化，既有突然所进的大量食物对胃肠的损伤，又有食积停留对脾胃升降功能的影响。

二、宿食病的诊断

【原文汇要】脉紧如转索无常者，有宿食也。（《金匮要略》十.25）

脉紧，头痛风寒，腹中有宿食不化也。一云寸口脉紧。（《金匮要略》十.26）

【证候分析】第 25 条论述宿食的脉象。宿食内停不化，气机失调则“脉紧如转索无常”（即乍紧乍疏，如牵绳转索，或兼滑象）。

第 26 条从脉症上简论宿食与外感风寒证的鉴别。紧脉主风寒表证，亦主宿食内停；鉴别要点是紧脉的形态与各自的主症（表 9-8-1）。

表9-8-1 宿食病与风寒表证鉴别表

	宿食病	风寒表证
病因	多为饮食不节	外感风寒之邪
脉紧	如转索无常，病初多兼滑象，久则兼涩象	较为恒定，且多与浮脉相兼
主症	脘腹满痛，嗳腐吞酸	发热恶寒，头痛，身痛

实际上，单纯的外感风寒表证与宿食病是容易鉴别的。临床上二者亦可同时并见，如有因暴饮暴食又感风寒而发病者，或先外感风寒又伤于食而发病者。

三、宿食病的辨证论治

（一）宿食在上脘

【原文汇要】宿食在上脘，当吐之，宜瓜蒂散。（《金匮要略》十.24）

【辨证要点】嗳腐吞酸，泛恶欲吐，胸脘痞闷或兼疼痛，厌食，脉紧。

【证候分析】见表9-8-2。

表9-8-2 宿食在上脘证证候分析表

主症	病机分析
嗳腐吞酸	宿食停滞于胃上脘，腐化变质
泛恶欲吐，厌食	脾胃纳运失司，胃气上逆，病势趋上
胸脘痞闷或兼疼痛，脉紧	宿食内停，壅滞气机

【基本病机】宿食停滞于胃上脘，气机不利，脾胃升降失常，正气欲驱邪外出。

【治法】因势利导，涌吐宿食。

【方药】瓜蒂散。

瓜蒂散方见第七章第十节。

吐法易损伤正气，尤其是胃气，故本法只适用于邪实而正气不虚之实证，凡失血患者，老、弱患者，以及孕妇皆不宜用。此外，涌吐之后，须注意让患者适当休息，并饮稀粥以调养脾胃。

瓜蒂有毒，要严格掌握其剂量及用法，谨防中毒。

（二）宿食在肠

【原文汇要】问曰：人病有宿食，何以别之？师曰：寸口脉浮而大，按之反涩，尺中亦微而涩，故知有宿食，大承气汤主之。（《金匮要略》十.21）

脉数而滑者，实也，此有宿食，下之愈，宜大承气汤。（《金匮要略》十.22）

下利不欲食者，有宿食也，当下之，宜大承气汤。（《金匮要略》十.23）

【辨证要点】腹满胀痛拒按，不思饮食，口气热臭，大便燥结或下利不爽、秽浊恶臭、肛门灼热，舌红苔黄燥，脉数而滑或浮大按之涩而有力。

【证候分析】21、22两条论脉以滑、涩对举，说明同为宿食病，因病程有新久，气机壅滞有轻重，则脉象有滑、涩之异（表9-8-3）。

表9-8-3 宿食在肠证证候分析表

主症	病机分析
脉数而滑	宿食初停，气机壅滞不甚
寸脉浮而大按之反涩，尺脉亦微而涩	宿食内结，气机阻滞，脉气运行不利
腹满胀痛拒按，大便燥结	宿食积滞日久化热化燥，腑气不通
或下利不爽，秽浊恶臭	宿食内停，热结旁流

【基本病机】宿食积滞于肠，郁而化热化燥，腑气壅塞不通；或食积内停，热结旁流。

【治法】“当下之”，即荡涤胃肠，泻下宿食。

【方药】大承气汤。

大承气汤方见第五章第二节。

宿食积滞于肠而见“下利”以大承气汤，属“通因通用”之法。

小结

宿食以饮食不节，食滞肠胃，经宿不化，脾胃升降失常为主要病因病机；以腹胀，疼痛，嗳腐吞酸，或伴有吐利等为主症。

本篇根据宿食停留时间的短长、部位的高低，按照《内经》因势利导的原则，分别采用吐、下之法，就近驱邪外出，使邪去人安（表9-8-4）。

表9-8-4 宿食病证治小结表

	病因病机	主症	治法	方药
宿食在上脘证	宿食停滞于上脘，气机不利，脾胃升降失常，正气欲驱邪外出	嗳腐吞酸，泛恶欲吐，胸脘痞闷或兼疼痛，厌食，脉紧	因势利导涌吐宿食	瓜蒂散
宿食在肠证	宿食积滞于肠，郁而化热化燥，腑气壅塞不通；或食积内停，热结旁流	腹满胀痛拒按，大便燥结或下利不爽、秽浊恶臭、肛门灼热，舌红苔黄燥，脉数而滑或浮大按之涩而有力	荡涤胃肠泻下宿食	大承气汤

宿食停滞胃脘，若未化燥成实，且病者无泛泛欲吐之势，亦可用消导法，方如保和丸等。宿食病用消导法，是后世医家在治疗上的发展。

第九节 呕吐哕病

本节论述呕吐、哕的证治。二者在病机上多因脾胃运化失职、胃膈气逆所致，辨证上属实证、热证者，以胃肠为中心，治以和胃降逆、通腑去邪为主；属虚证、寒证者，以脾肾为重点，治以温中散寒、健脾补肾为主。

一、呕吐

（一）病因病机

【原文汇要】先呕却渴者，此为欲解。先渴却呕者，为水停心下，此属饮家。

呕家本渴，今反不渴者，以心下有支饮故也，此属支饮。（《金匮要略》十七.2）

问曰：病人脉数，数为热，当消谷引食，而反吐者何也？师曰：以发其汗，令阳微，膈气虚，脉乃数。数为客热，不能消谷，胃中虚冷故也。

脉弦者虚也。胃气无余，朝食暮吐，变为胃反。寒在于上，医反下之，今脉反弦，故名曰虚。（《金匮要略》十七.3）

趺阳脉浮而涩，浮则为虚，涩则伤脾，脾伤则不磨，朝食暮吐，暮食朝吐，宿谷不化，名曰胃反。脉紧而涩，其病难治。（《金匮要略》十七.5）

【要点】

（1）水饮致呕：脾失健运，水饮内停，气机升降失常，胃气上逆而呕。

（2）中焦虚寒致吐：中焦虚寒，纳运失常，不能腐化水谷，胃气上逆而吐。

（二）治则与禁忌

【原文汇要】夫呕家有痈脓，不可治呕，脓尽自愈。（《金匮要略》十七.1）

病人欲吐者，不可下之。（《金匮要略》十七.6）

【要点】

（1）治病求本：注意审证求因，审因论治，不可见呕治呕。

（2）顺势治则：根据病邪在上、在下采取因势利导，不可逆其病势。

（三）辨证论治

1. 吴茱萸汤证

【原文汇要】呕而胸满者，茱萸汤主之。（《金匮要略》十七.8）

干呕，吐涎沫，头痛者，茱萸汤主之。（《金匮要略》十七.9）

【辨证要点】

（1）主症：巅顶头痛，呕吐痰涎。

（2）兼症：胸胁胀闷，心下痞满，嘈杂吞酸，四肢不温。

【证候分析】见表9-9-1。

表9-9-1　吴茱萸汤证证候分析表

主症	病机分析
巅顶头痛	肝胃虚寒，寒邪夹肝气上逆
呕吐痰涎	中焦虚寒，寒饮凝聚，胃失和降
胸胁胀闷	寒饮凝聚，胸阳被郁
心下痞满，嘈杂吞酸	胃阳不足，胃气失和
四肢不温	阳气虚不达四末

【基本病机】中焦虚寒，寒饮夹肝气上逆。

【治法】温中补虚，散寒降逆止呕。

【方药】吴茱萸汤。

吴茱萸汤方见第五章第二节。

2. 小半夏汤类证

【原文汇要】诸呕吐，谷不得下者，小半夏汤主之。(《金匮要略》十七.12)

干呕，吐逆，吐涎沫，半夏干姜散主之。(《金匮要略》十七.20)

病人胸中似喘不喘，似呕不呕，似哕不哕，彻心中愦愦然无奈者，生姜半夏汤主之。(《金匮要略》十七.21)

呕家本渴，渴者为欲解。今反不渴，心下有支饮故也，小半夏汤主之。《千金》云小半夏加茯苓汤。(《金匮要略》十二.28)

卒呕吐，心下痞，膈间有水，眩悸者，小半夏加茯苓汤主之。(《金匮要略》十二.30)

先渴后呕，为水停心下，此属饮家，小半夏茯苓汤主之。方见上。(《金匮要略》十二.41)

【辨证要点】呕吐痰涎，胸腹痞满，心悸，头眩。

【证候分析】见表 9-9-2。

表 9-9-2　小半夏汤类证证候分析表

主症	病机分析
呕吐痰涎	水饮内停，气机升降受阻，上逆犯胃
胸腹痞满	水饮弥漫胸腹，气机不畅
心悸	水饮凌心
头眩	水饮上犯，蒙蔽清阳

【基本病机】水饮内停，气机升降失常。

【治法】散饮降逆。

【方药】小半夏汤，或据证选半夏干姜散、生姜半夏汤、小半夏加茯苓汤。

小半夏汤方：

半夏一升　生姜半斤

半夏干姜散方：

半夏　干姜各等分

生姜半夏汤方：

半夏半升　生姜汁一升

小半夏加茯苓汤方：

半夏一升　生姜半斤　茯苓三两一法四两

【方证小结】见表 9-9-3。

表 9-9-3　小半夏汤类方证证治小结表

	病机特点	主症	治法	用药特点
小半夏汤证	饮邪抑阳之呕吐实证	呕吐痰涎	散寒化饮，和胃降逆	重用半夏，姜用生姜
半夏干姜散证	中焦阳虚寒饮气逆呕吐虚证	干呕、吐逆，吐涎沫	温阳散寒，降逆止呕	半夏干姜等分 姜用干姜

续表

	病机特点	主症	治法	用药特点
生姜半夏汤证	寒饮搏结于胸中	呕吐呃逆，心胸烦闷胀满	宣阳散饮去结	重用生姜汁
小半夏加茯苓汤证	饮停膈间，外邪偶触，胃气上逆	呕吐痰涎，心下痞，头目昏眩，心悸	蠲饮降逆 宁心安神	小半夏汤蠲饮降逆；加茯苓以增导饮下行之力

3. 寒热错杂证

【原文汇要】呕而肠鸣，心下痞者，半夏泻心汤主之。(《金匮要略》十七.10)

【辨证要点】心下痞满，呕吐，肠鸣。

【证候分析】见表9-9-4。

表9-9-4 寒热错杂证证候分析表

主症	病机分析
呕吐	寒热互结中焦，升降失调，胃气上逆
心下痞满	寒热互结中焦，气机阻滞
肠鸣	寒热互结中焦，湿浊不运

【基本病机】中气虚滞，寒热互结中焦，升降失调。

【治法】散结消痞，和胃降逆。

【方药】半夏泻心汤。

半夏泻心汤方见第七章第七节。

4. 热利兼呕证

【原文汇要】干呕而利者，黄芩加半夏生姜汤主之。(《金匮要略》十七.11)

【辨证要点】干呕，腹痛，下利臭秽，口渴心烦，舌红苔黄。

【证候分析】见表9-9-5。

表9-9-5 热利兼呕证证候分析表

主症	病机分析
干呕	邪热内犯胃肠，胃气上逆
下利臭秽	邪热下迫，大肠传导失常
口渴心烦	里热炽盛，消耗津液
舌红苔黄	里热炽盛之征

【基本病机】邪热内犯胃肠，升降失调。

【治法】清热止利，和胃降逆。

【方药】黄芩加半夏生姜汤。

黄芩加半夏生姜汤方见第七章第九节。

5. 虚寒胃反证

【原文汇要】胃反呕吐者，大半夏汤主之。（《金匮要略》十七.16）

【辨证要点】

（1）主症：朝食暮吐，暮食朝吐，宿谷不化。

（2）兼症：面色无华，倦怠乏力，心下痞硬，大便燥结如羊屎。

【证候分析】见表 9-9-6。

表 9-9-6　虚寒胃反证证候分析表

主症	病机分析
朝食暮吐，暮食朝吐	中焦虚寒，不能腐熟水谷，反出于胃
心下痞硬	脾失健运，寒气凝滞，气机痞塞
大便燥结如羊屎	脾虚不能化气生津以滋润大肠
面色无华，倦怠，消瘦	脾虚失运，化源不足

【基本病机】中焦虚寒，胃失和降。

【治法】和胃降逆，补虚润燥。

【方药】大半夏汤。

大半夏汤方：

半夏二升（洗完用）　人参三两　白蜜一升

6. 阴盛格阳证

【原文汇要】呕而脉弱，小便复利，身有微热，见厥者难治，四逆汤主之。（《金匮要略》十七.14）

【辨证要点】呕吐，脉弱，小便自利，身微热，四肢厥冷。

【证候分析】见表 9-9-7。

表 9-9-7　阴盛格阳证证候分析表

主症	病机分析
呕吐	阳气虚弱，阴寒上逆，胃失和降
小便自利	脾肾阳虚，肾气不固
身微热，四肢冷	阴盛于内，格阳于外
脉弱	阴盛阳微之脉

【基本病机】阴盛格阳，阴寒上逆。

【治法】回阳救逆。

【方药】四逆汤。

四逆汤方见第五章第五节。

7. 胃肠实热证

【原文汇要】食已即吐者，大黄甘草汤主之。《外台》方，又治吐水。（《金匮要略》十七.17）

【辨证要点】食已即吐，脘腹胀满疼痛，便秘口渴，舌红苔黄，脉实。

【证候分析】见表 9-9-8。

表9-9-8 胃肠实热证证候分析表

主症	病机分析
食已即吐	实热壅滞，胃热上冲，胃不受纳
腹满疼痛便秘	腑气不通，肠失传导
口渴	实热壅滞，消耗津液
舌红苔黄，脉实	里热炽盛之征

【基本病机】实热壅阻胃肠，腑气不通，胃气不降。

【治法】泻热通腑。

【方药】大黄甘草汤。

大黄甘草汤方：

大黄四两　甘草一两

8. 热郁少阳证

【原文汇要】呕而发热者，小柴胡汤主之。(《金匮要略》十七.15)

【辨证要点】呕吐，往来寒热，口苦咽干，胸胁苦满。

【证候分析】见表9-9-9。

表9-9-9 热郁少阳证证候分析表

主症	病机分析
呕吐	少阳邪热迫胃，胃气上逆
往来寒热，胸胁苦满	邪在少阳，枢机不利
口苦咽干	胆火上炎

【基本病机】少阳枢机不利，邪热迫胃。

【治法】疏解清热，和胃降逆。

【方药】小柴胡汤。

小柴胡汤方见第五章第三节。

小结

呕吐证治小结见表9-9-10。

表9-9-10 呕吐证治小结表

	病机	主症	治法	方药
吴茱萸汤证	中焦虚寒，寒饮夹肝气上逆	巅顶头痛，呕吐痰涎	温中补虚 散寒降逆止呕	吴茱萸汤
小半夏汤类证	水饮内停，气机升降失常	呕吐痰涎，胸腹痞满，心悸，头眩	散饮降逆	小半夏汤类方

续表

	病机	主症	治法	方药
寒热错杂证	中气虚滞,寒热互结中焦,升降失调	心下痞满,呕吐,肠鸣	散结消痞和胃降逆	半夏泻心汤
热利兼呕证	邪热内犯胃肠,升降失调	干呕腹痛,下利臭秽,口渴心烦	清热止利和胃降逆	黄芩加半夏生姜汤
虚寒胃反证	中焦虚寒,胃失和降	朝食暮吐,暮食朝吐,宿谷不化	和胃降逆补虚润燥	大半夏汤
阴盛格阳证	阴盛格阳,阴寒上逆	呕吐脉弱,身微热,四肢厥冷,小便自利	回阳救逆	四逆汤
胃肠实热证	实热壅阻胃肠,腑气不通,胃气不降	食已即吐,脘腹胀满疼痛,便秘口渴,舌红苔黄,脉实	泻热通腑	大黄甘草汤
热郁少阳证	少阳枢机不利,邪热迫胃	呕吐,往来寒热,口苦咽干,胸胁苦满	疏解清热和胃降逆	小柴胡汤

二、哕

(一)辨证与治则

【原文汇要】哕而腹满,视其前后,知何部不利,利之即愈。(《金匮要略》十七.7)

【要点】

(1) 辨证:注意审证求因,首辨虚实。对实证呃逆兼有腹满者,病由实邪内阻,气机壅逆所致。尤其注意了解二便的通利与否。若呃逆腹满见小便不利,则为水湿停聚于下,水停气逆致呃;若见大便不通者,则为肠胃实热,糟粕内积,胃气不降致呃。

(2) 治则:注意审因论治,实证以通利二便为要。腹满呃逆见大便不通,治当通腑去积,使腑气顺畅,则腹满呃逆自止;如小便不利,治以利尿降浊,则哕去满除。此乃不治其哕而哕自止的治本之法。

(二)辨证论治

1. 胃寒气逆证

【原文汇要】干呕、哕,若手足厥者,橘皮汤主之。(《金匮要略》十七.22)

【辨证要点】干呕,呃逆,呃声沉缓,得热则减,得寒则剧,时伴手足厥冷感。

【证候分析】见表9-9-11。

表9-9-11 胃寒气逆证证候分析表

主症	病机分析
干呕,呃逆	寒气阻膈,胃气失和上逆
呃声沉缓,得热减,得寒剧	寒气阻膈,胃阳被郁
手足厥冷	中阳被郁,阳气不能达于四末

【基本病机】寒气阻膈,胃失和降,中阳被郁。

【治法】散寒降逆,通阳和胃。

【方药】橘皮汤。

橘皮汤方：

橘皮四两 生姜半斤

2. 胃虚夹热证

【原文汇要】哕逆者，橘皮竹茹汤主之。(《金匮要略》十七.23)

【辨证要点】呃逆，虚烦不安，少气乏力，口干，手足心热，脉虚数。

【证候分析】见表 9-9-12。

表 9-9-12 胃虚夹热证证候分析表

主症	病机分析
呃逆	胃虚夹热，气逆上冲
虚烦不安，口干，手足心热，脉虚数	胃阴不足，虚热内生
少气乏力	胃膈气虚，化源不足

【基本病机】胃虚夹热，气逆上冲。

【治法】补虚清热，和胃降逆。

【方药】橘皮竹茹汤。

橘皮竹茹汤方：

橘皮二升 竹茹二升 大枣三十枚 生姜半斤 甘草五两 人参一两

小结

哕证治小结见表 9-9-13。

表 9-9-13 哕证治小结表

	病机	主症	治法	方药
胃寒气逆证	寒气阻膈，胃失和降，中阳被郁	干呕呃逆，呃声沉缓，得热则减，得寒则剧，手足厥冷	散寒降逆 通阳和胃	橘皮汤
胃虚夹热证	胃虚夹热，气逆上冲	呃逆，虚烦不安，少气乏力，口干，手足心热，脉虚数	补虚清热 和胃降逆	橘皮竹茹汤

第十节 下 利 病

本节所论下利病包括泄泻、痢疾和气利，病位均在肠，病机上多由脾失健运、升降失序所致，若病变进一步发展可导致胃气衰败、脾肾俱虚。并以阳气的消长，病邪的盛衰作为判断预后的关键；治疗上以恢复脾胃的升降功能为原则，重在脾肾。

一、下利病的辨证论治

（一）虚寒下利

1. 虚寒下利兼表证

【原文汇要】下利腹胀满，身体疼痛者，先温其里，乃攻其表。温里宜四逆汤，攻表宜桂枝汤。（《金匮要略》十七.36）

【辨证要点】下利清谷不止，腹部胀满，伴身体疼痛。

【证候分析】见表9－10－1。

表9－10－1　虚寒下利兼表证证候分析表

主症	病机分析
下利清谷不止	脾肾阳虚，阴寒内盛，运化失司
腹部胀满	脾肾阳虚，寒气凝滞
身体疼痛	风寒外袭，营卫不和

【基本病机】脾肾阳虚，运化失司，兼感外邪。

【治法】先温里回阳，后调和营卫以解表。

【方药】四逆汤，桂枝汤。

四逆汤方见第五章第五节。

桂枝汤方见第五章第一节。

2. 寒厥下利

【原文汇要】下利清谷，里寒外热，汗出而厥者，通脉四逆汤主之。（《金匮要略》十七.45）

【辨证要点】下利清谷，四肢厥冷，身微热，面赤如妆，脉微欲绝。

【证候分析】见表9－10－2。

表9－10－2　寒厥下利证候分析表

主症	病机分析
下利清谷	脾肾阳虚，阴寒内盛，水谷不化
四肢厥冷	脾肾阳虚，阴寒内盛
面赤如妆，身微热	阴盛于内，格阳于外
脉微欲绝	阴盛阳微之脉

【基本病机】脾肾阳虚，阴寒内盛，格阳于外。

【治法】回阳救逆。

【方药】通脉四逆汤。

通脉四逆汤方见第五章第一节。

（二）实积下利

【原文汇要】下利三部脉皆平，按之心下坚者，急下之，宜大承气汤。（《金匮要略》十七.37）

下利脉迟而滑者，实也，利未欲止，急下之，宜大承气汤。（《金匮要略》十七.38）

下利脉反滑者，当有所去，下乃愈，宜大承气汤。（《金匮要略》十七.39）

下利已差，至其年月日时复发者，以病不尽故也，当下之，宜大承气汤。(《金匮要略》十七.40)

下利谵语者，有燥屎也，小承气汤主之。(《金匮要略》十七.41)

【辨证要点】下利臭秽，泻后痛减或泻而不畅，腹硬满疼痛拒按，或利止复作，舌苔黄燥，脉实。

【证候分析】见表9-10-3。

表9-10-3 实积下利证候分析表

主症	病机分析
下利臭秽	饮食内伤，燥屎内结，热结旁流
腹硬满疼痛拒按	食积伤胃，积滞中阻，气滞不畅
泻后痛减或泻而不畅	泻下积滞除而未尽
谵语	阳明实热，邪热上蒸
下利反复发作	余邪未尽，留恋肠间
舌苔黄燥，脉实	里实热之征

【基本病机】食积伤胃，阳明热盛。

【治法】通腑去积，通因通用。

【方药】大承气汤，小承气汤。

大承气汤方见第五章第二节。

小承气汤方见第五章第二节。

(三) 痢疾

1. 虚寒痢疾

【原文汇要】下利便脓血者，桃花汤主之。(《金匮要略》十七.42)

【辨证要点】

(1) 主症：下利脓血质清稀，色紫暗，迁延不愈。

(2) 兼症：腹部隐痛，喜温喜按，食少倦怠，四肢不温，舌淡脉弱。

【证候分析】见表9-10-4。

表9-10-4 虚寒痢疾证候分析表

主症	病机分析
下利脓血，迁延不愈	脏气虚寒，气血不固，滑脱不禁
血色紫暗，质清稀	中焦阳虚，气滞血瘀，络伤营腐
腹部隐痛，喜温喜按	中焦阳虚，温煦不足
食少倦怠，四肢不温	脾虚失运，化源不足
舌淡，脉弱	里虚寒之征

【基本病机】脏气虚寒，气血不固，滑脱失禁。

【治法】温中涩肠止痢。

【方药】桃花汤。

桃花汤方见第五章第五节。

2. 湿热痢疾

【原文汇要】热利下重者，白头翁汤主之。(《金匮要略》十七.43)

【辨证要点】

(1) 主症：下利脓血，秽浊腥臭，血色鲜红，肛门灼热，里急后重。

(2) 兼症：发热，口渴，尿赤，舌红苔黄腻，脉数。

【证候分析】见表 9-10-5。

表 9-10-5　湿热痢疾证候分析表

主症	病机分析
下利脓血，里急后重	湿热郁结大肠，阻滞气机
下利秽浊腥臭，血色鲜红	湿热蕴结大肠，蒸腐血络
肛门灼热	湿热蕴结大肠，下迫肛门
发热，口渴，尿赤	湿热熏蒸
舌红苔黄腻，脉数	湿热蕴结之征

【基本病机】湿热蕴结大肠，蒸腐血络，阻滞气机。

【治法】清热燥湿，凉血解毒止痢。

【方药】白头翁汤。

白头翁汤方见第五章第六节。

(四) 气利

1. 湿滞气利

【原文汇要】下利气者，当利其小便。(《金匮要略》十七.31)

【辨证要点】下利伴有矢气，气随利出，频频不已，肠鸣腹胀，小便不利。

【证候分析】见表 9-10-6。

表 9-10-6　湿滞气利证候分析表

主症	病机分析
下利伴有矢气频频	脾湿不运，气机阻滞，蕴郁肠道
肠鸣腹胀	湿困脾土，气机阻滞
小便不利	湿阻气机，气化失常

【基本病机】脾湿不运，气机阻滞，蕴郁肠道。

【治法】健脾利湿，利其小便。

本条提出的“利小便”治泄利的治疗原则为后世医家所常用，即“利小便而实大便”之法。

2. 虚寒气利

【原文汇要】气利，诃梨勒散主之。(《金匮要略》十七.47)

【辨证要点】下利清谷，完谷不化，矢气频繁，利随气出，滑脱不禁。

【证候分析】见表 9-10-7。

表 9-10-7　虚寒气利证候分析表

主症	病机分析
下利清谷，完谷不化	中焦虚寒，饮食不化精微
矢气频繁，利随气出，滑脱不禁	中气下陷，气虚不固

【基本病机】中气下陷，气虚不固。

【治法】温涩固脱，涩肠止利。

【方药】诃梨勒散。

诃梨勒散方：

诃梨勒十枚(煨)

(五) 下利后虚烦

【原文汇要】下利后更烦，按之心下濡者，为虚烦也，栀子豉汤主之。(《金匮要略》十七.44)

【辨证要点】下利后心烦不安，心下按之濡软。

【证候分析】见表9-10-8。

表9-10-8 下利虚烦证候分析表

主症	病机分析
下利后心烦不安	余邪郁于胸膈，内扰心神
心下按之濡软	非有形之邪结，乃无形邪热内扰

【基本病机】余邪未尽，热扰心神。

【治法】透邪泄热，解郁除烦。

【方药】栀子豉汤。

栀子豉汤方见第五章第二节。

二、虚寒下利治禁

【原文汇要】下利清谷，不可攻其表，汗出必胀满。(《金匮要略》十七.33)

【辨证要点】

(1) 虚寒下利兼表，应温阳救里为急，不可妄用汗法攻表。

(2) 误用发汗解表，必使阳气更虚，易致变证，如气机不行之腹部胀满。

小结

下利证治小结见表9-10-9。

表9-10-9 下利证治小结表

	基本病机	主症	治法	方药
虚寒下利	脾肾阳虚，运化失司	下利清谷不止，腹部胀满，伴身体疼痛	温里回阳	四逆汤
寒厥下利	脾肾阳虚，阴寒内盛，格阳于外	下利清谷，四肢厥冷，身微热，面赤如妆，自汗，脉微欲绝	回阳救逆	通脉四逆汤
实积下利	食积伤胃，阳明热盛	下利臭秽，泻后痛减，腹硬满疼痛拒按，舌苔黄燥，脉实	通腑去积 通因通用	大承气汤 小承气汤

续表

	基本病机	主症	治法	方药
虚寒痢疾	脏气虚寒，气血不固，滑脱失禁	下利脓血质清稀，色紫暗，迁延不愈，腹痛，喜温喜按	温中涩肠，止痢	桃花汤
湿热痢疾	湿热蕴结大肠，蒸腐血络，阻滞气机	下利脓血，秽浊腥臭，血色鲜红，肛门灼热，里急后重	清热燥湿，凉血解毒，止痢	白头翁汤
湿滞气利	脾湿不运，气机阻滞，蕴郁肠道	下利伴有矢气，气随利出，频频不已，肠鸣腹胀，小便不利	健脾利湿，利其小便	
虚寒气利	中气下陷，气虚不固	下利清谷，完谷不化，矢气频繁，利随气出，滑脱不禁	温涩固脱，涩肠止利	诃梨勒散
下利虚烦	余邪未尽，热扰心神	下利后心烦不安，心下按之濡软	透邪泄热，解郁除烦	栀子豉汤

第十一节　黄　疸　病

一、黄疸病概说

本节专论黄疸病的证治。黄疸病以目黄、身黄、小便黄为特征。仲景所论黄疸包括了谷疸、酒疸、女劳疸及虚黄。“从湿得之”为黄疸病之主因；“瘀热以行”是其病机关键；治疗上汗、吐、下、和、温、清、消、补八法贯穿其中，但以清利湿热，从血分论治为特点，在临床上有较大的实用价值。

（一）病因病机

【原文汇要】寸口脉浮而缓，浮则为风，缓则为痹，痹非中风，四肢苦烦，脾色必黄，瘀热以行。（《金匮要略》十五.1）

阳明病，脉迟者，食难用饱，饱则发烦头眩，小便必难。此欲作谷疸。虽下之，腹满如故，所以然者，脉迟故也。（《金匮要略》十五.3）

师曰：病黄疸，发热烦喘，胸满口燥者，以病发时火劫其汗，两热所得。然黄家所得，从湿得之。一身尽发热而黄，肚热，热在里，当下之。（《金匮要略》十五.8）

【病机要点】

（1）湿为主因：“黄家所得，从湿得之”，强调黄疸的形成与湿邪有关，无湿不发黄。

1）湿热发黄：湿热闭阻于脾胃，无从排泄，脾将瘀积湿热转输于体表而成黄色。

2）寒湿发黄：脾为寒湿所困，湿浊下流，影响下焦气化功能，寒湿久郁而成寒湿黄疸。

（2）瘀热以行：脾统血，主肌肉、四肢，为四运之轴，湿热内郁于脾，影响及血并行于周身，则能发黄。

因此，黄疸的发生，脾湿、瘀热为两大关键因素。

（二）分类与主症

【原文汇要】趺阳脉紧而数，数则为热，热则消谷，紧则为寒，食即为满。尺脉浮为伤肾，趺阳脉紧为伤脾。风寒相搏，食谷即眩，谷气不消，胃中苦浊，浊气下流，小便不通，阴被其寒，热流膀胱，身体尽黄，名曰谷疸。

额上黑，微汗出，手足中热，薄暮即发，膀胱急，小便自利，名曰女劳疸；腹如水状不治。

心中懊侬而热，不能食，时欲吐，名曰酒疸。(《金匮要略》十五.2)

夫病酒黄疸，必小便不利，其候心中热，足下热，是其证也。(《金匮要略》十五.4)

【辨证要点】

(1) 谷疸：身目发黄，不能食，食谷即眩，小便不利。

(2) 女劳疸：身目发黄，其色晦暗，额上黑，小便自利；兼肾虚诸症。

(3) 酒疸：身黄，心中懊侬，不能食，小便不利。

【证候分析】见表9-11-1，表9-11-2，表9-11-3。

表9-11-1 谷疸证候分析表

主症	病机分析
身目发黄	脾湿久郁，波及血分而行于体表
不能食，食谷即眩	脾失健运，水谷湿浊相并上冲于头
小便不利	湿浊下注，膀胱气化不行

表9-11-2 女劳疸证候分析表

主症	病机分析
身目发黄色晦暗	房劳伤肾，精血不足
额上黑	肾虚肾色外露于天庭
小便自利	肾虚固摄失常
微汗出，手足心热	肾阴虚，虚热内生

表9-11-3 酒疸证候分析表

主症	病机分析
心中懊侬	嗜酒伤中，湿热内蕴，熏蒸于心
不能食	湿热内蕴中焦，脾胃纳运失常
身黄	脾胃湿热，波及血分而行于体表
小便不利	湿热下注，膀胱气化不行

(三) 治法

【原文汇要】酒黄疸者，或无热，靖言了了，腹满欲吐，鼻燥。其脉浮者，先吐之；沉弦者，先下之。(《金匮要略》十五.5)

酒疸，心中热，欲呕者，吐之愈。(《金匮要略》十五.6)

师曰：病黄疸，发热烦喘，胸满口燥者，以病发时火劫其汗，两热所得。然黄家所得，从湿得之。一身尽发热而黄，肚热，热在里，当下之。(《金匮要略》十五.8)

诸病黄家，但利其小便；假令脉浮，当以汗解之，宜桂枝加黄芪汤主之。方见水气病中。(《金匮要略》十五.16)

【治法要点】

(1) 正治法

1) 利小便:黄疸病的发生,湿为主因,无湿不黄。通过利其小便使湿浊之邪排出体外。

2) 攻下法:瘀热以行是黄疸的病机关键,通过攻下法使瘀与热邪从大肠而出。

(2) 变治法

1) 发汗:适用于黄疸兼表证。

2) 吐法:黄疸湿热内蕴于胃见欲呕者,病势趋向于上,可通过涌吐,因势利导使病邪从上排出。但此法临床少用。

二、黄疸病的辨证论治

(一) 湿热黄疸

1. 湿热俱重证

【原文汇要】谷疸之为病,寒热不食,食即头眩,心胸不安,久久发黄为谷疸,茵陈蒿汤主之。(《金匮要略》十五.13)

阳明病,发热汗出者,此为热越,不能发黄也。但头汗出,身无汗,剂颈而还,小便不利,渴引水浆者,此为瘀热在里,身必发黄,茵陈蒿汤主之。(《伤寒论》236条)

伤寒七八日,身黄如橘子色,小便不利,腹微满者,茵陈蒿汤主之。(《伤寒论》260条)

【辨证要点】身黄如橘子色,食即头眩,心烦口渴,纳呆腹满,便秘,小便不利,舌红苔黄腻,脉数。

【证候分析】见表9-11-4。

表9-11-4 湿热黄疸湿热俱重证证候分析表

主症	病机分析
身黄如橘子色	湿热内蕴脾胃,波及血分而行于体表
食即头眩	湿热内蕴中焦,脾失健运,水谷湿浊相并上冲
心烦口渴	湿热内扰,消耗津液
纳呆腹满,便秘	湿热内蕴中焦,纳运失常,腑气不通
小便不利	湿热下注,膀胱气化不行
舌红苔黄腻,脉数	湿热内蕴之征

【基本病机】中焦湿热俱盛,脾胃升清降浊功能失常。

【治法】清泄湿热,活血逐黄。

【方药】茵陈蒿汤。

茵陈蒿汤方见第六章第二节。

2. 热重于湿证

【原文汇要】酒黄疸,心中懊憹或热痛,栀子大黄汤主之。(《金匮要略》十五.15)

【辨证要点】身黄如橘子色,心中懊憹或热痛,口渴,不食,便秘,小便不利,舌红苔黄腻,脉数。

【证候分析】见表9-11-5。

表 9-11-5 湿热黄疸热重于湿证证候分析表

主症	病机分析
身黄如橘子色	湿热内蕴脾胃,波及血分而行于体表
心中懊侬或热痛	湿热内蕴中焦,熏蒸于心
口渴,不食	湿热内扰,消耗津液,纳运失常
便秘	湿热内蕴中焦,腑气不通
小便不利	湿热下注,膀胱气化不行
舌红苔黄腻,脉数	湿热内蕴之舌脉

【基本病机】湿热内蕴,上蒸于心。

【治法】清心除烦,通利湿热。

【方药】栀子大黄汤。

栀子大黄汤方:

栀子十四枚　大黄一两　枳实五枚　豉一升

3. 热盛里实证

【原文汇要】黄疸腹满,小便不利而赤,自汗出,此为表和里实,当下之,宜大黄硝石汤。(《金匮要略》十五.19)

【辨证要点】身黄如橘子色,腹满痛拒按,便秘,自汗出,小便短赤不利,舌苔黄,脉沉实。

【证候分析】见表 9-11-6。

表 9-11-6 湿热黄疸热盛里实证证候分析表

主症	病机分析
身黄如橘子色	湿热内蕴脾胃,波及血分而行于体表
腹满痛拒按,便秘	湿热传里成实,腑气不通
自汗出	里热熏蒸,迫津外泄
小便短赤不利	湿热下注,膀胱气化不利
舌苔黄,脉沉实	热盛里实之征

【基本病机】湿热内蕴,热盛里实。

【治法】通腑泄热攻下。

【方药】大黄硝石汤。

大黄硝石汤方:

大黄　黄柏　硝石各四两　栀子十五枚

4. 湿重于热证

【原文汇要】黄疸病,茵陈五苓散主之。一本云茵陈汤及五苓散并主之。(《金匮要略》十五.18)

【辨证要点】身目黄、色鲜明,纳呆恶心,腹胀便溏,小便不利,舌苔白腻,脉缓。

【证候分析】见表 9-11-7。

表 9-11-7　湿热黄疸湿重于热证证候分析表

主症	病机分析
身目黄、色鲜明	湿热内蕴脾胃，波及血分而行于体表
腹胀便溏	湿热内蕴，脾湿偏盛，运化失常
纳呆恶心	湿热内蕴，纳运失常
小便不利	湿热下注，膀胱气化不利
舌苔白腻，脉缓	湿热内蕴而湿盛之征

【基本病机】湿热内蕴，湿重于热。

【治法】清热利湿退黄。

【方药】茵陈五苓散。

茵陈五苓散方：

茵陈蒿末十分　五苓散五分方见第七章第二节

（二）女劳疸

【原文汇要】黄家日晡所发热，而反恶寒，此为女劳得之。膀胱急，少腹满，身尽黄，额上黑，足下热，因作黑疸。其腹胀如水状，大便必黑，时溏，此女劳之病，非水也。腹满者难治。硝石矾石散主之。（《金匮要略》十五.14）

【辨证要点】

（1）主症：身目发黄，其色晦暗，额上黑，腹胀满，大便时溏、色黑。

（2）兼症：日晡恶寒，足下热及肾虚诸症。

【证候分析】见表 9-11-8。

表 9-11-8　女劳疸证候分析表

主症	病机分析
身目发黄、色晦暗	房劳伤肾，精血不足
额上黑	肾虚肾色外露于天庭
腹胀满，大便时溏	脾肾两虚，肾不主水，脾不运化
大便色黑	瘀热内着，离经之血下注肠腑
微汗出，手足心热	肾阴虚，虚热内生
日晡时恶寒	肾阴虚损及阳气，无以温煦

【基本病机】脾肾虚损，兼瘀血湿热。

【治法】消瘀化湿，急治其标。

【方药】硝石矾石散。

硝石矾石散方：

硝石　矾石（烧）等分

（三）黄疸表虚证

【原文汇要】诸病黄家，但利其小便；假令脉浮，当以汗解之，宜桂枝加黄芪汤主之。方见水气病中。（《金匮要略》十五.16）

【辨证要点】

（1）主症：黄疸初起，身目发黄，恶寒发热，脉浮自汗。

(2) 兼症：平素汗多易外感。

【证候分析】见表9－11－9。

表9－11－9 黄疸表虚证证候分析表

主症	病机分析
身目发黄	外邪与内湿相合，内郁于脾，行于体表
恶寒发热	外感邪气，邪正相争于表，营卫失调
脉浮自汗	卫表气虚，腠理空虚

【基本病机】表虚外感邪气，营卫失调。

【治法】解表祛邪，调和营卫。

【方药】桂枝加黄芪汤。

桂枝加黄芪汤方：

桂枝三两　芍药三两　甘草二两　生姜三两　大枣十二枚　黄芪二两

(四) 虚黄证

【原文汇要】男子黄，小便自利，当与虚劳小建中汤。方见虚劳中。《金匮要略》十五.22)

【辨证要点】身面萎黄，纳呆少气，身倦肢困，腹痛便溏。

【证候分析】见表9－11－10。

表9－11－10 虚黄证证候分析表

主症	病机分析
身面萎黄	脾胃虚弱，气血化源不足，肌肤失养
纳呆少气	脾胃虚弱，运化失常
身倦肢困	脾虚湿困，气血不足
腹痛便溏	中虚失运，腹失温煦

【基本病机】脾胃气血虚弱。

【治法】健脾益气生血。

【方药】小建中汤。

小建中汤方见第七章第四节。

(五) 黄疸兼证、变证

1. 黄疸兼少阳证

【原文汇要】诸黄，腹痛而呕者，宜柴胡汤。必小柴胡汤，方见呕吐中。(《金匮要略》十五.21)

【辨证要点】身目发黄，腹痛呕吐，胸胁苦满，往来寒热。

【证候分析】见表9－11－11。

表9－11－11 黄疸兼少阳证证候分析表

主症	病机分析
身目发黄	湿浊内蕴脾胃，波及血分而行于体表
腹痛而呕	土壅木郁，少阳失和
胸胁苦满，往来寒热	土壅木郁，胆经之气不利

【基本病机】湿蕴脾胃，累及肝胆，少阳枢机不利。

【治法】和解少阳，扶正达邪退黄。

【方药】小柴胡汤。

小柴胡汤方见第五章第三节。

2. 黄疸兼燥结血瘀证

【原文汇要】诸黄，猪膏发煎主之。(《金匮要略》十五.17)

【辨证要点】身目发黄、色晦暗，大便秘结，少腹满胀。

【证候分析】见表 9－11－12。

表 9－11－12　黄疸兼燥结血瘀证证候分析表

主症	病机分析
身目发黄、色晦暗	胃肠燥结，瘀血内停，气血不荣于外
大便秘结	胃肠燥结，腑气不通
少腹满胀	瘀血内停，气机不利

【基本病机】胃肠燥结，瘀血内停。

【治法】润燥祛瘀，利尿退黄。

【方药】猪膏发煎。

猪膏发煎方：

猪膏半斤　乱发如鸡子大三枚

上二味，和膏中煎之，发消药成，分再服。病从小便出。

3. 黄疸误治成哕

【原文汇要】黄疸病，小便色不变，欲自利，腹满而喘，不可除热，热除必哕。哕者，小半夏汤主之。方见痰饮中。(《金匮要略》十五.20)

【辨证要点】

(1) 主症：身目发黄、色晦暗，小便色不变，哕逆。

(2) 兼症：腹满时减喜按，自利气喘。

【证候分析】见表 9－11－13。

表 9－11－13　黄疸误治成哕证候分析表

主症	病机分析
身目发黄、色晦暗	中焦虚寒，气血化生不足，不荣于外
小便色不变	中焦虚寒，非湿热实证
哕逆	误用苦寒，损伤中阳，胃失和降
腹满时减喜按	中焦虚寒，寒湿内蕴，运化失常
自利	中焦虚寒，清浊升降失常
气喘	脾虚少气不足以息

【基本病机】中焦虚寒，寒湿内蕴，胃失和降。

【治法】温中散寒，降逆止哕。

【方药】小半夏汤。

小半夏汤方见本章第九节。

4. 黑疸

【原文汇要】酒疸下之，久久为黑疸，目青面黑，心中如噉蒜虀状，大便正黑，皮肤爪之不仁，其脉浮弱，虽黑微黄，故知之。(《金匮要略》十五.7)

【辨证要点】

(1) 主症：目青面黑，皮肤爪之不仁，大便黑，心中如噉蒜虀状。

(2) 兼症：脉浮弱，舌质紫暗、苔黄腻。

【证候分析】见表 9-11-14。

表 9-11-14 黑疸证候分析表

主症	病机分析
目青面黑微黄	湿热内陷血分，血分瘀滞，不荣于外
皮肤爪之不仁	血瘀于内，新血不能外荣
心中如噉蒜虀状	瘀热内蕴，上熏于心
大便色黑	瘀热内积，下渗肠腑
脉浮弱	湿热上攻，阴血受损
舌质紫暗、苔黄腻	湿热内蕴，瘀血内结之舌脉

【基本病机】湿热久陷血分，血分瘀滞。

酒疸误下，或黄疸病程迁延，湿热之邪深陷血分，血分瘀结，日久而成黑疸。黑疸的治疗，条文未有说明，临床上可在清利湿热同时，加大活血化瘀用药。

三、黄疸病的预后

【原文汇要】黄疸之病，当以十八日为期，治之十日以上瘥，反剧为难治。(《金匮要略》十五.11)

疸而渴者，其疸难治；疸而不渴者，其疸可治。发于阴部，其人必呕；阳部，其人振寒而发热也。(《金匮要略》十五.12)

【预后要点】黄疸病向愈或增剧，约以 18 日左右为期，应抓紧时机，早期治疗，促进病愈。

小结

黄疸病证治小结见表 9-11-15。

表 9-11-15 黄疸病证治小结表

基本病机			主症	治法	方药
湿热黄疸	湿热俱重证	中焦湿热俱盛，清浊升降失常	身目黄、色鲜明，食即头眩，心烦口渴，腹满便秘厌食，小便不利	清泄湿热活血逐黄	茵陈蒿汤

续表

		基本病机	主症	治法	方药
湿热黄疸	热重于湿证	湿热内蕴，上蒸于心，热重于湿	身目黄、色鲜明，心中懊侬、热痛，口渴厌食便秘，小便不利	清心除烦通利湿热	栀子大黄汤
	热盛里实证	湿热内蕴，热盛成实	身目黄、色鲜明，腹满痛拒按，便秘，自汗出，小便短赤不利	通腑泄热攻下	大黄硝石汤
	湿重于热证	湿热内蕴，湿重于热	身目黄、色鲜明，纳呆恶心，腹胀便溏，小便不利	清热利湿退黄	茵陈五苓散
女劳疸		脾肾虚损，兼瘀血湿热	身目黄、色晦暗，额上黑，腹满，大便时溏、色黑，兼肾虚症	消瘀化湿急治其标	硝石矾石散
黄疸表虚证		表虚外感邪气，营卫失调	黄疸初起身面发黄，恶寒发热、脉浮自汗，平素汗多易外感	解表祛邪调和营卫	桂枝加黄芪汤
虚黄证		脾胃气血虚弱	身面萎黄，纳呆少气，身倦肢困，腹痛便溏	健脾益气生血	小建中汤
黄疸兼少阳证		湿蕴脾胃，累及肝胆，少阳枢机不利	身面发黄，腹痛呕吐，胸胁苦满，往来寒热	和解少阳，扶正达邪，退黄	小柴胡汤
黄疸兼燥结血瘀证		胃肠燥结，瘀血内停	身面发黄、色晦暗，大便秘结，少腹满胀	润燥祛瘀利尿退黄	猪膏发煎
黄疸误治成哕证		中焦虚寒，寒湿内蕴，胃失和降	身面发黄、色晦暗，小便色不变，哕逆，腹满自利	温中散寒降逆止哕	小半夏汤
黑疸		湿热久陷血分，血分瘀滞	目青面黑，皮肤爪之不仁，大便黑，心中如啖蒜齑状	清利湿热活血化瘀	

第十二节 肠痈病

一、肠痈病概说

肠痈，为痈肿发生在肠，以发热恶寒、少腹肿痞、疼痛拘急为临床特征的疾病。本病多因饮食不节，或外邪侵袭、情志失调等原因致热毒内聚肠中，气滞血凝，蕴酿痈脓而成。现代医学的急、慢性阑尾炎与阑尾周围脓肿等病属肠痈范畴。

二、肠痈病的辨证论治

（一）脓未成

【原文汇要】肠痈者，少腹肿痞，按之即痛如淋，小便自调，时时发热，自汗出，复恶寒。其脉迟紧者，脓未成，可下之，当有血。脉洪数者，脓已成，不可下也。大黄牡丹汤主之。(《金匮要略》十八.4)

【辨证要点】少腹肿痞，腹痛拒按，时时发热，恶寒，舌红苔黄，脉迟紧或滑数有力。

【证候分析】见表 9－12－1。

表 9－12－1 肠痈脓未成证候分析表

主症	病机分析
少腹肿痞，腹痛拒按	热毒与营血瘀结肠中，气血阻滞不通
按之即痛如淋，小便自调	疼痛可放射至前阴部，犹如淋病
时时发热，汗自出	邪正交争，热蒸营血
恶寒	营卫郁阻，卫气不能畅行于外
舌红苔黄，脉迟紧或滑数有力	热毒内聚

【基本病机】热毒内聚，营血瘀结肠中，邪正交争，欲发痈脓。

【治法】攻下通腑，荡热解毒，逐瘀散结消痈。

【方药】大黄牡丹汤。

大黄牡丹汤方：

大黄四两　牡丹一两　桃仁五十个　瓜子半升　芒硝三合

据仲景原文所论，本方主要用于脓未成阶段，但方后语又言"有脓当下"，似属矛盾，但从其病情演变与临床对该方的实际运用来看，并不尽然。凡有实热征象，热毒炽盛，正气未衰者，无论脓成与否，脉迟或脉洪数，皆可运用大黄牡丹汤；反之，即便是脓未成，若其人体质较差或正气已虚者，亦当慎用该方。

（二）脓已成

【原文汇要】肠痈之为病，其身甲错，腹皮急，按之濡，如肿状，腹无积聚，身无热，脉数，此为肠内有痈脓，薏苡附子败酱散主之。（《金匮要略》十八.3）

【辨证要点】腹皮拘急，按之濡软，肌肤甲错，全身不发热，舌淡苔白，脉数无力。

【证候分析】见表 9－12－2。

表 9－12－2 肠痈脓已成证候分析表

主症	病机分析
腹皮拘急，按之濡软	热毒结聚肠内，气血郁滞于里，肠痈脓已成
肌肤甲错	气血已虚，肌肤失于濡养
全身不发热	热毒结聚局部，病变局限于肠
舌淡苔白，脉数而无力	热毒聚结，但气血已伤

【基本病机】热毒内聚肠中，热蒸营血，血败肉腐成脓，此时毒热已减，正气已虚。

【治法】排脓消痈，振奋阳气。

【方药】薏苡附子败酱散。

薏苡附子败酱散方：

薏苡仁十分　附子二分　败酱五分

【方证鉴别】与大黄牡丹汤证鉴别见表 9－12－3。

表 9-12-3　大黄牡丹汤证与薏苡附子败酱散证鉴别表

		大黄牡丹汤证	薏苡附子败酱散证
相同点		病机皆有热毒瘀交结于肠，主症均有少腹疼痛，治法均应解毒化瘀消痈	
不同点	病因病机	热盛毒聚，营血瘀结于肠，脓尚未成，邪盛正不虚	痈脓已成，热毒未尽，正气已虚，阳气不足
	证候性质	实热证	虚实错杂证
	主症	少腹肿痞，腹痛拒按，按之即痛如淋，时时发热，自汗出，恶寒，舌红苔黄，脉迟紧或滑数有力	腹皮拘急，按之濡软，肌肤甲错，身无热，舌淡苔白，脉数无力
	治法	荡热解毒，逐瘀散结消痈	排脓消痈，振奋阳气
	药物	大黄，牡丹，桃仁，瓜子，芒硝	薏苡仁，附子，败酱草

小结

肠痈病证治小结见表 9-12-4。

表 9-12-4　肠痈病证治小结表

病期	病因病机	邪正关系	治法	方药
脓未成	热盛毒聚，营血瘀结于肠，脓尚未成，邪盛正不虚	热毒炽盛，营血瘀结，邪盛正不虚	荡热解毒，逐瘀散结消痈	大黄牡丹汤
脓已成	痈脓已成，热毒未尽，正气已虚，阳气不足	热毒未尽，阳气不足，邪减正已虚	排脓消痈，振奋阳气	薏苡附子败酱散

第十三节　小便不利、淋病

一、小便不利、淋病概说

（一）含义

小便不利，是指小便量少而排出不畅，可见于多种疾病之中，是一个常见的症状，而非独立的疾病。《金匮要略·消渴小便不利淋病脉证并治》篇重点论述了外感病和杂病中以小便不利为主症的一些病证。如在《伤寒论》中有“小便不利”（或小便少、小便难）症状者达 37 处，涉及六经各病证；《金匮要略》中有此症状者 28 处，涉及十余种病证。

淋病，是以小便频急、淋沥涩痛、少腹拘急为主症的一种病证。仲景曰：“淋之为病，小便如粟状，小腹弦急，痛引脐中。”

由于小便不利、淋病的主要病位在肾与膀胱，有的方剂可相互通用，故仲景将二者合篇讨论。

（二）与相关病证的鉴别

1. 小便不利与淋病 小便不利是一个症状，淋病是一个独立病名；二者皆可见小便量少或淋沥不畅症状，鉴别的关键在于，淋病患者在排小便时有尿频、尿急、尿痛等表现，而小便不利者则无。

2. 其他病证 在《伤寒论》六经病证的不少方证中，在《金匮要略》的湿病、百合病、虚劳病、痰饮病、水气病、黄疸病、呕吐病、下利病、妇人诸病等病证中，均可出现小便不利，但其仅为伴随症状之一，非特征性症状；而本节所讨论的是以小便不利为主要表现的一些病证，以此为别。

（三）治疗原则

小便不利和淋病的治疗以通利小便，恢复膀胱气化功能为总则，但因其病因病机复杂，涉及诸多方面，故当结合其伴随症状综合分析，辨证论治。临证尤当注意分清其虚实寒热、病变脏腑，不能全责之肾与膀胱。淋病易伤津液，若兼表证时要注意顾护津液，禁用单纯辛温峻汗之剂。

二、小便不利、淋病的辨证论治

（一）太阳蓄水证

【原文汇要】脉浮，小便不利，微热消渴者，宜利小便发汗，五苓散主之。（《金匮要略》十三.4）

渴欲饮水，水入则吐者，名曰水逆，五苓散主之。方见上。（《金匮要略》十三.5）

【辨证要点】小便不利（短少或无尿），发热恶寒，脉浮，伴口渴多饮，甚则渴饮而水入则吐，或见少腹拘急胀满。

【证候分析】见表 9-13-1。

表 9-13-1 太阳蓄水证证候分析表

主症	病机分析
小便不利（短少或无尿）	外邪入里，膀胱气化不行
口渴多饮	水蓄于内，不能化津上乘
渴饮而水入则吐	继之中焦亦有饮停，水入拒而不纳
少腹拘急胀满	膀胱气化不行，水蓄下焦
发热恶寒，脉浮	外邪未尽解

【基本病机】太阳表证不解，外邪循经入腑，膀胱气化不行，水蓄下焦。

【治法】通阳化气利水，兼以解表。

【方药】五苓散。

五苓散方见第七章第二节。

【方证鉴别】本方证与下焦蓄血证同为有形之邪停蓄下焦的证候，都可见发热、少腹满之症。但下焦蓄血证为热与血结于下焦，并未影响膀胱的化气行水功能，故小便自利；而本证为外邪循经入腑，寒与水结，膀胱气化失常，则小便不利。因此，二者的主要鉴别点在于小便通利与否。在治疗方面，本证以通阳化气利水为法，方用五苓散；蓄血证当以活血逐瘀为法，据蓄血证证之轻重缓急，分别选用桃核承气汤、抵当丸或抵当汤。

（二）阴虚水热互结证

【原文汇要】脉浮发热，渴欲饮水，小便不利者，猪苓汤主之。（《金匮要略》十三.13）

【辨证要点】小便不利，身发热，口渴饮水，心烦，不得眠，舌红少苔，脉浮而细数。

【证候分析】见表9-13-2。

表9-13-2　阴虚水热互结证证候分析表

主症	病机分析
小便不利	水热互结，膀胱气化不行，水道失调
口渴多饮	水蓄于内，郁热伤阴
身发热，心烦，不得眠	热郁于内，上扰心神
舌红少苔，脉浮而细数	水热互结日久，阴液已伤

【基本病机】邪热入里，水热互结，日久郁热伤阴。

【治法】养阴润燥，清热利水。

【方药】猪苓汤。

猪苓汤方见第五章第二节。

【方证鉴别】与五苓散鉴别见表9-13-3。

表9-13-3　五苓散证与猪苓汤证鉴别表

		五苓散证	猪苓汤证
相同点		病机均为邪与水结，膀胱气化不利；主症皆有发热、渴欲饮水、小便不利、脉浮；同用猪苓、茯苓、泽泻淡渗利水	
不同点	病因病机	太阳病表证不解，外邪循经入腑，水蓄下焦	阳明经热证误下伤阴，水热结于下焦；或水热互结，日久郁热伤阴
	主症	发热恶寒，脉浮缓或浮紧，排尿时无灼热及涩痛感，伴小腹拘急，或水入口则吐，舌苔白	发热不恶寒，小便短赤，排尿时感灼热涩痛，伴心烦不得眠，或咳、或呕，脉浮细数，舌红少苔少津
	治法	通阳化气利水，兼以解表	滋阴润燥，清热利水
	用药	配桂枝通阳化气利水，白术健脾制水	配阿胶滋阴润燥，滑石清热开窍
	注意事项	服药后多饮暖水，汗出愈	多汗者禁用，亦可用于劳淋、血淋

（三）阳虚水停，下寒上燥证

【原文汇要】小便不利者，有水气，其人若渴，瓜蒌瞿麦丸主之。（《金匮要略》十三.10）

【辨证要点】小便不利，口干舌燥，渴欲饮水，腹中冷，脉沉迟，尺部尤甚。

【证候分析】见表9-13-4。

表9-13-4　阳虚水停下寒上燥证证候分析表

主症	病机分析
小便不利	肾阳虚弱不足，则膀胱气化失司
口干舌燥	肾气不足，不能蒸化津液以上润
渴欲饮水	上焦燥热
腹中冷	肾阳虚弱，不能温煦
脉沉迟，尺部尤甚	肾阳虚弱

【基本病机】肾阳虚弱，水液内停，下寒上燥。

【治法】温阳化气，润燥止渴。

【方药】瓜蒌瞿麦丸。

瓜蒌瞿麦丸方：

瓜蒌根二两 茯苓三两 薯蓣三两 附子一枚（炮） 瞿麦一两

【方证鉴别】本方证与治疗下消的肾气丸证，均有肾阳不足、气化无权之病机，皆有口渴症状，鉴别的主要点在于小便的变化。本证肾阳虚膀胱气化不行则小便不利；肾气丸证则因肾气虚失于固摄而见小便次频量多。

（四）湿热证

【原文汇要】小便不利，蒲灰散主之；滑石白鱼散、茯苓戎盐汤并主之。（《金匮要略》十三.11）

【辨证要点】本条一症三方，叙证简略，当以方测证进行分析。

1. 湿热瘀阻证

【辨证要点】小便不利或短赤，尿道灼热刺痛，或有血尿，舌红，苔黄腻。

【证候分析】见表9－13－5。

表9－13－5 湿热瘀阻证证候分析表

主症	病机分析
小便不利或短赤	湿热下注，膀胱气化不利
尿道灼热刺痛	湿热瘀相结于下焦
或有血尿	瘀热较盛，迫血妄行
舌红，苔黄腻	湿热内盛

【基本病机】湿热下注，瘀热内阻，膀胱气化不行。

【治法】清热利湿，化瘀利窍。

【方药】蒲灰散。

蒲灰散方：

蒲灰七分 滑石三分

2. 湿热瘀阻，伤及阴络证

【辨证要点】小便不利，尿道灼热刺痛，尿中带血或夹有血块，小腹拘急满痛，舌红，苔黄。

【证候分析】见表9－13－6。

表9－13－6 湿热瘀阻伤及阴络证证候分析表

主症	病机分析
小便不利或短赤	湿热下注，膀胱气化不利
尿道灼热刺痛	湿热瘀相结于下焦
尿中带血或夹有血块	瘀阻膀胱，伤及阴络
舌红，苔黄	邪热内盛

【基本病机】湿热瘀阻膀胱，膀胱气化不行，热入下焦血分，伤及阴络，迫血妄行。

【治法】化瘀止血，清热利湿。

【方药】滑石白鱼散。

滑石白鱼散方：

滑石二分　乱发二分（烧）　白鱼（又名蠹鱼，乃衣帛、书纸中的虫）二分

3. 脾肾两虚，下焦湿热证

【辨证要点】小便不利，频数量少，或尿后余沥不尽，溲时涩痛不甚，口淡不渴，纳少便溏，小腹胀满，腰膝酸软无力，舌淡苔滑腻。

【证候分析】见表 9－13－7。

表 9－13－7　脾肾两虚下焦湿热证证候分析表

主症	病机分析
小便不利	下焦湿热阻滞，膀胱气化不利
尿次频量少，或尿后余沥不尽	肾虚而膀胱失约
口淡不渴，纳少便溏，小腹胀满	脾虚运化失职
腰膝酸软无力	肾虚腰膝失养

【基本病机】脾肾虚弱，水液运化失常，膀胱气化不行，下焦湿热，湿重热轻。

【治法】健脾益肾，清热利湿。

【方药】茯苓戎盐汤。

茯苓戎盐汤方：

茯苓半斤　白术二两　戎盐弹丸大一枚

【方证鉴别】蒲灰散、滑石白鱼散和茯苓戎盐汤三方均治兼下焦湿热而以小便不利为主症之病证，但同中有异。蒲灰散证和滑石白鱼散证病机皆为膀胱湿热并有瘀血，两方均有清热利湿、化瘀止血利窍之功。然蒲灰散长于治下焦湿热夹瘀内阻者；滑石白鱼散则长于治疗湿热瘀阻下焦血分者，消瘀止血力量较强。茯苓戎盐汤证属虚实夹杂之证，该方是利中兼补之剂，适用于脾肾虚弱兼下焦湿热之证。

蒲灰散等三方皆可用于治疗下焦湿热蕴结之淋病，属异病同治之例。

小结

小便不利、淋病证治小结见表 9－13－8。

表 9－13－8　小便不利、淋病证治小结表

	病因病机	主症	治法	方药
太阳蓄水证	太阳表证不解，外邪循经入腑，膀胱气化不行，饮停下焦	小便不利（短少或无尿），发热恶寒，脉浮，口渴多饮，甚则水入则吐	通阳化气利水	五苓散
阴虚水热互结证	外感热病，误治伤津，热入下焦，水热互结，膀胱气化不行	小便不利（短赤、灼热），身热，口渴饮水，心烦，舌红少苔，脉浮而细数	养阴润燥清热利水	猪苓汤
阳虚水停下寒上燥证	肾阳虚弱，水液内停，津不上承，上焦燥热	小便不利（短少），口干舌燥，渴欲饮水，腹中冷，脉沉迟	温阳化气润燥止渴	瓜蒌瞿麦丸

续表

病因病机		主症	治法	方药
湿热瘀阻证	湿热下注，瘀热内阻，膀胱气化不行	小便不利或短赤，尿道灼热刺痛，或有血尿，舌红苔黄腻	清热利湿化瘀利窍	蒲灰散
湿热瘀阻伤及阴络证	湿热瘀阻膀胱，热盛入于下焦血分，伤及阴络	小便不利，尿道灼热刺痛，尿中带血，小腹拘急满痛	化瘀止血清热利湿	滑石白鱼散
脾肾两虚下焦湿热证	脾肾虚弱，水液代谢失常，下焦湿热	小便不利，频数量少，或尿后余沥不尽，纳少便溏，腰膝酸软无力	健脾益肾清热利湿	茯苓戎汤盐

第十四节 虚 劳 病

一、虚劳病概说

（一）含义

虚劳，即虚损劳伤之意，是由多种原因引起的以脏腑亏损、气血阴阳不足为主要病机的一类慢性衰弱性证候的总称。

虚劳病的临床表现较为复杂，可因虚损之病位、涉及脏腑的多寡、病变性质及病情轻重程度等不同而有不同的证候表现，但总以病势缠绵、诸虚不足为特点。

（二）辨证要点

1. 区分病变脏腑 临证当根据病因、病史、各脏的生理特点和功能失常的特异性症状等，区分虚劳病损及何脏何腑。

2. 辨清气血阴阳 一般而言，虚劳病程相对较短者，多伤及气血，出现气虚、血虚与气血两虚之证；病程长者多伤及阴阳，出现阴虚、阳虚及阴阳两虚之证，而尤以阴阳两虚证多见，故张仲景论治虚劳以阴阳两虚证为多。

对于气血阴阳诸虚证的分辨，还应与区分病在何脏腑综合分析，施治才能有较强的针对性。

3. 注意证候转化 本病病程冗长，病机复杂，受诸多因素影响，往往会出现证候转化。如阴虚证当阴损及阳时可致阴阳两虚之证；脾气虚证发展加重可成脾阳虚证，进一步发展还可成为脾肾阳虚证，等等。因此，临证时应注意治随证转。

（三）与相关病证的鉴别

1. 肺痨 虚劳与肺痨（亦称作劳瘵）虽然皆有虚弱症状，但肺痨为痨虫侵袭所致，病位在肺，具有传染性，所患此病者症状基本相同，以咳嗽咳痰、咯血、潮热、盗汗、消瘦为主要临床表现，其预后不良。

2. 其他病证中的虚证 内科、妇科的某些病证亦可出现各种虚证证候，但皆以其病证的主要症状为突出表现，伴见虚证症状。

（四）治疗原则

《内经》曰："虚则补之"。虚劳病的治疗，应以补益为基本原则，在此基础上，根据其病证的脏腑定位主次关系、气血阴阳属性等施以相应的治法方药。对虚中夹实之证，当以补益为主，施以相应的祛邪之法，但用药不宜峻猛，以防伤正。护理及饮食调养对促进虚劳康复也有重要作用。

二、虚劳病的脉象

【原文汇要】夫男子平人，脉大为劳，极虚亦为劳。（《金匮要略》六.3）

人年五六十，其病脉大者，痹侠背行，若肠鸣、马刀侠瘿者，皆为劳得之。（《金匮要略》六.10）

脉弦而大，弦则为减，大则为芤，减则为寒，芤则为虚，虚寒相搏，此名曰革，妇人则半产、漏下，男子则亡血、失精。（《金匮要略》六.12）

【证候分析】第3条论述虚劳病总的脉象。脉大，为浮大无力之脉，是阴虚阳浮之征；脉极虚，是指轻按即软，重按更无力之脉，为精气内伤，阳气亏虚，无力鼓动所致。本条的主要精神在于提示对无明显临床症状者，凡出现"脉大"或"脉极虚"之类脉象，皆是虚劳病之征。此对于外形看似无病者具有早期诊断之意义。

第10条具体指出虚劳病出现脉大，有虚寒证与虚热证之别，示人脉证合参的辨证意义。

第12条论述精血亏耗的虚劳病之革脉的形态、机理与主病。

三、虚劳病的辨证

【原文汇要】男子面色薄者，主渴及亡血，卒喘悸，脉浮者，里虚也。（《金匮要略》六.4）

劳之为病，其脉浮大，手足烦，春夏剧，秋冬瘥，阴寒精自出，酸削不能行。（《金匮要略》六.6）

脉沉小迟，名脱气，其人疾行则喘喝，手足逆寒，腹满，甚则溏泄，食不消化也。（《金匮要略》六.11）

男子脉虚沉弦，无寒热，短气里急，小便不利，面色白，时目瞑，兼衄，少腹满，此为劳使之然。（《金匮要略》六.5）

男子脉浮弱而涩，为无子，精气清冷。一作冷。（《金匮要略》六.7）

男子平人，脉虚弱细微者，喜盗汗也。（《金匮要略》六.9）

【证候分析】第4条论述精血不足为主的虚劳脉症，体现了望闻问切四诊合参的诊病方法。其"脉浮者，里虚也"，指脉浮而无力，见于亡血或津伤之后，且与面色无华、喘、悸并见，故与表证之脉浮有别。

第6条论述阴虚阳浮的虚劳病及其与季节气候变化的关系。提示诊治虚劳病亦应有整体观念，注意时令气候对病变的影响。

第11条论述脾肾阳虚的虚劳脉症。

第5条论述阴阳两虚的虚劳脉症。

第7条论述精气衰弱的虚劳无子证候（属男性不育症）。

第9条论述阴阳两虚盗汗的脉象。提示阴阳两虚，阳虚不固，阴虚不守，亦可发生盗汗。注意应与一般的阴虚证盗汗相鉴别。

以上六条论虚劳有阳虚、阴虚、阴阳两虚证之别，而以阴阳两虚证多见，是因虚劳病日久不愈，阴损及阳，或阳损及阴之故。临证当随时注意虚劳病阴阳证候的转化。

四、虚劳病的辨证论治

（一）心肝阴（血）虚失眠证

【原文汇要】虚劳虚烦不得眠，酸枣仁汤主之。（《金匮要略》六.17）

【辨证要点】心烦，失眠，头晕目眩，咽干口燥，舌红少苔，脉弦细或细数。

【证候分析】见表9-14-1。

表9-14-1 心肝阴虚失眠证证候分析表

主症	病机分析
心烦，失眠	肝阴不足，虚热内生，内扰心神
头晕目眩，咽干口燥	阴血不足，头目、咽喉失养
舌红少苔，脉弦细或细数	阴虚内热

【基本病机】肝阴不足，心血亏虚，虚热扰神。

【治法】养阴清热，安神宁心。

【方药】酸枣仁汤。

酸枣仁汤方：

酸枣仁二升 甘草一两 知母二两 茯苓二两 芎䓖二两 深师有生姜二两。

【方证鉴别】与栀子豉汤证鉴别见表9-14-2。

表9-14-2 酸枣仁汤证与栀子豉汤证鉴别表

		酸枣仁汤证	栀子豉汤证
相同点		皆属虚烦不得眠之证，治法均应清热安神	
不同点	病因病机	邪热伤阴，或五志过极化热化火伤及心肝阴血，虚热扰及心神	太阳病误用汗、吐、下后余热未尽，无形邪热留扰胸膈，实热扰及心神
	病性	虚热证	实热证
	伴见症	心烦易怒，咽干口燥，头晕目眩，头痛，舌红少苔，脉弦细数	心中懊憹，脉数有力，舌红苔黄
	治法	养阴清热，安神宁心	清宣郁热
	用药	酸枣仁，知母，川芎，茯苓，甘草	栀子，豆豉

（二）肾气虚腰痛证

【原文汇要】虚劳腰痛，少腹拘急，小便不利者，八味肾气丸主之。（《金匮要略》六.15）

【辨证要点】腰痛，少腹拘急，形寒肢冷，小便不利，大便溏薄，舌淡胖苔白，脉弱或沉迟无力。

【证候分析】见表9-14-3。

表9-14-3 肾气虚腰痛证证候分析表

主症	病机分析
腰痛	肾阴阳两虚，腰失所养
形寒肢冷	肾阳虚，阳气不能通达于外
少腹拘急，小便不利	肾气不足，下焦失于温煦，膀胱气化不利
大便溏薄	肾阳不足，中土失温而运化失司

【基本病机】肾气不足，失于温化。

【治法】温补肾气，化气利水。

【方药】肾气丸。

肾气丸方：

干地黄八两　山药　山茱萸各四两　泽泻　牡丹皮　茯苓各三两　桂枝　附子(炮)各一两

【方证鉴别】肾气丸证与小建中汤证、黄芪建中汤证都有腹部拘急症状，但病位不同。肾气丸证为少腹拘急，责之于肾；两个建中汤证之“里急”(拘急挛缩之意)在大腹，责之于脾。

(三) 阴阳两虚失精证

【原文汇要】夫失精家，少腹弦急，阴头寒，目眩一作目眶痛。发落，脉极虚芤迟，为清谷、亡血、失精。脉得诸芤动微紧，男子失精，女子梦交，桂枝加龙骨牡蛎汤主之。(《金匮要略》六.8)

【辨证要点】少腹弦急，前阴部寒冷，男子失精，女子梦交，头晕目眩，毛发脱落，神疲倦怠，舌淡，脉极虚或芤迟或微紧。

【证候分析】见表9-14-4。

表9-14-4　阴阳两虚失精证证候分析表

主症	病机分析
少腹弦急，前阴部寒冷	阴精耗伤，阴损及阳，下焦失于温煦
男子失精，女子梦交	阴阳两虚，肾精不足，心肾不交
头晕目眩，毛发脱落	精血衰少，不能上荣头目
神疲倦怠	肾精不足，肾气亦虚
舌淡，脉极虚或芤迟或微紧	阴阳两虚，肾精不足

【基本病机】阴精耗伤，阴损及阳，阴阳两虚。

【治法】调和阴阳，潜镇摄纳，交通心肾。

【方药】桂枝加龙骨牡蛎汤。

桂枝加龙骨牡蛎汤方：《小品》云：“虚弱浮热汗出者，除桂，加白薇、附子各三分，故曰二加龙骨汤。

桂枝　芍药　生姜各三两　甘草二两　大枣十二枚　龙骨　牡蛎各三两

(四) 阴阳两虚腹部里急证

【原文汇要】虚劳里急，悸，衄，腹中痛，梦失精，四肢痠疼，手足烦热，咽干口燥，小建中汤主之。(《金匮要略》六.13)

虚劳里急，诸不足，黄芪建中汤主之。(《金匮要略》六.14)

【辨证要点】腹中拘急疼痛，心悸，心烦，手足烦热，遗精，咽干口燥，四肢酸疼，或见衄血，舌淡，脉弦或沉细。气虚较甚者有自汗或盗汗，身重或不仁等症。

【证候分析】见表9-14-5。

表9-14-5　阴阳两虚腹部里急证证候分析表

主症	病机分析
腹中拘急疼痛	阳虚生寒，腹失温煦
心悸，心烦	心营不足
手足烦热，咽干口燥，衄血	阴虚生热
遗精	阴虚不能内守
四肢酸疼	气血虚弱，四肢失养
舌淡，脉弦或沉细	阴阳两虚
自汗或盗汗，身重或不仁	气虚较甚

【基本病机】阴阳两虚，中气不足。

【治法】建中缓急，调和阴阳；气虚较甚者兼补益脾肺。

【方药】小建中汤；气虚较甚者用黄芪建中汤。

小建中汤方见第七章第四节。

黄芪建中汤方：

于小建中汤内黄芪一两半，余依上法。气短胸满者加生姜；腹满者，去枣加茯苓一两半，及疗肺虚损不足；补气加半夏三两。

黄芪建中汤是于小建中汤方中加黄芪而成。黄芪甘温补中益气，补脾益肺，本方的功效优于小建中汤。

【方证鉴别】桂枝加龙骨牡蛎汤与小建中汤两方证治有不少相同之处，兹鉴别如表 9－14－6。

表 9－14－6 桂枝加龙骨牡蛎汤证与小建中汤证鉴别表

		桂枝加龙骨牡蛎汤证	小建中汤证
相同点		皆属阴阳两虚证，都有腹部拘急、遗精症状，治法均以甘温之剂调和阴阳，方药都是以桂枝汤为基础的加味方	
不同点	病因病机	肾虚失精，阴精亏耗，阴损及阳，心肾不交	饮食或劳倦、久病等伤中，脾气虚弱，阳损及阴，中气不足
	主症	以男子失精、女子梦交为主症，伴少腹拘急、外阴部寒冷等。其腹部挛急在少腹部	以腹中拘急疼痛为主症，伴心悸、手足烦热、咽干口燥、遗精等。其腹部“里急”部位在中焦
	治法	潜镇摄纳，交通心肾	建中缓急
	药物	桂枝汤加龙骨、牡蛎	桂枝汤倍用芍药加饴糖

（五）虚劳兼外感证

【原文汇要】虚劳诸不足，风气百疾，薯蓣丸主之。（《金匮要略》六.16）

【辨证要点】在虚劳症状的基础上可兼见头痛、头晕目眩、身重少气、身体疼痛、肢体麻木，舌淡苔薄白，脉细弱。

【证候分析】见表 9－14－7。

表 9－14－7 虚劳兼外感证证候分析表

主症	病机分析
头痛，头晕目眩	气血亏虚，头目失养
身重，少气	脾胃气虚，周身失养
身体疼痛，肢体麻木	诸虚不足，感受外邪，气血失和
舌淡苔薄白，脉细弱	虚劳气血阴阳不足

【基本病机】脏腑功能虚衰，气血阴阳俱不足，易感外邪。

【治法】补益脾胃，益气养血祛风。

【方药】薯蓣丸。

薯蓣丸方：

薯蓣三十分　当归　桂枝　麯　干地黄　豆黄卷各十分　甘草二十八分　人参七分　芎䓖

芍药　白术　麦门冬　杏仁各六分　柴胡　桔梗　茯苓各五分　阿胶七分　干姜三分　白蔹二分　防风六分　大枣百枚为膏

（六）虚劳夹瘀血证

【原文汇要】五劳虚极羸瘦，腹满不能饮食，食伤、忧伤、饮伤、房室伤、饥伤、劳伤、经络营卫气伤，内有干血，肌肤甲错，两目黯黑。缓中补虚，大黄䗪虫丸主之。（《金匮要略》六.18）

【辨证要点】神疲乏力，形体羸瘦，肌肤甲错（粗燥干枯，扪之碍手），两目暗黑，腹满不能饮食，唇暗，舌紫或有瘀点或瘀斑，脉沉涩或迟涩。

【证候分析】见表 9－14－8。

表 9－14－8　虚劳夹瘀血证证候分析表

主症	病机分析
神疲乏力，形体羸瘦	五劳虚极，气血亏虚
肌肤甲错，两目暗黑	瘀血内停，肌肤失养
腹满不能饮食	瘀阻气滞，脾胃失其运化
唇暗，舌紫或有瘀点、瘀斑	瘀血内停，日久不散
脉沉涩或迟涩	五劳虚极，瘀血内停，阻滞血脉

【基本病机】五劳虚极，脾胃失于运化，内有瘀血日久不散。

【治法】攻补兼施，祛瘀生新，缓中补虚。

【方药】大黄䗪虫丸

大黄䗪虫丸方：

大黄十分（蒸）　黄芩二两　甘草三两　桃仁一升　杏仁一升　芍药四两　干地黄十两　干漆一两　虻虫一升　水蛭百枚　蛴螬一升　䗪虫半升

小结

虚劳是由多种原因引起的以脏腑亏损、气血阴阳不足为主要病机的一类慢性衰弱性证候的总称。

先天禀赋不足或后天调养失当、情志内伤、饮食不节、劳倦过度、房室不节、诸病误治、病后或产后失于调理等，皆可致五脏虚衰、气血阴阳耗损而成虚劳病。

本篇论述了虚劳病的成因、分类及辨证论治。现将其证治小结如表 9－14－9。

表 9－14－9　虚劳病证治小结表

	病因病机	主症	治法	方药
心肝阴虚失眠证	邪热或五志化火伤阴，肝阴不足，心血亏虚，虚热扰神	心烦，失眠，头晕目眩，舌红少苔，脉细数	养阴清热，安神宁心	酸枣仁汤
肾气虚腰痛证	肾气不足，腰腹失于温煦，膀胱气化不利	腰痛，少腹拘急，形寒肢冷，小便不利，脉沉迟无力	温补肾气，化气利水	肾气丸

续表

	病因病机	主症	治法	方药
阴阳两虚失精证	遗精日久，阴损及阳，心肾不交	少腹弦急，前阴部寒冷，男子失精，女子梦交，头晕目眩，脱发，脉极虚或芤迟	调和阴阳，潜镇摄纳	桂枝加龙骨牡蛎汤
阴阳两虚腹部里急证	饮食或劳倦、误治伤中，中气不足，阳损及阴，生寒生热	腹中拘急疼痛，心悸，手足烦热，咽口燥，四肢酸疼，遗精，舌淡脉弦或沉细	建中缓急，调和阴阳	小建中汤
	中气不足日甚，兼肺气虚弱	除见上方证诸症外，尚有恶风、自汗或盗汗，身重或不仁，倦怠乏力，短气喘咳	建中缓急，调和阴阳，补益脾肺	黄芪建中汤
虚劳兼外感	虚劳日久不愈，气血阴阳俱不足，兼风邪袭表	除虚劳病常见症状外，又兼见头痛、头晕目眩、身重少气、肢体麻木	补益脾胃，益气养血，祛风散寒	薯蓣丸
虚劳夹瘀血	劳倦、食伤、饮伤、房室伤等均可致经络营卫气血不畅，血行瘀滞	身疲乏力，形体羸瘦，肌肤甲错，两目暗黑，唇舌紫暗，脉沉涩	攻补兼施，祛瘀生新，缓中补虚	大黄䗪虫丸

第十五节 消 渴 病

一、消渴病概说

（一）含义

消渴病是以口渴多饮、多食、多尿、身体消瘦，或尿浊、尿有甜味等为临床特征的病证。

《金匮要略》对消渴病作专篇论述，认为胃热、肾虚是导致消渴的主要病机，并提出治法，首创白虎加人参汤、肾气丸等治疗方剂。

（二）辨证要点

1. 辨病位　消渴病的病因多端，病机复杂，病变部位涉及多个脏腑，但主要在肺、胃、肾三脏，尤以肾为重。渴欲饮水、口干舌燥偏重者多责于肺；多食易饥、渴而多饮、大便干燥、形体消瘦者多责之胃热；以小便频数、尿有甜味或如脂膏为主要表现者多责之肾虚。

2. 辨病性　消渴病以阴虚为本，燥热为标，二者互为因果，常因病程长短、病情轻重、病者体质强弱等情况的不同，阴虚与燥热的表现各有偏重。大体初病多以燥热为主；病程较长者则阴虚与燥热互见或略有偏重；日久则以阴虚为主；病变发展至后期，则由阴损及阳而致阴阳两虚之证。

3. 辨本证与并发症　消渴病以多饮、多食、多尿和身体消瘦为最基本的临床表现，随着病情的发展可出现如白内障、痈疽等诸多并发症。一般以本证为主，并发症为次；多数患者先见本证，日久则见并发症，但亦有少数患者本证不明显，而因痈疽、眼疾等并发症就诊时发现本病者。当遵治病求本原则，重视对本病的治疗，而绝不能本末倒置只注意或侧重对并发症的治疗。

（三）与相关病证的鉴别

1. 消渴症　“消渴”一词有病名和症状之分。消渴症，是指外感热病过程中出现的口渴饮水、饮不解渴之症，其不与多食、多尿症状并见。如《伤寒论》第326条、第71条所论。《金匮要略》消渴病篇重出此两条以与消渴病进行鉴别。

2. 痰饮病　水饮内停，气化受阻，津不上承则口渴，但此口渴而不多饮，常伴头晕目眩、腹中漉漉有声、小便不利等症。如《金匮要略·痰饮咳嗽病》篇曰："先渴后呕，为水停心下，此属饮家，小半夏茯苓汤主之"；"胸中有留饮，其人短气而渴"；"腹满，口舌干燥，此肠间有水气，己椒苈黄丸主之"。

3. 瘿病　本病多食善饥、消瘦等症与消渴病的中消证极为相似，但突眼症、颈部肿大则与消渴病有着显著区别。

（四）治疗原则

消渴病以滋阴润燥清热为治疗大法，若阴阳两虚则温阳滋阴；若并发他症，则在滋阴基础上施以相应治法。

二、消渴病的辨证论治

（一）肺胃热盛，津气两伤证

【原文汇要】渴欲饮水，口干舌燥者，白虎加人参汤主之。(《金匮要略》十三.12)

【辨证要点】渴欲饮水，口干舌燥，心烦，多食易饥，形体消瘦，乏力，小便频数而黄，可有大便干燥或秘结，舌红少津、苔黄燥，脉数或滑数。

【证候分析】见表9-15-1。

表9-15-1　肺胃热盛津气两伤证证候分析表

主症	病机分析
渴欲饮水，口干舌燥	热盛伤津
形体消瘦，乏力	津气两伤，周身失养
多食易饥	胃热过盛
心烦	肺热伤津，热扰心神
小便频数而黄	津液被胃热逼迫而偏渗膀胱
大便干燥或秘结	热盛津亏肠燥

【基本病机】肺胃热盛，津气两伤。

【治法】清热止渴，益气生津。

【方药】白虎加人参汤。

白虎加人参汤方见第五章第二节。

（二）胃热亢盛证

【原文汇要】趺阳脉浮而数，浮即为气，数即消谷而大坚一作紧；气盛则溲数，溲数即坚，坚数相搏，即为消渴。(《金匮要略》十三.2)

趺阳脉数，胃中有热，即消谷引食，大便必坚，小便即数。(《金匮要略》十三.8)

【辨证要点】消谷善饥，渴欲饮水，小便频数而黄，大便秘结，腹胀满，形体消瘦，舌红苔黄燥，脉滑数或弦数有力。

【证候分析】见表9-15-2。

表 9-15-2 胃热亢盛证证候分析表

主症	病机分析
消谷善饥，渴欲饮水	胃热亢盛
小便频数而黄	胃热迫津偏渗于膀胱
大便秘结，腹胀满	热盛耗津，肠道失于濡润
舌红苔黄燥，脉滑数或弦数有力	胃热亢盛，热盛津伤

【基本病机】胃热亢盛，热盛津伤。

【治法】清泻胃火，润肠通腑。

【方药】调胃承气汤。

调胃承气汤方见第五章第二节。

本证为消渴病胃热亢盛证（后世医家谓之中消证）。原文未出方剂，以调胃承气汤为主方可参，临证运用时可酌加黄连、生地、玄参、桃仁。清代医家程钟龄提出“治中消者，宜清其胃，兼滋其肾”，确有实践意义。

【证候鉴别】与肺胃热盛津气两伤证鉴别见表 9-15-3。

表 9-15-3 肺胃热盛津气两伤证与胃热亢盛证鉴别表

		肺胃热盛津气两伤证	胃热亢盛证
相同点		病机均有胃热亢盛；主症皆有多食易饥、口渴、多饮、小便数而黄、舌红、脉数；治疗都应清泻胃热	
不同点	病位	肺、胃	胃
	兼症	兼见乏力，可有大便干燥或秘结，舌红少津	兼见大便秘结、腹胀满、趺阳脉浮而数
	治法	益气生津	通腑泻热
	方药	白虎加人参汤	可用调胃承气汤加味

（三）肾气亏虚证

【原文汇要】男子消渴，小便反多，以饮一斗，小便一斗，肾气丸主之。方见虚劳中。（《金匮要略》十三.3）

【辨证要点】口渴多饮，小便频数浑浊如膏，甚至饮一溲一，腰膝酸软，四肢欠温，畏寒，阳痿或月经不调，舌淡苔白，脉沉细或沉迟无力。

【证候分析】见表 9-15-4。

表 9-15-4 肾气亏虚证证候分析表

主症	病机分析
口渴多饮	肾气亏虚，津液不能上承
小便频数，饮一溲一	肾虚失于固摄，水谷精微下趋
腰膝酸软，阳痿	肾气亏虚
四肢欠温，畏寒	肾阳不足，失于温煦
舌淡苔白，脉沉细或沉迟无力	肾气亏虚

【基本病机】肾气亏虚，失于固摄。

【治法】温阳滋阴，补肾固摄。

【方药】肾气丸。

肾气丸方见本章第十四节。

小结

消渴病是以口渴多饮、多食、多尿、消瘦乏力为主症的一种疾病。其病变脏腑主要在肺、胃、肾三脏；以阴虚为本、燥热为标，故润燥清热为其治疗法则。其证治小结如表 9－15－5。

表 9－15－5　消渴病证治小结表

病因病机		主症	治法	方药
肺胃热盛津气两伤证	热积于胃，熏灼于肺	渴欲饮水，口干舌燥，多食易饥，消瘦，乏力，小便频数而黄，舌红少津、苔黄燥，脉数或滑数	清热止渴 益气生津	白虎加人参汤
胃热亢盛证	胃热气盛，脾失转输，津液偏渗膀胱，肠腑燥结	消谷善饥，渴欲饮水，小便频数而黄，大便秘结，腹胀满，舌红苔黄，脉滑数或弦数有力	清泻胃火 润肠通腑	调胃承气汤
肾气亏虚证	肾精耗伤，阴损及阳	渴喜温饮，尿频如膏，甚则饮一溲一，腰膝酸软，畏寒，舌淡苔白，脉沉细或沉迟无力	温阳滋阴 补肾固摄	肾气丸

第十六节　百　合　病

一、百合病概说

（一）含义

百合病是以精神恍惚不定，饮食、言行、感觉失调及口苦、小便赤、脉微数为临床特征的一种疾病。百合为治疗此病的主药，故名。另有医家据张仲景“百脉一宗，悉致其病”之论，认为是百脉合病，故名。此说亦通。

（二）病因病机、主症、预后

【原文汇要】论曰：百合病者，百脉一宗，悉致其病也。意欲食复不能食，常默默，欲卧不能卧，欲行不能行，欲饮食，或有美时，或有不用闻食臭时，如寒无寒，如热无热，口苦，小便赤，诸药不能治，得药则剧吐利，如有神灵者，身形如和，其脉微数。

每溺时头痛者，六十日乃愈；若溺时头不痛，淅然者，四十日愈；若溺快然，但头眩者，二十日愈。

其证或未病而预见，或病四、五日而出，或病二十日或一月微见者，各随证治之。（《金匮要

略》三.1)

【要点分析】

(1) 病因病机:百合病多因伤寒热病之后,余热未尽,或精神刺激,情志不遂,郁而化火,致使心肺阴虚内热,百脉皆失其养而成。

(2) 主症:本病的临床表现主要有两个方面:一是神志异常症状,如神志恍惚不定,表情沉默,语言、行动、饮食和感觉失调,即仲景所谓"百合病者……意欲食复不能食,常默默,欲卧不能卧,欲行不能行,欲饮食,或有美时,或有不用闻食臭时,如寒无寒,如热无热……如有神灵"。二是阴虚内热症状,如口苦、小便赤、脉微数。

(3) 预后:肺为水之上源,肺气上通于鼻,而达于脑;膀胱为水腑,外应皮毛,其脉上行络脑,故原文第二自然段根据患者小便时头痛与否、恶风情况以及小便是否畅快来推断百合病的病情轻重和痊愈时间。此只是说明病程长短的约略之数,不可拘泥。

(三) 辨证要点

百合病临床表现多端,且变幻无常而"如有神灵",使得辨治较难而易于失治、误治,仲景谓其"诸药不能治,得药则剧吐利"。因此,辨析本病应注意以下几点。

1. 辨神志 心为君主之官,主血脉,主神志;肺朝百脉,主治节。百合病阴血不足,心神失养而见神志异常症状,表现为神志恍惚不定,表情沉默,语言、行动、饮食、感觉失调。

2. 辨病位 百合病以心肺阴虚内热为主要病机,故其病位以心肺为主,日久亦可累及肝、脾、肾。

3. 辨虚热症 本病阴虚内热之表现为口苦、小便赤、脉微数,而无明显的五心烦热或骨蒸潮热、盗汗、干咳少痰、视物不清等症。

4. 辨形体姿态 本病虽病程较长,但病势与病情进展较缓,表现为"身形如和",即望诊时无明显病态,无形体消瘦、弓腰驼背、蜷卧、手足躁动等症。

5. 辨误治证及变证 百合病诸多症状表现变动不拘,来去无凭,而病者身形却无明显的病态,故辨治较难,常有误用汗、吐、下者,致阴液更伤,虚热更甚:如用苦寒攻下则损伤胃气,而见呃逆、呕吐等症;误吐则致胃失和降,而见虚烦不眠、胃中不和等症。

百合病失治,日久阴津耗损,可发生变证,如变生口渴;内热久郁,外达肌表,可变生发热等证。

因此,辨治百合病,要辨清是"病形如初"(未变证候)、误治后证候,还是变证,然后施以相应的治法方药,才能获得好的疗效。

(四) 与相关病证的鉴别

1. 狐蟚病 "状如伤寒,默默欲眠,目不得闭,卧起不安……不欲饮食,恶闻食臭,其面目乍赤、乍黑、乍白"(《金匮要略》三.10);"脉数,无热,微烦,默默但欲卧"(《金匮要略》三.13),与百合病相类似。但狐蟚病是湿热虫毒蕴结,上熏于咽喉,下注于前、后二阴而成,临床以咽喉及前后二阴蚀烂、目赤如鸠眼为特征。

2. 脏躁病 与本病的鉴别详见本章第十七节。

3. 癫证 是以精神抑郁、表情淡漠、沉默痴呆、语无伦次或喃喃自语、静而少动等为临床特征的一种病证。其多因情志内伤,或先天禀赋不足,使脏腑功能紊乱,阴阳失调,继则产生气滞、痰结、火郁、血瘀等,蒙蔽心窍而致精神神志失常。

4. 郁证 是由于郁怒或思虑、悲哀、忧愁等所伤,气机郁滞,肝脾失调,心神失常,脏腑阴阳气血失调而形成的一类病证。其以郁郁寡欢，神呆不寐，不思饮食，胁肋胀痛，嗳气频频等症为临床特征。郁证与百合病的发生都与情志因素密切相关，都有神志失常的表现，但二者的病机、主症有别。

（五）治疗原则

【原文汇要】百合病见于阴者，以阳法救之；见于阳者，以阴法救之。见阳攻阴，复发其汗，此为逆；见阴攻阳，乃复下之，此亦为逆。（《金匮要略》三.9）

【治法要点】本条从正反两方面论述了百合病的治疗原则与治禁。本篇主论"见于阳者"之证治，而对极少数日久阴损及阳兼阳虚表现的"见于阴者"未作具体论述，临证可酌用温阳之法治之。

本篇首条指出"各随证治之"，是言本病见症多端，应根据其临床证候随证施治。但百合病的主要病机是心肺阴虚内热，故治疗以养阴清热为原则，禁用汗、吐、下之法，以免更伤阴液。此外，对于失治、误治而出现的变证，当据病情变化，在养阴清热的基础上，酌加养阴除烦、降逆和胃之品。

二、百合病的辨证论治

（一）百合病正治法

【原文汇要】百合病，不经吐、下、发汗，病形如初者，百合地黄汤主之。（《金匮要略》三.5）

【辨证要点】未经误治，病虽久而证未变（即"病形如初"）。表现为精神恍惚不定，常沉默寡言，坐卧不安（"欲卧不能卧，欲行不能行"），食欲时好时差（"意欲食复不能食……欲饮食，或有美时，或有不用闻食臭时"），感觉失调（"如寒无寒，如热无热"），形体如往常（"身形如和"）；口苦、小便赤、脉微数。

【证候分析】见表9-16-1。

表9-16-1　百合病正治法证候分析表

主症	病机分析
精神恍惚不定，常沉默寡言，欲卧不能卧，欲行不能行，如有神灵	热病后余热未尽或肝郁化火伤阴，心肺阴虚内热，心神及百脉失养
欲饮食，或有美时，或有不用闻食臭时	脾胃失和
如寒无寒，如热无热	感觉失调
口苦，小便赤，脉微数	阴虚内热

【基本病机】伤寒热病之后余热未尽，或情志不遂郁而化火伤耗阴液，心肺阴虚内热，百脉皆失其养，神明受扰。

【治法】润养心肺，清热安神。

【方药】百合地黄汤。

百合地黄汤方：

百合七枚（擘）　生地黄汁一升

诸药相合，共奏润养心肺、清热凉血之功，使阴液得复，虚热得清，心肺等脏腑功能协调，百脉和调，心神得养，其病则愈。

临床运用本方时须注意三点：①百合、生地黄的用量为15～30g；②坚持守方10～20剂以上；③肝郁症状明显时加入疏肝解郁之品。

(二)百合病救误治法

1. 误汗后救治法

【原文汇要】百合病,发汗后者,百合知母汤主之。(《金匮要略》三.2)

【辨证要点】除百合病主症外,又见心烦、口燥等症。

【证候分析】见表9-16-2。

表9-16-2 百合病误汗后救治法证候分析表

主症	病机分析
百合病主症(详见百合地黄汤证)	热病后余热未尽或肝郁化火伤阴,心肺阴虚内热,心神及百脉失养
心烦、口燥	误用汗法,伤阴助热,燥热内盛

【基本病机】若将百合病阴虚内热,气血失和的"如寒无寒,如热无热"之症,误作外感邪气之表证而用汗法,则阴津更耗而虚热更甚。

【治法】养阴润燥,清热除烦。

【方药】百合知母汤。

百合知母汤方:

百合七枚(擘) 知母三两(切)

2. 误下后救治法

【原文汇要】百合病下之后者,滑石代赭汤主之。(《金匮要略》三.3)

【辨证要点】除百合病主症外,尚见呕吐或呃逆、小便短赤涩少等症。

【证候分析】见表9-16-3。

表9-16-3 百合病误下后救治法证候分析表

主症	病机分析
百合病主症(详见百合地黄汤证)	热病后余热未尽或肝郁化火伤阴,心肺阴虚内热,心神及百脉失养
呕吐或呃逆	误下伤中,胃气上逆
小便短赤涩少	误下后伤阴助热,燥热内盛

【基本病机】若将百合病因心肺阴虚内热而影响胃气不和的食欲变化之症,误作宿食内停或热结胃肠之里热实证而用苦寒攻下之法,则更伤阴津而增内热,伤及胃腑而胃气上逆。

【治法】养阴清热,和胃降逆。

【方药】滑石代赭汤。

滑石代赭汤方:

百合七枚(擘) 滑石三两(碎,绵裹) 代赭石如弹丸大一枚(碎,绵裹)

3. 误吐后救治法

【原文汇要】百合病,吐之后者,用后方主之。(《金匮要略》三.4)

【辨证要点】除百合病主症外,又见心烦不眠、胃中嘈杂或呕恶欲吐等症。

【证候分析】见表9-16-4。

表9-16-4 百合病误吐后救治法证候分析表

主症	病机分析
百合病主症(详见百合地黄汤证)	热病后余热未尽或肝郁化火伤阴,心肺阴虚内热,心神及百脉失养
胃中嘈杂或呕恶欲吐	误吐伤中,胃气上逆
心烦不眠	误吐后伤阴助热,虚热上扰神明

【基本病机】若将百合病"常默默,欲卧不能卧,欲行不能行"等症,误作痰浊内扰心神之故而用吐法;或将百合病食欲时好时差误作痰食壅滞胃脘而用吐法,则更伤阴津,使肺胃和降之气受扰。

【治法】养阴清热,润燥和胃,安脏宁心。

【方药】百合鸡子汤。

百合鸡子汤方:

百合七枚(擘) 鸡子黄一枚

以上三方证皆为百合病误治后的救治法。因其误治后仅发生轻微变化,主要病机和主症仍在,故诸方均以百合、泉水(煎药)为基本药物,然后根据不同的误治法所出现的不同兼症加入相应的药物治之。

(三)百合病变证治法

1. 变渴证治

【原文汇要】百合病一月不解,变成渴者,百合洗方主之。(《金匮要略》三.6)

百合病,渴不差者,用后方(编者注:即瓜蒌牡蛎散方)主之。(《金匮要略》三.7)

【辨证要点】除百合病主症外,又见明显口渴症状。

【证候分析】见表9-16-5。

表9-16-5 百合病日久变渴后证候分析表

主症	病机分析
百合病主症(详见百合地黄汤证)	热病后余热未尽或肝郁化火伤阴,心肺阴虚内热,心神及百脉失养
病情日久不解,口渴	病久阴伤热重,肺津不布,胃津已伤

【基本病机】百合病本无口渴,但日久不解,阴液愈耗,虚热愈重,肺津不布,胃津已伤。

【治法】养阴清热,润燥止渴;若渴仍不差者,当清热生津,引热下行。

【方药】内服百合地黄汤,外用百合洗方;若渴不差者,用瓜蒌牡蛎散。

百合洗方:

上以百合一升,以水一斗,渍之一宿,以洗身。洗已,食煮饼,勿以盐豉也。

瓜蒌牡蛎散方:

瓜蒌根 牡蛎熬等分

2. 变发热证治

【原文汇要】百合病变发热者,百合滑石散主之。(《金匮要略》三.8)

【辨证要点】既有百合病主症,又见发热。

【证候分析】见表9-16-6。

表9-16-6 百合病日久变发热证候分析表

主症	病机分析
百合病主症(详见百合地黄汤证)	热病后余热未尽或肝郁化火伤阴,心肺阴虚内热,心神及百脉失养
发热	病久不解,内热久郁,外达肌表

【基本病机】百合病日久不解,内热久郁,外达肌表而见发热之症。

【治法】养阴润燥,清热利尿。

【方药】百合滑石散。

百合滑石散方:

百合一两(炙)　滑石三两

小结

百合病证治小结见表9-16-7。

表9-16-7 百合病证治小结表

病因病机		热病之后,余热未尽 情志不遂,郁而化火 → 心肺阴虚内热 心神失养,百脉失调 → 百合病			
主症		精神恍惚不定,语言、行动、饮食、感觉失调,口苦、小便赤、脉微数			
治疗原则		养阴清热("百合病见于阳者,以阴法救之")			
		病因病机	主症	治法	方药
辨证施治	正治法	见上	见上	润养心肺,清热安神	百合地黄汤
辨证施治	救误法 误汗	伤津耗液,阴虚热甚	除上症外,又见心烦、口燥	养阴润燥,清热除烦	百合知母汤
辨证施治	救误法 误下	阴伤热甚,胃气上逆	又见呕吐、呃逆,小便短赤	养阴清热,和胃降逆	滑石代赭汤
辨证施治	救误法 误吐	伤阴增热,肺胃失降	又见心烦不眠,或胃中嘈杂	养阴润燥,清热和胃	百合鸡子汤
变证治法	变口渴	阴耗热重,肺津不布,胃津已伤	又见明显口渴	养阴清热,润燥止渴	内服百合地黄汤 外用百合洗方
变证治法	变发热	内热久郁,外达肌表	又见发热	养阴润燥,清热利尿	百合滑石散

第十七节 脏躁病

一、脏躁病概说

(一) 含义

脏躁,是以心神不定,常悲伤欲哭、躁动不宁为临床特征的一种疾病。脏,指心、肝、脾等内脏；躁，躁动不宁，是对其主症的高度概括。

（二）辨证要点

1. 辨病因　脏躁的发生，多因于情志内伤，如情志不遂，肝气郁结，日久化热化火伤阴；或思虑过度，暗耗营血，心脾两伤，脏阴不足，心神失养而成。本病男、女皆可罹患，但尤以女性多见。

2. 辨脏腑　对于本病脏阴不足、虚火躁动这一主要病机，诸多医家的观点基本一致，而对“脏”究指何脏的看法却颇不相同。若从情志与五脏的关系、主症以及甘麦大枣汤的功效分析，则与五脏都有关，但多始于肝、心、脾，累及肺、肾。

（三）与相关病证的鉴别

本病与百合病、邪哭的病因病机及临床表现有类似之处，兹鉴别如下。

1. 与百合病的鉴别　见表9－17－1。

表9－17－1　脏躁病与百合病鉴别表

		脏躁病	百合病
相同点		病因都与情志内伤有关；皆有阴液不足、心神受病之病机；均见心烦不安、举止失常等“如有神灵”之症；治法皆应养心安神	
不同点	病因病机	情志不遂，肝郁化火伤阴；或思虑过度，心脾两伤，心神失养	情志不遂，郁而化火；或热病之后，余热未尽，均致心肺阴虚内热，百脉皆失其养
	主症	心神不定，常悲伤欲哭，躁动不宁，频作欠伸	精神恍惚不定，饮食、言行、感觉失调，身形如和；口苦，小便赤，脉微数
	治法	补益心脾，缓急安神	润养心肺，清热安神
	方药	甘麦大枣汤	百合地黄汤

2. 与邪哭的鉴别　“邪哭”，是指患者精神失常，无故悲伤哭泣，有如邪鬼作祟的病证。多因心气血不足而成。如仲景《金匮要略·五脏风寒积聚病脉证并治》篇曰：“邪哭使魂魄不安者，血气少也，血气少者属于心，心气虚者，其人则畏，合目欲眠，梦远行而精神离散，魂魄妄行……”

（四）治疗原则

“虚则补之”，用补法以补益心脾等脏。

二、脏躁病的辨证论治

【原文汇要】妇人脏躁，喜悲伤欲哭，象如神灵所作，数欠伸，甘麦大枣汤主之。（《金匮要略》二十二.6）

【辨证要点】心神不定，常悲伤欲哭，躁动不宁，神疲乏力，频打呵欠、伸懒腰，像如神灵所作（易激动，易受暗示，或出现幻觉），尚可见失眠、心烦易怒、舌红少苔、脉弦细等。

【证候分析】见表9－17－2。

【基本病机】情志不遂，肝气郁结，化火伤阴；或思虑过度，暗耗营血，心脾两伤，心神失养而成。

表9-17-2 脏躁病证候分析表

主症	病机分析
常悲伤欲哭，躁动不宁，像如神灵所作	情志不遂或思虑过度，肝郁化火伤阴，心脾两虚，心神失养，躁扰不宁
神疲乏力，频打呵欠、伸懒腰，失眠，心烦易怒	阴血亏虚，肾精不足，神失所养
舌红少苔，脉弦细	脏阴不足，营血亏耗

【治法】补益心脾，宁心安神。

【方药】甘麦大枣汤。

甘草大枣汤方：

甘草三两　小麦一升　大枣十枚

临床运用本方时，若阴血亏虚较甚，可酌加当归、白芍、酸枣仁等养血安神之品；肝气不舒，神情抑郁，胸胁胀满者可加柴胡、香附、郁金之类以疏肝理气解郁。

小结

脏躁的发生多与情志内伤关系密切，以心神恍惚不定、悲伤欲哭、躁动不宁为特征，以脏阴不足、虚火躁动为主要病机，以补益心脾为基本治法，主方为甘麦大枣汤。

此外，脏躁病绝非仅此一证，临床尚有阴虚阳亢、痰气阻滞、肝脾不和等证型，当辨证施治。

第十八节　奔 豚 气 病

一、奔豚气病概说

（一）含义

奔也作“贲”，快跑、急驰之意；豚，小猪。奔豚，即奔跑之小猪。该病发作时，病者自觉有气突然从少腹部上冲至胸、咽，数分钟至半小时左右冲气消失，诸症悉除。因其气上冲呈突发性，犹如小猪奔跑，故名奔豚气病。可见，奔豚气病是一种患者自觉有气从少腹上冲胸、咽的发作性疾病。

（二）辨证要点

1. 审病因　本病的发生，多与惊恐恼怒等情志因素有关，如仲景云：“病有奔豚，有吐脓，有惊怖，有火邪，此四部病，皆从惊发得之。师曰：奔豚病……皆从惊恐得之”（《金匮要略》八.1）。素体阳虚或水饮内停者，过用汗法伤及阳气，下焦寒气引动冲气上逆亦可成本病，如仲景曰：“发汗后……必发奔豚”（《金匮要略》八.3）；“发汗后，脐下悸者，欲作奔豚。”（《金匮要略》八.4）

2. 辨脏腑　本病的发生因于惊恐等情志因素者，多与肝有关；缘于发汗后伤及阳气者，主要与心、肾有关。

3. 抓主症　本病以患者自觉气从少腹上冲胸、咽为主症，呈阵发性，可反复发作。其发作时痛苦难忍，发作过后悉如常人，如仲景曰："奔豚病，从少腹起，上冲咽喉，发作欲死，复还止"(《金匮要略》八.1)。

(三) 与相关病证的鉴别

本病与"肾积奔豚"、"冲疝"、"冲气"都有气从少腹上冲之症，但其实质是不同的，兹鉴别如表9－18－1。

表9－18－1 奔豚气病与相关病证鉴别表

	奔豚气病	肾积奔豚	冲疝	冲气
出处	《金匮要略·奔豚气病脉证治第八》	《难经·五十六难》	《素问·骨空论》	《金匮要略·痰饮咳嗽病脉证并治第十二》
原文	"奔豚病，从少腹起，上冲咽喉，发作欲死，复还止"	"肾之积，名曰奔豚。发于少腹，上至心下，若豚状，或上或下无时，久不已，令人喘逆，骨痿少气"；"积者阴气也，其发有常处，其病不离其部，上下有所终始，左右有所穷尽"	"冲脉为病，逆气里急。督脉为病……此生病，从少腹上冲心而痛，不得前后，为冲疝"	"青龙汤下已，多唾口燥，寸脉沉，尺脉微，手足厥逆，气从小腹上冲胸咽，手足痹，其面翕热如醉状，因复下流阴股，小便难，时复冒者，与茯苓桂枝五味甘草汤治其气冲"
病因病机	情志不遂，肝郁化火，肝经火热之气随冲脉上逆；或发汗后伤及心、肾阳气，水寒之气随冲脉上逆	有形之邪凝结少腹而成之积病	邪犯腹中，影响冲、督二脉，其气上逆	肾阳虚的支饮患者服用小青龙汤后引发冲气上逆
主症	气从少腹上冲胸、咽，发作时痛苦难忍，发作过后悉如常人。气上冲时腹部高突不平似有积块，但发作过后并无积块	气从少腹上冲至心下，腹部素有积块，推之不移，气上冲发作过后积块仍在	腹痛，二便不通，兼见气从少腹上冲心胸	多唾口燥，手足厥逆，气从小腹上冲胸咽，手足痹，其面翕热如醉状
属性	功能性病变	五脏积病之一，器质性病变	功能性病变	功能性病变
病程	短	长	短	短
预后	良好	不良	良好	良好

(四) 治疗原则

本病发作时治疗以平冲降逆为主，肝气上逆当调肝降逆，心肾阳虚饮停者当温阳化饮降逆；当上冲症状基本平息后，仍应进行巩固性治疗，以防复发。

二、奔豚病的辨证论治

(一) 肝气奔豚

【原文汇要】奔豚气上冲胸，腹痛，往来寒热，奔豚汤主之。(《金匮要略》八.2)

【辨证要点】患者自觉气从少腹上冲于胸，腹痛，往来寒热，呈阵发性发作，发作欲死，复还止，亦可伴口苦、咽干等症，舌边尖红、苔薄黄，脉弦。

【证候分析】见表9-18-2。

表9-18-2 肝气奔豚证候分析表

主症	病机分析
气从少腹上冲胸，发作欲死，复还止	肝经火热之气随冲脉上逆
腹痛	肝郁气滞，木横乘土
往来寒热，口苦，咽干	肝失疏泄，少阳枢机不利
舌边尖红、苔薄黄，脉弦	肝气郁结，化热化火伤阴

【基本病机】情志不遂，肝气郁结，化热化火伤及阴血，肝经火热之气随冲脉上逆。

【治法】清热降逆，和血调肝。

【方药】奔豚汤。

奔豚汤方：

甘草　芎䓖　当归各二两　半夏四两　黄芩二两　生葛五两　芍药二两　生姜四两　甘李根白皮一升

本方采用“日三夜一服”的服法，是因本证为奔豚发作，气逆上冲，病势急迫之故。

（二）肾气奔豚

1. 下焦寒气上逆证

【原文汇要】发汗后，烧针令其汗，针处被寒，核起而赤者，必发奔豚，气从少腹上至心，灸其核上各一壮，与桂枝加桂汤主之。（《金匮要略》八.3）

【辨证要点】气从少腹上冲心胸，伴心悸不宁、手足不温、少腹拘急或疼痛等症。此外，可见各针刺部位出现小红核。

【证候分析】见表9-18-3。

表9-18-3 下焦寒气上逆证证候分析表

主症	病机分析
气从少腹上冲于胸，呈阵发性	下焦阴寒之气随冲脉上逆
心悸不宁，手足不温	太阳病过汗伤及心阳
少腹拘急或疼痛	肾气不足，少腹失于温煦
针刺部位出现小红核	局部寒闭阳郁，营血凝滞

【病因病机】太阳病发汗不当而病未解，继用烧针法迫汗，损伤心阳，心火不能下温肾水，则下焦阴寒之气上逆而发奔豚气病。寒邪乘虚从针孔处袭入，局部寒闭阳郁、营血凝滞，而使针处出现红肿硬核。

【治法】内外合治。治内当温阳散寒，平冲降逆；治外用艾炷灸针刺处之小红核，以温经散寒，通阳散结。

【方药】内服桂枝加桂汤；外用艾灸。

桂枝加桂汤方：

桂枝五两 芍药三两 甘草二两(炙) 生姜三两 大枣十二枚

2. 水饮内动欲作奔豚证

【原文汇要】发汗后，脐下悸者，欲作奔豚，茯苓桂枝甘草大枣汤主之。(《金匮要略》八.4)

【辨证要点】脐下小腹部动悸不宁，伴心悸、气短、小便不利等症。

【证候分析】见表 9-18-4。

表 9-18-4 水饮内动欲作奔豚证证候分析表

主症	病机分析
脐下小腹部动悸不宁	下焦之水饮妄动，有上逆欲发为奔豚之势
心悸、气短	太阳病过汗伤及心阳，心失温煦
小便不利	水饮内停，膀胱气化失司

【基本病机】下焦素有水饮内停，外感后发汗失宜，损伤心阳，心火无力下达温暖肾水，下焦之水饮妄动，有上逆欲发作为奔豚之势。

【治法】温阳利水，平冲降逆。

【方药】苓桂甘枣汤。

苓桂甘枣汤方见第七章第二节。

【方证鉴别】本方证与桂枝加桂汤证相类似，兹作鉴别如表 9-18-5。

表 9-18-5 桂枝加桂汤证与苓桂甘枣汤证鉴别表

		桂枝加桂汤证	苓桂甘枣汤证
相同点		皆因太阳病发汗不当损伤心阳，上虚不能制下而成；均有心悸气短，脐下动悸等症；治法均宜温振心阳；同用桂枝、炙甘草、大枣	
不同点	病因病机	太阳病发汗后继用烧针迫汗，损伤心阳，下焦阴寒之气上逆	下焦素有水饮内停，外感后发汗不当损伤心阳，下焦水饮妄动有上冲之势
	主症	气从少腹上冲心胸，发作欲死，复还止(已作奔豚)	自觉脐下动悸不宁，伴心悸气短、小便不利(欲作奔豚)
	治法	温阳散寒，平冲降逆	温阳利水，平冲降逆
	药物	桂枝五两，生姜三两，芍药三两，大枣十二枚，炙甘草二两	茯苓半斤，桂枝四两，大枣十五枚，炙甘草二两

小结

奔豚气病是一种患者自觉气从少腹上冲胸咽的发作性疾患，其常见证型有肝气上逆和肾气上逆之分，以平冲降逆为治疗原则。其证治小结见表 9-18-6。

表 9-18-6　奔豚气病证治小结表

		病因病机	主症	治法	方药
肝气上逆		情志不遂，肝气郁结，化热化火，气火上逆	气从少腹上冲胸咽，腹痛，往来寒热，发作欲死，复还止	清热降逆和血调肝	奔豚汤
肾气上逆	下焦寒气上逆	过汗损伤心阳，下焦寒气上逆	气从少腹上冲心胸，伴心悸不宁等	温阳散寒平冲降逆	桂枝加桂汤
	水饮内动欲作奔豚	下焦素有水饮，外感后发汗太过伤及心阳，下焦水饮妄动	脐下动悸不宁，伴心悸气短、小便不利	温阳利水平冲降逆	苓桂甘枣汤

第十章

经络病证治

第一节 历 节 病

一、历节病概说

历节病是指多个关节疼痛肿胀甚者关节活动障碍，伴身体消瘦为主的疾病。本病多由外感风寒湿邪，内伤肝肾筋骨引起。

【原文汇要】寸口脉沉而弱，沉即主骨，弱即主筋，沉即为肾，弱即为肝。汗出入水中如水伤心，历节黄汗出，故曰历节。(《金匮要略》五.4)

少阴脉浮而弱，弱则血不足，浮则为风，风血相搏，即疼痛如掣。(《金匮要略》五.6)

盛人脉涩小，短气，自汗出，历节痛不可屈伸，此皆饮酒汗出当风所致。(《金匮要略》五.7)

【辨证要点】关节疼痛肿大不可屈伸，或疼痛如掣。

【证候分析】见表10-1-1。

表10-1-1 历节证候分析表

主症	病机分析
关节疼痛如掣	肝肾气血不足，筋骨失养，风寒湿邪留滞骨节，经脉痹阻
关节肿大不可屈伸	风寒湿邪流注于筋脉关节，气血通行不畅

【基本病机】肝肾气血不足，风寒湿邪内侵，侵及血脉，浸淫筋骨。

二、历节病的辨证论治

(一) 风湿历节

【原文汇要】诸肢节疼痛，身体魁羸，脚肿如脱，头眩短气，温温欲吐，桂枝芍药知母汤主之。(《金匮要略》五.8)

【辨证要点】关节疼痛肿大或变形，或局部红肿发热，身体消瘦。

【证候分析】见表10-1-2。

【基本病机】风湿痹阻筋脉关节，郁久化热伤阴。

【治法】祛风除湿散寒，佐以滋阴清热。

表 10-1-2 风湿历节证候分析表

主症	病机分析
关节疼痛肿胀、变形	风湿流注筋脉关节，气血通行不畅
关节局部红肿发热	风与湿相合，郁久化热伤阴
身体消瘦	病久不解，正气日衰

【方药】桂枝芍药知母汤。

桂枝芍药知母汤方：

桂枝四两 芍药三两 甘草二两 麻黄二两 生姜五两 白术五两 知母四两 防风四两 附子二枚（炮）

（二）寒湿历节

【原文汇要】病历节，不可屈伸，疼痛，乌头汤主之。（《金匮要略》五.10）

【辨证要点】关节疼痛剧烈，痛不可触，关节不可屈伸。

【证候分析】见表 10-1-3。

表 10-1-3 寒湿历节证候分析表

主症	病机分析
关节疼痛剧烈，不可触近	寒湿痹阻关节，寒性主痛
关节僵硬，屈伸活动不利	寒湿痹阻关节，寒性收引凝滞

【基本病机】寒湿痹阻关节，气血运行阻滞。

【治法】温经散寒，除湿宣痹。

【方药】乌头汤。

乌头汤方：

麻黄 芍药 黄芪各三两 甘草三两（炙） 川乌五枚（㕮咀，以蜜二升，煎取一升，即出乌头）

小结

历节病证治小结见表 10-1-4。

表 10-1-4 历节病证治小结表

	病机	辨证要点	治法	方药
风湿历节证	风寒湿痹阻化热伤阴	关节疼痛肿大或变形，或局部红肿发热，身体消瘦	祛风除湿散寒，滋阴清热	桂枝芍药知母汤
寒湿历节证	寒湿外侵经脉痹阻	关节痛剧不可触近遇冷加剧，痛处不移，不可屈伸	温经散寒，除湿宣痹	乌头汤

第二节　肾　着　病

肾着是由于寒湿滞于肾经及腰部，阳气痹着不行，以致出现腰部冷、重、痛诸症。

【原文汇要】肾著之病，其人身体重，腰中冷，如坐水中，形如水状，反不渴，小便自利，饮食如故，病属下焦，身劳汗出，衣一作表里冷湿，久久得之，腰以下冷痛，腹重如带五千钱，甘姜苓术汤主之。(《金匮要略》十一.16)

【辨证要点】腰及腰下冷痛，身体沉重如带五千钱。

【证候分析】见表10-2-1。

表10-2-1　肾着病证候分析表

主症	病机分析
腰及腰下冷痛	寒湿留滞于腰部，阳气痹阻
身体沉重，腹重如带五千钱	湿性重浊趋下

【基本病机】寒湿留滞于腰部，痹阻阳气不行。

【治法】温中健脾，散寒除湿。

【方药】甘姜苓术汤。

甘姜苓术汤方：

甘草　白术各二两　干姜　茯苓各四两

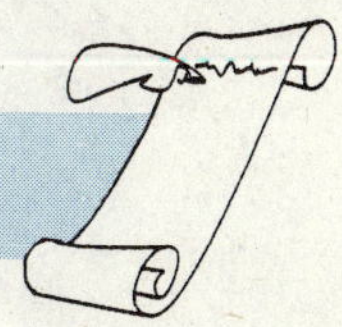

小结

肾着证治小结见表10-2-2。

表10-2-2　肾着证治小结表

病名	病机	辨证要点	治法	方药
肾着	寒湿留滞于腰部，痹阻阳气	腰以下冷痛，腹重如带五千钱	温中散寒，健脾除湿	甘姜苓术汤

第三节　肝　着　病

肝着，是由于肝经气血郁滞、着而不行所致之胸胁胀满疼痛不利病证。

【原文汇要】肝着，其人常欲蹈其胸上，先未苦时，但欲饮热，旋覆花汤主之。(《金匮要略》十一.7)

【辨证要点】胸胁痞闷，甚则疼痛，局部喜叩击、按揉、捶打，病初常欲热饮，脉弦涩。

【证候分析】见表10-3-1。

【基本病机】肝经气血郁滞，着而不行。

表10-3-1 肝着病证候分析表

主症	病机分析
胸胁痞闷，甚则疼痛	肝经受邪，气血郁滞
局部喜叩击、按揉、捶打	胸中气机不利
病初常欲热饮	初病在气，热饮可使胸中气机通畅
脉弦涩	弦为肝脉，涩为气血郁滞

【治法】行气活血，通阳散结。

【方药】旋覆花汤。

旋覆花汤方：

旋覆花三两　葱十四茎　新绛少许

小结

肝着病证治小结见表10-3-2。

表10-3-2 肝着病证治小结表

病名	病机	辨证要点	治法	方药
肝着	肝经气血郁滞，着而不行	胸胁痞闷，甚则疼痛，局部喜叩击，病初常欲热饮	行气活血 通阳散结	旋覆花汤

第四节　中　风　病

中风是一种以突然晕倒，口眼㖞斜，半身不遂，甚者不省人事、昏迷不醒为主症的疾病。因本病发病急骤、变化多端，与风邪善行数变的特征相似，故以中风命名，但不同于《伤寒论》中的太阳中风证。

一、中风病脉症与病机

【原文汇要】夫风之为病，当半身不遂；或但臂不遂者，此为痹。脉微而数，中风使然。（《金匮要略》五.1）

【辨证要点】半身不遂，口眼㖞斜，脉微数。

【证候分析】见表10-4-1。

表10-4-1 中风病证候分析表

主症	病机分析
半身不遂，口眼㖞斜	正气亏虚，邪气入中，经脉气血瘀滞，肌肉废而不用
脉微而数	邪盛正虚

【基本病机】里虚外邪相合，血行不畅。

二、中风病的辨证分型

【原文汇要】寸口脉浮而紧，紧则为寒，浮则为虚，寒虚相搏，邪在皮肤；浮者血虚，络脉空虚，贼邪不泻，或左或右，邪气反缓，正气即急，正气引邪，㖞僻不遂。

邪在于络，肌肤不仁；邪在于经，即重不胜；邪入于府，即不识人；邪入于藏，舌即难言，口吐涎。（《金匮要略》五.2）

【辨证要点】

（1）中风在络：肌肤麻痹不仁，病变较轻。

（2）中风在经：肢体沉重、不能随意运动，病较重。

（3）中风入腑：神智障碍，昏不识人，病变更重。

（4）中风入脏：神智障碍，舌謇语涩，病最重。

【证候分析】见表 10－4－2。

表 10－4－2　中风各型证候分析表

	主症	病机分析
中风在络	肌肤麻痹不仁	邪中络脉，营气不能畅行于肌表
中风在经	肢体沉重、不能随意运动	邪中经脉，气血不能运行于肢体
中风入腑	神智障碍，昏不识人	邪深入于腑，浊气蒙闭清窍
中风入脏	神智障碍，舌謇语涩	邪入心经，心窍闭阻

小结

中风证候分型小结见表 10－4－3。

表 10－4－3　中风证候分型小结表

病证	基本病机	主症	分型	病势
中风	因虚受邪，外邪入中，里虚外邪相合，血行不畅	半身不遂，口眼㖞斜，脉微数	中风在络	病变较轻
			中风在经	病变较重
			中风入腑	病变更重
			中风入脏	病变最重

第十一章

气血津液病证治

第一节　痰　饮　病

一、痰饮病概说

“痰饮”之名，始见于《金匮要略·痰饮咳嗽病脉并治第十二》篇，篇中论述了痰饮的分类脉症、形成机理、治则与辨证论治。

（一）分类

【原文汇要】问曰：夫饮有四，何谓也？师曰：有痰饮、有悬饮、有溢饮、有支饮。（《金匮要略》十二.1）

问曰：四饮何以为异？师曰：其人素盛今瘦，水走肠间，沥沥有声，谓之痰饮；饮后水流在胁下，咳唾引痛，谓之悬饮；饮水流行，归于四肢，当汗出而不汗出，身体疼重，谓之溢饮；咳逆倚息，短气不得卧，其形如肿，谓之支饮。（《金匮要略》十二.2）

【辨证要点】

（1）狭义痰饮：素盛今瘦，肠间沥沥有声。

（2）悬饮：咳唾，胁下引痛。

（3）溢饮：身体疼重，无汗。

（4）支饮：咳逆倚息，短气不得卧，其形如肿。

【证候分析】见表11-1-1。

表11-1-1　四饮证候病机分析表

	病位	病机	主症
痰饮	饮停胃肠	脾运失常，水谷不化精微不化成饮，走于肠间，饮气相击	素盛今瘦，肠间沥沥有声
悬饮	饮停胁下	肝肺气机升降失常	咳唾牵引胁下作痛
溢饮	饮溢四肢肤表	脾运失常，肺气失宣，肌腠闭塞	身体疼痛、重滞，当汗出不汗出
支饮	饮停胸膈	凌心射肺，心阳被遏，肺合皮毛，水饮外走皮肤	咳逆倚息，短气不得卧，其形如肿

【基本病机】痰饮病的形成与人体水液代谢失常密切相关，多由肺、脾、肾气化失常，三焦水道通调失职，影响体内水液的运化、敷布和排泄，水饮停留于不同部位而形成；其中，尤以脾气虚不能为胃游溢精气而停痰留饮为其主要病机。

（二）治则

【原文汇要】病痰饮者，当以温和之。（《金匮要略》十二.15）

【治则分析】饮为阴邪，又为机体内无形病理产物，得温则行，遇寒则凝，且易伤阳气；而阳气又能温散饮邪，故治疗上当以温药治疗。

温药能助阳化气，使阳气振奋以达温散饮邪；同时又能开发腠理、通行水道，使饮邪有出路，从皮毛、小便上下分消而除。但在具体应用时，应体现“和之”原则。“和之”是指在用温药时既不可过用刚燥伤正，又不可过用温补以助邪，寓有温药调和之意，以达标本同治目的。

由于痰饮病病理特征为本虚标实，故对正虚为主者，重在治脾肾；邪实为主者，则有发汗、利小便、攻逐水饮诸法，临床治疗应具体分析。

二、痰饮病的辨证论治

（一）脾虚饮停证

【原文汇要】心下有痰饮，胸胁支满，目眩，苓桂术甘汤主之。（《金匮要略》十二.16）

夫短气，有微饮，当从小便去之，苓桂术甘汤主之；肾气丸亦主之。（《金匮要略》十二.17）

【辨证要点】胸胁支满，目眩，呕吐，小便不利。

【证候分析】见表 11-1-2。

表 11-1-2　脾虚饮停证证候分析表

主症	病机分析
胸胁支满	脾虚痰饮中阻，阻碍气机，弥漫于胸胁
目眩	饮邪上蒙清窍，清阳不升
呕吐	浊阴不降，上逆犯胃则呕
小便不利	水饮阻滞，气化不行

【基本病机】脾虚痰饮中阻，清浊升降失常，饮停心下。

【治法】健脾渗湿，温阳化饮。

【方药】苓桂术甘汤。

苓桂术甘汤方见第七章第二节。

（二）肾虚饮停证

【原文汇要】见上。

【辨证要点】小便不利，短气，心悸，畏寒足冷腰酸，小腹拘急不仁。

【证候分析】见表 11-1-3。

【基本病机】肾虚不能化气行水，饮泛心下。

【治法】补肾蠲饮，化气行水。

【方药】肾气丸。

表 11-1-3 肾虚饮停证证候分析表

主症	病机分析
小便不利	水饮内停，气化不行
短气	水饮内停，妨碍气机升降
心悸	水饮内停，上泛心下
畏寒足冷，小腹拘急	肾虚温煦功能失常
腰酸	腰为肾之府，肾虚腰府失养

肾气丸方见第九章第十四节。

（三）饮留心下成实证

【原文汇要】病者脉伏，其人欲自利，利反快，虽利，心下续坚满，此为留饮欲去故也，甘遂半夏汤主之。（《金匮要略》十二.18）

【辨证要点】心下坚满，脉伏，下利涎沫而利反快；虽利，但心下部位仍坚硬胀满。

【证候分析】见表 11-1-4。

表 11-1-4 饮留心下成实证证候分析表

主症	病机分析
心下坚满	饮留心下，郁遏阳气，凝结成实
下利涎沫而利反快	饮结心下胃肠，正气未伤欲驱邪外出
虽利，心下续坚满	旧饮虽有欲去之势，但新饮复积
脉伏	饮结心下，郁遏阳气，阻抑血脉

【基本病机】饮结心下胃肠，旧饮欲去，新饮日积。

【治法】因势利导，攻下逐饮。

【方药】甘遂半夏汤。

甘遂半夏汤方：

甘遂（大者）三枚　半夏十二枚（以水一升，煮取半升，去滓）芍药五枚　甘草如指大一枚（炙）

（四）饮结肠间成实证

【原文汇要】腹满，口舌干燥，此肠间有水气，己椒苈黄丸主之。（《金匮要略》十二.29）

【辨证要点】腹满，口舌干燥，肠鸣漉漉，大便秘结，小便不利。

【证候分析】见表 11-1-5。

表 11-1-5 饮结肠间成实证证候分析表

主症	病机分析
腹满，肠鸣漉漉	饮结肠道，肠间气机受阻，饮气相击
口舌干燥	水饮不化，津液不能上承
大便秘结	饮热互结肠间，聚而成实
小便不利	饮结肠腑，肺气壅遏，水道通调失职

【基本病机】肠间饮聚成实化热，气机壅滞。

【治法】泄热逐饮，前后分消。

【方药】己椒苈黄丸。

己椒苈黄丸方：

防己　椒目　葶苈（熬）　大黄各一两

【证候鉴别】与饮留心下成实证鉴别见表11-1-6。

表11-1-6　饮留心下成实证与饮结肠间成实证鉴别表

	病机	主症	治法
饮留心下成实证	饮结心下胃肠，旧饮欲去，新饮日积	下利涎沫、脉伏；虽利，心下续坚满	因势利导，攻下逐饮
饮结肠间成实证	饮热互结肠间，聚而成实	腹满，肠鸣漉漉，口干便秘，小便不利	泄热涤饮，前后分消

（五）下焦饮逆证

【原文汇要】假令瘦人脐下有悸，吐涎沫而癫眩，此水也，五苓散主之。（《金匮要略》十二.31）

【辨证要点】脐下筑筑悸动，吐涎沫，头目眩晕，小便不利，伴形体消瘦。

【证候分析】见表11-1-7。

表11-1-7　下焦饮逆证证候分析表

主症	病机分析
小便不利	饮停下焦，气化不利
脐下筑筑悸动	水饮逆动
吐涎沫	水饮上犯，胃失和降
头目眩晕	水饮妨碍清阳，上达清窍

【基本病机】脾虚饮停下焦，逆动上犯。

【治法】通阳化气行水。

【方药】五苓散。

五苓散方见第七章第二节。

（六）十枣汤证

【原文汇要】脉沉而弦者，悬饮内痛。（《金匮要略》十二.21）

病悬饮者，十枣汤主之。（《金匮要略》十二.22）

咳家其脉弦，为有水，十枣汤主之。（《金匮要略》十二.32）

夫有支饮家，咳烦胸中痛者，不卒死，至一百日或一岁，宜十枣汤。（《金匮要略》十二.33）

【辨证要点】咳唾牵引胁下作痛，或久咳不止，脉沉弦。

【证候分析】见表11-1-8。

【基本病机】饮结胸胁，肝肺气机升降失常。

【治法】破积攻下逐饮。

表 11－1－8 十枣汤证证候分析表

主症	病机分析
咳唾，胁下引痛	水饮内结胸胁，阻遏肝肺气机升降
久咳不止	饮邪内盛，搏击心肺
脉沉而弦	弦脉主饮、主痛，沉脉主里

【方药】十枣汤。

十枣汤方见第七章第七节。

（七）溢饮

【原文汇要】病溢饮者，当发其汗，大青龙汤主之；小青龙汤亦主之。（《金匮要略》十二.23）

【辨证要点】发热恶寒，身体疼重，无汗。

【证候分析】见表 11－1－9。

表 11－1－9 溢饮证候分析表

主症	病机分析
发热恶寒	感受外邪，邪正相争于表
无汗	肺气闭郁，玄府闭塞
身体疼重	水饮溢于四肢肌表，经脉阻滞

【基本病机】脾失健运，肺失宣发，水饮溢于四肢肌表。

【治法】宣肺发汗散饮。

【方药】大青龙汤或小青龙汤。

大青龙汤方见第五章第一节。

小青龙汤方见第五章第一节。

（八）饮阻胸膈兼气虚证

【原文汇要】膈间支饮，其人喘满，心下痞坚，面色黧黑，其脉沉紧，得之数十日，医吐下之不愈，木防己汤主之。虚者即愈；实者三日复发，复与不愈者，宜木防己汤去石膏加茯苓芒硝汤主之。（《金匮要略》十二.24）

【辨证要点】气喘胸满，心下痞坚，面色黧黑，脉沉紧。

【证候分析】见表 11－1－10。

表 11－1－10 饮阻胸膈兼气虚证证候分析表

主症	病机分析
气喘胸满	饮停胸膈，气机不利，肺气不降
心下痞坚	饮邪波及心下
面色黧黑	饮阻气滞，营卫运行不利
脉沉紧	饮邪停伏内结

【基本病机】脾虚不运，水饮内结心下。

【治法】补虚散结，通阳散饮。

【方药】木防己汤。

木防己汤方：

木防己三两　石膏十二枚(鸡子大)　桂枝二两　人参四两

木防己去石膏加茯苓芒硝汤方：

木防己二两　桂枝二两　人参四两　芒硝三合　茯苓四两

(九) 支饮冒眩证

【原文汇要】心下有支饮,其人苦冒眩,泽泻汤主之。(《金匮要略》十二.25)

【辨证要点】头晕目眩,舌淡苔水滑,舌体肿胀肥大。

【证候分析】见表 11-1-11。

表 11-1-11　支饮冒眩证证候分析表

主症	病机分析
头晕目眩	水饮上犯,蒙蔽清阳,浊阴不降
舌淡苔水滑,舌体肿胀肥大	水饮内盛上冒

【基本病机】脾虚饮泛,浊阴冒逆,清阳不能上达。

【治法】健脾化饮,降逆止眩。

【方药】泽泻汤。

泽泻汤方：

泽泻五两　白术二两

(十) 饮聚胸膈兼腑实证

【原文汇要】支饮胸满者,厚朴大黄汤主之。(《金匮要略》十二.26)

【辨证要点】胸腹胀满,咳喘痰多,大便秘结,苔黄腻,脉弦滑有力。

【证候分析】见表 11-1-12。

表 11-1-12　饮聚胸膈兼腑实证证候分析表

主症	病机分析
胸腹胀满	饮聚胸膈,壅遏肺气
咳喘痰多	饮热交结胸中,肺失宣降
腹满,便秘	饮邪波及肠腑,腑气不通
苔黄腻,脉弦滑有力	饮热互结,邪实气滞

【基本病机】饮热郁肺,腑气不通。

【治法】泄热涤饮,行气开郁。

【方药】厚朴大黄汤。

厚朴大黄汤方：

厚朴一尺　大黄六两　枳实四枚

【方证鉴别】与木防己汤证鉴别见表 11-1-13。

(十一) 葶苈大枣泻肺汤证

【原文汇要】支饮不得息,葶苈大枣泻肺汤主之。(《金匮要略》十二.27)

表 11-1-13 木防己汤证与厚朴大黄汤证鉴别表

	病机	病位	主症	治法
木防己汤证	脾虚饮结胸膈，虚实夹杂	胸膈	心下痞坚，面色黧黑	通阳利水消饮，清热补虚
厚朴大黄汤证	饮热交结胸腹，邪实气滞为主	胸、肠腑	胸满，咳喘痰多，腹满便秘	泄热涤饮，行气开郁

【辨证要点】咳唾气逆不得息、短气不得卧，胸膈胀满甚或心悸，口吐清涎，脉滑数等症。

【证候分析】见表 11-1-14。

表 11-1-14 葶苈大枣泻肺汤证证候分析表

主症	病机分析
胸膈胀满	饮阻胸膈，肺气壅滞
气逆不得息，短气不得卧	痰饮邪实，壅遏肺气，肺失宣降
心悸	水饮凌心

【基本病机】痰饮阻肺，肺气壅塞。

【治法】泻肺逐饮，开闭利气。

【方药】葶苈大枣泻肺汤。

葶苈大枣泻肺汤方见第九章第四节。

【方证鉴别】攻下逐水四方证鉴别见表 11-1-15。

表 11-1-15 攻下逐水四方证治鉴别表

	治则	病位	病机	药力	治法
甘遂半夏汤证	攻下逐水	膈、胃肠	饮结心下胃肠，旧饮欲去，新饮日积	较峻	顺势攻下逐饮
十枣汤证	攻下逐水	胸膈、肺	饮结胸胁，肝肺气机升降失常	最猛	破积攻下逐饮
己椒苈黄丸证	攻下逐水	肠间	饮热互结，聚而成实	较缓	泄热涤饮，前后分消
葶苈大枣泻肺汤证	攻下逐水	肺	痰饮阻肺，肺气壅塞	平和	泻肺逐饮

（十二）小青龙汤证

【原文汇要】咳逆倚息不得卧，小青龙汤主之。（《金匮要略》十二.35）

【辨证要点】咳嗽，咳痰清稀，气喘不得卧，面色黧黑，水滑苔，脉浮紧、沉弦或沉迟；或兼寒热头痛。

【证候分析】见表 11-1-16。

【基本病机】素有水饮内停，复感寒邪，外寒引动内饮，饮邪壅肺。

【治法】温肺化饮，外散寒邪。

【方药】小青龙汤。

表 11-1-16　小青龙汤证证候分析表

主症	病机分析
咳嗽，咳痰清稀	水饮内停壅肺，肺气上逆
气喘不得卧	水饮阻肺，肺失宣降
面色黧黑	饮阻气滞，营卫运行不利，水色上泛
寒热头痛	外感寒邪，邪正相争，经输不利
水滑苔，脉浮紧、沉弦或沉迟	水饮内停之舌脉

小青龙汤方见第五章第一节。

小结

痰饮病证治小结见表 11-1-17。

表 11-1-17　痰饮病证治小结表

	病机	主症	治法	方药
脾虚饮停证	脾虚痰饮中阻，清浊升降失常，饮停心下	胸胁支满，目眩，呕吐，小便不利	健脾渗湿，温阳化饮	苓桂术甘汤
肾虚饮停证	肾虚不能化气行水，饮泛心下	小便不利，短气，心悸，畏寒足冷腰酸，小腹拘急不仁	补肾蠲饮，化气行水	肾气丸
饮留心下成实证	饮结心下胃肠，旧饮欲去，新饮日积	心下坚满，脉伏，下利涎沫而利反快；虽利，心下仍坚满	因势利导，攻下逐饮	甘遂半夏汤
饮结肠间成实证	肠间饮聚成实化热，气机壅滞	腹满，口舌干燥，肠鸣漉漉，大便秘结，小便不利	泄热逐饮，前后分消	己椒苈黄丸
下焦饮逆证	脾虚饮停下焦，逆动上犯	脐下筑筑悸动，吐涎沫，头目眩晕，小便不利，伴形体消瘦	通阳化气行水	五苓散
十枣汤证	饮结胸胁，肝肺气机升降失常	咳唾牵引胁下作痛，或久咳不止，脉沉弦	破积攻下逐饮	十枣汤
溢饮　外寒内热	脾失健运，肺失宣发，水饮溢于四肢肌表	发热恶寒，身体疼重无汗　兼烦躁	宣肺发汗　兼清郁热	大青龙汤
溢饮　外寒里饮		兼喘咳痰多	温化寒饮	小青龙汤
饮阻胸膈兼气虚	脾虚不运，水饮内结心下	气喘胸满，心下痞坚，面色黧黑，脉沉紧	补虚散结，通阳散饮	木防己汤或木防己去石膏茯苓芒硝汤
支饮冒眩	脾虚饮泛，浊阴冒逆，清阳不能上达	头晕目眩，舌淡苔水滑，舌体肿胀肥大	健脾化饮，降逆止眩	泽泻汤
饮聚胸膈兼腑实	饮热郁肺，腑气不通	胸腹胀满，咳喘痰多，便秘，苔黄腻，脉弦滑	泄热涤饮，行气开郁	厚朴大黄汤

续表

	病机	主症	治法	方药
葶苈大枣泻肺汤证	痰饮阻肺，肺气壅塞	咳唾气逆不得息、短气不得卧，胸膈胀满甚或心悸，口吐清涎	泻肺逐饮，开闭利气	葶苈大枣泻肺汤
小青龙汤证	素有水饮内停，复感寒邪，外寒引动内饮，饮邪壅肺	咳嗽痰清稀，喘不得卧，面色黧黑，水滑苔，脉浮紧、沉弦或沉迟；或兼寒热头痛。	温肺化饮，外散寒邪	小青龙汤

第二节 水 气 病

一、水气病概说

水气病，指脏腑功能失调，导致津液运行障碍，以致水液停聚，泛溢于人体各部而形成以肿胀为特征的疾病，即通常所说的水肿病。水气病形成的原因，主要以肺、脾、肾、三焦及膀胱等主管津液代谢的脏腑功能失调为内因，在外因方面，则与风、热、水、湿等病邪密切相关。对于水气病的治疗，《金匮要略》秉承《内经》“开鬼门，洁净府”、“去菀陈莝”的学术思想，提出了发汗、利水和攻逐水邪三大法则，为后世治疗水肿病奠定了基础。

（一）诊断要点

【原文汇要】脉得诸沉，当责有水，身体肿重。水病脉出者，死。（《金匮要略》十四.10）

【辨证要点】脉沉，身体浮肿或沉重。

【证候分析】见表 11-2-1。

表 11-2-1 水气病证候分析表

主症	病机分析
脉沉	水气壅遏，脉气不能鼓动于外
肢体沉重	湿性重浊，水为湿之积
身体浮肿	水气外溢

（二）分类

【原文汇要】师曰：病有风水、有皮水、有正水、有石水、有黄汗。风水，其脉自浮，外证骨节疼痛，恶风；皮水，其脉亦浮，外证胕肿，按之没指，不恶风，其腹如鼓，不渴，当发其汗。正水，其脉沉迟，外证自喘；石水，其脉自沉，外证腹满不喘。黄汗，其脉沉迟，身发热，胸满，四肢头面肿，久不愈，必致痈脓。（《金匮要略》十四.1）

寸口脉沉滑者，中有水气，面目肿大，有热，名曰风水。视人之目窠上微拥，如蚕新卧起状，其颈脉动，时时咳，按其手足上，陷而不起者，风水。（《金匮要略》十四.3）

【辨证要点】

（1）风水：脉浮或沉滑，恶风，骨节疼痛，头面肿以眼胞肿为甚。

（2）皮水：脉浮或沉，四肢肿而按之凹陷，不恶风，腹如鼓而胀满。

（3）正水：腹满，身肿，气喘，脉沉迟。

（4）石水：脉沉，浮肿，少腹硬满如石。

【证候分析】分别见表11－2－2，表11－2－3，表11－2－4，表11－2－5。

表11－2－2　风水证候病机分析表

主症	病机分析
脉浮，恶风	外邪袭表，邪正相争
脉沉滑	邪渐入里，病势增剧
骨节疼痛	水湿流注关节，痹阻阳气，经输不利
头面肿以眼胞肿为甚	风为阳邪，风水相搏，水气壅遏肺胃两经

表11－2－3　皮水证候病机分析表

主症	病机分析
四肢肿而按之凹陷	肺失通调，脾失健运，则水停肌肤
腹如鼓而胀满	水邪壅遏中焦
不恶风	外无表证

表11－2－4　正水证候病机分析表

主症	病机分析
腹满，脉沉迟	肾阳虚弱，失于温化，水停于里
气喘	水气上逆射肺，肺气失宣
身肿	水气外溢

表11－2－5　石水证候病机分析表

主症	病机分析
少腹硬满如石	肾阳衰微，寒水凝结于少腹
脉沉，不喘	水停于里聚于下，未及于肺
身肿	水气外溢

【鉴别诊断】风水、皮水病位近表在上，以身肿为主症，类似后世所谓阳水。正水、石水病位在里偏下，以腹满为主症，病程较长，类似后世的阴水。鉴别见表11－2－6。

表11－2－6　风水、皮水、正水、石水鉴别表

	病机	病位	主症	特点	鉴别点
风水	风邪水气相搏于肌表，肺失通调	表，肺	脉浮或沉滑，恶风发热，骨节疼痛，头面肿	身肿从头面遍及全身	恶风
皮水	肺失通调，脾失健运	里，肺、脾	脉浮或沉，四肢凹陷肿，不恶风，腹胀如鼓	身肿从下肢继而全身	不恶风

续表

	病机	病位	主症	特点	鉴别点
正水	肾虚失于温化，水气上逆射肺	里，肺、肾	腹满，身肿，气喘，脉沉迟	腹满兼喘	喘
石水	肾虚失于蒸化，寒水凝结于少腹	里，肾、脾	脉沉伏，身肿，少腹硬满如石	腹满不喘	不喘

（三）病因病机

【原文汇要】寸口脉弦而紧，弦则卫气不行，即恶寒，水不沾流，走于肠间。少阴脉紧而沉，紧则为痛，沉则为水，小便即难。（《金匮要略》十四.9）

问曰：病下利后，渴饮水，小便不利，腹满因肿者，何也？答曰：此法当病水，若小便自利及汗出者，自当愈。（《金匮要略》十四.12）

师曰：寸口脉沉而迟，沉则为水，迟则为寒，寒水相搏。趺阳脉伏，水谷不化，脾气衰则鹜溏，胃气衰则身肿。少阳脉卑，少阴脉细，男子则小便不利，妇人则经水不通。经为血，血不利则为水，名曰血分。（《金匮要略》十四.19）

问曰：病有血分水分，何也？师曰：经水前断，后病水，名曰血分，此病难治；先病水，后经水断，名曰水分，此病易治。何以故？去水，其经自下。（《金匮要略》十四.20）

【病机要点】

（1）感受外邪，水为风激：外邪袭表，影响肺的宣肃与通调，水溢肌肤，发为水肿。

（2）肺脾肾三焦功能失司：肺失宣肃，通调失职则为肿；脾胃纳运失常，升降失司，水液失于输布而身肿；三焦决渎失职，气化失司，水液不走常道而为肿；肾虚蒸腾气化失常，小便不利而身肿。因此，脏腑受损，是水气病发生的重要内在因素。

（3）血不利则为水：阳虚阴凝，血脉瘀阻，水湿内聚外溢，可见腹满身肿。

（四）治法

1. 利小便、发汗

【原文汇要】师曰：诸有水者，腰以下肿，当利小便；腰以上肿，当发汗乃愈。（《金匮要略》十四.18）

【治法要点】利小便、发汗为治疗水气病的常法，具体应用时首先要辨别水肿的部位。若水肿在腰以上者，当用汗法；因腰以上为阳、属表，水湿之邪在表在上，发汗可使水气从汗而解，此即《内经》“其在皮者，汗而发之”之义。若水肿在腰以下者，多用利小便法；因腰以下为阴、属里，水湿之邪在里在下，利尿法可使水湿通过小便而排出，此为《内经》“其在下者，引而竭之”之旨。二者属因势利导法的具体运用。

但利小便与发汗，在临床应用时，并非截然分开，由于发汗法多可宣通肺气，使水道通调；利小便法可使水湿因势利导，通过小便排出。故对腰以上肿发汗宣散时，适当配合少量利小便之品；或对腰以下肿利小便疏通里气时，适当配合少量发汗之品，使二法合用，相得益彰。

2. 攻下法

【原文汇要】夫水病人，目下有卧蚕，面目鲜泽，脉伏，其人消渴。病水腹大，小便不利，其脉沉绝者，有水，可下之。（《金匮要略》十四.11）

【治法要点】攻下法适用于水气病全身肿剧，小便不利，正气不虚，脉象沉伏属水邪深留者。

但在具体应用时应注意掌握分寸，免伤正气。

二、水气病的辨证论治

（一）风水表虚证

【原文汇要】风水，脉浮身重，汗出恶风者，防己黄芪汤主之。腹痛加芍药。《金匮要略》十四.22）

【辨证要点】脉浮，身肿重，汗出恶风，面目或一身皆肿。

【证候分析】见表 11－2－7。

表 11－2－7　风水表虚证证候分析表

主症	病机分析
脉浮	外邪袭表，邪正相争
汗出恶风	表气虚，腠理空虚
身肿重	肺失通调，停水外溢

【基本病机】表卫气虚，复感风邪，水为风击。

【治法】益气固表，利水疏风。

【方药】防己黄芪汤。

防己黄芪汤方：

防己一两　甘草半两（炒）　白术三分　黄芪一两一分（去芦）

【证候鉴别】与风湿表虚证鉴别见表 11－2－8。

表 11－2－8　风水表虚证与风湿表虚证鉴别表

	风水表虚证	风湿表虚证
相同点	脉浮、身重、汗出、恶风之症状，表虚卫气不固的病机，治用防己黄芪汤	
鉴别点	一身面目浮肿，按之没指为特征	全身关节疼痛为特征

（二）风水夹热证

【原文汇要】风水恶风，一身悉肿，脉浮不渴，续自汗出，无大热，越婢汤主之。（《金匮要略》十四.23）

【辨证要点】脉浮，恶风，身肿，身痛，口渴，汗出。

【证候分析】见表 11－2－9。

表 11－2－9　风水夹热证证候分析表

主症	病机分析
脉浮，恶风	外邪袭表，邪正相争
汗出	内有郁热，迫津外泄
口渴	邪已化热
身肿痛	水为风激而泛溢周身

【基本病机】风邪水气相搏肌表，内兼郁热。

【治法】发越水气，清解郁热。

【方药】越婢汤。

越婢汤方：

麻黄六两　石膏半斤　生姜三两　大枣十五枚　甘草二两

恶风者加附子一枚（炮）；风水加术四两。

【证候鉴别】与风水表虚证鉴别见表11－2－10。

表11－2－10　风水夹热证与风水表虚证鉴别表

	风水夹热证	风水表虚证
主症	一身悉肿，汗出，口渴	脉浮，身重，汗出恶风
汗出机理	里热迫津外泄	表虚腠理不固
病机	风水夹郁热	风水兼表虚
治法	发汗利水，兼清郁热	益气固表，疏风利水

（三）风水与正水证治异同

【原文汇要】水之为病，其脉沉小，属少阴；浮者为风。无水虚胀者，为气。水，发其汗即已。脉沉者宜麻黄附子汤；浮者宜杏子汤。（《金匮要略》十四.26）

【辨证要点】风水以头面肿，骨节疼痛，脉浮，恶风为主症；正水以浮肿，腹满喘息，脉沉小为特征。

【基本病机】风水与肺失宣降，水道通调失职相关；正水与肾阳不足，气化功能失常相关。

【治法】正水：温经助阳发汗；风水：宣肺发汗。

【方药】正水：麻黄附子汤方；风水：杏子汤。

麻黄附子汤方：

麻黄三两　甘草二两　附子一枚（炮）

杏子汤方：（原文未见，可能是桂枝加厚朴杏子汤，见第五章第一节）。

【证候鉴别】见表11－2－11。

表11－2－11　风水与正水证治异同分析表

	主症	病机分析	治法	方药
风水	脉浮，恶风，骨节疼痛，头面肿	外邪袭表，邪正相争，水湿流注关节，风水相搏壅遏于上	宣肺疏风散水	杏子汤
正水	脉沉小迟，腹满，身肿，气喘	肾失温化，水停于里，水气外溢，水气上逆射肺	温经助阳发汗	麻黄附子汤

（四）皮水夹热证

【原文汇要】里水者，一身面目黄肿，其脉沉，小便不利，故令病水。假如小便自利，此亡津液，故令渴也，越婢加术汤主之。（《金匮要略》十四.5）

【辨证要点】脉沉，一身面目浮肿，腰以下为甚，小便不利，口渴咽干。

【证候分析】见表11－2－12。

表 11-2-12　皮水夹热证证候分析表

主症	病机分析
一身面目浮肿，腰以下为甚	肺失宣发，脾失健运，停水外溢
脉沉	水气内郁，阻滞脉道
口渴咽干	内兼郁热
小便不利	肺失通调，脾失健运

【基本病机】肺失宣降，脾失健运，水气外溢，内兼郁热。

【治法】宣肺散水，除湿清热。

【方药】越婢加术汤方。

越婢加术汤方：越婢汤方见上，于内加白术四两。

（五）皮水气虚阳郁证

【原文汇要】皮水为病，四肢肿，水气在皮肤中，四肢聂聂动者，防己茯苓汤主之。（《金匮要略》十四.24）

【辨证要点】全身浮肿，四肢肿甚，四肢肌肤轻微颤动，小便不利。

【证候分析】见表 11-2-13。

表 11-2-13　皮水气虚阳郁证证候分析表

主症	病机分析
全身浮肿，四肢肿甚	肺失宣发，脾失健运，停水外溢
四肢肌肤轻微颤动	水气阻遏，阳气郁滞，两相交争
小便不利	肺失通调，脾失健运

【基本病机】水气壅遏，表气虚，阳气被郁。

【治法】通阳化气，利水消肿。

【方药】防己茯苓汤。

防己茯苓汤方：

防己三两　黄芪三两　桂枝三两　茯苓六两　甘草二两

【方证鉴别】与风水表虚证鉴别见表 11-2-14。

表 11-2-14　皮水气虚阳郁证与风水表虚证鉴别表

	皮水气虚阳郁证	风水表虚证
主症	四肢肿甚，肌肉跳动，小便不利	脉浮，身重，汗出恶风
病机	水气壅遏，阳气被郁	水气外溢，卫表不固
治法	通阳化气，利水消肿	益气固表，利水疏风
药物	防己、黄芪各三两，茯苓六两，桂枝三两，甘草二两	防己一两，黄芪一两一分，大枣一枚，白术三分，生姜四片，甘草半两

（六）皮水表实证

【原文汇要】里水，越婢加术汤主之；甘草麻黄汤亦主之。（《金匮要略》十四.25）

【辨证要点】浮肿,无汗,兼咳嗽气喘,小便短少。

【证候分析】见表 11-2-15。

表 11-2-15 皮水表实证证候分析表

主症	病机分析
浮肿,无汗	肺失宣发,停水外溢
咳嗽气喘	肺失宣降
小便短少	肺失通调

【基本病机】肺失宣发,停水外溢。

【治法】宣肺发汗,散水祛湿。

【方药】甘草麻黄汤。

甘草麻黄汤方:

甘草二两 麻黄四两

(七) 皮水兼湿热证

【原文汇要】厥而皮水者,蒲灰散主之。(《金匮要略》十四.27)

【辨证要点】肢体浮肿,按之没指,手足逆冷,小便短黄不利;或见舌苔黄腻等症。

【证候分析】见表 11-2-16。

表 11-2-16 皮水兼湿热证证候分析表

主症	病机分析
肢体浮肿,按之没指	水气外盛,溢于肌肤
手足逆冷	水气外盛,阻遏阳气
小便短黄不利,苔黄腻	水气外盛,湿热内蕴

【基本病机】水气外盛,湿热内蕴,阳气被郁。

【治法】清利湿热,通利小便。

【方药】蒲灰散。

蒲灰散方见第九章第十三节。

(八) 黄汗

【原文汇要】问曰:黄汗之为病,身体肿一作重,发热汗出而渴,状如风水,汗沾衣,色正黄如柏汁,脉自沉,何从得之?师曰:以汗出入水中浴,水从汗孔入得之,宜芪芍桂酒汤主之。(《金匮要略》十四.28)

黄汗之病,两胫自冷;假令发热,此属历节。食已汗出,又身常暮盗汗出者,此劳气也。若汗出已反发热者,久久其身必甲错;发热不止者,必生恶疮。若身重,汗出已辄轻者,久久必身瞤,瞤即胸中痛,又从腰以上必汗出,下无汗,腰髋弛痛,如有物在皮中状,剧者不能食,身疼重,烦躁,小便不利,此为黄汗,桂枝加黄芪汤主之。(《金匮要略》十四.29)

【辨证要点】遍身汗出色黄如柏汁,或汗出不透;身肿,发热,骨节疼痛,不恶风。病久不愈可致痈脓。

【证候分析】见表 11-2-17。

表 11－2－17　黄汗证候分析表

主症	病机分析
身肿，发热	汗出入水，水湿浸淫，营卫不调
汗出色黄如柏汁	水湿留滞肌腠，卫郁营热
汗出不透	表卫不固，营卫不调
骨节疼痛，不恶风	水气内停，阻滞经络，外无表证
病久不愈可致痈脓	湿热郁蒸营分，血腐成脓

【基本病机】营卫失调，湿热交蒸。

【治法】调和营卫，固表祛湿，兼泄营热。

【方药】芪芍桂酒汤或桂枝加黄芪汤。

芪芍桂酒汤方：

黄芪五两　芍药三两　桂枝三两　苦酒一升

桂枝加黄芪汤方见第九章第十一节。

【方证鉴别】桂枝加黄芪汤与芪芍桂酒汤，均治黄汗，均具有宣达阳气、散水除湿之效，但又有不同，鉴别如表 11－2－18。

表 11－2－18　芪芍桂酒汤证与桂枝加黄芪汤证的鉴别表

	芪芍桂酒汤证	桂枝加黄芪汤证
主症	汗出色黄，身肿，发热，口渴	肌肤浮肿，汗出色黄，汗出不透，腰髋弛痛
病机	营卫失调，湿遏热伏	营卫失调，水湿郁表
治法	调和营卫，散水除湿，兼泄郁热	调和营卫，解肌除湿
药物	黄芪五两，芍药三两，桂枝三两，苦酒一升	桂枝、芍药各三两，甘草二两，生姜三两，大枣十二枚，黄芪二两

（九）气分

【原文汇要】师曰：寸口脉迟而涩，迟则为寒，涩为血不足。趺阳脉微而迟，微则为气，迟则为寒。寒气不足，则手足逆冷；手足逆冷，则荣卫不利；荣卫不利，则腹满胁鸣相逐；气转膀胱，营卫俱劳；阳气不通即身冷，阴气不通即骨疼；阳前通则恶寒，阴前通则痹不仁；阴阳相得，其气乃行，大气一转，其气乃散；实则失气，虚则遗尿，名曰气分。（《金匮要略》十四.30）

气分，心下坚，大如盘，边如旋杯，水饮所作，桂枝去芍药加麻辛附子汤主之。（《金匮要略》十四.31）

心下坚，大如盘，边如旋盘，水饮所作，枳术汤主之。（《金匮要略》十四.32）

【辨证要点】心下坚，大如盘，伴腹满肠鸣疼痛，或恶寒手足逆冷，骨节疼痛，肌肤麻木不仁。

【证候分析】见表 11－2－19。

表 11－2－19　气分证候分析表

主症	病机分析
心下坚，大如盘	阳虚寒凝，水气留滞痞结心下
腹满肠鸣疼痛	脾虚气滞，运化失司
恶寒手足逆冷，骨节疼痛	阳气不足，阴寒内盛
肌肤不仁	气血俱虚　肌肤失养

【基本病机】阳衰阴凝，气滞饮停。

【治法】调和阴阳，温运阳气。

【方药】桂枝去芍药加麻辛附子汤或枳术汤。

桂枝去芍药加麻黄细辛附子汤方：

桂枝三两　生姜三两　甘草二两　大枣十二枚　麻黄　细辛各二两　附子一枚(炮)

枳术汤方：

枳实七枚　白术二两

小结

水气病证治小结见表 11－2－20。

表 11－2－20　水气病证治小结表

	病机	主症	治法	方药
风水表虚证	表卫气虚，复感风邪，水为风击	脉浮，身重，汗出恶风，面目或一身肿	益气固表，利水疏风	防己黄芪汤
风水夹热证	风邪水气相搏肌表，内兼郁热	脉浮，恶风，身肿痛口渴，汗出	发越水气，清解郁热	越婢汤
正水	肾阳不足，气化功能失常	浮肿，腹满，喘息，脉沉小	温经助阳发汗	麻黄附子汤
皮水夹热证	肺失宣降，脾失健运，水气外溢，内兼郁热	脉沉，一身面目浮肿，腰以下为甚，小便不利，口渴咽干	宣肺散水，除湿清热	越婢加术汤
皮水气虚阳郁证	水气壅遏，表气虚，阳气被郁	全身浮肿，四肢肿甚，四肢肌肤轻微颤动，小便不利	通阳化气，利水消肿	防己茯苓汤
皮水表实证	肺失宣发，停水外溢	浮肿，无汗，兼咳嗽气喘，小便短少	宣肺发汗，散水祛湿	甘草麻黄汤
皮水兼湿热证	水气外盛，湿热内壅，阳气被郁	浮肿按之没指，手足冷，小便短黄不利，苔黄腻	清利湿热，通利小便	蒲灰散
黄汗（芪芍桂酒汤证）	营卫失调，湿遏热伏	汗出色黄，身肿，发热，口渴	益气散水除湿，兼清营热	芪芍桂酒汤
黄汗（桂枝加黄芪汤证）	营卫失调，水湿郁表	肌肤浮肿，汗出色黄汗出不透，腰髋弛重	调和营卫，通阳除湿	桂枝加黄芪汤
气分阳衰阴凝证	阳气不足，阴寒内盛	心下坚，大如盘，恶寒逆冷，骨痛，肌肤不仁	温通阳气，散寒化饮	桂枝去芍药加麻辛附子汤
气分脾虚气滞证	脾虚气滞，运化失司	心下坚，大如盘，腹满肠鸣疼痛	行气散结，健脾化湿	枳术汤

第三节　血　证

血证主要包括失血证和瘀血证。对于失血证的辨证，由于出血部位和病理的不同，其临床表现也各异，但都可概括为寒热虚实，故治疗上也不外温凉补泻，仲景在本节中作了原则性提示。关于瘀血的论述，本节不仅突出了辨证特点，其治法方药的内容也相当丰富。

一、失血证

（一）成因

【原文汇要】夫酒客咳者，必致吐血，此因极饮过度所致也。（《金匮要略》十六.7）

太阳病，以火熏之，不得汗，其人必躁，到经不解，必清血，名为火邪。（《伤寒论》.114）

脉浮，热甚，而反灸之，此为实，实以虚治，因火而动，必咽燥，吐血。（《伤寒论》.115）

阳明病，口燥，但欲漱水，不欲咽者，此必衄。（《伤寒论》.202）

少阴病，八九日，一身手足尽热者，以热在膀胱，必便血也。（《伤寒论》.293）

【病机分析】见表 11-3-1。

表 11-3-1　失血证病机分析表

病因	病机分析
饮酒过度	湿热内蕴于胃——热伤血络
久患咳嗽	肺失清肃——振动肺络
表证误治	温针艾灸，强迫出汗——火邪伤阴动血
阳明热盛	灼伤血络——迫血妄行
阴虚火旺	内迫血分——伤及血络

（二）治禁与变证

【原文汇要】衄家不可汗，汗出必额上陷，脉紧急，直视不能眴，不得眠。（《金匮要略》十六.4）

亡血不可发其表，汗出即寒栗而振。（《金匮要略》十六.9）

【分析】见表 11-3-2。

表 11-3-2　失血证治禁与变证分析表

要点		分析
治禁	禁汗	误汗可使阴血重伤，或气随津泄
变证	额上陷脉，目直视不能转动，不得眠	素体阴血亏少，发汗更伤阴血，经脉、目睛、心神失其濡养
	周身寒栗而振	气亦随汗液外泄，肌肤失于温煦

（三）辨证论治

1. 虚寒吐血证

【原文汇要】吐血不止者，柏叶汤主之。（《金匮要略》十六.14）

【辨证要点】吐血色淡红或暗红，面色萎黄或苍白，神疲体倦，舌淡苔白，脉虚无力。

【证候分析】见表 11-3-3。

表 11-3-3 虚寒吐血证证候分析表

主症	病机分析
吐血色淡红或暗红	中气虚寒，不能统摄血液
面色萎黄或苍白，舌淡苔白	中焦气虚，不能化生气血上荣
神疲体倦	气血不足，精神失养
脉虚无力	气血不足，脉道不充

【基本病机】中气虚寒，血不归经。

【治法】温中止血。

【方药】柏叶汤。

柏叶汤方：

柏叶　干姜各三两　艾三把

2. 热盛吐衄证

【原文汇要】心气不足，吐血，衄血，泻心汤主之。(《金匮要略》十六.17)

【辨证要点】吐血、衄血色鲜红，心烦不安，面目红赤，口渴便秘，舌红苔黄，脉洪数。

【证候分析】见表 11-3-4。

表 11-3-4 热盛吐衄证证候分析表

主症	病机分析
吐血、衄血色鲜红	心火亢盛，迫血妄行于上
面目红赤，舌红苔黄	里热炽盛，心火上炎
心烦不安	热盛心神被扰
脉洪数	里热炽盛，脉道扩张，气盛血涌

【基本病机】心火亢盛，迫血妄行于上。

【治法】清热泻火，凉血止血。

【方药】泻心汤。

泻心汤方：

大黄二两　黄连　黄芩各一两

3. 虚寒便血证

【原文汇要】下血，先便后血，此远血也，黄土汤主之。(《金匮要略》十六.15)

【辨证要点】下血色紫暗稀薄，便溏腹痛，喜温喜按，面色无华，神疲懒言，手足不温，舌淡，脉细。

【证候分析】见表 11-3-5。

【基本病机】中焦脾气虚寒，统摄无权而血渗于下。

【治法】温脾摄血。

【方药】黄土汤。

表 11-3-5　虚寒便血证证候分析表

主症	病机分析
下血色紫暗稀薄	脾气虚寒,统摄无权,血渗于下
面色无华,舌淡	中焦脾虚,气血生化无权
便溏腹痛,喜温喜按	中焦阳虚,阴寒内盛
神疲懒言,手足不温,脉细	脾虚失养

黄土汤方:亦主吐血、衄血。

甘草　干地黄　白术　附子(炮)　阿胶　黄芩各三两　灶中黄土半斤

4. 湿热便血证

【原文汇要】下血,先血后便,此近血也,赤小豆当归散主之。(《金匮要略》十六.16)

【辨证要点】下血色鲜红或有黏液,并伴有大便不畅,苔黄微腻,脉滑数。

【证候分析】见表 11-3-6。

表 11-3-6　湿热便血证证候分析表

主症	病机分析
下血色鲜红	湿热蕴结大肠,灼伤阴络,迫血下行
大便不畅,或有黏液	湿热内蕴,下渗大肠
苔黄微腻,脉滑数	湿热内蕴之征

【基本病机】湿热蕴于大肠,灼伤阴络,迫血下行。

【治法】清热利湿解毒,活血止血。

【方药】赤小豆当归散。

赤小豆当归散方:

赤小豆三升(浸令芽出,曝干)　当归三两

二、瘀血证

【原文汇要】病人胸满,唇痿舌青,口燥,但欲漱水不欲咽,无寒热,脉微大来迟,腹不满,其人言我满,为有瘀血。(《金匮要略》十六.10)

病者如热状,烦满,口干燥而渴,其脉反无热,此为阴伏,是瘀血也,当下之。(《金匮要略》十六.11)

【辨证要点】唇痿舌青,胸腹胀满刺痛、拒按,口燥但欲漱水不欲咽,脉象涩滞迟缓或沉结。

【证候分析】见表 11-3-7。

表 11-3-7　瘀血证证候分析表

主症	病机分析
唇痿舌青	瘀血内阻,新血不能外荣
胸腹胀满刺痛、拒按	瘀血阻滞,气机痞塞
口燥却但欲漱水而不欲咽	瘀血阻滞,津液不能上濡,但非津亏
脉涩滞迟缓或沉结	瘀血阻滞之象

【基本病机】瘀血内阻，气机痞塞，新血不能外荣。

【治法】活血逐瘀。

【方药】对瘀血证，应根据病情的寒热、轻重、缓急和瘀血部位的不同，给予不同的方剂，仲景创制了抵当汤、下瘀血汤、红蓝花酒、桂枝茯苓丸、大黄䗪虫丸等众多的活血化瘀方剂，可随证选用。

小结

血证证治小结见表 11－3－8。

表 11－3－8　血证证治小结表

	病机	主症	治法	方药
虚寒吐血证	中气虚寒，血不归经	吐血，色淡红，面色萎黄或苍白，神疲舌淡，脉虚无力	温中止血	柏叶汤
热盛吐衄证	心火亢盛，迫血妄行于上	吐衄，血色鲜红，心烦面赤，口渴便秘，舌红苔黄，脉洪数	清热泻火，凉血止血	泻心汤
虚寒便血证	中焦脾气虚寒，统摄无权而血渗于下	下血色紫暗稀薄，便溏腹痛，喜温喜按，面色无华，舌淡，脉细	温脾摄血	黄土汤
湿热便血证	湿热蕴于大肠，灼伤阴络，迫血下行	下血色鲜红或有黏液，伴大便不畅，苔黄微腻，脉滑数	清热利湿解毒，活血止血	赤小豆当归散
瘀血证	瘀血内阻，气机痞塞，新血不能外荣	唇痿舌青，胸腹胀满刺痛、拒按，口燥但欲漱水不欲咽，脉象涩滞迟缓或沉结	活血逐瘀	抵当汤 下瘀血汤 桂枝茯苓丸 大黄䗪虫丸

第四节　血　痹　病

血痹病乃因气血不足，外感邪气，血行涩滞所致，是以肢体局部麻木不仁，严重者可有轻度疼痛为主症的疾病。本病与感受风寒湿三气杂至之痹证有所不同，后者病在关节、肌肉，以肢体肌肉骨节疼痛为主症，临床应予鉴别。

【原文汇要】问曰：血痹病从何得之？师曰：夫尊荣人，骨弱肌肤盛，重因疲劳汗出，卧不时动摇，加被微风，遂得之。但以脉自微涩，在寸口、关上小紧，宜针引阳气，令脉和紧去则愈。（《金匮要略》六．1）

血痹阴阳俱微，寸口关上微，尺中小紧，外证身体不仁，如风痹状，黄芪桂枝五物汤主之。（《金匮要略》六．2）

【辨证要点】肌肤麻木不仁，重则可伴局部轻微疼痛，脉微涩。

【证候分析】见表 11－4－1。

表 11－4－1　血痹病证候分析表

主症	病机分析
肌肤麻木不仁，重则微痛	邪气阻滞，经脉气血运行不畅
脉微涩	气血不足，外感邪气，血行涩滞

【基本病机】气血不足，外感邪气，血行涩滞。

【治法】益气通阳行痹。

【方药】

（1）轻证：针刺。

（2）重证：黄芪桂枝五物汤。

黄芪桂枝五物汤方：

黄芪三两　芍药三两　桂枝三两　生姜六两　大枣十二枚

【类证鉴别】血痹、痹证、历节鉴别见表 11－4－2。

表 11－4－2　血痹、痹证、历节鉴别表

	病因病机	主症	病位	治疗
血痹	气血不足，感受外邪，血行涩滞	肌肤顽麻，重者致局部微痛	肌肤	益气通阳散邪除痹，针药并用
痹证	风寒湿三气杂感	肌肉关节酸痛、重着麻木，甚则不可屈伸	肌肉关节	祛风散寒除湿止痛，注意固护阳气
历节	肝肾气血不足，风寒湿邪外袭	遍历关节疼痛、肿胀僵硬不可屈伸	多在筋骨	祛风散寒除湿止痛，注意补益肝肾

小结

血痹病证治小结见表 11－4－3。

表 11－4－3　血痹病证治小结表

	病因病机	辨证要点	治法	方药
轻证	气血不足，感受外邪，血行不畅	肌肤麻木不仁	针引阳气	针刺
重证	气血阴阳俱不足，感邪，血行涩滞	肌肤麻木不仁兼局部疼痛	益气通阳散邪除痹	黄芪桂枝五物汤

第五节　梅核气病

梅核气病临床表现可有多种多样，其主症当为咽中如有异物梗阻不适，咯之不出，吞之不下，

但饮食吞咽无碍。此病多见于妇女，男子亦可见，与西医的部分慢性咽炎或癔症相类似。

【原文汇要】妇人咽中如有炙脔，半夏厚朴汤主之。(《金匮要略》二十二.5)

【辨证要点】

(1) 主症：咽中如有物梗塞，咯之不出，吞之不下，但饮食吞咽无碍。

(2) 次症：精神抑郁，心烦易怒，失眠，胸闷，善太息。

【证候分析】见表 11-5-1。

表 11-5-1 梅核气病证候分析表

主症	病机分析
咽中如有物阻，咯之不出，吞之不下	气郁生痰，痰气交阻，上逆于咽喉之间
胸闷，喜叹息，精神抑郁或易怒	情志不遂，气机不畅或气郁化火

【基本病机】情志不遂，气郁生痰，痰气交阻。

【治法】解郁化痰，顺气降逆。

【方药】半夏厚朴汤。

半夏厚朴汤方

半夏一升 厚朴三两 茯苓四两 生姜五两 干苏叶二两

小结

梅核气病证治小结见表 11-5-2。

表 11-5-2 梅核气病证治小结表

病机	辨证要点	治法	方药
情志不遂，气郁生痰，痰气交阻	咽中如有物阻，咯之不出，吞之不下，伴精神症状	解郁化痰 顺气降逆	半夏厚朴汤

第十二章

妇人病证治

本章专论妇人常见疾病，包括妊娠病、产后病与妇人杂病的证治。

第一节 妊 娠 病

本节专论妇女妊娠期间常见疾病的证治。内容涉及妊娠恶阻、妊娠与癥病的鉴别、妊娠水肿、妊娠小便难及胎动不安等病证的诊断和治疗。

一、妊娠恶阻

妊娠恶阻又称妊娠呕吐，多见于妊娠两个月左右，是妊娠早期的反应。此时胎元初结，经血渐蓄不泻，冲脉之气较盛；而冲为血海，隶于阳明，若上逆犯胃可致呕吐。妊娠恶阻若持续时间较短、反应较轻者，一般予饮食调养，可不药而愈；重者或呕吐不止，当调阴阳、和脾胃、降逆气。

(一) 恶阻轻证

【原文汇要】师曰：妇人得平脉，阴脉小弱，其人渴，不能食，无寒热，名妊娠，桂枝汤主之。方见下利中。于法六十日当有此证，设有医治逆者，却一月加吐下者，则绝之。(《金匮要略》二十.1)

【辨证要点】恶心呕吐，不能食，神疲体倦，无寒热，尺脉小弱。

【证候分析】见表12-1-1。

表12-1-1 恶阻轻证证候分析表

主症	病机分析
恶心呕吐，不能食	妊初阴血归胞养胎，阴阳失调，胃失和降
神疲体倦	阴血归胞养胎，阴血相对不足
尺脉小弱	胎气未盛，阴血相对不足
无寒热	病非外感

【基本病机】胎元初结，阴血归胞养胎，阴阳失调，胃失和降。

【治法】调和阴阳，和胃降逆。

【方药】桂枝汤。

桂枝汤方见第五章第一节。

(二) 恶阻重证

【原文汇要】妊娠呕吐不止,干姜人参半夏丸主之。(《金匮要略》二十.6)

【辨证要点】

(1) 主症:呕吐不止,吐出清水或涎沫。

(2) 次症:口淡不渴,或喜热饮,纳少,倦怠嗜卧。

【证候分析】见表 12-1-2。

表 12-1-2 恶阻重证证候分析表

主症	病机分析
呕吐(多为清水或涎沫)不止	中焦阳虚,寒饮上逆犯胃
口淡不渴,或喜热饮	中焦阳虚,寒饮中阻
纳少,倦怠嗜卧	脾胃虚弱,化源不足

【基本病机】中焦阳虚,寒饮阻滞。

【治法】温中散寒,化饮降逆。

【方药】干姜人参半夏丸。

干姜人参半夏丸方:

【小结】干姜 人参各一两 半夏二两

妊娠恶阻证治小结见表 12-1-3。

表 12-1-3 妊娠恶阻证治小结表

	病机	主症	治法	方药
恶阻轻证	胎元初结,阴血归胞养胎,阴阳失调,胃失和降	恶心呕吐,不能食,神疲体倦,尺脉小弱	调和阴阳和胃降逆	桂枝汤
恶阻重证	中焦阳虚,寒饮阻滞	呕吐不止,吐出清水或涎沫,倦怠	温中散寒化饮降逆	干姜人参半夏丸

二、妊娠与癥病的鉴别

【原文汇要】妇人宿有癥病,经断未及三月,而得漏下不止,胎动在脐上者,为癥痼害。妊娠六月动者,前三月经水利时,胎也。下血者,后断三月衃也。所以血不止者,其癥不去故也,当下其癥,桂枝茯苓丸主之。(《金匮要略》二十.2)

【病证鉴别】癥病与妊娠有相似之处,须注意鉴别(表 12-1-4)。

表 12-1-4 妊娠与癥病鉴别表

	妊娠	癥病
病史	无既往病史	素有癥病史
月经史	停经前 3 个月月经正常	停经前 3 个月经水失常
胎动时间与部位	停经 5、6 月后出现,与停经月份相符	似有胎动感觉,与停经月份不符
腹部触诊	胞宫按月增大,小腹按之柔软	小腹按之疼痛有块,大小与停经月份不符

附：癥病下血证治

【辨证要点】小腹疼痛或有癥块，漏下不止，血色暗夹块，舌质紫暗。

【证候分析】见表 12－1－5。

表 12－1－5　癥病下血证候分析表

主症	病机分析
小腹疼痛或有癥块	宿有癥积，气滞血瘀
经水异常，漏下不止	瘀血内阻，血不归经
血色暗夹块，舌质紫暗	瘀血内阻之征

【基本病机】宿有癥积，气滞血瘀。

【治法】消瘀化癥。

【方药】桂枝茯苓丸。

桂枝茯苓丸方：

桂枝　茯苓　牡丹（去心）　桃仁（去皮尖，熬）　芍药各等分

三、胎动不安

妊娠之后，出现前阴出血伴腰酸腹胀或腹痛，并感胎动下坠者称为胎动不安。

（一）阳虚寒盛证

【原文汇要】妇人怀娠六七月，脉弦发热，其胎愈胀，腹痛恶寒者，少腹如扇，所以然子脏开故也，当以附子汤温其脏。方未见。（《金匮要略》二十.3）

【辨证要点】妊娠六七个月，其胎愈胀，少腹冷痛，或见发热，舌淡苔白润，脉弦而无力。

【证候分析】见表 12－1－6。

表 12－1－6　阳虚寒盛胎动不安证候分析表

主症	病机分析
妊娠六七个月，其胎愈胀，少腹冷痛	肾阳虚弱，阴寒内盛，温煦失司
或见发热	虚阳外越
舌淡苔白润，脉弦而无力	阳气虚弱，阴寒内盛之征

【基本病机】肾阳亏虚，寒气凝滞，胞宫失于温摄。

【治法】温阳散寒，暖宫安胎。

【方药】附子汤。

附子汤方见第五章第五节。

妊娠期慎用附子：附子辛热有毒，有耗津液、损胎元之弊，被后世医家列为妊娠忌药，仲景将其用于妊娠阳虚阴盛的腹痛，是本《素问》"有故无殒"之意，临床应用注意与扶正安胎的人参（或党参）、白术等配伍。

（二）冲任不固证

【原文汇要】师曰：妇人有漏下者，有半产后因续下血都不绝者，有妊娠下血者。假令妊娠腹中痛，为胞阻，胶艾汤主之。（《金匮要略》二十.4）

【辨证要点】妊娠腹痛，下血，血色淡质稀，伴头晕目眩，神疲体倦，舌淡，脉细弱。

【证候分析】见表12-1-7。

表12-1-7 冲任不固胎动不安证候分析表

主症	病机分析
妊娠腹痛，下血色淡质清稀	冲任脉虚不固，胎失所系，阴血不能内守
头晕目眩，神疲体倦	血虚，脑髓、神明失养
舌淡，脉细弱	阴血亏虚之征

【基本病机】冲任脉虚，胎失所系，阴血失守。

【治法】温补冲任，养血安胎。

【方药】芎归胶艾汤。

芎归胶艾汤方：

芎䓖 阿胶 甘草各二两 艾叶 当归各三两 芍药四两 干地黄四两

胶艾汤治妊娠下血以冲任虚损，血虚兼寒最为适宜。本方还可主治妇女下血证属冲任虚损，血虚兼寒者。

（三）肝脾失调证

【原文汇要】妇人怀妊，腹中㽲痛，当归芍药散主之。(《金匮要略》二十.5)

【辨证要点】

(1) 主症：腹中急痛或绵绵作痛。

(2) 兼症：头昏目眩，唇舌爪甲淡白，肢麻，小便不利，足跗浮肿。

【证候分析】见表12-1-8。

表12-1-8 肝脾失调胎动不安证候分析表

主症	病机分析
腹中急痛或绵绵作痛	肝血不足，肝失调畅，气郁血滞
头晕目眩，唇舌爪甲淡白，肢麻	肝血不足，不能濡养
小便不利，足跗浮肿	肝失调畅，木不疏土，脾虚湿浊内生

【基本病机】肝脾失调，气血郁滞湿阻。

【治法】养血疏肝，健脾利湿，水血同治。

【方药】当归芍药散。

当归芍药散方：

当归三两 芍药一斤 茯苓四两 白术四两 泽泻半斤 芎䓖半斤一作三两

（四）血虚湿热证

【原文汇要】妇人妊娠，宜常服当归散主之。(《金匮要略》二十.9)

【辨证要点】

(1) 主症：妊娠下血，或腹痛。

(2) 兼症：神疲肢倦，口干苦，纳少，大便不调，舌尖红苔薄黄，脉细滑。

【证候分析】见表12-1-9。

表 12－1－9　血虚湿热胎动不安证候分析表

主症	病机分析
妊娠下血，或腹痛	肝血不足，脾运不健，胞胎失养
神疲肢倦	血虚失养
纳少，口干苦，大便不调	脾运不健，酿湿蕴热
舌尖红苔薄黄，脉细滑	湿热内蕴之征

【基本病机】肝血不足，脾运不健，酿湿蕴热。

【治法】养血健脾，清热化湿安胎。

【方药】当归散。

当归散方：

当归　黄芩　芍药　芎䓖各一斤　白术半斤

妊娠常服即易产，胎无苦疾。产后百病悉主之。

（五）脾虚寒湿证

【原文汇要】妊娠养胎，白术散主之。（《金匮要略》二十.10）

【辨证要点】

（1）主症：妊娠腹痛或下血。

（2）兼症：纳呆，呕吐清涎，带下，舌淡苔白滑，脉缓滑。

【证候分析】见表 12－1－10。

表 12－1－10　脾虚寒湿胎动不安证候分析表

主症	病机分析
妊娠下血或腹痛	脾虚失运，气血生化乏源，胞胎失养
纳呆，呕吐清涎	脾虚纳运失常，寒湿中阻上犯
带下	脾虚而寒湿下注
舌淡苔白滑，脉缓滑	脾虚寒湿内盛之征

【基本病机】脾虚寒湿中阻。

【治法】健脾温中，散寒除湿以安胎。

【方药】白术散。

白术散方：

白术四分　芎䓖四分　蜀椒三分（去汗）　牡蛎二分

但苦痛，加芍药；心下毒痛，倍加芎䓖；心烦吐痛，不能食饮，加细辛一两，半夏大者二十枚。服之后，更以醋浆水服之；若呕，以醋浆水服之；后不解者，小麦汁服之。已后渴者，大麦粥服之。病虽愈，服之勿置。

妊娠养胎宜重视肝脾：当归散与白术散皆为调理肝脾以去病养胎之剂，因胎赖母血以养，而肝主藏血，脾为气血生化之源，故应注意调养肝脾。后世将黄芩、白术视为安胎圣药，即源于此二方。

【小结】见表 12－1－11。

表12-1-11 妊娠胎动不安证治小结表

	病机	主症	治法	方药
阳虚寒盛证	肾阳亏虚，寒凝气滞，胞宫失于温摄	少腹胀满冷痛，或见发热，舌淡苔白润，脉弦或沉迟无力	温阳散寒，暖宫安胎	附子汤
冲任不固证	冲任脉虚，胎失所系，阴血失守	腹痛，下血色淡质清稀，头晕目眩，神疲体倦，舌淡，脉细	调补冲任，养血安胎	芎归胶艾汤
肝脾失调证	肝脾失调，气血郁滞湿阻	腹痛，头昏目眩，唇舌爪甲淡白，肢麻，小便不利，足跗浮肿	养血疏肝，健脾利湿	当归芍药散
血虚湿热证	肝血不足，脾运不健，酿湿蕴热	腹痛下血，倦怠纳少，口干苦，大便不调，舌尖红苔薄黄，脉细滑	养血健脾，清热化湿安胎	当归散
脾虚寒湿证	脾虚寒湿中阻	腹痛下血，纳呆，呕吐清涎，带下，舌淡苔白滑，脉缓滑	健脾温中，散寒除湿安胎	白术散

四、妊娠小便难与水肿

（一）妊娠小便难

【原文汇要】妊娠小便难，饮食如故，当归贝母苦参丸主之。(《金匮要略》二十.7)

【辨证要点】小便短黄不爽，或尿频尿急，淋漓涩痛，伴小便灼热，小腹胀痛。

【证候分析】见表12-1-12。

表12-1-12 妊娠小便难证候分析表

主症	病机分析
小便短黄不爽，尿频尿急，淋漓涩痛	血虚有热，气郁化燥，通调失职
小便灼热，小腹胀痛	气郁化燥，膀胱湿热蕴结

【基本病机】血虚有热，气郁化燥，膀胱湿热蕴结。

【治法】养血开郁，清热除湿。

【方药】当归贝母苦参丸。

当归贝母苦参丸方：

当归 贝母 苦参各四两

（二）妊娠水肿

【原文汇要】妊娠有水气，身重，小便不利，洒淅恶寒，起即头眩，葵子茯苓散主之。(《金匮要略》二十.8)

【辨证要点】身肿重，小便不利，洒淅恶寒，起则头眩。

【证候分析】见表12-1-13。

表 12-1-13　妊娠水肿证候分析表

主症	病机分析
妊娠身肿重，小便不利	胎气影响，膀胱气化受阻，水湿停聚
洒淅恶寒	水气内盛，阻遏卫阳
起即头眩	水湿内阻，清阳不升

【基本病机】胎气亢盛，膀胱气化被阻，水湿停聚。

【治法】利水通阳。

【方药】葵子茯苓散。

葵子茯苓散方：

葵子一斤　茯苓三两

葵子茯苓散证在于气化受阻，若阳气宣通，气化复常，小便通利，则诸症悉除，后世叶天士治湿温提出“通阳不在温，而在利小便”即据此立论。

本方中的葵子，性滑利，后世列为妊娠慎用药，临床须谨慎使用，中病即止。

小结

妊娠病证治小结见表 12-1-14。

表 12-1-14　妊娠病证治小结表

	病机	主症	治法	方药
妊娠恶阻	胎元初结，冲脉气盛，上逆犯胃	妊娠呕吐，不能食	和胃降逆	桂枝汤 干姜人参半夏丸
胎动不安	胞脉失养，胎失所系	妊娠期间，前阴出血伴腰酸腹胀或腹痛，并感胎动下坠	养血祛邪安胎	附子汤，芎归胶艾汤，当归芍药散，当归散白术散
妊娠小便难	血虚热郁化燥，膀胱湿热蕴结	小便短黄不爽，尿频尿急，淋漓涩痛	养血开郁清热除湿	当归贝母苦参丸
妊娠水肿	膀胱气化被阻，水湿停聚	身肿重，小便不利，洒淅恶寒，起则头眩	利水通阳	葵子茯苓散

第二节　产　后　病

本节论述了妇人产后常见病的证治，包括新产三病、产后腹痛、产后中风、产后烦乱呕逆、产后下利等证治。在治疗上，既强调针对产后亡血伤津、气血亏虚的特点以补其不足，又要根据临床证候具体分析，因证制宜，示人治疗产后病，既不可拘泥于产后，又必须照顾到产后。

一、新产三病

新产三病，是指妇人产后不久而患痉病或郁冒，或大便难。因三者在新产后较为常见，故名，并非产后仅此三种病证。其主要因产后亡血伤津所致，前二者尚与感受外邪有关。

（一）病机与证候

【原文汇要】问曰：新产妇人有三病，一者病痉，二者病郁冒，三者大便难，何谓也？师曰：新产血虚，多汗出，喜中风，故令病痉；亡血复汗，寒多，故令郁冒；亡津液，胃燥，故大便难。（《金匮要略》二十.1）

【辨证要点】

（1）产后痉病：项背强急，口噤不开，甚至角弓反张。

（2）产后郁冒：头昏目眩，心胸郁闷不舒。

（3）产后大便难：大便秘结或伴腹满痛。

【证候分析】见表 12－2－1。

表 12－2－1　新产三病证候分析表

	主症	病机分析
产后痉病	项背强急，口噤，角弓反张	新产血虚多汗，复感外邪，筋脉拘急
产后郁冒	头昏目眩，心胸郁闷不舒	产后失血多汗，复感寒邪，郁闭于内
产后大便难	大便秘结或伴腹满痛	产后血虚多汗，津液重伤，大肠失润

【基本病机】产后亡血伤津。

（二）辨证论治

1．产后郁冒

【原文汇要】产妇郁冒，其脉微弱，呕不能食，大便反坚，但头汗出。所以然者，血虚而厥，厥而必冒。冒家欲解，必大汗出。以血虚下厥，孤阳上出，故头汗出。所以产妇喜汗出者，亡阴血虚，阳气独盛，故当汗出，阴阳乃复。大便坚，呕不能食，小柴胡汤主之。（《金匮要略》二十一.2）

【辨证要点】头昏目眩，郁闷不舒，但头汗出，呕不能食，大便坚，脉微弱。

【证候分析】本条论述产后郁冒兼大便难的病机与证治（表 12－2－2）。

表 12－2－2　产后郁冒证候分析表

主症	病机分析
头昏目眩	寒闭于内，阳气不能伸展外达，逆而上冲
心胸郁闷不舒	产后失血多汗，复感寒邪，郁闭于内
但头汗出	阴血虚不能敛阳，阳气偏盛上逆夹阴津外泄
呕不能食	气机郁闭，胃失和降
大便坚	血虚津亏，肠道失于濡润
脉微弱	气血不足

【基本病机】产后亡血伤津，复感寒邪，邪气内闭，阴阳失调。

【治法】和利枢机，扶正达邪，调和阴阳。

【方药】小柴胡汤。

小柴胡汤方见第五章第三节。

2. 产后胃实

【原文汇要】病解能食，七八日更发热者，此为胃实，大承气汤主之。(《金匮要略》二十一.3)

【辨证要点】发热，腹满痛，大便秘结，脉沉实，舌红苔黄厚。

【证候分析】本条论述产后郁冒解后转为胃实的证治(表 12-2-3)。

表 12-2-3　产后胃实证候分析表

主症	病机分析
发热，腹满痛	未尽之余邪与食滞相搏，化燥成实，腑气壅滞
大便秘结	产后津亏肠燥，余邪与食滞相搏，大肠传导失司
舌红苔黄厚，脉沉实	里热实证之征

【基本病机】产后津枯肠燥，余邪与食滞相搏，化燥成实。

【治法】泄热攻下。

【方药】大承气汤。

大承气汤方见第五章第二节。

产后大便难多属血虚津亏，治当增液行舟，可用调胃承气汤或增液承气汤；若属化燥成实者，方可以荡涤实热的大承气汤治疗。

二、产后腹痛

(一) 血虚里寒证

【原文汇要】产后腹中疠痛，当归生姜羊肉汤主之；并治腹中寒疝，虚劳不足。(《金匮要略》二十一.4)

【辨证要点】腹痛绵绵，喜温喜按，舌质淡，脉沉细。

【证候分析】见表 12-2-4。

表 12-2-4　产后血虚里寒腹痛证候分析表

主症	病机分析
腹痛绵绵，喜温喜按	产后血虚里寒，腹部失其温煦濡养
舌质淡，脉沉细	产后血虚里寒

【基本病机】产后血虚里寒，腹部失于温濡。

【治法】养血补虚，散寒止痛。

【方药】当归生姜羊肉汤。

当归生姜羊肉汤方见第九章第七节。

(二) 气血郁滞证

【原文汇要】产后腹痛，烦满不得卧，枳实芍药散主之。(《金匮要略》二十一.5)

【辨证要点】腹部胀痛，烦满不得卧。

【证候分析】见表12-2-5。

表12-2-5 产后气血郁滞腹痛证候分析

主症	病机分析
腹部胀痛	产后恶露未净，气机壅滞，不通则痛
烦满不得卧	气郁化热，热扰心神

【基本病机】产后恶露未净，瘀阻气机，气血郁滞。

【治法】行气散结，和血止痛。

【方药】枳实芍药散。

枳实芍药散方：

枳实（烧令黑，勿太过） 芍药等分

（三）瘀血内结证

【原文汇要】师曰：产妇腹痛，法当以枳实芍药散，假令不愈者，此为腹中有干血著脐下，宜下瘀血汤主之。亦主经水不利。（《金匮要略》二十一.6）

【辨证要点】少腹刺痛拒按、固定不移，按之有块，恶露涩少，舌紫暗或有瘀点、瘀斑，脉沉涩。

【证候分析】见表12-2-6。

表12-2-6 产后瘀血内结腹痛证候分析表

主症	病机分析
少腹刺痛拒按、固定不移，按之有块	产后恶露不尽，瘀血凝着胞宫
恶露涩少	瘀血凝着胞宫，恶露排出不畅
舌紫暗或有瘀点、瘀斑，脉沉涩	瘀血内结之征

【基本病机】产后恶露不尽，瘀血凝着胞宫。

【治法】破血逐瘀。

【方药】下瘀血汤。

下瘀血汤方：

大黄二两 桃仁二十枚 䗪虫二十枚（熬，去足）

（四）瘀血内结兼阳明里实证

【原文汇要】产后七八日，无太阳证，少腹坚痛，此恶露不尽，不大便，烦躁发热，切脉微实，再倍发热，日晡时烦躁者，不食，食则谵语，至夜即愈，宜大承气汤主之。热在里，结在膀胱也。（《金匮要略》二十一.7）

【辨证要点】少腹坚痛，便秘，不食，食则谵语，烦躁发热日晡加剧，至夜即愈，脉微实。

【证候分析】见表12-2-7。

【基本病机】瘀血凝着胞宫，兼阳明胃实。

【治法】荡涤实热，攻逐瘀血。

【方药】先用大承气汤；继用下瘀血汤等方。

大承气汤方见第五章第二节。

下瘀血汤方见上。

表12－2－7　产后瘀血内结兼阳明里实腹痛证候分析表

主症	病机分析
少腹坚痛	产后恶露不尽，瘀血凝着胞宫
便秘，不食	阳明胃实，腑气不通
食则谵语	勉强进食更增邪热，热扰神明
烦躁、发热日晡时加剧	阳明胃实，日晡阳明经气旺盛
至夜即愈	至夜阴气来复，阳明气衰

三、产后中风

（一）太阳中风

【原文汇要】产后风续之数十日不解，头微痛，恶寒，时时有热，心下闷，干呕汗出。虽久，阳旦证续在耳，可与阳旦汤。（《金匮要略》二十一.8）

【辨证要点】

1. 主症：头痛，恶寒，发热，自汗。

2. 兼症：干呕，心下闷。

【证候分析】见表12－2－8。

表12－2－8　产后太阳中风证候分析表

主症	病机分析
恶寒发热	产后营卫皆虚，易感风邪，邪正交争
头痛，自汗	外感风邪，腠理疏松，营卫不和
干呕，心下闷	风邪袭表，肺气不利，胃失和降

【基本病机】产后营卫俱虚，感受风邪，营卫失调。

【治法】解肌祛风，调和营卫。

【方药】阳旦汤。

阳旦汤方：即桂枝汤，见第五章第一节。

（二）阳虚中风

【原文汇要】产后中风，发热，面正赤，喘而头痛，竹叶汤主之。（《金匮要略》二十一.9）

【辨证要点】发热，头痛，面赤，气喘。

【证候分析】见表12－2－9。

表12－2－9　产后阳虚中风证候分析表

主症	病机分析
发热	产后正气大虚，卫外不固，风邪袭表
头痛	外感风邪，太阳经输不利
面赤，气喘	阳气不足，虚阳上越

【基本病机】产后阳气大虚，风邪袭表，正虚邪实。

【治法】解表祛邪，温阳益气。

【方药】竹叶汤。

竹叶汤方：

竹叶一把　葛根三两　防风　桔梗　桂枝　人参　甘草各一两　附子一枚(炮)　大枣十五枚　生姜五两

颈项强，用大附子一枚，破之如豆大，煎药扬去沫，呕者加半夏半升洗。

四、产后烦乱呕逆

【原文汇要】妇人乳中虚，烦乱呕逆，安中益气，竹皮大丸主之。(《金匮要略》二十一.10)

【辨证要点】哺乳期心烦，呕逆。

【证候分析】见表12－2－10。

表12－2－10　产后烦乱呕逆证候分析表

主症	病机分析
心烦	阴血亏虚，虚热内生，热扰心神
呕逆	虚热上犯于胃

【基本病机】产后阴血亏虚，虚热内扰。

【治法】清热降逆，安中益气。

【方药】竹皮大丸。

竹皮大丸方：

生竹茹二分　石膏二分　桂枝一分　甘草七分　白薇一分

有热者，倍白薇；烦喘者，加柏实一分。

五、产后下利

【原文汇要】产后下利虚极，白头翁加甘草阿胶汤主之。(《金匮要略》二十一.11)

【辨证要点】发热腹痛，里急后重，下利脓血黏液，口干喜饮，脉细数。

【证候分析】见表12－2－11。

表12－2－11　产后下利证候分析表

主症	病机分析
里急后重，下利脓血黏液	湿热壅滞肠道
发热腹痛，口干喜饮	产后阴血不足，下利更伤阴液
脉细数	阴亏虚热之脉

【基本病机】产后湿热壅滞肠道，阴血不足。

【治法】清热止利，养血益阴。

【方药】白头翁加甘草阿胶汤。

白头翁加甘草阿胶汤方：

白头翁　甘草　阿胶各二两　秦皮　黄连　柏皮各三两

小结

产后病证治小结见表 12-2-12。

表 12-2-12　产后病证治小结表

		病机	主症	治法	方药
新产三病	产后痉病	血虚津伤受风，筋脉失养	项背强急，口噤不开，甚则角弓反张	养血生津兼散风邪	
	产后郁冒	亡血复汗受寒，阳气被郁上逆	头昏目眩，心胸郁闷不舒	和利枢机扶正达邪	小柴胡汤
	产后大便难	津亏肠燥，余邪食滞相搏，化燥成实	发热，大便秘结，腹满痛	泄热攻下	大承气汤
产后腹痛	血虚内寒	血虚夹寒，腹失温濡	腹痛绵绵，喜温喜按	养血补虚散寒止痛	当归生姜羊肉汤
	气血郁滞	恶露未净，瘀阻气机，气血郁滞	腹胀痛，烦满不得卧	行气和血止痛	枳实芍药散
	瘀血内结	产后瘀血凝着胞宫	少腹刺痛拒按，固定不移，按之有块恶露涩少	破血逐瘀止痛	下瘀血汤
	瘀血内结兼阳明里实	瘀血内阻，兼阳明胃实	少腹坚痛，便秘，不食，食则谵语	荡涤实热攻逐瘀血	大承气汤下瘀血汤
产后中风	太阳中风	体虚受风	恶寒发热，头痛	解肌发汗	阳旦汤
	阳虚中风	阳虚不固，风邪袭表，正虚邪实	发热，头痛，面赤，气喘	扶阳祛风	竹叶汤
产后烦乱呕逆		阴血不足，虚热内生	心烦，呕吐	安中益气	竹皮大丸
产后下利		阴血不足，湿热内蕴	腹痛，里急后重，下利脓血，口干喜饮	清热止痢养血益阴	白头翁加甘草阿胶汤

第三节　妇人杂病

本节论述了妇人杂病的病因病机、病证及治法。在病因病机方面，突出了以“虚”、“积冷”、“结气”为主因；在病证方面，主要包括经、带及前阴诸疾；本节的治法和剂型较为丰富，为后世妇科杂病的辨证施治奠定了良好的基础。

一、妇人杂病的病因病机

【原文汇要】妇人之病，因虚、积冷、结气，为诸经水断绝，至有历年，血寒积结，胞门寒伤，经

络凝坚。(《金匮要略》二十二.8)

【病机分析】见表12-3-1。

表12-3-1 妇人杂病病因病机分析表

病因	病机分析
虚	气虚血少,冲任空虚,胞宫失养
积冷	阳气虚衰,寒冷久积,不能温煦胞脉
结气	气机郁结,血行不畅,经络凝滞不通

二、月经病

月经病主要指月经的周期、量、色、质发生异常或经行期间的伴随症状。

(一) 崩漏

1. 冲任虚寒夹瘀证

【原文汇要】问曰:妇人年五十所,病下利数十日不止,暮即发热,少腹里急,腹满,手掌烦热,唇口干燥,何也?师曰:此病属带下。何以故?曾经半产,瘀血在少腹不去。何以知之?其证唇口干燥,故知之,当以温经汤主之。(《金匮要略》二十二.9)

【辨证要点】

(1) 主症:妇人年届五十岁左右,前阴下血淋漓数十日不止,血色紫暗或夹血块,少腹里急,腹部刺痛或拒按有块。

(2) 兼症:暮即发热,手掌烦热,唇口干燥。

【证候分析】见表12-3-2。

表12-3-2 崩漏冲任虚寒夹瘀证证候分析表

主症	病机分析
妇人50岁左右	肾气已衰,天癸已竭,冲任脉虚,月经当停
下血不止,色暗或夹血块	冲任虚寒失其固摄,瘀血内阻,血不归经
少腹里急,刺痛	寒凝气滞血瘀,少腹失于温煦
暮即发热,手掌烦热	漏下日久耗伤阴血,阴虚生内热
唇口干燥	阴血不足,瘀血内停妨碍津液上润

【基本病机】冲任虚寒夹瘀血阻滞少腹。

【治法】温补冲任,养血行瘀。

【方药】温经汤。

温经汤方:

吴茱萸三两 当归二两 芎䓖二两 芍药二两 人参二两 桂枝二两 阿胶二两 生姜二两 牡丹皮(去心)二两 甘草二两 半夏半升 麦门冬一升(去心)

亦主妇人少腹寒,久不受胎;兼取崩中去血,或月水来过多,及至期不来。

2. 冲任虚寒证

【原文汇要】妇人陷经,漏下黑不解,胶姜汤主之。臣亿等校诸本无胶姜汤方,想是前妊娠中胶艾

汤。(《金匮要略》二十二.12)

【辨证要点】

(1) 主症:漏下淋漓不断,血色暗黑或质清稀。

(2) 兼症:少腹痛喜温喜按,神疲乏力,舌淡,脉细弱。

【证候分析】见表12-3-3。

表12-3-3　崩漏冲任虚寒证证候分析表

主症	病机分析
漏下淋漓不断,血色暗黑	冲任虚寒,气虚不摄血
少腹痛喜温喜按	阳气不足,温煦失司
神疲乏力,舌淡,脉细弱	气血亏虚,心神失养

【基本病机】冲任虚寒,经气下陷,气不摄血。

【治法】温补冲仁,养血止血。

【方药】胶姜汤。

(二) 经水不利

1. 瘀血内阻证

【原文汇要】带下,经水不利,少腹满痛,经一月再见者,土瓜根散主之。(《金匮要略》二十二.10)

【辨证要点】

(1) 主症:经行不畅或一月两潮,月经量少,色紫有血块,少腹满痛。

(2) 兼症:按之有硬块,或舌质紫暗,脉涩。

【证候分析】见表12-3-4。

表12-3-4　经水不利瘀血内阻证证候分析表

主症	病机分析
经行不畅,月经量少,少腹满痛	瘀血阻滞,气机不畅
经行一月两潮	瘀血内阻,血不归经
腹部按之有硬块	瘀血凝结,形成有形之癥块
经血色紫有血块,舌质紫暗,脉涩	瘀血内阻之征

【基本病机】瘀血阻滞,气机不畅。

【治法】活血行气祛瘀。

【方药】土瓜根散。

土瓜根散方:阴㿗肿亦主之。

土瓜根　芍药　桂枝　䗪虫各三两

2. 瘀结成实证

【原文汇要】妇人经水不利下,抵当汤主之。亦治男子膀胱满急,有瘀血者。(《金匮要略》二十二.14)

【辨证要点】月经行而不畅或闭经,少腹硬满、结痛拒按,脉沉涩。

【证候分析】见表12-3-5。

【基本病机】瘀血内结成实,经脉闭塞。

【治法】攻瘀破血通经。

表 12-3-5 经水不利瘀结成实证证候分析表

主症	病机分析
经行不畅或闭经	瘀血内阻，经脉闭塞
少腹硬满、结痛拒按	瘀血内阻，郁滞化热成实
脉沉涩	瘀血内结之脉

【方药】抵当汤。

抵当汤方见第七章第三节。

三、水血并结血室

【原文汇要】妇人少腹满如敦状，小便微难而不渴，生后者，此为水与血俱结在血室也，大黄甘遂汤主之。(《金匮要略》二十二.13)

【辨证要点】

(1) 主症：少腹胀满且隆起如敦状，小便不利。

(2) 兼症：产后恶露量少，或平素经闭。

【证候分析】见表 12-3-6。

表 12-3-6 水血并结血室证候分析表

主症	病机分析
少腹胀满膨隆	水与血有形实邪凝结于下焦
小便不利	水邪凝结下焦，膀胱气化不利
产后恶露量少，或经闭	瘀血阻滞胞宫

【基本病机】水与血凝结于下焦。

【治法】破血逐水，兼以养血。

【方药】大黄甘遂汤。

大黄甘遂汤方：

大黄四两　甘遂二两　阿胶二两

四、带下病(狭义)

(一) 湿热下注证

【原文汇要】妇人经水闭不利，脏坚癖不止，中有干血，下白物，矾石丸主之。(《金匮要略》二十二.15)

【辨证要点】

(1) 主症：带下量多，色黄、稠浊，有秽臭气。

(2) 兼症：经水闭不利或小便短赤，舌红苔黄，脉滑数。

【证候分析】见表 12-3-7。

【基本病机】瘀血内阻，久积化为湿热。

【治法】清热除湿止带。

表12-3-7　带下湿热下注证证候分析表

主症	病机分析
带下量多，色黄浊，气臭	瘀血不去，滞而为湿，郁而为热，湿热下注
经水闭不利	瘀血内阻，经脉闭塞
小便短赤	湿热下注，膀胱气化不行
舌红苔黄，脉滑数	湿热内蕴之征

【方药】矾石丸。

矾石丸方：

矾石三分（烧）　杏仁一分

（二）下焦寒湿证

【原文汇要】蛇床子散方，温阴中坐药。（《金匮要略》二十二.20）

【辨证要点】

（1）主症：阴中寒冷，带下清稀、色白，绵绵不断。

（2）兼症：腰酸困重，少腹寒冷，倦怠便溏，舌淡苔白，脉沉迟。

【证候分析】见表12-3-8。

表12-3-8　带下下焦寒湿证证候分析表

主症	病机分析
阴中寒冷	下焦阳虚生寒，阴寒滞于子脏
带下清稀、色白	阳虚阴冷，寒湿浊邪凝着于下焦
腰酸困重，少腹寒冷	下焦阳虚，寒湿内生

【基本病机】下焦阳虚，寒湿浊邪凝滞子脏。

【治法】温阳散寒，除湿杀虫。

【方药】蛇床子散。

蛇床子散方：

蛇床子仁

矾石丸和蛇床子散均为坐药，纳入阴中用；临床宜结合内服中药辨证论治。

五、前阴疾病

（一）阴疮

【原文汇要】少阴脉滑而数者，阴中即生疮，阴中蚀疮烂者，狼牙汤洗之。（《金匮要略》二十二.21）

【辨证要点】前阴生疮疡，糜烂痒痛，浊带淋漓。

【证候分析】见表12-3-9。

【基本病机】湿热下注前阴，热盛血腐。

【治法】清热除湿杀虫。

【方药】狼牙汤。

表12-3-9　阴疮证候分析表

主症	病机分析
前阴生疮疡	湿热下注，蕴结不散，聚于前阴
糜烂痒痛，浊带淋漓	湿热蕴结，日久热毒腐蚀而糜烂

狼牙汤方：

狼牙*三两

上一味，以水四升，煮取半升，以绵缠筋如茧，浸汤沥阴中，日四遍。

【注】*狼牙草市售多缺，后世医家多以狼毒代之。但狼毒有毒，宜慎用。临床可以蛇床子、苦参、龙胆草、黄柏、地肤子、明矾等煎汤外洗治疗此病。

(二) 阴吹

【原文汇要】胃气下泄，阴吹而正喧，此谷气之实也，膏发煎导之。(《金匮要略》二十二.22)

【辨证要点】

(1) 主症：前阴出气频繁，犹如后阴矢气一样。

(2) 兼症：大便燥结或脏器下垂。

【证候分析】见表12-3-10。

表12-3-10　阴吹证候分析表

主症	病机分析
前阴出气频繁	胃肠燥结，浊气干及前阴或气虚下陷
大便燥结	胃肠燥结，腑气不畅
脏器下垂	中气下陷，脏器不固

【基本病机】胃肠燥结，浊气干及前阴或气虚下陷。

【治法】化瘀润肠通便或补中益气。

【方药】猪膏发煎或补中益气汤。

猪膏发煎方见第九章第十一节。

六、转胞

【原文汇要】问曰：妇人病，饮食如故，烦热不得卧，而反倚息者，何也？师曰：此名转胞，不得溺也，以胞系了戾，故致此病，但利小便则愈，宜肾气丸主之。(《金匮要略》二十二.19)

【辨证要点】

(1) 主症：脐下急痛，小便不通。

(2) 兼症：烦热不得卧，倚床呼吸。

【证候分析】见表12-3-11。

表12-3-11　转胞证候分析表

主症	病机分析
脐下急痛，小便不通	肾气虚弱，膀胱气化不行
烦热不得卧，倚床呼吸	水气不行，浊阴上逆，虚阳上扰

【基本病机】肾气虚弱，膀胱气化不行。

【治法】温肾化气行水。

【方药】肾气丸。

肾气丸方见第九章第十四节。

小结

月经病证治小结见表 12－3－12。

表 12－3－12　月经病证治小结表

	病机	主症	治法	方药
冲任虚寒夹瘀证	冲任不固夹瘀血阻滞少腹	下血淋漓不止，少腹里急，腹痛，刺痛或拒按有块	温经养血兼以消瘀	温经汤
冲任虚寒证	冲任虚寒，经气下陷	漏下淋漓不断，色暗黑，少腹痛喜温喜按	温补冲任养血止血	胶姜汤
瘀血内阻证	瘀血阻滞，气机不畅	经行不畅或一月两潮，经量少色紫有块，少腹满痛	活血行气祛瘀	土瓜根散
瘀结成实证	瘀血内结成实，经脉闭塞	月经行而不畅或闭经，少腹硬满、结痛拒按，脉沉涩	攻瘀破血通经	抵当汤

带下病证治小结见表 12－3－13。

表 12－3－13　带下病证治小结表

	病机	主症	治法	方药
湿热下注证	瘀血内阻积久化为湿热	带下量多，色黄、稠浊，有秽臭气	清热除湿止带	矾石丸
下焦寒湿证	下焦阳虚，寒湿浊邪凝滞子脏	阴中寒冷，带下清稀、色白，绵绵不断	温阳散寒除湿杀虫	蛇床子散

其他妇人杂病证治小结见表 12－3－14。

表 12－3－14　其他妇人杂病证治小结表

	病机	主症	治法	方药
水血并结血室	水血凝结下焦	少腹胀满，膨起如敦状，小便不利	破血养血逐水	大黄甘遂汤
阴疮	湿热下注前阴热盛血腐	前阴生疮疡，糜烂痒痛，浊带淋漓	清热除湿杀虫	狼牙汤外洗
阴吹	胃肠燥结，浊气干及前阴	前阴出气频繁，犹如后阴矢气	化瘀润肠通便	猪膏发煎
转胞	肾气虚弱，膀胱气化不行	脐下急痛，小便不通	温肾化气行水	肾气丸

附录一　参考书目

三画

《千金翼方》孙思邈(581—682)
《千金要方》孙思邈(581—682)
《三时伏气外感篇》叶天士(1667—1746)
《卫生宝鉴》罗天益(1220—1290)

四画

《六因条辨》陆廷珍(?—1884)
《太平惠民和剂局方》宋太医局编(1078)

五画

《石补斋医书》石补斋
《外感温热篇》叶天士(1667—1746)
《外台秘要》王焘(670—755)

六画

《伤寒论》张仲景(150—219)
《伤寒杂病论》张仲景(150—219)
《伤寒发微》曹颖甫(1866—1937)
《伤寒总病论》庞安时(1042—1099)

七画

《时病论》雷少逸(1833—1888)
《医灯续焰》王绍隆(1565—1624)
《医门法律》喻嘉言(1585—1664)
《医学入门》李梴
《医原》石寿棠(19世纪)
《肘后备急方》葛洪(282—343)

八画

《金匮要略》张仲景(150—219)
《治温阐要》汝锡畴(?—1872)
《注解伤寒论》成无己(1052—1144)

九画

《重订广温热论》何廉臣(1861—1919)
《重订通俗伤寒论》徐荣斋(1911—)
《临证指南医案》叶天士(1667—1746)
《南阳活人书》朱肱(1050—1125)
《神农本草经》
《疫疹一得》余师愚(1872—?)

十画

《难经》
《诸病源候论》巢元方(550—630)

十一画

《黄帝内经》

十二画

《集补温热证治诸方》周禹载
《湿热病篇》薛生白(1681—1770)
《温病条辨》吴鞠通(1758—1836)
《温病医方撮要》杨栗山(1705—1795)
《温热经纬》王孟英(1808—1868)
《温热论》叶天士(1667—1746)
《温热朗照》缪遵义(1710—1793)
《温疫论》吴又可(1580—1660)

附录二　方剂索引

十二画

十三画

十四画

十五画

十六画

十七画以上

附录三　古今剂量折算表

汉代剂量	折合中药秤十六两制剂量	折合米制克剂量
一两	一钱	3 克
一升	六钱至一两	18～30 克
一方寸匕	二钱至三钱	6～9 克
一钱匕	五分至六分	1.5～1.8 克
一斗	十升	180～300 克
一合	十分之一升	1.8～3 克

按：关于剂量之标准古今不一。汉时六铢为一分，四分为一两，即二十四铢为一两。处方应用时，一方面根据前人考证的量制折算，更重要的是依据临床实践。表中折合米制克剂量，是以中药秤十六两制之一两，折合 30 克约略计算。

General Introduction

Chapter 1

The History of Exogenous Disease and Miscellaneous Disease Theory in Chinese Medicine

1.1 The Theory of Cold-Induced Disease

1.1.1 The research scope of the theory of cold-induced disease and the academic position of the Treatise on Cold-Induced Disease

The theory of cold-induced disease(known as *Shang Han Xue* in Chinese)is a branch of traditional Chinese medicine(TCM)that concerns itself with the study of the *Shang Han Lun* (Treatise on Cold-Induced Disease)as well as all associated historical academic achievements. It covers the study of six-meridian syndrome differentiation (*liu jing bian zheng*) system and focuses on improving the diagnosis and clinical efficacy of TCM treatments. The Treatise on Cold-Induced Diseases, as part of the book *Shang Han Za Bing Lun* (Treatise on Cold-Induced and Miscellaneous Diseases), was the first TCM book with a complete and practical system of disease theory, diagnosis, treatment protocol, formula and herbal medicines. After inheriting classic TCM theory from such works as *Huangdi's Nei Jing* (Huangdi's Canon of Medicine) and *Nan Jing* (Classic of Difficult Issues), Zhang Zhongjing systematically explicated the diagnostic and treatment principles underlying both exogenous diseases as well as a number of miscellaneous diseases. It developed a unique system of six-meridian syndrome differentiation based on theory. It founded the science of treating diseases based on syndrome differentiation in TCM. For the last 1800 plus years, the theory, therapeutic principles, prescriptions and herbs used in the Treatise on Cold-Induced Diseases have been used to guide TCM clinical practice, and has contributed greatly to the development of TCM and other modalities of medicine worldwide.

1.1.2 History of the Treatise on Cold-Induced Diseases

The Treatise on Cold-Induced and Miscellaneous Diseases was published sometime in the Eastern *Han* Dynasty (200 – 210) by Zhang Zhongjing (150 – 219). Zhang was born in the Eastern *Han* Dynasty location of *Nie Yang*, *Jing Zhou* (present day *Deng* County of *He Nan* province, China). His given name was Ji, while Zhongjing was his style name. He apprenticed with Zhang Bozu, a famous doctor in his home county. After years of hard study, the people of his time began to praise him with the phrase "the subtleties of his knowledge have surpassed his teacher's", and he eventually became a famous physician in *Han* Dynasty, one whose name was often linked with Hua Tuo(141 – 208). (Note: Hua Tuo was the most famous physician of the period just prior to Zhang Zhongjing.) The original bamboo slips on which the Treatise on Cold-Induced and Miscellaneous Diseases were recorded did not survive the turmoil and wars of the later years of the Eastern *Han* Dynasty(25 – 220), and the text that had originally been written on these slips became incomplete and disordered. In the Western *Jin* Dynasty(265 – 316), the imperial physician, Wang Shuhe(265 – 317) collected together the remaining slips and reconstructed the book. He named the part on cold-induced diseases the Treatise on Cold-Induced Diseases. Wang's work then spread to various parts of China during the Eastern *Jin* and Southern and Northern Dynasties(317 – 581). In the *Tang* Dynasty(618 – 907), the famous doctor Sun Simiao(581 – 682) in the latter years of his life got a copy of Wang's work and included it in one of his own works—the *Qian Jin Yi Fang* (Supplement to the Invaluable Prescriptions). This inclusion has now become the oldest still extant version of the *Treatise* on Cold-Induced Diseases. In the Northern *Song* Dynasty(960 – 1127), *Lin Yi* and his colleagues proofread and edited the Treatise on Cold-Induced Diseases under an imperial order. Two books were published from this project: the first became the Treatise on Cold-Induced Diseases(the *Song* version of 1065) and a second, which later became known as the *Jin Kui Yao Lue* (Synopsis of the Golden Chamber). The original *Song* Dynasty version does no exist any more. The only extant volume is a *Ming* Dynasty(1368 – 1644) wood block re-cut by Zhao Kaimei (1563 – 1624) (often referred to as the Zhao re-cut volume or just the Zhao volume). This volume was re-cut according to the layout of the original *Song* Dynasty version, thus preserving the original appearance of the Treatise on Cold-Induced Diseases. This particular volume has been much favored by later generations. The next extant version following this is Cheng Wuji's (1063 – 1156) Annotated Treatise on Cold-Induced Diseases, published in 1144. The book was reprinted in the *Jiajing* period(1368 – 1644) of the *Ming* Dynasty by Wang Jichuan. This version is also known as Wang's proofread version.

1.1.3 Academic Background and Achievements of Treatise on Cold-Induced Diseases

In the original preface to the Treatise on Cold-Induced and Miscellaneous Diseases, Zhang said that: "I have consulted the *Su Wen* (Plain Questions), the *Jiu Juan* (the nine scrolls, i. e. the *Ling Shu* or Spiritual Pivot), the *Ba Shi Yi Nan* (the 81 difficulties, i. e. the Classic of Medical Problems), the *Yin Yang Da Lun* (The Great Discussion of *Yin* and *Yang*—now lost), *Tai Lu Yao Lu* (a book on herbology—now lost) and the *Ping Mai Bian Zheng* (Pulse diagnosis and Patterns—now lost) to create the Treatise on Cold-Induced and Miscellaneous Diseases, which is sixteen rolls in total". His medical theory and diagnostic techniques can be sourced to Huangdi's Canon of Medicine, the Classic of Medical Problems and The Great Discussion of Yin and Yang, while his pharmaceutical and formulary knowledge can be sourced to the *Shen Nong*

Ben Cao Jing (Shen Nong's Classic of Material Medica), *Tai Lun Yao Lu*, and the *Tang Ye Jing* (Classic of Decoction—now lost), etcetera. The Treatise on Cold-Induced and Miscellaneous Diseases combines pre-*Qin* and *Han* Dynasty medical achievements with Zhang's rich practical experience.

The achievements of the Treatise on Cold-Induced Diseases include:

A. It systematically summarizes pre-*Qin* and *Han* Dynasty medical knowledge and not only inherits the traditional practice of TCM, but also develops and applies it. In this way it unifies theory with clinical practice, leaving behind a more complete system of theory, therapeutic principles, prescriptions and herbs.

B. It created a theoretical system of six-meridian syndrome differentiation for exogenous diseases based on the six-meridian syndrome theory seen in Huangdi's Canon of Medicine. This inspired later practitioners in the development of eight-principle syndrome differentiation, *zang-fu* organ syndrome differentiation, disease cause syndrome differentiation and defense-*qi*-nutrient-blood syndrome differentiation.

C. It establishes the theoretical system of treating diseases based on syndrome differentiation. The Treatise on Cold-Induced Diseases summarized the theories of *yin yang* and the five elements, *zang-fu* manifestation theory, meridian theory, as well as the causes and mechanisms of disease in the wake of the classic Huangdi's Canon of Medicine and other diagnosis and therapeutic methods and techniques. The text then systematically applying the eight methods—diaphoresis, emetic, purging, harmonizing, warming, heat clearing, resolving and tonifying methods—and providing practical principles for resolving syndromes that were based on occurrence, development and syndrome differentiation, and concrete therapeutic measurements for exogenous diseases. Many effective prescriptions, 113 in total, were set out (note that one has been lost except for the name).

D. It inspired scholars and doctors in the field of exogenous disease, and other medical fields, such as warm disease. There is no detailed description of warm disease in the Treatise on Cold-Induced Diseases, but its description of the etiology, clinical manifestations, therapeutic principles and herbs that can be used for warm disease provided an important foundation for the creation of the theory of warm disease later in the *Ming* and *Qing* Dynasties (1368 – 1911). At the same time, the study of academic thought in the Treatise on Cold-Induced Diseases has led to the appearance of many great scholars and publications, resulting in the creation of the School of Cold-Induced Disease, a highly influential branch of TCM. The Treatise on Cold-Induced Diseases is regarded as a TCM classic and has earned Zhang Zhongjing the title "Sage of Medicine".

1.1.4 History and development of the school of cold-induced disease

The Treatise on Cold-Induced Diseases, with its system of six-meridian syndrome differentiation, established the foundation for treating diseases based on patterns in TCM. For over a thousand years, practitioners have learnt medicine through the careful study of the

Treatise on Cold-Induced Diseases. The book is regarded as the standard of medicine, as the ancestral root of treatment, and the progenitor of all formulas. The school of cold-induced disease was formed on the basis of systematically organizing, studying and further developing ideas seen in the Treatise on Cold-induced Diseases; its academic achievements are an important component of the theory of cold-induced disease. The school of cold-induced disease gradually took shape as described by the following three stages.

1.1.4.1 Early stage [Pre-*Tang* Dynasty(618 – 907)]: collecting and editing the Treatise on Cold-Induced Diseases

The most important event during this period was the work of Wang Shuhe(265 – 317) in the Western *Jin* Dynasty(265 – 316). He focused on pulse diagnosis, syndromes, formularies and treatments to restore the spirit of Zhang's treatment based on syndrome differentiation. Huang-Pu Mi(215 – 282) the same generation as Wang, held Wang's work in very high regard. He said: "Recently the imperial physician Wang Shuhe carefully reconstructed Zhang Zhongjing's book and made it very useful for medical practice". This implies that Wang's great academic achievement is the demonstration and development of the spirit of treatment based on syndrome differentiation by systematic organization and refinement in order to make it 'precise' and practical to the clinic.

Unfortunately, however, Wang's work circulated in a relatively limited circle. The famous *Tang* Dynasty scholar and writer Sun Simiao(581 – 682) was able to read this book only in the later years of his life when he wrote Supplementary to the Invaluable Prescriptions. He said with regret that: "The theory of exogenous cold-induced febrile diseases has existed since ancient time... Zhang Zhongjing's work is especially magnificent. Unfortunately practitioners have not had a chance to study and use his theory". Sun's method of studying the Treatise on Cold-Induced Diseases included placing a line for a pattern together with its corresponding formula and placing similar patterns together for comparison. He compiled the contents of the Treatise on Cold-Induced Diseases into two chapters and attached them to his book *Qian Jin Yi Fang*(Supplement to the Invaluable Prescriptions). Sun's method inspired later scholars with its emphasis on the study of syndromes and prescriptions from the Treatise on Cold-Induced Diseases. Sun summarized the treatments for cold-induced disease seen in the book by saying that: "There are no more than three (categories of treatments), i. e. *Gui Zhi Tang* (Guizhi Decoction), *Ma Huang Tang* (Mahuang Decoction) and *Qing long Tang* (Qinglong Decoction) and treatments for cold-induced diseases do not go much beyond these three formulas". Fang Youzhi(1523 – 1599?) and Yu Jiayan(1585 – 1644) in the *Ming* Dynasty(1368 – 1644) further developed this idea into the academic thought of cold-induced disease study known as the three principal patterns school, showing its great impact on later generations.

1.1.4.2 Research and development stage: *Song*, *Jin* Dynasties(960 – 1368)

During this period, scholars of the Treatise on Cold-Induced Diseases focused more on the academic thought of Zhang Zhongjing than on simply collecting and reconstructing the lines in the Treatise on Cold-Induced Diseases, and there were a number of excellent scholars who had written the works on studies of Treaties on Cold-induced Diseases, and made contributions to the academic thoughts of cold-induced disease characterized by combination of the theory and practice. Ter famous scholars of these period include Pang Anshi(1042 – 1099), Han Shihe, Zhu Hong(960 – 1127), Xu Shuwei(1079 – 1154) and Guo Yong(? – 1187). Pang Anshi's book *Shang Han Zong Bing Lun* (A General Treatise on the *Shang Han Lun*) emphasized the underlying etiology and pathogenic theory of diseases induced by cold and proposed the concepts of cold toxin(*han du*) and abnormal *qi*(*yi qi*). Han Shihe's book *Shang Han Wei Zhi* (The Main Purport of the Shang Han Lun) focused on differentiation syndromes based on pulse diagnosis. Zhu Hong's book *Nan Yang Huo Ren Shu* (Nan Yang's Life Saving Book) tried to explore the nature of the three *yin* and three *yang* channels, with emphasis on the theory of meridians. Xu Shuwei's book *Shang Han Jiu Shi Lun* (Ninety Topics on Shang Han Lun) focused on the practical value of the formulas in the Treatise on Cold-Induced Diseases. Guo Yong's book *Shang Han Bu Wan Lun* (Supplement to the Shang Han Lun) attempted to supplement the theory contained in the Treatise on Cold-Induced Diseases with achievements of contemporary medical practice.

One of the most important figures among all the scholars of this period was Cheng Wuji (1063 – 1156). Being the first scholar to annotate the Treatise on Cold-Induced Diseases, Cheng was the earliest one to emphasize the comprehensive annotation to the classic. His annotations were based on the classics and aimed at exploring the underlying academic thought of Zhang Zhongjing. At the same time, he described in detail the mechanism, nature and differentiation of 50 major symptoms from the Treatise on Cold-Induced Diseases. His work improved the understanding and application of Treatise on Cold-Induced Diseases theory. He created a way of studying with line to line annotations of Zhang Zhongjing's book. This led to a wide-spreading of research of Treatise on Cold-Induced Diseases, and the formation of the school of cold-induced diseases in these period. These period were a milestone in the formation of cold-induced disease theory.

1.1.4.3 The flourishing stage: *Ming* and *Qing* Dynasties(1368 – 1911)

The *Ming* and *Qing* Dynasties were witness to great developments in cold-induced disease theory. During these period scholars were actively involved in the discussion of annotations, research methodology and the nature of the six-meridian seen in the Treatise on Cold-Induced Diseases. The emergence of new academic schools and extensive discussions resulted in the maturation of the cold-induced disease theory and its related medical practice. The discussion was initiated by Fang Youzhi(1523 – 1599?) in the *Ming* Dynasty(1368 – 1644). Fang proposed a theory of re-editing what he considered to be misarranged slips from the Treatise on Cold-Induced Diseases(the text is referred to in Chinese as *Cuo Jian Chong Ding*). He criticized Wang's reconstructive work on the Treatise on Cold-Induced Diseases by saying that the slips had been badly misarranged. He insisted that the Treatise on Cold-Induced Diseases should be reedited. He rearranged, deleted and changed the lines of Wang's version of Treatise on Cold-Induced Diseases and compiled the book *Shang Han Lun Tiao Bian* (Systematic Analysis of the

Treatise on Cold-Induced Diseases). This book was highly regarded by Yu Jiayan(1585 – 1644). Under the influence of Fang and Yu, scholarship in the world of cold-induced diseases saw the inception of a trend to reorganize and re-edit the Treatise on Cold-Induced Diseases. For example, after Zhang Lu(1617 – 1700)in his text *Shang Han Zuan Lun*(A Succeeding Treatise on the Treatise on Cold Induced Disease)describing how the scholars of the cold induced disease treatise could be divided into many different branches and that only the works of Fang and Yu brought together all of the threads. Following this, a number of famous treatise scholars such as Cheng Jiaoqian, Zhang Xugu, Zhou Yangjun, and Huang Kunzai in the *Qing* Dynasty all became re-editors of the treatise on cold induced, pointing out the errors of Wang Shuhe and the mistakes of Cheng Wuji. Eventually they formed the reorganize and re-edit school of the treatise on cold induced disease. This method of study was then further developed by a number of famous scholars such as Zhang Lu(1617 – 1700) in the *Ming* Dynasty, and Cheng Jiaoqian, Zhang Xugu, Zhou Yangjun, Huang Kunzai, etcetera, in the *Qing* Dynasty. All these scholars criticized Wang Shuhe's work and rejected Cheng Wuji's annotations.

By contrast, certain scholars such as Zhang Qingzi(1589 – 1668), Zhang Zhicong(1610 – 1680), Zhang Xiju(1644 –?), Chen Xiuyuan(1753 – 1823), etcetera, accepted the work of Wang Shuhe. They believed Wang's work reflected the original thoughts of Zhang Zhongjing and that no further change was needed. Cheng Wuji's annotations were accepted and believed to be authentic due to his classics—based annotations and commentaries, with which the other scholars could not compare. These scholars became known as the school of maintaining the old order(*Wei Hu Jiu Lun*). Of these individuals, Chen Xiuyuan was the most influential, he highly praised Wang's work and integrity. This school was not without proponents even in the modern age. For example, a number of famous contemporary scholars such as Cao Yinfu(1866 – 1937)from *Jiangsu* province(author of *Shang Han Fa Wei*—Explicating the Details of the Treatise on Cold-Induced Disease) and Huang Zhuzhai(1886 – 1960) from *Xi'an*(author of *Shang Han Lun Ji Zhu*—Compendium of Annotations on the Treatise on Cold-Induced Disease)also recognized the tenets of this school. They took slightly different tact and based his commentaries on the Treatise on Cold-Induced Disease mainly on the cream of generally accepted opinions, while at the same time ascribing to the academic thought of Wang Shuhe and Cheng Wuji.

There was also a school representing the middle ground represented by such scholars as Ke Yunbo(1662 – 1735), You Zaijing(? – 1749), Shen Jin'ao(1717 – 1776), Qian Huang, etcetera. This school placed emphasis on the practical value of treating diseases based on syndrome differentiation proposed in the Treatise on Cold-Induced Diseases and placed much less stress on the original order and authenticity of the bamboo slips. As long as it was of use to syndrome differentiation and the resulting treatment, no matter if it was the old theories proposed by *Zhang Zhongjing* or the reorganized version by Wang Shuhe, all should be ardently studied by students. These scholars, inspired greatly by the idea of "put the formula and syndrome in the same line and put similar patterns together" used by Sun Simiao, studied the Treatise on Cold-

Induced Diseases from many different angles editing books that categorized syndromes and formulas, treatment principles and formulas, etiology and syndromes, symptoms and syndromes, patterns and channels, etc. Their work further enriched and developed the content of treating diseases based on syndrome differentiation seen in the Treatise on Cold-Induced Diseases.

Following the establishment of the People's Republic of China, scholars continued to study the Treatise on Cold-Induced Diseases extensively and intensively. Many research papers and books on the study of the Treatise on Cold-Induced Diseases have been published. Present research into the Treatise on Cold-Induced Diseases covers etiology, pathogenesis, syndromes, pulse diagnosis, formulary, treatment principle, research methodology and clinical thinking related to the Treatise on Cold-Induced Diseases. At the same time, clinical trials and experimental research have been introduced to the field. In its discussion of the underlying mechanism, its scope of research was unprecedented; its research methods were very advanced and greatly promoted the advancement of Zhang Zhongjing's theory by increasing people's understanding of the principles, methods, formulas and herbs. This in turn revealed the reliability of its theories, practicality of its use clinically as well as its strong vitality. It is estimated that there are more than 3 000 Treatise on Cold-Induced Diseases related books in China. In Japan and Korea this number has reached 300. Since 1950 almost 20 000 research papers concerned with the Treatise on Cold-Induced Diseases have been published domestically and abroad. Their sheer volume, rarely seen, reflects the important role cold-induced disease theory plays in TCM, a valuable role that is irreplaceable.

1.2 The Theory of Warm disease

The establishment of warm disease theory marked another milestone in the history of TCM. Warm disease theory is now an integral part of TCM theory and, in its passage to maturation, underwent three periods of development: the Warring States period to the *Jin* and *Tang* Dynasties was a time of germination, the *Song*, *Jin* and *Yuan* Dynasties were a period of growth while the *Ming* and *Qing* Dynasties marked the coming together of the theory.

1.2.1 Early concepts of warm disease theory(475BC – 907)

The term "*wen bing*"(warm disease) was first seen in Huangdi's Canon of Medicine. In the chapter *Liu Yuan Zheng Ji Da Lun* of Plain Questions, it says: "The climate becomes very warm, trees and grass grow earlier, people catch pestilential *qi* and warm diseases occur". In chapter 58 of the Classic of Medical Problems it says: "There are five types of exogenous diseases, i. e., wind-stroke(*zhong feng*), cold-induced disease(a narrow concept of cold-induced diseases), damp-warm(*shi wen*), hot disease(*re bing*), and warm disease(*wen bing*)." From this, it is evident that warm disease is a subcategory of the broader concept of *shang han* (exogenous diseases). During this period, the understanding of warm disease included the following aspects.

1.2.1.1 Etiology of warm disease

In the chapter *Yin Yang Ying Xiang Da Lun* of Plain Questions it says: "cold invading the body in the winter will lead to the occurrence of warm disease in the spring". This statement is believed to be the first description of the etiology of latent warm disease. In the chapter of *Re Lun* of Plain Questions it says that: "With all warm diseases due to exogenous cold pathogen, the occurring before summer solstice are called (spring) warm, while the occurring after summer solstice are called summer warm". In later generations the differentiation between spring warm and summer warm was mostly based on this statement.

1.2.1.2 The nature of causative factors in warm disease

In Canon of Medicine an effort was made to differentiate epidemics from regular warm diseases. In the chapter *Ci Fa Lun* of Plain Questions it says: "Five types of epidemics are contagious and will attack people with similar manifestations regardless of the patients' age". This statement inspired the latter scholars in developing the theory of pestilence.

1.2.1.3 Clinical features of warm disease

In Canon of Medicine there are many descriptions of the clinical features of warm disease. In the chapter *Lun Ji Zhen Chi* of the Spiritual Pivot it says that: "A hot sensation on the skin of the medial side of the forearm, and a forceful restless pulse are signs of a warm disease. The pulse is exuberant and slippery and disease arises". In the chapter *Ping Re Bing Lun* of Plain Questions it says that: "For a patient with a warm disease, his fever returns after sweating. His restless and rapid pulse will not subside with sweating. He can not eat and is delirious".

1.2.1.4 Treatment principles of warm disease

A number of treatments for warm disease were proposed in the Canon of Medicine. In the chapter *Re Lun* of Plain Questions it states that: "The diaphoretic therapy can be used with a (warm) disease if the patient has had it less than three days, purging can be used for a (warm) disease if the patient has had it more than three days". That is to say, to differentiate whether the pernicious heat was in the surface or the interior and to treat accordingly. Some causative factor-based treatments were also proposed. In the chapter of *Zhi Zhen Yao Da Lun* of Plain Questions it says: "Treat wind with pungent and cool (herbs) supplemented with bitter (herbs)... Treat heat with salty and cold (herbs) supplemented with bitter and sweet (herbs)... Dry dampness with bitter (herbs) and eliminate it with mild (herbs)... If there is heat, use cold to treat, if there is dryness, moisten". These recommendations were generally adhered to by the later scholars of warm disease theory scholars.

In the *Han* Dynasty, Zhang Zhongjing described the clinical manifestations of warm disease in his book Treatise on Cold-Induced Diseases. It says that: "*Taiyang* disease caused by heat, it is called *ye* syndrome. It manifests as sweat, chills, fever and thirst, *Bai Hu Jia Ren Shen Tang* (Baihu Jia Renshen Decoction) is provided for the treatment. "Many formulas such as *Bai Hu*

Tang (Baihu Decoction), *Zhu Ye Shi Gao Tang* (Zhuye Shigao Decoction), *Da Cheng Qi Tang* (Dachengqi Decoction), *Xiao Cheng Qi Tang* (Xiaochengqi Decoction), *Tiao Wei Cheng Qi Tang* (Tiaowei Chengqi Decoction), a formula to nourish the *yin* and clear heat like *Huang Lian E Jiao Tang* (Huanglian Ejiao Decoction), etcetera, are important formulas for the treatment of warm disease; and many other formulas used in the treatment of warm disease were developed from these formulas.

Subsequent scholars like Wang Shuhe and Ge Hong of the *Jin* Dynasty (265 - 420), Chao Yuanfang of the *Sui* Dynasty and Sun Simiao of the *Tang* Dynasty, for example, were from various angles able to make varying degrees of progress in the development of the theories of warm disease. In the *Jin* Dynasty, Wang Shuhe further developed the theory of latent warm diseases originally seen in Canon of Medicine, i. e. "If one is damaged by cold in the winter, one will necessarily develop a warm disease in the spring". He proposed that warm diseases were due to latent cold transforming into heat and thereof laid the basis for the theory of latent disease developed by later scholars. He also proposed the concept of "seasonal pathogenic factors (*shi xing zhi qi*)" which later played a very influential role in the establishment of the newly acquired warm disease theory as well as in the theory of pestilence.

In the *Jin* Dynasty, Ge Hong (281 - 341) further specified that pestilential *qi* (*li qi*) was the cause of some warm diseases. In his book *Zhou Hou Bei Ji Fang* (A Handbook of Prescriptions for Emergencies) he also described the spread of smallpox in inland China and developed formulas for the treatment of macules due to warm toxinosis (*wen du*).

In the *Sui* Dynasty (581 - 618), Chao Yuanfang further developed theories of the etiology, pathogenesis and manifestations of warm disease. In his book *Zhu Bing Yuan Hou Lun* (Treatise on Cause and Symptoms of Diseases) the causative factors and infectivity of warm disease were also further specified.

In his book *Qian Jin Yao Fang* (Invaluable Prescriptions for Emergencies), the *Tang* Dynasty physician Sun Simiao (581 - 682) developed 10 formulas for the treatment of warm diseases, in which *Wei Rui Tang* (Weirui Decoction) was later modified to treat exterior syndromes complicated by *yin* deficiency, and has come to be known as Modified *Jia Jian Wei Rui Tang*. *Xi Jiao Di Huang Tang* is used as the classic formula for blood system warm disease. This book emphasizes avoiding warm pathogens (*bi wen*) for the prevention of warm disease. *Tai Yi Liu Jin San* (Taiyi Liujin Powder) consisting of *Xiong Huang* (*Realgar*), *Ci Huang* (Orpiment, also known as arsenic trisulfide), *Fan Shi* (*Alumen*), *Gui Jian Yu* (*Ramulus Euonymi*) and *Ling* Yang *Jiao* (*Cornu Saigae Tataricae*) can be used to make a smudge for one's residence to help in avoiding warm pathogens. *Zi Xue Dan* (Zixue Powder) described in *Qian Jin Yi Fang* (Supplement to the Invaluable Prescriptions), was an important formula for clearing heat and resuscitation used for high fever and coma.

Prior to the *Tang* Dynasty, warm disease theory was in its nascent stages and the theory was relatively simple. Warm disease was regarded as a subcategory of cold-induced disease and scattered descriptions of the etiology, pathogenesis, manifestation, treatment and prevention of warm disease were available in many books. No monograph concerned with warm disease theory was, however, published.

1.2.2 The developmental stage of warm disease theory: *Song*, *Jin* and *Yuan* Dynasties (960 – 1368)

After Zhang Zhongjing's Treatise on Cold-Induced Disease appeared and established six-meridian syndrome differentiation and treatment, for over one thousand years, all exogenous diseases were treated by following the protocols written down in the Treatise on Cold-Induced Disease. As the social developed and medical practice deepened practitioners realized that the treatment of externally contracted febrile diseases by using only the protocols in the Treatise on Cold-Induced Disease did not meet the needs of clinical practice. Since *Song* dynasty, a number of scholars put forward the flexible use of formula in classics, not limited to the principles of "the methods being not beyond Treatise on Cold-Induced Disease, and prescriptions being not beyond Zhongjing's"

In the *Song* Dynasty (960 – 1279), Zhu Hong (1068 – 1125) emphasized the differentiation of cold-induced disease from warm disease. In his book *Shang Han Lei Zheng Huo Ren Shu* (Life Saving Book on Cold-Induced Disease) he described many warm diseases in detail including febrile diseases, heat stroke (*zhong shu*), warm disease, warm malaria (*wen nue*), wind-warm (*feng wen*), epidemics, damp-warm, warm toxinosis, etcetera. He did not depart too much from the protocols seen in the Treatise on Cold-Induced Diseases but his attitude towards Zhang's protocols was more flexible. He proposed modifying Zhang's classic formulas according to the patient's individual condition, geographic condition, and season, which was without doubt a major breakthrough in the development of the field.

Pang Anshi (1042 – 1099) also made an effort to differentiate warm diseases from cold-induced diseases. In his book *Shang Han Zong Bing Lun* (General Description of Treatise on Cold-Induced Diseases), warm diseases were classified into two categories, regular warm diseases and epidemics (*tian xing wen bing*). Using Sun Simiao's theory of five *zang* organ warm toxinosis as a basis, Pang gave a detailed description on the etiology, onset, manifestations, treatment and prevention of epidemics. He specified that epidemics were directly associated with pestilential *qi* and that in different seasons the warm disease syndrome observed would also be different. Regardless, however, even though the treatments for epidemics might vary from season to season, clearing heat and detoxification were the most important treatment strategies. *Shi Gao* (*Gypsum Fibrosum*) was used in relatively high dosages for this purpose. During the same period, practitioners gained a better understanding of the etiology of warm disease. For example, in his book *Shang Han Bu Wan Lun* (Supplement to the Treatise on Cold-Induced Diseases), Guo Yong (1106 – 1187) indicated that the concept of warm disease included both latent warm disease and warm disease due to seasonal warm pathogens in the spring. This was the origin of the later theory that divided warm diseases into a latent type (*fu xie wen* bing) and a newly contracted type (*xin gan wen bing*).

Liu Hejian (1120 - 1200), one of the four great medical scholars of this period (*Jin Yuan Si Da Jia*) founded the school of fire-induced diseases. Based on his own clinical experience, he felt that the transmission of cold damage through the six meridians was mostly manifested as heat syndromes. In his works he clearly stated, "the six climactic factors are all transformed from fire" and "Transmission of (disease) through the six meridians manifests, from shallow to deep, as heat syndromes and there is (in this case) no *yin* cold syndrome". His theory proposed that all six climatic factors (*liu qi*) would eventually transform into fire which could then be treated by relieving the exterior with pungent-cool herbs or sweet-cold herbs. Liu proposed a cold or cool treatment for all febrile diseases. He is respected as the originator of the school of using cool/cold herbs (*Han Liang Pai*). He noted that using only pungent-warm herbs at the early stage of febrile disease would, in fact, worsen the disease. Therefore he developed formulas such as *Shuang Jie San* (Shuangjie Powder) and *Fang Feng Tong Sheng San* (Fangfeng Tongsheng Powder) in which pungent warm herbs for release the exterior were used in combination with cool or cold herbs for clearing heat. He also proposed the use of heat clearing and detoxifying herbs for the treatment of febrile diseases. For this reason, later scholars highly praised him with the statement: "Follow (the protocols of) Zhang Zhongjing when treating cold-induced diseases and follow (those of) Liu Hejian when treating warm febrile diseases." This was an indicator that the principles, methods, formulas and herbs used in warm diseases had begun to form into a system and that warm disease theory had begun to standardize.

During these period many other scholars also contributed to the development of warm disease theory.

In the *Yuan* Dynasty (1279 - 1368), Luo Tianyi (1220 - 1290) summarized the contemporary experience of diagnosis and treatment for warm disease of his time. In his book, *Wei Sheng Bao Jian* (Treasured Reflections on Hygiene), he stated that the formulas and herbs should be selected according to the location of warm heat pathogens, i. e., upper, middle and lower energizer, or *qi* system and blood system. This theory greatly inspired later scholars in developing the theoretical system of diagnosing and treating warm disease based on triple energizer syndromes and syndromes of the defense-*qi*-nutrient-blood systems.

Also in the *Yuan* Dynasty, Wang An'dao (1332 -?) is consider to be the first doctor in TCM history to clearly differentiate warm disease from cold-induced disease. He took the concepts, mechanisms of disease and treatment principles of cold-induced disease and warm disease and clearly separated the two. In his book *Yi Jing Su Hui Ji* (Looking Back on the Medical Classics) he said: "How can warm disease and cold-induced disease, two different types of diseases, be treated with the same protocols?" in a clear objection to mixing the two together in the same breath. He noted that warm diseases were more likely due to interior heat exiting via the exterior and thin the exterior syndrome seen in warm disease was, in fact, due to interior heat. Therefore a method of clearing interior heat together with relief of the exterior should be used. From this time on, cold-induced disease theory and warm disease theory began to separate and this point is regarded as the start of an independent theory of warm disease. In the *Qing* Dynasty, Wu Jutong(1758 – 1836) held Wang An'dao in high regard. Wu said that: "Wang An'dao began to depart from the protocols set forth in the Treatise on Cold-Induced Diseases. From that time on, warm diseases were diagnosed and treated differently".

1.2.3 The maturation of warm disease theory in the *Ming* and *Qing* Dynasties (1368 – 1911)

In this period, warm disease theory, including its diagnosis and treatment, further advanced wherein a more complete theoretical system of warm disease with unique ideas about its diagnosis and treatment was established.

During this time, there were many outbreaks of pestilence in China, especially in the *Jiang Zhe* region(the modern provinces of *Jiangsu* and *Zhejiang*, and *Shanghai*) due to its warm climate and high temperatures in the summer. This circumstance motivated practitioners in the region to study warm disease and helped them to achieve great success in the field.

In the *Ming* Dynasty(1368 – 1644), Wang Shishan advanced the idea of "newly contracted warm diseases" pointing out that warm disease could not be completely covered by the "If one is damaged by cold in the winter, one will necessarily develop a warm disease in the spring" idea of latent warm disease, but that there were also "newly contracted warm diseases". His explicit classification of warm diseases into two categories, latent(*fu qi*) and newly contracted(*xin gan*) summarized the theoretical advances of earlier scholars and filled out the content of warm disease theory.

In the *Ming* Dynasty, Zhang Fengkui compiled the first monograph on summer-heat diseases(*shu bing*), *Shang Shu Quan Shu* (The Complete Book of Summer-heat Damage). It gives a detailed description of the etiology, patterns, pulse diagnosis and treatment of diseases due to summer-heat attack. At the same time it also has a comprehensive description of epidemic warm disease.

Wu Youke(1582 – 1652) is regarded as the most outstanding practitioner and writer in the field of warm disease in the *Ming* Dynasty. He practiced and observed patients with warm disease on a large scale and studied the causes, pathogenesis, onset patterns, course of diseases, therapeutic principles and herbal medicines for warm disease. A systemic summary and review questions of these observations and studies led to the publication of his book *Wen Yi Lun* (Treatise on Pestilence). This two volume work was the first monograph on epidemics in China and contributed greatly to the development of the theory of infectious diseases worldwide. Wu advanced ideas on the causes, the path of attack, the location of the illness, treatments and epidemicity of pestilence. According to Wu, cold-induced disease and pestilence were as different as water and fire in their etiologies, pathogenesis and manifestations. Wu's differentiation of these two categories of diseases can be summarized as table 1 – 2 – 1.

Table 1-2-1 **Differentiation of cold-induced disease and pestilence**

	Cold-induced disease	Pestilence
Causative factors	The six climactic factors, i. e. wind, cold, summer-heat, damp, dryness and fire	Pestilential *qi*
Path of attack	Skin and muscular layers	Nose or mouth
Transmission and development	Six-meridian	*Mo yuan* (pleuro-diaphragmatic inter space or "membrane source") exiting to other channels or entering internal organs
Initial stage treatment	Mainly relieving the exterior	Mainly eliminating and leading the toxins out

In his book, Wu proposed many important therapeutic strategies for treating pestilence, including "eliminating the pathogenic evil is the first priority", "the most valuable (principle) when addressing resident evil is early elimination" and "nourish the *yin* after the elimination of the pathogenic evil". He also recommended a number of pestilential *qi* specific treatments. Wu further noted the periodicity of epidemics and variations in the infectivity of pestilential *qi* from year to year. Wu created a new way to treat the syndrome of pathogens in *mo yuan* by formulating *Da Yuan Yin* (Dayuan Decoction) for treatment of pestilence caused by damp-heat and turbidity. These concepts had a huge influence on the development of the theories and treatments of warm disease.

In the middle of the *Qing* Dynasty, warm disease theory advanced to a mature level. A relatively complete system covering the theory of etiology and pathogenesis, syndromes differentiation and treatment of warm disease was established. Famous practitioners and writers on warm disease theory of this period include Ye Tianshi (1667 - 1746), Wu Jutong (1758 - 1836), Xue Shengbai (1681 - 1770), Wang Mengying (1808 - 1868), Chen Pingbo, Yang Lishan (1706 - 1795), Yu Shiyu (1723 - 1795), Lei Shaoyi (1833 - 1888), etcetera. Of these, the first four are the most outstanding and are known as the four greats of warm disease theory (*Wen Bing Xue Si Da Jia*).

Ye Tianshi is regarded as the most outstanding representative of the practitioners and the scholars who created the theoretical system of the diagnosis and treatment of warm disease. *Wen Re Lun* (Discussion of Warm Heat Diseases), a book dictated by Ye and edited by Gu Jingwen, one of his students, is regarded as the foundation stone of warm disease theory. In this book, Ye set forth the protocols for the differentiating the various stages of warm disease according to the four systems, i. e., defense-*qi*-nutrient-blood systems, and discussed the etiology, pathogenesis, location, transmission and treatment of warm disease in detail. He said that: "When warm pathogens attack the upper part of the body, they invade the lungs first. They may then travel in a reverse direction to the pericardium. The lungs are in charge of *qi* (respiration) and belong to defense system. Heart is in charge of blood and belongs to nutrient system". He also said that: "The *qi* system comes after the defense system, and the blood system comes after the nutrient system". With regard to treatment, he outlined the general protocols for the syndromes in these four systems. These concepts greatly advanced the concept of warm heat disorders proposed first by Liu Hejian and contributed greatly to the creation of a complete warm disease theory totally independent from cold-induced disease theory. Ye's contributions to warm disease theory are also noted for emphasizing the unique value of tongue diagnosis and examining the teeth, macules and miliaria alba as well as developing specific protocols for warm disease in female patients. Two other books, *Lin Zheng Zhi Nan Yi An* (Case Studies as a Guide to Clinical Practice) and *San Shi Fu Qi Wai Gan Pian* (Paper on Three Period Latent *Qi* and Exogenous cold Pathogens), also summarize Ye's clinical experience; they are clinically very practical and are, to this day, highly regarded.

Much of Ye Tianshi's work focuses on warm heat disorders while there is far less on warm dampness disorders, another important category of warm disease. His contemporary Xue Shengbai, however, made important breakthroughs in this area. In his book *Shi Re Bing Pian* (Systematic Differentiation of Damp Heat Disorders), Xue first discussed the differentiation of warm disease due to damp-heat from other exogenous diseases in terms of the paths of attack, location of the illness and syndromes of transmission. He then discussed the etiology, pathogenesis and treatment of warm disease due to damp-heat. Warm disease due to damp-heat was classified into the governing syndromes of damp-heat, damp-heat in the exterior, interior damp-heat with dampness predominating, dampness and heat are equally exuberant on the inside, interior damp-heat with heat predominating, abundance of dampness in the triple energizer, damp-heat complicated by *yin* deficiency and damp-heat complicated by *yang* deficiency. He systematically analyzed the pathology, manifestations, therapeutic principles and herbal treatments for each type of damp-heat disorder, and provided a practical guideline for the diagnosis and treatment of damp-warm disorders, disorders that are usually more complicated and intractable than other types of warm diseases. Systematic Differentiation of Damp Heat Disorders was the first monograph to deal with warm disease due to damp-heat. In this book, Xue set forth the protocols for the differentiation and treatment of the various stages of warm disease due to damp-heat according to the location of dampness in the triple energizer. His work greatly enriched the content of warm disease theory.

Yu Shiyu in his book *Yi Zhen Yi De* (Insight into Pestilence and Pox) advanced new ideas on pestilence. He proposed that pestilence was caused by heat toxins attacking the stomach from the mouth and nose and spreading from there into the twelve channels. The common manifestations of pestilence invading in this way included macules, headache, sweating, nausea, and diarrhea. *Shigao* (*Gypsum Fibrosum*) was always used in his formulas to clear epidemic pathogens, detoxify and clear away heat in all channels. Yu's theory is very different from Wu Youke's theory and may be regarded as a supplement to Wu's theory of pestilence.

Wu Jutong is regarded as the person who gave the theory of warm disease its final form. In his book *Wen Bing Tiao Bian* (Systematic Differentiation of Warm Disease) Wu creatively used the concept of the triple energizer as an elaborate tool for differentiating the onset and progression of warm disease and for designing treatment protocols. By supplementing Ye's theory on four systems syndrome differentiation, he constructed a complete theory of warm disease based on the triple energizer syndrome differentiation system and defense-*qi*-nutrient-blood syndrome differentiation system. These two systems supplement each other, and form a more comprehensive system for the diagnosis and treatment of warm disease. Wu also developed protocols for warm disease that cleared the nutrient system (*qing ying*), cleared the orifices (*qing gong*), cleared the collaterals (*qing luo*) and nourished the *yin* (*yu yin*). These protocols were the basis of many famous formulas still in use today, i. e., *Sang Ju Yin* (Sangju Decoction), *Yin Qiao San* (Yinqiao Powder), *Qing Ying Tang* (Qingying Decoction), *Qing Luo Yin* (Qingluo Decoction), and *San Jia Fu Mai Tang* (Sanjia Fumai Decoction), etcetera. Systematic Differentiation of Warm Disease is regarded as a must read in the learning of warm disease theory.

In the wake of the above achievements, Wang Mengying further systematized warm disease theory. In his book *Wen Re Jing Wei* (The Warp and Woof of Warm Febrile Diseases) the theories of febrile diseases set forth in the Canon of Medicine, the Treatise on Cold-Induced Diseases and Synopsis of the Golden Chamber were taken as the warp, and the theories set forth by Ye Tianshi, Chen Pingbo, Xue Shengbai, Yu Shiyu, etcetera, as the woof. Wang also advanced and clarified the concepts of summer-heat, latent warm disease, and sequential and reverse transmission. The publication of this book marked the fully mature phase of warm disease theory. This book is regarded as an introductory book in the learning of warm disease theory. Thus a comprehensive warm disease theory of Chinese medicine covering warm heat disorders and pestilence was established.

In addition, to the four great practitioners of warm disease theory, the publications of many contemporary practitioners and scholars contributed to the development and enrichment of the contents of warm disease theory, including *Shang Han Wen Yi Tiao Bian* (Systematic Analysis of Cold-Induced Disease and Pestilence) by Yang Lishan, *Wai Gan Wen Bing Pian* (Paper on Externally Contracted Warm Diseases) by Chen Pingbo, *Wen Re Feng Yuan* (The Origin of Warm Heat Disorders) by Liu Baoyi (1842 – 1901), *Shi Bing Lun* (Discussion of Seasonal Epidemics) Lei Shaoyi, *Tong Su Shang Han Lun* (Simplified Treatise on Cold-Induced Diseases) by Yu Genchu (1734 – 1799), *Guang Wen Re Lun* (General Discussion of Warm Heat Diseases) by Dai Tianzhang (1644 – 1722), etcetera.

During this period a comprehensive warm disease theory was established. Warm disease were definitively differentiated from cold-induced diseases, and further diagnosed and treated according to their own unique theory. The period was also marked by the emergence of many outstanding scholars and publications on warm disease theory. A system characterized by the diagnosis and treatment of warm disease according to triple energizer syndrome differentiation and defense-*qi*-nutrient-blood syndrome differentiation was officially established. This was an epoch-making achievement for the exogenous disease theory of TCM.

1.3 The *Zang-Fu* and Meridian Theory

The theories of *zang-fu* and meridians are important parts of the theoretical system of TCM. It is the theoretical basis of treatment based on syndrome differentiation for miscellaneous internal diseases.

1.3.1 The *zang-fu* organ theory

1.3.1.1 Introduction to the *zang-fu* organ theory

Zang-fu organ theory, also know as theory of the viscera and their manifestations, focuses on observations of the exterior manifestations of the inner processes of the *zang-fu* organs to study their anatomy, physiology and pathology, as well as the interrelationships between the organs. It also studies the essence, *qi*, blood, body fluids and spirit associated with these inner organs. It is a physiological and pathological theory summarized from the accumulated life experience and clinical practice of the Chinese people, and conceptualized under the philosophical thought of ancient China. It is an important part of the theoretical system of TCM and is of significance for the diagnosis, prevention and treatment of disease.

1.3.1.2 Development of the *zang-fu* organ theory

1.3.1.2.1 Ancient anatomical knowledge

Zang-fu organ theory is primarily based on anatomical morphology. Without some sort of practical understanding of anatomy, there would have been no concept of individual *zang-fu* organs, much less *zang-fu* organ theory. Although the *zang-fu* organs recognized in TCM can not be regarded as identical to those organs with the same names recognized in modern medicine, their basic concepts were undoubtedly formed on the basis of actual anatomical structure; and anatomical investigations would have laid the nascent foundation of *zang-fu* organ theory.

Even in early primitive societies, people would have had a rudimentary knowledge of the inner organs of animals and men learned through observation during the butchery of animals or the war wounds of captives. This would have been the original form of anatomy.

It was recorded in the chapter *Bianque Canggong Liezhuang* of the *Shi Ji* (Record of History), that a distinguished doctor of the time named Yu Fu who could: "Cut the skin and separate the muscles, resolve the vessels and tie the tendons, press the marrow/brain, wash out the stomach and intestines and rinse out the five *zang* organs." Indicating they had already had the skill of treating diseases by making an incision in the abdomen, and had obvious anatomical knowledge and surgical skills. In Canon of Medicine there are detailed description of the shapes of the *zang-fu* organs. For example, in chapter 12(*Jing Shui*: Meridian Waters) in the Spiritual Pivot it states: "If there is a man eight *chi*(an ancient unit of measurement) tall, (while alive) external measurements can be taken and we can know(his inner organs). When he dies, we can autopsy him and see the strength or brittleness of his *zang* organs, the size of his *fu* organs, how much he ate, the length of his vessels, the clarity of his blood... All of these have their measure."

The Classic of Medical Problems also gives fairly complete anatomical details, but further supplements it with the names and locations of the *qi chong men* (the seven important gates). These "gates" are similar to those mentioned in latter-day anatomy. This shows that TCM anatomy had, morphology speaking, already reached a high level sometime before the *Han* Dynasty.

1.3.1.2.2 The functions of the *zang-fu* organs based on morphology

Gross human anatomy is not only useful for understanding the morphology of the *zang-fu* organs, but can also be used when trying to determine their functions. For example, the heart is shaped like an inverted lotus flower with seven openings connecting to blood vessels. When this observation is incorporated with the experience of one's own heart beating, the theory that the heart controls blood circulation can be formed. The lung is honeycomb-shaped and connects to the outside of the body. Combining this observation with one's own experience of breathing, it is easy to understand that the lung controls breathing. The spleen and stomach connect to each other with a membrane, from which the theory that the spleen spreads body fluids for the stomach is generated. The stomach is known as the sea of water and cereal, for it can hold three *dou* (an ancient unit of measurement) and five *sheng* (an ancient unit of measurement) of water and cereal. A person will die if he/she has not ingested water and food for 7 days. From this observation it can be concluded that man consumes five liters of water and cereal every day.

As we know, the substances refined from the water and grains we ingest are indispensable for human survival, so the authors of Canon of Medicine held the healthy digestive function of the stomach in high regard. It says "One survives with stomach *qi*, or dies without it", "The *qi* of the five *zang* organs originates from the stomach. The normal functions of five *zang* organs rely on the stomach."

1.3.1.2.3 Complex functions of the organs based on holistic observation

Some of the concepts in the *zang-fu* organ theory can be deduced from morphology. However, ancient anatomy would have been too simple and rough to assist in the understanding of many complex problems. For this reason, the ancient Chinese adopted a holistic method to understand human body and the function of its viscera.

The holistic observation is a cognitive method used to determine the functions of the viscera by means of observing inner physiological and pathological processes as they manifest on the exterior of the body. For the ancients, this would have been the main method used to understand the viscera and to establish the epistemological system underlying *zang-fu* organ theory. Clinically, they observed that the onset of certain diseases often begins with a group of similar symptoms. These symptoms are associated with certain locations exteriorly and the disturbance of certain physiological functions of the viscera interiorly. For example, the heart controls blood circulation, and a pale complexion manifests when one suffers from mild palpitations. Based on this, the relation between the heart and the face is described in the TCM statement of fact as "the heart manifests on the face". Additionally, excessive sexual activities may give rise to sore loins and knees, absentmindedness, impaired sexual function, etcetera. It is known that the waist houses the kidney, and from this it can be deduced that sexual function is associated with the kidney; it can also be deduced that the kidney store essence which then turns to marrow to fill the brain, and that abundant essence ensures enough marrow in the brain and further leads to vitality of the mind. In chapter 1(*Shang Gu Tian Zhen Lun*: Discussion of Heavenly Truth from Ancient Times) of Plain Questions it says "Accumulation of essence to complete the spirit"; while in chapter 8 (*Ling Lan Mi Dian Lun*: Secret Classics of the Miraculous Orchid) it says: "the kidney governs bones and is in charge of agility".

1.3.1.2.4 *Zang-fu* organ theory as systemized with ancient philosophy

The inclusion of the theories of *qi*, *yin-yang*, and the five elements in ancient philosophy was of great importance to the formation and systemization of *zang-fu* organ theory.

The ancient philosophical idea that *qi* is invisible but moves ceaselessly was absorbed into TCM, where it was modified to say that the *qi* of every *zang-fu* organ also moves ceaselessly. This in turn was said to drive the healthy functioning of the viscera and thereof maintain harmony among the organs.

Yin-yang theory was absorbed into TCM and is used to explain anatomical parts, functions and other aspects of the human body. In *zang-fu* organ theory, pairs like the matched *zang* and *fu* organs, *qi* and blood, and essence and *qi*, are categorized into *yin* and *yang* respectively. Especially, the *yin-yang* categorization of essence and *qi* contributed to the establishment of the theoretical system of *yin-yang* essence and the *qi* of the five *zang* organs, which enriched and further developmented the *zang-fu* organ theory.

The absorption of the theory of the five elements also played an important role in the establishment of zang-fu organ theory, namely in establishing the five physiological and pathological systems with the five *zang* organs as the centre. The five elements theory states that there are five physiological and pathological systems in TCM based on the five *zang* organs as their center, with the meridians operating as the link to connect the six *fu* organs, the five sense organs, the seven orifices, the five emotions, the body fluids, etcetera. In addition, five elements theory was also adopted to categorize natural phenomenon into five types, such as the five seasons, the five directions, the five transformations, the five colors, the five flavors, etcetera. All these are in correspondence with the five *zang* organs and reflect the idea that nature and human beings are an integrated whole. Moreover, TCM applies the theory of mutual promotion and control among five elements to explain the corresponding relationships between the five *zang* organs. In a healthy individual, the organs promote and restrict each other harmoniously in order to maintain the healthy homeostasis of the human organism.

1.3.1.2.5 *Zang-fu* organ theory improved with clinical practice

The amassing of rich TCM clinical experience over the centuries was a fundamental resource used in the development of *zang-fu* organ theory. Most of the ideas underpinning this theory were the results of long term clinical observation of physiological and pathological phenomena by ancient practitioners. The theory had to be further tested clinically after it was proposed, however. For example, the kidney is in charge of development and reproduction, and it governs bones. Clinically, this aspect of the theory serves as guidance in the prevention and treatment of sterility, the retarded development of children, premature senility, and senile dementia, as well as the treatment of bone fractures. The results obtained during clinical practice act to further validate the theory.

1.3.1.3 Main characteristics of TCM *zang-fu* organ theory

For historical and methodological reasons, *zang-fu* organ theory has the following characteristics.

1.3.1.3.1 It uses a macroscopic point of view to conduct holistic observations

Zang-fu organ theory was initially formed at the time of Canon of Medicine. Ancient practitioners applied macroscopic thinking and holistic observation methods to observe and analyze not only the physiological and pathological manifestations of the human body, but also subjects and phenomena beyond the human body such as astronomy, geography, climate, animals, and plants. These concepts were also applied to society and culture as well. They studied human physiology and pathology in combination with the study of the nature and society for a better understanding of human life, health, and disease. Take the study of the heart for example, utilizing macroscopic thinking, one can explain that the heart is bright and opens to the outside physiologically from the aspects of its relationship with the seasons, five flavors, five colors; one also knows that physiologically the heart controls blood circulation and mental activity by observing the reverse evidence of unusual manifestations related to the mind and blood circulation.

1.3.1.3.2 A holistic view with the five *zang* organs as the centre

The holistic view of *zang-fu* organ theory is mainly embodied in two aspects, namely, the view that the five *zang* organs are the integrated center of the human organism and the integration of the human body with the natural and social environments. *Zang-fu* organ theory illustrates the physiologically holistic relationship of the *zang* organs with the *fu* organs, as well as integrating their configuration, constitution, sensory organs, orifices, emotions, and that of the *zang* organs with five seasons, five directions, five colors, five flavors.

1.3.1.3.3 A theory based more on function and less on morphology

Although *zang-fu* organ theory elaborates on the functions of the *zang-fu* organs, its description and observations of their shapes and structures is superficial and crude. This was due to the rudimentary nature of ancient science and technology, however, it is also true that TCM was undoubtedly influenced by the Daoist idea that principles (process) are more important than particulars (*zhong dao qing qi*). Much stress is laid on the discussion of invisible *qi* in TCM, as it attempted to explain the functions of *zang-fu* organs with theory of *qi*, while the actual morphology of the organs was poorly discussed.

1.3.1.4 *Zang-fu* organ syndrome differentiation is the heart of TCM diagnosis and treatment

In the diagnosis and treatment of diseases, no matter whether endogenous illnesses, or externally contracted illness, internal medicine or external medicine, gynecologist, or paediatrics, the diagnosis for most syndromes in TCM will eventually be specified as a *zang-fu* organ syndrome differentiation that in turn is essential for the selection of principles, prescriptions, and Chinese drugs. *Zang-fu* organ and meridian syndrome differentiation methods are the predominant differentiating methods only in the Synopsis of the Golden Chamber, while six-meridian syndrome differentiation is the predominant method in the Treatise on Cold-Induced Diseases. On the other hand, defense-*qi*-nutrient-blood (*wei qi ying xue*) syndrome differentiation and triple energizer syndrome differentiation are the primary methods used in the differentiation of warm diseases. However, a large number of syndromes discussed in the aforementioned differentiating systems include components of *zang-fu* organ syndrome differentiation. It should also be noted that as every Chinese drug enters into one or more of the meridians associated with a *zang* or a *fu* organ, the effect of many Chinese drugs used in the formulas from the Synopsis of the Golden Chamber, the Treatise on Cold-Induced Diseases and the Science of Warm Diseases have actually been selected according to *zang-fu* organ theory.

1.3.2 The meridian theory

1.3.2.1 Introduction to the meridian theory

Meridians and collaterals are collectively called *jing luo* in Chinese. They are the pathway for the transportation of *qi* and blood throughout the body, thus connecting the viscera with extremities, the interior with the exterior as well as the upper with the lower. Meridian theory is focused on research into the concept of what a meridian is, as well as their actual structure, physiological function, pathologies and inter-relations with the essence, *qi*, blood and fluids of the *zang-fu* organs. It is an important part of TCM's theoretical system.

1.3.2.2 The establishment of meridian theory

1.3.2.2.1 The twelve main meridians are the central core of the meridian theory

Three acupuncture meridian books written on bamboo slips unearthed from *Mawangdui Han* Dynasty tomb No. 3 describe the names, starting and ending points, the direction of passage, indications, etcetera. of eleven meridians, and further divided them into two groups, i. e., the arm meridians and leg meridians. This indicates a preliminary understanding of meridian in ancient time prior to Canon of Medicine.

1.3.2.2.2 Acupuncture treatment and needling sensation transmission laid the practical basis for the meridian theory

By remote antiquity, our ancestors found that certain pains or diseases of the body could be alleviated or cured after one was accidentally scorched by fire, struck by rocks, or pricked by prickles. After repeated experiences, this culminated in learning to deliberately utilize stone needles to stimulate certain parts of the skin to eliminate tenderness caused by disease and/or to use fire to heat the skin to ease pain. Both the heating and the stone needling were external superficial treatments that used tender spots as treatment locations. This was the germination of the ancient practice of acupuncture and moxibustion.

Social productivity and invention are non-stop, however. Acupuncture/moxibustion implements gradually evolved and improved and, as metallurgy improved, so too did people learn how to make metal needles.

Obtaining a needling sensation (the arrival of *qi*) is indispensable to acupuncture's effectiveness. Needling sensation refers to the sensations of soreness, numbness, distention, heaviness, or cold and heat, as well as the phenomenon of transmission along the meridian that is obtained when an acupuncturist inserts and manipulates a needle.

It is believed that the relationship of the routing and distribution of the twelve main meridians of the hand and foot and the eight extra meridians with their respective organs, and the details of the pathological manifestations of each meridian were summarized based on long term clinical observation of the sensations associated with needling during acupuncture treatment.

1.3.2.2.3 Ancient anatomical and physiological observations were of great importance to the establishment of meridian theory

A number of anatomical records concerned with human organs from before the fifth century BC are similar to present day anatomical measurements. There are clues to ancient human anatomical practice in the chapters *Jing Shui* (Meridians and Body Fluids) and *Chang Wei* (Intestines and Stomach) of the Spiritual Pivot. Most of the descriptions of meridians in Canon of Medicine were obtained through the observation of superficial, regional and systematic anatomy. The meridians referred to by ancient people not only contain a number of visible structures, but are also closely related to certain clinically observable physical and pathological phenomena. This would seem to indicate that they are an organic combination of structure and function. Accordingly, ancient anatomical and physiological observations are believed to have played a significant role in the formation of meridian theory.

1.3.2.2.4 The summarization of acupoints' effects and speculations about exterior pathological manifestations are one aspect underlying the formation of the meridian theory

After acupuncture was practiced for a long time and sufficient knowledge about the indications of acupoints had been accumulated, the indications of acupoints were classified, catalogued and analyzed. This helped reveal that acupoints with similar indications are usually distributed along an orderly course; for instance, the acupoints distributed on the lateral superior aspect of the chest and anterior border of the medial aspect of the upper limbs can generally be used to treat diseases of the lung, trachea, throat as well as disorders manifesting on the body surface along the course, while the syndromes appearing along the course are basically the same as the indications of the acupoints on it. As a result, the classification of acupoint functions and their relationships enable the idea of meridian connection to arise, providing for an indispensable relation between the formation of the meridians and the summarization of acupoint functions.

Clinically, when an organ is affected, symptoms will appear on the related area of the body surface-pressure pain, nubbles, tetters and changes in skin color, for example. In chapter 51(*Bei Shu*: Back Shu Points) of the Spiritual Pivot it says: "If you verify the location of an acupoint, you can press the point selected and the pain of the inner viscera will be relieved. That is the very point." Therefore, the summarization of acupoint functions and speculation concerning the pathological phenomena appearing on the body surface are part of the theoretical foundations for the formation of meridian theory.

1.3.2.3 Characteristics of meridian theory

1.3.2.3.1 The holistic meridian system

The most remarkable characteristic of the meridian system is its holistic nature, which includes both the relationships within the meridian system and the relationship between the meridians and the natural environment.

The meridian system includes the twelve main meridians, the eight extra meridians, and the twelve divergent meridians and their branches, the connecting collaterals and tertiary collaterals connecting muscles along the twelve meridians and the twelve cutaneous regions. These make up a closely connected thoroughfare system, through which the viscera, physical body and the orifices communicate and thereof form an organic whole.

According to meridian theory, nature is the fountainhead of life. It provides the necessary conditions for human beings to live; hence all of its changes taking place will arouse certain reactions within the human body that help it to maintain harmony and balance with outside world so as to realize life activities. The meridian system is the regulating and controlling system that maintains the balance between the human body and the outside world.

1.3.2.3.2 The uniform nature of form and function

It is evident that meridian theory was originally developed on the basis of intuition and a knowledge of crude anatomy. It can be said that the meridian system contains structures known to modern anatomy like blood vessels (within the meridian system they are referred to as meridian-vessels), tendons as well as a number of major nerves (within the meridian system they are referred to as meridian-sinews). In chapter 47 (*Ben Zang*: Root Viscera) of the Spiritual Pivot it says: "Meridians refer to passages, through which blood and *qi* circulate, so *yin* and *yang* are in harmony, tendons and bones are moistened and joints are flexible." In this context, blood vessels are the only structures that have the function of circulating blood and *qi*. In the chapter *Jing Mai* (Meridians and Vessels) it says: "The twelve meridians travel deep through the muscles and cannot be seen... the ones that distribute on the body surface and can be seen are all collaterals." The muscle regions mentioned in Canon of Medicine are also components of the meridian system. The meridians mentioned above are all morphological expressions.

Although meridian theory is based on concrete structures like blood vessels, nerves and tendons, it is more than these. That is to say, none of the three structures or the summation of these can entirely explain the functions of the meridians, for example, the special relation between the meridians and the viscera and orifices, the information inducting and transmitting functions of the meridians or the biphase regulation function of the meridians. Holistic integration, speculation, evolution and synthesis of the functions of the meridians has given the theory the ability to describe the abstract structural and functional systems of the human body—an organic unity of form and function, and the way of communication between the various parts of the body interior and exterior. Meridian theory is closely correlated with visceral manifestation theory and describes bodily connections up and down as well as inside and outside the body.

Chapter 2

Exogenous Diseases

2.1 Introduction of Exogenous Diseases

2.1.1 Cold-induced disease

The term of cold-induced disease refers in fact to two separate but related concepts—a general one and one with a much narrower focus. The general concept of cold-induced disease denotes all exogenous diseases caused by the six exogenous factors i. e., wind, cold, summer-heat, dampness, dryness, and fire as well as those caused by pestilential *qi*. As a result, the general concept of cold-induced disease is a collective name for all exogenous diseases, and this is reflected in the chapter of *Re Lun* (Discussion of Heat) in Plain Questions when it says that all diseases with fever relate to cold damage.

With regard to the narrow concept of cold damage proposed in the Treatise on Cold-Induced Diseases, the Chinese word "*han*" (cold) refers to pathogenic wind and cold. In this text, cold-induced diseases refer to exogenous diseases that are induced by exogenous wind and cold damage, which are one type of the more general concept of cold-induced disease. In chapter 58 of the Classic of Medical Problems it states: "There are five kinds of cold damage (general concept), i. e., wind attack, cold damage (narrow concept), dampness-warm attack, febrile diseases and warm disease."

2.1.2 Warm disease

Warm disease is caused by warm pathogens and manifests with fever as a primary symptom. It is this type of acute exogenous disease that is related to the general concept of cold-induced disease and that is characterized by severe heat manifestations and a tendency to transform into dryness and cause impairment of *yin* fluid. There are various warm pathogens that cause different warm diseases. In general, the basic characteristics of warm disease are as follows.

2.1.2.1 Warm diseases are mainly caused by an exogenous attack of warm pathogens

Warm pathogens include wind-heat, summer-heat, damp-heat, dry-heat, warm toxin and pestilential *qi*, which give rise to wind-warm, summer warm, damp-warm, autumn dryness, spring warm, warm toxinosis and pestilence, respectively. Based on the nature of the disease, warm diseases are normally classified into two categories: warm heat and damp-heat.

2.1.2.2 The clinical manifestations of warm diseases are characterized by heat and a tendency to transform into dryness and to cause impairment of *yin* fluid

The symptoms of warm diseases include: ①fever as a prominent symptom; ②serious heat manifestations, such as thirst, vexation, dark urine, red tongue, rapid pulse, etcetera; ③possible presenting with such dangerous symptoms as macula, convulsions and coma, coma and delirium, hemoptysis, etcetera; ④ possible manifestations of pathologic *yin* fluids consumption, such as dryness in the mouth and nose, dry cough, thirst for drink, dry and hard stool, or mild lingering fever, lassitude, twitching of the hands and feet, yellow and dry tongue coating, or dry and dark red tongue, etcetera.

2.1.2.3 The development of a warm disease follows defense (*wei*), *qi*, nutrient (*ying*) and blood syndromes progression as well as a triple energizer progression

The pathological development is marked by obvious stages, manifests as malfunctioning and substantial impairment of the defense, *qi*, nutrient and blood systems, as well as the *zang-fu* organs related to the triple energizer. Warm disease usually begins at the defense system (or upper energizer) in its initial stage, then moves on into the *qi* system (or middle energizer) when pathogens invade deeper into body, and finally on into the nutrient system and blood system (or lower energizer) when the situation becomes severe.

2.1.2.4 The contagiousness and epidemic, seasonal, and regional nature of warm disease

Warm disease is somewhat contagious and epidemic, though this is, of course, closely related to any given patient's constitution, social environment as well as to the pathological type and toxicity of the disease in question. A warm disease marked by a high degree of contagiousness and incidence is named pestilence.

The onset of a given warm disease is highly correlated with the four seasons, with each type of warm disease corresponding to a specific season. In spring, it is warm and windy, and so wind-warm and spring warm may develop; in summer, it is hot, rainy and humid, and so summer warm and damp-warm may appear; in autumn, it is dry, and autumn dryness often develops. The manifestations of a warm disease may also be different due to differences in region and climate. For example, in summer, it is hot and rainy in southern China, and it is common to see summer warm and summer damp warm diseases. For the same reason, miasmic malaria is more likely to affect people in the *Yunnan* and *Hainan* provinces of south China.

The Relationship among cold-induced disease, warm disease and pestilence, differentiation between cold-induced disease and warm disease is shown in the figure 2-1-1 and table 2-1-1.

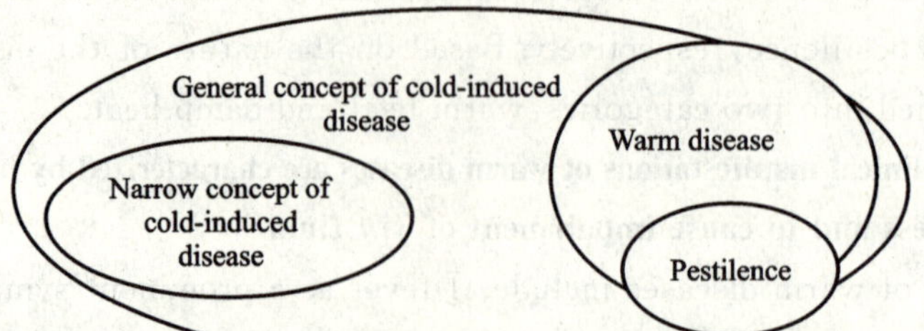

Figure 2-1-1 The relationship among cold-induced disease, warm disease and pestilence

Table 2-1-1 Differentiation between cold-induced disease and warm disease

Type	Cold-induced disease	Warm disease
Causes	Pathogenic wind-cold	Pathogenic warm
Route of infection	Skin and pores, foot *taiyang* bladder meridian	Mouth and nose, lung meridian of hand *taiyin*
Pathogenesis	Pathogenic cold restraining the exterior and causing defensive *yang* to stagnate	Exuberant heat impairing *yin*
Transmission and changes	Six-meridians	Defense, *qi*, nutrient and blood (triple energizer)
Initial stage symptoms	Aversion to cold and fever, headache and pain in the body, anhidrosis, floating tense pulse	Fever and aversion to wind, thirst, floating rapid pulse
Treatment for initial stage	Release exterior with pungent-warm	Release exterior with pungent-cool
Contagiousness and epidemicity	Mild	Relatively strong

2.2 Etiology and Pathogenesis of Exogenous Diseases

2.2.1 Etiology of Exogenous Diseases

Pathogenic factors are responsible for the onset of exogenous diseases. However, the development of an exogenous disease also depends on the strength of an individual's healthy *qi*. When healthy *qi* is insufficient to fight against pathogenic *qi*, then exogenous pathogens take advantage and invade human body, inducing a series of pathological changes and causing a variety of diseases.

Exogenous pathogens include wind-heat, wind-cold, summer-heat, summer-damp, damp-heat, and dryness-heat. Warm toxin pathogens and pestilence can also be included in this category.

Comparative summary of the different exogenous pathogenic factors is shown in the table 2-2-1.

Table 2-2-1 Comparative summary of the different exogenous pathogenic factors

Pathogenic factors	Season of occurrence	The nature of disease pathogens	Location of disease	Pathogenic characteristic
Wind-heat	Winter and spring	Wind-warm	Lung	① Mostly invades from the mouth and nose and attacks the lung first; ②is prone to turn into dryness and causes consumption of *yin*; ③ develops rapidly, and is apt to transmit reversely and invade inwardly
Wind-cold	Winter	Cold-damage	Lungs, muscle surface	①Cold is a *yin* pathogen and easily damages *yang qi*; ② cold is congealing and obstructing by nature; ③the nature of cold is to contract
Summer-heat	Summer	Summer warm	Stomach meridian of foot *yangming*	① Attacks rapidly and invades the *yangming* directly; ② apt to cause consumption of *qi* and body fluid; ③easily invades the pericardium blocking it and stirring up wind; ④prone to being complicated by dampness and to stay in the *qi* system
Damp-heat	Late summer	Damp-warm	Spleen meridian of foot *taiyin*	①Develops and transmits relatively slower and has a long course of disease; ②mostly located in the spleen and stomach; ③apt to obstruct clear *yang* and hinder the *qi* movement
Dryness-heat	Autumn	Warm-dryness	Lung	①Mostly located in the lung; ②causes consumption of body fluid; ③prone to turning into fire
Pestilential *qi*	The whole year, especially spring	Pestilence	Specific viscera	①Strongly pathogenic; ②mostly invades from the mouth and nose and has specific pathological locality; ③highly infective and prone to causing epidemics; ④ causes extremely dangerous diseases with complicated symptoms
Warm toxin	The whole year	Erysipelas facialis	Local stagnation	①Invades various parts of the body and is difficult to treat; ② accumulates and stagnates

Within modern medicine, the exogenous diseases talked of in TCM are similar to the various acute infectious diseases brought on by pathogenic microorganisms. In TCM, exogenous diseases are seen as resulting mainly from the six excess. One reason for this is that climatic changes are truly correlated with the onset of warm diseases. The growth and multiplication of causative microorganisms differ in the four seasons, as does the nature of the transmission media and one's physical resistance. Another reason is that six excess have been regarded as the primary cause of exogenous diseases in TCM for a long time. In this time a rather complete theoretical system of syndrome differentiation that serves to as a practical framework to help determine the actual cause(s) and from there as a guide to the appropriate treatment and the most efficacious herbs has been developed and honed. This makes the system of great practical value, while still enabling it to play an important role in the theory of syndrome differentiation. However, the six excess should not be regarded simply as being confined to the physical etiologic factors arising from climatic changes. In fact, they include all kinds of causative organisms.

In addition to causative organisms, warm pathogens also include certain non-biological pathogenic factors such as a hot environment, which can cause heat stroke, etcetera.

2.2.2 The pathogenesis of exogenous diseases

This section mainly discusses the pathogenic factors, routes of pathogenic factor invasion and types of onset.

2.2.2.1 Causes of illness

2.2.2.1.1 Constitutional factors

These are factors inherent in the individual which determine the development of the exogenous disease and the type of syndrome.

First of all, weakness of constitution is the precondition for the contraction of all exogenous diseases. The status of one's healthy *qi* determines whether a disease will develop after pathogenic factors attack the human body. When healthy *qi* is vigorous, one's defensive ability is strong and it is difficult for pathogenic *qi* to invade. On the other hand, when healthy *qi* is in decline, defensive ability is weak and pathogenic *qi* is able to invade and cause disease. Furthermore, constitution also determines the relative balance between healthy *qi* and pathogenic *qi*, and consequently, influences how a disease develops over time. Simply put, when healthy *qi* is vigorous and pathogenic *qi* is relatively weak, even if a disease develops, the disease will be relatively mild and may be cured with little treatment. When healthy *qi* is weak and pathogenic *qi* is strong, however, the disease will be relatively severe and is more likely to transmit rapidly. When the healthy *qi* of the general population is weak, an exogenous disease may become an epidemic. When there is a general lack of preventative measures or vaccination, the population becomes more vulnerable to exogenous diseases.

Secondly, constitutional factors determine the type of syndrome that will manifest after a disease has established itself. This is often reflected in the following two aspects. The first is that individuals with different constitutional conditions affected by the same pathogenic factor may have different types of syndromes. For example, constitutional differences will dictate whether individuals have an exterior excess syndrome or an exterior deficiency syndrome. Individuals with dense dermal interstices that are affected by wind cold pathogenic factor often have exterior excess syndrome; this syndrome manifests as aversion to cold, adiaphoresis, floating and tight pulse. Individuals with loose dermal interstices often have syndrome of exterior deficiency manifested as aversion to wind, sweating, floating and moderate pulse. Individuals with the same constitution may have the same or similar type of syndromes even though they maybe affected by different pathogenic factors. For instance, individuals with strong a *yang* constitution are likely to manifest with a heat syndrome even though they may be affected by wind-cold. This is because the wind cold is likely to stagnate inside in a strong *yang* body and will at some point transform into heat.

2.2.2.1.2 Natural factors

The natural factors that influence the occurrence of exogenous diseases mainly refer to climatic factors. Abnormal climatic changes not only influence the defense system of the human body, but can also affect the genesis and severity of the exogenous factors themselves. For example, when there is unseasonable weather in a given season—sudden and/or severe cold or heat, or sudden strong winds and heavy rain. For example, it may be difficult for the human body to adapt to these sudden changes immediately leaving the body vulnerable to the attack of pathogenic factors and perhaps ultimately to illness. In his book *Zhu Bing Yuan Hou Lun* (Treatise on Cause and Symptoms of Diseases) Chao Yuanfang stated: "When there is abnormal weather, and cold and heat do not appear at the right time of a year, this will result in the production of pestilent perverse *qi*. Such pestilential *qi* affects first one individual and may then go on to kill the whole family. This disease is likely to transmit to other people." For example, in late summer, not only are damp-heat pathogens easily engendered but the transforming function of the spleen and stomach is also likely to be affected by the heat and rain. These two factors in combination then lead to the production of damp-heat pathogens and damp-warm disease. With the abnormal climate, or after natural disasters like a bad drought or flood, warm pathogenic factors are apt to become unbridled and to spread widely, thereof causing a warm disease epidemic. The saying of the ancients: "Pestilence will necessarily follow a great disaster" thus reflects the relationship between natural disasters and warm-pestilence. In addition, radioactive substances, dust, pollution and other toxins in the air may compromise human immunity and make humans more vulnerable to warm pathogenic factors.

2.2.2.1.3 Social factors

The social factors that influence the health of a person as well as his/her ability to fight off disease include economic status, diet and nutrition, physical exercise, lifestyle, sanitary practices, health care facilities and epidemic prevention systems, etcetera. From the records on pestilence, it is easy to see that in ancient China, the time and place of the break out of pestilence were closely related to the people living in poverty and in very poor nutrition, leaving their constitutions seriously compromised and weakening their ability to ward off disease, when the economy and culture were backward and health care and disease prevention facilities were scarce, add to this the frequent wars, social instability and population migration, and it is no wonder that warm disease was rife and epidemic. It was this situation that created the backdrop for the common saying "after a big war there will be a serious pestilential epidemic". The government of The People's Republic of China has promoted the policy of "prevention first", in which a series of measures were adopted for the prevention and control of epidemics. As a result, many acute infectious warm diseases have been successfully controlled or significantly reduced.

2.2.2.1.4 Emotional factors

Emotional activity is the functional reaction of the viscera in response to the environment. Positive and negative emotions are closely related to the natural and social environment in which one exists; and long-term over-stimulation, including frequent anger, worry and anxiety and fear, will weaken an individual's healthy *qi* and compromise his/her immunity. This in turn leaves the individual vulnerable to the invasion of exogenous pathogenic factors and susceptible to exogenous diseases. In the late years of the Eastern *Han* Dynasty, political instability, wars and natural disasters were unremitting. Most people lived in a state of fright and anxiety, which carried a severe psychological and mental toll, and led to a weakening of the immune system. A large number of people were affected by cold-induced diseases and many died. As can be seen, emotional factors can change the inner environment of the body and are important in the occurrence of exogenous diseases.

2.2.2.2 Routes of pathogenic factor invasion

2.2.2.2.1 Pathogenic factors in the air attack the human body via the skin, the pores and the respiratory passages

The skin and pores govern the surface of the body. Assisted by defensive *qi*, they maintain the balance between the external and internal environments of the body through their normal opening and closing activities thereof protecting the human body from invasion by exogenous factors. Should this defensive ability weaken and the skin and pores become "loose", exogenous factors will take advantage of the weakness and invade; this in turn will result in a battle between defensive *qi* and the invading exogenous factors, i. e., a defense exterior syndrome. Exogenous factors invading from the respiratory passages usually cause a lung meridian of hand *taiyin* syndrome in the upper energizer in their initial stage.

2.2.2.2.2 Pathogenic factors in food attack the human body via the mouth

Exogenous factors attacking human body from the mouth are often the result of ingesting contaminated food. Because the mouth connects with the stomach, exogenous factors attacking from the mouth may attack the stomach and intestines directly. Damp-warm disease, "cholera" and other damp-heat natured warm diseases, as well as six-meridian diseases due to cold pathogenic factors attacking the *taiyin* meridian directly, are of this type.

2.2.2.2.3 Pathogenic factors can attack the human body via direct contact through the skin

Through direct contact with an infectious subject, an individual can be affected by pathogenic factors invading via the skin and pores. Infection through direct contact with polluted water or air is of this type also.

2.2.2.3 Types of onset

2.2.2.3.1 Exogenous diseases that start from the exterior

These refer to cold-induced diseases and newly contracted warm diseases, in which the disease symptoms appear soon after the individual contracts the pathogen. Such diseases share the following characteristics: in the beginning, the pathogenic factors remain in the exterior and there is no complicating interior heat syndrome. The symptoms include fever, aversion to cold, adiaphoresis or mild sweating, headache, cough, thin white tongue coating, floating rapid pulse, etcetera. The initial therapeutic method is to release the exterior and expel the pathogenic factors. If treated properly and the pathogenic factors are expelled, prognosis is usually very good.

It should be noted, however, that while some individuals may in the beginning chiefly present with an interior heat syndrome, if their clinical symptoms tally with the characteristics of the prevailing seasonal *qi*, the disease should still be regarded as originating from the exterior. For example, summer-heat presents as a *yangming* heat syndrome in its early stage, but if it occurs in summer and the symptoms tally with the features that diseases often have due to summer-heat pathogenic factors, it should still be considered a newly contracted warm disease. Cold-induced disease, wind-warm disease, autumn dryness disease, summer warm, disease, erysipelas facialis, scarlatina, etcetera. can all be considered in much the same way.

2.2.2.3.2 Exogenous diseases that start in the interior

These refer to latent warm disease, also known as "warm disease due to latent pathogenic factors". These are diseases that do not occur right after the patient has contracted pathogenic factors, but rather, the pathogenic factors become latent and only latter on cause a warm disease. People with *yin* essence deficiency are highly susceptible to latent warm diseases. Latent warm diseases have the following characteristics: they present with interior heat syndromes right from the beginning; or a mixed interior and exterior syndrome is seen together when it is induced by a second exogenous factor; they present mainly with interior syndrome symptoms such as fever, restlessness, thirst, dark urine, red tongue and so on. The principles underlying pathogen transmission in latent warm diseases tend to be as follows: If the latent pathogenic factor transfers from the interior to the exterior, it indicates that the pathogenic factor is in decline and the situation is improving; if the pathogenic factor moves deeper inside, the disease is advancing. Latent warm diseases are serious and are of long duration. If the latent pathogenic factor is not expelled or is not expelled completely, there will be frequent relapses and it will become very difficult to completely cure the disease. In the initial stage, the principle therapeutic method should be to directly clear interior heat. Latent warm diseases mainly include spring warm disease and latent summer-heat disease. Differences between new infection warm diseases and latent warm diseases are shown in the table 2 - 2 - 2.

Table 2 - 2 - 2 Differences between new infection warm diseases and latent warm diseases

Type	New infection warm diseases	Latent warm diseases
Cause	Such diseases occur right after the patient is infected	Such diseases do not occur right after the patient has become infected, but rather the pathogenic factors remain hidden inside and disease onset is much latter
Pathogenesis, transference and changes	Pathogenic factors remain in the exterior at the beginning, they may be expelled from the exterior, or move from the exterior to the interior or from shallow areas to deeper areas	Latent pathogenic factors are released from the interior or transfer from the interior to the exterior, or they may go deeper inside. If they are not expelled out or not completely expelled out, they will be hard to cure
Characteristics	There is no associated interior syndrome, and symptoms mainly reflect an exterior syndrome	An interior heat syndrome is seen at the beginning; if the disease process is not induced by exogenous factors, there is no exterior syndrome; mainly manifests as an interior syndrome
Initial stage treatment	Releasing superficies and expelling pathogens is the main therapeutic method	Directly clearing interior heat is the main therapeutic method

2.2.2.3.3 Combination of syndromes and overlapping of syndromes

A combination of syndromes (*he bing*) is one in which the pathogen simultaneously attacks two or more meridians. An overlapping of syndromes (*bing bing*), on the other hand, refers to the idea that the pathogenic factor has begun to involve another meridian before it has completely left the first. The difference between the two is the time of the attacks—one simultaneous, the other sequential. There is, however, great overlap as reflected in the classic saying "A combination of syndromes will in time become overlapping and an overlapping disease will soon be a combination disease". Combination of syndromes are mostly seen when the pathogenic factors are relatively strong and are therefore powerful enough to invade two or more meridians simultaneously. Overlapping of syndromes are seen when the disease is changing location but the original disease location is still involved (table 2 - 2 - 3). Exogenous diseases have distinct routes of transmission—the six meridians, defense-*qi*-nutrient-blood systems, and the triple energizer.

- Onset of exogenous diseases
  - Pathogenic factors
    - Constitutional factors: Immune system strength
    - Natural factors: Climatic factors
    - Social factors: Economic status, diet and nutrition, physical exercise, personal habits, health care facilities, epidemic prevention policies, etc
    - Emotional factors: Long-term over-stimulation, including frequent anger, worry and anxiety and fear
  - Routes of pathogenic factor invasion
    - Through the air: Cold-induced diseases, wind-warm disease, scarlatina, etc
    - Through food: Six-meridian diseases due to cold pathogenic factors attacking the *taiyin* meridian directly, damp-warm disease, cholera and so on
    - Through direct contact: Malaria, pestilence, etc
  - Types of onset
    - Onset from the exterior: Cold-induced diseases and newly affected warm disease, for example, wind-warm disease, autumn dryness disease, summer warm disease, swollen-head infection and scarlatina etc
    - Onset from the interior: Latent warm diseases, for example, spring-warm disease, latent summer-heat disease, etc
    - Combination of syndromes: Cold-induced diseases such as the combination of *taiyang* and *shaoyang*, the combination of *qi*, nutrient and blood systems, etc
    - Overlapping of syndromes: Disease of both defense and *qi*, disease of both defense and nutrient, etc

Table 2-2-3 Combination and overlapping of syndromes

Type	Timing of syndrome presence in the different meridians	Onset time
Combination of syndromes	There is simultaneous involvement of two or more meridians.	Often seen when pathogenic factors are vigorous
Overlapping of syndromes	A second meridian has become involved before the first has been cleared	Often seen during the change of disease locality

2.2.3 Transmission of exogenous diseases

Transmission refers to the development and changes related to the disease progression brought on by exogenous factors inside the human body. There are a number of ways this occurs, i.e., six-meridian transmission patterns, defense-*qi*-nutrient-blood system transmission patterns and triple energizer transmission patterns.

2.2.3.1 Transmission within the six meridians

Cold-induced disease transmission usually follows the increasingly internal course of the six meridians. The theory of exogenous disease transmission through the six meridians is a theory developed by Zhang Zhongjing in his Treatise on Cold-Induced Diseases, who based it on the discussion of exogenous diseases seen in Canon of Medicine.

Six-meridian syndromes reflect the clinical expression of underlying pathological changes of both the meridians and *zang-fu* organs, because the *zang-fu* organs and meridians of the human body are externally-internally related and connect with each other. They are linked together thus making the human body an organic whole. When one of the meridians is attacked, the other meridians can also be affected, and it is this which is the theoretical foundation of the transmission of six-meridian syndromes.

Whether the six-meridian syndromes transmit or untransmit, it depends on the following three aspects. Firstly, the condition of the individual's healthy *qi*: If his/her healthy *qi* is strong, pathogenic factors will not transmit inward; if his/her healthy *qi* is weak, however, pathogenic factors will move inward. If, after the pathogenic factors moved into the interior, the healthy *qi* of the individual recovers and is able to properly fight back against the pathogens, then the syndrome will change from internal to external and the patient will slowly recover.

Secondly, the severity of pathogenic factors: If the pathogenic *qi* is very strong, it will be more likely to transmit inwardly and may even enter into the three *yin* systems directly; if the pathogenic *qi* is relatively mild or is defeated by healthy *qi*, it is unlikely to transmit further inwardly, though even if it does, it is unlikely to cause a serious disease and can easily be driven out by healthy *qi* or with treatment.

Thirdly, treatment: During the onset and development of an exogenous disease, timely and appropriate treatment is very important and has great impact on the transmission and changes of the disease.

The continuing onset of a cold-induced disease is not only the result of meridian transmission but also a result of the direct attack of cold into a meridian; this is especially true for the three *yin* meridian syndromes. Direct attack means that pathogenic factors do not go through the *taiyang* stage or any of the three *yang* meridian stages but directly attack the *yin* meridians. The cause of this direct contact is a deficiency of healthy *qi* in the body, making it impossible to resist invasion by pathogenic factors and leading to the pathogens bypassing the *yang* meridians and going directly to the *yin* meridians.

Meridians may be affected separately, or two or three meridians may be affected together. So combination of syndromes (*he bing*) and overlapping of syndromes (*bing bing*) are seen with the six-meridian syndromes. For example, in the Treatise on Cold-Induced Diseases there are *taiyang* and *yangming* combination of syndromes, *taiyang* and *shaoyang* combination of syndromes, *yangming* and *shaoyang* combination of syndromes, an all three *yang* meridians combination of syndromes, as well as the overlapping of syndromes wherein a *taiyang* syndrome is complicated by *shaoyang* involvement, a *taiyang* syndrome is complicated by *yangming* involvement and a *shaoyang* syndrome is complicated by *yangming* involvement.

2. 2. 3. 2 Transmission within the defense-*qi*-nutrient-blood systems

Transmission through the defense (*wei*)-*qi*-nutrient (*ying*)-blood systems refers to the pathological changes that occur in the four sequentially deeper systems referred to as the defense, *qi*, nutrient and blood systems that are observed as a warm disease progresses. A syndrome of defense system is the early level of a warm disease when the pathogen is located in the lung defense system; a syndrome of *qi* system is the middle level of a warm disease when the pathogens are located in the lung, stomach, bowels, gallbladder and spleen; a syndrome of nutrient system is a more serious level of warm disease seen when the warm pathogenic factor has penetrated into the interior and is located in the heart and pericardium; a syndrome of blood system is the terminal level of a warm disease when the pathogens have finally located in the heart, liver and kidney.

Transmission within the defense-*qi*-nutrient-blood systems usually starts in the defense system and then moves to the *qi* system, from there it goes to the nutrient system and in its final stages on to the blood system. This is called "sequential transmission", and reflects the progress of the pathogenic factors advancing from the exterior to the interior, from shallow to deep and from mild to severe. This is the general pattern of transmission for warm diseases. However, since each individual's constitution is different, and the nature of pathogenic factors differs, there may be special patterns of transmission or non-transmission. Non-transmission means that pathogenic factors attack the defense system and are expelled with an appropriate therapy, thus curing the disease. Special transmission has two meanings. Firstly, it refers to pathogenic factors going directly from the defense system to the pericardium, which is called "reverse transmission" (table 2-2-4). Secondly, it refers to diseases that at the beginning start from the interior *qi* or nutrient and blood systems, and then the pathogenic factor moves into a shallower system and the disease is cured gradually. Diseases of this type, with interior syndromes at the early stage, usually relapse easily and are more serious. In addition, there are some special syndromes: "disease of both defense and *qi*", which occur when a syndrome of *qi* system appears before the syndrome of defense system is relieved; and the syndrome of "blazing of both *qi* and nutrient", "blazing of both *qi* and blood", which are due to a syndrome of nutrient system occurring before there is a syndrome of *qi* system; it is also possible for there to be syndromes in all of the systems—defense, *qi*, nutrient and blood—at the same time. This is a very serious condition caused by very a powerful warm heat pathogen successfully attacking the exterior and interior at the same time.

Table 2-2-4 Sequential and reverse transmission

Transmission	Summary
Sequential transmission	Pathological changes go from the defense system → *qi* system → nutrient system → blood system. This reflects the progress of pathogenic factors from the exterior to the interior, gradually going from shallow to deep, and reflects that the duration of the disease is advancing and changing from excess to deficiency
Reverse transmission	After the defense system, the disease does not go to the *qi* system stage but directly advances to the nutrient and blood systems. In fact, this is a special type of "sequential transmission" but is more urgent and serious

2.2.3.3 Transmission within the triple energizer

Transmission within the triple energizer refers to diseases moving from the upper and/or middle energizers through to the lower energizer. Pathogenic factors generally start from the lung meridian of hand *taiyin* of the upper energizer and transmit to the middle energizer *yangming* or to the pericardium. If they are not cured, they will then mostly transmit to the liver and kidney of the lower energizer. When the progress of the pathogenic factors starts from the lung meridian of hand *taiyin* of the upper energizer and transmits to the *yangming* of the middle energizer this is called sequential transmission; when the progress of the warm pathogenic factor goes from the lung meridian of hand *taiyin* of the upper energizer to the pericardium meridian of hand *jueyin*, this is called reverse transmission. However, the routes of transmission are not totally fixed because the human body is an organic whole and it is also possible that pathogenic factors will transmit in an idiosyncratic pattern within a given individual. As the pathogen works its way into the body, sometimes the middle energizer syndrome appears before the upper energizer syndrome is relieved, and sometimes the lower energizer syndrome occurs while the upper energizer syndrome is still present.

Comparative summary of the three routes of transmission is shown in the table 2-2-5.

Table 2-2-5 Comparative summary of the three routes of transmission

Transmission	Patterns of transmission
Transmission through the six meridians	*Taiyang* meridian → *yangming* meridian → *shaoyang* meridian → *taiyin* meridian → *shaoyin* meridian → *jueyin* meridian
Transmission through the defense-*qi*-nutrient-blood systems	Defense system → *qi* system → nutrient system → blood system
Transmission through the triple energizer	Upper energizer hand *taiyin* lung → middle energizer *yangming* stomach → lower energizer liver and kidney

2.2.3.4 Relationship between defense-*qi*-nutrient-blood syndrome differentiation and triple energizer syndrome differentiation

There are both similarities and differences between defense-*qi*-nutrient-blood syndrome differentiation and triple energizer syndrome differentiation.

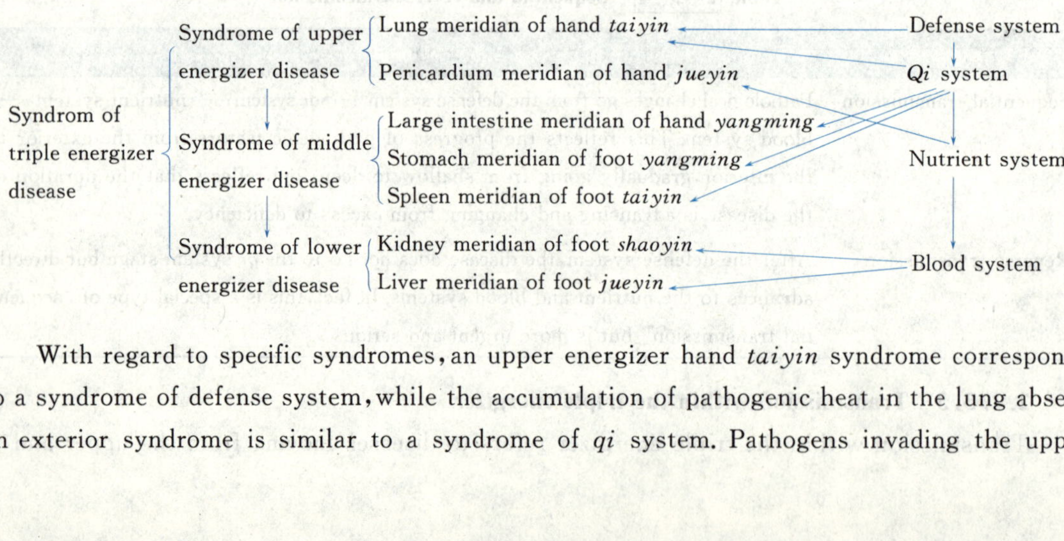

With regard to specific syndromes, an upper energizer hand *taiyin* syndrome corresponds to a syndrome of defense system, while the accumulation of pathogenic heat in the lung absent an exterior syndrome is similar to a syndrome of *qi* system. Pathogens invading the upper energizer pericardium produce syndromes related to a syndrome of nutrient system though they are quite different from syndrome of nutrient system in their pathogenesis: the former is caused by pathogenic heat invading the pericardium leading to blockage and a disturbance of the mind; the latter is caused by heat consumes nutrient *yin*(nutrient *yin* fluid) leading to a disturbance of the mind. Syndrome of *qi* system consists of not only the syndrome of *yangming* stomach and large intestine meridians and spleen meridian of foot *taiyin* syndromes, but also syndromes caused by pathogenic factors that are not in the defense system and do not invade the nutrient and/or blood systems. A lower energizer syndrome is markedly different from a syndrome of blood system which both moves and consumes blood. The former is a deficiency syndrome which is caused by pathogenic heat consuming true *yin*, blood and essence of the kidney and liver; the latter pertains to an excess syndrome or an excess syndrome complicated by deficiency and is caused by severe heat invading the blood system but whose location is not limited to the lower energizer.

In the clinic, the two methods of syndrome differentiation are usually practiced together as needed to provide different kinds of information. Generally speaking, the depth and tendencies of the disease are analyzed using the defense-*qi*-nutrient-blood syndrome differentiation method, and then the location of the disease is confirmed using the triple energizer syndrome differentiation method. Defense-*qi*-nutrient-blood syndrome differentiation mainly reflects the dysfunction and impairment of the defense-*qi*-nutrient-blood systems, though it may also reveal dysfunctions of the related *zang-fu* organs. Triple energizer syndrome differentiation, however, reflects the pathogenesis of defense-*qi*-nutrient-blood systems only to a certain extent. As these two methods focus on different aspects of a warm disease and its related disease process, they work best if used together; this will increase the accuracy of the diagnosis with regard to the depth, focus, type, tendencies and outcome of the disease as well as helping to guide the treatment.

Summary

Exogenous diseases are characterized by obvious seasonality. Their main etiologies include the six exogenous factors—wind-heat, wind-cold, summer-heat, damp-heat, summer-damp and dryness-heat. As warm toxin pathogens and pestilence are of a nature similar to warm-heat, they are studied along within warm pathogens. Though the pathogenic natures of the various pathogens are different, they also have certain things in common—they are all contracted from exterior pathogens, have rapid onset with early presentation of fever and aversion to cold, and are closely associated with a season. Under certain conditions the pathogens can also change into each other; for example, cold stagnation can transform into heat, intense heat can cause dryness, and steaming heat has the potential to cause mobile dampness. The pathogenic factors are, at the same time, *zang-fu* organs selective, e. g. wind-heat is more likely to attack the lung meridian of hand *taiyin*; summer-heat typically attacks the stomach meridian of foot *yangming*; damp-heat attacks the spleen meridian of foot *taiyin*, etcetera. Diagnosis can be complicated and so it is necessary to "examine the syndrome and seek the cause" and in this way obtain the appropriate treatment.

Many factors have an impact on the development and spread of exogenous diseases. These include constitutional factors, natural factors and social factors, nutrition, hygiene, epidemic prevention policies, etcetera. All these factors work together and have an impact on the development and spread of exogenous disease. The pathogenic factors may spread via the air, food and/or direct contact. Based on their clinical manifestations exogenous diseases may be divided into three classes: newly contracted warm diseases, latent warm diseases and diseases involving two or more meridians simultaneously or sequentially.

The routes of transmission seen with exogenous diseases include six-meridian transmission, defense-*qi*-nutrient-blood transmission and triple energizer transmission. The six-meridian transmission pattern is used when diagnosing cold-induced disease; the defense-*qi*-nutrient-blood transmission pattern is used when diagnosing warm disease, and refers to a disease's progress through the defense, *qi*, nutrient and blood systems. When the pathogens move from the defense or *qi* system to the nutrient or blood system, it indicates that the disease is worsening; while when the pathogens move from the nutrient or blood system to the defense or *qi* system, this reflects a favorable change or recovery. Triple energizer transmission refers to changes in a disease's location within the upper, middle and lower energizers.

2.3 Main Methods of Syndrome Differentiation of Exogenous Diseases

2.3.1 Six-meridian syndrome differentiation

The six meridians include the *taiyang*, *yangming*, *shaoyang*, *taiyin*, *shaoyin* and *jueyin*. In the Treatise on Cold-Induced Diseases, the six meridians are used as the theoretical framework underlying syndrome differentiation and the formulation of treatment. Six-meridian syndrome differentiations in the Treatise on Cold-Induced Diseases are a systematic and practical method for differentiating exogenous disease syndromes. They were developed out of the accumulated clinical experiences of pre-*Han* Dynasty in combination with six-meridian theory discussed in Chapter 31 (*Re Lun*: Discussion of Heat) of Plain Questions. In this chapter, however, the references to the six meridians were impractical for use in syndrome differentiation. In Plain Questions, the six meridians are only used as a method of classifying diseases into different patterns based on the meridians involved. Furthermore, only heat and excess syndromes are discussed. In the Treatise on Cold-Induced Diseases, the six meridians actually include the *zang-fu* organs in addition, to the meridians and collaterals. Within the text, the six-meridian syndrome differentiation system is used for making a diagnosis and giving a treatment strategy. The six-meridian syndromes cover not only heat and excess syndromes but also cold and deficiency ones. With this system of syndrome differentiation a practitioner is able to analyze, sum up and synthesize the clinical information pertaining to a patient and to judge the focus of the disease, the nature of the pathogen, the waxing and waning of healthy *qi* or pathogenic *qi*, and to determine whether there is a favorable or unfavorable prognosis. Six-meridian syndrome differentiation is mainly used for the differentiation of exogenous diseases.

Specifically, for example, when wind-cold damages the exterior, symptoms such as aversion to cold, fever, headache and painful stiff nape, floating pulse, etcetera, can manifest. This constellation of symptoms is known as *taiyang* syndrome and is caused by pathogenic *qi* invading the *taiyang* meridian; it results from healthy *qi* struggling with pathogenic *qi* in the exterior. When pathogenic *qi* invades the interior, symptoms such as fever without chills, thirst, sweating, potential abdominal pain and distension made worse with pressure, and constipation might present. This constellation of symptoms is reflective of the presence of dryness-heat in the stomach and large intestine and is a *yangming* disease. If pathogenic *qi* has left the exterior, but has not yet truly invaded the interior, it is termed half in and half out. Symptoms such as alternating chills and fever, distressing fullness in chest and hypochondrium, lack of appetite restlessness with a desire to vomit, bitter taste in mouth, dry throat, dizzy vision, etcetera, may be seen. This is a gallbladder fire syndrome complicated by *qi* stagnation and abnormal *qi* movement; it is considered a *shaoyang* disease. The three *yang* meridian syndromes are caused by an invasion of exogenous pathogenic factor; however, although the invading pathogen is strong, the individual's healthy *qi* is not weak meaning that these syndromes are usually excess heat syndromes.

When pathogens invade the three *yin* meridians, it can cause a *yin* meridian syndrome. A *taiyin* syndrome results from a middle energizer *yang* deficiency leading to an accumulation of cold-damp, and which manifests as vomiting, diarrhea, anorexia, abdominal distension and pain relieved by warmth and pressure, etcetera. A *shaoyin* syndrome manifests as aversion to cold, lassitude, cold limbs, diarrhea with undigested food, mental fatigue, a sunken, faint and thready pulse. A *jueyin* syndrome is a syndrome of heat in the upper half of the body and cold in the lower half or cold-heat in complexity and manifests as wasting and thirst, the upward floating of *qi* to the heart, chest pain with a feverish sensation, hunger with no desire to eat, or vomiting of ascarid worms, or vomiting, diarrhea, etcetera (table 2-3-1). The three *yin* meridian syndromes are marked by deficiency and cold as well as impairment of healthy *qi*. The six-meridian syndrome differentiation system is a systematic summary of six types of syndromes embodying the six stages of exogenous cold-induced disease as well as showing the relationship between the six meridians, the *zang-fu* organs and the eight principles.

Table 2-3-1 Six-meridian syndrome differentiation

Syndrome	Pathogenesis	Key points for syndrome differentiation
Taiyang syndrome	Pathogen invades the meridians, healthy *qi* and pathogenic *qi* struggle in the exterior	Aversion to cold, fever, headache and painful stiff nape, floating pulse

Continued

Syndrome	Pathogenesis	Key points for syndrome differentiation
Yangming syndrome	Pathogen invades the interior transforming into heat	Fever without chills, thirst, sweating, or abdominal pain made worse with pressure, constipation
Shaoyang syndrome	Pathogen struggling with healthy *qi* in a location half inside and half outside	Alternating chills and fever, distressing fullness in chest and hypochondrium, loss of appetite, restlessness with a desire to vomit, bitter taste in mouth, dry throat, dizzy vision
Taiyin syndrome	Middle *yang* deficiency causing endogenous cold-damp	Vomiting, anorexia, abdominal pain and distension relieved with warmth and pressure
Shaoyin syndrome	Heart-kidney *yang* deficiency, *yin*-blood deficiency	Aversion to cold, lassitude, cold limbs, diarrhea with undigested food, mental fatigue, sunken, faint and thready pulse
Jueyin syndrome	Upper heat and lower cold, or complexity cold-heat in	Thirst, upward floating of *qi* to the heart, feverish sensation in the chest with pain, hunger with no desire to eat, vomiting of ascarid worms, or vomiting, diarrhea

2.3.2 Defense-*qi*-nutrient-blood syndrome differentiation

This method of syndrome differentiation was first proposed by Ye Tianshi, a famous *Qing* Dynasty scholar of warm disease theory. He created a syndrome differentiation method for warm disease in which four ever deepening systems—the defense(*wei*) system, the *qi* system, the nutrient (*ying*) system and the blood(*xue*) system—are distinguished during the inward progression of a warm disease. The theory sheds light on the depth, severity and transmission pattern of a warm disease. It is both a high (level) summarization and a useful tool in determining an appropriate treatment.

Physiologically, the defense, *qi*, nutrient and blood systems are produced by food and water and are essential to maintaining human activity. They are distributed in different layers of the body, wherein the defense is distributed in the skin; *qi* fills and nourishes the whole body; the nutrient circulates in the vessels; and blood is formed when the nutrient pores into the vessels and is transformed into(a) red(substance). As a result, the distribution of the defense and *qi* is superficial to that of the nutrient and blood. The function of the defense is to defend the skin and thereof protect the body from exogenous pathogen attack, as well as to regulate the dermal interstices and body temperature. When the defensive exterior is functioning normally, exogenous pathogens are unable to invade the body because of the strong defensive qualities of the skin. *Qi* is the life force generated by the *zang-fu* organs and is, in part, another manifestation of the defensive functions of the human body. When exogenous pathogens attack the body, *qi* gathers at the locus and contends with the invading exogenous pathogens. The nutrient is a refined substance and acts to nourish the body. Blood is similar to the nutrient in function, nourishing and lubricating the body. Ye Tianshi proposed the four system syndrome differentiation method, however, the concepts of defense, *qi*, nutrient and blood used in the system are related to but slightly different from the actual physiological concepts. In Ye's theory, the defense, *qi*, nutrient and blood are four stages of a warm disease and have inherent within them a specific etiology and pathogenesis.

Whenever warm-heat invades the body, the defensive function is stimulated resulting in a series of specific reactions. At the same time, though, pathogenic warm heat can also cause dysfunction and impairment of function within the defense, *qi*, nutrient and/or blood systems. Generally speaking, the pathological reactions seen in defense and *qi* system syndromes are associated mainly with functional disorders of the body, while those of the nutrient and blood systems are associated with actual physical damage.

The purpose of using four system syndrome differentiation is to firstly confirm the depth of a warm disease; to secondly determine the syndrome and nature of the warm disease; and to thirdly determine an appropriate treatment strategy based on the above information.

A syndrome of defense system is caused by warm-heat pathogens attacking the exterior of the body leading to dysfunction of the defensive *qi*. This syndrome is the early stage of a warm disease.

A syndrome of *qi* system is an interior heat and excess syndrome in which pathogenic warm-heat transmits to the *zang-fu* organs in a patient with adequate healthy *qi*. The struggle between the healthy *qi* and the excessive pathogenic *qi* is marked by intense internal heat manifestations. A syndrome of *qi* system can involve the lung, stomach, spleen, intestines, gallbladder, *mo yuan* (pleuro-diaphragmatic interspace), diaphragm, chest, etcetera. The difference between a syndrome of *qi* system and the other three systems is that in a syndrome of defense system, there are such symptoms as aversion to cold or wind while in the syndromes of nutrient and blood system there are macula and papule, as well as a deep-red tongue, none of which are present in a syndrome of defense system.

A syndrome of nutrient system is caused by pathogenic warm-heat invading the interior where it consumes nutrient-*yin* and disturbs the mind. This is a relatively serious stage in the interiorization process of a warm disease. Pathogenic *qi* invasion into the nutrient system can be recognized by the manifestation of the following: First, a fever which worsens at night. This is different from both the fever and aversion to cold seen in the syndrome of defense system and from the aversion to heat alone seen in a syndrome of *qi* system. The second identifying symptom is varying degrees of disturbed spirit restlessness and insomnia in mild cases, even delirium in severe cases. A syndrome of *qi* system can sometimes also present with symptoms of a disturbed spirit, but does not have any other characteristic nutrient system symptoms. The third identifying symptom is a deep-red tongue, usually without coating. This was described by Ye Tianshi when he said: "When pathogenic warm heat moves to the nutrient system, the patient's tongue will necessarily be deep-red." From this it can be seen that a deep-red tongue is representative of unique changes in the tongue and is an important index of pathogenic heat transferring into the nutrient system.

A syndrome of blood system is caused by pathogenic warm-heat invading the blood leading to disturbance of the blood, stirring up of internal wind and consumption of *yin*. It is the most critical stage of a warm disease and usually involves the lung, liver and kidney. A syndrome of blood system develops from a syndrome of nutrient system and more seriously impairs the *zang-fu* organs and meridians. The difference between a syndrome of nutrient system and blood system is that the blood system is more serious and urgent, involves multiple locations, presents with hemorrhage from multiple orifices, has obvious macula and papule and a deep-crimson tongue. A syndrome of nutrient system may present with mild disturbances of the blood vessels like faint rashes, but there is no overt bleeding. In the syndromes of blood system the tongue changes from deep-red to an even darker deep-crimson. A syndrome of blood system is the critical stage of a warm disease. If it is treated promptly and adequately, heat in the blood system can be eliminated and healthy *qi* can then gradually recover. However, if the heat in the blood system is intense and healthy *qi* is defeated by pathogenic *qi*, the patient may die from blood stagnation in the meridians, failure to the *zang-fu* organs, and/or acute hemorrhage, *qi* follows the escaping blood.

Differentiation of defense, *qi*, nutrient and blood system syndromes is shown in the table 2-3-2.

Table 2-3-2 Differentiation of defense, *qi*, nutrient and blood system syndromes

Syndrome		Pathology	Clinical manifestations	Key points for syndrome differentiation
Syndrome of defense system		Pathogenic warm attacks the lung, lung and defensive *qi* failure	Fever, a slight aversion to wind and cold, headache, difficulty sweating, slight thirst, cough or sore throat, thin white coating, floating rapid pulse	Fever, a slight aversion to wind and cold, floating rapid pulse
Syndrome of *qi* system		Pathogens invade the *qi* system, interior heat rises	Fever, no aversion to cold, sweating, thirst, yellow urine, red tongue with yellow coating, rapid pulse	Fever, no aversion to cold, yellow coating
Syndrome of nutrient system		Heat consumes nutrient-*yin* and disturbs the mind	Fever which worsens at night, thirst with no desire to drink, restlessness, even delirium, macula and petechia, deep red tongue, rapid wiry thready pulse	Fever which worsens at night, restlessness, unclearly expressed rash, deep-red tongue
Syndrome of blood system	Excess-heat	Extravasation, intense heat disturbs the mind	Fever which worsens at night, restlessness, delirium, syncopic convulsion, hemorrhage, deep crimson tongue, rapid wiry thready pulse	Fever, restlessness, hemorrhage, deep crimson tongue
	Deficiency-heat	Heat damages genuine *yin*, internal deficiency wind	Low-grade fever, malar flush, feverish sensation in palms and soles, restlessness, palpitation, sore throat, restless movement of hands and feet, or even clonic convulsions, spiritual tiredness, hearing loss, dry crimson tongue with little coating, empty and rapid pulse or knotted and intermittent pulse	Low-grade fever, feverish sensation in palms and soles, clonic convulsions, dry crimson tongue with little coating

2.3.3 Triple energizer syndrome differentiation

The triple energizer is the general term for the upper, middle and lower energizers; there are two aspects to its meaning: One is a reference to its place as one of the six *fu* organs where it functions as a passage connecting the internal organs. Original *qi* and body fluids are transported in this channel and the ascending, descending, exiting and entering functions of *qi*, as well as functions involving the transportation and excretion of body fluids all depend on the normal functioning of the triple energizer. The second understanding of the triple energizer is a purely anatomical one. The area above the diaphragm is called the upper energizer; the area from the diaphragm to the umbilicus is the middle energizer; and the area below the umbilicus is the lower energizer. In this section, the anatomical concept of the triple energizer is used.

Triple energizer syndrome differentiation was first proposed by Wu Jutong in the *Qing* Dynasty. It is based on the concepts in the triple energizer theory seen in Canon of Medicine. Wu classified warm disease syndromes into syndromes of the upper, middle and lower energizer to illustrate the pathology, manifestations and transmission of warm diseases within the *zang-fu* organs and to guide treatment.

The pathological changes and manifestations of the *zang-fu* organs related to the triple energizer signified different pathological stages of a warm disease. Upper energizer syndrome mainly consists of hand *taiyin* lung and hand *jueyin* pericardium syndromes. The hand *taiyin* lung syndrome is the beginning stage of a warm disease. Middle energizer syndrome mainly consists of hand *yangming* large intestine, foot *yangming* stomach and foot *taiyin* spleen syndromes. Spleen and stomach are middle energizer organs—with the stomach controlling dryness and the spleen controlling dampness. Pathogens invading the *yangming* stomach are more likely to transform into dryness and mostly present as syndromes of interior heat and excessive dryness. Pathogens invading the *taiyin* spleen are more likely to transform into dampness and would be categorized as a damp-warm disease. Lower energizer syndrome mainly consists of foot *shaoyin* kidney and foot *jueyin* liver syndromes. Those syndromes often present as liver-kidney *yin* deficiency and are classified as the later stages of warm diseases.

2.3.3.1 Upper energizer syndromes

These are syndromes caused by warm-heat invading the hand *taiyin* lung or hand *jueyin* pericardium meridians. They are usually seen in the early stages of a warm disease.

Lung dominants *qi*, and relates to the defense system. Warm-heat upper energizer syndromes may involve both the lung and the defense system, or may simply involve the accumulation of pathogenic heat in the lung accompanied by a very mild syndrome of defense system. In serious cases, warm-heat pathogens may counterflow back to the pericardium.

2.3.3.2 Middle energizer syndromes

These syndromes are caused by warm-heat attacking the spleen and stomach. The pathogens can transform into either dryness or dampness and are commonly seen in the middle and extreme stages of a warm disease.

Warm pathogens move from the upper energizer to the middle energizer, i. e. the spleen and stomach. If the pathogen transforms into dryness, it can cause *yangming* dryness-heat impairing the *yin* syndrome. If the pathogen transforms into dampness, it can cause a *taiyin* damp-heat syndrome.

2.3.3.3 Lower energizer syndromes

These syndromes are caused by warm-heat attacking the lower energizer and consuming liver and kidney *yin*. They are normally seen in the later stages of a warm disease.

Triple energizer syndrome differentiation is shown in the table 2-3-3.

Table 2-3-3 Triple energizer syndrome differentiation

Syndrome		Pathology	Clinical manifestations	Key points for syndrome differentiation
Upper energizer	Hand *taiyin* lung	Pathogens attack the lung and defense system, lung *qi* failure	Fever, a slight aversion to wind and cold, headache, slight thirst, cough, thin white tongue coating, floating rapid pulse	Fever, a slight aversion to wind and cold, cough, floating rapid pulse
		Accumulation of pathogenic heat, lung-*qi* blockage	General fever, sweating, thirst, cough, shortness of breath, feeling of oppression in chest and pain, red tongue with yellow coating, rapid pulse	General fever, thirst, cough and shortness of breath, yellow coating, rapid pulse
	Hand *jueyin* pericardium	Pathogenic factors invade the pericardium, mind becomes obstructed	General fever, syncope with cold limbs, delirium or silent befuddlement, sluggish tongue, deep-red tongue	Delirium, general fever, syncope with cold limbs, sluggish tongue, deep-red tongue
Middle energizer	Foot *yangming* stomach	Intense stomach heat rises to the exterior	Fever, no aversion to cold but aversion to heat, flushed face, sweating, thirst, rough breathing, red tongue with dry yellow coating, surging rapid pulse	Fever, sweating, thirst with a desire to drink, dry yellow coating, surging rapid pulse
	Hand *yangming* large intestine	Heat accumulation in the intestine, obstruction of *fu*-organ *qi*	Late afternoon tidal fever, deep harsh voice, abdominal distress or pain, constipation, difficulty urinating, yellow scorched dry coating, sunken full pulse	Tidal fever, constipation, dry yellow coating, sunken full pulse
	Foot *taiyin* spleen	Damp-heat accumulation in the spleen, obstruction of *qi* movement	Unsurfaced fever, sweating without defervescence, heavy body and lassitude, stuffiness and oppression in the epigastrium, nausea and vomiting, greasy tongue coating, soggy moderate pulse	Unsurfaced fever, lassitude, stuffiness in the epigastrium, greasy tongue coating, soggy moderate pulse

Continued

Syndrome		Pathology	Clinical manifestations	Key points for syndrome differentiation
Lower energizer	Foot *shaoyin* kidney	Long retention of pathogenic heat consumes kidney-*yin*	General fever, malar flush, feverish sensation in palms and soles and dorsum of hands and feet, dry mouth and sore throat, listlessness, empty pulse	Feverish sensation in palms and soles of hands and feet, dry mouth and sore throat, listlessness, empty pulse
	Foot *jueyin* liver	Water fails to nourish wood, endogenous deficient wind	Low-grade fever, clonic movement of hands and feet, and perhaps even clonic convulsions, rapid throbbing of the heart, dry deep-red tongue with little coating, empty weak pulse	Clonic movement of hands and feet, and perhaps even clonic convulsions, dry deep-red tongue with little coating, empty weak pulse

Summary

Six-meridian syndrome differentiation, defense-*qi*-nutrient-blood syndrome differentiation and triple energizer syndrome differentiation are the three main methods used in the syndrome differentiation of exogenous diseases. In six-meridian syndrome differentiation, syndromes are classified into three *yang* meridian syndromes (*taiyang* disease, *yangming* disease and *shaoyang* disease) and three *yin* meridian syndromes (*taiyin* disease, *shaoyin* disease and *jueyin* disease). The syndromes are reflective of the nature of the struggle between pathogenic *qi* and healthy *qi*, the location of the disease and its favorable or unfavorable development. The defense-*qi*-nutrient-blood syndrome differentiation system was first proposed by the *Qing* Dynasty physician Ye Tianshi. It is a general summary of pathogenic changes and warm disease syndromes. Triple energizer syndrome differentiation was proposed by Wu Jutong in the *Qing* Dynasty, and it is based on the triple energizer theory seen in Canon of Medicine. Within this system, warm disease syndromes are classified into three categories, i. e., upper, middle and lower energizer syndromes to illustrate the clinical manifestations and transmission patterns which are then in turn used to assist in selecting an appropriate treatment.

2.4 Prevention and Therapeutic Principles of Exogenous Diseases

In clinical practice, the treatment strategies for exogenous diseases are formulated based on syndrome differentiation diagnoses. Appropriate formulas are chosen to expel pathogens, regulate the inner environment, strengthen healthy *qi* and promote recovery.

Adequate and timely treatment can relieve symptoms and ensure an early recovery. In the event of an infectious warm disease, this can help prevent the spread of the disease. In the clinic, the establishment of an appropriate therapeutic method is of premier importance. This was described in the *Ling Zheng Zhi Nan Yi An* (Medical Records as a Guide to Clinical Practice) by Hua Xiuyun when he stated: "An appropriate therapeutic method is designed based on medical theory. Giving treatment without following a good therapeutic principle violates medical practice".

2.4.1 Main therapeutic methods used in treating exogenous diseases

Because of the complexity and variety of exogenous diseases, nearly all TCM therapeutic methods are used in their treatment. In the following section, the major therapeutic methods are discussed, including releasing superficies, clearing heat, harmonizing, eliminating dampness, downward purging, resolving stasis, resuscitation, extinguishing wind, nourishing *yin*, and restoring *yang* collapse.

2.4.1.1 Discharging defense system and releasing superficies method

Discharging defense system and releasing superficies is a method of resolving pathogens by discharging or "blowing out" the defense system so as to expel invading pathogens from the body.

This method is referred to as "diaphoretic (or sweating) therapy" in the eight traditional methods and is suitable for use at the beginning of an exogenous disease when the pathogen remains in the defensive exterior. It is mainly used to induce perspiration, expel pathogens and promote the eruption of rashes (in diseases like measles). Owing to the variety of types of pathogens that can cause defensive exterior syndromes, including wind-cold, wind-heat, summer-heat, damp-heat, and dryness-heat, the method may be further divided into the following: Release exterior and muscle layer with pungent-cool is used to release wind-heat from the defensive exterior with pungent-cool herbs; release exterior with pungent-warm is used to expel cold from the exterior by inducing perspiration with pungent-warm herbs; expel external pathogens and clear summer-heat is used to expel cold from the exterior with pungent-warm herbs, while at the same time clearing summer-heat and dampness in the interior with pungent-cool and bitter-warm herbs; dispel external pathogens and resolve dampness is used to dispel dampness from the muscles and exterior with aromatic herbs; and disperse from superficies and moisten dryness is used to expel dryness-heat from the lung and defense system with pungent-cool and dryness-moistening herbs.

2.4.1.2 Clearing heat from *qi* system method

This is a therapeutic method for clearing heat from *qi* system using herbs known to clear heat from this system.

This method is referred to as "clearing therapy" in the eight traditional methods and is suitable for syndromes characterized by severe heat in the interior *qi* system but that are not complicated by other substantial pathogenic evils such as dry stool, food stagnation, phlegm-damp or stagnant blood. This method is mainly used to clear heat, preserve body fluid, quench thirst, cure restlessness and remove formless heat from the body or to resolve it inside the body. The syndrome of *qi* system is the stage of a warm disease when healthy *qi* and pathogens conflict most fiercely. If pathogenic heat is not timely cleared, it will settle in the *yangming*, enter even further into the nutrient or blood systems, or even lead to such very dangerous conditions as dryness of the body fluids, obstruction of the orifices, stirring up of inner wind and/or depletion of healthy *qi*. For this reason, clearing and releasing heat from the *qi* system improves the effectiveness of the treatment for an externally contracted disease, and is key to improving the patient's prognosis. Based on differences in the location of the illness and the nature of the pathogenic factor(s) involved, the method of clearing heat from the *qi* system may be further divided into the following types: Gently ventilating the *qi* system is used to promote the movement of *qi* to expel heat out of the body with mild heat-clearing herbs; clearing heat from the *qi* system with pungent-cold is used to vigorously expel heat from the body; and clearing heat and purging fire is used to clear interior heat, purge fire and remove toxins directly with bitter-cold heat-clearing and toxicity-relieving herbs.

2.4.1.3 Downward purging to expel pathogens method

This is a therapeutic method used to drain excessive interior heat from the body by downward purging. It is categorized as "purgative therapy" of eight traditional methods. This method is suitable for syndromes with substantive excessive pathogenic factors accumulating in the bowels or the lower energizer, including such conditions as heat accumulation in the bowels, dampness and heat stagnation in the stomach and bowels, etcetera. It is mainly used to the unblock the bowels and purge heat, thereof resolving the constipated bowels. Due to differences in the location and nature of the substantial pathogenic factors involved, this method may be further divided into the following types: Unblocking the bowels and purging heat is used to drive out excessive heat and dry stools with bitter-cold purging herbs; guiding out stagnation and moving the bowels is used to drive out dampness and heat stagnation in the stomach and bowels; and increasing the fluids while purging is used to purge heat stagnation in the bowels with downward purging while at the same time nourishing *yin*.

When using this method, modification should be made to the prescription used based on the constitution of the patient and the actual pathogens causing the problem. For example, in the treatment of *fu*-organ excess syndrome accompanied by healthy *qi* deficiency, purging herbs should be used together with healthy *qi* supporting herbs; in the treatment of *fu*-organ excess syndrome with lung *qi* failing to descend, purging herbs should be used together with lung ventilating herbs; in the treatment of *fu*-organ excess syndrome with heat accumulating in the small intestine, purging herbs should be combined with intestinal heat clearing herbs; in the treatment of *fu*-organ excess syndrome with heat retention in the pericardium, purging herbs should be used together with herbs for resuscitation; and in the treatment of *fu*-organ excess syndrome with severe heat in the *yangming*, purging herbs should be combined with herbs for clearing *qi* system heat.

2.4.1.4 Harmonizing to expel pathogens method

This method is used to eliminate the half-exterior/half-interior pathogens through the use of harmonizing, free flow draining, separating (the clear from the turbid) and dispelling (dampness).

This method is categorized as "harmonizing therapy" in the eight traditional methods, and its indications include exogenous pathogens that linger in the half-interior/half-exterior positions of the *shaoyang* meridian, the triple energizer, or the *mo yuan*. Application of the harmonizing and resolving pathogens method is used to vent and resolve pathogenic heat, improve interior free flow and drain the separated out pathogenic factors, and to ventilate and open the movement of *qi* so that the pathogen in question is given exit and interior harmony is restored. In the treatment of exogenous diseases, the following methods of harmonizing and resolving pathogens are commonly used: Clearing/draining the *shaoyang*, clearing half-interior/half-exterior pathogenic heat from the *shaoyang* meridian, harmonizing/descending stomach phlegm-damp; separating, resolving and draining, ventilating and benefiting the movement of *qi* (thus facilitating its functional activities), clearing and transforming pathogenic heat, phlegm-damp from the triple energizer; reaching and opening the *mo yuan*, and expelling damp-heat and turbidity from the *mo yuan* by using herbs that promote the free flow of *qi* and that expel pathogens.

Harmonizing methods are used in half-interior/half-exterior syndromes. They are usually regarded as a sub-category of *qi* system syndrome treatment; however, they are different from regular *qi* system clearing therapies. In general, the clearing heat means used in harmonizing methods is comparatively mild, and is mostly accompanied by some means to resolve phlegm-damp. Specifically, the therapeutic method of harmonizing and resolving (or clearing/draining) the *shaoyang* is indicated when treating pathogenic factors in the foot *shaoyang* gallbladder meridian; the therapeutic method of separating, resolving and draining is used when pathogenic factors are located in the triple energizer but there is no evidence of pathogenic dampness transforming into heat; while the therapeutic method of reaching and opening the *mo yuan* is used where pathogenic factors are located in the *mo yuan* and there is severe stagnation of/blockage by damp-heat and turbidity.

2.4.1.5 Dispelling dampness and resolving heat method

This method is used for eliminating damp-heat by dispelling dampness and resolving heat. It is applied in damp-heat natured exogenous diseases.

This method works mainly via ventilating and opening up the movement of *qi* (thus facilitating its functional activities), activating the spleen, harmonizing the stomach, and opening up the waterways (promoting urination). Clinically speaking, in diseases caused by a combination of dampness and heat, the dampness and turbidity associated with the *yin* pathogen are so sticky and difficult to eliminate that the disease tends to linger for a long period of time. In any syndrome complicated by dampness, the dampness must be dispelled, otherwise heat will also be difficult to eliminate. Ye Tianshi once said: "If dampness is not removed, then heat can not be dispelled." During the treatment of an exogenous disease, commonly used therapeutic methods of dispelling dampness and resolving heat are generally categorized as follows: Ventilating *qi* and dispelling dampness, which uses aromatic and venting herbs to provide exit for and to transform exterior pathogenic damp-heat; drying dampness and clearing heat, which uses pungent, dispersing, bitter and descending herbs to dry dampness and clear heat; and separating (the turbid) and promoting urination (to eliminate) pathogenic dampness, which uses bland micturation-promoting herbs to promote urination and eliminate damp-heat pathogens via the urine.

The three methods of dispelling dampness mentioned previously are representative of the therapeutic method of dispelling dampness and clearing heat, and each covers a certain range of indications respectively. Ventilating *qi* and dispelling dampness is primarily used for a syndrome wherein dampness outweighs heat; drying dampness and clearing heat is used in syndromes wherein there is severe dampness together with intense heat; whereas separating (the turbid) and promoting urination is used to promote urination and thereof eliminate dampness in the lower energizer damp-heat syndromes. However, in clinical practice these methods are often used in combination. For example, bland tasting herbs that promote urination may not only be utilized in clearing damp-heat from lower energizer, but also may be chosen as complement to the main herbs chosen in prescriptions addressing damp-heat syndromes in the upper and middle energizers. This is the application of the saying "the therapeutic method of promoting urination is essential for removing dampness."

2.4.1.6 Clearing nutrient and cooling blood method

This method is used for clearing heat from nutrient and blood systems which it achieves by clearing nutrient and purging heat, cooling blood and eliminating toxins, nourishing *yin* fluid, and unblocking the collaterals dissipating stagnant blood.

This method is categorized as a "clearing method" within the eight traditional methods, though its indications are specific to the treatment of exogenous diseases of nutrient and/or blood systems, heat in nutrient system or heat in blood system. The therapeutic method clearing nutrient and cooling blood can be further divided into two, namely clearing nutrient and purging heat and cooling blood and dissipating stagnant blood. In the treatment of exogenous diseases, the clearing nutrient and cooling blood method may be further specified as: Clearing nutrient and purging heat, in which gentle venting and draining herbs are selected to compose a prescription that allows heat to exit out from and resolve nutrient system; the cooling blood and dissipating stagnant blood method uses herbs to cool and resolve blood system pathogenic heat, and to activate blood and dissipate stagnant blood; while the method clearing heat from both *qi* and nutrient (blood) systems, refers to the matching of herbs to clear nutrient or cool blood together with herbs to clear and resolve *qi* system heat and to thereof concurrently resolve *qi*/nutrient or *qi*/blood pathogenic heat.

The methods "clearing nutrient" and "cooling blood" are similar in some ways. However, clearing nutrient is used to enable pathogenic factors to exit, and herbs which vent and purge are therefore selected; while cooling blood is used to cool and dissipate, and herbs which activate blood and dissipate stagnant blood are thereof used. When a warm disease advances into nutrient and blood systems, the patient's condition has entered into a very serious and complicated stage. For this reason, clearing nutrient and cooling blood must be used together with other necessary therapeutic methods. As is mentioned above, they may be used concurrently with a *qi* clearing method. Also, if delirium and convulsion begin to present, then herbs to resuscitate and/or extinguish wind should be used accordingly.

2.4.1.7 Resuscitating and awakening the spirit method

The resuscitating and awakening the spirit method works by opening and activating the pericardium orifice, and thereof reviving the spirit and will.

This method is used when pathological factors invade the pericardium or phlegm-turbidity obstruct the brain orifice causing mental disturbance. This method primarily functions to clear and purge pathological heat from the pericardium, unblock the collaterals with fragrant herbs, and eliminate/transform damp-heat and phlegm-turbidity. Based on differences in function and indications, the resuscitating and awakening the spirit method can be further divided into the following subcategories: Clearing heart for resuscitation, in which herbs are used to clear away heart fire, to unblock the collaterals and induce resuscitation so as to bring the patient back to clear consciousness; and break up phlegm for resuscitation, in which herbs that clear and transform damp-heat, phlegm-turbidity are used to vent open the closed orifices and to bring the patient back to clear consciousness.

The pathogenesis of *qi* system syndrome mental disturbances is different from that seen in nutrient system syndrome. The method clearing heart for resuscitation is indicated for pathogenic factors invading the nutrient and/or blood systems. It usually requires the use of herbs to both clear nutrient and cool blood. Breaking up phlegm for resuscitation is indicated when the invasion of external pathogens results in damp-heat in *qi* system. In cases when phlegm, dampness and turbidity are severe, a warm orifice opening prescription such as *Su He Xiang Wan* (Suhexiang Pills) may be added in addition, to the regular therapy of clearing and transforming phlegm-damp.

2.4.1.8 Activating blood and resolving stasis method

This is a method for removing stagnant blood by activating blood.

In the Treatise on Cold-Induced Diseases, when dealing with lower energizer stored blood syndromes, and other stagnant blood co-mingled with heat syndromes seen in an exogenous disease, prescriptions that activate blood to resolve stasis such as *Tao He Cheng Qi Tang* (Taohe Chengqi Decoction), *Di Dang Tang* (Didang Decoction), *Di Dang Wan* (Didang Pills), etcetera, are used. This method can be further divided into two subtypes, i. e., clearing heart fire and removing stasis, removing stasis and demolishing accumulation. The former is somewhat milder in strength while the latter is quite drastic. Eliminating pathogens by purging them, clearing nutrient and cooling blood also have an effect on resolving stasis. Clearing heart fire and removing stasis uses herbs to clear heart for resuscitation, activate blood and clean out stasis to achieve the goal of eliminating the phlegm heat and stagnant blood obstructing the pericardium. Removing stasis and demolishing accumulation uses herbs to activate blood and clean out stasis, open up the lower energizer and smash open "knots" in its treatment of stagnant heat/blood accumulations in the lower energizer(also know as abdominal masses).

2. 4. 1. 9 Extinguishing wind and stopping spasms method

This method relieves spasms by extinguishing liver wind.

It is used to treat syndromes of exuberant heat with stirring of wind or *yin* deficiency with stirring of wind. It does so by clearing liver heat and nourishing kidney and liver *yin* to stop spasms and/or convulsions. Internal wind is caused by intense(liver)heat or(liver and kidney) *yin* deficiency enabling this method to be further divided into two subtypes: Cooling liver and extinguish wind uses herbs to clear heat and cool liver; while the method nourishing *yin* and extinguish wind is used to suppress liver *yang* and extinguish liver wind.

Syncopic convulsion is a critical symptom in the development of an exogenous disease and spasms/convulsions should be promptly treated. When treating syncopic convulsion, whether the problem is one of deficiency or excess should be determined first. Other therapeutic methods should be used together with this method based on the actual clinical manifestations. For example, syndrome of exuberant heat with stirring of wind is usually accompanied by heat blockage in pericardium, i. e. pathogenic heat in hand-*jueyin* and foot-*jueyin* meridians. It should be treated using both resuscitating and extinguishing wind methods.

2. 4. 1. 10 Replenishing *yang* and rescuing(a patient) from collapse method

This is used to treat collapse syndromes by tonifying *yang qi* or *yin* fluids.

Categorized as "nourishing therapy" in the eight traditional methods, it is indicated for healthy *qi* deficiency and pathogenic *qi* excess syndromes, syndromes caused by acute loss of body fluids due to excessive diaphoretic or purging therapy or for extreme damage to the *yin* fluids. Impaired *yin* may affect *yang*, leading to prostration and collapse caused by the external desertion of *qi*/*yin* or *yang*/*qi*. Restoring the patient from collapse is mainly accomplished by "replenishing *qi* and gathering *yin*" and "restoring *yang* and rescuing collapse". Replenishing *qi* and gathering *yin* uses *qi*/*yin* tonifying/replenishing herbs to replenish *qi*, generate fluid, astringe sweat, and secure collapse and in this way function to rescue deficiency collapse; restoring *yang* and rescuing collapse uses pungent-hot or sweet-warm herbs to halt the desertion of and replenish *yang qi* to rescue deficiency collapse.

During the development of an exogenous disease, *yang qi* collapse can be caused by impaired *yin* involving *yang* or the sudden collapse of *yang qi* itself; treatment for this syndrome therefore include therapeutic methods for replenishing *yang qi* or *yin qi*. Though the indications for these two are different, clinically speaking, they are commonly used together. Also, in the event of internal obstruction and external collapse, the patient should be treated with both rescue from collapse and resuscitation.

2. 4. 1. 11 Nourishing *yin* and generating body fluids method

This method is used to replenish the impaired *yin* fluids of the body by nourishing.

It is categorized as a kind of "nourishing therapy" in the eight traditional methods and is indicated for severely impaired *yin* fluids of the *zang-fu* organs as may be seen in the later stages of a exogenous disease. The method focuses on replenishing *yin* fluids and moistening dryness to control fire. Based on the specific location involved and the severity of the disease, this method is further divided into the following: Enriching lung and stomach uses sweet-cool moisturizing herbs to nourish *yin* liquids of lung and stomach; increasing fluid and moistening intestines uses sweet-cold or salty-cold herbs to replenish intestinal liquid and move bowels; and replenishing and tonifying true *yin* uses sweet-cold, salty-cold or sour-cold herbs to increase and tonify the *yin* liquids of liver and kidney.

2.4.2 Prevention of exogenous diseases

2.4.2.1 Significance of prevention

The warm disease category of exogenous diseases are infectious and often epidemic, and in this regard pestilence is especially virulent, serious debilitation and rapid change. They cause serious social and medical problems and prevention is therefore very important.

"Prevention first" is one of the most important policies of medical practice in China. A remarkable decrease in the incidence of exogenous disease has been seen during last 50 years, resulting from a national mass hygiene campaign which focuses on vaccination and disease prevention. The facts have shown that in managing warm diseases, prevention is the first line of defense and that warm diseases are preventable. If one can grasp the underlying patterns of onset and transmission, if one can select appropriate and effective measures—including those of TCM as well as those used within the general population—then exogenous diseases can be effectively prevented.

2.4.2.2 Methods of prevention

In addition, to the modern scientific measures such as vaccination and immunization used to prevent infectious exogenous disease, TCM also has a number of disease prevention methods.

2.4.2.2.1 Foster and consolidate healthy *qi*, strengthen the constitution

"The coming together of pathogens is an indication of the fact the individual is *qi* deficient." There are many methods of fostering and consolidating healthy *qi* to strengthen the constitution, the most important of which include:

A. Use physical exercise to strengthen the body: The Chinese people have been practicing various physical exercises to improve health and strengthen body for millennium. These include *qigong*, *taiji*, *wu qin xi* (exercise imitating the movement of five animals), *ba duan jin* (eight pieces of brocade exercise), *tuina* and martial arts as well as most recently all kinds of modern sports. Individuals can choose those most appropriate to themselves.

B. Adapt to the seasons and surrounding climate: Arrange work and rest time reasonably, dress appropriately according to the season and weather, and arrange for a suitable room temperature and proper air circulation.

C. Healthy life style: This includes a healthy diet, fresh air, exposure to sunshine, and a reasonable level of personal hygiene. Do not spit everywhere and wash your hands before eating and after going to the bathroom. With regard to diet, do not eat rotten food or food whose quality has changed. Don't overly partake of spicy fire cured products and don't overly indulge in tobacco and spirits.

2.4.2.2.2 Timely diagnose and treat, control the transmission

With respect to infectious exogenous diseases, it is necessary that they be quickly discovered, quickly quarantined, and properly diagnosed and treated as soon as possible. The situation should be speedily reported to the Department of Disease Prevention to enable them to keep a close watch on the situation as it develops and to help them as they try to implement effective measures. This is not only beneficial to the patient but also to the early diagnosis and treatment of other individuals. It is at the same time helpful to the early control of the transmission of the disease and to preventing an epidemic.

To effectively control the transmission of an infectious exogenous disease, quarantine is practiced not only with patient, but also with individuals having contact with the patient. Sometimes, the population in an affected region should be prevented from moving to other areas. During quarantine, patient(s) should avoid contact with the general public or patients with other diseases. If contact is unavoidable, a mask, isolation cap, isolation clothes and isolation shoes should be used. Care should be taken with the disposal of the sputum, vomit, excrement and the blood of the patient(s), and so too should the patient(s) clothes and possessions be separately sterilized and dealt with.

2.4.2.2.3 Preventive medicines used to prevent transmission and contagion

In TCM, this refers to the preventive use of herbs on a vulnerable population in a given area to prevent the transmission of an infectious exogenous disease.

A. Smudging/vaporizing herbs: This refers to burning or steaming herbs inside a room. It is usually used to prevent respiratory tract transmission of infectious exogenous diseases.

B. Dripping/spraying herbs: This refers to dripping herbs into the nostrils or spraying herbs into the throat. It is usually used to prevent respiratory tract transmission of infectious exogenous diseases.

C. Oral intake of preventive herbs: This refers to the intake of one or more herbs taken in a decoction, bolus (pill), or powder. Herbs can be selected based on the diagnosis of the infectious disease in question. For example, to prevent influenza *Yin Hua* (*Flos Lonicerae*), *Lian Qiao* (*Fructus Forsythiae*), *Ye Ju Hua* (*Flos Chrysanthemi Indici*), *An Shu Ye* (*Folium Eucalypti*), *Guan Zhong* (*Rhizoma Guanzhong*), *Peng Qi Ju* (*Herba Wedelia*), and/or *Huang Pi Ye* (*Folium Line nae Lansii*) can be selected. To prevent contagious cerebrospinal meningitis, garlic, *Yin Hua*, *Lian Qiao*, *Qian Li Guang* (*Herba Serissae*), *Guan Zhong*, *Ye Ju Hua*, *Pu Gong Ying* (*Herba Taraxaci*), fresh *Gou Gan Cai* (*Herba Dracocephali Integrifolii*) and/or fresh *Gui Zhen Cao* (*Herba Bidentis Tripartitae*) can be selected. To prevent infectious hepatitis, *Nuo Dao Gen* (*Radix et Rhizoma Oryzae Glutinosae*), *Yin Chen* (*Herba Artemisiae Scopariae*), etcetera, can be selected. To prevent dysentery, *Ma Chi Xian* (*Herba Portulacae*), garlic, and/or vinegar can be used. When using the above, one or more herbs can be boiled up into a decoction, one "bag" per day for 2～4 days. It is also currently common to use instant *Ban Lan Gen Chong Ji* (Banlangen Infusion granule) or Cooling Teas such as *Wang Lao Ji*'s

Cooling Tea or *Deng*'s Cooling Tea, as these have been shown to have a definite preventative effect. In addition, there are also many simple and easy folk methods used in the prevention of infectious disease that still await discovery.

Summary

When treating exogenous diseases, the following general therapeutic principles should be followed: treating the exterior before treating the interior, differentiating cold and heat, regulating *yin* and *yang*, treating pathogenic factors and taking care of healthy *qi*. An appropriate treatment is designed based on the location and nature of the pathogenic factors involved wherein dispersing and draining methods are important for the elimination of said pathogenic factors. The treatment methods for exogenous diseases include: discharging defense system and releasing the exterior, clearing heat from *qi* system, downward purging to expel pathogens, harmonizing to expel pathogens, dispelling dampness and releasing heat, clearing nutrient and cooling blood, resuscitation, activating blood and resolving stasis, extinguishing wind and stop spasms, replenishing *yang* and rescuing collapse, nourishing *yin* and generating body fluids. The prevention of exogenous disease should focus on fostering and securing healthy *qi*, avoiding pathogens, using preventive medicine and, if these fail, making a proper diagnosis and giving prompt treatment.

Chapter 3

Miscellaneous Diseases

The *Shang Han Za Bing Lun*(Treatise on Cold-Induced and Miscellaneous Diseases), the earliest extant clinical monograph in China, was also the first book to categorize diseases into exogenous diseases and internal injuries. In the *Song* Dynasty, the book was re-edited into two books, the *Shang Han Lun* (Treatise on Cold-Induced Diseases) and the *Jin Kui Yao Lue* (Synopsis of the Golden Chamber). The latter discusses the etiology, pathogenesis, prevention and treatment of miscellaneous diseases, and constructed and developed a diagnostic model and treatment system for miscellaneous diseases. It features syndrome differentiation based on *zang-fu* organs and meridian theories, lays emphasis on both diseases and syndromes and establishes a foundation for the prevention and treatment of miscellaneous internal diseases.

3.1 Introduction of Miscellaneous Diseases

3.1.1 The definition and range of miscellaneous diseases

In Chinese, the term translated here as "miscellaneous" in fact refers to "multitudinous", "of many types and kinds" or "not single factored". So-called miscellaneous diseases then by extention refer to all kinds of internal diseases caused by a multitude of factors. Compared to exogenous diseases, they have multiple etiologies, complex pathogenesis, tend to occur later, and come in a variety of types with legions of names. In the Treatise on Cold-Induced and Miscellaneous Diseases, Zhang Zhongjing categorized all diseases into one of two categories—the ones with fever were mostly categorized as exogenous febrile diseases, while the ones without fever were mostly deemed internal injury induced (i. e. endogenous) miscellaneous diseases. This said, however, the second chapter of the book Synopsis of the Golden Chamber is entitled "Pulses, Syndromes and Treatment of Convulsion, Dampness and Summer-heat Stroke" wherein it discusses each type of miscellaneous disease and reminds the readers that though diseases can be classified into exogenous diseases and miscellaneous ones, it is possible for them to simultaneously occur in one patient and that they cannot be absolutely separated. For example, although *qi*, blood and body fluids deficiencies, in conjunction with *zang-fu* organs and meridian disorders, are the internal causes of a convulsion disorder, dampness and heat are also among the necessary factors. On the other hand, exogenous diseases like syndrome of blood retention in *taiyang*, water-retention syndrome, thoracic accumulation syndromes, stuffiness syndromes, *Da Qing Long Tang* (Daqinglong Decoction) and *Xiao Qing Long Tang* (Xiaoqinglong Decoction) treated syndrome, etc, result not only from exogenous pathogens but also from specific internal causes. In addition, if a warm disease with an exterior syndrome is not treated in a timely manner or if treated improperly, various syndromes resulting from pathological deterioration (interiorization) will appear, and it is these which are actually miscellaneous diseases. A great many internal medical, surgical and gynecological miscellaneous diseases are discussed in the Synopsis of the Golden Chamber and it is obvious that at the time Zhang Zhongjing lived, the category "miscellaneous diseases" covered a greater range than it does today, to the point that, with the exception of exogenous diseases, his definition included almost all diseases in internal medicine, surgery, gynecology and pediatrics.

3.1.2 The naming of miscellaneous diseases

According to the Synopsis of the Golden Chamber, miscellaneous diseases are for the most part called follows:

3.1.2.1 Naming according to the main symptoms

Diseases such as diabetes (literally: "wasting-thirst", *xiao ke*), abdominal fullness (*fu man*), vomiting (*ou tu*), diarrhea (*xia li*), etc, are named according to their main symptoms, symptoms which are the nucleus of syndrome differentiation and the key to disease differentiation. This method of naming gives prominence to the main symptom, and is also a convenience in pointing out the affected *zang-fu* organ(s). For example, "wasting-thirst" (diabetes) is a disease that features thirst with a desire for lots of liquids; sometimes, however, this severe thirst is unrelieved by drink, and it may happen that urination closely follows the intake of fluids. Based on such symptoms, a practitioner first distinguishes the location of the disease and then establishes the appropriate therapeutic principle. Classically, it is said that, "(When there is) thirst and desire for water with dryness of the mouth and tongue, *Bai Hu Jia Ren Shen Tang* (Baihu Jia Renshen Decoction, White Tiger with Ginseng Decoction) is the basic prescription." "For patients with diabetes, thirst and increased urination, urinating as much as is drunk, *Shen Qi Wan* (Shenqi Pills, Kidney *Qi* Pills) is the basic prescription."

3.1.2.2 Naming according to the cause and mechanism of disease

Diseases caused by dampness, summer-heat stroke (*ye bing*), ascariasis (*hui chong bing*), the retention of food (*su shi bing*), phlegm-fluid retention (*tan yin bing*), etc, are named according to the disease etiology. Once the cause of the disease has been revealed in this way, the appropriate therapeutic principle and treatment method are then easy to determine. For example, the name phlegm-fluid retention indicates that phlegm/fluids are the cause of the problem, so the therapeutic principle should be to "harmonize using warming herbs" in accordance with the (*yin*) nature of phlegm/fluid; additionally, the therapeutic method must also take into consideration the location where the pathogen has settled, something that can also be contained in the name—phlegm-fluid retention (narrow meaning of *tan yin*: one of the fluids syndromes—refers to the retention of fluids in the gastro-intestinal region), pleural fluid retention(*xuan yin*), subcutaneous fluid retention (*yi yin*) and thoracic fluid retention (*zhi yin*). For example, blood impediment (*xue bi*) and consumptive disease (*xu lao*: "deficiency taxation") are named using a combination of causal factor and mechanism of disease. For example, blood impediment result when *qi* and blood are deficient, exogenous pathogens invade and the flow of blood is blocked.

3.1.2.3 Naming according to the location and mechanism of disease

Diseases such as chest impediment(*xiong bi*), pulmonary atrophy(*fei wei*), lung abscess (*fei yong*), intestinal abscess (*chang yong*), etc, are named according to their location and mechanism of disease. With this way of naming, one can easily tell the location and pathogeneology of the disease. For example, the name chest impediment allows one to know that the disease is located in the thoracic area; and hints that the basic mechanism of disease is thoracic *yang* failing to arise, thereof enabling *yin*-cold to obstruct the passages. On the basis of this knowledge, determination should be made of the relative deficiency or excess as well as the severity and urgency of the situation, followed by the selection of an appropriate treatment.

3.1.2.4 Naming according to special clinical manifestations

Diseases such as *qi* up-rushing (literally: racing piglet syndrome, *ben tun qi*), multiple arthralgia(*li jie*), inguinal hernia (literally: hidden fox hernia, *yin hu shan*), exudative eczema (*jin yin chuang*), etc, are named according to specific clinical manifestations exclusive to the disease in question and which never appear during any other disease. In this way, diagnosis is clear by just looking the name. For example, *qi* up-rushing is caused by the reckless movement of *qi* due to fear/fight. It is characterized by a sudden flood of *qi* up-rushing from the lower abdomen to the chest and throat, initially causing great distress to the patient, but which is followed by no other specific symptom. Jaundice (*huang dan bing*) is another example: it is characterized by yellow skin, eyes and urine, which provide the basis for diagnosis. Based on this, appropriate treatment can be given according to the different variations of the disease, i. e. dietary jaundice, alcoholic jaundice or coital jaundice. This way of naming is easier for beginners to master.

There are, in addition, still other ways by which Zhang Zhongjing named miscellaneous diseases. For example, heart pain(*xin tong*) is named according to both location and manifestation of the disease; lily disease(*bai he bing*) is named according to the herb effective in treating it; and as well as women's obstetrical and postpartum diseases are named according to the specific stage they occur in.

3.2 Etiology and Pathogenesis of Miscellaneous Diseases

As early as Canon of Medicine, diseases were classified into the general categories of *yin* and *yang*. In the Synopsis of the Golden Chamber, however, diseases were categorized for the first time systematically and comprehensively according to etiology. This meant that in addition to using *yin-yang* disharmony as a tool in summarizing the general pathogenesis of all miscellaneous diseases, Zhang Zhongjing, guided by the idea of the holistic correspondence between man and nature, divided etiological factors into internal and external ones, and came up with the etiological classification system wherein "all diseases can be classified using the three categories system". Based on these categories, he discussed the occurrence and development of diseases according to the relationship between man and nature and the connections between the *zang-fu* organs and meridians.

3.2.1 Etiology of miscellaneous diseases

The human body is an organic whole. The relationship between the *zang-fu* organs and between man and nature is one of both opposition as well as one of unification. During the ceaseless process of antagonism and reconciliation, a dynamic balance is maintained to ensure the continuance of normal life activities. When, for what ever reason, this balance is thrown off and self-regulation is not possible, disease happens. The factors that lead to the occurrence of disease are called etiological factors.

That is to say, etiological, or disease-causing, factors are those factors that destroy the inherent balance within the body as well as between the body and the outside world, and it is this disruption that leads to the occurrence of illnesses. In classical TCM theory, etiological factors include the six exopathic factors, the seven emotions (which lead to internal injury), improper diet, overwork or excessive relaxation, as well as trauma, insect bites and beast injuries. In addition, pathological by-products brought on by the dysfunction of the *zang-fu* organs, meridians, *qi*, blood and/or body fluids that result from disturbances brought on by primary etiological factors (phlegm-retention, stagnant blood, food-retention for example) can in turn become secondary etiological factors. In its discussion of etiological factors, chapter 1 (*Zang Fu Jing Luo Xian Hou Bing Mai Zheng*: Primary and Secondary Disease Syndromes of the *Zang-fu* Organs and Meridians) of the Synopsis of the Golden Chamber says: "Human life originates from the movement of the five elements. Man lives in nature, which provides him with the necessary materials but it can also harm him just as water can float a boat but can also sink it... All diseases can be classified into three categories: diseases due to pathological factors striking the meridians are referred to as internal; those (where the pathological factors invade) the four limbs and nine orifices, transmit into the blood vessels and cause blockages are external attacks on the skin; while the third kind (of etiological class) is due to excessive sexual activities, trauma, insect bites and beast injuries. All diseases are included within these three categories."

3.2.1.1 External invasion by pathogenic factors (exogenous factors)

3.2.1.1.1 Abnormal climate

Normal climate changes are called the "six *qi*". They are necessary conditions for all creatures to survive and grow, and are, in general, harmless to the human body. Only when the climate changes are drastic and/or abnormal and not in accordance with the seasons do they becomc the pathogenic factors underlying a disease. Abnormal climate can include, for example, weather that is too extreme or too mild for a given season or which appears in the wrong season. Chapter 1 line 8 of the Synopsis of the Golden Chamber discusses this idea in detail. It says that the sixty days following midwinter is the season of rains and is dominated by *shaoyang*. Normally during this period, the *yang qi* of nature begins to increase and the weather warms. If the weather starts to get warm before this season of rains, it indicates that the climate has begun to change before its season; if, on the other hand, the season of rains has already come and the weather has failed to warm up, it means that the temperature has not changed in accordance with the season; if the season of rains has already come and the temperature is still very cold, it means that the cold climate has not disappeared when it should have; if the season of rains has already come and the weather is as hot as in summer, it indicates that the climate has changed too soon and too drastically. All four situations mentioned above are abnormal and can result in disease. In general, they are referred to as the six climatic pathogens or six exopathic factors.

3.2.1.1.2 Attacks by the five pathogens

In chapter 1 of the Synopsis of the Golden Chamber it says: "Light pathogens reside in the upper part of the body while turbid pathogens settle in the lower; virulent pathogens attack from the outside while mild pathogens affect (the body) from the inside; pathogenic factors resulting from improper food enter from the mouth and are called retained food. The five pathogens attack people in different ways: wind attacks before noon; cold damages in the evening; dampness affects the lower portion of the body; mist affects the upper portion. Wind results in a floating pulse; cold makes the pulse tense; mist damages the skin and pores; dampness travels to the joints; food harms the spleen and stomach; severe cold impairs the meridians; extreme heat impairs the collaterals." The passage elaborates on the characteristics, regular pathogenic pattern and some of the clinical manifestations of each etiological factor. In this way, it helps the practitioner determine the causative etiological factor of the disease in question through observation of the manifesting symptoms and signs, and provides reliable clues for treatment. It lays a solid foundation for syndrome differentiation based on etiological factors and the theory of identifying causes from symptoms and providing treatment based on the these causes.

The characteristics, regular pathogenesis patterns and specific clinical manifestations of the five pathogenic pathogens are as follows:

A. Wind: ①Wind is a big pathogen. It has spreading/diffusive nature and tends to strike through the skin. Wind is characterized by the terms gentle rising, mobility, upward moving, outward-moving and expansiveness. It is considered a big pathogen because, although it tends not to remain in place, it can reach any location. It usually attacks the *yang* locations of the head, face, skin, shoulder and back. ②Wind is a *yang* pathogenic factor, and typically invades the body before noon. The tendency of wind to move rather than stay still, and the fact it usually attacks the *yang* areas of the body are what make it a *yang* pathogenic factor. Morning is the *yang* part of the day, and, as it is usually that part of the day during which the wind blows most strongly; wind usually attacks the body before noon. ③ Wind causes a floating pulse. Because wind mainly strikes the skin, the exterior part of the body, when healthy *qi* rises up to defend the body against pathogenic wind it concurrently stirs up meridian *qi* which also rises to the surface. Add to this the fact that wind is diffusive and not constricting in nature, the result is that a pulse affected by wind is usually felt as floating and moderate.

B. Cold: ①Cold is small pathogen. It has a contracting and binding action and often invades meridian. Cold is the dominant climatic factor in winter. Because it is characterized by feelings of chillness and has a contracting action, as opposed to the diffusive opening/draining actions and mobility of wind, it is called a small pathogen. When cold invades the body, it acts to restrain *qi* movement, and causes the skin, muscles, meridian contract and to become tight. Under these conditions, *qi* and blood coagulate (congeal) obstructing the channels of *qi* and blood leading to pain. For example, if cold invades the meridians on the body surface, there will be headache and painful stiff nape, as well as pain of the bones and joints. If, on the other hand, cold invades the *zang-fu* organs, it can cause thoracic and/or abdominal cold pain. ②Cold is *yin* in nature and usually attacks the body at night. Excessive *yang* causes heat, while excessive *yin* causes cold (in turn making cold a sign of excessive *yin*) and relates to *yin*. The time before noon relates to *yang* while afternoon is categorized as *yin*. After nightfall, *yin* and cold begin to increase while *yang qi* begins to weaken, making it easier for cold to invade the body at this time and cause disease by impairing the normal functioning of *yang*. For instance, impairment of the defensive *yang* of the skin results in aversion to cold, headache and painful stiff nape; impairment of *taiyin* spleen *yang*, on the other hand, results in abdominal cold pain, vomiting, loose stool, etcetera. ③Invasion by cold pathogens results in a tense pulse. Because cold tends to cause contraction, any invasion of cold will cause the meridians to tense up, obstructing *yang qi* leaving it unable to disperse, thereof resulting in sluggish (or the outright stoppage of) blood and *qi* circulation. All of this will leave the pulse feeling tense rather than soft.

C. Mist: ①Mist (fog) is clear/light pathogen. By nature it is light and floaty, tending to remain and attack the upper part of the body. Though mist and damp both are related to water; they differ in that mist is the clear/light aspect of turbidity and has thereof a tendency to float upward. When walking in the mist, the moist air can act to obstruct the orifices of head and face blocking the distribution of clear *yang*, and resulting in headache, stuffy nose, etcetera. ②Mist impairs the skin and pores. Because mist is clear/light and has an upward floating and outward moving nature, it commonly attacks the head, face and skin. As a result, when mist strikes, the *yang qi* of the skin becomes stressed, causing dysfunction of the dermal interstice and leaving the body unable to sweat properly. Clinically speaking, damp stagnation syndromes in the skin manifest as body heaviness and lack of strength, lung *qi* dysfunction, dyspnea, wheezing, etcetera.

D. Dampness: ①Dampness is a turbid pathogen and tends to flow downward. Dampness is the damp of the ground, the turbid of the turbid, and is more turbid/heavy than mist. Because it is turbid water (which tends to flow downward), damp always impairs the lower part of the body, resulting in edema of the lower limbs, stranguria, leucorrhea, diarrhea, etcetera. ②Dampness is heavy and sluggish, it also tends to remain in the joints and invasion by dampness usually causes symptoms characterized by heaviness. For example, when damp attacks the exterior part of the body, there may be head pain as though the head were tightly-wrapped, a feeling of heaviness in the body, weakness of the four limbs, etcetera. Because dampness is sluggish, it can result in stagnation. This stagnation, however, refers to the fact that when damp attacks the body, it tends to remain in the meridians and cause stagnation of the *qi* and blood. Joints are the convergence points of the tendons and, as dampness tends to remain in the meridians, an invasion of dampness can result in feelings of heaviness around and pain in the joints, motor impairment, or even swelling and deformity of the joints. ③ Dampness is a *yin* pathogenic factor and easily blocks *qi* movement and impairs the movement of *yang qi*. Dampness is related to water, so it is also categorized as *yin*. Dampness has a tendency to remain in the *zang-fu* organs and meridians, where it can block *qi* movement, leading to abnormal *qi* movement. Stiffness and a feeling of oppression in the epigastrium, dyschezia, scanty and difficult urination, etcetera. are some of the possible symptoms that might occur. Dampness is *yin* in nature and as excessive *yin* leads to *yang* disorders, invasion of dampness can easily impair *yang qi*. The spleen is *yin* in nature and relates to earth; it functions to transmit water and damp, and is an organ preferring dryness to dampness. When dampness is retained in the body, it can affect the spleen first and cause spleen *yang* deficiency, resulting in dysfunction of the spleen's abilities to transport and worsening the stagnation of water and dampness. If this happens, diarrhea, scanty urine, edema, ascites, etcetera. can result. ④Dampness is sticky and sluggish. There are two main manifestations of this aspect of dampness. The "stickiness" of dampness often leads to sticky stools, dyschezia, or tenesmus, scanty and/or difficult to pass urine, a greasy tongue coating, etcetera. The second aspect is that diseases caused by dampness are obstinate and difficult to cure; they often disappear only to recur again and have a relatively long course of disease.

E. Improper diet: ①Improper diet tends to cause retention of undigested food. Starvation, overeating, unhygienic food or food partiality are the main factors leading to improper diet. For example, eating or drinking a lot in a short period of time, or over-eating can lead to the retention of undigested food and result in abdominal distension, acid regurgitation, belching, anorexia, nausea, vomiting, etcetera. Ingesting unhygienic, spoiled, or poisonous food can also cause gastrointestinal disorders, leading to such symptoms as abdominal pain, diarrhea, vomiting, or even death. ② Improper diet tends to impair the functioning of the spleen and stomach. The stomach is in charge of receiving food while the spleen in charge of transportation. They work together for the digestion and absorption of food. Because improper diet impairs the proper functioning of the spleen and stomach, it mainly leads to digestive disorders and disturbances in the ascending-descending functions of the two organs. Clinically speaking, there can be such symptoms as abdominal distension, loose stool, or nausea and vomiting. When there is any dysfunction of the spleen's role in transportation, syndromes caused by internal dampness and phlegm, or food retention transformed to heat can arise. Relatively speaking, children have a weaker spleen and stomach than adults, and their eating habits are less self-controlled. They are more vulnerable to diseases of the digestive system caused by improper diet. In addition, in the early stages of recovery from a disease, if there is any weakness of the spleen and stomach, overeating or ingesting difficult to digest food often results in a recurrence of the disease. In TCM, this phenomenon is called relapse due to improper diet. ③Food partiality: overindulgence in or excessive repulsion of given foods can lead to excess or deficiency of certain nutrients in the body, which in turn can then lead to a disease due to *yin-yang* disharmony. For example, the five flavors are each related to a specific *zang* organ. If a particular food is ingested over the long term, it could result in the over-activity of the related *zang* organ. This in turn could gradually begin to damage the other *zang-fu* organs, which over time would wreck the balance between the organs and lead to disease. Chronic partiality to cold or hot food can lead to disease because of changes of *zang-fu* organs and *yin-yang*. If an individual is a chronic over-eater of cold food, the *yang qi* of the spleen and stomach might eventually become impaired, resulting in the accumulation of endogenous cold and damp; the chronic excessive intake of spicy and hot food could eventually lead to heat accumulation in the stomach and intestine that might in turn transform into dryness and cause the impairment of *yin*, injure the vessels and result in bleeding, etcetera. In chapter 1 of the Synopsis of the Golden Chamber, Zhang Zhongjing laid emphasis on health preservation and disease prevention prior to his discussion of disease treatment stating that "people should regulate the coldness, hotness, bitterness, sourness, spiciness, sweetness... of their food when eating."

In addition, to the above mentioned factors, Zhang Zhongjing also mentioned summer-heat as an exopathogenic factor in his discussion of summer-heat stroke.

3.2.1.2 Endogenous pathogenic factors

In chapter 1 of the Synopsis of the Golden Chamber it is stated that: "If the five *zang* organs are functioning normally, the person will be healthy… If the meridians fall victim to some pathogenic factor and it enters the *zang-fu* organs, then it is called an endogenous pathogenic factor... Without some deficiency of *qi*, exogenous pathogenic factors cannot attack the body through the skin." This emphasizes the importance of healthy *qi*, and points out that the key factor underlying the invasion of exogenous pathogenic factor is a deficiency of *zang-fu* healthy *qi*. This idea is similar to that stated in Plain Questions wherein it says that: "if healthy *qi* is strong enough in the interior, pathogenic factors will be unable to (successfully) attack the body from the exterior"; "whenever pathogenic factors successfully invade the body, the individual's healthy *qi* must necessarily be insufficient." Accordingly, the theory that a deficiency of healthy *qi* of *zang-fu* organs, meridian is the fundamental cause of disease was proposed and therapeutic methods which support healthy *qi* while eliminating pathogens for miscellaneous diseases were established.

3.2.1.3 Neither exogenous nor endogenous pathogenic factors

This category refers to pathogenic factors like sexual overindulgence, insect or animal bites, cuts, trauma, etcetera. Such factors are neither caused by abnormal climatic factors nor influenced by a deficiency of healthy *qi*. Because the problems resulting from these factors are less associated with healthy *qi* than the other two categories, Zhang Zhongjing classified them as a separate group of pathogenic factors.

3.2.1.3.1 Sexual overindulgence

The kidney houses essence and governs sealing up and storage. Kidney essence should not be excessively wasted, for it is the root of the essence of all five *zang* organs. Intemperate sexual activity consumes kidney essence, resulting in sore weak loins and knees, dizziness, tinnitus, seminal emission, premature ejaculation, impotence, or irregular menstruation, infertility, sterility, etcetera.

3.2.1.3.2 Insect and animal bites

In mild cases, insect and animal bites can cause local injury, which manifests as diabrosis, swelling, pain, bleeding, etcetera. In severe cases, insect/animal injuries can cause whole body or inner organ damage, perhaps even death. In the case of poisonous snake bites or scorpion stings, symptoms of general poisoning can appear, which if not promptly treated, could lead to death.

3.2.1.3.3 Trauma

Trauma refers to injuries resulting from the application of external force, including those arising from sharp instruments, gunshots, falls, weight-bearing, violence, etcetera. In mild cases, they can cause stagnant blood in the skin and muscles, bleeding, tendon strain, bone fracture and/or joint dislocation. In severe cases, there may be damage to the internal organs that can in turn lead to unconsciousness, or even death. Also, if a skin or muscle injury is improperly treated or the wound becomes contaminated, there can be localized ulceration and suppuration. In TCM, this is referred to as "metal ulceration (*jing chuang*)".

In addition, to the above, burns, the improper practice of fire-needle therapy, frostbite, severe natural disasters, etcetera, are also regarded as pathogenic factors falling within the scope of this category.

3.2.1.4 The seven emotions

"People have five *zang* organs producing five kinds of *qi*, which include joy, anger, sadness, worry and fear." Under normal conditions, the seven emotions do not cause disease. However, sudden, intense or prolonged emotional stimulation beyond the regular range of physiological activities and/or tolerances of the individual can give rise to disturbances in *qi* movement, disorders of *qi*-blood and *yin-yang* and thereof give rise to disease. Because abnormal expression of the seven emotions injures *qi* and blood, disorders that arise from them are termed "endogenous injuries due to the seven emotions". In chapter 5 of Plain Questions it is stated that: "anger injures the liver; joy injures the heart; thought/worry injures the spleen; grief injures the lung; and fear injures the kidney".

In the Synopsis of the Golden Chamber, the role of the seven emotions in causing disease is also discussed in such diseases as, for example, fright palpitations disease (*jing ji bing*), *qi* uprushing disease, female hysteria (*zang zao*, similar to menopausal mood swings), pathogenic crying (*xie ku*), depressive psychosis and mania (*dian kuang*), etcetera. Such diseases are closely related to emotional disorders. In addition, emotional upset and stagnant liver *qi* transforming into fire can also cause numerous (emotional) diseases. The followings are some common characteristics of the diseases caused by the seven emotions.

3.2.1.4.1 The seven emotions directly affect the internal organs

The five *zang* organs are closely related to emotional activities. Any excessive emotional stimulation may injure its corresponding *zang-fu* organ, it is stated that: anger injures the liver; joy injures the heart; thought/worry injures the spleen; grief injures the lung; and fear injures the kidney. The heart stores the spirit and is the supreme controller of life activity throughout the entire body; this means that all emotional stimulation is closely related to the heart and affects the other *zang-fu* organs directly or indirectly via the heart. That is to say, the heart is the controller of the seven emotions in causing disease. Clinically speaking, most of the disorders caused by the seven emotions are represented by disorders of the heart, liver, spleen and *qi*-blood. For example, when the liver is affected, there may be symptoms such as depression, irritability, bad temperedness, dizziness, blurred vision, hypochondriac distension or globus hystericus; when the heart is affected, palpitations, fearful throbbing, insomnia, dream-disturbed sleep, over-sentimentality leaving one wanting to cry, emotional instability, mania and delirium, etcetera, can occur; while poor appetite, loose stool, abdominal fullness and distension, etcetera, can occur when the spleen is affected.

3.2.1.4.2 The seven emotions affect the *qi* movement of the *zang-fu* organs

The seven emotions impair *zang-fu* organs by directly affecting their *qi* movement and the resulting disordering leads to dysfunctions of the *qi* and blood circulation. It is stated in chapter 39 of Pain Questions that when one is angry, *qi* counterflows upwards; when one is overjoyed, *qi* is (excessively) slowed, when one is stricken with grief, *qi* is consumed; when one is terrified, *qi* drains down... when one startled, *qi* becomes disordered... when one is anxious and worried (or thinks too much), *qi* knots and stagnates.

3.2.1.4.3 The seven emotions can affect the development of disease

During the progress of internal injuries and/or miscellaneous diseases, severe emotional stimulation causes fluctuations in the severity of the illness. Excessive emotions usually act to worsen a disease, or even give it malignant tendencies. For example, if a patient has overactive rising liver *yang* and is easily upset or angry, this can cause liver *yang* to "explode", which may in turn lead to sudden syncope, unconsciousness, paralysis, deviation of the mouth and eyes, etcetera. On the other hand, if the patient is easy-going and open-minded, the disease might be more readily improved because of the harmonization of *qi*-blood and the five *zang* organs.

3.2.1.4.4 Seven emotion problems mainly result in emotional diseases

Acute or prolonged emotional stimulation cause disease by disordering the *qi* movement of the *zang-fu* organs. For example, sudden terror might lead to *qi* up-rushing disease; sorrow and depression might lead to globus hystericus (*mei he qi bing*); emotional upset or excessive anxiety might lead to hysteria; *qi* stagnation can be caused by worrying and internal stagnant blood can lead to consumptive disease. In addition, there is lily disease, pathogenic crying, complex gynecological diseases (*fu ren za bing*), etcetera, which are also related to the seven emotions.

3.2.2 Pathogenesis of miscellaneous diseases

Given the corresponding holism between man and universe, Zhang Zhongjing also considered the body to be an organic whole, and that human being was closely and harmoniously related to the nature. If this state of harmony, coordination and unity is broken, dysfunctions of the internal environment or internal/external environment will arise, and there will be disease. In the internal/external environment, abnormal climatic factors (pathogenic *qi*) cause disease, while healthy *qi* (*wu zang yuan zhen*: the primal true *qi* of the five *zang* organs) prevent the body from falling ill. The development of a disease is actually the struggle between pathogenic *qi* and healthy *qi*. Generally speaking, the strength of healthy *qi* is the internal factor determining the duration of the disease (the intrinsic etiological factor), while pathogenic *qi* invasion is the external factor determining the duration of the disease (the extrinsic etiological factor). The extrinsic factor works with the intrinsic factor synergistically. If healthy *qi* defeats pathogenic *qi*, no disease will result; if the reverse is true, disease will occur. It is stated in chapter 1 of the Synopsis of the Golden Chamber that: "Human beings are gifted with the five externals (i. e. the five elements), wherein wind *qi* enables them to generate and grow. However, even though wind *qi* generates the myriad things, it can also harm them... If the primal true *qi* of the five *zang* organs is open and flowing, the individual will remain healthy."

3.2.3 Transmission and changes of miscellaneous diseases

All the *zang-fu* organs and the meridian system are interdependent, with relationships of mutual generation and control between them. Inevitably, when one organ is diseased, an other or others will eventually become involved. In the field of TCM pathology, this kind of inter-organ involvement is known as "transmission and changes". Understanding the pattern of transmission and changes of a disease among the organs can facilitate preventive treatment. For example, it is stated in the Synopsis of the Golden Chamber that: "When one sees a liver disease, knowing that liver disease can transmit to the spleen, one should first fortify the spleen."

In comparison to exogenous warm diseases, miscellaneous diseases have more complicated patterns of transmission and changes. They include:

3.2.3.1 Transmission and changes according to the normal patterns of generation and control between the organs

The transmission of diseases between the *zang-fu* organs in terms of five-element can be divided into two types, namely the patterns of mutual generation and control.

3.2.3.1.1 Transmission and changes according to patterns of mutual generation

This refers to both "mother to child" and "child to mother" transmission and changes. The former refers to the transmission and changes of disease from a mother-organ to its child-organ. For example, kidney is water while liver is wood, wood generates water; when a kidney disease transmits to the liver, the transmission and changes pattern is referred to as the mother disease involving the child, and in this particular instance is also called "water fails to moisten wood", i.e. kidney failing to nourish liver.

Pathogens can also transmit from a child-organ to the mother-organ. For example, heart disease transmitting to the liver is an example of "child to mother" transmission and changes. Clinically speaking, it often manifests as heart and liver blood deficiency, or hyperactivity of both heart and liver fire.

3.2.3.1.2 Transmission and changes within organs of mutual control

This includes over-restriction and counter-restriction.

A. Over-restriction

When one leg of the normal control cycle is too strong it can cause disease. There are two reasons it can arise: the first is that one *zang* organ is overly strong and too active in its role as controlling organ; the second reason is that a *zang* organ is overly weak and unable to normally withstand the controlling actions of the organ that usually controls it. In this case it begins to shows signs of functional over-restriction.

In the first situation, for example, hyperactivity of the liver can negatively affect the transportation and transformation functions of the spleen and stomach leading to distressing fullness in chest and hypochondrium, distending epigastric pain, acid regurgitation, and diarrhea. The syndrome is called "exuberant wood restraining earth" and is one example of what it meant in Synopsis of the Golden Chamber "when one sees a liver disease, know that it can transmit to the spleen". On the other hand, if the spleen and stomach are deficient and weak, unable to withstand the controlling actions of the liver—which also leads to over-restriction—then it will manifest with dizziness and lack of strength, anorexia, belching, distention and/or feelings of fullness in the chest and hypochondrium, abdominal pain, diarrhea, etcetera, a situation referred to as "wood over-restraining deficient earth".

B. Counter-restriction

One cause of counter-restriction is hyperactivity of the controlled *zang* organ. For example, under normal circumstances lung is supposed to control liver; however, if explosive rage causes excessively hyperactive liver fire, not only will lung be unable to withstand the controlling forces of liver, but in addition, will also be damaged by the reverse flow of liver fire. This situation is called "wood-fire tormenting metal" and presents with such symptoms as restlessness and irritability, red face and eyes, there may perhaps even be cough and dyspnea or hemoptysis. This is an example of a situation in excess.

The other cause of counter-restriction is deficiency of the controlling organ, which results in counter-restriction by its controlled *zang* organ. For example, spleen (earth) normal acts on kidney (water). If spleen earth is so deficient that it can't restrain kidney water it may result in anasarca. This situation is called "deficient earth counter-invaded by water."

3.2.3.2 Transmission and changes from exterior to interior

Transmission from exterior to interior includes transmission between the body surface and the internal organs and between *zang* and *fu* organs.

3.2.3.2.1 Transmission and changes between the body surface and the internal organs

Although miscellaneous diseases are mainly caused by internal injury, they can be induced by exogenous pathogens also.

In the early stage of a disease if *zang-fu* organ healthy *qi* is deficient, then exogenous pathogens can transmit into the internal organs from the surface of the body. For example, pathogenic damp can induce muscle and joint pain when it attacks the surface of body. This will be limited to the superficial level if healthy *qi* can timely recover and expel the pathogens. If it fails to do so, however, pathogens can transmit to the spleen, impair *qi* movement, and disrupt the spleen's functions of transporting and transforming. In this event, the patient may suffer abdominal fullness and feelings of distension, dysuria, loose stool, etcetera.

3.2.3.2.2 Transmission and changes between the *zang* and the *fu* organs

Zang organs and *fu* organs, classified as *yin* and *yang* respectively, have an interior-exterior relationship, which is reflected in their mutual actions of nourishing, generating, promoting and restricting. Pathologically speaking, they also mutually influence each other and their relationship makes it possible for disease to transmit between exteriorly-interiorly related organs.

For example, if the spleen fails to transport and transform, abdominal fullness, distention and oppression occurs. Food is thereof retained in the stomach overly long thus obstructing stomach *qi* which then rebels upward. The rebellious stomach *qi* can result in epigastric pain, anorexia, and even vomiting.

If kidney *qi* is deficient and results in a failure to warm, the patient may present with such symptoms as chilliness and intolerance to cold, and sore weak loins and knees. At the same time, when kidney *qi* is deficient it cannot assist the bladder in its function of *qi* transformation which leads to dysuria. Another problem that can occur when kidney *qi* is deficient is that it is unable to fulfill its function of sealing, leaving it unable to help the bladder hold water and resulting in long streams of profuse clear urine.

3.2.3.3 Transmission and changes between the meridians

The meridians are pathways connecting the internal *zang-fu* organs, all the orifices, the superficial and deep, and the upper and lower parts of the human body.

Physically, the connections between the parts rely on the connection of meridian, as does the circulation of *qi*, blood and body fluids. Pathologically, however, meridians are also pathways for the transmission and changes of disease.

When exogenous pathogens attack the human body they do so from the superficial layer of the skin and interstice where, under certain conditions, they can then go on to affect the deeper *zang-fu* organs. During this process of interiorization, they use the meridian as pathways. For example, liver diseases affecting the spleen and stomach, and heart fire transmitting downward to the small intestine normally take place via the meridian connections.

In chapter 5 of the Synopsis of the Golden Chamber it says that: "An attack of pathogens on the collaterals numbs the skin; when it is in the main meridians, it makes the body heavy without rest; when it is in the *fu* organs, it leaves the person not knowing anyone; and when it is in the *zang* organs, it makes it difficult for the tongue to speak and generates foamy saliva." This reflects that the pathogen is transmitting along the meridians and is following a pattern of transmission from exterior to interior. Meridians, however are not just a route of transmission from exterior to interior or a route of transmission between *zang-fu* organs, they are also a route wherein pathogens between the *zang-fu* organs and surface tissues can mutually interface and transmit.

Also, by utilizing the meridian connection, interior patterns can manifest externally. For example, up-flaming liver fire can manifest itself externally as red, painful and swollen eyes; while up-flaming heart fire manifests itself externally as red lips and a red/ulcerated tongue.

3.3 Main Methods of Syndrome Differentiation of Miscellaneous Diseases

Syndrome differentiation is the method practitioners use to understand and diagnose syndromes/diseases in TCM. The process of syndrome differentiation is in fact the process of diagnosis.

The method includes both differentiation and analysis of syndrome or disease patterns. The process begins with the collection of medically relevant information using the four diagnostic methods, and then integrating, analyzing and concluding a medical history, determining the pathogenic factors involved, the location of the disease, the relative status between healthy *qi* and pathogenic *qi*, estimating the current pathological nature of disease, and defining the patterns or syndromes of the disease. This whole procedure is carried out against a background of holism and the application of basic TCM theory.

There are a number of methods of syndrome differentiation used in the Synopsis of the Golden Chamber, however, *zang-fu* organ syndrome differentiation forms the central core of all of them.

3.3.1 Syndrome differentiation based on *zang-fu* organs and meridians

Internal miscellaneous diseases are characterized by slow onset, a longer course of disease, mild pathological change and *zang-fu* organ involvement. Zhang Zhongjing established a syndrome differentiation system based on the *zang-fu* organs, meridians integrating the theories and methods of the *zang-fu* organs, meridians in seen Canon of Medicine, the characteristics of internal miscellaneous diseases, clinical practice, as well as therapeutic methods and prescriptions.

In chapter 1 of the Synopsis of the Golden Chamber was written against the background of the theory of holism. Zhang Zhongjing concluded that diseases develop due to disfunction of the holistic activities of the *zang-fu* organs and for this reason, *zang-fu* organ syndrome differentiation, including meridian syndrome differentiation, is the foundation of all syndrome differentiation methods.

3.3.1.1 *Zang-fu* organ syndrome differentiation

Zang-fu syndrome differentiation is the basis of various syndrome differentiation methods by a comprehensive analysis and summarization of the symptoms and signs of diseases based on the physiological functions and pathological changes of the *zang-fu* organs.

In the Synopsis of the Golden Chamber, Zhang Zhongjing not only used *zang-fu* organ/meridian syndrome differentiation, but tightly combined it with eight principle differentiation, cause of disease differentiation, and *qi*/blood/bodily fluids differentiation as well, flexibly using the system(s)(that seemed most appropriate).

The Synopsis of the Golden Chamber uses more than 150 characters to discuss the five *zang* organs heart, liver, spleen, lung and kidney. It also uses nearly 40 characters to discuss the *fu* organs large intestine, small intestine, stomach and triple energizer. For example, the chapter *Fei Wei Fei Yong Ke Sou Shang Qi Bing* is mostly a discussion of the pathological changes that can be seen in the lung; *Tan Yin Ke Sou Bing* and *Shui Qi Bing* on the other hand mostly discuss pathological changes of the lung, spleen, kidney, triple energizer and bladder and details such issues as "water in the liver" (and other similar problems of water in the other *zang* organs) and "heart water" (and other similar problems of *zang* organ water). *Wu Zang Feng Han Ji Ju Bing* is, for the most part, a discussion of *zang* organ syndrome differentiation. In the chapter, there are discussions of the true *zang* organ pulses seen in *zang* organ wind strike, cold strike, and *zang* organ *qi* exhaustion as well as the pathological changes seen in liver-fixity disease, kidney-fixity disease, splenic-restriction and large and small intestine cold and heat. *Fu Man Han Shan Su Shi Bing* and *Ou Tu Yue Xia Li Bing* are mostly discussions of the pathological changes of the spleen, kidney, liver, stomach, and intestines. In addition to this there are discussions of the exuberant heart fire of *Xie Xin Tang* (Xiexin Decoction) treated syndrome, the heart *yang* deficiency phlegm blockage of *Gui Zhi Qv Shao Yao Jia Shu Qi Long Gu Mu Li Jiu Ni Tang* (Guizhi Qv Shaoyao Jia Shuqi Longgu Muli Jiuni Decoction) treated syndrome, the insomnia seen in the heart and liver blood deficiency syndrome of *Suan Zao Ren Tang* (Suanzaoren Decoction) treated syndrome, the liver spleen imbalance of *Dang Gui Shao Yao San* (Danggui Shaoyao Powder) treated syndrome, etcetera.

3.3.1.2 Meridian syndrome differentiation

Meridian syndrome differentiation originated in chapter 10 of the Spiritual Pivot. In the original text, it is stated that "The condition of the meridians can be used to predict the progress of a disease, design an appropriate treatment, and determine the sthenic (excess) or asthenic (deficiency) status of a disease". This in turn illustrates the importance of the meridians in both prognosis and diagnosis. This particular system of syndrome differentiation uses meridian theory as its theoretical foundation, proceeds to analyze the manifest symptoms and signs to understand the involvement of the organs, meridians and pathogenic factors, and then uses all this information to make a diagnosis.

The functions of the meridians were first described in chapter 33 of the Spiritual Pivot. In this chapter, it says that "The twelve main meridians connect with the *zang-fu* organs interiorly, and the four limbs and joints exteriorly". Meridians are distributed all over the body, transporting *qi* and blood, connecting the *zang-fu* organs and joints, and providing a route by which the upper/lower and exterior/interior parts of the body can communicate. In this way they unite the body into a harmonious integrated whole and help it to achieve proper physical functioning. When there is illness, however, the meridians can also become the pathway for the transmission of pathogens. Exogenous pathogens invade the body through the skin, mouth and nose. In the beginning, they might cause a disordering of meridian *qi*, and then, as the disease progresses, the pathogens can further interiorize into the *zang-fu* organs; if, on the other hand, the *zang-fu* organs are diseased, signs of this can be transmitted to the exterior areas of the body, usually along the course of the related channel, and especially at the acupuncture points where the meridian *qi* gathers. This could manifest as abnormalities of the points, for example, numbness, aching and distension, pain, over-sensitivity to cold-heat stimulation, or even changes in color. As a result, we can differentiate which *zang-fu* organ and/or meridian the disease relates to.

When dealing with miscellaneous diseases, syndrome differentiation based on *zang-fu* organ and meridian theory are both used; however, *zang-fu* organ based syndrome differentiation is primary. The Synopsis of the Golden Chamber touches on the channels, collaterals, meridians and hundred vessels in 23 places. The chapter *Fu Jue Shou Zhi Bi Zhong Zhuan Jin Yin Hu Shan Hui Chong Bing* says: "If one suffers from *fu jue* (sprained ankle), although one can walk forward, one limps; needle the calf 2 *cun* in and then the *taiyang* meridian will be damaged." The chapter *Zhong Feng Li Jie Bing* outlines the differentiation of wind stroke as variously "manifest in the meridians", "entered into the *fu* organs", and "entered into the *zang* organs". (The section on) lily disease discusses the pathological changes of the hundred vessels of the heart and lung. The aforementioned "liver-stagnancy disease" also touches on pathological changes in the meridians; etcetera. For details concerning the courses of the twelve main meridians and clinical meridian syndrome differentiation, readers should refer to an acupuncture textbook.

3.3.2 *Qi*-blood and body fluid syndrome differentiation

Syndrome differentiation based on *qi*-blood and body fluids theory is one of the common methods of syndrome differentiation. In this method, the pathological changes of *qi*-blood and body fluid are found and treatment is given after a comprehensive analysis of the clinical data obtained from the four diagnostic methods, based on the physiological functions of *qi*-blood and body fluid and *zang-fu* organs and the eight principles of syndrome differentiation.

Qi-blood and body fluids are the material basis for the human constitution and the functional activities of the *zang-fu* organs. The generation of *qi*-blood and body fluids relies on the proper functioning of the viscera, but the proper functioning of the organs in turn requires *qi* activity, nourishment by the blood and the moistening of body fluids.

This means that malfunctions of the *zang-fu* organs or pathological changes of *qi*-blood and/or body fluids have a mutually negative effect on each other. *Qi*-blood and body fluids disorders include both deficiency and excess. Deficiency syndromes include *qi* deficiency, blood deficiency, both *qi* and blood deficiency, and body fluids insufficiency; excess syndromes include such disorders as *qi* stagnation, *qi* counter-flow, blood stasis and phlegm-retention.

3.4 Prevention and Therapeutic Principles of Miscellaneous Diseases

Using ideas garnered from Canon of Medicine and the Classic of Medical Problems, Zhang Zhongjing developed the major principles of managing miscellaneous diseases, principles that include combining prevention and treatment, though giving priority to prevention.

3.4.1 Principles of prevention for miscellaneous diseases

3.4.1.1 Give priority to prevention

Zhang Zhongjing inherited the academic thought of prevention from Canon of Medicine and the Classic of Medical Problems. In chapter 1 of the Synopsis of the Golden Chamber, it says that: "If a man can live cautiously, keep away from exogenous pathogens... comply with the law, avoid the attack of beasts and disaster; be sexually moderate, clothe appropriately according to seasons, and eat appropriately, his healthy *qi* will be strong. "This reflects Zhang's the basic tenets of his thoughts on prevention.

3.4.1.2 Prevent the transmission of disease

When disease strikes, measures should be taken as soon as possible to prevent its further transmission/interiorization.

In chapter 1 of the Synopsis of the Golden Chamber, it says: "A disease that involves the meridians but that has not yet spread to the *zang-fu* organs should be treated promptly. Illness where there is a heavy feeling in the four limbs can be treated with breathing exercises, acupuncture, abdominal massage, moxibustion, and massage", and "measures must be taken to strengthen the spleen in the treatment of a liver disease because liver diseases tends to transmit to the spleen."

The citation above clearly reflects the importance of prevention. The prevention and treatment of miscellaneous diseases should be guided by the theories of holism and based on the inter-relationships between the *zang-fu* organs. Give treatment as early as possible when the pathogen is in the superficial part of the body and the disease is mild. As the pathogen begins to invade the interior, methods of regulating or nourishing the *zang-fu* organs should be used to prevent the further transmission/interiorization of the pathogens to the susceptible organs.

3.4.2 Therapeutic principles used in treating miscellaneous diseases

The following therapeutic principles are discussed in the Synopsis of the Golden Chamber.

3.4.2.1 Support healthy *qi* to eliminate pathogens

Normally healthy *qi* deficiency plays a more important role in the development of miscellaneous diseases than do exogenous pathogens; therefore when it comes to treatment, supporting healthy *qi* is emphasized more than expelling pathogens. The prescriptions *Shu Yu Wan* (Shuyu Pills) and *Da Huang Zhe Chong Wan* (Dahuang Zhechong Pills) described in the chapter on *Xue Bi Xu Lao Bing* (*Bi*-syndrome Disease and Blood Deficiency), are classic prescriptions for reinforcing the healthy and eliminating pathogens.

3.4.2.2 For deficiency syndromes, focus on tonifying the spleen and kidney

The kidney is considered to be the congenital foundation and root of life while the spleen is considered to be the postnatal basis of life and the source of *qi* and blood. In the late stages of miscellaneous diseases, the spleen and kidney are inevitably impaired, which in turn further affects other organs and complicates the situation. An emphasis on nourishing spleen and kidney is therefore a fundamental principle in the treatment of chronic diseases, for example, *Xiao Jian Zhong Tang* (Xiajianzhong Decoction), *Huang Qi Jian Zhong Tang* (Huangqi jianzhong Decoction) and *Shen Qi Wan* (Shenqi Pill) from the chapter entitled *Xue Bi Xu Lao Bing* are all examples of this.

3.4.2.3 Differentiate between primary and secondary causes, urgent and non-urgent situations

Differentiating between primary and secondary causes, and urgent and non-urgent situations will help a practitioner determine treatment priorities. For example, a routine therapeutic principle for a disease with concurrent exterior and interior syndromes is to first relieve the exterior syndrome and then treat the interior syndrome. Properly done, this can prevent the invasion of exogenous pathogens. However, an urgent interior syndrome may cause debility of healthy *qi*, perhaps even a crisis, and in such a case, the interior syndrome should be treated prior to relieving the exterior syndrome. When treating the concurrence of a recent disease and a long standing disease, the recent disease should be treated before treating the old one. In chapter 1 of the Synopsis of the Golden Chamber, it says: "A patient was misdiagnosed and inappropriately given purging therapy, this eventually resulted in diarrhea with undigested food and bodily pain. In such a case treating interior syndrome (diarrhea) is the priority. Only when the patient has simple bodily pain no longer complicated by diarrhea can he his exterior syndrome be treated." He also said: "When a long-standing disease is complicated by a life-threatening disease, first treat the life-threatening disease and only afterward treat the long-standing disease."

3.4.2.4 Give treatment according to the developmental trend of the disease

This principle refers to using herbs to guide pathogens to the most efficacious route of elimination. The herbs are chosen based on differences in the location, developmental trends and best route of elimination, and are used to achieve the goal of removing pathogens from the body without harming healthy *qi*.

In chapter 14 of the Synopsis of the Golden Chamber it says: "For edema mainly below the waist, diuretic therapy should be adopted. For edema mainly above the waist, diaphoretic therapy should be adopted." Edema below waist pertains to *yin*. In such a case, the water is best eliminated downwards with diuretic therapy. Edema above the waist pertains to *yang*, and the water is best eliminated outwards by diaphoretic therapy. In addition, retention of food in the epigastrium can be treated by inducing vomiting with *Gua Di San* (Guadi Powder), while if it is in the intestines, *Da Cheng Qi Tang* (Dachengqi Decoction) is called for. The statement: "(For) alcohol induced jaundice... (with) abdominal distention with a desire to vomit and parched nose; if the pulse is floating, first induce vomiting, if the pulse is sunken and wiry, first drain downward" is also an example of this principle.

3.4.2.5 Distinguish similarities and differences in diseases and treatments

It refers to "different treatment for the same disease" and "the same treatment for different diseases". This principle is an example of how the principle of giving treatment according to the syndrome differentiation can be applied in a practical situation. Clinically speaking, it includes giving the same treatment to patients diagnosed with different diseases (but which are classified as being the same syndrome) and giving different treatments to patients diagnosed with same disease (but which are classified as a different syndrome).

During the course of a complicated disease, various syndromes may present and each must be treated differently. In the Synopsis of the Golden Chamber, examples of using this principle include treating subcutaneous fluid retention (*yi yin bing*), which "when sweating is required, *Da Qing Long Tang* is called for; or *Xiao Qing Long Tang* is called for." Also, "For chest *bi*, (when) the center feels blocked, and the remaining *qi* knots in the chest, the chest feels full and (*qi*) counterflows from the ribs to the heart, *Zhi Shi Xie Bai Gui Zhi Tang* (Zhishi Xiebai Guizhi Decoction) is called for (excess condition); or *Ren Shen Tang* (Renshen Decoction) is called for (deficiency condition)."

Alternately, the same syndrome may be seen during the course of various diseases. Regardless of the disease, however, when the underlying etiology is classified as the same syndrome, it can be treated using the same therapeutic principle. Examples of using this principle include the use of *Shen Qi Wan* to treat such various problems as lumbago due to consumptive disease, phlegm-fluid retention, wasting-thirst, female postpartum dysuria and beriberi. Though they present with different symptoms and are classified as different diseases, their common feature is a deficiency/weakness of kidney *qi* which has in turn lead to a slowdown in the *qi* transformation mechanism. From this point of view, the underlying etiology of all of them is the same i.e. kidney *qi* deficiency and tonifying kidney *qi* is thus an appropriate treatment for all of.

3.4.2.6 Deficiency and excess must be treated differently

The idea that deficiency and excess must be treated differently comes from actually putting into practice the treatment principles "treat deficiency by tonifying" and "treat excess by purging" seen in Canon of Medicine.

During the course of a disease, the status of both healthy *qi* and pathogenic *qi* changes, producing such various syndromes as deficiency, excess and combined deficiency and excess. This means that a practitioner must be able to differentiate between these syndromes to apply the appropriate treatment: treat deficiency by tonify, treat excess by purging, and treat with both elimination and reinforcement by a mixed deficiency/excess syndrome. If a practitioner fails to respond appropriately-draining a deficiency syndrome, tonifying an excess syndrome-the disease will necessarily worsen. In the world of TCM there is a long-standing admonition to practioners to not make the mistake of "emptying deficiency/reinforcing excess (*xuxu shishi*)". Zhang Zhongjing warned readers in the first chapter of Synopsis of the Golden Chamber of the importance of following this principle saying: "One should never empty deficiency nor reinforce; (rather), tonify insufficiency and take away excess."

In addition, to the above, there are other therapeutic principles such as regulating *yin* and *yang*, search for fundamental of a disease in treatment, and designing treatment based on the individual, the location and the season.

Chapter 4

Differentiation Thinking and Learning Methods

4.1 Differentiation Thinking Methods

Traditional Chinese medicine(TCM)is a medical science that developed out of the Chinese people's accumulation of experience gathered through the long term practice of medicine, of living and of life experiences and the summarization of the insights gained thereof. It is a unique theoretical system, one that is rich in therapeutic experience with a well defined history and deeply rooted in Chinese culture and China as a country. This introduction to the differentiation thinking used in TCM will facilitate the study of the foundations of clinical Chinese medicine. For the purposes of this text, the editors have chosen to focus on commonly used aspects of differentiation thinking in TCM and those seen in the *Shang Han Lun* (Treatise on Cold-Induced Diseases).

4.1.1 Commonly used ways of thinking in TCM

4.1.1.1 Holistic thinking

Holistic thinking can also be referred to as a holistic viewpoint. As a way of thinking, it starts off from an understanding of the object of its attention being an organic whole and then looks to the relationship and interactions between the whole and its parts, the whole and its various levels, the whole and its various constituent structures and the setting of all within a larger context.

It looks at the objective world as a continuous and inalienable organic integrity. The whole is composed of parts, but at the same time the part itself is both a continuous and inalienable integrity as well as a constitutional element of the whole. Being both a whole and a part are not totally separate concepts, since they are united by common laws (the *dao* or *li*), isomorphic structural levels (*yin-yang*, the five elements, etcetera), and consubstantial elements (*qi*, for example). Because of this, the part necessarily has both the function and contains all the information of the whole; that is to say, the part and the whole are of a kind, similar and interconnected. Within this mental construct, the *dao* (the way), *qi*, *taiji* (the great ultimate) and *li* (natural laws) are representative of the whole or the basic category of whole, while *yin-*

yang, the five elements, etcetera, are the basic structural elements of this whole. The "unity of heaven and man" is the most basic tenet of holistic thinking in Chinese medicine and philosophy.

The most obvious aspect of holistic thought in TCM is that it considers heaven and earth to be an integrated unity, wherein man exists between the two, interconnected with the breath (information) of both heaven and earth. Humans are, however, also an integrated unified whole in them, one whose inner organs are intimately and indivisibly related. The holistic aspect of a human being also relates to the larger picture, however, and humans are closely related to the society they live in, the place where spirit and material things, thought and existence are completely unified.

4.1.1.2 Abstract thinking

Abstract thinking is also known as logical thinking. It is the process of using an abstract concept, applying discrimination and deduction as a base model to then analyze, synthesize, compare, abstract, generalize and concretize. This particular thinking process enables one to expose the essential nature and relational regularities of things.

Abstract thinking looks at the objective manifestation of things, and then, using sensory based understanding as its underlying premise, abstracts the fundamental attribute of the object in question. Regulated by the common laws of abstraction, the non-contradictory, deterministic and verifiable nature of the abstraction is then maintained.

The application of abstract thinking in TCM is very broad; neither theory nor clinical practice could function without it. For example, the idea that the five *zang* organs store essence and do not excrete and that the six *fu* organs excrete foodstuff but do not store essence was conceptualized from observations of the external manifestations and functions of the five *zang* and six *fu* organs. These observations have become abstract rules within TCM. Similarly *yin-yang* evolved from a designation of the direction of sunlight (originally it described the front of a hill where the sun could shine—*yang*; and the back of a hill which remained in shadow—*yin*) to the concept of "the way of heaven and earth". In this later manifestation it became a general law of classification and the basic concept underlying the rules of change; it generalizes the antinomies unity of the objective world and is also the fruit of abstract thinking. In the *Ling Shu* (Spiritual Pivot) it states: "*Yin-yang* has name but no form."

4.1.1.3 Imaginal thinking

Imaginal thinking, also called direct perception (recognition) thinking, is a thinking process reflective of how image information is input, weeded through, processed, stored and exported out during the process of considering the fundamental orderliness of things. The process includes five components, i. e., image reception, image storage, image determination, image creation, and image description. Imaginal thinking is, however, different from abstract thinking. The former uses image generalization to obtain a rational image, a process that uses image conceptualization and association (including imagining, fantasizing, etc.). The latter uses abstract generalization to obtain theory. The process is marked by abstract conceptualization, discrimination, deduction, and verification. Although the two appear to differ in concreteness and indirectness, instinctualness and abstractness, in fact the two methods of thinking are not completely separate. When a practitioner is actually thinking through a problem, imaginal thinking and abstract thinking are inextricability intertwined from start to finish, mutually influencing and promoting each other, advancing forward as a unit.

In the clinic, the imaginal thinking process is the bridge to understanding the essential nature of what it observed, using a macroscopic world view to get a handle on the essential nature, laws and relationships found in nature, the human body, and disease. This in turn enables practitioners to establish theories of physiology, pathology, diagnosis, and treatment. For example, the five-element theory is used to establish the fundamental framework of *zang-fu* organ theory, and the concepts of mist, froth, and drainage ditch are used as analogies to differentiate the functional characteristics of the upper, middle, and lower energizers, respectively. All these examples reflect the special characteristics of imaginal thinking. The theories concerned with the transportation process of food and the production of *qi* and blood are also the products of imaginal thinking.

Clinically, the thinking process is basically the application of imaginal thinking. It is used to achieve the goal of getting a handle on the essential nature of and relationships within the disease in question. First, the process of syndrome differentiation is the process by which the entire disease pathology is mentally structured, which for the most part involves a dynamic imaging recognition process. Second, the design of a given treatment can not be separated from imaginal thinking. This is because the concrete expression of a given therapeutic principle is transformed out of the therapeutic objective, which was formed by an image design process in the brain of the practitioner. Finally, treatment selection is a rational design process that uses imaginal thinking in the selection of herbs, the structuring of a prescription and for redressing the mechanism of disease. For example, a practitioner imagines fire flaming upwards, and uses the mechanism of ascending fire to describe the pathology of liver *yang* hyperactivity. The practitioner then relates the treatment for the problem (nourishing the lower part to quenching the ascending fire in the upper part) to a method described as removing wood from the fire (lower part) to stop water boiling in the pot above (upper part).

As can be seen, TCM relies quite heavily on the use of imaginal thinking, which at the very least brings to it representation theory (that is to say, direct observation and sensibility), holism and a certain vagueness.

4.1.1.4 Experience-based thinking

Experience-based thinking is the process of using past experience to analyze and deal with current problems. In contrast to creative thinking, the basic nature of experience-based thinking is a process of consciously or unconsciously analyzing or dealing with current problems according to normalized routines. It is a process based on habits, conventions, and skills. Experience-based thinking reflects the inherent learning ability of human beings. In social activities, people are prone to compare new circumstances with the previous experience and try to resolve the problem using previously successful methods.

Experience-based thinking is established on the basis of using trial and error method and accumulating personal experience or learning from the experience of others. With regard to commonly seen problems, this kind of thinking improves efficiency. To a great extent, the clinical practice of TCM is based on a kind of experience-based thinking, and an experienced TCM practitioner can successfully diagnose and treat a patient using experience-based thinking. However, the objective world is complicated and diverse and diseases are also varied and multiple. Diseases may appear that are new, unprecedented, present with a non-standard manifestation, or be atypical in some other way. Experience-based thinking is not good enough for to help resolve these unconventional problems that involve many unknown factors. Relying solely on experience can cause misdiagnosis or mistreatment. Therefore, in research and clinical practice, creative thinking and creative ideas are desirable; one should not be limited to the experience-based thinking that is effective in normal circumstances.

4.1.1.5 Creative thinking

The broad definition of creative thinking refers to any original thinking process. The narrow meaning of creative thinking refers to the process involving creative intelligence activities during scientific research, i.e., inventing new techniques, constructing new concepts and creating new theories.

In contrast to experience-based thinking, creative thinking is type of composite thinking process that encompasses many types of thinking methods. Creative thinking is the process of creatively asking, analyzing and solving problems. This composite thinking process occurs at all stages of creative activity and normally includes the following four stages:

A. Preparatory stage: The thinker should widely collect and accumulate all kinds of information and sensory data, do one's utmost to free one's self from the constraints of conventional ideas, determine the imperfections of existing theories or practice, discover the new facts, and propose a new solution.

B. Gestation(fermentation) stage: During this stage the thinker uses all manner of common methods to continuously and actively think on the existing materials, and to then propose a hypothesis.

C. Revelation stage: The thinker should pay attention to seemingly random events and take advantage of the insights provided by external information to inspire and stimulate the imagination, to induce one's muse and draw from one's unconsciousness; and from this obtain unique ways of thinking and ideas that facilitate a final solution.

D. Verifying stage: The thinker should sort out the ideas brought forth from the subconscious, and attempt to find a suitable verification method or way to experiment with the new idea. This should be done so that in the end they are finally able to create a new theory and/or technique.

The basic form of creative thinking is imagination, intuition, and inspiration.

The development of TCM is closely related to creative thinking. It is thanks to the continuous creation of countless practitioners and scholars that TCM has survived and prospered for thousands of years, and become a magnificent part of global medicine. As an example of this, on the basis of the theory of the *Nei Jing* (Canon of Medicine), Zhang Zhongjing combined theory, therapeutic principles, formulas and herbs together, and created both a system of disease-treating according to six-meridian syndrome differentiation and the system of diagnosis and treatment for miscellaneous diseases. Another example is the academic schools in the *Jin* and *Yuan* Dynasties, i. e. , the school of fire-heat, the school of eliminating pathogens, the school of the spleen and stomach, and the school of the ministerial fire that were created by four famous physicians of the period based on their own practical experience.

Wu Youke (1582 – 1652) in the *Ming* Dynasty established the theory of "epidemic pathogenic factor" through meticulous observation, extensive practice, and careful deduction. And Ye Tianshi(1667 – 1746), Wu Jutong(1758 – 1836) etcetera, in the *Qing* Dynasty set forth the diagnosis and treatment principles for warm disease according to defense-*qi*-nutrient-blood syndrome as well as triple energizer syndrome. We have now entered into a new historical period and TCM faces many challenges, to this end creative thinking is critical to the continued development of this medicine.

4.1.1.6 Divergent (dispersive) thinking

Divergent thinking is also known as decentralized thinking. It is a psychological process which starts from a single point and then uses imagination, association, and conjecture to create new ideas. It is limited neither by existing knowledge, nor by already defined formulas, methods, rules, ranges or ways of thinking, which allows thought to expand in different directions and produce creative ideas.

This method is different from the single, rigid, closed thinking method. The main characteristics of divergent thinking include:

A. Fluidity: Starting from a given point or a given instance of something, it is able to quickly make inferences about other areas or things, inferences that are rich in content.

B. Flexibility: This refers to the ability to start from one point and to be able to go in second, third fourth, and so on direction. The more the directions one is able to move in, the more choices and considerations are available, and from this, a web of three-dimensional thinking can be woven.

C. Originality: This refers to the creative idea that divergent thinking gives rise to. With the divergent directions of its thinking process, unique groundbreaking ideas can be generated which surpass all previous experience.

The fluidity, flexibility, and originality of divergent thinking are in fact three levels of thinking leaps that rank from low to high. Advancing from fluidity to flexibility and then on to originality, the thinking process is thus able to reach its highest creative stage.

Actual methods of divergent thinking include multi directional thinking, lateral thinking, and reverse thinking.

Divergent thinking is commonly used in TCM. For example, the practice of preventing winter-onset diseases in summer is derived from a saying in *Nei Jing* (Canon of Medicine) "replenish *yang* in spring and summer, and nourish *yin* in autumn and winter". This treatment method was first used in the prevention of chronic bronchitis in elderly patients. Then, beginning from the observation of the chronic *yang* deficiency constitution of the patient and seasonal winter-onset nature of the problem to which this principle is applied, from the oral administration of herbs to external treatment, this preventive principle has since been extended to the prevention of chronic rhinitis, painful *bi*-syndrome etcetera; a development that reflects the process of divergent thinking.

4.1.1.7 Convergent thinking

Convergent thinking is also known as centralized thinking, or aggregate thinking. It takes the object of its consideration as its center and focuses all manner of solutions and suppositions on this object. Its thinking is organized by analyzing, synthesizing and summarizing and from this the best solution or supposition can be formed or chosen. It uses the affiliation of the conditions, premises, and a certain solution as a foundation, and then avails itself of all known information, eliminates unrelated factors and concentrates this on an accurate thinking objective, one founded in abstraction, generalization, discrimination and deduction. This method thinking is able to take scattered thinking and centralize it, bringing together the collective strength of thought to push for a solution. The process is multifaceted, multidimensional and multilevel. Chronologically speaking, it is the consecutive bringing together of multiple lines of thought; specially, it forms a continuous three-dimensional network, eliminating the dross and taking the fine, eliminating the false and keeping the true. It gradually shrinks thought and makes it clear, makes the basic nature of the problem at hand more obvious and in the end enables one to find the causation or the result.

The process of convergent thinking starts from the collection of information. This is then followed by clarification, identification of commonalities, the uncovering of the basic nature (of the object of consideration) and eventually an objective conclusion that addresses the goal of the thinking process.

Making a TCM diagnosis and devising an appropriate treatment strategy is a process of convergent thinking.

As far as creative activities are concerned, convergent and divergent thinking complement each other. Divergent thinking can be used to generate a creative hypothesis, while convergent thinking can contribute to the differentiation, judgment and selection of the most optimal solution.

4.1.1.8 The thinking process of seeking commonalities

This process of thinking involves seeking the same or similar aspects among things. The process looks for common ground among difference and in this way enables one to go from understanding a given area to understanding an unknown one. It starts from analysis of the structures, functions, properties, and characteristics of different things; it then goes on to compare and contrast locating the commonalities; and ends at finding common ground. In this way it enables the formation of new knowledge. It is a thinking process to seek the commonalities through analysis, comparison, summarization and systematization from the point of opposition and difference.

The early establishment of TCM theory greatly benefited from this kind of thinking process. Based on the knowledge of several sub-systems, common laws that underpin the entire system can be abstracted from existing knowledge. This process of thinking remains used widely in TCM practice. For example, the analysis of pathogenesis in chapter 74(*Zhi Zhen Yao Da Lun*) of *Su Wen*(Plain Questions) it says that: "all conditions with reverse upward surging movement pertain to fire", and that "all restlessness, mania and hyper(activity) pertain to fire". Fire is identified as the common ground between reverse upward surging movement and mania. This idea was further developed into the treatment strategy of treating different disorders (though due to the same mechanism of disease) with the same method(*yi bing tong zhi*), which can be found a lot in the classics Treatise on Cold-Induced Disease, Synopsis of the Golden Chamber etc., in an attempt to broaden one's field of version.

4.1.1.9 The thinking process for seeking differences

This process aims to identify the differences within things in the same category. It starts from analyzing and comparing and ends at identifying the differences in structure, function, cause, and developmental process. It can also be referred to as seeking difference from similarities.

TCM also benefits from this way of thinking. In chapter 74(*Zhi Zhen Yao Da Lun*) of Plain Questions it says: "all convulsions and stiff nape pertain to dampness", "all sudden stiffness pertains to wind", and "all manner of muscular spasm and water/fluids turbidity pertain to heat". The three similar conditions, i. e., convulsions and stiff nape, stiffness, and muscular spasms can be compared and their causes identified as dampness, wind and heat respectively. This type of thinking process has contributed to the development of the TCM diagnosis and treatment strategy for treating similar (or the same) disorders (though due to different mechanisms of disease) with different methods(*tong bing yi zhi*), which can be found a lot in the classics Treatise on Cold-Induced Disease, Synopsis of the Golden Chamber etc..

4.1.1.10 Fuzzy thinking

Fuzzy thinking refers to the total abstraction of something for which, in the face of a subjective differentiation standard, no absolute clear delineation has been given.

This type of thinking requires an understanding defined by the fact that the limiting categorization is unclear, that the nature and status(of the object of contemplation) is indefinite, but that it be within a given range and degree of exactitude. The actual use of this type of thinking begins from the starting point of a vague phenomenon, and then uses fuzzy set mathematical tools to extract indeterminate and hardly palpable mathematical models. At this point all kinds of special quantity determining knowledge is applied in order to grasp the characteristics of the object in question. In some cases, evaluation operations are not used, but the long term experience of the practitioner is employed to get a basic understanding of the object in question.

Compared with precision thinking, fuzzy thinking is both flexible and convenient. Unlike precision thinking, which must rely on precise data obtained from large-scale observation, experiment and measurement in order for it to be used to reach a conclusion, fuzzy thinking uses mostly correct though relatively vague information and then sheds the light of experience on it—experience that can be either rational or perceptive in origin. It is not necessary for this type of thinking to be as rigorous or to have as many fussy conditions as precision thinking in order to be able to arrive at a reasonably correct conclusion. The process of precise thinking usually involves rigorous calculation and demonstrable reasoning from one step to the other. During the process sequencing reversals and arbitrary abbreviations are totally unacceptable. By contrast, fuzzy thinking is somewhat simpler with fewer logic components, and sometimes leads to a judgment arising straight from intuition.

Fuzzy thinking is widely used in TCM. For example, in TCM the normal physiological activities of the human body are generalized as *yin* and *yang* in equilibrium, while the pathological mechanism is seen as "disharmony between *yin* and *yang*", or "the struggle between healthy *qi* and pathogenic *qi*", and the treatment strategy as "carefully observing the disharmony between *yin* and *yang* in order to restore the balance". These ideas reveal in a relatively precise way the physiology, pathology and the goal of medical treatment. Many vague measure terms such as some, very much/many, very little, increasingly more, to have/not have, strong/weak, very thirsty, becoming more so, etcetera, are used in TCM, all of which embody the nature of fuzzy thinking.

4.1.2 Differentiation thinking in the Treatise on Cold-Induced Diseases

The Treatise on Cold-Induced Disease, Synopsis of the Golden Chamber and Warm Disease are all extremely rich in methods of syndrome differentiation. Here we will use the Treatise on Cold-Induced Disease as an example in our analysis.

4.1.2.1 Analogy

Analogy, also known as the correspondence method, is a form of logical inference based on the assumption that if two things are known to be alike in some respects, then they must be alike in other respects. In the Treatise on Cold-Induced Diseases this method is used to compare the symptom manifestations of a given patient with the manifestations set forth as the diagnostic standard for a given disease or pattern. If these manifestations are coincident or similar a diagnosis can be made.

The major patterns classified as the six-meridian diseases and syndromes treated with disease specific prescriptions are the main criterions for diagnosis in the Treatise on Cold-Induced Diseases. For example, a patient with floating pulse, headache and painful stiff nape, and aversion to cold would be diagnosed as having a *taiyang* disease. A *taiyang* disease with the presence of sweating is a *taiyang* wind-strike syndrome; while it is considered to be a *taiyang* cold-damage syndrome if there is no sweating. All those who present with fever, perspiration, and aversion to heat instead of cold would be diagnosed as having a *yangming* disease. A *yangming disease that presents with abdominal distension and fullness, and where there is no defecation would be considered a yangming fu*-organ syndrome. Without the presence of these last symptoms, however, a *yangming* meridian syndrome would be diagnosed. A diagnosis of a *Xiao Chai Hu Tang* (Xiaochaihu Decoction) pattern, on the other hand, can be made by the observation of only one of the major symptoms. These are typical applications of the analogy method.

4.1.2.2 Comparison

Comparison is a process of determining similarities and differences. In the Treatise on Cold-Induced Diseases comparison is used in following three ways.

4.1.2.2.1 Comparison of opposites

When this method is used, a critical symptom, physical sign or pulse is used as a focus of analysis and to compare to its opposite. For example, in lines 13, 35, 14 and 31 of the Treatise on Cold-Induced Diseases, the difference between sweating and the anhidrosis is the key point used in differentiating *taiyang* wind-attack and *taiyang* cold-induced syndromes. Similarly, the presence of chills with the absence of thirst is compared to absence of chills but the presence of thirst (lines 3 and 6) when differentiating cold damage from warm disease. The comparison between a pattern with fever and a pattern without fever is used to differentiate *yin* or *yang* patterns (line 7). The differentiation of true or false cold and heat is made by comparing the desire or lack thereof for clothes and quilts (line 11). Differentiation of transmission and change of a condition is made by comparing the regular pulse with a rapid pulse (line 4). Differentiation between blood accumulation patterns and water accumulation patterns is made from the comparison of easy and difficult urination (lines 125, 126). Differentiation between the accumulation of water in the lower energizer bladder and in the middle energizer stomach is made by comparing the presence or absence of thirst (line 73), while deficiency and excess of syndromes can be differentiated by comparing the presence or absence of aversion to cold after diaphoresis (line 70).

4.1.2.2.2 Horizontal comparison (cross-syndrome comparison)

It is a method of comparing a given major syndrome with several associated syndromes to get a better understanding of the major syndrome from different aspects. For instance, in the discussion of major thoracic accumulation (*da jie xiong*) syndrome treated with *Da Xian Xiong Tang* (Daxianxiong Decoction), the pattern is compared to (epigastric) stuffiness syndrome (*pi zheng*) in line 131 for a better understanding of its cause; to *Da Chai Hu Tang* (Dachaihu Decoction) treated syndrome in line 136 for a better understanding of its pathogenesis; to minor thoracic accumulation syndrome treated with *Xiao Xian Xiong Tang* (Xiaoxianxiong Decoction) in lines 137 and 138 for a better understanding of its location; to *Ban Xia Xie Xin Tang* (Banxia Xiexin Decoction) treated syndrome in line 149 for a better understanding of its symptoms; and to *zang* organ accumulation (*zang jie*) discussed in lines 128, 129 by characterizing the floating pulse in *cun* region and deep in *guan* region, and to *yangming fu* organ dryness accumulation syndrome treated by *Cheng Qi Tang* by differentiating the symptom of mild tidal fever in line 137. Through the use of these comparisons, Zhang Zhongjing clearly shows his readers the etiopathology, pathogenesis, location, symptoms and pulse seen in this pattern.

In line 149, three possible outcomes are discussed in the event that a *shaoyang* disease is treated inappropriately with purging. The first is an unrelieved *shaoyang* syndrome in which the patient will continue to have symptoms of distressing fullness in chest and hypochondrium. The second is transformation into a thoracic accumulation syndrome in which the patient will present with epigastric pain characterized by fullness and hardness. The third is the formation of a (epigastric) stuffiness (*pi*) syndrome which presents with epigastric fullness but no pain. These three outcomes are differentiated by the quality of fullness and pain.

4.1.2.2.3 Vertical comparison (intra-syndrome or same symptom comparison)

This method compares the same symptom (but different syndromes) or different aspects of a given syndrome to provide a fuller more in depth picture. This will overcome the surfaced and one-sided understanding, thus deepening the knowledge of diseases.

For example, as a symptom, epistaxis can be observed in many different syndromes. Treatise on Cold-Induced Disease discusses this symptom in lines 46, 56, 111, 207, 227, 55, 86, and 47. It concludes that nasal bleeding may be caused by a variety of factors, including damage to the *yang* vessels brought on by severe blockage incurred from the contraction of exogenous pathogens which can then result in the *yang qi* oppressed in this manner to transform into heat (lines 46, 56); inappropriate treatment with warming needling in a wind-attack syndrome of *taiyang* (line 111); heat in the *yangming* blood systems and exuberant heat in the *qi* system force the blood to extravagate resulting in a nose bleed (lines 202, 227); the non-use of diaphoresis in a cold induced *taiyang* syndrome (line 55), or the inappropriate use of diaphoresis treatment in a *shaoyin* kidney *yang* declination syndrome with cold extremities. The treatments for nasal bleeding also vary accordingly. These include diaphoresis (line 55), syndromes contradicted for diaphoresis (line 86), the clearing of heat (lines 202, 227), or self recovery (line 47). In the Treatise on Cold-Induced Diseases a similar method of comparison is used for the differentiation of diarrhea, restlessness, fever, abdominal fullness, abdominal pain and vomiting. If the readers can relate a line (symptom or syndrome) to all the related lines (symptoms or syndromes) during their studies, they will gain an understanding to the symptom or syndrome in a greater depth.

4.1.2.3 Deduction

Deduction is the process of reasoning wherein a conclusion follows necessarily from stated premises; inference, on the other hand, works by reasoning from the general to the specific. This method was used by Zhang Zhongjing in analyzing a number of complicated patterns.

In line 208, for example, it says that "A *yangming* disease has slow pulse, and that those with perspiration and no aversion to cold will necessarily have a physical sensation of heaviness, shortness of breath, abdominal fullness, and tidal fever. A purgative can be used if the outside pathogens have been eliminated. Those with sweaty hands and feet will have the problem of hard stool; *Da Cheng Qi Tang* (Dachengqi Decoction) is the remedy." Perspiration unaccompanied by chills is characteristic of *yangming* diseases. *Yangming* diseases can, however, be further divided into *yangming* meridian syndrome and *yangming fu*-organ syndrome. The slow pulse, abdominal fullness, shortness of breath, and tidal fever detailed in this line indicate a *yangming fu*-organ syndrome. A *yangming fu*-organ syndrome is usually treated with one of the various purgative *Cheng Qi Tang* (Chengqi Decoction) prescriptions chosen on the basis of the degree of hardness of the stools and heat accumulation. The incessant perspiration of the hands and feet is caused by dryness of the intestines; there are not enough fluids to spread throughout the whole body, but that a small amount is able to reach the four extremities as they are governed by the spleen. Therefore, the appearance of incessant sweating of only the hands and feet is an indication that hard stools are accumulating in the intestines and that *Da Cheng Qi Tang* can be used to purge. As can be seen, going from the idea of a general *yangming* disease to the more specific *yangming fu*-organ syndrome, and then further to the even more specific *Da Cheng Qi Tang* treated syndrome, is typically a process of deduction.

4.1.2.4 Counterevidence thinking

Counterevidence thinking is used in the Treatise on Cold-Induced Diseases to differentiate and analyze certain characteristic manifestations of a disease in order to discuss the disease in depth.

4.1.2.4.1 Use of treatment taboos in counterevidence thinking

This is a method that relies on using the contraindications for a specific prescription to reflect back on the syndrome to understand what symptoms are present or not, the function of the prescription and the practical timing of giving the prescription. In line 16 of the Treatise on Cold-Induced Diseases it says: "*Gui Zhi Tang* (Guizhi Decoction) acts to release the muscles. If the patient's pulse is floating and tense, and there is fever but no sweating, this prescription should not be used. This should be remembered at all times to avoid treatment error." Using counterevidence thinking we can infer that in a syndrome treated with *Gui Zhi Tang*, the pulse will not be floating and tense and that there must necessarily be sweating. In line 132, it says "For a thoracic accumulation syndrome, if the pulse is floating and large, purgation can not be used, otherwise it may cause death." When a floating and large pulse is seen in a thoracic accumulation syndrome, the floating pulse indicates that the external pathogens haven't been completely eliminated, while the large pulse is a sign that interior excess has not yet formed. However, if the pulse is floating, large and forceless, this is a condition wherein healthy *qi* is deficient and pathogenic *qi* is in excess. Using counterevidence thinking, we can infer that *Da Xian Xiong Tang* is the appropriate prescription for major thoracic accumulation syndrome only when the patient has a sunken forceful pulse, pain, and hard fullness in the epigastrium, all of which indicate that the pathogens have been relieved from the exterior but that there has been formation of excess in the interior.

4.1.2.4.2 Use of inappropriate treatment indications in counterevidence thinking

An analysis of what went wrong after giving an inappropriate prescription can also be used as counterevidence in determining what disease syndrome it actually is.

In line 159, it says: "In a cold damage disease, after taking herbal decoctions, the patient develops diarrhea and epigastric stuffiness and hardness. (At this point) the patient was treated with *Xie Xin Tang* (Xiexin Decoction). After that another purgative prescription was used, and the diarrhea became constant. If *Li Zhong Tang* (Lizhong Decoction) is employed and the diarrhea becomes more severe, it indicates the diarrhea is due to a disorder in the lower energizer, the reason being that *Li Zhong Tang* is a prescription to regulate middle energizer. In this case, *Chi Shi Zhi Yu Yu Liang Tang* (Chishizhi Yuyuliang Decoction) is the remedy. If the diarrhea can not be controlled by even that, it may be treated with a urination promoting method." In the case discussed in this line, the patient was treated with several prescriptions. Using counterevidence thinking we can infer that the diarrhea brought on by inappropriately treating an exogenous cold-induced disorder with purgation may be due to a complex of cold-heat (*Xie Xin Tang*), cold and deficiency in the middle energizer (*Li Zhong Tang*), deficient cold in the lower energizer (*Chi Shi Zhi Yu Yu Liang Tang*), or dampness and water in the large intestine (treated with a urination promoting method).

In line 68, it says: "Following diaphoresis the disease was not relieved, and the patient developed chills. This is because of deficiency. *Shao Yao Gan Cao Fu Zi Tang* (Shaoyao Gancao Fuzi Decoction) is the remedy." This line takes chills as the key point of differentiation. The chills did not disappear, but rather became aggravated after sweating, and there is no accompanying fever or floating pulse. Although the patient's condition was not relieved, the unrelieved condition is no longer an exterior syndrome, but has become one of deficiency of both *yin* and *yang*. This diagnosis can be further confirmed by the selection of the prescription.

4.1.2.4.3 Use of prescription function in counterevidence thinking

The language in the Treatise on Cold-Induced Diseases is very succinct. Sometimes the symptoms for different syndromes or diseases are very similar, although their causes, pathogenesis and treatments are in fact totally different.

By using this thinking method to analyze the function of the prescriptions used for the respective syndromes or diseases readers should be able to figure out in depth the difference between the syndromes.

For example, line 296 discusses *shaoyin* diseases, saying: "In a *shaoyin* disease, if a patient has vomiting and diarrhea, restlessness/vexation and cold limbs, his condition is mortal." In line 309, it says: "*Wu Zhu Yu Tang* (Wuzhuyu Decoction) is indicated for *shaoyin* diseases with vomiting and diarrhea, cold extremities and restlessness." The symptoms of these two syndromes are very similar, but the former is much more severe as there is cold and exhaustion of genuine *yang*. It has a poor prognosis and is normally treated with *Si Ni Tang* (Sini Decoction). The latter is caused by pathogenic cold invading the stomach accompanied by deficient cold in the stomach. In this case, *Wu Zhu Yu Tang* is used to warm the stomach, disperse cold, control the adverse ascension of *qi* and stop vomiting. Using counterevidence thinking (and inferring the difference from the prescriptions used) a reader should be able to understand the difference between these two syndromes. The vomiting and diarrhea seen in these two syndromes must necessarily be different in severity and quality.

The cold extremities discussed in line 318 is due to *qi* stagnation and disturbances in *qi* movement. The prescription selected for this syndrome is *Si Ni San* (Sini Powder) which functions to soothe liver and alleviate depression. Through counterevidence thinking we can infer that this syndrome is not caused by *yang* deficiency or *yin* exuberance, i. e. , that it is a *shaoyin* disease, but rather that it is merely a syndrome similar to *shaoyin*. The term "*shaoyin* disease" used at the beginning of this line is to remind of the reader of the difference between this syndrome and a real *shaoyin* syndrome.

4. 1. 2. 5 Exclusionary thinking

In the Treatise on Cold-Induced Diseases the exclusionary thinking method is used for differential diagnosis. In this method, certain characteristic symptoms that do not normally appear but are significant for differentiation are discussed.

4. 1. 2. 5. 1 The exclusionary method—listing negative (non-present) symptoms

This is differential diagnosis conducted by examining the positive or present symptoms as well as a number of negative or non-present symptoms that are significant to the differentiation.

For example, in line 61 it discusses the syndrome with restlessness caused by inducing diaphoresis after purgative therapy. As a symptom, restlessness can appear in any of the six-meridian syndromes. Its etiology may be reflective of deficiency, excess, cold or heat. It is not enough to make a diagnosis of kidney *yang* deficiency based only on the symptoms daytime restlessness and nighttime calm, a sunken faint pulse and mild body fever described in the line. Therefore, this line also indicates a number of significant negative symptoms such as the absence of vomiting, the absence of thirst and the absence of exterior syndrome symptoms. These are discussed to exclude the possibility of the disease being present in any of the three *yang* channels. This, when combined with the pathogenesis of impairment of fluids and *yang* due to inappropriate purgative and diaphoretic therapies, can be used to make a diagnosis of restlessness due to kidney *yang* deficiency, and treatment to restore *yang* should be promptly employed.

In line 174, the absence of vomiting and thirst are discussed for excluding *shaoyang* and *yangming* syndromes, and the presence of hard stool and normal urination are discussed for excluding an interior damp syndrome. Thus a diagnosis of pathogenic wind, cold and dampness in the exterior is confirmed. In line 166, the symptoms in a syndrome due to phlegm-fluid retention in the chest and diaphragm that is treated with *Gua Di San* (Guadi Powder) include fever, aversion to cold and sweating are very similar to those seen in a *Gui Zhi Tang* syndrome. In this line, the absence of headache and neck stiffness is two significant negative symptoms discussed to exclude wind-attack syndrome of *taiyang*.

4. 1. 2. 5. 2 The exclusionary method—comparison

This method is used to confirm a diagnosis by discussing the symptoms that do not normally appear in a syndrome in order to exclude other similar syndromes.

For example, in line 148 a comparison is made between the symptoms not present in a *shaoyin* pure *yin* bind(*shaoyin chun yin jie*)and the symptoms and signs of a *shaoyang* slight *yang bind*(*shaoyang yang wei jie*) in order to eliminate the pure *yin* bind syndrome. The symptoms of the two syndromes are similar, but their pathogenesis is different. The diagnosis of a slight *yang* bind syndrome is made by excluding the possibility of a pure *yin* bind syndrome, a *shaoyin* disease syndrome. The symptoms of cold hands and feet, a sunken, tense and thready pulse and slight chills in a slight *yang* bind syndrome are very similar to those of the pure *yin* bind syndrome. However, a pure *yin* bind syndrome is caused by an exuberance of *yin* with decline of *yang*. Although there are chills, there is no fever, and the syndrome is located entirely in the interior. No exterior syndrome symptoms should be seen. In a slight *yang* bind syndrome there are not only symptoms of an exterior syndrome, i. e., fever with chills, but also the manifestation of interior syndrome symptoms, i. e., epigastric fullness, poor appetite and hard stool. It is a syndrome involving both the exterior and interior, that is to say, it is a half-exterior/half-interior syndrome. Even though a sunken tense pulse is seen in both syndromes, generally there is no sweating in a *shaoyin* disease; therefore a diagnosis of *shaoyin* disease can be excluded.

4.1.2.6 Exploratory treatment

Exploratory treatment is also known as trial treatment. When it is difficult to make a conclusive diagnosis under some atypical or complicated circumstances, an exploratory treatment may be given based on a most possible diagnosis. Further differentiation is made based on the patient's response to the treatment.

For example, in line 209 it says: "In *yangming* disease... if there is no bowel movement for six or seven days, be concerned that there are dry stools. In order to learn more, prescribe a small dose of *Xiao Cheng Qi Tang*(Xiaochengqi Decoction). If the patient passes gas after taking the decoction, this is evidence of dry stool, and purgatives can be used further. If there is no gas passing, the patient has hard and dry stool at the beginning of the bowel movement, and loose stool following, then a purgative must not be applied." Here, *Xiao Cheng Qi Tang* is used as an exploratory treatment first, and the diagnosis of dry stool is made based on the patient's response to the medication. A similar situation is discussed in line 214.

In line 332 it says: "In a cold induced disease, at the beginning there is fever for six days, cold limbs for nine days, and then diarrhea occurs. Normally, a patient with cold extremities and diarrhea should have a poor appetite. If he wants to eat, be concerned that this is an 'eliminated center'(*chu zhong*)syndrome(a suddenly good appetite appearing in a serious disease, actually indicating a worsening of the condition). Give "noodles" when the patient wants to eat. If there is no fever after eating, it indicates that stomach *qi* still exists and the patient will recover. Be concerned, however, if there is sudden high fever that then disappears..." This process is a typical exploratory treatment. In cases of cold extremities due to exuberance of *yin* with decline of *yang*, a patient should normally have a poor appetite. Instead, the patient shows a good appetite. The presence of a good appetite can be indicative of both a good prognosis(recovery of stomach *qi*) and a poor prognosis (an eliminated center syndrome). The prognosis can be predicted by examining the response of the patient after eating.

4.1.2.7 Dynamic thinking

Disease is a process with dynamic changes. Therefore, only by using dynamic thinking to observe the state of a disease can we completely and accurately understand the disease, and thereof give proper treatment. This method of thinking is used in the Treatise on Cold-Induced Diseases to predict the developmental tendencies of a disease and to guide the treatment.

In the Treatise on Cold-Induced Diseases, during the process of making diagnosis and devising treatment for six-meridian diseases, the dynamic changes of diseases, the waxing and waning between pathogenic *qi* and healthy *qi*, and the process of pathological development are invariably analyzed, so as to help the reader understand the pathogenesis, transmission and prognosis of the disease in question, and to guide the formulation of appropriate treatment.

For example, in lines 4 and 5 dynamic changes of pulse and symptoms are discussed and used to predict the transmission of the disease. Despite the fact that it is at the beginning of a disease, if the pulse and syndrome change, it indicates that the disease has transmitted. On the other hand, even if the patient has been sick for two or three days, if his pulse and symptoms do not change, it indicates that the disease has not transmitted.

In line 339, the dynamic change in the coldness of the limbs, appetite and urination are used to predict two different outcomes of heat-induced mild cold extremities syndrome. If, several days after the onset of the illness, the cold limbs become warm, the originally yellow urine become profuse and clear, and the appetite changes from poor to better, it indicates the elimination of interior heat, the recovery of stomach *qi*, and a general overall improvement. On the other hand, if the patient's limbs are even colder, and the condition becomes complicated by vomiting, dysphoric fullness in chest and hypochondrium and scanty dark urine, it indicates an aggravation of the internal pathogenic heat and a deterioration of the disease condition.

4.1.2.8 Phase-oriented thinking

The location, nature, pathogenesis, manifestations and transforming tendency of a disease vary in the different phases of disease. During the process of syndrome differentiation, the phase of a disease is taken into account is referred to as phase-oriented thinking.

Cold-induced disease is the general designation for a variety of exogenous diseases. These diseases are characterized by acute onset, swift transmission, and obvious stages of illness. In the Treatise on Cold-Induced Diseases, Zhang Zhongjing also organically included phase-oriented thinking as part of six-meridian syndrome differentiation, where the duration of the disease and its location are used to explicate the formation of the pathogenesis, the characteristics of the syndromes, and to predict changes in the progress of the disease. The six-meridian syndrome patterns are based on their affiliations with certain meridians and *zang-fu* organs, synthesizing how a variety of factors affect the laws of progression seen in exogenous diseases partially classified according to the stages of diseases and then summarizing the results into six main categories of disease. Looking at the differences in the meridians and organs and the way disease manifests in them, it becomes obvious that there is a distinct phase structure in the syndromes. Additionally, because of the differences in the syndromes at the different stages, the phases can then be turned around and used to differentiate six-meridian syndromes. For example, a *taiyang* disease is seen in the early stage of a exogenous disease and is considered an exterior syndrome; a *yangming* disease is considered a middle phase syndrome, manifests extreme *yang* heat symptoms and is considered an interior excess heat syndrome; a *shaoyang* disease is an early middle phase and presents as a half-exterior half-interior syndrome; a *taiyin* disease is a middle phase syndrome characterized by deficiency cold; a *shaoyin* disease is a later middle critical phase; while a *jueyin* disease is mostly seen in the final phase of a disease progression.

Six-meridian disease can be classified into exterior and interior categories. In addition, they may be classified into three *yin* and three *yang* syndrome categories. In the Treatise on Cold-Induced Diseases, the course of a disease contains important information for the differentiation of the location. Syndromes in the three *yang* channels are seen before the middle phases of exogenous diseases, and are diseases marked by a shorter course and relatively superficial location; syndromes in the three *yin* channels, on the other hand, are seen in the later stages and are marked by more complications, a deeper location and longer course.

Usually a disease has a natural course of progression. In lines 8 and 10 of the Treatise on Cold-Induced Diseases, it states that the natural course for a *taiyang* exterior syndrome is about 7 days. After 7 days the patient's condition will be improved. However, from improvement to full recovery may take another 3～5 days. Thus the natural course of a *taiyang* syndrome from its onset to full recovery is about 12 days.

4.1.2.9 Feedback based thinking

In the clinic, after a primary diagnosis is made, it is often later refined based on the response of patient to the treatment; this is referred to as feedback based thinking. Analysis of the feedback a patient gives after taking the medication and summarizing the all available information to achieve a diagnosis is a common method of thinking in the clinic. Philosophically speaking, it is a process of using experience to examine one's initial understanding and to then rectify that (mistaken) understanding.

This method was used in the differentiation of all six-meridian syndromes. Based on the information collected with four diagnostic techniques a primary diagnosis is usually made. However, due to the limitation on subjective or objective aspects the primary diagnosis may not completely reflect the nature of a disease. Furthermore the validity of a primary diagnosis can only be tested by the therapeutic results. Therefore the patient's responses after treatment based on primary diagnosis provide important evidence for further study. As we discussed before in exploratory treatment, Zhang Zhongjing often relied on the patient's responses after treatment to refine the diagnosis.

For example, in line 214 it says: "A *yangming* disease... is treated with *Xiao Cheng Qi Tang*. The patient should be given one dose (1 *sheng*, a measurement in *Han* Dynasty, equivalent to about 200 ml) of the decoction. If the *qi* in the patient's abdomen moves (he/she passes gas) after taking the decoction, another dose can be given. If there is no movement, stop the treatment. If the patient remains constipated the following day and contrarily has a slightly choppy pulse, this is an intractable condition. *Cheng Qi Tang* should not be given again. "When facing with a complicated and difficult situation, one is difficult to clearly make a diagnosis. The Treatise on Cold-Induced Disease commonly adopts the method of comparative deduction. It places the problem in the widest possible scope and hypothesizes a diagnosis and, based on this hypothesis, then proceeds to treat. After undertaking this kind of deliberate deductive treatment and reflecting on the feedback in a timely way, a more correct diagnosis can gradually be made of the actual source problem and will finally enable the practitioner to come to an accurate diagnosis of the problem. The line 159 discussion of exploratory treatment is a classic example of the application of thinking using feedback information. In the Treatise on Cold-Induced Diseases this technique was not only used for refining the diagnosis and treatment, but also for devising exploratory treatment, predicting the developmental tendencies of the disease in question, evaluating the efficacy of herbs, and understanding the contraindications for a treatment.

4.2 Learning Methods

Success in learning depends on many things, but mostly on the right methodology, motivation, facilities and the learner's effort. This text—Clinical Foundations of TCM (*Zhong Yi Lin Chuang Ji Chu*)—covers the *Shang Han Lun* (Treatise on Cold-Induced Diseases), *Jin Kui Yao Lue* (Synopsis of the Golden Chamber) and *Wen Bing Xue* (Warm Disease theory). In his self-preface to the Treatise on Cold-Induced Disease, Zhong Zhongjing indicated that one should, "diligently seek out the ancient teachings, widely learn from the myriad formulas... take the pulse (diagnose) and practice syndrome differentiation. "This incisive attitude toward the treatment and study of disease is worth our own emulation.

There is an ancient saying "If a workman wants to do his work well, he should first sharpen his tools". In term of study, to understand and master the way of learning, is actually to "sharpen the tools". The following are some ideas that may facilitate the learning of this subject.

4.2.1 Status of this subject in TCM

This text covers three of the four greatest ancient TCM classics and the importance of this subject can not be over emphasized. Knowledge of this subject will improve your understanding of the basic theory of TCM, improve your clinical skills, and the process of learning the subject will, in addition, provide good training in clinical thinking. This will contribute to a better inheritance and development of TCM, a precious legacy, and to the wellbeing of mankind with the use of TCM for prevention and treatment of diseases.

4.2.2 Linguistic characteristics in the original text of the TCM classics

The classics of warm disease theory were written mostly in the *Ming* and *Qing* Dynasties. Relatively speaking, they are easier for modern Chinese readers to understand. The original text of the Treatise on Cold-Induced Diseases and Synopsis of the Golden Chamber was written in ancient Chinese (pre-*Han* Dynasty) and the linguistic style is very different from modern Chinese. For modern Chinese readers, it is helpful to learn the basics of the linguistic characteristics seen in the Treatise on Cold-Induced Diseases and Synopsis of the Golden Chamber.

4.2.2.1 Stylistic rules and layout

In the Treatise on Cold-Induced Diseases any given chapter usually focuses on one of six-meridian diseases or syndromes, while in the Synopsis of the Golden Chamber a given chapter can focus on one or more miscellaneous diseases, and each chapter has a title structure like"__{Insert Disease name(s)}__, Pulse, Syndrome and Treatment". In this way it developed an almost formalized outline style, combining the details of the disease and its related syndromes, including the pulse and symptoms necessary for making a diagnosis, and then related the treatment to the syndrome differentiation. The lines of text in each chapter give a general outline, and cover the etiology, pathogenesis, principal syndrome, complicated and transmuted syndromes, as well as the treatment principles and prescriptions. Some chapters also include information on prevention, nursing and prognosis, thus giving extra information to facilitate the treatment of the disease discussed.

4.2.2.2 Writing characteristics

Both the Treatise on Cold-Induced Diseases and the Synopsis of the Golden Chamber were, for the most part, written in *Han* Dynasty literary prose style, though there was the inclusion of occasional verbal parallelism. These styles are a continuation of the historical and philosophical prose writing styles of a time prior to the *Qin* Dynasty. The language used in these styles is ancient, simple and succinct. In addition, Zhang Zhongjing also applied inspirational writing skills to his descriptions of principles, case illustrations, differentiation emphasis, etcetera. The whole book is full of brief and succinct lines. Furthermore, grammatical and rhetorical methods such as ellipsis, flashback and interposed narration were used. The inclusion of these kinds of literary techniques has however, made the classics harder for our modern readers to understand.

4.2.2.2.1 Ellipsis

The use of this writing technique is much related to the nature of the writing materials used at that time, when most writings were on bamboo slips. The trick is how to know where this technique was used in the text. A basic rule is that there may be an ellipsis when you read a line that is overly simple, or when there is an incomplete description of the pulse, symptoms, diagnosis or treatment. Given such a line, readers should attempt to understand it from context. Or they may get a better understanding of (an incomplete description of) a syndrome from the prescription described, a prescription from the syndrome, a pulse condition from the syndrome, or a syndrome from the pathogenesis, which they can then use to figure out the information omitted. There is a saying that a good reader should be able to read between the lines. For example, in line 1 of the Treatise on Cold-Induced Diseases"In a *taiyang* disease(syndrome), the pulse is floating, the head and nape are stiff and painful and the patient is averse to cold. "it says that in a *taiyang* syndrome there is a floating pulse. In line 2, however, only a moderate pulse is mentioned for wind-attack syndrome of *taiyang*; while in line 3, only a tight pulse is mentioned for cold-induced *taiyang* syndrome. In lines 2 and 3, there is no mention of a floating pulse. In line 51, it says that a floating pulse indicates an exterior syndrome and that *Ma Huang Tang*(Mahuang Decoction) is called for. In this line it describes the pulse and treatment, but omits the principal symptoms. When reading line 51, lines 3 and 35 must be referred to in order to complete the picture. In line 2 of chapter 12(*Tan Yin Ke Sou*) of the Synopsis of the Golden Chamber it says that"A syndrome with lateral costal water retention after intake of fluid, and pain induced by cough and expectorating is called pleural fluid retention". There is no treatment mentioned for the syndrome. In line 22, however, it says that"*Shi Zao Tang* (Shizao Decoction) is indicated for pleural fluid retention", but the location of the disease and the manifestations of the disease are omitted. The complete picture for this syndrome and its treatment emerges only when you combine these two lines together.

4.2.2.2.2 Word order reversal

This is all called inversion, a change in normal word order used to create an emphatic tone or to harmonize the syllables. If the reader were to read the text as though it were written using the normal word order, they would quite possibly misunderstand the text. Therefore, when reading, if there appears to be a logical inconsistency or if the line of text appears to be incoherent, word order reversal should be considered.

For example, in line 41 it says that "For cold-induced disease characterized by water retention in the epigastric region, cough and slight shortness of breath, fever without thirst, thirst after taking the decoction, (this is) a sign the cold has been relieved, *Xiao Qing Long Tang* (Xiaoqinglong Decoction) is the remedy." Logically speaking, the phrase "thirst after taking the decoction, (is) a sign the cold has been relieved"should follow the phase"*Xiao Qing Long Tang* is the remedy. "because, in fact, the phrase actually means that after the patient is treated with *Xiao Qing Long Tang*, if he/she becomes thirsty, this is an indication that the prescription is working to relieve the cold. This line is written using inversion.

In line 5 of chapter 14(*Shui Qi Bing* or water *qi* diseases) of the Synopsis of the Golden Chamber it says that"In a case of internal edema, there are symptoms of jaundice and swelling of the whole body including the face and eyes, a sunken pulse and difficult urination, this a fluid retention disease. If the urination is smooth, it is an indication of fluids exhaustion, so there is thirst; *Yue Bi Jia Zhu Tang* (Yuebijiazhu Decoction) is the remedy. "In this line, the phrase"*Yue Bi Jia Zhu Tang* is the remedy" should, in fact, follow the sentence indicating that a fluid retention disease. The author is actually trying to indicate that *Yue Bi Jia Zhu Tang* is not applicable if the patient has normal smooth urination and thirst, which in fact indicate damage to the body fluids.

4.2.2.2.3 Interposed narration

This technique of writing is used to introduce or interject words in an already complete sentence in order to provide additional description or comparison.

For example, in line 13 of chapter 10(*Fu Man Han Shan Su Shi Bing*) of the Synopsis of the Golden Chamber it says that "Abdominal fullness is not reduced, or the reduction is not significant enough to mention, and purgation should be used; *Da Cheng Qi Tang* is the remedy." The phase "the reduction is not significant enough to mention" has been interposed. In line 3 of the same chapter it actually says that "If the abdominal fullness is reduced only temporarily but then returns, this is due to cold. Warm medicines should be used". When these two lines are considered together the meaning of the whole becomes clearer.

This technique was also used in many places by Zhang Zhongjing to explain the etiology and pathology of the syndrome discussed, e. g., in line 124 of the Treatise on Cold-Induced Diseases.

4.2.2.3 Peculiarities of the characters

Variations and interchangeable words in ancient Chinese and the difference between modern and ancient Chinese. The Chinese language has developed constantly over the past few thousand years; and, although the characters are still written in much the same way, the meanings of some of the characters are different in modern Chinese texts than in ancient Chinese texts. For example, in the Treatise on Cold-Induced Disease, line 29 states, "The 'foot' (*jiao*) spasms, and when the 'foot' (zu) becomes warm the syncope is relieved" (Translator's note: *jiao* and *zu* are two different characters that both mean foot in modern Chinese). If these two characters are understood using the modern meanings then the meaning of the sentence is in error. In ancient times *jiao* referred to the calf muscle of the leg and in this sentence should be understood as such. *Zu*, on the other hand, was the character that specifically referred to the foot. The second half of the sentence is in fact a reference to the idea that when the foot warms the problem is resolving or has been resolved. Many ancient texts that talk of preparing herbs use the character "*ao*". If the modern meaning of "to boil in water" is used to understand these texts, then the actual meaning is lost. In *Shuo Wen Jie Zi* (Discussion of Literature and Explanation of Characters) it states, "'Ao' means to dry fry", in other words it once had the meaning that the modern character "chao" or "bei" now carry. Additionally, there are also a large number of characters that have multiple forms, ancient and modern forms, characters that have different meanings, but which are commonly used to stand for each other, etcetera. When reading ancient classics like the Treatise on Cold-Induced Diseases, it must be remembered that understanding a character simply from the point of view of modern Chinese without giving it any further consideration can sometimes cause problems. Also, readers of Chinese should pay attention to the variations and interchangeable words used in ancient Chinese writing. Reading more carefully and referring to a dictionary or a reference book when there is a question is always helpful.

4.2.3 Use context to better understand

Due to the linguistic characteristics of ancient classics, in order to get a good understanding of each chapter, readers are encouraged to relate the study of one chapter to other chapters.

Through the comparison and analysis, the original text can be summarized and classified based on the etiology, pathogenesis, pulse diagnosis and syndromes, treatment, prescription, contraindication and prognosis of a disease or syndrome to a comprehensive understanding of the topic and facilitate the memorization.

4.2.4 Use references and sharpen your mind

The Treatise on Cold-Induced Diseases and the Synopsis of the Golden Chamber were originally two parts of one book. Their theoretical foundations lie in Canon of Medicine and *Nan Jing* (Classic of Medical Problems). From a pharmacological point of view, *Shen Nong Ben Cao Jing* (Shen Nong's Herbal) is closely connected to these texts. Other TCM classics, such as *Mai Jing* (The Pulse Classic), *Zhen Jiu Jia Yi Jing* (The ABC Classic of Acupuncture and Moxibustion), *Zhou Hou Fang* (A Handbook of Prescriptions for Emergencies), *Zhu Bing Yuan Hou Lun* (Treatise on Causes and Symptoms of Diseases), *Bei Ji Qian Jian Yao Fang* (Invaluable Prescriptions for Emergencies), *Qian Jin Yi Fang* (Supplement to the Invaluable Prescriptions) and *Wai Tai Mi Yao* (Medical Secrets of an Official), etc., are important books that were published at a time not too far distant from the *Han* Dynasty. All of these quote some of the content from the Treatise on Cold-Induced Diseases and Synopsis of the Golden Chamber, and their language, words and academic thought are very similar to the Treatise on Cold-Induced Diseases and Synopsis of the Golden Chamber. These books may be used as reference. It is generally agreed that reading the Canon of Medicine and The Classic of Medical Problems will help one understand better the academic origins of Zhang Zhongjing ideas; that reading Shennong' s Herbal and the Pulse Classic will help one better understand Zhang's ideas about using herbs; and that certain other books published from the *Jin* Dynasty to the *Tang* Dynasty can be used for proof reading and approaching the Treatise on Cold-Induced Diseases and Synopsis of the Golden Chamber from a different perspective.

4.2.5 Apply knowledge from the classics in clinical practice

Learning the TCM classics is more than just theoretically important. After going through the text of a classic several times, practitioners are encouraged to carefully plan the application of the theory contained therein in their clinical practice. By doing this, one can understand the classics in greater depth and the theory contained within the classics can be verified in practice. Clinical trial and experimental study are encouraged too. In this way, the theories contained in the classics can be further developed and in fact, notable achievements in researching the Treatise on Cold-Induced Diseases, the Synopsis of the Golden Chamber and warm disease theory have already been obtained.

Cases in point include the use of *Da Chai Hu Tang* in the treatment of acute abdominal syndromes requiring surgery, including cholecystitis, cholelithiasis and acute pancreatitis. *Wu Ling San* (Wuling Powder) is used to treat nephritis and hydroceles in accordance with its function of activating *qi* to promote diuresis. *Si Ni Jia Ren Shen Tang* (Sini Jia Renshe Decoction) is used in combination with western medicine in the treatment of shock. Inspired by the theory of eliminating and purging pathogens, *Da Cheng Qi Tang* has been used to treat acute renal failure and toxic shock, *Da Huang Mu Dan Tang* (Dahuang Mudan Decoction) has been used to treat acute appendicitis and periappendiceal abscess. Warm disease theory has been successfully used in the prevention and treatment of viral hepatitis and epidemic hemorrhagic fever.

Specific Discussions

Part 1 Syndrome Differentiation and the Treatment of Exogenous Diseases

Chapter 5

Basic Six-Meridian Disease Syndromes

When the term "six meridians" is mentioned, it generally refers to not only the six meridians of *taiyang*, *yangming*, *shaoyang*, *taiyin*, *shaoyin and jueyin* themselves, but also their physiological functions and their correspondingly related organs. Six-meridian diseas refer to diseases and disorders of the above mentioned meridians and their related organs, diseases and disorders which are brought on by the invasion of exogenous pathogens. Basic six-meridian disease syndromes refer to syndromes that present with the clinical manifestations of a six-meridian disease, such as *Gui Zhi Tang* (Guizhi Decoction) and *Ma Huang Tang* (Mahuang Decoction) treated *taiyang* disease syndromes; *Bai Hu Tang* (Baihu Decoction) and *Cheng Qi Tang* (Chengqi Decoction) treated *yangming* disease syndromes; *Chai Hu Tang* (Chaihu Decoction) treated *shaoyang* disease syndrome; *Si Ni Tang* (Sini Decoction) category treated *taiyin* disease syndromes; *Si Ni Tang*, *Huang Lian Er Jiao Tang* (Huanglian Erjiao Decoction) treated *shaoyin* disease syndromes; as well as *Wu Mei Wan* (Wumei Pills), *Dang Gui Si Ni Tang* (Danggui Sini Decoction) and *Bai Tou Weng Tang* (Baitouweng Decoction) treated *jueyin* disease syndromes. In this chapter, the etiology, pathogenesis, symptoms and signs, therapeutic principles and prescriptions of the basic six-meridian disease syndromes are discussed in detail.

5.1 Basic *Taiyang* Disease Syndromes

The term "*taiyang*" refers in general to the bladder meridian of foot *taiyang* and the physiological functions of its related organ, the bladder; and to the small intestine meridian of hand *taiyang* and the physiological functions of its related organ, the small intestine. *Taiyang* syndromes refer to diseases of the *taiyang* meridians or the related organs caused by exogenous pathogens. The symptoms and signs of the basic *taiyang* disease syndrome are as follows: fever, aversion to cold, headache and painful stiff nape, floating pulse, etcetera. These symptoms are recorded in line 1 of the *Shang Han Lun* (Treatise on Cold-Induced Diseases): "In *taiyang* diseases, the pulse is floating, the head and nape are stiff and painful, and there is aversion to cold." Since the basic *taiyang* disease syndrome occurs at the early stage of an exogenous disease, is localized in the exterior, and the properties of the disease relate to *yang* and the exterior, the syndrome is also called exterior syndrome.

The foot *taiyang* meridian governs the exterior of the body, and is closely related to the flow of defensive *qi*. When the sun rises, the defensive *qi* circulates to the eyes, moves upward to the head via the inner canthus, and then moves down to *taiyang* along the neck. Therefore, it has the function of governing the exterior. When wind-cold damages the exterior, *taiyang* is affected firstly, leading to a disharmony of the nutritive and defensive *qi* and blockage of the *taiyang* meridian; as a result this, a *taiyang* disease develops.

The main symptoms of a *taiyang* disease include floating pulse, headache and painful stiff nape, and aversion to cold. Based on differences in the constitutions of the patients involved and exogenous pathogens, the basic *taiyang* disease syndrome can also be classified into wind-attack *taiyang* syndrome, cold-induced *taiyang* syndrome, warm disease *taiyang* syndrome, and mild exterior depression syndrome.

In the treatment of basic *taiyang* disease syndrome, the general principle is to induce sweating with pungent-warm herbs, and to release superficies. Depending on differences in the actual presentation of symptoms, *Ma Huang Tang*, *Gui Zhi Tang*, or *Gui Zhi Ma Huang Ge Ban Tang* (Guizhi Mahuang Geban Decoction) can be used. As for other accompanying signs of the syndromes, a modified prescription can be given accordingly.

When the pathogens that have caused the basic *taiyang* disease syndrome are not released, they can then go on to attack other meridians: in general, they mostly go on to attack one of the three meridians *yangming*, *shaoyang*, and *shaoyin*. As for the timing and order of the transmission of a *taiyang* disease or the transmission of a complex disease there is no entirely fixed pattern by which the disease follows; the symptoms, signs and pulse must necessarily serve as the determining factor in diagnosis and treatment.

5.1.1 Exterior deficiency wind-attack syndromes

5.1.1.1 *Gui Zhi Tang* treated syndrome

【Original source material】 A *taiyang* disease that presents with fever, sweats, aversion to wind and moderate pulse is termed wind-attack. (Treatise on Cold-Induced Diseases, line 2)

The *taiyang* wind-attack pulse is floating when felt at the *yang* (superficial) level and weak in the *yin* (depths). The pulse floating at the superficial level reflects the fever. Weakness in the deeper locations reflects the spontaneous sweating. Prescribe *Gui Zhi Tang* when the patient feels chills and aversion to wind, is uneasy because of a fever, has a tendency to retch and there are nasal noises. (Treatise on Cold-Induced Disease, line 12)

Taiyang diseas with headache, fever, sweating and aversion to wind, *Gui Zhi Tang* is the remedy. (Treatise on Cold-Induced Diseases, line 13)

Frequent spontaneous sweating signifies that nutritive *qi* is in harmony. If nutritive *qi* is harmonious and an exterior syndrome destabilizes the situation, it leaves defensive *qi* unable to harmonize with nutritive *qi*. Nutritive *qi* flows inside the blood vessels, whereas defensive *qi* moves outside the blood vessels. If defensive and nutritive *qi* are harmonized the patient will be cured; it is useful to use *Gui Zhi Tang*. (Treatise on Cold-Induced Diseases, line 53)

If the patient is not suffering from other diseases but periodically has a fever and spontaneous sweating, a condition that has gone on for some time, this reflects a disharmony of the defensive *qi*. If diaphoretic therapy is given before the symptoms present, the disease will be cured; in this situation, it is useful to use *Gui Zhi Tang*. (Treatise on Cold-Induced Diseases, line 54)

【Key points for syndrome differentiation】 Fever, sweating, aversion to wind, floating moderate pulse, and headache and painful stiff nape; nasal noises and retching may be present.

【Syndrome analysis】 Syndrome analysis of *Gui Zhi Tang* treated syndrome is shown in the table 5 – 1 – 1.

Table 5 – 1 – 1 Syndrome analysis of *Gui Zhi Tang* treated syndrome

Main symptoms	Features	Pathogenesis
Fever	Mild fever	Wind is categorized as a *yang* pathogen, and defensive *qi* is categorized as *yang qi*. When wind attacks the exterior, the two *yang* struggle for supremacy
Sweating	Moist skin, sweating felt by palpation	Wind is dispersing, and when it attacks the exterior, the defensive *qi* loses closing function, the nutrient-*yin* releases outward
Aversion to wind	Fears cold when exposed to wind, if there is no wind then the patient doesn't fear cold	After sweating, the skin/muscles are slack and cannot tolerate a wind strike
Floating moderate pulse	The pulse is superficial and relaxed	Defensive *qi* struggles against the invading pathogens, nutrient-*yin* drains outward
Headache	The pain always occurs around the head and nape of the neck	The pathogens attack the *taiyang* meridians causing dysfunction of meridian-*qi*
Nasal noises	Congestive or running nose, snuffling, sneezing, cough	The lung dominates the skin and hair, and opens in the nose. When exogenous pathogens attack the exterior, the lung-*qi* is disturbed
Retching	A common concurrent sign of an exterior syndrome, mostly accompanied by poor appetite	Both the lung and stomach function to descend *qi*; the disturbed lung-*qi* affects the descending function of the stomach-*qi*

【Basic pathogenesis】 Wind attacks the exterior leading to insecurity of defensive *qi* in the exterior, disordering of nutritive *qi* in the interior, and disharmony between the two.

【Therapeutic principle】 Release the muscles and dispel wind, regulate nutrient and defense.

【Prescription】 *Gui Zhi Tang*.

Gui Zhi (*Ramulus Cinnamomi*) 3 *liang*

Bai Shao (*Radix Paeoniae Alba*) 3 *liang*

Zhi Gan Cao (*Radix Glycyrrhizae Preparata*) 2 *liang*

Sheng Jiang (*Rhizoma Zingiberis Recens*) 3 *liang*

Da Zao (*Fructus Jujubae*) 12 pcs.

Chop up the above five drugs, stew them in seven *sheng* of water over mild heat till three *sheng* of the decoction is left. Filter the decoction. Take one *sheng* of the decoction when lukewarm. Shortly thereafter, take one *sheng* of porridge to assist the decoction and give it better efficacy. Cover the patient with a quilt for two hours to promote perspiration. A light sweat all over the body is suitable. If the sweat is too copious, it will not do the patient any good. After taking one *sheng* of the decoction, if the syndrome has gone, stop taking the rest of the decoction. If there is no sweat after taking the first one *sheng*, then finish the remaining two *sheng* within half a day. If the condition is severe, take the decoction at periodic intervals over the next 24 hours. If there is still no sweat, take two or there doses continuously. Dietary taboo: cold dishes, food difficult to digest, food with strong flavour.

5.1.1.2 *Gui Zhi Jia Ge Gen Tang* treated syndrome

【Original source material】 *Taiyang* disease: If the patient feels stiff in the back and neck, sweats and has an aversion to wind, prescribe *Gui Zhi Jia Ge Gen Tang* (Guizhi Jia Gegen Decoction). (Treatise on Cold-Induced Diseases, line 14)

【Key points for syndrome differentiation】 Tight stiff nape of the neck and back, difficulty in turning the head, sweating, aversion to wind, fever, moderate pulse.

【Syndrome analysis】 Syndrome analysis of *Gui Zhi Ge Gen Tang* treated syndrome is shown in the table 5-1-2.

Table 5-1-2 Syndrome analysis of *Gui Zhi Jia Ge Gen Tang* treated syndrome

Main symptoms	Pathogenesis
Tight stiff nape of the neck and back, difficulty turning the head	Wind attacks the exterior and takes up residence in the *taiyang* meridian *shu*-transport points. This then results in disruption in the movement of *qi* and blood through the meridian which leads to tightening and discomfort in the sinews and muscles
Symptoms and signs of *Gui Zhi Tang* treated syndrome	Exterior attack of wind obstructs the *taiyang* meridians, disharmony between nutrient and defense

【Basic pathogenesis】 Wind pathogens attack the exterior leading to disharmony nutrient and defense, disturbance of meridian-*qi*, and malnourishment of the tendons and meridians.

【Therapeutic principle】 Release the muscles and dispel wind, raise up the fluids and soothe the meridians.

【Prescription】 *Gui Zhi Jia Ge Gen Tang*.

Ge Gen (*Radix Puerariae*) 4 *liang*

Bai Shao (*Radix Paeoniae Alba*) 2 *liang*

Sheng Jiang (*Rhizoma Zingiberis Recens*) 3 *liang*

Zhi Gan Cao (*Radix Glycyrrhizae Preparata*) 2 *liang*

Da Zao (*Fructus Jujubae*) 12 pcs.

Gui Zhi (*Ramulus Cinnamomi*) 2 *liang*

5.1.1.3 *Gui Zhi Jia Hou Po Xing Zi Tang* treated syndrome

【Original source material】 *Taiyang* disease: After the adoption of a purgative, if there is slight shortness of breath, it is because the exterior syndrome still exists. Prescribe *Gui Zhi Jia Hou Po Xing Zi Tang* (Guizhi Jia Houpo Xingzi Decoction). (Treatise on Cold-Induced Diseases, line 43)

For a patient who frequently suffers from shortness of breath, prescribe *Gui Zhi Jia Hou Po Xing Zi Tang*. (Treatise on Cold-Induced Diseases, line 18)

【Key points for syndrome differentiation】 Mild dyspnea, perhaps induced by an attack of wind-cold, a history of dyspnea, sweating, aversion to wind, fever, moderate pulse.

【Syndrome analysis】 Syndrome analysis of *Gui Zhi Jia Hou Po Xing Zi Tang* treated syndrome is shown in the table 5-1-3.

Table 5-1-3 Syndrome analysis of *Gui Zhi Jia Hou Po Xing Zi Tang* treated syndrome

Main symptoms	Features	Pathogenesis
Dyspnea	Mild dyspnea with sweating and aversion to wind, no signs of internal heat	Exterior pathogens invade the interior, lung-*qi* fails to disperse and descend, or attack of wind-cold on someone with a history of dyspnea
Symptoms and signs of *Gui Zhi Tang* treated syndrome	Same as *Gui Zhi Tang* treated syndrome	Wind pathogen attacking the exterior leading to disharmony between nutrient and defense

【Basic pathogenesis】 Wind-cold damages the exterior resulting in nutrient and defense disharmony, lung-*qi* counterflow.

【Therapeutic principle】 Release the exterior and dispel wind, direct *qi* downward and relieve dyspnea.

【Prescription】 *Gui Zhi Jia Hou Po Xing Zi Tang*

Gui Zhi (*Ramulus Cinnamomi*) 3 *liang*

Zhi Gan Cao (*Radix Glycyrrhizae Preparata*) 2 *liang*

Bai Shao (*Radix Paeoniae Alba*) 3 *liang*

Sheng Jiang (*Rhizoma Zingiberis Recens*) 3 *liang*

Da Zao (*Fructus Jujubae*) 12 pcs.

Hou Po (*Cortex Magnoliae Officinalis*) 2 *liang*

Xing Ren (*Semen Armeniacae Amarum*) 50 pcs.

5.1.1.4 *Gui Zhi Jia Fu Zi Tang* treated syndrome

【Original source material】 *Taiyang* disease: After the adoption of diaphoresis, if the patient perspires like an unstoppable leak, has aversion to wind, suffers dysuria and stiffness of the extremities, *Gui Zhi Jia Fu Zi Tang* (Guizhi Jia Fuzi Decoction) is the remedy. (Treatise on Cold-Induced Diseases, line 20)

【Key Points for Syndrome Differentiation】 Profuse sweating, marked aversion to wind and cold, accompanied by headache, fever, spasm and discomfort in the limbs, difficult urination.

【Syndrome analysis】 Syndrome analysis of *Gui Zhi Jia Fu Zi Tang* treated syndrome is shown in the table 5-1-4.

Table 5-1-4 Syndrome analysis of *Gui Zhi Jia Fu Zi Tang* treated syndrome

Main symptoms	Features	Pathogenesis
Sweating	Profuse sweating looking like leaking out of water	Misuse of diaphoretic therapy damages defensive *yang*, slack muscular interstices release nutrient-*yin*
Aversion to wind	Marked aversion to wind-cold	Excessive diaphoretic damages *yang*, severe insecurity of the muscular interstices
Difficult urination	Scanty urine, difficulty urinating	Excessive diaphoretic damages *yin* and *yang*, dysfunction of bladder *qi* activity, consumption of fluids in the bladder
Spasm of limbs and difficulty in stretching and bending	Mild, predominantly seen in the lower limbs	Excessive diaphoretic damages *yin* and *yang*. Failure to *yin* and *yang* to warm and nourish the tendons and meridians

【Basic pathogenesis】 Severe defensive *yang* damage, *yang* fails to check *yin* resulting in the release of nutrient-*yin*.

【Therapeutic principle】 Regulate nutrient and defense, support *yang* and consolidate the exterior.

【Prescription】 *Gui Zhi Jia Fu Zi Tang*.

Gui Zhi (Ramulus Cinnamomi)	3 *liang*
Bai Shao (Radix Paeoniae Alba)	3 *liang*
Zhi Gan Cao (Radix Glycyrrhizae Praeparata)	3 *liang*
Sheng Jiang (Rhizoma Zingiberis Recens)	3 *liang*
Da Zao (Fructus Jujubae)	12 pcs.
Fu Zi (Radix Aconiti Lateralis Preparata)	1 pc.

5.1.1.5 *Gui Zhi Qu Shao Yao Tang* and *Gui Zhi Qu Shao Yao Jia Fu Zi Tang* treated syndromes

【Original source material】 *Taiyang* disease: After using purgative therapy, if the patient feels fullness in chest and his/her pulse is hurried, *Gui Zhi Qu Shao Yao Tang* (Guizhi Qu Shaoyao Decoction) is the remedy. (Treatise on Cold-Induced Diseases, line 21)

If the patient feels a bit chilly, *Gui Zhi Qu Shao Yao Jia Fu Zi Tang* (Guizhi Qu Shaoyao Jia Fuzi Decoction) is used. (Treatise on Cold-Induced Diseases, line 22)

【Key points for syndrome differentiation】 Fullness in chest, hurried pulse, aversion to cold, fever.

【Syndrome analysis】 Syndrome analysis of *Gui Zhi Qu Shao Yao Tang* and *Gui Zhi Qu Shao Yao Jia Fu Zi Tang* treated syndrome is shown in the table 5-1-5.

Table 5-1-5 Syndrome analysis of *Gui Zhi Qu Shao Yao Tang* and *Gui Zhi Qu Shao Yao Jia Fu Zi Tang* treated syndromes

Main symptoms	Features	Pathogenesis
Fullness in the chest	Chest feels full and constricted but it is tolerable and not overtly abnormal	Obstruction of chest *yang*, disturbance of *qi* movement
Hurried pulse	Hurried and rapid with occasional irregularly spaced pauses	Exterior pathogens invade the chest and struggle with healthy *qi*
Aversion to cold	When there is obvious aversion to cold, it is usually accompanied by a faint pulse	Obstruction of chest *yang*, *yang qi* deficiency
Fever	If the pulse is hurried and there is fullness in the chest, there will be fever; if the pulse is faint and there is no aversion to cold, there will be no fever	Exterior pathogens invade the interior and struggle with healthy *qi*

【Basic pathogenesis】 Underexpression of chest *yang* activity, exterior pathogens remain.

【Therapeutic principle】 Warm and activate chest *yang*, release the exterior pathogens.

【Prescriptions】

A. *Gui Zhi Qu Shao Yao Tang*

Gui Zhi (*Ramulus Cinnamomi*)	3 *liang*
Zhi Gan Cao (*Radix Glycyrrhizae Preparata*)	2 *liang*
Sheng Jiang (*Rhizoma Zingiberis Recens*)	3 *liang*
Da Zao (*Fructus Jujubae*)	12 pcs.

B. *Gui Zhi Qu Shao Yao Jia Fu Zi Tang*

Add 1 pc. *Fu Zi* to the above decoction (prepare, eliminate the skin and break into eight pieces).

5.1.1.6 *Gui Zhi Xin Jia Tang* treated syndrome

【Original source material】 After the adoption of a diaphoretic, if the patient feels pain in the body and has a sunken slow pulse, *Gui Zhi Xin Jia Tang* (Guizhi Xinjia Decoction) can be used as a remedy. (Treatise on Cold-Induced Diseases, line 62)

【Key points for syndrome differentiation】 Generalized pain not relieved after using diaphoretic or which becomes more severe, sunken slow pulse, may be accompanied by aversion to wind and cold, fever, sweating.

【Syndrome analysis】 Syndrome analysis of *Gui Zhi Xin Jia Tang* treated syndrome is shown in the table 5-1-6.

Table 5-1-6 Syndrome analysis of *Gui Zhi Xin Jia Tang* treated syndrome

Main symptoms	Features	Pathogenesis
Generalized pain	Generalized pain not relieved after diaphoresis or which become more severe	Insufficient nutritive *qi* resulting in failure to nourish the tendons

Continued

Main symptoms	Features	Pathogenesis
Sunken slow pulse	Sunken, slow and forceless	Nutrient-*yin* damage after diaphoresis, *qi* and blood deficiency
Aversion to wind after diaphoresis	Characteristic of *Gui Zhi Tang* treated syndrome	Disharmony of defensive and nutritive *qi*

【Basic pathogenesis】 Insufficient nutritive *qi* results in a failure to nourish the tendons.

【Therapeutic principle】 Supplement nutrient-*yin* and tonify *qi*, regulate nutrient and defense.

【Prescription】 *Gui Zhi Xin Jia Tang*.

Gui Zhi (Ramulus Cinnamomi)	3 *liang*
Bai Shao (Radix Paeoniae Alba)	4 *liang*
Zhi Gan Cao (Radix Glycyrrhizae Praeparata)	2 *liang*
Ren Shen (Radix Ginseng)	3 *liang*
Da Zao (Fructus Jujubae)	12 pcs.
Sheng Jiang (Rhizoma Zingiberis Recens)	4 *liang*

5.1.2 Cold damage exterior excess syndrome

5.1.2.1 *Ma Huang Tang* treated syndrome

【Original source material】 *Taiyang* disease with or without fever, but with chills and pain in the body, nausea, vomiting and tense pulse both in *yin* and *yang*, is termed cold-induced disease (*Shang Han*). (Treatise on Cold-Induced Diseases, line 3)

Taiyang disease with headache and fever, lumbago, joint and general achiness, shortness of breath, and aversion to wind, without sweating: *Ma Huang Tang* is the remedy. (Treatise on Cold-Induced Diseases, line 35)

【Key points for syndrome differentiation】 Fever and aversion to cold, generalized pain, dyspnea and anhidrosis, tense pulse in both *yin* and *yang*.

【Syndrome analysis】 Syndrome analysis of *Ma Huang Tang* treated syndrome is shown in the table 5-1-7.

Table 5-1-7 Syndrome analysis of *Ma Huang Tang* treated syndrome

Main symptoms	Features	Pathogenesis
Aversion to cold	Aversion to cold aggravated during exposure to wind	Exterior wind-cold invasion results in blockage of defensive *yang* which is then unable to warm the body
Fever	A relatively high fever accompanied by aversion to cold	Wind-cold damages the exterior resulting in blockage of defensive *qi*
Anhidrosis	Skin feels dry and hot	Cold-pathogens attack the exterior resulting in constrained closure of the pores, stagnation of nutrient-*yin*

Continued

Main symptoms	Features	Pathogenesis
Generalized pain	Pain is localized around the foot *taiyang* meridian distribution area	Stagnation of cold pathogens blocks defensive and nutritive *qi*, obstructs the meridians
Cough and dyspnea	Always accompanied by anhidrosis	Cold pathogens attack the exterior resulting in obstruction of the pores, lungs fail to disperse
Vomiting/nausea	Mild, or not present	Cold pathogens attack the exterior resulting in disturbance of lung *qi* and failure of stomach *qi* to descend
Floating tense pulse	accompanied by generalized pain	Cold pathogen stagnation, constrained defensive and nutritive *qi*, obstructed meridians

【Basic pathogenesis】Wind-cold damages the exterior resulting in constraint of defensive *qi*, stagnation of nutrient-*yin*, and disturbance of lung *qi*.

【Therapeutic principle】Induce sweating to release superficies, ventilate lung and relieve dyspnea.

【Prescription】*Ma Huang Tang*.

Ma Huang (*Herba Ephedrae*)	3 *liang*
Gui Zhi (*Ramulus Cinnamomi*)	2 *liang*
Zhi Gan Cao (*Radix Glycyrrhizae Preparata*)	1 *liang*
Xing Ren (*Semen Armeniacae Amarum*)	70 pcs.

【Differential diagnosis】

A. Differential diagnosis of cold damage exterior excess and wind strike exterior deficiency syndromes: is shown in the table 5-1-8.

Table 5-1-8 Differential diagnosis of cold damage exterior excess syndrome and wind attack exterior deficiency syndrome

	Cold damage exterior excess syndrome	Wind attack exterior deficiency syndrome
Pathogenesis	Wind-cold damages the exterior, obstruction of defensive *qi* and nutrient-*yin*	Wind pathogens attack and invade, disharmony between nutrient and defense
Main symptoms	Anhidrosis, aversion to cold, dyspnea, generalized pain, floating tense pulse	Sweating, aversion to wind, floating moderate pulse
Therapeutic principle	Induce sweating to release superficies, ventilate lung and relieve dyspnea	Dispel wind and release the muscles; regulate nutrient and defense
Prescription	*Ma Huang Tang*	*Gui Zhi Tang*

B. Differential diagnosis of *Ma Huang Tang* and *Gui Zhi Jia Hou Po Xing Zi Tang* treated syndromes: Both are exterior syndromes with the common symptom of dyspnea. The former, however, is an exterior excess syndrome with dyspnea further characterized by the anhidrosis, aversion to cold and perhaps generalized bodily aches. The latter is a *taiyang* wind-attack exterior deficiency syndrome wherein the dyspnea is accompanied by sweating and aversion to wind.

C. Differential diagnosis of *Ma Huang Tang* and *Gui Zhi Xin Jia Tang* treated syndromes: While both are characterized by generalized pain, the former is a result of wind-cold damaging and binding the exterior resulting in the obstruction of defensive *qi* and the congealing of nutrient-*yin*. It is characterized by relatively severe generalized pain, aversion to cold, anhidrosis, where the pain is alleviated after sweating, and a floating tense pulse. The latter is caused by insufficient nutrient-*yin* which results in a failure to nourish the tendons; in this syndrome the pain is mild generalized pain accompanied by aversion to wind, sweating, though the pain isn't alleviated (or perhaps even becomes aggravated) after sweating, and a sunken slow pulse.

5.1.2.2 *Ge Gen Tang* treated syndrome

【Original source material】 *Taiyang* disease with stiffness in the back and neck, aversion to wind, but no perspiration: *Ge Gen Tang* (Gegen Decoction) is the remedy. (Treatise on Cold-Induced Diseases, line 31)

【Key points for syndrome differentiation】 Tight stiff neck and back, limited ability to turn and look back, anhidrosis, aversion to cold, floating tense pulse.

【Syndrome analysis】 Syndrome analysis of *Ge Gen Tang* treated syndrome is shown in the table 5-1-9.

Table 5-1-9 Syndrome analysis of *Ge Gen Tang* treated syndrome

Main symptoms	Features	Pathogenesis
Tight stiff neck and back	Tight stiff neck and back, and limited ability to turn and look back	Wind-cold damages the *taiyang* meridians, results in obstruction of the movement of *qi* and blood, and in disturbance of the meridians
Aversion to wind	Aversion to wind and anhidrosis	Wind-cold damages the exterior, and obstructs nutrient and defense

【Basic pathogenesis】 Wind-cold damages the exterior resulting in obstruction of the *taiyang* meridians.

【Therapeutic principle】 Induce sweating to release superficies, raise fluids and soothe the meridians.

【Prescription】 *Ge Gen Tang*.

Ge Gen (*Radix Puerariae*)	4 *liang*
Ma Huang (*Herba Ephedrae*)	3 *liang*
Gui Zhi (*Ramulus Cinnamomi*)	2 *liang*
Bai Shao (*Radix Paeoniae Alba*)	2 *liang*
Sheng Jiang (*Rhizoma Zingiberis Recens*)	3 *liang*
Zhi Gan Cao (*Radix Glycyrrhizae Preparata*)	2 *liang*
Da Zao (*Fructus Jujubae*)	12 pcs.

【Differential diagnosis】 Both *Gui Zhi Jia Ge Gen Tang* and *Ge Gen Tang* treated syndromes present with tight stiff neck and back; however, the former is mild and accompanied by sweating and aversion to wind, while the latter is more severe, is accompanied by aversion to cold though there is no sweating.

5.1.2.3 *Da Qing Long Tang* treated syndrome

【Original source material】 *Taiyang* wind -attack syndrome: Floating tense pulse, fever and chills, a general achiness and restlessness without perspiration are the symptoms and signs of *Da Qing Long Tang* (Daqinglong Decoction) treated syndrome. Do not prescribe the decoction if the pulse is faint and weak, and there is perspiration and aversion to wind. If it were to be given, the patient would have spasms and feel cold in his/her extremities generally resulting in a worsening (of the situation). (Treatise on Cold-Induced Diseases, line 38)

(*Taiyang*) cold damage syndrome: if the patient has no generalized achiness, but rather only feels heavy with occasional relief from this symptom, (and) there is no *shaoyin* syndrome present, (then) *Da Qing Long Tang* is the remedy. (Treatise on Cold-Induced Diseases, line 39)

【Key points for syndrome differentiation】 Exterior excess cold damage in combination with interior-heat syndrome. The key points of syndrome differentiation are as follows: aversion to cold, fever, generalized pain or heaviness, anhidrosis, vexation and agitation, floating tense pulse or floating moderate pulse.

【Syndrome analysis】 Syndrome analysis of *Da Qing Long Tang* treated syndrome is shown in the table 5-1-10.

Table 5-1-10 Syndrome analysis of *Da Qing Long Tang* treated syndrome

Main symptoms	Features	Pathogenesis
Fever and aversion to cold	Anhidrosis accompanied by vexation	Wind-cold damages the exterior causing stagnation of nutritive and defensive *qi*
Vexation and agitation	Oppressive burning sensation	Wind-cold damages the exterior and constrains *yang* inside
Floating moderate pulse	A lessened version of a floating tense pulse, not the slack pulse seen in an exterior deficiency syndrome	Pathogens invade gradually, cold transforms into heat
Generalized heaviness	Waxes and wanes in severity	Stagnation of *yang* in the exterior, disturbance of *qi* movement

【Basic pathogenesis】 Wind-cold damages the exterior and *yang qi* becomes constrained in the interior, this is an exterior and interior excess syndrome.

【Therapeutic principle】 Dispel exterior wind-cold, clear interior heat.

【Prescription】 *Da Qing Long Tang*.

Ma Huang (*Herba Ephedrae*) 6 *liang*
Gui Zhi (*Ramulus Cinnamomi*) 2 *liang*
Zhi Gan Cao (*Radix Glycyrrhizae Preparata*) 2 *liang*
Xing Ren (*Semen Armeniacae Amarum*) 40 pcs.

Sheng Jiang (*Rhizoma Zingiberis Recens*) 3 *liang*

Da Zao (*Fructus Jujubae*) 10 pcs.

Shi Gao (*Gypsum Fibrosum*) (as big as an egg, crush into small pieces)

5.1.2.4 *Xiao Qing Long Tang* treated syndrome

【Original source material】 The cold induced disease exterior syndrome has not been resolved, there is water *qi* below the heart (note: heart can also mean center, i. e. the epigastric area), retching, fever and cough, perhaps there is thirst or diarrhea, or hiccup, or dysuria and lower abdominal distention, or shortness of breath; *Xiao Qing Long Tang* (Xiaoqinglong Decoction) is the remedy. (Treatise on Cold-Induced Diseases, line 40)

Cold-induced disease complicated by water *qi* below the heart, cough, mild shortness of breath, and a fever without thirst. If the patient becomes thirsty after taking the decoction, it signifies that the cold-natured retained-fluids have been eliminated and the patient is recovering. *Xiao Qing Long Tang* is the remedy. (Treatise on Cold-Induced Diseases, line 41)

【Key points for syndrome differentiation】 This syndrome is an exterior excess syndrome complicated by fluid retention in the interior. The key points of syndrome differentiation are as follows: fever and aversion to cold, cough and dyspnea, thin white sputum, white slippery tongue coating, wiry tense pulse.

【Syndrome analysis】 Syndrome analysis of *Xiao Qing Long Tang* treated syndrome is shown in the table 5－1－11.

Table 5－1－11 Syndrome analysis of *Xiao Qing Long Tang* treated syndrome

Main symptoms	Features	Pathogenesis
Cough and dyspnea	Severe at night, accompanied by white thin sputum, white slippery tongue coating	Wind-cold intermingled with fluid retention in the stomach attacks the lung, the lungs fail to disperse and descend
Fever	Accompanied by aversion to cold	Wind-cold damages the exterior causing stagnation of nutritive and defensive *qi*
Thirst	Without desire to drink, or with desire to drink hot water	Unresolved fluid retention, failure to *qi* to distribute fluids
Diarrhea	Small amount of diarrhea, mostly clear water	Retained fluids flow downward into the large intestine
Hiccup	Tightness in throat, difficulty in breathing and swallowing	Cold water retention results in *qi* stagnation, which further results in *qi* movement disturbance
Difficult urination	Frequent scanty urination	Retained fluids flows downward and collects in the bladder, causing a *qi* transformation disturbance

【Basic pathogenesis】 Wind-cold damages the exterior, fluid retention in the interior, exterior cold and interior retained-fluids intermingle.

【Therapeutic principle】 Dispel exterior wind-cold, warm and resolve interior fluid retention.

【Prescription】 *Xiao Qing Long Tang*.

Ma Huang (*Herba Ephedrae*) 3 *liang*
Bai Shao (*Radix Paeoniae Alba*) 3 *liang*
Xi Xin (*Herba Asari*) 3 *liang*
Gan Jiang (*Rhizoma Zingiberis*) 3 *liang*
Zhi Gan Cao (*Radix Glycyrrhizae Preparata*) 3 *liang*
Gui Zhi (*Ramulus Cinnamomi*) 3 *liang*
Wu Wei Zi (*Fructus Schisandrae Chinensis*) 0.5 *sheng*
Ban Xia (*Rhizoma Pinelliae*) 0.5 *sheng*

【Differential diagnosis】 Syndromes treated with *Gui Zhi Jia Hou Po Xing Zi Tang*, *Ma Huang Tang* and *Xiao Qing Long Tang* all present with dyspnea; the first is characterized by dyspnea with an exterior deficiency sweating syndrome; the latter two are characterized by dyspnea and an exterior excess (no sweating) syndrome; while the last one is complicated by an interior fluid retention syndrome.

5.1.3 Mild exterior obstruction syndromes

5.1.3.1 *Gui Zhi Ma Huang Ge Ban Tang* treated syndrome

【Original source material】 *Taiyang* disease: After eight to nine days, the patient has fever and chills as with malaria, but fever appears more often than do chills. The symptoms occur two or three times a days. When the patient has normal urination and stools, no nausea, as well as a faint moderate pulse, then he is recovering. If there is a weak pulse and chills, it indicates a deficiency of both *yin* and *yang*. For such a case, neither diaphoretic, purgative, nor emetic is to be adopted. A contrarily flushed face, which is the color of heat, indicate that the syndrome refuses to resolve, if a light sweat is not brought about, then the skin will necessarily become itchy. *Gui Zhi Ma Huang Ge Ban Tang* is of use. (Treatise on Cold-Induced Diseases, line 23)

【Key points for syndrome differentiation】 The exterior syndrome is persistent with slight symptoms, alternate attack of fever and chills two or three times daily like malaria, perhaps accompanied by flushed face and generalized itching

【Syndrome analysis】 Syndrome analysis of *Gui Zhi Ma Huang Ge Ban Tang* treated syndrome is shown in the table 5-1-12.

Table 5-1-12 Syndrome analysis of *Gui Zhi Ma Huang Ge Ban Tang* treated syndrome

Main symptoms	Pathogenesis
Alternating attack of fever and aversion to cold, two or three times daily like malaria	Pathogens are less intense after a prolonged disease duration though they still remain in the body
Flushed face and generalized itching	Exterior syndrome remains and continues to obstruct *yang*
Without vomiting	Stomach *qi* is still in harmony, without transmission to *shaoyang*
Normal urination and stools	Normal interior *qi* without transmission to *yanming*
Slight faint moderate pulse	Pathogen is subsiding, the *qi* of *taiyang* is restoring, tending to recover
Weak pulse and chills	Deficiency of *yang* of both *taiyang* and *shaoyin*

【Basic pathogenesis】 Exterior syndrome remains and continues to obstruct *yang*, pathogens less intense.

【Therapeutic principle】 Release superficies with pungent-warm, slightly induce sweating.

【Prescription】 *Gui Zhi Ma Huang Ge Ban Tang*.

Gui Zhi (Ramulus Cinnamomi)	1 *liang* 16 *zhu*
Bai Shao (Radix Paeoniae Alba)	1 *liang*
Sheng Jiang (Rhizoma Zingiberis Recens)	1 *liang*
Zhi Gan Cao (Radix Glycyrrhizae Preparata)	1 *liang*
Da Zao (Fructus Jujubae)	4 pcs.
Xin Ren (Semen Armeniacae Amarum)	24 nuts.
Ma Huang (Herba Ephedrae)	1 *liang*

5.1.3.2 *Gui Zhi Er Ma Huang Yi Tang* treated syndrome

【Original source material】 After taking *Gui Zhi Tang*, if the patient perspires heavily and the pulse is full and large, *Gui Zhi Tang* still is of use. When the patient has fever and chills twice a day like malaria, a diaphoretic is required: *Gui Zhi Er Ma Huang Yi Tang* is of use. (Treatise on Cold-Induced Diseases, line 25)

【Key points for syndrome differentiation】 Alternating attack of fever and chills two times daily like malaria, perhaps accompanied by sweating and generalized itching.

【Syndrome analysis】 Syndrome analysis of *Gui Zhi Er Ma Huang Yi Tang* treated syndrome is shown in the table 5-1-13.

Table 5-1-13 Syndrome analysis of *Gui Zhi Er Ma Huang Yi Tang* treated syndrome

Main symptoms	Pathogenesis
Profuse sweating, full large pulse after taking *Gui Zhi Tang*	Inadequately induced sweating or excessively induce sweating causes a temporary *yang* excess in the exterior, for which *Gui Zhi Tang* can be given again
Alternating attack of fever and chills two times daily like malaria after taking *Gui Zhi Tang*	Exterior pathogens remain, *Gui Zhi Er Ma Huang Yi Tang* is given

【Basic pathogenesis】 Exterior pathogens have remained present for an extended period of time, though the pathogens are at this point less intense.

【Therapeutic principle】 Slightly induce sweating with mild pungent-warm herbs.

【Prescription】 *Gui Zhi Er Ma Huang Yi Tang*.

Gui Zhi (Ramulus Cinnamomi)	1 *liang* 17 *zhu*
Bai Shao (Radix Paeoniae Alba)	1 *liang* 6 *zhu*
Sheng Jiang (Rhizoma Zingiberis Recens)	1 *liang* 6 *zhu*
Zhi Gan Cao (Radix Glycyrrhizae Preparata)	1 *liang* 2 *zhu*
Da Zao (Fructus Jujubae)	5 pcs.
Ma Huang (Herba Ephedrae)	16 *zhu*
Xin Ren (Semen Armeniacae Amarum)	16 nuts

5.1.3.3 *Gui Zhi Er Yue Bei Yi Tang* treated syndrome

【Original Source Material】 *Taiyang* disease: When the patient has fever more often than chills, with a faint and weak pulse, it is a *yang* deficiency syndrome. A diaphoretic should not be adopted. *Gui Zhi Er Yue Bei Yi Tang* (Guizhi Er Yuebei Yi Decoction) is of use. (Treatise on Cold-Induced Diseases, line 27)

【Key points for syndrome differentiation】 Mild exterior syndrome complicated by interior heat. Alternating attack of fever and chills like malaria with severe fever and mild chills, perhaps accompanied by slight thirst or vexation.

【Syndrome Analysis】 Syndrome analysis of *Gui Zhi Er Yue Bei Yi Tang* treated syndrome is shown in the table 5-1-14.

Table 5-1-14 Syndrome analysis of *Gui Zhi Er Yue Bei Yi Tang* treated syndrome

Main symptoms	Pathogenesis
Alternating attack of fever and chills like malaria	Mild exterior pathogens
Severe fever and mild chills	Complicated by interior heat
In case of feeble and weak pulse	Exterior syndrome terminates, inducing sweating should not be used

【Basic pathogenesis】 Less virulent exterior pathogens, exterior cold with interior heat.

【Therapeutic principle】 Slightly induce sweating, clear interior heat.

【Prescription】 *Gui Zhi Er Yue Bei Yi Tang*.

Gui Zhi (Ramulus Cinnamomi)	18 *zhu*
Bai Shao (Radix Paeoniae Alba)	18 *zhu*
Ma Huang (Herba Ephedrae)	18 *zhu*
Zhi Gan Cao (Radix Glycyrrhizae Preparata)	18 *zhu*
Da Zao (Fructus Jujubae)	4 pcs.
Sheng Jiang (Rhizoma Zingiberis Recens)	1 *liang* 3 *zhu*
Shi Gao (Gypsum Fibrosum) (Break into small pieces and put into a silk sack)	24 *zhu*

Summary

Summary of basic *taiyang* disease syndromes is shown in the table 5-1-15.

Table 5-1-15 Summary of basic *taiyang* disease syndromes

	Pathogenesis	Key points for syndrome differentiation
Gui Zhi Tang treated syndrome	Wind attacks the exterior, disharmony between nutrient and defense	Sweating, aversion to wind, floating moderate pulse
Gui Zhi Jia Ge Gen Tang treated syndrome	Disharmony between nutrient and defense, obstruction of meridians	Tight stiff neck and back, accompanied by sweating, aversion to wind, etc.

Continued

	Pathogenesis	Key points for syndrome differentiation
Gui Zhi Jia Hou Po Xing Zi Tang treated syndrome	Disharmony between nutrient and defense, lung-*qi* counterflow	Dyspnea, accompanied by sweating, aversion to wind, etc.
Gui Zhi Jia Fu Zi Tang treated syndrome	Severe defensive *yang* damage, *yang* fails to arrest *yin*	Profuse sweating with severe aversion to wind-cold
Gui Zhi Qu Shao Yao (and *Jia Fu Zi*) *Tang* treated syndrome	Weakness of chest *yang*, exterior pathogens remain	Fullness in chest, irregular hurried pulse, aversion to cold, fever
Gui Zhi Xin Jia Tang treated syndrome	Insufficient nutritive *qi* results in a failure to nourish the tendons	General pain, not alleviated after diaphoretic or perhaps even aggravated, sunken slow pulse
Ma Huang Tang treated syndrome	Wind-cold damages the exterior resulting in constraint of defensive *qi* and stagnation of nutrient-*yin*	Aversion to cold, anhidrosis, generalized pain, dyspnea
Ge Gen Tang treated syndrome	Wind-cold damages the exterior, meridians become obstructed	Tight stiff neck and back, anhidrosis, aversion to cold
Da Qing Long Tang treated syndrome	Wind-cold in the exterior, stagnant heat in the interior	Anhidrosis, aversion to cold, vexation and agitation
Xiao Qing Long Tang treated syndrome	Wind-cold in the exterior, fluid retention in the interior	Fever and aversion to cold, cough, dyspnea, thin white sputum
Gui Zhi Ma Huang Ge Ban Tang treated syndrome	Exterior pathogens remain present, *yang* stagnates in the exterior	Slight periodic fever and aversion to cold, generalized itching
Gui Zhi Er Ma Huang Yi Tang treated syndrome	Exterior pathogens remain present though weak, mild symptoms	Mild periodic fever and aversion to cold
Gui Zhi Er Yue Bei Yi Tang treated syndrome	Exterior pathogens remain present though mild, cold in the exterior, heat in the interior	Periodic fever and aversion to cold with severe fever and mild aversion to cold

5.2 Basic *Yangming* Disease Syndromes

The term *yangming* generally refers to the stomach meridian of foot *yangming* and its related organ the stomach; to the large intestine meridian of hand *yangming* and its related organ the large intestine; as well as to their corresponding physiological functions. When exogenous pathogens attack the *yangming* meridians and their related organs, the disease (disorder) is called a *yangming* disease. The symptoms of the basic *yangming* disease syndrome include exuberant internal heat and impaired fluids which then transform into dryness; it is characterized by being an interior, heat and excess syndrome. In line 180 of the Treatise on Cold-Induced Diseases it states, "*Yangming* diseases are characterized by stomach excess."

There are two causes of the basic *yangming* disease syndrome: Firstly, pathogens in other meridians transmit to the *yangming*, namely there is a failure to treat or mistreatment of a *taiyang* disease or *shaoyang* disease which then leads to impaired fluids transforming into dryness; or over-restoring of *yang* in *taiyin* disease leads to *yin* disease transforming to *yang*, i. e. *yangming* disease. Secondly, pathogens directly attack *yangming* and transform into dryness and excess syndrome, in which the disease is closely related to the history of long-time exuberant *yang* and impaired *yin* or food retention in *yangming*. In case of constitutional exuberant *yang* or food retention transforming into heat, the exogenous pathogens can directly attack *yangming* not via *taiyang* or *shaoyang*, and resulting in heat and excess syndrome of *yangming*.

The basic *yangming* disease syndrome is characterized by an excess interior heat syndrome, which can be further subdivided into two types, i. e., excess heat syndromes, and excess dryness syndromes. When pathogens attack the *yangming* meridians, a *yangming* heat syndrome presenting with exuberant interior heat and diffusion of stomach heat can manifest as generalized heat, sweating, vexation and thirst, and floating slippery or surging large pulse. When pathogens attack the related *fu*-organs of the *yangming* meridians, an excess *yangming fu*-organ syndrome characterized by an intermingling of heat and feces can manifest as exuberant interior heat, presenting with such symptoms as tidal fever, delirium, vexation and anguish, sweating, etcetera, along with signs of obstructed *fu*-organ *qi* such as constipation, abdominal distention and fullness, pain around the umbilicus, etcetera.

The general therapeutic principle for this syndrome is to dispel the pathogens, i. e., to clear heat and purge excess pathogens. Heat-clearing therapy varies from different stages of pathogen transmission: Clearing and dissipating stagnant heat with *Zhi Zi Chi Tang* (Zhizichi Decoction), clear heat with pungent-cold with *Bai Hu Tang* category, and nourishing *yin*, clear heat and promote diuresis in *Zhu Ling Tang* (Zhuling Decoction). Purgative therapy includes the use of drastic one with *Da Cheng Qi Tang* (Dachengqi Decoction), mild purgation with *Xiao Cheng Qi Tang* (Xiaochengqi Decoction), *Tiao Wei Cheng Qi Tang* (Tiaowei Chengqi Decoction), purgation with *Ma Zi Ren Wan* (Maziren Pills), and *Mi Jian Dao* (Mijiaodao Pills). To avoid mistreatment, the severity of pathogens and the property of syndromes should be clearly differentiated.

Generally speaking, the heat and *yangming* meridian excess syndrome will not transmit to other meridians. However, in an exuberant *yangming* dryness heat syndrome, the heat will rise up to attack the lung, and flow down to damage the liver and kidney if the treatment is inappropriate; this is turn can result in consumption of *qi* and fluids or even *yin* impairment involving *yang*. Additionally, because *yangming* and *taiyin* are exterior-interior related meridians, if the heat-clearing and purgation therapies used in the treatment of a *yangming* disease are overused, spleen *yang* and spleen *qi* will be impaired, and the disease can transmit to *taiyin*. Therefore, it is said "Excess can be seen in *yangming*, and deficiency can be seen in *shaoyin*."

5.2.1 *Yangming* heat syndrome

5.2.1.1 *Zhi Zi Chi Tang* treated syndrome

【Original source material】*Yangming* disease with a floating tense pulse. The patient has a parched throat, bitter taste in mouth, dyspnea, and abdominal distention. He is feverish, perspires, has aversion to heat but not cold, and feels heaviness when moving. If diaphoresis is adopted in such a case, the patient will become restless, irritable, and delirium. When warm needle acupuncture is practised, the patient will suffer insomnia, restlessness, irritation and fright. If a purgative is given, the stomach will be emptied and the pathogenetic factor will invade the diaphragm, causing restlessness and irritation. When the tongue is coated, *Zhi Zi Chi Tang* is of use. (Treatise on Cold-Induced Diseases, line 221)

Yangming disease: After a purgative is adopted, the patient develops fever, restlessness, irritation, and warmth of hands feet though thorax is not accumulation. He is inability to eat when he feels hungry and perspires only on the head. *Zhi Zi Chi Tang* is the remedy. (Treatise on Cold-Induced Diseases, line 228)

【Key points for syndrome differentiation】Deficiency restlessness with insomnia, feelings of anguish in the chest, thin yellow or white and yellow coating, accompanied by hunger with inability to eat, and sweating only on the head.

【Syndrome analysis】Syndrome analysis of *Zhi Zi Chi Tang* treated syndrome is shown in the table 5-2-1.

Table 5-2-1 Syndrome analysis of *Zhi Zi Chi Tang* treated syndrome

Main symptoms	Features	Pathogenesis
Anguish in the chest	Feelings of severe anguish in the chest with difficulty expressing the feelings	Formless pathogenic heat disturbs the chest and diaphragm
Tongue coating	Thin yellow or white and yellow coating	Heat disturbs the chest and diaphragm
Hunger with inability to eat	No distention or pain in the epigastric region	Heat attacks the stomach and causes stomach *qi* stagnation
Sweating only on the head	Mostly seen when vexed and agitated	Stagnant heat in the chest and diaphragm steaming upward to the head

【Basic pathogenesis】Formless pathogenic heat disturbs the chest and diaphragm.

【Therapeutic principle】Clear and disperse stagnant heat.

【Prescription】*Zhi Zi Chi Tang*.

Zhi Zi (*Fructus Gardeniae*) 14 pcs.

Dan Dou Chi (*Semen Sojae Preparatum*) (wrapped in silk) 4 *ge*

5.2.1.2 *Bai Hu Tang* treated syndrome

【Original source material】Cold-induced disease: Floating slippery pulse, heat in the exterior and cold in the interior, *Bai Hu* Decoction is the remedy. (Treatise on Cold-Induced

Diseases, line 176)

【Key points for syndrome differentiation】 Generalized fever, sweating, thirst, restlessness, scanty reddish urine, floating slippery pulse, red tongue with yellow coating.

【Syndrome analysis】 Syndrome analysis of *Bai Hu Tang* treated syndrome is shown in the table 5-2-2.

Table 5-2-2 Syndrome analysis of *Bai Hu Tang* treated syndrome

Main symptoms	Features	Pathogenesis
Generalized fever	Exuberant diffused heat prevalent throughout the body	Heat flares in the interior and steams outward
Sweating	Persistent general sweating	Exuberant interior heat forces fluids outward
Thirst	Thirst with desire for cold drink	Exuberant heat impairs the fluids
Restlessness	Mild vexation without agitation	*Yangming* heat disturbs the mind
Floating slippery pulse	Feeling of surging and large pulse under fingers	Exuberant heat prevalent in both the exterior and interior

【Basic pathogenesis】 Exuberant heat in *yangming*, heat prevalent in both the exterior and interior.

【Therapeutic principle】 Clear heat with pungent-cold herbs.

【Prescription】 *Bai Hu Tang*.

Zhi Mu (*Rhizoma Anemarrhenae*)	6 *liang*
Shi Gao (*Gypsum Fibrosum*)	1 *jin*
Zhi Gan Cao (*Radix Glycyrrhizae Preparata*)	2 *liang*
Jing Mi (*Semen Oryzae Nonglutinosae*)	6 *ge*

5.2.1.3 *Bai Hu Jia Ren Shen Tang* treated syndrome

【Original source material】 After taking *Gui Zhi Tang* and inducing profuse perspiration, if the patient has a great thirst, feels restless and has a surging large pulse, *Bai Hu Jia Ren Shen Tang* (Baihu Jia Renshen Decoction) is of use. (Treatise on Cold-Induced Diseases, line 26)

Cold-induced disease: After the adoption of an emetic or purgative, the syndrome is still not gone on the 7th or 8th day. If heat is congealed in the interior, there will be heat symptoms in both the interior and exterior: The patient has occasional aversion to wind, has great thirst, and likes to drink large quantities of water. He also has a parched tongue and feels restless: *Bai Hu Jia Ren Shen Tang* is the remedy. (Treatise on Cold-Induced Diseases, line 168)

Cold-induced disease: Restlessness, parched throat and thirst, absence of high fever with a slight chill at the back: *Bai Hu Jia Ren Shen Tang* is the remedy. (Treatise on Cold-Induced Diseases, line 169)

Bai Hu Jia Ren Shen Tang is indicated for the case when there is a parched tongue and throat, along with thirst. (Treatise on Cold-Induced Diseases, line 222)

【Key points for syndrome differentiation】 The syndrome manifests as a *Bai Hu Tang* treated syndrome with signs of both fluids and *qi* damage: Dry mouth and tongue, vexatious thirst with a desire to drink, or unrelieved thirst even after drinking, fever, sweating, surging large pulse, perhaps accompanied by occasional aversion to wind, perhaps slight aversion to cold on the back.

【Syndrome analysis】 Syndrome analysis of *Bai Hu Jia Ren Shen Tang* treated syndrome is shown in the table 5-2-3.

Table 5-2-3 Syndrome analysis of *Bai Hu Jia Ren Shen Tang* treated syndrome

Main symptoms	Features	Pathogenesis
Vexatious thirst	Severe thirst, not relieved after drinking	Exuberant *yangming* heat damages fluids and consumes *qi*
Generalized fever	High fever and burning sensation felt when palpating the skin, not relieved after sweating	Exuberant *yangming* interior heat
Sweating	Persistent sweating	Exuberant interior heat forces fluids out
Surging large pulse	Surging large but forceless pulse	Interior heat prevalent in the interior and exterior, *qi* and blood surges in and out
Aversion to wind, perhaps slight aversion to cold on the back	Mild	Pores remain open after sweating

【Basic pathogenesis】 Exuberant *yangming* heat damages both fluids and *qi*.

【Therapeutic principle】 Clear heat with pungent-cold herbs, strengthen *qi* and generate fluids.

【Prescription】 *Bai Hu Jia Ren Shen Tang*.

Zhi Mu (*Rhizoma Anemarrhenae*)	6 *liang*
Shi Gao (*Gypsum Fibrosum*) (Break into small pieces and put in a silk sack)	1 *jin*
Zhi Gan Cao (*Radix Glycyrrhizae Preparata*)	2 *liang*
Jing Mi (*Semen Oryzae Nonglutinosae*)	6 *ge*
Ren Shen (*Radix Ginseng*)	3 *liang*

5.2.1.4 *Zhu Ling Tang* treated syndrome

【Original source material】 Floating pulse, fever, thirst, and dysuria; *Zhu Ling Tang* is the remedy. (Treatise on Cold-Induced Diseases, line 223)

【Key points for syndrome differentiation】 This syndrome consists of three groups of symptoms representative of interior heat, impairment of *yin* and retained fluid. Fever, vexation, insomnia, thirst, difficult urination, floating pulse, perhaps accompanied by diarrhea, cough and retching.

【Syndrome analysis】 Syndrome analysis of *Zhu Ling Tang* treated syndrome is shown in the table 5 - 2 - 4.

Table 5 - 2 - 4 Syndrome analysis of *Zhu Ling Tang* treated syndrome

Main symptoms	Features	Pathogenesis
Difficulty urinating	Mostly accompanied by irritated bladder symptoms such as frequent, urgent and painful urination	Kidney-*yin* deficiency results in intermingling of retained fluids and heat
Thirst with desire to drink	Thirst with a desire to drink, but in fact drinking little	Exuberant heat impairs both stomach and kidney *yin*
Fever	Fever felt after palpating for a period of time	Exuberant pathogenic heat in the interior
Floating pulse	Mostly rapid pulse	Interior heat fills the exterior

【Basic pathogenesis】 *Yin* deficiency with intermingling of retained fluids and heat.

【Therapeutic principle】 Nourish *yin*, clear heat and promote diuresis.

【Prescription】 *Zhu Ling Tang*.

Zhu Ling (*Polyporus Umbellatus*) 1 *liang*
Fu Ling (*Poria*) 1 *liang*
Ze Xie (*Rhizoma Alismatis*) 1 *liang*
E Jiao (*Colla Corii Asini*) 1 *liang*
Hua Shi (*Talcum*) 1 *liang*

5.2.2 *Yangming* excess syndrome

5.2.2.1 *Tiao Wei Cheng Qi Tang* treated syndrome

【Original source material】 *Yangming* disease: No emetic or purgative has been adopted, but the patient feels restless: *Tiao Wei Cheng Qi Tang* can be given. (Treatise on Cold-Induced Diseases, line 207)

Taiyang disease for three days: If the syndrome is not gone after diaphoretic treatment, it indicates that the syndrome has transmitted into the *yangming* stomach meridian. *Tiao Wei Cheng Qi Tang* is the remedy. (Treatise on Cold-Induced Diseases, line 248)

Cold-induced disease treated with an emetic, now there is abdominal distention: *Tiao Wei Cheng Qi Tang* can be given. (Treatise on Cold-Induced Diseases, line 249)

【Key points for syndrome differentiation】 *Yangming fu*-organ syndromes consist of three groups of symptoms: ①Local symptoms: abdominal distention and fullness, constipation; ②fever: high fever; ③mental symptoms: restlessness/vexation.

【Syndrome analysis】 Syndrome analysis of *Tiao Wei Cheng Qi Tang* treated syndrome is shown in the table 5 - 2 - 5.

Table 5-2-5 Syndrome analysis of *Tiao Wei Cheng Qi Tang* treated syndrome

Main symptoms	Features	Pathogenesis
Abdominal distention and fullness, constipation	Mild symptoms without severe fullness or pain that refuses touch	Retention of dryness-heat blocks *fu*-organ *qi*
Steaming fever	Fever (not as severe as in *Bai Hu Tang* treated syndrome)	*Yangming* dryness-heat steams outward
Vexation	Severe vexation, perhaps accompanied by agitation	*Yangming* dryness-heat ascends to disturb the mind

【Basic pathogenesis】 Pathogenic heat intermingles with *yangming* wastes, there is exuberant interior heat, blockage of *fu*-organ *qi*.

【Therapeutic principle】 Purge heat and harmonize the stomach, moisten dryness and promote movement of the bowels.

【Prescription】 *Tiao Wei Cheng Qi Tang*.

Da Huang (*Radix et Rhizoma Rhei*)	4 *liang*
Zhi Gan Cao (*Radix Glycyrrhizae Preparata*)	2 *liang*
Mang Xiao (*Natrii Sulfas*)	0.5 *sheng*

5.2.2.2 *Xiao Cheng Qi Tang* treated syndrome

【Original source material】 *Yangming* disease: Exhaustion of body fluids caused by profuse perspiration will cause dryness of the stomach. Consequently, feces will become hard, and then delirium will occur. *Xiao Cheng Qi Tang* is the remedy. If the first dose stops the delirium, the second dose should not be taken. (Treatise on Cold-Induced Diseases, line 213)

Severe case of abdominal distention and constipation, *Xiao Cheng Qi Tang* can be given. Harmonizing stomach *qi* is called for, rather than an acute drastic, which would cause multiple bouts of diarrhea. (Treatise on Cold-Induced Diseases, line 208)

Yangming disease with delirium, tidal fever and swift slippery pulse: *Xiao Cheng Qi Tang* is the remedy. If a one *sheng* dose of the decoction brings about the passing of flatus, take another dose of one *sheng*. In the event that there is no passing of flatus, do not take the second dose. If there is no bowel movement the second day and the pulse is faint and choppy, it can be diagnosed as a case of interior deficiency, which is difficult to treat. *Cheng Qi Tang* is no longer applicable. (Treatise on Cold-Induced Diseases, line 214)

Diarrhea with delirium indicates the presence of dry stool. *Xiao Cheng Qi Tang* is of use. (Treatise on Cold-Induced Diseases, line 374)

【Key points for syndrome differentiation】 *Xiao Cheng Qi Tang* treated syndrome is the mild version of *yangming fu*-organ excess syndrome: ①Local symptoms: abdominal distention and fullness, constipation or diarrhea; ②fever: tidal fever; ③mental symptom: delirium; ④pulse: slippery and swift; ⑤other: sweating.

【Syndrome analysis】 Syndrome analysis of *Xiao Cheng Qi Tang* treated syndrome is shown in the table 5-2-6.

Table 5-2-6 Syndrome analysis of *Xiao Cheng Qi Tang* treated syndrome

Main symptoms	Features	Pathogenesis
Severe abdominal fullness, constipation	Not as severe as abdominal pain that refuses touch	New retention of dry stool in the intestines, blockage of *fu*-organ *qi*
Perhaps presence of diarrhea	Foul smelling watery stools, abdominal fullness, tidal fever, accompanied by yellow dry tongue coating	Dry stools block the *fu*-organs and force fluids to flow downward
Tidal fever	Fever when *yangming qi* predominantes in the afternoon from the two-hour period of *shen* (3:00-5:00 p.m.) to *you* (5:00-7:00 p.m.)	*Yangming* turbid heat diffuses outward to the skin
Delirium	Mostly seen when *yangming qi* is predominant [afternoon from *shen* (3:00-5:00 p.m.) to *you* (5:00-7:00 p.m.)]	*Yangming* turbid heat ascends to disturb the mind
Slippery rapid pulse	The pulse beats more than six times per breath	Dry stools not firmly bound in the intestine
Sweating	Mostly in the extremities	Dry heat forces fluids to move outward

【Basic pathogenesis】 Early stage of dry stool retention in the intestines, *fu*-organ excess has not yet formed.

【Therapeutic principle】 Purge heat and promote the movement of the bowels, activate *qi* and eliminate stagnation.

【Prescription】 *Xiao Cheng Qi Tang*.

Da Huang (*Radix et Rhizoma Rhei*) 4 *liang*

Hou Po (*Cortex Magnoliae Officinalis*) 2 *liang*

Zhi Shi (*Fructus Aurantii Immaturus*) 3 pcs. (big)

5.2.2.3 *Da Cheng Qi Tang* treated syndrome

【Original source material】 After a purgative is given for the *yangming* syndrome, restlessness and irritation occur. If there are dry stools in the intestine, a purgative is of use. A purgative can not be given if there are dry stools followed by watery stools accompanied by slight abdominal distention. If the stools are dry, *Da Cheng Qi Tang* is of use. (Treatise on Cold-Induced Diseases, line 238)

If, after the adoption of a drastic purgative, the patient has no bowel movement for six to seven days, and this is accompanied by restless, abdominal distention, and pain, it can be determined that there must be dry stools brought on by a long period of indigestion. *Da Cheng Qi Tang* is the remedy. (Treatise on Cold-Induced Diseases, line 241)

For five to six days in succession, the patient has not had a bowel movement, but has pain around the umbilicus and occasional restlessness. All these are indications of the formation of dry stools, which has hampered normal bowel movement for five to six days. (Treatise on Cold-Induced Diseases, line 239)

Yangming disease with delirium and tidal fever: If the patient has anorexia, there must be five to six lengths of dry stool in the intestine. *Da Cheng Qi Tang* can be used as a drastic. When the patient has good intake of food, the feces are only hard. (Treatise on Cold-Induced Diseases, line 215)

When abdominal distention is not reduced, or not significantly reduced, *Da Cheng Qi Tang* should be used as a drastic. (Treatise on Cold-Induced Diseases, line 255)

Dry stools can be diagnosed based on the following symptoms and signs: dysuria, bowel movement is sometimes difficult and sometimes easy, a light fever, dyspnea, and dizziness which leave the patient unable to lie quietly in bed. *Da Cheng Qi Tang* can be used as a drastic. (Treatise on Cold-Induced Diseases, line 242)

【Key points for syndrome differentiation】 It is a serious excess syndrome of *yangming fu*-organs, and the key points of syndrome differentiation are as follows: ① Local signs of *yangming fu*-organs: the stools are hard, perhaps resulting in constipation for many days. There may be side-flow around the heat knot. Abdominal fullness, pain around the umbilicus, pain that gradually intensifies and has pressure tenderness and becomes aggravated in the late afternoon. ② Fever: late afternoon tidal fever, or slight fever. ③ Mental symptoms and signs: persistent anguish and restlessness in the chest, aggravated in the late afternoon, perhaps even delirium. ④ Pulse: sunken full forceful pulse. ⑤ Other: sweating from the extremities, difficult urination, inability to eat, shortness of breath and inability to lie down.

【Syndrome analysis】 Syndrome analysis of *Da Cheng Qi Tang* treated syndrome is shown in the table 5-2-7.

Table 5-2-7 Syndrome analysis of *Da Cheng Qi Tang* treated syndrome

Main symptoms	Features	Pathogenesis
Hard stool	Absence of defecation for several days	Dry stool retention in the large intestine
Or diarrhea	Foul smelling watery stools, abdominal fullness, tidal fever, dry yellow tongue coating	Blocked dry stool in the *fu*-organs forces fluids to flow downward
Abdominal distension and fullness, with tenderness	Persistent pain around the umbilicus, aggravated in the late afternoon	Dry stool retention in the intestines leading to *fu*-organ *qi* stagnation
Tidal fever after late afternoon	Deeply embedded pathogenic heat, manifests as low-grade fever	*Yangming* turbid heat diffusing outward
Anguish and restlessness in the chest	Always accompanied by *Da Cheng Qi Tang* treated syndrome, and aggravated in the late afternoon	*Yangming* turbidity and heat ascends to harass the heart and mind
Delirium	Aggravated in the late afternoon	*Yangming* turbid heat ascends to harass the heart and mind
Sunken, full and forceful pulse	Sign of *yangming fu*-organs excess syndrome	Dry stool bound firmly in the intestines, formation of *fu*-organ excess
Sweating	Sweating with steaming sensation from the extremities	*Yangming* dryness heat forces fluids to move outward

Continued

Main symptoms	Features	Pathogenesis
Difficulty urinating	Short reddish urine	Interior exuberant dryness-heat scorching the fluids and *yin*
Inability to eat	In the severe case of constipation	Dry stool retention in the intestines blocks *fu*-organs *qi*
Dyspnea	Absence of cough	*Fu*-organ *qi* blockage results in turbidity attacking the lungs
Dizziness	Dizziness no feeling of distress or heaviness in the head	*Fu*-organ *qi* blockage results in turbidity ascending to harass clear *yang*

【Basic pathogenesis】 Pathogenic heat binds with dry stools, formation of *yangming fu*-organ excess.

【Therapeutic principle】 Drastically purge excess heat and eliminate dry stool retention.

【Prescription】 *Da Cheng Qi Tang*.

Da Huang (*Radix et Rhizoma Rhei*) 4 *liang*
Hou Po (*Cortex Magnoliae Officinalis*) 0.5 *jin*
Zhi Shi (*Fructus Aurantii Immaturus*) 5 pcs.
Mang Xiao (*Natrii Sulfas*) 3 *ge*

【Differential diagnosis】 Differential diagnosis of the Three *Cheng Qi Tang* is shown in the table 5-2-8.

Table 5-2-8 Differential diagnosis of the three *Cheng Qi Tang*

Prescriptions	Actions and indications
Tiao Wei Cheng Qi Tang	Purge heat to relieve severe dryness heat
Xiao Cheng Qi Tang	Promote the movement of the bowels to relieve severe blockage of *fu*-organ *qi*
Da Cheng Qi Tang	Both purge heat and promote the movement of the bowels to relieve dryness heat and blockage of *fu*-organ *qi*

5.2.2.4 *Ma Zi Ren Wan* treated syndrome

【Original source material】 The anterior tibial pulse is floating and choppy. A floating pulse reflects strong stomach *qi*, whereas a choppy pulse is indicative of frequent urination. The conflict between the floating and the choppiness causes constipation and splenic constipation (*pi yue*). *Ma Zi Ren Wan* is the remedy. (Treatise on Cold-Induced Diseases, line 247)

【Key points for syndrome differentiation】 Hard stool, perhaps even as dry as goat stool, frequent urination, absence of abdominal pain.

【Syndrome analysis】 Syndrome analysis of *Ma Zi Ren Wan* treated syndrome is shown in the table 5-2-9.

Table 5-2-9 Syndrome analysis of *Ma Zi Ren Wan* treated syndrome

Main symptoms	Features	Pathogenesis
Hard stool	Perhaps as dry as goat stool, absence of abdominal fullness or pain	Exuberant stomach heat, spleen *yin* depletion results in a failure to moisten the intestines

Continued

Main symptoms	Features	Pathogenesis
Frequent urination	Frequent urination, but the urine is neither short nor painful	Failure to the spleen to transport, fluids tends to flow downward into the bladder
Floating choppy anterior tibial pulse	Pulse feels large and not free flowing	Stomach *qi* heat, damaged spleen *yin*

【Basic pathogenesis】 Exuberant stomach heat, spleen *yin* depletion results in a failure to moisten the intestines.

【Therapeutic principle】 Purge stomach heat and nourish the spleen, moisten the intestines and promote defecation.

【Prescription】 *Ma Zi Ren Wan*.

Huo Ma Ren (*Fructus Cannabis*)	2 *sheng*
Bai Shao (*Radix Paeoniae Alba*)	0.5 *jin*
Zhi Shi (*Fructus Aurantii Immaturus*)	0.5 *jin*
Da Huang (*Radix et Rhizoma Rhei*)	1 *jin*
Hou Po (*Cortex Magnoliae Officinalis*)	1 *chi* (1 foot long)
Xing Ren (*Semen Armeniacae Amarum*)	1 *sheng*

5.2.3 *Yangming* cold syndrome

【Original source material】 *Yangming* disease: If the middle is cold, there will be anorexia, dysuria, and continuous perspiration of hands and feet. All these symptoms and signs are the indications of an incipient *gujia* (literally "fixed abdominal mass". Disease name.), the feces will be first solid, and then watery. The reason is that the cold in the stomach hampers digestion, so undigested food becomes mixed with water in the stools. (Treatise on Cold-Induced Diseases, line 191)

Nausea after ingesting food relates to *yangming*, and can be treated with *Wu Zhu Yu Tang* (Wuzhuyu Decoction). If the nausea becomes more severe after taking the decoction, the syndrome involves the upper energizer. (Treatise on Cold-Induced Diseases, line 243)

【Key points for syndrome differentiation】 Inability to eat, vomiting shortly after eating, no spoiled odor in the vomitus, or vomiting of phlegm-drool or clear water, usually accompanied by dull pain in the gastric region, fondness for warmth and pressure, perhaps even cold extremities.

【Syndrome analysis】 Syndrome analysis of *yangming* cold syndrome is shown in the table 5-2-10.

Table 5-2-10 Syndrome analysis of *yangming* cold syndrome

Main symptoms	Features	Pathogenesis
Inability to eat	No feeling of hunger	Deficiency-cold in the stomach results in a lack of ability to digest properly

Continued

Main symptoms	Features	Pathogenesis
Vomiting	Vomiting during meals, thin cold vomitus	Deficiency-cold in the stomach results in weakened ability of the stomach to receive and descend
Difficulty urinating, solid stools followed by watery stools	Stools are watery and bowel movements are uncomfortable	Deficiency-cold in the middle energizer results in a failure to separate water from grain
Sweating from the extremities	Cold sweating	Insufficient middle energizer *yang* results in a failure to contain

【Basic pathogenesis】 Deficiency of stomach-*yang* results in a failure to properly separate water and food, and also results in the counterflow of turbid-*yin*.

【Therapeutic principle】 Warm the middle energizer and harmonize stomach, check adverse rise of *qi* and stop vomiting.

【Prescription】 *Wu Zhu Yu Tang*.

Wu Zhu Yu (*Fructus Evodiae*) 1 *sheng*
Ren Shen (*Radix Ginseng*) 3 *liang*
Sheng Jiang (*Rhizoma Zingiberis Recens*) 6 *liang*
Da Zao (*Fructus Jujubae*) 12 pcs.

Summary

Summary of basic *yangming* disease syndromes is shown in the table 5-2-11.

Table 5-2-11 Summary of basic *yangming* disease syndromes

	Pathogenesis	Key points for syndrome differentiation
Zhi Zi Chi Tang treated syndrome	Formless pathogenic heat disturbs the chest and diaphragm	Restlessness and insomnia, feelings of remorse/regret
Bai Hu Tang treated syndrome	Exuberant heat in *yangming* spreads throughout the interior and exterior	Generalized fever, sweating, thirst, restlessness, floating slippery pulse
Bai Hu Jia Ren Shen Tang treated syndrome	Exuberant heat in *yangming*, consumption of both *qi* and fluid	Persistent great thirst, generalized fever, sweating, large pulse
Zhu Ling Tang treated syndrome	*Yin* deficiency fluid retention co-mingled heat	Difficulty urinating, thirst, restlessness, fever
Tiao Wei Cheng Qi Tang treated syndrome	Early stage knotting together of dryness and heat, obstruction of *fu*-organ *qi*	Abdominal distention and fullness, steaming fever, restlessness
Xiao Cheng Qi Tang treated syndrome	Early stage knotting together of dryness and feces, *fu*-organ excess syndrome not yet formed	Abdominal distention, hard stool, tidal fever, delirium, slippery swift pulse
Da Cheng Qi Tang treated syndrome	Dryness knotted with feces accumulating in the intestines, formation of *fu*-organ excess syndrome	Abdominal fullness and pain with increased tenderness upon palpation, constipation, tidal fever, delirium

Continued

	Pathogenesis	Key points for syndrome differentiation
Ma Zi Ren Wan treated syndrome	Exuberant stomach heat accompanied by spleen *yin* deficiency, intestines are no longer being moistening	Hard stools, no abdominal discomfort, frequent urination
Wu Zhu Yu Tang treated syndrome	Deficiency of stomach-*yang* leading to counterflow of turbid-*yin*	Vomiting of phlegm-drool or clear water

5.3 Basic *Shaoyang* Disease Syndromes

Shaoyang means small or weak *yang*. When *yang qi* is engendered in the *shaoyang* meridian, healthy *qi* is relatively weak. The *shaoyang* meridian's resistance against disease is not as powerful as that seen in *taiyang* and *yangming*. When healthy *qi* is deficient, pathogens attack the *shaoyang* meridians and result in *shaoyang* disease.

Shaoyang refers to the gallbladder meridian of foot *shaoyang*, the triple energizer meridian of hand *shaoyang*, and the related organs namely the gallbladder and triple energizer. Inside *shaoyang* gallbladder-wood resides the ministerial fire. When pathogens attack the *shaoyang*, the gallbladder stagnates in the interior, and meridian-*qi* is obstructed; as a result, symptoms such as a bitter taste in mouth, dry throat, dizzy vision, reddish eyes, deafness, fullness in the chest and hypochondrium, vexation and a wiry thready pulse will develop.

The gallbladder is the house which contains the essential sap, and it co-works with the liver to control the free movement of *qi*, and to assist the spleen and stomach in transporting and transforming water and food. If the gallbladder is obstructed, the free flow of *qi* becomes disturbed. Consequently, symptoms such as indifference, low spirits, no desire for water and food, nausea, vomiting, abdominal pain, diarrhea, or constipation can present.

Taiyang dominates opening, *yangming* dominates closing, and *shaoyang* is the pivot. Pathogens in *shaoyang* can transmit to *taiyang*, and also can transmit to *yangming*: moreover, as it is situated between *yin* and *yang*, *shaoyang* acts as shield for the three *yin*. For exterior cold syndrome of *taiyang*, the therapeutic principle should be to induce sweating with pungent-warm herbs; for interior heat excess syndrome of *yangming*, the therapeutic principle should be to clear and purge heat with cold herbs; and for interior deficiency cold syndromes of the three *yin*, the therapeutic principle should be to warm the interior and replenish deficiency. *Shaoyang* diseases are characterized as being half-exterior and half-interior syndromes and present with fever and aversion to cold, or the alternation of chills and fever. Therefore, the therapeutic principle should be to harmonize *shaoyang*: in this case *Xiao Chai Hu Tang* (Xiaochaihu Decoction) is the representative prescription.

The triple energizer is responsible for water pathways and regulation of water passages. The two connected meridians of hand and foot *shaoyang* have cooperative functions. If *shaoyang* gallbladder *qi* is obstructed, the function of the triple energizer will be affected. As a result, water metabolism will be disturbed, and symptoms such as difficult urination and palpitations will be observed. Therefore, basic harmonization principles involving diuresis and the resolving retained fluids should be used.

5.3.1 *Xiao Chai Hu Tang* treated syndrome

【Original source material】 The symptoms and signs of the *shaoyang* syndrome are invariable bitter taste in mouth, a parched throat, and dizzy vision. (Treatise on Cold-Induced Diseases, line 263)

Febrile disease caused by wind-attacking the *shaoyang* presents with the following symptoms and signs: deafness, red eyes, fullness in chest and restlessness. No emetic or purgative should be adopted. If they are, palpitations and fear will occur. (Treatise on Cold-Induced Diseases, line 264)

A cold-induced disease presenting with a wiry thready pulse, headache, and fever indicate that the syndrome is in the *shaoyang* meridians. Diaphoresis is prohibited with *shaoyang* syndromes. The adoption of diaphoresis will result in stomach related delirium (*yangming* syndrome). If the stomach is harmonized, the problem will be solved. If the stomach is not harmonized, there will be restlessness and palpitations. (Treatise on Cold-Induced Diseases, line 265)

Cold-induced disease after five to six days then (further) complicated by wind-attack; if the patient has alternating chills and fever, distressing fullness in chest and hypochondrium, has a reluctance to speak and eat, is restless and nauseous, or perhaps there is no vomiting, but has discomfort in chest, or thirst, abdominal pain, fullness and hardness in hypochondriac region, perhaps there is palpitations, dysuria, perhaps absence of thirst, slight fever, or cough, *Xiao Chai Hu Tang* is the remedy. (Treatise on Cold-Induced Diseases, line 96)

Wind-stroke complicated cold-Induced febrile disease presenting with *Xiao Chai Hu Tang* treated syndrome: Even if but one of the symptoms is observed, a diagnosis of *Xiao Chai Hu Tang* treated syndrome can be established. Should a purgative have been given to such a patient, if *Xiao Chai Hu Tang* treated syndrome persists, then the decoction can still be adopted. At this time, if patient then is feverish, shivers and perspires, then syndrome will disappear along with the symptoms. (Treatise on Cold-Induced Diseases, line 101)

Yangming disease: *Xiao Chai Hu Tang* is called for when the following signs and symptoms present: Tidal fever, watery stool, normal urination, and fullness in chest and hypochondrium. (Treatise on Cold-Induced Diseases, line 229)

Yangming disease: *Xiao Chai Hu Tang* is indicated for a case with hardness and fullness hypochondrium, vomiting, constipation, and a white coating on the tongue. When the *qi* resumes its normal movement in the upper energizer, the body fluids will flow downward to harmonize stomach. There will be thorough sweat and then recovery. (Treatise on Cold-Induced Diseases, line 230)

【Key points for syndrome differentiation】 Alternating chills and fever, distressing fullness in chest and hypochondrium, vexation/restlessness and frequent retching, reluctance to speak and eat, wiry thready pulse. Bitter taste in mouth, dry throat, reddish eyes, dizzy vision, tinnitus and deafness usually accompany the aforementioned symptoms. The headache is localized at the side of the head(perhaps only on one side), abnormal stools including loose or hard stools can be observed. In addition to alternating chills and fever, there are two categories of symptoms, namely those indicating involvement of the *shaoyang* gallbladder and/or *shaoyang* meridian distributed region, manifesting as distressing fullness in chest and hypochondrium, bitter taste in mouth, congested eyes and dizziness, tinnitus and deafness, migraine, and the dysfunction of the spleen and stomach induced by disturbance in the pivoting functioning of the *shaoyang*, which in turn manifests as vomiting, loss of appetite, abdominal pain, and abnormal stools. If the water-working actions of the triple energizer are affected, difficult urination, palpitations, etcetera, can also be observed. The symptoms seen in a *Xiao Chai Hu Tang* treated syndrome are various, but "if one determinant symptom is confirmed, the others need not necessarily be present."

【Syndrome analysis】 Syndrome analysis of *Xiao Chai Hu Tang* treated syndrome is shown in the table 5-3-1.

Table 5-3-1 Syndrome analysis of *Xiao Chai Hu Tang* treated syndrome

Main symptoms	Pathogenesis
Alternating chills and fever	Pathogens invade the *shaoyang* and struggle with the healthy *qi*; chills develop when the former predominates, fever when the latter predominates
Distressing fullness in chest and hypochondrium	Disturbance in the pivoting function of the *shaoyang*, gallbladder heat stagnation and constraint of *shaoyang* meridian-*qi*
Generalized feelings of indifference	Disturbance in the pivoting function of the *shaoyang*, gallbladder *qi* stagnation, healthy *qi* insufficiency
Loss of appetite, frequent retching	Gallbladder wood overacting on the spleen and stomach, resulting in spleen dysfunction and counterflow of stomach-*qi*
Vexation/restlessness	Disturbance of the mind by gallbladder heat
Bitter taste in mouth, dry throat, dizzy vision	Disturbance of the pivoting function, counterflow ascension of gallbladder *qi*, upward disturbance of wood fire, body fluids are scorched(consumed)
Migraine, red eyes, tinnitus, deafness	*Shaoyang* wood-fire flows upward along the meridian and causes disturbance
Wiry thready pulse, white tongue coating	Pathogens invade the *shaoyang* disturbing its function as a pivot

【Basic pathogenesis】 Pathogens invade the *shaoyang* disturbing its function as a pivot, with gallbladder heat stagnation.

【Therapeutic principle】 Harmonize *shaoyang*, regulate the pivoting functions of the *shaoyang*, assist healthy *qi* to dispel pathogens.

【Original source material】 *Xiao Chai Hu Tang*.

Chai Hu(*Radix Bupleuri*)	0.5 *jin*
Huang Qin(*Radix Scutellariae*)	3 *liang*
Ren Shen(*Radix Ginseng*)	3 *liang*
Ban Xia(*Rhizoma Pinelliae*)	0.5 *sheng*
Zhi Gan Cao(*Radix Glycyrrhizae Preparata*)	3 *liang*
Sheng Jiang(*Rhizoma Zingiberis Recens*)	3 *liang*
Da Zao(*Fructus Jujubae*)	12 pcs.

Additions and Deletions to the Decoction: ①Restlessness but no nausea: Eliminate *Ban Xia* and *Ren Shen*, add *Gua Lou*(*Fructus Trichosanthis*)1 piece; ②With thirst for water: Eliminate *Ban Xia*, increase *Ren Shen* to 4.5 *liang*, add *Tian Hua Fen*(*Radix Trichosanthis*)4 *liang*; ③With abdominal pain: Eliminate *Huang Qin*, add *Bai Shao* 3 *liang*; ④ With mass hypochondrium: Eliminate *Da Zao*, add *Mu Li*(*Concha Ostreae*)4 *liang*; ⑤With palpitations and dysuria: Eliminate *Huang Qin*, add *Fu Ling* 4 *liang*; ⑥No thirst but with a slight fever: Eliminate *Ren Shen*, add *Gui Zhi* 3 *liang*, cover the patient with a quilt to obtain a light perspiration; ⑦With cough: Eliminate *Ren Shen*, *Da Zao* and *Sheng Jiang*, add *Wu Wei Zi* half *sheng* and *Gan Jiang* 2 *liang*.

5.3.2 *Chai Hu Gui Zhi Gan Jiang Tang* treated syndrome

【Original source material】 Cold-induced disease for five to six days: After the adoption of a diaphoretic and then a purgative, the following symptoms and signs may indicate that the exterior syndrome is not relieved: Fullness and a light blockage in chest and hypochondrium, dysuria, thirst for water without nausea, sweat only on the head, alternating chills and fever, and restlessness: *Chai Hu Gui Zhi Gan Jiang Tang* (Chaihu Guizhi Ganjiang Decoction)is the remedy. (Treatise on Cold-Induced Diseases, line 147)

【Key points for syndrome differentiation】 In additional to the symptoms and signs of *Xiao Chai Hu Tang* treated syndrome such as alternating chills and fever, chest and hypochondriac distention, vexation, dry mouth, etcetera, symptoms such as difficult urination, sweating from the head, as well as thirst and discomfort in chest and hypochondrium are observed.

【Syndrome analysis】 Syndrome analysis of *Chai Hu Gui Zhi Gan Jiang Tang* treated syndrome is shown in the table 5-3-2.

Table 5-3-2 Syndrome analysis of *Chai Hu Gui Zhi Gan Jiang Tang* treated syndromes

Main symptoms	Pathogenesis
Alternating chills and fever	Pathogens invade the *shaoyang*, there is a struggle between healthy *qi* and the pathogens; chills develop when the former predominates, fever when the latter predominates
Slight distress, fullness in chest and hypochondrium	Disturbance of the pivoting function of the *shaoyang*, gallbladder heat stagnation with retained fluid, constraint of *shaoyang* meridian-*qi*
Vexation/restlessness	Disturbance of the mind by gallbladder heat
Thirst	Disturbance of the pivoting function of the *shaoyang*, wood-fire consumes fluids

Continued

Main symptoms	Pathogenesis
Difficult urination	Pathogens invade the *shaoyang* disturbing its function as a pivot, the triple energizer fails to properly control water
Sweating only from the head	Water/fluid retention combines with pathogenic heat and then stagnates and accumulates interiorly, it is unable to reach the exterior of the body but rather flows upward to the head

【Basic pathogenesis】 Disturbance of the pivoting function of the *shaoyang*, interior accumulation of retained water/fluid.

【Therapeutic principle】 Harmonize *shaoyang*, warm and resolve fluid retention.

【Prescription】 *Chai Hu Gui Zhi Gan Jiang Tang*.

Chai Hu (Radix Bupleuri)	0.5 *jin*
Gui Zhi (Ramulus Cinnamomi)	3 *liang*
Gan Jiang (Rhizoma Zingiberis)	2 *liang*
Tian Hua Fen (Radix Trichosanthis)	4 *liang*
Huang Qin (Radix Scutellariae)	3 *liang*
Mu Li (Concha Ostreae)	2 *liang*
Zhi Gan Cao (Radix Glycyrrhizae Preparata)	2 *liang*

5.3.3 *Chai Hu Jia Long Gu Mu Li Tang* treated syndrome

【Original source material】 Cold-induced disease for eight to nine days. After the adoption of a purgative, if the patient suffers fullness in chest, delirium, vexation, irritability, dysuria, a heavy feeling in the extremities, and inability to turn over, *Chai Hu Jia Long Gu Mu Li Tang* (Chaihu Jia Longgu Muli Decoction) is the remedy. (Treatise on Cold-Induced Diseases, line 107)

【Key points for syndrome differentiation】 In additional to symptoms of heat stagnation with fluid retention in the *shaoyang* (characterized by distressing fullness in chest and hypochondrium, vexation, difficult urination, etcetera) there are obvious symptoms of emotional disorder such as panic and unrest, vexation and agitation, as well as delirium.

【Syndrome analysis】 Syndrome analysis of *Chai Hu Jia Long Gu Mu Li Tang* treated syndrome is shown in the table 5-3-3.

Table 5-3-3 Syndrome analysis of *Chai Hu Jia Long Gu Mu Li Tang* treated syndrome

Main symptoms	Pathogenesis
Distressing fullness in chest and hypochondrium	Pathogens invade the *shaoyang* disturbing its function as a pivot, gallbladder heat stagnation
Vexation, panic and unrest, delirium	*Shaoyang* wood-fire burns fiercely and thickens the accumulated water into phlegm, disturbance of the mind by phlegm-heat
Difficult urination	Disorder of the *shaoyang* pivoting function resulting in the triple energizer becoming unable to transform *qi*

Continued

Main symptoms	Pathogenesis
Generalized heaviness and difficulty turning over	Disorder of the free-flow function resulting in *yang-qi* stagnation and thereof a failure to disperse constrained *qi*-movement

【Basic pathogenesis】 Pathogens invade *shaoyang* and diffuse throughout the triple energizer, transformation of retained fluids into phlegm-heat which then disturbs the mind.

【Therapeutic principle】 Harmonize *shaoyang*; promote *qi* movement and diuresis, purge heat and resolve phlegm, induce sedation with heavy settling herbs.

【Prescription】 *Chai Hu Jia Long Gu Mu Li Tang*.

Chai Hu (*Radix Bupleuri*)	4 *liang*
Long Gu (*Os Draconis*)	1.5 *liang*
Huang Qin (*Radix Scutellariae*)	1.5 *liang*
Sheng Jiang (*Rhizoma Zingiberis Recens*)	1.5 *liang*
Qian Dan (Lead oxide)	1.5 *liang*
Ren Shen (*Radix Ginseng*)	1.5 *liang*
Gui Zhi (*Ramulus Cinnamomi*)	1.5 *liang*
Fu Ling (*Poria*)	1.5 *liang*
Ban Xia (*Rhizoma Pinelliae*)	2.5 *ge*
Da Huang (*Radix et Rhizoma Rhei*)	2 *liang*
Mu Li (*Concha Ostreae*)	1.5 *liang*
Da Zao (*Fructus Jujubae*)	6 pcs.

Summary

Summary of basic *shaoyang* disease syndromes is shown in the table 5-3-4.

Table 5-3-4 Summary of basic *shaoyang* disease syndromes

	Pathogenesis	Key points for syndrome differentiation
Xiao Chai Hu Tang treated syndrome	Disturbance of *shaoyang* pivoting function, upward flaring of gallbladder fire	Alternating chills and fever, bitter taste in mouth, distressing fullness in chest and hypochondrium
Chai Hu Gui Zhi Gan Jiang Tang treated syndrome	Disturbance of *shaoyang* pivoting function, fluid retention	Alternating chills and fever, difficult urination, fullness and hardness in chest and hypochondrium
Chai Hu Jia Long Gu Mu Li Tang treated syndrome	Invasion of the exterior and interior *shaoyang* and triple energizer by pathogens	Distressing fullness in chest and hypochondrium, vexation, panic, delirium, generalized heaviness

Differential diagnosis of the three *yang*-meridian diseases is shown in the table 5-3-5.

Table 5-3-5 Differential diagnosis of the three *yang*-meridian diseases

	Taiyang	*Yangming*	*Shaoyang*
Fever type	Fever with aversion to cold	Fever with no aversion to cold	Alternating fever and chills
Headache	Headache and painful stiff nape	Pain in the forehead	Pain in the sides of the head
Pulse	Floating	Large	Wiry and thready
Syndrome	Exterior cold syndrome	Interior heat excess syndrome	Half-exterior and half-interior syndrome
Therapeutic principle	Induce sweating	Clear heat and purge	Harmonize
Formula	*Ma Huang Tang* or *Gui Zhi Tang*	*Bai Hu* or *Cheng Qi Tang*	*Xiao Chai Hu Tang*

5.4 Basic *Taiyin* Disease Syndromes

A *taiyin* disease is the initial stage of three *yin*-meridian diseases. In this stage, *yang*-meridian diseases begin to turn into *yin*-meridian diseases, and healthy *qi* wanes. *Taiyin* disease is characterized by spleen *yang* deficiency and an exuberance of cold and dampness. It is classified as an interior deficiency cold syndrome.

Taiyin refers to the spleen meridian of foot *taiyin*, the lung meridian of hand *taiyin*, and their related organs, namely the spleen and the lung. A *taiyin* disease, however, mainly refers to a foot *taiyin* spleen disease. With regard to hand *taiyin* lung diseases, most of the syndromes of this disease are classified as exterior syndromes: lung dominates the skin and hair, and, in this regard, syndromes involving the lung, in fact, belong to the *taiyang* syndrome category, which has already been discussed in the section on *taiyang* diseases.

Taiyin commands the spleen. The spleen and stomach are situated in the middle energizer: the stomach receives water and food, and the spleen transports them; the spleen commands dampness, whereas the stomach commands dryness; the spleen is in charge of ascending, whereas the stomach in charge of descending. The proper regulation of dryness and dampness, and the coordination of the ascending and descending functions of the spleen and stomach guarantee the realization of the reception, transportation, transformation, and absorption of water and food.

In a *taiyin* disease, deficiency cold in the middle energizer results in a failure to transport and transform, which then further results in feelings of fullness and occasional pain in the abdomen, and the inability to intake food. If water and dampness accumulate in the interior, ascending and descending operations become dysfunctional, and consequently result in vomiting and diarrhea.

In a *taiyin* deficiency-cold syndrome, the main therapeutic principle is to warm the middle energizer and disperse cold. If the vomiting and diarrhea that present are caused by water and dampness retention in the interior, therapies that invigorate spleen and dry dampness should be further applied. *Li Zhong Tang* (Lizhong Decoction) is the representative prescription for warming the middle energizer, dispersing cold, invigorating spleen and drying dampness.

5.4.1 *Si Ni Tang* and its like treated syndrome

【Original source material】 *Taiyin* disease presents with abdominal distention and vomiting, anorexia, diarrhea which worsens the problem, and occasional abdominal pain. If a purgative is given, hardness and fullness in the epigastrium will result. (Treatise on Cold-Induced Diseases, line 273)

Diarrhea without a thirst is the key symptom of a *taiyin* syndrome. It is caused by coldness in the *zang* organs. *Si Ni Tang* or its like is of use. (Treatise on Cold-Induced Diseases, line 277)

【Key points for syndrome differentiation】 There are three main symptom groups: ①Abdominal distension and fullness with occasional pain; ②inability to intake food, i. e. loss of appetite, or inability to eat; ③ vomiting and diarrhea. The diarrhea, rarely accompanied by thirst, is distinct from that seen in a heat syndrome.

【Syndrome analysis】 Syndrome analysis of *Si Ni Tang* or its like treated syndrome is shown in the table 5-4-1.

Table 5-4-1 Syndrome analysis of *Si Ni Tang* or its like treated syndrome

Main symptoms	Pathogenesis
Abdominal fullness with vomiting	Deficiency of spleen-*yang* resulting in cold and dampness accumulating in the interior, stagnation of *qi*-movement, and counterflow of turbid-*yin*
Inability to intake food	Deficiency of the spleen and stomach, failure to receive, digest and transport of food
Diarrhea without thirst	Failure to transport and transform results in cold dampness accumulating in the interior, water-dampness drains downward, though the fluids have not yet been damaged
Loose stool	Cold dampness flows downward due to spleen deficiency and sunken *qi*
Occasional abdominal pain	Middle *yang* fails to warm, *qi*-movement becomes blocked, coldness coagulates due to spleen deficiency

【Basic pathogenesis】 Spleen *yang* deficiency with exuberance of cold dampness in the interior.

【Therapeutic principle】 "The warming method should be utilized" means to warm the middle energizer and disperse cold, to invigorate spleen and to dry dampness.

【Prescription】 *Si Ni Tang* or its like is recommended: *Li Zhong Tang* (or *Wan*) for mild cases; *Si Ni Tang* for severe cases.

The prescriptions are seen in the chapters of cholera and *shaoyin* disease respectively. The reason why *Si Ni Tang* and its like instead *Li Zhong Tang* is mentioned here, is to emphasize the selection of the prescriptions for warming the spleen or warming the tonifying the spleen and kidney should be based on the progression and changes of diarrhea. Diarrhea getting worse in *shaoyin* may involve kidney yang, thus *Fu Zi* should be added to *Li Zhong Tang* to warm kidney yang, which is actually a combination of *Li Zhong Tang* and *Si Ni Tang*.

5.4.2 *Gui Zhi Jia Shao Yao Tang* and *Gui Zhi Jia Da Huang Tang* treated syndromes

【Original source material】 If a purgative was adopted for a *taiyang* syndrome, and abdominal distention and pain subsequently appear, this is an indication that the syndrome has transmitted into the *taiyin* meridian. *Gui Zhi Jia Shao Yao Tang* (Guizhi Jia Shaoyao Decoction) is the remedy. If there is excessive interior heat and acute pain in the abdomen, then *Gui Zhi Jia Da Huang Tang* (Guizhi Jia Dahuang Decoction) is of use as a relief. (Treatise on Cold-Induced Diseases, line 279)

When *Da Huang* and *Shao Yao* are adopted for the *taiyin* syndrome with a weak pulse and continuous diarrhea, the dosage of the herbs should be reduced, as the stomach *qi* is too weak to suffer the potent drugs. (Treatise on Cold-Induced Diseases, line 280)

【Key points for syndrome differentiation】 Abdominal fullness with occasional pain, or severe pain, without obvious signs of cold-dampness accumulation due to spleen deficiency such as an inability to intake food, vomiting or diarrhea.

【Syndrome analysis】 Syndrome analysis of *Gui Zhi Jia Shao Yao Tang* and *Gui Zhi Jia Da Huang Tang* treated syndrome is shown in the table 5-4-2.

Table 5-4-2 Syndrome analysis of *Gui Zhi Jia Shao Yao Tang* and *Gui Zhi Jia Da Huang Tang* treated syndromes

Main symptoms	Pathogenesis
Abdominal fullness with occasional pain	Disharmony of the blood vessels of the spleen
Severe pain	Severe stagnation of circulation of the splenic collaterals

【Basic pathogenesis】 Disharmony of the blood vessels of the spleen, perhaps even stagnation of the splenic collaterals

【Therapeutic principle】 Activate *yang* and strengthen the spleen, open up the collaterals and relieve pain. In some cases, transform stagnation and guide (away) sluggishness.

【Prescription】

A. *Gui Zhi Jia Shao Yao Tang*

Gui Zhi (*Ramulus Cinnamomi*)	3 *liang*
Bai Shao (*Radix Paeoniae Alba*)	6 *liang*
Zhi Gan Cao (*Radix Glycyrrhizae Preparata*)	2 *liang*
Da Zao (*Fructus Jujubae*)	12 pcs.
Sheng Jiang (*Rhizoma Zingiberis Recens*)	3 *liang*

B. *Gui Zhi Jia Da Huang Tang*

Gui Zhi (*Ramulus Cinnamomi*)	3 *liang*
Da Huang (*Radix et Rhizoma Rhei*)	2 *liang*
Zhi Gan Cao (*Radix Glycyrrhizae Preparata*)	2 *liang*
Da Zao (*Fructus Jujubae*)	12 pcs.

Sheng Jiang (Rhizoma Zingiberis Recens) 3 *liang*
Bai Shao (Radix Paeoniae Alba) 6 *liang*

Summary

Summary of basic *taiyin* disease syndromes is shown in the table 5-4-3.

Table 5-4-3 Summary of basic *taiyin* disease syndromes

	Pathogenesis	Key points for syndrome differentiation
Si Ni Tang type treated syndrome	Spleen *yang* deficiency, exuberance of cold dampness	Abdominal fullness, inability to intake food, diarrhea without thirst
Gui Zhi Jia Shao Yao Tang treated syndrome	Pathogens are trapped in the *taiyin*, disharmony of splenic collaterals	Abdominal fullness with occasional pain, no diarrhea, vomiting and inability to intake food
Gui Zhi Jia Da Huang Tang treated syndrome	Pathogens are trapped in the *taiyin*, stagnation of splenic collaterals	Severe abdominal pain, perhaps with constipation

5.5 Basic *Shaoyin* Disease Syndromes

A *shaoyin* disease is a critical stage in the six-meridian disease progression. The pathogenesis of a *shaoyin* disease is characterized by decline of the heart and kidney, in conjunction with deficiency of *qi*, blood, *yin* and *yang*. In this stage cold formation due to *yang* deficiency is commonly seen.

Shaoyin refers to the heart meridian of hand *shaoyin*, the kidney meridian of foot *shaoyin*, and their related organs, namely the heart and kidney. The heart and kidney are the root organs of human life. In terms of physiological function, hand *shaoyin* heart relates to fire, dominates the blood vessels, and is the organ of governorship, dominating the mind, and controlling all organs as well as the mental and emotional activities of the body. Foot *shaoyin* kidney, on the other hand, relates to water and is the basis of all storage functions. The kidney dominates the storage of essence, is the locus of true *yin* and true *yang*, and forms the root of innate endowment. The growth and development of human life originates from the kidney. In terms of the distribution of the meridians, the heart meridian of hand *shaoyin* originates from the heart, exits the heart system moving downward into the diaphragm, and then connects with the small intestine. The kidney meridian of foot *shaoyin* originates from beneath the little toe, runs to the center of the sole, then from along the medial malleolus it goes up into calf and continues up throughout the spine; it belongs to the kidney and connects with the bladder. With regard to the belongings and connections of the meridians, there is a close relation between *taiyang* dominating the exterior and *shaoyin* dominating the interior. Additionally, the heart and kidney are closely related, wherein heart-fire flows downward to warm the kidney, while kidney-water flows upward to nourish the heart. When the heart and kidney communicate and help each other, then human life functions well.

The phrase "in a *shaoyin* disease, the pulse is faint and thready, and the patient craves sleep", is the definition of a *shaoyin* disease as seen in the Treatise on Cold-Induced Diseases. Reduced and feeble *yang qi* is powerless to properly promote blood circulation, so the pulse is faint; blood *yin* is deficient and the vessels cannot be properly inflated, so the pulse is thready. The heart and kidney are deficient leading to insufficient essential *qi* and healthy *qi*, so the patient craves sleep and has extremely low spirits and general fatigue. The above features all reveal that the basic pathogenesis of a *shaoyin* disease is characterized by weakness of the heart and kidney, in combination with deficiency of *qi*, blood, *yin* and *yang*.

A *shaoyin* disease develops firstly from a constitutional deficiency of *yang* or *yin* combined with an attack of exogenous pathogens. The weakness enables the pathogens to directly attack *shaoyin*; this then becomes a syndrome of combined interior and exterior pathogens. Secondly, a *shaoyin* disease can develop from pathological deterioration due to delayed or inappropriate treatment which causes impairment of the *yin* and *yang* of the heart and kidney. Because *taiyang* and *shaoyin* are interior-exteriorly related, the pathogens in *taiyang* easily move into *shaoyin* when healthy *qi* is reduced or depleted.

Because of the multiple physiological functions of the heart and kidney as well as the differences in the pathogenic factors and constitutions, *shaoyin* disease syndromes can be divided into two types, i. e. cold transformation due to *yang* deficiency and heat transformation due to *yin* deficiency. The former is characterized clinically by signs of deficiency cold including aversion to cold, preference for a curled-up lying posture, clear urine, cold extremities, diarrhea with undigested food, faint pulse, etcetera. The latter, on the other hand, is clinically characterized by signs of exuberant fire due to *yin* deficiency including vexation and insomnia, red tongue with little coating, thready rapid pulse, etcetera. If pathogens in the *shaoyin* are transformed into heat, and at that time earth (spleen) is dry and water (kidney) is depleted, a *shaoyin* diarrhea syndrome may develop. Anytime a *shaoying* disease develops, however, healthy *qi* is obviously weakened, so emphasis should be attached to the cold transformation syndrome resulting from the *yang* deficiency seen in *shaoyin* diseases.

In terms of treatment principles, tonifying true *qi* is primary in the treatment of any *shaoyin* disease. For cold transformation syndromes, the therapeutic principle of restoring *yang* and rescuing the patient from collapse is appropriate, wherein *Si Ni Tang* is the representative prescription; for a heat transformation syndrome, the therapeutic principle of nourishing *yin* and clearing heat is appropriate, wherein *Huang Lian Er Jiao Tang* is the representative prescription. As far as the pathogenic progression and suspected syndromes are concerned, various therapeutic principles based on syndrome differentiation should be applied.

The prognosis of a *shaoyin* disease is related to the constitution of the patient in question, the severity of the contracted pathogens, and the appropriateness of the treatment. When a *shaoyin* disease develops, the root of the human body is involved, so its prognosis is unfavorable as compared to that of the diseases of the other meridians. Especially in cold transformation syndromes, the existence of *yang qi* is vital for a good prognosis; there is a basic law which states that the restoration of *yang* means survival, whereas exhaustion of *yang* means death.

5.5.1 Cold conversion of *shaoyin* syndrome

5.5.1.1 *Si Ni Tang* treated syndrome

【Original source material】 *Shaoyin* disease with a sunken pulse. A warm quality decoction should be urgently adopted. *Si Ni Tang* is of use. (Treatise on Cold-Induced Diseases, line 323)

Shaoyin disease: The patient vomits up the food he has just ingested. He/she suffers continuously from nausea caused by uneasiness in the center (epigastric region/stomach), but can not vomit up anything. At the initial stage of the syndrome, the hands and feet are cold and the pulse wiry and slow, indicating excess in the chest. In such a case, a purgative is prohibited. An emetic should be adopted. If there is cold retained-fluids stagnation above the diaphragm causing nausea but no vomiting, an emetic should not be given. Warming is called for. *Si Ni Tang* is of use. (Treatise on Cold-Induced Diseases, line 324)

【Key points for syndrome differentiation】 Cold limbs, aversion to cold, preference for lying in a curled-up posture, mental fatigue, desire to sleep, abdominal pain, vomiting, diarrhea with undigested food, clear white urine, pale tongue with white and slippery coating, sunken slow faint thready pulse. Once the main symptoms of cold limbs, aversion to cold, mental fatigue, preference for lying in a curled-up posture, and a sunken faint weak pulse develop, this type of syndrome can be diagnosed.

【Syndrome analysis】 Syndrome analysis of *Si Ni Tang* treated syndrome is shown in the table 5-5-1.

Table 5-5-1 Syndrome analysis of *Si Ni Tang* treated syndrome

Main symptoms	Pathogenesis
Cold limbs, aversion to cold and curled-up lying posture	*Shaoyin yang* deficiency resulting in failure to warm
Mental fatigue, desire to sleep	*Yang* deficiency resulting in failure to warm and inability to raise the spirits
Abdominal pain, vomiting, diarrhea with undigested food, clear white urine	Fire fails to warm earth leading to deficiency-cold of the spleen and kidney, descending and ascending disorders
Pale tongue with white slippery coating, sunken slow faint thready pulse	*Yang* deficiency and cold excess results in a forceless pulse beat

【Basic pathogenesis】 Heart and kidney deficiency, over-abundant *yin* with deficient *yang*.

【Therapeutic principle】 Restore *yang* from collapse.

【Prescription】 *Si Ni Tang*.

Zhi Gan Cao (*Radix Glycyrrhizae Preparata*) 2 *liang*

Gan Jiang (*Rhizoma Zingiberis*) 1.5 *liang*

Fu Zi (*Radix Aconiti Lateralis*) 1 pc.

5.5.1.2 *Tong Mai Si Ni Tang* treated syndrome

【Original source material】 *Shaoyin* disease: Diarrhea with undigested food, cold in the interior and heat in the exterior, coldness of hands and feet, and a faint hardly palpable pulse. The patient, however, does not feel chilled and has a flushed face. There may also be symptoms and signs of abdominal pain, nausea, or sore throat, it maybe also happen that the pulse is not restored when the diarrhea stops. *Tong Mai Si Ni Tang* (Tongmai Sini Decoction) is the remedy. (Treatise on Cold-Induced Diseases, line 317)

【Key points for syndrome differentiation】 Cold extremities with no aversion to cold, diarrhea with undigested food, reddish complexion, faint or hardly palpable pulse. Perhaps the presence of retching, abdominal pain, sore throat, perhaps the diarrhea discontinues but the pulse does not recover. In the clinic, if the patient has over-abundant *yin* with deficient *yang*, once reddish complexion with no aversion to cold develops, this syndrome can be diagnosed.

【Syndrome analysis】 Syndrome analysis of *Tong Mai Si Ni Tang* treated syndrome is shown in the table 5-5-2.

Table 5-5-2 Syndrome analysis of *Tong Mai Si Ni Tang* treated syndrome

Main symptoms	Pathogenesis
Cold extremities, faint or hardly palpable pulse, mental fatigue	Severe deficiency of *yang qi*, exuberant *yin*-coldness in the interior
Reddish complexion, no aversion to cold, sore throat	Exuberant *yin*-coldness in the interior repels deficient *yang* to the exterior
Abdominal pain, diarrhea with undigested food, retching	Fire fails to warm earth leading to a deficiency-cold blockage in the middle energizer, and a disorder of the descending and ascending functions
The diarrhea stops but the pulse does not recover	*Yang qi* and *yin* fluids exhaustion

【Basic pathogenesis】 Exuberant *yin*-coldness in the interior repels *yang* outward.

【Therapeutic principle】 Defeat *yin* and restore *yang*, re-establish communication between the interior and exterior.

【Prescription】 *Tong Mai Si Ni Tang*.

Zhi Gan Cao (Radix Glycyrrhizae Preparata)	2 *liang*
Gan Jiang (Rhizoma Zingiberis)	3 *liang* (or 4 *liang* for a patient of sturdy build)
Fu Zi (Radix Aconiti Lateralis)	1 big pc., cut into 8 pcs.

When the pulse appears (comes up) then the disease is cured. If the face is red, add 9 bulbs of *Cong Bai*; if there is pain in the abdomen, eliminate the *Cong Bai* and add 2 *liang* of *Shao Yao*; if there is vomiting and 2 *liang* of *Sheng Jiang*; if the patient has a sore throat, eliminate the *Shao Yao* and add 2 *liang* of *Jie Geng*; if there is unrelenting diarrhea and the pulse will not appear, eliminate the *Jie Geng* and add 2 *liang* of *Ren Shen*. If the formula fits the disease, if can be taken.

5.5.1.3 *Bai Tong Tang* treated syndrome

【Original source material】 *Shaoyin* disease with diarrhea, *Bai Tong Tang* (Baitong

Decoction) is the remedy. (Treatise on Cold-Induced Diseases, line 314)

【Key points for syndrome differentiation】 Mental tiredness, somnolence, cold extremities, diarrhea with undigested food, reddish complexion, sunken faint pulse. If, in a patient with over-abundant *yin* with deficient *yang*, a superficial (like make-up) tender reddish complexion develops, this syndrome can be diagnosed.

【Syndrome analysis】 Syndrome analysis of *Bai Tong Tang* treated syndrome is shown in the table 5-5-3.

Table 5-5-3 Syndrome analysis of *Bai Tong Tang* treated syndrome

Main symptoms	Pathogenesis
Cold extremities, mental tiredness, faint or hardly palpable pulse	Exuberant *yin* coldness in the interior with *yang* deficiency
Diarrhea with undigested food	Fire fails to warm earth leading to deficiency of both spleen and kidney and an inability to properly digest food
Reddish complexion	Deficient *yang* repelled upward by *yin* coldness

【Basic pathogenesis】 Exuberant *yin* coldness in the interior repels *yang* upward.

【Therapeutic principle】 Defeat *yin* and restore *yang*, re-establish communication between the upper and the lower.

【Prescription】 *Bai Tong Tang*.

Cong Bai (*Caulis Allii Fistulosi*) 4 pcs.
(white rhizome of Chinese onion)

Gan Jiang (*Rhizoma Zingiberis*) 1 *liang*

Fu Zi (*Radix Aconiti Lateralis*) 1 pc. (cut into 8 pcs.)

5.5.1.4 *Bai Tong Jia Zhu Dan Zhi Tang* treated syndrome

【Original source material】 *Shaoyin* disease with diarrhea and a weak pulse can be treated by the adoption of *Bai Tong Tang*. *Bai Tong Jia Zhu Dan Zhi Tang* (Baitong Jia Zhudanzhi Decoction) is indicated for the syndrome with continuous diarrhea, cold extremities, retching, restlessness and a non-palpable pulse. If the pulse suddenly appears after taking the decoction, it indicates a fatal case. If the pulse reappears gradually, it is curable. (Treatise on Cold-Induced Diseases, line 315)

【Key points for syndrome differentiation】 Continuous diarrhea, cold limbs, retching, vexation, reddish complexion, mental tiredness, somnolence, faint or hardly palpable pulse.

【Syndrome analysis】 Syndrome analysis of *Bai Tong Jia Zhu Dan Zhi Tang* treated syndrome is shown in the table 5-5-4.

Table 5-5-4 Syndrome analysis of *Bai Tong Jia Zhu Dan Zhi Tang* treated syndrome

Main symptoms	Pathogenesis
Cold limbs, mental tiredness, continuous diarrhea, faint or hardly palpable pulse	Exuberant *yin*-coldness in the interior with severe *yang* deficiency, a critical case
Reddish complexion, retching and vexation	Extreme exuberant *yin* coldness repels deficient *yang* above

The points of difference between *Bai Tong Tang* and *Bai Tong Jia Zhu Dan Zhi Tang* syndromes are as follows: The two syndromes share the pathogenesis of exuberant *yin* partitioning *yang* in the upper part of the body, but relatively speaking, the former is milder, while the latter more severe; in the latter syndrome there is a tendency for *yang* to be depleted and *yin* exhausted, creating the situation wherein *yin* cannot properly coordinate/connect with *yang*.

【Basic pathogenesis】 *Yang* is depleted and *yin* exhausted, cold repels heat leading to a separation of *yin* and *yang*.

【Therapeutic principle】 Defeat *yin* and restore *yang*; re-establish communication between the upper and lower; add adjuvant cold and salty herbs to nourish *yin* and fluids.

【Prescription】 *Bai Tong Jia Zhu Dan Zhi Tang*.

Cong Bai (*Caulis Allii Fistulosi*)	4 pcs.
Gan Jiang (*Rhizoma Zingiberis*)	1 *liang*
Fu Zi (*Radix Aconiti Lateralis*)	1 pc. (cut into 8 pcs.)
Ren Niao (Human urine)	5 *ge*
Zhu Dan Zhi (Pig Bile)	1 *ge*

5.5.1.5 *Zhen Wu Tang* treated syndrome

【Original source material】 *Shaoyin* disease lasting two or three days. On the fourth or the fifth day, the following symptoms and signs are observed: abdominal pain, dysuria, diarrhea, heaviness, and pain in the extremities. These symptoms and signs indicate retained fluid. There may also be other symptoms like cough, normal urination, diarrhea, or nausea and vomiting. *Zhen Wu Tang* (Zhenwu Decoction) is the remedy. (Treatise on Cold-Induced Diseases, line 316)

【Key points for syndrome differentiation】 Difficult urination, aversion to cold, mental tiredness, cold limbs, abdominal pain and diarrhea, heaviness and pain of climbs, sunken weak pulse, white slippery tongue coating; perhaps accompanied by palpitations, dizziness, cough, dyspnea, retching, general twitching, trembling and a feeling that one is about to fall down, clear and frequent urine.

【Syndrome analysis】 Syndrome analysis of *Zhen Wu Tang* treated syndrome is shown in the table 5-5-5.

Table 5-5-5 Syndrome analysis of *Zhen Wu Tang* treated syndrome

Main symptoms	Pathogenesis
Mental tiredness, aversion to cold, cold limbs, sunken weak pulse	*Shaoyin yang* deficiency with exuberant *yin*
Difficult urination	Deficient *shaoyin yang* results in a disorder of the *qi* transformation function of the bladder
Abdominal pain and diarrhea, heaviness and pain of the limbs, white slippery tongue coating	*Yin* coldness stagnation, deficient spleen fails to transform leading to a general dispersion of retained fluids
Dizziness, palpitations, cough, dyspnea, counterflow vomiting perhaps generalized twitching, etcetera	*Yang* deficiency results in a general spreading out of retained fluid

【Basic pathogenesis】 *Shaoyin yang* deficiency leading to a general spreading out of retained fluid.

【Therapeutic principle】 Warm *yang*, transform *qi* and move water.

【Prescription】 *Zhen Wu Tang*.

Fu Ling (*Poria*)	3 *liang*
Bai Shao (*Radix Paeoniae Alba*)	3 *liang*
Bai Zhu (*Rhizoma Atractylodis Macrocephalae*)	2 *liang*
Sheng Jiang (*Rhizoma Zingiberis Recens*)	3 *liang*
Shu Fu Zi (*Radix Aconiti Lateralis Preparata*)	1 pc. (cut into 8 pcs.)

5.5.1.6 *Fu Zi Tang* treated syndrome

【Original source material】 *Shaoyin* disease, the first or second day: If the patient has chills over the back but there is no abnormal sensation in the mouth, moxibustion therapy can be practiced. *Fu Zi Tang* (Fuzi Decoction) should also be adopted. (Treatise on Cold-Induced Diseases, line 304)

Shaoyin disease: General pain and painful joints, cold hand and feet with sunken pulse, *Fu Zi Tang* is the remedy. (Treatise on Cold-Induced Diseases, line 305)

【Key points for syndrome differentiation】 Aversion to cold on the back, cold extremities, generalized pain, mental tiredness, joint pain, normal taste in the mouth, pale tongue, white slippery coating, sunken pulse. This syndrome is characterized by obvious generalized pain which has developed on a foundation of a *yang* deficiency *yin*-coldness syndrome.

【Syndrome analysis】 Syndrome analysis of *Fu Zi Tang* treated syndrome is shown in the table 5-5-6.

Table 5-5-6 Syndrome analysis of *Fu Zi Tang* treated syndrome

Main symptoms	Pathogenesis
Aversion to cold on the back, cold extremities, mental tiredness, sunken weak pulse	Deficient *shaoyin yang* results in a failure to warm
Generalized body and joint pain	Insufficiency of *qi* and blood, unresolved long-standing dampness infiltrates the muscles and bones
Harmony in the mouth, no bitter taste, dryness or thirst	No obvious fluids loss induced by vomiting or diarrhea, absence of interior heat

【Basic pathogenesis】 Kidney *yang* deficiency, exuberant interior cold-dampness.

【Therapeutic principle】 Warm *yang* and resolve dampness, dispel coldness and relieve pain.

【Prescription】 *Fu Zi Tang*.

Shu Fu Zi (*Radix Aconiti Lateralis Preparata*)	2 pcs.
Fu Ling (*Poria*)	3 *liang*
Ren Shen (*Radix Ginseng*)	2 *liang*
Bai Zhu (*Rhizoma Atractylodis Macrocephalae*)	4 *liang*
Bai Shao (*Radix Paeoniae Alba*)	3 *liang*

5.5.1.7 *Tao Hua Tang* treated syndrome

【Original source material】 *Shaoyin* disease: Diarrhea containing sanious pus (bloody pus), *Tao Hua Tang* (Taohua Decoction) is the remedy. (Treatise on Cold-Induced Diseases, line 306)

Shaoyin disease, the second or third to the fourth or fifth day: Continuous diarrhea with sanious pus, dysuria, and abdominal pain, *Tao Hua Tang* is the remedy. (Treatise on Cold-Induced Diseases, line 307)

【Key points for syndrome differentiation】 Continuous diarrhea, dark reddish purulent bloody stools with more white than red, persistent abdominal pain with preference for warmth and pressure, difficult urination; aversion to cold and mental tiredness, pale complexion, poor appetite with reluctance to talk, pale tongue with white coating, sunken weak pulse.

【Syndrome analysis】 Syndrome analysis of *Tao Hua Tang* treated syndrome is shown in the table 5-5-7.

Table 5-5-7 Syndrome analysis of *Tao Hua Tang* treated syndrome

Main symptoms	Pathogenesis
Continuous diarrhea, dark reddish purulent bloody stool	Deficient *yang* failing to consolidate
Persistent abdominal pain with preference for warmth and pressure	Cold-dampness stagnation due to deficiency of *yang*
Aversion to cold and mental tiredness, pale complexion, poor appetite with reluctance to talk	*Shaoyin yang* deficiency resulting in a failure to warm
Difficult urination	Excessive diarrhea injures the fluids

【Basic pathogenesis】 Spleen and kidney *yang* deficiency, congealing of cold-dampness.

【Therapeutic principle】 Check diarrhea with warm and astringent herbs.

【Prescription】 *Tao Hua Tang*.

Chi Shi Zhi (*Halloysitum Rubrum*) 1 *jin* (0.5 *jin* in pcs., 0.5 *jin* in powder)

Gan Jiang (*Rhizoma Zingiberis*) 1 *sheng*

Jing Mi (*Semen Oryzae Nonglutinosae*) 1 *liang*

【Syndrome differentiation】 Syndrome differentiation of deficiency cold and excess heat diarrhea is shown in the table 5-5-8.

Table 5-5-8 Syndrome differentiation of deficiency cold and excess heat diarrhea

Pathogenesis		Symptoms
Deficiency cold	Organ *yang* deficiency leads to cold dampness accumulation in the interior	Diarrhea and loose stools perhaps with undigested food, dark reddish purulent bloody stools, or continuous diarrhea; persistent abdominal pain with preference for warmth and pressure, no obvious tenesmus, absence of fever and thirst, pale tongue weak pulse. Mostly chronic cases
Excess heat	Excess heat stagnation blocks the large intestine	Acute diarrhea, perhaps even foul purulent bloody stools, severe abdominal pain, perhaps tenesmus, fever, thirst, red tongue, rapid pulse. Mostly acute cases

5.5.2 *Shaoyin* heat transformation syndrome

5.5.2.1 *Huang Lian E Jiao Tang* treated syndrome

【Original source material】 *Shaoyin* disease, after two or three days: For cases presenting with restlessness and insomnia, *Huang Lian E Jiao Tang* is the remedy. (Treatise on Cold-Induced Diseases, line 303)

【Key points for syndrome differentiation】 Vexation, inability to fall asleep, dry mouth and throat, red tongue with little coating, thready rapid pulse. Usually accompanied by feverish sensation in palms and soles, short yellow urine.

【Syndrome analysis】 Syndrome analysis of *Huang Lian E Jiao Tang* treated syndrome is shown in the table 5-5-9.

Table 5-5-9 Syndrome analysis of *Huang Lian E Jiao Tang* treated syndrome

Main symptoms	Pathogenesis
Vexation, inability to fall asleep	Pathogens transform into heat, fire flares up due to *yin* deficiency, disharmony between heart and kidney
Dry mouth and throat, feverish sensation in palms and soles, short yellow urine	Pathogenic heat flaring up
Red tongue with little coating, thready rapid pulse	*Shaoyin* heat-transformation syndrome with signs of fire flaring up due to *yin* deficiency

【Basic pathogenesis】 Fire flares up due to *yin* deficiency, disharmony between heart and kidney.

【Therapeutic principle】 Nourish *yin* and purge fire, coordinate heart and kidney.

【Prescription】 *Huang Lian E Jiao Tang*.

Huang Lian (*Rhizoma Coptidis*)	4 *liang*
Huang Qin (*Radix Scutellariae*)	2 *liang*
Bai Shao (*Radix Paeoniae Alba*)	2 *liang*
Ji Zi Huangh (Chicken yolks)	2 pcs.
E Jiao (*Colla Corii Asini*)	3 *liang*

5.5.2.2 *Zhu Ling Tang* treated syndrome

【Original source material】 *Shaoyin* disease: Diarrhea lasting for six to seven days and then cough, nausea/vomiting, thirst, and a feeling of vexation that leaves the patient unable to fall asleep. *Zhu Ling Tang* is of use. (Treatise on Cold-Induced Diseases, line 319)

【Key points for syndrome differentiation】 Vexation, inability to fall asleep, difficult urination, red tongue with little coating, thready rapid pulse. Perhaps accompanied by diarrhea, cough, retching and thirst.

【Syndrome analysis】 Syndrome analysis of *Zhu Ling Tang* treated syndrome is shown in the table 5-5-10.

Table 5 – 5 – 10 Syndrome analysis of *Zhu Ling Tang* treated syndrome

Main symptoms	Pathogenesis
Vexation, inability to fall asleep, red tongue with little coating, thready rapid pulse	Pathogens transform into heat, fire flares up due to *yin* deficiency, disharmony between heart and kidney
Difficult urination	Heat attacks the bladder causing a *qi* transformation disorder, water and heat intermingle with each other
Perhaps diarrhea, cough, retching and thirst	All a result of retained fluids overflow and fluids damage resulting in an inability to moisten

【Basic pathogenesis】 *Shaoyin* heat transformation, water and heat intermingle with each other. Accompanied by *yin* deficiency.

【Therapeutic principle】 Clear heat, nourish *yin* and promote diuresis.

【Prescription】 *Zhu Ling Tang*.

See 5. 2. 1.

Summary

Summary of basic *Shaoyang* disease syndromes is shown in the table 5 – 5 – 11.

Table 5 – 5 – 11 Summary of basic *shaoyang* disease syndromes

	Pathogenesis	Key points for syndrome differentiation
Si Ni Tang treated syndrome	*Shaoyin yang* deficiency leading to exuberant *yin*-coldness in the interior	Cold limbs, aversion to cold and preference for lying in a curled-up posture, diarrhea with undigested food, sunken faint pulse
Tong Mai Si Ni Tang treated syndrome	Exuberant *yin* repels weakened *yang* outside	In addition to the above signs, there is an absence of aversion to cold, perhaps there is a reddish complexion, faint or hardly palpable pulse
Bai Tong Tang treated syndrome	Exuberant coldness in the lower half of the body repels *yang* to the upper half	Reddish complexion, cold extremities, diarrhea with undigested food, faint or hardly palpable pulse
Bai Tong Jia Zhu Dan Zhi Tang treated syndrome	*Yang* is depleted and *yin* exhausted	Unceasing diarrhea, cold extremities, no palpable pulse, retching, vexation
Zhen Wu Tang treated syndrome	*Shaoyin yang* deficiency leading to a general dissemination of retained fluid	Difficult urination, abdominal pain and diarrhea, mental tiredness, cold limbs
Fu Zi Tang treated syndrome	Weakened deficient kidney-*yang*, exuberant interior cold-dampness	Aversion to cold on the back, cold extremities, generalized pain, normal taste in mouth, sunken pulse
Tao Hua Tang treated syndrome	Spleen and kidney *yang* deficiency, the lower energizer fails to contain	Continuous diarrhea, dark reddish purulent bloody stools, persistent abdominal pain with preference for warmth and pressure

Continued

	Pathogenesis	Key points for syndrome differentiation
Huang Lian E Jiao Tang treated syndrome	Depleted water and exuberant fire, disharmony between heart and kidney	Vexation, insomnia, red tongue with little coating, thready rapid pulse
Zhu Ling Tang treated syndrome	Water intermingles with heat due to *shaoyin yin* deficiency	Vexation, insomnia, difficult urination

5.6 Basic *Jueyin* Disease Syndromes

Jueyin is the last stage of the three *yin*. A *jueyin* disease is usually seen in the final stage of the six-meridian disease progression. Where *yin* ends *yang* begins and the cycle begins again, so when pathogens attack *jueyin*, the organs are impaired, *qi* movement becomes disordered, and *yin* and *yang* are thrown out of balance. Usually, this disease manifests as disordered *yin* and *yang*, mixed cold and heat, and/or heat in the upper body and cold in the lower.

Jueyin refers to the pericardium meridian of hand *jueyin*, the liver meridian of foot *jueyin*, and their related organs, namely the liver and the pericardium. The foot *jueyin* liver of is a wind-wood organ; it not only dominates blood storage, but is also the residence of the ministerial fire. It is fond of free-coursing, good at dispersing, and is interior-exteriorly related to the foot *shaoyang* gallbladder. Moreover, it can regulate one's mood, works to maintain the free movement of *qi*, and is also involved in assisting the transportation and transformation functions of the spleen and stomach. The pericardium meridian of hand *jueyin* is the protective membrane of the heart, which acts as the representative of the heart, exercising its function as the ministerial fire. Pericardium fire can flow downward along the passages of the triple energizer, and warm the kidney water that subsequently nourishes the liver. This function enables the liver and gallbladder to disperse freely, leaves the movement of *qi* unobstructed, maintains the proper working order of the food receiving and transporting functions, ensures harmony between *yin* and *yang*, promotes the physiological functioning of the organs and generally keeps the body healthy.

The statement "In a *jueyin* disease, the patient has vexatious thirst, *qi* surging upward to the heart, vexing heat in the heart, hunger without desire to eat, vomiting of round worms after eating, and unceasing diarrhea after the use of a purgative" described in the Treatise on Cold-Induced Diseases serves as a general introduction to *jueyin* diseases, and reveals the basic pathogenesis and nature of the syndrome, i. e. cold-heat in complexity, upper heat and lower cold.

Jueyin diseases mostly develop out of the transmission of pathogens from other meridians, not only from *taiyin* and *shaoyin*, but also from the three *yang* meridians. Particularly, it has close relationship with the *shaoyang* meridian. In a *shaoyang* disease, if there is interior deficiency, the pathogens can progress to *jueyin*; conversely, in a *jueyin* disease, if *yang qi* is restored, the pathogens can also can transmit out into *shaoyang*.

When pathogens attack *jueyin*, *yin* and *yang* become unbalanced. If the pathogens transform into cold, a *jueyin* cold syndrome will develop; if the pathogens are transformed into heat, a *jueyin* heat syndrome will develop. When the disease progresses into *jueyin*, healthy *qi* struggles against the pathogens, and *yin/yang* wanes and waxes. If *yin* prevails, cold limbs present; if *yang* prevails, heat symptoms present. Since *yin* and *yang* prevail in turn, the coldness and heat of the extremities can alternate correspondingly. In the clinic, the waning and waxing of *yin* and *yang*, the progression of disease and the prognosis can all be determined based on the duration and severity of the cold and heat seen in a *jueyin* disease. Frequently, if the problem of "*yin* and *yang qi* do not coordinate/connect smoothly" causes cold extremities, it is referred to as syncope syndrome; it is often accompanied by vomiting, hiccuping, or diarrhea brought on by wood overacting on earth.

The treatment of *jueyin* diseases vary with the syndrome patterns. Because the basic pathogenesis of a *jueyin* disease is characterized by cold and heat in complexity, and/or heat in upper and cold in lower, treatment that concurrently uses cold and hot herbs should be adopted. In this regard, *Wu Mei Wan* is the representative prescription. For a *jueyin* cold syndrome, warming meridian and nourishing blood, or warming stomach and reversing counterflow can be utilized; for this, *Dang Gui Si Ni Tang* and *Wu Zhu Yu Tang* are the representative prescription respectively. For a *jueyin* heat syndrome, cooling liver and eliminating toxins is recommended, *Bai Tou Weng Tang* is the representative prescription. As far as signs of syncope, hiccuping, vomiting and diarrhea are concerned, the principle of "check the pulse and signs, find out what's wrong, and then treating accordingly" should be complied with. Additionally, the therapeutic contraindications for the different *jueyin* diseases are also necessarily different: for cold or cold-heat complex syndromes, diaphoresis, emesis, heat-clearing, or purgation is contraindicated; for a heat syndrome, promoting sweating, warming, or replenishing is contraindicated.

In terms of the prognosis and outcome of a *jueyin* disease, the general outcome is as follows: If *jueyin* healthy-*qi* is restored and the pathogens are eliminated, there is a chance of recovery; if *jueyin yang* over-recovers, heat symptoms such as carbuncles, pus, bloody stool and throat blockage may develop; and if *yang* is depleted and *yin* is exhausted, the prognosis is unfavorable.

5.6.1 Syndrome of cold-heat complex of *jueyin*

5.6.1.1 *Wu Mei Wan* treated syndrome

【Original source material】 Cold-induced febrile disease with cold extremities and a weak pulse: On the seventh or the eighth day, the patient suffers continuous restlessness and irritation and feels cold on his skin. It is a case of cold extremities induced by *zang* organs dysfunction rather than ascariasis. If the coldness in the extremities is caused by ascarides, the patient should vomit out the ascarides. When the patient is quiet but feels restless occasionally, it is caused by coldness of the *zang* organs. When ascarides rise above the diaphragm, restlessness is felt and then stops after a time. The patient will feel nauseous and vomit after he/she eats. Then he/she will become restless again. When ascarides sense the smell of food and crawl upward, the patient will probably vomit ascarides. *Wu Mei Wan* is the remedy for cold extremities caused by ascariasis as well as for chronic diarrhea. (Treatise on Cold-Induced Diseases, line 338)

【Key points for syndrome differentiation】 Cold extremities, vexation, precordial pain and a sensation of heat, perhaps abdominal pain around the umbilicus, intermittent flare ups, hunger but no desire for food, and all the signs worsen after eating, perhaps vomiting, or vomiting of roundworms, perhaps thirst, *qi* surging upward to the heart or diarrhea.

【Syndrome analysis】 Syndrome analysis of *Wu Mei Wan* treated syndrome is shown in the table 5 - 6 - 1.

Table 5 - 6 - 1 Syndrome analysis of *Wu Mei Wan* treated syndrome

Main symptoms	Pathogenesis
Vexation, *qi* surging upward to the heart, precordial pain and a sensation of heat	Wood-fire burns fiercely, the pericardium ministerial fire flares up
Hunger with no desire to eat	*Jueyin* organ coldness remains in the intestines
Abdominal pain, vomiting of roundworms	Adverse movement of roundworms
Long-term diarrhea	Long-term heat-cold in complexity, deficient earth overacted upon by wood
Cold extremities	Disordered movement of *qi*, *yin qi* and *yang qi* to fail to smoothly connect with each other

【Basic pathogenesis】 Heat-cold in complexity, roundworms harass the interior.

【Therapeutic principle】 Nourish *yin* and purge heat, warm *yang* and lower surging *qi*; concurrently calm the roundworms and relieve pain.

【Prescription】 *Wu Mei Wan*.

Wu Mei (Fructus Mume)	300 pcs.
Xi Xin (Herba Asari)	6 *liang*
Gan Jiang (Rhizoma Zingiberis)	10 *liang*
Huang Lian (Rhizoma Coptidis)	16 *liang*
Dang Gui (Radix Angelicae Sinensis)	4 *liang*
Shu Fu Zi (Radix Aconiti Lateralis Preparata)	6 *liang*
Hua Jiao (Pericarpium Zanthoxyli)	4 *liang*
Gui Zhi (Ramulus Cinnamomi)	6 *liang*
Ren Shen (Radix Ginseng)	6 *liang*
Huang Bai (Cortex Phellodendri)	6 *liang*

5.6.1.2 *Gan Jiang Huang Qin Huang Lian Ren Shen Tang* treated syndrome

【Original source material】 Cold-induced febrile disease: An emetic or purgative adopted in a case with diarrhea of a cold nature will cause "cold resistance". Vomiting and diarrhea are consequently aggravated. If the patient vomits, *Gan Jiang Huang Qin Huang Lian Ren Shen Tang* (Ganjiang Huangqin Huanglian Renshen Decoction) is the remedy. (Treatise on Cold-Induced Diseases, line 359)

【Key points for syndrome differentiation】 Repeated vomiting, perhaps regurgitation of just ingested food, diarrhea. These symptoms are accompanied by thirst, bad breath, poor appetite, fatigue, as well as abdominal pain with distension and fullness.

【Syndrome analysis】 Syndrome analysis of *Gan Jiang Huang Qin Huang Lian Ren Shen Tang* treated syndrome is shown in the table 5-6-2.

Table 5-6-2 Syndrome analysis of *Gan Jiang Huang Qin Huang Lian Ren Shen Tang* treated syndrome

Main symptoms	Pathogenesis
Thirst, halitosis	Heat in the upper levels
Little appetite, fatigue, abdominal pain with distension and fullness, diarrhea	Cold in the lower levels
Repeated vomiting, perhaps regurgitation of just ingested food	Cold and heat repel each other

【Basic pathogenesis】 Upper heat and lower cold, repelling of cold and heat.

【Therapeutic principle】 Simultaneous use of cold and warm herbs, clear heat from the upper levels and warm coldness in the lower.

【Prescription】 *Gan Jiang Huang Qin Huang Lian Ren Shen Tang*.

Gan jiang (*Rhizoma Zingiberis*) 3 *liang*

Huang Qin (*Radix Scutellariae*) 3 *liang*

Huang Lian (*Rhizoma Coptidis*) 3 *liang*

Ren Shen (*Radix Ginseng*) 3 *liang*

5.6.1.3 *Ma Huang Sheng Ma Tang* treated syndrome

【Original source material】 Cold-induced disease for six to seven days. After a drastic purgative is adopted, if the following symptoms and signs are observed, it will be difficult to cure: The *cun* position pulse is sunken and slow and pulse does not reach (the *chi* position). There is also coldness of hands and feet, sore throat, sputum with bloody pus, and continuous diarrhea. In such a case, *Ma Huang Sheng Ma Tang* (Mahuang Shengma Decoction) is of use. (Treatise on Cold-Induced Diseases, line 357)

【Key points for syndrome differentiation】 Cold extremities, discomfort in the throat, sputum with bloody pus, continuous diarrhea, sunken slow *cun* pulse, impalpable *chi* pulse. Thirst, vexation, poor appetite, and abdominal pain without sweating may also present.

【Syndrome analysis】 Syndrome analysis of *Ma Huang Sheng Ma Tang* treated syndrome is shown in the table 5-6-3.

Table 5-6-3 Syndrome analysis of *Ma Huang Sheng Ma Tang* treated syndrome

Main symptoms	Pathogenesis
Sunken and slow *cun* pulse, cold extremities, anhidrosis	Deep invasion of pathogens into the interior constrain *yang*
Discomfort in the throat, thirst, vexation, sputum with bloody pus	Stagnant heat in the upper levels burns the lung collaterals
Diarrhea, poor appetite, abdominal pain, impalpable *chi* pulse	Deficient spleen fails to transform and transport, exuberance of coldness in the lower half of the body

【Basic pathogenesis】Deep invasion of pathogens constrain *yang*, cold-heat in complexity, heat in lungs and cold in spleen.

【Therapeutic principle】Re-distribute stagnated *yang*, clear lungs and warm spleen.

【Original source material】*Ma Huang Sheng Ma Tang*.

Ma Huang (Herba Ephedrae)	2.5 *liang*
Sheng Ma (Rhizoma Cimicifugae)	1 *liang* 1 *fen*
Dang Gui (Radix Angelicae Sinensis)	1 *liang* 1 *fen*
Zhi Mu (Rhizoma Anemarrhenae)	18 *zhu*
Huang Qin (Radix Scutellariae)	18 *zhu*
Yu Zhu (Rhizoma Polygonati Odorati)	18 *zhu*
Bai Shao (Radix Paeoniae Alba)	6 *zhu*
Tian Dong (Radix Asparagi)	6 *zhu*
Gui Zhi (Ramulus Cinnamomi)	6 *zhu*
Fu Ling (Poria)	6 *zhu*
Zhi Gan Cao (Radix Glycyrrhizae Preparata)	6 *zhu*
Shi Gao (Gypsum Fibrosum)	6 *zhu*
Bai Zhu (Rhizoma Atractylodis Macrocephalae)	6 *zhu*
Gan Jiang (Rhizoma Zingiberis)	6 *zhu*

5.6.2 *Jueyin* cold syndrome

5.6.2.1 *Dang Gui Si Ni Tang* treated syndrome

【Original source material】*Dang Gui Si Ni Tang* is the remedy for a case with cold extremities and a thready pulse that is hardly palpable. (Treatise on Cold-Induced Diseases, line 351)

【Key points for syndrome differentiation】Cold extremities, thready faint pulse. Perhaps painful joints, generalized or lower back pain, epigastric and abdominal cold pain; cyanotic tips of the fingers, nose and ears; delayed menstruation, menorrhalgia tastelessness in mouth, pale tongue, white slippery coating.

【Syndrome analysis】Syndrome analysis of *Dang Gui Si Ni Tang* treated syndrome is shown in the table 5-6-4.

Table 5-6-4 Syndrome analysis of *Dang Gui Si Ni Tang* treated syndrome

Main symptoms	Pathogenesis
Cold extremities, thready hardly palpable pulse	Blood deficiency with cold damage, cold stagnates in the collaterals blocking the blood vessels
Painful joints, generalized or lower back pain	Cold stagnates in the collaterals and lingers around joints
Delayed menstruation, menorrhalgia	Cold coagulates in the uterus
Cold pain in the gastric and abdominal areas, tastelessness in mouth, pale tongue with white slippery coating	Signs of deficiency-cold

【Basic pathogenesis】 Nutrient-blood deficiency, cold stagnates in the collaterals.

【Therapeutic principle】 Nourish blood and unblock the blood vessels, warm meridians and disperse cold.

【Prescription】 *Dang Gui Si Ni Tang*.

Dang Gui (Radix Angelicae Sinensis)	3 *liang*
Gui Zhi (Ramulus Cinnamomi)	3 *liang*
Bai Shao (Radix Paeoniae Alba)	3 *liang*
Xi Xin (Herba Asari)	3 *liang*
Zhi Gan Cao (Radix Glycyrrhizae Preparata)	2 *liang*
Da Zao (Fructus Jujubae)	25 pcs. (or 12 pcs., according to another edition)
Tong Cao (Medulla Tetrapanacis)	2 *liang*

5.6.2.2 *Dang Gui Si Ni Jia Wu Zhu Yu Sheng Jiang Tang* treated syndrome

【Original source material】 If the patient suffers from a chronic interior cold syndrome, *Dang Gui Si Ni Jia Wu Zhu Yu Sheng Jiang Tang* (Danggui Sini Jia Wuzhuyu Shengjiang Decoction) is the remedy. (Treatise on Cold-Induced Diseases, line 352)

【Key points for syndrome differentiation】 Long-term coldness in the interior, cold extremities, thready hardly palpable pulse, cold pain in the epigastric and abdominal areas, vomiting of saliva. Perhaps painful joints, or curled tongue and retracted testicles, cold *shan qi* (cold hernia), menorrhalgia, cold pain in the lower abdomen.

【Syndrome analysis】 On a foundation of *Dang Gui Si Ni Tang* treated syndrome, blood deficiency and cold coagulation concurrent with long-term interior-coldness present. Long-term coldness refers to long term lingering coldness, coldness which is especially associated with the liver and stomach. Given this, vomiting, cold pain in the epigastric and abdominal areas, or even curled tongue and retracted testicles, cold hernia, menorrhalgia, etcetera, develop.

【Basic pathogenesis】 Blood deficiency and cold coagulation, concurrent with long-term coldness in the liver and stomach.

【Therapeutic principle】 Nourish blood and warm meridians, warm the liver and stomach.

【Prescription】 *Dang Gui Si Ni Jia Wu Zhu Yu Sheng Jiang Tang*.

Dang Gui (*Radix Angelicae Sinensis*) 3 *liang*
Bai Shao (*Radix Paeoniae Alba*) 3 *liang*
Zhi Gan Cao (*Radix Glycyrrhizae Preparata*) 2 *liang*
Tong Cao (*Medulla Tetrapanacis*) 2 *liang*
Gui Zhi (*Ramulus Cinnamomi*) 3 *liang*
Xi Xin (*Herba Asari*) 3 *liang*
Sheng Jiang (*Rhizoma Zingiberis Recens*) 0.5 *jin*
Wu Zhu Yu (*Fructus Evodiae*) 2 *sheng*
Da Zao (*Fructus Jujubae*) 25 pcs.

【Differential diagnosis】 Comparison of syndromes treated with *Si Ni Tang*, *Dang Gui Si Ni Tang* and *Si Ni San* is shown in the table 5-6-5.

Table 5-6-5 Comparison of syndromes treated with *Si Ni Tang*, *Dang Gui Si Ni Tang* and *Si Ni San*

	Same main symptom	Different main symptoms	Pathogenesis	Therapeutic principle
Si Ni Tang	Cold extremities	Cold spreads above the elbows and knees, deficiency-cold of the whole body, sunken faint pulse	*Yang* is in decline, *yin* is exuberant	Restore *yang* from collapse
Dang Gui Si Ni Tang		Cold extremities with mild signs of deficiency-cold, thready hardly palpable pulse	Cold coagulation with blood deficiency	Warm meridians and unblock the vessels
Si Ni San		Cold does not surpass the elbows and knees, absence of deficiency cold syndrome, wiry pulse	Depressed *yang* fails to disperse	Disperse and spread depressed *yang*

5.6.2.3 *Wu Zhu Yu Tang* treated syndrome

【Original source material】 Retching with copious salivation and headache, *Wu Zhu Yu Tang* is the remedy. (Treatise on Cold-Induced Diseases, line 378)

【Key points for syndrome differentiation】 Retching, or vomiting of saliva, headache characterized by cold pain in the parietal area, white slippery tongue coating, sunken wiry pulse. Perhaps cold limbs, cold pain in the epigastrium and abdomen with desire for warmth and pressure, poor appetite.

【Syndrome analysis】 Syndrome analysis of *Wu Zhu Yu Tang* treated syndrome is shown in the table 5-6-6.

Table 5-6-6 Syndrome analysis of *Wu Zhu Yu Tang* treated syndrome

Main symptoms	Pathogenesis
Retching, or vomiting of saliva	Liver-cold disturbs the stomach, stomach *qi* fails to descend, counterflow of turbid *yin*
Headache, cold pain in the parietal area	*Yin*-cold *qi* attacks upward along the *jueyin* meridians

【Basic pathogenesis】 Liver-cold disturbs stomach, deficiency-cold in the middle energizer, counterflow of turbid *yin*.

【Therapeutic principle】 Warm liver and stomach and downward eliminate turbidity.

【Prescription】 *Wu Zhu Yu Tang*.

See 5.2.3.

5.6.3 *Jueyin* heat syndrome

***Bai Tou Weng Tang* treated syndrome**

【Original source material】 *Bai Tou Weng Tang* is the remedy for heat induced diarrhea with a descending feeling at the anus(anal tenesmus). (Treatise on Cold-Induced Diseases, line 371)

Diarrhea with thirst serves as proof of interior heat. In such a case, *Bai Tou Weng Tang* should be adopted. (Treatise on Cold-Induced Diseases, line 373)

【Key points for syndrome differentiation】 Abdominal pain, diarrhea, purulent bloody stools, tenesmus, burning anus, thirst with a desire to drink, red tongue with yellow coating, slippery rapid pulse. Perhaps fever, short reddish urine, or yellow greasy tongue coating, sunken wiry rapid pulse.

【Syndrome analysis】 Syndrome analysis of *Bai Tou Weng Tang* treated syndrome is shown in the table 5-6-7.

Table 5-6-7 Syndrome analysis of *Bai Tou Weng Tang* treated syndrome

Main symptoms	Pathogenesis
Diarrhea, abdominal pain, tenesmus	*Jueyin* liver heat attacks the large intestine, *qi* movement is blocked, stagnation of damp-heat in the interior
Diarrhea with reddish or white mucus, perhaps with pus and blood, and burning anus	Stagnated damp-heat injuries the collaterals of the intestines causing suppuration
Fever and thirst, red tongue with yellow greasy coating, slippery rapid pulse	Signs of heat induced diarrhea pouring downward, heat-dampness stagnates in the interior, fluids are scorched

【Basic pathogenesis】 Damp-heat in the liver meridian invades downward causing dysfunction of the transduction function of the large intestine.

【Therapeutic principle】 Clear heat and dry dampness, cool liver and relieve diarrhea.

【Prescription】 *Bai Tou Weng Tang*.

Bai Tou Weng (Radix Pulsatillae)	2 *liang*
Huang Bai (Cortex Phellodendri)	3 *liang*
Huang Lian (Rhizoma Coptidis)	3 *liang*
Qin Pi (Cortex Fraxini)	3 *liang*

Summary

Summary of basic *jueyin* disease syndromes is shown in the table 5 - 6 - 8.

Table 5 - 6 - 8 Summary of basic *jueyin* disease syndromes

	Pathogenesis	Key points for syndrome differentiation
Wu Mei Wan treated syndrome	Upper heat and lower cold, roundworms harassing the interior	Intermittent abdominal pain, vomiting of roundworms, perhaps even cold extremities
Gan Jiang Huang Qin Huang Lian Ren Shen Tang treated syndrome	Heat in the stomach and cold in the spleen, heat and cold repel each other	Vomiting of just ingested food, diarrhea, loose stool
Ma Huang Sheng Ma Tang treated syndrome	Deep invasion of pathogens, depressed *yang*, heat in the lungs and cold in the spleen	Discomfort in the throat, coughing up of pus and blood, cold limbs, continuous diarrhea, sunken slow *cun* pulse, impalpable *chi* pulse
Dang Gui Si Ni Tang treated syndrome	Blood deficiency with cold coagulation, blockage of vessels	Cold extremities, thin faint pulse
Dang Gui Si Ni Jia Wu Zhu Yu Sheng Jiang Tang treated syndrome	Blood deficiency with cold coagulation, concurrent with long-term cold in the liver and stomach	In addition to the symptoms listed for *Dang Gui Si Ni Tang* treated syndrome, stomachache and vomiting can be seen
Wu Zhu Yu Tang treated syndrome	Liver cold invades the stomach, turbid *yin* counterflows	Vomiting of saliva, headache especially in the parietal area
Bai Tou Weng Tang treated syndrome	Liver meridian damp-heat flows downward into the large intestine	Diarrhea with pus and bloody stools, burning anus, tenesmus

Chapter 6

Syndrome Differentiation and the Treatment of Defense-*Qi*-Nutrient-Blood System

6.1 Diagnosis and Treatment of Defense System Syndrome

A defense system syndrome refers to the disorder manifestations that arise when defensive *qi* fails to defend the exterior in the early stages of an exterior attack disease. This is the point when pathogenic factors start to attack the body causing abnormal functioning of the dispersing and descending functions of the lung and dysfunction of defensive *qi*'s ability to control opening and closing. The theory of defense system syndromes differentiation originated in *Nei Jing* (Canon of Medicine): chapter 47 of the *Ling Shu* (Spiritual Pivot) says: "Defensive *qi* warms the muscles, fills the skin, fills out and dominates the opening and closing of the dermal interstices"; "Defensive (*qi*) defends the exterior and consolidates it". These ideas refer to the fact that defensive *qi* is distributed around the body surface and acts to warm and nourish the skin, open and close the pores, and defend against pathogenic factors.

The main characteristics of a defense system syndrome are simultaneous fever and chills, accompanied by a slight sweat, slight thirst, redness at the tip and margins of the tongue, and floating rapid pulse. Wind heat pathogens enter the body by being inhaled through the mouth and nose, and in this situation, the fever is severe and the chills are slight; this is different from the severe chills and slight fever observed when wind-cold pathogens tighten the exterior. The slight thirst is due to minor damage to the body fluids. Redness in the tip and margin of the tongue and a floating rapid pulse are signs of pathogenic heat in the defense layer.

Defense system syndrome arises when pathogenic factors remain in the defense layer and the pathogens are relatively superficial and light. Since the locus of disease is the upper energizer, mild and light herbs are used; pungent-warm herbs as well as extremely bitter-cold herbs should be avoided. If cold and cool herbs are used, they are liable to result in a blockage of *qi* circulation which will interfere with the outward discharge of heat and aggravate the disease.

6.1.1 Wind-heat attacking the defense system syndrome

This is an exterior-heat syndrome resulting from the contraction of wind-heat pathogens in the spring and winter. Spring is dominated by wind and wood and the weather becomes warm and windy as *yang qi* waxes. For people with congenitally deficient constitutions, weak healthy *qi*, or improper lifestyles/personal habits, wind-heat pathogens readily cause disease. This syndrome occurs in the early stages of a disease.

Wind-heat pathogens are *yang* pathogens and are characterized by the actions of ascending and dispersing. They frequently invade the body from the mouth and nose. The lungs are located in the upper part of the body and are affected by pathogens first as exogenous wind-heat pathogens most readily attack the lung system and defense system. The lung meridian of hand *taiyin* is frequently affected. In this syndrome, if the body is not severely affected by pathogens and the treatment is in time, the disease will not develop any further. The disease will be cured in the early stage. However, if the treatment is improper or delayed, the pathogens from the lungs and defense system will transfer to the *qi* system.

【Original source material】 *Taiyin* wind-warm, warm-heat, pestilence, winter-warm syndrome in the early stage with aversion to wind and cold, *Gui Zhi Tang* (Guizhi Decoction) is the remedy; if there is fever, no aversion to cold but thirst, the pungent, cool and moderate formula *Yin Qiao San* (Yinqiao Powder) is the remedy. Warm toxinosis, summer-warm, damp-warm, warm malaria are not indicated for this formula. [*Wen Bing Tiao Bian* (Analysis of Warm Diseases)]

Taiyin warm disease with aversion to wind and cold, treated with *Gui Zhi Tang* and the (patient's) aversion to cold is relieved, however, the other symptoms remain, *Yin Qiao San* is the remedy. (Analysis of Warm Diseases)

Taiyin wind-warm disease whose main symptom is cough, and only a slight fever and slight thirst; the pungent, cool and mild formula *Sang Ju Yin* (Sangju Decoction) is the remedy. (Analysis of Warm Diseases)

【Clinical manifestations】

A. Wind-heat attacking the defense system: Fever, slight aversion to wind and cold, slight sweat, headache, cough, redness or sore throat, slight thirst, redness at the margin and tip of the tongue, thin white coating, floating rapid pulse.

B. Wind-heat attacking the lung: Cough, slight fever, slight thirst, thin white tongue coating, floating pulse.

【Syndrome analysis】 Syndrome analysis of wind-heat attacking the defense system is shown in the table 6-1-1.

Table 6-1-1 Syndrome analysis of wind-heat attacking the defense system

Main symptoms	Pathogenesis
Fever, slight aversion to wind and cold, slight sweat	Pathogens attack the exterior, defensive *qi* becomes blocked and fails to properly open and close the pores
Cough	Lung *qi* fails to disperse and descend
Slight thirst	Slight damage to the body fluids

Continued

Main symptoms	Pathogenesis
Headache, sore throat, floating rapid pulse	Wind-heat in the exterior
Redness at the margins and tip of the tongue, thin white coating	Pathogens in the lung and defense system

【Basic pathogenesis】 Wind-heat attacks the lungs and defense system, the lungs fail to descend and disperse.

【Therapeutic principle】 Release superficies with pungent-cool, disperse wind and discharge heat.

【Prescription】

A. Wind-heat attacking the defense system: *Yin Qiao San*.

Jin Yin Hua (*Flos Lonicerae*)
Lian Qiao (*Fructus Forsythiae*)
Jie Geng (*Radix Platycodonis*)
Dan Zhu Ye (*Herba Lophatheri*)
Gan Cao (*Radix Glycyrrhizae*)
Jing Jie (*Herba Schizonepetae*)
Dan Dou Chi (*Semen Sojae Preparatum*)
Niu Bang Zi (*Fructus Arctii*)
Lu Gen (*Rhizoma Phragmitis*)
Bo He (*Herba Menthae*)

B. Wind-heat attacking the lungs: *Sang Ju Yin*.

Xing Ren (*Semen Armeniacae Amarum*)
Lian Qiao (*Fructus Forsythiae*)
Bo He (*Herba Menthae*)
Sang Ye (*Folium Mori*)
Ju Hua (*Flos Chrysanthemi*)
Jie Geng (*Radix Platycodonis*)
Lu Gen (*Rhizoma Phragmitis*)
Gan Cao (*Radix Glycyrrhizae*)

【Syndrome differentiation】 Differentiation of wind-heat attacking the defense system and cold-induced *taiyang* disease syndromes is shown in the table 6-1-2.

Table 6-1-2 Differentiation of wind-heat attacking the defense system and cold-induced *taiyang* disease syndromes

	Wind-heat attacking the defense system syndrome	Cold-induced *taiyang* disease syndrome
Etiology	Wind-heat pathogen	Wind or wind-cold pathogen
Pathway of infection	Enters through the mouth and nose first, affects the lungs	Enters through the skin first, affects the foot *taiyang* meridian

Continued

	Wind-heat attacking the defense system syndrome	Cold-induced *taiyang* disease syndrome
Pathogenesis	Wind-heat attacks the lungs and defense system, lungs fail to disperse and descend	Wind-cold blocks the exterior, defensive *qi* is strong nutrient is weak
Early stage	Fever, slight aversion to cold, cough, floating rapid pulse	Aversion to cold, fever, sweating or not, floating tight pulse or floating moderate pulse
Therapeutic principle	Release superficies with pungent-cool	Induce sweating to release superficies with pungent-warm
Main prescriptions	*Yin Qiao San* or *Sang Ju Yin*	*Ma Huang Tang* (Mahuang Decoction) or *Gui Zhi Tang*

【Differential diagnosis】 Differentiation of *Yin Qiao San* and *Sang Ju Yin* treated syndromes is shown in the table 6-1-3.

Table 6-1-3 Differentiation of *Yin Qiao San* and *Sang Ju Yin* treated syndromes

	Yin Qiao San	*Sang Ju Yin*
Actions	Mainly expels exterior heat	Mainly ventilate lung and relieve cough
Location	Defense system	Lungs
Symptoms	More severe fever	Cough is predominant

Wind-heat attacking the defense system is an exterior-heat syndrome, which manifests as fever, slight aversion to wind and cold, cough, slight sweat, and a floating rapid pulse. The treatment principle should be to release superficies with pungent-cool and to disperse wind and discharge heat. In the event of a more severe fever, *Yin Qiao San* is recommended; in the situation where coughing is the more obvious symptom, *Sang Ju Yin* is recommended. For those with a *yin* deficient body constitution, sweet cold herbs can be added, but take care not to add a lot of sticky greasy herbs, otherwise they may block the circulation of *qi* and enable the pathogens to cling and remain.

6.1.2 Dampness obstructing both the defense and *qi* system syndrome

This syndrome refers to a syndrome that involves the *qi* system as well as the defense system. In this syndrome, pathogens attack both the exterior and interior, dampness is more severe than heat, and there exists not only the exterior syndrome of dampness stagnating in the defense system, but also an interior syndrome resulting from dampness blocking the *qi* system and the spleen losing its ability to transport, leaving the spleen thereof unable to transport and transform. This syndrome is commonly seen in damp-warm and summer-heat-warm diseases.

【Original source material】 For pathogens in the *qi* system, one should differentially diagnose the predominance of dampness or heat. For a predominance of dampness, the therapeutic principles of dispersing lung *qi* with light formulas can be applied; pungent herbs like *Xing Ren*, *Kou Ren* (*Semen Amomi Rotundus*), *Ban Xia* (*Rhizoma Pinelliae*), *Huo Xiang*

(*Herba Agastaches*), as well as herbs that induce diuresis such as *Yi Yi Ren* (*Semen Coicis*), *Tong Cao* (*Medulla Tetrapanacis*), *Fu Ling* (*Poria*), *Zhu ling* (*Polyporus Umbellatus*), *Ze xie* (*Rhizoma Alismatis*) can be used to disperse the upper energizer and expel the dampness by draining the lower energizer. Once the dampness is eliminated and *qi* movement regulated, the lungs will begin to distribute fluids to the exterior and the pathogens will be removed through sweating. [*Yi Yuan* (Causes of Diseases): Discussion of Damp *Qi*]

A disease that manifests with headache, aversion to cold, a physical sensation of heaviness, general pain, white tongue coating, no thirst, wiry thready soggy pulse, yellow complexion, feeling of oppression in chest, poor appetite, generalized fever in the afternoon, and which at first glance seems like *yin* deficiency but is difficult to cure in a short time, is called damp-warm disease. For this syndrome, treatment that induces diaphoresis will cause deafness or even unconsciousness, treatment with purgation will cause watery diarrhea, and treatment with moistening therapy will result in future difficulty expelling the pathogens. In this case, regardless of whether it is late summer (i. e. the 6th month of the lunar calendar), or late autumn and winter, *San Ren Tang* (Sanren Decoction) can be prescribed. (Analysis of Warm Diseases)

【Clinical manifestations】 Aversion to cold with little sweating, generalized unsurfaced fever which becomes more severe in the afternoon, heavy and binding sensation of head, yellow complexion, apathetic expression, a physical sensation of heaviness, lassitude, stuffiness and oppression in the epigastrium, loss of appetite, white greasy tongue coating, soggy or moderate pulse.

【Syndrome analysis】 Syndrome analysis of dampness obstructing both the defense and *qi* systems is shown in the table 6-1-4.

Table 6-1-4 Syndrome analysis of dampness obstructing both the defense and *qi* systems

Main symptoms	Pathogenesis
Aversion to cold with little sweating, generalized unsurfaced fever	Damp-heat accumulation in the exterior, defensive *qi* becomes stagnant and fails to properly regulate the opening and closing of the pores
Heavy and binding sensation of head, a physical sensation of heaviness, lassitude, stuffiness and oppression in the epigastrium	Damp-heat disturbs the upper orifices, spleen and stomach stagnation
White greasy tongue coating, soggy or moderate pulse	Predominance of dampness

【Basic pathogenesis】 Over-abundance of dampness, damp-heat obstructs defensive *qi*, the defense and *qi* systems are both involved.

【Therapeutic principle】 Resolve dampness with aromatic herbs, release the exterior and clear heat.

【Prescription】

A. *Huo Po Xia Ling Tang* (Huopo Xialing Decoction) should be prescribed when pathogenic dampness stagnates in the exterior and exterior dampness is marked.

Huo Xiang(*Herba Agastaches seu Pogostemonis*)
Ban Xia(*Rhizoma Pinelliae*)
Fu Ling(*Poria*)
Xing Ren(*Semen Armeniacae Amarum*)
Yi Yi Ren(*Semen coicis*)
Bai Dou Kou(*Fructus Ammomi Rotundus*)
Zhu Ling(*Polyporus Umbellatus*)
Ze Xie(*Rhizoma Alismatis*)
Dan Dou Chi(*Semen Sojae Preparatum*)
Hou Po(*Cortex Magnoliae Officinalis*)

B. *San Ren Tang* should be prescribed when heat hides in the dampness and interior dampness is marked.

Xing Ren(*Semen Armeniacae Amarum*)
Hua Shi(*Talcum*)
Tong Cao(*Medulla Tetrapanacis*)
Bai Dou Kou(*Fructus Ammomi Rotundus*)
Dan Zhu Ye(*Herba Lophatheri*)
Hou Po(*Cortex Magnoliae Officinalis*)
Yi Yi Ren(*Semen coicis*)
Ban Xia(*Rhizoma Pinelliae*)

Huo Po Xia Ling Tang and *San Ren Tang* have similar principles underlying the selection of their composite herbs; they both act to open the upper levels, circulate the middle and drain the lower levels, and further act to disperse, dissolve and remove damp and heat from both the exterior and interior. They are used in the treatment of dampness obstructing defense and *qi* systems. However, the former is more effective in releasing an exterior condition, as the former formula contains *Huo Xiang* and *Dan Dou Chi*, which are recommended for situations where there is dampness mainly in the exterior and no obvious heat. The latter is more effective in clearing heat as it contains *Zhu Ye* and *Hua Shi*, which are recommended for situations where dampness has begun to transform into interior heat.

6.1.3 Summer-heat and dampness stagnating in the exterior syndrome

At the beginning of a summer-heat and dampness syndrome, the external pathogens stagnate in the superficial muscular area. An attack of summer-heat and dampness in the summer or at autumnal equinox (the change of summer into autumn), when it is hot and there is a lot of rain (or dampness) results in a mixture of pathogenic dampness and summer-heat. In the beginning, the lungs are affected first, and the stagnation of exterior pathogens in the superficial muscular regions brings on the symptoms seen in this condition.

【Original source material】 For a hand *taiyin* summer warm disease with the manifestations listed (above) but with no sweating, *Xin Jia Xiang Ru Yin* (Xinjia Xiangru Decoction) is the remedy. (Analysis of Warm Diseases)

Relaxing in a cool place or drinking cold in the summer can lead to blockage of *yang qi* by the *yin* coldness, (and manifest as) fever, chills, headache and heaviness of head, spontaneous sweating, thirst, or abdominal pain, vomiting, diarrhea; in this case, herbs like *Xiang Ru* (*Herba Moslae*), *Hou Po* and *Bian Dou Hua* (*Flos Lablab*) should be prescribed. [*Shi Re Bing Pian* (Paper on Damp-Heat Diseases)]

【Clinical manifestations】 Fever, slight aversion to wind and cold, headache, heaviness of the body, no sweating or only slight sweating, fullness in the gastric area, no thirst, red at the tip and margins of the tongue, white greasy or slight yellow coating, floating, slippery rapid or soggy rapid pulse. If accompanied by cold and damp, there will be fever, no sweating, aversion to cold, perhaps even chills, rigidity of the body, stuffiness of the chest, anxiety, and nausea.

【Syndrome analysis】 Syndrome analysis of summer-heat and dampness stagnating in the exterior is shown in the table 6-1-5.

Table 6-1-5 Syndrome analysis of summer-heat and dampness stagnating in the exterior

Main symptoms	Pathogenesis
Fever, slight aversion to wind cold	Summer-damp attacks the defense system, healthy *qi* and pathogens struggle for supremacy
Headache and heaviness of head and body, no sweat or slight sweat	Summer-damp stagnate in the meridians, muscle and skin
Fullness in gastric area, no thirst	Summer-heat and dampness block the middle energizer, *qi* circulates poorly
Red tongue, white and greasy coat, floating slippery pulse or soggy rapid pulse	Summer-heat and dampness in the exterior

【Basic pathogenesis】 Summer-heat with dampness stagnating in the exterior.

【Therapeutic principle】 Dispel summer-heat and dampness, expel pathogens from the exterior.

【Prescription】 *Xin Jia Xiang Ru Yin*

Xiang Ru (*Herba Moslae*)
Jin Yin Hua (*Flos Lonicerae*)
Bian Dou Hua (*Flos Lablab*)
Hou Po (*Cortex Magnoliae Officinalis*)
Lian Qiao (*Fructus Forsythiae*)

The mistreatment of or failure to treat this syndrome will lead to the transmission of pathogens to the *qi* system which will then stagnate in the middle energizer. The treatment principle should dispel summer-heat and dampness, expel pathogens from the exterior; as Ye Tianshi says: "Summer-heat is necessarily accompanied by dampness, both of which damage *qi*. They firstly attack the lungs after being inhaled through the mouth and nose. This is an upper energizer syndrome, therefore it should be treated with pungent-cool slightly bitter herbs; it can be cured by clearing pathogens from the *qi* system of the upper energizer."

【Syndrome differentiation】 Differentiation of summer-heat and dampness stagnating in the exterior and dampness obstructing both the defense and *qi* systems syndromes is shown in the table 6-1-6.

Table 6-1-6 Differentiation of summer-heat and dampness stagnating in the exterior and dampness obstructing both the defense and *qi* systems syndromes

	Summer-heat and dampness stagnating in the exterior syndrome	Dampness obstructing both the defense and *qi* systems syndrome
Pathogens	Summer-heat and dampness	Damp-heat
Season	Summer	All year round, common at the end of summer and beginning of autumn
Main symptoms	Fever, slight aversion to wind and cold, headache, heaviness of the body, no sweating or slight sweating, fullness in the gastric area, no thirst, red at the tip and margins of the tongue, floating slippery rapid or soggy rapid pulse	Aversion to cold, little sweating, unsurfaced fever, headache, heaviness of body, fullness of chest, white greasy tongue coating, soggy moderate pulse
Pathogenesis	Summer-heat and dampness stagnate in the exterior	Damp-heat stagnates in both the defense and *qi* systems with dampness predominance
Therapeutic principles	Dispel summer-heat and dampness, expel pathogens from the exterior	Eliminate dampness with aromatics, disperse the pathogens from the exterior
Prescriptions	*Xin Jia Xiang Ru Yin*	*Huo Po Xia Ling Tang* or *San Ren Tang*

6.1.4 Dryness-heat attacking the defense system syndrome

This syndrome presents at the early stage of an autumn-dryness disease. Autumn-dryness disease is an exogenous febrile disease that occurs in the autumn. Dryness is the *qi* of autumn. Autumn, however, can be divided into early and late autumn and therefore, pathogenic dryness which attacks in autumn can be divided into warm-dryness and cool-dryness. The dryness of early autumn is usually warm-dryness because summer-heat has yet to disappear and in early autumn the climate is still warm. The dryness of late autumn is usually cool-dryness because the weather has already begun to cool as the seasons slip into winter. Diseases caused by warm-dryness categorized as warm diseases. The pathogenic dryness discussed in this chapter refers to warm-dryness.

【Original source material】 Both warm pathogens and dryness invade the upper part of the body resulting in damage to lung *qi*... treated with a pungent cool sweet moistening prescription to relieve the dryness and cure the disease. Bitter and dry herbs are contraindicated so as to avoid consuming stomach fluids. [*San Shi Fu Qi Wai Gan Pian* (Paper on Latent Pathogens in the Three Seasons)]

For rapid large pulse on the right side, *Sang Ye*, *Xing Ren*, *Sha Shen* (*Radix Adenophorae Strictae*), *Zhe Bei Mu* (*Bulbus Fritillariae*), *Dan Dou Chi*, *Zhi Zi* (*Fructus Gardeniae*) can be used to clear dryness and heat from the *qi* system. (Paper on Latent Pathogens in the Three Seasons)

Invasion by dryness in autumn with large and rapid pulse in the right side, and injury to the *qi* system of hand *taiyin*, *Sang Xing Tang* (Sangxing Decoction) is administrated. (Analysis of Warm Diseases)

【Clinical manifestations】 Slight aversion to wind and cold, headache, fever, dry cough with no phlegm, dry throat, mouth and nose, red tip and margins of the tongue, dry thin white coating, floating rapid pulse. Sore dry throat, perhaps epistaxis may also present in this syndrome.

【Syndrome analysis】 Syndrome analysis of dryness and heat attacking the defense system is shown in the table 6-1-7.

Table 6-1-7 Syndrome analysis of dryness and heat attacking the defense system

Main Symptoms	Pathogenesis
Fever, slight aversion to wind and cold, headache	Warm-dryness pathogens invade the lungs and defense system, healthy *qi* and pathogens struggle for supremacy
Dry throat and nose, cough with little phlegm or dry cough, thirst	Dryness and heat damage the body's fluids; the lung fails to descend and disperse
Red tip and margins of the tongue, thin white dry coating, floating rapid pulse	Dryness and heat at the body surface

【Basic pathogenesis】 Invasion of dryness and heat, damage to the fluids of the lungs.

【Therapeutic principle】 Disperse lung *qi* with pungent-cool herbs, clear heat and moisten dryness.

【Prescription】 *Sang Xing Tang*.

Sang Ye (*Folium Mori*)
Xing Ren (*Semen Armeniacae Amarum*)
Sha Shen (*Radix Adenophorae Strictae*)
Zhe Bei Mu (*Bulbus Fritillariae Thunbergii*)
Dan Dou Chi (*Semen Sojae Preparatum*)
Zhi Zi (*Fructus Gardeniae*)
Li Pi (*Pericarpium Pyri*)

Wang Ang: "The treatment for a dryness syndrome is not complicated—use pungent-cool herbs at the beginning, followed by diaphoretic and cooling herbs". There are not many dryness deterioration syndromes. It is necessary to differentiate warm-dryness from cool-dryness before the treatment is given. It is said: "Bitter cold herbs can be used for fire syndromes, sweet cold ones must be used for dryness." Also, "Stagnated fire can be treated with dispersing, but a predominance of dryness must be treated with moistening." Also, "Fire can be reduced directly, dryness must be nourished with moistening." (As can be seen) using bitter-cold herbs to reduce heat is contraindicated even though dryness-heat pathogen occasionally manifests as a marked heat syndrome.

【Syndrome differentiation】 Syndrome differentiation of wind-heat attacking the defense system and dryness and heat attacking the defense system is shown in the table 6-1-8.

Table 6－1－8 Syndrome differentiation of wind-heat attacking the defense system and dryness and heat attacking the defense system

	Dryness and heat attacking the defense system syndrome	Wind-heat attacking the defense system syndrome
Exogenous pathogens	Dryness and heat	Wind and heat
Characteristic symptoms	Dry throat, thirst, dry mouth and nose	Fever and aversion to wind, slight thirst
Pathogenesis	Dryness and heat invade the lungs and damage lung fluids	Wind-heat invades the lung and defense system, lungs lose the ability to properly descend and disperse
Therapeutic principles	Disperse lung *qi* with pungent-cool herbs, clear heat and moisten dryness	Release superficies with pungent-cool herbs
Prescriptions	*Sang Xing Tang*	*Yin Qiao San*, *Sang Ju Yin*

Summary

Defense system syndromes are commonly seen in the early stages of a warm disease and are located in the lung and defense system. They are commonly caused by invasion of the lung and defense system by wind-heat or dry-heat pathogens. In the early stages of a disease caused by damp-heat and summer-heat dampness, a defense system syndrome may be present. Such a syndrome manifests when pathogens remain in the exterior and should be treated using pungent-cool herbs to dispel the exterior pathogens.

Wind-heat, damp-heat, summer-damp and dryness-heat can induce a defense system syndrome with a marked seasonal nature. For example, wind-heat mainly attacks in the winter and spring, summer-damp attack in the summer, dryness-heat attacks in the autumn, while damp-heat can carry out an attack in any of the four seasons. There is more rain and dampness at the end of the summer and early part of autumn and this easily results in a mixture of dampness and heat; at this time, damp-heat pathogens are easily formed which can then go on to invade the body and cause disease.

Because of the differences in the pathogens and locus in the body, the therapeutic principles are also different. When heat is severe, as in a wind-heat attacking the lungs and defense system syndrome, the pungent, cool and moderate prescription *Yin Qiao San* is used. When the lungs are more heavily involved, the pungent, cool and mild prescription *Sang Ju Yin* is used. When there is damp-heat stagnating in the defense and *qi* systems, *Huo Po Xia Ling Tang* and *San Ren Tang* are utilized. When summer-heat and dampness stagnate in the exterior blocking the superficial muscles, *Xin Jia Xiang Ru Yin* is used to expel the summer-heat and dampness. In a dryness-heat attacking the defense system syndrome, it is less likely that the syndrome will deteriorate and variations of *Sang Xing Tang* are most commonly used to treat this condition (table 6 - 1 - 9). Generally speaking, warm diseases transmit rapidly, and the duration of a syndrome of defense system is short. If it is treated properly, the further interiorization of the pathogens can be stopped; therefore, the treatment of defense system syndrome is very important.

Table 6 - 1 - 9 Syndrome differentiation and treatment of defense system syndromes

	Pathogenesis	Key points for differentiation	Treatment	Prescriptions
Wind-heat attacking the defense system syndrome	Wind-heat attacks the lung and defense system, lungs fail to descend and disperse	Fever, slight aversion to cold, cough, floating rapid pulse	Release superficies with pungent-cool herbs; disperse wind and discharge heat	*Yin Qiao San* or *Sang Ju Yin*
Dampness obstructing both the defense and *qi* systems syndrome	Damp-heat stagnates in both the defense and *qi* systems, dampness predominates over heat	Aversion to cold, little sweat, unsurfaced fever, headache, heaviness of body, fullness of chest, white greasy tongue coating, soggy moderate pulse	Eliminate dampness with aromatics, disperse the pathogens from the exterior and clear heat	*Huo Po Xia Ling Tang* or *San Ren Tang*
Summer-heat and dampness stagnating the in exterior syndrome	Summer-heat and dampness stagnate in the exterior	Fever, slight aversion to wind and cold, headache, heaviness of the body, no thirst, white greasy coating, soggy rapid pulse	Dispel summer-heat and dampness, expel pathogens from the exterior	*Xin Jia Xiang Ru Yin*
Dryness-heat attacking the defense system syndrome	Invasion by dryness and heat, damage to lung fluids	Fever, slight aversion to wind cold, dry cough with no phlegm, dry nose and throat, floating rapid pulse	Disperse lung *qi* using pungent-cool herbs, clear heat and moisten dryness	*Sang Xing Tang*

6.2 Diagnosis and Treatment of *Qi* System Syndrome

A *qi* system syndrome refers to that stage of a disease when warm-heat pathogens begin to accumulate in the interior. It is caused by the transmission of pathogens from the defense system, or by warm-heat pathogens attacking the *qi* system directly, or by the attack of insidious pathogens in the interior. A *qi* system syndrome is characterized as the struggle of predominant pathogenic *qi* and undamaged healthy *qi*, and hyperexcitation of the *zang-fu* organs; it manifests mainly as an excessive interior-heat syndrome. It can affect the lung, chest and diaphragm, intestines and stomach, or liver and gallbladder.

6.2.1 Heat scorching the chest and diaphragm syndrome

This syndrome is caused by heat transmitting from the defense system and accumulating in the chest and diaphragm where it can't be dispersed via the exterior. When this occurs, the defense system syndrome subsides, but there are symptoms of *fu* organs excess and fire in the upper energizer. It is commonly seen in wind-warm and spring-warm diseases.

【Original source material】 *Liang Ge San* (Liangge Powder) is prescribed for heat retention in the *zang-fu* organs in adults and children. It is characterized by vexation and vexatious thirst, flushed face and dizziness, parched lips and dry throat, swollen tongue and throat, congested eyes and nosebleed. The indications for this prescription also include subcutaneous nodes in the chin and cheek, orolingual ulcers, phlegm obstruction, thick sticky snot and spittle, insomnia, delirium and mania, constipation and difficult urination due to dryness of the intestines and stomach. It is also beneficial to take while all wind obstructions. [*Tai Ping Hui Min He Ji Ju Fang* (Formularies of the Bureau of People's Welfare Pharmacy)]

For patients with damp-heat convulsions, or with coma or mania caused by heat accumulation, if clearing or purging heat, or resuscitating with aromatic herbs is ineffective, *Liang Ge San* is of use, as the accumulation of heat can not be only treated by purging method. [*Wen Re Lun* (Treatise on Epidemic Febrile Diseases)]

For patients with over-abundant interior heat, accumulated *yang* pathogens, chills without sweating, but it is not suitable to downward purge, *Liang Ge San* can be used. [*Ji Bu Wen Re Zheng Zhi Zhu Fang* (Supplement Collection of Formularies for Damp-heat Syndromes)]

【Clinical manifestations】 Generalized fever and aversion to heat, vexation and restlessness, burning sensation in the chest and diaphragm, parched lips and dry throat with thirst, swollen painful throat, orolingual ulcer(s), flushed face and congested eyes, scanty dark urine, constipation, dry center and red edges of the tongue, dry yellow coating, rapid forceful pulse.

【Syndrome analysis】 Syndrome analysis of heat scorching the chest and diaphragm is shown in the table 6-2-1.

Table 6-2-1 Syndrome analysis of heat scorching the chest and diaphragm

Main symptoms	Pathogenesis
Generalized fever and aversion to heat, vexation and restlessness	Heat accumulation in the interior
Parched lips and dry throat with thirst	Heat turning into fire and consuming body liquid
Burning sensation in the chest and diaphragm	Excessive heat in the chest and diaphragm
Constipation	Fluids consumption in the large intestine
Dry center and red edges of the tongue, dry yellow coating, rapid forceful pulse	Overabundance of interior heat

【Basic pathogenesis】 Heat accumulates in the chest and diaphragm, turns into fire and consumes body fluids, accompanied by mild *fu* organ excess syndrome.

【Therapeutic principle】 Cool the diaphragm and purge heat.

【Prescription】 *Liang Ge San*.

Da Huang (*Radix et Rhizoma Rhei*)
Mang Xiao (*Natrii Sulfas*)
Zhi Zi (*Fructus Gardeniae*)
Dan Zhu Ye (*Herba Lophatheri*)
Bo He (*Herba Menthae*)
Huang Qin (*Radix Scutellariae*)
Lian Qiao (*Fructus Forsythiae*)
Gan Cao (*Radix Glycyrrhizae*)
Feng Mi (*Mel*)

This syndrome is characterized by heat accumulation in the chest and diaphragm, wherein the heat turns into fire and consumes body fluids; it is accompanied by a mild *fu* organ excess syndrome. This syndrome is more severe than the heat accumulation in the chest and diaphragm seen in the six-meridian syndrome differentiation from the Treatise on Cold-Induced Diseases. *Liang Ge San* should be used for cooling diaphragm and purging heat.

【Syndrome differentiation】 Differential diagnosis of heat scorching the chest and diaphragm and heat accumulation in the chest and diaphragm syndromes is shown in the table 6 - 2 - 2.

Table 6 - 2 - 2 Differential diagnosis of heat scorching the chest and diaphragm and heat accumulation in the chest and diaphragm syndromes

	Heat scorching the chest and diaphragm syndrome	Heat accumulation in the chest and diaphragm syndrome
Location	*Qi* system, chest and diaphragm	
Pathogenesis	Heat accumulates in the chest and diaphragm, turns into fire and consumes body fluids, accompanied by mild *fu* organ excess syndrome	Heat lingers and accumulates in the chest and diaphragm
Characteristic manifestations	Burning sensation in the chest and diaphragm, extreme thirst, constipation	Vexation and restlessness
Therapeutic principle	Cool the diaphragm and purge heat	Relieve depression and reduce heat
Prescription	*Liang Ge San*	*Zhi Zi Chi Tang* (Zhizichi Decoction)

6.2.2 Wind-heat blocking the lungs syndrome

This syndrome is caused by an exogenous attack of warm-heat, either through the transmission of pathogens from the defense system, or by direct attack of the pathogens to the *qi* system; it is characterized by heat blocking the lungs and is commonly seen in wind-warm and spring-warm diseases.

【Original source material】 Dyspnea and shortness of breath, expectorating up of saliva, surging rapid pulse most obvious on the right wrist, and aphonia are manifestations of a hot phlegm-retention syndrome. *Ma Xing Shi Gan Tang* (Maxingshigan Decoction, *Ma Huang Xing Ren Gan Cao Shi Gao Tang*) is the remedy. (Analysis of Warm Diseases)

【Clinical manifestations】 Generalized fever and aversion to heat, sweating with thirst, dyspnea and shortness of breath, perhaps even nostril flaring, fullness and a feeling of oppression in chest and hypochondrium, sputum that is sticky white or yellow, red tongue with yellow coating, rapid slippery pulse.

【Syndrome analysis】 Syndrome analysis of wind-heat blocking the lungs is shown in the table 6－2－3.

Table 6－2－3 Syndrome analysis of wind-heat blocking the lungs

Main symptoms	Pathogenesis
Generalized fever and aversion to heat, sweating and thirst	Interior warm-heat steaming out to the exterior
Dyspnea shortness of breath, fullness and a feeling of oppression in chest and hypochondrium	Blockage of lung *qi*
Thirst, sputum that is sticky white or yellow	Heat scorches the body fluids
Red tongue with yellow coating, rapid slippery pulse	Phlegm-heat accumulation in the interior

【Basic pathogenesis】 Upward disturbance of heat, lungs fail to disperse and descend.

【Therapeutic principle】 Clear heat and disperse lung *qi*.

【Prescription】 *Ma Huang Xing Ren Gan Cao Shi Gao Tang*.

Ma Huang (*Herba Ephedrae*)

Xing Ren (*Semen Armeniacae Amarum*)

Shi Gao (*Gypsum Fibrosum*)

Zhi Gan Cao (*Radix Glycyrrhizae Preparata*)

Located in the upper energizer, this is an excessive heat in the syndrome of *qi* system. If the excessive phlegm-heat in the lungs predominantly manifests as a severe cough with yellow sputum, *Huang Qin*, *Zhe Bei Mu* and *Gua Lou* (*Fructus Trichosanthis*) can be added; if there is severe dyspnea and the patient is unable to lie down, *Ting Li Zi* (*Semen Lepidii seu Descurainiae*), *Zi Su Zi* (*Fructus Perillae*) and *Yu Xing Cao* (*Herba Houttuyniae*) can be added to strengthen the lung heat clearing effects of the formula, as well as to better eliminate phlegm and relieve dyspnea; if lung heat predominates, there is mild obstruction of lung *qi*, and there is a possibility of the formation of a lung abscess, *Qian Jin Wei Jing Tang* (Qianjin Weijing Decoction) is recommended.

【Syndrome differentiation】 Differential diagnosis of wind-heat attacking the defense system and wind-heat blocking the lungs syndromes is shown in the table 6－2－4.

Table 6－2－4 Differential diagnosis of wind-heat attacking the defense system and wind-heat blocking the lungs syndromes

	Wind-heat blocking the lungs syndrome	Wind-heat attacking the defense system syndrome
Pathogenesis	Upward disturbance of wind-heat in the *qi* system, lungs fail to disperse and descend	Wind-heat attacks the defense system affecting the lung's ability to disperse and descend

Continued

	Wind-heat blocking the lungs syndrome	Wind-heat attacking the defense system syndrome
Main symptoms	Generalized fever and aversion to heat, sweating with thirst, dyspnea, shortness of breath, fullness and a feeling of oppression in the hypochondrium, sputum that is sticky white or yellow, red tongue with yellow coating, rapid slippery pulse	Fever with slight aversion to wind and cold, absence of sweating or slight sweating, headache, cough, red tip and margins of the tongue, thin white tongue coating, floating rapid pulse
Therapeutic principle	Clear heat and disperse lung *qi*	Release the exterior with pungent-cool herbs
Prescription	*Ma Huang Xing Ren Gan Cao Shi Gao Tang*	*Sang Ju Yin*

6.2.3 Dryness-heat damaging the lungs syndrome

This syndrome is seen in autumn-dryness diseases and is caused by dryness-heat pathogens. Dryness-heat moves from the defense system to the *qi* system, transforms into fire, and accumulates in the lung meridian where it impairs *qi* and *yin*.

【Original source material】 *Qing Zao Jiu Fei Tang* (Qingzao Jiufei Decoction) is indicated for dyspnea, vomiting and atrophy-flaccidity. In this prescription, *Sang Ye*, harvested after frost, has a moistening action and is used as the sovereign; calcined *Shi Gao* has clearing and descending actions and is used for clearing lung heat; *Zhi Gan Cao* acts to harmonize the stomach and produce fluids; *Ren Shen* (*Radix Ginseng*) can produce stomach fluids and strengthen lung *qi*. If a patient has profuse sputum, *Zhe Bei Mu* and *Gua Lou* can be added. If the condition is complicated by dryness of the blood, *Sheng Di Huang* (*Radix Rehmanniae Recens*) can be added. If there is a high fever, *Xi Jiao* (*Cornu Rhinocerotis*), *Ling Yang Jiao* (*Cornu Saigae Tataricae*) or *Niu Huang* (*Calculus Bovis*) can be added. [*Yi Men Fa Lv* (Principles and Prohibition of Medical Profession)]

Yu's *Qing Zao Jiu Fei Tang* is indicated for dyspnea, vomiting and atrophy-flaccidity induced by dryness. (Analysis of Warm Diseases)

【Clinical manifestations】 Fever, headache, nonproductive cough, or cough with little sputum, perhaps even blood-stained sputum, dyspnea, dry nose and throat, vexation with thirst, pain in chest and hypochondrium, shortness of breath and weakness, red tip and margins of the tongue, thin dry yellow coating, rapid pulse.

【Syndrome analysis】 Syndrome analysis of dryness-heat damaging the lungs is shown in the table 6-2-5.

【Basic pathogenesis】 Dryness-heat accumulates in the lungs and impairs *qi* and *yin*.

【Therapeutic principle】 Clear the lungs and moisten dryness, fortify *qi* and nourish *yin*.

Table 6-2-5 Syndrome analysis of dryness-heat damaging the lungs

Main symptoms	Pathogenesis
Fever, headache, shortness of breath and weakness	Heat disturbs the upper orifices and impairs *qi* and *yin*
Vexation with thirst, nonproductive cough, perhaps even blood-stained sputum	Dryness-heat scorches the fluids and impairs the lung collaterals
Dyspnea, pain in chest and hypochondrium	Dryness-heat accumulates in the lungs and impairs *qi* movement
Red tip and margins of the tongue, thin dry yellow coating, rapid pulse	Dryness-heat in the *qi* system impairs the fluids

【Prescription】 *Qing Zao Jiu Fei Tang*.

Shi Gao (Gypsum Fibrosum)
Sang Ye (Folium Mori)
Ren Shen (Radix Ginseng)
Xing Ren (Semen Armeniacae Amarum)
Huo Ma Ren (Fructus Cannabis)
E Jiao (Colla Corii Asini)
Mai Dong (Radix Ophiopogonis)
Pi Pa Ye (Folium Eriobotryae)
Zhi Gan Cao (Radix Glycyrrhizae Preparata)

Dryness in the lung can cause dyspnea, shortness of breath, discomfort in chest and hypochondrium, perhaps even atrophy-flaccidity, including lung atrophy syndrome. Lung dryness should be treated with *Qing Zao Jiu Fei Tang* created by Yu Jiayan.

【Syndrome differentiation】 Differential diagnosis of dryness-heat attacking the defense system and dryness-heat damaging the lungs syndromes is shown in the table 6-2-6.

Table 6-2-6 Differential diagnosis of dryness-heat attacking the defense system and dryness-heat damaging the lungs syndromes

	Dryness-heat damaging the lungs syndrome	Dryness-heat attacking the defense system syndrome
Differential symptoms	Fever with dry cough, vexation with thirst	Dry throat and thirst, dry mouth and nose, fever with aversion to wind and cold
Pathogenesis	Dryness-heat accumulates in the lungs and impairs *qi* and *yin*	Dryness-heat attacks the defense system, resulting in the lung becoming unable to disperse and descend
Therapeutic principles	Clear the lungs and moisten dryness, fortify *qi* and nourish *yin*	Ventilate the lungs with pungent-cool herbs, clear heat and moisten dryness
Prescription	*Qing Zao Jiu Fei Tang*	*Sang Xing Tang*

6.2.4 Dryness assailing the upper orifices syndrome

This syndrome is caused by warm-dryness pathogen, which attacks *qi* system of lung and stomach, changes into fire and disturbs upper orifices. It usually occurs in autumn in autumn-dryness diseases.

【Original source material】 For those with dryness that has transformed into fire and is disturbing the upper orifices, *Qiao He Tang* (Qiaohe Decoction) can be used. (Analysis of Warm Diseases)

Qiao He Tang is indicated for pathogens disturbing the upper orifices, manifested as tinnitus, congested eyes, swelling of the gums and sore throat. It can also be used to clear dryness-heat in the *qi* system of the upper energizer. (Analysis of Warm Diseases)

【Clinical manifestations】 Fever, dry mouth and nose, tinnitus, congested eyes, painful swelling of the gums, dry tongue with thin yellow coating, rapid pulse.

【Syndrome analysis】 Syndrome analysis of dryness assailing the upper orifices is shown in the table 6-2-7.

Table 6-2-7 Syndrome analysis of dryness assailing the upper orifices

Main symptoms	Pathogenesis
Fever	Intense dryness-heat in the interior
Dry mouth and nose	Dryness-heat consumes the fluids of the lungs and stomach
Tinnitus, congested eyes, painful swelling of the gums	Dryness-heat transforms into fire and disturbs the upper orifices
Dry tongue with thin yellow coating, rapid pulse	Dryness-heat in the *qi* system

【Basic pathogenesis】 Dryness-heat in the *qi* system disturbs the upper orifices.

【Therapeutic principle】 Clear and disperse dryness-heat.

【Prescription】 *Qiao He Tang*.

Bo He (*Herba Menthae*)
Lian Qiao (*Fructus Forsythiae*)
Gan Cao (*Radix Glycyrrhizae*)
Zhi Zi (*Fructus Gardeniae*)
Jie Geng (*Radix Platycodonis*)
Lu Dou Yi (*Testa Vignae Radiatae*)

This syndrome is characterized by warm-dryness in the *qi* system, and manifests as dryness in the upper orifices; the locus of disease is different from dryness-heat attacking the defense system syndrome. Therapeutic methods to clear and disperse dryness-heat should be used. As *qi* and *yin* are not overly damaged by dryness, moistening the lungs is not necessary.

【Syndrome differentiation】 Differential diagnosis of dryness assailing the upper orifices and dryness-heat attacking the defense system syndromes is shown in the table 6-2-8.

Table 6-2-8 Differential diagnosis of dryness assailing the upper orifices and dryness-heat attacking the defense system syndromes

	Dryness assailing the upper orifices syndrome	Dryness-heat attacking the defense system syndrome
Main symptoms	Fever, dry mouth and nose, tinnitus, congested eyes	Fever with aversion to wind, dry cough, thirst, dry mouth and nose

Continued

	Dryness assailing the upper orifices syndrome	Dryness-heat attacking the defense system syndrome
Pathogenesis	Dryness-heat in the *qi* system disturbs the upper orifices	Wind-heat attacks the defensive *qi*, and results in the lungs losing their ability to disperse and descend
Therapeutic principles	Clear and disperse dryness-heat	Ventilate the lung with pungent-cool herbs, clear heat and moisten dryness
Prescription	*Qiao He Tang*	*Sang Xing Tang*

6.2.5 Damp-heat troubling the middle energizer syndrome

This syndrome occurs in damp-warm diseases and with summer-heat complicated by dampness retention; it arises as a result of damp-heat or summer-damp pathogens obstructing the *qi* system of the middle energizer. The accumulated dampness transforms into heat and results in a syndrome wherein there is over-abundance of both dampness and heat. This then acts to obstruct the middle energizer, and thereof affects the ascending and descending functions of spleen and stomach *qi*.

【Original source material】 Abdominal pain with sensation of fullness, vomiting and poor appetite, white or yellow tongue coating, which is dry when touched, thirst but no desire for drink, diarrhea, scanty or reddish urine, are caused by accumulation of damp-heat in the spleen... If the tongue has a yellow slippery coating, pungent herbs should be used to open, clear and resolve damp-heat, *Huo Xiang Zuo Jin Tang* (Huoxiang Zuojin Decoction) or *Lian Po Yin* (Lianpo Decoction) are recommended. [*Chong Ding Guang Wen Re Lun* (Revised Treatise on General Warm Disease)]

【Clinical manifestations】 Generalized fever which isn't relieved after sweating, thirst but no desire for drink, feeling of oppression in chest and abdominal distention, nausea and vomiting, loose foul smelling stools, scanty dark urine, red tongue with yellow greasy coating, rapid soggy pulse.

【Syndrome analysis】 Syndrome analysis of damp-heat troubling the middle energizer is shown in the table 6-2-9.

Table 6-2-9 Syndrome analysis of damp-heat troubling the middle energizer

Main symptoms	Pathogenesis
Generalized fever which isn't relieved after sweating	Heat steams out and dampness moves, (together) the two are sticky and difficult to eliminate
Thirst but no desire for drink	Heat damages the fluids, but fluids fail to ascend due to retained dampness
Abdominal distention, nausea, vomiting, loose stools and dark urine	Damp-heat obstructs the middle energizer
Red tongue with yellow greasy coating, rapid soggy pulse	Over-abundance of damp-heat in the interior

【Basic pathogenesis】 Over-abundance of damp-heat in the middle energizer, the ascending and descending functions of spleen and stomach *qi* are abnormal.

【Therapeutic principle】 Expel and resolve damp-heat, open with pungent herbs, downward drain with bitter herbs.

【Prescription】 *Wang Shi Lian Pu Yin.*

Huang Lian (*Rhizoma Coptidis*) *prepared with ginger juice*

Hou Pu (*Cortex Magnoliae Officinalis*)

Shi Chang Pu (*Rhizoma Acori Tatarinowii*)

Ban Xia (*Rhizoma Pinelliae*)

Dan Dou Chi (*Semen Sojae Preparatum*)

Zhi Zi (*Fructus Gardeniae*)

Lu Gen (*Rhizoma Phragmitis*)

The key pathogenesis of this syndrome is an over-abundance of damp-heat obstructing the spleen and stomach in the middle energizer; this should be differentiated from predominant dampness obstructing both the defense and *qi* systems which is treated with *San Ren Tang*, and from over-abundance of heat complicated by dampness which is treated with *Bai Hu Jia Cang Zhu Tang* (Baihu Jia Cangzhu Decoction) and *San Shi Tang* (Sanshi Decoction). When treating this syndrome, the dampness can not be removed if only heat clearing herbs are used, while the heat will become more intense and scorching if only dampness removing herbs are used; therefore, both therapies should be taken into consideration when designing a prescription to treat this syndrome.

【Syndrome differentiation】 Differential diagnosis of damp-heat troubling the middle energizer and dampness obstructing both the defense and *qi* systems syndromes is shown in the table 6-2-10.

Table 6-2-10 Differential diagnosis of damp-heat troubling the middle energizer and dampness obstructing both the defense and *qi* systems syndromes

	Damp-heat troubling the middle energizer syndrome	Dampness obstructing both the defense and *qi* systems syndrome
Main Symptoms	Generalized fever which isn't relieved after sweating, thirst but no desire for drink, nausea and vomiting, loose foul smelling stools, scanty dark urine, red tongue with yellow greasy coating, rapid soggy pulse	Aversion to cold, little sweating, unsurfaced fever, headache, heaviness of body, fullness of chest, white greasy tongue coating, soggy moderate pulse
Pathogenesis	Over-abundance of damp-heat obstructs the middle energizer	Damp-heat stagnates in both the defense and *qi* systems, dampness predominates
Therapeutic principles	Expel and resolve damp-heat, open with pungent herbs, downward drain with bitter herbs	Eliminate dampness with aromatics, disperse the pathogens from the exterior
Prescriptions	*Wang Shi Lian Pu Yin* (Wangshi Lianpu Decoction)	*Huo Po Xia Ling Tang* or *San Ren Tang*

6.2.6 Damp-heat diffused throughout all three energizer syndrome

This syndrome occurs in damp-warm diseases and summer-heat complicated by dampness retention; it is caused by damp-heat or summer-heat and dampness diffusing throughout the *qi* system of the triple energizer and thereof obstructing *qi* movement. It manifests with triple energizer dysfunction symptoms and signs. In most cases of this syndrome, heat symptoms are more predominant than damp symptoms.

【Original source material】 Where summer-heat and dampness is diffused throughout the triple energizer, if the patient's symptoms are characterized by a slippery and slight yellow tongue coating and the pathogens are retained in the *qi* system, *San Shi Tang* is the remedy. (Analysis of Warm Diseases)

Further discussing pathogens that have remained in the *qi* system of the triple energizer but have not transferred to the blood system, it should be noted that the syndrome is similar to a cold-induced *shaoyang* syndrome. However, with a *shaoyang* syndrome, the therapeutic method of harmonizing exterior and interior should be applied; with syndromes wherein pathogens remain in the *qi* system of the triple energizer, normalizing the ascending and descending actions of the triple energizer should be used; that is to say, *Xing Ren*, *Hou Po*, *Fu Ling* and the like can be added (to the formula used), or *Wen Dan Tang* (Wendan Decoction) can be used to drain. (Treatise on Warm Diseases)

【Clinical manifestations】 Generalized fever with flushed face, deafness and dizziness, blood-stained sputum, slight thirst, feeling of oppression in chest, abdominal distention, nausea and vomiting, loose foul smelling stools, scanty dark urine, red tongue with yellow greasy coating, rapid slippery pulse. If heat steams (forces) the dampness to the exterior, then jaundice, constipation and dark urine will present.

【Syndrome analysis】 Syndrome analysis of damp-heat diffused throughout all three energizers is shown in the table 6-2-11.

Table 6-2-11 Syndrome analysis of damp-heat diffused throughout all three energizers

Main symptoms	Pathogenesis
Generalized fever with flushed face, deafness and dizziness	The upper orifices are blocked by the steaming actions of the damp-heat
Blood-stained sputum, abdominal distention, nausea and vomiting, loose stools, dark urine	Damp-heat is diffused throughout the triple energizer
Red tongue with yellow greasy coating, rapid slippery pulse	Over-abundance of damp-heat in the interior

【Basic pathogenesis】 Over-abundance of damp-heat in the interior, *qi* stagnation in the triple energizer.

【Therapeutic principle】 Expel damp-heat from the triple energizer, open up *qi* movement in the triple energizer.

【Prescription】 *San Shi Tang*.

Hua Shi (*Talcum*)
Shi Gao (*Gypsum Fibrosum*)
Han Shui Shi (*Calcitum*)
Xing Ren (*Semen Armeniacae Amarum*)
Zhu Ru (*Caulis Bambusae in Taenia*)
Jin Yin Hua (*Flos Lonicerae*)
Jin Zhi (*Stool*)
Tong Cao (*Medulla Tetrapanacis*)

Damp-heat diffused throughout all three energizers syndrome is characterized by a predominance of heat over dampness. In this syndrome, damp-heat attacks a wider area than that seen in a summer-heat complicated by dampness syndrome, in which summer-heat is more predominant. Damp-heat easily blocks *qi* circulation, and it is therefore necessary to open up the upper energizer first in order to clear and remove damp-heat from the triple energizer; this is because the upper energizer is the source of *qi* distribution and general commander of *qi* movement in the body. Damp-heat can be resolved easily if the transformation and movement functions of *qi* (i. e. *qi hua*) are normal. However, as the clinical manifestations may be diverse and there may be further complications, relevant herbs should be selected on the basis of the various triple energizer symptoms and signs.

【Syndrome differentiation】 Differential diagnosis of damp-heat diffused throughout all three energizers and summer-heat complicated by dampness syndromes is shown in the table 6-2-12.

Table 6-2-12 Differential diagnosis of damp-heat diffused throughout all three energizers and summer-heat complicated by dampness syndromes

	Damp-heat diffused throughout all three energizers syndrome	Summer-heat complicated by dampness syndrome
Main Symptoms	Generalized fever with flushed face, deafness and dizziness, blood-stained sputum, abdominal distention, nausea with retching, loose stools, dark urine	High fever with sweating, flushed face with coarse breathing, thirst with a desire to drink, abdominal distention, a physical sensation of heaviness
Pathogenesis	Over-abundance of damp-heat (summer-damp) in the interior, *qi* stagnation in the triple energizer	Overabundant stomach heat complicated by dampness
Therapeutic principles	Expel damp-heat from the triple energizer, open up the free-flow of *qi* in the triple energizer	Clear and purge heat from the *qi* system, resolve dampness
Prescription	*San Shi Tang*	*Bai Hu Jia Cang Zhu Tang*

6.2.7 Pathogens laying wait in the *mo yuan* syndrome

This syndrome occurs at the beginning of an attack of damp-heat pestilence when pathogens lodge in the *mo yuan* (literally "membrane source"; i. e. pleuro-diaphragmatic interspace, regarded as the interior-exterior interspace). Damp-heat pestilence is a swift and violent pathogen that directly attacks the *mo yuan* without first causing an exterior syndrome. It is commonly seen in damp-warm pestilence disease.

【Original source material】 At the beginning of an attack of pestilence, the manifestations are as follows: Firstly chills followed by fever and then fever without chills. About three days after the attack, manifestations such as a rapid, non-floating and non-sunken pulse, fever all day and night where the fever is more severe in the late afternoon, and headache with bodily pain appear; these indicate that the pathogens have lodged in the *mo yuan*. Although the patient has a headache with bodily pain, an exterior syndrome can not be diagnosed and herbs such as *Ma Huang* and *Gui Zhi* (*Ramulus Cinnamomi*) should be avoided, for the pathogens have attacked the interior-exterior interspace directly and not the exterior. In this case, inducing diaphoresis will injure the defensive *qi* and has no effect on reducing the fever, and purgation will injure stomach *qi* and the thirst will become even more severe, i. e., methods of inducing diaphoresis and purgation should be completely avoided. Therefore, *Da Yuan Yin* (Dayuan Decoction, for eliminating pathogens from the *mo yuan*) is the remedy. (Treatise on Pestilence)

When damp-heat lodges in the *mo yuan*, the tongue coating will be white, the epigastrium will become distended and there will be malaria-like manifestations. This kind of malaria is called "damp malaria", and is slightly different than autumn malaria. For the treatment of damp malaria, modified *Da Yuan Yin* can be utilized. The prescription can eliminate miasma and damp-heat from the *mo yuan* and its actions are similar to *Bu Huan Jin Zheng Qi San* (Buhuanjin Zhengqi Powder). (Paper on Damp-Heat Diseases)

【Clinical manifestations】 Firstly chills followed by fever and then fever without chills, the fever is more severe in the late afternoon; headache with bodily pain, feeling of oppression in chest and abdominal distention, nausea and occasional vomiting, white greasy tongue coating that looks like piled powder, wiry rapid pulse.

【Syndrome analysis】 Syndrome analysis of pathogens laying wait in the *mo yuan* is shown in the table 6-2-13.

Table 6-2-13 Syndrome analysis of pathogens laying wait in the *mo yuan*

Main symptoms	Pathogenesis
Chills followed by fever	*Yang-qi* fails to reach the exterior, healthy *qi* and pathogenic *qi* struggle for supremacy
Then fever without chills, the fever is more severe in the late afternoon	Formation of interior heat
Headache with bodily pain	Pathogens are diffused throughout the exterior
Feeling of oppression in chest and abdominal distention, nausea with occasional vomiting	Damp-heat pestilence has diffused through the interior and is blocking the middle energizer
White greasy tongue coating that looks like piled powder, wiry rapid pulse	Obstruction by dampness results in the formation of latent heat, *qi* movement becomes stagnant

【Basic pathogenesis】 Pathogens lodge in the *mo yuan*, filthy turbidity blockage in the interior.

【Therapeutic principle】 Eliminating pathogens from the *mo yuan*.

【Prescription】 *Da Yuan Yin*.

Bin Lang (*Semen Arecae*)
Hou Po (*Cortex Magnoliae Officinalis*)
Cao Guo (*Fructus Tsaoko*)
Zhi Mu (*Rhizoma Anemarrhenae*)
Bai Shao (*Radix Paeoniae Alba*)
Huang Qin (*Radix Scutellariae*)
Zhi Gan Cao (*Radix Glycyrrhizae Preparata*)

This syndrome is characterized by chills followed by fever, thick white greasy tongue coating that looks like piled powder; the syndrome is damp-heat in nature and located in the *mo yuan*. Because it is an accumulation of damp and heat, neither induce sweating nor purgation can be used, and the usual formulas that resolve dampness doesn't work well either. Eliminating pathogens from the *mo yuan* with harmonizing therapy is recommended.

【Syndrome differentiation】 Differential diagnosis of pathogens laying wait in the *mo yuan* and cold-induced *shaoyang* syndromes is shown in the table 6－2－14.

Table 6－2－14 Differential diagnosis of pathogens laying wait in the *mo yuan* and cold-induced *shaoyang* syndromes

	Pathogens laying wait in the *mo yuan* syndrome	Cold-induced *shaoyang* syndrome
Main symptoms	Chills followed by fever, headache with bodily pain, feeling of oppression in chest and abdominal distention, nausea with occasional vomiting; white greasy tongue coating that looks like piled powder, wiry rapid pulse	Alternating chills and fever, bitter taste in mouth and dry throat, dizziness, wiry pulse
Pathogenesis	Pathogens lodge in the *mo yuan*, filthy turbidity blockage in the interior	Pathogens enter the *shaoyang*, pathogens and healthy *qi* struggle for supremacy, *shaoyang* meridian disfunction
Therapeutic principle	Eliminating pathogens from the *mo yuan*	Harmonize the *shaoyang*
Prescription	*Da Yuan Yin*	*Xiao Chai Hu Tang* (Xiaochaihu Decoction)

6.2.8 Damp-heat stagnation in the gallbladder syndrome

This syndrome is caused by damp-heat which was not eliminated from the middle energizer and subsequently accumulated in the gallbladder; it is characterized by heat symptoms more than damp symptoms. It commonly occurs in summer-heat and dampness, damp-warm and latent summer-heat diseases.

【Original source material】 *Hao Qin Qing Dan Tang* (Haoqin Qingdan Decoction) is an experience-based formula created by Yu Genchu, and is a classic formula for harmonizing the gallbladder meridian. [*Chong Ding Tong Su Shang han Lun* (Revised Popular Literature of Treatise on Cold-Induced Diseases)]

Latent summer-heat is usually inter-mingled with dampness. The manifestations of a latent summer-heat syndrome are as follows: The pulse is necessarily has a feeling of "blockage", and the tongue coating is necessarily greasy; there may be a slight aversion to cold, or perhaps only fever, when there is fever, there is stuffiness and oppression in the epigastrium; there is thirst and vexation. The above symptoms become worse in the afternoon, and are worst in the evening; they are relieved after sweating in the morning, and reappear in the next day like the irregular attacks of malaria. (Analysis of Warm Diseases)

【Clinical manifestations】 Malaria-like chills and fever, fever more severe than aversion to cold, fever worse in the afternoon, vexation with thirst, stuffiness and oppression in the epigastrium, hypochondriac distention and fullness, nausea and vomiting, bitter taste in mouth, dysuria, yellow greasy tongue coating, rapid slippery pulse.

【Syndrome analysis】 Syndrome analysis of damp-heat stagnation in the gallbladder syndrome is shown in the table 6 - 2 - 15.

Table 6 - 2 - 15 Syndrome analysis of damp-heat stagnation in the gallbladder syndrome

Main symptoms	Pathogenesis
Malaria-like chills and fever, fever more severe than aversion to cold, fever worse in the afternoon	Damp-heat stagnation, healthy and pathogenic *qi* struggle for supremacy
Stuffiness and oppression in the epigastrium, hypochondriac distention and fullness, nausea and vomiting, bitter taste in mouth	Dysfunction of *shaoyang*
Yellow greasy tongue coating, rapid slippery pulse	Damp-heat stagnation in the interior

【Basic pathogenesis】 Damp-heat stagnation in the gallbladder, heat predominates over damp.

【Therapeutic principle】 Clear and release the *Shaoyang*, expel damp turbidity from the triple energizer.

【Prescription】 *Hao Qin Qing Dan Tang*.

Qing Hao (*Herba Artemisiae Annuae*)
Zhu Ru (*Caulis Bambusae in Taenia*)
Ban Xia (*Rhizoma Pinelliae*)
Fu Ling (*Poria*)
Huang Qin (*Radix Scutellariae*)
Zhi Qiao (*Fructus Aurantii*)
Chen Pi (*Pericarpium Citri Reticulatae*)
Bi Yu San (Green Jade Powder)

The gallbladder meridian of foot *shaoyang* and triple energizer meridian of hand *shaoyang* are connected, and accumulation of damp and heat will lead to disordering of the *qi* in the triple energizer and flaring fire in the gallbladder. The gallbladder maintains the free flow of *qi*, which is key for *qi* circulation; the triple energizer commands *qi* transformation (*qi hua*), and is the passage for *yang qi* and fluids circulation, both of which are closely related to the ascending, descending, outward and inward movement of *qi*. If damp-heat accumulates in the triple energizer and *qi* circulation becomes disordered it can lead to stagnant gallbladder *qi* transforming into fire; therefore, treating the triple energizer should be considered when treating the gallbladder.

【Syndrome differentiation】 Differential diagnosis of damp-heat stagnation in the gallbladder and cold-induced *shaoyang* syndromes is shown in the table 6-2-16.

Table 6-2-16 Differential diagnosis of damp-heat stagnation in the gallbladder and cold-induced *shaoyang* syndromes

	Damp-heat stagnation in the gallbladder syndrome	Cold-induced *shaoyang* syndrome
Main symptoms	Malaria-like chills and fever, fever more severe than aversion to cold, nausea with vomiting, bitter taste in mouth, yellow greasy tongue coating, rapid slippery pulse	Alternating chills and fever, bitter taste in mouth and dry throat, dizziness, wiry pulse
Pathogenesis	Damp-heat stagnation in gallbladder, heat predominates over damp	Pathogen enters the *shaoyang* meridian, struggle between pathogenic and healthy *qi*, dysfunction of the *shaoyang* meridian
Therapeutic principles	Clear and release the *shaoyang*, expel damp turbidity from the triple energizer	Harmonize the *shaoyang* meridian
Prescription	*Hao Qin Qing Dan Tang*	*Xiao Chai Hu Tang*

6.2.9 Damp-heat induced jaundice syndrome

This syndrome is caused by damp-heat which has not been eliminated from the spleen and stomach middle energizer and which then goes on to accumulate in the liver and gallbladder. It is characterized by heat predominant *yang* jaundice and is commonly seen in damp-warm diseases.

【Original source material】 For a *yangming* meridian warm disease manifestating with an absence of sweating, or only head sweating, thirst with desire to drink, abdominal fullness, dry yellow tongue coating and dysuria, jaundice will inevitably occur; *Yin Chen Hao Tang* (Yinchenhao Decoction) is the remedy. (Analysis of Warm Diseases)

When pestilence transmits to the interior, heat accumulates in the lower energizer, dysuria appears and meridian *qi* is blocked by the pathogens. In this case, jaundice marked by bright yellow skin and eyes occurs; *Yin Chen Hao Tang* is recommended. (Treatise on Pestilence)

【Clinical manifestations】 Jaundice marked by bright yellow skin and eyes, absence of sweating, or head sweating with an absence of body sweating, thirst with desire to drink, abdominal fullness and hypochondriac pain, poor appetite and nausea, dysuria, dry yellow or greasy yellow tongue coating, rapid slippery pulse.

【Syndrome analysis】 Syndrome analysis of damp-heat induced jaundice is shown in the table 6 - 2 - 17.

Table 6 - 2 - 17 Syndrome analysis of damp-heat induced jaundice

Main symptoms	Pathogenesis
Jaundice marked by bright yellow skin and eyes	Stagnant damp-heat steams the gallbladder, bile diffuses to the skin
Anhidrosis, or head sweating with absence of body sweating	Damp-heat stagnation, blockage of *qi* movement in the exterior
Abdominal fullness and hypochondriac pain, poor appetite and nausea	Stagnation of damp-heat, dysfunction of *qi* movement
Dysuria	Disturbance of *qi* transformation in the triple energizer, blockage of the water passages
Dry yellow or greasy yellow tongue coating, rapid slippery pulse	Damp-heat in the interior, heat predominant over damp

【Basic pathogenesis】 Damp-heat stagnates in the liver and gallbladder, with heat more severe than the dampness.

【Therapeutic principle】 Clear heat, remove dampness, and relieve jaundice.

【Prescription】 *Yin Chen Hao Tang*.

Yin Chen (*Herba Artemisiae Scopariae*)

Zhi Zi (*Fructus Gardeniae*)

Da Huang (*Radix et Rhizoma Rhei*)

Jaundice is classified into *yang* types and *yin* types based on cold, heat, deficiency and excess etiologies. *Yang* type jaundice can be subdivided into a predominance of heat or a predominance of dampness. This particular syndrome belongs to a predominance of heat *yang* type; it is due spleen and stomach transportation and transformation dysfunction which has resulted in stagnated damp-heat steaming the liver and gallbladder, with bile diffused out to the skin. *Yin Chen Hao Tang* is recommended.

【Syndrome differentiation】 Differential diagnosis of damp-heat induced jaundice and cold-dampness induced jaundice syndromes is shown in the table 6 - 2 - 18.

Table 6 - 2 - 18 Differential diagnosis of damp-heat induced jaundice and cold-dampness induced jaundice syndromes

	Damp-heat induced jaundice syndrome	Cold-dampness induced jaundice syndrome
Main symptoms	Jaundice marked by bright orange-yellow skin and eyes, thirst, nausea and vomiting, constipation, dark urine, rapid slippery pulse	General jaundice marked by dark yellow skin and eyes, dysuria, loose stools, abdominal fullness, poor appetite, absence of thirst, aversion to cold, swollen and tender tongue, rapid slippery slow weak pulse
Pathogenesis	Damp-heat stagnation in the liver and gallbladder, heat predominates over damp	Deficiency of middle *yang* with retention of cold-damp, liver and gallbladder dysfunction

Continued

	Damp-heat induced jaundice syndrome	Cold-dampness induced jaundice syndrome
Therapeutic principles	Clear heat, remove dampness, and relieve jaundice	Warm the middle energizer, expel cold and void dampness
Prescription	*Yin Chen Hao Tang*	*Yin Chen Zhu Fu Tang* (Yinchen Zhufu Decoction)

6.2.10 Intense heat ablaze in the *yangming* syndrome

The syndrome is caused by pathogenic heat attacking the *qi* system, heat which has not yet combined with accumulated pathogens in the large intestine meridian of hand *yangming*. This syndrome is comparable to a cold-induced *yangming* meridian syndrome, but occurs in a number of warm diseases.

【Original source material】 Intense heat ablaze in the *yangming* manifests as red face, restlessness, vexatious thirst and profuse sweating; it should be treated with *Bai Hu Tang* (Baihu Decoction). [*Wen Ren Feng Yuan* (The Origin of Warm Heat Disorders)]

Taiyin warm disease presents with a floating full pulse, yellow tongue coating, vexatious thirst, red face and aversion to heat; use the pungent, cool and drastic formula *Bai Hu Tang* as the remedy. (Analysis of Warm Diseases)

【Clinical manifestations】 High fever, aversion to heat, red face, profuse sweating, thirst with desire for cold drink, red tongue, dry yellow coating, smooth rapid pulse, or surging large pulse.

【Syndrome analysis】 Syndrome analysis of intense heat ablaze in the *yangming* is shown in the table 6-2-19.

Table 6-2-19 Syndrome analysis of intense heat ablaze in the *yangming*

Main symptoms	Pathogenesis
High fever, aversion to heat, red face	Excessive heat in the *yangming*, heat steaming out to the interior
Profuse sweating	Interior heat forces fluids out
Thirst with desire for cold drink	Excessive heat consumes fluids, body demands water to self-rescue
Red tongue, dry yellow coating, smooth rapid pulse, or surging large pulse	Excessive heat consumes fluids

【Basic pathogenesis】 Flaring of excessive stomach heat, consumption of body fluids.

【Therapeutic principle】 Clear heat and protect body fluids.

【Prescription】 *Bai Hu Tang*.

See 5.2.1.

This syndrome is characterized by "the four symptoms of excessive", namely high fever, profuse sweating, vexatious thirst, surging large pulse. *Bai Hu Tang* is the representative formula for clearing and releasing *yangming* stomach heat. In the case of excessive heat consuming both *qi* and fluids, and manifesting as aversion to cold on the back, surging, large and hollow pulse, *Bai Hu Jia Ren Shen Tang* (Baihu Jia Renshen Decoction) can be used. In the case of complication with dampness, manifesting as gastric fullness, heaviness of the body, *Bai Hu Jia Cang Zhu Tang* can be used. The "four contraindications for *Bai Hu Tang* " mentioned by Wu Jutong, include "when the pulse is floating, wiry and thready, it cannot be given; when the pulse is sunken, it cannot be given; when there is no thirst, it cannot be given; and when the patient does not sweat, it cannot be given". These symptoms respectively imply: pathogens in the exterior or *shaoyang*; interior deficiency; a *yangming fu*-organ excess syndrome or an interior *yin*-cold knot syndrome; and pathogenic heat is not intense.

【Syndrome differentiation】 Differential diagnosis of intense heat ablaze in the *yangming* and wind-heat blocking the lungs syndromes is shown in the table 6 - 2 - 20.

Table 6 - 2 - 20 Differential diagnosis of intense heat ablaze in the *yangming* and wind-heat blocking the lungs syndromes

	Intense heat ablaze in the *yangming* syndrome	Wind-heat blocking the lungs syndrome
Main symptoms	High fever, profuse sweating, vexatious thirst, surging large pulse	Generalized fever and aversion to heat, sweating with thirst, dyspnea, shortness of breath, fullness and a feeling of oppression in chest and hypochondrium, sputum that is sticky white or yellow, red tongue with yellow coating, rapid slippery pulse
Pathogenesis	Flaring of excessive stomach heat	Upward disturbance of wind-heat in the *qi* system, lungs fail to disperse and descend
Therapeutic principle	Clear heat and protect body fluids	Clear heat and disperse lung *qi*
Prescription	*Bai Hu Tang*	*Ma Huang Xing Ren Gan Cao Shi Gao Tang*

6. 2. 11 Intense heat damaging both *qi* and fluids syndrome

This syndrome is caused by formless heat diffusing throughout the lung meridian of hand *taiyin* and the stomach meridian of foot *yangming*; this formless heat then goes on to damage fluids and *qi*. It occurs mainly in wind-warm, spring-warm and summer-warm warm diseases.

【Original source material】 If a *taiyin* warm disease manifests with a floating large and hollow pulse, profuse sweating, and slight dyspnea with flaring nostrils, *Bai Hu Jia Ren Shen Tang* can be used. For patients with a large scattered pulse, the formula should be adopted using a double dose of *Ren Shen* as quickly as possible. (Analysis of Warm Diseases)

For summer-warm disease in the hand *taiyin* manifesting with profuse sweating, vexatious thirst with dyspnea, surging, large and hollow pulse, regardless of whether diaphoretic therapy was used or not, *Bai Hu Jia Ren Shen Tang* can be used. (Analysis of Warm Diseases)

【Clinical manifestations】 High fever, frequent sweating with vexatious thirst, shortness of breath and lassitude, flushed face, vexation, perhaps slight dyspnea with flaring nostrils, cracked tongue with dry yellow coating, surging, large and hollow pulse.

【Syndrome analysis】 Syndrome analysis of intense heat damaging both *qi* and fluids is shown in the table 6-2-21.

Table 6-2-21 Syndrome analysis of intense heat damaging both *qi* and fluids

Main symptoms	Pathogenesis
High fever, sweating with vexatious thirst, shortness of breath and lassitude	Heat diffused throughout the lungs and stomach consuming and damaging the fluids and *qi*
Flushed face, vexation	Heat rises and disturbs the mind
Slight dyspnea with flaring nostrils	Heat invades the lungs, lung *qi* counterflows
Cracked tongue with dry yellow coating, surging large and hollow pulse	Intense heat impairs *qi* and fluids

【Basic pathogenesis】 Intense heat in the lungs and stomach, *qi* and fluids become damaged.

【Therapeutic principle】 Clear interior heat, increase *qi* and generate fluids.

【Prescription】 *Bai Hu Jia Ren Shen Tang*.

See 5.2.1.

Bai Hu Jia Ren Shen Tang and *Wang Shi Qing Shu Yi Qi Tang* both act to reduce pathogens and reinforce(healthy *qi*), however, the former has a more potent clearing heat action than the latter. The former uses *Ren Shen* to tonify *qi* as a way of protecting the fluids thereof working to prevent collapse; while the latter is more focused on generating fluids which it combines with fortifying *qi*.

【Syndrome differentiation】 Differential diagnosis of intense heat damaging both *qi* and fluids and summer-heat impairing both *qi* and fluids is shown in the table 6-2-22.

Table 6-2-22 Differential diagnosis of intense heat damaging both *qi* and fluids and summer-heat impairing both *qi* and fluids syndromes

	Intense heat damaging both *qi* and fluids syndrome	Summer-heat impairing both *qi* and fluids syndrome
Main symptoms	High fever, sweating with vexatious thirst, shortness of breath and lassitude, surging large and hollow pulse	Generalized fever, vexation, thirst, spontaneous sweating, lassitude and mental fatigue, thin yellow dry tongue coating, empty thready rapid pulse
Pathogenesis	Intense heat in the lungs and stomach, *qi* and fluids become damaged	Retention of summer-heat in the interior, *qi* and fluids become impaired
Therapeutic principles	Clear interior heat, increase *qi* and generate fluids	Clear heat and clean away summer-heat pathogens, increase *qi* and generate fluids
Prescription	*Bai Hu Jia Ren Shen Tang*	*Wang Shi Qing Shu Yi Qi Tang* (Wangshi Qingshu Yiqi Decoction)

6.2.12 Heat knotting the *yangming fu*-organ syndrome

This syndrome is caused by the accumulation of warm-heat in the *qi* system combined with pathogens accumulating in the large intestine meridian of hand *yangming*. This syndrome is comparable to a cold-induced *yangming fu*-organ syndrome, but actually occurs in a certain warm diseases.

【Original source material】 When *yangming* is stricken with a warm disease and the syndrome manifests with profuse sweating, delirium, and a dry rough brownish tongue coating, *Xiao Cheng Qi Tang* (Xiaochengqi Decoction) is of use. (Analysis of Warm Diseases)

Yangming warm disease manifesting with a flushed face and congested eyes, cold limbs, perhaps to the point where the whole body is cold, no clonic convulsions only coma, constipation for over one week, dark urine, sunken hidden pulse, perhaps accompanied by a syncope pulse, hard abdominal distention perhaps to the point of rejecting pressure, preference for cool drink, *Da Cheng Qi Tang* (Dachengqi Decoction) is the remedy. (Analysis of Warm Diseases)

For a *yangming* disorder requiring downward purging, there are three methods to choose from: *Da Cheng Qi Tang* is indicated for severe heat knots with dried out fluids; *Tiao Wei Cheng Qi Tang* (Tiaowei Chengqi Decoction) is indicated for heat knots without dried out fluids but with watery diarrhea; in situations where the fluids dryness is particularly acute and the heat knot less severe, *Zeng Ye Cheng Qi Tang* (Zengye Chengqi Decoction) is indicated as it can increase fluids protecting the deficient areas and the fluids from being consumed. (Analysis of Warm Diseases)

A *yangming* warm disease manifesting purely with watery diarrhea is a heat knot where the fluids flow around it. In this case, *Tiao Wei Cheng Qi Tang* can be prescribed. (Analysis of Warm Diseases)

【Clinical manifestations】 Generalized fever and aversion to heat, tidal fever in the late afternoon, coma with delirium, sweating with thirst, hard stool constipation, or perhaps only foul watery diarrhea, abdominal distention and pain that refuses pressure, prickly tongue with dry parched yellow coating or dry scorched blackish coating with prickles, sunken full forceful pulse.

【Syndrome analysis】 Syndrome analysis of heat knotting the *yangming fu*-organs is shown in the table 6－2－23.

Table 6－2－23 Syndrome analysis of heat knotting the *yangming fu*-organs

Main symptoms	Pathogenesis
Generalized fever and aversion to heat, coma with delirium, sweating with thirst	Heat accumulates in the interior and disturbs the mind
Watery diarrhea	Heat knot where the fluids flow around the knot
Constipation, abdominal distention and pain that refuses touch	Dry stool accumulation in the interior, complicated with *qi* stagnation
Dry parched thick yellow tongue coating, sunken full forceful pulse	Tangible heat excess knots up in the interior

【Basic pathogenesis】 Tangible heat excess knots up in the interior, obstruction of *fu*-

organ *qi*.

【Therapeutic principle】 Expel the heat knot with potent purgation.

【Prescription】

A. *Da Cheng Qi Tang*

See 5.2.2.

B. *Xiao Cheng Qi Tang*

See 5.2.2.

C. *Tiao Wei Cheng Qi Tang*

See 5.2.2.

The three purgation decoctions come from the Treatise on Cold-Induced Diseases. In the treatment of a warm disease, the dosage of *Hou Po* and *Zhi Shi* should be reduced, to minimize the potency and dryness of the formula. This is due to the difference in the pathogens and pathogenesis of cold-induced diseases and warm diseases, in which pathogenic heat easily damages *yin*. Generally speaking, modified *Tiao Wei Cheng Qi Tang* is more commonly used in warm disease.

【Syndrome differentiation】 Differential diagnosis of heat knotting the *yangming fu*-organs and intense heat ablaze in the *yangming* syndromes is shown in the table 6-2-24.

Table 6-2-24 Differential diagnosis of heat knotting the *yangming fu*-organs and intense heat ablaze in the *yangming* syndromes

	Heat knotting the *yangming fu*-organs syndrome	Intense heat ablaze in the *yangming* syndrome
Main symptoms	Generalized fever and aversion to heat, coma, delirium, sweating with thirst, hard stool constipation, abdominal distention and pain that refuses touch, dry parched thick yellow tongue coating, sunken full forceful pulse	High fever, vexatious thirst, profuse sweating, surging large pulse
Pathogenesis	Tangible heat excess knots up in the interior, obstruction of *fu*-organ *qi*	Intense heat in the *qi* system
Therapeutic principle	Expel the heat knot with potent purgation	Clear heat and prevent the consumption of fluids
Prescriptions	*Da Cheng Qi Tang*, *Xiao Cheng Qi Tang*, *Tiao Wei Cheng Qi Tang*	*Bai Hu Tang*

6.2.13 Damp-heat accumulation in the intestines syndrome

This syndrome is caused by damp-heat accumulation in the *qi* system, which interferes with the flow of *qi* in the middle energizer; it then combines with pathogens that have accumulated in the intestines and blocks the gastrointestinal tract. It is commonly seen in damp-warm or summer-heat-dampness diseases.

【Original source material】 *Zhi Shi Dao Zhi Tang* (Zhishi Daozhi Decoction) is Yu Genchu's experienced based prescription for purging stagnation from the intestinal tract.

(Revised Popularly Circulating Treatise on Cold-Induced Diseases)

For summer-heat-dampness accumulation in the *mo yuan*, begin with the middle. Differentially diagnose its route of transmission and medicate. Note especially to differentiate whether summer-heat or dampness is predominant... If the summer-heat-dampness transmits to the large and small intestines and combines with the stools, bitter cold *Zhi Shi Dao Zhi Tang* can be used to downward eliminate (the pathogens) via the large intestine. (Revised Popularly Circulating Treatise on Cold-Induced Diseases)

【Clinical manifestations】 Generalized fever, nausea and vomiting, abdominal distention and burning heat, yellow red paste/jam-like loose foul smelling stools, yellow greasy tongue coating, soggy rapid pulse.

【Syndrome analysis】 Syndrome analysis of damp-heat accumulation in the intestines is shown in the table 6-2-25.

Table 6-2-25 Syndrome analysis of damp-heat accumulation in the intestines

Main symptoms	Pathogenesis
Generalized fever, nausea and vomiting, abdominal distention, fullness and burning fever	Damp-heat accumulates in the interior, spleen and stomach fail to properly perform their ascending and descending functions
Yellow red paste/jam-like loose foul smelling stools	Damp-heat combines with undigested food
Yellow greasy tongue coating, soggy rapid pulse	Interior accumulation of damp-heat and undigested food

【Basic pathogenesis】 Combination of damp-heat with undigested food in gastrointestinal tract, spleen and stomach fail to properly perform their ascending and descending functions.

【Therapeutic principle】 Clear heat and resolve dampness, purge away stagnation.

【Prescription】 *Zhi Shi Dao Zhi Tang*.

Zhi Shi (Fructus Aurantii Immaturus)
Da Huang (Radix et Rhizoma Rhei)
Shan Zha (Fructus Crataegi)
Bing Lang (Semen Arecae)
Hou Po (Cortex Magnoliae Officinalis)
Huang Lian (Rhizoma Coptidis)
Shen Qu (Massa Medicata Fermentata)
Lian Qiao (Fructus Forsythiae)
Zi Cao (Radix Arnebiae seu Lithospermi Senis)
Mu Tong (Caulis Akebiae)
Gan Cao (Radix Glycyrrhizae)

In this syndrome, retained undigested food and pathogenic damp-heat accumulate in the intestines, and can not be eliminated if methods to purge, clear heat and resolve the damp-heat are not used. For this reason the bitter cold downward purging actions of the three *Cheng Qi Tang* are suitable. If such intense formulas are mistakenly used, they will very quickly achieve an effect, but at the same time they will damage healthy *qi* while not resolving the summer-damp pathogen problem, i. e. the summer-damp pathogens will stick. In this case it will become necessary to moderately purge clear and transform, exhausting the formulas that clear summer-damp stagnation. It is often necessary to continuously/repeatedly purge, but the formulas must be mild, the so-called "mild method of repeated purgation". Strong purgation is not recommended.

【Syndrome differentiation】 Differential diagnosis of damp-heat accumulation in the intestines and heat knotting the *yangming fu*-organs is shown in the table 6-2-26.

Table 6-2-26 Differential diagnosis of damp-heat accumulation in the intestines and heat knotting the *yangming fu*-organs syndromes

	Damp-heat accumulation in the intestines syndrome	Heat knotting the *yangming fu*-organs syndrome
Main symptoms	Generalized fever, nausea and vomiting, abdominal distention, fullness and burning fever, yellow red paste/jam-like loose foul smelling stools, yellow greasy tongue coating, soggy rapid pulse	Generalized fever and aversion to heat, coma, delirium, sweating with thirst, hard stool constipation or only very watery diarrhea, abdominal distention and pain that refuses pressure, dry parched thick yellow tongue coating, sunken full forceful pulse
Pathogenesis	Damp-heat has combined with undigested food in the gastrointestinal tract, spleen and stomach fail to properly perform their ascending and descending functions	Tangible heat excess knots up in the interior, obstruction of *fu*-organ *qi*
Therapeutic principles	Clear heat and resolve dampness, purge away stagnation	Expel retained heat with potent purgation
Prescriptions	*Zhi Shi Dao Zhi Tang*	*Da Cheng Qi Tang*, *Xiao Cheng Qi Tang*, *Tiao Wei Cheng Qi Tang*

6.2.14 Diarrhea induced by intestinal heat syndrome

Commonly seen in wind-warm and spring-warm disease, in this syndrome pathogenic heat transfers from the lungs and stomach to the large intestine forcing a discharge of fluids and resulting in diarrhea.

【Original source material】 Following purgation, constant frequent diarrhea ensues; the pulse becomes hurried, the exterior is not relieved, and there is dyspnea and sweating, *Ge Gen Huang Qin Huang Lian Tang* (Gegen Huangqin Huanglian Decoction) can be used. [*Wen Re Lang Zhao* (Clear Explanation of Warm Hot Diseases)]

A *Ge Gen Huang Qin Huang Lian Tang* treated *yangming* disease has similarities to a *Da Qing Long Tang* (Daqinglong Decoction) treated *taiyang* syndrome, and a *Xiao Chai Hu Tang* treated *shaoyang* disease. In the *taiyang* disorder, *Ma Huang* is used to relieve exterior, and *Shi Gao* to clear heat in the interior; for the *shaoyang* disorder, *Chai Hu* (*Radix Bupleuri*) is used to relieve exterior, while *Huang Qin* is used to clear heat in the interior; for the *yangming* disease, *Ge Gen* (*Radix Puerariae*) is used to relieve exterior, while *Huang Qin* and *Huang Lian* are used to clear heat in the interior. Although the pathogens in the exterior and interior are different, the therapeutic principles of releasing superficies and clearing interior are the same. [*Shi Bu Zhai Yi Shu* (Shi Bu Zhai's Medical Book)]

【Clinical manifestations】 Generalized fever with thirst, frequent diarrhea, loose yellow foul smelling stools, burning sensation in the anus, yellow tongue coating, rapid pulse.

【Syndrome analysis】 Syndrome analysis of diarrhea induced by intestinal heat is shown in the table 6-2-27.

Table 6-2-27 Syndrome analysis of diarrhea induced by intestinal heat

Main symptoms	Pathogenesis
Generalized fever with thirst	Intense heat damages the fluids
Frequent diarrhea, loose yellow foul smelling stools, burning sensation in the anus	Heat invades the large intestine and forces the discharge of fluids and stools
Yellow tongue coating, rapid pulse	Indication of intense heat

【Basic pathogenesis】 Intense heat in the large intestine forces the discharge of fluids.

【Therapeutic principle】 Clear heat and stop the diarrhea.

【Prescription】 *Ge Gen Huang Qin Huang Lian Tang*.

Ge Gen (*Radix Puerariae*)
Huang Qin (*Radix Scutellariae*)
Huang Lian (*Rhizoma Coptidis*)
Gan Cao (*Radix Glycyrrhizae*)

This syndrome is usually caused by the transmission of heat from the lung and stomach to the large intestine. The heat forces a discharge of fluid, resulting in diarrhea. Clearing heat and stopping the diarrhea should be the primary treatment, using the uplifting of the downward discharging fluids as an adjunct; in this case, *Ge Gen Huang Qin Huang Lian Tang* is the appropriate prescription.

【Syndrome differentiation】 Differential diagnosis of diarrhea induced by intestinal heat and heat knot with side-flow watery diarrhea syndromes is shown in the table 6-2-28.

Table 6-2-28 Differential diagnosis of diarrhea induced by intestinal heat and heat knot with side-flow watery diarrhea syndromes

	Diarrhea induced by intestinal heat syndrome	Heat knot with side-flow watery diarrhea syndrome
Main symptoms	Generalized fever with thirst, frequent diarrhea, loose yellow foul smelling stools, burning sensation in anus, yellow tongue coating, rapid pulse	Generalized fever and aversion to heat, sweating with thirst, watery foul smelling diarrhea, abdominal pain that rejects pressure, dry thick yellow tongue coating, sunken full forceful pulse

Continued

	Diarrhea induced by intestinal heat syndrome	Heat knot with side-flow watery diarrhea syndrome
Pathogenesis	Intense heat transmits from the lung to the large intestine forcing the discharge of fluid	A combination of dryness-heat and dry stool in the large intestine forces the side-flow of fluids around the accumulation
Therapeutic principle	Clear heat and stop the diarrhea	Expel retained heat with potent purgation
Prescriptions	*Ge Gen Huang Qin Huang Lian Tang*	*Da Cheng Qi Tang*, *Xiao Cheng Qi Tang*, *Tiao Wei Cheng Qi Tang*

6.2.15 *Qi* system retention of summer-heat and dampness syndrome

This syndrome is caused by the retention of exogenous summer-heat and dampness in the *qi* system, which blocks the meridians and disturbs clear *yang*. It is usually seen in either the initial stage or late stage of a summer-heat-dampness disease.

【Original source material】 In a hand *taiyang* summer-heat warm disease, if the summer-heat syndrome is somewhat relieved after diaphoresis, but there are still symptoms such as slight distention of the head and impaired vision, this indicates that the pathogens have not been completely resolved; *Qing Luo Yin* (Qingluo Decoction) can be prescribed. If the unresolved exterior pathogens have moved to the middle and lower energizers, use therapeutic principles that downward drain the middle and lower energizers. (Analysis of Warm Diseases)

【Clinical manifestations】 Fever, slight thirst, dizziness and a distended sensation of the head, stuffiness and oppression in the epigastrium, vexation, lassitude, poor appetite, white slight greasy tongue coating, soggy rapid pulse.

【Syndrome analysis】 Syndrome analysis of *qi* system retention of summer-heat and dampness is shown in the table 6-2-29.

Table 6-2-29 Syndrome analysis of *qi* system retention of summer-heat and dampness

Main symptoms	Pathogenesis
Fever, slight thirst	Retention of summer-heat and dampness in the *qi* system
Dizziness, stuffiness and oppression in the epigastrium, vexation, lassitude, poor appetite	Summer-heat and dampness disturb the upper orifices and block *qi* movement
White slightly greasy tongue coating, soggy rapid pulse	Diffusion of summer-heat and dampness and turbidity

【Basic pathogenesis】 Dampness in the exterior results in the covering and disruption of clear *yang*, *qi* movement becomes blocked and stagnant.

【Therapeutic principle】 Open up the exterior, clear summer-heat and transform dampness.

【Prescription】 *Qing Luo Yin*.

He Ye (*Folium Nelumbinis*)

Jin Yin Hua (*Flos Lonicerae*)

Xi Gua Pi (*Pericarpium Citrulli*)

Si Gua Pi (*Pericarpium Luffae*)

Dan Zhu Ye (*Herba Lophatheri*)

Bian Dou Hua (*Flos Lablab*)

Qing Hao (*Herba Artemisiae Annuae*)

Liu Yi San (Six-to-one Powder)

This syndrome can, in fact, be seen in both early and late stages of summer-heat-damp disease; presenting with such symptoms as fever, dizziness, stuffiness and oppression in the epigastrium, poor appetite. *Qing Luo Yin* can be prescribed with the addition of *Qing Hao* and *Liu Yi San* to strengthen the summer-heat clearing and dampness removing actions.

【Syndrome differentiation】 Differential diagnosis of *qi* system retention of summer-heat and dampness and dampness obstructing the defense and *qi* systems syndromes is shown in the table 6-2-30.

Table 6-2-30 Differential diagnosis of *qi* system retention of summer-heat and dampness and dampness obstructing the defense and *qi* systems syndromes

	Qi system retention of summer-heat and dampness syndrome	Dampness obstructing the defense and *qi* systems syndrome
Main symptoms	Fever, dizziness, stuffiness and oppression in the epigastrium, poor appetite, white and slight greasy tongue coating, soggy rapid pulse	Aversion to cold with little sweating, generalized unsurfaced fever, heavy and binding sensation of the head, a physical sensation of heaviness, lassitude, white greasy tongue coating, soggy or moderate pulse
Pathogenesis	Retention of summer-heat and damp in the *qi* system disturbs the upper orifices and blocks *qi* movement	Over-abundance of dampness, damp-heat stagnation in both the defense and *qi* systems
Therapeutic principle	Clear summer-heat and transform dampness	Transform dampness with aromatic herbs, release the exterior and clear heat
Prescription	*Qing Luo Yin*	*Huo Po Xia Ling Tang*

6.2.16 Damp-heat induced phlegm clouding the pericardium syndrome

This syndrome is caused by an exogenous attack of damp-heat, which accumulates and begins to steam inside; it changes into phlegm-turbidity and blocks the pericardium, manifesting as mental disorder. It is commonly seen in damp-warm and summer-heat-dampness diseases.

【Original source material】 A damp-heat syndrome manifesting with high fever and thirst at the onset, stuffiness and fullness in the epigastrium, desire to close the eyes, and occasional delirium are caused by turbidity blocking the upper energizer. (Paper on Damp-Heat Diseases)

A doctor misreads the symptoms of headache, aversion to cold, general heaviness and pain to be a cold-induced disease rather than a damp-warm disease; the doctor further mistreats the problem with diaphoretic therapy. Inducing sweating damages heart *yang*, and the damp pathogens counterflow ascends along with the upward/expansive actions of the pungent-warm herbs used to release the exterior, they then in turn block the pericardium resulting in coma, obstruct the upper orifices resulting in deafness, and leave the patient desiring to keep the eyes closed or disliking to speak. (Analysis of Warm Diseases)

【Clinical manifestations】 Lasting fever, mild in the morning and severe in the late afternoon, drowsiness or partial unconsciousness perhaps occasional delirium, yellow greasy tongue coating, soggy slippery rapid pulse.

【Syndrome analysis】 Syndrome analysis of damp-heat induced phlegm clouding the pericardium is shown in the table 6-2-31.

Table 6-2-31 Syndrome analysis of damp-heat induced phlegm clouding the pericardium

Main symptoms	Pathogenesis
Drowsiness or partial unconsciousness or occasional delirium	Upward steaming of damp-heat results in blockage of the pericardium
Persistent fever, mild in the morning and severe in the late afternoon	Damp-heat accumulation in the *qi* system
Yellow greasy tongue coating, soggy slippery rapid pulse	Interior accumulation of damp-heat

【Basic pathogenesis】 Clouding of the pericardium by phlegm-turbidity which has resulted from damp-heat steaming.

【Therapeutic principle】 Clear heat and resolve dampness, eliminate phlegm and resuscitate.

【Prescription】 *Chang Pu Yu Jin Tang* (Changpu Yujin Decoction).

Shi Chang Pu (*Rhizoma Acori Tatarinowii*)
Yu Jin (*Radix Curcumae*)
Zhi Zi (*Fructus Gardeniae*)
Lian Qiao (*Fructus Forsythiae*)
Mu Tong (*Caulis Akebiae*)
Dan Zhu Ye (*Herba Lophatheri*)
Mu Dan Pi (*Cortex Moutan Radicis*)
Deng Xin Cao (*Medulla Junci*)
Zhu Li (*Succus Bambusae*)
Yu Shu Dan (Yushu Pills)

This is a *qi* system syndrome. The mental disorder in this syndrome is mild characterized by drowsiness or partial unconsciousness perhaps occasional delirium. Differential diagnosis should be made from the syndromes of heat knotting *yangming fu*-organs, nutrient-blood system and heat blocking the pericardium. For those with excessive dampness and turbidity without obvious heat, *Su He Xiang Wan* (Suhexiang Pill) can be added to remove dampness and inducing resuscitation with aromatic herbs. For those with severe phlegm-heat, add *Zhi Bao*

Dan(Zhibao Powder)to clear heart heat and resolve phlegm.

6.2.17 Intense heat stirring up wind syndrome

This syndrome is caused by warm-heat pathogens in the *qi* system that are causing excessive heat, and manifests as clonic convulsion of the hands and feet, rigid neck, perhaps even opisthotonos. It occurs in wind-warm, spring-warm, summer-warm or pestilence syndromes.

【Original source material】 For a *yangming* warm disease which manifests with absence of sweating, dysuria, delirium, *Niu Huang Wan* (Niuhuang Pills) can be used first. If there is constipation, *Tiao Wei Cheng Qi Tang* can then be prescribed. (Analysis of Warm Diseases)

For a *taiyin* warm disease which manifests with a floating surging pulse, a yellow tongue coating, vexatious thirst, profuse sweating, flushed face, and aversion to heat, the pungent, cool and drastic formula *Bai Hu Tang* can be used. (Analysis of Warm Diseases)

Bai Hu (*Tang*) is basically a prescription for allowing heat to be expelled from the exterior. If the pulse is floating wiry and thready, it cannot be given. If the pulse is sunken, it cannot be given. If the patient is not thirsty, it cannot be given. If there is no sweating, it cannot be given. It is necessary to always remember this and to not make a mistake. (Analysis of Warm Diseases)

When the disorder at first appears to be a cold-induced disorder, but the right pulse is surging large and rapid, but the left pulse is on the contrary smaller than the right, there is deep thirst, flushed face, and profuse sweating, this is very probably summer-heat in the hand *taiyin*. *Bai Hu Tang* is the remedy. (Analysis of Warm Diseases)

【Clinical manifestations】 High fever with sweating, thirst with preference for cold drink, dry yellow tongue coating, wiry, rapid and forceful pulse; perhaps tidal fever in the late afternoon, sweating, thirst with desire to drink, hard stool constipation, abdominal distention and pain that refuses touch, parched yellow tongue coating perhaps to the point where it is "scorched" and there are prickles, sunken wiry forceful pulse, complicated by clonic convulsion of the hands and feet, rigid neck, perhaps even opisthotonos.

【Syndrome analysis】 Syndrome analysis of intense heat stirring up wind is shown in the table 6-2-32.

Table 6-2-32 Syndrome analysis of intense heat stirring up wind

Main Symptoms	Pathogenesis
High fever with sweating, thirst with desire to drink, or tidal fever in the late afternoon	Intense heat in the *qi* system
Constipation, abdominal distention and pain that refuses touch	Visible heat-retention in the *qi* system
Clonic convulsion of the hands and feet, rigid neck, perhaps even opisthotonos	Intense heat stirring up wind
Dry yellow tongue coating, or prickly tongue, sunken wiry and forceful pulse	Intense heat damages the *jin*-fluids and stirs up liver wind

【Basic pathogenesis】 Intense heat in the *qi* system stirring up liver wind.

【Therapeutic principle】 Clear heat, cool liver, extinguish wind.

【Prescription】 *Ling Jiao Gou Teng Tang* (Lingjiao Gouteng Decoction)

Ling Yang Jiao (*Cornu Saigae Tataricae*)
Gou Teng (*Ramulus Uncariae Cum Uncis*)
Ju Hua (*Flos Chrysanthemi*)
Sang Ye (*Folium Mori*)
Chuan Bei Mu (*Bulbus Fritillariae Cirrhosae*)
Zhu Ru (*Caulis Bambusae in Taeniam*)
Sheng Di Huang (*Radix Rehmanniae Recens*)
Bai Shao (*Radix Paeoniae Alba*)
Fu Shen (*Lignum Pini Poriaferum*)
Gan Cao (*Radix Glycyrrhizae*)

6.2.18 *Qi* system toxin blockage syndrome

This syndrome is caused by an oronasal invasion of warm-toxin pathogens to lung and stomach, which results in heat-toxin accumulating *qi* system and disturbing nutrient system, manifested as ulcerative throat erysipelas. It is seen in warm-toxinosis syndrome.

【Original source material】 *Liang Ge San* (Liangge Powder) is composed of *Lian Qiao*, *Zhi Zi*, *Huang Qin*, *Bo He*, *Jie Geng*, *Gan Cao*, *Shi Gao* and *Zhu Ye*; all of which drain fire from the middle and upper energizers. When there is interior accumulation of excessive heat, salty-cold herbs combined with bitter-sweet herbs such as *Lian Qiao*, *Huang Qin*, *Zhu Ye*, *Bo He* can be used to treat the pathogens in the upper energizer. In the original prescription, *Da Huang* and *Mang Xiao* are used to impel and move the middle enabling the upper to (properly) ascend and the lower to (properly) drain; they enable the body to self-clear. However, epidemic eruptive disease is caused by invisible toxins, and *Da Huang* and *Mang Xiao* are drastic purgatives which tend to impair healthy *qi*, so in this case, replace *Da Huang* and *Mang Xiao* with *Shi Gao*. In this way, the effect of clearing heat and ascending lung *qi* to release the eruptions through exterior can be achieved. This also accords with the therapeutic principle of clearing the middle energizer to disperse the upper and dredge the lower. [*Yi Zhen Yi De* (An Insight into Pestilential Rashes)]

Xi Lei San (Xilei Powder) is indicated for epidemic ulcerative throat, tonsillitis, ulcerative gingivitis, and orolingual ulcers. For those patients with the above symptoms caused by exogenous pathogens and which have been ineffectively treated with other therapies, this powder can be insufflated into the throat and the patient will survive. [*Wen Re Jing Wei* (Compendium on Epidemic Febrile Diseases)]

【Clinical manifestations】 High fever, thirst, vexation and restlessness, skin erysipelas, red, swollen, painful and ulcerative throat, red tongue with yellow coating, rapid pulse.

【Syndrome analysis】 Syndrome analysis of *qi* system toxin blockage is shown in the table 6-2-33.

Table 6 - 2 - 33 Syndrome analysis of *qi* system toxin blockage

Main symptoms	Pathogenesis
High fever with thirst, vexation and restlessness	Warm toxins consume the fluids, heat disturbs the mind
Skin erysipelas	Heat toxins accumulate and block the *qi* system, they then go on to disturb the nutrient system, blood stagnates in the skin
Red, swollen, painful and ulcerative throat	Lung/stomach heat toxins attack upwardly, *qi* and blood blockage and stagnation
Red tongue with yellow coating, rapid pulse	Signs of intense heat in the *qi* system

【Basic pathogenesis】 Heat toxins accumulate and block the *qi* system then go on to disturb the nutrient system.

【Therapeutic principle】 Clear and release heat and toxins.

【Prescription】

A. *Yu Shi Qing Xin Liang Ge San* (oral use)

Huang Qin (*Radix Scutellariae*)
Zhi Zi (*Fructus Gardeniae*)
Shi Gao (*Gypsum Fibrosum*)
Lian Qiao (*Fructus Forsythiae*)
Dan Zhu Ye (*Herba Lophatheri*)
Bo He (*Herba Menthae*)
Jie Geng (*Radix Platycodonis*)
Gan Cao (*Radix Glycyrrhizae*)

B. *Xi Lei San* (insufflate into throat)

Xiang Ya Xie (*Balfourdendron spp*)
Zhen Zhu (*Margarita*)
Qing Dai (*Indigo Naturalis*)
Bing Pian (*Borneolum Syntheticum*)
Bi Qian (*Uroctea*)
Niu Huang (*Calculus Bovis*)
Ren Zhi Jia (*Unguis Hominis*)

This is a triple energizer *qi* system warm-toxin disease, manifesting with skin erysipelas, red, swollen, painful and ulcerative throat. Therapeutically, one should clear and release heat toxins. *Yu Shi Qing Xin Liang Ge San*, which is a variation of *Liang Ge San* made by removing *Da Huang* and *Mang Xiao* and adding *Jie Geng* and *Shi Gao*, is used to clear heat toxins from the *qi* system; used in combination with *Xi Lei San* insufflated into the throat, external and internal treatments become combined.

【Syndrome differentiation】 Differential diagnosis of *qi* system toxin blockage and blazing of both *qi* and blood syndromes is shown in the table 6 - 2 - 34.

Table 6-2-34 Differential diagnosis of *qi* system toxin blockage and blazing of both *qi* and blood syndromes

	Qi system toxin blockage syndrome	Blazing of both *qi* and blood syndrome
Main symptoms	High fever with thirst, vexation and restlessness, skin erysipelas, red, swollen, painful and ulcerative throat	High fever with sweating, thirst, headache, coma or mania, macula, various kinds of hemorrhaging
Pathogenesis	Heat toxin accumulates in the *qi* system and disturbs the nutrient system	Pestilential pathogens invade the *zang-fu* organs, *qi* and blood are both diseased
Therapeutic principles	Clear and release heat and toxins	Clear heat and cool the blood, purge fire and eliminate toxins
Prescriptions	*Yu Shi Qing Xin Liang Ge San* (Yushi Qingxin Liangge Powder) (oral use), *Xi Lei San* (insufflated into the throat)	*Qing Wen Bai Du Yin* (Qingwen Baidu Decoction)

6.2.19 Fire toxin accumulation in the triple energizer syndrome

This syndrome is brought on by damp-heat toxin accumulation in the *qi* system of the triple energizer; it is usually caused by the overuse of cold-cool herbs in the initial stages of a warm-heat disease, which then results in the blockage of *yang qi*, fire stagnation in the interior and cold blockage in the exterior. It is mostly seen in warm-toxinosis or pestilence syndromes.

【Original source material】 For a warm disease presenting with great heat in the exterior, interior and triple energizer, which is difficult to describe, *Sheng Jiang San* (Shengjiang Powder) can be used. [*Wen Bing Yi Fang Cuo Yao* (Principle Prescriptions for Warm Diseases)]

There are fifteen prescriptions for warm disease, of which mild formulas have a clearing action, for example, *Shen Jie San* (Shenjie Powder) and *Qing Hua Tang* (Qinghua Decoction)... Drastic formulas have a purging action, for example, modified *Da Chai Hu Tang* (Dachaihu Decoction), modified *Shuang Jie San* (Shuangjie Powder)... *Pu Ji Xiao Du Yin* (Puji Xiaodu Decoction) and *Jie Du Cheng Qi Tang* (Jiedu Chengqi Decoction). *Sheng Jiang San* is a generalized formula with both clearing and purging actions that can be used by modifying it according to need. (Principle Prescriptions for Warm Diseases)

【Clinical manifestations】 Aversion to cold, high fever, general pain, cold extremities, headache and dizziness, swollen painful throat, hot sensation in mouth, dry mouth with thirst, fullness and depression in chest and diaphragm, abdominal distention and pain, nausea and vomiting, restlessness, coma, delirium, dry stools, difficult and painful urination, macula, expectorating of blood, nosebleed, bloody stools, red tongue with dry yellow coating, rapid and forceful pulse.

【Syndrome analysis】 Syndrome analysis of fire toxin accumulation in the triple energizer is shown in the table 6-2-35.

Table 6－2－35 Syndrome analysis of fire toxin accumulation in the triple energizer

Main symptoms	Pathogenesis
Aversion to cold, high fever, general pain, cold extremities	Interior stagnant fire repels *yin*
Headache and dizziness, swollen painful throat, hot sensation in mouth	Interior stagnant heat-toxin induces upward counterflow of *qi* and blood
Fullness and depression in chest and diaphragm, abdominal distention and pain, nausea and vomiting	Interior stagnant fire and heat block the movement of *qi*
Restlessness, coma, delirium	Interior stagnant fire and toxins disturb the mind
Dry stools, difficult and painful urination	Fire and toxin combine with the stools, and from there transfer to the small intestine and bladder
Macula, expectorating of blood, nosebleed, bloody stools	Fire invades the nutrient and blood systems

【Basic pathogenesis】 Cold blockage in the exterior, accumulation of fire toxins in the interior.

【Therapeutic principle】 Disperse and purge stagnated fire toxin.

【Prescription】 *Sheng Jiang San*.

Jiang Can (*Bombyx Batryticatus*)

Chan Tui (*Periostracum Cicadae*)

Jiang Huang (*Rhizoma Curcumae Longae*)

Da Huang (*Radix et Rhizoma Rhei*)

Sheng Jiang San is *Yang* Lishan's famous formula, which is used as a basic prescription; other herbs are added accordingly for warm-toxinosis and pestilence. It is also included in the treatment regimens of various acute infectious diseases such as severe acute respiratory syndrome(SARS).

【Syndrome differentiation】 Differential diagnosis of fire toxin accumulation in the triple energizer and damp-heat diffusion in the triple energizer syndromes is shown in the table 6－2－36.

Table 6－2－36 Differential diagnosis of fire toxin accumulation in the triple energizer and damp-heat diffusion in the triple energizer syndromes

	Fire toxin accumulation in the triple energizer syndrome	Damp-heat diffusion in the triple energizer syndrome
Main symptoms	Aversion to cold, high fever, restlessness, coma, constipation, painful urination, macula, expectorating of blood, nosebleed	Generalized fever with flushed face, deafness and dizziness; blood-stained sputum, abdominal distention, nausea and vomiting, loose stools, dark urine
Pathogenesis	Cold blockage in the exterior, fire and toxin stagnation in the interior	Damp-heat (summer-damp) accumulation in interior, with *qi* stagnation of triple energizer
Therapeutic principles	Disperse and purge stagnated fire toxin	Respectively expel damp-heat from the triple energizer, open up the free flow of *qi* in the triple energizer
Prescription	*Sheng Jiang San*	*San Shi Tang*

6.2.20 Toxic damp-heat accumulation syndrome

This syndrome is characterized by simultaneously intense dampness and heat: the syndrome results from damp-heat accumulation in the *qi* system which then steams the upper(levels) with toxin. It is seen in damp-warm disease.

【Original source material】 Pestilence is an epidemic disease which occurs in spring and summer, manifesting with generalized high fever and discomfort. It is caused by pestilential pathogens. These pathogens are, however, different from cold in spring, cool in summer, heat in autumn or warm in winter. This syndrome can be epidemic in any of the four seasons, and can be treated with the formulas *Gan Lu Xiao Du Dan* (Ganlu Xiaodu Pills) or *Shen Xi Dan* (Shenxi Pills) developed by Ye Tianshi. [*Zhi Wen Chan Yao* (Explaining Key Principles in Treating Warm Diseases)]

Gan Lu Xiao Du Dan is the main formula for treating seasonal damp-warm pestilence... It is easy for people to be infected with seasonal pathogens via the nose and mouth. Damp-warm pestilence occurs when the pathogens remain; it manifests as fever, lassitude, a feeling of oppression in chest, abdominal distention, sore limbs, swollen throat, macula, jaundice, swelling of lower cheek, thirst, dark urine and constipation, vomiting, diarrhea or dysentery, turbid stranguria, sores and ulcers. *Gan Lu Xiao Du Dan* can be used for the above syndrome if patients have a whitish tongue coating, a thick greasy or dry yellow tongue coating, all of which indicate that the summer-heat-dampness and pestilence are still in the *qi* system. *Gan Lu Xiao Du Dan* can also be used for disorders induced by non-acclimatization. (Compendium on Warm Diseases)

【Clinical manifestations】 Fever, thirst, swollen and sore throat, distention in chest and abdomen, sore limbs, a physical sensation of heaviness, or jaundice, yellow urine, yellow greasy tongue coating, rapid slippery pulse.

【Syndrome analysis】 Syndrome analysis of toxin damp-heat accumulation is shown in the table 6-2-37.

Table 6-2-37 Syndrome analysis of toxic damp-heat accumulation

Main symptoms	Pathogenesis
Fever, thirst, swollen throat	Accumulation of damp-heat impairs the fluids and attacks the throat
Distention in chest and abdomen, sore limbs, a physical sensation of heaviness	Dampness blocks *qi* movement in the middle energizer
Jaundice	Liver and gallbladder are steamed by damp-heat
Yellow greasy tongue coating, rapid slippery pulse	Signs of intense dampness and heat

【Basic pathogenesis】 Damp-heat accumulates in the *qi* system and then steams the upper (levels) with toxin.

【Therapeutic principle】 Resolve dampness and clear heat, eliminate toxins and relieve sore throat.

【Prescription】 *Gan Lu Xiao Du Dan.*

Hua Shi (Talcum)
Yin Chen (Herba Artemisiae Scopariae)
Huang Qin (Radix Scutellariae)
Shi Chang Pu (Rhizoma Acori Tatarinowii)
Chuan Bei Mu (Bulbus Fritillariae Cirrhosae)
Guan Mu Tong (Caulis Aristolochiae Manshuriensis)
Huo Xiang (Herba Pogostemonis)
She Gan (Rhizoma Belamcandae)
Lian Qiao (Fructus Forsythiae)
Bo He (Herba Menthae)
Bai Dou Kou (Fructus Ammomi Rotundus)

This syndrome is characterized by the steaming of dampness and heat both of which are simultaneously intense, and that the accumulated damp-heat changes into toxin. The therapeutic principle should be to resolve dampness and clear heat and eliminate toxins and turbidity using *Gan Lu Xiao Du Dan*. This formula is widely used for simultaneously intense dampness and heat in the *qi* system in damp-warm, summer-heat-damp and pestilence disorders. It includes various acute and chronic infectious diseases such as severe acute respiratory syndrome (SARS), acquired immune deficiency syndrome (AIDS), etcetera. It was referred to by Wang Mengying, a famous warm disease scholar, as "the main formula for damp-warm and pestilence".

Summary

Qi system syndrome are usually caused by an attack of pathogens via the defense system, though they can sometimes be caused by an attack of pathogens from the interior, which immediately results in a *qi* system syndrome—*yangming* disease. This is sometime seen in spring warm disease or a summer-heat warm disease, for example. This system of syndrome is more severe than a defense system syndrome, and it mainly affects the middle energizer (in the middle or crisis stage). It involves various *zang-fu* organs including the lung, stomach, intestines, spleen and gallbladder.

A *qi* system syndrome is characterized by an intensity of both healthy *qi* and pathogenic *qi*. Their struggle for supremacy results in heat and excess syndromes. It is said that "excessive *qi* is in fact fire", and although the general pathogenesis of a *qi* system syndrome is always related to heat blocking the movement of *qi*, a failure to convey and disperse, and/or dysfunction of transmission, different *zang-fu* organs are involved and there are differences in the actual manifestations. The main therapeutic principle should be clearing or purging heat from the *qi* system (table 6-2-38).

Table 6-2-38 Summary of *qi* system syndrome

Location	Syndrome	Pathogenesis	Key points for syndrome differentiation	Treatment principles	Prescription
Chest and diaphragm	Heat scorching the chest and diaphragm	Heat scorches the chest and diaphragm, consumes body fluids	Burning sensation in the chest and diaphragm, vexatious thirst and constipation	Cool the diaphragm and purge heat	*Liang Ge San*
Lungs	Wind-heat blocking the lungs	Upward disturbance of heat, lungs fail to disperse and descend	Dyspnea, shortness of breath, fullness and oppression in chest and hypochondrium, sputum that is sticky white or yellow	Clear heat and disperse lung *qi*	*Ma Huang Xing Ren Gan Cao Shi Gao Tang*
	Dryness-heat damaging the lungs	Dryness-heat accumulates in the lung and impairs *qi* and *yin*	Dry cough, perhaps even bloody sputum, dyspnea, shortness of breath	Clear the lungs and moisten dryness, strengthen *qi* and nourish *yin*	*Qing Zao Jiu Fei Tang*
	Dryness attacking the upper orifices	Dryness-heat in the *qi* system disturbs the upper orifices	Dry mouth and nose, tinnitus, congested eyes	Clear dryness-heat	*Qiao He Tang*
Spleen	Damp-heat obstruction in the middle energizer	Over-abundance of damp-heat obstructs the middle energizer	Fever not relieved after sweating, thirst but no desire for drink, nausea and vomiting, loose foul smelling stools, scanty dark urine, yellow greasy tongue coating	Open with pungent herbs, and downward drain with bitter herbs in order to expel and resolve damp-heat	*Wang Shi Lian Pu Yin*
	Accumulation of summer-heat and damp in the *qi* system	Retention of summer-heat and damp in the *qi* system, disturbs the upper orifices	Dizziness, stuffiness and oppression in the epigastrium, white and slight greasy tongue coating, soggy rapid pulse	Clear summer-heat and eliminate dampness	*Qing Luo Yin*
Triple energizer	Damp-heat diffusion in the triple energizer	Over-abundance of damp-heat in the interior, *qi* stagnation in the triple energizer	Deafness and dizziness, blood-stained sputum, abdominal distention, nausea with retching, loose stools and dark urine	Expel damp-heat from the triple energizer, open up the free flow of *qi* in the triple energizer	*San Shi Tang*

Continued

Location	Syndrome	Pathogenesis	Key points for syndrome differentiation	Treatment principles	Prescription
Mo yuan	Pathogens lodging in the *mo yuan*	Pathogens lodge in the *mo yuan*, filthy turbidity blocks the interior	Chills followed by fever, headache with bodily pain, feeling of oppression in chest and abdominal distention, nausea with retching, white greasy tongue coating that looks like piled powder	Eliminate pathogens from the *mo yuan*	*Da Yuan Yin*
Liver and gallbladder	Damp-heat stagnation in the gallbladder	Damp-heat stagnation in gallbladder, heat predominates over dampness	Malaria-like chills and fever, fever more severe than aversion to cold, nausea with retching, bitter taste in mouth	Clear and release *shaoyang*, expel damp turbidity from the triple energizer	*Hao Qin Qing Dan Tang*
	Jaundice caused by damp-heat	Damp-heat stagnation in liver and gallbladder, with heat more severe than dampness	Jaundice marked by bright yellow skin and eyes, thirst, nausea and vomiting, constipation, dark urine	Clear heat, eliminate dampness, relieve jaundice	*Yin Chen Hao Tang*
	Intense heat stirring up wind	Intense *qi* system heat stirs up liver wind	High fever, clonic convulsion of the hands and feet, rigid neck, perhaps even opisthotonos, dry yellow tongue coating	Clear heat, cool liver to extinguish wind	*Ling Jiao Gou Teng Tang*
Stomach and intestines	Intense heat ablaze in the *yangming*	Excessive stomach heat flares up	High fever, profuse sweating, vexatious thirst, surging large pulse	Clear heat and protect body fluids	*Bai Hu Tang*
	Intense heat damaging both *qi* and fluid	Intense heat in the lungs and stomach, *qi* and fluids impairment	High fever, sweating with vexatious thirst, shortness of breath and lassitude, surging, large and hollow pulse	Clear interior heat, strengthening *qi* and generate fluid	*Bai Hu Jia Ren Shen Tang*
	Heat knotting the *yangming fu* organs	Visible heat-retention in the interior, obstruction of *fu*-organ *qi*	Constipation, abdominal distention and pain that refuses touch, dry thick yellow tongue coating	Expel heat retention with potent purgation	*Cheng Qi Tang*

Continued

Location	Syndrome	Pathogenesis	Key points for syndrome differentiation*	Treatment principles	Prescription
Stomach and intestines	Damp-heat accumulation in the intestines	Damp-heat with undigested food in the stomach and intestine, failure to ascend and descend	Abdominal distention, fullness and burning sensation, loose foul jam-colored stools, yellow greasy tongue coating	Clear heat and resolve dampness, remove stagnation with purgation	*Zhi Shi Dao Zhi Tang*
	Diarrhea induced by intestinal heat	Intense heat transmits from the lungs to the large intestine	Frequent diarrhea, loose yellow foul smelling stools, burning sensation in the anus	Clear heat and relieve diarrhea	*Ge Gen Qin Lian Tang*
Pericardium	Damp-heat induced phlegm clouding the pericardium	Steaming damp-heat clouds the pericardium with phlegm-turbidity	Fever mild in the morning which is more severe in the late afternoon, drowsiness or partial unconsciousness or occasional delirium, yellow greasy tongue coating	Clear heat and resolve dampness, eliminate phlegm and resuscitate	*Chang Pu Yu Jin Tang*
Warm-toxins spreading throughout the body	Toxicity accumulation in the *qi* system	Heat toxin accumulates in the *qi* system and disturbs the nutrient system	Skin erysipelas, red, swollen, painful and ulcerative throat	Clear and release heat and toxins	*Yu Shi Qing Xin Lang Ge San*
	Fire toxin accumulation in the triple energizer	Cold blockage in the exterior, fire toxin stagnation in the interior	Aversion to cold, high fever, restlessness, coma, constipation, painful urination, macula, expectorating of blood, nosebleed	Disperse and purge stagnated fire toxins	*Sheng Jiang San*
	Toxic damp-heat accumulation	Accumulation of damp-heat toxins in the *qi* system which steam upward	Sore throat, distention in the chest and abdomen, sore limbs, a physical sensation of heaviness, perhaps jaundice	Resolve dampness and clear heat, eliminate toxins and relieve sore throat	*Gan Lu Xiao Du Dan*

* The key symptoms and signs of *qi* system syndrome are fever, sweating, thirst, red tongue with yellow coating

6.3 Diagnosis and Treatment of Nutrient and Blood System Syndromes

Pathogenic heat entering the nutrient system is a progression(further interiorization)of a *qi* system disorder in a warm disease. *Yin*-fluids damage is the main characterization of this disease. There are three main causes of a nutrient system syndrome: ① The defense system syndrome was improperly treated with pungent-warm herbs and/or the use of diaphoresis forced the pathogenic heat into the nutrient system; ② during the course of a warm disease, unsolved pathogenic heat in the *qi* system entered the nutrient system; ③ latent warm disease initiates in the nutrient system.

A nutrient system syndrome occurs when pathogenic warm and heat enter the *yin* and slightly injure the nutritive substances. As "The heart dominates blood and belongs to the nutrient (system)", the areas affected in a nutrient system syndrome are the heart and pericardium. There are two main categories that manifest—heat damaging the nutrient-*yin* and heat trapped in the pericardium.

A blood system syndrome is a critical stage when pathogenic warm and heat deeply enter the *yin* system, and severely injure the nutritive substances. The main manifestations are blood escaping from the vessels, blood heat stirring wind, or severe consumption of blood.

Because the heart dominates blood and vessels, liver stores blood, kidney stores essences, and the mutual transformation of essences and blood, the areas affected in blood system syndromes are mainly the heart, liver, and kidney. There are three categories of blood system syndrome: blood heat stirring blood, blood heat stirring wind and blood heat damaging *yin*.

Both nutrient system and blood system syndromes are a result of epidemic febrile pathogens entering deep into the body. Since there is always blood system involvement in a nutrient system syndrome, the two are closely related.

6.3.1 Heat scorching the nutrient-*yin* syndrome

This is a syndrome wherein epidemic febrile heat pathogen enters the nutrient system and scorches the nutritive-*yin*. Although the pathogens mainly stay in the nutrient system, the stagnant heat in the blood is severe. Additionally, this nutrient system syndrome also presents with *yin* deficiency. It occurs in various warm diseases.

【Original source material】 *Taiyin* warm disease with enlarged *cun* pulse, deep red dry tongue, but a contrary absence of thirst is due to heat in the nutrient, *Qing Ying Tang* (Qingying Decoction) without *Huang Lian* is the remedy. (Analysis of Warm Diseases)

Empty pulse, insomnia, restlessness, thirst, red tongue, intermittent delirium, closure or incomplete closure of eyes, are due to summer-heat entering hand *jueyin*. Summer-heat in the hand *jueyin* is mainly treated with *Qing Ying Tang*; for patients with a white slippery tongue coating, this prescription should not be used. (Analysis of Warm Diseases)

【Clinical manifestations】 Fever aggravated at night, thirst or no thirst, restlessness, perhaps delirium, perhaps red spots on the skin, deep red tongue without coating, thready rapid pulse.

【Syndrome analysis】 Syndrome analysis of heat scorching the nutrient-*yin* is shown in the table 6-3-1.

Table 6-3-1 Syndrome analysis of heat scorching the nutrient-*yin*

Main symptoms	Pathogenesis
Fever aggravated at night	Pathogenic heat in the nutrient-*yin*
Restlessness, perhaps delirium	Heat in the nutrient disturbs the heart
Red spots on the skin	Heat injures the vessels
Deep red tongue without coating, thready rapid pulse	Heat in the nutrient affects the blood and injures nutrient-*yin*

【Basic pathogenesis】 Pathogenic heat enters the nutrient system and vessels, disturbs the heart and mind.

【Therapeutic principle】 Clear heat from the nutrient system, eliminate toxins and nourish *yin*.

【Prescription】 *Qing Ying Tang*.

Xi Jiao (*Cornu Rhinocerotis Asiatici*) [use *Shui Niu Jiao* (*Cornu Bubali*)]
Sheng Di Huang (*Radix Rehmanniae Recens*)
Xuan Shen (*Radix Scrophulariae*)
Dan Zhu Ye (*Herba Lophatheri*)
Mai Dong (*Radix Ophiopogonis*)
Dan Shen (*Radix Salviae Miltiorrhizae*)
Huang Lian (*Rhizoma Coptidis*)
Jin Yin Hua (*Flos Lonicerae*)
Lian Qiao (*Fructus Forsythiae*)

"The method of 'venting heat out through *qi* system' can still be used even thought pathogenic heat has already entered the nutrient system" is reflective of the characteristic treatment method used for this syndrome. *Qing Ying Tang* is the basic formula for clearing heat from the *yin* system. "Venting heat out through *qi* system" refers firstly to the use of *Jin Yin Hua*, *Lian Qiao* and *Zhu Ye*; these three herbs combined with those for clearing heat from the nutrient, are effective in transferring heat from the nutrient system to the *qi* system and then eliminating it. Secondly, the use of herbs promoting *qi* circulation combined with those for clearing heat from the nutrient provide an escape route for heat when used in the treatment of a nutrient system syndrome complicated by *qi* stagnation.

6.3.2 Excessive heat disturbing the blood syndrome

This is a blood system syndrome in which the epidemic febrile pathogens enter the blood system, scorch the vessels and force the extravasation of blood thereof resulting in bleeding in different parts of the body. Though the *yin* is injured in this syndrome, the main attributes are the consumption and disturbance of the blood. This system of syndrome can occur in various warm diseases.

【Original source material】 *Xi Jiao Di Huang Tang* is a prescription for removing blood stasis and is used to treat interior blood stagnation that resulted from exogenous febrile disease or warm disease that failed to be cured by diaphoretic therapy and resulted in epistaxis, hematemesis, sallow complexion, and black stools. [*Qian Jin Yao Fang* (Invaluable Prescriptions for Emergencies)]

Taiyin warm disease, with upflow of blood, *Xi Jiao Di Huang Tang* and *Yin Qiao San* are indicated. (Analysis of Warm Diseases)

Periodic gargling but reluctance to swallow, combined with black stools is due to blood stagnation, *Xi Jiao Di Huang Tang* is the remedy. (Analysis of Warm Diseases)

【Clinical manifestations】 Fever aggravated at night, restlessness, loss of consciousness, agitated psychosis, perhaps hematemesis, epistaxis, or hemafecia, hematuria, or metrorrhagia and metrostaxis not during the menstrual period, with abundant menstrual bleeding, red purple or deep scarlet skin eruptions, purplish, deep red dry tongue, rapid pulse.

【Syndrome analysis】 Syndrome analysis of excessive heat disturbing the blood is shown in the table 6-3-2.

Table 6-3-2 Syndrome analysis of excessive heat disturbing the blood

Main symptoms	Pathogenesis
Fever aggravated at night	Heat in the *yin fen*
Restlessness, loss of consciousness, agitated psychosis	Excessive heat in the blood system, heat disturbs the heart and mind
Hematemesis, epistaxis, or hemafecia, hematuria, or metrorrhagia and metrostaxis not in the menstrual period, skin eruptions	Heat in the blood system injures the blood vessels
Purple, deep red dry tongue, rapid pulse	Heat in the blood system consumes fluids and blood

【Basic pathogenesis】 Excessive heat in the blood system consumes and injures the blood vessels forcing the extravasation of blood.

【Therapeutic principle】 Cool the blood and disperse blood stasis.

【Prescription】 *Xi Jiao Di Huang Tang*.

Sheng Di Huang (*Radix Rehmanniae Recens*)
Bai Shao (*Radix Paeoniae Alba*)
Mu Dan Pi (*Cortex Moutan Radicis*)
Xi Jiao (*Cornu Rhinocerotis Asiatici*) (use *Shui Niu Jiao*)

"Cool the blood and disperse blood stasis if pathogenic heat enters the blood system" is the principle treatment for this syndrome. Dispersing blood stasis includes both promoting blood circulation and nourishing *yin*. There are three reasons for promoting blood circulation in this syndrome. Firstly, the bleeding observed in this syndrome is caused by blood heat; note however, that over-use of cold herbs given may lead to blood stagnation; secondly, extravasation of blood may stagnate internally; thirdly, blood heat consumes body fluids and thickens the blood, thus affecting blood circulation. Nourishing *yin* can provide fluids to dilute the blood and restore normal circulation, thus effectively dispersing blood stasis. Herbs for cooling the blood and stopping bleeding may be added in accordance with the actual areas of bleed.

【Syndrome differentiation】 Differential diagnosis of excessive heat disturbing the blood and heat scorching the nutrient-*yin* syndromes is shown in the table 6-3-3.

Table 6-3-3 Differential diagnosis of excessive heat disturbing the blood and heat scorching the nutrient-*yin* syndromes

	Excessive heat disturbing the blood syndrome	Heat scorching the nutrient-*yin* syndrome
Main symptoms	Fever aggravated at night, restlessness, loss of conscious, madness, perhaps hematemesis, epistaxis, and hemafecia, perhaps red spots on the skin, purplish deep red dry tongue, rapid pulse	Fever aggravated at night, restlessness, perhaps delirium, perhaps red spots on the skin, deep red tongue without coating, thready rapid pulse
Pathogenesis	Heat enters the blood, scorches and damages the vessels, results in the reckless movement of blood	Heat enters the nutrient system and vessels, disturbs the heart and mind
Therapeutic principles	Clear heat, eliminate toxins, cool the blood and resolve blood stagnation	Clear heat from the *yin* system, detoxify and nourish *yin*
Prescription	*Xi Jiao Di Huang Tang* (Xijiao Dihuang Decoction)	*Qing Ying Tang*

6.3.3 Syndrome of dual blazing of *qi* and nutrient (blood)

This syndrome is caused by unresolved pathogenic heat in the *qi* system and excessive toxic heat in the nutrient system (or blood system) which result in blazing of both *qi* and nutrient (blood). It is commonly seen in spring-warm, summer warm and pestilence.

【Original source material】 *Taiyin* warm disease, with blazing of both *qi* and blood, *Yu Nv Jian* (Yunv Decoction) removing *Niu Xi* (*Radix Achyranthis Bidentatae*) and adding *Xuan Shen* is the remedy. (Analysis of Warm Diseases)

For blazing of both *qi* and blood, the treatment should not only focus on one (system), therefore *Yu Nv Jian*, developed by Zhang Jingyue, is used to treat both *qi* and blood. *Niu Xi* is not suitable for use in a *taiyin* syndrome because of its downward action, therefore is removed from the prescription. Replace *Shu Di Huang* (*Radix Rehmanniae Preparata*) with thin *Sheng Di Huang*, to take advantage of the latter's light and not heavy, cool and not warm properties; additionally, thin *Sheng Di Huang* is able to express (pathogens) in the blood to the surface. *Xuan Shen* is added for its ability to strengthen water and restrict fire, and to prevent sore throat and blood loss. *Yu Nv Jian* removing *Niu Xi* and *Shu Di Huang* adding thin *Sheng Di Huang*, *Xuan Shen* is the remedy. (Analysis of Warm Diseases)

Taiyin warm disease should not be treated with diaphoretic methods. Maculae will appear if diaphoretic therapy is used but there is no sweating. For those with profuse sweating, mental confusion and delirium will occur. For maculae, *Hua Ban Tang* (Huaban Decoction) is used. *Sheng Ma* (*Rhizoma Cimicifugae*), *Chai Hu* (*Radix Bupleuri*), *Dang Gui* (*Radix Angelicae Sinensis*), *Fang Feng* (*Radix Saposhnikoviae*), *Qiang Huo* (*Rhizoma et Radix Notopterygii*), *Bai Zhi* (*Radix Angelicae Dahuricae*), *Ge Gen*, *Xi He Liu* (*Cacumen Tamaricis*) are contraindicated. (Analysis of Warm Diseases)

Yangming maculae are treated with *Hua Ban Tang*. (Analysis of Warm Diseases)

【Clinical manifestations】 High fever, thirst, headache, restlessness, red spots on the skin, perhaps even hematemesis, epistaxis, deep red tongue with yellow coating, rapid pulse.

【Syndrome analysis】 Syndrome analysis of blazing of both *qi* and nutrient (blood) is shown in the table 6 - 3 - 4.

Table 6 - 3 - 4 Syndrome analysis of blazing of both *qi* and nutrient (blood)

Main symptoms	Pathogenesis
High fever, thirst, headache, yellow coating	Excessive heat in the *qi* system
Restlessness, deep red tongue	Heat disturbs the heart and nutrient system
Red spots on the skin, perhaps even hematemesis, epistaxis	Extreme toxic heat in the blood system forces the extravasation of blood

【Basic pathogenesis】 Unresolved toxic heat in the *qi* system, new occurrence of heat in the nutrient system and blood systems.

【Therapeutic principle】 Clear both *qi* and nutrient (blood) systems.

【Prescription】 For a mild condition without obvious bleeding, *Jia Jian Yu Nv Jian* (Jiajian Yunv Decoction) is the remedy; if there are deep red spots on the skin, *Hua Ban Tang* is suitable. If the *qi*, nutrient and blood systems all present with severe symptoms, *Qing Wen Bai Du Yin* is suitable.

【Prescription】

A. *Jia Jian Yu Nv Jian*

Shi Gao (*Gypsum Fibrosum*)

Zhi Mu (*Rhizoma Anemarrhenae*)

Xuan Shen (*Radix Scrophulariae*)

Sheng Di Huang (*Radix Rehmanniae Recens*)

Mai Dong (*Radix Ophiopogonis*)

B. *Hua Ban Tang*

Shi Gao (*Gypsum Fibrosum*)

Zhi Mu (*Rhizoma Anemarrhenae*)

Gan Cao (*Radix Glycyrrhizae*)

Xuan Shen (*Radix Scrophulariae*)

Xi Jiao (*Cornu Rhinocerotis Asiatici*) (use *Shui Niu Jiao*)

Jing Mi (*Semen Oryzae*)

C. *Qing Wen Bai Du Yin*

Shi Gao (*Gypsum Fibrosum*)

Sheng Di Huang (*Radix Rehmanniae Recens*)

Xi Jiao (*Cornu Rhinocerotis Asiatici*) (use *Shui Niu Jiao*)

Huang Lian (*Rhizoma Coptidis*)

Zhi Zi (*Fructus Gardeniae*)

Jie Geng (*Radix Platycodonis*)

Huang Qin (*Radix Scutellariae*)

Zhi Mu (*Rhizoma Anemarrhenae*)

Bai Shao (*Radix Paeoniae Alba*)

Xuan Shen (*Radix Scrophulariae*)

Lian Qiao (*Fructus Forsythiae*)

Mu Dan Pi (*Cortex Moutan Radicis*)

Gan Cao (*Radix Glycyrrhizae*)

Dan Zhu Ye (*Herba Lophatheri*)

In this syndrome, the *qi* and nutrient system, or the *qi* system and blood system, or the *qi*, blood and nutrient systems together are invaded by pathogenic heat. The syndrome is characterized by the presentation of both *qi* and nutrient system symptoms or blood system symptoms. It is more complicated than the simple problem of excessive heat in the *qi* system or heat entering the nutrient and blood systems. In the treatment, the main prescriptions for *qi* system, nutrient system and blood system are combined and are the marked rule of treatment for this syndrome.

【Syndrome differentiation】 Differential diagnosis of blazing of both *qi* and blood and excessive heat disturbing the blood syndromes is shown in the table 6-3-5.

Table 6-3-5 Differential diagnosis of blazing of both *qi* and blood and excessive heat disturbing the blood syndromes

	Blazing of both *qi* and blood syndrome	Excessive heat disturbing the blood syndrome
Main symptoms	High fever, thirst, restlessness, perhaps even loss of consciousness and psychosis with delirium, hematemesis, epistaxis, skin rash, deep red tongue with dry yellow coating, rapid pulse	Fever at night, restlessness, loss of consciousness, agitated psychosis, perhaps hematemesis, epistaxis, or hemafecia, perhaps skin rash, purplish, deep red dry tongue, rapid pulse
Pathogenesis	Unsolved toxic heat in the *qi* system, newly occurring heat in the blood	Heat enters the blood system, scorches the blood vessels forces the extravasation of blood
Therapeutic principles	Clear heat from the *qi* system, cool the blood	Cool the blood, disperse blood stasis
Prescriptions	*Jia Jian Yu Nv Jian*, *Hua Ban Tang*, *Qing Wen Bai Du Yin*	*Xi Jiao Di Huang Tang*

6.3.4 Heat blocking the pericardium syndrome

Heat blocking the pericardium syndrome refers to heat pathogens breaking through the defensive function of the pericardium, entering deep to reach the pericardium, disturbing the heart and mind, causing loss of consciousness, delirium, and coldness of the four limbs. It can be caused by the direct invasion of a defense system pathogenic heat to the interior, an invasion route referred to as reverse transmission. It is commonly seen in wind-warm, spring-warm and summer warm diseases.

【Original source Material】 Epidemic febrile pathogens attack upward to the lung and transmit adversely to the pericardium. (Treatise on Warm Diseases)

If an individual has a constitutionally deficient heart and phlegm, the interior vessels will become blocked if exterior heat transmits internally. (Treatise on Epidemic Febrile Diseases)

Taiyin warm disease should not be treated with diaphoresis. If diaphoresis is used but fails to actually induce sweat, macula will occur; if on the other hand, the sweating produced is profuse, there will be mental confusion and delirium... which should be treated with *Qing Gong Tang* (Qinggong Decoction)... (Analysis of Warm Diseases)

For toxic warm disease with loss of consciousness and delirium, medicines such as *An Gong Niu Huang Wan* (Angong Niuhuang Pills) or *Zi Xue Dan* (Zixue Pills) should be used first, followed by *Qing Gong Tang*. (Analysis of Warm Diseases)

In epidemic damp-warm disease, if pathogens enter the pericardium causing loss of consciousness and coldness of limbs, take *Qing Gong Tang* removing *Lian Zi Xin* (*Plumula Nelumbinis*), *Mai Dong*, and adding *Jin Yin Hua*, *Chi Xiao Dou* (*Semen Phaseoli*), with *Zhi Bao Dan* or *Zi Xue Dan*. (Analysis of Warm Diseases)

【Clinical manifestations】 Fever, coldness of the four limbs, loss of consciousness, delirium or silence with mental confusion, perhaps clonic convulsion of the limbs, stiffness or shortness of the tongue, deep red tongue, dry yellow coating, perhaps without coating, thready, smooth rapid pulse.

【Syndrome analysis】 Syndrome analysis of heat blocking the pericardium is shown in the table 6-3-6.

Table 6-3-6 Syndrome analysis of heat blocking the pericardium

Main symptoms	Pathogenesis
Fever, coldness of the four limbs	Deep interiorization of the heat pathogens, *yang* energy becomes blocked and thus fails to reach the extremities
Loss of consciousness, delirium, or silence with mental confusion	Heat disturbs the heart and mind
Clonic convulsion of the limbs, sluggish tongue or shortness of tongue	Extreme heat in the pericardium further affects the liver, phlegm heat from the pericardium blocks the tongue vessels
Deep red tongue, thready, smooth rapid pulse	Extreme heat in the nutrient system injures *yin*

【Basic pathogenesis】 Pathogenic heat blocks the pericardium and disturbs the heart and mind.

【Therapeutic principle】 Clear heart heat, cool nutrient system, crack away phlegm and resuscitate.

【Prescription】 *Qing Gong Tang* in combination with *An Gong Niu Huang Wan* or *Zhi Bao Dan* or *Zi Xue Dan*.

Qing Gong Tang

Xuan Shen (*Radix Scrophulariae*)
Lian Zi Xin (*Plumula Nelumbinis*)
Dan Zhu Ye (*Herba Lophatheri*)
Lian Qiao (*Fructus Forsythiae*)
Xi Jiao (*Cornu Rhinocerotis Asiatici*) (use *Shui Niu Jiao*)
Mai Dong (*Radix Ophiopogonis*)

The manifestations of the mental disturbance in this syndrome include loss of consciousness, delirium or silence with mental confusion, which should be differentiated from those associated with nutrient system syndromes, as well as *fu* organ accumulation of heat, and clouding of the pericardium by damp-heat induced phlegm syndromes. The manifestations and pathogenesis of these three are different.

An Gong Niu Huang Wan or *Zhi Bao Dan* or *Zi Xue Dan*, well known as the "three treasures", have the actions of clearing heat and relieving toxins, promoting the circulation of the meridians and resuscitation; they are all cool resuscitation therapies and are used as the key medicines for coma and delirium in warm disease. *An Gong Niu Huang Wan* focuses on clearing heat and relieving toxins; it is more commonly used for high fever and coma. *Zhi Bao Wan* focuses on eliminating turbidity with aromatics, and is commonly used for coma caused by blockage of the spirit/mind by phlegm-turbidity. *Zi Xue Wan* focuses on stopping convulsions and extinguishing wind; it is mostly used for high fever syncope and convulsions.

【Syndrome differentiation】 Differential diagnosis of heat blocking the pericardium and clouding of the pericardium by damp-heat induced phlegm syndromes is shown in the table 6-3-7.

Table 6-3-7 Differential diagnosis of heat blocking the pericardium and clouding of the pericardium by damp-heat induced phlegm syndromes

	Heat blocking the pericardium syndrome	Clouding of the pericardium by damp-heat induced phlegm syndrome
Main symptoms	Fever, coldness of limbs, loss of consciousness, delirium or silence with mental confusion, purple tongue, rapid slippery pulse	Lasting fever, mild in the morning but severe in the late afternoon, drowsiness, perhaps partial unconsciousness or occasional delirium, yellow greasy tongue coating, soft smooth rapid pulse
Pathogenesis	Pathogenic heat blocks the pericardium and disturbs the heart and mind	Phlegm clouds the Pericardium, steaming damp-heat induces turbidity

Continued

	Heat blocking the pericardium syndrome	Clouding of the pericardium by damp-heat induced phlegm syndrome
Therapeutic principles	Clear heart heat, cool the nutrient system, eliminate phlegm and resuscitate	Clear heat and resolve dampness, eliminate phlegm and resuscitate
Prescriptions	*Qing Gong Tang* and *An Gong Niu Huang Wan* or *Zhi Bao Dan* or *Zi Xue Dan*	*Chang Pu Yu Jin Tang*

Summary

Commonly seen in the late stage of warm diseases, nutrient/blood system syndromes are caused by the deep invasion of warm pathogens injuring the nutrient and blood. The appearance of a nutrient/blood system syndrome indicates a deep locus and a crisis of the disease in question. The occurrence of *yin* and blood system syndromes are usually due to excessive pathogenic heat in the *qi* system failing to be expelled and consequently moving deeper inside the body. They may also result from a weak constitution and/or virulent pathogens, or a delay in treatment or improper treatment, all of which leave the body vulnerable to the rapid invasion of pathogens into the nutrient and/or blood system. In a damp heat warm disease, nutrient/blood system syndromes occur mostly after the dampness turns into fire in the *qi* system whereupon it then transmits to nutrient system and/or blood system.

The nutrient is the exterior aspect of blood and blood is transformed from nutrient. There is close relation between the nutrient and blood systems. Clinically, pathogens in the nutrient and blood systems are difficult to distinguish even though there is a difference in location and severity. Nutrient and blood are categorized as *yin* and circulate in the vessels around the body. Pathogens in the nutrient system will necessarily affect the blood system; heat in the blood system will absolutely consume nutrient-*yin*. Ye Tianshi said: "Invasion of the nutrient system by heat will affect the blood." Given this, in most cases, nutrient system and blood system syndromes present simultaneously.

The therapeutic principle for nutrient/blood system syndromes is: clear nutrient and cool blood, eliminate toxins and nourish *yin*. Because of the complexity of nutrient system and blood system conditions, treatment should be flexible and based on syndrome differentiation. If there is blood and heat stagnation, the treatment should be combined with activating blood and resolving stasis; if pathogens invade the heart and brain, the treatment should be combined with promoting resuscitation; if excessive heat stirs up wind, the treatment should be combined with cooling liver and extinguishing wind (table 6 - 3 - 8).

Table 6-3-8 Summary of nutrient/blood system syndromes

	Pathogenesis	Key-point for differentiation	Therapeutic principles	Prescriptions
Heat scorching the nutrient-*yin* syndrome	Heat enters the nutrient system and vessels, disturbs the heart and mind	Fever aggravated at night, restlessness, or delirium, perhaps red spots on the skin, deep red tongue	Clear heat from the nutrient system, detoxify and nourish *yin*	*Qing Gong Tang*
Excessive heat disturbing the blood syndrome	Heat enters the blood system, scorches the blood vessels, and forces extravasation of blood	Fever aggravated at night, restlessness, unconsciousness, agitated psychosis, various kinds of hemorrhage purplish/deep red dry tongue	Cool the blood and disperse blood stasis	*Xi Jiao Di Huang Tang*
Blazing of both *qi* and nutrient (blood) syndrome	Unsolved toxic heat in the *qi* system, with newly occurring heat in the blood	High fever, thirst, restlessness, various kinds of hemorrhage, deep red tongue with dry yellow coating, rapid pulse	Clear both *qi* and nutrient (blood) systems	*Jia Jian Yu Nv Jian*, *Hua Ban Tang*, *Qing Wen Bai Du Yin*
Heat blocking the pericardium syndrome	Pathogenic heat blocks the pericardium and disturbs the heart and mind	Fever, cold limbs, unconsciousness, delirium, mental confusion, deep red tongue without coating	Clear heart heat, cool nutrient system, crack away phlegm and resuscitate	*Qing Gong Tang* in combination with *An Gong Niu Huang Wan* or *Zhi Bao Dan* or *Zi Xue Dan*

6.4 Diagnosis and Treatment of Pathogenic Heat Damaging the *Yin* Syndrome

Warm disease pathogenic *qi* penetrates deeply into the *yin* system from the exterior to the interior, though the progress of disease stops when it enters the blood system. In the later stages of a warm disease, the warm pathogens from outside subside gradually, but by this time the healthy *qi* of the human body has been damaged as well. At this time, the damage done to the affected viscera has yet to recover, and the disordering of their natural functions enables the residual pathogens to remain. Under these conditions a series of syndromes occur, which are called late stage syndromes. *Qi* and *yin* deficiency are is the main pathological characteristics of this phase.

6.4.1 Lung and stomach *yin* deficiency syndromes

This syndrome is arises after the decline of pathogenic heat of warm disease as a result of lung and stomach *yin* having become damaged, or because of the retention of residual pathogens. It is often seen in the later stage of wind-warm or autumn-dryness diseases.

【Original source material】 *Sha Shen Mai Dong Tang* (Shashen Maidong Decoction) is indicated for the impairment of lung and stomach *yin* by dryness, and manifesting as fever or cough. (Analysis of Warm Diseases)

The damaging actions of autumn dryness cause the recurrence of previous diseases. Tonic and astringent medicine can not be used, but sweet herbs to nourish the stomach are recommended. *Mai Dong*, *Yu Zhu*, *Bei Sha Shen* (*Radix Glehniae*), *Sheng Gan Cao*, *Fu Shen*, *Nuo Dao Gen* (*Radix Oryzae Glutinosae*). [*Lin Zheng Zhi Nang Yi An* (Medical Records as a Guide to Clinical Practice)]

【Clinical manifestations】 Mild fever or absence of fever, continuous dry cough perhaps with a small amount of sticky sputum, dry mouth and tongue, thirst, red tongue with little coating, thready pulse.

【Syndrome analysis】 Syndrome analysis of lung and stomach *yin* deficiency is shown in the table 6-4-1.

Table 6-4-1 Syndrome analysis of lung and stomach *yin* deficiency

Main symptoms	Pathogenesis
Mild fever or absence of fever	Warm pathogens have either retreated or there is some retention of residual pathogens
Continuous dry cough or little and sticky sputum	Lung fluids become damaged, purifying and descending function becomes impaired
Dry mouth and tongue, thirst	Stomach fluids become damaged, moistening function is lost
Red tongue with little coating, and thready pulse	Lung and stomach *yin* deficiency

【Basis pathogenesis】 Warm pathogens have either retreated or there is some retention of residual pathogens, lung and stomach *yin* deficiency.

【Therapeutic principle】 Nourish lung and stomach, generate fluids to moisten dryness.

【Prescription】 *Sha Shen Mai Dong Tang* with added *Di Gu Pi*.

Sha Shen (*Radix Glehniae*)
Yu Zhu (*Rhizoma Polygonati Odorati*)
Gan Cao (*Radix Glycyrrhizae*)
Sang Ye (*Folium Mori*)
Mai Dong (*Radix Ophiopogonis*)
Bian Dou (*Semen Lablab*)
Tian Hua Fen (*Radix Trichosanthis*)
Di Gu Pi (*Cortex Lycii*)

Lung and stomach *yin* deficiency syndrome is the most commonly observed syndrome in the late stage of wind-warm or autumn-dryness diseases, when there is a gradual decline of pathogenic heat accompanied by damage to the lung and stomach *yin*; at this point the functions of the affected organs have not yet recovered. The therapeutic principle of nourishing *yin* and clearing heat using sweet and cold herbs is applied; though there is fever, bitter and cold herbs should be avoided.

6.4.2 Residual pathogens remaining in the *yin* system syndrome

This syndrome arises in the late stage of warm disease as a result of the residual pathogens remaining deeply in the *yin* system and consuming *yin* fluid. It is commonly seen in the late stage of wind-warm and autumn-dryness diseases.

【Original source material】 Night fever and absence of sweating after the relief of the fever are due to the heat coming from *yin*; *Qing Hao Bie Jia Tang* is the remedy. (Analysis of Warm Diseases)

【Clinical manifestations】 Night fever, absence of sweating after the relief of the fever, normal appetite, emaciation, red tongue with little coating, thready, wiry rapid pulse.

【Syndrome analysis】 Syndrome analysis of residual pathogens remaining in the *yin* system is shown in the table 6-4-2.

Table 6-4-2 Syndrome analysis of residual pathogens remaining in the *yin* system

Main symptoms	Pathogenesis
Night fever, absence of sweating after the relief of the fever	Residual heat remains deep in the *jueyin*
Normal appetite, emaciation	Absence of pathogens in the *qi* system
Red tongue with little coating, thready, wiry rapid pulse	*Yin* deficiency with internal stagnant heat

【Basic pathogenesis】 Warm disease heat pathogens remain in the *yin* system.

【Therapeutic principle】 Nourish *yin* and vent heat from the interior.

【Prescription】 *Qing Hao Bie Jia Tang*.

Qing hao (*Herba Artemisiae Annuae*)

Bie jia (*Carapax Trionycis*)

Sheng Di Huang (*Radix Rehmanniae Recens*)

Zhi Mu (*Rhizoma Anemarrhenae*)

Mu Dan Pi (*Cortex Moutan Radicis*)

This syndrome occurs at the late stage of warm disease, but careful attention must be given as the pathogens are still hidden deeply in the interior. The proper treatment should be nourishing the damaged *yin* fluid, together with venting the pathogens to the exterior and clearing heat, in order to give the pathogens a way out. Simply nourishing *yin* would be like closing the door with the thief still inside and should be avoided. In *Qing Hao Bie Jia Tang*, the significance of the combination of *Qing Hao* and *Bie Jia*, is as Wu Jutong describes as: "The formula acts to first enter and then exit. *Qing Hao* can't directly enter the *yin* system without *Bie Jia's* leading it inward, while *Bie Jia* can't alone exit the *yang* system without the assistance of *Qing Hao's* leading it outward."

【Syndrome differentiation】 Differential diagnosis of residual pathogens remaining in the *yin* system and lung and stomach *yin* deficiency syndromes is shown in the table 6-4-3.

Table 6-4-3 Differential diagnosis of residual pathogens remaining in the *yin* system and lung and stomach *yin* deficiency syndromes

	Residual pathogens remaining in the *yin* system syndrome	Lung and stomach *yin* deficiency syndrome
Main symptoms	Night fever but normal temperature in the morning, absence of sweating after the fever clears, red tongue with little coating, thready, wiry, and rapid pulse	Dry cough or little and sticky sputum, dry mouth and tongue, thirst, red tongue with little coating, thready pulse
Pathogenesis	Residual pathogenic heat deeply hidden in the *yin* system consumes *yin* fluids	Decline of pathogenic heat or retention of the residual pathogens, *yin* deficiency of lung and stomach
Therapeutic principles	Relieve heat by nourishing *yin*	Nourish lung and stomach, promote fluid production to moisten dryness
Prescription	*Qing Hao Bie Jia Tang* (Qinghao Biejia Decoction)	*Sha Shen Mai Dong Tang*

Differential diagnosis of residual pathogens remaining in the *yin* system and residual toxins damaging *yin* syndromes is shown in the table 6-4-4.

Table 6-4-4 Differential diagnosis of residual pathogens remaining in the *yin* system and residual toxins damaging *yin* syndromes

	Residual pathogens remaining in the *yin* system syndrome	Residual toxins damaging *yin* syndrome
Main symptoms	Night fever, absence of sweating after the relief of the fever, normal appetite, emaciation, red tongue with little coating, thready, wiry rapid pulse	Spot erosion at one point of the throat, intermittent pain, disappearance of red skin rash, low-grade afternoon fever, red dry tongue, thready rapid pulse
Pathogenesis	Warm disease heat pathogens remain in the *yin* system	Deficiency of *yin* fluids, residual toxins remain
Therapeutic principles	Nourish *yin* and vent heat from the interior	Nourish *yin* and generate fluids, eliminate the remaining toxins
Prescription	*Qing Hao Bie Jia Tang*	*Qing Yan Yang Ying Tang* (Qingyan Yangying Decoction)

6.4.3 Syndrome of summer-heat damage to fluid and *qi*

This syndrome occurs in the late stages of summer-heat syndrome, wherein the summer-heat has not completely cleared and the body fluids and *qi* have been damaged. It is commonly seen in the middle or late stage of a summer warm disease.

【Original source material】 This pulse and syndrome should be treated by clearing summer-heat and replenishing *qi*. However, the prescription developed by Li Dongyuan does not clear summer-heat even though it bears the name"clearing summer-heat". This can be demonstrated by the cases of Sun Zihua treated by Jiangnan and Wang Mugong treated by Cheng Xingxuan. Therefore, in clinical application the prescription should be modified. When I treat this syndrome, *Xi Yang Shen* (*Radix Panacis Quinquefolii*), *Shi Hu* (*Herba Dendrobii*), *Mai Dong*, *Huang Lian*, *Zhu Ye*, *He Geng* (*Petiolus Nelumbinis*), *Zhi Mu*, *Gan Cao*, *Jing Mi*, *Xi Gua Pi* are used to clear summer-heat and tonify original *qi*: it has been effective with everyone I have treated. (Compendium on Epidemic Febrile Diseases)

【Clinical manifestations】 Fever, shortness of breath, restlessness, spontaneous sweating, thirst with desire to drink, tired limbs, lassitude, red tongue, yellow thin dry tongue coating, empty thready rapid pulse.

【Syndrome analysis】 Syndrome analysis of summer-heat damaging to fluid and *qi* is shown in the table 6-4-5.

Table 6-4-5 Syndrome analysis of summer-heat damaging to fluid and *qi*

Main symptoms	Pathogenesis
Fever, restlessness	Summer-heat remains
Spontaneous sweating, tired limbs, lassitude	Summer-heat damages *qi*
Thirst with desire to drink	Summer-heat damages the body fluids
Red tongue, yellow thin dry coating, empty thready rapid pulse	Signs of summer-heat not yet eliminated and damaging to fluid and *qi*

【Basic pathogenesis】 Summer-heat remains and damages to fluid and *qi*.

【Therapeutic principle】 Eliminate summer-heat, tonify *qi* and generate body fluids.

【Prescription】 *Wang Shi Qing Shu Yi Qi Tang*.

Xi Yang Shen (*Radix Panacis Quinquefolii*)
Shi Hu (*Herba Dendrobii*)
Mai Dong (*Radix Ophiopogonis*)
Huang Lian (*Rhizoma Coptidis*)
Dan Zhu Ye (*Herba Lophatheri*)
He Geng (*Petiolus Nelumbinis*)
Zhi Mu (*Rhizoma Anemarrhenae*)
Gan Cao (*Radix Glycyrrhizae*)
Jing Mi (*Semen Oryzae Sativae*)
Xi Gua Pi (*Pericarpium Citrulli*)

In a syndrome of summer-heat damage to fluid and *qi*, the summer-heat remains and damages the *qi* and body fluids. The two are mutually affected and have a mutual cause-effect relationship: Excessive heat causes profuse sweating, leading to consumption of *qi* and body fluid, in return, *qi* deficiency fails to restrain fluids normally, the leakage of fluids by spontaneous sweating will become more severe, thus it leading to the exhaustion of *qi* and fluid.

In the progression of a summer-heat in *yangming* to a summer-heat damaging to fluid and *qi* syndrome, wherein it further results in the exhaustion of *qi* and fluid, the summer-heat becomes less and less, while the damage to *qi* and fluids becomes more and more severe. Both *Wang Shi Qing Shu Yi Qi Tang* and *Li Shi Qing Shu Yi Qi Tang* can be used to treat the damage to *qi* and *yin* caused by summer-heat, but the former is better at clearing summer-heat, while at the same time generating body fluids as well as tonifying *qi*, for the treatment of marked summer-heat with damage to both *qi* and fluid; the latter focuses on strengthening the spleen, drying dampness and tonifying *qi*, for the treatment of summer-heat and damp damaging the *qi*, or original *qi* deficiency complicated by contraction of summer-heat and dampness.

【Syndrome differentiation】 Differential diagnosis of summer-heat damaging to fluid and *qi* and summer-heat and dampness damaging *qi* syndromes is shown in the table 6 - 4 - 6.

Table 6 - 4 - 6 Differential diagnosis of summer-heat damaging to fluid and *qi* and summer-heat and dampness damaging *qi* syndromes

	Summer-heat damaging to Fluid and *qi* syndrome	Summer-heat and dampness damaging *qi* syndrome
Main symptoms	Fever, restlessness, spontaneous sweating, thirst with desire to drink, tired limbs, lassitude, red tongue, yellow thin dry coating, empty thready rapid pulse	Fever, restlessness, spontaneous sweating, thirst, tired limbs, lassitude, dark urine, loose stools, greasy tongue coating, soggy rapid pulse
Pathogenesis	Summer-heat remains and damages to fluid and *qi*	Summer-heat and dampness remain and damage original *qi*
Therapeutic principles	Tonify *qi* and generate body fluids, eliminate summer-heat	Eliminate summer-heat and dampness, tonify *qi* and harmonize the middle energizer
Prescription	*Wang Shi Qing Shu Yi Qi Tang* (Wangshi Qingshu Yiqi Decoction)	*Li Shi Qing Shu Yi Qi Tang* (Lishi Qingshu Yiqi Decoction)

6.4.4 Near exhaustion of true *yin* (kidney *yin*) syndrome

This is a syndrome arising from a long-term warm disease wherein the the warm-heat pathogen *qi* damages the liver blood and kidney essence, resulting in the exhaustion of true *yin* (*zhen yin*), and giving rise to internal deficient heat. It is a syndrome of little pathogens and much deficiency. It is commonly seen in the late stage of a severe spring warm, wind warm or summer warm disease.

【Original source material】 Wind-warm, warm-heat, pestilence virulent heat, and winter-warm disease with pathogens remaining in *yangming* for a long time, which have been treated or not with purgation, and now present with fever, red face, dryness of the tongue and mouth, even so far as having dark teeth and chapped lips. If they have a sunken full pulse they can still be treated with purgation. If the pulse is empty and large, with a feeling of heat in palms and soles greater than that felt on the dorsum of hands and feet, *Jia Jian Fu Mai Tang* (Jiajian

Fumai Decoction)is the remedy. (Analysis of Warm Diseases)

When deafness occurs in a warm disease it is a *shaoyin* disorder, which will worsen if treated with *Xiao Chai Hu Tang*. Six or seven days later, *Fu Mai Tang* (Fumai Decoction) should be used to restore essence. (Analysis of Warm Diseases)

For warm disease treated improperly with ascending dispersing herbs, if the pulse is knotted or perhaps even very slow(two pulses per breath), a heavy dosage of *Fu Mai Tang* should be prescribed. The other symptoms should be treated later. (Analysis of Warm Diseases)

After diaphoresis or purgation, if the mouth and throat become dry, and there is lassitude, sleepiness, and a red tongue with an "old" coating, *Fu Mai Tang* should be given. (Analysis of Warm Diseases)

【Clinical manifestations】 Low-grade fever, feverish sensation in palms and soles that is more pronounced than that of the dorsum of hands and feet, thirst and dryness of mouth and tongue, palpitations, lassitude, sleepiness, perhaps even unconsciousness, perhaps deafness, sluggish tongue, red tongue with little coating, empty large pulse or slow, moderate knotted, intermittent pulse.

【Syndrome analysis】 Syndrome analysis of near exhaustion of true *yin* is shown in the table 6 - 4 - 7.

Table 6 - 4 - 7 Syndrome analysis of near exhaustion of true *yin*

Main symptoms	Pathogenesis
Low-grade fever, feverish sensation in palms and soles that is more pronounced than that of the dorsum of hands and feet	Liver and kidney *yin* deficiency give rise to internal deficient heat
Thirst and dryness of mouth and tongue	Kidney *yin* deficiency, failure of the body fluids to rise up
Lassitude, sleepiness, palpitation	Heart *yin* deficiency, malnourishment of the heart and mind
Red tongue with little coating, empty large pulse or slow, moderate, knotted, intermittent pulse	Kidney *yin* deficiency, blood is becoming dry

【Basic pathogenesis】 In a long-term epidemic febrile disease, kidney *yin* becomes exhausted, internal deficient heat arises.

【Therapeutic principle】 Nourishing *yin* and eliminating heat.

【Prescription】 *Jia Jian Fu Mai Tang*.

Gan Cao (Radix Glycyrrhizae)
Gan Di Huang (Rhizoma Rehmanniae)
Bai Shao (Radix Paeoniae Alba)
Mai Dong (Radix Ophiopogonis)
E Jiao (Colla Corii Asini)
Huo Ma Ren (Fructus Cannabis)

Warm pathogens consume easily body fluids. In long-term warm diseases, heat pathogens remain in the interior, lying deeply in the lower energizer and consuming liver blood and kidney essence. This leads to a decline of true(kidney) *yin* and the production of deficient heat and manifested as more deficiency and less pathogens. At this stage, warming and circulating *yang qi* is not suitable. *Jia Jian Fu Mai Tang* is *Fu Mai Tang* from the Treatise on Cold-Induced Diseases minus the pungent, sweet and warm herbs *Ren Shen*, *Gui Zhi*, *Sheng Jiang* (*Rhizoma Zingiberis recens*), *Da Zao* (*Fructus Jujubae*), and wine, and then adding the sour sweet *Bai Shao* to astringe *yin*. It is used for exclusively nourishing true *yin*.

【Syndrome differentiation】 Differential diagnosis of near exhaustion of true *yin* and pathogens remaining in the *yin* system syndromes is shown in the table 6-4-8.

Table 6-4-8 Differential diagnosis of near exhaustion of true *yin* and pathogens remaining in the *yin* system syndromes

	Near exhaustion of true *yin* syndrome	Pathogens remaining in the *yin* system syndrome
Main symptoms	Low-grade fever, feverish sensation in palms and soles that is more pronounced than that of the dorsum of hands and feet, thirst and dryness of mouth and tongue, palpitations, lassitude, sleepiness, red tongue with little coating, empty large pulse or slow, moderate, knotted, intermittent pulse	Night fever, absence of sweating after the fever breaks, normal appetite, emaciation, red tongue with little coating, thready, wiry rapid pulse
Pathogenesis	In a long-term epidemic febrile disease, kidney *yin* becomes exhausted, internal deficient heat arises	Warm Disease heat pathogens remain in the *yin* system
Therapeutic principle	Nourish *yin* and clear heat	Cultivate *yin* and vent heat from the interior
Prescription	*Jia Jian Fu Mai Tang*	*Qing Hao Bie Jia Tang*

6.4.5 *Yin* deficiency with wind stirring up syndrome

This is a syndrome wherein water fails to nourish wood and results in the stirring-up of internal deficient wind. It mostly develops from liver and kidney deficiency and then presents in the late stage of a warm disease. It is commonly seen in severe cases and/or the late stage of a wind-warm, spring warm, summer warm disease. In some cases, it is also seen in the late stage of severe autumn-dryness.

【Original source material】 For warm disease in the lower energizer, the deeper the pathogenic heat is, the colder the limbs will be, with thready rapid pulse, violent palpitation with empty sensation, perhaps even cardiac pain, *San Jia Fu Mai Tang* (Sanjia Fuma Decoction) is the remedy. (Analysis of Warm Diseases)

【Clinical manifestations】 Involuntary movement of fingers, perhaps even clonic convulsion, quivering of mouth, upward staring of eyes or looking to the side, muscular twitching and cramping, violent palpitation with empty sensation, perhaps even cardiac pain, tendency to go into shock, emaciation, lassitude, dark teeth, chapped lips, dry deep-red tongue with little or no coating, or perhaps the tongue is a pig-liver-like dry purple and lusterless tongue, empty weak pulse or thready hurried pulse.

【Syndrome analysis】 Syndrome analysis of *yin* deficiency with wind stirring up is shown in the table 6 - 4 - 9.

Table 6 - 4 - 9 Syndrome analysis of *yin* deficiency with wind stirring up

Main symptoms	Pathogenesis
Involuntary movement of fingers, quivering of mouth, muscular twitching and cramping	Stirring-up of internal deficient wind
Violent palpitation with empty sensation, perhaps even cardiac pain	Exhaustion of kidney *yin*, failure to nourish the heart
Emaciation, lassitude, dark teeth, chapped lips	*Yin* consumption of liver and kidney
Dry deep-red tongue with little coating or no coating, empty weak pulse or thready hurried pulse	Liver and kidney *yin* consumption, failure to nourish and moisten

【Basic pathogenesis】 Consumption of liver and kidney *yin*, failure to nourish and moisten, stirring-up of internal deficient wind.

【Therapeutic principle】 Nourish *yin* and blood, calm *yang* hyperactivity and extinguish the stirring of wind.

【Prescription】 *San Jia Fu Mai Tang*.

Gan Cao (Radix Glycyrrhizae)
Gan Di Huang (Rhizoma Rehmanniae)
Bai Shao (Radix Paeoniae Alba)
Mai Dong (Radix Ophiopogonis)
E Jiao (Colla Corii Asini)
Huo Ma Ren (Fructus Cannabis)
Mu Li (Concha Ostreae)
Bie Jia (Carapax Trionycis)
Gui Jia (Carapax et Plastrum Testudinis)

Stirring-up of internal deficient wind is a manifestation of warm disease in the lower energizer, with pathogens in the *jueyin* liver meridian. At this stage, there continues to be a struggle between healthy *qi* and pathogen *qi*, though there are few pathogens and more deficiency at this late stage. Healthy *qi* deficiency is the main pathogenesis at this stage. The weak healthy *qi* fails to clear the residual pathogens leading to the lasting disease condition. Nourishing *yin*, subduing *yang* and extinguish the stirring of wind are the main therapeutic methods. This formula used is *Jia Jian Fu Mai Tang* for nourishing liver and kidney, with the addition of *Mu Li*, *Bie Jia* and *Gui Jia* to subdue *yang*, extinguish the stirring of wind, nourish heart and sedate.

【Syndrome differentiation】 Differential diagnosis of *yin* deficiency with wind stirring up and intense heat stirring up wind syndromes is shown in the table 6 - 4 - 10.

Table 6 - 4 - 10 Differential diagnosis of *yin* deficiency with wind stirring up and intense heat stirring up wind syndromes

	Yin deficiency with wind stirring up syndrome	Intense heat stirring up wind syndrome
Main symptoms	Late stage of a warm disease, involuntary movement of fingers, violent palpitation with empty sensation, emaciation, lassitude, dark teeth, chapped lips, dry deep-red tongue with little coating or no coating, empty weak pulse or thready hurried pulse	High fever, sweating, distention and pain of the abdomen aggravated by pressure, clonic convulsion of hands and/or feet, neck rigidity, opisthotonos
Pathogenesis	Liver and kidney *yin* deficiency, failure to nourish and moisten, stirring-up of internal deficient wind	Excessive heat in the *qi* system stirs up liver wind
Therapeutic principles	Nourish *yin* and blood, calm *yang* hyperactivity and extinguish the stirring of wind	Clear heat, cooling liver and extinguish the stirring of wind
prescription	*San Jia Fu Mai Tang*	*Ling Jiao Gou Teng Tang*

6.4.6 Syndrome of intestinal fluid consumption

Commonly seen in the late stage of various warm diseases when the pathogenic heat has been reduced or is in decline but the *yin* fluids are deficient and fail to moisten the intestines. This syndrome is characterized by consumption of body fluids and dryness in the intestines.

【Original source material】 *Yangming* warm disease without upper energizer involvement but with constipation for a few days, purgation should be used. If the patient is constitutionally *yin* deficient, *Cheng Qi Tang* should not be used, but *Zeng Ye Tang* (Zangye Decoction) is the remedy. If the constipation is not relieved after taking *Zeng Ye Tang*, *Tiao Wei Cheng Qi Tang* should be combined with it to slightly harmonize. (Analysis of Warm Disease)

A few days after purgation, if the fever is not relieved, and there is dryness of the mouth and throat, dry and dark or yellow coating, sunken forceful pulse, *Hu Wei Cheng Qi Tang* (Huwei Chengqi Decoction) should be used. If the pulse is sunken and weak, *Zeng Ye Tang* is the remedy. (Analysis of Warm Diseases)

Yangming warm disease, if the symptoms recur two or three days after the treatment and the pulse if very sunken pulse, or sunken and forceless, only *Zeng Ye Tang* can be used but not *Cheng Qi Tang*. (Analysis of Warm Diseases)

... For insufficient fluids causing constipation, comparable to a boat on a river without water, *Zeng Ye Tang* should be intermittently taken. If the constipation is not relieved, *Zeng Ye Cheng Qi Tang* (Zengye Chengqi Decoction) should be used. (Analysis of Warm Diseases)

【Clinical manifestations】 The fever has broken or there is only light fever, dryness of mouth and throat, constipation, red dry tongue, sunken thready weak pulse

【Syndrome analysis】 Syndrome analysis of intestinal fluid consumption is shown in the table 6 - 4 - 11.

Table 6-4-11 Syndrome analysis of intestinal fluid consumption

Main symptoms	Pathogenesis
The fever has broken or there is only light fever	Decline of pathogenic heat, consumption of *yin* fluid
Dryness of the mouth and throat, constipation	Consumption of *yin* fluid, insufficient fluids to nourish the body
Red dry tongue, sunken thready weak pulse	Decline of the pathogen, consumption of fluids

【Basic pathogenesis】 Decline of pathogenic heat, consumption of *yin* fluids, insufficient fluids to nourish intestines.

【Therapeutic principle】 Nourish *yin*, increase fluids, moisten intestines and promote bowel movement.

【Prescription】 *Zeng Ye Tang*.

Xuan Shen (*Radix Scrophulariae*)
Sheng Di Huang (*Radix Rehmanniae Recens*)
Mai Dong (*Radix Ophiopogonis*)

There are two causes for constipation in warm disease, one is accumulation of heat, the other is the consumption of body fluids. The former should be treated with *Cheng Qi Tang*, the latter should be treated with *Zeng Ye Tang*. For those with constipation caused by excessive heat but who are constitutionally *yin* deficient, *Cheng Qi Tang* and *Zeng Ye Tang* should be combined. Deficiency of both *qi* and *yin* complicated by heat knotting the stools should be treated with *Xin Jia Huang Long Tang* (Xinjia Huanglong Decoction) to purge the knot while at the same time tonifying both *qi* and *yin*.

【Syndrome differentiation】 Differential diagnosis of intestinal fluid consumption and *yangming fu*-organ excess syndromes is shown in the table 6-4-12.

Table 6-4-12 Differential diagnosis of intestinal fluid consumption and *yangming fu*-organ excess syndromes

	Intestinal fluid consumption syndrome	*Yangming fu*-organ excess syndrome
Main symptoms	The fever has broken or there is only light fever, dryness of mouth and throat, constipation, red dry tongue, sunken thready weak pulse	Fever, aversion to heat, unconsciousness, delirium, sweating, thirst, constipation, abdominal distention and pain aggravated by pressure, yellow thick dry tongue coating, sunken forceful pulse
Pathogenesis	Decline of pathogenic heat, consumption of *yin* fluid, failure to nourish intestines	Heat knots in the interior resulting in a blockage of *fu*-organ *qi*
Therapeutic principles	Nourish *yin*, increase fluids, moisten intestines and promote bowel movement	Purge accumulated heat
Prescriptions	*Zeng Ye Tang*	*Da Cheng Qi Tang*, *Xiao Cheng Qi Tang*, *Tiao Wei Cheng Qi Tang*

Summary

During the progression of a warm disease, *yin* fluids and healthy *qi* are inevitably damaged by the flaring of pathogenic heat. Given this, *qi* and *yin* damage is a commonly-seen pathological complication and the main problem in this series of syndromes. When *yin* fluids are damaged, in mild cases there may be dry mouth and thirst, dry throat and tongue, dry cough with little sputum, or dryness of intestine with constipation, etc; while in severe cases, it often manifests as chronic low-grade fever, steaming fever in the afternoon, feverish sensation of palms and soles that is more pronounced than that of the dorsum of hands and feet, palpitations, deafness, even severe palmus, peristalsis or convulsion of hands and feet, and depletion tendency often occurs. If both *qi* and *yin* are damaged, fluids and *qi* then tend to become depleted, thus symptoms such as continuous sweating, severe dyspnea and thirst, tired and cold extremities, and a scattered forceless pulse may appear. If healthy *qi* is deficient but pathogens remain, symptoms such as a continuous general fever, or perhaps night fever which disappears in the morning, dry mouth and lips, perhaps profuse drinking, dysphoria and insomnia, red dry or crimson tongue, and thready rapid pulse will occur. Strengthening healthy *qi* and regulating *yin* and *yang* should be the major therapy. As to the damage done to the *yin* fluid, nourishing *yin* and increasing fluids are the fundamental principles. If syndrome is complicated by endogenous deficient wind stirring, one must add therapies to calm the hyperactivity of *yang* and extinguish wind. If both *qi* and *yin* are damaged, it is appropriate to nourish *qi* and *yin* simultaneously. If there is an inclination toward depletion, combine with consolidating therapy. If there is concurrent retention of residual pathogens, include therapies to clear the residual pathogens(table 6 - 4 - 13).

Table 6 - 4 - 13 Summary of pathogenic heat damaging the *yin* syndromes and treatment

	Pathogenesis	Key points for differentiation	Therapeutic principles	Prescription
Lung and stomach *yin* deficiency syndrome	Warm pathogens have either retreated or there is some retention of residual pathogens, lung and stomach *yin* deficiency	Dry cough perhaps a small amount of sticky sputum, dry mouth and tongue, thirst, red tongue with little coating, thready pulse	Nourish the lung and stomach, generate fluids to moisten the dryness	*Sha Shen Mai Dong Tang* with added *Di Gu Pi*
Residual pathogens remaining in the *yin* system syndrome	Warm disease heat pathogens remain in the *yin* system	Night fever, absence of sweating after the relief of the fever, normal appetite, emaciation, red tongue with little coating, thready wiry rapid pulse	Nourish *yin* and vent heat from the interior	*Qing Hao Bie Jia Tang*

Continued

	Pathogenesis	Key points for differentiation	Therapeutic principles	Prescription
Summer-heat damaging to fluid and *qi* syndrome	Summer-heat pathogens remain and damage to fluid and *qi*	Fever, restlessness, spontaneous sweating, tired limbs, lassitude, thirst with desire to drink, red tongue, yellow thin dry coating, empty thready rapid pulse	Tonify *qi* and generate body fluids, eliminate summer-heat	*Wang Shi Qing Shu Yi Qi Tang*
Near exhaustion of true *yin* (kidney *yin*) syndrome	In a long-term epidemic febrile disease, kidney *yin* becomes exhausted, internal deficient heat arises	Low-grade fever, feverish sensation in palms and soles that is more pronounced than that of the dorsum of hands and feet, thirst and dryness of mouth and tongue, lassitude, red tongue with little coating, empty large pulse	Nourish *yin* and clear heat	*Jia Jian Fu Mai Tang*
Yin deficiency with wind stirring up syndrome	Consumption of liver and kidney *yin*, failure to nourish and moisten, stirring-up of internal deficient wind	Late stage of warm disease, involuntary movement of fingers, violent palpitation with empty sensation, emaciation, lassitude, dark teeth, chapped lips, dry deep-red tongue with little coating or no coating, weak pulse or thready rapid pulse	Nourish *yin* and blood, calm *yang* hyperactivity and extinguish the stirring up of wind	*San Jia Fu Mai Tang*
Intestinal fluid consumption syndrome	Decline of pathogenic heat, consumption of *yin* fluids, insufficient fluids to nourish the intestines	The fever has broken or there is only light fever, dryness of mouth and throat, constipation, red dry tongue, sunken thready weak pulse	Nourish *yin*, increase fluids, moisten intestines and promote bowel movement	*Zeng Ye Tang*

In the late stage of a warm disease when the pathogens recede gradually but the remaining heat has not been cleared totally, and the body fluids have not been restored, if the treatment is not proper, the condition will easily relapse. In the late stage of a warm disease, paying attention to the diet and lifestyle is very important. As early as Discussion of Heat in *Su Wen* (Plain Questions) it says that: "Warm diseases on the mend will relapse after eating meat; the condition will linger for a long time if one eats too much."

Chapter 7

Six-meridian Disease Pathological Deterioration Syndromes

Deterioration syndrome refers to a condition wherein a disease is deteriorates due to delayed treatment or mistreatment, and does not progress or recover based on the general laws of progression. Although most deterioration syndromes result from delayed or inappropriate treatment, some are actually the further development of the diseases themselves. Deterioration syndromes include cold, heat, deficiency and excess syndrome variations, and the pathogens may be either invisible or visible. The treatment principle proposed by Zhang Zhongjing to treat pathological deterioration was: "Observe the pulse and syndrome (symptoms), know wherein it is invading and its rebelliousness, follow the (trend) of the syndrome and treat it." In fact this is nothing more than using the basic steps of principle, method, formula and herbs in the differentiation treatment of a syndrome. The rule of "warming cold for cold syndromes, clearing heat for heat syndromes, replenishing deficiency for deficiency syndromes, and reducing excess for excess syndromes" should be adopted in the treatment of deterioration syndromes. For the concurrence of exterior and interior syndromes, the therapeutic principle of treating the interior after releasing the exterior, or releasing the exterior after treating the interior, or concurrently treating the exterior and interior should be applied respectively according to the severity of the disease in question.

7.1 Heat Syndrome

Heat syndrome refers to a syndrome in which *yang qi* is excessive and the pathogenic heat is exuberant in the interior. It is characterized by heat stagnating in the chest, diaphragm, lung, stomach, large intestine, etcetera. The appropriate therapeutic principle is to clear pathogenic heat.

7.1.1 *Zhi Zi Chi Tang* treated syndrome

【Original source material】 After the adoption of a diaphoretic, emetic or purgative, the patient presents with repeated vomiting and diarrhea and is unable to fall asleep because of restlessness of a deficient nature. When it is a serious case, the patient will toss and turn on the bed, feeling uneasy and vexatious. *Zhi Zi Chi Tang* (Zhizichi Decoction) is of use. In the event there is shortness of breath, *Zhi Zi Gan Cao Zhi Tang* (Zhizi Gancao Decoction) is the remedy. If there is vomiting, *Zhi Zi Sheng Jiang Chi Tang* (Zhizi Shengjiang Chi Decoction) is suitable. (Treatise on Cold-Induced Diseases, line 76)

After adoption of a diaphoretic or purgative, if the patient becomes restless with fever and feels suffocated, prescribe *Zhi Zi Chi Tang*. (Treatise on Cold-Induced Diseases, line 77)

Cold-induced disease for five to six days: After the adoption of a drastic, the patient still has a fever and has a suffocating pain in the chest. *Zhi Zi Chi Tang* can be used to relieve the syndrome. (Treatise on Cold-Induced Diseases, line 78)

【Key points for syndrome differentiation】 Vexation and inability to sleep, anguish in the heart, tossing and turning, restlessness, generalized fever, perhaps chest stuffiness or pain, perhaps shortness of breath, perhaps vomiting, thin yellow tongue coating or mixed yellow and white tongue coating.

【Syndrome analysis】 Syndrome analysis of *Zhi Zi Chi Tang* treated syndrome is shown in the table 7-1-1.

Table 7-1-1 Syndrome analysis of *Zhi Zi Chi Tang* treated syndrome

Main symptoms	Pathogenesis
Vexation and inability to sleep, or more seriously, tossing and turning, anguish in heart	Formless pathogenic heat stagnating in the chest and diaphragm and disturbing the mind
Stuffiness in the chest	Heat stagnating in the chest and diaphragm, blockage of movement of *qi* in the chest
Pain in the chest	The disease was transmitted from the *qi* to the blood, now both *qi* and blood are blocked

【Basic pathogenesis】 Stagnation of heat in the chest and diaphragm.

【Therapeutic principle】 Clear and disperse stagnant heat.

【Prescription】 *Zhi Zi Chi Tang*.

See 5.2.1

7.1.2 *Zhi Zi Gan Cao Chi Tang* Treated Syndrome

【Original source material】 See line 76 in syndrome 7.1.1.

【Key points for syndrome differentiation】 *Zhi Zi Chi Tang* treated syndrome with shortness of breath.

【Syndrome analysis】 Syndrome analysis of *Zhi Zi Gan Cao Chi Tang* treated syndrome is shown in the table 7-1-2.

【Basic pathogenesis】 Stagnant fire and heat in the chest and diaphragm impair middle energizer *qi*.

【Therapeutic principle】 Clear and disperse stagnant heat, tonify *qi* and harmonize the middle energizer.

Table 7-1-2 Syndrome analysis of *Zhi Zi Gan Cao Chi Tang* treated syndrome

Main symptoms	Pathogenesis
Zhi Zi Chi Tang treated Syndrome	Stagnation of heat in the chest and diaphragm
Shortness of breath	Stagnant fire and heat in the chest and diaphragm impair middle energizer *qi*

【Prescription】*Zhi Zi Gan Cao Chi Tang*.

Zhi Zi (*Fructus Gardeniae*)	14 pcs.
Zhi Gan Cao (*Radix Glycyrrhizae Preparata*)	2 *liang*
Dan Dou Chi (*Semen Sojae Preparatum*)	4 *ge*

7.1.3 *Zhi Zi Sheng Jiang Chi Tang* Treated Syndrome

【Original source material】See line 76 in syndrome 7.1.1.

【Key points for syndrome differentiation】*Zhi Zi Chi Tang* treated syndrome with vomiting.

【Syndrome analysis】Syndrome analysis of *Zhi Zi Sheng Jiang Chi Tang* treated syndrome is shown in the table 7-1-3.

Table 7-1-3 Syndrome analysis of *Zhi Zi Sheng Jiang Chi Tang* treated syndrome

Main symptoms	Pathogenesis
Zhi Zi Chi Tang treated syndrome	Stagnation of heat in the chest and diaphragm
Vomiting	Heat disturbs the chest and diaphragm, stomach-*qi* counterflow

【Basic pathogenesis】Heat disturbs the chest and diaphragm, stomach-*qi* counterflow.

【Therapeutic principle】Clear and disperse depressed heat, check adverse rise of *qi* and stop vomiting.

【Prescription】*Zhi Zi Sheng Jiang Chi Tang*.

Zhi Zi (*Fructus Gardeniae*)	14 pcs.
Sheng Jiang (*Rhizoma Zingiberis Recens*)	5 *liang*
Dan Dou Chi (*Semen Sojae Preparatum*)	4 *ge*

7.1.4 *Zhi Zi Hou Po Tang* treated syndrome

【Original source material】Cold-induced disease: After the adoption of a purgative, the patient becomes restless and has abdominal distention no matter whether lying in bed or in other positions; *Zhi Zi Hou Po Tang* (Zhizi Houpo Decoction) is the remedy. (Treatise on Cold-Induced Diseases, line 79)

【Key points for syndrome differentiation】Vexation, restlessness, abdominal fullness.

【Syndrome analysis】Syndrome analysis of *Zhi Zi Hou Po Tang* treated syndrome is shown in the table 7-1-4.

Table 7-1-4 Syndrome analysis of *Zhi Zi Hou Po Tang* treated syndrome

Main symptoms	Pathogenesis
Vexation	Heat disturbs the chest and diaphragm
Abdominal fullness	Turbidity stagnates in the abdomen
Restlessness	*Qi* stagnates in the chest and abdomen, causing severe fullness and vexation

【Basic pathogenesis】 Heat disturbs the chest and diaphragm, *qi* stagnates in the abdomen.

【Therapeutic principle】 Clear heat and eliminate vexation, soothe the middle energizer and release fullness.

【Prescription】 *Zhi Zi Hou Po Tang*.

Zhi Zi (*Fructus Gardeniae*) 14 pcs.

Hou Po (*Cortex Magnoliae Officinalis*) 4 *liang*

Zhi Shi (*Fructus Aurantii Immaturus*) 4 pcs.

7.1.5 *Zhi Zi Gan Jiang Tang* treated syndrome

【Original source material】 Cold-induced disease; After taking drastic purgative pills, if the patient still has a fever and slight restlessness, *Zhi Zi Gan Jiang Tang* (Zhizi Ganjiang Decoction) is of use. (Treatise on Cold-Induced Diseases, line 80)

Zhi Zi Gan Jiang Tang is not suitable for those who suffer from chronic loose stools. (Treatise on Cold-Induced Diseases, line 81)

【Key points for syndrome differentiation】 Vexation, fever, and diarrhea.

【Syndrome analysis】 Syndrome analysis of *Zhi Zi Gan Jiang Tang* treated syndrome is shown in the table 7-1-5.

Table 7-1-5 Syndrome analysis of *Zhi Zi Gan Jiang Tang* treated syndrome

Main symptoms	Pathogenesis
Vexation	Stagnant heat in the chest and diaphragm disturb the mind
Fever	Pathogenic heat remains
Diarrhea	Excessive purgation has damaged spleen *yang*

【Basic pathogenesis】 Heat in the chest and diaphragm, cold in the middle energizer.

【Therapeutic principle】 Clear heat and eliminating vexation, warm the middle energizer and relieve diarrhea.

【Prescription】 *Zhi Zi Gan Jiang Tang*.

Zhi Zi (*Rhizoma Zingiberis*) 14 pcs.

Gan Jiang (*Fructus Gardeniae*) 2 *liang*

7.1.6 *Ma Huang Xing Ren Gan Cao Shi Gao Tang* treated syndrome

【Original source material】 After the adoption of a diaphoretic, *Gui Zhi Tang* (Guizhi Decoction) can not be given again. Prescribe *Ma Huang Xing Ren Gan Cao Shi Gao Tang*

(Mahuang Xingren Gancao Shigao Decoction) when there is perspiration and dyspnea without a high fever. (Treatise on Cold-Induced Diseases, line 63)

Gui Zhi Tang should not be adopted when a purgative had just been given. *Ma Huang Xing Ren Gan Cao Shi Gao Tang* is applicable for use with the following symptoms: perspiration and dyspnea without a high fever. (Treatise on Cold-Induced Diseases, line 162)

【Key points for syndrome differentiation】 Cough and dyspnea, yellow thick sputum, fever, sweating, thirst, red tongue with yellow coating, rapid pulse.

【Syndrome analysis】 Syndrome analysis of *Ma Huang Xing Ren Gan Cao Shi Gao Tang* treated syndrome is shown in the table 7-1-6.

Table 7-1-6 Syndrome analysis of *Ma Huang Xing Ren Gan Cao Shi Gao Tang* treated syndrome

Main symptoms	Pathogenesis
Cough and dyspnea	Accumulation of heat in the lung, failure of lung to purification
Sweating	Heat forces the fluids flowing outwards from the body
Fever	Accumulation of exuberant heat in lung

【Basic pathogenesis】 Accumulation of pathogenic heat in the lung.

【Therapeutic principle】 Clear heat and ventilate the lung, direct *qi* downward and relieve dyspnea.

【Prescription】 *Ma Huang Xing Ren Gan Cao Shi Gao Tang*.

Ma Huang (*Herba Ephedrae*)	4 *liang*
Xing Ren (*Semen Armeniacae Amarum*)	50 pcs.
Zhi Gan Cao (*Radix Glycyrrhizae Preparata*)	2 *liang*
Shi Gao (*Gypsum Fibrosum*) (break into small pieces, put in a silk sack)	0.5 *jin*

7.1.7 *Ge Gen Huang Qin Huang Lian Tang* treated syndrome

【Original source material】 *Taiyang* syndrome—*Gui Zhi Tang* treated syndrome: Giving a purgative caused continuous diarrhea, the hurried pulse is proof exterior syndrome remains. If dyspnea and perspiration are observed, *Ge Gen Huang Qin Huang Lian Tang* (Gegen Huangqin Huanglian Decoction) is the remedy. (Treatise on Cold-Induced Diseases, line 34)

【Key points for syndrome differentiation】 Continuous foul thick diarrhea with sudden and urgent onset and with burning sensation in the anus, yellow reddish urine, hurried forceful pulse. Sweating, cough and dyspnea, aversion to cold and fever, red tongue with yellow coating can be accompanied.

【Syndrome analysis】 Syndrome analysis of *Ge Gen Huang Qin Huang Lian Tang* treated syndrome is shown in the table 7-1-7.

【Basic pathogenesis】 Heat in the intestines forces the fluids to flow downwards, perhaps accompanied by residual exterior heat.

Table 7-1-7 Syndrome analysis of *Ge Gen Huang Qin Huang Lian Tang* treated syndrome

Main symptoms	Pathogenesis
Foul thick diarrhea with sudden and urgent onset	Exuberant heat in the intestines forces the fluids to flow downwards
Hurried forceful pulse	Heat accelerates the blood circulation
Sweating	Heat forces the fluids to move outwards from the body
(Cough) dyspnea	Exuberant intestinal heat, failure of lung to purification

【Therapeutic principle】 Clear heat, raise *jin*-liquids, relieve diarrhea; release the exterior.

【Prescription】 *Ge Gen Huang Qin Huang Lian Tang*.

Ge Gen (*Radix Puerariae*)	0.5 *jin*
Zhi Gan Cao (*Radix Glycyrrhizae Preparata*)	2 *liang*
Huang Qin (*Radix Scutellariae*)	3 *liang*
Huang Lian (*Rhizoma Coptidis*)	3 *liang*

Appendix: Heat entering blood chamber

Comparison of syndrome of heat entering blood chamber is shown in the table 7-1-8.

Table 7-1-8 Comparison of syndrome of heat entering blood chamber

	Needle *qi men* (LR 14) syndrome	*Xiao Chai Hu Tang* treated syndrome	Self-recovery syndrome
Pathogenesis	During menstruation, contraction of exogenous pathogens transforms into heat and then attacks blood chamber		
	Menstruation is over, liver-meridian *qi* is obstructed	Menstruation ended early, *shaoyang* meridian-*qi* is obstructed	Normal menstruation
Main symptoms	Fullness below the chest and lateral ribs, delirium, slow pulse, generalized coolness	Alternation of chills and fever	Normal mental state in the daytime, but delirium after dusk
Treatment	Needle *qi men* (LR 14) to drain heat	Harmonize the *shaoyang* with *Xiao Chai Hu Tang* (Xiaochaihu Decoction)	Stomach and the upper/middle energizer are not affected and could potentially self-recover

Summary

Summary of heat syndrome is shown in the table 7-1-9.

Table 7-1-9 Summary of heat syndrome

	Pathogenesis	Key points for syndrome differentiation
Zhi Zi Chi Tang treated syndrome	Heat stagnation in the chest and diaphragm	Vexation and inability to sleep, anguish in the heart
Zhi Zi Gan Cao Chi Tang treated syndrome	Heat stagnation in the chest and diaphragm, impairment of middle-energizer *qi*	In addition to *Zhi Zi Chi Tang* treated syndrome, *qi* deficiency is observed
Zhi Zi Sheng Jiang Chi Tang treated syndrome	Heat stagnation in the chest and diaphragm, counterflow of stomach-*qi*	In addition to *Zhi Zi Chi Tang* treated syndrome, vomiting is observed
Zhi Zi Hou Po Tang treated syndrome	Heat stagnation in the chest and diaphragm, *qi* stagnation in the abdomen	Vexation, restlessness, abdominal fullness
Zhi Zi Gan Jiang Tang treated syndrome	Heat in the chest and diaphragm, cold in the middle energizer	Vexation, generalized fever, diarrhea
Ma Huang Xing Ren Gan Cao Shi Gao Tang treated Syndrome	Heat accumulation in the lungs	Cough and dyspnea, generalized fever, sweating, thirst, rapid pulse
Ge Gen Huang Qin Huang Lian Tang treated syndrome	Heat in the intestines forces the fluids to flow downward	Diarrhea with foul and thick stools, burning sensation in the anus, fever, thirst

7.2 Water *Qi* Halted Internally Syndrome

As a cause of disease, "water *qi*(retention)" and "water fluid(retention)" are the same basic concept. If water fails to be transformed into body fluids and is retained in the body, is called fluid retention. Water and fluid retention are identical pathological products and at the same time are identical pathogenic factors, so they are usually referred to as retained water-fluids pathogen. Nevertheless, some differences still exist between the two. Water retention, also called water *qi*, has *qi* movement pathology in addition to the internal retention of fluid. *Qi* is invisible and can surge up. If water *qi* causes disease, the whole body can be affected, and different clinical manifestations may be seen when water *qi* is retained in different parts of the body. Notably, this can commonly include signs such as *qi* surging up to chest, becoming "*qi* uprushing" syndrome. Water fluid is clear and thin, and is mostly formed due to a deficiency of *yang* which results in a failure to transform water. In this case, warming *yang*, transforming *qi*, and dissipating water should be the fundamental principles for the treatment of water retention syndromes. This is in accordance with the so called principle of "For patients with phlegm and fluid retention, warm herbs should be administrated." Moreover, specific treatments for the affected parts of the body should be applied, for example, for those with deficient heart *yang*, when warming and replenishing heart *yang*, transforming *qi* and inducing diuresis should also be adopted; for those with deficient spleen *yang*, when warming and replenishing spleen *yang*, *transforming qi* and inducing diuresis should also be adopted; and for those with deficient kidney yang, when warming and replenishing kidney *yang*, transforming *qi* and inducing diuresis should also be adopted. If the symptom of *qi* surging up is observed, methods to direct *qi* downward should be added to the therapy.

7.2.1 *Ling Gui Gan Zao Tang* treated syndrome

【Original source material】 After the adoption of diaphoresis, a jumping sensation below the umbilicus like a piglet starting to run (*ben tun*). *Fu Ling Gui Zhi Gan Cao Da Zao Tang* (Fuling Guizhi Gancao Dazao Decoction, *Ling Gui Gan Zao Tang*) is the remedy. (Treatise on Cold-Induced Diseases, line 65)

【Key points for syndrome differentiation】 Throbbing below the umbilicus like a piglet starting to run, weak forceless pulse. Often accompanied by such symptoms as palpitations, sweating, and slippery tongue coating.

【Syndrome analysis】 Syndrome analysis of *Ling Gui Gan Zao Tang* treated syndrome is shown in the table 7-2-1.

Table 7-2-1 Syndrome analysis of *Ling Gui Gan Zao Tang* treated Syndrome

Main symptoms	Pathogenesis
Throbbing below the umbilicus like a piglet starting to run	Water-cold *qi* in the lower energizer about to surge up
Palpitations, sweating, weak pulse	Heart-*yang* deficiency
Slippery tongue coating	Water-cold unable to be transformed

【Basic pathogenesis】 Heart-*yang* deficiency leading to a disturbance in water *qi* movement.

【Therapeutic principle】 Warm and tonify heart *yang*, transform *qi* and induce diuresis.

【Prescription】 *Ling Gui Gan Zao Tang*.

Fu Ling (Poria)	0.5 *jin*
Gui Zhi (Ramulus Cinnamomi)	4 *liang*
Zhi Gan Cao (Radix Glycyrrhizae Preparata)	2 *liang*
Da Zao (Fructus Jujubae)	15 pcs.

7.2.2 *Ling Gui Zhu Gan Tang* treated syndrome

【Original source material】 Cold-induced disease: After the adoption of an emetic or purgative, the patient feels fullness in the epigastrium, counterflow *qi* ascends to the chest, is dizzy when getting up, and has a sunken tense pulse. If diaphoresis is adopted, the nourishment of the meridians will be exhausted, thus causing trembling and shaking of the body. *Fu Ling Gui Zhi Bai Zhu Gan Cao Tang* (Fuling Guizhi Baizhu Gancao Decoction, *Ling Gui Zhu Gan Tang*) is the remedy. (Treatise on Cold-Induced Diseases, line 67)

【Key points for syndrome differentiation】 Distension and fullness in the epigastric area, a feeling of *qi* ascending from the gastric area up to the chest, dizziness when getting up, sunken tense pulse.

【Syndrome analysis】 Syndrome analysis of *Ling Gui Zhu Gan Tang* treated syndrome is shown in the table 7 - 2 - 2.

Table 7 - 2 - 2 Syndrome analysis of *Ling Gui Zhu Gan Tang* treated syndrome

Main symptoms	Pathogenesis
Distension and fullness in the epigastric area	Spleen *yang* impairment results in a failure to transport, fluid is retained in the epigastric area
Feeling of ascending *qi* from the gastric area up to the chest	Heart *yang* deficiency, water-*qi* from the epigastric area surges up
Dizziness when getting up	Spleen *yang* deficiency leads to fluid retention in the middle energizer, lucid *qi* failing to ascend
Sunken tense pulse	Cold water retention in the interior

【Basic pathogenesis】 Heart and spleen *yang* deficiency leads to water-*qi* retention in the interior.

【Therapeutic principle】 Warm and tonify the heart and spleen, transform *qi* and induce diuresis.

【Prescription】 *Ling Gui Zhu Gan Tang*.

Fu Ling (*Poria*) 4 *liang*
Gui Zhi (*Ramulus Cinnamomi*) 3 *liang*
Bai Zhu (*Rhizoma Atractylodis Macrocephalae*) 2 *liang*
Zhi Gan Cao (*Radix Glycyrrhizae Preparata*) 2 *liang*

7.2.3 *Zhen Wu Tang* treated syndrome

【Original source material】 *Taiyang* syndrome: After the adoption of a diaphoretic, the patient has perspiration, but the syndrome is not gone. He still suffers from fever, palpitations, dizziness, muscle spasms, and trembling and shivering which are likely to cause him to fall down. *Zhen Wu Tang* (Zhenwu Decoction) is the remedy. (Treatise on Cold-Induced Diseases, line 82)

【Key points for syndrome differentiation】 Palpitations, dizziness, muscle spasms, trembling and shivering severe enough that the patient is likely to fall down, difficult urination. Signs of generalized edema, white tongue coating, sunken tense pulse may accompany.

【Syndrome analysis】 Syndrome analysis of *Zhen Wu Tang* treated syndrome is shown in the table 7 - 2 - 3.

【Basic pathogenesis】 Kidney *yang* deficiency, retained water and fluids spread throughout the body.

【Therapeutic principle】 Warm and invigorate kidney *yang*, transform *qi* and induce diuresis.

Table 7-2-3 Syndrome analysis of *Zhen Wu Tang*

Main symptoms	Pathogenesis
Palpitations	Water-*qi* attacks the heart
Dizziness	Fluid retention in the interior, lucid *yang* fails to ascend
Muscle spasms, trembling and shivering, likely of falling down	Water-*qi* infiltrates the limbs
Difficult urination	Fluid retention in the interior

【Prescription】*Zhen Wu Tang*.

See 5.5.1.

7.2.4 *Wu Ling San* treated syndrome

【Original source material】*Taiyang* syndrome: After a diaphoretic is adopted, profuse perspiration will dry the stomach fluids. Consequently, the patient feels restless, unable to fall asleep, and thirsty. Drinking a little water will harmonize the stomach function and therefore bring about recovery. If a floating pulse, dysuria, light fever and great thirst are observed, *Wu Ling San* (Wuling Powder) can be prescribed as a remedy. (Treatise on Cold-Induced Diseases, line 71)

Wu Ling San is suited to the syndrome of restlessness and thirst for water with a floating-rapid pulse after perspiration. (Treatise on Cold-Induced Diseases, line 72)

Febrile disease caused by wind attack: the patient is feverish and feels vexed for six to seven days and has both exterior and interior symptoms. Though he is thirsty for water, he will vomit up any water he drinks. This is called "water regurgitation". *Wu Ling San* is the remedy. (Treatise on Cold-Induced Diseases, line 74)

【Key points for syndrome differentiation】Thirst with a desire to drink water, but which is unrelieved after drinking; difficult urination, scanty urine, white slippery tongue coating, floating pulse. Perhaps accompanied by fever, aversion to cold, vomiting, diarrhea, lower abdominal cramping.

【Syndrome analysis】Syndrome analysis of *Wu Ling San* treated syndrome is shown in the table 7-2-4.

Table 7-2-4 Syndrome analysis of *Wu Ling San* treated syndrome

Main symptoms	Pathogenesis
Vexatious thirst	Water fails to be transformed into fluid, and the fluids fail to ascend
Difficult urination, lower abdominal cramping	Bladder *qi* transformation disorder where water accumulates in the bladder
White slippery tongue coating	Retained water is unresolved
Fever, aversion to cold	Exterior pathogens have not been eliminated
Vomiting	Water accumulation in the interior, stomach-*qi* counterflow
Diarrhea	Water flows into the intestines

【Basic pathogenesis】 Bladder *qi* transformation disorder, water accumulates in the interior. Maybe accompanied by unresolved exterior pathogens.

【Therapeutic principle】 Transform *qi* and induce diuresis, concurrently release the exterior.

【Prescription】 *Wu Ling San*.

Zhu Ling (Polyporus Umbellatus)	18 *zhu*
Ze Xie (Rhizoma Alismatis)	1 *liang* 6 *zhu*
Bai Zhu (Rhizoma Atractylodis Macrocephalae)	18 *zhu*
Fu Ling (Poria)	18 *zhu*
Gui Zhi (Ramulus Cinnamomi)	0.5 *liang*

7.2.5 *Gui Zhi Qu Gui Jia Fu Ling Bai Zhu Tang* treated syndrome

【Original source material】 After taking *Gui Zhi Tang* or a purgative, if the patient still has a headache and painful stiff nape, is a little feverishness, has slight epigastric fullness with dull pain and dysuria, but is without sweat, then *Gui Zhi Qu Gui Jia Fu Ling Bai Zhu Tang* (Guizhi Qugui Jia Fuling Baizhu Decoction) is the remedy. (Treatise on Cold-Induced Disease, line 28)

【Key points for syndrome differentiation】 Dysuria, fullness in the epigastric area with mild pain, headache and painful stiff nape, light fever, absence of sweating.

【Syndrome analysis】 Syndrome analysis of *Gui Zhi Qu Gui Jia Fu Ling Bai Zhu Tang* treated syndrome is shown in the table 7-2-5.

Table 7-2-5 Syndrome analysis of *Gui Zhi Qu Gui Jia Fu Ling Bai Zhu Tang* treated syndrome

Main symptoms	Pathogenesis
Dysuria	Retained water unresolved
Headache and painful stiff nape, light fever, absence of sweating	Water accumulates in the bladder, bladder meridian-*qi* is constrained
Fullness in the epigastric area with slight pain	Water flows into the stomach, resulting in disharmony of stomach-*qi*

【Basic pathogenesis】 Water accumulates due to spleen deficiency, *taiyang* meridian-*qi* is obstructed.

【Therapeutic principle】 Invigorate spleen and induce diuresis, activate *yang* and transform *qi*.

【Prescription】 *Gui Zhi Qu Gui Jia Fu Ling Bai Zhu Tang*.

Bai Shao (Radix Paeoniae Alba)	3 *liang*
Zhi Gan Cao (Radix Glycyrrhizae Preparata)	2 *liang*
Sheng Jiang (Rhizoma Zingiberis Recens)	3 *liang*
Bai Zhu (Rhizoma Atractylodis Macrocephalae)	3 *liang*
Fu Ling (Poria)	3 *liang*
Da Zao (Fructus Jujubae)	12 pcs.

Summary

Summary of water *qi* halted internally syndromes is shown in the table 7 - 2 - 6.

Table 7 - 2 - 6 Summary of water *qi* halted internally syndromes

	Pathogenesis	Key points for syndrome differentiation
Ling Gui Gan Zao Tang treated syndrome	Heart *yang* deficiency, cold water in the lower energizer about to counter-flow	Throbbing below the umbilicus like a piglet starting to run, difficult urination
Ling Gui Zhu Gan Tang treated syndrome	*Yang* deficiency of the heart and spleen, fluid retention in the middle energizer counter ascends	Distension and fullness in the epigastric area, *qi* surging up to the chest, palpitations, dizziness, sunken tense pulse
Zhen Wu Tang treated syndrome	*Shaoyin yang* deficiency leads to water-*qi* accumulating in the interior	Palpitations, dizziness, muscle spasms, and trembling and shivering, likelihood of falling down, edema in the lower limbs, difficult urination, sunken pulse
Wu Ling San treated syndrome	Water accumulation in the bladder, impairment of *qi* transformation	Thirst with a desire to drink water, dysuria
Gui Zhi Qu Gui Jia Fu Ling Bai Zhu Tang treated syndrome	Water accumulates due to spleen deficiency, exterior deficiency and obstruction	Difficult urination, fullness in the epigastric area, absence of sweating, fever, headache and painful stiff nape

7.3 Blood Retention Syndrome

Blood retention syndromes are syndromes in which pathogenic heat intermingles with stagnant blood. They can be classified into blood retention in *taiyang* and blood retention in *yangming*. The basic therapy is to purge heat and promote blood circulation.

7.3.1 Mild syndrome of blood retention in *taiyang*

【Original source material】 Before a *taiyang* disease is gone, pathogenic heat congeals in the urinary bladder. The patient becomes manic. The syndrome is relieved when blood is observed in the stool. A purgative can not be adopted before the exterior syndrome is released. After relief of the exterior syndrome, if the patient feels tightness and pain in the abdomen below the umbilicus, a purgative, *Tao He Cheng Qi Tang* (Taohe Chengqi Decoction) can be used. (Treatise on Cold-Induced Diseases, line 106)

【Key points for syndrome differentiation】 Agitation, mania (a consciousness state of vexation and agitation), tight sensation in the lower abdomen. There may also be fever, constipation, red bruised tongue, and sunken choppy and full pulse.

【Syndrome analysis】 Syndrome analysis of mild syndrome of blood retention in *taiyang* is shown in the table 7-3-1.

Table 7-3-1 Syndrome analysis of mild syndrome of blood retention in *taiyang*

Main symptoms	Pathogenesis
Mania	Stagnant blood and heat rise to disturb the mind
Tight sensation in the lower abdomen	Stagnant blood and heat accumulation in the lower energizer

【Basic pathogenesis】 Start of accumulation of stagnant blood and heat.

【Therapeutic principle】 Activate blood, remove stasis and purge heat. If the exterior is not relieved, purgation should not be used, and the exterior should be released first to prevent the exterior pathogen invading into the interior. Only if the patient is manic and has a tight sensation of in the lower abdomen, can purgation be applied.

【Prescription】 *Tao He Cheng Qi Tang*.

Tao Ren (*Semen Persicae*)	50 pcs.
Da Huang (*Radix et Rhizoma Rhei*)	4 *liang*
Gui Zhi (*Ramulus Cinnamomi*)	2 *liang*
Zhi Gan Cao (*Radix Glycyrrhizae Preparata*)	2 *liang*
Mang Xiao (*Natrii Sulfas*)	2 *liang*

7.3.2 Severe syndrome of blood retention in *taiyang*

【Original source material】 *Taiyang* disease for six to seven days: The exterior syndrome still remains but the pulse is faint and sunken, the patient does not suffer a thoracic accumulation, but behaves in a manic way, with a hard distended abdomen. If the urinate flows on its own, downward purging the blood will cure the problem. This is because pathogenic heat has congealed in the lower energizer. The pathology of the syndrome is that the pathogenic heat has intruded into the interior along the *taiyang* channel. *Di Dang Tang* (Didang Decoction) is the remedy. (Treatise on Cold-Induced Diseases, line 124)

Taiyang disease: Yellow skin, sunken knotted pulse, a rigid sensation in the lower abdomen, and dysuria are the symptoms and signs of no stagnant blood. Normal urination and manic behavior are the symptoms and signs of stagnant blood. *Di Dang Tang* is the remedy. (Treatise on Cold-Induced Diseases, line 125)

【Key points for syndrome differentiation】 Extremely agitated and restless, perhaps to the point of mental disorder, running around and shouting, hitting and scolding people including relatives, hard fullness in the lower abdomen, sunken knotted pulse, difficult urination. May be accompanied by jaundice, purple tongue perhaps with ecchymosis.

【Syndrome analysis】 Syndrome analysis of severe syndrome of blood retention in *taiyang* is shown in the table 7-3-2.

Table 7-3-2 Syndrome analysis of severe syndrome of blood retention in *taiyang*

Main symptoms	Pathogenesis
Mania(or mania-like)	Stagnant blood and heat rise to disturb the mind
Rigid full lower abdomen	Stagnant blood and heat accumulation in the lower energizer
Jaundice	Heat enters the blood system and impairs the blood
Sunken knotted pulse	Blood accumulation in the interior, blockage of the *qi* and blood

【Basic pathogenesis】 Severe accumulation of stagnant blood and heat.

【Therapeutic principle】 Smash stasis and purge heat.

【Prescription】 *Di Dang Tang*.

Shui Zhi(*Hirudo*)	30 pcs.
Meng Chong(*Tabanus*)	30 pcs.
Tao Ren(*Semen Persicae*)	20 pcs.
Da Huang(*Radix et Rhizoma Rhei*)	3 *liang*

7.3.3 Moderate syndrome of blood retention in *taiyang*

【Original source material】 Cold-induced disease with heat syndrome and lower abdominal distention. There should be dysuria(if it is not stagnant blood). If urination is normal, however, it is a stagnant blood syndrome. *Di Dang Wan*(Didang Pills)are only the remedy. (Treatise on Cold-Induced Diseases, line 126)

【Key points for syndrome differentiation】 Fever, fullness in the lower abdomen and normal urination. Dark purple tongue, sunken knotted pulse.

【Syndrome analysis】 Syndrome analysis of moderate syndrome of blood retention in *taiyang* is shown in the table 7-3-3.

Table 7-3-3 Syndrome analysis of moderate syndrome of blood retention in *taiyang*

Main symptoms	Pathogenesis
Fullness in the lower abdomen	Stagnant blood and heat accumulation in the lower energizer
Normal urination	The problem is in the blood system not in the *qi* system, bladder *qi* transformation is normal
No mania or mania-like condition	Stagnant blood and heat have accumulated over a long period and the heat has subsided

【Basic pathogenesis】 Stagnant blood and heat have accumulated over a long period, the force of the disease is subsiding.

【Therapeutic principle】 Break and dispel blood stasis, at the same time drain heat.

【Prescription】 *Di Dang Wan*.

Shui Zhi(*Hirudo*)	20 pcs.
Meng Chong(*Tabanus*)	20 pcs.
Tao Ren(*Semen Persicae*)	25 pcs.
Da Huang(*Radix et Rhizoma Rhei*)	3 *liang*

【Differential diagnosis】 Comparasion of *taiyang* water accumulation and *taiyang* blood retention syndromes is shown in the table 7-3-4.

Table 7-3-4 Comparasion of *taiyang* water accumulation and *taiyang* blood retention syndromes

	Water accumulation syndrome	Blood retention syndrome
Pathogenesis	Pathogens attack the interior through the meridians	
	Impairment of bladder *qi*-transformation, water accumulates in the interior	Stagnant blood and heat accumulate in the lower energizer
Symptoms and signs	Difficult urination, thirst with a desire to drink, but unrelieved after drinking, white slippery tongue coating, lower abdominal tightness	Mania-like behavior or outright mania, normal urination, urgency or rigidity and fullness in the lower abdomen, faint sunken or sunken knotted pulse
Differential points	The *qi* is affected, urination is difficult	The blood is affected, urination is normal
Therapeutic principle	Transform *qi* and induce diuresis	Purge heat and promote blood circulation
Prescription	*Wu Ling San*	*Tao He Cheng Qi Tang*

7.3.4 Syndrome of blood retention in *yangming*

【Original source material】 *Yangming* disease: If the patient is forgetful, it must be stagnant blood. The reason is that a long period of stagnant blood causes forgetfulness. Although the feces are hard, the patient contrarily easily defecates black colored stools. *Di Dang Tang* is the remedy. (Treatise on Cold-Induced Diseases, line 237)

【Key points for syndrome differentiation】 Forgetfulness, hard black stools, easy defecation. There may also be signs of stagnant blood and heat such as purple tongue and rapid pulse.

【Syndrome Analysis】 Syndrome analysis of syndrome of blood retention in *yangming* is shown in the table 7-3-5.

Table 7-3-5 Syndrome analysis of syndrome of blood retention in *yangming*

Main symptoms	Pathogenesis
Forgetfulness	Stagnant blood has been around for a long time, the heart has become malnourished
Hard black stools, easy defecation	Extravasated blood intermingles with dry stools

【Basic pathogenesis】 Accumulation of stagnant blood and heat in stomach and intestines.

【Therapeutic principle】 Break blood stasis and purge heat.

【Prescription】 *Di Dang Tang*.

See previous section.

Summary

Summary of blood retention syndromes is shown in the table 7 - 3 - 6.

Table 7 - 3 - 6 Summary of blood retention syndromes

	Pathogenesis	Key points for syndrome differentiation
Tao He Cheng Qi Tang treated syndrome	The stagnant heat begins to congeal in *taiyang* blood system	Mania-like, tightness in lower abdomen
Di Dang Tang treated syndrome	Severe accumulation of stagnant blood and heat in *taiyang* and *yangming* blood systems	Mania, rigidity and fullness in the lower abdomen, normal urination, forgetfulness, hard black stools, easy defecation
Di Dang Wan treated syndrome	Long term stagnant blood and heat accumulation, the disease is getting better	Lower abdominal fullness, normal urination, fever

7.4 Spleen Deficiency Syndrome

A spleen deficiency syndrome is caused when in an exogenous disease pathogens attack the body and impairing the middle energizer spleen and stomach *qi*. The patient mainly manifests with symptoms of spleen deficiency transportation dysfunction, and cold dampness accumulating in the interior.

7.4.1 *Hou Po Sheng Jiang Ban Xia Gan Cao Ren Shen Tang* treated syndrome

【Original source material】 Abdominal distention after perspiration can be treated with *Hou Po Sheng Jiang Ban Xia Gan Cao Ren Shen Tang* (Houpo Shengjiang Banxia Gancao Renshen Decoction). (Treatise on Cold-Induced Diseases, line 66)

【Key points for syndrome differentiation】 Abdominal distension and fullness, aggravated after food intake and alleviated after digestion, loss of appetite, tiredness, and weakness of limbs, pale tongue, white greasy coating, moderate pulse.

【Syndrome analysis】 Syndrome analysis of *Hou Po Sheng Jiang Ban Xia Gan Cao Ren Shen Tang* treated syndrome is shown in the table 7 - 4 - 1.

【Basic pathogenesis】 Spleen *qi* deficiency results in a failure to properly transform and transport, leads to phlegm obstruction and *qi* stagnation.

【Therapeutic principle】 Invigorate spleen and activate transformation, soothe the middle energizer and relieve fullness.

【Prescription】 *Hou Po Sheng Jiang Ban Xia Gan Cao Ren Shen Tang*.

Hou Po(*Cortex Magnoliae Officinalis*)	0.5 *jin*
Sheng Jiang(*Rhizoma Zingiberis Recens*)	0.5 *jin*
Ban Xia(*Rhizoma Pinelliae*)	0.5 *sheng*
Zhi Gan Cao(*Radix Glycyrrhizae Preparata*)	2 *liang*
Ren Shen(*Radix Ginseng*)	1 *liang*

Table 7-4-1 Syndrome analysis of *Hou Po Sheng Jiang Ban Xia Gan Cao Ren Shen Tang* treated syndrome

Main symptoms	Pathogenesis
Abdominal distension and fullness, aggravated after food intake	Spleen *qi* deficiency results in a failure to properly transform and transport, and lead to the production of phlegm-dampness and *qi* stagnation
Tiredness, weak limbs, loss of appetite	Hypoactivity of spleen *yang*, dysfunction of transportation due to spleen deficiency, and failure to nourish the limbs
Pale tongue, white greasy tongue coating, moderate pulse	Signs of spleen deficiency

7.4.2 *Xiao Jian Zhong Tang* treated syndrome

【Original source material】 Cold-induced disease for two or three days: If the patient suffers agitation and palpitations, *Xiao Jian Zhong Tang* (Xiaojianzhong Decoction) can be used as a curative. (Treatise on Cold-Induced Diseases, line 102)

【Key points for syndrome differentiation】 Heart palpation and vexation, abdominal pain with preference for warmth and pressure, low spirits, pale complexion, loss of appetite, pale tongue with white coating, weak choppy or wiry pulse, perhaps with aversion to cold.

【Syndrome analysis】 Syndrome analysis of *Xiao Jian Zhong Tang* treated syndrome in shown in the table 7-4-2.

Table 7-4-2 Syndrome analysis of *Xiao Jian Zhong Tang* treated syndrome

Main symptoms	Pathogenesis
Heart palpation and vexation	The heart fails to house the mind because of insufficient *qi* and blood, attack by pathogens
Tightness and pain in the abdomen, preference for warmth and pressure	Insufficient *qi* and blood, deficiency-cold of the middle energizer results in liver-wood overacting on earth

【Basic pathogenesis】 Deficiency-cold of the middle energizer, insufficient *qi* and blood combined with a pathogen attack.

【Therapeutic principle】 Warm the middle energizer, replenish deficiency, regulate *qi* and blood.

【Prescription】 *Xiao Jian Zhong Tang*.

Gui Zhi (*Ramulus Cinnamomi*)	3 *liang*
Zhi Gan Cao (*Radix Glycyrrhizae Preparata*)	2 *liang*
Da Zao (*Fructus Jujubae*)	12 pcs.
Bai Shao (*Radix Paeoniae Alba*)	6 *liang*
Sheng Jiang (*Rhizoma Zingiberis Recens*)	3 *liang*
JiaoYi	1 *sheng*

Patients with vomiting should not take *Jian Zhong Tang*, as the decoction is sweet.

7.4.3 *Gui Zhi Ren Shen Tang* treated syndrome

【Original source material】 *Taiyang* disease: Before the exterior syndrome was released, purgatives were used a few times, which caused repeated diarrhea with intermingled heat. If the exterior and interior syndromes still remain and have symptoms such as hardness and epigastric stuffiness, *Gui Zhi Ren Shen Tang* (Guizhi Renshen Decoction) is the remedy. (Treatise on Cold-Induced Diseases, line 163)

【Key points for syndrome differentiation】 Unceasing diarrhea, epigastric stuffiness and rigidity, pale tongue with white slippery coating, moderate weak pulse. Perhaps cold pain in the epigastric and abdominal areas, reduced appetite, and vomiting; may be accompanied by fever and aversion to cold.

【Syndrome analysis】 Syndrome analysis of *Gui Zhi Ren Shen Tang* treated syndrome is shown in the table 7-4-3.

Table 7-4-3 Syndrome analysis of *Gui Zhi Ren Shen Tang* treated syndrome

Main symptoms	Pathogenesis
Unceasing diarrhea, epigastric stuffiness and rigidity	Frequent offensive purgation has impaired spleen *yang*, the resulting deficiency-cold of the spleen fails to properly ascend
Cold pain in the epigastric and abdominal areas, reduced appetite, vomiting	Spleen *yang* fails to transform, cold-dampness stagnates in the interior, with counterflows of turbid *yin*

【Basic pathogenesis】 Spleen deficiency results in a failure to transform and transport, cold-dampness stagnates in the interior, exterior pathogens remain.

【Therapeutic principle】 Warm the middle energizer and release exterior.

【Prescription】 *Gui Zhi Ren Shen Tang*.

Gui Zhi (*Ramulus Cinnamomi*)	4 *liang*
Zhi Gan Cao (*Radix Glycyrrhizae Preparata*)	4 *liang*
Bai Zhu (*Rhizoma Atractylodis Macrocephalae*)	3 *liang*
Ren Shen (*Radix Ginseng*)	3 *liang*
Gan Jiang (*Rhizoma Zingiberis*)	3 *liang*

Summary

Summary of the spleen deficiency syndromes is shown in the table 7 - 4 - 4.

Table 7 - 4 - 4 Summary of the spleen deficiency syndrome

	Pathogenesis	Key points for syndrome differentiation
Hou Po Sheng Jiang Ban Xia Gan Cao Ren Shen Tang treated syndrome	Deficiency of spleen-*qi* results in a failure to transform and transport	Abdominal distension and fullness, aggravated after ingesting food
Xiao Jian Zhong Tang treated syndrome	Deficiency-cold of the middle energizer, insufficient *qi* and blood	Heart palpation and vexation, abdominal pain with preference for warmth and pressure
Gui Zhi Ren Shen Tang treated syndrome	Deficiency-cold in the middle energizer with remaining exterior pathogens	Repeated diarrhea, epigastric stuffiness and rigidity, with fever and aversion to cold

7.5 Deficiency of Both *Yin* and *Yang* Syndrome

In exogenous diseases, deficiency of both *yin* and *yang* syndromes can be seen in diseases with healthy *qi* impairment and deficiency involving *yin* and *yang*.

7.5.1 *Gan Cao Gan Jiang Tang* and *Shao Yao Gan Cao Tang* treated syndromes

【Original source material】 Cold-induced disease: If the patient perspires spontaneously, feels chilled, vexed, urinates frequently, and has foot spasms and a floating pulse, it would be a mistake to give him *Gui Zhi Tang* to dispel the exterior syndrome. If *Gui Zhi Tang* were given, it would cause cold extremities. When the patient feels parched in the throat and is restless with nausea and vomiting, prescribe *Gan Cao Gan Jiang Tang* (Gancao Ganjiang Decoction) to recover *yang*.

After the patient's extremities warm up, prescribe *Shao Yao Gan Cao Tang* (Shaoyao Gancao Decoction) to relieve the foot spasms.

If patient has delirium and suffers stomach discomfort, *Tiao Wei Cheng Qi Tang* (Tiaowei Chengqi Decoction) in a small dosage is suitable.

In the event strong diaphoresis and hot acupuncture were adopted, *Si Ni Tang* (Sini Decoction) can be adopted for rescue. (Treatise on Cold-Induced Diseases, line 29)

【Key points for syndrome differentiation】 Aversion to cold, spontaneous sweating, cold limbs, vexation and agitation, vomiting, dry throat, foot spasms, frequent urination.

【Syndrome analysis】 Syndrome analysis of *Gan Cao Gan Jiang Tang* and *Shao Yao Gan Cao Tang* treated syndrome is shown in the table 7 - 5 - 1.

Table 7 - 5 - 1 Syndrome analysis of *Gan Cao Gan Jiang Tang* and *Shao Yao Gan Cao Tang* treated syndrome

Main symptoms	Pathogenesis
Cold limbs, aversion to cold, frequent urination	Deficient *yang* fails to warm and control the lower energizer
Dry throat, foot spasms	Deficient *yin* fails to nourish the sinews
Vexation and agitation, vomiting	*Yin* cold ascends to invade the stomach

【Basic pathogenesis】 Insufficient middle *yang*, and deficient *yin* lead to malnutrition, deficiency of both *yin* and *yang*.

【Therapeutic principle】 Restore *yang* followed by replenishing *yin*.

【Prescription】

A. *Gan Cao Gan Jiang Tang*

Zhi Gan Cao (*Radix Glycyrrhizae Preparata*) 4 *liang*

Gan Jiang (*Rhizoma Zingiberis*) 2 *liang*

B. *Shao Yao Gan Cao Tang*

Bai Shao (*Radix Paeoniae Alba*) 4 *liang*

Zhi Gan Cao (*Radix Glycyrrhizae Preparata*) 4 *liang*

7.5.2 *Shao Yao Gan Cao Fu Zi Tang* treated syndrome

【Original source material】 After the adoption of a purgative and then diaphoresis, the patient shivers with cold. The pulse is faint and thready. These are symptoms and signs of deficiency of both the interior and exterior. (Treatise on Cold-Induced Diseases, line 60)

The syndrome is not gone after the adoption of a diaphoretic but contrarily there is aversion to cold. The problem is deficiency. *Shao Yao Gan Cao Fu Zi Tang* (Shaoyao Gancao Fuzi Decoction) is the remedy. (Treatise on Cold-Induced Diseases, line 68)

【Key points for syndrome differentiation】 Generalized shivering and aversion to cold, twitching of the feet, faint thready pulse.

【Syndrome analysis】 Syndrome analysis of *Shao Yao Gan Cao Fu Zi Tang* treated syndrome is shown in the table 7 - 5 - 2.

Table 7 - 5 - 2 Syndrome analysis of *Shao Yao Gan Cao Fu Zi Tang* treated syndrome

Main symptoms	Pathogenesis
Generalized shivering and aversion to cold	Further impairment of *yang* after improperly medicating, deficient *yang* fails to warm the exterior
Twitching of the feet	Loss of *yin* as *yang* released, deficient *yin* fails to nourish the sinews

Continued

Main symptoms	Pathogenesis
Faint thready pulse	Deficient *yang* is unable to properly promote blood circulation, deficient *yin* fails to fill up the vessels

【Basic pathogenesis】 Deficiency of both *yin* and *yang*, deficient *yang* fails to warm, deficient *yin* fail to nourish.

【Therapeutic principle】 Support *yang*, replenish *yin*.

【Prescription】 *Shao Yao Gan Cao Fu Zi Tang*.

Bai Shao (*Radix Paeoniae Alba*) 3 *liang*
Zhi Gan Cao (*Radix Glycyrrhizae Preparata*) 3 *liang*
Shu Fu Zi (*Radix Aconiti Lateralis Preparata*) 1 pc.

7.5.3 *Zhi Gan Cao Tang* treated syndrome

See fright palpitations, Chapter 9 of miscellaneous diseases for the details of this syndrome.

7.5.4 *Fu Ling Si Ni Tang* treated syndrome

【Original source material】 Sweating, and a purgative is adopted. If the syndrome is not gone and the patient is restless, prescribe *Fu Ling Si Ni Tang* (Fuling Sini Decoction). (Treatise on Cold-Induced Diseases, line 69)

【Key points for syndrome differentiation】 Vexation and agitation, cold limbs, faint thready pulse. In addition, aversion to cold, palpitations, mental fatigue, pale tongue with white coating, etc., may be seen.

【Syndrome analysis】 Syndrome analysis of *Fu Ling Si Ni Tang* treated syndrome is shown in the table 7-5-3.

Table 7-5-3 Syndrome analysis of *Fu Ling Si Ni Tang* treated syndrome

Main symptoms	Pathogenesis
Cold limbs, aversion to cold, pale tongue with white coating	Impaired *shaoyin* kidney *yang* fails to warm
Vexation and agitation	*Yang* deficiency results in the floating of spirit, *yin* deficiency leads to *yang* having nothing to rely on
Faint and thready pulse, mental fatigue and somnolence	Signs of insufficiency of heart *qi*, blood, *yin* and *yang* of *shaoyin*

【Basic pathogenesis】 *Shaoyin yang* deficiency, *yin* fluids are unable to keep up.

【Therapeutic principle】 Restore *yang* and replenish *yin*.

【Prescription】 *Fu Ling Si Ni Tang*.

Fu Ling (*Poria*)	4 *liang*
Ren Shen (*Radix Ginseng*)	1 *liang*
Shu Fu Zi (*Radix Aconiti Lateralis Preparata*)	1 pc.
Zhi Gan Cao (*Radix Glycyrrhizae Preparata*)	2 *liang*
Gan Jiang (*Rhizoma Zingiberis*)	1.5 *liang*

Summary

Summary of deficiency of both *yin* and *yang* syndromes is shown in the table 7-5-4.

Table 7-5-4 Summary of deficiency of both *yin* and *yang* syndromes

	Pathogenesis	Features
Gan Cao Gan Jiang Tang treated syndrome	Insufficient middle *yang*	Cold extremities, vexation and agitation, vomiting
Shao Yao Gan Cao Tang treated syndrome	Malnutrition of the sinews	Twitching of the legs
Shao Yao Gan Cao Fu Zi Tang treated syndrome	Deficiency of both *yin* and *yang*, malnutrition of the sinews	Twitching of the legs, aversion to cold, faint thready pulse
Zhi Gan Cao Tang treated syndrome	Deficiency of heart *yin* and *yang*	Knotted intermittent pulse, palpitations
Fu Ling Si Ni Tang treated syndrome	*Shaoyin yang* deficiency, *yin* fluids fail to keep up	Vexation and agitation day and night, cold extremities

7.6 Thoracic Accumulation Syndrome

In terms of the basic pathogenesis, thoracic accumulation syndromes refers to the accumulation of invisible pathogens and visible retained water in the chest, hypochondrium and diaphragm. The main symptoms include pain that refuses touch in the chest, hypochondrium, epigastric area and abdomen. This syndrome can be classified into two types, i.e. excess-heat and excess-cold. The therapeutic principles are to dispel pathogens and break up masses.

7.6.1 *Da Xian Xiong Tang* treated syndrome

【Original source material】 Cold-induced disease for six to seven days: Thoracic accumulation caused by excessive pathogenic heat, the pulse is sunken and tense, pain in the chest and epigastrium, and a hard "mass" like a stone on palpation can be treated with *Da Xian Xiong Tang* (Daxianxiong Decoction). (Treatise on Cold-Induced Diseases, line 135)

Taiyang diseas: After the adoption of diaphoretics and then a purgative, the patient has no stools for five or six days, but the tongue is parched and the patient thirsty. In the afternoon, he has a slight tidal fever. He feels distention, fullness and pain over the entire abdomen, and can not bear to have it touched. *Da Xian Xiong Tang* is the remedy. (Treatise on Cold-Induced Diseases, line 137)

【Key points for syndrome differentiation】 Epigastric pain perhaps even rigidity, fullness and pain extending from epigastric area to the lower abdomen with tenderness, mild tidal fever in the late afternoon, dry mouth and thirst, yellow greasy or yellow thick dry tongue coating, sunken tense pulse.

【Syndrome analysis】 Syndrome analysis of *Da Xian Xiong Tang* treated syndrome is shown in the table 7-6-1.

Table 7-6-1 Syndrome analysis of *Da Xian Xiong Tang* treated syndrome

Main symptoms	Features	Pathogenesis
Epigastric pain	Feels hard when pressed, perhaps even rigid, fullness and pain that refuses touch extending from epigastric area to the lower abdomen	Retained water and heat have accumulated in the chest, diaphragm and gastric areas
Constipation, tidal fever in the late afternoon, thirst and dry tongue	Signs of excess-heat in the *qi*	Severe retained water and heat accumulation, has expanded to involve the intestines
Sunken tense pulse	When palpated, the pulse arrives with force	Intermingling of retained water and heat

【Basic pathogenesis】 Accumulation of invisible pathogenic heat and visible retained water in the chest, diaphragm and gastric areas.

【Therapeutic principle】 Purge heat, eliminate retained water, open bindings.

【Prescription】 *Da Xian Xiong Tang*.

Da Huang (*Radix et Rhizoma Rhei*) 6 *liang*

Mang Xiao (*Natrii Sulfas*) 1 *sheng*

Gan Sui (*Radix Euphorbiae Kansui*) 1 *qian bi* (about 2 grams)

【Syndrome differentiation】 Differential diagnosis should be made for the severe cases of this syndrome and *yangming fu*-organ excess syndrome (table 7-6-2).

Table 7-6-2 Differential diagnosis of *Da Xian Xiong Tang* and *yangming fu*-organ excess syndrome

	Da Xian Xiong Tang treated syndrome	*Yangming fu*-organ excess syndrome
Etiology and pathogenesis	The heat invades the interior and intermingles with phlegm-water after inducing sweating or the use of purgation	Fluids become impaired and there is transformation into dryness after inducing sweating or purgation, heat combines with waste
Location	Chest, diaphragm and gastric areas	Stomach and intestines

Continued

	Da Xian Xiong Tang treated syndrome	*Yangming fu*-organ excess syndrome
Features	Involves the epigastric area or the chest and hypochondrium, perhaps there is even rigidity, fullness and pain that refuses touch extending from epigastric area to the lower abdomen. Constipation, only mild tidal fever, no delirium	Abdominal fullness and pain, or pain around the umbilicus, tidal fever, delirium

7.6.2 *Da Xian Xiong Wan* treated syndrome

【Original source material】 The disease starts in the *yang*. If a purgative is given, pathogenic heat will invade the interior to form a thoracic accumulation syndrome. If the disease starts from the *yin* and a purgative is given, stuffiness will take place. The reason for the formation of the thoracic accumulation syndrome is that a purgative was used too early. In a thoracic accumulation syndrome, if there is soft spasming (*rou jing*) of the neck, purging will harmonize. *Da Xian Xiong Wan* (Daxianxiong Pills) is useful. (Treatise on Cold-Induced Diseases, line 131)

【Key points for syndrome differentiation】 Pain in the chest, diaphragm and epigastric area, stiff nape and neck, unable to freely look up and down, sweating, sunken tense pulse.

【Syndrome analysis】 Syndrome analysis of *Da Xian Xiong Wan* treated syndrome is shown in the table 7-6-3.

Table 7-6-3 Syndrome analysis of *Da Xian Xiong Wan* treated syndrome

Main symptoms	Pathogenesis
Pain in the chest, diaphragm and epigastric area	Pathogenic heat and retained water bind together
Stiff nape and neck, unable to freely look up and down, sweating	Obstruction of meridians in the neck, malnourishment of meridians due to fluid distribution failure

【Basic pathogenesis】 Retained water and heat accumulate in the lungs and stomach, fluid distribution failure.

【Therapeutic principle】 Eliminate retained water and heat in the lungs and stomach, gently expel pathogens with drastic drugs.

【Prescription】 *Da Xian Xiong Wan*.

Da Huang (*Radix et Rhizoma Rhei*)	0.5 *jin*
Ting Li Zi (*Semen Lepidii seu Descurainiae*)	0.5 *sheng*
Mang Xiao (*Natrii Sulfas*)	0.5 *sheng*
Xing Ren (*Semen Armeniacae Amarum*)	0.5 *sheng*
Gan Sui (*Radix Euphorbiae Kansui*)	1 *qian bi* (about 2 grams)

7.6.3 *Xiao Xian Xiong Tang* treated syndrome

【Original source material】 Minor thoracic accumulation syndromes: The pathological condition is right under the heart(at the epigastrium) with tenderness on pressure and a floating slippery pulse. *Xiao Xian Xiong Tang* (Xiaoxianxiong Decoction) can be used. (Treatise on Cold-Induced Diseases, line 138)

【Key points for syndrome differentiation】 Distension and fullness or stuffiness and rigidity in the epigastric area, painful when pressed, perhaps accompanied by gastric upset or sour regurgitation, perhaps a feeling of oppression in chest, dyspnea and coughing out yellow sputum. Yellow greasy tongue coating, floating slippery or slippery rapid pulse.

【Syndrome analysis】 Syndrome analysis of *Xiao Xian Xiong Tang* treated syndrome is shown in the table 7 - 6 - 4.

Table 7 - 6 - 4 Syndrome analysis of *Xiao Xian Xiong Tang* treated syndrome

Main symptoms	Features	Pathogenesis
Distension and fullness or stuffiness and rigidity in the epigastric area, painful when pressed	Right in the epigastric area	Phlegm-heat accumulation in the epigastrium, blockage of *qi* movement
Floating slippery pulse	The pulse can be felt with a light touch, it is slippery rapid and forceful	Exuberant interior phlegm and heat are replete inside to outside

【Basic pathogenesis】 Phlegm and heat accumulation in the epigastric area.

【Therapeutic principle】 Clear heat, resolve phlegm, open binding.

【Prescription】 *Xiao Xian Xiong Tang*.

Huang Lian (*Rhizoma Coptidis*) 1 *liang*

Ban Xia (*Rhizoma Pinelliae*) 0.5 *sheng*

Gua Lou (*Fructus Trichosanthis*) 1 big piece

【Differential diagnosis】 Comparison of *Da Xian Xiong Tang* and *Xiao Xian Xiong Tang* treated syndromes is shown in the table 7 - 6 - 5.

Table 7 - 6 - 5 Comparison of *Da Xian Xiong Tang* and *Xiao Xian Xiong Tang* treated syndromes

	Da Xian Xiong Tang treated syndrome	*Xiao Xian Xiong Tang* treated syndrome
Severity	Severe	Mild
Urgency	Urgent	Mild
Etiology	Accumulation of heat and water	Accumulation of heat and phlegm
Location	From epigastric area to the bilateral hypochondria, and the lower abdomen	Right in the epigastric area
Symptoms and signs	Hardness, fullness and pain that refuses touch, sunken tense pulse	Pain that refuses touch, floating slippery pulse
Therapeutic principles	Purge heat, dispel water	Clear heat, resolve phlegm
Prescription	*Da Xian Xiong Tang*	*Xiao Xian Xiong Tang*

7.6.4 *San Wu Bai San* treated syndrome

【Original source material】 When a thoracic accumulation is of a cold nature and there are no symptoms of heat, give the three medicinal *Xiao Xian Xiong Tang*. *San Wu Bai San* (Sanwubai Powder) can also be given. (Treatise on Cold-Induced Diseases, line 141)

【Key points for syndrome differentiation】 Hardness, fullness and pain in the chest and hypochondrium or in the epigastric area radiating to the lower abdomen, constipation, perhaps dyspnea and cough, no thirst. White slippery tongue coating, sunken wiry pulse.

【Syndrome analysis】 Syndrome analysis of *San Wu Bai San* treated syndrome is shown in the table 7 - 6 - 6.

Table 7 - 6 - 6 Syndrome analysis of *San Wu Bai* Powder treated syndrome

Main symptoms	Pathogenesis
Hardness, fullness and pain in the chest and hypochondrium or in the epigastric area, and radiating to the lower abdomen, constipation, or dyspnea and cough	Cold water and phlegm accumulation in the chest, hypochondrium and gastric areas
No thirst, white slippery tongue coating, sunken wiry pulse	No heat symptoms

【Basic pathogenesis】 Cold phlegm and retained fluids accumulating in the chest and epigastric areas.

【Therapeutic principle】 Warm cold and expel water, resolve phlegm and break bindings.

【Prescription】 *San Wu Bai San*.

Jie Geng (*Radix Platycodonis*) 3 *fen*

Ba Dou (*Fructus Crotonis*) 1 *fen*

(Remove skin and core, stew until black, pound into oily powder)

Zhe Bei Mu (*Bulbus Fritillariae Thunbergii*) 3 *fen*

Pound the above drugs and put them into rice soup, 0.5 *qian bi* (about 1 gram) per dose for a strong person. For a weak person, less should be used. If the syndrome is above the diaphragm, it will cause vomiting; if the syndrome is under the diaphragm, there will be diarrhea; if there is no diarrhea, have a cup of hot porridge; if there is too much diarrhea, then have a cup of cool porridge.

【Syndrome differentiation】 Syndrome differentiation of excess-heat thoracic accumulation and excess-cold thoracic accumulation is shown in the table 7 - 6 - 7.

Table 7 - 6 - 7 Syndrome differentiation of excess-heat thoracic accumulation and excess-cold thoracic accumulation

	Excess-heat thoracic accumulation syndrome	Excess-cold thoracic accumulation syndrome
Nature	*Yang*, heat and excess syndrome	*Yin*, cold and excess syndrome
Etiology	Heat binds with phlegm and water	Cold binds with phlegm and water

Continued

	Excess-heat thoracic accumulation syndrome	Excess-cold thoracic accumulation syndrome
Symptoms and signs	Pain that refuses touch in the epigastric area or around hypochondrium, or in the abdomen	Similar to that of excess-heat thoracic accumulation, but no signs of heat
Therapeutic principles	Purge heat and expel water, or clear heat and resolve phlegm	Purge excess-cold with warm herbs
Prescriptions	*Da Xian Xiong Tang* or *Xiao Xian Xiong Tang*	*San Wu Bai San*

Summary

Summary of thoracic accumulation syndromes is shown in the table 7 - 6 - 8.

Table 7 - 6 - 8 Summary of thoracic accumulation syndromes

	Pathogenesis	Key points for syndrome differentiation
Da Xian Xiong Tang treated syndrome	Phlegm and heat accumulation in the chest and abdomen	Pain and hardness in the epigastric area, perhaps even hardness, fullness and pain that refuses touch extending from epigastric area to the lower abdomen, sunken tense pulse, perhaps accompanied by tidal fever and constipation
Da Xian Xiong Wan treated syndrome	Mild syndrome of water and heat binding with each other, mainly situated in the upper energizer	Hardness and pain in the chest, diaphragm and epigastric area, stiff nape of the neck, sweating
Xiao Xian Xiong Tang treated syndrome	Phlegm and heat bind together in the epigastric area	Oppression and fullness in the epigastric area, pain that refuses touch, yellow greasy tongue coating, floating slippery pulse
San Wu Bai San Treated syndrome	Cold and phlegm bind in the epigastric area	Hardness and pain in the chest, dyspnea and expectoration, white slippery tongue coating, sunken wiry pulse

7.7 Stuffiness Syndrome

Stuffiness syndromes are characterized by stuffiness and fullness in the epigastric area, without hardness or pain. They are caused by *qi*-movement obstruction in the epigastric area. Based on different pathogens, they can be classified into various types of heat stuffiness, mixed cold and heat stuffiness, phlegm-*qi* stuffiness, water stuffiness, and retained fluids stuffiness. The main therapeutic principles are to relieve stuffiness and resolve accumulations.

7.7.1 *Da Huang Huang Lian Xie Xin Tang* treated syndrome

【Original source material】 *Da Huang Huang Lian Xie Xin Tang* (Dahuang Huanglian Xiexin Decoction) can be used for the following symptoms and signs: Stuffiness at the epigastrium, soft when pressed, floating pulse under the middle-finger. (Treatise on Cold-Induced Diseases, line 154)

【Key points for syndrome differentiation】 This syndrome is classified as heat stuffiness and is characterized by stuffiness in the epigastric area with symptoms and signs of interior heat: Stuffiness and fullness in the epigastric area, without hardness or pain, and soft when pressed; vexation, thirst, yellow or reddish urine, red tongue with yellow coating, rapid pulse or floating pulse in the *guan* position.

【Syndrome analysis】 Syndrome analysis of *Da Huang Huang Lian Xie Xin Tang* treated syndrome is shown in the table 7-7-1.

Table 7-7-1 Syndrome analysis of *Da Huang Huang Lian Xie Xin Tang* treated syndrome

Main symptoms	Features	Pathogenesis
Stuffiness in the epigastric area	Abdominal stuffiness and fullness in the gastric area, no distension or pain, and soft when pressed	Heart-fire fails to descend to the kidney and stagnates in the epigastric area obstructing *qi* movement
Floating *guan* pulse	Mostly with slippery pulse	Invisible pathogenic heat obstructs the epigastric area

【Basic pathogenesis】 Invisible pathogenic heat accumulating in the epigastric area, obstruction of *qi* movement

【Therapeutic principle】 Purge heat and eliminate stuffiness.

【Prescription】 *Da Huang Huang Lian Xie Xin Tang*.

Da Huang (*Radix et Rhizoma Rhei*) 2 *liang*

Huang Lian (*Rhizoma Coptidis*) 1 *liang*

7.7.2 *Fu Zi Xie Xin Tang* treated syndrome

【Original source material】 *Fu Zi Xie Xin Tang* (Fuzi Xiexin Decoction) is suitable for a syndrome with the following symptoms: Stuffiness at the epigastrium and chills with perspiration. (Treatise on Cold-Induced Diseases, line 155)

【Key points for syndrome differentiation】 Aversion to cold and sweating in additional to the symptoms and signs of heat stuffiness (*Da Huang Huang Lian Xie Xin Tang* treated syndrome).

【Syndrome analysis】 Syndrome analysis of *Fu Zi Xie Xin Tang* treated syndrome is shown in the table 7-7-2.

【Basic pathogenesis】 Invisible pathogenic heat accumulates in the epigastric area, defensive *yang* fails to warm and defend.

Table 7-7-2 Syndrome analysis of *Fu Zi Xie Xin Tang* treated syndrome

Main symptoms	Pathogenesis
Stuffiness at the epigastrium	Invisible pathogenic heat obstruction in the epigastric area
Aversion to cold and sweating	Defensive *yang* fails to warm and defend

【Therapeutic principle】 Purge heat and eliminate stuffiness, support *yang* and consolidate the exterior.

【Prescription】 *Fu Zi Xie Xin Tang.*

Da Huang (*Radix et Rhizoma Rhei*)	2 *liang*
Huang Lian (*Rhizoma Coptidis*)	1 *liang*
Huang Qin (*Radix Scutellariae*)	1 *liang*
Shu Fu Zi (*Radix Aconiti Lateralis Preparata*)	1 *liang*

7.7.3 *Ban Xia Xie Xin Tang* treated syndrome

【Original source material】 Cold-induced disease for five or six days: Nausea, vomiting and fever will be an adequate proof of a *Chai Hu Tang* (Chaihu Decoction) treated syndrome. If a purgative is adopted, if the *Chai Hu Tang* treated syndrome still exists, it is not an adverse case. The curative will still be *Chai Hu Tang*. After taking the decoction, the patient will recover after he has a fever, shivering, and perspiration. In the event that the patient has fullness, hardness, and pain at the epigastrium, it is a thoracic accumulation. *Da Xian Xiong Tang* will be the remedy. If there is only fullness but no pain, it is stuffiness. *Chai Hu Tang* is not suitable. *Ban Xia Xie Xin Tang* (Banxia Xiexin Decoction) will serve as a remedy. (Treatise on Cold-Induced Diseases, line 149)

【Key points for syndrome differentiation】 Stuffiness and fullness in the epigastric area without pain, nausea, vomiting, borborygmus, diarrhea, poor appetite, stuffiness and fullness which worsen if food is eaten, pale tongue with white greasy or slight yellow coating.

【Syndrome analysis】 Syndrome analysis of *Ban Xia Xie Xin Tang* treated syndrome is shown in the table 7-7-3.

Table 7-7-3 Syndrome analysis of *Ban Xia Xie Xin Tang* treated syndrome

Main symptoms	Features	Pathogenesis
Stuffiness and fullness in the epigastric area	Soft without pain when pressed	Mixed spleen cold and stomach heat, blockage of *qi* movement
Vomiting	Vomiting of sputum and saliva	Stomach-*qi* fails to descend
Borborygmus and diarrhea	Diarrhea with clear and thin stools	Spleen-*qi* fails to ascend

【Basic pathogenesis】 Heat in the (liver) gallbladder mixed with cold in the spleen and stomach, ascending and descending movement of *qi* is blocked.

【Therapeutic principle】 Harmonize the middle energizer and eliminate stuffiness.

【Prescription】 *Ban Xia Xie Xin Tang.*

Ban Xia (*Rhizoma Pinelliae*)	0.5 *sheng*
Huang Qin (*Radix Scutellariae*)	3 *liang*
Gan Jiang (*Rhizoma Zingiberis*)	3 *liang*
Ren Sheng (*Radix Ginseng*)	3 *liang*
Zhi Gan Cao (*Radix Glycyrrhizae Preparata*)	3 *liang*
Huang Lian (*Rhizoma Coptidis*)	1 *liang*
Da Zao (*Fructus Jujubae*)	12 pcs.

7.7.4 *Sheng Jiang Xie Xin Tang* treated syndrome

【Original source material】 After relieving a cold-induced disease through perspiration, *Sheng Jiang Xie Xin Tang* (Shengjiang Xiexin Decoction) is called for when the following signs and symptoms present: Uneasiness of the stomach, stuffiness and hardness in the epigastrium, belching with a smell of indigestion, water stagnation below the costal margin, and diarrhea with a gurgling sound in the abdomen. (Treatise on Cold-Induced Diseases, line 157)

【Key points for syndrome differentiation】 Stuffiness and hardness in the epigastric area without pain when pressed, belching with a smell of indigestion, a gurgling sound in the abdomen, diarrhea with clear and thin stool or with undigested food, aversion to food, pale tongue with white-greasy or slippery-greasy or slight yellow coating, slippery wiry pulse.

【Syndrome analysis】 Syndrome analysis of *Sheng Jiang Xie Xin Tang* treated syndrome is shown in the table 7-7-4.

Table 7-7-4 Syndrome analysis of *Sheng Jiang Xie Xin Tang* treated syndrome

Main symptoms	Features	Pathogenesis
Stuffiness and hardness in the epigastric area	Hard when pressed	Spleen cold mixed with stomach heat, concurrent with fluid retention and indigestion
Vomiting and belching	With putrid odor of food	Food stagnation in the stomach leading to a disharmony of stomach *qi*
Borborygmus and diarrhea	Gurgling sounds in the abdomen, diarrhea with clear and thin stool	Fluid retention flows into the intestines, spleen-*qi* fails to ascend

【Basic pathogenesis】 Mixed cold and heat in the middle energizer, blockage of *qi* movement, combined with fluid retention and indigestion.

【Therapeutic principle】 Harmonize stomach and direct *qi* downward, remove fluid retention and eliminate stuffiness.

【Prescription】 *Sheng Jiang Xie Xin Tang*.

Sheng Jiang (*Rhizoma Zingiberis Recens*)	4 *liang*
Zhi Gan Cao (*Radix Glycyrrhizae Preparata*)	3 *liang*
Ren Shen (*Radix Ginseng*)	3 *liang*
Gan Jiang (*Rhizoma Zingiberis*)	1 *liang*
Huang Qin (*Radix Scutellariae*)	3 *liang*

Ban Xia (Rhizoma Pinelliae) 0.5 *sheng*
Huang Lian (Rhizoma Coptidis) 1 *liang*
Da Zao (Fructus Jujubae) 12 pcs.

7.7.5 *Gan Cao Xie Xin Tang* treated syndrome

【Original source material】 The incorrect application of a purgative to a cold-induced disease or wind will result in repeated diarrhea with undigested grain several dozen times a day. Other symptoms and signs are a gurgling sound in the intestine, stuffiness, fullness and hardness at the epigastrium. Nausea and restlessness will also be observed. Considering the stuffiness, the doctor would again prescribe a dose of purgative for the patient. It may be well predicted that the symptoms and signs of stuffiness are will be even worse. The reason is that the stuffiness in this case is not stagnation of pathogenic heat, but is counterflow gas ascending from the stomach that has resulted from deficiency that makes epigastric stagnation and hardness. *Gan Cao Xie Xin Tang* (Gancao Xiexin Decoction) is a curative. (Treatise on Cold-Induced Diseases, line 158)

【Key points for syndrome differentiation】 Epigastric stuffiness and hardness, severe borborygmus, frequent diarrhea with undigested food, retching, vexation and unrest, white slippery and greasy or yellow greasy tongue coating, soggy or wiry moderate pulse.

【Syndrome analysis】 Syndrome analysis of *Gan Cao Xie Xin Tang* treated syndrome is shown in the table 7-7-5.

Table 7-7-5 Syndrome analysis of *Gan Cao Xie Xin Tang* treated syndrome

Main symptoms	Features	Pathogenesis
Stuffiness and hardness in the epigastric area	Fullness with hardness	Severe deficiency of the spleen and stomach, mixed heat and cold
Borborygmus and diarrhea	Gurgling in the abdomen, frequent diarrhea with undigested food	Severe deficiency of the spleen and stomach result in a failure to separate water and food
Retching	Vexation and unrest may accompany	Stomach deficiency results in counterflow ascension of *qi*

【Basic pathogenesis】 Severe deficiency of the spleen and stomach, mixed cold and heat, blockage of *qi* movement.

【Therapeutic principle】 Supplement the middle energizer and harmonize stomach, eliminate stuffiness and stop diarrhea.

【Prescription】 *Gan Cao Xie Xin Tang*.

Zhi Gan Cao (Radix Glycyrrhizae Preparata) 4 *liang*
Huang Qin (Radix Scutellariae) 3 *liang*
Gan Jiang (Rhizoma Zingiberis) 3 *liang*
Ban Xia (Rhizoma Pinelliae) 0.5 *sheng* (washed)
Da Zao (Fructus Jujubae) 12 pcs.
Huang Lian (Rhizoma Coptidis) 1 *liang*

7.7.6 *Xuan Fu Dai Zhe Tang* treated syndrome

【Original source material】 Cold-induced disease: After the adoption of a diaphoretic, emetic, or a purgative, a patient's exterior syndrome has been relieved, but he has hardness and stuffiness at the epigastrium and continuous belching. *Xuan Fu Dai Zhe Tang* (Xuanfu Daizhe Decoction) is the remedy. (Treatise on Cold-Induced Diseases, line 161)

【Key points for syndrome differentiation】 Frequent belching, or vomiting of phlegm and saliva, fullness and stuffiness in the epigastric area, white greasy or white thick greasy tongue coating, moderate or slippery pulse.

【Syndrome analysis】 Syndrome analysis of *Xuan Fu Dai Zhe Tang* treated syndrome is shown in the table 7 - 7 - 6.

Table 7 - 7 - 6 Syndrome analysis of *Xuan Fu Dai Zhe Tang* treated syndrome

Main symptoms	Features	Pathogenesis
Stuffiness and hardness in the epigastric area	Not relieved after belching	Stomach deficiency and stagnated phlegm results in blockage of *qi* movement
Belching	Persistent and frequent	Stomach deficiency and stagnated phlegm results in counterflow ascension of stomach *qi*

【Basic pathogenesis】 Stomach deficiency and stagnated phlegm results in counterflow ascension of stomach *qi*.

【Therapeutic principle】 Harmonize stomach, resolve phlegm and direct *qi* downward.

【Prescription】 *Xuan Fu Dai Zhe Tang*.

Xuan Fu Hua (*Flos Inulae*)	3 *liang*
Ren Shen (*Radix Ginseng*)	2 *liang*
Sheng Jiang (*Rhizoma Zingiberis Recens*)	5 *liang*
Zhe Shi (*Haematitum*)	1 *liang*
Zhi Gan Cao (*Radix Glycyrrhizae Preparata*)	3 *liang*
Ban Xia (*Rhizoma Pinelliae*)	0.5 *sheng*
Da Zao (*Fructus Jujubae*)	12 pcs.

【Differential diagnosis】 Differential diagnosis of *Xuan Fu Dai Zhe Tang* and *Sheng Jiang Xie Xin Tang* treated syndromes is shown in the table 7 - 7 - 7.

Table 7 - 7 - 7 Differential diagnosis of *Xuan Fu Dai Zhe Tang* and *Sheng Jiang Xie Xin Tang* treated syndromes

Main symptoms	*Sheng Jiang Xie Xin Tang* treated syndrome	*Xuan Fu Dai Zhe Tang* treated syndrome
Stuffiness and hardness in the epigastric area	Mixed cold and heat, concurrent with fluid retention and indigestion	Stomach deficiency and stagnated phlegm results in counterflow ascension of *qi*

Continued

Main symptoms	*Sheng Jiang Xie Xin Tang* treated syndrome	*Xuan Fu Dai Zhe Tang* treated syndrome
Belching	Foul-smelling eructation of undigested food, with borborygmus and diarrhea	Continuous belching, no foul smell, borborygmus or diarrhea

7.7.7 *Wu Ling San* treated syndrome

【Original source material】 When stuffiness and hardness in the epigastric area are caused by the adoption of a purgative, *Xie Xin Tang* will no longer be effective, *Wu Ling San* will serve as a remedy when the following symptoms and signs are observed: Restlessness, thirst for water, dry throat, and dysuria. (Treatise on Cold-Induced Diseases, line 156)

【Key points for syndrome differentiation】 This syndrome is in fact an epigastric stuffiness problem occurring within a *Wu Ling San* syndrome. Stuffiness and hardness in the epigastric area, vexation, thirst, difficult urination.

【Syndrome analysis】 Syndrome analysis of *Wu Ling San* treated syndrome is shown in the table 7-7-8.

Table 7-7-8 Syndrome analysis of *Wu Ling San* treated syndrome

Main symptoms	Pathogenesis
Difficult urination, thirst	Water accumulation in the lower energizer, bladder *qi* transformation failure
Stuffiness and hardness in the epigastric area	Water-*qi* in the lower energizer rises to disturb the ascending and descending functions of spleen and stomach *qi* in the middle energizer

【Basic pathogenesis】 Water accumulation in the lower energizer rises to attack the middle energizer, blockage of *qi* movement.

【Therapeutic principle】 Activate *qi* movement and promote diuresis.

【Prescription】 *Wu Ling San*.

See 7.2.4.

7.7.8 *Shi Zao Tang* treated syndrome

【Original source material】 *Taiyang* wind attack: Although symptoms such as nausea and diarrhea are observed, a purgative can not be used before the exterior syndrome is released. The following symptoms and signs may indicate that the interior is not in harmony after the exterior syndrome is gone: Slight perspiration occurring at a fixed time, headache, hardness and fullness at the epigastrium, referred pain below the costal margin, nausea with shortness of breath, and absence chills. *Shi Zao Tang* (Shizao Decoction) is the remedy. (Treatise on Cold-Induced Diseases, line 152)

【Key points for syndrome differentiation】 Hardness and fullness in the chest, hypochondria and epigastric area, cough with radiating pain, retching, shortness of breath and diarrhea. May be accompanied by headache, slight perspiration occurring at a fixed time, absence of chills.

【Syndrome analysis】 Syndrome analysis of *Shi Zao Tang* treated syndrome is shown in the table 7-7-9.

Table 7-7-9 Syndrome analysis of *Shi Zao Tang* treated syndrome

Main symptoms	Pathogenesis
Hardness and fullness in the chest and hypochondria and epigastric area	Fluid retention in the interior and blockage of *qi* movement
Cough and shortness of breath	Water-*qi* attacks the heart and lung, disturbance of *qi*
Retching	Retained fluids attack the stomach, leading to counterflow ascension of stomach *qi*
Diarrhea	Retained fluids flow into the intestines, leading to dysfunction of transmission
Headache	Retained fluids attack and block the upper orifices
Sweating	Retained fluids spread to the skin, affecting the defensive and nutritive *qi*

【Basic pathogenesis】 Fluid accumulation in the chest, hypochondrium and epigastrium overflowing throughout the body, disturbance of ascending and descending functions of *qi*.

【Therapeutic principle】 Purge and eliminate retained fluid.

【Prescription】 *Shi Zao Tang*.

Yuan Hua (*Flos Genkwa*)

Gan Sui (*Radix Euphorbiae Kansui*)

Da Ji (*Radix Euphorbiae Pekinensis*)

Pound the above three drugs separately in equal dosages. Stew 10 pieces of big *Da Zao* in 1.5 *sheng* water till eight *ge* are left. Filter the decoction and add the powder of the above drugs one *qian bi* (about 2 grams) for a strong person and 0.5 *qian bi* (about 1 gram) for a weak person. Take it when lukewarm during the daytime. If there is only a little defecation and the syndrome is not gone, take another dose the next day, with 0.5 *qian bi* more per dose. When the patient gets loose stools, porridge should be served to help the patient recover.

7.7.9 *Da Chai Hu Tang* treated syndrome

【Original source material】 Cold-induced disease with fever: The exterior syndrome is not relieved after perspiration. *Da Chai Hu Tang* (Dachaihu Decoction) is called for when the following signs and symptoms present: Stuffiness and hardness in the epigastrium, nausea, vomiting, and diarrhea. (Treatise on Cold-Induced Diseases, line 165)

【Key points for syndrome differentiation】 In addition to the symptoms and signs of *Xiao Chai Hu Tang* treated syndrome, there is stuffiness and hardness in chest, nausea, vomiting, diarrhea with discomfort, foul smelling stools, and fever.

【Syndrome analysis】 Syndrome analysis of *Da Chai Hu Tang* treated syndrome is shown in the table 7 - 7 - 10.

Table 7 - 7 - 10 Syndrome analysis of *Da Chai Hu Tang* treated syndrome

Main symptoms	Features	Pathogenesis
Stuffiness and hardness in the epigastrium	May be acute pain in the epigastric area	Pathogens enter the *shaoyang*, severe stagnation of *qi*
Vomiting	Frequent	Gallbladder heat attacks the stomach, heat accumulation results in *qi* stagnation
Diarrhea	Diarrhea with foul smelling stools	Stagnant *shaoyang* heat downward attacks the intestines, *qi* movement becomes disordered

【Basic pathogenesis】 Severe stagnation of *qi* in the *shaoyang*, gradually transforms into heat.

【Therapeutic principle】 Harmonize *shaoyang*, eliminate stagnation.

【Prescription】 *Da Chai Hu Tang*.

Chai Hu (Radix Bupleuri)	0.5 *jin*
Huang Qin (Radix Scutellariae)	3 *liang*
Bai Shao (Radix Paeoniae Alba)	3 *liang*
Ban Xia (Rhizoma Pinelliae)	0.5 *sheng*
Sheng Jiang (Rhizoma Zingiberis Recens)	5 *liang*
Zhi Shi (Fructus Aurantii Immaturus)	4 pcs.
Da Zao (Fructus Jujubae)	12 pcs.

Summary

Summary of stuffiness syndromes is shown in the table 7 - 7 - 11.

Table 7 - 7 - 11 Summary of stuffiness syndromes

	Pathogenesis	Key points for syndrome differentiation
Da Huang Huang Lian Xie Xin Tang treated syndrome	Formless heat accumulation in the epigastric area	Stuffiness in the epigastric area, soft when pressed, floating pulse in *guan* position
Fu Zi Xie Xin Tang treated syndrome	Heat accumulation in the epigastrium, defensive *yang* deficiency	Aversion to cold and sweating observed in additional to the above symptoms
Ban Xia Xie Xin Tang treated syndrome	Mixed cold and heat, blockage of *qi* movement	Stuffiness in the epigastric area, vomiting, diarrhea
Sheng Jiang Xie Xin Tang treated syndrome	Mixed cold and heat concurrent with stagnated fluids and indigestion	Hardness and stuffiness in the epigastric area, belching with the odor of undigested food, severe borborygmus

Continued

	Pathogenesis	Key points for syndrome differentiation
Gan Cao Xie Xin Tang treated syndrome	Mixed cold and heat, spleen and stomach deficiency	Severe stuffiness and diarrhea
Xuan Fu Dai Zhe Tang treated syndrome	Deficient stomach and stagnated phlegm leading to counterflow *qi* ascension	Hardness and stuffiness in the epigastric area, continuous belching
Wu Ling San treated syndrome	Water accumulation in the lower energizer disturbs *qi* movement in the middle energizer	Stuffiness in the epigastrium, dysuria, thirst
Shi Zao Tang treated syndrome	Fluid retention in the chest, hypochondrium and epigastric area	Hardness and stuffiness in the chest, hypochondria and epigastric area, cough with referred pain, retching
Da Chai Hu Tang treated syndrome	Stagnated *qi* of *shaoyang* affecting the middle energizer	Stuffiness in the epigastrium, bitter taste in mouth, vomiting, hypochondriac distention

7.8 *Yangming* Jaundice Disease

7.8.1 Damp-heat jaundice syndrome

7.8.1.1 *Yin Chen Hao Tang* treated syndrome

See 9.11 Jaundice.

7.8.1.2 *Zhi Zi Bai Pi Tang* treated syndrome

【Original source material】 Cold-induced disease with yellow skin and fever can be treated with *Zhi Zi Bai Pi Tang* (Zhizi Baipi Decoction). (Treatise on Cold-Induced Diseases, line 261)

【Key points for syndrome differentiation】 This is a mild damp-heat jaundice syndrome characterized by yellow skin like the color of an orange, yellow sclera, difficult urination with yellow urine, fever, vexation and anguish in the heart, absence of sweating or inhibited sweating, red tongue with yellow coating, rapid pulse.

【Syndrome analysis】 Syndrome analysis of *Zhi Zi Bai Pi Tang* treated syndrome is shown in the table 7-8-1.

Table 7-8-1 Syndrome analysis of *Zhi Zi Bai Pi Tang* treated syndrome

Main symptoms	Features	Pathogenesis
Yellow skin and eyes	Bright yellow looking like the color of an orange	Dampness and heat accumulation in the interior steam the liver and gallbladder
Difficult urination with yellow urine	Difficult urination with small amount of yellow urine	Damp-heat flows downward disturbing bladder *qi* transformation
Fever	Not high but continuous	Exuberant interior damp-heat steams the exterior

【Basic pathogenesis】 Accumulation of dampness and heat steams the liver and gallbladder.

【Therapeutic principle】 Clear heat, drain dampness, relieve jaundice.

【Prescription】 *Zhi Zi Bai Pi Tang*.

Zhi Zi (*Fructus Gardeniae*)	15 pcs.
Zhi Gan Cao (*Radix Glycyrrhizae Preparata*)	1 *liang*
Huang Bai (*Cortex Phellodendri*)	2 *liang*

7.8.1.3 *Ma Huang Lian Yao Chi Xiao Dou Tang* treated syndrome

【Original source material】 Cold-induced disease: stagnation of heat in the interior will cause jaundice. *Ma Huang Lian Qiao Chi Xiao Dou Tang* (Mahuang Lianqiao Chixiaodou Decoction) will serve as a remedy. (Treatise on Cold-Induced Diseases, line 262)

【Key points for syndrome differentiation】 Fever, aversion to cold, absence of sweating, yellow skin looking like the color of orange, yellow sclera, difficult urination with yellow urine.

【Syndrome analysis】 Syndrome analysis of *Ma Huang Lian Yao Chi Xiao Dou Tang* treated syndrome is shown in the table 7-8-2.

Table 7-8-2 Syndrome analysis of *Ma Huang Lian Yao Chi Xiao Dou Tang* treated syndrome

Main symptoms	pathogenesis
Fever, aversion to cold, absence of sweating	Exogenous cold in the exterior
Yellow skin looking like the color of orange, yellow sclera, difficult urination	Damp-heat accumulation in the interior

【Basic pathogenesis】 Wind-cold damage to the exterior and damp-heat accumulation in the interior.

【Therapeutic principle】 Release the exterior and dissipate the pathogens, clear heat and eliminate dampness.

【Prescription】 *Ma Huang Lian Yao Chi Xiao Dou Tang*.

Ma Huang (*Herba Ephedrae*)	2 *liang*
Lian Qiao (*Radix Forsythiae*)	2 *liang*
Xing Ren (*Semen Armeniacae Amarum*)	40 pcs.
Chi Xiao Dou (*Semen Phaseoli*)	1 *sheng*
Da Zao (*Fructus Jujubae*)	12 pcs.
Sheng Jiang (*Rhizoma Zingiberis Recens*)	2 *liang*
Zhi Gan Cao (*Radix Glycyrrhizae Preparata*)	2 *liang*
Sheng Zi Bai Pi (*Cortex Catalpae*)	1 *sheng*

7.8.2 Cold-damp jaundice syndrome

【Original source material】 *Yangming* diseas, slow pulse, the patient cannot eat his fill. If he does, he will have epigastric uneasiness, dizziness, and dysuria. These are omens of dietary jaundice (*gu dan*). Although a purgative is given, the abdominal distention remains as before. The reason is that the pulse is slow. (Treatise on Cold-Induced Diseases, line 195)

After diaphoresis has caused perspiration in cold-induced disease, the skin and eyes turn yellow. This is caused by interior cold and dampness. A purgative is prohibited in such a case. The existence of cold and dampness are the cause of the syndrome. (Treatise on Cold-Induced Diseases, line 259)

【Key points for syndrome differentiation】 Dark yellow skin, difficult urination, loose stools, loss of appetite, abdominal fullness, dizziness, absence of thirst, aversion to cold and fondness for warmth, generalized tiredness with cold limbs, swollen tender tongue, sunken slow forceless pulse.

【Syndrome analysis】 Syndrome analysis of cold-damp jaundice syndrome is shown in the table 7-8-3.

Table 7-8-3 Syndrome analysis of cold-damp jaundice syndrome

Main symptoms	Features	Pathogenesis
Yellow skin and eyes	Dark yellow color	Cold-damp accumulation in the liver and gallbladder, abnormal excretion of bile
Difficult urination	Perhaps with yellow urine	Exuberant cold-damp leads to *qi* transformation dysfunction
Poor appetite	No desire to eat	The cold in *yangming* results in an inability to digest food
Dizziness	With heaviness	Cold-damp accumulation in the middle energizer, and the clear *yang* failing to ascend
Abdominal fullness	With loose stool	Cold-damp accumulation in the middle energizer, and stagnation of *qi*
Vexation	Not as serious as that caused by damp-heat	Cold-damp disturbs the heart
Slow pulse	Slow and weak	Cold in *yangming*

【Basic pathogenesis】 Insufficient *yang* in the middle energizer, accumulation of cold-damp, abnormal dispersion actions of the liver and gallbladder.

【Therapeutic principle】 Warm the middle energizer, dispel cold and eliminate dampness.

【Prescription】 No formula was given In the Treatise on Cold-Induced Diseases, for patient with exuberant dampness, *Yin Chen Wu Ling San* (Yinchen Wuling Powder) can be administrated, and for those with exuberant coldness, *Yin Chen Zhu Fu Tang* (Yinchen Zhufu Decoction) or *Yin Chen Li Zhong Tang* (Yinchen Lizhong Decoction) can be considered.

7.8.3 Jaundice caused by mistreatment with fire therapy

【Original source material】 *Yangming* disease: Scorching and warming therapy are adopted inducing a light perspiration on the forehead and dysuria. Jaundice will necessarily occur. (Treatise on Cold-Induced Diseases, line 200)

【Key points for syndrome differentiation】 Jaundice with intense heat damaging the fluids syndrome. Yellow skin looking like the color of an orange, difficult urination, slight sweating from the head, fever, thirst, red or crimson tongue with little coating, thready rapid pulse.

【Syndrome analysis】 Syndrome analysis of jaundice caused by mistreatment with fire therapy syndrome is shown is the table 7－8－4.

Table 7－8－4 Syndrome analysis of jaundice caused by mistreatment with fire therapy

Main symptoms	Pathogenesis
Yellow skin	The fire attacks interior, affects the blood, and scorches the liver and gallbladder
Difficult urination	Intense heat consumes fluids, no water to form urine
Slight sweating from the forehead	Intense heat consumes fluids, no water to form sweat

【Basic pathogenesis】 Intense heat consumes fluids, heat in gallbladder forces bile to be excreted.

【Therapeutic principle】 Clear heat and cool the blood, drain the gallbladder to relieve jaundice.

【Prescription】 No formula was given In the Treatise on Cold-Induced Diseases, *Xi Huang Wan* (Xihuang Pill) can be used.

Summary

Summary of *yangming* jaundice disease is shown in the table 7－8－5.

Table 7－8－5 Summary of *yangming* jaundice disease

Syndrome	Pathogenesis	Key points for syndrome differentiation
Yin Chen Hao Tang treated syndrome	Accumulation of dampness and heat steam the liver and gallbladder	Yellow skin like the color of an orange, yellow sclera, absence of sweating, difficult urination with dark yellow urine, thirst
Zhi Zi Bai Pi Tang treated syndrome	Accumulation of dampness and heat steam the liver and gallbladder	Same as in *Yin Chen Hao Tang* treated syndrome but milder
Ma Huang Lian Yao Chi Xiao Dou Tang treated syndrome	Wind-cold damages the exterior, accumulation of dampness and heat	Fever, aversion to cold, absence of sweating, yellow skin like the color of an orange, yellow sclera, difficult urination with yellow urine
Cold-damp jaundice syndrome	Cold-dampness accumulation in the interior, the liver and gallbladder fail to properly disperse	Dark yellow skin and sclera, difficult urination, loose stools, sunken slow weak pulse
Jaundice caused by mistreatment with fire therapy	Intense heat consumes fluid, heat in gallbladder forces bile to be excreted	Jaundice with intense heat consuming the fluids syndrome

7.9 Combination and Overlapping of Syndromes

In six-meridian syndromes, there are combination and overlapping of syndromes, which are relatively complicated. A combination of syndromes is defined as a disease in which the symptoms and signs of two or more meridians appear at the same time, and there is no sequential difference. Of these, *taiyang* and *yangming* combination of syndromes, *yangming* and *shaoyang* combination of syndromes, and triple *yang* combination of syndromes are common. If a syndrome in one meridian still exists and then the syndrome of another meridian occurs, it is defined as the overlapping of syndromes. For example, if a *taiyang* meridian syndrome has not yet been eliminated, and a *shaoyang* meridian syndrome appears, it is diagnosed as a *taiyang* and *shaoyang* overlapping of syndromes

7.9.1 Combination of syndromes

7.9.1.1 *Taiyang* and *yangming* combination of syndromes

7.9.1.1.1 *Ma Huang Tang* treated syndrome

【Original source material】 *Taiyang* and *yangming* combination of syndromes: *Ma Huang Tang* (Mahuang Decoction), and not a purgative, should be adopted to treat the patient when he suffers dyspnea and a full chest. (Treatise on Cold-Induced Diseases, line 36)

【Key points for syndrome differentiation】 Aversion to cold, fever, anhidrosis, cough, dyspnea, and fullness in chest, accompanied by constipation without fullness or pain in the abdomen.

【Syndrome analysis】 Syndrome analysis of *Ma Huang Tang* treated syndrome is shown in the table 7-9-1.

Table 7-9-1 Syndrome analysis of *Ma Huang Tang* treated syndrome

Main symptoms	Pathogenesis
Aversion to cold, fever, anhidrosis	Wind-cold damages the exterior
Cough, dyspnea and fullness in the chest	Lung in fails to disperse and descend, *qi* stagnation
Constipation	The lungs and the large intestine are interior/exterior paired organs, lung in fails to descend leading to dysfunction of the intestines

【Basic pathogenesis】 Wind-cold damages the exterior resulting in disturbance of lung *qi*, *fu*-organ *qi* fail to descend. *Taiyang* exterior excess as the main syndrome, combined with a mild *yangming* interior excess syndrome.

【Therapeutic principle】 Induce sweating with pungent-warm herbs, disperse and lower lung *qi*. If the dispersing and descending functions of the lung are restored, *fu*-organ *qi* can descend and the constipation will relieved without specific treatment.

【Prescription】 *Ma Huang Tang*.

See 5.1.2.

7.9.1.1.2 *Ge Gen Tang* treated syndrome

【Original source material】 *Taiyang* and *yangming* combination of syndromes will surely result in diarrhea. *Ge Gen Tang* (Gegen Decoction) is the remedy. (Treatise on Cold-Induced Diseases, line 32)

【Key points for syndrome differentiation】Diarrhea with wind-cold exterior excess syndrome characterized by aversion to cold, fever and anhidrosis. The diarrhea is characterized by mixed water and stool but without signs of heat. Stiffness and pain in the nape of the neck may be accompanied.

【Syndrome analysis】Syndrome analysis of *Ge Gen Tang* treated syndrome is shown in the table 7－9－2.

Table 7－9－2 Syndrome analysis of *Ge Gen Tang* treated syndrome

Main symptoms	Pathogenesis
Aversion to cold, fever, anhidrosis, headache and painful stiff nape	Wind-cold damages the exterior, obstruction of *taiyang* meridian-*qi*
Diarrhea	Cold attacks the stomach and intestines, dysfunction of *fu*-organ *qi*

【Basic pathogenesis】Wind-cold damages the exterior, *fu*-organ *qi* becomes in disorder.

【Therapeutic principle】Induce sweating with pungent-warm herbs, uplift fluids and relieve diarrhea.

【Prescription】*Ge Gen Tang*.

See 5.1.2.

7.9.1.1.3 *Ge Gen Jia Ban Xia Tang* treated syndrome

【Original source material】When the combination of *taiyang* and *yangming* syndromes do not cause diarrhea, but rather cause nausea and vomiting, prescribe *Ge Gen Jia Ban Xia Tang* (Gegen Jia Banxia Decoction). (Treatise on Cold-Induced Diseases, line 33)

【Key points for syndrome differentiation】Vomiting with wind-cold exterior excess syndrome characterized by aversion to cold, fever and anhidrosis. Headache and painful stiff nape may accompany. For those with *fu*-organ transmission dysfunction, diarrhea may also occur.

【Syndrome analysis】Syndrome analysis of *Ge Gen Jia Ban Xia Tang* treated syndrome is shown in the table 7－9－3.

Table 7－9－3 Syndrome analysis of *Ge Gen Jia Ban Xia Tang* treated syndrome

Main symptoms	Pathogenesis
Aversion to cold, fever, anhidrosis, headache and painful stiff nape, etc	Wind-cold damages the exterior, obstruction of *taiyang* meridian-*qi*
Vomiting	Cold attacks the stomach and intestines, stomach *qi* counter ascends

【Basic pathogenesis】Wind-cold damages the exterior and ascending of stomach *qi*.

【Therapeutic principle】Induce sweating with pungent-warm herbs, harmonize the stomach and direct *qi* downward.

【Prescription】*Ge Gen Jia Ban Xia Tang*.

Ge Gen (*Radix Puerariae*) 4 *liang*

Ma Huang (*Herba Ephedrae*) 3 *liang*

Zhi Gan Cao (*Radix Glycyrrhizae Preparata*)	2 *liang*
Bai Shao (*Radix Paeoniae Alba*)	2 *liang*
Gui Zhi (*Ramulus Cinnamomi*)	2 *liang*
Sheng Jiang (*Rhizoma Zingiberis Recens*)	2 *liang*
Ban Xia (*Rhizoma Pinelliae*)	0.5 *sheng*
Da Zao (*Fructus Jujubae*)	12 pcs.

7.9.1.2 *Taiyang* and *shaoyang* combination of syndromes (*Huang Qin Tang* treated syndrome)

【Original source material】 *Taiyang* and *shaoyang* combination of syndromes: When there is diarrhea, *Huang Qin Tang* (Huangqin Decoction) can dispel the symptoms. If there is nausea and vomiting, *Huang Qin Jia Ban Xia Sheng Jiang Tang* (Huangqin Jia Banxia Shengjiang Decoction) is of use. (Treatise on Cold-Induced Diseases, line 172)

【Key points for syndrome differentiation】 Diarrhea with abdominal pain, discomfort and urgency during defecation, perhaps even tenesmus, foul smelling stools, or purulent bloody stool. Fever, bitter taste in mouth may also present.

【Syndrome analysis】 Syndrome analysis of *taiyang* and *shaoyang* combination of syndromes is shown in the table 7-9-4.

Table 7-9-4 Syndrome analysis of *taiyang* and *shaoyang* combination syndrome

Main symptoms	Pathogenesis
Diarrhea with discomfort	*Shaoyang* heat transmits to the stomach and intestines, intestinal heat forces the fluids to flow downward
Abdominal pain, tenesmus	Gallbladder wood overacts on earth, blockage of *qi*-movement
Fever, bitter taste in mouth	Gallbladder heat steams the bile

【Basic pathogenesis】 *Shaoyang* heat transmits to the stomach and intestines.

【Therapeutic principle】 Clear heat and check diarrhea, relieve the acute condition and pain.

【Prescription】 *Huang Qin Tang*; if there is nausea and vomiting, *Huang Qin Jia Ban Xia Sheng Jiang Tang* is of use.

A. *Huang Qin Tang*

Huang Qin (*Radix Scutellariae*)	3 *liang*
Zhi Gan Cao (*Radix Glycyrrhizae Preparata*)	2 *liang*
Bai Shao (*Radix Paeoniae Alba*)	2 *liang*
Da Zao (*Fructus Jujubae*)	12 pcs.

B. *Huang Qin Jia Ban Xia Sheng Jiang Tang*

Huang Qin (*Radix Scutellariae*)	3 *liang*
Zhi Gan Cao (*Radix Glycyrrhizae Preparata*)	2 *liang*
Bai Shao (*Radix Paeoniae Alba*)	2 *liang*
Da Zao (*Fructus Jujubae*)	12 pcs.

Ban Xia (*Rhizoma Pinelliae*) 0. 5 *sheng*

Sheng Jiang (*Rhizoma Zingiberis Recens*) 1. 5 *liang*

7. 9. 1. 3 Triple *yang* combination of syndromes

7. 9. 1. 3. 1 *Xiao Chai Hu Tang* treated syndrome

【Original source material】 Cold-induced disease for four to five days: Fever, aversion to wind, a stiff neck, chest oppression, warm hands and feet, and thirst for water can be treated with *Xiao Chai Hu Tang*. (Treatise on Cold-Induced Diseases, line 99)

【Key points for syndrome differentiation】 Generalized fever, aversion to wind, stiff nape of neck, hypochondriac fullness, warm extremities. Thirst, fullness in the hypochondrium is the key point for diagnosis of a *shaoyang* syndrome.

【Syndrome analysis】 Syndrome analysis of *Xiao Chai Hu Tang* treated syndrome is shown in the table 7 - 9 - 5.

Table 7 - 9 - 5 Syndrome analysis of *Xiao Chai Hu Tang* treated syndrome

Main symptoms	Pathogenesis
Stiff nape of head and neck	Triple *yang* combination of syndromes, obstruction of *qi*-movement
Hypochondriac fullness	Pathogens stagnate in the *shaoyang*, obstructing its action as a pivot
Generalized fever, and aversion to wind	Exterior pathogens in the *taiyang*
Warm extremities and thirst	Intense *yangming* heat damages fluids

【Basic pathogenesis】 Triple *yang* combination of syndromes, obstruction of the *shaoyang* pivot.

【Therapeutic principle】 Harmonize the *shaoyang*. *Shaoyang* dominates the pivoting action of *qi*, and is located between the exterior and interior. Harmonizing the *shaoyang* in a triple *yang* combination of syndromes is the key to treatment as it can balance *yin* and *yang* as well as eliminate pathogens from the exterior and interior.

【Original source material】 *Xiao Chai Hu Tang*.

See 5. 3. 1.

7. 9. 1. 3. 2 *Bai Hu Tang* treated syndrome

【Original source material】 Triple *yang* combination of syndromes with symptoms and signs of abdominal distention, a heavy feeling when moving, difficulty in turning round, lack of taste for food, face appears dirty, delirium and urinary incontinence. In this case, if diaphoresis is adopted, the patient will become fiercely delirious. If, on the other hand, a purgative is given, sweat over the forehead and coldness of hands and feet will occur. If there is spontaneous sweating, *Bai Hu Tang* (Baihu Decoction) can be prescribed. (Treatise on Cold-Induced Diseases, line 219)

【Key points for syndrome differentiation】 Generalized fever, spontaneous sweating, floating large pulse above the *guan* position, perhaps accompanied by generalized heaviness and difficulty in turning round, a dirty appearing face, delirium and urinary incontinence, abdominal fullness, sweating during sleep.

【Syndrome analysis】 Syndrome analysis of *Bai Hu Tang* treated syndrome is shown in the table 7－9－6.

Table 7－9－6 Syndrome analysis of *Bai Hu Tang* treated syndrome

Main symptoms	Pathogenesis
Fever, generalized heaviness, difficulty in turning round, floating large pulse above the *guan* position	Obstruction of meridian-*qi* in the initial stage of a triple *yang* combination of syndromes
Generalized fever, spontaneous sweating	Triple *yang* combination of syndromes with *yangming* predominant
Abdominal fullness	*Yangming* heat accumulation and *qi* stagnation
A dirty appearing face	*Yangming* exuberant heat steams up along the meridians

【Basic pathogenesis】 Triple *yang* combination of syndromes with *yangming* interior heat predominant.

【Therapeutic principle】 Treat *yangming* with pungent-cold herbs to clear heat. Inducing sweating should be avoided as it may further increase the heat and damage fluids and thereof aggravate the delirium. Purgation should be avoided as it may lead to exhaustion of *yang qi* which will manifest as sweating from the forehead and cold extremities.

【Prescription】 *Bai Hu Tang*.

See 5.2.1.

7.9.1.4 *Taiyang* and *shaoyin* combination of syndromes

【Original source material】 *Ma Huang Xi Xin Fu Zi Tang* (Mahuang Xixin Fuzi Decoction) is the remedy for the initial stage of a *shaoyin* disease presenting with fever and a sunken pulse. (Treatise on Cold-Induced Diseases, line 301)

Shaoyin disease for two or three days: *Ma Huang Fu Zi Gan Cao Tang* (Mahuang Fuzi Gancao Decoction) is of use as a diaphoresis to induce light perspiration. The reason is that there is no interior syndrome on the second or third day of the *shaoyin* syndrome, so a diaphoretic is of use in producing light perspiration. (Treatise on Cold-Induced Diseases, line 302)

【Key points for syndrome differentiation】 Fever and aversion to cold with sunken pulse, no diarrhea with undigested food or coldness of the extremities. There may be fatigue, anhicrosis, and body pain.

【Syndrome analysis】 Syndrome analysis of *taiyang* and *shaoyin* combination of syndromes is shown in the table 7－9－7.

Table 7－9－7 Syndrome analysis of *taiyang* and *shaoyin* combination of syndromes

Main symptoms	Pathogenesis
Fever and aversion to cold	Wind-cold damages the exterior
Aversion to cold and sunken pulse	*Shaoyin yang qi* deficiency
No diarrhea with undigested food, or coldness of the extremities	No severe interior deficiency

【Basic pathogenesis】 Pathogens attack *taiyang* and *shaoyin*, in combination with mild *shaoyin* interior deficiency.

【Therapeutic principle】 Warm *yang* and release the exterior, concurrently treat the exterior and interior.

【Prescription】 *Ma Huang Xi Xin Fu Zi Tang* for severe cases, and *Ma Huang Fu Zi Gan Cao Tang* for mild one.

A. *Ma Huang Xi Xin Fu Zi Tang*

Ma Huang (Herba Ephedrae)	2 *liang*
Xi Xin (Herba Asari)	2 *liang*
Shu Fu Zi (Radix Aconiti Lateralis Preparata)	1 pc.

B. *Ma Huang Fu Zi Gan Cao Tang*

Ma Huang (Herba Ephedrae)	2 *liang*
Zhi Gan Cao (Radix Glycyrrhizae Preparata)	2 *liang*
Shu Fu Zi (Radix Aconiti Lateralis Preparata)	1 pc.

7.9.2 Overlapping of syndromes

7.9.2.1 *Taiyang* and *shaoyang* overlapping of syndromes

【Original source material】 Cold-induced disease for six to seven days. If the exterior syndrome is not yet relieved, *Chai Hu Gui Zhi Tang* (Chaihu Guizhi Decoction) is appropriate for use with the following symptoms and signs: Fever with light chills, severe pain in the extremities and joints, slight nausea, and fullness and distention of the epigastrium. (Treatise on Cold-Induced Diseases, line 146)

【Key points for syndrome differentiation】 Fever and slight aversion to cold, pain in the limbs and joints, fullness and distention in the epigastric area and slight nausea. There may also be headache and painful stiff nape, bitter taste in mouth, dry throat, dizziness, and wiry thready pulse.

【Syndrome analysis】 Syndrome analysis of *taiyang* and *shaoyang* overlapping of syndromes is shown in the table 7-9-8.

Table 7-9-8 Analysis of *taiyang* and *shaoyang* overlapping of syndromes

Main symptoms	Pathogenesis
Fever and slight aversion to cold, pain in the limbs and joints	*Taiyang* syndrome with exogenous pathogens
Slight nausea, fullness and distention in the epigastric area	Pathogens in the gallbladder attack the stomach leading to counterflow ascension of stomach *qi*

【Basic pathogenesis】 Wind-cold damages the exterior, disharmony of the *shaoyang* pivot.

【Therapeutic principle】 Harmonize the *shaoyang*, dispel exterior pathogens.

【Prescription】 *Chai Hu Gui Zhi Tang*.

Gui Zhi (*Ramulus Cinnamomi*)	1.5 *liang*
Huang Qin (*Radix Scutellariae*)	1.5 *liang*
Ren Shen (*Radix Ginseng*)	1.5 *liang*
Zhi Gan Cao (*Radix Glycyrrhizae Preparata*)	1 *liang*
Ban Xia (*Rhizoma Pinelliae*)	2.5 *ge*
Bai Shao (*Radix Paeoniae Alba*)	1.5 *liang*
Da Zao (*Fructus Jujubae*)	6 pcs.
Sheng Jiang (*Rhizoma Zingiberis Recens*)	1.5 *liang*
Chai Hu (*Radix Bupleuri*)	4 *liang*

7.9.2.2 *Shaoyang* and *yangming* overlapping of syndromes

7.9.2.2.1 *Da Chai Hu Tang* treated syndrome

【Original source material】 Some ten days after relieving the *taiyang* exterior syndrome, two or three doses of purgatives are given to the patient. After another four or five days, a *Chai Hu Tang* syndrome still exists. In such a case, *Xiao Chai Hu Tang* is of use. If the patient is vomiting repeatedly, feeling restless, and feels oppression in chest, *Da Chai Hu Tang* can be used as a purgative. (Treatise on Cold-Induced Diseases, line 103)

【Key points for syndrome differentiation】 Severe fever not relieved by diaphoresis, accompanied by vexation, vomiting, stuffiness and hardness in the epigastric area. There may also be a bitter taste in mouth, pain in the gastric area and abdomen, diarrhea, or constipation.

【Syndrome analysis】 Syndrome analysis of *Da Chai Hu Tang* treated syndrome is shown in the table 7-9-9.

Table 7-9-9 Syndrome analysis of *Da Chai Hu Tang* treated syndrome

Main symptoms	Pathogenesis
Fever not relieved by diaphoresis	Exuberant heat in *shaoyang*
Vexation	Gallbladder heat disturbs the heart
Vomiting	Counterflow ascending of stomach *qi*
Pain in the gastric area and abdomen	Pathogens in the gallbladder attack the stomach, the wood overacting on earth

【Basic pathogenesis】 Accumulation of heat in the *shaoyang*, heat in the *shaoyang* attacks the *yangming*.

【Therapeutic principle】 Clear and disperse the *shaoyang*, purge interior excess.

【Prescription】 *Da Chai Hu Tang*.

See 7.7.9

7.9.2.2.2 *Chai Hu Jia Mang Xiao Tang* treated syndrome

【Original source material】 Cold-induced disease, the syndrome lasts thirteen days. The patient vomits and is nauseous and feels oppression in chest. He has a tidal fever in the afternoon at about 3-5 pm and diarrhea. This is a *Chai Hu Tang* syndrome which should not have diarrhea. If the patient was mistreated with a purgative, diarrhea may occur. Tidal fever indicates an excess syndrome. First *Xiao Chai Hu Tang* should be given to dispel the exterior syndrome. Then *Chai Hu Jia Mang Xiao Tang* (Chaihu Jia Mangxiao Decoction) should be given. (Treatise on Cold-Induced Diseases, line 104)

【Key points for syndrome differentiation】 In addition to fullness in the chest and hypochondrium, vomiting is observed in a *Xiao Chai Hu Tang* syndrome. Tidal fever and diarrhea are also observed.

【Syndrome analysis】 Syndrome analysis of *Chai Hu Jia Mang Xiao Tang* treated syndrome is shown in the table 7 - 9 - 10.

Table 7 - 9 - 10 Syndrome analysis of *Chai Hu Jia Mang Xiao Tang* treated syndrome

Main symptoms	Pathogenesis
Fullness in chest and hypochondrium, vomiting	Obstruction of the *shaoyang* pivot
Tidal fever	Exuberant heat
Diarrhea	Intestinal heat compels the fluids to flow downward

【Basic pathogenesis】 Obstruction of the *shaoyang* pivot, exuberant *yangming* heat.

【Therapeutic principle】 Harmonize *shaoyang*, purge interior heat.

【Prescription】 *Chai Hu Jia Mang Xiao Tang.*

Chai Hu (*Radix Bupleuri*)	2 *liang* 16 *zhu*
Huang Qin (*Radix Scutellariae*)	1 *liang*
Ren Shen (*Radix Ginseng*)	1 *liang*
Zhi Gan Cao (*Radix Glycyrrhizae Preparata*)	1 *liang*
Sheng Jiang (*Rhizoma Zingiberis Recens*)	1 *liang*
Ban Xia (*Rhizoma Pinelliae*)	20 *zhu* (or 5 pcs.)
Da Zao (*Fructus Jujubae*)	4 pcs.
Mang Xiao (*Natrii Sulfas*)	2 *liang*

Summary

Summary of combination and overlapping of syndromes is shown in the table 7 - 9 - 11.

Table 7 - 9 - 11 Summary of combination and overlapping of syndromes

	Pathogenesis	Key points for syndrome differentiation
Ma Huang Tang treated syndrome	*Taiyang* exterior pathogens attack the lung and large intestine	Aversion to cold, fever, anhidrosis, cough, dyspnea, fullness in the chest, perhaps with constipation
Ge Gen Tang treated syndrome	*Taiyang* pathogens attack *yangming* large intestine	Diarrhea, aversion to cold, fever, anhidrosis
Ge Gen Jia Ban Xia Tang treated syndrome	*Taiyang* pathogens attack *yangming* stomach	vomiting, aversion to cold, fever, anhidrosis

Continued

	Pathogenesis	Key points for syndrome differentiation
Huang Qin Tang treated syndrome	*Shaoyang* heat invades the *yangming*	Diarrhea with burning sensation in anus perhaps with discomfort defecating, foul smelling stools, abdominal pain, bitter taste in mouth, short urination, wiry rapid pulse
Xiao Chai Hu Tang treated syndrome	Triple *yang* combination syndrome, with *shaoyang* more seriously affected	Fullness in the hypochondrium, fever, aversion to wind, stiff nape and neck, warm extremities, thirst
Bai Hu Tang treated syndrome	Triple *yang* combination syndrome with *yangming* more seriously affected	Fever, sweating, abdominal fullness, a dirty appearing face and the mouth numb, heavy body and difficulty in turning round, perhaps even delirium, enuresis
Ma Huang Xi Xin Fu Zi Tang treated syndrome	Pathogens attack *taiyang* and *shaoyang*, interior deficiency with exterior syndrome	Fever and aversion to cold, mental fatigue, sunken pulse
Ma Huang Fu Zi Gan Cao Tang treated syndrome	Pathogens attack *taiyang* and *shaoyang*, interior deficiency with exterior syndrome	Same as in *Ma Huang Xi Xin Fu Xi Tang* treated syndrome but milder
Chai Hu Gui Zhi Tang treated syndrome	Disharmony between nutrient and defense, pivot is obstructed	Fever and slight aversion to cold, pain in the limbs and joints, stuffiness and hardness in the epigastric area, mild vomiting
Da Chai Hu Tang treated syndrome	*Shaoyang* heat attacks *yangming*	Lasting vomiting, tightness in the epigastric area, depression with slight vexation, bitter taste in mouth, constipation
Chai Hu Jia Mang Xiao Tang treated syndrome	*Shaoyang* heat attacks *yangming*	Fullness in chest and hypochondrium, vomiting, tidal fever, diarrhea

Appendix: Summary of *shaoyin* sore throat syndromes is shown in the table 7 - 9 - 12.

Table 7 - 9 - 12 Summary of *shaoyin* sore throat syndromes

Syndrome	Pathogenesis	Main symptoms and signs	Therapeutic principles	Prescriptions
Deficiency-heat	*Yin* damage after diarrhea, deficient fire disturbs upward	Mild sore throat, fullness in chest, vexation, or dry or itching throat, little sputum	Nourish *yin* and support the spleen, clear heat and benefit the throat	*Zhu Fu Tang* (Zhufu Decoction)
Exogenous-heat	Heat stagnation in the *shaoyin* meridians	Reddish swollen sore throat (mild)	Purge heat, eliminate toxin, and benefit the throat	*Gan Cao Tang* (Gancao Decoction); *Jie Geng Tang* (Jiegeng Decoction)

Continued

Syndrome	Pathogenesis	Main symptoms and signs	Therapeutic principles	Prescriptions
Phlegm-heat	Phlegm-heat obstruction affects the throat with the formation of ulcers	Sore throat with ulceration, hoarseness, perhaps even an inability to speak	Clear heat and eliminate phlegm; relieve soreness swelling	*Ku Jiu Tang* (Kujiu Decoction)
Exogenous-cold	Cold-phlegm stagnation in the *shaoyin* meridian	Severe sore throat, heavy dull voice, absence of redness and swelling, clear thin saliva	Activate *yang*, dispel cold, eliminate phlegm and relieve obstruction	*Ban Xia San* (Banxia Powder) or *Tang* (Decoction)

7.10 Cold-Limb Syndrome

Cold-limb syndromes, recorded in the Treatise on Cold-Induced Diseases, refers to the cold in the extremities characterized by coldness from the tips of the fingers or toes to the joints and trunk along the limbs. The closer the cold area is to the trunk, the more severe the cold will be. In line 337 of Treatise on Cold-Induced Diseases, the mechanism and characteristics of the cold-limb syndromes are described: "In all cold-limb syndromes, *yin qi* and *yang qi* are not connecting smoothly." The underlying reason behind *yin qi* and *yang qi* not connecting smoothly can be attributed to deficiency, excess, cold, or heat, and the corresponding treatment should be carefully applied. To "replenish deficiency", supplement the blood and warm *yang*; to "reduce excess", the therapeutic principles of inducing vomiting, clearing heat and purging are used based on the differing locations of the disease.

7.10.1 Heat-induced cold-limb syndrome

【Original source material】 Cold-induced disease: *Bai Hu Tang* is of use in treating interior heat with a slippery pulse and cold extremities. (Treatise on Cold-Induced Diseases, line 350)

【Key points for syndrome differentiation】 The syndrome is characterized by cold extremities, generalized fever (fever in the trunk), and slippery pulse. The fever followed by cold limbs—the more severe the fever, the more severe the cold; the less severe the fever, the less severe the cold. It may be accompanied by thirst, scanty reddish urine, constipation, dry stools, and a red tongue with yellow coating.

【Syndrome analysis】 Syndrome analysis of heat-induced cold-limb syndrome is shown in the table 7-10-1.

【Basic pathogenesis】 Heat hiding deeply, *yang qi* constrained in the interior.

【Therapeutic principle】 Clear heat with pungent-cold herbs. If dry stool accumulates in the interior to form *yangming fu*-organ excess syndrome, cold purgation should be applied.

Table 7-10-1 Syndrome analysis of heat-induced cold-limb syndrome

Main symptoms	Pathogenesis
Cold extremities	*Yang qi* is unable to reach the extremities
Fever followed by cold limbs	Cold due to heat syndrome
The more severe the fever, the more severe the cold; the less severe the fever, the less severe the cold	Cold and fever are correlated
Generalized fever, slippery pulse	*Yang* heat hiding in the interior

【Prescription】 *Bai Hu Tang*.

See 5. 2. 1.

7. 10. 2 Cold-induced cold-limb syndrome

【Original source material】 *Si Ni Tang* is the remedy for a syndrome with the following symptoms and signs: The fever still exists after profuse perspiration, there is abdominal spasming and pain on the extremities, as well as diarrhea, cold extremities, and a feeling of chills. (Treatise on Cold-Induced Diseases, line 353)

Si Ni Tang is of use with the symptoms profuse perspiration, acute diarrhea, and cold extremities. (Treatise on Cold-Induced Diseases, line 354)

【Key points for syndrome differentiation】 Cold extremities, aversion to cold, sunken faint pulse. These are accompanied by diarrhea with undigested food, and profuse sweating. Pain and spasming of the limbs or fever may also be observed.

【Syndrome analysis】 Syndrome analysis of cold-induced cold-limb syndrome is shown in the table 7-10-2.

Table 7-10-2 Syndrome analysis of cold-induced cold-limb syndrome

Main symptoms	Pathogenesis
Cold extremities	*Yang qi* is unable to reach the extremities
Generalized aversion to cold	Kidney *yang* deficiency leading to interior exuberance of *yin*-cold
Diarrhea with undigested food	Spleen and kidney *yang* deficiency results in a failure to warm and transform
Profuse sweating	Exhausted *yang-qi* fail to check fluids
Sunken faint pulse	Kidney *yang* deficiency results in a failure to activate the vessels

【Basic pathogenesis】 Declined *yang* with exuberant *yin*.

【Therapeutic principle】 Warm *yang* and expel cold.

【Prescription】 *Si Ni Tang*.

See 5. 5. 1.

7. 10. 3 Phlegm-induced cold-limb syndrome

【Original source material】 When the pulse suddenly turns tense and the extremities are cold, there must be a pathogenic factor accumulating in the chest. An emetic, *Gua Di San* (Guadi

Powder), should be adopted to disperse the pathogenic factor in the chest when the following symptoms and signs are observed: restlessness, epigastric fullness, and a feeling of hunger with anorexia. (Treatise on Cold-Induced Diseases, line 355)

【Key points for syndrome differentiation】 Cold extremities, fullness and distress in the heart and chest, vexation with nausea, hunger but unable to eat, occasional tight pulse.

【Syndrome analysis】 Syndrome analysis of phlegm-induced cold-limb syndrome is shown in the table 7-10-3.

Table 7-10-3 Syndrome analysis of phlegm-induced cold-limb syndrome

Main symptoms	Pathogenesis
Cold extremities	Phlegm and undigested food obstruct the diaphragm, *yang qi* is unable to reach the extremities
Fullness and vexation in the epigastric area, hungry but unable to eat	Pathogens block the diaphragm and gastric area, obstruction of *qi*-movement
Occasional tight pulse	Phlegm and undigested food accumulation, short duration of illness

【Basic pathogenesis】 Phlegm and undigested food obstruct the diaphragm, obstruction of chest *yang*.

【Therapeutic principle】 Eliminate phlegm and undigested food using emetic therapy.

【Prescription】 *Gua Di San*.

Gua Di (*Pedicellus Melo*) (stew till it turns yellow) 1 *fen*

Chi Xiao Dou (*Semen Phaseoli*) 1 *fen*

Separately pound the above drugs into powder and then mix them up. Stew one *qian bi* of the mixed powder and one *he* of *Dan Dou Chi* in seven *he* of hot water till the decoction looks like porridge. Filter the decoction and take it when lukewarm as one dose. If not efficacious, increase the dose till vomiting occurs. Hemorrhage-sufferers and persons of weak constitution should not take the medicine.

7.10.4 Water-induced cold-limb syndrome

【Original source material】 Cold-induced disease: When cold extremities and palpitations occur simultaneously, it can be determined that it is caused by water retention. *Fu Ling Gan Cao Tang* (Fuling Gancao Decoction) is the remedy. If utilized, then the coldness in the extremities can be eliminated; otherwise, water will seep into the stomach and cause diarrhea. (Treatise on Cold-Induced Diseases, line 356)

Cold-induced disease: *Wu Ling San* is indicated for the syndrome with perspiration and thirst for water, if there is no thirst, *Fu Ling Gan Cao Tang* is the remedy. (Treatise on Cold-Induced Diseases, line 73)

【Key points for syndrome differentiation】 Cold extremities, palpitations, white slippery tongue coating, perhaps diarrhea, a palm-sized cold area can be found on the back.

【Syndrome analysis】 Syndrome analysis of water-induced cold-limb syndrome is shown in the table 7-10-4.

Table 7-10-4 Syndrome analysis of water-induced cold-limb syndrome

Main symptoms	Pathogenesis
Cold extremities	Water accumulates in the gastric area, middle energizer *yang* becomes unable to reach the extremities
Palpitations	Deficient stomach-*yang* fails to transform fluid, water-*qi* attacks the heart

【Basic pathogenesis】 Water accumulates in the middle energizer, stomach *yang* fails to distribute.

【Therapeutic principle】 Warm the stomach and dissipate water.

【Prescription】 *Fu Ling Gan Cao Tang*.

Fu Ling (Poria)	2 *liang*
Gui Zhi (Ramulus Cinnamomi)	2 *liang*
Zhi Gan Cao (Radix Glycyrrhizae Preparata)	1 *liang*
Sheng Jiang (Rhizoma Zingiberis Recens)	3 *liang*

7.10.5 *Qi* stagnation-induced cold-limb syndrome

【Original source material】 *Shaoyin* disease: *Si Ni San* (Sini Powder) is a prescription for the syndrome with the following symptoms and signs: Cold extremities with cough, palpitations, dysuria, abdominal pain, or diarrhea with a descending feeling at the anus. (Treatise on Cold-Induced Diseases, line 318)

【Key points for syndrome differentiation】 Cold extremities. Pain in the chest, hypochondrium and abdomen, diarrhea with tenesmus may accompany.

【Syndrome analysis】 Syndrome analysis of summary of cold-limb syndrome is shown in the table 7-10-5.

Table 7-10-5 Syndrome analysis of *qi* stagnation-induced cold-limb syndrome

Main symptoms	Pathogenesis
Cold extremities	*Shaoyin yang-qi* depression leaves *yang qi* unable to reach the extremities
Pain in the chest, hypochondrium and abdomen, diarrhea with tenesmus	Depression of *yang qi* in the interior, abnormal *qi* movement

【Basic pathogenesis】 Depression of *shaoyin yang-qi* in the interior.

【Therapeutic principle】 Promote *qi* movement, disperse the depressed *yang*.

【Prescription】 *Si Ni San*.

Zhi Gan Cao (Radix Glycyrrhizae Preparata)

Zhi Shi (Fructus Aurantii Immaturus)

Chai Hu (*Radix Bupleuri*)

Bai Shao (*Radix Paeoniae Alba*)

For those with cough, add five *fen* of *Wu Wei Zi* (*Fructus Schisandrae*) and *Gan Jiang*, which is also for diarrhea; for those with palpitation, add five *fen* of *Gui Zhi*; for dysuria, add five *fen* of *Fu Ling*; for abdominal pain, add one piece of *Fu Zi* for diarrhea with descending feeling at the anus, stew three *sheng* of *Xie Bai* (*Bulbus Allii Macrostemi*) in five *sheng* of water till three *sheng* are left. Filter the decoction and put three *fang cun bi* of *Si Ni San* in the decoction and stew it till one and a half *sheng* are left, and drink it in warm in two doses.

7.10.6 Blood deficiency-induced cold-limb syndrome

Dang Gui Si Ni Tang treated syndrome, see line 351(5.6).

7.10.7 Roundworm-induced cold-limb syndrome

Wu Mei Wan (Wumei Pills) treated syndrome, see line 338(5.6).

Summary

Summary of cold-limb syndromes is shown in the table 7-10-6.

Table 7-10-6 Summary of cold-limb syndromes

	Pathogenesis	Key points for syndrome differentiation
Heat syndrome	Heat stagnation in the interior, *yang-qi* unable to reach the extremities	Cold extremities, slippery, forceful or large pulse, sensation of heat in the chest and abdomen
Cold syndrome	Interior exuberant *yin*-cold leads to reduced spleen and kidney *yang* failing to warm the extremities	Cold extremities, faint pulse, aversion to cold, curled-up lying posture, diarrhea with undigested food, profuse cold sweating
Blood deficiency syndrome	Blood deficiency with cold coagulation in the meridians	Cold extremities, thin faint pulse
Roundworm disease	Heat in the upper and cold in the lower, roundworms disturb the interior	Intermittent recurrence of cold extremities, vexation, abdominal pain, vomiting
Qi stagnation syndrome	*Shaoyin yang-qi* stagnates in the interior and is unable to reach the extremities	Cold extremities, perhaps cough, palpitations, difficult urination, pain in the abdomen, perhaps diarrhea with tenesmus
Water retention syndrome	Water retention in the stomach, stomach *yang* fails to distribute	Cold extremities, palpitations, white slippery tongue coating
Phlegm syndrome	Phlegm and undigested food obstructing the diaphragm, chest *yang* fails to distribute	Cold extremities, occasional tense pulse, fullness and vexation in the epigastric area, hungry but unable to eat

Chapter 8

Cholera and Over-Strain Relapse Syndromes

8.1 The Cholera Disease Syndrome

Cholera, or *huo luan* in Chinese language, is characterized by sudden vomiting and diarrhea. The word "*huo*" implies acute and outbreak, and "*luan*" implies disorder and chaos.

Cholera can break out in any season, but it is frequently seen in summer and autumn. It is often induced by unsanitary diet, abnormal cold and heat, or attack by summer dampness, cold dampness, or pestilence. With cholera, the spleen and stomach are impaired, with abnormal ascending and descending of the middle energizer, interactions between clear and turbid *qi*, and disordering of *qi*-movement. In the chapter *Wu Luan Pian* of the *Ling shu* (Spiritual Pivot) it says: "There is clear *qi* in the *yin*, turbid *qi* in the *yang*, the nutritive *qi* courses (correctly) through the veins (but) defensive *qi* counterflows and the clear and the turbid mutually interfere with each other... (when) they become disordered in the stomach and intestines, then there is 'cholera'."

Cholera should be differentiated from cold-induced disease (table 8-1-1).

Table 8-1-1 Differences of cholera and cold-induced disease

	Etiology	Pathogenesis	Main manifestations
Cholera	The six excesses mixed with improper diet attack the stomach and intestines	Disordered ascending and descending of the spleen and stomach, clear and turbid *qi* interact	At the early stage, alternating vomiting and diarrhea, faint choppy pulse
Cold-induced disease	The six excesses attack the exterior	Exogenous pathogens attack the exterior leading to disharmony between nutrient and defense; exogenous pathogens invade the interior and affect the *zang-fu* organs	At the early stage, fever, aversion to cold, headache, and floating pulse. Vomiting and diarrhea develop after the pathogens invade the interior

The chapter on "cholera" discussed in the *Shang Han Lun* (Treatise on Cold-Induced Diseases) covers a broad spectrum of disorders, in which various acute gastrointestinal diseases are included. Based on different clinical manifestations, physicians of later generations classified cholera into two types, i.e. damp cholera and dry cholera. The former refers to the state of incontinent vomiting and diarrhea, while the latter is characterized by a tendency toward vomiting and diarrhea, but without vomitus or stools, abdominal pain, vexation, shortness of breath, and sweating. This chapter discusses damp cholera. If damp cholera is caused by cold-damp, it is also called cold cholera, if damp choleraic turmoil is caused by summer-heat, it is called heat cholera. The cholera discussed in this chapter is a cold syndrome cholera.

Cholera is mostly caused by combination of exogenous and endogenous pathogens, so in the early stage, vomiting and diarrhea are accompanied by an exterior syndrome that manifests as fever, aversion to cold, headache, and body pain. In the clinical practice, treatment should be given based on the actual manifestations.

8.1.1 General introduction to cholera syndromes

【Original source material】 Question: What is *huo luan* (a cholera like disease, and sometimes cholera itself)? Answer: A syndrome presenting with nausea, vomiting, and diarrhea is called *huo luan*. (Treatise on Cold-Induced Diseases, line 382)

Question: What disease is it if a syndrome has the following symptoms and signs: fever, headache, chills, body pain, vomiting and diarrhea? Answer: This is *huo luan*. Its symptoms and signs are vomiting and diarrhea. When the diarrhea stops, the fever becomes more acute. (Treatise on Cold-Induced Diseases, line 383)

【Key points for syndrome differentiation】 Vomiting and diarrhea. Perhaps accompanied by fever, aversion to cold, headache, and body pain.

【Syndrome analysis】 Syndrome analysis of cholera is shown in the table 8-1-2.

Table 8-1-2 Syndrome analysis of cholera

Main symptoms	Pathogenesis
Vomiting and diarrhea	Interaction of clear and turbid *qi*, disordering of *yin* and *yang* lead to dysfunction of the descending and ascending actions of spleen and stomach *qi*
Accompanied by fever, aversion to cold, headache, and body pain	Defensive *qi* and pathogens struggle with each other in the exterior

【Basic pathogenesis】 Combination of exogenous and endogenous pathogens result in ascending and descending dysfunction, interaction of clear and turbid *qi*, *qi* movement disorder.

8.1.2 Syndrome differentiation and treatment of cholera disease

8.1.2.1 *Wu Ling San* and *Li Zhong Wan* (*or Tang*) treated syndrome

【Original source material】 *Wu Ling San* (Wuling Powder) is indicated for heat syndrome cholera with headache, pain over body, fever, and thirst. *Li Zhong Wan* (Lizhong Pills) is of use for cold syndrome cholera with no thirst. (Treatise on Cold-Induced Diseases, line 386)

【Key points for syndrome differentiation】

A. *Wu Ling San* syndrome: Sudden attack of vomiting and diarrhea, floating pulse, fever, headache, body pain, difficult urination, thirst.

B. *Li Zhong Wan* and *Tang* syndrome: Sudden and repeated attack of vomiting and diarrhea, cold pain in the abdomen, fondness for warmth and pressure, no desire to drink water, pale tongue with white coating, moderate weak pulse. No obvious fever, headache, body pain.

【Syndrome analysis】 Syndrome analysis of *Wu Ling San* and *Li Zhong Wan* (or *Tang*) syndromes is shown in the table 8-1-3.

Table 8-1-3 Syndrome analysis of *Wu Ling San* and *Li Zhong Wan* (or *Tang*) syndromes

Main symptoms	Pathogenesis
Vomiting and diarrhea	Interaction of clear and turbid *qi*, *yin* and *yang* disordering leads to dysfunction of descending and ascending actions of spleen and stomach *qi*
Aversion to cold and fever, headache and body pain, thirst for water, difficult urination	Interaction of clear and turbid *qi*, of triple energizer water passage becomes disordered, existence of an exterior condition
Aversion to cold without thirst, cold pain in the abdomen, fondness for warmth and pressure	Middle energizer *yang* deficiency leads to accumulation of cold and dampness in the interior and the interaction of clear and turbid *qi*

【Basic pathogenesis】

A. *Wu Ling San* syndrome: Existence of exogenous pathogens, disharmony of interior *qi*, interaction of clear and turbid *qi*, disordering of descending and ascending actions.

B. *Li Zhong Wan* (and *Tang*) syndrome: Middle energizer *yang* deficiency leads to cold and dampness accumulating in the interior; this then causes the draining of lucid *qi* and the rising of turbid *qi*.

【Therapeutic principle】

A. *Wu ling San* syndrome: Simultaneously release the exterior and the interior.

B. *Li Zhong Wan* (and *Tang*) syndrome: Warm the middle energizer and dissipate cold, invigorate spleen and dry dampness.

【Prescription】 *Wu Ling San*, *Li Zhong Wan*.

A. *Wu Ling San*

See 7.2.4.

B. *Li Zhong Wan*

Ren Shen (*Radix Ginseng*)	3 *liang*
Gan Jiang (*Rhizoma Zingiberis*)	3 *liang*
Zhi Gan Cao (*Radix Glycyrrhizae Preparata*)	3 *liang*
Bai Zhu (*Rhizoma Atractylodis Macrocephalae*)	3 *liang*

Modification of prescriptions: ①When there is a feeling of spasming around the umbilicus caused by abnormal kidney *qi* movement, remove *Bai Zhu*, and add four *liang* of *Gui Zhi* (*Ramulus Cinnamomi*). ②If there is repeated nausea and vomiting, remove *Bai Zhu*, and add three *liang* of *Sheng Jiang* (*Rhizoma Zingiberis Recens*). ③If there is profuse diarrhea, *Bai*

Zhu still should be used. ④If there is palpitations, add two *liang* of *Fu ling* (*Poria*). ⑤If there is thirst, increase *Bai Zhu* to 4.5 *liang*. ⑥ If there is abdominal pain, increase *Ren Shen* to 4.5 *liang*. ⑦If there is a prevalence of cold symptoms, increase *Gan Jiang* to 4.5 *liang*. ⑧If there is abdominal distention, remove *Bai Zhu*, and add one pc. of *Shu Fu Zi* (*Radix Aconiti Lateralis Preparata*).

8.1.2.2 *Si Ni Tang* treated syndrome

【Original source material】 *Si Ni Tang* (Sini Decoction) is indicated for a syndrome with the following symptoms and signs: Nausea and vomiting, diarrhea, fever and chills, perspiration, spasms, and coldness of hands and feet. (Treatise on Cold-Induced Diseases, line 388)

Vomiting as well as diarrhea, urination returns to normal and there is profuse sweating; the stools contain undigested food. There are also other symptoms such as interior cold and exterior heat with faint barely palpable pulse. *Si Ni Tang* is the remedy. (Treatise on Cold-Induced Diseases, line 389)

【Key points for syndrome differentiation】 Vomiting, diarrhea and sweating, fever and aversion to cold, cold extremities, tightness and spasming of the limbs, diarrhea with undigested food, faint pulse.

【Syndrome analysis】 Syndrome analysis of *Si Ni Tang* treated syndrome is shown in the table 8-1-4.

Table 8-1-4 Syndrome analysis of *Si Ni Tang* treated syndrome

Main symptoms	Pathogenesis
Severe vomiting and diarrhea	Interaction of clear and turbid *qi*, disordering of *yin* and *yang* lead to dysfunction of descending and ascending actions of the spleen and stomach *qi*
Aversion to cold, cold extremities, sweating, fever	Deficient *yang* fails to warm, *yang* repelled to the exterior is nearly exhausted and is followed by exhaustion of *yin*
Tightness and spasm of limbs	Vomiting and diarrhea consume fluids
Diarrhea with undigested food, faint pulse	Fire fails to warm earth, exuberant *yin* with feeble *yang* almost exhausted

【Basic pathogenesis】 Vomiting and diarrhea lead to *yang* exhaustion, fire fails to warm earth.

【Therapeutic principle】 Restore *yang* from collapse.

【Prescription】 *Si Ni Tang*.

See 5.5.1.

8.1.2.3 *Tong Mai Si Ni Jia Zhu Dan Zhi Tang* treated syndrome

【Original source material】 When the vomiting and diarrhea stop, there will be perspiration, coldness and spasm in the extremities with a barely palpable pulse. *Tong Mai Si Ni Jia Zhu Dan Zhi Tang* (Tongmai Sini Jia Zhudanzhi Decoction) is the remedy. (Treatise on Cold-Induced Diseases, line 390)

【Key points for syndrome differentiation】 Following repeated vomiting and diarrhea, there is nothing left to void. Cold limbs follow sweating, limbs are tight and spasm, mental fatigue, faint pulse, perhaps no aversion to cold.

【Syndrome analysis】 Syndrome analysis of *Tong Mai Si Ni Jia Zhu Dan Zhi Tang* treated syndrome is shown in the table 8-1-5.

Table 8-1-5 Syndrome analysis of *Tong Mai Si Ni Jia Zhu Dan Zhi Tang* treated syndrome

Main symptoms	Pathogenesis
Nothing left to void after repeated vomiting and diarrhea	Excessive vomiting and diarrhea lead to the exhaustion of water, food and fluids
Cold limbs after sweating	Repelled and exhausted *yang* fails to control the exterior and warm the extremities
Tight spasming limbs	Exhaustion of *yin*, *yang*, *qi* and blood, tendons and vessels are no longer nourished
Faint pulse, mental fatigue	Deficient *yin* fail to engorge the blood vessels, deficient *yang* fail to promote blood circulation
No aversion to cold	Excessive *yin* cold repels exhausted *yang* to the exterior

【Basic pathogenesis】 Excessive vomiting and diarrhea lead to exhaustion of *yin* and *yang*.

【Therapeutic principle】 Restore *yang* from collapse, supplement *yin* and harmonize *yang*.

【Prescription】 *Tong Mai Si Ni Jia Zhu Dan Zhi Tang*.

Zhi Gan Cao (*Radix Glycyrrhizae Preparata*) 2 *liang*

Gan Jiang (*Rhizoma Zingiberis*) 3 *liang*

(or 4 *liang* for a person of study build)

Fu Zi (*Radix Aconiti Lateralis*) 1 pc. cut into 8 pcs.

Zhu Dan Zhi (pig bile) 0.5 *ge*

8.1.2.4 *Si Ni Jia Ren Shen Tang*

【Original source material】 The patient has diarrhea and aversion to cold with a faint pulse. If the diarrhea stops, loss of blood is the cause. *Si Ni Jia Ren Shen Tang* (Sini Jia Renshen Decoction) is the remedy. (Treatise on Cold-Induced Diseases, line 385)

【Key points for syndrome differentiation】 The repeated bouts of diarrhea and vomiting halt, there is aversion to cold, faint pulse, mental fatigue, and cold extremities.

【Syndrome analysis】 Syndrome analysis of *Si Ni Jia Ren Shen Tang* treated syndrome is shown in the table 8-1-6.

【Basic pathogenesis】 Excessive vomiting and diarrhea lead to the exhaustion of *yang* and *yin* fluid.

【Therapeutic principle】 Restore *yang* from collapse, supplement *qi* and promote the production of fluids.

Table 8-1-6 Syndrome analysis of *Si Ni Jia Ren Shen Tang* treated syndrome

Main symptoms	Pathogenesis
Cessation of diarrhea after prolonged vomiting and diarrhea	Excessive diarrhea leads to *yin*-blood exhaustion with nothing left to void
Aversion to cold, faint pulse, mental fatigue, cold extremities	*Qi* escapes following the loss of fluid, *yang* becomes exhausted following the exhaustion of *qi* and then is unable to warm and activate

【Prescription】 *Si Ni Jia Ren Shen Tang*.

Zhi Gan Cao (*Radix Glycyrrhizae Preparata*) 2 *liang*
Fu Zi (*Radix Aconiti Lateralis*) 1 pc. cut into 8 pcs.
Gan Jiang (*Rhizoma Zingiberis*) 1.5 *liang*
Ren Shen (*Radix Ginseng*) 1 *liang*

Summary

Summary of cholera is shown in the table 8-1-7.

Table 8-1-7 Summary of Cholera

	Pathogenesis	Key points for syndrome differentiation
Wu Ling San treated syndrome	Existence of exogenous pathogens, disharmony of interior *qi*, disorder of descending and ascending actions	Sudden onset of vomiting and diarrhea, floating pulse, fever, headache, body pain, difficult urination, thirst for water
Li Zhong Wan or *Tang* treated syndrome	*Yang* deficiency of the middle energizer leading to damp-cold accumulating in the interior, with descending of lucid *qi* and ascending of turbid *qi*	Sudden and repeated vomiting and diarrhea, cold pain in the abdomen, fondness for warmth and pressure
Si Ni Tang treated syndrome	Vomiting and diarrhea leads to *yang* decline and *yin* ascension, fire fails to warm earth	Vomiting, diarrhea and sweating, aversion to cold, fever, tightness and spasming of the limbs, reversal cold extremities, faint pulse
Tong Mai Si Ni Jia Zhu Dan Zhi Tang treated syndrome	Excessive vomiting and diarrhea lead to exhaustion of *yin* and *yang*	Post vomiting and diarrhea, cold limbs after sweating, tightness and spasming of the limbs, mental fatigue, faint pulse
Si Ni Jia Ren Shen Tang treated syndrome	Excessive vomiting and diarrhea lead to the exhaustion of *yang* and *yin* fluid	The diarrhea and vomiting halt, aversion to cold, faint pulse, mental fatigue, cold extremities

8.2 Over-Strain Relapse

Over-strain relapse refers to the relapse of a syndrome due to improper diet, lifestyle, or overwork just after recovery from a disease. If the illness relapses due to overwork, it is called overstrain relapse; if it is caused by improper diet, it called improper diet relapse.

When one has just newly recovered from a major disease, one's *qi* and blood have not yet completely recovered; healthy *qi* is still deficient and residual pathogens have not yet been totally cleared away. Therefore, nursing is of great importance and careful attention should be attached to ones daily habits and diet so as to prevent relapse. An improper lifestyle, diet or overwork may induce a relapse of the disease.

As *qi* and blood are impaired to different degrees, and the residual pathogens accumulate in different areas, different syndromes can occur. In this chapter, the following syndromes are discussed: Heat disturbing the diaphragm, pathogens attack of the *shaoyang*, residual pathogens disturbing the *yangming*, impairment of both *qi* and fluid, and deficiency-cold salivation. These will provide the theoretical basis and therapeutic methods required for nursing care after recovery from a disease.

8.2.1 *Zhi Shi Zhi Zi Chi Tang* treated syndrome

【Original source material】 After recovery from a serious disorder, if there is a recurrence caused by overexertion, *Zhi Shi Zhi Zi Chi Tang* (Zhishi Zhizi Chi Decoction) is of use. (Treatise on Cold-Induced Diseases, line 393)

【Key points for syndrome differentiation】 Vexation and anguish in the chest, stuffiness and fullness in the diaphragm, loss of appetite, thin yellow or slightly greasy tongue coating, slippery rapid pulse.

【Syndrome analysis】 Syndrome analysis of *Zhi Shi Zhi Zi Chi Tang* treated syndrome is shown in the table 8-2-1.

Table 8-2-1 Syndrome analysis of *Zhi Shi Zhi Zi Chi Tang* treated syndrome

Main symptoms	Pathogenesis
Vexation and anguish in the chest	Overwork after recent recovery from a serious disease, residual heat re-accumulates and stagnates in the chest and diaphragm
Stuffiness and fullness in the diaphragm	Blockage of *qi* movement
Eating less and loss of appetite	Stomach-*qi* has not yet recovered, depressed heat disturbing the interior
Thin yellow or slight greasy tongue coating, slippery rapid pulse	Signs of depressed heat in the upper energizer

【Basic pathogenesis】 Residual heat re-accumulates and stagnates in the chest and diaphragm, blockage of *qi* movement.

【Therapeutic principle】 Clear heat and relieve vexation, soothe the middle and promote *qi* flow.

【Prescription】 *Zhi Shi Zhi Zi Chi Tang*.

Zhi Shi (*Fructus Aurantii Immaturus*)	3 pcs.
Zhi Zi (*Fructus Gardeniae*)	14 pcs.
Dan Dou Chi (*Semen Sojae Preparatum*) (wrapped in silk)	1 *sheng*

If the patient has indigestion, add five to six pieces of *Da Huang* (*Radix et Rhizoma Rhei*) (pieces as big as chess pieces).

8.2.2 *Xiao Chai Hu Tang* treated syndrome

【Original source material】 After a patient recovers from a cold-induced disease, *Xiao Chai Hu Tang* (Xiaochaihu Decoction) is of use if the patient develops a fever. Diaphoresis can be used in a case with a floating pulse. Purgation is called for in cases with a sunken full pulse. (Treatise on Cold-Induced Diseases, line 394)

【Key points for syndrome differentiation】 Relapse of fever after recovery, bitter taste in mouth and dry throat, vexation with nausea, fullness in the chest, wiry pulse.

【Syndrome analysis】 Syndrome analysis of *Xiao Chai Hu Tang* treated syndrome is shown in the table 8-2-2.

Table 8-2-2 Syndrome analysis of *Xiao Chai Hu Tang* treated syndrome

Main symptoms	Pathogenesis
Relapse of fever after recovery	Residual pathogens have not yet been completely eliminated, or re-infection by the exogenous pathogen, disordering of the *shaoyang* pivot
Bitter taste in mouth, dry throat, and vexation	*Shaoyang* ministerial fire flares up and exhausts the fluids, the heart and mind are disturb in the interior
Fullness in the chest with nausea, wiry pulse	Obstruction of meridian-*qi*, ascending of stomach-qi, dysfunction of (liver) dispersion

【Basic pathogenesis】 Relapse after recovery, attack on the *shaoyang* by pathogens lead to a disorder of the pivot function of the *shaoyang*.

【Therapeutic principle】 Harmonize the *shaoyang*. If the pulse is floating, it indicates that the exterior pathogen has yet to be relieved, inducing sweating is appropriate; if the pulse is sunken and forceful, it indicates there is pathogen stagnation in the interior, purgation should be applied.

【Prescription】 *Xiao Chai Hu Tang*.

See 5.3.1.

An appropriate prescription should be selected to release the exterior or purge the interior excess.

8.2.3 *Mu Li Ze Xie San* treated syndrome

【Original source material】 After recovery from a serious disease, if edema is observed below the waist, *Mu Li Ze Xie San* (Muli Zexie Powder) is of use to eliminate the problem. (Treatise on Cold-Induced Diseases, line 395)

【Key points for syndrome differentiation】 Water-*qi* accumulation below the waist, difficult urination, edema from the knees, legs to the back of foot, or enlarged abdomen with edema and fullness, sunken forceful pulse.

【Syndrome analysis】 Syndrome analysis of *Mu Li Ze Xie San* treated syndrome is shown in the table 8-2-3.

Table 8-2-3 Syndrome analysis of *Mu Li Ze Xie San* treated syndrome

Main symptoms	Pathogenesis
Difficult urination	Accumulation of damp-heat obstructs *qi* transformation
Edema from the lower back to the knees, legs, and the back of foot	Water-dampness accumulation below the lower back
Edema enlarged abdomen with fullness, sunken forceful pulse	Edema excess syndrome

【Basic pathogenesis】 Accumulation of damp-heat, dysfunction of the bladder, water accumulates in the lower part of the body.

【Therapeutic principle】 Drive out retained water and clear heat, soften hardness and dissipate nodulation.

【Prescription】 *Mu Li Ze Xie San*.

Mu Li (*Concha Ostreae*)
Ze Xie (*Rhizoma Alismatis*)
Shu Qi (*Ramulus et Folium Dichroae*)
Ting Li Zi (*Semen Lepidii seu Descurainiae*)
Shang Lu (*Radix Phytolaccae*)
Hai Zao (*Sargassum*)
Gua Lou Gen (*Radix Trichosanthis*)

8.2.4 *Li Zhong Wan* treated syndrome

【Original source material】 After recovery from a serious disease, the patient can not help but expectorating repeatedly. This is an indication of pathogenic cold in the chest. Warm quality herbs are called for. *Li Zhong Wan* are the remedy. (Treatise on Cold-Induced Diseases, line 396)

【Key points for syndrome differentiation】 Expectorating of clear and cold spittle or saliva for a long time after recovery from a serious disease, reduced appetite, taste lessness in mouth, pale tongue with white coating, moderate and weak pulse.

【Syndrome analysis】 Syndrome analysis of *Li Zhong Wan* treated syndrome is show in the table 8－2－4.

Table 8－2－4 Syndrome analysis of *Li Zhong Wan* treated syndrome

Main symptoms	Pathogenesis
Reduced appetite, taste lessness in mouth, pale tongue with white coating, moderate and weak pulse	Deficient-cold in the middle energizer after recovery from a serious disease, dysfunction of the splenic transportation action
Expectorating clear and cold spittle or saliva	Spleen fails to transport which leads to stagnant water transforming into phlegm, lung-*qi* fails to disperse and descend and results in retained water

【Basic pathogenesis】 Deficiency-cold in the middle energizer leads to upward attack of phlegm and retained fluid.

【Therapeutic principle】 Warm the middle energizer and replenish *yang*.

【Prescription】 *Li Zhong Wan*.

See 8. 1. 2.

This syndrome is caused by the accumulation retained cold fluids in the chest and diaphragm. It is characterized by the expectorating of clear spittle or saliva. Cough or dyspnea are not seen as there is no ascending of lung *qi*, which is different from that in the syndrome of cold retained fluids attacking the lung that is treated with *Xiao Qing Long Tang* (Xiaoqinglong Decoction).

8. 2. 5 *Zhu Ye Shi Gao Tang* treated syndrome

【Original source material】 After a cold-induced disease has been cured, the patient suffers from weakness, shortness of breath, and nausea caused by adverse ascending *qi*. In such a case *Zhu Ye Shi Gao Tang* (Zhuye Shigao Decoction) is of use. (Treatise on Cold-Induced Diseases, line 397)

【Key points for syndrome differentiation】 After recovery from a febrile disease, weakness and emaciation, shortage of *qi*, and shortness of breath, retching and nausea are observed. There may also be thirst, vexation, insomnia, a reddish tongue with little coating, and a weak rapid pulse.

【Syndrome analysis】 Syndrome analysis of *Zhu Ye Shi Gao Tang* treated syndrome is shown in the table 8－2－5.

【Basic pathogenesis】 Residual heat has not yet been cleared, both *qi* and *yin* are impaired.

【Therapeutic principle】 Clear heat and harmonize stomach, replenish *qi* and promote fluid production.

【Prescription】 *Zhu Ye Shi Gao Tang*.

Dan Zhu Ye (*Herba Lophatheri*) 2 bundles

Shi Gao (*Gypsum Fibrosum*) 1 *jin*

Ban Xia (*Rhizoma Pinelliae*)	0.5 *sheng*
Mai Dong (*Radix Ophiopogonis*)	1 *sheng*
Ren Shen (*Radix Ginseng*)	2 *liang*
Zhi Gan Cao (*Radix Glycyrrhizae Preparata*)	2 *liang*
Jing Mi (*Semen Oryzae Nonglutinosae*)	0.5 *sheng*

Table 8-2-5 Syndrome analysis of *Zhu Ye Shi Gao Tang* treated syndrome

Main symptoms	Pathogenesis
Weakness and emaciation after recovery from febrile disease	Residual heat has not been cleared, both *qi* and *yin* are impaired, fluids fail to nourish the body
Shortage of *qi*, and shortness of breath	Middle *qi* deficiency
Reversal *qi* with nausea	Residual heat disturbs the interior, dysfunction of stomach descending action
Thirst, vexation, insomnia, reddish tongue with little coating, weak rapid pulse	Signs of residual heat being not cleared, impairment of both *qi* and *yin*

【Differential diagnosis】 Comparison of *Zhu Ye Shi Gao Tang* and *Bai Hu Jia Ren Shen Tang* treated syndrome is shown in the table 8-2-6.

Table 8-2-6 Comparison of *Zhu Ye Shi Gao Tang* and *Bai Hu Jia Ren Shen Tang* treated syndromes

	Similarity and difference	*Zhu Ye Shi Gao Tang*	*Bai Hu Jia Ren Shen Tang*
Pathogenesis	Similarities	Pathogenic heat consumes *qi* and fluid	
	Differences	Impairment of both *qi* and fluid, residual heat remains	Exuberant *yangming* heat, impairment of both *qi* and fluid
Main symptoms	Similarities	Fever, sweating, thirst, scanty urine, red tongue and rapid pulse	
	Differences	Weakness and emaciation, shortness of breath, nausea, vexation, retching, weak rapid pulse	Slight aversion to cold on the back, constant aversion to wind
Therapeutic principle	Similarities	Clear heat, replenish *qi* and promote fluid production	
	Differences	Nourish *yin* and harmonize stomach	Mainly clear heat, replenish *qi* and promote fluid production
Formula	Similarities	*Shi Gao*; *Zhi Gan Cao*; *Jing Mi*; *Ren Shen*	
	Differences	*Dan Zhu Ye*; *Mai Dong*; *Ban Xia*	*Zhi Mu*

Summary

Summary of over-strain relapse is shown in the table 8-2-7.

Table 8 - 2 - 7 Summary of over-strain relapse

Syndrome	Pathogenesis	Key points for syndrome differentiation
Zhi Shi Zhi Zi Chi Tang treated syndrome	Residual heat re-accumulates, stagnation of *qi* and retention of heat	Vexation and anguish in the heart, stuffiness and fullness in the diaphragm, loss of appetite
Xiao Chai Hu Tang treated syndrome	Residual pathogens have not yet been completely eliminated after recovery from a serious disease	Lasting low-grade fever
Mu Li Ze Xie San treated syndrome	Damp-heat stagnating in the lower body leading to a disorder of *qi* transformation	Edema from the knees, legs to the back of foot, difficult urination
Li Zhong Wan treated syndrome	Deficiency-cold in the spleen and lungs, *yang* unable to check *yin*	Expectorating of clear and cold spittle or saliva for a long time after recovery from a serious disease
Zhu Ye Shi Gao Tang treated syndrome	Impairment of both *qi* and *yin*, residual heat	Emaciation and shortness of breath, retching, low-grade fever, thirst, weak rapid pulse

Part 2 Syndrome Differentiation and Treatment of Miscellaneous Diseases

Chapter 9

Syndrome Differentiation and Treatment of *Zang-Fu* Organ Diseases

9.1 Fright Palpitations

9.1.1 Introduction of fright palpitations

9.1.1.1 Definition

Fright palpitations (*jing ji*) are actually two kinds of diseases. Fright (*jing*) presents as sudden fear, distraction and disquietude; palpitations (*ji*) while present as subjectively uncomfortable feeling of heart throbbing. They are, however, related with each other. Fright always comes with palpitations, while palpitations are apt to occur because of fright.

Palpitation presents as paroxysmal and subjectively uncomfortable feeling of heart throbbing and restlessness. In chronic cases, it becomes uncontrollable and develops into fearful throbbing (*zheng chong*). Fright palpitations can be a symptom of chest impediment (*xiong bi*), consumptive disease (*xu lao*), dizziness (*xuan yun*), edema (*shui zhong*), etcetera.

9.1.1.2 Key points for syndrome differentiation

Clinically, syndrome differentiation focuses on deficiency and excess, the nature of its onset, pulse, and the disease conditions.

9.1.1.2.1 Differentiation of deficiency and excess

In a case of deficiency, which of the five *zang* organs, *qi* and blood, *yin* and *yang* is involved should be differentiated. In a case of excess, the pathogens involved and their location should be differentiated; the pathogens include phlegm-fire, fluid retention, and stagnant blood. Although palpitation is mostly a deficiency syndrome, it can also cause excess, or excess can lead to deficiency resulting in deficiency accompanied by excess, no matter which, the severity of the excess and deficiency should be differentiated.

9.1.1.2.2 Differentiation of general palpitations and fearful throbbing

Palpitation has an acute onset, is self-limited, paroxysmal, and induced by emotional fluctuation, overstress or strain. It is generally regarded as mild disease condition. Fearful throbbing, on the other hand, is caused by general deficiency from a prolonged disease and damage to the heart. It is characterized by continuity, uncontrollability and it may occur without emotional stimulation and get worse after exertion. Over time, untreated palpitations can deteriorate into fearful throbbing.

9.1.1.3 Differential diagnosis

Differentiation should be made of fright palpitations from real heart pain(*zhen xin tong*), *qi* up-rushing disease(*ben tun bing*)and subumbilical throbbing(*qi xia ji*)(table 9-1-1).

Table 9-1-1 Differentiation of fright palpitation from real heart pain, *qi* up-rushing disease and subumbilical throbbing

	Location	Pathogenesis
Fright palpitations	Chest	Uncomfortable feeling of heart throbbing, restlessness, symptoms not self-limited
Real heart pain	Cardial or retrosternal region, radiating to shoulder and back	Cardiac pain radiating to the shoulder and back, accompanied by palpitations, restlessness, intermittent/knotted pulse, perhaps even cyanotic lips, nails and extremities. Shortness of breath, profuse sweating in severe cases
Qi up-rushing disease	Lower abdomen to the chest and throat	Feeling of *qi* running upward from lower abdomen to the chest and throat, abdominal pain, vexation, spasms
Subumbilical throbbing	Subumbilical region	Feeling of throbbing in the subumbilical region

9.1.1.4 Therapeutic principles

Replenish *qi* and nourish blood, regulate *yin* and *yang* to treat deficiency. Resolve phlegm and eliminate fluid, activate blood and resolve stasis to treat excess. Tonification of healthy *qi* and the elimination of pathogens are used on the basis of the relative leaning of excess or deficiency for those with simultaneous excess and deficiency.

9.1.2 Etiology and pathogenesis of fright palpitations

【Original source material】 The *cun* position pulse is throbbing and weak, the throbbing pulse indicates fright, a weak pulse indicates palpitations. [*Jin Kui Yao Lue* (Synopsis of the Golden Chamber), line 16.1]

【Pathogenesis analysis】 This line discusses the etiology and pathogenesis of fright and palpitations from pulse condition(table 9-1-2); however, they have various etiologies and pathogeneses, and their pulse conditions can be varied also.

Table 9-1-2 Analysis of the etiology and pathogenesis of fright palpitations

Cun position pulse	Etiology and pathogenesis	Clinical implications
Throbbing pulse (rotating like a bean)	Sudden stimulation, such as sudden fear, causing disturbance of the mind, blood and *qi*	A throbbing pulse indicates fright
Weak pulse	Deficient *qi* and blood fail to nourish the heart	A weak pulse indicates palpitations

9.1.3 Syndrome differentiation and treatment of fright palpitations

9.1.3.1 Heart *yang* deficiency syndrome

【Original source material】 After profuse perspiration, the patient likes to press his chest with interlaced fingers while his heart palpitates. *Gui Zhi Gan Cao Tang* (Guizhi Gancao Decoction) serves as a remedy. [*Shang Han Lun* (Treatise on Cold-Induced Diseases), line 64]

After the adoption of scorching therapy, a purgative is prescribed, and then warm needle acupuncture is practiced. The patient feels restless. *Gui Zhi Gan Cao Long Gu Mu Li Tang* (Guizhi Gancao Longgu Muli Decoction) will serve as a remedy. (Treatise on Cold-Induced Diseases, line 118)

A syndrome caused by scorching (therapy) gone badly can be treated with *Gui Zhi Qu Shao Yao Jia Shu Qi Long Gu Mu Li Jiu Ni Tang* (Guizhi Qu Shaoyao Jia Shuqi Longgu Muli Jiuni Decoction). (Synopsis of the Golden Chamber, line 16.12)

【Key points for syndrome differentiation】 Palpitations, pressing chest with the hand, feeling of oppression in chest, shortness of breath, pale face, cold limbs; perhaps restlessness, vexation, even mania; pale tongue with white coating, empty weak or sunken thready pulse.

【Syndrome analysis】 Syndrome analysis of heart *yang* deficiency syndrome is shown in the table 9-1-3.

Table 9-1-3 Syndrome analysis of heart *yang* deficiency syndrome

Main symptoms	Pathogenesis
Palpitations, pressing chest with the hand	In treating a *taiyang* syndrome, overuse of diaphoretics have injured heart *yang*, which then fails to nourish the heart
Feeling of oppression in chest, shortness of breath, pale tongue with white coating, weak pulse	Heart *qi* deficiency, chest *yang* fails to spread
Restlessness and vexation	Heart *yang* weakness leads to inadequate nourishment of the mind, heart fails to house the mind
Mania	Heart *yang* deficiency, fluid retention and turbid phlegm disturb the heart

【Basic pathogenesis】 A *taiyang* syndrome with heart *yang* damage brought on by the overuse of diaphoretics or scorching therapy followed by mistreatment with purgation. A general failure to nourish and warm the heart.

【Therapeutic principle】 Replenish heart *yang*. For those with restlessness and vexation due to failure of the heart to house the mind, combined with tranquilizing the mind; for those with mania due to heart *yang* deficiency, combined with calming the mind.

【Prescription】 *Gui Zhi Gan Cao Tang* for mild cases. *Gui Zhi Gan Cao Long Gu Mu Li Tang* for moderate cases. *Gui Zhi Qu Shao Yao Jia Shu Qi Long Gu Mu Li Jiu Ni Tang* for severe cases.

A. *Gui Zhi Gan Cao Tang*

Gui Zhi (Ramulus Cinnamomi)	4 *liang*
Zhi Gan Cao (Radix Glycyrrhizae Preparata)	2 *liang*

B. *Gui Zhi Gan Cao Long Gu Mu Li Tang*

Gui Zhi (Ramulus Cinnamomi)	1 *liang*
Zhi Gan Cao (Radix Glycyrrhizae Preparata)	2 *liang*
Mu Li (Concha Ostreae)	2 *liang*
Long Gu (Os Draconis)	2 *liang*

C. *Gui Zhi Qu Shao Yao Jia Shu Qi Long Gu Mu Li Jiu Ni Tang*

Gui Zhi (Ramulus Cinnamomi)	3 *liang*
Zhi Gan Cao (Radix Glycyrrhizae Preparata)	2 *liang*
Gan Jiang (Rhizoma Zingiberis Recens)	3 *liang*
Da Zao (Fructus Jujubae)	12 pcs.
Mu Li (Concha Ostreae)	5 *liang*
Shu Qi (Ramulus et Folium Dichroae)	3 *liang*
Long Gu (Os Draconis)	4 *liang*

9.1.3.2 Deficiency of both heart *yin* and *yang* syndrome

【Original source material】 *Zhi Gan Cao Tang* (Zhigancao Decoction) is indicated for palpitations with a knotted or intermittent pulse in a cold-induced disease (*shang han*). (Treatise on Cold-Induced Diseases, line 177)

【Key points for syndrome differentiation】 Palpitations, intermittent or knotted pulse, feeling of oppression in chest, shortness of breath, sallow lusterless complexion, mental fatigue and weakness, pale tongue.

【Syndrome analysis】 Syndrome analysis of deficiency of both heart *yin* and *yang* syndrome is shown in the table 9 - 1 - 4.

Table 9 - 1 - 4 Syndrome analysis of deficiency of both heart *yin* and *yang* syndrome

Main symptoms	Pathogenesis
Palpitations	Deficiency of both heart *yin* and *yang*, heart inadequately nourished
Intermittent or knotted pulse	Heart *qi* deficiency, hypoactivity of meridian *qi*, blood stagnation
Feeling of oppression in chest, shortness of breath	Heart *qi* deficiency, hypoactivity of chest *yang*
Sallow lusterless complexion	Heart *qi* deficiency, heart blood deficiency results in a failure of the complexion to flourish
Mental fatigue and weakness	*Qi* and blood deficiency, mind inadequately nourished

【Basic pathogenesis】 Exogenous pathogens have been eliminated, heart *yin*, *yang*, *qi* and blood are deficient, *yin* and blood deficiency predominate.

【Therapeutic principle】 Nourish heart blood and *yin*, tonify heart *qi* and *yang*.

【Prescription】 *Zhi Gan Cao Tang*.

Zhi Gan Cao (*Radix Glycyrrhizae Preparata*)	4 *liang*
Sheng Jiang (*Rhizoma Zingiberis Recens*)	3 *liang*
Ren Shen (*Radix Ginseng*)	2 *liang*
Sheng Di Huang (*Radix Rehmanniae Recens*)	1 *jin*
Gui Zhi (*Ramulus Cinnamomi*)	3 *liang*
E Jiao (*Colla Corii Asini*)	2 *liang*
Mai Dong (*Radix Ophiopogonis*)	0.5 *sheng*
Huo Ma Ren (*Fructus Cannabis*)	0.5 *sheng*
Da Zao (*Fructus Jujubae*)	30 pcs.

9.1.3.3 Syndrome of attacking of heart by retained water

【Original source material】 Palpitations can be treated with *Ban Xia Ma Huang Wan* (Banxia Mahuang Pills). (Synopsis of the Golden Chamber, line 16.13)

【Key points for syndrome differentiation】 Palpitations, feeling of oppression in chest and abdominal distention, shortness of breath, cough with sputum, nausea and vomiting, white greasy tongue coating, wiry slippery pulse.

【Syndrome analysis】 Syndrome analysis of retained water attacking heart syndrome is shown in the table 9-1-5.

Table 9-1-5 Syndrome analysis of retained water attacking heart syndrome

Main symptoms	Pathogenesis
Palpitations	Internally retained water attack heart restraining heart-*yang*, heart inadequately nourished
Feeling of oppression in chest, abdominal distention, shortness of breath, cough with sputum	Internally retained water attack heart, heart *yang* fails to spread, lungs fail to properly disperse and descend
Nausea and vomiting	Fluids retaining in the middle energizer, failure to stomach in harmony and descend
White greasy tongue coating, wiry slippery pulse	Internal retention of fluid

【Basic pathogenesis】 Internally retained fluids upwardly attack heart and impede heart *yang*.

【Therapeutic principle】 Clear away fluids, regulate *yang*, check the counterflow of fluids and relieve palpitations.

【Prescription】 *Ban Xia Ma Huang Wan*.

Ban Ya (*Rhizoma Pinelliae*)

Ma Huang (*Herba Ephedrae*)

For those with palpitations accompanied by dizziness, dysuria, shakiness and a tendency to fall down that results from kidney *yang* deficiency in combination with an attack of retained of fluid, *Zhen Wu Tang* (Zhenwu Decoction) is used.

Summary

Summary of diagnosis and treatment of fright palpitations is shown in the table 9 - 1 - 6.

Table 9 - 1 - 6 Summary of diagnosis and treatment of fright palpitations

	Etiology and pathogenesis	Symptoms	Therapeutic principles	Prescriptions
Heart *yang* deficiency syndrome	Over use of diaphoresis when treating a *taiyang* syndrome, heart *yang* becomes injured and fails to nourish the heart	Palpitations, pressing chest with the hand, feeling of oppression in chest, shortness of breath, pale complexion, cold limbs; perhaps restlessness, vexation, or even mania; pale tongue with white coating, weak pulse	Replenish heart *yang*, induce sedation and tranquilization	*Gui Zhi Gan Cao Tang*, or *Gui Zhi Gan Cao Long Gu Mu Li Tang* or *Gui Zhi Qu Shao Yao Jia Shu Qi Long Gu Mu Li Jiu Ni Tang*
Deficiency of both heart *yin* and *yang*	Deficiency of heart *qi*, blood, *yin* and *yang*, heart becomes malnourished	Palpitations, intermittent or knotted pulse, feeling of oppression in chest, shortness of breath, sallow lusterless complexion, mental fatigue, pale tongue	Nourish heart blood and *yin*, tonify heart *qi* and *yang*	*Zhi Gan Cao Tang*
Retained water attacking heart	Internal retention of fluids attack heart, heart *yang* is unable to properly spread	Palpitations, feeling of oppression in chest, abdominal distention, shortness of breath, cough with sputum, nausea and vomiting, white greasy tongue coating, wiry slippery pulse	Clear away fluids and regulate *yang*, check the counterflow and relieve palpitations	*Ban Xia Ma Huang Wan*

9.2 Chest Impediment

9.2.1 General introduction to chest impediment

9.2.1.1 Definition

Chest impediment (*xiong bi*) is named after both its location and pathogenesis. "*Bi*" means blockage and blockage of *qi* can cause pain. It refers to a disease which is characterized by such symptoms such as chest distention and oppression, perhaps to the point of pain in the chest involving the back.

Cardiac pain (*xin tong*) is a general term for precordial and epigastric pain, and is named after its location and main symptom. Precordial pain involves the heart, and is more severe or critical. In the chapter of Syncope in *Ling Shu* (Spiritual Pivot) it says: "When cardiac pain attacks, the limbs become cyanotic. When cardiac pain becomes severe, it can attack in the morning and the patient will die in the evening, or attack in the evening and the patient will die in the morning". Precordial pain is considered to be a chest impediment disease.

9.2.1.2 Etiology and pathogenesis

【Original source material】 Master: When feeling the pulse, excess and deficiency should be differentiated. Faintness in the *yang* position and wiriness in the *yin* indicates a chest impediment syndrome with pain. Extreme deficiency is the primary factor. Faintness in the *yang* position indicates deficiency in the upper energizer. Wiriness in the *yin* position indicates obstruction is the secondary factor causing chest impediment and cardiac pain. (Synopsis of the Golden Chamber, line 9.1)

A normal person without fever or chills, feeling shortness of breath with hypopnea indicates excess syndrome. (Synopsis of the Golden Chamber, line 9.2)

【Pathogenesis analysis】 In ancient Chinese records, the pulse condition for chest impediment (cardiac pain) is described as "faintness in the *yang* position and wiriness in the *yin*". "Faintness in the *yang* position" refers to weak *cun* position pulse and indicates *yang qi* deficiency in the upper energizer and decline of heart *yang*; "wiriness in the *yin* (position)" refers to wiry pulse in the *chi* position and indicates excessive *yin*-cold in the lower energizer and the retention of turbid phlegm and retained fluid. The manifestations of "faintness in the *yang* position and wiriness in the *yin*" both present in chest impediment (cardiac pain), indicating the pathogenesis is characterized by *yang* deficiency in the upper energizer, enabling *yin* pathogens to attack the upper energizer and inducing the blockage of chest *yang*. In summary, chest impediment (cardiac pain) is caused by the struggle between pathogens and healthy *qi*, and its pathogenesis can be described as primary deficiency and secondary excess.

9.2.1.3 Key points of syndrome differentiation

9.2.1.3.1 Differentiation of location

Chest impediment is characterized by chest fullness and chest-back pain when breathing or coughing. It is located in the chest, though it can involve the back and perhaps even the epigastric and hypochondriac regions.

9.2.1.3.2 Differentiation of severity

In mild cases, chest oppression and shortness of breath can be observed; in severe cases, heart pain involves the back and the patients can not lie on their backs.

9.2.1.3.3 Differentiation of acute and chronic cases

In most cases, chest impediment is characterized by acute onset, acute and emergent chest pain; chest impediment in the remittent stage is characterized by shortness of breath, lassitude, aversion to cold.

9.2.1.3.4 Differentiation of deficiency and excess syndromes

Chest impediment is classified as a syndrome of deficiency interwoven with excess. In the acute stage, chest impediment is mainly differentiated as excess syndrome while in the remittent stage, it is mainly differentiated as a deficiency syndrome.

9.2.1.4 Differential diagnosis with relevant syndromes

Differential diagnosis of chest impediment with relevant syndromes is shown in the table 9-2-1.

Table 9-2-1 Differential diagnosis of chest impediment with pleural fluid retention, lung abscess, epigastric pain and gallbladder disease

	Location	Clinical manifestations
Chest impediment	Chest, involving the back and epigastric region	Chest oppression and distention, shortness of breath, perhaps even chest pain radiating to the back and epigastric region, the pain being acute and paroxysmal, accompanied by dyspnea and cough, difficulty lying on the back
Pleural fluid retention	Hypochondrium	Persistent pain and distention in the hypochondrium, aggravated when turning and breathing, complicated by cough and expectoration
Lung abscess	Chest	Fever, cough, dull pain in the chest when coughing, expectoration of foul purulent sputum or purulent blood
Epigastric pain	Epigastric region	Chest pain radiating to the epigastric region, manifesting as epigastric pain in atypical cases. Epigastric pain occurs after food-intake or when hungry; it is accompanied by belching, hiccup and acid regurgitation
Gallbladder disease	Right hypochondrium	Pain in right hypochondrium radiating to the right shoulder and epigastric region, occurs after ingesting greasy food or when angry, tired or after catching a cold, usually accompanied by fever, a bitter taste in mouth, nausea and vomiting

9.2.1.5 Therapeutic principles

The therapeutic principle should be to expel the pathogens first and then to support healthy *qi*. For patients with acute onset of an excess syndrome, activating *yang*, removing impediment, eliminating phlegm and resolving retained fluid, directing *qi* downward and dissipating mass, as well as activating blood to resolve stasis can be used; for patients in the remittent stage with a deficiency syndrome, warming *yang* and strengthening *qi* can be used.

9.2.2 Syndrome differentiation and treatment of chest impediment

9.2.2.1 Fluid retention obstruction syndrome

【Original source material】 Chest impediment syndrome presents with wheezing, coughing, expectorating, shortness of breath and pain in the chest and back. The pulse is sunken and slow in the *cun* position and small tight and rapid in the *guan* position. *Gua Lou Xie Bai Bai Jiu Tang* (Gualou Xiebai Baijiu Decoction) is of use. (Synopsis of the Golden Chamber, line 9. 3)

Chest impediment syndrome: The patient suffers an acute pain in the chest, a dragging pain in the back and is unable to lie in bed. *Gua Lou Xie Bai Ban Xia Tang* (Gualou Xiebai Banxia Decoction) is of use. (Synopsis of the Golden Chamber, line 9. 4)

Chest impediment syndrome with a feeling of suffocation in the chest and shortness of breath can be treated with *Fu Ling Xing Ren Gan Cao Tang* (Fuling Xingren Gancao Decoction). (Synopsis of the Golden Chamber, line 9. 6)

【Key points for syndrome differentiation】 Chest oppression, shortness of breath, chest pain radiating to the back, accompanied by cough and dyspnea perhaps even difficulty lying on the back; enlarged pale tongue, thick white greasy tongue coating, sunken slow *cun* position pulse, small tense or wiry slippery *guan* position pulse.

【Syndrome analysis】 Syndrome analysis of fluid retention obstruction is shown in the table 9 - 2 - 2.

Table 9 - 2 - 2 Syndrome analysis of fluid retention obstruction

Main symptoms	Pathogenesis
Sunken slow *cun* position pulse	*Yang qi* deficiency in the upper energizer, chest *yang* deficiency
Small tense or wiry slippery *guan* position pulse	Fluid retention in the middle energizer, accumulation of interior cold
Chest oppression, chest pain radiating to the back	Cold fluids attack the upper energizer, chest *yang* becomes unable to spread properly
Shortness of breath, accompanied by cough and dyspnea perhaps even difficulty lying on the back	Cold fluids attack the upper energizer, *qi* movement becomes blocked, lung *qi* fails to properly descend and ascend
Enlarged pale tongue, thick white greasy coating	Interior accumulation of phlegm-fluid

【Basic pathogenesis】 Chest *yang* deficiency, fluid retention in the middle or lower energizer attacks the upper (levels) and impedes chest *yang* and *qi* movement, lung *qi* fails to properly descend and ascend.

【Therapeutic principle】 For patients with a mild accumulation of turbid phlegm, activate chest *yang* and eliminate phlegm; for patients with severe accumulation of turbid phlegm, eliminate fluid retention and check adverse rise of *qi*; for those with mild fluid retention with *qi* stagnation, ventilate lung and resolve retained fluid.

【Prescription】 *Gua Lou Xie Bai Bai Jiu Tang* can be used in a regular case; if turbid phlegm has accumulated, *Gua Lou Xie Bai Ban Xia Tang* is the remedy; if the *qi* obstruction caused by fluid retention and *qi* stagnation is not very severe, *Fu Ling Xing Ren Gan Cao Tang* can be prescribed.

A. *Gua Lou Xie Bai Bai Jiu Tang*

Gua Lou (Fructus Trichosanthis) (pound into pieces)	1pc.
Xie Bai (Bulbus Allii Macrostemonis)	0.5 *jin*
Bai Jiu (Wine)	7 *sheng*

B. *Gua Lou Xie Bai Ban Xia Tang*

Gua Lou (Fructus Trichosanthis) (pound into pieces)	1pc.
Xie Bai (Bulbus Allii Macrostemonis)	3 *liang*
Ban Xia (Rhizoma Pinelliae)	0.5 *sheng*
Bai Jiu (Wine)	1 *dou*

C. *Fu Ling Xing Ren Gan Cao Tang*

Fu Ling (Poria)	3 *liang*
Xing Ren (Semen Armeniacae Amarum)	50 pcs.
Gan Cao (Radix Glycyrrhizae)	1 *liang*

9.2.2.2 *Qi* stagnation syndrome

【Original source material】 Chest impediment syndrome can be accompanied by *qi* stagnation in the chest with a sensation of fullness in the chest and gas ascending from the ribs and rushing towards the heart. *Zhi Shi Xie Bai Gui Zhi Tang* (Zhishi Xiebai Guizhi Decoction) is of use. (Synopsis of the Golden Chamber, line 9.5)

Chest impediment syndrome with a feeling of suffocation in the chest and shortness of breath can be treated with *Ju Zhi Jiang Tang* (Juzhijiang Decoction). (Synopsis of the Golden Chamber, line 9.6)

【Key points for syndrome differentiation】 Dyspnea with cough and spittle, chest pain radiating to the back, chest distention, shortness of breath, fullness and distention in epigastric region, feeling of gas attacking from the hypochondrium to the chest, accompanied by abdominal distention, difficult in defecation, or only chest oppression and shortness of breath in mild cases.

【Syndrome analysis】 Syndrome analysis of *qi* stagnation is shown in the table 9-2-3.

Table 9-2-3 Syndrome analysis of *qi* stagnation

Main symptoms	Pathogenesis
Dyspnea with cough and spittle, chest pain radiating to the back	Turbid phlegm attacks the upper (levels) and impedes chest *yang*
Chest distention, shortness of breath	*Qi* stagnation in the chest with lung *qi* dysfunction
Fullness and distention in the epigastric region	*Qi* stagnation in the epigastric region
Feeling of gas attacking from the hypochondrium to the chest	*Qi* movement dysfunction
Abdominal distention, difficult defecation	*Qi* movement stagnation, blockage of *fu*-organ *qi*
Chest oppression and shortness of breath	*Qi* stagnation and fluid retention

【Basic pathogenesis】Chest-*yang* deficiency combined with improper diet and emotional upset impairs the spleen and stomach, spleen fails to transport and transform body fluids; an upper attack of turbid phlegm blocks chest *yang* and induces *qi* movement stagnation. The locations of this syndrome involve chest, the epigastric region and the hypochondrium. This syndrome is predominated by excess.

【Therapeutic principle】For emergency and severe cases, activate *yang* and remove impediment, relieve distention and downward reverse the flow of *qi*. For mild cases, activate *qi* and resolve retained fluid.

【Prescription】*Zhi Shi Xie Bai Gui Zhi Tang*. For mild cases, *Ju Zhi Jiang Tang* can be chosen.

A. *Zhi Shi Xie Bai Gui Zhi Tang*

Zhi Shi (*Fructus Aurantii Immaturus*)	4 pcs.
Hou Po (*Cortex Magnoliae Officinalis*)	4 *liang*
Xie Bai (*Bulbus Allii Macrostemonis*)	0.5 *jin*
Gui Zhi (*Ramulus Cinnamomi*)	1 *liang*
Gua Lou (*Fructus Trichosanthis*)	broken open 1 pc.

B. *Ju Zhi Jiang Tang*

Chen Pi (*Pericarpium Citri Reticulatae*)	1 *jin*
Zhi Shi (*Fructus Aurantii Immaturus*)	3 *liang*
Sheng Jiang (*Rhizoma Zingiberis Recens*)	0.5 *jin*

【Differential diagnosis】*Ju Zhi Jiang Tang* and by *Fu Ling Xing Ren Gan Cao Tang* both treat chest oppression and shortness of breath. The pathogenesis of the two syndromes is characterized by fluid retention and *qi* stagnation, however, lung fluid retention is predominant in the former while stomach *qi* stagnation is predominant in the latter. This is an example of different treatments for the same disease.

9.2.2.3 Cold-damp obstruction syndrome

【Original source material】Chest impediment syndrome with sporadic mild and acute attacks can be treated with *Yi Yi Fu Zi San* (Yiyi Fuzi Powder). (Synopsis of the Golden Chamber, line 9.7)

【Key points for syndrome differentiation】Intermittent attacks of chest pain or cardiac pain radiating to the back, dyspnea with cough and spittle, shortness of breath, cold limbs or limb spasm, pale complexion, pale tongue with white slippery coating, sunken slow pulse.

【Syndrome analysis】Syndrome analysis of cold-damp obstruction is shown in the table 9-2-4.

Table 9-2-4 Syndrome analysis of cold-damp obstruction

Main symptoms	Pathogenesis
Acute chest pain or cardiac pain radiating to the back	*Yang qi* deficiency, interior accumulation of cold-damp blocks chest *yang*

Continued

Main symptoms	Pathogenesis
Symptoms relieved in the remittent stage	Healthy *qi* and pathogens struggle for supremacy
Dyspnea with cough and spittle, shortness of breath	Dysfunction of lung *qi*
Cold limbs or limb spasm	*Yang qi* deficiency, cold-damp retention in the tendons and bones
Pale complexion	*Yang qi* deficiency, failure to warm the body
Pale tongue with white slippery coating, sunken slow pulse	*Yang qi* deficiency with interior accumulation of cold-damp

【Basic pathogenesis】*Yang qi* deficiency, interior accumulation of cold-damp blocks chest *yang*.

【Therapeutic principle】Warm *yang* and expel cold, eliminate dampness and relieve pain.

【Prescription】*Yi Yi Fu Zi San*.

Yi Yi Ren (*Semen Coicis*) 15 *liang*

Shu Fu Zi (*Radix Aconiti Lateralis Preparata*) 10 large pcs.

9.2.2.4 Spleen-stomach *yang* deficiency syndrome

【Original source material】Chest impediment syndrome may be accompanied by *qi* stagnation in the chest. There is a sensation of suffocation and fullness in the chest and gas ascending from the ribs rushing towards the heart. *Ren Shen Tang* (Renshen Decoction) is the remedy. (Synopsis of the Golden Chamber, line 9.5)

【Key points for syndrome differentiation】Mild chest pain, chest distention, shortness of breath, fullness and distention of epigastric region, feeling of gas ascending from the hypochondrium to the chest, accompanied by cold limbs, lassitude, shortness of breath and loose stools, pale tongue with white coating, sunken slow forceless pulse.

【Syndrome analysis】Syndrome analysis of spleen-stomach *yang* deficiency is shown in the table 9-2-5.

Table 9-2-5 Syndrome analysis of spleen-stomach *yang* deficiency

Main symptoms	Pathogenesis
Mild chest pain, chest distention, shortness of breath	Chest *yang* deficiency, cold accumulation and *qi* stagnation, blockage of chest *yang*
Fullness and distention of epigastric region, feeling of gas ascending from the hypochondrium to the chest	Middle energizer *yang* deficiency, dysfunction of *qi* movement
Cold limbs, lassitude, shortness of breath, loose stools	Spleen and stomach fail to properly in transport and transform, inadequate production and transformation of *qi* and blood
Pale tongue with white coating, sunken slow forceless pulse	*Yang qi* deficiency

【Basic pathogenesis】 Chest *yang* deficiency, middle energizer *yang* deficiency, cold accumulation and *qi* stagnation, blockage of chest *yang*.

【Therapeutic principle】 Treat the root for the chronic cases: warm and strengthen middle energizer *yang*, invigorate spleen and harmonize stomach.

【Prescription】 *Ren Shen Tang*.

Ren Shen (Radix Ginseng)	3 *liang*
Gan Cao (Radix Glycyrrhizae)	3 *liang*
Gan Jiang (Rhizoma Zingiberis)	3 *liang*
Bai Zhu (Rhizoma Atractylodis Macrocephalae)	3 *liang*

【Differential diagnosis】 Syndromes treated by *Ren Shen Tang* have a similar pathogenesis, main symptoms and location as syndromes treated by *Zhi Shi Xie Bai Gui Zhi Tang*. However, there are some differences in the predominance of deficient or excess, acuteness or remittent, as well as severity of the two syndromes. Their treatments embody the therapeutic principles of treating fundamental aspect in remittent cases, and treating critical symptoms in emergency cases, treat deficiency with tonification and treating excess with reducing methods (table 9-2-6).

Table 9-2-6 Comparison of *Zhi Shi Xie Bai Gui Zhi Tang* and *Ren Shen Tang* treated syndromes

		Zhi Shi Xie Bai Gui Zhi Tang treated syndrome	*Ren Shen Tang* treated syndrome
Similarities		Pathogenesis: chest *yang* deficiency, cold stagnation and *qi* blockage in the chest, primary deficiency and secondary excess Main symptoms: chest distention, chest pain, fullness and distention of the epigastric region, feeling of gas attacking from the hypochondrium to the chest Location: chest, but also involves the epigastric region and hypochondrium	
Differences	Pathogenesis	Accumulation of turbid phlegm and *qi* stagnation	Middle energizer *yang* deficiency, dysfunction of *qi* movement
	Deficiency or excess	Excess predominant syndrome	Deficiency predominant syndrome
	Associated symptoms	Abdominal distention, difficult defecation, greasy thick tongue coating, wiry tense or wiry slippery pulse	Cold limbs, lassitude and weakness, shortness of breath, loose stools, pale tongue, sunken weak slow pulse
	Therapeutic principle	Remove impediment and activate *yang*, remove distention and downward reverse the flow of *qi*	Warm the middle energizer and strengthen *qi*, support middle energizer *yang*
	Herbs	*Gua Lou*, *Xie Bai*, *Zhi Shi*, *Hou Pu*, *Gui Zhi*	*Ren Shen*, *Gan Cao*, *Gan Jiang*, *Bai Zhu*

Appendix: Epigastric (Heart/Middle) Pain

A. Syndrome of cold-fluid retention with adverse rising of *qi*

【Original source material】 Symptoms and signs of epigastric distention, feeling of adverse ascending *qi* and suspended dragging pain in the epigastric region can be eliminated by prescribing *Gui Zhi Sheng Jiang Zhi Shi Tang* (Guizhi Shengjiang Zhishi Decoction). (Synopsis of the Golden Chamber, line 9.8)

【Key points for syndrome differentiation】 Epigastric distention, suspended dragging pain in the epigastric region (fullness, distention and a feeling of pulling in the epigastric region), feeling of adverse ascending *qi*, chest distention, nausea, pale tongue with white smooth coating, sunken wiry or wiry slippery pulse.

【Syndrome analysis】 Syndrome analysis of cold-fluid retention with adverse rising of *qi* is shown in table 9-2-7.

Table 9-2-7 Syndrome analysis of cold-fluid retention with adverse rising of *qi*

Main symptoms	Analysis of the pathogenesis
Epigastric distention, suspended dragging pain in the epigastric region, chest distention	Cold-fluid retention in the epigastric region attacks the chest and results in *qi* movement stagnation
Adverse ascending feeling of *qi*, nausea	Stomach descending action is not in harmony, cold-fluids upwardly attack along with counterflow stomach *qi*
Pale tongue with white smooth coating, sunken wiry or wiry slippery pulse	Interior retention of cold-fluid

【Basic pathogenesis】 Cold-fluid retention in the epigastric region attacks the chest and results in *qi* movement stagnation.

【Therapeutic principle】 Warm and eliminate fluid retention, reverse upward counterflow of *qi*.

【Prescription】 *Gui Zhi Sheng Jiang Zhi Shi Tang*.

Gui Zhi (*Ramulus Cinnamomi*) 3 *liang*

Sheng Jiang (*Rhizoma Zingiberis Recens*) 3 *liang*

Zhi Shi (*Fructus Aurantii Immaturus*) 5 pcs.

【Differential diagnosis】 This syndrome has a similar pathogenesis and main symptoms as *Zhi Shi Xie Bai Gui Zhi Tang* treated syndrome (table 9-2-8, table 9-2-9).

Table 9-2-8 Comparison of *Gui Zhi Sheng Jiang Zhi Shi Tang* and *Zhi Shi Xie Bai Gui Zhi Tang* treated syndromes

	Gui Zhi Sheng Jiang Zhi Shi Tang treated syndrome	*Zhi Shi Xie Bai Gui Zhi Tang* treated syndrome
Similarities	Pathogenesis: interior retention of phlegm-fluid, dysfunction of *qi* movement Symptoms: epigastric distention, chest distention, counterflow of *qi* Therapeutic principles: activate *yang* and eliminate obstruction using *Gui Zhi* and *Zhi Shi*	

Continued

		Gui Zhi Sheng Jiang Zhi Shi Tang treated syndrome	*Zhi Shi Xie Bai Gui Zhi Tang* treated syndrome
Differences	Pathogenesis	Cold-fluid retention in the epigastric region attacks the chest and results in *qi* movement stagnation	Upper attack of turbid phlegm, severe *qi* stagnation (from the chest to epigastric region and the hypochondrium)
	Main symptoms	Epigastric distention, dragging pain in the epigastric region, chest distention, counterflow of *qi*, nausea	Dyspnea with cough and spittle, pain in the chest and back, shortness of breath, accompanied by epigastric and chest distention, feeling of *qi* attacking from the hypochondrium to the chest
	Therapeutic principles	Warm and eliminate fluid retention, reverse upward counterflow of *qi*	Remove impediment and activate *yang*, relieve fullness and downward reverse the flow of *qi*
	Herbs	*Sheng Jiang*	*Hou Po*, *Xie Bai*, *Gua Lou*

Table 9-2-9 Comparison of *Gui Zhi Sheng Jiang Zhi Shi Tang* and *Ju Zhi Jiang Tang* treated syndromes

		Gui Zhi Sheng Jiang Zhi Shi Tang treated syndrome	*Ju Zhi Jiang Tang* treated syndrome
Similarities	Pathogenesis: fluid retention in the stomach, dysfunction of *qi* movement Main symptoms: chest distention Therapeutic principles: reverse upward counterflow of *qi*, relieve fullness and eliminate fluids with *Zhi Shi*, *Sheng Jiang*		
Differences	Syndrome patterns	Epigastric pain with cold-fluid retention and adverse rising of *qi*	Mild chest impediment with *qi* stagnation and fluid retention
	Pathogenesis	Middle energizer *yang* deficiency, Stomach-*qi* and cold-fluid retention counterflow to attack the chest, *qi* movement stagnation	Fluid retention in the stomach with predominant *qi* stagnation, dysfunction of *qi* movement in the chest
	Main symptoms	Epigastric fullness, dragging pain in the epigastric region, adverse rising *qi* attacks the heart, chest distention, nausea	Chest oppression and distention, shortness of breath, accompanied by fullness and distention of the epigastric region
	Therapeutic principles	Warm and eliminate fluid retention, reverse upward counterflow of *qi*	Activate *qi* and eliminate fluid, harmonize stomach and downward reverse the flow of *qi*
	Herb	*Gui Zhi*	*Chen Pi*

B. *Yin*-cold accumulation syndrome

【Original source material】 Dragging epigastric pain radiating to the back and dragging back pain radiating to the epigastric region can be treated with *Wu Tou Chi Shi Zhi Wan* (Wutou Chishizhi Pills). (Synopsis of the Golden Chamber, line 9. 9)

【Key points for syndrome differentiation】 Severe epigastric pain radiating to the back and backache radiating to the epigastric region, cold limbs, spontaneous cold sweat, pale complexion, purplish lips, pale tongue with white coating, sunken slow or sunken tense pulse.

【Syndrome analysis】 Syndrome analysis of *yin*-cold accumulation is shown in the table 9 - 2 - 10.

Table 9 - 2 - 10 Syndrome analysis of *yin*-cold accumulation

Main symptoms	Pathogenesis
Severe epigastric pain radiating to the back, backache radiating to the epigastrium	*Yang qi* deficiency, *yin*-cold accumulation in the *zang-fu* organs and meridians and collaterals of the epigastric region and the back, cold blocks *yang qi*
Cold limbs	*Yang qi* deficiency results in a failure to warm the limbs
Pale complexion, purplish lips	*Yang qi* deficiency results in a failure to warm the body
Spontaneous cold sweat	*Yang qi* deficiency results in a failure to restrain fluids

【Basic pathogenesis】 *Yang qi* deficiency, *yin*-cold accumulation, blockage of *yang qi*.

【Therapeutic principle】 Warm *yang* and expel cold, drastically expel *yin* pathogens.

【Prescription】 *Wu Tou Chi Shi Zhi Wan*.

Shu Jiao (*Pericarpium Zanthoxyli*)	1 *liang*
Shu Fu Zi (*Radix Aconiti Lateralis Preparata*)	1 *fen*
Zhi Chuan Wu (*Radix Aconiti Preparata*)	0. 5 *liang*
Gan Jiang (*Rhizoma Zingiberis*)	1 *liang*
Chi Shi Zhi (*Halloysitum Rubrum*)	1 *liang*

Pound the herbs into powder and blend with honey. Make pills the size of Chinese parasol seeds. Take one pill before each meal, three times a day. If not efficacious, slightly increase the dosage.

【Differential diagnosis】 The syndromes treated by *Wu Tou Chi Shi Zhi Wan* and *Gua Lou Xie Bai Ban Xia Tang* share the symptom of epigastric pain radiating to the back, but have different pathogeneses, locations, states of illness and treatment (table 9 - 2 - 11).

Table 9 - 2 - 11 Comparison of *Wu Tou Chi Shi Zhi Wan* and *Gua Lou Xie Bai Ban Xia Tang* treated syndromes

	Wu Tou Chi Shi Zhi Wan treated syndrome	*Gua Lou Xie Bai Ban Xia Tang* treated syndrome
Disease	Epigastric pain	Chest impediment
Pathogenesis	*Yin*-cold accumulation and attack	Chest *yang* deficiency, turbid phlegm accumulation
Location	Epigastric region	Chest
Illness state	Acute, emergent and critical	Serious, not so acute or emergent
Main symptoms	Severe epigastric pain radiating to the back and backache radiating to the epigastrium, cold limbs, spontaneous cold sweat	Cardiac pain radiating to the back, dyspnea with cough and spittle, difficult to lie on the back, shortness of breath
Therapeutic principle	Warming *yang* and expel cold, drastic expelling of *yin* pathogens	Removing impediment and activating *yang*, expelling fluid retention and sending *qi* downward

Summary

Summary of chest impediment syndromes and treatment is shown in the table 9 - 2 - 12.

Table 9 - 2 - 12 Summary of chest impediment syndromes and treatment

	Etiology and pathogenesis	Symptoms and signs	Therapeutic principles	Prescriptions
Fluid retention obstruction	Chest *yang* deficiency, upward attack of phlegm-fluid, blockage of chest *yang* and *qi* movement	Chest oppression, shortness of breath, chest pain radiating to the back, accompanied by cough and dyspnea perhaps even finding it difficult to lie on the back; enlarged pale tongue, thick white greasy coating, sunken slow or wiry slippery pulse; chest oppression, shortness of breath without chest pain in mild cases	Remove impediment and activate *yang*, eliminate phlegm and downward reverse the flow of *qi*	*Gua Lou Xie Bai Bai Jiu Tang* for regular cases; *Gua Lou Xie Bai Ban Xia Tang* for severe cases; *Fu Ling Xing Ren Gan Cao Tang* for mild cases

Continued

	Etiology and pathogenesis	Symptoms and signs	Therapeutic principles	Prescriptions
Qi movement stagnation	Upward attack of phlegm-fluid, blockage of chest *yang* and *qi* movement; disease of the chest involving the epigastrium and hypochondrium	In the severe cases, chest pain radiating to the back, chest distention, shortness of breath, fullness and distention of epigastric region, attacking of *qi* from the hypochondrium to the chest, accompanied by abdominal distention, difficult in defecation, thick greasy tongue coating, wiry tense pulse; in the mild cases, chest oppression, shortness of breath, accompanied by fullness and distention of epigastrium, vomiting	Activate *yang* and remove impediment, eliminate distention and downward reverse the flow of *qi* for severe cases; activate *qi* and resolve retained fluids for mild cases	*Zhi Shi Xie Bai Gui Zhi Tang* for the severe cases; *Ju Zhi Jiang Tang* for the mild cases
Cold-damp blockage	Deficiency of *yang*, accumulated cold-damp blocking chest *yang*	Severe chest-back pain, dyspnea with cough and spittle, cold limbs, pale complexion, pale tongue with slippery coating, sunken slow pulse	Warm *yang* and expel cold, eliminate dampness and relieve pain	*Yi Yi Fu Zi San*
Spleen-stomach *yang* deficiency	Chest *yang* deficiency, middle energizer *yang* deficiency, cold accumulation with *qi* stagnation	Chest oppression, shortness of breath, mild chest pain, accompanied by fullness and distention of the epigastric region, cold limbs, lassitude, shortness of breath, pale tongue, sunken slow weak pulse	Warm and strengthen middle energizer *yang*, invigorate spleen and harmonize stomach	*Ren Shen Tang*

Summary of heart/middle(epigastric)pain syndromes and treatment is shown in the table 9-2-13.

Table 9-2-13 Summary of heart/middle(epigastric)pain syndromes and treatment

	Etiology and pathogenesis	Symptoms and signs	Therapeutic principles	Prescriptions
Cold-fluid retention with adverse rising of *qi*	Middle energizer *yang* deficiency, fluid retention in the epigastrium that attacks the chest	Fullness and distention of the epigastric region, suspended dragging pain in the epigastric region, chest distention, nausea, pale tongue with white greasy coating, wiry sunken or wiry slippery pulse	Warm and eliminate fluid retention, reverse the upward counterflow of *qi*	*Gui Zhi Sheng Jiang Zhi Shi Tang*
Yin-cold accumulation	*Yang qi* deficiency, *yin*-cold accumulation, upward attack of cold	Severe epigastric pain radiating to the back, backache radiating to the epigastrium, accompanied by cold limbs, cold sweat, pale complexion and cyanotic lips, pale tongue with white coating, sunken slow or sunken tense pulse	Warm *yang* and expel cold, drastically expel *yin* pathogens	*Wu Tou Chi Shi Zhi Wan*

9.3 Pulmonary Atrophy

9.3.1 General introduction of pulmonary atrophy

9.3.1.1 Definition

Pulmonary atrophy(*fei wei*)is named after its location and pathogenesis, and refers to a chronic consumptive disease caused by consumption of lung *qi* and lung liquid. It is characterized by expectorating turbid phlegm and foamy saliva.

9.3.1.2 Key points of syndrome differentiation

For this disease, deficient heat or deficient cold should be differentiated on the basis of the presenting symptoms and pulse condition. Deficient heat pulmonary atrophy is caused by consumption of liquid, interior deficient heat burning the lung, and is characterized by difficult to expectorate thick-sticky turbid phlegm and foamy saliva, dry mouth and throat, and rapid weak pulse. Deficient cold pulmonary atrophy is caused by lung deficiency and cold, *yang* fails to activate *qi* to distribute liquid; the syndrome is characterized by easy to expectorate voluminous clear thin sputum and foamy saliva, the absence of thirst, aversion to cold, cold limbs, sunken slow pulse or sunken thready weak pulse.

9.3.1.3 Differential diagnosis with associated syndromes

Comparison of pulmonary atrophy with relevant syndromes is shown in the table 9-3-1.

Table 9-3-1 Comparison of pulmonary atrophy with lung abscess, pulmonary phthisis and cough with dyspnea

	Symptoms and signs	Correlations
Pulmonary atrophy	Main symptoms: expectoration of turbid phlegm and foamy saliva Syndrome patterns: deficiency (including deficiency-heat and deficiency-cold)	
Lung abscess	Main symptoms: fever, chest pain when coughing, coughing produces foul smelling sputum, perhaps even purulent bloody sputum, rapid and forceful pulse. Syndrome patterns: excess. Progression: exterior stage, pustulation stage and pus-discharging stage	Lung abscess can develop into pulmonary atrophy if it is mistreated, as mistreatment can induce the consumption of lung *qi* and *yin* after a long time
Pulmonary phthisis	Main symptoms: cough, expectoration of blood, tidal fever, night sweats	This can also develop into pulmonary atrophy after a long time
Cough with dyspnea	Main symptoms: cough, dyspnea, difficulty lying on the back, perhaps wheezing in the throat, accompanied by symptoms of exterior wind-cold or wind-heat	

9.3.1.4 Therapeutic principles

Support healthy *qi* and replenish deficiency are the therapeutic principles. For patients with deficiency-heat, nourish *yin*, clear heat, and strengthen *qi* to promote the production of liquid; for patients with deficiency-cold, warm and strengthen *yang qi*.

9.3.2 Syndrome differentiation and treatment of pulmonary atrophy

9.3.2.1 Deficiency-heat (hyperactive fire due to *yin* deficiency)

【Original source material】 Question: When pathogenic heat is present in the upper energizer, the patient will suffer from cough, followed by pulmonary atrophy. What is the cause of pulmonary atrophy?

Master: Exhaustion of body fluids is the cause. Body fluids may be exhausted by profuse perspiration, repeated vomiting, vexatious thirst accompanied by frequent urination, urinary incontinence, or constipation treated by potent purgatives that induce diarrhea.

Question: The wrist pulse is rapid. The patient coughs and has sputum and saliva in his mouth. Why is this?

Master: This is a case of pulmonary atrophy. If the patient's mouth is parched and dry, if he experiences pain in his chest when coughing, and if the pulse is slippery-rapid, it is a case of pulmonary abscess.

Pulmonary abscess always has symptoms such as coughing with bloody pus and rapid forceful pulse; whereas the pulse reflective of a patient suffering pulmonary atrophy is always rapid and forceless. (Synopsis of the Golden Chamber, line 7. 1)

【Basic pathogenesis】 A constitution characterized by *yin* fluid deficiency and endogenous deficiency-fire, or overuse of diaphoresis in treating an exterior syndrome, or overuse of drastic purgatives for constipation in a febrile disease, or vexatious thirst and frequent micturition in a miscellaneous disease, result in severe consumption of body fluids which in turn results in endogenous deficiency-heat and upward-flaming of deficiency-fire. Pulmonary atrophy is thus formed by deficiency-heat and fire burning the lungs. Over time, prolonged cough impairs lung *qi*.

Yin fluid consumption, endogenous deficiency-heat, deficiency-fire burning the lungs, impairment of *qi* and *yin*, and consumption of lung *qi* is the basic pathogenesis of pulmonary atrophy.

【Key points for syndrome differentiation】 Expectoration of turbid phlegm and foamy saliva, dry mouth and throat, shortness of breath and dyspnea, red tongue with little coating, rapid or thready forceless pulse.

【Syndrome analysis】 Syndrome analysis of deficiency-heat pulmonary atrophy is shown in the table 9－3－2.

Table 9－3－2 Syndrome analysis of deficiency-heat pulmonary atrophy

Main symptoms	Pathogenesis
Expectoration of turbid phlegm and foamy saliva, shortness of breath and dyspnea	Consumption of fluids leads to the formation of heat, deficiency-fire burns the lungs, heat and fire concentrate the fluids into phlegm, the lungs fail to purify, lung *qi* becomes weak and flows upward
Dry mouth and throat	Consumption of fluids and atrophy of lung *qi* result in a failure to properly distribute body fluids
Red tongue with little coating, rapid pulse or thready forceless pulse	*Yin* deficiency results in heat, impairment of *qi* and *yin*

【Therapeutic principle】 Nourish *yin* and clear heat, moisten lungs to relieve cough.

【Prescription】 *Mai Men Dong Tang* (Maimendong Decoction) or *Qing Zao Jiu Fei Tang* (Qingzao Jiufei Decoction).

A. *Mai Men Dong Tang*

Mai Men Dong (*Radix Ophiopogonis*)	7 *sheng*
Ban Xia (*Rhizoma Pinelliae*)	1 *sheng*
Ren Sheng (*Radix Ginseng*)	3 *liang*
Gan Cao (*Radix Glycyrrhizae*)	2 *liang*
Jing Mi (*Semen Oryzae Nonglutinosae*)	3 *ge*
Da Zao (*Fructus Jujubae*)	12 pcs.

B. *Qing Zao Jiu Fei Tang*: see 6.2.3.

9.3.2.2 Deficiency-cold (deficiency-cold in the lung)

【Original source material】 Patients suffering from pulmonary atrophy spit saliva repeatedly, though coughing and thirst are not present. They suffer from enuresis and frequent urination. When the upper energizer is extremely deficient, it loses control over the lower portion of the body. When pathogenetic cold prevails in the lung, the patient experiences dizziness and copious salivation. *Gan Cao Gan Jiang Tang* (Gancao Ganjiang Decoction) can serve as a warming agent. After taking the decoction, if the patient begins to feel thirsty, he is suffering from wasting thirst. (Synopsis of the Golden Chamber, line 7.5)

【Key points for syndrome differentiation】 Expectorating voluminous clear-thin foamy saliva, no cough, no thirst, dizziness and blurred vision, aversion to cold, cold limbs, frequent micturition perhaps even enuresis, pale moistening tongue with white coating, sunken slow pulse or sunken thready pulse.

【Syndrome analysis】 Syndrome analysis of deficiency-cold pulmonary atrophy is shown in the table 9-3-3.

Table 9-3-3 Syndrome analysis of deficiency-cold pulmonary atrophy

Main symptoms	Pathogenesis
Expectorating voluminous clear-thin foamy saliva	*Yang* deficiency in the upper energizer results in *qi* transformation failure, deficiency-cold of lung *qi* results in failure to control and distribute liquid
No cough, no thirst	Deficiency cold in the upper energizer, cold in the lungs, lung fails to flowing upward
Dizziness and blurred vision	Deficiency-cold of lung *qi*, clear *yang* fails to ascend, malnutrition of the upper orifices
Aversion to cold, cold limbs	Constitutionally *yang qi* deficient (spleen *yang* or kidney *yang*)
Frequent micturition perhaps even enuresis	Lung *qi* deficiency, lung fails to dominate *qi* or control the bladder
Pale moisten tongue with white coating, sunken slow pulse	*Yang qi* deficiency

【Basic pathogenesis】 *Yang qi* deficiency, deficiency-cold in the lung, lung fails to control and distribute liquid, lung fails to dominate *qi* or control the bladder.

【Therapeutic principle】 Warm lung and strengthen *qi*.

【Prescription】 *Gan Cao Gan Jiang Tang*.

See 7.5.1.

Summary

Summary of pulmonary atrophy syndromes and treatment is shown in the table 9 - 3 - 4.

Table 9 - 3 - 4 Summary of pulmonary atrophy syndromes and treatment

	Etiology and pathogenesis	Symptoms and signs	Therapeutic principle	Prescription
Deficiency-heat	Consumption of *yin*-fluid, deficiency fire burning lung	Expectoration of turbid phlegm, dry mouth and throat, red tongue with little coating, rapid forceless pulse	Nourish *yin* and clear heat	*Mai Men Dong Tang*
Deficiency-cold	*Yang qi* deficiency, lung *qi* being deficiency cold	Expectoration of clear-thin foamy saliva, no thirst, dizziness and blurred vision, frequent micturition or enuresis, pale tongue with white coating, sunken slow pulse	Warm lung and strengthen *qi*	*Gan Cao Gan Jiang Tang*

9.4 Lung Abscess

9.4.1 General introduction of lung abscess

9.4.1.1 Definition

Lung abscess (*fei yong*) refers to a disease of lung with localized ulcers and purulent swellings. It presents with fever, cough, chest pain, expectoration of foul purulent sputum, perhaps even purulent bloody sputum. This disease is caused when wind-heat and toxicity attacks the lung and accumulates in the lung collaterals; the heat accumulates and causes blood stasis, necrotic blood and the tissues become pustulating and form purulent ulcers. It can be classified into three stages: exterior syndrome stage, pustulation stage and pus-discharging stage.

9.4.1.2 Key points of syndrome differentiation

9.4.1.2.1 Differentiating the stages of the disease

The Synopsis of the Golden Chamber describes the etiology, physiology and pathogenesis of lung abscess in detail.

【Original source material】 Question: A patient coughs and has dyspnea. How can you diagnose a case of pulmonary abscess after feeling the pulse? When the patient vomits bloody pus, death will follow. What is the pulse in such a situation?

Master: The wrist pulse is faint and rapid. A faint pulse indicates pathogenetic wind, while the rapid pulse indicates pathogenetic heat. When the pulse is faint there will be spontaneous perspiration; while a rapid pulse indicates there will be aversion to cold. At the initial stage of the disease, pathogenetic wind attacks and damages the defense system skin and hair, while heat damages the blood and vessels. Although pathogenetic wind attacks the defense system, can be expelled through expiration. If the pathogenetic heat is stronger than the nutrient, it remains in the interior and can not be expelled via inspiration.

When pathogenetic wind camps in the lungs, the patient will exhibit the following symptoms and signs: coughing, dryness in the mouth, wheezing with dyspnea, dry throat without thirst, repeated expectoration of turbid phlegm and occasional shivering. Wherever the heat passes, the blood will stagnate and eventually form pus which will, when spat out, look like congee. If caught in the early stage, it is treatable; if left too late, the patient will die. (Synopsis of the Golden Chamber, line 7.2)

【Syndrome analysis】 Syndrome analysis of lung abscess is shown in the table 9-4-1.

Table 9-4-1 Syndrome analysis of lung abscess

Stages	Pathogenesis	Main symptoms
Exterior syndrome stage	In the defense phase, wind impairs the surface skin and hair	Fever, aversion to cold, sweating, cough, floating rapid *cun* position pulse
Pustulation stage (abscess stage)	Wind camps in the lung and heat attacks the nutrient, blood is impaired and blood stasis results in purulent abscesses	Fever, frequent chills, cough with chest distention, chest pain, dry mouth and throat, expectoration of foul smelling sputum, smooth rapid or wiry rapid forceful pulse
Pus-discharging stage	Blood and tissue become necrotic, discharge of pus	Expectoration of purulent bloody sputum, frequent chills, chest pain, smooth rapid pulse

9.4.1.2.2 Differentiation of symptom patterns

In the initial and pustulating stage of lung abscess, pathogens attack the defense system and the lungs. The pathogens accumulate in the lungs where they become hyperactive. At this stage, healthy *qi* is not deficient, and so can be classified as an excess-heat syndrome. In the pus-discharging stage, with the expectoration of large amounts foul smelling purulent sputum or purulent bloody sputum, the fever subsides, the cough is relieved, though there is dull pain in the chest and hypochondrium, shortness of breath, spontaneous sweating, pale complexion, emaciation, weakness, thready forceless pulse, and so this stage can be classified as a syndrome of deficiency interwoven with excess.

9.4.1.2.3 Differentiation of sputum

It is necessary to differentiate lung abscess from exogenous disease, as they have common symptoms such as fever, chest pain, cough, dyspnea, and the expectoration of turbid phlegm. Lung abscess has an acute onset that quickly escalates to an emergency situation. It presents with high fever, and the expectoration of large amounts of foul smelling sputum. A diagnosis of lung abscess can be also made if the turbid phlegm sinks in water, while those floating in water is diagnosed as phlegm syndrome.

9.4.1.3 Differential diagnosis with relevant diseases

9.4.1.3.1 Common cold with wind-heat

Initial stage lung abscess and a common wind-heat cold share symptoms such as fever, aversion to cold, cough, and a floating rapid pulse. However, a common wind-heat cold has an obvious exterior syndrome, manifested by headache, sore limbs, stuffy nose, yellow and turbid discharge from the nose and red swollen sore throat. Initial stage lung abscess, on the other hand, has obvious lung-heat symptoms such as high fever, severe chest pain when coughing, difficulty breathing, the expectoration of large amounts of sticky sputum, and a floating rapid slippery pulse.

9.4.1.3.2 Phlegm-fluids induced cough

Phlegm-fluids induced cough and lung abscess have the same symptoms of cough, dyspnea, and the expectoration of large amounts of sputum. However, a phlegm-fluids induced cough has a disease course of long disease duration, and is not rapid onset, it has repeated attacks and no fever or only a low-grade fever, the large amounts sputum expectorated are clear-thin and not foul smelling purulent sputum or purulent bloody sputum. Lung abscess has an acute and emergency onset with severe symptoms.

In addition, lung abscess should also be differentiated from deficiency-heat pulmonary atrophy, and pulmonary phthisis (see "pulmonary atrophy").

9.4.1.4 Therapeutic principles

Clear heat and relieve toxicity, dissipate nodulation and resolve abscess, eliminate stasis and promote the discharge of pus are the basic therapeutic principles for lung abscess. The therapeutic principles in the different stages are: In the initial stage, expel wind and release the exterior syndrome, clear lung-heat and relieve toxicity; in the pustulation stage, clear heat and relieve toxicity, dissipate nodulation and eliminate phlegm, activate the blood and resolve the abscesses; in the pus-discharging stage, eliminate stasis, promote the discharge of pus and relieve toxicity; for those with deficiency of *qi* and *yin*, strengthen *qi* and nourish *yin* can be added. It is important to treat lung abscess early.

9.4.2 Syndrome differentiation and treatment of lung abscess

9.4.2.1 Phlegm-heat accumulating in the lung (pustulation stage)

【Original source material】 The patient suffers from pulmonary abscess with serious wheezing which makes it difficult for him to lie quietly in bed. *Ting Li Da Zao Xie Fei Tang* (Tingli Dazao Xiefei Decoction) may be prescribed. (Synopsis of the Golden Chamber, line 7.11)

Pulmonary abscess accompanied by the following symptoms and signs can be treated with

Ting Li Da Zao Xie Fei Tang: Fullness and distention in the chest, facial and body edema, stuffy and runny nose, inability to smell, coughing with dyspnea, wheezing and difficulty breathing.

The prescription is found in line 7.11. Take one dose every three days. For serious cases, three or four doses can be given. Prior to this, give one dose of *Xiao Qing Long Tang* (Xiaoqinglong Decoction)(see line 12.21)(Synopsis of the Golden Chamber, line 7.15)

【Key points for syndrome differentiation】 Fever, chest fullness and distention or chest pain, expectoration of turbid phlegm, dyspnea and difficulty lying on the back, rapid forceful pulse; perhaps clear discharge from the nose, stuffy nose, general edema.

【Syndrome analysis】 Syndrome analysis of phlegm-heat accumulating in the lung stage is shown in the table 9-4-2.

Table 9-4-2 Syndrome analysis of phlegm-heat accumulating in the lung stage

Main symptoms	Pathogenesis
Fever, chest fullness and distention or chest pain	Wind heat-toxicity attacks the interior, heat accumulates in the lungs
Expectoration of turbid phlegm, dyspnea and difficulty lying on the back	Phlegm-heat accumulates in the lungs, obstruction of lung *qi*, adverse flow of *qi*
Rapid forceful pulse	Hyperactivity of pathogen heat
Perhaps clear discharge from the nose, stuffy nose	Exogenous pathogens attack, exterior nasal dysfunction
General edema	Blockage of lung *qi*, lungs fail to disperse and descend, adverse flow of water and *qi*

【Basic pathogenesis】 Heat accumulates in the lung and concentrates the fluids into sputum, interaction of phlegm and heat block lung *qi*, lung *qi* obstruction but pus has not yet formed.

【Therapeutic principle】 Purge the lung and expel phlegm, ventilate lung *qi*.

【Prescription】 *Ting Li Da Zao Xie Fei Tang*.

Ting Li Zi (*Semen Lepidii seu Descurainiae*)

Da Zao (*Fructus Jujubae*) 12 pcs.

This is a potent prescription for purging the lung and expelling phlegm. It is indicated for lung abscess where the exterior syndrome is already relieved and pus has not yet begun to formed, or for severe lung *qi* obstruction with early formation of pus, characterized by excessive pathogens without deficiency. If the exterior syndrome remains, treatment to release the exterior should be used first, followed by this formula. Clinically, for those with excessive heat and toxins, *Huang Qin* (*Radix Scutellariae*), *Yu Xing Cao* (*Herba Houttuyniae*) and *Zhi Zi* (*Fructus Gardeniae*) can be added to clear heat and purge fire; for those with severe toxicity and stasis, *Tao Ren* (*Semen Persicae*), *Chi Shao* (*Radix Paeoniae Rubra*) and *Dong Gua Ren* (*Semen Benicacae*) can be added to clear heat, cool the blood, eliminate stasis and relieving abscess.

9.4.2.2 Suppurative abscess (pus-discharging stage)

【Original source material】 A pulmonary abscess accompanied by the following symptoms and signs can be treated with *Jie Geng Tang* (Jiegeng Decoction): Coughing with a sensation of fullness in the chest, shivering with cold, rapid pulse, dry throat without thirst, foul smelling turbid phlegm, continuous expectoration of purulent sputum as thick as porridge. (Synopsis of the Golden Chamber, line 7.12)

【Key points for syndrome differentiation】 Fever, chills, chest distention, cough, expectoration of foul smelling purulent sputum or purulent bloody sputum, the pus being sticky and thick, dry throat with no desire to drink, red tongue with yellow coating or yellow greasy tongue coating, rapid pulse or smooth rapid pulse.

【Syndrome analysis】 Syndrome analysis of suppurative abscess is shown in the table 9-4-3.

Table 9-4-3 Syndrome analysis of suppurative abscess

Main symptoms	Pathogenesis
Fever, chills, chest distention, cough	Phlegm-heat accumulation in the lung, heat-toxicity housed in the nutrient and blood system, dysfunction of lung *qi*
Expectoration of foul smelling purulent sputum or purulent bloody sputum	Heat-toxicity and phlegm-stasis accumulation in the lung, blood and tissue turn necrotic, formation of suppurative abscesses
Red tongue with yellow coating or yellow greasy coating, rapid pulse or smooth rapid pulse	Heat-toxicity accumulation in the interior

【Basic pathogenesis】 Heat-toxicity and phlegm-stasis accumulation in the lung, blood and tissue turn necrotic, formation of suppurative abscesses.

【Therapeutic principle】 Promote the discharge of pus and relieve toxicity.

【Prescription】 *Jie Geng Tang*.

Jie Geng (*Radix Platycodonis*)   1 *liang*
Gan Cao (*Radix Glycyrrhizae*)   2 *liang*

In severe cases, *Yu Xing Cao*, *Pu Gong Ying* (*Herba Taraxaci*) and *Wei Jing* (*Rhizoma Phragmitis*) can be added to clear heat and toxins and promoting the discharge of pus; in case of bloody cough, *Zhi Zi*, *Ou Jie* (*Nodus Nelumbinis Rhizomatis*) and *Bai Mao Gen* (*Rhizoma Imperatae*) can be added. *Wei Jing Tang* (Weijing Decoction) can also be selected to clear lung heat, eliminate phlegm, activate the blood and promote the discharge of pus.

Summary

Summary of syndromes differentiation and treatment lung abscess is shown in the table 9-4-4.

Table 9-4-4 Summary of syndrome differentiation and treatment of lung abscess

	Etiology and pathogenesis	Symptoms and signs	Therapeutic principles	Prescription
Phlegm-heat accumulation in the lung	Heat accumulation in the lung concentrates fluids into phlegm, interaction of phlegm and heat block lung *qi*	Fever, chest distention and fullness or chest pain, expectoration of turbid phlegm, dyspnea with difficulty lying on the back, rapid forceful pulse	Purge lungs and expel phlegm	*Ting Li Da Zao Xie Fei Tang*
Suppurative abscesses	Heat-toxicity and phlegm-stasis accumulation in the lung, blood and tissue being necrotic, carbuncle with suppuration	Fever, chills, chest distention, expectoration of foul smelling purulent sputum or purulent bloody sputum, the sputum being sticky and thick like porridge	Promote the discharge of pus and relieve toxicity	*Jie Geng Tang*

9.5 Cough and Dyspnea

9.5.1 General Introduction of cough and dyspnea

9.5.1.1 Definition

Dyspnea (*shang qi*) is caused by the adverse flow of *qi*. Cough and dyspnea (*ke sou shang qi*) occur simultaneously in various kinds of diseases, though they can occur individually.

In this section, cough and dyspnea refers to a disease caused by the interior retention of fluids combining with an exogenous attack of wind-cold or wind-heat which causes a dysfunction of lung *qi*. It is characterized by cough, dyspnea, difficulty lying on the back, or wheezing in the throat. Cough and dyspnea also include wheezing disease.

9.5.1.2 Key points of syndrome differentiation

9.5.1.2.1 Differentiating deficiency and excess syndromes

"Patient with inspiratory dyspnea is likely to die if he is also suffering from facial dropsy, must shrug his shoulders to breathe, and exhibits floating-huge pulse. Case will be more serious if diarrhea is also present" (Synopsis of the Golden Chamber, line 7.3). "The patient suffers from inspiratory dyspnea, wheezing and restlessness. This is a case of lung-distention, which will lead to edema due to wind. Diaphoresis can be adopted" (Synopsis of the Golden Chamber, line 7.4). Deficiency cough and dyspnea syndromes can be caused by kidney *qi* deficiency, weakness of the lungs and kidney or of the spleen and kidney which result in the kidney's failure to control *qi*. The syndrome is characterized by cough, dyspnea, faint low voice, mouth breathing, lassitude and shortness of breath, and floating large rootless pulse. Deficiency cough and dyspnea syndrome can also be caused by lung and stomach *yin* deficiency, and/or upward flaring of deficiency-fire; in this case, it is characterized by cough, dyspnea, and dry throat. An excess cough and dyspnea syndromes caused by turbid phlegm accumulation in the lungs is characterized by cough, dyspnea, the expectoration of large amounts of sticky thick sputum, difficulty breathing, difficulty lying on the back; an excess cough and dyspnea syndrome caused by interior fluid retention and exogenous attack of cold resulting in lung *qi* distention is characterized by cough, dyspnea, and vexation; an excess syndrome caused by cold fluid retention in the lung is characterized by cough, dyspnea, and wheezing in the throat.

9.5.1.2.2 Differentiating cold and heat syndromes

Cough and dyspnea caused by lung and stomach *yin* deficiency is classified as a deficiency-heat syndrome; if caused by cold fluid retention in the lung, it is classified as an exterior-interior cold syndrome. Cough and dyspnea caused by an exogenous attack of wind-cold, interior retention of fluids and heat stagnation in the lung presents, for the most part, with cough, dyspnea, chest distention, vexation and a floating pulse; cough and dyspnea caused by an exogenous attack of wind-heat, interior retention of fluids and obvious heat stagnation in the lung has the main symptoms of cough, dyspnea, vexation, thirst, yellow tongue coating, floating large or rapid pulse.

9.5.1.2.3 Differentiating wheezing disease and dyspnea disease

Wheezing and dyspnea both present with difficulty breathing. The former has the symptom of wheezing in the throat during an attack and has repeated onset, while the latter is characterized by difficulty breathing, perhaps mouth breathing, flaring nares, and difficulty lying on the back.

9.5.1.2.4 Differentiating phlegm and fluid retention

If a patient expectorates sticky thick sputum, the syndrome is classified as turbid phlegm accumulation in the lung, while if the expectorate is clear thin, it is cold fluid retention in the lung.

9.5.1.3 Differential diagnosis with relevant diseases

Cough and dyspnea should be differentiated from pulmonary atrophy, lung abscess, chest impediment, phlegm-fluids and edema, for they share symptoms such as cough and difficult breathing (table 9-5-1).

Table 9-5-1 Comparison of cough and dyspnea with relevant diseases

	Etiology and pathogenesis	Clinical manifestations
Cough and dyspnea	Exogenous pathogens and fluid retention block lung *qi*, perhaps there is lung *yin* deficiency with deficiency fire burning the lung	Cough, dyspnea, difficulty lying on the back, perhaps wheezing in the throat

Continued

	Etiology and pathogenesis	Clinical manifestations
Pulmonary atrophy	Deficiency heat in the lung, deficiency-fire burns the lung, or deficiency-cold in the lung, atrophy of lung *qi*	Expectoration of turbid phlegm or foamy saliva
Lung abscess	Wind-heat and toxins attack the lung, heat accumulation and blood stasis, necrotic blood and tissue turn into pus	Fever, cough, chest pain, expectoration of foul smelling purulent sputum or purulent bloody sputum
Chest impediment	Chest *yang* deficiency, upper attack of phlegm-fluids block chest *yang*	Chest oppression, chest-back pain, perhaps even cardiac pain radiating to the back, accompanied by dyspnea with cough and spittle, shortness of breath
Phlegm-fluids	Dysfunction of the lungs, spleen or kidneys, interior retention of water, concentrated into phlegm	A general term for retention of phlegm and fluids in any part of the body. In particular, it can be classified into gastrointestinal fluid retention, pleural fluid retention, subcutaneous fluid retention and thoracic fluid retention. For thoracic fluid retention, the main symptoms are cough, dyspnea with difficulty lying on the back, shortness of breath; for pleural fluid retention, the main symptoms are cough, pain in the chest and hypochondrium
Edema	Internal retention of fluid, fluids flow to the skin	Edema in the head, face and extremities. Cough can also be seen in typical edema

9.5.1.4 Therapeutic Principles

For an excess syndrome, expel pathogens to ventilate the lung, and downward reverse the flow of *qi*; for a deficiency syndrome, support healthy *qi* and strengthen *qi* or nourish *yin*.

9.5.2 Syndrome differentiation and treatment of cough and dyspnea

9.5.2.1 Cold fluid retention in the lung

【Original source material】 The patient coughs and has dyspnea with a sound in his throat resembling the croaking of a frog, *She Gan Ma Huang Tang* (Shegan Mahuang Decoction) may be prescribed. (Synopsis of the Golden Chamber, line 7.6)

【Key points for syndrome differentiation】 Cough, dyspnea, expectoration of clear thin white sputum, wheezing in the throat, chest oppression, accompanied by slight aversion to cold, fever, headache and body pain, anhidrosis, white slippery tongue coating, floating tense or floating wiry pulse.

【Syndrome analysis】 Syndrome analysis of cold fluid retention in the lungs is shown in the table 9 - 5 - 2.

Table 9 - 5 - 2 Syndrome analysis of cold fluid retention in the lungs

Main symptoms	Pathogenesis
Cough, dyspnea, expectoration of clear thin white sputum	Cold fluid retention in the lung, lungs fail to disperse and descend
Wheezing in the throat	Phlegm-fluids block the respiratory tract, phlegm-fluids moved by the breath
Chest oppression	Blockage of lung *qi*
Slight aversion to cold, fever, headache and body pain, anhidrosis	Wind-cold damages the exterior, nutrient and *yin* become stagnant
White slippery coating, floating tense or floating wiry pulse	Wind-cold damages the exterior, interior retention of fluid

【Basic pathogenesis】 Interior retention of fluid, wind-cold damages the exterior, exogenous pathogens interact with the fluids; cold fluid retention in the lung, thus the lungs fail to disperse and descend resulting in the upward counterflow of *qi*.

【Therapeutic principle】 Expel cold and resolve fluids, ventilate the lung and downward reverse the flow of *qi*.

【Prescription】 *She Gan Ma Huang Tang*.

She Gan (Rhizoma Belamcandae)	13 pcs. (or 3 *liang*, according to another edition)
Ma Huang (Herba Ephedrae)	4 *liang*
Sheng Jiang (Rhizoma Zingiberis Recens)	4 *liang*
Xi Xin (Herba Asari)	3 *liang*
Zi Yuan (Radix Asteris)	3 *liang*
Kuan Dong Hua (Flos Farfarae)	3 *liang*
Wu Wei Zi (Fructus Schisandrae Chinensis)	0.5 *sheng*
Da Zao (Fructus Jujubae)	7 pcs.
Ban Xia (Rhizoma Pinelliae)	8 pcs. (large, washed) (or 0.5 *sheng* according to another edition)

9.5.2.2 Turbid phlegm accumulation in the lung

【Original source material】 The patient coughs and has dyspnea, repeatedly spits out turbid phlegm, has difficulty falling asleep but must sit upright to obtain relief. *Zao Jia Wan* (Zaojia Pills) can be given as a remedy. (Synopsis of the Golden Chamber, line 7.7)

【Key points for syndrome differentiation】 Cough, dyspnea, chest oppression, difficulty lying on the back, frequent but difficult expectoration of sticky thick turbid phlegm, slippery greasy tongue coating, wiry slippery pulse.

【Syndrome analysis】 Syndrome analysis of turbid phlegm accumulation in the lung is shown in the table 9-5-3.

Table 9-5-3 Syndrome analysis of turbid phlegm accumulation in the lung

Main symptoms	Pathogenesis
Cough, dyspnea	Lung *qi* fails to disperse and descend
Frequent but difficult expectoration of sticky thick turbid phlegm	Accumulation of turbid phlegm blocks lung *qi*, turbid phlegm attacks upward following in the wake of counterflow *qi*
Chest oppression, difficulty lying on the back	Blockage of lung *qi*
Slippery greasy tongue coating, wiry slippery pulse	Accumulation of turbid phlegm

【Basic pathogenesis】 Accumulation of turbid phlegm, blockage of lung *qi*, *qi* movement stagnation, phlegm attacks upward following in the wake of counterflow *qi*.

【Therapeutic principle】 Ventilate the lung to eliminate phlegm accumulation, benefit the orifices.

【Prescription】 *Zao Jia Wan.*

Zao Jia (*Fructus Gleditsiae Sinensis*) 8 *liang* (fried in butter)

Pound the drug into powder and add honey to form pills as big as the seed of the Chinese parasol. Take two pills with a decoction made of *Da Zao* paste. Give three doses during the day and one at night.

Herbs commonly used form resolving phlegm are not sufficiently effective for this syndrome as it is caused by the thick sputum sticking in the lung. There is also a tendency to develop a critical state of *qi* obstruction due to excessive accumulation of phlegm. It is necessary to follow the above administration method as *Zao Jia* is a powerful eliminator of phlegm with slight toxicity.

【Differential diagnosis】 *Zao Jia Wan* and *She Gan Ma Huang Tang* are both are indicated for cough with dyspnea caused by phlegm-fluid accumulation in the lung. However, there are differences in the etiologies, pathogenesis, symptoms and treatment treated by the two prescriptions (table 9-5-4).

Table 9-5-4 Comparison of *Zao Jia Wan* and *She Gan Ma Huang Tang* treated syndromes

		Zao Jia Wan treated syndrome	*She Gan Ma Huang Tang* treated syndrome
Similarities		Location: lungs Pathogenesis: phlegm-fluids accumulated in the lungs, the lungs fail to disperse and descend, *qi* movement dysfunction Symptoms: cough, dyspnea, chest distention, expectoration of sputum	
Differences	Etiology and pathogenesis	Accumulation of turbid phlegm blocks lung *qi*	Cold fluid retention in the lung, wind-cold damages the exterior

Continued

		Zao Jia Wan treated syndrome	*She Gan Ma Huang Tang* treated syndrome
Differences	Main symptoms	Frequent but difficult to expectorate sticky thick turbid phlegm, difficulty lying on the back, slippery greasy tongue coating, wiry slippery pulse	Wheezing in the throat, easy to expectorate clear thin sputum, accompanied by slight aversion to cold, body pain, white slippery coating, floating tense pulse
	Therapeutic principles	Ventilate the lung to remove phlegm accumulation, drain the orifices	Expel cold and resolve fluid, ventilate the lung and downward reverse the flow of *qi*
	Prescription	*Zao Jia Wan*	*She Gan Ma Huang Tang*

9.5.2.3 Cold-fluids complicated by heat

【Original source material】 Symptoms such as coughing and floating pulse can be treated with *Hou Po Ma Huang Tang* (Houpo Mahuang Decoction). (Synopsis of the Golden Chamber, line 7.8)

Lung distention with coughing, dyspnea, restlessness and wheezing as well as floating pulse indicate the presence of stagnant fluids in the epigastrium. *Xiao Qing Long Jia Shi Gao Tang* (Xiaoqinglong Jia Shigao Decoction) is of use. (Synopsis of the Golden Chamber, line 7.14)

【Key points for syndrome differentiation】 Cough, dyspnea, chest distention, wheezing in the throat, sore throat, difficulty lying on the back, vexation, floating pulse. Perhaps accompanied by aversion to cold, fever, headache, body pain, anhidrosis, floating tense pulse.

【Syndrome analysis】 Syndrome analysis of cold fluid complicated by heat is shown in the table 9-5-5.

Table 9-5-5 Syndrome analysis of cold fluids complicated by heat

Main symptoms	Pathogenesis
Cough, dyspnea, chest distention, difficulty lying on the back	Heat and fluids attack the lungs, upward counterflow of lung *qi*
Wheezing in the throat, sore throat	Phlegm blocks the respiratory tract, dysfunction of lung *qi*
Vexation	Stagnant heat disturbs the mind
Floating pulse	Sign of an exterior syndrome
Aversion to cold, fever, headache, body pain, anhidrosis, floating tense pulse	Wind-cold damages the exterior

【Basic pathogenesis】 Interior retention of cold-fluid, some of the cold fluids transform into heat-fluids and block the lung, resulting in upward counterflow of lung *qi*. May be accompanied by an attack of exterior wind-cold.

【Therapeutic principle】 Expel cold and resolve fluid, ventilate lung to relieve dyspnea, clear stagnant heat and release the exterior if necessary.

【Prescription】

A. *Hou Po Ma Huang Tang*

Hou Po (*Cortex Magnoliae Officinalis*)	5 *liang*
Ma Huang (*Herba Ephedrae*)	4 *liang*
Shi Gao (*Gypsum Fibrosum*)	1 pc. (size of an egg)
Xing Ren (*Semen Armeniacea Amarum*)	0.5 *sheng*
Ban Xia (*Rhizoma Pinelliae*)	0.5 *sheng*
Gan Jiang (*Rhizoma Zingiberis*)	2 *liang*
Xi Xin (*Herba Asari*)	2 *liang*
Xiao Mai (*Fructus Tritici*)	1 *liang*
Wu Wei Zi (*Fructus Schisandrae Chinensis*)	0.5 *sheng*

B. *Xiao Qing Long Jia Shi Gao Tang*

Ma Huang (*Herba Ephedrae*)	3 *liang*
Bai Shao (*Radix Paeoniae Alba*)	3 *liang*
Gui Zhi (*Ramulus Cinnamomi*)	3 *liang*
Xi Xin (*Herba Asari*)	3 *liang*
Gan Cao (*Radix Glycyrrhizae*)	3 *liang*
Gan Jiang (*Rhizoma Zingiberis*)	3 *liang*
Wu Wei Zi (*Fructus Schisandrae Chinensis*)	0.5 *sheng*
Ban Xia (*Rhizoma Pinelliae*)	0.5 *sheng*
Shi Gao (*Gypsum Fibrosum*)	2 *liang*

【Differential diagnosis】 *Hou Po Ma Huang Tang* and *Xiao Qing Long Jia Shi Gao Tang* are both indicated for cough with dyspnea arising from cold-fluids complicated by heat, and are both contain *Ma Huang*, *Shi Gao*, *Ban Xia*, *Gan Jiang*, *Xi Xin*, and *Wu Wei Zi*. The differences are as follows: The former also contains *Hou Po*, *Xing Ren*, and *Xiao Mai*, which act to relieve distention and downward reverse the flow of *qi*; the formula is indicated for a predominance of fluids blocking lung *qi* characterized by severe chest distention and dyspnea; the latter also contains *Gui Zhi*, *Bai Shao*, *Gan Cao*, and is indicated for cold-fluids complicated by heat, as well as for wind-cold damage to the exterior accompanied by aversion to cold, fever, and anhidrosis.

Hou Po Ma Huang Tang and *She Gan Ma Huang Tang* both act to of expel cold and resolve fluid, ventilate lung and downward reverse the flow of *qi*; they are used for cough and dyspnea caused by cold fluid retention in the lung, and contain *Ma Huang*, *Xi Xin*, *Ban Xia*. The differences are as follows: The syndrome treated by the former is caused by cold fluids blocking lung *qi* complicated by heat stagnation. It is characterized by severe chest distention, dyspnea and complicated by vexation, and should be treated by simultaneously relieving distention, sending *qi* downward and clearing stagnant heat. The syndrome treated by the latter is caused by cold fluids blocking lung *qi* and the airways, while simultaneous wind-cold damages the exterior; it is characterized by cough, dyspnea, wheezing in the throat, and accompanied by slight aversion to cold, and body pain. It should be treated by eliminating phlegm, activating *qi* and releasing the exterior cold.

9.5.2.4 Excessive fluids attacking the lung

【Original source material】When the pulse is sunken, *Ze Qi Tang* (Zeqi Decoction) is of use. (Synopsis of the Golden Chamber, line 7.9)

【Key points for syndrome differentiation】Cough, dyspnea, chest distention, general swelling and heaviness, dysuria, white greasy slippery tongue coating, sunken pulse.

【Syndrome analysis】Syndrome analysis of excessive fluids attacking lung is shown in the table 9-5-6.

Table 9-5-6 Syndrome analysis of excessive fluids attacking lung

Main symptoms	Pathogenesis
Cough, dyspnea, chest distention	Interior retention of fluids block the lungs, lungs fail to disperse and descend
Dysuria	Interior retention of fluid, blockage of the water passage
General swelling and heaviness	Outward flow of fluids to the skin
White greasy slippery tongue coating, sunken pulse	Interior retention of fluid

【Basic pathogenesis】Spleen deficiency results in a failure to transport water, interior retention of fluid, blockage of the water passages, profuse fluids attack the lungs, lungs fail to disperse and descend.

【Therapeutic principle】Purge excessive fluids and activate *yang*, resolve fluid retention and downward reverse the flow of *qi*, at the same time strengthen *qi* and clear heat.

【Prescription】*Ze Qi Tang*.

Ban Xia (*Rhizoma Pinelliae*) 0.5 *sheng*
Zi Wan (*Radix Asteris*) 5 *liang*
Ze Qi (*Herba Euphorbiae Helioscopiae*) 3 *jin*
(stew in 5 *dow* of stream water until 1.5 *dou* remain)
Sheng Jiang (*Rhizoma Zingiberis Recens*) 5 *liang*
Bai Qian (*Rhizoma Cynanchi Stauntonii*) 5 *liang*
Gan Cao (*Radix Glycyrrhizae*) 3 *liang*
Huang Qin (*Radix Scutellariae*) 3 *liang*
Ren Shen (*Radix Ginseng*) 3 *liang*
Gui Zhi (*Ramulus Cinnamomi*) 3 *liang*

9.5.2.5 Fluid-heat attacking the lung

【Original source material】Lung-distention is a disease characterized by coughing with dyspnea, wheezing, proptosis, and a floating large pulse. *Yue Bei Jia Ban Xia Tang* (Yuebei Jia Banxia Decoction) is the remedy. (Synopsis of the Golden Chamber, line 7.13)

【Key points for syndrome differentiation】Cough, dyspnea, shortness of breath, chest oppression, dyspnea with eye distention where the eye appears to protrude, fever, vexation, thirst with preference for cold drinks, red tongue with yellow coating, floating large forceful pulse.

【Syndrome Analysis】 Syndrome analysis of heat-fluids attacking lung is shown in the table 9-5-7.

Table 9-5-7 Syndrome analysis of heat-fluids attacking lung

Main symptoms	Pathogenesis
Cough, dyspnea, shortness of breath, chest oppression	Interior retention of fluid, exogenous attack of wind heat, fluid-heat attacks the lungs, distention of lung *qi*
Dyspnea with eye distention where the eye appears to protrude	Accumulation and adverse flow of lung *qi*, severe cough and dyspnea
Fever, vexation, thirst with preference for cold drinks	Heat stagnation in the interior disturbs the heart and impairs the fluids
Red tongue with yellow coating, floating large forceful pulse	Attack of exogenous and endogenous pathogens, fluid-heat accumulation in the lung

【Basic pathogenesis】 Interior retention of fluids followed by an attack of wind heat, wind heat induces the fluids to attack the lung, the lungs fail to disperse and descend, distention of lung *qi*.

【Therapeutic principle】 Ventilate lung and purge heat, eliminate fluid retention and downward reverse the flow of *qi*.

【Prescription】 *Yue Bei Jia Ban Xia Tang*.

Ma Huang (*Herba Ephedrae*)	6 *liang*
Shi Gao (*Gypsum Fibrosum*)	0.5 *jin*
Sheng Jiang (*Rhizoma Zingiberis Recens*)	3 *liang*
Da Zao (*Fructus Jujubae*)	15 pcs.
Gan Cao (*Radix Glycyrrhizae*)	2 *liang*
Ban Xia (*Rhizoma Pinelliae*)	0.5 *sheng*

【Differential diagnosis】 *Yue Bei Jia Ban Xia Tang* and *Xiao Qing Long Jia Shi Gao Tang* are both indicated for cough and dyspnea caused by fluid-heat attacking the lungs. The syndromes are both classified as a concurrence of exterior and interior syndromes. The syndromes treated by the two prescriptions are, however, different in their respective heat or cold pathogenesis, and in the severity of stagnant heat (table 9-5-8).

Table 9-5-8 Comparison of *Yue Bei Jia Ban Xia Tang* and *Xiao Qing Long Jia Shi Gao Tang* treated syndromes

		Yue Bei Jia Ban Xia Tang	*Xiao Qing Long Jia Shi Gao Tang*
Similarities		Pattern: concurrence of exterior and interior syndromes Pathogenesis: fluids complicated heat attack the lungs Main symptoms: cough, dyspnea, vexation Therapeutic principles: ventilate lung and clear heat, resolve fluids and downward reverse the flow of *qi* Common herbs: *Ma Huang*, *Shi Gao*, *Ban Xia*, *Gan Cao*	
Differences	Etiology and pathogenesis	Interior retention of fluid, exogenous attack of wind heat, fluid-heat accumulation in the lung	Retained fluids transform into heat, exterior attack of wind-cold, the exogenous pathogens move the fluids, fluid-heat accumulation in the lung
	Syndrome pattern	Heat in both the exterior and interior, predominance of both fluids and heat	Predominance of both exogenous cold and fluid retention, less stagnant heat
	Main symptoms	Dyspnea with eye distention where the eye appears to protrude, expectoration of white sticky or yellow sputum, thirst, red tongue with yellow coating, floating large rapid pulse	Expectoration of clear-thin white sputum, dyspnea with difficulty lying on the back, accompanied by aversion to cold, fever, headache and body pain, anhidrosis, floating tense pulse
	Therapeutic principles	Ventilate lung and purge heat, resolve fluids and downward reverse the flow of *qi*	Release the exterior and resolve fluid retention, clear heat and relieve vexation
	Prescription	*Yue Bei Jia Ban Xia Tang* A large dose of *Ma Huang* and *Shi Gao* eliminates edema by effusing the exterior and clearing stagnant heat. The dosages of the above two are two to four times that seen in *Xiao Qing Long Jia Shi Gao Tang*.	*Xiao Qing Long Jia Shi Gao Tang* A large dose of *Ma Huang*, *Gui Zhi* and *Xi Xin* helps release exterior cold; *Gan Jiang*, *Ban Xia* and *Xi Xin* warm and resolve cold fluid; a small dose of *Shi Gao* clears and purges stagnant heat

9.5.2.6 Hyperactive fire due to *yin* deficiency

【Original source material】 For dyspnea with strong ascending *qi* and an uncomfortable feeling in throat, *Mai Men Dong Tang* can be given to reduce the adverse ascending and stop dyspnea. (Synopsis of the Golden Chamber, line 7.10)

【Key points for syndrome differentiation】 Cough, dyspnea, dry sore throat, difficulty expectorating, dry mouth, red tongue with little coating, empty rapid pulse.

【Syndrome analysis】 Syndrome analysis of hyperactive fire due to *yin* deficiency is shown in the table 9 - 5 - 9.

Table 9 - 5 - 9 Syndrome analysis of hyperactive fire due to *yin* deficiency

Main symptoms	Pathogenesis
Cough, dyspnea, difficulty expectorating	Consumption of lung and stomach fluid, upward flaring of deficiency fire burns the lungs
Dry and sore throat	Deficiency fire burns the throat (gate of the lungs and stomach), lungs fail to purify
Dry mouth, red tongue with little coating, weak and rapid pulse	Signs of hyperactive fire due to *yin* deficiency

【Basic pathogenesis】 Consumption of *yin*-fluids lead to upward flaring of fire, fire burns the throat (gate of the lungs and stomach), lungs fail to purify, adverse flow of lung and stomach *qi*.

【Therapeutic principle】 Nourish *yin* and clear heat, downward reverse the flow of *qi*.

【Prescription】 *Mai Men Dong Tang*.

See 9. 3. 2.

Summary

Summary of cough and dyspnea syndrome differentiation and treatment is shown in the table 9 - 5 - 10.

Table 9 - 5 - 10 Summary of cough and dyspnea syndrome differentiation and treatment

	Etiology and pathogenesis	Symptoms and signs	Therapeutic principles	Prescriptions
Cold fluid retention in the lung	Exterior cold and interior fluid retention blocks lung *qi*	Cough, dyspnea, clear thin sputum, wheezing in the throat, accompanied by slight aversion to cold, fever, anhidrosis, floating tense pulse	Expel cold and resolve fluid, ventilate lung and downward reverse the flow of *qi*	*She Gan Ma Huang Tang*
Turbid phlegm accumulation in the lung	Turbid phlegm accumulation in the lung blocks lung *qi*	Cough, dyspnea with difficulty in lying on back, difficult expectoration of sticky thick sputum	Ventilate lung to remove phlegm, benefit the orifices	*Zao Jia Wan*
Cold-fluids complicated by heat	Cold-fluid retention in the lung, cold-fluids transform into heat, fluid-heat attacks the lungs, may be complicated by exterior wind-cold damage	Cough, dyspnea, expectoration of clear thin sputum, chest distention, vexation, or complicated by aversion to cold, fever, headache and body pain, anhidrosis	Expel cold and resolve fluid, ventilate lung to relieve dyspnea, clear stagnant heat	*Hou Po Ma Huang Tang*, or *Xiao Qing Long Jia Shi Gao Tang*

Continued

	Etiology and pathogenesis	Symptoms and signs	Therapeutic principles	Prescriptions
Profuse fluids attacking the lungs	Spleen deficiency and fluid retention, profuse fluids attack the lung	Cough, dyspnea, swelling and heaviness of the body, dysuria	Expel fluids, activate *yang*, resolve fluid retention and downward reverse the flow of *qi*	*Ze Qi Tang*
Fluid-heat attacking the lungs	Interior retention of fluids combined with exogenous wind heat, fluid-heat attacking the lungs	Cough, dyspnea, shortness of breath, eye distention where the eye appears to protrude, fever, vexation, thirst, red tongue with yellow coating, floating large forceful pulse	Ventilate lung and clear heat, resolve fluid retention and downward reverse the flow of *qi*	*Yue Bei Jia Ban Xia Tang*
Hyperactive fire due to *yin* deficiency	Consumption of lung and stomach fluids, deficiency fire burns the lungs, adverse *qi* fails to descend	Cough, dyspnea, dry sore throat, difficulty expectorating, red tongue with little coating, empty rapid pulse	Nourish *yin* and clear heat, downward reverse the flow of *qi*	*Mai Men Dong Tang*

9.6 Abdominal Fullness

9.6.1 General introduction to abdominal fullness

9.6.1.1 Definition

Abdominal fullness (*fu man*) is a symptom as well as the name of a disease. As a symptom, it refers to fullness and distention of the abdomen and is observed in many diseases. As the name of a disease, abdominal fullness is the main symptom of a complex of observed symptoms though it may be accompanied by abdominal pain or other symptoms.

9.6.1.2 Differentiation from other related diseases

A. Cold hernia (*han shan*): Mainly manifests as abdominal pain and is a cold condition that can be induced by catching cold. Abdominal fullness is characterized by distention or distending sensation in the abdomen and may accompanied by abdominal pain.

B. Epigastric pain: It is a disease with pain in the epigastric and cardiac area and is also which is referred to as cardiac pain. For details refer to section 2 of this chapter.

C. Surgical abdominal pain: Presents with severe fixed pain with obvious tenderness, commonly accompanied by fever. It is a critical condition.

D. Gynecological abdominal pain: The pain is usually below the umbilicus and is related to menstruation, leukorrhea, pregnancy or delivery.

9.6.2 Syndrome differentiation and therapeutic principles of abdominal fullness

9.6.2.1 Deficiency-cold syndrome

【Original source material】 A slightly wiry pulse in the anterior tibial region generally indicates abdominal distention. If there is no abdominal distention, there will be constipation or there will be costal region pain caused by the ascension of deficiency cold. A warming agent should be employed. (Synopsis of the Golden Chamber, line 10.1)

Abdominal distention which occasionally lessens only to resume again indicates that the syndrome is of a cold nature. Drugs warming in nature should be prescribed. (Synopsis of the Golden Chamber, line 10.3)

【Key points for syndrome differentiation】 Abdominal distention which alternately waxes and wanes, slight wiry pulse in the anterior tibial region.

"Abdominal distention which alternately waxes and wanes" is one of the characteristics used to identify deficiency-cold abdominal distention. This will be understood better if one refers to line 2 and line 13 of this chapter.

"If there is no abdominal distention, there will be constipation or there will be costal region pain" indicates a different clinical condition. In the same internal excessive cold condition, if there is no abdominal distention, constipation or pain in both sides of the costal areas will be present. Deficiency cold of the spleen and stomach will lead to poor *yang qi* transportation and transformation in the middle energizer. Counterflow liver-*qi* results in dysfunction of the liver action of maintaining the free flow of *qi* as well as to accumulation of *yin* and cold *qi* in the abdomen, which blocks the lower orifices and results in difficult bowel movements; it further attacks the hypochondriac region to cause pain on both sides of the costal areas.

【Syndrome analysis】 Syndrome analysis of deficiency-cold abdominal distention is shown in the table 9-6-1.

Table 9-6-1 Syndrome analysis of deficiency-cold abdominal distention

Main symptoms	Pathogenesis
Abdominal distention which alternately disappears and recurs	Spleen and stomach *yang* deficiency, counterflow of liver coldness, accumulation of coldness, *qi* stagnation. The cold *qi* is alternately dispersed by warm, and re-agglomerated by cold
Slight wiry pulse in the anterior tibial region	Spleen and stomach *yang* deficiency, cold *qi* from the lower energizer *jueyin* liver attacks upward to the middle energizer

【Basic pathogenesis】 Spleen and stomach *yang* deficiency, counterflow of liver coldness. cold *qi* from the lower energizer *jueyin* liver attacks upward to the middle energizer.

【Therapeutic principle】 Warm-tonifying or warm-purging methods should be applied.

【Prescription】 *Li Zhong Tang* (Lizhong Decoction), *Fu Zi Jing Mi Tang* (Fuzi Jingmi Decoction) or *Da Huang Fu Zi Tang* (Dahuang Fuzi Decoction).

9.6.2.2 Excessive heat syndrome

【Original source material】When the abdomen is pressed, and the patient with abdominal distention feels pain, it can be diagnosed as an excess syndrome. If there is no pain, it is a case of a deficiency. For cases of excess, purging is of use. A yellow coating on the tongue observed before administering the purgative will diminish after the purgative is given. (Synopsis of the Golden Chamber, line 10.2)

【Key points for syndrome differentiation】Abdominal distention aggravated by pressure or that appears when pressure is applied, abdominal distention is not relieved or relieved so little that it is not worth mentioning, constipation, red tongue with yellow coating.

"Abdominal distention, with no pain upon application of pressure indicates deficiency, pain that appears upon the use of pressure indicates excess" is a common abdominal palpation method to differentiate excess or deficiency abdominal distention. The technique, however, is not foolproof. In mild cases of excess type abdominal distention, there is no pain if there is no pressure; for severe cases, there is pain even without pressure. Not all cases with tenderness are excess, some of these may be severe deficient cold conditions. For example, *Da Jian Zhong Tang* (Dajiangzhong Decoction) treated syndrome includes the symptom of "pain aggravated by pressure"; therefore the four diagnostic methods should be used comprehensively to identify the specifics from the general condition to make a correct diagnosis.

【Syndrome analysis】Syndrome analysis of excess heat abdominal distention is shown in the table 9-6-2.

Table 9-6-2 Syndrome analysis of the excess heat abdominal distention

Main symptoms	Pathogenesis
Abdominal distention aggravated by pressure, pain appears upon pressure	Visible pathogens stagnate in the intestines, obstruction of *qi* movement
Lasting abdominal distention with little or no relief	*Fu*-organ *qi* obstruction caused by the stagnation of pathogens
Constipation	Pathogen obstruction, intestine transportation dysfunction
Red tongue, yellow coating or dry yellow coating	Excessive internal heat, may consume body fluid

【Basic pathogenesis】Visible pathogens such as dry feces, food retention, or ascaris block the intestines resulting in of *fu*-organ *qi* stagnation.

【Therapeutic principle】For excess syndrome abdominal distention, the therapeutic method is to "purge". The specific purgative method chosen, for example cold-purgation, warm-purgation, moist-purgation, purging of blood stasis, or purging of fluid retention, should be applied based on the actual situation.

The therapeutic method for excess heat abdominal distention is to purge with bitter-cold herbs.

【Prescription】*Cheng Qi Tang* (Chengqi Decoction).

【Syndrome differentiation】 Lines 2 and 3 are synopsis to distinguish deficiency, excess, cold and heat and determine the treatment for abdominal distention. The key points of diagnosis and treatment for deficiency-cold and excessive heat abdominal distention are summarized as table 9-6-3.

Table 9-6-3 Comparison of the key diagnostic and treatment points for deficiency-cold and excess-heat abdominal distention syndromes

		Deficiency-cold syndrome	Excess-heat syndrome
Four diagnostic methods	Inquiry	Recurrent abdominal distention	Unrelieved abdominal distention
	Tongue diagnosis	Pale tongue, white and slippery coating	Red tongue, yellow coating (yellow, thick and dry coating)
	Palpation	Slight wiry anterior tibial pulse, no pain when pressing the abdomen (preference for warmth and pressure)	Sunken forceful pulse or slippery rapid pulse, pressure causes pain in the abdomen or the pain is aggravated by pressure
Pathogenesis		Spleen and stomach *yang* deficiency, accumulation of cold, *qi* stagnation	Visible pathogens such as dry feces, food retention, or ascarides block the intestine, obstruction of *fu*-organ *qi*
Treatment		Warming method (warm and tonify the middle energizer)	Purgative method (purge with bitter-cold herbs)

9.6.2.3 Internal excess-cold accumulation—morbid syndrome

【Original source material】 The patient's complexion is dark yellow. He is restless but does not feel thirst. He suffers continuous diarrhea and has symptoms of accumulated excessive cold in the chest. The case will be fatal. (Synopsis of the Golden Chamber, line 10.4)

【Key points for syndrome differentiation】 Abdominal distention, yellow lusterless skin and complexion, restlessness, absence of thirst, lasting diarrhea.

【Syndrome analysis】 Syndrome analysis of internal excess-cold accumulation—morbid syndrome is shown in the table 9-6-4.

Table 9-6-4 Syndrome analysis of internal excess-cold accumulation—morbid syndrome

Main symptoms	Pathogenesis
Abdominal distention	Accumulation of internal excessive cold, decline of spleen *yang*, obstruction of *qi* movement
Yellow skin and complexion	Decline of spleen *yang*, consumption of *qi* and blood which then fail to nourish the exterior
Restlessness limbs	Internal accumulation of excessive cold, *yin* excess with *yang* declining
Absence of thirst	Absence of internal heat
Lasting diarrhea	Decline of middle *yang*, *zang*-organ *qi* collapse

【Basic pathogenesis】 Internal accumulation of excess-cold, decline of spleen *yang*, excess of pathogens and deficiency of healthy *qi*.

【Prognosis】 Critical condition with poor prognosis.

9.6.3 Syndrome differentiation and treatment of abdominal fullness

9.6.3.1 Excess-heat syndrome

9.6.3.1.1 Internal excess with exterior syndrome

【Original source material】 The patient suffers from abdominal distention. He has been feverish for ten days, and has a floating rapid pulse and normal intake of food. *Hou Po Qi Wu Tang* (Houpo Qiwu Decoction) is of use as a treatment. (Synopsis of the Golden Chamber, line 10.9)

【Key points for syndrome differentiation】 Abdominal distention, fever for ten days, floating rapid pulse, normal diet, constipation, red tongue and thin yellow coating.

【Syndrome analysis】 Syndrome analysis of internal excess with exterior syndrome is shown in the table 9-6-5.

Table 9-6-5 Syndrome analysis of internal excess with exterior syndrome

Main symptoms	Pathogenesis
Abdominal distention, constipation	Attack by external wind-cold, some of the pathogens transform into heat and enter *yangming*, accumulation of excessive heat, obstruction of *fu*-organ *qi*
Fever for ten days, floating rapid pulse	Incompletely resolved exterior *taiyang* syndrome which is trans forming into internal heat
Normal diet	Excessive heat agglomerate in the intestines, accumulation is not yet severe
Red tongue, thin yellow coating	Internal heat

【Basic pathogenesis】 Internal accumulation of *yangming* heat, with incompletely resolved exterior *taiyang* syndrome, internal excess more severe than the exterior syndrome.

【Therapeutic principle】 Release the exterior and the interior, promote *qi* circulation, relieve distention, purge to remove heat, release the exterior cold.

【Prescription】 *Hou Po Qi Wu Tang*.

Hou Po (Cortex Magnoliae Officinalis)	0.5 *jin*
Gan Cao (Radix Glycyrrhizae)	3 *liang*
Da Huang (Radix et Rhizoma Rhei)	3 *liang*
Da Zao (Fructus Jujubae)	10 pcs.
Zhi Shi (Fructus Aurantii Immaturus)	5 pcs.
Gui Zhi (Ramulus Cinnamomi)	2 *liang*
Sheng Jiang (Rhizoma Zingiberis Recens)	5 *liang*

For a patient with nausea caused by adverse rising of stomach *qi*, add *Ban Xia* to keep the reverse *qi* downward and relieve nausea and vomiting; for patients with diarrhea—

indicating the relief of the interior heat accumulation and damage to spleen *qi*, remove *Da Huang* to avoid damaging middle *qi* with bitter-cold herbs. For patients with a predominant exterior cold syndrome, increase the dosage of *Sheng Jiang* in order to release exterior cold.

9.6.3.1.2 Predominant internal excess with retention of mass

【Original source material】 Abdominal distention with constipation can be eliminated by prescribing *Hou Po San Wu Tang* (Houpo Sanwu Decoction). (Synopsis of the Golden Chamber, line 10.11)

【Key points for syndrome differentiation】 Abdominal distention and pain aggravated by pressure, constipation without flatus, red tongue with yellow coating, sunken forceful or slippery rapid forceful pulse.

【Syndrome analysis】 Syndrome analysis of predominant internal excess with retention of mass syndrome is shown in the table 9-6-6.

Table 9-6-6 Syndrome analysis of predominant internal excess with retention of mass syndrome

Main symptoms	Pathogenesis
Abdominal distention and pain aggravated by pressure	Accumulation of excessive heat in the stomach and intestines, obstruction of *fu*-organ *qi*, more *qi* stagnation than retention of mass
Constipation without flatus	Heat accumulation in the stomach and intestines, dysfunction of the transportation actions of the large intestine
Red tongue, yellow coating, sunken forceful pulse or slippery rapid forceful pulse	Excessive internal heat

【Basic pathogenesis】 Internal heat accumulation in the stomach and intestines, obstruction of *fu*-organ *qi*, more *qi* stagnation than retention of mass.

【Therapeutic principle】 Promote *qi* circulation, relieve distention, eliminate retention of mass and promote bowel movement.

【Prescription】 *Hou Po San Wu Tang.*

Hou Po (*Cortex Magnoliae Officinalis*)	8 *liang*
Da Huang (*Radix et Rhizoma Rhei*)	4 *liang*
Zhi Shi (*Fructus Aurantii Immaturus*)	5 pcs.

【Differential diagnosis】 Both this prescription and *Hou Po Qi Wu Tang* use a heavy dosage of *Hou Po* as the sovereign to promote *qi* circulation and relieve distention, *Zhi Shi* as the minister to break the stagnant *qi* and dissolve distension, *Da Huang* as the minister to remove mass and relax the bowels. This indicates that the conditions treated with these two prescriptions are both characterized by internal excess heat accumulation as well as severe *qi* stagnation, manifested as abdominal fullness and constipation.

However, *Hou Po Qi Wu Tang* is used for syndrome that involves both the exterior and interior, thus, the prescription includes *Gui Zhi Tang* (Guizhi Decoction) without *Bai Shao* to relieve the exterior syndrome and regulate the nutrient. *Hou Po San Wu Tang* is used for a condition without an exterior syndrome, therefore, the dosage of *Da Huang* is 1 *liang* more than that in *Hou Po Qi Wu Tang* to enhance the purgative effect.

Hou Po San Wu Tang has the same ingredients as *Xiao Cheng Qi Tang*, but they are different in dosage, sovereign herb, effect and indications. *Hou Po San Wu Tang* uses a heavy dosage of *Hou Po* as the sovereign herb and emphasizes promoting *qi* circulation and relieving distention, therefore it was renamed (table 9-6-7).

Table 9-6-7 Differentiation of *Hou Po San Wu Tang* and *Xiao Cheng Qi Tang* treated syndromes

		Hou Po San Wu Tang treated syndrome	*Xiao Cheng Qi Tang* treated syndrome
Dose	*Hou Po*	8 *liang*	2 *liang*
	Da Huang	4 *liang*	4 *liang*
	Zhi Shi	5 pcs.	3 pcs.
Sovereign herb		*Hou Po*	*Da Huang*
Preparation		Stew *Hou Po*, *Zhi Shi* and then add *Da Huang*	Simultaneous stew the three herbs
Actions		Promotes *qi* circulation, relieves distention; eliminates food retention and promotes the movement of the bowels	Clears heat and relaxes the bowels, breaks retention and dissolves distention
Indications		Abdominal fullness, internal excess, more distention than food retention, abdominal distention and pain (middle and upper abdomen), constipation, red tongue, yellow thick coating, sunken forceful pulse or slippery, rapid forceful pulse.	Mild *yangming fu*-organ excess syndrome, constipation, abdominal distention and pain, tidal fever, delirium, or diarrhea, red tongue, yellow coating, sunken forceful pulse

9.6.3.1.3 Internal excess complicated by *shaoyang* syndrome

【Original source material】 When the doctor palpates the patient in the epigastrium, the patient feels distention and pain, indicating an excess syndrome. A purgative such as *Da Chai Hu Tang* (Dachaihu Decoction) is of use. (Synopsis of the Golden Chamber, line 10.12)

【Key points for syndrome differentiation】 Pain when pressing and distention of the epigastric and costal areas, accompanied by symptoms such as alternating attacks of chills and fever, distressing fullness in chest and hypochondrium, restlessness, constipation, red tongue, yellow coating, wiry, rapid forceful pulse.

【Syndrome analysis】 Syndrome analysis of internal excess complicated by *shaoyang* syndrome is shown in the table 9-6-8.

Table 9－6－8 Syndrome analysis of internal excess complicated by *shaoyang* syndrome

Main symptoms	Pathogenesis
Pain when pressing and distention at epigastric region, constipation	Internal *yangming* heat agglomerating into mass, stagnation of *fu*-organ *qi*
Alternating attacks of chills and fever, distressing fullness in chest and hypochondrium, restlessness	*Shaoyang* pathogenic heat remains, internal gallbladder fire stagnation, gallbladder *qi* stagnation
Red tongue, yellow coating, wiry, rapid forceful pulse	Hyperactivity of internal heat in the *shaoyang* and *yangming*

【Basic pathogenesis】 *Shaoyang* pathogenic heat remains, internal *yangming* heat agglomerating into a mass.

【Therapeutic principle】 Harmonize *shaoyang* and purge *yangming* heat accumulation and internal mass.

【Prescription】 *Da Chai Hu Tang*.

See 7.7.9.

【Differential diagnosis】 Both *Da Chai Hu Tang* and *Hou Po Qi Wu Tang* are prescriptions that release the exterior and interior. The herbs and their effects in removing internal *yangming* excess are basically the same in the two prescriptions, but the herbs used to relieve the exterior and the characteristics of the exterior syndromes they treat are different. *Hou Po Qi Wu Tang* includes *Gui Zhi Tang* without *Bai Shao*, to relieve the *taiyang* exterior pathogens(which is an pure exterior syndrome). In *Da Chai Hu Tang*, *Chai Hu*, *Huang Qin*, *Sheng Jiang*, *Ban Xia* are used to harmonize and resolve the pathogens in *shaoyang*(compared with a *yangming* internal syndrome, it is a relative exterior syndrome).

The similarities and differences between *Da Chai Hu Tang* and *Xiao Chai Hu Tang* treated syndromes are described below(table 9－6－9).

Table 9－6－9 Differential diagnosis of *Da Chai Hu Tang* and *Xiao Chai Hu Tang* treated syndromes

		Da Chai Hu Tang treated syndrome	*Xiao Chai Hu Tang* treated syndrome
Similarities		Pathogenesis: *qi* stagnation in the *shaoyang*, retention of gallbladder fire Main symptoms: bitter taste, dry throat, alternating attacks of chills and fever, distressing fullness in chest and hypochondrium, poor appetite Treatment: harmonize and relieve the *shaoyang* Herbs: *Chai Hu*, *Huang Qin*, *Sheng Jiang*, *Ban Xia*, *Da Zao*	
Differences	Pathogenesis	*Qi* obstruction of the large intestine, accumulation of dry mass in the *yangming*	Irregular ascending and descending of the spleen and stomach
	Main symptoms	Slight anxiety, pain and fullness in the epigastric area, abdominal distention and pain, constipation or diarrhea	Restlessness, frequent nausea, thready pulse

Continued

		Da Chai Hu Tang treated syndrome	*Xiao Chai Hu Tang* treated syndrome
Differences	Therapeutic principle	Purge the mass from the *yangming*	Tonify *qi*, regulate the middle energizer, strengthen healthy *qi* and expel pathogens
	Herbs	*Bai Shao* ,*Chao Zhi Shi*,*Da Huang*	*Ren Shen*,*Zhi Gan Cao*

9.6.3.1.4 Equal predomination of internal excess and stagnation syndrome

【Original source material】 When abdominal distention is not reduced or only reduced a bit, *Da Cheng Qi Tang* should be prescribed as a drastic measure. (Synopsis of the Golden Chamber, line 10.13)

【Key points for syndrome differentiation】 Unrelieved or just slightly relieved abdominal distention, pain around the umbilicus which is aggravated by pressure, fever, constipation, red tongue, yellow dry coating, sunken forceful pulse or rapid forceful pulse.

From lines 2, 3 and 13 in this chapter, it can be seen that Zhang Zhongjing mainly identifies abdominal fullness deficiency or excess by palpation of the abdominal, tongue inspection, inquiry (relief or non-relief of abdominal distention) and palpation of pulses. This reflects the diagnostic thought and methods used by combining the four diagnostic methods.

【Syndrome analysis】 Syndrome analysis of equal predomination internal excess and stagnation is shown in the table 9-6-10.

Table 9-6-10 Syndrome analysis of equal predomination internal excess and stagnation

Main symptoms	Pathogenesis
Unrelieved or just slightly relieved abdominal distention	Heat accumulation in the *yangming*, obstruction of *fu*-organ *qi*, same severity of *qi* stagnation and fecal stagnation
Pain around the umbilicus aggravated by pressure	Mixture of pathogenic heat and feces in the intestine, pain aggravated pressure which further obstructs *fu*-organ *qi*
Constipation	*fu*-organ *qi* descending action is obstructed, transport dysfunction of the large intestine
Fever, red tongue, dry yellow sunken coating	Hyperactivity of *yangming* internal heat damages the body fluids
Sunken forceful or rapid forceful pulse	Excessive pathogens without deficiency of healthy *qi* struggle between the pathogens and healthy *qi*

【Basic pathogenesis】 Internal *yangming* heat accumulation, obstruction of *fu*-organ *qi*, equal predominance of both *qi* stagnation and fecal stagnation.

【Therapeutic principle】 Drastic purgation of the heat accumulation, break open the fecal retention and relieve distention.

【Prescription】 *Da Cheng Qi Tang*.

See 5.2.2.

【Differential diagnosis】 The above-mentioned four prescriptions are all used for excessive heat of abdominal distention and should be selected for the appropriate syndrome. The differentiation is seen in the following table 9-6-11.

Table 9-6-11 Differentiation of the four prescriptions used for excess heat abdominal distention

		Hou Po Qi Wu Tang treated syndrome	*Hou Po San Wu Tang* treated syndrome	*Da Chai Hu Tang* treated syndrome	*Da Cheng Qi Tang* treated syndrome
Similarities		All are used for excess heat abdominal fullness Pathogenesis: internal heat accumulation and obstruction of *fu*-organ *qi* Main symptoms: abdominal fullness painful under pressure(or the pain becomes aggravated), constipation, red tongue, yellow coating, rapid pulse; Actions: purges the internal excess, promotes *qi* circulation, clears heat, and relieves fullness Herbs: *Zhi Shi*, *Da Huang*			
Differences	Indications	Internal *yangming* excess combined with exterior *taiyang* cold syndrome	Internal excess *qi* stagnation, more distention than mass	Internal *yangming* excess combined with a *shaoyang* syndrome	Heat accumulation with internal excess, equal predominance of both mass and distention
	Other symptoms	Fever, floating rapid pulse	Fullness and pain in the epigastric area, more fullness than pain	Fullness and pain mainly in the epigastric and costal areas, alternating attacks of chills and fever, slight anxiety, bitter taste in mouth, wiry pulse	Lasting fullness and pain mainly around the umbilicus, yellow dry tongue coating
	Other herbs	*Hou Po*, *Gui Zhi*, *Gan Cao*, *Sheng Jiang*, *Da Zao*	*Hou Po*	*Chai Hu*, *Huang Qin*, *Bai Shao*, *Ban Xia*, *Sheng Jiang*, *Da Zao*	*Hou Po*, *Mang Xiao*
	Effect	Purges the internal excess and releases the exterior	Promotes *qi* circulation, relieves distention, eliminates the mass and relaxes the bowels	Purges the heat accumulation, harmonizes *shaoyang*	Drastic purgation of the heat accumulation, breaks up the retention and relieves fullness

9.6.3.2 Deficiency-cold syndrome

9.6.3.2.1 Spleen and stomach deficiency cold with retention of dampness syndrome

【Original source material】 Pathogenic cold in the abdomen will cause borborygmus, acute pain in the abdomen, adverse ascending of *qi* and a sensation of fullness in the chest and the costal regions, as well as nausea and vomiting. *Fu Zi Jing Mi Tang* can be prescribed as a remedy. (Synopsis of the Golden Chamber, line 10.10)

【Key points for syndrome differentiation】 Abdominal fullness, borborygmus, severe pain, fullness of the chest and costal areas, vomiting (clear fluids or with undigested food), cold limbs, pale tongue, white slippery coating, sunken slow pulse.

【Syndrome analysis】 Syndrome analysis of spleen and stomach deficiency cold with retention of dampness is shown in the table 9-6-12.

Table 9-6-12 Syndrome analysis of spleen and stomach deficiency cold with retention of dampness

Main symptoms	Pathogenesis
Borborygmus, severe pain of abdomen	Spleen and stomach *yang* deficiency, retention of dampness in the intestines
Abdominal distention and fullness	Accumulation of coldness, obstruction of *yang qi*
Fullness of the chest and costal areas	Upward rising of cold, liver *qi* stagnation
Vomiting	Coldness attacks the stomach, descending function of stomach impaired
Cold limbs	Deficient *yang qi* fails to reach the four extremities
Pale tongue, white and slippery coating, sunken slow pulse	Spleen and stomach *yang* deficiency, retention of dampness

【Basic pathogenesis】 Spleen and stomach *yang* deficiency, retention of dampness, upward rise of cold fluid retention.

【Therapeutic principle】 Warm the middle energizer, disperse cold, relieve pain, expel dampness, relieve vomiting.

【Prescription】 *Fu Zi Jing Mi Tang*.

Shu Fu Zi (*Radix Aconiti Lateralis Preparata*)	1 pc.
Ban Xia (*Rhizoma Pinelliae*)	0.5 *sheng*
Gan Cao (*Radix Glycyrrhizae*)	1 *liang*
Da Zao (*Fructus Jujubae*)	10 pcs.
Jing Mi (*Semen Oryzae Nonglutinosea*)	0.5 *sheng*

【Differential diagnosis】 Both *Fu Zi Jing Mi Tang* and *Li Zhong Tang* act to disperse coldness and relieve pain, and are used to treat spleen and stomach deficiency and coldness. However, *Li Zhong Tang* is used disperse coldness with diarrhea as the main symptom while at the same time tonifying *qi* and the spleen. *Fu Zi Jing Mi Tang* is used for internal exuberance of water retention, irregular *qi* movement affecting the chest and costal areas; its main symptoms are abdominal distention, pain and vomiting. It focuses on warming the middle energizer, dispersing coldness, relieving pain, expelling dampness and relieving vomiting.

9.6.3.2.2 Spleen and stomach *yang* deficiency with internal exuberance of *yin*-cold syndrome

【Original source material】 *Da Jian Zhong Tang* is of use for syndromes having the following symptoms and signs: Acute pain in the chest and the epigastrium caused by cold, nausea and vomiting that prevent the patient from eating, pathogenetic cold in the abdomen that forms a protruding mass in the shape of a head or foot and appears in different abdominal locations, as well as being extremely painful and tender. (Synopsis of the Golden Chamber, line 10.14)

【Key points for syndrome differentiation】 Severe cold and pain in cardiac area, vomiting, inability to eat and drink, abdominal distention shaped like something with a head and feet, tenderness in the upper and lower, abdominal distention, cold limbs, pale tongue, white slippery coating, sunken slow or sunken wiry tight pulse.

【Syndrome analysis】 Syndrome analysis of spleen and stomach *yang* deficiency with internal exuberance of *yin*-cold is shown in the table 9-6-13.

Table 9-6-13 Syndrome analysis of spleen and stomach *yang* deficiency with internal exuberance of *yin*-cold

Main symptoms	Pathogenesis
Severe cold and pain in cardiac area	Spleen and stomach *yang* declining, cold *qi* fills the chest and abdomen
Abdominal distention shaped like something with a head and feet, severe pain that refuses touch in the upper and lower	Cold *qi* attacks up and down, *qi* movement obstruction
Vomiting, inability to eat and drink	Cold *qi* rises upward, stomach-*qi* fails to descend
Cold limbs	Spleen and stomach *yang* deficiency
Pale tongue, white slippery coating, sunken slow or sunken wiry tight pulse	*Yang qi* deficiency resulting in *yang* unable to reach the four extremities

【Basic pathogenesis】 "Cold in the abdomen" (spleen and stomach *yang* are declining, excess of *yin* and cold, cold *qi* fills up the chest and abdomen), cold attacks up and down causing *qi* stagnation.

【Therapeutic principle】 Building up the middle energizer, warm *yang* and relieve pain.

【Prescription】 *Da Jian Zhong Tang*.

Hua Jiao (*Pericarpium Zanthoxyli*) 2 *ge*

Gan Jiang (*Rhizoma Zingiberis*) 4 *liang*

Ren Shen (*Radix Ginseng*) 2 *liang*

Yi Tang (*Extractum Malti*) 1 *sheng*

After taking the decoction, cover the patient and keep him warm to assist *yang* to expel coldness, take porridge to strengthen the spleen and stomach.

【Differential diagnosis】 *Da Jian Zhong Tang* treated syndrome and *Fu Zi Jing Mi Tang* treated syndrome have common points of pathogenesis, location, main symptoms, therapeutic method and herbs, and they should be differentiated(table 9 - 6 - 14).

Table 9 - 6 - 14 Differentiation of *Da Jian Zhong Tang* and *Fu Zi Jing Mi Tang* treated syndromes

		Da Jian Zhong Tang treated syndrome	*Fu Zi Jing Mi Tang* treated syndrome
Pathogenesis		Spleen and stomach *yang* are in decline, excessive cold in the middle energizer	Spleen and stomach *yang* deficiency, internal exuberance of water retention
Main symptoms		Cold and pain in the chest, tenderness in the upper and lower, abdominal distention shaped like something with a head and feet, vomiting, inability to eat and drink	Borborygmus, abdominal pain, fullness in the chest and costal area, vomiting, inability to eat and drink
Severity		Acute and serious	Mild
Therapeutic principles		Warm *yang*, disperse cold, tonify *qi* and the middle energizer	Disperse cold, reverse the abnormal rising of *qi*, warm the middle energizer, relieve pain
Herbs	Disperse cold, relieve pain	*Gan Jiang*	*Shu Fu Zi*
	Reverse the abnormal rising of *qi*, relieve vomiting	*Hua Jiao*	*Ban Xia*
	Warm and tonify spleen and stomach	*Ren Shen*, *Jiao Yi* (malt sugar)	*Gan Cao*, *Jing Mi*, *Da Zao*

9.6.3.2.3 Spleen and kidney deficiency cold with upward attack of retained fluid syndrome

【Original source material】 Coldness in the extremities caused by pathogenetic cold can be treated with *Chi Wan* (Chi Pills). (Synopsis of the Golden Chamber, line 10.16)

【Key points for syndrome differentiation】 In addition to cold extremities, there are symptoms such as abdominal distention, abdominal pain, vomiting, borborygmus, palpitations, dizziness, pale enlarged tongue, white slippery coating, sunken slow or sunken wiry pulse.

【Syndrome analysis】 Syndrome analysis of the syndrome of spleen and kidney deficiency and cold, with upward attack of retained fluid is shown in the table 9 - 6 - 15.

Table 9-6-15 Syndrome analysis of the syndrome of spleen and kidney deficiency and cold, with upward attack of retained fluid

Main symptoms	Pathogenesis
Cold extremities	Spleen and kidney *yang* deficiency, *yang qi* fails to reach the four extremities
Abdominal pain, vomiting, borborygmus, heart palpitation, dizziness	Upward invasion of cold *qi* with fluid, *qi* fail to ascend and descend
Pale enlarged tongue, white and slippery coating, sunken slow or sunken wiry pulse	Spleen and kidney *yang* deficiency, internal exuberance of retained fluid

【Basic pathogenesis】 Spleen and kidney *yang* deficiency, internal exuberance of retained fluid, upward attack of cold *qi* with fluid.

【Therapeutic principle】 Warm and tonify the spleen and kidney, disperse cold and relieve pain, eliminate retained fluids and reverse the upward attack.

【Prescription】 *Chi Wan*.

Fu Ling (*Poria*) 4 *liang*

Zhi Wu Tou (*Rhizoma Aconiti Preparata*) 2 *liang*

Ban Xia (*Rhizoma Pinelliae*) 4 *liang*

[According to another edition, *Ban Xia* is replaced by *Rou Gui* (*Cortex Cinnamomi*)]

Xi Xin (*Herba Asari*) 1 *liang*

"The eighteen antagonisms of herb prohibited combination" raised by TCM practitioners after the publication of Synopsis of the Golden Chamber in *Lei Gong Yao Xing Fu* (Lei's Nature of Drugs in Rhyme, it is said that *Wu Tou* is contraindicated for use with *Ban Xia*), yet Zhang Zhongjing uses here the two herbs together in an attempt to increase the rapidity of action by such interaction and that the toxicity can be minimized by using a low dose with honey as well as taking it in a pill form. However, clinically, it should be used with caution and consideration should be given to the physical constitution of the patient in question. The dose should be carefully considered and the patient given advice on how to cooking the herbs and take them and on how to prevent the toxic side effects.

【Differential diagnosis】 Both *Chi Wan* and *Si Ni Tang* (Sini Decoction) are used to treat cold extremities. *Chi Wan* treated syndrome is a mild *yang* deficiency with retained fluid disturbance; the condition is mild and the treatment is not urgent. *Si Ni Tang* treated syndrome has declining *yang qi* but no retained fluid disturbance; the condition is critical and should be treated urgently to restore *yang* from collapse.

Both *Chi Wan* and *Fu Zi Jing Mi Tang* are used to treat abdominal distention and pain due to *yang* deficiency and upward invasion of cold fluid. However, *Chi Wan* treated syndrome also has kidney *yang* deficiency, with severe abdominal pain, cold limbs, heart palpitation, and dizziness. *Fu Zi Jing Mi Tang* treated syndrome has only middle energizer *yang* deficiency with upward invasion of cold fluid; it is characterized by vomiting, borborygmus, and fullness in the chest and costal areas. There are also differences in the ingredients, effects, preparation of the drugs, administration, and the nursing after administration.

9.6.3.3 Cold-excess syndrome

【Original source material】 Invasion of pathogenic cold can cause the following symptoms and signs: Pain on one side of the costal area, fever, and tight wiry pulse. Purging with warm herbs should be adopted to eliminate the constipation. *Da Huang Fu Zi Tang* will provide the cure. (Synopsis of the Golden Chamber, line 10.15)

【Key points for syndrome differentiation】 Pain in the costal area, fever, abdominal pain aggravated by pressure, constipation, coldness of the body and limbs, white greasy tongue coating, wiry tight pulse. This is a condition wherein healthy *qi* is weak while the pathogenic factors are prevalent; it is primary deficiency with secondary excess.

【Syndrome analysis】 Syndrome analysis of cold-excess syndrome is shown in the table 9-6-16.

Table 9-6-16 Syndrome analysis of cold-excess syndrome

Main symptoms	Pathogenesis
Pain in the costal area	Cold *qi* agglomerating in the liver meridian, *qi* stagnation in *shaoyang* gallbladder meridian
Abdominal pain aggravated by pressure, constipation	Excess cold agglomerating in the stomach and intestines, obstruction of *fu*-organ *qi*
Fever	*Yang qi* trapped inside by the excess cold, nutrient and defense disharmony
Coldness of the body and limbs	*Yang qi* deficiency leaving it unable to reach the extremities
White greasy tongue coating, wiry tight pulse	Signs of coldness and pain

【Basic pathogenesis】 Constitutional *yang qi* deficiency, accumulation of excess cold, obstruction of *fu*-organ *qi*, and stagnation of indigestion and masses.

【Therapeutic principle】 Warm and purge cold accumulation.

【Prescription】 *Da Huang Fu Zi Tang*.

Da Huang (Radix et Rhizoma Rhei) 3 *liang*

Shu Fu Zi (Radix Aconiti Lateralis Preparata) 3 pcs.

Xi Xin (Herba Asari) 2 *liang*

【Differential diagnosis】 In the Treatise On Cold-Induced Diseases, *Da Huang Fu Zi Tang* and *Ma Huang Xi Xin Fu Zi Tang* (Mahuang Xixin Fuzi Decoction) have only one herb different in their formulas, but they are very different in the effects and indications. In the Treatise On Cold-Induced Diseases, *Shu Fu Zi* is used with *Xi Xin* to warm *yang*, disperse cold and relieve pain, and is for syndromes of cold pathogens hiding in the *yin* system. If combined with *Ma Huang*, it is called *Ma Huang Xi Xin Fu Zi Tang* and focuses on warming and dispersing exterior cold. It is categorized as a method of warming the meridians and releasing the exterior and is used in the treatment of *shaoyin yang* deficiency with *taiyang* exterior cold syndrome. If the two are combined with *Da Huang*, the formula is called *Da Huang Fu Zi Tang* and focuses on warming and purging cold accumulation. It is categorized as a method of warming *yang* and relaxing the bowels and is used in the treatment of *yang* deficiency with cold excess accumulation. The dosage of *Shu Fu Zi* in these two prescriptions is different. According to *Gu Fang Zuo Fa Jv Yu* (Examples of Ancient Prescriptions), *Ma Huang Xi Xin Fu Zi Tang* uses only one piece of *Shu Fu Zi*, while *Da Huang Fu Zi Tang* uses three pieces of *Shu Fu Zi*. As the former contains three kinds of warming herbs, which intensify each others actions but do not inter-restrain, a single *Shu Fu Zi* is enough. In the latter, however, *Da Huang* is a bitter-cold herb, and if only one *Shu Fu Zi* is used, its effect will be restrained by *Da Huang* and the formula will be unable to properly promoting *yang*.

Summary

Abdominal fullness is a disease with abdominal distention as its main symptom, though there is sometimes accompanying abdominal pain. It is caused by either excessive heat and dry feces blocking the gastrointestinal tract, or spleen and stomach *yang* deficiency, internal exuberance of retained fluids and *yin*-cold, or accumulation of excess cold that blocks *yang qi* (table 9 - 6 - 17, table 9 - 6 - 18).

Table 9 - 6 - 17 Syndrome differentiation of abdominal fullness disease

	Main symptoms	Treatment
Excess heat syndrome	Unrelieved abdominal distention, pain which appears with pressure, red tongue, yellow coating, rapid or slippery rapid, wiry rapid, sunken forceful pulse	Purge with cold herbs
Deficiency-cold syndrome	Abdominal fullness which is occasionally relieved only to reoccur as before, no pressing pain (preference for warmth and pressure), pale tongue, white coating, slight wiry or sunken thready, sunken slow weak pulse	Tonify with warm herbs
Excess cold syndrome	Pain in the costal area, abdominal distention and pain, constipation, fever, wiry tight pulse	Warm and purge

Table 9-6-18 Summary of syndrome differentiation and treatment of abdominal distention

		Etiology and pathogenesis	Main symptoms	Therapeutic principles	Prescription
Excess heat syndrome	Internal excess with exterior syndrome	*Yangming* heat internal excess with *taiyang* syndrome, internal excess predominates	Abdominal distention, fever for ten days, floating rapid pulse, normal diet, constipation, red tongue, thin yellow coating	Promote *qi* relieve distention, purge heat, release the exterior cold	*Hou Po Qi Wu Tang*
	Internal excess with more *qi* stagnation than retention of mass	Excess heat retained in the gastrointestinal tract, *fu*-organ *qi* obstruction, more *qi* stagnation than retention of mass	Abdominal distention and pain aggravated by pressure, constipation without flatus, red tongue with yellow coating, sunken forceful or slippery rapid forceful pulse	Promote *qi* relieve distention, expel mass, relax the bowels	*Hou Po San Wu Tang*
	Internal excess complicated by *shaoyang* syndrome	*Shaoyang* heat remains, internal *yangming* heat agglomerates into a mass	Pressing pain and distention at the epigastric and costal area, alternating chills and fever, distressing fullness in chest and hypochondrium, restlessness, constipation, red tongue, yellow coating, wiry rapid forceful pulse	Harmonize *shaoyang*, purge *yangming* heat accumulation and internal mass	*Da Chai Hu Tang*
	Equal predominance of both internal excess and stagnation	Internal heat accumulation in the *yangming*, obstruction of *fu*-organ *qi*, equal predominance of both *qi* and fecal stagnation	Unrelieved or only slightly relieved abdominal distention, pain around the umbilicus aggravated by pressure, fever, constipation, red tongue, yellow dry coating, sunken forceful pulse	Drastically purge heat accumulation, break the fecal retention and relieve distention	*Da Cheng Qi Tang*
Deficiency cold syndrome	Spleen and stomach deficiency cold with retention of dampness	Spleen and stomach *yang* deficiency, retention of dampness, upward arise of coldness	Abdominal fullness, borborygmus, severe pain, fullness of the chest and costal areas, vomiting, cold limbs, pale tongue, white and slippery coating, sunken slow pulse	Warm the middle energizer, relieve pain, keep the reverse *qi* downward and relieve vomiting	*Fu Zi Jing Mi Tang*

Continued

		Etiology and pathogenesis	Main symptoms	Therapeutic principles	Prescription
Deficiency cold syndrome	Spleen and stomach *yang* deficiency with internal exuberance of *yin*-cold	Spleen and stomach *yang* are in decline, internal exuberance of *yin*-cold fills the chest and abdomen, cold attacks up and down causing *qi* stagnation	Severe cold and pain in the cardiac area, vomiting, abdominal distention shaped like something with a head and feet, tenderness in the upper and lower part, cold limbs, pale tongue, white slippery coating, sunken slow or sunken, wiry tight pulse	Build up the middle energizer, warm *yang* and relieve pain	*Da Jian Zhong Tang*
	Spleen and kidney deficiency cold with upward invasion of retained fluid	Spleen and kidney *yang* deficiency, internal exuberance of retained fluid, upward invasion of cold *qi* with fluid	Cold extremities, abdominal distention and pain, vomiting, borborygmus, heart palpitation, dizziness, pale enlarged tongue, white slippery coating, sunken slow or sunken wiry pulse	Warm and tonify spleen and kidney, disperse cold and relieve pain, dissolve retained fluids and direct *qi* downward	*Chi Wan*
Cold excess syndrome	Internal accumulation of cold-excess	*Yang qi* deficiency, accumulation of excess cold, *fu*-organ *qi* obstruction	Pain in the costal area, fever, abdominal pain aggravated by pressure, constipation, coldness of the body and limbs, white greasy tongue coating, wiry and tight pulse	Warm and purge cold accumulation	*Da Huang Fu Zi Tang*

9.7 Cold Hernia

9.7.1 General introduction of cold hernia

9.7.1.1 Definition

Cold hernia is a disease of internal exuberance of *yin* and cold with contracture and pain in the abdomen as the main symptom. The book *Shuo Wen Jie Zi* said "Hernia, refers to abdominal pain." It is a cold natured disease which is easily induced by cold damage. Cold hernia is named after its nature and main symptom. The disease is caused by *yang qi* deficiency in combination with cold pathogens invading the interior directly to damage *yang qi* and cause internal accumulation of cold *qi*; or *yin* blood deficiency failing to nourish and warm the meridians in the abdomen. The condition may be either deficient or excess, the location may be either internal cold or both exterior and interior coldness. The affected *zang-fu* organs are usually the liver, spleen and kidney.

9.7.1.2 Differentiation of the relevant diseases

In terms of TCM, there are various types of hernia. In Canon of Internal Medicine, seven types of hernia were described.

Zhang Zhongjing classified hernia into cold hernia and *yin hu* hernia. Cold hernia refers to the hernia of the abdomen. *Yin hu* hernia is similar to a testicular hernia (including indirect inguinal hernia in western medicine)

9.7.1.3 Etiology, syndrome differentiation and therapeutic principles

【Original source material】 The wrist pulse is wiry, the patient has chills, contractions and pain throughout the costal regions. (Synopsis of the Golden Chamber, line 10.5)

The patient is susceptible to pathogenetic cold and tends to yawn frequently with copious nasal discharge. Those with fever but with normal complexion will sneeze frequently. (Synopsis of the Golden Chamber, line 10.6)

Interior deficiency is the cause of diarrhea in patients who have been affected by pathogenetic cold. The patient feels like sneezing but cannot sneeze. The patient also feels cold in the abdomen (according to another edition: He also feels pain in the abdomen). (Synopsis of the Golden Chamber, line 10.7)

When a patients suffers from abdominal pain around the navel, this is caused by an invasion of pathogenetic wind and cold. If grain *qi* ceases to move and a purgative is adopted, it will induce the adverse ascending of *qi*. If *qi* does not ascend, a sensation of fullness will occur in the epigastrium. (Synopsis of the Golden Chamber, line 10.8)

Abdominal pain with a wiry tense pulse. A wiry pulse indicates stagnation of defensive *qi*, and there is aversion to cold. A tense pulse reflects anorexia. The conflict of healthy *qi* and pathogenic *qi* will cause cold hernia. [Synopsis of the Golden Chamber, line 10.17 (front part)]

The pulse is rapid and tense and becomes wiry. When the pulse is pressed, it remains equally tight. A purgative with warm herbs is used to disperse the cold. A tense large slow pulse indicates the existence of a hardened mass in the epigastrium. If the pulse is large and tense, it indicates a case of *yin* within *yang*. A purgative is of use. (Synopsis of the Golden Chamber, line 10.20)

【Syndrome analysis】 The pulse and symptoms described in lines 5 for cold hernia with cold in both exterior and interior can be understood by comparing with "slight wiry anterior tibial pulse" in line 1(table 9-7-1).

Table 9-7-1 Syndrome analysis of the pulse and symptoms for cold hernia with cold in both the exterior and interior

Main symptoms	Pathogenesis
Wiry *cun* position pulse, chills	Cold pathogens invade the exterior, exterior *yang* becomes blocked
Contraction and pain in the costal area	Cold *qi* of the liver invades upward along the meridian

Lines 6 and 7 introduce the cold attack syndrome with same cause and different syndrome. "Same cause" refers to that idea that they have the same underlying condition of a constitutionally middle *yang* deficient individual affected by external coldness. "Different syndrome" refers to the idea that one is a middle *yang* deficiency with an exterior cold syndrome caused by cold invading the exterior(line 6, table 9-7-2), while the other is an internal cold syndrome with middle *yang* declining due to cold invading directly into the interior (line 7, table 9-7-3).

Table 9-7-2 Syndrome analysis of middle *yang* deficiency with exterior cold syndrome

Main symptoms	Pathogenesis
Clear nasal discharge, fever, normal complexion	Mild middle *yang* deficiency, weak defensive *qi*, external invasion of wind-cold, the lung fails to both disperse and descend
Frequent yawning	Conflict between healthy *qi* and pathogens, internal *yang* trying to extend
Frequent sneezing	Healthy *qi* is still trying to expel the pathogens

Table 9-7-3 Syndrome analysis of middle *yang* declining with internal cold syndrome

Main symptoms	Pathogenesis
Diarrhea, abdominal pain, cold in the abdomen	Severe middle *yang* deficiency, cold pathogens invade the interior directly. Cold causes *qi* movement stagnation, the spleen fails to transport and transform, the clear and turbid are not divided
Inability to sneeze	Internal *yang* deficiency leaves the individual unable to expel the pathogens

There are no prescriptions provided for the above two lines. Based on an analysis of the pathogenesis and syndromes, the syndrome in line 6 may be treated with the therapies to warm the middle energizer, tonify *qi*, and release the exterior. *Gui Zhi Ren Shen Tang* (Guizhi Renshen Decoction) or *Bu Zhong Yi Qi Tang* (Buzhong Yiqi Decoction) with additional herbs to release exterior may be used for this condition. For the syndrome seen in line 7, it should be treated with *Li Zhong Tang*, etc. with the addition of warm and dispersing herbs like *Wu Zhu Yu* (*Fructus Evodiae*), *Rou Dou Kou* (*Semen Myristicae*), *Rou Gui*, etcetera, to warm middle *yang*, relieve pain, disperse cold and relieve diarrhea.

Line 8 discusses a case of deterioration after the erroneous administration of purgatives to treat internal cold constipation (table 9-7-4).

Table 9-7-4 Syndrome analysis of a case of deterioration after the erroneous administration of purgatives to treat internal cold constipation

Main symptoms	Pathogenesis
Pain around the umbilicus, constipation	Wind cold pathogens invade the abdomen directly. Dysfunction of spleen and stomach transport and transformation functions, indigestion, accumulation of cold *qi*
Movement of *qi* in the abdomen	Even though there has been an erroneous administration of purgatives, healthy *qi* is still strong
If there is no *qi* movement in the abdomen, there will be a sensation of fullness in the epigastrium	After the erroneous administration of purgatives, healthy *qi* becomes deficient and the retained pathogens agglomerate into a mass

For the treatment of the erroneous administration of bitter-cold purgatives, *Gui Zhi Jia Gui Tang* (Guizhi Jia Gui Decoction) is used when there is "movement of *qi* in the abdomen" to warm *yang*, disperse cold, and reverse the abnormal rising of *qi*; *Gui Zhi Ren Shen Tang* is used "If there is no *qi* movement in the abdomen, there will be fullness in the sub-cardiac area" to warm the middle energizer, tonify spleen, disperse the mass; modified *Gan Cao Xie Xin Tang* (Gancao Xiexin Decoction) can also be used.

The first paragraph of line 17 discusses the etiology and main symptoms and pulse reflective of cold hernia (table 9-7-5).

Table 9-7-5 Analysis of the etiology and main symptoms and pulse reflective of cold hernia

Main symptoms	Pathogenesis
Abdominal pain (pain around the umbilicus)	Internal accumulation of cold and *yin*, obstruction of *yang qi*, external cold damages the interior directly, struggle between healthy and pathogenic *qi*
Aversion to cold, preference for warmth	Interior *yang* deficiency results in *yang* failing to reach the exterior, *yang* deficiency results in defense failure
Anorexia	Middle *yang* deficiency, direct invasion of exterior cold, dysfunction of the spleen and stomach in transportation and transformation
Wiry tight pulse	Cold in both interior and exterior, contraction of the meridians

Line 20 discusses the pulse, symptoms, and therapeutic principle of cold hernia excess syndrome. The main idea is to explain the complex conditions by analyzing the various pulses, and point out the pathogenesis and the therapeutic principle. It points out that the main pulse reflective of cold hernia is tight or wiry. Cold syndrome with tight or wiry and forceful pulse is a real cold excess syndrome and can be "purged". If the pulse is wiry and weak, it is a deficiency condition. According to this line, the indications of pulse and the main pulse reflective of the disease are not invariable. In clinical practice, they should be analyzed together with the other symptoms.

The above six lines discuss the general etiology, syndrome differentiation, and therapeutic principles for cold hernia. It may be caused by *yang qi* deficiency and invasion of cold, or cold invading the abdomen directly. Syndrome differentiation includes internal cold with *yang* deficiency syndrome, complicated by exterior cold syndrome, internal deficient cold syndrome, internal accumulation of excess cold syndrome, and a case deterioration after erroneous administration of purgatives. The therapeutic principles include "purge its cold" and "may be purged". Pulse diagnosis is used for explanation of the condition.

9.7.2 Treatment based on syndrome differentiation

9.7.2.1 Accumulation of *yin* and cold syndrome (typical syndrome)

【Original source material】 In patients with abdominal pain around the navel region, diaphoresis will cause cold sweating, cold extremities and a sunken tight pulse. *Da Wu Tou Jian* (Dawutou Decoction) will provide a cure. [Synopsis of the Golden Chamber, line 10.17 (lower part)]

【Key points for syndrome differentiation】 Severe pain around the umbilicus, spontaneous cold sweating, coldness of hands and feet, purple lips, pale complexion, pale tongue, white coating, sunken tight pulse.

【Syndrome analysis】 Syndrome analysis of accumulation of *yin* and cold is shown in the table 9-7-6.

Table 9-7-6 Syndrome analysis of accumulation of *yin* and cold

Main symptoms	Pathogenesis
Severe pain around the umbilicus	Accumulation of *yin* and cold, stagnation of *yang qi*
Spontaneous cold sweating	Severe pain cause irregular *qi* movement, defensive *qi* is weak
Cold limbs	*Yang* deficiency and *yin* exuberance, *yang qi* fails to reach the four extremities
Purple lips, pale complexion, sunken tight pulse	*Yin* and cold accumulation in the interior

【Basic pathogenesis】 *Yang qi* deficiency, *yin* and cold accumulation, *yang* movement is impeded.

【Therapeutic principle】 Break up the mass, disperse cold, warm *yang*, relieve pain.

【Prescription】 *Da Wu Tou Jian*.

Zhi Wu Tou (*Rhizoma Aconiti Preparata*) 5 big pcs.

Stew the drug in three *sheng* of water until one *sheng* remains. Filter the decoction and add two *sheng* of honey. Then stew the decoction until all the water evaporates. Two *sheng* of the decoction will remain. Serve seven *ge* to a strong patient and five *ge* to a weak. If not effective, serve a second dose the next day. No more than one dose should be served per day.

9.7.2.2 Blood deficiency and internal coldness syndrome

【Original source material】 Abdominal pain caused by cold with pain in the costal regions and dragging pains can be reduced with *Dang Gui Sheng Jiang Yang Rou Tang* (Danggui Shengjiang Yangrou Decoction). (Synopsis of the Golden Chamber, line 10. 18).

【Key points for syndrome differentiation】 Abdominal pain, pain in the costal area, contraction of the genital organs, the pain is alleviated by warmth and pressure, pale complexion, shortness of breath, lassitude, pale tongue, white coating, wiry thready choppy or sunken wiry forceless pulse.

【Syndrome analysis】 Syndrome analysis of cold hernia with blood deficiency and internal coldness is shown in the table 9-7-7.

Table 9-7-7 Syndrome analysis of cold hernia with blood deficiency and internal coldness

Main symptoms	Pathogenesis
Abdominal pain, pain in the costal area, contraction of the genital organs	Liver blood deficiency, *qi* deficiency with coldness, lack of nourishment and warming of the costal area and abdomen
Abdominal pain alleviated by warmth and pressure	Pain due to blood deficiency and internal coldness, alleviated by warmth and pressure
Pale complexion, shortness of breath, lassitude	*Qi* and blood deficiency
Wiry thready choppy pulse or sunken wiry forceless pulse	Blood deficiency with internal cold, weakness of *qi* to motivate the pulse

【Basic pathogenesis】 Blood deficiency, internal cold, lack of nourishment and warming to the costal area and abdomen.

【Therapeutic principle】 Nourish blood and disperse cold, warm the interior and relieve pain.

【Prescription】 *Dang Gui Sheng Jiang Yang Rou Tang*.

Dang Gui (*Radix Angelicae Sinensis*) 3 *liang*

Sheng Jiang (*Rhizoma Zingiberis Recens*) 5 *liang*

Yang Rou (*Mutton*) 1 *jin*

In cases caused by severe cold, increase the dosage of *Sheng Jiang* to one *jin* to strengthen the effects of warming and dispersing cold. This indicates that *Sheng Jiang* is a must-given herb. In cases of acute pain with vomiting caused by liver *qi* overacting on spleen and stomach with accumulation of cold and stagnation of *qi*, add two *liang* of *Chen Pi* and one *liang* of *Bai Zhu* to the original prescription to strengthen the spleen to prevent overacting from the liver.

9.7.2.3 Interior cold with exterior syndrome

【Original source material】 For abdominal pain caused by cold hernia with coldness and numbness in the extremities and pain throughout the body, neither acupuncture, moxibustion nor other drugs can cure the syndrome. *Wu Tou Gui Zhi Tang* (Wutou Guizhi Decoction) is the remedy. (Synopsis of the Golden Chamber, line 10.19)

【Key points for syndrome differentiation】 Abdominal pain, coldness of limbs, numbness of hands and feet, body pain, headache, nasal obstruction, pale tongue, thin white coating, floating wiry or floating tight pulse.

【Syndrome analysis】 Syndrome analysis of interior cold with exterior cold hernia syndrome is shown in the table 9-7-8.

Table 9-7-8 Syndrome analysis of interior cold with exterior cold hernia syndrome

Main symptoms	Pathogenesis
Abdominal pain	*Yang qi* weakness, accumulation of cold *qi*
Cold limbs	*Yang qi* weakness, *yang* fails to reach the four extremities
Numbness of hands and feet	*Yang* is in decline and *yin* exuberant, *qi* and blood stagnation, malnourishment of the muscles and tendons
Body pain, headache, nasal obstruction, floating pulse	Wind-cold blocks the exterior, nutrient and defense disharmony

【Basic pathogenesis】 *Yang qi* weakness, cold *qi* accumulation, *qi* and blood blockage, complicated by wind-cold blocking the exterior and nutrient and defense disharmony.

【Therapeutic principle】 Releasing both the exterior and interior, i.e. warm *yang*, disperse cold, relieve pain, release the muscles, harmonize the nutrient and defense.

【Prescription】 *Wu Tou Gui Zhi Tang*.

Wu Tou (*Rhizoma Aconiti*) 5 pcs.

Gui Zhi Tang see 5.1.1.

Stew *Wu Tou* in two *sheng* of honey until half of the decoction remains. Filter the decoction. Mix the decoction with five *ge* of *Gui Zhi Tang* to make one *sheng* of decoction. For the first dose, serve two *ge* of the decoction. If it is not effective, increase the dosage to three *ge*. If it is still not effective, increase to five *ge*. When the medication takes effect, the patient will behave as if drunk. If the patient vomits, the efficacy of the decoction is proven.

This is an exterior and interior syndrome with interior syndrome predominant and urgent. It is therefore said in *Jin Kui Yao Lue Lun Zhu* (Annotations to Synopsis of the Golden Chamber) written by Xu Bin: "*Wu Tou* is used for purging cold, and combined with *Gui Zhi Tang* to harmonize the nutrient and defense. The treatment focuses seventy percent on treating the interior and thirty percent on treating the exterior".

Summary

Cold hernia is a disease of internal exuberance of *yin*-cold, with the main symptom being contraction and pain in the abdomen. In the Synopsis of the Golden Chamber, it was classified as three syndromes: accumulation of *yin* and cold, blood deficiency and internal cold and internal cold with an exterior syndrome. They are summarized as table 9-7-9.

Table 9-7-9 Summary of syndrome differentiation and treatment of cold hernia

		Accumulation of *yin* and cold syndrome	Blood deficiency and internal cold syndrome	Internal cold with exterior syndrome
Similarities		Internal cold in pathogenesis and nature, main symptoms include abdominal pain, and wiry tight pulse. For treatment, warm the interior, disperse cold and relieve pain		
Differences	Pathogenesis	Deficient *yang* with internal cold, accumulation of *yin*-cold, stagnation of *yang qi*	*Yang* deficiency, internal cold, blockage of *qi* and blood, wind cold blocks the exterior	Blood deficiency with internal cold, lack of nourishment to the costal area and abdomen
	Main symptoms	Pain around the umbilicus, paroxysmal severe pain, spontaneous cold sweating, coldness of hands and feet, pale tongue, white coating, sunken tight pulse	Abdominal pain, cold limbs, numbness of hands and feet, body pain, headache, nasal obstruction, pale tongue, thin white coating, floating wiry or floating tight pulse	Contraction and pain in abdomen and costal area, mild pain alleviated by warmth and pressure, pale complexion, pale tongue, white coating, wiry thready choppy or sunken wiry forceless pulse
	Therapeutic principles	Break up the mass, disperse cold, warm *yang*, relieve pain	Warm the interior and relieve pain, disperse cold and release the exterior	Nourish blood, disperse cold, warm the interior, relieve pain
	Ingredients of herbs	*Zhi Wu tou* 5 big pcs. two sheng of honey	*Wu Tou* 5 pcs. two *sheng* of honey add five *ge* of *Gui Zhi Tang*	*Dang Gui* 3 *liang*, *Sheng Jiang* 5 *liang*, *Yang Rou* 1 *jin*

9.8 Food Retention

9.8.1 General introduction of food retention

Food retention (*su shi*) is a disease that results from improper diet and dysfunction of the spleen and stomach which leads to the over night retention of undigested food in the stomach and intestines.

Retention of undigested food is usually related to improper diet. It was recorded in *Su Wen* (Plain Questions): "over intake of food injuries the intestines and stomach." In the first chapter of the Synopsis of the Golden Chamber, it says: "overeating damages the spleen and stomach." The pathogenesis of this disease includes injury to the stomach and intestines by a sudden intake of a large amount of food, or the retention of food affecting the ascending and descending functions of the spleen and stomach.

9.8.2 Diagnosis of food retention

【Original source material】 A tense pulse resembling a twisting rope indicates retention of undigested food. (Synopsis of the Golden Chamber, line 10.25)

A tight pulse indicates either an exterior syndrome with headache caused by pathogenetic wind and cold, or abdominal indigestion. (Synopsis of the Golden Chamber, line 10.26)

【Syndrome analysis】 Line 25 discusses the pulse reflective of the retention of undigested food. The retention of undigested food and irregular *qi* movement result in a "tight pulse like a turning rope" (a tight pulse which may be temporally loose as a turning rope, or a slippery pulse).

Line 26 introduces the identification of retention of undigested food and exterior wind-cold syndrome. A tight pulse indicates either an exterior wind-cold syndrome, or retention of undigested food. The key points to identify are the different characteristics of the tight pulse in shape and rhythm and the main(table 9 - 8 - 1).

Table 9 - 8 - 1 Identification of retention of undigested food with exterior wind-cold syndrome

	Retention of undigested food	Exterior wind-cold syndrome
Etiology	Improper diet	Invasion of exterior cold pathogens
Tight pulse	As irregular as a rolling rope, usually combining with a smooth pulse in the onset, changing to a choppy pulse over time	A regular tight pulse, usually combined with a floating pulse
Main symptoms	Fullness and pain of the abdomen, fetid belching, acid regurgitation	Fever, chills, headache, body pain

It is, in fact, easy to distinguish a simple exterior wind-cold syndrome from retention of undigested food, though they may present together in the clinic. There may be overintake of food followed by invasion of wind cold or vice versa.

9.8.3 Syndrome differentiation and treatment of food retention

9.8.3.1 Retention of undigested food in the epigastric area

【Original source material】 When the indigestion remains in the upper gastric cavity, an emetic should be prescribed to help patient eliminate the indigestion by vomiting. *Gua Di San*

(Guadi Powder) should be adopted. (Synopsis of the Golden Chamber, line 10.24)

【Key points for syndrome differentiation】 Fetid belching, acid regurgitation, nausea and a readiness to vomit, chest and epigastric fullness and distress, perhaps pain, anorexia, tight pulse.

【Syndrome analysis】 Syndrome analysis of retention of undigested food in the epigastric area is shown in the table 9-8-2.

Table 9-8-2 Syndrome analysis of retention of undigested food in the epigastric area

Main symptoms	Pathogenesis
Fetid belching, acid regurgitation	The retained undigested food putrefies in the stomach
Nausea with readiness to vomit, anorexia	Spleen and stomach dysfunction, upward attack of stomach *qi*
Chest and epigastric fullness and distress, perhaps pain, tight pulse	Retained undigested food results in *qi* movement stagnation

【Basic pathogenesis】 Retention of undigested food in the stomach, *qi* movement stagnation, spleen and stomach ascending and descending dysfunction, healthy *qi* attempts to expel pathogens.

【Therapeutic principle】 Induce vomiting to eliminate the undigested food.

【Prescription】 *Gua Di San*.

See 7.10.3.

Inducing vomiting may damage healthy *qi*, especially stomach *qi*, and so can only be used for excess syndromes with no deficiency of healthy *qi*; it is contraindicated for use in those with loss of blood, senility and weakness, as well as for pregnant women. In addition, after vomiting, advise the patient to rest and eat porridge to nourish the spleen and stomach.

Gua Di is toxic so attention should be paid to the dosage and administration method in order to avoid poisoning.

9.8.3.2 Retention of undigested food in the intestines

【Original source material】 Question: How does one diagnose a retention of undigested food syndrome? Master: The wrist pulse is floating and large. When it is pressed deeply, it becomes choppy. The pulse in the *chi* position is also faint and choppy. This is evidence of the retention of undigested food. *Da Cheng Qi Tang* is of use as a purgative. (Synopsis of the Golden Chamber, line 10.21)

A rapid slippery pulse indicates a case of excess and the retention of undigested food. The purgative *Da Cheng Qi Tang* can be considered as a cure. (Synopsis of the Golden Chamber, line 10.22)

Diarrhea with anorexia signifies the retention of undigested food. A purgative should be prescribed. *Da Cheng Qi Tang* will provide a cure. (Synopsis of the Golden Chamber, line 10.23)

【Key points for syndrome differentiation】 Abdominal distention and pain aggravated by pressure, anorexia, foul hot breath, constipation or difficulty defecating, fetid stools, feverish sensation in the anus, red tongue, dry yellow coating, rapid slippery pulse or floating enlarged pulse that is choppy and forceful when pressed.

【Syndrome analysis】 Lines 21 and 22 contrast smooth and choppy pulses to explain that the pulse may be different based on the duration of disease and the severity of the *qi* stagnation in a retention of undigested food syndrome (table 9-8-3).

Table 9-8-3 Syndrome analysis of retention of undigested food in the intestines

Main symptoms	Pathogenesis
Rapid slippery pulse	Retention of undigested food, mild *qi* movement stagnation
Floating enlarged pulse in the *cun* position that when pressed becomes choppy, choppy faint pulse in the *chi* position	Retention of undigested food, *qi* movement stagnation, pulse *qi* does not flow well
Abdominal distention and pain aggravated by pressure, anorexia, foul hot breath, constipation	Long-term retention of undigested food transforms into heat and dryness, obstruction of *fu*-organ *qi*
Perhaps difficulty defecating, fetid stools	Retention of undigested food, fecal impaction and watery side-flow diarrhea

【Basic pathogenesis】 Retention of undigested food in intestines transforms into heat and dryness, obstruction of *fu*-organ *qi*, or retention of undigested food with fecal impaction and watery side-flow diarrhea.

【Therapeutic principle】 "Purgation is necessary", clean the stomach and intestines, purge the undigested food.

【Prescription】 *Da Cheng Qi Tang*.

See 5.2.2.

Diarrhea caused by retention of undigested in the intestines treated by *Da Cheng Qi Tang* belongs to the method of treating excess type diarrhea with purgatives.

Summary

The causes and pathogenesis of retention of undigested food are improper diet, and spleen and stomach ascending and descending dysfunction. The main symptoms include abdominal distention, pain, fetid belching, acid regurgitation, perhaps in combination with vomiting and diarrhea.

In order to guide out the excess and based on the duration and the location of the retained indigestion food, Canon of Medicine adopted either vomiting or purging to expel pathogens and restore health(table 9-8-4).

Table 9-8-4 Summary of syndrome differentiation and treatment of retention of undigested food

	Etiology and pathogenesis	Main symptoms	Therapeutic principles	Prescription
Retention of undigested food in the epigastric area	Retention of undigested food in the stomach, *qi* movement stagnation, spleen and stomach ascending and descending dysfunction, healthy *qi* trying to expel pathogens	Fetid belching, acid regurgitation, nausea with readiness to vomit, chest and epigastric fullness and distress, perhaps pain, anorexia, tight pulse	Induce vomiting to eliminate undigested food	*Gua Di San*
Retention of undigested food in the intestines	Retention of undigested food in intestines, turning into heat and dryness, obstruction of *fu*-organ *qi*, or retention of undigested food, fecal impaction with watery diarrhea	Abdominal distention and pain aggravated by pressure, anorexia, foul hot breath, constipation or fetid watery diarrhea, feverish sensation in anus, red tongue, dry yellow coating, rapid slippery pulse	Cleaning the stomach and intestines, purge the undigested food	*Da Cheng Qi Tang*

If the undigested food retention in the stomach turns to dryness and mass, but there is no nausea, the therapy of promoting digestion and relieving stasis may be used. The formula is *Bao He Wan* (Baohe Pills). They are a further development of the treatment by later practitioners in using promoting digestion and relieving stasis to treat the retention of undigested food.

9.9 Vomiting and Hiccup

The syndrome differentiation and treatment of vomiting (*ou tu*) and hiccup (*yue*) are discussed in this section. Pathogenically speaking, both of them are caused by spleen and stomach transportation and transformation dysfunction, and upward invasion of the stomach *qi*. For an excess heat syndrome, the treatment should focus on the stomach and intestines and treat and use the therapeutic methods of harmonizing stomach, reversing the upward invasion, clearing the *fu*-organs and expelling pathogens. For deficiency cold syndrome, the treatment should focus on spleen and kidney and use the therapeutic methods of warming the middle energizer, dispersing cold and tonifying spleen and kidney.

9.9.1 Vomiting

9.9.1.1 Etiology and pathogenesis

【Original source material】 If patient experiences nausea and vomiting followed by thirst, this indicates the disorder is self-limited. If the patient experiences thirst before nausea and vomiting, this indicates water is stopped below the heart/middle. It is a fluid-retention syndrome. Under normal conditions, a patient experiencing nausea and vomiting should feel thirst, if the patient does not, however, feel thirsty, then there is thoracic fluid retention (*zhi yin*). (Synopsis of the Golden Chamber, line 17.2)

Question: A rapid pulse indicates interior heat which normally promotes digestion and the appetite. But the patient experiences nausea and vomiting. Why does this happen? Master: Diaphoresis has weakened *yang qi* and caused deficiency in the diaphragm. A rapid pulse represents "guest heat" which cannot aid digestion. A cold and deficient stomach causes the nausea and vomiting.

A wiry pulse is felt, which indicates there is no excess in the stomach. (When stomach *qi* is exhausted), a patient will vomit the food eaten in the morning during the evening. This is called "stomach regurgitation" (*wei fan*), and results from the adoption of purgatives while pathogenetic cold prevails in the upper part of the body. In this case, the pulse turns wiry and therefore is a case of deficiency. (Synopsis of the Golden Chamber, line 17.3)

The anterior tibial pulse is floating and choppy. A floating pulse indicates deficiency, whereas a choppy pulse signifies an injured spleen. When the spleen is damaged, digestion is also hampered, so the patient vomits food eaten in the morning during the evening, or vomits the food eaten at night the next morning. Food does not digest and this is called "stomach regurgitation". If the pulse is tense and choppy, the case will be difficult to treat. (Synopsis of the Golden Chamber, line 17.5)

【Key points】

A. Retention of water and fluids causing vomiting: Spleen transportation dysfunction, retention of water and fluid, abnormal *qi* ascension and descension, upward counterflow of stomach *qi*.

B. Deficiency and cold in the middle energizer causing vomiting: Middle energizer deficiency cold, transportation and transformation failure, upward counterflow of stomach *qi*.

9.9.1.2 Therapeutic principle and contraindications

【Original source material】 A patient suffering from constant nausea and vomiting should not be treated with antiemetic if the vomitus contains purulent substances. Once the patient vomits up all of these substances, vomiting will stop. (Synopsis of the Golden Chamber, line 17.1)

No purgative should be adopted for patients who tend to vomit. (Synopsis of the Golden Chamber, line 17.6)

【Key points】

A. Treating the root of the disease: It is important to find the cause of vomiting through the differentiation of syndromes, and treat the cause, rather than to just simply stop the vomiting.

B. Treating the disease according to its location: Based on whether the disease is located in the upper or lower(half of the body), choose different treatments to expel the pathogens.

9.9.1.3 Treatment according to syndrome differentiation

9.9.1.3.1 *Wu Zhu Yu Tang* treated syndrome

【Original source material】*Wu Zhu Yu Tang* (Wuzhuyu Decoction) is of use for cases of nausea and fullness in the chest. (Synopsis of the Golden Chamber, line 17.8)

Wu Zhu Yu Tang is effective in curing dry vomiting (retching) with salivation and headache. (Synopsis of the Golden Chamber, line 17.9)

【Key points for syndrome differentiation】

A. Main symptoms: Vertex headache, vomiting of phlegm and saliva.

B. Accompanying symptoms: Fullness in chest and hypochondrium, stuffiness in the epigastric area, gastric discomfort, acid regurgitation, cold limbs.

【Syndrome analysis】Syndrome analysis of *Wu Zhu Yu Tang* treated syndrome is shown in the table 9-9-1.

Table 9-9-1 Syndrome analysis of *Wu Zhu Yu Tang* treated syndrome

Main symptoms	Pathogenesis
Vertex headache	Deficiency cold in the liver and stomach, cold pathogens invade upward with liver *qi*
Vomiting of phlegm and saliva	Deficiency cold in the middle energizer, accumulation of cold fluid, stomach descending dysfunction
Fullness in chest and hypochondrium	Accumulation of cold fluids blocking the *yang* in chest
Stuffiness in the epigastric area, acid regurgitation	Stomach *yang* deficiency, stomach *qi* disharmony
Cold limbs	*Yang qi* deficiency, *yang* fails to reach the four extremities

【Basic pathogenesis】Deficiency cold in the middle energizer, cold fluids attack upward with liver *qi*.

【Therapeutic principle】Warm the middle energizer, tonify deficiency, disperse coldness, reverse upward attack and relieve vomiting.

【Prescription】*Wu Zhu Yu Tang*.

See 5.2.3.

9.9.1.3.2 *Xiao Ban Xia Tang* (and its like) treated syndrome

【Original source material】A patient suffering nausea and vomiting and an inability to swallow what he has eaten should be given *Xiao Ban Xia Tang* (Xiaobanxia Decoction) to treat the syndrome. (Synopsis of the Golden Chamber, line 17.12)

Ban Xia Gan Jiang San (Banxia Ganjiang Powder) is of use in syndromes with dry vomiting with copious salivation. (Synopsis of the Golden Chamber, line 17.20)

The patient feels great discomfort in the chest, and though he seems to suffer from wheezing, nausea and vomiting but is not actually suffering from these complaints. He feels extremely uncomfortable in his chest and is unable to quiet himself down. To tranquillize the patient, *Sheng Jiang Ban Xia Tang* (Shengjiang Banxia Decoction) is of use. (Synopsis of the Golden Chamber, line 17. 21)

A patient who vomits frequently is likely to feel thirst during recovery. But if patient has no thirst, this is due to fluid-retention in the epigastrium. In such cases, *Xiao Ban Xia Tang* is of use. (Synopsis of the Golden Chamber, line 12. 28)

Xiao Ban Xia Jia Fu Ling Tang (Xiao Banxia Jia Fuling Decoction) is of use for syndromes of fluid-retention in the diaphragm with the following symptoms and signs: Sudden onset of nausea and vomiting, fullness in the epigastrium, dizziness and palpitations. (Synopsis of the Golden Chamber, line 12. 30)

The patient first feels thirst followed by vomiting, indicating presence of fluid-retention in the epigastrium. *Xiao Ban Xia Jia Fu Ling Tang* is of use. (Synopsis of the Golden Chamber, line 12. 41)

【Key points for syndrome differentiation】 Vomiting of phlegm and saliva, fullness in chest and abdomen, palpitations, dizziness.

【Syndrome analysis】 Syndrome analysis of *Xiao Ban Xia Tang* treated syndrome is shown in the table 9 - 9 - 2.

Table 9 - 9 - 2 Syndrome analysis of *Xiao Ban Xia Tang* treated syndrome

Main symptoms	Pathogenesis
Vomiting of phlegm and saliva	Retention of excessive fluid, *qi* fails to properly ascend and descend and upward attacks the stomach
Fullness in chest and abdomen	*Qi* movement becomes stagnated from the excessive fluids filling up the chest and abdomen
Palpitations	Retained fluid attacks the heart
Dizziness	Upward invasion of retained fluids blocks clear *yang*

【Basic pathogenesis】 Retention of excessive fluid, failure to the *qi* movement in up and down.

【Therapeutic principle】 Disperse retention of excessive fluid, reverse the adverse rising of retained fluid.

【Prescription】 *Xiao Ban Xia Tang*, or choose *Ban Xia Gan Jiang San*, *Sheng Jiang Ban Xia Tang*, *Xiao Ban Xia Jia Fu Ling Tang* according to the syndromes.

A. Xiao Ban Xia *Tang*

Ban Xia (*Rhizoma Pinelliae*) 1 *sheng*

Sheng Jiang (*Rhizoma Zingiberis Recens*) 0. 5 *jin*

B. *Ban Xia Gan Jiang San*

Ban Xia (*Rhizoma Pinelliae*)

Gan Jiang (*Rhizoma Zingiberis*)

C. *Sheng Jiang Ban Xia Tang*

Ban Xia (*Rhizoma Pinelliae*) 0.5 *sheng*
Sheng Jiang Zhi (Juice of *Rhizoma Zingiberis Recens*) 1 *liang*

D. *Xiao Ban Xia Jia Fu Ling Tang*

Ban Xia (*Rhizoma Pinelliae*) 1 *sheng*
Sheng Jiang (*Rhizoma Zingiberis Recens*) 0.5 *jin*
Fu Ling (*Poria*) 3 *liang*

Summary

Summary of *Xiao Ban Xia Tang* (and its like) treated syndrome is shown in the table 9 - 9 - 3.

Table 9 - 9 - 3 Summary of *Xiao Ban Xia Tang* (and its like) treated syndromes

	Pathogenesis	Main symptoms	Principles	Use of herbs
Xiao Ban Xia Tang treated syndrome	Excess syndrome of vomiting caused by retained fluids depression of *yang*	Vomiting of phlegm and saliva	Disperse cold and dissolve fluid, harmonize stomach and direct *qi* downward	Increase the dosage of *Ban Xia*, add *Sheng Jiang*
Ban Xia Gan Jiang San treated syndrome	*Yang* deficiency cold fluids in the middle energizer, adverse flow of *qi*	Retching, vomiting of frothy saliva	Warm *yang*, dispersing coldness, depressing the abnormal rising of *qi*, relieving vomiting	Add *Gan Jiang*, use equal amounts of *Ban Xia* and *Gan Jiang*
Sheng Jiang Ban Xia Tang treated syndrome	Accumulation of cold fluids in the chest	Vomiting, hiccup, fullness in chest	Promote *yang*, disperse fluid, eliminate mass	Increase the dosage of *Sheng Jiang Zhi*
Xiao Ban Xia Jia Fu Ling Tang treated syndrome	Fluids retained in the diaphragm, adverse flow of stomach *qi* resulting from the occasional invasion of external pathogens	Vomiting of phlegm and saliva, epigastric fullness, dizziness, palpitations	Expel fluid, reverse the abnormal rising of *qi* and tranquilize the heart	Use *Xiao Ban Xia Tang* to expel fluids and depress the abnormal rising of *qi*, add *Fu Ling* to expel the fluids downward

9.9.1.3.3 Intermingling of cold and heat syndrome

【Original source material】 *Ban Xia Xie Xin Tang* (Banxia Xiexin Decoction) is of use in syndromes with the following symptoms and signs: Nausea and vomiting with borborygmus and vital-energy stagnation in the epigastrium. (Synopsis of the Golden Chamber, line 17.10)

【Key points for syndrome differentiation】 Stuffiness in the epigastric region, vomiting and borborygmus.

【Syndrome analysis】 Syndrome analysis of intermingling of cold and heat is shown in the table 9 - 9 - 4.

Table 9 - 9 - 4 Syndrome analysis of intermingling of cold and heat

Main symptoms	Pathogenesis
Vomiting	Intermingling of cold and heat in the middle energizer, adverse rising of stomach *qi*
Stuffiness in the epigastric region	Intermingling of cold and heat in the middle energizer, stagnation of *qi* movement
Borborygmus	Intermingling of cold and heat in the middle energizer, dysfunction in the transportation of turbid dampness

【Basic pathogenesis】 Deficiency and stagnation of *qi* in the middle energizer, intermingling of cold and heat in the middle energizer, disharmony of ascending and descending.

【Therapeutic principle】 Dissolve the mass, relieve stuffiness, harmonize stomach and reverse the abnormal rising of *qi*.

【Prescription】 *Ban Xia Xie Xin Tang*.

See 7. 7. 9.

9. 9. 1. 3. 4 Heat-induced diarrhea and vomiting syndrome

【Original source material】 *Huang Qin Jia Ban Xia Sheng Jiang Tang* (Huangqin Jia Banxia Shengjiang Decoction) is of use for patients with retching and diarrhea. (Synopsis of the Golden Chamber, line 17. 11)

【Key points for syndrome differentiation】 Retching, abdominal pain, fetid diarrhea, thirst, anxiety, red tongue with yellow coating.

【Syndrome analysis】 Syndrome analysis of heat-induced diarrhea and vomiting is shown in the table 9 - 9 - 5.

Table 9 - 9 - 5 Syndrome analysis of heat-induced diarrhea and vomiting

Main symptoms	Pathogenesis
Retching	Pathogenic heat invades the stomach and intestines causing counterflow stomach *qi*
Fetid diarrhea	Downward invasion of pathogenic heat, abnormal transportation of large intestine
Anxiety, thirst	Exuberance of internal heat consumes body fluids
Red tongue with yellow coating	Exuberance of internal heat

【Basic pathogenesis】 Pathogenic heat invades the stomach and intestine, ascending and descending disharmony.

【Therapeutic principle】 Clear heat, relieve diarrhea, harmonize the stomach, reverse the abnormal rising of *qi*.

【Prescription】 *Huang Qin Jia Ban Xia Sheng Jiang Tang*.

See 7. 9. 1.

9.9.1.3.5 Deficiency cold-induced stomach regurgitation syndrome

【Original source material】 *Da Ban Xia Tang* (Dabanxia Decoction) is of use for patients with vomiting by stomach regurgitation. (Synopsis of the Golden Chamber, line 17. 16)

【Key points for syndrome differentiation】

A. Main symptoms: Vomiting in the afternoon of the food eaten in the morning, vomiting in the morning of the food eaten the previous afternoon, with undigested food retention.

B. Accompanying symptoms: Pale complexion, lassitude, stuffiness in the epigastric area, dry stools.

【Syndrome analysis】 Syndrome analysis of deficiency cold-induced stomach regurgitation is shown in the table 9-9-6.

Table 9-9-6 Syndrome analysis of deficiency cold-induced stomach regurgitation

Main symptoms	Pathogenesis
Vomiting in the afternoon of the food eaten in the morning, vomiting in the morning of the food eaten the previous afternoon	Deficiency cold in the middle energizer, failure to digest food which is subsequently vomited out
Stuffiness in the epigastric area	Spleen transportation dysfunction, accumulation of cold, *qi* stagnation
Dry stools	Spleen deficiency results in a failure to produce enough *qi* and fluids to nourish the large intestine
Pale complexion, lassitude emaciation	Spleen deficiency results in a lack of resources

【Basic pathogenesis】 Deficiency cold of the middle energizer, stomach-*qi* fails to descend.

【Therapeutic principle】 Harmonize stomach, reverse the counterflow of *qi*, tonify deficiency, moisten dryness.

【Prescription】 *Da Ban Xia Tang*.

Ban Xia (*Rhizoma Pinelliae*)	2 *sheng*
Ren Shen (*Radix Ginseng*)	3 *liang*
Honey (*Mel*)	1 *sheng*

9.9.1.3.6 Excessive *yin* repelling *yang* syndrome

【Original source material】 A patient with nausea and vomiting, weak pulse, urinary incontinence, slight fever will be difficult to treat if he also suffers from coldness in the extremities. *Si Ni Tang* is of use. (Synopsis of the Golden Chamber, line 17. 14)

【Key points for syndrome differentiation】 Vomiting, weak pulse, urinary incontinence, low-grade fever, coldness of the four limbs.

【Syndrome analysis】 Syndrome analysis of excessive *yin* repelling *yang* is shown in the table 9-9-7.

Table 9-9-7 Syndrome analysis of excessive *yin* repelling *yang*

Main symptoms	Pathogenesis
Vomiting	Weakness of *yang qi*, upward invasion of *yin* and coldness, stomach-*qi* fails to descend
Urinary incontinence	Spleen and kidney *yang* deficiency, non-consolidation of kidney-*qi*
Low-grade fever, cold limbs	*Yang* repelled to the exterior by *yin*-excess in the interior
Weak pulse	Pulse indicating *yin* exuberance and *yang* deficiency

【Basic pathogenesis】Excessive *yin* repels *yang*, upward invasion of *yin* and coldness.

【Therapeutic principle】Restore *yang* from collapse.

【Prescription】*Si Ni Tang*.

See 5.5.1.

9.9.1.3.7 Excess heat in the stomach and intestines syndrome

【Original source material】Immediately after eating, food is vomited up. Such cases can be treated with *Da Huang Gan Cao Tang* (Dahuang Gancao Decoction). (Synopsis of the Golden Chamber, line 17.17)

【Key points for syndrome differentiation】Vomiting after eating, epigastric and abdominal distention and pain, constipation, thirst, red tongue, yellow coating, forceful pulse.

【Syndrome analysis】Syndrome analysis of excess heat in the stomach and intestines is shown in the table 9-9-8.

Table 9-9-8 Syndrome analysis of excess heat in the stomach and intestines

Main symptoms	Pathogenesis
Vomiting after eating	Excess heat stagnation, upward invasion of stomach heat, stomach fails to receive food
Abdominal distention and pain, constipation	Obstruction of *fu*-organ *qi*, intestines fail to transport
Thirst	Obstruction of excess heat consumes body fluids
Red tongue, yellow coating, forceful pulse	Exuberance of internal heat

【Basic pathogenesis】Excess heat blocks the stomach and intestines, obstruction of *fu*-organ *qi*, stomach *qi* fails to in descend.

【Therapeutic principle】Purge heat and clear the *fu* organs.

【Prescription】*Da Huang Gan Cao Tang*.

Da Huang (*Radix et Rhizoma Rhei*) 4 *liang*

Gan Cao (*Radix Glycyrrhizae*) 1 *liang*

9.9.1.3.8 Heat stagnating in the *shaoyang* syndrome

【Original source material】*Xiao Chai Hu Tang* is of use in cases of vomiting and fever. (Synopsis of the Golden Chamber, line 17.15)

【Key points for syndrome differentiation】Vomiting, alternating attacks of chills and fever, bitter taste in mouth, dry throat, distressing fullness in chest and hypochondrium.

【Syndrome analysis】 Syndrome analysis of heat stagnating in the *shaoyang* is shown in the table 9 - 9 - 9.

Table 9 - 9 - 9 Syndrome analysis of heat stagnating in the *shaoyang*

Main symptoms	Pathogenesis
Vomiting	*Shaoyang* pathogenic heat attacks the stomach, upward counterflow of stomach *qi*
Alternating attacks of chills and fever, distressing fullness in chest and hypochondrium	Pathogens in the *shaoyang* result in meridian *qi* stagnation
Bitter taste in mouth, dry throat	Up-flaring of gallbladder fire

【Basic pathogenesis】 *Shaoyang* meridian *qi* stagnation, pathogenic heat attacks stomach.

【Therapeutic principle】 Expel heat, harmonize stomach, reverse the counterflow of *qi*.

【Prescription】 *Xiao Chai Hu Tang*.

See 5. 3. 1.

Summary

Summary of syndrome differentiation and treatment of vomiting is shown in the table 9 - 9 - 10.

Table 9 - 9 - 10 Summary of syndrome differentiation and treatment of vomiting

	Pathogenesis	Syndrome differentiation	Therapeutic principles	Prescription
Wu Zhu Yu Tang treated syndrome	Deficiency cold of the middle energizer, upward invasion of cold with liver *qi*	Vertex headache, vomiting of phlegm and saliva	Warm the middle and tonifying deficiency, dispersing cold and relieving vomiting	*Wu Zhu Yu Tang*
Xiao Ban Xia Tang (and its like) treated syndromes	Retention of fluid, abnormal *qi* ascension and descending	Vomiting of phlegm and saliva, fullness in the chest and abdomen, palpitations, dizziness	Disperse retained fluids and reverse the abnormal rising of *qi*	Classes of *Xiao Ban Xia Tang*
Intermingling of cold and heat	Deficiency and stagnation of *qi* in the middle energizer, intermingling of cold and heat, disharmony of ascending and descending	Stuffiness in the epigastric region vomiting, borborygmus	Dissolve the mass, harmonize stomach and reverse the abnormal rising of *qi*	*Ban Xia Xie Xin Tang*
Diarrhea and vomiting caused by heat	Pathogenic heat invades the stomach and intestines, disharmony in ascending and descending	Retching, abdominal pain, fetid diarrhea, thirst, anxiety	Clear heat, relieve diarrhea, harmonize stomach, reverse the abnormal rising of *qi*	*Huang Qin Jia Ban Xia Sheng Jiang Tang*

Continued

	Pathogenesis	Syndrome differentiation	Therapeutic principles	Prescription
Deficiency cold of stomach	Deficiency cold of the middle energizer, stomach-*qi* fails to descend	Vomiting in the afternoon of the food eaten in the morning, vomiting in the morning of the food eaten the previous afternoon, food retention	Harmonize stomach, reverse the adverse flow of *qi*, tonify deficiency, moisten dryness	*Da Ban Xia Tang*
Yin-excess repelling *yang*	*Yang* is repelled to the exterior by *yin*-excess in the interior, upward invasion of *yin* and coldness	Vomiting, weak pulse, urinary incontinence, low-grade fever, coldness of the four limbs	Restore *yang* from collapse	*Si Ni Tang*
Excess heat in the stomach and intestines	Excess heat blocking stomach and intestines, obstruction of *fu*-organ *qi*, failure to the stomach *qi* in descending	Vomiting after eating, epigastric and abdominal distention and pain, constipation, thirst, red tongue, yellow coating, forceful pulse	Purge heat and clear the *fu* organs	*Da Huang Gan Cao Tang*
Heat stagnating in the *shaoyang*	*Shaoyang* meridian *qi* stagnation, pathogenic heat attacks the stomach	Vomiting, alternating attacks of chills and fever, bitter taste in mouth, dry throat, distressing fullness in chest and hypochondrium	Expel heat, harmonize stomach, reverse the counterflow of *qi*	*Xiao Chai Hu Tang*

9.9.2 Hiccup

9.9.2.1 Syndrome differentiation and therapeutic principle

【Original source material】 When hiccup and abdominal distention are observed, diagnosis should be made by examining the front and the back. Therapy should facilitate normal functioning. (Synopsis of the Golden Chamber, line 17.7)

【Key points】

A. Syndrome differentiation: Excess and deficiency should be distinguished first in syndrome differentiation. Excessive type of hiccup with abdominal fullness results from internal obstruction of excessive pathogens and *qi* movement stagnation. Attention should be paid to the conditions of the bowel movement and urination. Hiccup with abdominal fullness and difficult urination indicate the retention of fluids and dampness in the lower part (of the body) causing adverse flow of *qi* which results in hiccup. The presence of constipation indicates excess heat in the intestines and stomach, the retention of residue, and stomach *qi* failure to descend and thereof resulting in hiccup.

B. Therapeutic principle: The treatment should be based on the differentiation of the causes. Restoring unobstructed urination and bowel movement is important in the treatment of a excess syndrome. Abdominal fullness, hiccup with constipation should be treated by clearing the *fu* organs and expelling mass to promote unobstructed movement of *fu*-organ *qi*; in this way, the fullness and hiccup will be relieved. When difficult urination is present, urination should be promoted to downward purge the turbid materials; in this way, the hiccup and fullness will be relieved. These are treatments for the basic underlying cause; the hiccups will be relieving without needing to treating hiccup symptomatically.

9.9.2.2 Syndrome differentiation

9.9.2.2.1 Stomach cold with adverse *qi* flow syndrome

【Original source material】 *Ju Pi Tang* (Jupi Decoction) is of use in patients with symptoms such as hiccup, retching and coldness in the extremities. (Synopsis of the Golden Chamber, line 17.22)

【Key points for syndrome differentiation】 Retching, hiccup, slow low hiccup sound which is relieved by heat and aggravated by cold, accompanied by coldness of hands and feet.

【Syndrome analysis】 Syndrome analysis of stomach cold with adverse *qi* flow is shown in the table 9-9-11.

Table 9-9-11 Syndrome analysis of stomach cold with adverse *qi* flow

Main symptoms	Pathogenesis
Retching, hiccup	Cold blockage of the diaphragm, upward flow of stomach *qi*
Slow low hiccup sound which is relieved by heat and aggravated by cold	Blockage of the diaphragm by cold stagnating the stomach *yang*
Coldness of hands and feet	Blockage of middle energizer *yang* which then fails to reach the extremities

【Basic pathogenesis】 Cold blockage of the diaphragm, stomach *qi* fails to descend, blockage of middle energizer *yang*.

【Therapeutic principle】 Disperse cold and direct *qi* downward, activate *yang* and harmonize stomach.

【Prescription】 *Ju Pi Tang*.

Chen Pi (*Pericarpium Citri Reticulatae*) 4 *liang*

Sheng Jiang (*Rhizoma Zingiberis Recens*) 0.5 *jin*

9.9.2.2.2 Stomach deficiency heat syndrome

【Original source material】 *Ju Pi Zhu Ru Tang* (Jupi Zhuru Decoction) is of use in easing hiccup and retching. (Synopsis of the Golden Chamber, line 17.23)

【Key points for syndrome differentiation】 Hiccup, restlessness, shortness of breath, lassitude, thirst, feverish sensation in palms and soles, forceless and rapid pulse.

【Syndrome analysis】 Syndrome analysis of stomach deficiency heat hiccup is shown in the table 9-9-12.

Table 9-9-12 Syndrome analysis of stomach deficiency heat hiccup

Main symptoms	Pathogenesis
Hiccup	Stomach deficiency heat, upward flow of *qi*
Restlessness, thirst, feverish sensation in palms and soles, empty rapid pulse	Stomach *yin* deficiency, resulting in deficiency heat
Shortness of breath, lassitude	Stomach and diaphragm *qi* deficiency, lack of resources

【Basic pathogenesis】 Stomach deficiency heat, upward flow of *qi*.

【Therapeutic principle】 Tonify deficiency, clear heat, harmonize stomach, direct *qi* downward.

【Prescription】 *Ju Pi Zhu Ru Tang*.

Chen Pi (*Pericarpium Citri Reticulatae*)	2 *sheng*
Zhu Ru (*Caulis Bambusae in Taeniam*)	2 *sheng*
Da Zao (*Fructus Jujubae*)	30 pcs.
Sheng Jiang (*Rhizoma Zingiberis Recens*)	0.5 *jin*
Gan Cao (*Radix Glycyrrhizae*)	5 *liang*
Ren Shen (*Radix Ginseng*)	1 *liang*

Summary

Summary of the syndrome differentiation and treatment of hiccup is shown in the table 9-9-13.

Table 9-9-13 Summary of the syndrome differentiation and treatment of hiccup

	Pathogenesis	Syndrome differentiation	Therapeutic principles	Prescription
Stomach cold and adverse *qi* flow	Cold blockage of the diaphragm, stomach *qi* fails to descend, middle energizer *yang* blockage	Retching, hiccup, slow low hiccup sound which is relieved by heat and aggravated by cold, coldness of hands and feet	Disperse cold and direct *qi* downward, activate *yang* and harmonize stomach	*Ju Pi Tang*
Stomach deficiency heat	Stomach deficiency with heat, upward flow of *qi*	Hiccup, restlessness, shortness of breath, lassitude, thirst, feverish sensation in the palm and soles, forceless rapid pulse	Tonify deficiency, clear heat, harmonize stomach, direct *qi* downward	*Ju Pi Zhu Ru Tang*

9.10 Diarrhea

This section discusses diarrhea (*xia li*), dysentery and diarrhea with flatus whose locus of disease is in the intestines. The underlying pathogenesis is mainly spleen transportation dysfunction and the disorder of ascending and descending functions. Further development of the disorder will lead to exhaustion of stomach *qi* and deficiency of the spleen and kidney. The growth and decline of *yang qi*, and the increase and decline of the pathogens involved are the key points for making a prognosis. Restoring the ascending and descending function of the spleen and stomach is the basic principle of treatment and the spleen and kidney are the two organs of treatment.

9.10.1 Treatment based on syndrome differentiation of diarrhea

9.10.1.1 Deficiency cold type

9.10.1.1.1 Deficiency cold type diarrhea with exterior syndrome

【Original source material】 When symptoms and signs of diarrhea, abdominal distention and pain throughout the body are observed, the interior coldness should be first treated with warm drugs after which the exterior syndrome can be treated. *Si Ni Tang* can be used to warm the Interior and *Gui Zhi Tang* can be used to disperse the exterior syndrome. (Synopsis of the Golden Chamber, line 17.36)

【Key points for syndrome differentiation】 Diarrhea with undigested food, abdominal distention, general aching of the body.

【Syndrome analysis】 Syndrome analysis of deficiency cold type diarrhea with exterior syndrome is shown in the table 9-10-1.

Table 9-10-1 Syndrome analysis of deficiency cold type diarrhea with exterior syndrome

Main symptoms	Pathogenesis
Diarrhea with undigested food	Spleen and kidney *yang* deficiency, internal exuberance of *yin* and cold, transportation and transformation dysfunction
Abdominal distention,	Spleen and kidney *yang* deficiency accumulation of coldness
General aching of the body	External wind cold invasion. Nutrient and defense disharmony

【Basic pathogenesis】 Spleen and kidney *yang* deficiency, transportation and transformation dysfunction, invasion of external pathogens.

【Therapeutic principle】 First warm the interior and restore *yang*, regulate nutrient and defense to release the exterior.

【Prescription】 *Si Ni Tang* and *Gui Zhi Tang*.

Si Ni Tang see 5.5.1.

Gui Zhi Tang see 5.1.1.

9.10.1.1.2 Extreme cold type diarrhea syndrome

【Original source material】 The patient has diarrhea with undigested food; he also sweats and has cold extremities. This is a case of interior cold and exterior heat. *Tong Mai Si Ni Tang* (Tongmai Sini Decoction) will provide a cure. (Synopsis of the Golden Chamber, line 17.45)

【Key points for syndrome differentiation】 Diarrhea with undigested food in the stools, cold limbs, low-grade fever, malar flush, faint hardly palpable pulse.

【Syndrome analysis】 Syndrome analysis of extreme cold type diarrhea is shown in the table 9-10-2.

Table 9-10-2 Syndrome analysis of extreme cold type diarrhea

Main symptoms	Pathogenesis
Diarrhea with undigested food in the stools	Spleen and kidney *yang* deficiency, internal exuberance of *yin* and cold, indigestion of food
Cold limbs	Spleen and kidney *yang* deficiency, internal exuberance of *yin* and cold
Low-grade fever, malar flush	Internal exuberance of *yin* repels *yang* to the exterior
Faint hardly palpable pulse	*Yin* exuberance and *yang* decline

【Basic Pathogenesis】 Spleen and kidney *yang* deficiency, internal exuberance of *yin* repels *yang* to the exterior.

【Therapeutic principle】 Restore *yang* from collapse.

【Prescription】 *Tong Mai Si Ni Tang*.

See 5.1.1.

9.10.1.2 Excess accumulated mass syndrome

【Original source material】 Diarrhea with moderate pulse at the *cun*, *guan* and *chi* positions, a hard mass is felt when the epigastrium is palpated. Purgatives should be urgently adopted. *Da Cheng Qi Tang* will provide a cure. (Synopsis of the Golden Chamber, line 17.37)

Lasting diarrhea with slow and slippery pulse is a case of excess. The purgative *Da Cheng Qi Tang* should be urgently given. (Synopsis of the Golden Chamber, line 17.38)

When diarrhea is accompanied by a slippery pulse, something present in the interior must be eliminated. The purgative *Da Cheng Qi Tang* should be adopted. (Synopsis of the Golden Chamber, line 17.39)

After the diarrhea subsides, it will frequently recur, showing that the syndrome is not completely relieved. The purgative *Da Cheng Qi Tang* should be adopted to eliminate the remaining pathological condition. (Synopsis of the Golden Chamber, line 17.40)

Diarrhea with delirium indicates the presence of dry feces. *Xiao Cheng Qi Tang* is the remedy. (Synopsis of the Golden Chamber, line 17.41)

【Key points for syndrome differentiation】 Fetid diarrhea, pain relieved after diarrhea, or tenesmus, abdominal fullness with pain aggravated by pressure, perhaps recurrent diarrhea, dry yellow tongue coating, forceful pulse.

【Syndrome analysis】 Syndrome analysis of excess accumulated mass is shown in the table 9-10-3.

Table 9 - 10 - 3 Syndrome analysis of excess accumulated mass

Main symptoms	Pathogenesis
Fetid diarrhea	Internal injury from improper diet, stagnation of dry feces, watery discharge
Abdominal fullness with pain aggravated by pressure	Food retention in the middle energizer injures the stomach and causes *qi* stagnation
Pain relieved after diarrhea, perhaps tenesmus	Food retention relieved by diarrhea but not completely eliminated
Delirium	Excess heat in the *yangming*, upward invasion of pathogenic heat
Repeated attacks of diarrhea	Retained pathogens lodge in the intestines
Dry yellow tongue coating, forceful pulse	Internal excess heat syndrome

【Basic pathogenesis】Food retention injures the stomach, excess heat in the *yangming*.

【Therapeutic principle】Clear the *fu* organs, expel the accumulated mass, treat diarrhea with purgatives.

【Prescription】*Da Cheng Qi Tang* or *Xiao Cheng Qi Tang*.

Da Cheng Qi Tang see 5. 2. 2.

Xiao Cheng Qi Tang see 5. 2. 2.

9. 10. 1. 3 Dysentery

9. 10. 1. 3. 1 Deficiency cold type dysentery

【Original source material】*Tao Hua Tang* (Taohua Decoction) will cure diarrhea with bloody pus. (Synopsis of the Golden Chamber, line 17. 42)

【Key points for syndrome differentiation】

A. Main symptoms: Diarrhea with clear pus and purple or dark colored blood, protracted course of disease.

B. Accompanying symptoms: Dull pain in abdomen relieved by warmth and pressure, poor appetite, lassitude, cold limbs, pale tongue, weak pulse.

【Syndrome analysis】Syndrome analysis of deficiency cold type dysentery is shown in the table 9 - 10 - 4.

Table 9 - 10 - 4 Syndrome analysis of deficiency cold type dysentery

Main symptoms	Pathogenesis
Diarrhea with clear pus and purple or dark color blood, protracted course of disease	*Zang*-organ *qi* deficiency cold, unconsolidated *qi* and blood, unstoppable efflux diarrhea
Purple or dark color blood, blood is clear and thin	Middle energizer *yang* deficiency, *qi* and blood stagnation injure the vessels
Dull pain in abdomen relieved by warmth and pressure	Middle energizer *yang* deficiency, *yang* fails to warm
Poor appetite, lassitude, cold limbs	Spleen deficiency resulting in a failure to transport, lack of resources
Pale tongue, weak pulse	Internal deficiency cold

【Basic pathogenesis】 *Zang*-organ *qi* deficiency cold, unconsolidated *qi* and blood, unstoppable efflux diarrhea.

【Therapeutic principle】 Warm the middle energizer, relieve dysentry with astringents.

【Prescription】 *Tao Hua Tang*.

See 5.5.1.

9.10.1.3.2 Damp-heat type dysentery

【Original source material】 *Bai Tou Weng Tang* (Baitou weng Decoction) will cure diarrhea accompanied by a descending feeling in the anus. (Synopsis of the Golden Chamber, line 17.43)

【Key points for syndrome differentiation】

A. Main symptoms: Diarrhea with filthy turbid fetid pus and fresh red colored blood, feverish sensation in anus, tenesmus.

B. Accompanying symptoms: Fever, thirst, yellow urine, red tongue, yellow greasy coating, rapid pulse.

【Syndrome analysis】 Syndrome analysis of damp-heat type dysentery is shown in the table 9-10-5.

Table 9-10-5 Syndrome analysis of damp-heat type dysentery

Main symptoms	Pathogenesis
Diarrhea with pus and blood, tenesmus	Damp-heat stagnates in large intestine and disturbs *qi* movement
Filthy turbid fetid pus and fresh red colored blood	Damp-heat stagnation in large intestine injures the vessels
Feverish sensation in the anus	Damp-heat stagnation in large intestine affects the anus
Fever, thirst, yellow urine	Damp-heat steaming
Red tongue, yellow greasy coating, rapid pulse	Signs of damp-heat accumulation

【Basic pathogenesis】 Damp-heat stagnating in large intestine injures the vessels and disturbs *qi* movement.

【Therapeutic principle】 Clear heat, dry dampness, cool the blood, relieve toxins and relieve dysentery.

【Prescription】 *Bai Tou Weng Tang*.

See 5.6.3.

9.10.1.4 Diarrhea with flatus

9.10.1.4.1 Dampness retention type of diarrhea with flatus

【Original source material】 Diuretics are of use in cases of diarrhea accompanied by flatus. (Synopsis of the Golden Chamber, line 17.31)

【Key points for syndrome differentiation】 Diarrhea with simultaneous intestinal flatus from the anus, borborygmus, abdominal distention, dysuria.

【Syndrome analysis】 Syndrome analysis of diarrhea with flatus dampness retention is shown in the table 9-10-6.

Table 9-10-6 Syndrome analysis of diarrhea with flatus dampness retention

Main symptoms	Pathogenesis
Diarrhea with simultaneous intestinal flatus from the anus	Dampness disturbs spleen transportation, *qi* stagnation in the intestines
Borborygmus, abdominal distention	Dampness disturbs the spleen, *qi* stagnation
Dysuria	Dampness disturbs *qi* movement, abnormal *qi* transformation

【Basic pathogenesis】Dampness disturbs spleen transportation, *qi* stagnation in the intestines.

【Therapeutic principle】Invigorate spleen, eliminate dampness with diuresis.

The principle of promoting diuresis for treatment of diarrhea raised in this line was widely used by TCM practitioners in later generations, it is also regarded as the method of hardening the stool by promoting urination.

9.10.1.4.2 Deficiency-cold type of diarrhea with flatus

【Original source material】Diarrhea accompanied by flatus can be treated with *He Li Le San* (Helile Powder). (Synopsis of the Golden Chamber, line 17.47)

【Key points for syndrome differentiation】Diarrhea, loose stools with undigested food, frequent flatus, diarrhea with simultaneous intestinal flatus from the anus.

【Syndrome analysis】Syndrome analysis of deficiency-cold type of diarrhea with flatus is shown in the table 9-10-7.

Table 9-10-7 Syndrome analysis of deficiency-cold type of diarrhea with flatus

Main symptoms	Pathogenesis
Diarrhea, loose stools with undigested food	Deficiency cold of the middle energizer, failure to turn food into essence
Frequent flatus, diarrhea with simultaneous intestinal flatus from the anus	Sinking of middle energizer *qi*, *qi* deficiency results in an inability to check the problem

【Basic pathogenesis】Sinking of middle energizer *qi*, *qi* deficiency results in an inability to check the problem.

【Therapeutic principle】Warm and astringe the collapse, relieve diarrhea with astringents.

【Prescription】*He Li Le San*.

Defensive *He Zi* (*Fructus Chebulae Praeparatae*) 10 pcs.

9.10.1.5 Deficiency-induced post-diarrhea restlessness

【Original source material】After diarrhea, if restlessness appears again, and the epigastrium is soft when pressed, this will be restlessness of a deficient nature. *Zhi Zi Chi Tang* (Zhizichi Decoction) will provide a cure. (Synopsis of the Golden Chamber, line 17.44)

【Key points for syndrome differentiation】Restlessness after diarrhea, softness at the epigastric area.

【Syndrome analysis】 Syndrome analysis of deficiency-induced post-diarrhea restlessness is shown in the table 9-10-8.

Table 9-10-8 Syndrome analysis of deficiency-induced post-diarrhea restlessness

Main symptoms	Pathogenesis
Restlessness after diarrhea	Remaining pathogens lodge in the chest and disturb the heart and mind
Softness at the epigastric area	Disturbance by intangible pathogenic heat

【Basic pathogenesis】 Remaining pathogens disturb the heart and mind.

【Therapeutic principle】 Expel pathogenic heat, relieve restlessness.

【Prescription】 *Zhi Zi Chi Tang*.

See 5. 2. 1.

9.10.2 Contraindications in the treatment of deficiency cold type diarrhea

【Original source material】 Exterior syndromes should not be treated when diarrhea with undigested cereals is observed. If perspiration is induced with diaphoresis, abdominal distention will present. (Synopsis of the Golden Chamber, line 17. 33)

【Key points of treatment】

A. For deficiency cold type diarrhea with exterior syndrome, warming *yang* and treating the interior should be urgently applied. Releasing the exterior syndrome with diaphoresis should not be used frivolously.

B. The misuse of diaphoretic therapy to release the exterior syndrome easily leads to a deterioration condition such as abdominal distention due to *qi* stagnation.

Summary

Summary of syndrome differentiation and treatment of diarrhea is shown in the table 9-10-9.

Table 9-10-9 Summary of syndrome differentiation and treatment of diarrhea

	Basic pathogenesis	Key points of syndrome differentiation	Therapeutic principles	Prescriptions
Deficiency cold type diarrhea	Spleen and kidney *yang* deficiency, transportation and transformation dysfunction	Diarrhea with undigested food in the stools, abdominal distention, general aching of the body	Warm the interior and restore *yang*	*Si Ni Tang*
Extreme cold type diarrhea	Spleen and kidney *yang* deficiency, internal exuberance of *yin* repelling *yang*	Diarrhea with undigested food in the stools, cold limbs, low-grade fever, malar flush, hardly palpable pulse	Restore *yang* from collapse	*Tong Mai Si Ni Tang*

Continued

	Basic pathogenesis	Key points of syndrome differentiation	Therapeutic principles	Prescriptions
Excess Accumulated mass type diarrhea	Food retention injuring stomach, excess heat in *yangming*	Fetid diarrhea, pain relieved after diarrhea, abdominal fullness, and pain aggravated by pressure, dry yellow tongue coating, forceful pulse	Clear the *fu* organs, expel mass, treat diarrhea with purgatives	*Da Cheng Qi Tang* or *Xiao Cheng Qi Tang*
Deficiency cold type dysentery	*Zang-organ qi* deficiency cold, unconsolidated *qi* and blood, unstoppable efflux diarrhea	Diarrhea with clear pus and blood in purple or dark color, protracted course of disease, pain in abdomen relieved by warmth and pressure	Warm the middle, relieve dysentry with astringents	*Tao Hua Tang*
Damp-heat type dysentery	Damp-heat stagnating in large intestine, injuring the vessels, disturbing *qi* movement	Diarrhea with filthy, turbid fetid pus and fresh red colored blood, feverish sensation in the anus, tenesmus	Clear heat, dry dampness, cool the blood, and detoxify	*Bai Tou Weng Tang*
Dampness retention diarrhea with flatus	Dampness disturbs spleen transportation, *qi* stagnation in the intestines	Diarrhea with simultaneous intestinal flatus from the anus, borborygmus, abdominal distention, dysuria	Invigorate spleen, eliminate dampness with diuresis	
Deficiency cold type diarrhea with flatus	Sinking of middle-energizer *qi*, *qi* deficiency results in a failure to check the problem	Diarrhea with undigested food in the stools, frequent flatus, diarrhea with simultaneous intestinal flatus from anus	Warm and astringe the collapse, relieve diarrhea with astringents	*He Li Le San*
Deficiency-induced post-diarrhea restlessness	Remaining pathogens disturb the heart and mind	Restlessness after diarrhea, softness at the epigastric area	Expel pathogenic heat, relieve restlessness	*Zhi Zi Chi Tang*

9.11 Jaundice

9.11.1 General introduction of jaundice

This section discusses the syndrome differentiation and treatment of jaundice(*huang dan*), which is characterized by yellow sclera, skin and urine. The jaundice discussed by Zhang Zhongjing includes dietary jaundice, alcoholic jaundice (*jiu dan*), jaundice due to sex (*nv lao dan*) and jaundice due to asthenia (*xu huang*). Dampness is its main pathogenic factor; heat stagnation and blood system locus are the key points of its pathogenesis; clearing damp-heat and treatment focusing on the blood are of practical value in the clinic even though all the eight therapeutic methods are used during the treatment, including diaphoretic, emetic, purgative, mediating, warming, clearing, resolving and tonifying therapies.

9.11.1.1 Etiology and pathogenesis

【Original source material】 The pulse in the wrist is floating and moderate. A floating pulse indicates the existence of wind, whereas the moderate pulse signifies an impediment syndrome, which is not a case of wind-stroke. The patient also experiences malaise and discomfort in the extremities and the spleen will necessarily be yellow, (this is) blood stasis heat on the move. (Synopsis of the Golden Chamber, line 15.1)

Yangming disease with slow pulse: The patient cannot eat large quantities of food. If he does, he will experience epigastric uneasiness, dizziness and dysuria. These symptoms indicate dietary jaundice (Lit. grain jaundice; *gu dan*). Although a purgative is given, the abdominal distention is not relieved. The reason is that the pulse is slow. (Synopsis of the Golden Chamber, line 15.3)

Master: Jaundice accompanied by fever, restlessness, wheezing, fullness in the chest and dry mouth was treated with fire-therapy to induce perspiration. Heat from the fire therapy combined with heat in the Interior to make the case more serious. Jaundice originates from dampness. The whole body turned yellow and feverish, with a hot feeling in the abdomen indicating the prevalence of heat in the Interior. A purgative should be adopted to eliminate the heat. (Synopsis of the Golden Chamber, line 15.8)

【Key points of etiology and pathogenesis】

A. Dampness as the main pathogenic factor: "Jaundice originates from dampness" stresses that the formation of jaundice is related to dampness; in other words, without dampness, jaundice is unable to come into being.

a. Jaundice due to damp-heat: Dampness stagnates in the spleen and stomach and can not be drained out of the body, so it is transmitted to the body surface via the spleen and creates a yellow appearance.

b. Jaundice due to dampness-cold: When the spleen is blocked by dampness-cold, damp and turbidity run downward and influence the *qi* transformation function of the lower energizer, leading to the prolonged stagnation of the dampness-cold and the formation of jaundice due to dampness-cold.

B. The formation of heat and blood stagnation is the key pathogenesis: The spleen commands blood, governs the muscles and four limbs, and is the axis of transmission of the four essential substances required for life activities. When dampness stagnates in the spleen, it affects the blood and can circulate around the body with the blood resulting in jaundice.

Therefore, spleen dampness and stagnant heat are two pivotal factors in the occurrence of jaundice.

9.11.1.2 Classification and main symptoms

【Original source material】 The anterior tibial pulse is tense and rapid. A rapid pulse indicates the prevalence of heat, enabling the stomach to perform its digestive function well. A tense pulse indicates prevalence of cold, which will lead to abdominal distension after meals. A floating pulse in the *chi* position indicates a state of weakness in the kidney, whereas a tense pulse in the anterior tibial region signifies weakness in the spleen. When wind and cold intermingle and conflict with each other, the patient will feel dizziness the moment he finishes his meal. Queasiness in the stomach is due to turbidity caused by indigestion. When this turbidity flows downward, dysuria results. When the *yin* is affected by cold and the urinary bladder by heat, the body will turn yellow. This is called dietary jaundice.

The complexion on the forehead turns dark, and a slight perspiration is observed. The palms and soles are warm. These symptoms will become acute at dusk. Patient also suffers contraction in the urinary bladder and frequent urination. This is a case of jaundice due to sexual intemperance (*nv lao dan*). If the abdomen is distended as if it were full of water, the case will be difficult to treat.

The patient feels hot and restless in the chest with anorexia and repeated nausea. This is a case of alcoholic jaundice (*jiu dan*). (Synopsis of the Golden Chamber, line 15.2)

Alcoholic jaundice will have symptoms and signs of dysuria, hot feeling in the chest and warm feeling on the soles. (Synopsis of the Golden Chamber, line 15.4)

【Key points for syndrome differentiation】

A. Dietary jaundice: Yellow sclera and skin, inability to eat, dizziness when eating, dysuria.

B. Jaundice due to over-indulgence in sex: Dark yellow sclera and skin, dark forehead, frequent urination; accompanied by symptoms of kidney deficiency.

C. Alcoholic jaundice: Yellow skin, heart distress in, inability to eat, dysuria.

【Syndrome analysis】 Syndrome analysis of dietary jaundice is shown in the table 9-11-1.

Table 9-11-1 Syndrome analysis of dietary jaundice

Main symptoms	Pathogenesis
Yellow sclera and skin	Prolonged dampness stagnation in the spleen affects the blood and transmits to the body surface
Inability to eat, dizziness when eating	Spleen fails to transport resulting in damp turbidity rushing upward to the head
Dysuria	Damp turbidity flows downward causing the urinary bladder to lose its transformation function

Syndrome analysis of jaundice due to over-indulgence in sex is shown in the table 9-11-2.

Table 9 - 11 - 2 Syndrome analysis of jaundice due to over-indulgence in sex

Main symptoms	Pathogenesis
Dark yellow sclera and skin	Over-sexuality injures the kidney, causes deficiency of kidney essence and blood
Dark forehead	Color of the kidney appears on forehead because of kidney deficiency
Frequent urination	Kidney fails to check fluids
Mild perspiration, feverish sensation in palms and soles	Deficient heat resulting from kidney *yin* deficiency

Syndrome analysis of alcoholic jaundice is shown in the table 9 - 11 - 3.

Table 9 - 11 - 3 Syndrome analysis of alcoholic jaundice

Main symptoms	Pathogenesis
Distress in the chest	Alcohol is harmful to the middle energizer and causes internal damp-heat formation, which suffocates the heart
Inability to eat	Internal damp-heat stagnates in the middle energizer and results in spleen and stomach failing to transform
Yellow skin	Dampness in the spleen and stomach affects the blood and transmits to the body surface
Dysuria	Damp-heat flows downward causing the urinary bladder to lose its transformation function

9.11.1.3 Therapeutic principles of jaundice

【Original source material】 Alcoholic jaundice is not accompanied by fever. The patient is generally quiet and relaxed but experiences abdominal distention, tends to vomit, and has a dry nasal cavities. In such cases, an emetic is of use at first if the pulse is floating. A purgative can be given first if the pulse is sunken and wiry. (Synopsis of the Golden Chamber, line 15.5)

Alcoholic jaundice with a hot feeling in the chest and nausea can be treated with an emetic. (Synopsis of the Golden Chamber, line 15.6)

Master: Jaundice accompanied by fever, restlessness, wheezing, fullness in the chest and dry mouth was treated with fire-therapy to induce perspiration. Heat from the fire therapy combined with the heat in the interior to make the case more serious. Jaundice originates from dampness. The whole body then turned yellow and feverish, with a hot feeling in the abdomen indicating the prevalence of heat in the interior. A purgative should be adopted to eliminate the heat. (Synopsis of the Golden Chamber, line 15.8)

General therapy in all cases of jaundice is the adoption of a diuretic. If the pulse is floating, a diaphoretic should be adopted. *Gui Zhi Jia Huang Qi Tang* (Guizhi Jia Huangqi Decoction) will provide a cure. (Synopsis of the Golden Chamber, line 15.16)

【Key points of treatment】

A. Routine treatments

a. Induce diuresis: Dampness is the main cause of jaundice, inducing diuresis can remove damp turbidity through urination.

b. Purgation: The formation of heat and blood stagnation is the key pathogenesis, blood stagnation and retained heat can be removed from the large intestine by purging.

B. Secondary treatments

a. Induce diaphoresis: Suitable for jaundice complicated with an exterior syndrome.

b. Emetic therapy: Damp-heat accumulating in the stomach causes jaundice and vomiting. As the tendency of disease is upward, the pathogenic factor can be removed by inducing vomiting. However, this method is not often used in clinic.

9.11.2 Syndrome differentiation of jaundice

9.11.2.1 Jaundice due to damp-heat

9.11.2.1.1 Equal prevalence of both dampness and heat syndrome

【Original source material】 The patient has fever and chills and is reluctant to eat. If he eats, he will experience dizziness and uneasiness in his chest. This condition will last for a period of time after which his skin will turn yellow. This is dietary jaundice (*gu dan*). *Yin Chen Hao Tang* (Yinchenhao Decoction) is of use. (Synopsis of the Golden Chamber, line 15.13)

In a *yangming* disease, when there is fever and perspiration, jaundice will not result as heat has leaked out together through perspiration. If there is perspiration only over the head, dysuria, and thirst, it indicates congelation of the interior heat and the skin will turn yellow. *Yin Chen Hao Tang* is the remedy. (Treatise on Cold-Induced Diseases, line 236)

In a cold-induced disease for seven or eight days, *Yin Chen Hao Tang* is indicated for cases presenting with dysuria, slight abdominal distention and skin as yellow as an orange. (Treatise on Cold-Induced Diseases, line 260)

【Key points for syndrome differentiation】 Skin as yellow as an orange, dizziness when eating, restlessness, thirst, lose of appetite and abdominal distention, constipation, dysuria, red tongue with yellow greasy coating, rapid pulse.

【Syndrome analysis】 Syndrome analysis of equal prevalence of both dampness and heat in damp-heat type jaundice is shown in the table 9-11-4.

Table 9-11-4 Syndrome analysis of equal prevalence of both dampness and heat in damp-heat type jaundice

Main symptoms	Pathogenesis
Skin as yellow as an orange	Damp-heat in the spleen and stomach affect the blood and transmit to the body surface
Dizziness when eating	Damp-heat accumulation in the middle energizer, spleen and stomach fail to transform, leading to damp turbidity rushing upward
Restlessness and thirst	Disturbance of damp-heat and consumption of body fluids

Continued

Main symptoms	Pathogenesis
Loss of appetite, abdominal distention and constipation	Damp-heat accumulation in the middle energizer, spleen and stomach fail to transform leading to *fu*-organ *qi* obstruction
Dysuria	Damp-heat turbidity running downward and urinary bladder failing to transform
Red tongue with yellow greasy coating, rapid pulse	Signs of internal damp-heat accumulation

【Basic pathogenesis】 Prevalence of both dampness and heat in the middle energizer, spleen and stomach fail to ascend the lucid and descend the turbid.

【Therapeutic principle】 Clear heat and eliminate dampness, activate blood and relieve jaundice.

【Prescription】 *Yin Chen Hao Tang*.

See 6.2.9.

9.11.2.1.2 Predominance of heat with dampness syndrome

【Original source material】 Alcoholic jaundice accompanied by symptoms such as restlessness and irritation in the chest or pain with feelings of heat can be treated with *Zhi Zi Da Huang Tang* (Zhizi Dahuang Decoction). (Synopsis of the Golden Chamber, line 15.15)

【Key points for syndrome differentiation】 Skin as yellow as an orange, distress or burning pain in chest, thirst, loss of appetite, constipation, dysuria, red tongue with yellow greasy coating, rapid pulse.

【Syndrome analysis】 Syndrome analysis of predominance of heat with dampness in damp-heat type jaundice is shown in the table 9-11-5.

Table 9-11-5 Syndrome analysis of predominance of heat with dampness in damp-heat type jaundice

Main symptoms	Pathogenesis
Skin as yellow as an orange	Damp-heat in the spleen and stomach affects the blood and transmits to the body surface
Distress or burning pain in the chest	Damp-heat accumulation in the middle energizer affects the heart
Thirst, loss of appetite	Disturbance of damp-heat, consumption of body fluids, spleen and stomach fail to transform
Constipation	Damp-heat accumulation in the middle energizer, obstruction of *fu*-organ *qi*
Dysuria	Damp-heat turbidity flows downward resulting in the urinary bladder losing its ability to transform
Red tongue with yellow greasy coating, rapid pulse	Signs of internal damp-heat accumulation

【Basic pathogenesis】 Internal damp-heat accumulation affects the heart.

【Therapeutic principle】 Clear heart fire and relieve distress, eliminate damp-heat.

【Prescription】 *Zhi Zi Da Huang Tang*.

Zhi Zi (*Fructus Gardeniae*)	14 pcs.
Da Huang (*Radix et Rhizoma Rhei*)	1 *liang*
Zhi Zi (*Fructus Aurantii Immaturus*)	5 pcs.
Dan Dou Chi (*Semen Sojae Preparatum*)	1 *sheng*

9.11.2.1.3 Exuberant interior heat excess syndrome

【Original source material】 Jaundice accompanied by abdominal fullness, dark urine with difficult urinating and perspiration is a case of harmonious exterior and excess in the interior. A purgative should be adopted. *Da Huang Xiao Shi Tang* (Dahuang Xiaoshi Decoction) will provide a cure. (Synopsis of the Golden Chamber, line 15.19)

【Key points for syndrome differentiation】 Skin as yellow as an orange, abdominal distention and pain that refuses touch, constipation, spontaneous sweating, scanty, dark urine with difficulty urinating, yellow tongue coating, sunken forceful pulse.

【Syndrome analysis】 Syndrome analysis of exuberant interior heat excess in damp-heat type jaundice is shown in the table 9-11-6.

Table 9-11-6 Syndrome analysis of exuberant interior heat excess in damp-heat type jaundice

Main symptoms	Pathogenesis
Skin as yellow as an orange	Damp-heat accumulation in the spleen and stomach affects the blood and transmits to the body surface
Abdominal distention and pain that refuses touch, constipation	Damp-heat transmits internally leading to *fu*-organ *qi* obstruction
Spontaneous sweating	Internal heat steams outward and expels body fluids
Scanty, dark urine with difficulty urinating	Damp-heat turbidity flows downward resulting in the urinary bladder losing its ability to transform
Yellow tongue coating, sunken forceful pulse	Signs of exuberant interior heat excess

【Basic pathogenesis】 Internal accumulation of damp-heat, exuberant interior heat.

【Therapeutic principle】 Promote *fu*-organ *qi* and bowel movements, purge heat.

【Prescription】 *Da Huang Xiao Shi Tang*.

Da Huang (*Radix et Rhizoma Rhei*)	4 *liang*
Huang Bai (*Cortex Phellodendri*)	4 *liang*
Zhi Zi (*Fructus Gardeniae*)	15 pcs.
Xiao Shi (niter or saltpeter)	4 *liang*

9.11.2.1.4 Predominance of dampness with heat syndrome

【Original source material】 *Yin Chen Wu Ling San* (Yinchen Wuling Powder) is of use in treating jaundice. (Synopsis of the Golden Chamber, line 15.18)

【Key points for syndrome differentiation】 Bright yellow skin and sclera, loss of appetite, nausea, abdominal distention and diarrhea, dysuria, white greasy tongue coating, moderate pulse.

【Syndrome analysis】 Syndrome analysis of predominance of dampness with heat in damp-heat type jaundice is shown in the table 9-11-7.

Table 9-11-7 Syndrome analysis of predominance of dampness with heat in damp-heat type jaundice

Main symptoms	Pathogenesis
Bright yellow skin and sclera	Damp-heat accumulation in the spleen and stomach affects the blood and transmits to the body surface
Abdominal distention and diarrhea	Damp-heat accumulates internally, prevalence of splenic dampness, spleen and stomach fail to transform
Loss of appetite and nausea	Damp-heat accumulates internally, spleen and stomach fail to transform and receive
Dysuria	Damp-heat turbidity flows downward resulting in the urinary bladder losing its ability to transform
White greasy tongue coating, slow pulse	Sign of internal damp-heat with a prevalence of dampness

【Basic pathogenesis】 Damp-heat accumulates internally with prevalence of dampness.

【Therapeutic principle】 Clear heat, eliminate dampness by promoting diuresis and relieve jaundice.

【Prescription】 *Yin Chen Wu Ling San*.

Yin Chen Fen (Powder of Herba *Artemisiae Scopariae*) 10 *fen*

Wu Ling San (Wuling Powder, See 7.2.4) 5 *fen*

9.11.2.2 Jaundice due to over-indulgence in sex

【Original source material】 Patients affected by jaundice have fever in the afternoon and chills. This is a case of jaundice due to sexual intemperance. The patient also has abdominal distention, strain in the urinary bladder, yellow complexion all over the body, a dark forehead, and warmth in the soles of the feet. This will gradually turn into black jaundice (*hei dan*). The patient's abdomen is distended as if it were full of water. The stool is black and watery. The cause is over-indulgence in sexual activity. It is not a case of edema. Jaundice accompanied by abdominal distention is generally difficult to treat. *Xiao Shi Fan Shi San* (Xiao Shi Fanshi Powder) is of use. (Synopsis of the Golden Chamber, line 15.14)

【Key points for syndrome differentiation】

A. Main symptoms: Dark yellow skin and sclera, dark forehead, abdominal distention, occasional diarrhea with dark stool.

B. Accompanying symptoms: Aversion to cold in the late afternoon, feverish sensation in the soles of the feet and kidney deficiency symptoms.

【Syndrome analysis】 Syndrome analysis of jaundice due to over-indulgence in sex is shown in the table 9 - 11 - 8.

Table 9 - 11 - 8 Syndrome analysis of jaundice due to over-indulgence in sex

Main symptoms	Pathogenesis
Dark yellow skin and sclera	Excessive sex impairs the kidney and lead to a deficiency of kidney essence and blood
Dark forehead	The color of kidney appears on forehead because of kidney deficiency
Abdominal distention, occasional diarrhea	Deficiency of both kidney and spleen. The kidneys fail to govern water and spleen fails to transform
Dark stool	Accumulation of blood stasis and heat leads to blood circulating out of the vessels and down to the bowels
Mild diaphoresis, feverish sensation in the middle of the palms and soles	Deficient heat produced due to kidney *yin* deficiency
Aversion to cold in late afternoon	Kidney fails to warm the body due to kidney *yin* deficiency affecting *yang*

【Basic pathogenesis】 Kidney and spleen deficiency with blood stagnation and damp-heat.

【Therapeutic principle】 Resolve blood stagnation and dissipate dampness; treat the acute symptoms in emergency cases.

【Prescription】 *Xiao Shi Fan Shi San*.

Xiao Shi (saltpter)

Fan Shi (*Alumen*)

9.11.2.3 Exterior deficiency induced jaundice syndrome

【Original source material】 The general therapy in all cases of jaundice is the adoption of a diuretic. If the pulse is floating, a diaphoretic should be adopted. *Gui Zhi Jia Huang Qi Tang* will provide a cure. (Synopsis of the Golden Chamber, line 15.16)

【Key points for syndrome differentiation】

A. Main Symptoms: The early stage of jaundice, yellow skin and sclera, fever with aversion to cold, floating pulse and spontaneous sweating.

B. Accompanying symptoms: Chronic excessive sweating with susceptibility to catching cold.

【Syndrome analysis】 Syndrome analysis of exterior deficiency induced jaundice is shown in the table 9 - 11 - 9.

【Basic pathogenesis】 Insufficient defensive *qi*, attack of exopathic factor, nutrient and defense disharmony.

Table 9-11-9 Syndrome analysis of exterior deficiency induced jaundice

Main symptoms	Pathogenesis
Yellow skin and sclera	Interaction of exopathic factor and endogenous dampness, stagnation in the spleen transmits to the body surface
Fever with aversion to cold	Exopathic factors attack the body and struggle with healthy *qi* resulting in nutritive and defensive *qi* disharmony
Floating pulse and spontaneous sweating	Deficient defensive *qi* leaves pores unable to properly close

【Therapeutic principle】 Release the exterior and expel pathogens, regulate nutrient and defense.

【Prescription】 *Gui Zhi Jia Huang Qi Tang*.

Gui Zhi (*Ramulus Cinnamomi*) 3 *liang*
Bai Shao (*Radix Paeoniae Alba*) 3 *liang*
Gan Cao (*Radix Glycyrrhizae*) 2 *liang*
Sheng Jiang (*Rhizoma Zingiberis Recens*) 3 *liang*
Da Zao (*Fructus Jujubae*) 12 pcs.
Huang Qi (*Radix Astragali seu Hedysari*) 2 *liang*

9.11.2.4 Deficiency type jaundice

【Original source material】 In male patients, jaundice with normal urination should be treated with *Xiao Jian Zhong Tang* (Xiaojianzhong Decoction) to tonify the deficiency. (Synopsis of the Golden Chamber, line 15.22)

【Key points for syndrome differentiation】 Sallow and lusterless skin, loss of appetite and shortness of breath, tiredness, abdominal pain and diarrhea.

【Syndrome analysis】 Syndrome analysis of deficiency type jaundice is shown in the table 9-11-10.

Table 9-11-10 Syndrome analysis of deficiency type jaundice

Main symptoms	Pathogenesis
Sallow and lusterless skin	Spleen and stomach deficiency results in failure to transform water and food into *qi* and blood, and leads to inadequate nourishment of the skin
Poor appetite and shortness of breath	Spleen and stomach fail to transport and transform
Tiredness	Spleen deficiency with retention of dampness leading to *qi* and blood deficiency
Abdominal pain and diarrhea	Middle energizer deficiency results in failure to transform and to warm the abdomen

【Basic pathogenesis】 Deficiency of spleen and stomach *qi* and blood.

【Therapeutic principle】 Invigorate spleen, replenish *qi* and promote blood production.

【Prescription】 *Xiao Jian Zhong Tang*.

See 7.4.2.

9.11.2.5 Accompanied and deterioration syndromes of jaundice

9.11.2.5.1 Jaundice complicated with a *shaoyang* syndrome

【Original source material】 Jaundice with abdominal pain and vomiting can be treated with *Xiao Chai Hu Tang*. (Synopsis of the Golden Chamber, line 15.21)

【Key points for syndrome differentiation】 Yellow skin and sclera, abdominal pain and vomiting, distressing fullness in chest and hypochondrium, alternating chills and fever.

【Syndrome analysis】 Syndrome analysis of jaundice complicated with a *shaoyang* syndrome is shown in the table 9-11-11.

Table 9-11-11 Syndrome analysis of jaundice complicated with a *shaoyang* syndrome

Main symptoms	Pathogenesis
Yellow skin and sclera	Damp-turbidity accumulation in the spleen and stomach affects the blood and transmits to the body surface
Abdominal pain and vomiting	Earth is blocked and wood obstructed leading to *shaoyang* disharmony
Distressing fullness in chest and hypochondrium, alternate chills and fever	Earth is blocked and wood obstructed leading to weak *qi* movement in the gall bladder meridian

【Basic pathogenesis】 Dampness accumulation in the spleen and stomach involves the liver and gallbladder and leads to dysfunction of the *shaoyang*.

【Therapeutic principle】 Harmonize *shaoyang*, support healthy *qi* and expel pathogenic factors to relieve jaundice.

【Prescription】 *Xiao Chai Hu Tang*.

See 5.3.1.

9.11.2.5.2 Jaundice with dryness retention and blood stagnation

【Original source material】 *Zhu Gao Fa Jian* (Zhugaofa Decoction) is of use in all cases of jaundice. (Synopsis of the Golden Chamber, line 15.17)

【Key points for syndrome differentiation】 Dark yellow skin and sclera, constipation, lower abdominal distention.

【Syndrome analysis】 Syndrome analysis of jaundice with dryness retention and blood stagnation is shown in the table 9-11-12.

Table 9-11-12 Syndrome analysis of jaundice with dryness retention and blood stagnation

Main symptoms	Pathogenesis
Dark yellow skin and sclera	Dryness in the stomach and bowels in combination with blood stagnation preventing *qi* and blood from nourishment of body surface
Constipation	Dryness in the stomach and bowels results in *fu*-organ *qi* obstruction
Lower abdominal distention	Blood stagnation causes weak *qi* movement

【Basic pathogenesis】 Dryness in the stomach and bowels combined with blood stagnation.

【Therapeutic principle】 Moisten dryness and eliminate blood stagnation; induce diuresis and relieve jaundice.

【Prescription】 *Zhu Gao Fa Jian*.

Zhu Gao (Lard)	0.5 *jin*
Luan Fa (Human hair)	3 egg-size balls

Place the human hair in the lard, Stew until hair dissolves. Serve the decoction in two doses. Pathogenic factors will be excreted with the urine.

9.11.2.5.3 Hiccup due to mistreatment of jaundice

【Original source material】 Jaundice with urine of a normal colour, abdominal distention, wheezing and a tendency to loose stools should not be treated with herbs of cold quality when eliminating heat, otherwise it will bring about hiccup. *Xiao Ban Xia Tang* is recommended for hiccup. (Synopsis of the Golden Chamber, line 15.20)

【Key points for syndrome differentiation】

A. Main symptoms: Dark yellow skin and sclera, urine of normal color, hiccup.

B. Accompanying symptoms: Abdominal distention alleviated spontaneously or by pressing, frequent urination, shortness of breath.

【Syndrome analysis】 Syndrome analysis of hiccup due to mistreatment of jaundice is shown in the table 9-11-13.

Table 9-11-13 Syndrome analysis of hiccup due to mistreatment of jaundice

Main symptoms	Pathogenesis
Dark yellow skin and sclera	Deficiency-cold of the middle energizer results in insufficient production of *qi* and blood and thereof failure to nourish the of body surface
Urine of normal color	Sign of middle energizer deficiency-cold and not excess damp-heat
Hiccup	Misuse of bitter-cold drugs impairs middle energizer *yang* leading to stomach *qi* failing to descend
Abdominal distention alleviated spontaneously or by pressing	Deficiency-cold of the middle energizer results in dampness-cold accumulation and failure of the spleen and stomach to transform
Frequent urination	Deficiency-cold of the middle energizer results in spleen failing to ascend the lucidity and stomach to descend the turbid
Shortness of breath	Deficiency of spleen and *qi* results in a failure to maintain normal breathing

【Basic pathogenesis】 Deficiency-cold of middle energizer results in dampness-cold accumulation and stomach *qi* failing to descend.

【Therapeutic principle】 Warm the middle energizer to disperse cold, check the upward counterflow of *qi* to stop hiccup.

【Prescription】 *Xiao Ban Xia Tang*.

See 9.9.1.

9.11.2.5.4 Black jaundice

【Original source material】 Alcoholic jaundice treated by purgative may become black jaundice after a period of time. Black jaundice has such symptoms as bluish eyes, dark facial complexion, and an uncomfortable hot feeling in the chest, as if patient has eaten too much garlic. The stool is black. The skin is numb and insensate to scratching. The pulse is floating and weak. Although the skin complexion is dark, there is a slight yellow tinge. This is evidence of the pathological changes. (Synopsis of the Golden Chamber, line 15.7)

【Key points for syndrome differentiation】

A. Main symptoms: Dark face and sclera, numbness of the skin, dark stool, an uncomfortable hot feeling in the chest, as if eating too much garlic.

B. Accompanying symptoms: Floating weak pulse, dark purple tongue with yellow greasy coating.

【Syndrome analysis】 Syndrome analysis of black jaundice is shown in the table 9-11-14.

Table 9-11-14 Syndrome analysis of black jaundice

Main symptoms	Pathogenesis
Dark face and sclera	Damp-heat attacks the blood, leading to blood stagnation and malnourishment of the body surface
Numbness of skin	Blood stagnation results in failure of new blood to nourish body surface
Uncomfortable hot feeling in the chest, as if patient has eaten too much garlic	Blood stagnation and heat accumulation steams and affecting the heart
Dark stool	Blood stagnation and heat accumulation flow downward to attack the bowels
Floating and weak pulse	Damp-heat attacks upward resulting in consumption of *yin* blood
Dark purple tongue with yellow greasy coating	Signs of damp-heat accumulating internally and blood and heat stagnating internally

【Basic pathogenesis】 Damp-heat attacks the blood and blood stagnation.

Mistaken use of purgatives for alcoholic jaundice or a long course of jaundice can result in damp-heat in the blood system and blood stagnation, which will turn into black jaundice after a long period. No line mentioning the treatment of black jaundice is provided. In the clinic, clearing damp-heat together with activating blood and resolving stasis is used.

9.11.3 Prognosis of jaundice

【Original source material】 Eighteen days is the length of time of a cycle of jaundice. After receiving treatment for ten or more days, the disease should be relieved. If it becomes aggravated, the case is difficult to treat. (Synopsis of the Golden Chamber, line 15.11)

Jaundice with thirst is difficult to treat; jaundice without thirst is curable. Jaundice

Table 9 – 11 – 15 **Summary of syndrome differentiation and treatment of jaundice**

		Basic pathogenesis	Key points for syndrome differentiation	Therapeutic principles	Prescription
Jaundice due to damp-heat	Prevalence of both dampness and heat	Prevalence of both dampness and heat in the middle energizer, failure to spleen and stomach to ascend lucidity and descend turbidity	Bright yellow skin and sclera, dizziness when eating, irritability, thirst, loss of appetite and abdominal retention, constipation, dysuria	Clear heat and discharge dampness, activate blood and relieve jaundice	*Yin Chen Hao Tang*
	Predominance of heat with dampness	Damp-heat accumulates internally and affects the heart. Heat is more severe than dampness	Bright yellow skin and sclera, distress or burning ache in heart, thirst, loss of appetite, constipation, dysuria	Clear heart heat and release distress, purge damp-heat	*Zhi Zi Da Huang Tang*
	Exuberant interior heat excess	Internal damp-heat accumulating; excess heat and interior excess	Bright yellow skin, abdominal distention and pain that refuses touch, constipation, spontaneous sweating, short brown urine with difficult urination	Unblock the bowels and purge heat	*Da Huang Xiao Shi Tang*
	Predominance of dampness with heat	Damp-heat accumulates internally. Dampness is more severe than heat	Bright xanthic skin and sclera, loss of appetite with nausea, abdominal distention and diarrhea, dysuria	Clear heat, induce diuresis and relieve jaundice	*Yin Chen Wu Ling San*
Jaundice due to over-indulgence in sex		Kidney and spleen deficiency with blood stagnation and damp-heat	Dark yellow skin and sclera, dark forehead, abdominal distention, occasional diarrhea with dark stool, accompanied by kidney deficiency syndrome	Resolve blood stasis and dissipate dampness. Treat the acute symptoms in emergency cases	*Xiao Shi Fan Shi San*
Exterior deficiency induced jaundice		Defensive *qi* is insufficient to withstand the attack of an exogenous pathogenic factor, nutrient and defense disharmony	The early stage of jaundice, yellow skin and sclera, fever with aversion to cold, floating pulse and spontaneous sweating. Routinely profuse sweating and easy to catch cold	Release the exterior and expel pathogens, harmonize nutrient and defense	*Gui Zhi Jia Huang Qi Tang*
Deficiency type jaundice		Spleen and stomach *qi* and blood deficiency	Sallow and lusterless skin, loss of appetite and shortness of breath, tiredness, abdominal pain and diarrhea	Invigorate spleen and replenish *qi* and promote blood production	*Xiao Jian Zhong Tang*

Continued

	Basic pathogenesis	Key points for syndrome differentiation	Therapeutic principles	Prescription
Jaundice complicated with a *shaoyang* syndrome	Dampness accumulation in the spleen and stomach involves liver and gallbladder and leads to dysfunction of the *shaoyang*	Yellow skin and sclera, abdominal pain and vomiting, distressing fullness in chest and hypochondrium, alternate chills and fever	Harmonize *shaoyang*, support healthy *qi* and expel pathogenic factors	*Xiao Chai Hu Tang*
Jaundice with dryness retention and blood stagnation	Dryness in the stomach and bowels with blood stagnation	Dark yellow skin and sclera, constipation, lower abdominal distention	Moisten dryness and eliminate blood stagnation, induce diuresis	*Zhu Gao Fa Jian*
Hiccup due to mistreatment of jaundice	Deficiency-cold of the middle energizer dampness-cold accumulation, stomach *qi* fails to descend	Dark yellow skin and sclera, urine of normal color, hiccup, abdominal distention and diarrhea	Warm the middle energizer to disperse cold, check upward counterflow of *qi* to stop hiccups	*Xiao Ban Xia Tang*
Black jaundice	Damp-heat attacks the blood system leading to blood stagnation	Dark face and sclera, numbness of the skin, dark stool	Clear damp-heat, activate the blood and resolve stasis	

originating in the *yin*(the interior)will be accompanied by vomiting. Jaundice originating in the *yang*(the exterior)will be accompanied by aversion to cold with trembling and fever. (Synopsis of the Golden Chamber, line 15. 12)

【Key points】 A period of eighteen days is the length of time for jaundice to be cured or aggravated; early treatment is necessary for recovery.

Summary

Summary of syndrome differentiation and treatment of jaundice is shown in the table 9-11-15.

9. 12 Suppurative Infection in the Intestine

9. 12. 1 General introduction of suppurative infection in the intestine

Suppurative infection in the intestine(*chang yong*)is a term for a disease where the main symptoms and signs are abscess with swelling in the intestine, fever, aversion to cold, swelling, distention, pain and a sensation of contraction in the lower abdomen. It is caused by improper diet, exogenous attack of pathogens or emotional disorder which results in heat toxicity accumulation in the intestine, *qi* stagnation and blood stasis pustulating and turning into an abscess. In modern medicine, suppurative infection in the intestine is often diagnosed as chronic or acute appendicitis or periappendiceal abscess.

9. 12. 2 Syndrome differentiation and treatment of suppurative infection in the intestine

9. 12. 2. 1 Pre-pustulation

【Original source material】 A case of suppurative infection in the intestine accompanied by the following symptoms and signs: Swelling mass in the abdomen as painful as stranguria when pressed; normal urination and sporadic fever with spontaneous sweating and chills. If the pulse is slow-tense, this indicates that pus has not formed yet. If the pulse is full and rapid, this indicates the formation of pus and no purgative should be adopted. *Da Huang Mu Dan Tang* (Dahuang Mudan Decoction) is of use. (Synopsis of the Golden Chamber, line 18. 4)

【Key points for syndrome differentiation】 Swelling and distention of the lower abdomen, abdominal pain that refuses touch, occasional fever, aversion to cold, red tongue with yellow coating, slow tense pulse or smooth rapid forceful pulse.

【Syndrome analysis】 Syndrome analysis of suppurative infection in the intestine-pre-pustulation type is shown in the table 9 - 12 - 1.

Table 9 - 12 - 1 Syndrome analysis of suppurative infection in the intestine-pre-pustulation type

Main symptoms	Pathogenesis
Swelling and distention of the lower abdomen, abdominal pain that refuses touch	Accumulation of heat-toxicity combined with blood in the intestine, stagnation and blockage of *qi* and blood
Pain that refuses touch like stranguria, normal urination	Pain radiates to the external genitalia like stranguria
Occasional fever, spontaneous sweating	Struggle of pathogens and healthy *qi*, heat burns the nutrient and blood
Aversion to cold	Blockage of the nutrient and defense, defensive *qi* fails to reach the exterior
Red tongue with yellow coating, slow tense or smooth rapid forceful pulse	Interior accumulation of heat and toxicity

【Basic pathogenesis】 Interior accumulation of heat and toxicity combined with blood in the intestine, struggle between pathogens and healthy *qi*, abscess is about to form.

【Therapeutic principle】 Purge to open up the *fu* organs, purge heat and relieve toxicity, eliminate stasis and dissipate mass and eliminate abscess.

【Prescription】 *Da Huang Mu Dan Tang*.

Da Huang (*Radix et Rhizoma Rhei*)	4 *liang*
Mu Dan Pi (*Cortex Moutan Radicis*)	1 *liang*
Tao Ren (*Semen Persicae*)	50 pcs.
Dong Gua Zi (*Semen Melo*)	0.5 *sheng*
Mang Xiao (*Natrii Sulfas*)	3 *ge*

According to the line, this prescription is mainly used in the pre-pustulation period, however, later in the text the line "purgation should be used if pus has formed" is mentioned. Given this, this prescription can also be used for those with excess heat and toxicity but without deficiency of healthy *qi*, no matter whether pus has formed or not, or if the pulse is slow or full and rapid. Note that it should be used with caution if the patient is healthy *qi* deficient even if the pus has not yet formed.

9.12.2.2 Post-pustulation

【Original source material】 Suppurative infection in the intestine may present with the following symptoms and signs: scaly skin, skin over the abdomen is taut, and a mass in the abdomen that is soft when pressed. No hard mass can be felt. There is no fever, but the pulse is rapid. This is a case of abscess and pus in the intestine. *Yi Yi Fu Zi Bai Jiang San* (Yiyi Fuzi Baijiang Powder) is of use. (Synopsis of the Golden Chamber, line 18.3)

【Key points for syndrome differentiation】 Pain and a contracting sensation in the lower abdomen, abdomen is soft and tender to the touch, scaly skin, no fever, pale tongue with white coating, rapid forceless pulse.

【Syndrome analysis】 Syndrome analysis of suppurative infection in the intestine-post-pustulation type is shown in the table 9 - 12 - 2.

Table 9-12-2 Syndrome analysis of suppurative infection in the intestine post-pustulating type

Main symptoms	Pathogenesis
Pain and a contracting sensation in the lower abdomen, abdomen is soft and tender to the touch	Heat toxicity accumulation in the intestine, *qi* and blood stagnation in the interior, abscess and pus formation
Scaly skin	*Qi* and blood deficiency results in malnutrition of the skin
No fever	Focal accumulation of heat toxicity in the intestine
Pale tongue with white coating, rapid and forceless pulse	Accumulation of heat toxicity, impairment of *qi* and blood

【Basic pathogenesis】 Accumulation of heat toxicity in the intestine, heat burns the nutrient and blood, necrotic blood and tissue pustulation. At this point the heat toxicity is less virulent but healthy *qi* is already deficient.

【Therapeutic principle】 Promote pus discharge to eliminate the abscess, activate *yang qi*.

【Prescription】 *Yi Yi Fu Zi Bai Jiang San*.

Yi Yi Ren (Semen Coicis) 10 *fen*

Shu Fu Zi (Radix Aconiti Lateralis Preparata) 2 *fen*

Bai Jiang Cao (Herba Patriniae) 5 *fen*

【Differential diagnosis】 Comparison of *Da Huang Mu Dan Tang* and the *Yi Yi Fu Zi Bai Jiang San* treated syndromes is shown in the table 9-12-3.

Table 9-12-3 Comparison of *Da Huang Mu Dan Tang* and the *Yi Yi Fu Zi Bai Jiang San* treated syndromes

		Da Huang Mu Dan Tang treated syndrome	*Yi Yi Fu Zi Bai Jiang San* treated syndrome
Similarities		Pathogenesis: accumulation of heat toxicity in the intestine Main symptoms: pain in the lower abdomen Therapeutic principles: relieve toxicity and stasis to eliminate abscess	
differences	Etiology and pathogenesis	Accumulation of heat and toxicity, nutrient-*yin* and blood stagnation in the intestine, no formation of abscess, pathogen excess with no deficiency of healthy *qi*	Formation of abscess, reduction of heat toxicity and deficiency of healthy *qi*, *yang qi* deficiency
	Patterns	Excess heat	Concurrence of excess and deficiency
	Main symptoms	Swelling and distention of the lower abdomen, abdominal pain that refuses touch like stranguria, occasional fever, spontaneous sweating, aversion to cold, red tongue with yellow coating, slow tense or smooth rapid forceful pulse	Pain and sensation of contraction in the lower abdomen, abdomen is soft with tenderness, scaly skin, no fever, pale tongue with white coating, rapid forceless pulse
	Therapeutic principles	Purge heat and relieve toxins, eliminate stasis and dissipate mass to cure abscess	Promoting pus discharge to cure abscess, activate *yang qi*
	Herbs	*Da Huang, Mu Dan Pi, Tao Ren, Dong Gua Zi, Mang Xiao*	*Yi Yi Ren, Shu Fu Zi, Bai Jiang Cao*

Summary

Summary of syndrome differentiation and treatment of suppurative infection in the intestine is shown in the table 9 - 12 - 4.

Table 9 - 12 - 4 Summary of syndrome differentiation and treatment of suppurative infection in the intestine

Stages	Etiology and pathogenesis	Relationship of pathogens and healthy *qi*	Therapeutic principles	Prescription
Pre-pustulation	Accumulation of heat-toxicity, blood stagnation in the intestine, no formation of abscess, pathogen excess with no deficiency of healthy *qi*	Excess heat toxicity, blood stagnation, pathogen excess with no deficiency of healthy *qi*	Purge heat and relieve toxins, eliminate stasis and dissipate mass to cure abscess	*Da Huang Mu Dan Tang*
Post-pustulation	Formation of abscess, reduction of heat toxicity and deficiency of healthy *qi*, *yang qi* deficiency	Residual heat toxicity and *yang qi* deficiency, reduction of pathogens and deficiency of healthy *qi*	Promote pus discharge to cure abscess, activate *yang qi*	*Yi Yi Fu Zi Bai Jiang San*

9.13 Dysuria, Stranguria

9.13.1 General introduction to dysuria and stranguria

9.13.1.1 Definition

Dysuria(*xiao bian bu li*) is a common symptom in many diseases and is characterized by scanty urine and difficulty in urination. It is not of itself a individual disease. In the Treatise on Cold-Induced Diseases, it is mentioned in 37 places and can be found mentioned in all six-meridian syndromes. In the Synopsis of the Golden Chamber, the symptom is mentioned 28 times and is one of the symptoms of over ten different diseases.

Stranguria(*lin bing*) refers to a disease characterized by frequent and urgent urination, dripping urination, difficult and painful urination, pain and a tight sensation of the lower abdomen. Zhang Zhongjing says: "As a disease, stranguria presents with clouded urine, tightness of the abdomen and pain that pulls to the umbilicus."

Dysuria and stranguria involve the kidney and bladder; they share the same prescription, thus they are discussed together.

9.13.1.2 Differential diagnosis with associated syndrome

A. Dysuria and stranguria: Dysuria is a kind of symptom, stranguria is a disease. They share the same symptoms, however, including scanty urine and dripping and/or difficult urination. Their differences are as follows: patients with stranguria have such symptoms as frequent, urgent and painful urination, while patients with dysuria do not.

B. Other diseases: Dysuria presents in all of the six-meridian syndromes described in the Treatise on Cold-Induced Diseases. These include dampness syndromes, lily disease (*bai he bing*), consumptive disease, phlegm-fluid, edema, jaundice, vomiting, diarrhea, gynecological disorders, etcetera. In this chapter, dysuria is the main symptom.

9.13.1.3 Therapeutic principles

Induce diuresis and reinstate bladder *qi* transformation are the therapeutic principles for treating dysuria and stranguria. Because their pathogenesis is complex and involves different pathogens, syndrome differentiation and treatment should be made based on the accompanying symptoms. Differential diagnosis of deficiency and excess, cold and heat, and the involved *zang-fu* organs should be made. The kidney and bladder are not only the organs responsible for dysuria and stranguria. Body fluids are easily impaired in stranguria, so drastic pungent-warm diaphoresis-inducing prescriptions should be avoided even if the syndrome is complicated by exterior syndrome.

9.13.2 Syndrome differentiation and treatment of dysuria and stranguria

9.13.2.1 *Taiyang* water retention syndrome

【Original source material】 Wasting-thirst (*xiao ke*) syndrome with floating pulse, dysuria and a low-grade fever should be treated with *Wu Ling* San which acts as a diuretic as well as a diaphoretic. (Synopsis of the Golden Chamber, line 13.4)

Though thirsty, patient will vomit the water he is drinking. This is known as "water regurgitation (*shui ni*)". *Wu Ling San* will provide the cure. (Synopsis of the Golden Chamber, line 13.5)

【Key points for syndrome differentiation】 Dysuria (scanty urine or anuria), fever, aversion to cold, floating pulse, accompanied by vexatious thirst, vomiting of water when drinking, perhaps pain, tight sensation, distention and fullness of the lower abdomen.

【Syndrome analysis】 Syndrome analysis of *taiyang* water retention syndrome is shown in the table 9-13-1.

【Basic pathogenesis】 *Taiyang* exterior syndrome remains, exogenous pathogens attack the *fu*-organs, bladder *qi* transformation dysfunction, water retention in the lower energizer.

【Therapeutic principle】 Activate *yang*, induce diuresis and reinstate bladder *qi* transformation, accompanied by releasing exterior pathogens.

Table 9 - 13 - 1 Syndrome analysis of *taiyang* water retention syndrome

Main symptoms	Pathogenesis
Dysuria(scanty urine or anuria)	Exogenous pathogens attack the interior, bladder *qi* transformation dysfunction
Vexatious thirst	Water retention in the interior, water fails to be transformed into body fluid
Vexatious thirst and vomiting out water one has just drunk	Fluid retention in the middle energizer, drinking water being rejected
Pain, tight sensation, distention and fullness of the lower abdomen	Bladder *qi* transformation dysfunction, water retention in the lower energizer
Fever, aversion to cold, floating pulse	Exogenous pathogens still present

【Prescription】*Wu Ling San*.

See 7.2.4.

【Differential diagnosis】These syndrome and blood accumulations in the lower energizer are similar and are both caused by visible pathogens accumulation in the lower energizer. They are characterized by fever and distention of the lower abdomen. However, blood accumulation in the lower energizer is caused by a combination of heat and blood in the lower energizer that does not influence bladder *qi* transformation, the urination being normal. *Taiyang* water retention syndrome is caused by exogenous pathogens attacking the *fu* organs along the meridian, water and cold accumulation leads to bladder *qi* transformation dysfunction, all of which result in dysuria. The key point of differential diagnosis is whether the urination is normal or abnormal. In treating, the former can be treated by activating *yang* and inducing diuresis with *Wu Ling San*; the latter can be treated by activating blood and transforming stasis with *Tao He Cheng Qi Tang* (Taohe Chengqi Decoction), *Di Dang Wan* (Didang Pills) or *Di Dang Tang* (Didang Decoction) depending on the actual condition.

9.13.2.2 *Yin* deficiency with co-mingling of water and heat syndrome

【Original source material】*Zhu Ling Tang* (Zhuling Decoction) can be prescribed for a syndrome with the following symptoms and signs: Floating pulse, fever, thirst and dysuria. (Synopsis of the Golden Chamber, line 13.13)

【Key points for syndrome differentiation】Dysuria, general fever, thirst with drinking, vexation, insomnia, red tongue with little coating, floating thready rapid pulse.

【Syndrome analysis】Syndrome analysis of *yin* deficiency with co-mingling of water and heat is shown in the table 9 - 13 - 2.

【Basic pathogenesis】Heat attacks the interior, co-mingling of water and heat, stagnant heat damages *yin*.

Table 9-13-2 Syndrome analysis of *yin* deficiency with co-mingling of water and heat

Main symptoms	Pathogenesis
Dysuria	Co-mingling of water and heat, bladder *qi* transformation dysfunction, dysfunction of the water passage
Vexatious thirst	Water retention in the interior, stagnant heat damages *yin*
General fever, vexation, insomnia	Heat stagnation in the interior and upper levels attacks the mind
Red tongue with little coating, floating thready rapid pulse	Co-mingling of water and heat damages the *yin* fluids after a long time

【Therapeutic principle】 Nourish *yin* and moisten dryness, clear heat and induce diuresis.

【Prescription】 *Zhu Ling Tang*.

See 5. 2. 1.

【Differential diagnosis】 Comparison of *Wu Ling San* and *Zhu Ling Tang* treated syndromes is shown in the table 9-13-3.

Table 9-13-3 Comparison of *Wu Ling San* and *Zhu Ling Tang* treated syndromes

		Wu Ling San treated syndrome	*Zhu Ling Tang* treated syndrome
Similarities		Pathogenesis: combination of pathogens and water, bladder qi transformation dysfunction Main symptoms: fever, thirst with drinking, dysuria, floating pulse Herbs: *Zhu Ling*, *Fu Ling*, and *Ze Xie* are used to promote diuresis	
differences	Etiology and pathogenesis	Residual *taiyang* exterior syndrome, exogenous pathogens attack the *fu* organs along the meridians, water retention in the lower energizer	Misuse of purgation therapy in a *yangming* heat syndrome, impairment of *yin*, water and heat accumulation in the lower energizer; perhaps co-mingling of water and heat and damage to *yin* fluids
	Main symptoms	Fever, aversion to cold, floating moderate or floating tense pulse, accompanied by pain and tight sensation of the lower abdomen, perhaps vomiting water immediately after drinking, white tongue coating	Fever, no aversion to cold, scanty reddish urine, burning sensation during urination, difficult and painful urination, accompanied by vexation, insomnia, perhaps cough, perhaps vomiting, floating thready rapid pulse, red tongue with little and dry coating
	Therapeutic principles	Activate *yang* and transform of *qi* to promote diuresis, release the exterior pathogens	Nourish *yin* and moisten dryness, clear heat and promote diuresis
	Prescription	*Gui Zhi* is used to activate *yang*, transform *qi* and promote diuresis, *Bai Zhu* is used to invigorate spleen to eliminate water retention	*E Jiao* is used to nourish *yin* and moisten dryness, *Hua Shi* is used to clear heat and drain the orifices
	Remarks	Drink more warm water to induce sweating after medicating	Contraindicated for profuse sweating; indicated also for strain stranguria, blood stranguria

9.13.2.3 *Yang* deficiency water retention, upper cold and lower dryness syndrome

【Original source material】 Dysuria is a sign of stagnant water. When thirst is observed, *Gua Lou Qu Mai Wan* (Gualou Qumai Pills) are of use. (Synopsis of the Golden Chamber, line 13.10)

【Key points for syndrome differentiation】 Dysuria, dry mouth and tongue, thirst with desire to drink, cold in the abdomen, sunken slow pulse, especially in the *chi* position.

【Syndrome analysis】 Syndrome analysis of *yang* deficiency water retention, upper cold and lower dryness is shown in the table 9-13-4.

Table 9-13-4 Syndrome analysis of *yang* deficiency water retention, upper cold and lower dryness

Main symptoms	Pathogenesis
Dysuria	Kidney *yang* deficiency, bladder *qi* transformation dysfunction
Dry mouth and tongue	Kidney *qi* deficiency, kidney *qi* fails to transform body fluids to moisten the upper part of the body
Thirst with desire to drink	Dryness-heat in the upper energizer
Cold in the abdomen	Kidney *yang* deficiency results in a failure to warm the body
Sunken slow pulse, especially in the *chi* position	Kidney *yang* deficiency

【Basic pathogenesis】 Kidney *yang* deficiency, retention of water, upper cold and lower dryness.

【Therapeutic principle】 Warm *yang* and promote *qi* activity, moisten dryness to relieve thirst.

【Prescription】 *Gua Lou Qu Mai Wan*

Tian Hua Fen (Radix Trichosanthis)	2 *liang*
Fu Ling (Poria)	3 *liang*
Shan Yao (Rhizoma Dioscoreae)	3 *liang*
Shu Fu Zi (Radix Aconiti Lateralis Preparata)	1 pc.
Qu Mai (Herba Dianthi)	1 *liang*

【Differential diagnosis】 This syndrome and lower energizer wasting-thirst (polyuria) treated by *Shen Qi Wan* (Shengqi Pills) share the same pathogenesis of kidney *yang* deficiency and *qi* transformation failure as well as the symptom of thirst. The key point of differential diagnosis is the changes to the urine. Kidney *yang* deficiency and bladder *qi* transformation dysfunction result in dysuria in this syndrome; while kidney *qi* failing to control water results in frequent profuse urination in *Shen Qi Wan* treated syndrome.

9.13.2.4 Damp-heat syndromes

【Original source material】 Dysuria can be treated with the following prescriptions: *Pu Hui San* (Puhui Powder); *Hua Shi Bai Yu San* (Huashi Baiyu Powder); *Fu Ling Rong Yan Tang* (Fuling Rongyan Decoction). (Synopsis of the Golden Chamber, line 13.11)

【Syndrome analysis】 This syndrome can be treated by three recipes, a detailed analysis of which is given below.

A. Damp-heat stagnation syndrome

【Key points for syndrome differentiation】 Dysuria or scanty reddish urine, burning sensation and stabbing pain during urination or bloody urine, red tongue, greasy yellow coating.

【Syndrome analysis】 Syndrome analysis of damp-heat stagnation is shown in the table 9-13-5.

Table 9-13-5 Syndrome analysis of damp-heat stagnation

Main symptoms	Pathogenesis
Dysuria or scanty reddish urine	Downward movement of damp-heat, bladder *qi* transformation dysfunction
Burning sensation and stabbing pain during urination	Damp-heat and blood stasis accumulate in the lower energizer
Perhaps bloody urine	Excess heat and blood stasis induce the extravasation of blood
Red tongue, greasy yellow coating	Damp-heat accumulation in the interior

【Basic pathogenesis】 Downward movement of damp-heat, heat and blood stasis accumulation in the interior, bladder *qi* transformation dysfunction.

【Therapeutic principle】 Clear heat and drain dampness, eliminate blood stasis and benefit the orifices.

【Prescription】 *Pu Hui San*.

Pu Huang Hui (Ash of *Pollen Typhae*) 7 *fen*

Hua Shi (*Talcum*) 3 *fen*

B. Damp-heat damaging the *yin* collaterals syndrome

【Key points for syndrome differentiation】 Dysuria or scanty reddish urine, burning sensation and stabbing pain during urination, bloody urine or blood clot in urine, fullness, pain and tight sensation of the lower abdomen, red tongue, yellow coating.

【Syndrome analysis】 Syndrome analysis of damp-heat damaging the *yin* collaterals is shown in the table 9-13-6.

Table 9-13-6 Syndrome analysis of damp-heat damaging the *yin* collaterals

Main symptoms	Pathogenesis
Dysuria or scanty reddish urine	Downward movement of damp-heat, bladder *qi* transformation dysfunction
Burning sensation and stabbing pain during urination	Damp-heat and blood stasis accumulation in the lower energizer
Bloody urine or blood clot in urine	Blood stasis blocks the bladder and damages the *yin* collaterals
Red tongue, yellow coating	Excess heat in the interior

【Basic pathogenesis】 Damp-heat stagnation in the bladder, excess heat attacks the blood system of the lower energizer and damages the *yin* collaterals.

【Therapeutic principle】 Eliminate blood stasis and arrest bleeding, clear heat and drain dampness.

【Prescription】 *Hua Shi Bai Yu San*.

Hua Shi(*Talcum*) 2 *fen*

Blood *Yu Hui*(ash of human hair) 2 *fen*

Bai Yu(fish moth, an insect adherent to the cloth or book) 2 *fen*

C. Deficiency of both spleen and kidney, damp-heat in the lower energizer syndrome

【Key points for syndrome differentiation】 Dysuria, frequent urination with scanty urine, or dripping urination, difficult and painful urination, lack of taste for food and no thirst, anorexia, loose stools, distention and fullness of the lower abdomen, sore weak loins and knees, pale tongue with greasy slippery coating.

【Syndrome analysis】 Syndrome analysis of dysuria caused by deficiency of both spleen and kidney with damp-heat in the lower energizer is shown in the table 9-13-7.

Table 9-13-7 Syndrome analysis of dysuria caused by deficiency of both spleen and kidney with damp-heat in the lower energizer

Main symptoms	Pathogenesis
Dysuria	Damp-heat stagnation in the lower energizer, bladder *qi* transformation dysfunction
Frequent urination with scanty urine, or dripping urination	Kidney and bladder deficiency leave them unable to control water
Lack of taste for food and no thirst, anorexia, loose stools, distention and fullness of the lower abdomen	Spleen deficiency results in failure to transport and transform
Sore weak loins and knees	Deficient kidney fails to nourish the loins and knees

【Basic pathogenesis】 Spleen and kidney deficiency, dysfunction of water transportation and transformation, bladder *qi* transformation dysfunction, damp-heat stagnation in the lower energizer, severe damp and mild heat.

【Therapeutic principle】 Invigorate spleen and kidney, clear heat and drain dampness.

【Prescription】 *Fu Ling Rong Yan Tang*.

Fu Ling(*Poria*) 0.5 *jin*

Bai zhu(*Rhizoma Atractylodis Macrocephalae*) 2 *liang*

Rong Yan(*Halitum*) 1 bullet-size piece

【Differential diagnosis】 *Pu Hui San*, *Hua Shi Bai Yu San* and *Fu Ling Rong Yan Tang* can all be used to treat syndromes caused by damp-heat stagnation in the lower energizer and characterized by dysuria. However, although *Pu Hui San* and *Hua Shi Bai Yu San* treated syndromes have the same pathogenesis of damp-heat and blood stasis accumulating in bladder, and both prescriptions act to clear heat and drain dampness, eliminate blood stasis, arrest bleeding and benefiting orifices, however, *Pu Hui San* is better at treating damp-heat complicated by blood stasis accumulating in the lower energizer, while *Hua Shi Bai Yu San* is better at treating damp-heat complicated by blood stasis accumulating in blood system of the lower energizer, and has a better effect on eliminating blood stasis and arresting bleeding. *Fu Ling Rong Yan Tang* is used for a syndrome caused by deficiency interwoven with excess and acts to drain dampness combined with tonification; it is indicated for spleen and kidney deficiency complicated by damp-heat stagnation in the lower energizer.

These three prescriptions can all be used to treat syndromes caused by damp-heat stagnation in the lower energizer, characterized by dysuria and stranguria. This is an example of same treatment for different diseases.

Summary

Summary of syndrome differentiation and treatment of dysuria and stranguria is shown in the table 9 - 13 - 8.

Table 9 - 13 - 8 Summary of syndrome differentiation and treatment of dysuria and stranguria

	Etiology and pathogenesis	Main symptoms	Therapeutic principles	Prescription
Taiyang water retention syndrome	Residual *taiyang* syndrome, exogenous pathogens attacking *fu* organs along the meridians, bladder *qi* transformation dysfunction, fluid retention in the lower energizer	Dysuria (scanty urine or anuria), fever, aversion to cold, floating pulse, thirst with excessive drinking, vomiting out water one has just drunk	Activate *yang* and promoting *qi* activity	*Wu Ling San*
Yin deficiency with co-mingling of water and heat syndrome	Mistreatment in exogenous febrile disease impairing body fluid, heat attacking lower energizer, combination of water and heat, bladder *qi* transformation dysfunction	Dysuria (reddish scanty urine, burning sensation during urination), fever, thirst vexation, red tongue, little coating, floating rapid thready pulse	Nourish *yin* and moisten dryness, clear heat and induce diuresis	*Zhu Ling Tang*
Yang deficiency water retention, upper cold and lower dryness syndrome	Kidney *yang* deficiency, retention of water, fluids failing in moistening the upper, dryness-heat in the upper energizer	Dysuria (scanty urine), dry mouth and tongue, thirst with desire to drink, cold in the abdomen, sunken slow pulse	Warm *yang* and promoting *qi* activity, moisten dryness to relieve thirst	*Gua Lou Qu Mai Wan*

Continued

	Etiology and pathogenesis	Main symptoms	Therapeutic principles	Prescription
Damp-heat blockage with blood stasis syndrome	Downward movement of damp-heat, interior stagnation of stasis and heat, dysfunction of bladder *qi* in transformation	Dysuria or reddish scanty urine, burning sensation and stabbing pain during urination, or bloody urine, red tongue with yellow greasy coating	Clear heat and drain dampness, eliminate stasis and benefiting orifices	*Pu Hui San*
Damp-heat damaging the *yin* collaterals syndrome	Damp-heat and blood stasis accumulation in bladder, dysfunction of bladder *qi* in transformation, heat attacking blood of lower energizer, impairing *yin* collaterals and inducing extravasation of blood	Dysuria, burning sensation and stabbing pain during urination, blood clot in urine, pain and tight sensation of the lower abdomen	Eliminate blood stasis, arrest bleeding, clear heat and drain dampness	*Hua Shi Bai Yu San*
Deficiency of both spleen and kidney, damp-heat in the lower energizer syndrome	Spleen and kidney deficiency, dysfunction of water transportation and transformation, damp heat stagnation in the lower energizer	Dysuria, frequent urination with scanty urine, or dripping urination, anorexia, loose stools, sore weak loins and knees	Invigorate spleen and kidney, clear heat and drain dampness	*Fu Ling Rong Yan Tang*

9.14 Consumptive Disease

9.14.1 General introduction of consumptive disease

9.14.1.1 Definition

Consumptive disease (*xu lao*) is a collective name for chronic deficiency syndromes of various origins that lead to *zang-fu* organ deficiency and insufficiency of *qi*, blood, *yin* and *yang*.

Its clinical manifestations are rather complicated, and vary with the location of disease, the *zang-fu* organs affected, and the nature and condition of disease. In general, it is characterized by deficiency and is a lingering disease.

9.14.1.2 Key points for syndrome differentiation

A. Differentiation of *zang-fu* organs affected: Clinically speaking, the *zang-fu* organs affected in a consumptive disease should be recognized based on the cause, history of disease, physiological characteristics of each organ and specific symptoms that have arisen from the dysfunction of a given organ.

B. Differentiation between *qi*-blood and *yin-yang*: Generally speaking, *qi* and blood are involved in consumptive diseases of short duration, and can manifest as *qi* deficiency, blood deficiency or deficiency of both *qi* and blood; *yin* and *yang* are affected in consumptive diseases of long duration, and can manifest as *yin* deficiency, *yang* deficiency or deficiency of both *yin* and *yang*. Of those syndromes, deficiency of both *yin* and *yang* is the most common, as stressed by Zhang Zhongjing in his discussion on the treatment of consumptive disease.

In terms of differentiation between *qi*-blood and *yin-yang* in deficiency syndromes, a comprehensive analysis of the *zang-fu* organs affected must be done in order to determine an appropriate treatment.

C. Differentiation of syndrome transformation: Affected by various factors, syndrome transformation often occurs in this disease over the long term. For example, *yin* deficiency may develop into deficiency of both *yin* and *yang* when *yin* deficiency involves *yang*; spleen *qi* deficiency could deteriorate into is spleen *yang* deficiency, or even spleen and kidney *yang* deficiency, etcetera. Clinical treatment should be determined accordingly.

9.14.1.3 Differential diagnosis with correlated syndromes

A. Pulmonary phthisis: Although symptoms such as deficiency manifest in both consumptive disease and pulmonary phthisis, the latter is infectious and caused by tubercule bacillus attacking the lung. The symptoms are almost identical, presenting with cough, phlegm, hemoptysis, tidal fever, night sweats, and emaciation as the chief manifestations. The prognosis is unfavorable.

B. Deficiency syndromes of other diseases: Certain diseases in internal medicine and gynecology can also manifest with a variety of deficiency syndromes. All of them, however, have a chief symptom in addition to symptoms of deficiency.

9.14.1.4 Principles of treatment

"Treat deficiency by tonifying" (Canon of Medicine). Accordingly, invigorating should be the basic therapeutic principle for the treatment of consumptive diseases. Furthermore, corresponding therapeutic principles are designed and a prescription is thus determined according to varying importance of the *zang-fu* organs involved and the condition of the *qi* and blood, *yin* and *yang*, etcetera. As for deficiency syndromes complicated by excess, healthy *qi* should be carefully protected, with invigorating as the primary therapeutic principle and eliminating pathogens with drugs of a mild nature as a adjunct. Nursing and dietary therapy also contribute greatly to recovery from consumptive disease.

9.14.2 Pulse of consumptive disease

【Original source material】 A man who looks healthy but has a large pulse is suffering from a consumptive disease. When the pulse is extremely deficient, it also indicates a consumptive disease. (Synopsis of the Golden Chamber, line 6.3)

The pulse reflective of a patient at the age of fifty or sixty is large. He has a feeling of numbness in the region along the spine. Consumptive disease will cause borborygmus, and armpit and cervical tubercles. (Synopsis of the Golden Chamber, line 6.10)

The pulse is wiry and large. When pressed deeply, it is not as strong as a true wiry pulse. Though large, it is hollow within. Such pulse is called a tympanic pulse. A wiry pulse reflective of reduced strength indicates a prevalence of pathogenetic cold. A hollow pulse reflects interior deficiency. When a tympanic pulse occurs in female patients, this indicates premature delivery, or the chronic loss of blood or sperm in males. (Synopsis of the Golden Chamber, line 6.12)

【Syndrome analysis】 The line 3 expounds on the general pulse reflective of consumptive disease. A large pulse which is floating, large and weak is a sign of *yin* deficiency and *yang* floating; an extremely weak pulse, which is soft when felt with light palpation and weak when felt with heavy palpation, is indicative of the internal impairment of *qi* and essence and deficient *yang qi* failing to promote blood circulation. The primary significance of this line lies in the indication that any disease with a large or extremely weak pulse is a sign of consumptive disease though there may be no other marked symptoms. This is significant for the early diagnosis of patients without any clinical manifestations.

The line 10 points out the significance of considering the pulse and symptoms in differentiating between deficiency-cold syndromes and deficiency-heat syndromes, both of which present with a large pulse.

The line 12 discusses the shape, mechanism and disease indication of a tympanic pulse in consumptive disease due to consumption of essence and blood.

9.14.3 Syndrome differentiation of consumptive disease

【Original source material】 Pale complexion in a male patient indicates thirst and loss of blood. When the patient suddenly feels like gasping and exhibits palpitations and a floating pulse, he is suffering from interior deficiency. (Synopsis of the Golden Chamber, line 6.4)

Consumptive disease: The pulse is floating and large, with a burning sensation in the centers of hands and feet. The disease becomes aggravated in spring and summer but subsides in autumn and winter. Seminal emission occurs due to *yin*-cold. Weak and emaciated legs leave the patient unable to walk. (Synopsis of the Golden Chamber, line 6.6)

The pulse reflective of a patient suffering from a consumptive disease is sunken and slow. Such cases are called "exhaustion of the vital energy (*tuo qi*)". When a patient walks quickly, he begins to pant. Other symptoms include coldness in the extremities, abdominal distention, and loose stools with undigested food. (Synopsis of the Golden Chamber, line 6.11)

Consumptive diseases of male patients present with the following symptoms and signs: The pulse is empty, sunken and wiry, with shortness of breath, abdominal contraction, dysuria, pale complexion, abdominal distention, epistaxis and occasional reluctance to open the eyes. The patient, however, does not feel cold or feverish. (Synopsis of the Golden Chamber, line 6.5)

If the pulse of a male patient is floating, weak and choppy, this indicates a case of sterility, as the essence *qi* is thin and cold. (Synopsis of the Golden Chamber, line 6.7)

In normal male patients, if pulse is empty, weak, thready and faint, he is likely to sweat at night. (Synopsis of the Golden Chamber, line 6.9)

【Syndrome analysis】 Line 4 expounds on pulses of blood and essence deficiency consumptive diseases, embodying the application of the four diagnostic methods of inspection, auscultation/olfaction, interrogation and palpation. "A floating pulse, he is suffering from interior deficiency" refers to a forceless floating pulse seen in loss of blood or consumption of fluid, also accompanied by dim complexion, dyspnea and palpitation. This floating pulse is different from that in exterior syndrome.

Line 6 talks about *yang* floating due to *yin* deficiency type consumptive disease as well as its relationship with the seasons. It indicates that holism should be kept in mind through diagnosis and treatment of consumptive disease, and that consideration ought to be given to the climatic influence on pathogenic changes.

Line 11 discusses the pulse of spleen and kidney *yang* deficiency type consumptive disease.

Line 5 deals with the pulse of deficiency of both *yin* and *yang* type consumptive disease.

Line 7 illustrates sterility due to *qi* and essence deficiency type consumptive disease.

Line 9 explains the pulse indicative of night sweats due to the deficiency of both *yin* and *yang*. It illustrates that night sweats can also be caused by deficiency of both *yin* and *yang*, *yang* deficiency resulting in a failure to consolidate, or *yin* deficiency resulting in a failure to defend, all of which should be differentiated from ordinary *yin* deficiency night sweats.

The above six lines indicate that the underlying causes of consumptive disease vary and include syndromes of *yang* deficiency, *yin* deficiency, and deficiency of both *yin* and *yang*. Deficiency of both *yin* and *yang* is the most common of those syndromes, and arises from *yin* deficiency involving *yang* or *yang* deficiency involving *yin* in protracted diseases. Clinically, special attention should be give to syndrome transformation of *yin* and *yang* in consumptive diseases.

9.14.4 Syndrome differentiation and treatment of consumptive disease

9.14.4.1 Heart and liver *yin* (blood) deficiency insomnia

【Original source material】 Consumptive disease with restlessness and insomnia can be treated with *Suan Zao Ren Tang* (Suanzaoren Decoction). (Synopsis of the Golden Chamber, line 6.17)

【Key points for syndrome differentiation】 Vexation, insomnia, dizziness, dry throat and mouth, red tongue with little coating, wiry thready or thready rapid pulse.

【Syndrome analysis】 Syndrome analysis of heart and liver *yin* (blood) deficiency induced insomnia is shown in the table 9-14-1.

Table 9 - 14 - 1 Syndrome analysis of heart and liver *yin*(blood) deficiency induced insomnia

Main symptoms	Pathogenesis
Vexation, insomnia	Liver *yin* deficiency causing internal deficiency-heat which disturbs the mind
Dizziness, dry throat and mouth	*Yin*(blood) deficiency induced malnutrition of the head, eyes and throat
Red tongue with little coating, wiry thready or thready rapid pulse	*Yin* deficiency with internal heat

【Basic pathogenesis】Liver *yin* deficiency and heart blood deficiency, deficiency-heat disturbs the mind.

【Therapeutic principle】Nourish *yin* and clear heat, tranquilize the mind.

【Prescription】*Suan Zao Ren Tang*.

Suan Zao Ren (*Semen Ziziphi Spinosae*)	2 *sheng*
Gan Cao (*Radix Glycyrrhizae*)	1 *liang*
Zhi Mu (*Rhizoma Anemarrhenae*)	2 *liang*
Fu Ling (*Poria*)	2 *liang*
Chuan Xiong (*Rhizoma Ligustici Chuanxiong*)	2 *liang*

【Differential diagnosis】Differentiation of *Suan Zao Ren Tang* and *Zhi Zi Chi Tang* treated syndromes is shown in the table 9 - 14 - 2.

Table 9 - 14 - 2 Differentiation of *Suan Zao Ren Tang* and *Zhi Zi Chi Tang* treated syndromes

		Suan Zao Ren Tang treated syndrome	*Zhi Zi Chi Tang* treated syndrome
Similarities		Insomnia and vexation due to deficiency Therapeutic principles: clear heat and tranquilize the mind	
Differences	Etiology and pathogenesis	Pathogenic heat damages *yin*, or an excess of the five emotions generates heat, fire impairing heart and liver *yin*-blood, deficiency-heat disturbs the mind	*Taiyang* syndrome mistreated with diaphoretic, emetic, or purgative therapies, results in retention of residual heat, formless heat lingers in the cheat and diaphragm and disturbs the heart
	Nature of disease	Deficiency-heat syndrome	Excess-heat syndrome
	Complications	Vexation, dizziness, headache, dry throat and mouth, red tongue with little coating, wiry thready and rapid pulse	Vexation, forceful and rapid pulse, red tongue with yellow coating
	Therapeutic principles	Nourish *yin* and clear heat, tranquilize the mind	Clear and disperse stagnant heat
	Herbs	*Suan Zao Ren*, *Zhi Mu*, *Chuan Xiong*, *Fu Ling*, *Gan Cao*	*Zhi Zi*, *Dan Dou Chi*

9.14.4.2 Kidney *qi* deficiency lumbar pain

【Original source material】 Consumptive disease presenting with lumbago, abdominal contraction and dysuria can be treated with *Shen Qi Wan*. (Synopsis of the Golden Chamber, line 6.17)

【Key points for syndrome differentiation】 Lumbar pain, contracture of the lower abdomen, cold body and limbs, difficult urination, loose stools, swollen pale tongue with white coating, weak pulse or sunken slow forceless pulse.

【Syndrome analysis】 Syndrome analysis of kidney *qi* deficiency lumbar pain is shown in the table 9-14-3.

Table 9-14-3 Syndrome analysis of kidney *qi* deficiency lumbar pain

Main symptoms	Pathogenesis
Lumbar pain	Concurrent kidney *yin* and *yang* deficiency, malnourishment of the lumbar region
Cold body and limbs	Kidney *yang* deficiency, *yang* fails to reach the exterior
Contracture of the lower abdomen, difficult urination	Kidney *qi* deficiency results in a failure to warm the lower energizer or promote *qi* transformation in bladder
Loose stools	Kidney *yang* deficiency results in a failure to warm middle energizer and thereof giving rise to a failure to transport

【Basic pathogenesis】 Kidney *qi* deficiency results in a failure to warm the body.

【Therapeutic principle】 Warm and replenish kidney *qi*, promote *qi* transformation to induce diuresis.

【Prescription】 *Shen Qi Wan*.

Shu Di Huang (*Radix Rehmanniae Preparata*)	8 *liang*
Shan Zhu Yu (*Fructus Corni*)	4 *liang*
Shan Yu Rou (*Rhizoma Dioscoreae*)	4 *liang*
Ze Xie (*Rhizoma Alismatis*)	3 *liang*
Fu Ling (*Poria*)	3 *liang*
Mu Dan Pi (*Cortex Moutan Radicis*)	3 *liang*
Gui Zhi (*Ramulus Cinnamomi*)	1 *liang*
Shu Fu Zi (*Radix Aconiti Lateralis Preparata*)	1 *liang*

【Differential diagnosis】 Contracture of the abdomen can be observed in *Shen Qi Wan*, *Xiao Jian Zhong Tang* and *Huang Qi Jian Zhong Tang* (Huangqi Jianzhong Decoction) treated syndromes. However, the locations of disease differ from each other: in the first, the kidney is affected and presents with contracture in the lower abdomen; in the latter two, the spleen is involved and presents with contracture in the upper abdomen.

9.14.4.3 Deficiency of both *yin* and *yang* with consumption of essence

【Original source material】 A patient suffering from frequent seminal emissions is also troubled by the following symptoms: Abdominal contraction, cold glans penis, dizziness and hair loss. The pulse is extremely empty, hollow and slow, indicating diarrhea with undigested food, and the loss of blood and sperm. A hollow throbbing faint and tense pulse indicates seminal emission for male patient or dreaming of sexual intercourse for female patient. *Gui Zhi Jia Long Gu Mu Li Tang* (Guizhi Jia Longgu Muli Decoction) can provide a cure. (Synopsis of the Golden Chamber, line 6.8)

【Key points for syndrome differentiation】 Contracture in the lower abdomen, cold external genitalia, loss of essence in males, dreamed coitus in females, dizziness, hair loss, lassitude, pale tongue, extremely empty or hollow slow, or faint tense pulse.

【Syndrome analysis】 Syndrome analysis of consumption of essence of deficiency of both *yin* and *yang* is shown in the table 9-14-4.

Table 9-14-4 Syndrome analysis of consumption of essence of deficiency of both *yin* and *yang*

Main symptoms	Pathogenesis
Cramping in the lower abdomen, cold sensation in the external genitalia	Consumption of *yin* essence involves *yang*, *yang* fails to warm the lower energizer
Loss of essence in male, dreamed coitus in female	Deficiency of both *yin* and *yang* as well as kidney essence results in heart and kidney losing coordination
Dizziness, hair loss	Deficiency of essence and blood failing to nourish head and eyes
Lassitude	Deficiency of kidney essence as well as kidney *qi*
Pale tongue, extremely empty or hollow slow, or faint tense pulse	Deficiency of both *yin* and *yang*, consumption of kidney essence

【Basic pathogenesis】 Frequent seminal emission leads to consumption of *yin* essence which then involves *yang*, deficiency of both *yin* and *yang*.

【Therapeutic principle】 Regulate *yin* and *yang*, suppress and tranquilize, coordinate heart and kidney.

【Prescription】 *Gui Zhi Jia Long Gu Mu Li Tang*.

Gui Zhi (*Ramulus Cinnamomi*)	3 *liang*
Bai Shao (*Radix Paeoniae Alba*)	3 *liang*
Sheng Jiang (*Rhizoma Zingiberis Recens*)	3 *liang*
Gan Cao (*Radix Glycyrrhizae*)	2 *liang*
Da Zao (*Fructus Jujubae*)	12 pcs.
Long Gu (*Os Draconis*)	3 *liang*
Mu Li (*Concha Ostreae*)	3 *liang*

9.14.4.4 Deficiency of both *yin* and *yang* abdominal contraction

【Original source material】 Consumptive disease: *Xiao Jian Zhong Tang* can be given for the following symptoms and signs: Abdominal contraction, palpitations, epistaxis, abdominal pain, nocturnal emission, weakness and aching in the extremities, burning sensation in the center of hands and feet, dry mouth and throat. (Synopsis of the Golden Chamber, line 6.13)

Consumptive disease with abdominal contraction and symptoms and signs of deficiency can be treated with *Huang Qi Jian Zhong Tang*. (Synopsis of the Golden Chamber, line 6.14)

【Key points for syndrome differentiation】 Contracture and pain in the abdomen, palpitations, vexation, restlessness, fever of hands and feet, seminal emission, dry throat and mouth, aching pain in the four limbs, or hemorrhage, pale tongue, wiry pulse or sunken and thready pulse; spontaneous sweating or night sweats, heavy sensation in the body or numbness in cases of severe *qi* deficiency.

【Syndrome analysis】 Syndrome analysis of deficiency of both *yin* and *yang* abdominal contraction is shown in the table 9-14-5.

Table 9-14-5 Syndrome analysis of deficiency of both *yin* and *yang* abdominal contraction

Main symptoms	Pathogenesis
Contracture and pain in the abdomen	*Yang* deficiency enables the generation of cold as it fails to warm the abdomen
Palpitations, vexation	Deficiency of the heart and nutrient system
Restlessness, fever of hands and feet, dry throat and mouth, hemorrhage	*Yin* deficiency generating heat
Seminal emission	*Yin* deficiency results in an inability to consolidate
Aching pain in the limbs	Insufficient *qi* and blood to nourish the four limbs
Pale tongue, wiry pulse or sunken and thready pulse	Deficiency of both *yin* and *yang*
Spontaneous sweating or night sweats, heavy sensation in the body perhaps numbness	Severe *qi* deficiency

【Basic pathogenesis】 Deficiency of both *yin* and *yang*, insufficiency of *qi* in the middle energizer.

【Therapeutic principle】 Rebuild the middle energizer to alleviate contracture, regulate *yin* and *yang*; tonify spleen and lung in cases of severe *qi* deficiency.

【Prescription】 *Xiao Jian Zhong Tang*; *Huang Qi Jian Zhong Tang* for severe *qi* deficiency.

A. *Xiao Jian Zhong Tang*

See 7.4.2.

B. *Huang Qi Jian Zhong Tang*

Xiao Jian Zhong Tang

Huang Qi (*Radix Astragali seu Hedysari*) 1.5 *liang*

Modifications: When fullness in the chest and shortness of breath are observed, add *Sheng Jiang*; when abdominal distention is observed, remove *Da Zao*, and add 1.5 *liang* of *Fu Ling*; Add three *liang* of *Ban Xia* to tonify deficient lung *qi*. *Huang Qi Jian Zhong Tang* is composed of *Xiao Jian Zhong Tang* adding *Huang Qi*, a sweet and warm herb for tonifying qi in middle energizer, replenishing spleen and lung. This prescription is more effective than *Xiao Jian Zhong Tang*.

【Differential diagnosis】 *Gui Zhi Jia Long Gu Mu Li Tang* and *Xiao Jian Zhong Tang* treated syndromes are similar to some extent; their differential diagnosis is shown in the table 9－14－6.

Table 9－14－6 Differential diagnosis of *Gui Zhi Jia Long Gu Mu Li Tang* and *Xiao Jian Zhong Tang* treated syndromes

		Gui Zhi Jia Long Gu Mu Li Tang treated syndrome	*Xiao Jian Zhong Tang* treated syndrome
Similarities		Deficiency of both *yin* and *yang* with manifestations of contracture in the abdomen, seminal emission, treated with modified *Gui Zhi Tang* to harmonize *yin* and *yang* with sweet-warm herbs	
Differences	Etiology and pathogenesis	Consumption of essence due to kidney deficiency, consumption of *yin* essence involves *yang*, heart and kidney lose coordination	Middle energizer becomes impaired by improper diet, over strain, or prolonged disease, spleen *qi* deficiency, *yang* impairment involving *yin*, middle energizer *qi* deficiency
	Chief symptoms	Loss of essence in males and dreamed coitus in females, accompanied by contracture in the lower abdomen, cold external genitalia, etc	Contracture and pain in the upper abdomen, accompanied by palpitations, fever in hands and feet, dry throat and mouth, seminal emission, etc
	Therapeutic principles	Suppress and tranquilize, coordinate heart and kidney	Rebuild the middle energizer to relieve contracture
	Herbs	*Gui Zhi Tang* adding *Long Gu* and *Mu Li*	*Gui Zhi Tang* with a doubled dose of *Bai Shao* and the addition of *Jiao Yi*

9.14.4.5 Consumptive disease complicated by exogenous disease

【Original source material】 Consumptive disease presenting with various deficiency symptoms, and complicated by exogenous pathogenetic wind can be treated with *Shu Yu Wan* (Shuyu Pills). (Synopsis of the Golden Chamber, line 6.16)

【Key points for syndrome differentiation】 In additional to the symptoms of the consumptive, headache, dizziness, heavy body, shortness of breath, pain all over the body, numb limbs, pale tongue with thin white coating, thready weak pulse.

【Syndrome analysis】 Syndrome analysis of consumptive disease complicated by exogenous disease is shown in the table 9－14－7.

【Basic pathogenesis】 Hypofunction of the *zang-fu* organs due to deficiency, insufficiency of *qi*, blood, *yin* and *yang* leads to a susceptibility to succumbing to an exogenous attack of pathogens.

Table 9-14-7 Syndrome analysis of consumptive disease complicated by exogenous disease

Main symptoms	Pathogenesis
Headache, dizziness	Insufficiency of *qi* and blood to nourish the head and eyes
Heavy body, shortness of breath	Deficiency of the spleen and stomach *qi* leaves them unable to supply the whole body
Pain all over the body, numbness of the four limbs	Deficiency in every aspect, attack by exogenous pathogenic factors, disharmony between *qi* and blood
Pale tongue with thin white coating, thready and weak pulse	Deficiency of *qi*, blood, *yin* and *yang* in a consumptive disease

【Therapeutic principle】 Tonify spleen and stomach, replenish *qi* and nourish the blood to expel pathogenic wind.

【Prescription】 *Shu Yu Wan*.

Shan Yao (Rhizoma Dioscoreae)	30 *fen*
Dang Gui (Radix Angelicae Sinensis)	10 *fen*
Gui Zhi (Ramulus Cinnamomi)	10 *fen*
Shen Qu (Massa Medicata Fermentata)	10 *fen*
Gan Di Huang (Radix Rehmanniae)	10 *fen*
Da Dou Huang Juan (Semen Sojae Germinatum)	10 *fen*
Gan Cao (Radix Glycyrrhizae)	28 *fen*
Ren Shen (Radix Ginseng)	7 *fen*
Chuan Xiong (Rhizoma Ligustici Chuanxiong)	6 *fen*
Bai Shao (Radix Paeoniae Alba)	6 *fen*
Bai Zhu (Rhizoma Atractylodis Macrocephalae)	6 *fen*
Mai Dong (Radix Ophiopogonis)	6 *fen*
Xing Ren (Semen Armeniacae Amarum)	6 *fen*
Chai Hu (Radix Bupleuri)	5 *fen*
Jie Geng (Radix Platycodonis)	5 *fen*
Fu Ling (Poria)	5 *fen*
E Jiao (Colla Corii Asini)	7 *fen*
Gan Jiang (Rhizoma Zingiberis)	3 *fen*
Bai Lian (Radix Ampelopsis)	2 *fen*
Fang Feng (Radix Saposhnikoviae)	6 *fen*
Da Zao (Fructus Jujubae)	100 pcs. (pound into paste)

9.14.4.6 Consumptive disease complicated by blood stasis syndrome

【Original source material】 The patient is extremely deficient and thin and suffers from the five strains, with abdominal distention and anorexia. This is caused by irregular eating and drinking, melancholy, hunger and over-indulgence in sexual activity or physical labour. The meridians and collaterals, nutritive *qi*, and defensive *qi* are all impaired. In such cases blood stasis will result. The patient's skin is scaly, with dark rings around the eyes. The therapy aims to harmonize and ease the interior and tonify the deficiency. The following prescription is efficacious: *Da Huang Zhe Chong Wan* (Dahuang Zhechong Pills). (Synopsis of the Golden Chamber, line 6. 18)

【Key points for syndrome differentiation】 Lassitude, emaciation, scaly skin (dry and rough skin) dark eyes, poor appetite with distended abdomen, dark lips, purple tongue or tongue with petechia, sunken choppy or slow choppy pulse.

【Syndrome analysis】 Syndrome analysis of consumptive disease complicated by blood stasis syndrome is shown in the table 9 - 14 - 8.

Table 9 - 14 - 8 Syndrome analysis of consumptive disease complicated by blood stasis syndrome

Main symptoms	Pathogenesis
Lassitude, emaciation	Extreme deficiency caused by the five kinds of strain
Scaly skin, dark eyes	Retention of blood stasis, malnourishment of muscle and skin
Poor appetite with distended abdomen	*Qi* stagnation with blood stasis, spleen and stomach fail to transport and transform
Dark lips, purple tongue or tongue with petechia	Prolonged blood stasis
Sunken choppy or slow choppy pulse	Extreme deficiency caused by the five kinds of strain, retention of blood stasis blocks the meridians

【Basic pathogenesis】 Extreme deficiency caused by the five kinds of strain, spleen and stomach fail to transport and transform, prolonged retention of blood stasis.

【Therapeutic principle】 Simultaneous application of purging and nourishing therapies, remove stasis to promote regeneration, relax the middle energizer and supplement deficiency.

【Prescription】 *Da Huang Zhe Chong Wan.*

Da Huang (*Radix et Rhizoma Rhei*) (steamed)	10 *fen*
Huang Qin (*Radix Scutellariae*)	2 *liang*
Gan Cao (*Radix Glycyrrhizae*)	3 *liang*
Tao Ren (*Semen Persicae*)	1 *sheng*
Bai Shao (*Radix Paeoniae Alba*)	4 *liang*
Gan Di Huang (*Radix Rehmanniae*)	10 *liang*
Gan Qi (dried resin from *Rhus Vermiciflua* stokes)	1 *liang*
Meng Chong (*Tabanus*)	1 *sheng*
Shui Zhi (*Hirudo*)	100 pcs.
Qi Cao (dried larva of *Holotrichia diomphala Bates*)	1 *sheng*
Tu Bie Chong (*Eupolyphaga seu Steleophaga*)	0. 5 *sheng*

Summary

Consumptive disease is a collective name for chronic deficiency syndromes including deficiency of the *zang-fu* organs and deficiency of *qi*, blood, *yin* and *yang*.

The causes for the disorder include congenital deficiency, or acquired improper lifestyle, emotional factors, improper diet, overstrain, over-indulgence in sexual activity, mistreatment of diseases, improper nursing after a recovery from a disease or childbirth, etc., all of which may result in a consumptive disease by impairing the *zang-fu* organs, *qi*, blood, *yin* or *yang*.

This section deals with the causes, classification, and syndrome differentiation of consumptive diseases. They are summarized as table 9 - 14 - 9.

Table 9 - 14 - 9 Summary of syndrome differentiation and treatment of consumptive diseases

	Etiology and pathogenesis	Chief symptoms	Therapeutic principles	Prescription
Heart and liver *yin* deficiency induced insomnia	Pathogenic heat or five emotions produce fire and impairing *yin*, liver *yin* insufficiency, heart blood consumption, deficiency-heat disturbs the mind	Vexation, insomnia, dizziness, red tongue with little tongue, thready rapid pulse	Nourish *yin* to clear heat, tranquilizing the mind	*Suan Zao Ren Tang*
Kidney *qi* deficiency lumbar pain	Kidney *qi* insufficiency, failure to warm the lumbar region and abdomen, bladder *qi* transformation dysfunction	Lumbar pain, cramp in lower abdomen, cold limbs, difficult urination, sunken, slow weak pulse	Warming and tonifying kidney *qi*, activating *qi* to promote diuresis	*Shen Qi Wan*
Deficiency of both *yin* and *yang* with consumption of essence	Prolonged seminal emission, *yin* deficiency involves *yang*, heart and kidney have lost coordination	Cramping in the lower abdomen, cold external genitalia, emission in male, dreamed coitus in female, dizziness, hair loss, extremely weak or hollow slow pulse	Regulate *yin* and *yang*, suppress and tranquilize	*Gui Zhi Jia Long Gu Mu Li Tang*
Deficiency of both *yin* and *yang* with abdominal contraction	Improper diet or overstrain, mistreatment results in middle-energizer *qi* insufficiency, *yang* deficiency involves *yin*, generating cold or heat	Contraction and pain in the abdomen, palpitations, vexation, restless, fever of hands and feet, dry throat and mouth, sore limbs, seminal emission, pale tongue, wiry pulse or sunken and thready pulse	Rebuild the middle-energizer to alleviate contraction, regulate *yin* and *yang*	*Xiao Jian Zhong Tang*

Continued

	Etiology and pathogenesis	Chief symptoms	Therapeutic principles	Prescription
	Deteriorated middle-energizer *qi* deficiency complicated by lung *qi* deficiency	In additional to the symptoms in the above syndrome, aversion to wind, spontaneous sweating or night sweats, heavy sensation in the body or numbness, lassitude, shortness of breath and dyspnea	Rebuild the middle-energizer to alleviate contraction, regulate *yin* and *yang*; tonify spleen and lungs	*Huang Qi Jian Zhong Tang*
Consumptive disease complicated by an exogenous disease	Protracted consumptive disease, insufficiency of *qi*, blood, *yin* and *yang* complicated by a pathogenic wind attack	In addition, to the symptoms of the consumptive disease in question, headache, dizziness, heavy body, shortness of breath, pain all over the body, numb limbs	Tonify spleen and stomach, replenish *qi* and nourish blood to expel wind and cold	*Shu Yu Wan*
Consumptive disease complicated by blood stasis	Impairment due to overstrain, diet, alcohol or sexual activity, etc. results in a failure of the properly circulation nutrient and defense system and meridians thus blood stagnation	Lassitude, emaciation, scaly skin, dark eyes, dark lips, purple tongue, sunken choppy pulse	Use purging and tonifying therapies, remove stasis to promote regeneration, relax the middle energizer and tonify deficiency	*Da Huang Zhe Chong Wan*

9.15 Wasting-Thirst (Diabetes)

9.15.1 Introduction of wasting-thirst

9.15.1.1 Definition

Wasting-thirst (diabetes, *xiao ke*) refers to a disease characterized by thirst with excessive drinking, excessive eating, polyuria, emaciation, perhaps turbid, or sweet smelling urination, etcetera.

It is discussed in a specific chapter of the Synopsis of the Golden Chamber, wherein it says that stomach-heat and kidney-deficiency are considered to be the main etiology. Therapeutic methods are recommended and *Bai Hu Jia Ren Shen Tang* (Baihu Jia Renshen Decoction) and *Shen Qi Wan* prescribed.

9.15.1.2 Key points for syndrome differentiation

A. Location differentiation: The etiology and pathogenesis of wasting-thirst are complicated as multiple *zang-fu* organs are involved. This said, however, the lung, stomach and kidney are the most important organs to consider especially the kidney. Thirst with desire for drink and a dry mouth and tongue are mainly caused by a lung disorder; excessive eating with frequent hunger, thirst with frequent drinking, dry stools and emaciation are mainly caused by stomach-heat; while polyuria, sweet or turbid urine are mainly a result of kidney-deficiency.

B. Differentiation of the nature of the syndrome: The primary cause of wasting-thirst is *yin*-deficiency while the secondary cause is dryness-heat and the two have a cause and effect relationship. Depending on the duration of the disease, its severity and the constitution of the patient, the relative severity of the two underlying causes can be different. Generally speaking, in the early stage, the disease mainly manifests as dryness-heat; after a period of time, it begins to manifest as mixture of *yin*-deficiency and dryness-heat syndrome; while prolonged wasting-thirst manifests as a *yin*-deficiency syndrome; in the final stage of this disease, it becomes a *yin* and *yang* deficiency syndrome resulting from a *yin* impairment involving *yang*.

C. Differentiation of the primary disease and its complications: The primary clinical manifestations of wasting-thirst are frequent drinking and eating, polyuria and emaciation. As the disease progresses, complications such as cataracts, abscess, gangrene, etcetera, may occur. In general, most patients are first diagnosed with the primary disease and over time gradually develop complications; however, a few patients with non-obvious primary disease may come to see a doctor for gangrene, or an eye disease, etcetera, may subsequently be diagnosed as having wasting-thirst. When treating wasting-thirst, we should not focus our attention on the complications alone, treatment of the primary disease is more important.

9.15.1.3 Differential diagnosis of relevant diseases

A. Wasting-thirst symptom: Wasting-thirst is both a symptom and a disease name. As a symptom, it manifests as unquenchable thirst with desire and arises during the course of an externally contracted warm disease. In this instance it is not accompanied by excessive eating or polyuria. This is described in line 326 and 71 in the Treatise on Cold-Induced Diseases. The Synopsis of the Golden Chamber reiterates these two lines in order to make a differential diagnosis from diabetes.

B. Retained phlegm-fluids syndrome: Internal retention of fluid, obstruction of *qi* transformation causes failure to diffuse fluids in the upper part of the body, and manifests with as thirst. The patient will feel thirst without desire to drink, which will be accompanied by dizziness, borborygmus, dysuria, etcetera. For example, "*Xiao Ban Xia Jia Fu Ling Tang* is of use for syndromes with thirst followed by vomiting, an indication of fluid-retention in the diaphragm" (Synopsis of the Golden Chamber, line 12.28). "Symptoms and signs of abdominal fullness and distention with dry mouth and tongue indicate the presence of fluid-retention in the intestines. *Ji Jiao Li Huang Wan* (Jijiao Lihuang Pills) is of use" (Synopsis of the Golden Chamber, line 12. 29).

C. Goiter: Symptoms such as goiter (*ying bing*) are similar to wasting-thirst (middle wasting-thirst), and have symptoms such as excessive eating with frequent hunger. It can, however, be distinguished from wasting-thirst but symptoms such as exophthalmos and strumous.

9.15.1.4 Therapeutic principle

The therapeutic method for wasting-thirst as a disease is to nourish *yin*, moisten dryness and clear heat. For deficiency of both *yin* and *yang*, the therapeutic method is to warm *yang* and nourish *yin*; if there are any complications, they should be treated accordingly based on the method of nourishing *yin*.

9.15.2 Syndrome differentiation of wasting-thirst

9.15.2.1 Exuberant lung and stomach heat damages body fluids and *qi* syndrome

【Original source material】 *Bai hu Jia Ren Shen Tang* is effective for cases presenting with parched tongue and throat and thirst with desire to drink. (Synopsis of the Golden Chamber, line 13. 12)

【Key points for syndrome differentiation】 Thirst with desire to drink, dry mouth and tongue, restlessness, excessive eating with frequent hunger, emaciation, lassitude, frequent urination with yellow urine, dry stool or constipation, red tongue with dry yellow coating, rapid or rapid slippery pulse.

【Syndrome analysis】 Syndrome analysis of exuberant lung and stomach heat damages body fluids and *qi* is shown in the table 9-15-1.

Table 9-15-1 Syndrome analysis of exuberant lung and stomach heat damages body fluids and *qi*

Main symptoms	Pathogenesis
Thirst with desire to drink, dry mouth and tongue	Excess heat damages fluid
Emaciation and lassitude	Damage to both body fluids and *qi*, malnutrition of the whole body
Excessive eating with frequent hunger	Excess heat in the stomach
Restlessness	Lung heat damages body fluids and disturbs the mind
Frequent urination and yellow urine	Stomach heat forces body fluids to the bladder
Dry stool or constipation	Excess heat consuming body fluids causing intestinal dryness

【Basic pathogenesis】 Exuberant heat in the lung and stomach damage body fluids and *qi*.

【Therapeutic principle】 Clear heat and quench thirst, replenish *qi* to promote fluid production.

【Prescription】 *Bai Hu Jia Ren Shen Tang*.

See 5. 2. 1.

9. 15. 2. 2 Excessive stomach heat syndrome

【Original source material】 The pulse in the anterior tibial region is floating and rapid. A floating pulse indicates a wind syndrome; a rapid pulse signifies excessive digestion of food, the pulse may also be large and forceful. Excessive *qi* will lead to frequent urination. The combination of rapid and forceful pulse indicates wasting-thirst (diabetes). (Synopsis of the Golden Chamber, line 13. 2)

Rapid pulse in anterior tibial region indicates heat in the stomach, which will bring about excessive digestion of food and a strong appetite. Constipation and frequent urination are the consequences. (Synopsis of the Golden Chamber, line 13. 8)

【Key points for syndrome differentiation】 Excessive eating with frequent hunger, thirst with desire to drink, frequent urination with yellow urine, constipation, abdominal distension, emaciation, red tongue with dry yellow coating, smooth rapid pulse or wiry, rapid and forceful pulse.

【Syndrome analysis】 Syndrome analysis of excessive stomach heat is shown in the table 9 - 15 - 2.

Table 9 - 15 - 2 Syndrome analysis of excessive stomach heat

Main symptoms	Pathogenesis
Excessive eating with frequent hunger, thirst with desire to drink	Excessive stomach heat
Frequent urination with yellow urine	Stomach heat compels body fluids to the bladder
Constipation, abdominal distension	Intense heat consumes body fluids causing malnutrition of the intestine
Red tongue with yellow and dry coating, smooth rapid or wiry, rapid forceful pulse	Signs of intense stomach-heat consuming body fluid

【Basic pathogenesis】 Excessive stomach-heat consuming body fluid.

【Therapeutic principle】 Clear stomach heat and nourish the intestines.

【Prescription】 Tiao Wei Cheng Qi Tang.

See 5. 2. 1.

These syndrome discuss excessive stomach-heat syndrome wasting-thirst, also named middle wasting-thirst. In the Synopsis of the Golden Chamber, there was no specific prescription given for it, though *Tiao Wei Cheng Qi Tang* (Tiaowei Chengqi Decoction) is recommended. In clinical use, *Huang Lian*, *Sheng Di Huang*, *Xuan Shen*, *Tao Ren* can be added. Cheng Zhong Ling, a TCM expert in *Qing* Dynasty said that when treating middle wasting-thirst, stomach-heat should be cleared and the kidney should be nourished as well.

【Syndrome differentiation】 Syndrome differentiation of intense stomach heat and exuberant lung and stomach heat damages body fluids and *qi* is shown in the table 9 - 15 - 3.

Table 9-15-3 Syndrome differentiation of intense stomach heat and exuberant lung and stomach heat damages body fluids and *qi*

		Exuberant lung and stomach heat damages body fluids and *qi* syndrome	Intense stomach heat syndrome
Similarities		Pathogenesis: excessive stomach-heat Main symptoms: excessive eating with frequent hunger, thirst, excessive drinking, frequent urination with yellow urine, red tongue and rapid pulse. Therapeutic principles: clear stomach-heat	
Differences	Location	Lung and stomach	Stomach
	Accompanying symptoms	Lassitude, dry stool or constipation, red tongue lacking moisture	Constipation, abdominal distension, floating and rapid anterior tibial pulse
	Therapeutic principles	Replenish *qi* to promote fluid production	Unblocking the bowels and purge heat
	Prescription	*Bai Hu Jia Ren Shen Tang*	*Tiao Wei Cheng Qi Tang*

9.15.2.3 Kidney-*qi* deficiency syndrome

【Original source material】 Wasting-thirst in male patients: Patient has frequent urination. When he drinks one *dou* of water, he passes as much as one *dou* of urine. *Shen Qi Wan* is of use. (Synopsis of the Golden Chamber, line 13.3)

【Key points for syndrome differentiation】 Thirst with frequent drinking, frequent urination with turbid urine, the volume of urine volume may even equal the volume of the ingested fluids, sore weak loins and knees, cold limbs, aversion to cold, impotence or irregular menstruation, pale tongue with white coating, sunken thready pulse or sunken slow forceless pulse.

【Syndrome analysis】 Syndrome analysis of kidney-*qi* deficiency is shown in the table 9-15-4.

Table 9-15-4 Syndrome analysis of kidney-*qi* deficiency

Main symptoms	Pathogenesis
Thirst with frequent drinking	Kidney *qi* deficiency results in a failure to diffuse the fluids
Frequent urination, the volume of urine volume may even equal the volume of the ingested fluids	Kidney deficiency results in non-consolidation, food essence volume downward
Sore weak loins and knees, impotence	Kidney *qi* deficiency
Cold limbs, aversion to cold	Kidney *yang* deficiency results in *yang* failing to warm the body
Pale tongue with white coating, sunken and thready pulse or sunken, slow weak pulse	Signs of kidney *qi* deficiency

【Basic pathogenesis】 Kidney *qi* deficiency results in non-consolidation.

【Therapeutic principle】 Warm *yang* and nourish *yin*, tonify kidney to consolidate.

【Prescription】 *Shen Qi Wan*.

See 9.14.4.

Summary

Wasting-thirst mainly manifests as thirst with frequent drinking, excessive eating, polyuria and emaciation. The disease loci include the lung, stomach and kidney. Pathologically, the primary cause is *yin*-deficiency with secondary dryness heat. Moisten dryness and clear heat should be the main therapeutic principle. Diagnosis and treatment are summarized as table 9-15-5.

Table 9-15-5 Summary of diagnosis and treatment of wasting-thirst

	Pathogenesis	Main manifestation	Therapeutic principles	Prescription
Exuberant lung and stomach heat damages body fluids and *qi* syndrome	Excess heat in lung and stomach damages body fluids and *qi*	Thirst with desire to drink, dry mouth and tongue, restlessness, excessive eating with frequent hunger, emaciation, lassitude, frequent urination with yellow urine, red tongue with dry yellow coating, rapid or rapid slippery pulse	Clear heat and relieve thirst, replenish *qi* to promote fluid production	*Bai Hu Jia Ren Shen Tang*
Intense stomach heat syndrome	Exuberant stomach heat impairs the spleen, body fluids flow to the bladder causing dryness of the intestine	Excessive eating with frequent hunger, thirst with desire to drink, frequent urination with yellow urine, constipation, abdominal distension, emaciation, red tongue with dry yellow coating, smooth rapid pulse or wiry, rapid and forceful pulse	Clear stomach heat and nourish the intestines	*Tiao Wei Cheng Qi Tang*
Kidney-*qi* deficiency syndrome	Consumption kidney essence, *yin* impairment involving *yang*	Thirst with desire for warm drinking, frequent urination with turbid urine, the volume of urine volume may even equal the volume of the ingested fluids, sore weak loins and knees, cold limbs, aversion to cold, impotence or irregular menstruation, pale tongue with white coating, sunken thready pulse or sunken slow forceless pulse	Warm *yang* and nourish *yin*, nourish kidney to consolidate	*Shen Qi Wan*

9.16 Lily Disease

9.16.1 General introduction of lily disease

9.16.1.1 Definition

Lily disease(*bai he bing*)is characterized by forgetfulness, disordering of the diet, speech, action and sense, a bitter taste in mouth, dark urine, and faint rapid pulse. It is named after the *Bai He*(*Bulbus Lilii*) which is the chief herb in the treatment of this disease; according to Zhang Zhongjing, the other explanation for the name is that the disease is caused by a combined disorder of all vessels(note: the Chinese name for *Bai He* translates as"hundred meetings").

9.16.1.2 Etiology, pathogenesis, chief symptoms and prognosis of disease

【Original source material】 The classics state: The hundred channels originate from one root. Any one of these can cause a lily syndrome. Symptoms and signs of the syndrome may include: The patient wants to eat, but is reluctant to swallow food and is unwilling to speak. Perhaps he prefers to lie in bed, yet cannot lie quietly due to restlessness. He may want to walk about, but soon becomes tired. Now and then he may enjoy eating certain delicates, but at other times he cannot even tolerate the smell of food. He may feel either cold or hot, but has no fever or chills. He also has a bitter taste in his mouth and passes reddish urine. No medicine appears able to cure the syndrome. After taking medicine, acute vomiting and diarrhea may occur. The disease haunts the patient, and though his appearance is normal, He is actually suffering. His pulse is somewhat rapid. If the patient has a headache while he is passing urine, he may recover within sixty days. If he has no headache but feels chills when passing urine, he is likely to recover within forty days. If he feels comfortable after urination but has a slight sensation of dizziness, he can recover within twenty days. Symptoms and signs of a lily disease may appear before the onset of the disease, or from four or five to twenty days or a month after the onset. Treatment should be given according to the specifics of the case. (Synopsis of the Golden Chamber, line 3.1)

【Analysis】

A. Etiology and pathogenesis: Lily disease is often induced by the retention of heat after a warm disease, or emotional stimulus and disappointment, which cause *qi* stagnation to produce fire and lead to *yin* deficiency and internal heat in the heart and lungs which then fail to nourish all the meridians.

B. Chief symptoms: Its clinical manifestations can be classified into two categories: one is symptoms such of mental disorder, such as forgetfulness, indifferent facial expression, disordering of the speech, behavior, diet, and senses. Zhang Zhongjing recorded that"(In) lily disease... The patient wants to eat, but is reluctant to swallow food and is unwilling to speak. Perhaps he prefers to lie in bed, yet cannot lie quietly due to restlessness. He may want to walk about, but soon becomes tired. Now and then he may enjoy eating certain delicacies, but at other times he cannot even tolerate the smell of food. He may feel either cold or hot, but has no fever or chills... The disease haunts the patient, and though his appearance is normal, he is actually suffering". There may also be symptoms of *yin* deficiency and internal heat, including a bitter taste in mouth, reddish urine, and faint rapid pulse.

C. Prognosis: The lungs are the upper source of body fluid, and lung *qi* flows up to the nose to reach the brain; the bladder is a water organ corresponding with the skin and hair exteriorly, whose meridian goes up to associate with the brain. For this reason, the second paragraph infers the pathogenic condition and recovery time on the basis of appearance of headache during urination, the severity of aversion to cold and the ease of urination. These are just general guidelines, though, and should not be held to religiously.

9.16.1.3 Key points for syndrome differentiation

Lily disease has a variety of clinical manifestations, and it is so changeable that it seems as though there is a spirit inside manipulating the problems. This makes syndrome differentiation very important so as not to lead to delayed treatment or mistreatment. According to Zhang Zhongjing, it can not be treated by Chinese drug, the intake of which would induce severe vomiting and diarrhea. Therefore, this disease is diagnosed and syndrome differentiated on the basis of the following points:

A. Syndrome differentiation of the mental/emotional components: The heart is the sovereign organ, and governs blood circulation and controls the mind; the lung connects with all the vessels and governs management and regulation. Lily disease is caused by insufficient *yin*-blood to nourish the mind. It manifests with such mental/emotional symptoms as forgetfulness, indifferent facial expression, and disordering of the speech, behavior, diet, and senses.

B. Syndrome differentiation of location: With *yin* deficiency and internal heat as the primary pathogenesis, the dominant location of lily disease is the heart and lung, but the liver, spleen, and kidney can also become involved as it develops over time.

C. Syndrome differentiation of deficiency-heat: This manifests as a bitter taste in mouth, dark urine, and a faint rapid pulse but without the typical symptoms of vexing heat in chest, palms and soles, bone-steaming tidal fever, night sweats, dry cough with little phlegm, blurred vision, etcetera.

D. Syndrome differentiation of physique and stance: The course of this disease is comparatively long, however, it has a tendency to develop slowly. The patient is often "seemingly in good health", with no marked pathological markers such as emaciation, hunching of the back, desire to lie curled, or restlessness of the four limbs.

E. Syndrome differentiation of mistreated and deteriorated syndrome: Manifestations of lily disease are so changeable and unmarked that syndrome differentiation becomes difficult. For this reason, misusage of diaphoretic, emetic, purgative therapies often leads to further damage of *yin* fluids and facilitates deficient heat: Purgation with bitter-cold drugs will impair stomach *qi* giving rise to hiccup, vomiting, etc; incorrect usage of emesis therapy can result in stomach *qi* failing to descend and lead to insomnia and vexation due to stomach disorder.

Prolonged delay of the treatment of lily disease damages *yin* fluids giving rise to a deteriorated syndrome manifestation with thirst; chronic stagnation of endogenous heat may extend to the muscles and skin causing symptoms such as fever, etcetera.

Accordingly, the key point of syndrome differentiation and treatment of lily disease is to decide whether it is the original syndrome or a deteriorated syndrome, and then select a corresponding principle and prescription. Only in this way can a good curative effect be achieved.

9.16.1.4 Differential diagnosis with relevant diseases

A. Throat-anus-genital syndrome (*hu huo bing*): Symptoms and signs of throat-anus-genital syndrome are similar to those of febrile disease caused by cold. The patient is reluctant to speak and tends to sleep. However, he cannot close his eyes when he feels restless... There is a reluctance to eat, aversion to food odours, facial complexion occasionally turns red, sometimes black or pale (Synopsis of the Golden Chamber, line 3.10). The patient has no fever, but is somewhat restless with a rapid pulse. He is reluctant to speak and prefers to lay bed (Synopsis of the Golden Chamber, line 3.13). These symptoms are similar to those seen in lily disease. However, throat-anus-genital syndrome is caused by damp-heat stagnation and insect poison ascending to the throat and descending to the anus and genitalia. Clinically, it is characterized by erosion of the throat, anus, and genitalia, with eyes as red as turtledove's.

B. Hysteria: See this chapter section 17.

C. Depressive psychosis (*dian zheng*): It is characterized by clinical manifestations of depressed spirit, apathy, dementia, or murmuring to oneself, silence with little action. It arises from the stagnation of *qi*, phlegm, fire and blood stasis. These symptoms have been brought on by dysfunction of the *zang-fu* organs and imbalance of *yin* and *yang* due to endogenous mental disturbance or congenital innate deficiency, that then result in derangement of the mind.

D. Depressive syndrome (*yu zheng*): It is caused by *qi* movement obstruction, disharmony between the liver and spleen, abnormality of heart spirit, disharmony between *yin* and *yang*, *qi* and blood of *zang-fu* organs. It results from disturbance of depressive unhappiness or anger, sorrow anxiety, etcetera. Clinically, it is characterized by manifestations of unhappiness, dullness, insomnia, poor appetite, distention and pain of hypochondria, frequent belching. The onset of both depressive syndrome and lily disease are closely related to mental factors, nevertheless, their pathogenesis and principal symptoms are different.

9.16.1.5 Therapeutic principles

【Original source material】 Lily diseas of a *yin* nature should be treated with *yang*; lily diseas of a *yang* nature should be treated with *yin*. When a *yang* natured syndrome is observed, it is incorrect to attack the *yin*. Prescribing a diaphoretic is mistreatment. When a *yin* natured syndrome is observed, attacking the *yang* is also an incorrect treatment. If a purgative is adopted, this is also mistreatment. (Synopsis of the Golden Chamber, line 3.9)

【Analysis】 This line expounds on the therapeutic principles and contraindications of lily disease. This section mainly discusses treatment for *yang* natured syndromes, while *yin* natured syndromes, which are in the minority, are due to prolonged *yin* impairment involving *yang* and complicated by *yang* deficiency are not introduced in detail, as they can be treated by warming *yang*.

The first line points out that lily disease should be treated according to syndrome differentiation, as this disease has such a variety of symptoms that it must be differentiated and treated on the basis of its clinical manifestations. With *yin* deficiency and internal heat in heart and lung as the primary pathogenesis, lily disease should be treated according to the principle of nourishing *yin* to clear heat, while diaphoretic, emetic, purgative therapies are all contraindicated. In addition, in terms of deterioration syndromes due to delayed treatment or mistreatment, herbs of that relieve vexation by nourishing *yin* and regulating the stomach by reversing the counterflow of *qi* should be added based on changes in the pathogenic condition.

9.16.2 Syndrome differentiation and treatment of lily disease

9.16.2.1 General lily disease

【Original source material】 If no emetic, purgative or diaphoretic has been prescribed for lily disease, yet syndrome and signs are still present, *Bai He Di Huang Tang* (Baihe Dihuang Decoction) will be effective in curing the case. (Synopsis of the Golden Chamber, line 3.5)

【Key points for syndrome differentiation】 Protracted disease with no evidence of deteriorated syndrome caused mistreatment, manifestations of forgetfulness, being reticent and restlessness, alternating good and bad appetite, disorder of senses, seemingly being as healthy as usual, bitter taste in mouth, dark urine, slightly rapid pulse.

【Syndrome analysis】 Syndrome analysis of general lily disease is shown in the table 9-16-1.

Table 9-16-1 Syndrome analysis of general lily disease

Main symptoms	Pathogenesis
Absent-minded and often taciturn, prefers to lie in bed, yet unable to lie quietly due to restlessness. Desire to walk but inability to walk for long periods	Retention of heat after a warm disease, or liver *qi* stagnation producing fire that then results in *yin* deficiency and internal heat in the heart and lung, failure to nourish all the meridians and the mind
Enjoys eating certain delicacies sometimes, but at other times dislikes the smell of food	Disharmony between spleen and stomach
Feels of cold or hot, but with no fever or chills	Disordering of the senses
Bitter taste in mouth, dark urine, slightly rapid pulse	*Yin* deficiency and internal heat

【Basic pathogenesis】 Retention of residual heat after a warm disease, or liver *qi* stagnation producing fire that then results in *yin* deficiency and internal heat in the heart and lung, failure to nourish all the meridians, and disturbance of the mind.

【Therapeutic principle】 Nourish the heart and lung, tranquilize the mind and clear heat.

【Prescription】 *Bai He Di Huang Tang*.

Bai He (*Bulbus Lilii*) (break open) 7 pcs.

Di Huang Zhi (*Juice of Radix Rehmanniae*) 1 *sheng*

The combination of the herbs acts to nourish the heart and lung, clear heat and cool the blood, thus helping restore *yin* fluids and clear deficiency-heat. The disease is cured when the functional harmony of *zang-fu* organs is restored, all the meridians are circulating normally and the heart can be nourished. .

Cautions should be taken in the clinical application of this prescription on three points: ① The dosage of *Bai He* and *Di Huang Zhi* are 15 to 30 grams. ② Taking this prescription for 10 to 20 doses. ③ Herbs that soothe the liver and alleviate depression should be added when manifestations of liver depression is obvious.

9.16.2.2 Syndromes arising from mistreatment of lily disease

9.16.2.2.1 Syndrome derived from misusage of diaphoretic therapy

【Original source material】 When lily disease occurs after the adoption of diaphoretic, *Bai He Zhi Mu Tang* (Baihe Decoction) can be used as a curative. (Synopsis of the Golden Chamber, line 3.2)

【Key points for syndrome differentiation】 Vexation and dry mouth in additional to the chief symptoms of lily disease.

【Syndrome analysis】 Syndrome analysis of the misusage of diaphoretic therapy for lily disease is shown in the table 9-16-2.

Table 9-16-2 Syndrome analysis of the misusage of diaphoretic therapy for lily disease

Main symptoms	Pathogenesis
Chief symptoms of lily disease	Retention of heat after a warm disease, or liver *qi* stagnation producing fire that then results in *yin* deficiency and internal heat in the heart and lung, failure to nourish all the meridians
Vexation, dry mouth	Misusage of diaphoretic therapy leads to *yin* fluids damage and pathogenic heat, which in turn result in an exuberance of dry heat

【Basic pathogenesis】 If the symptom "feeling either cold or hot, but with no fever or chill" resulting from *yin* deficiency and internal heat as well as disharmony between *qi* and blood in lily disease is incorrectly identified as resulting from an exterior syndrome caused by exogenous pathogenic factors, and diaphoretic therapy was then adopted, it will lead to further *yin* fluid damage and aggravation of deficiency-heat.

【Therapeutic principle】 Nourish *yin* to alleviate dryness, clear heat to eliminate vexation.

【Prescription】 *Bai He Zhi Mu Tang*.

Bai He (*Bulbus Lilii*) (break open) 7 pcs.

Zhi Mu (*Rhizoma Anemarrhenae*) 3 *liang*

9.16.2.2.2 Syndrome arising from misusage of purgative therapy

【Original source material】 When lily disease occurs after using a purgative, *Hua Shi Dai Zhe Tang* (Huashi Daizhe Decoction) can be used. (Synopsis of the Golden Chamber, line 3.3)

【Key points for syndrome differentiation】 In additional to the chief symptoms of lily disease, vomiting, hiccup, scanty dark urine, etcetera.

【Syndrome analysis】 Syndrome analysis of the misusage of purgative therapy for lily disease is shown in the table 9-16-3.

Table 9-16-3 Syndrome analysis of the misusage of purgative therapy for lily disease

Main symptoms	Pathogenesis
Chief symptoms of lily disease	Retention of heat after a warm disease, or liver *qi* stagnation producing fire that then results in *yin* deficiency and internal heat in the heart and lung, failure to nourish all the meridians
Vomiting and hiccup	Misusage of purgative therapy impairs the stomach and gives rise to adverse rising of stomach *qi*
Scanty dark urination	Misusage of purgative therapy leads to *yin* fluids damage and facilitates pathogenic heat thereof resulting in exuberant dry heat

【Basic pathogenesis】 If the symptom of abnormal appetite resulting from heart and lung *yin* deficiency inducing stomach *qi* disharmony in lily disease was incorrectly identified as intestinal internal heat caused by indigestion or accumulation of gastrointestinal heat, and purgative therapy with bitter-cold herbs was thus adopted, then it will lead to further damage of the *yin* fluids and facilitate internal heat and impair the stomach giving rise to the adverse rising of stomach *qi*.

【Therapeutic principle】 Nourish *yin* and clear heat, regulating stomach and reverse the upward counterflow of *qi*.

【Prescription】 *Hua Shi Dai Zhe Tang*.

Bai He (*Bulbus Lilii*) (break open)	7 pcs.
Hua Shi (*Talcum*) (break open, wrap in silk)	3 *liang*
Zhe Shi (*Haematitum*) (size of a bullet)	1 pc.

9.16.2.2.3 Syndrome arising from misusage of emetic therapy

【Original source material】 The following prescription is suitable for lily disease which appears after emetics is given. (See below for the formula) (Synopsis of the Golden Chamber, line 3.4)

【Key points for syndrome differentiation】 In additional to the chief symptoms of lily disease, vexation, insomnia and gastric upset or vomiting.

【Syndrome analysis】 Syndrome analysis of the misusage of emetic therapy for lily disease is shown in the table 9-16-4.

Table 9-16-4 Syndrome analysis of the misusage of emetic therapy for lily disease

Main symptoms	Pathogenesis
Chief symptoms of lily disease	Retention of heat after a warm disease, or liver *qi* stagnation producing fire that then results in *yin* deficiency and internal heat in the heart and lung, failure to nourish all the meridians
Gastric upset or vomiting	Misusage of emetic therapy damages the stomach and gives rise to the adverse rising of stomach *qi*
Vexation and insomnia	Misusage of emetic therapy leads to *yin* fluid damage and facilitates pathogenic heat resulting in deficiency-heat flaring up to disturb the mind

【Basic pathogenesis】 If the symptoms"often taciturn, prefers to lie in bed, yet unable to lie quietly due to restlessness. He may want to walk about, but soon becomes tired", etc. were incorrectly identified as those of phlegm-turbidity disturbing the mind or manifestations of the alternation of good and poor appetite brought on by phlegm and indigestion in the stomach, and were thus mistreated with emetic therapy, this will lead to further damage of to the *yin* fluids and impairment of the descent of *qi* from lung and stomach.

【Therapeutic principle】 Nourish *yin* and clear heat, moisten dryness and regulate the stomach, tranquilize the mind.

【Prescription】 *Bai He Ji Zi Tang* (Baihe Jizi Decoction).

Bai He (*Bulbus Lilii*) (break open) 7 pcs.

Ji Zi Huang (Egg yolk) 1 pc.

The three prescriptions are indicated for syndromes after mistreatment of lily disease. Because primary pathogenesis and principal symptoms still exist albeit with mild changes after mistreatment, all the prescriptions are slightly modified though they still use *Bai He* and spring water for decocting as the basic formula. Addition herbs are added based on the corresponding complications caused by the different mistreatment therapies.

9.16.2.3 Deterioration syndromes

9.16.2.3.1 Deteriorated syndrome characterized by thirst

【Original source material】 When lily disease lasts for an entire month, the patient will become thirsty. *Bai He Xi Fang* (Baihe washing prescription) is of use. (Synopsis of the Golden Chamber, line 3.6)

If the syndrome (described in line 3.6) remains after the adoption of washing therapy, *Gua Lou Mu Li San* (Gualou Muli Powder) can be given. (Synopsis of the Golden Chamber, line 3.7)

【Key points for syndrome differentiation】 In additional to the chief symptoms of lily disease, obvious thirst.

【Syndrome analysis】 Syndrome analysis of deteriorated syndrome characterized by thirst is shown in the table 9-16-5.

Table 9 - 16 - 5 Syndrome analysis of deteriorated syndrome characterized by thirst

Main symptoms	Pathogenesis
Chief symptoms of lily disease	Retention of heat after a warm disease, or liver *qi* stagnation producing fire that then results in *yin* deficiency and internal heat in the heart and lung, failure to nourish all the meridians
Protracted disease, thirst	Impairment of *yin* and severe heat due to prolonged disease causing failure to distribution of lung fluids and damage of stomach fluid

【Basic pathogenesis】 There is no manifestation of thirst in general lily disease, but in a protracted case, it occurs when *yin* fluids are gradually lost, and deficiency heat becomes aggravated causing failure of the lung fluids to disperse and damage the stomach fluids.

【Therapeutic principle】 Nourish *yin* and clear heat, moisten dryness to relieve thirst; or clear heat to produce fluids and guide heat downward if thirst still exists after treatment by the previous principles.

【Prescription】

A. *Bai He Xi Fang* combined with *Bai He Di Huang Tang* for internal use.

Bai He Xi Fang

Soak one *sheng* of *Bai He* in one *dou* of water overnight. Wash the patient with the solution. Feed the patient boiled wheat cakes. Do not add salt or *Dan Dou Chi* to the food.

B. *Gua Lou Mu Li San*

Radix Trichosanthis (*Gua Lou*)

Concha Ostreae (*Mu Li*)

9. 16. 2. 3. 2 Deteriorated syndrome characterized by fever

【Original source material】 When fever accompanies the symptoms of lily disease, *Bai He Hua Shi San* (Baihe Huashi Powder) is of use. (Synopsis of the Golden Chamber, line 3. 8)

【Key points for syndrome differentiation】 In additional to the chief symptoms of lily disease, fever.

【Syndrome analysis】 Syndrome analysis of deteriorated syndrome characterized by fever is shown in the table 9 - 16 - 6.

Table 9 - 16 - 6 Syndrome analysis of deteriorated syndrome characterized by fever

Main symptoms	Pathogenesis
Chief symptoms of lily disease	Retention of heat after a warm disease, or liver *qi* stagnation producing fire that then results in *yin* deficiency and internal heat in the heart and lung, failure to nourish all the meridians
Fever	Prolonged stagnation of internal heat spreads to the exterior in a protracted case

【Basic pathogenesis】 Prolonged stagnation of internal heat spreads to the exterior in a protracted case.

【Therapeutic principle】 Nourish *yin* and moisten dryness, clear heat and promote urination.

Table 9 - 16 - 7 Summary of syndrome differentiation and treatment of lily disease

Etiology and pathogenesis

Retention of residual heat after a warm disease, or emotional factors result in fire and lead to internal heat

Internal heat due to *yin* deficiency in the heart and lungs, failure to nourish all the meridians

Chief symptoms

Mental disorder, including forgetfulness, indifferent facial expression, disordering of speech, behavior, diet, and the senses bitter taste of mouth, red urine, slightly rapid pulse

Therapeutic principles

Nourish *yin* and clear heat (*Yi* treatment method is used for lily disease manifested as *yang* syndrome)

			Etiology and pathogenesis	Chief symptoms	Therapeutic principles	Prescription
Syndrome differentiation and treatment	Routine therapeutic principles		See above	See above	Nourish the heart and lung, tranquilize the mind by clearing heat	*Bai He Di Huang Tang*
	Remedy for mistreatment	Misusage of diaphoretic therapy	Consumption of body fluids, aggravation of *yin* deficiency and intense heat	Restlessness, dry mouth	Nourish *yin* to alleviate dryness, clear heat to eliminate vexation	*Bai He Zhi Mu Tang*
		Misusage of purgative therapy	Damage of *yin* leads to intense heat, rebellious stomach *qi*	Vomiting and hiccup, scanty, dark and difficult urination	Nourish *yin* and clear heat, regulate the stomach to reverse the counterflow of *qi*	*Hua Shi Dai Zhe Tang*
		Misusage of emetic therapy	Damage to *yin* leads to intense heat, lung and stomach *qi* fail to descend	Vexation and insomnia, gastric upset or vomiting	Nourish *yin* to moisten dryness, clear heat to regulate the stomach	*Bai He Ji Zi Tang*

Continued

	Therapeutic method for deterioration syndromes	Deteriorated thirst syndrome	Impairment of *yin* and intense heat causes failure of lung fluids to disperse and damage to the stomach fluids	Thirst	Nourish *yin* to clear heat, moisten dryness to relieve thirst	*Bai He Di Huang Tang* and *Bai He Xi Fang*
		Deteriorated fever syndromes	Stagnation of internal heat spreads to the exterior	Fever	Nourish *yin* to moisten dryness, clear heat and induce diuresis	*Bai He Hua Shi San*

【Prescription】 *Bai He Hua Shi San.*

Zhi Bai He (Bulbus Lilii Preparata)	1 *liang*
Hua Shi (Talcum)	3 *liang*

Summary

Summary of syndrome differentiation and treatment of lily disease is shown in the table 9-16-7.

9.17 Hysteria

9.17.1 General introduction of hysteria

9.17.1.1 Definition

Hysteria (*zang zao*) is a kind of disease characterized by restlessness, inexplicable deep sorrow and mania. *Zang* refers to the *zang* organs—the heart, liver, spleen and so on; while *zao* refers to restlessness—is a summarization of the main symptoms of the disease.

9.17.1.2 Key points of syndrome differentiation

9.17.1.2.1 Differentiation of pathogenic factors

The occurrence of hysteria is often related to emotional injury. For example, emotional upset will lead to liver *qi* stagnation, which will transform into fire and result in consumption of *yin* if it is of long duration; or excessive thinking will result in the consumption of nutrient and blood, injury to the heart and spleen, and deficiency of visceral *yin*, all of which will lead to inadequate nourishment of the heart. Both men and women can suffer from hysteria, but it is more commonly seen in women.

9.17.1.2.2 Differentiation of the affected *zang-fu* organ

The main pathogenesis is *yin* deficiency of *zang* organs leading to abnormal movement of deficiency fire. There is still controversy regarding which *zang* organs are involved. A comprehensive analysis of the relationship between the emotions, the five *zang* organs and the main symptoms as well as the efficacy of *Gan Mai Da Zao Tang* (Ganmai Dazao Decoction), leads us to believe that the disease is related to all five *zang* organs but that it is most closely related to the liver, heart and spleen and involves the lung and kidney.

9.17.1.3 Differentiation from relevant diseases

Hysteria should be differentiated from lily disease and pathogenic crying (*xie ku*) as they are similarities in etiology, pathogenesis and clinical manifestations.

9.17.1.3.1 Differentiation between hysteria and lily disease

Differentiation between hysteria and lily disease is shown in the table 9-17-1.

Table 9-17-1 Differentiation between hysteria and lily disease

		Hysteria	Lily disease
Similarities		Related to emotional injury; deficiency of *yin* and body fluids and inadequate nourishment of the heart as the pathogenesis; "haunted signs" such as restlessness and improper behavior as the main symptoms; nourish heart to tranquilize mind is the therapeutic method	
Differences	Pathogenesis	Emotional unfulfilment leading to liver *qi* stagnation, which transforms into fire and consumes *yin*; excessive thinking results in consumption of the nutrient and blood and injury to the heart, this leads to inadequate nourishment of the heart	Emotional unfulfilment leading to liver *qi* stagnation which transforms into fire, or heat remaining after a febrile disease. They cause *yin* deficiency in the heart and lung with interior heat, and lead to inadequate nourishment of the meridians
	Main symptoms	Restlessness, inexplicable deep sorrow, mania with frequent sighing and stretching	Forgetfulness, disordering of speech, behavior, diet, and the senses, a bitter taste in mouth, dark urine, slightly rapid pulse
	Therapeutic principles	Tonify the heart and the spleen; relieve anxiety and tranquilize the mind	Moisten the heart and lung; clear heat and tranquilize the mind
	Prescription	*Gan Mai Da Zao Tang*	*Bai He Di Huang Tang*

9.17.1.3.2 Differentiation between hysteria and "pathogenic crying"

"Pathogenic crying" means that the patient has anoia and cries without reason, just as thought they were haunted by spirits. It is often caused by insufficient heart *qi* and blood. As it is said in Zhongjing's Synopsis of the Golden Chamber On Pulse, Syndrome and Treatment of Accumulation of Wind and Cold in the Five *Zang* Organs: "Blood and *qi* insufficiency is the cause of uneasiness of the soul, and leads to pathogenic crying. It is blood and *qi* insufficiency in the heart that results in fear, dormancy when closing the eyes. The spirit fails to be housed and the soul starts to wander and dream of traveling far..."

9.17.1.4 Therapeutic Principle

Treatment is based on the principle "treat deficiency by tonifying", and viscera such as the heart and spleen should be tonified.

9.17.2 Syndrome differentiation and treatment of hysteria

【Original source material】 The patient suffers hysteria and tends to weep constantly as if she were haunted. She frequently stretches and yawns repeatedly. *Gan Mai Da Zao Tang* is of use in calming the patient. (Synopsis of the Golden Chamber, line 22.6)

【Key points for syndrome differentiation】 Restlessness, inexplicable deep sorrow, weeping, restlessness, fatigue, frequent yawning and stretching, just as though haunted by spirits (excitable, strong suggestibility or hallucination), as well as insomnia, fidgeting and irritability, red tongue with little coating, wiry thready pulse.

【Syndrome analysis】 Syndrome analysis of hysteria is shown in the table 9 - 17 - 2.

Table 9 - 17 - 2 Syndrome analysis of hysteria

Main symptoms	Pathogenesis
Inexplicable deep sorrow, weeping, restlessness, like haunted by pathogens	Emotional unfulfilment and excessive thinking results in liver *qi* stagnation, which transforms into fire and consumes *yin*, deficiency of both heart and spleen, inadequate nourishment of the heart
Fatigue, frequent yawning, stretching, insomnia, fidget and irritability	Consumption of *yin* fluids and blood and insufficient kidney essence result in inadequate nourishment of the spirit
Red tongue with little coating, wiry thready pulse	Insufficient *yin* in the *zang* organs, consumption of nutrient blood

【Basic pathogenesis】 Emotional unfulfilment lead to liver *qi* stagnation, which transforms into fire and consumes *yin*; or excessive thinking results in consumption of nutrient blood and injury to the heart, and further leads to inadequate nourishment of the heart.

【Therapeutic principle】 Tonify the heart and spleen, tranquilize the mind.

【Prescription】 *Gan Mai Da Zao Tang*.

Gan Cao (*Radix Glycyrrhizae*) 3 *liang*
Xiao Mai (*Fructus Tritici*) 1 *sheng*
Da Zao (*Fructus Jujubae*) 10 pcs.

In clinical application, if the *yin* blood deficiency is severe, add herbs to nourish the blood and tranquilize the mind, such as *Dang Gui*, *Bao Shao*, *Suan Zao Ren*, etcetera; if liver *qi* is stagnant with depression and distension in the chest, add *Chai Hu*, *Xiang Fu* (*Rhizoma Cyperi*), *Yu Jin* (*Radix Curcumae*) etcetera to soothe liver, regulate *qi* and alleviate depression.

Summary

The occurrence of hysteria is mostly related to emotional injuries, with forgetfulness, inexplicable deep sorrow and restlessness as the characteristic symptoms. Insufficient visceral *yin* and impetuous movement of deficient fire is the pathogenesis; while tonifying the heart and the spleen is the basic therapeutic method. *Gan Mai Da Zao Tang* is used as the chief prescription.

In addition, there is not just one hysteria syndrome, clinically different syndromes, such as hyperactive *yang* due to deficiency of *yin*, *qi* stagnation with retention of phlegm and liver and spleen disharmony, etc., are often seen. Differentiation of treatments should be made accordingly.

9.18 *Qi* Up-rushing Disease

9.18.1 General Introduction of *qi* up-rushing disease

9.18.1.1 Definition

Qi up-rushing disease(*ben tun qi* bing,"running piglet"disease) refers the feeling of a flow of *qi* rushing from the lower abdomen to the chest and pharynx. All symptoms disappear within a few minutes,no more than half an hour at the most. It attacks paroxysmally with symptoms such as a subjective feeling like a piglet running.

9.18.1.2 Key points of syndrome differentiation

9.18.1.2.1 Differentiation of pathogenic factors

The occurrence of the disease is often related to emotional factors like fear and fright or anger. Zhang Zhongjing said: *Qi* up-rushing disease, vomiting of pus, fright and fire-pathogen are four diseases caused by fright (Synopsis of the Golden Chamber, line 8.1). Misuse of diaphoresis will further impair the *yang qi* of people with *yang* deficiency or internal retention of fluid, causing cold from the lower energizer to counterflow rush upward and leads to the occurrence of *qi* up-rushing disease. Zhang Zhongjing said: "After adopting a diaphoretic... An impulse feeling will rise from the abdomen to the chest resulting in *qi* up-rushing disease" (Synopsis of the Golden Chamber, line 8.3); "After adopting a diaphoretic, a 'jumping/twitching' feeling, resembling a baby pig running, is felt below the umbilicus... This is called a *qi* up-rushing disease" (Synopsis of the Golden Chamber, line 8.4).

9.18.1.2.2 Differentiation of the affected *zang-fu* organs

When the occurrence of the disease is due to emotional factors like fear and fright and so on, it is often related to the liver; when it is due to impairment of *yang qi* after diaphoresis, it is mainly related to the heart and kidney.

9.18.1.2.3 Identifying the main symptoms

Feeling of a flow of *qi* rushing from the lower abdomen to the chest and pharynx is the main symptom, which breaks out suddenly and repeatedly. On occurrence, patients suffer a lot but feels normal afterwards. As it is said by Zhongjing: *Qi* up-rushing disease is characterized by ascending *qi* rushing to the thorax, the patient feels very uncomfortable during the attack, yet he feels normal during the intervals (Synopsis of the Golden Chamber, line 8.2).

9.18.1.3 Differentiating Similar Syndromes

"Kidney accumulation *qi* up-rushing" syndrome, "surging mounting" syndrome and "surging *qi*" syndrome are all characterized wherein *qi* surges up the body from the lower abdomen. The syndromes are, however, different as described in the table 9-18-1.

9.18.1.4 Therapeutic principle

During the attack, reversing the counterflow of *qi* is advisable as the chief therapeutic method. If

Table 9 – 18 – 1 **Differentiation of "*qi* up-rushing" syndrome from other similar syndromes**

	Qi up-rushing disease	Kidney accumulation "*qi* up-rushing" syndrome	Surging mounting syndrome	Surging *qi* syndrome
First instance	Synopsis of the Golden Chamber—*Ben Tun Qi Bing Mai Zheng Zhi Di Ba* (Pulse and Syndrome of *Qi* Up-running Disease)	Classic of Medical Problems Difficulty 56	Simple Questions—*Gu Kong Lun* (Discussion of Bone Space)	Synopsis of the Golden Chamber-*Tan Yin Ke Sou Bing Mai Zheng Bing Zhi Di Shi Er* (Pulse and Syndrome of Phlegm Fluids and Cough Diseases and Their Treatment)
Original text	"In *qi* up-rushing disease, (the feeling) starts in the lower abdomen and then surges up to the throat. When it happens, it feels like one is going to die, it repeats and then stops"	"Accumulation in the kidney is called '*qi* up-rushing'. (There is a sensation that) starts from the lower abdomen and then goes up to below the heart (center) at its height. Sometimes it goes up, sometimes down with no regularity and no set length of time. It causes wheezing, bone atrophy and shortness of breath." "The accumulation is *yin qi* and its (resultant) attacks occur in the same place; the disease never leaves the area. The up and down (sensations) have a beginning and an end, and the left and right (areas of involvement) are finite"	"When the thoroughfare vessel (*chong mai*) is diseased, *qi* counterflows and the interior is anxious. When the governing vessel (*du mai*) is diseased... this disease begins in the lower abdomen, surges up to the heart and causes pain. One is unable to grasp the before and after, this is called surging mounting (*chong shan*)"	"After downward treating with *Qing Long Tang*, the patient has copious saliva, but the mouth feels dry. The *cun*-position pulse is deep while the *chi*-position pulse is faint. The hands and feet are cold and there is a feeling of something surging up from the lower abdomen to the chest and throat. Hand and foot *bi* syndrome is present and the face appears red as if one has drunk too much alcohol. Because there is repeated downward draining in the groin, urination becomes difficult. If the problem is recurrent, use *Fu Ling Gui Zhi Wu Wei Gan Cao Tang* to treat the surging *qi*"

Continued

	Qi up-rushing disease	Kidney accumulation "*qi* up-rushing" syndrome	Surging mounting syndrome	Surging *qi* syndrome
Etiology and Pathogenesis	Emotional frustration results in liver (*qi*) depression transforming into fire. The fire/heat in the liver meridian follows the path of the thoroughfare vessel (*chong mai*) and rises upward; or perhaps diaphoretic therapy has resulted in damage to the heart and kidney *yang qi*, resulting in water cold following the path of the thoroughfare vessel (*chong mai*) in rising upward	Material pathogens coagulate/knot in the lower abdomen and become an accumulation disease	Pathogens invade the abdomen influencing the thoroughfare (*chong*) and governing (*du*) vessels resulting in a counterflow of *qi*	A patient with kidney *yang* deficiency type thoracic fluid retention (*zhi-yin*) was treated with *Xiao Qing Long Tang* which then resulted in counterflow *qi* surges
Main Symptoms	A feeling of something surging up from the lower abdomen to the chest and throat. The pain of the attack is difficult to bear, but the individual seems completely normal afterwards. During an attack an irregularly shaped lump appears in the lower abdomen, but is nowhere to be found after	A feeling of something surging up from the lower abdomen to just below the heart/center. There is a lump present in the lower abdomen, one which does not move when pushed. After the feeling of *qi* rushing upward has passed the lump is still present	Abdominal pain, inability to pass stools or urine, complicated by a feeling of something surging up from the lower abdomen to the heart/chest	Copious saliva, but the mouth feels dry, cold hands and feet, a feeling of something surging up from the lower abdomen to the chest and throat, hand and foot *bi* syndrome, the face appears red as if one has drunk too much alcohol
Nature of the problem	Pathological alterations of function	One of the five *zang*-organ accumulation diseases, pathological alterations to the actual organ itself	Pathological alterations of function	Pathological alterations of function
Length of disease	Short	Long	Short	Short
Prognosis	Good	Bad	Good	Good

liver *qi* rushes upward, regulating liver *qi* to reverse the counterflow of *qi* is recommended. If deficiency of heart and kidney *yang* with retained fluid is the problem, warming *yang*, resolving retained fluids and reversing the upward counterflow of *qi* is recommended. After the *qi* up-rushing symptom subsides, further consolidating treatment should be carried out to prevent recurrence.

9.18.2 Syndrome differentiation and treatment of *qi* up-rushing disease

9.18.2.1 Liver *qi* up-rushing

【Original source material】 *Qi* up-rushing disease with ascending *qi* rushing to the thorax, abdominal pain and alternating episodes of chills and fevers can be treated with *Ben Tun Tang* (Bentun Decoction). (Synopsis of the Golden Chamber, line 8.2)

【Key points for syndrome differentiation】 Patients suffer greatly from a flow of *qi* rushing from the lower abdomen to the chest, abdominal pain, alternating chills and fever, paroxysmal attack, but feel normal in the intervals. There may be bitter taste in the mouth, dry throat, etc. red edge and tip of the tongue, yellow thin tongue coating, wiry pulse.

【Syndrome analysis】 Syndrome analysis of liver *qi* up-rushing is shown in the table 9-18-2.

Table 9-18-2 Syndrome analysis of liver *qi* up-rushing

Main symptoms	Pathogenesis
Patients suffer greatly from a flow of *qi* rushing from the lower abdomen to the chest but feel normal in the intervals	Burning heat in the liver meridian rushing upward along the thoroughfare vessel
Abdominal pain	Liver *qi* stagnation with liver-wood overacting on spleen-earth
Alternating chills and fever, bitter taste in mouth, dry throat	Liver fails to maintain the free movement of *qi*, *shaoyang* meridian dysfunction
Red edge and tip of the tongue, yellow thin coating, wiry pulse	Stagnated liver *qi* transforms into fire, results in consumption of *yin* fluid

【Basic pathogenesis】 Liver *qi* stagnation caused by emotional stress transforms into fire and consumes *yin* and blood leading to burning heat in the liver meridian rushing upward along the thoroughfare vessel.

【Therapeutic principle】 Clear heat and reverse the upward counterflow of *qi*, harmonizing blood and regulating liver.

【Prescription】 *Ben Tun Tang*.

Gan Cao (*Radix Glycyrrhizae*)	2 *liang*
Chuan Xiong (*Rhizoma Ligustici Chuanxiong*)	2 *liang*
Dang Gui (*Radix Angelicae Sinensis*)	2 *liang*
Ban Xia (*Rhizoma Pinelliae*)	4 *liang*
Huang Qin (*Radix Scutellariae*)	2 *liang*
Bai Shao (*Radix Paeoniae Alba*)	2 *liang*
Sheng Jiang (*Rhizoma Zingiberis Recens*)	4 *liang*
Gan Li Gen Pi (*Cortex Prunus Armeniacae*)	1 *sheng*

Three doses given in the day time, and once at night is recommended as *qi* up-rushing disease is an acute attack with sudden rushing up of *qi*.

9.18.2.2 Kidney *qi* up-rushing

9.18.2.2.1 Chilliness rushing upward from the lower energizer

【Original source material】 After adopting a diaphoretic, warm needle therapy is administered to further induce perspiration. If the locus of the puncture point is left unprotected and comes into contact with cold, it will turn red and swell. An impulse will rise from the abdomen to the chest and result in a *qi* up-rushing disease. Treat with one *zhuang* of moxibustion on the swollen area and give *Gui Zhi Jia Gui Tang*. (Synopsis of the Golden Chamber, line 8.3)

【Key points for syndrome differentiation】 Feeling of *qi* rushing up from the lower abdomen to the chest with palpitations, cold limbs, muscular contraction or pain of the lower abdomen. In addition, little red spots are seen on the punctured spots.

【Syndrome analysis】 Syndrome analysis of chilliness rushing upward from the lower energizer is shown in the table 9-18-3.

Table 9-18-3 Syndrome analysis of chilliness rushing upward from the lower energizer

Main symptoms	Pathogenesis
Feeling of a flow of *qi* rushing from the lower abdomen to the chest with sudden attack	Chilliness rushing upward from the lower energizer along the thoroughfare vessel
Palpitations and cold limbs	Overuse of diaphoresis impairs heart *yang* in the treatment of a *taiyang* diseas
Muscular contraction or pain of the lower abdomen	Deficient kidney *qi* fails to warm the lower abdomen
Little red spots on the punctured spots	Local *yang* blockage by cold and nutrient-blood stagnation

【Pathogenesis】 Improper use of diaphoretics during the treatment of a *taiyang* diseas followed by warms needling to further induce sweating damages heart *yang*, and leads to heart fire failing to warm kidney water below. This in turn leads to chilliness rushing upward from the lower energizer and the occurrence of *qi* up-rushing disease. When cold pathogens invade through the punctured holes, the local *yang* is blocked by cold and stagnated blood, resulting in red little pimples.

【Therapeutic principle】 Internal treatment combined with external treatment. Internal treatment should be to warm *yang* and disperse cold, soothe the thoroughfare vessel and reverse the upward counterflow of *qi*; while external treatment should be moxibustion with moxa cones given on the punctured spots where the pimples are located, so as to warm the meridians, disperse cold, activate *yang* and dispel stagnation.

【Prescription】 *Gui Zhi Jia Gui Tang*.

Gui Zhi (*Ramulus Cinnamomi*) 5 *liang*
Bai Shao (*Radix Paeoniae Alba*) 3 *liang*
Zhi Gan Cao (*Radix Glycyrrhizae Preparata*) 2 *liang*
Sheng Jiang (*Rhizoma Zingiberis Recens*) 3 *liang*
Da Zao (*Fructus Jujubae*) 12 pcs.

9.18.2.2.2 Internal movement of fluid retention

【Original source material】 After adopting diaphoretic, a "jumping/twitching" feeling, resembling a baby pig running, is sensed below the umbilicus, this indicates a pre-running piglet disease. Prescribe *Fu Ling Gui Zhi Gan Cao Da Zao Tang* (Fuling Guizhi Gancao Dazao Decoction) to reduce the adversity. (Synopsis of the Golden Chamber, line 8.4)

【Key points for syndrome differentiation】 Throbbing sensation in the lower abdomen under the umbilicus is felt with palpitations, shortness of breath and dysuria.

【Syndrome analysis】 Syndrome analysis of internal movement of fluid retention is shown in the table 9-18-4.

Table 9-18-4 Syndrome analysis of internal movement of fluid retention

Main symptoms	Pathogenesis
Throbbing sensation in the lower abdomen under the umbilicus	Movement of retained fluids in the lower energizer with a likelihood of them rushing upward
Palpitations, shortness of breath	Overuse of diaphoresis in the treatment of *taiyang* diseas impairs heart *yang* and fails to warm the heart
Dysuria	Fluid retention results in a disturbance of bladder *qi* transformation

【Basic pathogenesis】 There has been fluid retention in the lower energizer. The improper use of diaphoresis in the treatment of an exogenous disease impairs heart *yang*, heart-fire fails to warm kidney-water. This leads to movement of retained water in the lower energizer, which tends to rush upward and induces the attack of *qi* up-rushing disease.

【Therapeutic principle】 Warm *yang* and promote diuresis, soothe the thoroughfare vessel and reverse the upward counterflow of *qi*.

【Prescription】 *Ling Gui Gan Zao Tang*.

See 7.2.1.

【Differential diagnosis】 This syndrome is similar to the *Gui Zhi Jia Gui Tang* treated syndrome. The differentiation is as table 9-18-5.

Table 9-18-5 Differentiation between *gui zhi jia gui Tang* and *Ling Gui Gan Zao Tang* treated syndromes

	Gui Zhi Jia Gui Tang treated syndrome	*Ling Gui Gan Zao Tang* treated syndrome
Similarities	Both are caused by improper diaphoresis in the treatment of *taiyang* diseas, which impairs heart *yang* and weakens the upper energizer which then becomes unable to control the lower energizer. Both manifest with palpitations, throbbing in the lower abdomen inferior to the umbilicus, etcetera. Warming and activating heart *yang* is the common therapeutic method. Using both *Gui Zhi*, *Zhi Gan Cao* and *Da Za*	

Continued

		Gui Zhi Jia Gui Tang treated syndrome	*Ling Gui Gan Zao Tang* treated syndrome
Differences	Etiology and pathogenesis	Repeated use of diaphoresis by warm needle and herbs during the treatment of a *taiyang* diseas impair heart *yang*, leading to chilliness rushing upward from the lower energizer	Fluid retention in the lower energizer, improper use of diaphoresis in the treatment of an exogenous disease, impairment of heart *yang*, heart-fire fails to warm kidney-water, abnormal movement of water in the lower energizer, which now tends to rush upward
	Main symptoms	Suffering greatly from *qi* rushing from the lower abdomen to the chest but feeling nothing at all afterwards	Palpable feeling of throbbing on the lower abdomen inferior to the umbilicus, shortness of breath and dysuria (counterflow of *qi* is likely to happen)
	Therapeutic principles	Warm *yang* and dispersing cold, soothe the thoroughfare vessel and reverse the upward counterflow of *qi*	Warm *yang* and promote diuresis, soothe the thoroughfare vessel and reverse the upward counterflow of *qi*
	Drugs	*Gui Zhi* 5 *liang*, *Bai Shao* 3 *liang*, *Zhi Gan Cao* 2 *liang*, *Sheng Jiang* 3 *liang*, *Da Zao* 12 pcs	*Fu Ling* 0.5 *jin*, *Zhi Gan Cao* 2 *liang*, *Da Zao* 15 pcs, *Gui Zhi* 4 *liang*

Summary

Qi up-rushing disease is a paroxysmal disease where the patient feels a flow of *qi* running from the lower abdomen to the chest and pharynx. Liver *qi* up-rushing and kidney *qi* up-rushing are the most common syndromes. Soothing the thoroughfare vessel and reversing the upward counterflow of *qi* is the therapeutic principle. The summary of syndromes and treatment are as table 9 - 18 - 6.

Table 9 - 18 - 6 Summary of syndrome differentiation and treatment of *qi* up-rushing disease

	Etiology and pathogenesis	Main symptoms	Therapeutic method	Prescription
Liver *qi* up-rushing	Emotional upset causes stagnation of liver *qi*, which transforms into fire. Burning hot *qi* rushes upward	Feeling of a flow of *qi* rushing from the lower abdomen to the chest, abdominal pain, alternating chills and fever, paroxysmal attack, patient feels normal during intervals	Clear heat and reverse the upward counterflow of *qi*; harmonize blood and regulate the liver	*Ben Tun Tang*

Continued

		Etiology and pathogenesis	Main symptoms	Therapeutic method	Prescription
	Chilliness rushing upward from the lower energizer	Overuse of diaphoresis impairs heart *yang*, leading to chilliness rushing upward from the lower energizer	Palpable feeling of flow of *qi* rushing from the lower abdomen to the chest	Warm *yang* and disperse cold, soothe the thoroughfare vessel and reverse the upward counterflow of *qi*	*Gui Zhi Jia Gui Tang*
Kidney qi up-rushing	Internal movement of fluid retention	Fluid retention in the lower energizer. Misuse of diaphoresis impairs heart *yang* leading to abnormal movement of water in the lower energizer	Palpable feeling of throbbing in lower abdomen inferior to the umbilicus, shortness of breath and dysuria	Warm *yang* and promote diuresis, soothe the thoroughfare vessel and reverse the upward counterflow of *qi*	*Ling Gui Gan Zao Tang*

Chapter 10

Syndrome Differentiation and Treatment of Meridian Diseases

10.1 Multiple Arthralgia

10.1.1 Introduction to multiple arthralgia

Multiple arthralgia(*li jie*) disease manifests as pain and swelling of multiple joints, with limitation of joints movement and body emaciation. It is often caused by exogenous wind, cold and dampness, and internal damage to the liver, kidney, bones and tendons.

【Original source material】 The pulse at the *cun* position is sunken and weak. A sunken pulse indicates a disease of the bones and kidney. A weak pulse indicates a disease of the tendons and liver. If the patient is immersed in water sweats all over, pathogenetic water will affect his heart. Multiple arthralgia will occur with yellow sweat. [*Jin Kui Yao Lue*(Synopsis of the Golden Chamber), line 5.4]

The pulse reflective of *shaoyin* is floating and weak. A weak pulse indicates insufficiency of blood. A floating pulse is an indication of pathogenetic wind. When deficient blood is attacked by wind, there will be referred pain. (Synopsis of the Golden Chamber, line 5.6)

The pulse reflective of a patient with a plump physique is hesitant and small. Other symptoms and signs include shortness of breath, spontaneous sweating, and multiple arthralgia which prevents the patient from moving his extremities. This is caused by exposure to wind when patient sweats after drinking wine. (Synopsis of the Golden Chamber, line 5.7)

【Key points for syndrome differentiation】 Painful swollen joints, difficulty flexing and stretching, perhaps dragging pain.

【Syndrome analysis】 Syndrome analysis of multiple arthralgia is shown in the table 10-1-1.

Table 10-1-1 Syndrome analysis of multiple arthralgia

Main symptoms	Pathogenesis
Dragging joint pain	Liver and kidney *qi* and blood deficiency, malnutrition of the tendons and bones, stagnation of wind, cold and dampness at the joints, obstruction of meridians
Swollen joints, difficulty flexing and stretching	Wind, cold and dampness flow into the tendons, vessels and joints, *qi* and blood circulation is impeded

【Basic pathogenesis】 Liver and kidney *qi* and blood deficiency, internal invasion of wind, cold and dampness affects the blood vessels and infuses into the tendons and bones.

10.1.2 Syndrome differentiation and treatment of multiple arthralgia

10.1.2.1 Wind-dampness multiple arthralgia

【Original source material】 *Gui Zhi Shao Yao Zhi Mu Tang* (Guizhi Shaoyao Zhimu Decoction) is a curative for multiple arthralgia with the following symptoms and signs: Pain in all joints of the extremities, thin and weak physique, severe swelling of the feet (as if they were about to fall off the legs), dizziness and shortness of breath, restlessness and nausea. (Synopsis of the Golden Chamber, line 5.8)

【Key points for syndrome differentiation】 Pain, swelling and deformation of the joints, or redness, localized swelling and heat, body emaciation.

【Syndrome analysis】 Syndrome analysis of multiple arthralgia due to wind-dampness is shown in the table 10-1-2.

Table 10-1-2 Syndrome analysis of multiple arthralgia due to wind-dampness

Main symptoms	Pathogenesis
Pain, swelling and deformation of the joints	Wind, cold and dampness flow into the tendons, vessels and joints, *qi* and blood circulation is impeded
Redness, swelling and fever of the local area	Wind and dampness coincide, transform into heat and damage *yin*
Body emaciation	In prolonged cases, healthy *qi* gradually weakens

【Basic pathogenesis】 Obstruction of the joints by wind and dampness, which transforms into heat and damages *yin*.

【Therapeutic principle】 Eliminate wind, remove dampness and disperse cold, along with nourishing *yin* and clearing heat.

【Prescription】 *Gui Zhi Shao Yao Zhi Mu Tang*.

Gui Zhi (*Ramulus Cinnamomi*)	4 *liang*
Bai Shao (*Radix Paeoniae Alba*)	3 *liang*
Zhi Mu (*Rhizoma Anemarrhenae*)	4 *liang*
Ma Huang (*Herba Ephedrae*)	2 *liang*
Sheng Jiang (*Rhizoma Zingiberis Recens*)	5 *liang*
Bai Zhu (*Rhizoma Atractylodis Macrocephalae*)	5 *liang*
Gan Cao (*Radix Glycyrrhizae*)	2 *liang*
Fang Feng (*Radix Saposhnikoviae*)	4 *liang*
Shu Fu Zi (*Radix Aconiti Lateralis Preparata*)	2 pcs.

10.1.2.2 Cold-dampness multiple arthragia

【Original source material】 For multiple arthralgia with limitation of movement of joints, *Wu Tou Tang* (Wutou Decoction) is the remedy. (Synopsis of the Golden Chamber, line 5.10)

【Key points for syndrome differentiation】 Severe joint pain with tenderness, inability to flex and stretch the extremities.

【Syndrome analysis】 Syndrome analysis of multiple arthralgia due to cold-dampness is shown in the table 10 - 1 - 3.

Table 10 - 1 - 3 Syndrome analysis of multiple arthralgia due to cold-dampness

Main symptoms	Pathogenesis
Severe joint pain with tenderness	Cold-dampness blocks joints resulting in pain
Stiffness of the joints, inability to flex and stretch the extremities	Cold-dampness blocks the joints, cold is coagulative, contractive and obstructive

【Basic pathogenesis】 Cold-dampness blocks the joints, leading to *qi* stagnation and blood stasis.

【Therapeutic principle】 Warm the meridians and disperse cold, remove dampness and relieve pain.

【Prescription】 *Wu Tou Tang*.

Ma Huang (*Herba Ephedrae*)	3 *liang*
Bai Shao (*Radix Paeoniae Alba*)	3 *liang*
Huang Qi (*Radix Astragali seu Hedysari*)	3 *liang*
Zhi Gan Cao (*Radix Glycyrrhizae Preparata*)	3 *liang*
Wu Tou (*Rhizoma Aconiti*) (prepared with honey)	5 pcs.

Summary

Summary of syndrome and treatment of multiple arthralgia is shown in the table 10 - 1 - 4.

Table 10 - 1 - 4 Summary of syndrome and treatment of multiple arthralgia

	Pathogenesis	Key points for differentiation	Treatment principles	Prescription
Wind-dampness	Wind, cold and dampness obstruction which transforms into heat impairing *yin*	Pain, swelling or deformation of the joints, involves the joints in the whole body, perhaps redness, local swelling and heat, body emaciation	Remove wind, eliminate dampness and disperse cold, nourish *yin* and clear heat	*Gui Zhi Shao Yao Zhi Mu Tang*
Cold-dampness	External attack of cold and dampness, obstruction of the meridians	Severe and fixed pain of the joints, tenderness, aggravated by cold and relieved by warmth, unable to flex and stretch the extremities	Warm the meridians and disperse cold, remove dampness and relieve pain	*Wu Tou Tang*

10.2 Kidney Stagnancy Disease

Kidney stagnancy disease(*shen zhuo bing*)is caused by the stagnation of cold and dampness in the kidney meridian and waist, *yang qi* becomes blocked and it becomes difficult to move. There are symptoms such as cold, heaviness and waist pain.

【Original source material】 Kidney stagnancy disease with following symptoms and signs can be treated with *Gan Jiang Ling Zhu Tang*(Gan Jiang Ling Zhu Decoction): Heaviness in movement, and coldness in the lumbar region as if the patient were sitting in water. It is similar to that caused by pathogenetic water, but the patient has no thirst. Other symptoms may include frequent urination and normal intake of food, which indicate that the trouble is in the lower energizer. The etiology and pathogenesis are as follows: when the patient performs work, he perspires which makes his clothes wet and cold. If this condition persists for a long period of time, the patient will suffer from a cold and painful sensation in the region below the waist and a feeling of heaviness in the abdomen as if he were carrying five thousand coins around his waist. (Synopsis of the Golden Chamber, line 11.16)

【Key points for syndrome differentiation】 Cold pain of the waist and below, heaviness of abdomen just like carrying five thousand coins.

【Syndrome analysis】 Syndrome analysis of kidney stagnancy disease is shown in the table 10-2-1.

Table 10-2-1 Syndrome analysis of kidney stagnancy disease

Main symptoms	Pathogenesis
Cold pain of the waist and below	Stagnation of cold-dampness in the lower back blocks the circulation of *yang qi*
Heavy body, heaviness of abdomen like carrying five thousand coins	Heaviness, turbidity and a tendency for dampness to move downward

【Basic pathogenesis】 Stagnation of cold-dampness in the lower back blocks the circulation of *yang qi*.

【Therapeutic principle】 Warm the middle energizer and invigorate spleen, disperse cold and eliminate dampness.

【Prescription】 *Gan Jiang Ling Zhu Tang*.

Gan Cao(*Radix Glycyrrhizae*)	2 *liang*
Bai Zhu(*Rhizoma Atractylodis Macrocephalae*)	2 *liang*
Gan Jiang(*Rhizoma Zingiberis*)	4 *liang*
Fu Ling(*Poria*)	4 *liang*

Summary

Summary of syndrome and treatment of kidney stagnancy disease is shown in the table 10 - 2 - 2.

Table 10 - 2 - 2 Summary of syndrome and treatment of kidney stagnancy disease

Disease	Basic pathogenesis	Key points of syndrome differentiation	Therapeutic principles	Prescription
Kidney stagnancy	Stagnation of cold-dampness in the lower back blocks *yang-qi*	Cold and pain below the waist, heaviness of abdomen like carrying five thousand coins	Warm the middle energizer and remove cold, invigorate spleen and eliminate dampness	*Gan Jiang Ling Zhu Tang*

10.3 Liver Stagnancy Disease

Liver stagnancy disease (*gan zhuo bing*) is characterized by distention and pain of the chest and hypochondrium due to *qi* stagnation and blood stasis in the liver meridian.

【Original source material】 Liver stagnancy disease: The patient enjoys having strong pressure applied to his chest by another person. Before onset, he prefers to drink hot beverages. *Xuan Fu Hua Tang* (Xuanfuhua Decoction) is of use. (Synopsis of the Golden Chamber, line 11.7)

【Key points for syndrome differentiation】 Distention of the chest and hypochondrium, perhaps even pain, preference for tapping, pressing, massage, or beating, desire for hot drink at the beginning of the disease, wiry choppy pulse.

【Syndrome analysis】 Syndrome analysis of liver stagnancy disease is shown in the table 10 - 3 - 1.

Table 10 - 3 - 1 Syndrome analysis of liver stagnancy disease

Main symptoms	Pathogenesis
Distention of chest and hypochondrium, perhaps even pain	Pathogens attack the liver meridian, *qi* stagnation and blood stasis
Preference for tapping, pressing, massage, or beating in affected area	Disorder of *qi* movement in the chest
Desire for hot drink at the beginning of the disease	*Qi* is affected at the beginning of the disease, hot drink can help the *qi* in the chest circulate better
Wiry choppy pulse	A wiry pulse is reflective of liver, a choppy pulse indicates stagnation of *qi* and blood

【Basic pathogenesis】 *Qi* stagnation and blood stasis in the liver meridian.

【Therapeutic principle】 Promote *qi* and activate blood, invigorate *yang* and eliminate stasis.

【Prescription】 *Xuan Fu Hua Tang*.

Xuan Fu Hua (*Flos Inulae*)	3 *liang*
Cong (*Allium Fistulosum L.*)	14 pcs.
Xin Jiang [a silk fabric freshly dyed with a red dyestuff such as *Qian Cao* (*Radix Rubiae*)]	a little bit

Summary

Summary of syndrome and treatment of liver stagnancy disease is shown in the table 10 - 3 - 2.

Table 10 - 3 - 2 Summary of syndrome and treatment of liver stagnancy disease

Disease	Basic pathogenesis	Key points of syndrome differentiation	Therapeutic principles	Prescription
Liver stagnancy	*Qi* stagnation and blood stasis in the liver meridian lead to the difficult circulation	Distention of the chest and hypochondrium, perhaps even pain, preference for tapping, desire for hot drinks at the beginning of the disease	Promote *qi* and activate blood, invigorate *yang* and eliminate stasis	*Xuan Fu Hua Tang*

10.4 Wind Stroke

Wind stroke (*zhong feng*) is a kind of disease mainly manifested by sudden syncope, wry eye and mouth, hemiplegia, perhaps even unconsciousness and coma. Wind stroke is named for its sudden onset and changeable symptoms, much like the movable and changeable features of wind. However, it is different from wind-attack syndrome of *taiyang* seen in the *Shang Han Lun* (Treatise on Cold-Induced Diseases).

10.4.1 Pulse, symptoms and pathogenesis of wind stroke

【Original source material】 A disease brought on by pathogenetic wind will cause hemiplegia. If a patient cannot move one or both arms freely, it is caused by obstruction of the meridians, and faint rapid pulse is caused by pathogenetic wind. (Synopsis of the Golden Chamber, line 5.1)

【Key points for syndrome differentiation】 Hemiplegia, wry eye and mouth, faint rapid pulse.

【Syndrome analysis】 Syndrome analysis of wind stroke is shown in the table 10 - 4 - 1.

Table 10-4-1 Syndrome analysis of wind stroke

Main symptoms	Pathogenesis
Hemiplegia, wry eye and mouth	Deficiency of healthy *qi*, attack of pathogenic *qi*, stagnation of *qi* and blood, inability of muscles to move
Faint rapid pulse	Excess of pathogens and deficiency of healthy *qi*

【Basic pathogenesis】 Coincidence of internal deficiency and external pathogens, blood circulation becomes impeded.

10.4.2 Differentiation of syndromes of wind stroke

【Original source material】 The wrist pulse is floating and tense. A tense pulse indicates the presence of pathogenetic cold; a floating pulse signifies a case of a deficient nature. Pathogenetic cold will enter (the body) when it is in a deficient state. Pathogenetic cold first resides in the skin. A floating pulse indicates blood deficiency and that the meridians and collaterals are empty and defenseless; allowing pathogenetic factors to circulate throughout the body, sometimes on the left side, sometimes on the right. When either side of the body is affected, the muscles and channels become loose. By comparison, the side which is not affected seems tense, and wry eye and mouth takes place on this side along with hemiplegia. This is called "attraction of pathogens by the body resistance" (*zheng qi yin xie*). When pathogens rest in the collaterals, numbness of the skin results. When pathogenetic factors enter the channels, normal movement of the extremities is hampered. When the *fu* organs are affected by the pathogenetic factors, the patient will not be able to recognize people around him. If the *zang* organs are affected, aphasia and salivation will occur. (Synopsis of the Golden Chamber, line 5.2)

【Key points for syndrome differentiation】

A. Wind stroke involving the collaterals: Numbness of the muscles and skin, mild condition.

B. Wind stroke involving the meridians: Heaviness of limbs, voluntary movement dysfunction, moderate condition.

C. Wind stroke involving the *fu* organs: Mental disturbance, syncope, severe condition.

D. Wind stroke involving the *zang* organs: Mental disturbance, inflexible tongue and difficulty in speaking, critical condition.

【Syndrome analysis】 Syndrome analysis of different types of wind stroke is shown in the table 10-4-2.

Table 10-4-2 Syndrome analysis of different types of wind stroke

Main symptoms		Pathogenesis
Wind stroke involving the collaterals	Numbness of the muscles and skin	Pathogens attack the collaterals, nutritive *qi* is unable to smoothly circulate in the muscles
Wind stroke involving the meridians	Heaviness of limbs, voluntary movement dysfunction	Pathogens attack the meridians, *qi* and blood fail to circulate in the limbs

Continued

	Main symptoms	Pathogenesis
Wind stroke involving the *fu* organs	Mental disturbance, syncope	Pathogens attack the *fu* organs, turbid *qi* disturbs the upper orifices
Wind stroke involving the *zang* organs	Mental disturbance, inflexible tongue and difficulty in speaking	Pathogens attack the heart meridian, the mind becomes disturbed

Summary

Summary of the syndrome differentiation of wind stroke is shown in the table 10-4-3.

Table 10-4-3 Summary of the syndrome differentiation of wind stroke

Disease	Basic pathogenesis	Main symptoms	Types	Severity
Wind stroke	Pathogens attack during deficiency, coincidence of internal deficiency and external pathogens, unsmooth blood circulation	Hemiplegia, wry eye and mouth, feeble and rapid pulse	Collaterals Meridians *fu* organs *zang* organs	Mild Moderate Severe Critical

Chapter 11

Syndrome Differentiation and Treatment of *Qi*, Blood and Body Fluid Diseases

11.1 Phlegm-Fluid Retention Disease

11.1.1 Introduction of phlegm-fluid retention disease

The name of "phlegm-fluid retention (*tan yin*)" was first seen in the chapter 12 on Pulse, Syndrome and Treatment of Phlegm, Retained-fluids and Coughs in *Jin Kui Yao Lue* (Synopsis of the Golden Chamber). The classification of pulses and symptoms, pathogenesis, treatment principle and syndrome differentiation of phlegm-fluid retention were discussed in this chapter.

11.1.1.1 Classification

Question: The fluid retention syndrome can be divided into four categories. What are they? Master: Phlegm-fluid retention (*tan yin*); pleural fluid retention (*xuan yin*); subcutaneous fluid retention (*yi yin*); and thoracic fluid retention (*zhi yin*). (Synopsis of the Golden Chamber, line 12.1)

Question: How do they differ? Master: A patient with a plump build loses weight and a splashing sound can be heard in his intestines, this is a phlegm-fluid retention syndrome. After drinking water, the fluids flows and collects in the patient's costal regions, and a dragging pain occurs when the patient coughs or spits, this is pleural fluid retention. After drinking water, the fluids flows and collects in the extremities; the patient cannot sweat when he should, and feels pain and heaviness in his body, this is subcutaneous fluid retention; thoracic fluid retention syndrome can include symptoms and signs of coughing with adverse ascending of *qi* and laboured respiration, and shortness of breath that prevents the patient from lying quietly in bed, and edema. (Synopsis of the Golden Chamber, line 12.2)

【Key points for syndrome differentiation】

A. Phlegm-fluid retention in narrow meaning: Weight loss, borborygmus.

B. Pleural fluid retention: Coughing and spitting, dragging pain of the hypochondrium.

C. Subcutaneous fluid retention: Pain and heaviness of the body, anhidrosis.

D. Thoracic fluid retention: Cough and dyspnea, shortness of breath and difficulty lying down, and edema.

【Syndrome analysis】 Syndrome analysis of the four types of fluid retention is shown in the table 11-1-1.

Table 11-1-1 Syndrome analysis of the four types of fluid retention

	Locations	Pathogenesis	Main symptoms
Phlegm-fluid retention	Stomach and intestines	Spleen fails to transform and transport, indigestion of food and essence results in fluid retention in the intestines, and a struggle between retained-fluids and *qi*	Weight loss, borborygmus
Pleural fluid retention	Hypochondrium	Liver and lung *qi* movement dysfunction	Coughing and spitting, dragging pain of the hypochondrium
Subcutaneous fluid retention	Skin and four limbs	Spleen fails to transform and transport, impaired dispersion of lung-*qi*, closure of pores	Pain and heaviness of the body, absence of sweating where there should be sweating
Thoracic fluid retention	Chest and diaphragm	Retained fluid attacks the heart and lung and impairs heart-*yang*, retained-fluids travel to the skin	Cough and dyspnea, shortness of breath, difficulty lying down, edema

【Basic pathogenesis】 The formation of phlegm-fluid retention is closely related to water metabolism dysfunction in the human body. It is mostly caused by the disturbances in the *qi* transformation actions of the lung, spleen and kidney, the triple energizer failing to regulate the water passages thereof affecting the transportation, spreading and discharge of water inside body, and allowing fluid retention in different areas. Of these, phlegm-fluid retention caused by a failure to transport and transform food and drink into essential substances from the stomach due to spleen-*qi* deficiency is the main pathogenesis.

11.1.1.2 Therapeutic principles

【Original source material】 Phlegm-fluid retention disease can be harmonized by using warm drugs. (Synopsis of the Golden Chamber, line 12.15)

【Analysis】 Fluid retention pertains to *yin* pathogen, and is a kind of invisible pathological product inside the body. Warmth enables it to move while cold coagulates is; it also easy damages *yang*. Yang-*qi* can warm and disperse pathogenic fluid retention, therefore warm drugs should be used in the treatment.

Warm drugs can reinforce *yang* to promote the flow of *qi*, as well as warm and dispel pathogenic fluid retention by stimulating *yang-qi*. At the same time, they can open the interstice (*cou li*), regulate the water passages, and make it possible for the retained fluids to exit the body via the skin and urination. However, when using them, the principle of "harmonization" should be taken into consideration. "Harmonization" implies that the warm drugs should be mild, for overuse of warm drugs may hurt the healthy *qi* and reinforce the pathogens.

The pathological characteristic of phlegm-fluid retention is primary deficiency and secondary excess. The treatment of spleen and kidney is mainly used for tonify healthy *qi* deficiency; for excess syndromes, use the methods of inducing sweating, promoting urination and purging retained fluid.

11.1.2 Syndrome differentiation and treatment of phlegm-fluid retention

11.1.2.1 Fluid retention due to spleen deficiency

【Original source material】 Phlegm-fluid retention in the epigastrium with distention and fullness in the chest and costal regions and dizziness can be treated with *Ling Gui Zhu Gan Tang*(Linggui Zhugan Decoction). (Synopsis of the Golden Chamber, line 12.16)

Treatment of shortness of breath caused by a mild case of fluid-retention should follow the principle of removing pathogenetic factors through the urine. *Ling Gui Zhu Gan Tang* is of use. *Shen Qi Wan*(Shen Qi Pills) can also be adopted. (Synopsis of the Golden Chamber, line 12.17)

【Key points for syndrome differentiation】 Fullness of the chest and hypochondrium, dizziness, vomiting, difficulty urinating.

【Syndrome analysis】 Syndrome analysis of fluid retention due to spleen deficiency is shown in the table 11-1-2.

Table 11-1-2 Syndrome analysis of fluid retention due to spleen deficiency

Main symptoms	Pathogenesis
Fullness of the chest and hypochondrium	Internal retention of phlegm-fluids due to spleen deficiency, disturbance of *qi* movement, and diffusion of retained fluids to the chest and hypochondrium
Dizziness	Phlegm blocks the upper orifices, clear *yang* fails to ascend
Vomiting	Turbid *yin* fails to descend and adversely attacks the stomach
Difficulty urinating	Fluid retention blockage, disturbance of *qi* transformation

【Basic pathogenesis】 Internal retention of phlegm-fluids due to spleen deficiency, dysfunction of ascending and descending of lucid and turbid *qi*, fluid retention in the epigastrium.

【Therapeutic principle】 Invigorate spleen and eliminate damp, warm *yang* to resolve fluid retention.

【Prescription】 *Ling Gui Zhu Gan Tang*.

See 7.2.7.

11.1.2.2 Fluid retention due to kidney deficiency

【Original source material】 See the above article.

【Key points for syndrome differentiation】 Difficulty urinating, shortness of breath, palpitations, aversion to cold, cold feet and sore waist, contraction of the lower abdomen.

【Syndrome analysis】 Syndrome analysis of fluid retention due to kidney deficiency is shown in the table 11-1-3.

Table 11-1-3 Syndrome analysis of fluid retention due to kidney deficiency

Main symptoms	Pathogenesis
Difficulty urinating	Internal retention of fluid, disturbance of *qi* transformation
Shortness of breath	Internal retention of fluid, dysfunction of *qi* in ascending and descending
Palpitations	Internal retention of fluid which then attacks the heart

Continued

Main symptoms	Pathogenesis
Aversion to cold and cold feet, contraction of the lower abdomen	Disorder of the warming function due to kidney deficiency
Sore waist	Waist is the house of kidney, kidney deficiency results in malnutrition of the waist

【Basic pathogenesis】 Deficient kidney fails to promote *qi* activity and water circulation, retained fluids attack the epigastrium.

【Therapeutic principle】 Reinforce kidney and expel the retained fluid, promote *qi* activity of to induce diuresis.

【Prescription】 *Shen Qi Wan*.

See 9. 14. 4.

11. 1. 2. 3 Excess syndrome of fluid retention in the epigastrium

【Original source material】 The patient with hidden pulse feels the urge to defecate. After the bowel movement, he gains some relief. This indicates a dispersion of fluid retention. If after defecation, the patient still feels a sense of fullness and distention in the epigastrium, *Gan Sui Ban Xia Tang* (Gansui Banxia Decoction) is of use. (Synopsis of the Golden Chamber, line 12. 18)

【Key points for syndrome differentiation】 Epigastric sensation of fullness, hidden pulse, diarrhea with mucous and feeling a bit relieved after diarrhea, later hardness returns, as does distention and full in the epigastric region after diarrhea.

【Syndrome analysis】 Syndrome analysis of excess type of fluid retention in the epigastrium is shown in the table 11 - 1 - 4.

Table 11 - 1 - 4 Syndrome analysis of excess type of fluid retention in the epigastrium

Main symptoms	Pathogenesis
Fullness and hard sensation in epigastric	Fluid retention in the epigastrium, obstruction of *yang qi* results in excess
Diarrhea with mucous, and feeling a bit relieve after diarrhea	Fluid retention in the epigastrium, stomach and intestines. Healthy *qi* attempts to dispel the pathogens
Fullness and hard sensation in epigastric still remaining after diarrhea	The old retained fluids disappear, but new fluids accumulate
Hidden pulse	Fluid retention in the epigastrium, obstruct *yang qi* and blood vessels

【Basic pathogenesis】 Fluid retention in the epigastrium, stomach and intestines. The old retained fluids disappear, but new fluids accumulate.

【Therapeutic principle】 Purge the retained fluids.

【Prescription】 *Gan Sui Ban Xia Tang*.

Gan Sui (*Radix Euphorbiae Kansui*) 3 big pcs.

Ban Xia (*Rhizoma Pinelliae*) 12 pcs.

Bai Shao (Radix Paeoniae Alba) 5 pcs.

Zhi Gan Cao (Radix Glycyrrhizae Preparata) 1 pc. (the size of a thumb)

11.1.2.4 Excess syndrome of fluid retention in the intestines

【Original source material】 Abdominal fullness and distention with dry mouth and tongue indicate existence of fluid retention in the intestines. *Ji Jiao Li Huang Wan* (Jijiao Lihuang Pills) is of use. (Synopsis of the Golden Chamber, line 12.29)

【Key points for syndrome differentiation】 Abdominal fullness, dry mouth and tongue, borborygmus, constipation, and difficulty urinating.

【Syndrome analysis】 Syndrome analysis of excess type of fluid retention in the intestines is shown in the table 11-1-5.

Table 11-1-5 Syndrome analysis of excessive type of fluid retention in the intestines

Main symptoms	Pathogenesis
Abdominal fullness, borborygmus	Retention of fluids in the intestines, intestinal *qi* blockage, struggle between fluids and *qi*
Dry mouth and tongue	Retention of fluid, failure to transport fluids to the upper part
Constipation	Retained fluids and heat in the intestine result in excess
Difficulty urinating	Retention of fluids in the intestines, sluggishness of lung-*qi*, and dysfunction of lung regulating water passage action

【Basic pathogenesis】 Fluids accumulate in the intestines resulting in excess and heat, *qi* stagnation.

【Therapeutic principle】 Purge heat and retained fluid, resolve retained fluids through urination and defecation.

【Prescription】 *Ji Jiao Li Huang Wan.*

Fang Ji (Radix Stephaniae Tetrandrae) 1 *liang*

Jiao Mu (Semen Zanthoxyli) 1 *liang*

Ting Li Zi (Semen Lepidii seu Descurainiae) 1 *liang*

Da Huang (Radix et Rhizoma Rhei) 1 *liang*

【Differential diagnosis】 Differential diagnosis for excess syndrome of fluids retained at the epigastrium and in the intestines is shown in the table 11-1-6.

Table 11-1-6 Differential diagnosis for excess syndrome of fluids retained at the epigastrium and in the intestines

	Pathogenesis	Main symptoms	Treatment principles
Excess syndrome of fluids retained at the epigastrium	Accumulation of fluids in the epigastrium, stomach and intestines, old retained fluids disappear, but new fluids gradually accumulate	Diarrhea with mucous, hidden pulse; hard and full sensation remains in the epigastrium after diarrhea	Purge retained water

Continued

	Pathogenesis	Main symptoms	Treatment principles
Excess syndrome of fluid retention in the intestines	Accumulation of fluids and heat in the intestines resulting in excess	Abdominal fullness, borborygmus, dry mouth and constipation, difficulty urinating	Clear heat and eliminate retained fluid, resolve retained fluids through urine and stools

11.1.2.5 Counterflow of retained fluids from the lower energizer

【Original source material】 A thin person presenting with twitching in the region below the navel, copious salivation, and dizziness is suffering from a fluid retention disease. *Wu Ling San* (Wuling Powder) will provide a cure. (Synopsis of the Golden Chamber, line 12.31)

【Key points for syndrome differentiation】 Twitching below the umbilicus, salivation, dizziness, difficulty urinating with body emaciation.

【Syndrome analysis】 Syndrome analysis of the counterflow of retained fluids from the lower energizer is shown in the table 11-1-7.

Table 11-1-7 Syndrome analysis of the counterflow of retained fluids from the lower energizer

Main symptoms	Pathogenesis
Difficulty urinating	Retention of fluids in the lower energizer, disturbance of *qi* transformation
Twitching below the umbilicus	Counterflow of fluid retention
Salivation	Upward attack of retained fluid, disorder of stomach *qi* in descending
Dizziness	Fluid retention affects the clear *yang* in going upward to the orifices

【Basic pathogenesis】 Fluid retention in the lower energizer due to spleen deficiency, upward counterflow attack of retained fluids.

【Therapeutic principle】 Regulate *yang*, activate *qi* and promote the circulation of water.

【Prescription】 *Wu Ling San*.

See 7.2.4.

11.1.2.6 *Shi Zao Tang* treated syndrome

【Original source material】 Hidden-wiry pulse indicates a case of pleural fluid retention with pain (in the chest and costal regions). (Synopsis of the Golden Chamber, line 12.21)

Patients with pleural fluid retention can be prescribed *Shi Zao Tang* (Shizao Decoction). (Synopsis of the Golden Chamber, line 12.22)

A patient who coughs frequently must be affected by fluid-retention if pulse is wiry; *Shi Zao Tang* is of use. (Synopsis of the Golden Chamber, line 12.32)

A patient suffers from thoracic fluid retention with coughing, restlessness and chest pains. If he does not die from the disease, the condition will last as much as a hundred days perhaps even a year. *Shi Zao Tang* is the remedy. (Synopsis of the Golden Chamber, line 12.33)

【Key points for syndrome differentiation】 Dragging pain of the hypochondrium due to cough and expectorating, or continuous chronic cough, sunken wiry pulse.

【Syndrome analysis】 Syndrome analysis of *Shi Zao Tang* treated syndrome is shown in the table 11 - 1 - 8.

Table 11 - 1 - 8 Syndrome analysis of *Shi Zao Tang* treated syndrome

Main symptoms	Pathogenesis
Cough with expectoration, dragging pain of the hypochondrium	Internal accumulation of retained fluids in the chest and hypochondrium, obstruction of liver and lung ascending and descending
Continuous chronic cough	Internal excess of fluid retention attacks the heart and lung
Sunken wiry pulse	Wiry pulse indicates fluid retention and pain. Sunken pulse indicates an interior syndrome

【Basic pathogenesis】 Retained fluids accumulate in the chest and hypochondrium, dysfunction of liver and lung ascending and descending.

【Therapeutic principle】 Break the mass and purge the retained fluid.

【Prescription】 *Shi Zao Tang*.

See 7. 7. 8.

11. 1. 2. 7 Subcutaneous fluid retention

【Original source material】 Diaphoresis should be used for fluid retention in the extremities. *Da Qing Long Tong* (Daqinglong Decoction) will provide a cure. *Xiao Qing Long Tang* (Xiaoqinglong Decoction) can also be adopted. (Synopsis of the Golden Chamber, line 12. 23)

【Key points for syndrome differentiation】 Fever and aversion to cold, body pain and heaviness, anhidrosis.

【Syndrome analysis】 Syndrome analysis of subcutaneous fluid retention is shown in the table 11 - 1 - 9.

Table 11 - 1 - 9 Syndrome analysis of subcutaneous fluid retention

Main symptoms	Pathogenesis
Fever and aversion to cold	Invasion of exogenous pathogens, struggle between the pathogenic factors and healthy *qi* in the exterior
Anhidrosis	Obstruction of lung *qi*, closure of sweat pores
Body pain and heaviness	Water flows to the four limbs and skin, obstruction of meridians

【Basic pathogenesis】 Spleen fails to transport, impairment of dispersing function of the lung, water flows to the four limbs and skin.

【Therapeutic principle】 Ventilate lung, induce sweating and eliminate retained fluid.

【Prescription】 *Da Qing Long Tang* or *Xiao Qing Long Tang*.

A. *Da Qing Long Tang*

See 5. 1. 2.

B. *Xiao Qing Long Tang*

See 5. 1. 2.

11. 1. 2. 8 Obstruction of retained fluids in the chest and diaphragm with *qi* deficiency

【Original source material】 Fluid retention in the diaphragm region is accompanied by the following symptoms and signs: Wheezing, sensation of fullness and formation of a hard mass in the epigastrium, dark complexion, and sunken tense pulse. The syndrome lasts many weeks. Emetics and purgatives have been prescribed, but there is no improvement. *Mu Fang Ji Tang* (Mufangji Decoction) can then be adopted. If the syndrome is of a deficient nature, this decoction will bring a recovery. If it is a case of an excessive nature, a recurrence will occur within three days. If there is no recovery after using further doses, *Mu Fang Ji Qu Shi Gao Jia Fu Ling Mang Xiao Tang* (Mufangji Jia Fuling Mangxiao Decoction) can be prescribed. (Synopsis of the Golden Chamber, line 12. 24)

【Key points for syndrome differentiation】 Shortness of breath and chest fullness, distension and hardness of the epigastrium, blackish complexion, sunken tense pulse.

【Syndrome analysis】 Syndrome analysis of obstruction of retained fluids in the chest and diaphragm with *qi* deficiency is shown in the table 11 - 1 - 10.

Table 11 - 1 - 10 Syndrome analysis of obstruction of retained fluids in the chest and diaphragm with *qi* deficiency

Main symptoms	Pathogenesis
Shortness of breath and chest fullness	Accumulation of fluids in the chest and diaphragm, disorder of healthy *qi*, dysfunction of lung descending
Distension and hard of the epigastrium	Retained fluid pathogens involve the epigastrium
Blackish complexion	Fluid retention obstruction, disorder of nutritive and defensive *qi* circulation
Sunken tense pulse	Internal accumulation of retained fluid

【Basic pathogenesis】 Disorder of spleen in transportation, internal accumulation of retained fluids at the epigastrium.

【Therapeutic principle】 Replenish deficiency and dissipate accumulation, activate yang and eliminate retained fluid.

【Prescription】 *Mu Fang Ji Tang*.

A. *Mu Fang Ji Tang*

Mu Fang Ji (*Radix Aristolochiae Fangchi*)	3 *liang*
Shi Gao (*Gypsum Fibrosum*)	12 egg-sized pcs.
Gui Zhi (*Ramulus Cinnamomi*)	2 *liang*
Ren Shen (*Radix Ginseng*)	4 *liang*

B. *Mu Fang Ji Qu Shi Gao Jia Fu Ling Mang Xiao Tang*

Mu Fang Ji (*Radix Aristolochiae Fangchi*)	2 *liang*
Gui Zhi (*Ramulus Cinnamomi*)	2 *liang*
Ren Shen (*Radix Ginseng*)	4 *liang*

Fu Ling (*Poria*) 4 *liang*

Mang Xiao (*Natrii Sulfas*) 3 *ge*

11.1.2.9 Thoracic fluid retention with dizziness

【Original source material】 Thoracic fluid retention will cause dizziness. *Ze Xie Tang* (Zexie Decoction) can be prescribed. (Synopsis of the Golden Chamber, line 12.25)

【Key points for syndrome differentiation】 Dizziness, blurring of vision, pale tongue with much saliva and slippery coating, swollen tongue.

【Syndrome analysis】 Syndrome analysis of thoracic fluid retention with dizziness is shown in the table 11-1-11.

Table 11-1-11 Syndrome analysis of thoracic fluid retention with dizziness

Main symptoms	Pathogenesis
Dizziness, blurring of vision	Upward attack of retained fluid, blockage of clear *yang*, turbid *yin* fail to descend
Pale tongue with much saliva and slippery coating, swollen tongue	Counterflow of internal excess of retained fluids

【Basic pathogenesis】 Spreading of retained fluids due to spleen deficiency, reverse flow of turbid *yin*, clear *yang* fails to ascend.

【Therapeutic principle】 Invigorate spleen and resolve retained fluid, reverse its counterflow and relieve dizziness.

【Prescription】 *Ze Xie Tang*.

Ze Xie (*Rhizoma Alismatis*) 5 *liang*

Bai Zhu (*Rhizoma Atractylodis Macrocephalae*) 2 *liang*

11.1.2.10 Thoracic fluid retention with *fu* organ excess syndrome

【Original source material】 Thoracic fluid retention with fullness in the chest can be treated with *Hou Po Da Huang Tang* (Houpo Dahuang Decoction). (Synopsis of the Golden Chamber, line 12.26)

【Key points for syndrome differentiation】 Distension and fullness of the chest and abdomen, cough, shortness of breath and profuse sputum, constipation, yellow greasy tongue coating, wiry slippery forceful pulse.

【Syndrome analysis】 Syndrome analysis of thoracic fluid retention with *fu* organ excess syndrome is shown in the table 11-1-12.

Table 11-1-12 Syndrome analysis of thoracic fluid retention with *fu* organ excess syndrome

Main symptoms	Pathogenesis
Distension and fullness of chest and abdomen	Accumulation of fluids in the chest and diaphragm, obstruction of lung *qi*
Cough, shortness of breath with profuse sputum	Accumulation of fluids and heat in the chest, impairment of the dispersing and descending functions of the lung

Continued

Main symptoms	Pathogenesis
Abdominal fullness, constipation	Retained fluids involve the intestines, obstruction of *fu*-organ *qi*
Yellow greasy tongue coating, wiry slippery forceful pulse	Accumulation of fluids and heat, excessive pathogens with *qi* stagnation

【Basic pathogenesis】 Stagnation of retained fluids and heat in lung, obstruction of *fu*-organ *qi*.

【Therapeutic principle】 Clear heat and eliminate retained fluid, activate *qi* and expel stagnation.

【Prescription】 *Hou Po Da Huang Tang*.

Hou Po (*Cortex Magnoliae Officinalis*)	1 one foot long piece
Da Huang (*Radix et Rhizoma Rhei*)	6 *liang*
Zhi Shi (*Fructus Aurantii Immaturus*)	4 pcs.

【Differential diagnosis】 Differentiation *Mu Fang Ji Tang* and *Hou Po Dai Huang Tang* treated syndromes is shown in the table 11 - 1 - 13.

Table 11 - 1 - 13 Differentiation *Mu Fang Ji Tang* and *Hou Po Dai Huang Tang* treated syndromes

	Pathogenesis	Location	Main Symptoms	Treatment principles
Mu Fang Ji Tang treated syndrome	Accumulation of fluids in the chest and diaphragm due to spleen deficiency, deficiency interwoven with excess	Chest and diaphragm	Distension and hardness of the epigastrium, blackish complexion	Activate *yang*, induce diuresis and eliminate retained fluid, clear heat and replenish deficiency
Hou Po Da Huang Tang treated syndrome	Accumulation of fluids and heat in the chest and abdomen, with excessive pathogens and *qi* stagnation	Chest, intestines	Chest fullness, cough, shortness of breath with profuse sputum, abdominal fullness and constipation	Clear heat and remove retained fluid, activate *qi* and expel stagnation

11.1.2.11 *Ting Li Da Zao Xie Fei Tang* treated syndrome.

【Original source material】 *Ting Li Da Zao Xie Fei Tang* (Tingli Dazao Xiefei Decoction) can be used for thoracic fluid retention characterized by dyspnea and difficulty in lying down due to shortness of breath. (Synopsis of the Golden Chamber, line 12.27)

【Key points for syndrome differentiation】 Dyspnea due to cough and counterflow of *qi*, expectoration, difficulty in lying down due to shortness of breath, distension and fullness of chest and diaphragm, even palpitations, expectoration of clear saliva, slippery rapid pulse.

【Syndrome analysis】 Syndrome analysis of *Ting Li Da Zao Xie Fei Tang* treated syndrome is shown in the table 11 - 1 - 14.

【Basic pathogenesis】 Obstruction of lung by phlegm and fluid retention, and obstruction of lung *qi*.

Table 11-1-14 Syndrome analysis of *Ting Li Da Zao Xie Fei Tang* treated syndrome

Main symptoms	Pathogenesis
Distension and fullness of the chest and diaphragm	Fluid blockage in the chest and diaphragm, obstruction of lung *qi*
Dyspnea due to counterflow of *qi*, difficulty in lying down due to shortness of breath	Obstruction of lung *qi* due to phlegm and fluid retention, impairment of the dispersing and descending function of the lung
Palpitations	Attack of heart by fluid retention

【Therapeutic principle】 Purge lung and eliminate retained water, open the obstructions and promote *qi* circulation.

【Prescription】 *Ting Li Da Zao Xie Fei Tang*.

See 9.4.2.

【Differential diagnosis】 Differential diagnosis of the four prescriptions for purging retained fluid is shown in the table 11-1-15.

Table 11-1-15 Differential diagnosis of the four prescriptions for purging retained fluid

	Common point	Location	Pathogenesis	Intensity	Treatment principles
Gan Sui Ban Xia Tang treated syndrome	Purges retained fluid	Diaphragm, stomach and intestines	Accumulation of fluids in the epigastrium, stomach and intestines, old fluids disappear, new retained fluids gradually reaccumulation	Relatively drastic	Purge retained fluid
Shi Zao Tang treated syndrome		Chest, diaphragm and lung	Fluid accumulation in the chest and hypochondrium, dysfunction of liver and lung ascending and descending	Most potent	Break the mass and purge the retained fluid
Ji Jiao Li Huang Wan treated syndrome		Intestines	Mutual accumulation of fluids and heat result in excess	Moderate	Clear heat and remove retained fluid, resolve via urine and stools
Ting Li Da Zao Xie Fei Tang treated syndrome		Lung	Obstruction of lung by phlegm and fluid retention, obstruction of lung *qi*	Mild	Purge the lung and retained fluid

11.1.2.12 *Xiao Qing Long Tang* treated syndrome

【Original source material】 Coughing and laboured respiration make it difficult for the patient to lie in bed. *Xiao Qing Long Tang* can be prescribed. (Synopsis of the Golden Chamber, line 12.35)

【Key points for syndrome differentiation】 Cough, clear and thin sputum, unable to lie down due to shortness of breath, blackish complexion, watery and slippery tongue coating, floating tense sunken wiry or sunken slow pulse, perhaps with aversion to cold, fever and headache.

【Syndrome analysis】 Syndrome analysis of *Xiao Qing Long Tang* treated syndrome is shown in the table 11 - 1 - 16.

Table 11 - 1 - 16 Syndrome analysis of *Xiao Qing Long Tang* treated syndrome

Main symptoms	Pathogenesis
Cough, clear and thin sputum	Obstruction of lung due to internal retention of fluid, adverse rising of lung *qi*
Unable to lie down due to shortness of breath	Obstruction of lung by fluid retention, impairment of dispersing and descending function of the lung
Blackish complexion	*Qi* stagnation due to obstruction of fluid, circulation of nutritive and defensive *qi* is impeded, counterflow water
Aversion to cold, fever and headache	Exogenous cold damage, struggle between the pathogenic factor and healthy *qi*, impeded meridian flow
Watery and slippery tongue coating, floating tense sunken wiry or sunken slow pulse	Signs of internal retention of fluid

【Basic pathogenesis】 Constitutional internal retention of fluids with attack by cold pathogen, interaction of external cold and internal fluids leads to obstruction of lung *qi*.

【Therapeutic principle】 Warm the lung to resolve fluid retention, dispel exogenous cold pathogens.

【Prescription】 *Xiao Qing Long Tang*.

See 5.1.2.

Summary

Summary of syndromes and treatments of phlegm and fluid retention is shown in the table 11 - 1 - 17.

Table 11 - 1 - 17 Summary of syndromes and treatments of phlegm and fluid retention

	Pathogenesis	Main symptoms	Treatment principles	Prescription
Fluid retention due to spleen deficiency	Phlegm and fluid retention due to spleen deficiency, disorder of ascending and descending of the clear and turbid, stagnation of fluids in the epigastrium	Fullness of chest and hypochondrium, dizziness, vomiting, difficulty urinating	Invigorate spleen and eliminate dampness, warm *yang* to resolve retained fluid	*Ling Gui Zhu Gan Tang*

Continued

	Pathogenesis	Main symptoms	Treatment principles	Prescription
Fluid retention due to kidney deficiency	*Qi* activity dysfunction due to kidney deficiency, attack of fluid retention in the epigastrium	Difficulty urinating, shortness of breath, palpitations, aversion to cold, cold feet and sore waist, contraction of the lower abdomen	Nourish kidney and expel retained fluid, activate *qi* to induce diuresis	*Shen Qi Wan*
Fluids retained at the epigastrium excess syndrome	Accumulation of fluids in the epigastrium, stomach and intestines, old fluids disappear and new ones gradually accumulate	Epigastric sensation of fullness, hidden pulse, diarrhea with mucous, hard and full sensation in the epigastrium still remains after diarrhea	Purge the retained fluids	*Gan Sui Ban Xia Tang*
Fluids retained in the intestines excess syndrome	Accumulation of fluids in the intestines resulting in excess and heat, obstruction of *qi*	Abdominal fullness, dry mouth and tongue, borborygmus, constipation, difficulty urinating	Clear heat and purge retained fluid, resolve retained fluids via urination and defecation	*Ji Jiao Li Huang Wan*
Counterflow of retained fluids from the lower energizer	Fluid retention in the lower energizer due to spleen deficiency, upward counterflow attack	Twitching below the umbilicus, saliva expectorate, dizziness, difficulty urinating, body emaciation	Activate *yang* and *qi*, eliminate retained fluid	*Wu Ling San*
Shi Zao Tang treated syndrome	Retained fluids accumulate in the chest and hypochondrium, dysfunction of liver and lung ascending and descending	Dragging pain of the hypochondrium during cough and expectoration, perhaps continuous chronic cough, sunken wiry pulse	Break the mass and purge the retained fluid	*Shi Zao Tang*
Subcutaneous fluid retention: External cold and internal heat	Spleen fails to transport, impairment of dispersing function of the lung, water flows to the four limbs and skin	Fever and aversion to cold, body pain and heaviness, anhidrosis; With restlessness	Disperse lung and induce diaphoresis; Clearing retained heat	*Da Qing Long Tang*
Subcutaneous fluid retention: External cold and internal fluid retention		With shortness of breath, cough and profuse sputum	Warm and resolve cold retained fluid	*Xiao Qing Long Tang*
Obstruction of fluids in the chest and diaphragm with *qi* deficiency	Spleen transportation dysfunction, internal accumulation of fluids at the epigastrium	Shortness of breath and chest fullness, distension and hardness of the epigastrium, blackish complexion, sunken tense pulse	Replenish deficiency and eliminate stasis, activate *yang* and eliminate retained fluid	*Mu Fang Ji Tang*

Continued

	Pathogenesis	Main symptoms	Treatment principles	Prescription
Excessive fluids in the chest and hypochondrium with dizziness	Upward flow of water due to spleen deficiency, reverse flow of turbid *yin*, clear *yang* fails to rise	Dizziness, pale tongue and watery coating, swollen tongue	Invigorate spleen and resolve retained fluid, direct *qi* downward and relieve dizziness	*Ze Xie Tang*
Thoracic fluid retention with *fu* organ excess syndrome	Retention of fluids and heat in lung, obstruction of *fu*-organ *qi*	Distension and fullness of chest and abdomen, cough, shortness of breath, profuse sputum, constipation, yellow greasy tongue coating, wiry slippery pulse	Clear heat and eliminate retained fluid, activate *qi* and expel stagnation	*Hou Po Da Huang Tang*
Ting Li Da Zao Xie Fei Tang treated syndrome	Obstruction of lung by phlegm-fluid retention, obstruction of lung *qi*	Dyspnea due to cough, expectoration and counterflow of *qi*, difficulty lying down due to shortness of breath, distension and fullness of chest and diaphragm, perhaps even palpitations, expectoration of clear saliva	Reduce lung and drive out retained water, open the obstructions and promote *qi* circulation	*Ting Li Da Zao Xie Fei Tang*
Xiao Qing Long Tang treated syndrome	Constitutional internal retention of fluids, attack by cold pathogens, interaction of external cold and internal fluids obstructs lung *qi*	Cough with clear and thin sputum, unable to lie down due to dyspnea, blackish complexion, watery and slippery tongue coating, floating tense sunken wiry or sunken slow pulse, perhaps with cold, fever and headache	Warm the lung to resolve fluid retention, dispel exogenous cold pathogens	*Xiao Qing Long Tang*

11.2 Edema

11.2.1 Introduction of edema

Edema(*shui qi*. Lit. "water *qi*") refers to a disease that manifests as swelling. It is due to *zang-fu* organ dysfunction and disordering of the fluid transportation mechanism leading to retention of water followed by the spread of water to different parts of body. The underlying causes of edema include dysfunction of the lung, spleen, kidney, triple energizer and bladder, which are in charge of the water metabolism and are the internal cause, invasion of wind, heat, water and dampness, etcetera are the external factors, In terms of the treatment of edema, the academic principles of "opening up the sweat pores, clearing out the bladder" and "clearing away retained substance" originally seen in Canon of Medicine (*Nei Jing*) was adopted in the Synopsis of the Golden Chamber. The three main treatment principles including promoting diaphoresis, inducing diuresis and purging retained water.

11.2.1.1 Key points of diagnosis

【Original source material】 A sunken pulse appearing at different pulse positions with edema throughout the body is a pathological condition caused by water. An exiting pulse means the case is fatal. (Synopsis of the Golden Chamber, line 14.10)

【Key points for syndrome differentiation】 Sunken pulse, body swelling or heaviness.

【Syndrome analysis】 Syndrome analysis of edema disease is shown in the table 11-2-1.

Table 11-2-1 Syndrome analysis of edema disease

Main symptoms	Pathogenesis
Sunken pulse	Retention of water, dysfunction of the vascular *qi* failing to activate the pulse
Heaviness of the extremities	Dampness characterized by heaviness and turbidity, the dampness is derived from the accumulation of water
Body swelling	Water flows to the exterior

11.2.1.2 Classification

【Original source material】 Master: Edema can be classified into five categories: wind edema; skin edema (subcutaneous edema); typical edema; stony edema; and yellow sweats. Wind edema presents with floating pulse, aversion to wind and painful joints. Skin edema presents with floating pulse too, but has acute dropsy wherein the doctor's finger will disappear in a fold of skin when the skin is pressed. The abdomen is distended and as tight as a drum. The patient is not thirsty and has no aversion to cold. Treatment should include diaphoresis. Typical edema presents with sunken slow pulse and wheezing. Stony edema presents with sunken pulse and abdominal distention without wheezing. Yellow sweats presents with sunken slow pulse, fever, fullness in the chest, dropsy in the extremities, head and face. An abscess may form if the condition lasts a long time. (Synopsis of the Golden Chamber, line 14.1)

Sunken slippery pulse in the wrist indicates an edema disease. Wind edema syndrome will present with a swollen face and fever. In other cases of wind edema, the following symptoms and signs may be observed: Puffiness of the eyelids resembling a dormant silkworm coming awake and a jumping movement in the vessels on the neck. The patient coughs frequently. Edema of the hands and feet, when pressed with a finger, skin will not immediately resume its original appearance. (Synopsis of the Golden Chamber, line 14.3)

【Key points for syndrome differentiation】

A. Wind edema: Floating or sunken slippery pulse, aversion to wind, painful joints, swelling of head and face, especially the eyelids.

B. Skin edema: Floating or sunken pulse, swelling of the four limbs that remains depressed after pressing, no aversion to wind, distension and fullness of the abdomen like a drum.

C. Typical edema: Abdominal fullness, body swelling, shortness of breath, sunken slow pulse.

D. Stony edema: Sunken pulse, swelling, hardness and fullness of the lower abdomen like stone.

【Syndrome analysis】 Syndrome analysis of four edemas is shown in the table 11-2-2, table 11-2-3, table 11-2-4, table 11-2-5.

Table 11-2-2 Syndrome analysis of wind edema

Main symptoms	Pathogenesis
Floating pulse, aversion to wind	Invasion of the exterior by exogenous pathogens, struggle between the pathogenic factor and healthy *qi*
Sunken and slippery pulse	Gradual invasion of pathogens into the interior, aggravation of the disease
Painful joints	Retained fluids flow into the joints, obstruction of *yang qi*, leading to unsmooth flow in the meridians
Swelling of head and face, especially the eyelids	Wind is a *yang* pathogen (determines location), interaction between wind and water, retention of water in the lung and stomach meridians

Table 11-2-3 Syndrome analysis of skin edema

Main symptoms	Pathogenesis
Swelling of the four limbs that remains depressed after pressing	Lung fails to regulate the water passages and spleen fails to transport resulting in water retention in the muscle and skin
Distension and fullness of the abdomen like drum	Pathogenic water obstruction in the middle energizer
No aversion to wind	No exterior syndrome

Table 11-2-4 Syndrome analysis of typical edema

Main symptoms	Pathogenesis
Abdominal fullness, sunken slow pulse	Kidney *yang* deficiency, failure to warm and resolve, water retention in the interior
Shortness of breath	Attack on lung by counterflow water *qi*, dysfunction of lung *qi* in dispersing
Body swelling	Water flows to the exterior

Table 11-2-5 Syndrome analysis of stony edema

Main Symptoms	Pathogenesis
Hardness and fullness of the lower abdomen like stone	Decline of kidney *yang*, accumulation of cold water in the lower abdomen
Sunken pulse, without shortness of breath	Retention of water in the interior and the lower part, the lung is not yet involved
Body swelling	Water flows to the exterior

【Differentiation of four types of edema】 The locus of disease of wind edema and skin edema are at the upper and exterior parts: the main symptom is body swelling, which is similar to the so-called *yang* edema mentioned in later ages. The locus of disease of typical edema and stony edema is in the interior and lower parts: the main symptom is abdominal fullness, and its disease duration is relatively long, which is similar to the *yin* edema mentioned in later ages. Differentiation of wind, skin, typical and stony edemas is shown in the table 11 - 2 - 6.

Table 11 - 2 - 6 Differentiation of wind, skin, typical and stony edemas

	Pathogenesis	Location	Main symptoms	Characteristics	Differential points
Wind edema	Interaction of wind and water in the exterior, lung fails to regulate the water passages	Exterior, lung	Floating or sunken and slippery pulse, aversion to wind, fever, painful joints, swelling of the head and face	Body swells from head and face to the whole body	Aversion to wind
Skin edema	Lung fails to regulate the water passages, spleen fails to transport	exterior, lung and spleen	Floating or sunken pulse, depression swelling of the four limbs, no aversion to wind, abdominal distension like drum	Body swells from the lower extremities to the whole body	No aversion to wind
Typical edema	Failure to warm and resolving due to kidney deficiency, attack on lung by counterflow water *qi*	Interior, lung and kidney	Abdominal fullness, body swelling, shortness of breath, sunken slow pulse	Abdominal fullness with shortness of breath	Shortness of breath
Stony edema	Dysfunction of evaporation function due to kidney deficiency, accumulation of cold water in the lower abdomen	Interior, kidney and spleen	Sunken and hidden pulse, body swelling, hardness and fullness like stone of the lower abdomen	Abdominal fullness without shortness of breath	Without shortness of breath

11.2.1.3 Etiology and pathogenesis

【Original source material】 The pulse on the wrist is wiry and tense. A wiry pulse indicates stagnation of defensive *qi*. In this case, aversion to cold is observed. The water flows in the intestines. A *shaoyin* pulse is tense and sunken. A tense pulse indicates pain; a sunken pulse signifies a case of edema. Dysuria will result. (Synopsis of the Golden Chamber, line 14.9)

Question: After the patient suffers a diarrhea, he becomes thirsty. Other symptoms include dysuria, abdominal fullness and edema. Why does this happen? Master: This is a case of edema. If urination is normal, or if perspiration is present, the patient will recover on his/her own.

(Synopsis of the Golden Chamber, line 14. 12)

Master: The *cun* position pulse is sunken and slow. Sunken indicates water, slow indicates cold and is a case of cold water interaction. The anterior tibial pulse is hidden, water and grains do not digest, spleen *qi* is weak so the stools are loose; stomach *qi* is weak so the body is heavy. The *shaoyang* pulse is *bi*, while the *shaoyin* pulse is thready. In males this means dysuria while in females the menses will not flow. The menses relate to blood; if the menses do not flow then this is a water problem in the blood system. (Synopsis of the Golden Chamber, line 14. 19)

Question: Edema can be caused by a blood disorder or by pathogenic water. How can they be differentiated? Master: In female patients, if amenia appears before edema, it is a case of edema caused by a blood disorder and is quite difficult to treat. If edema appears first and then the menses stop, it is a case of edema caused by a water disorder and quite easy to treat. Why then? If the stagnant water is dispersed, then menstruation will resume on its own. (Synopsis of the Golden Chamber, line 14. 20)

【Key points of pathogenesis】

A. Invasion of exogenous wind pathogen interacts with the retained water, affects the lung's ability to disperse and regulate the water passages; this then leads to water spreading to the skin and edema.

B. Dysfunction of the lung, spleen, kidney and triple energizer is an important internal factor in edema. Edema can be caused by a dysfunction of the lung in dispersing and regulating the water passages, or a dysfunction of the spleen and stomach in transportation and/or transformation, a disorder in ascending and descending, a disturbance in the distribution of water, a dysfunction of the *qi* transformation of the triple energizer, water failing to circulate in the normal passages, or a kidney deficiency leading to a *qi* transformation failure and thereof to dysuria.

C. Abnormal circulation of blood may lead to edema. *Yang* deficiency causing retention of *yin* and stagnation of blood, the internal water and dampness retained thereof may spread outside and manifest as abdominal fullness and edema.

11. 2. 1. 4 Therapeutic principles

11. 2. 1. 4. 1 Promote diuresis and diaphoresis

【Original source material】 Master: For all edema syndromes, when edema is observed in the region below the waist, a diuretic should be adopted. When edema only appears above the waist, a diaphoretic should be adopted. (Synopsis of the Golden Chamber, line 14. 18)

【Key points of treatment】 Inducing diuresis and diaphoresis are the usual methods for treating edema, and the position of edema must first to identify. If the edema is above the waist, diaphoresis can be used. The area above the waist pertains to *yang* and the exterior; the pathogenic water and dampness are in the exterior which can be eliminated through sweating. This is the meaning of "diaphoretic therapy is used to dispel pathogens in the skin" in as seen in the Canon of Medicine. If the edema is found below the waist, the method of inducing diuresis if often used, since the area below the waist belongs to *yin* and the interior, and the pathogens of water and dampness are in the internal and lower part, promotion of urination may eliminate the pathogens via the urine. This is the purpose of "leading the pathogens downward and exhaust them when it is in the lower part" in Canon of Medicine. These are the concrete application of these methods in the light of the general tendencies of the disease.

In the clinical application, promoting urination and inducing diaphoresis are not totally separate, and since diaphoresis can disperse and regulate lung *qi* to smooth out the water passages, it is better to add a few herbs to induce diuresis while treating the edema above waist. Alternately, in addition to inducing increased urination, use some herbs to promote diaphoresis when dealing with edema below waist. The combination of these two methods is complementary, though there is a heavier use of one or the other type of herb depending on where the edema is located.

11.2.1.4.2 Purgation

【Original source material】 The lower eyelids of a patient suffering from edema are as puffy as if a silkworm were sleeping under the skin. His facial complexion is fresh and lustrous. The pulse is hidden. Other symptoms and signs include profuse thirst, enlarged and swollen abdomen caused by edema, dysuria and a sunken pulse that is hardly palpable; all which indicate a case of prevalence of water. Purgatives are of use in eliminating the water (edema). (Synopsis of the Golden Chamber, line 14.11)

【Key points of treatment】 Purgation is applicable for use when there is severe edema of the whole body, difficulty urinating, non-deficiency of healthy *qi*, and a sunken and hidden pulse due to retention of pathogenic water. However, it should be properly used during when applied clinically, in order to avoid damaging healthy *qi*.

11.2.2 Syndrome differentiation and treatment of edema

11.2.2.1 Exterior deficiency wind edema syndrome

【Original source material】 Wind edema presenting with floating pulse, heaviness of body movement, sweating and aversion to cold can be treated with *Fang Ji Huang Qi Tang* (Fangji Huangqi Decoction). In cases where there is abdominal pain, add *Shao Yao*. (Synopsis of the Golden Chamber, line 14.22)

【Key points for syndrome differentiation】 Floating pulse, body swelling and heaviness, sweating and aversion to wind, swelling of face, eyes and the whole body.

【Syndrome analysis】 Syndrome analysis of exterior deficiency wind edema is shown in the table 11-2-7.

Table 11-2-7 Syndrome analysis of exterior deficiency wind edema

Main symptoms	Pathogenesis
Floating pulse	Invasion of the exterior by exogenous pathogens, and struggle between the pathogenic factor and healthy *qi*
Sweating and aversion to wind	*Qi* deficiency of the exterior, deficiency of muscle striae
Body swelling and heaviness	Lung fails to regulate the water passages, external flow of retained water

【Basic pathogenesis】 *Qi* deficiency of the superficial defense system, further attack of exogenous pathogenic wind, interaction of water and wind.

【Therapeutic principle】 Replenish *qi* and strengthen the body surface resistance, promote diuresis and disperse wind.

【Prescription】 *Fang Ji Huang Qi Tang*.

Fang Ji (*Radix Stephaniae Tetrandrae*)	1 *liang*
Huang Qi (*Radix Astragali seu Hedysari*)	1 *liang* 1 *fen*
Bai Zhu (*Rhizoma Atractylodis Macrocephalae*)	3 *fen*
Zhi Gan Cao (*Radix Glycyrrhizae Preparata*)	0.5 *liang*

【Differential diagnosis】 Differential diagnosis of the exterior deficiency syndrome of wind edema and wind-dampness is shown in the table 11-2-8.

Table 11-2-8 Differential diagnosis of the exterior deficiency syndrome of wind edema and wind-dampness

	Exterior deficiency wind edema syndrome	Exterior deficiency wind-damp syndrome
Similarities	Symptoms: floating pulse, heavy body, sweating and aversion to cold Pathogenesis: exterior deficiency with unconsolidation of defensive *qi* Treatment: *Fang Ji Huang Qi Tang*	
Differences	Swelling of face, eyes and the whole body, finger is submerged when the area of edema is pressed	Painful joints of the whole body

11.2.2.2 Wind edema with heat syndrome

【Original source material】 Wind edema accompanied by symptoms and signs of aversion to wind, dropsy throughout the body, floating pulse, spontaneous sweating with neither thirst* nor high fever can be treated with *Yue Bei Tang* (Yuebei Decoction). (Synopsis of the Golden Chamber, line 14.23)

【Key points for syndrome differentiation】 Floating pulse, aversion to wind, body swelling, body pain, thirst and sweating.

【Syndrome analysis】 Syndrome analysis of wind edema with heat syndrome is shown in the table 11-2-9.

Table 11-2-9 Syndrome analysis of wind edema with heat syndrome

Main symptoms	Pathogenesis
Floating pulse, aversion to wind	Invasion of the exterior by exogenous pathogens, struggle between the pathogenic factor and healthy *qi*
Sweating	Internal retained heat forces fluids out
Thirst	Pathogens changed into heat
Body swelling and pain	Water stimulated by wind flows to the whole body

* There should be thirst stated in Commentaries on the Synopsis of the Golden Chamber.

【Basic pathogenesis】 Interaction of wind and water in the muscles and skin, with internal heat retention.

【Therapeutic principle】 Disperse the retained water, clear the accumulated heat.

【Prescription】 *Yue Bei Tang*.

Ma Huang (*Herba Ephedrae*)	6 *liang*
Shi Gao (*Gypsum Fibrosum*)	0.5 *jin*
Sheng Jiang (*Rhizoma Zingiberis Recens*)	3 *liang*
Gan Cao (*Radix Glycyrrhizae*)	2 *liang*
Da Zao (*Fructus Jujubae*)	15 pcs.

If aversion to cold is present, add one piece of *Fu Zi*. For wind edema syndrome, add four *liang* of *Bai Zhu*.

【Differential diagnosis】 Differential diagnosis of wind edema with heat and exterior deficiency wind edema syndromes is shown in the table 11 - 2 - 10.

Table 11 - 2 - 10 Differential diagnosis of wind edema with heat and exterior deficiency wind edema syndromes

	Wind edema with heat syndrome	Exterior deficiency wind edema syndrome
Main Symptoms	Swelling of the whole body, sweating and thirst	Floating pulse, heavy body, sweating and aversion to wind
Mechanism of sweating	Interior heat forces fluids out	Pores fail to close due to exterior deficiency
Pathogenesis	Wind edema with retained heat	Wind edema with exterior deficiency
Treatment principles	Promote diaphoresis and diuresis, together with clearing the retained heat	Replenish *qi* and strengthen the body surface resistance, dispel wind and promote diuresis

11.2.2.3 Differences and similarities between the differentiation and treatment of wind edema and typical edema

【Original source material】 Edema with a sunken and small pulse is a *shaoyin* syndrome. A floating pulse signifies the presence of pathogenetic wind. Distention of a deficient nature without edema is a case of *qi* stagnation. The treatment for edema is to adopt a diaphoretic. Edema with a sunken pulse should be treated with *Ma Huang Fu Zi Tang* (Mahuang Fuzi Decoction). Edema with a floating pulse can be treated with *Xing Zi Tang* (Xingzi Decoction). (Synopsis of the Golden Chamber, line 14.26)

【Key points for syndrome differentiation】 The main symptoms of wind edema are edema of head and face, painful joints and floating pulse, aversion to wind. Typical edema is characterized by edema, abdominal fullness, dyspnea and sunken and small pulse.

【Syndrome analysis】 Syndrome analysis of the differences and similarities between wind edema and typical edema is shown in the table 11 - 2 - 11.

【Basic pathogenesis】 Wind edema is related to the impairment of the dispersing and descending functions of the lung and its subsequent failure to regulate the water passages. Typical edema is related to insufficiency of kidney *yang* and dysfunction of *qi* transformation.

Table 11 - 2 - 11 Syndrome analysis of the differences and similarities between wind edema and typical edema

	Symptoms	Syndrome analysis	Treatment principles	Prescription
Wind edema	Floating pulse, aversion to wind, painful joints, swelling of head and face	Invasion of the exterior by exogenous pathogens, struggle between the pathogenic factor and healthy *qi*, retained fluids flow into the joints, obstruction of the upper by the interaction between wind and water	Disperse the lung, expel wind and water	*Xing Zi Tang*
Typical edema	Sunken small slow pulse, abdominal fullness, body swelling, shortness of breath	Kidney fails to warm and resolve internal retention of water, water flows to the exterior, counterflow water *qi* attacks the lung	Warm the meridians, reinforce *yang* and promote sweating	*Ma Huang Fu Zi Tang*

【Therapeutic principle】 Warm the meridians, reinforce *yang* and promote sweating for typical edema, while ventilate lung and induce sweating for wind edema.

【Prescription】 *Ma Huang Fu Zi Tang* for typical edema, *Xing Zi Tang* for wind edema.

A. Ma Huang Fu Zi Tang

Ma Huang (*Herba Ephedrae*)	3 *liang*
Gan Cao (*Radix Glycyrrhizae*)	2 *liang*
Shu Fu Zi (*Radix Aconiti Lateralis Preparata*)	1 pc.

B. *Xing Zi Tang*

Composition is not provided, it may be *Gui Zhi Jia Hou Po Xing Zi Tang*, see 5.1.1.

11.2.2.4 Skin edema with heat syndrome

【Original source material】 Interior edema has presents with severe edema throughout the entire body and the face, along with sunken pulse and dysuria. Dysuria is the cause of edema. *Yue Bei Jia Zhu Tang* (Yuebei Jiazhu Decoction) is of use as a remedy. If urination is normal, then the case is caused by loss of body fluid, which will in turn cause thirst. (Synopsis of the Golden Chamber, line 14.5)

【Key points for syndrome differentiation】 Sunken pulse, swelling of the face, eyes and the whole body, especially below the waist, difficulty urinating, thirst and dry throat.

【Syndrome analysis】 Syndrome analysis of skin edema with heat syndrome is shown in the table 11 - 2 - 12.

Table 11 - 2 - 12 Syndrome analysis of skin edema with heat syndrome

Main symptoms	Pathogenesis
Swelling of the face, eyes and the whole body, especially below the waist	Impairment of the dispersing function of the lung, spleen fails to transport, external flow of retained water

Continued

Main symptoms	Pathogenesis
Sunken pulse	Internal retention of fluid, obstruction of blood vessels
Thirst and dry throat	Internal heat retention
Difficulty urinating	Lung fails to regulate the water passages, spleen fails to transport

【Basic pathogenesis】 Impairment of dispersing and descending function of the lung, spleen fails to transport, water flows to the exterior, combined with internal heat retention.

【Therapeutic principle】 Ventilate lung and eliminate water, remove dampness and clear heat.

【Prescription】 *Yue Bei Jia Zhu Tang*.

Ma Huang (Herba Ephedrae)	6 *liang*
Shi Gao (Gypsum Fibrosum)	0.5 *jin*
Sheng Jiang (Rhizoma Zingiberis Recens)	3 *liang*
Gan Cao (Radix Glycyrrhizae)	2 *liang*
Bai Zhu (Rhizoma Atractylodis Macrocephalae)	4 *liang*
Da Zao (Fructus Jujubae)	15 pcs.

11.2.2.5 Skin edema syndrome due to *qi* deficiency and depression of *yang*

【Original source material】 Skin edema presenting with the following symptoms and signs can be treated with *Fang Ji Fu Ling Tang* (Fangji Fuling Decoction): Edema in the extremities, edema under the skin and slight twitching in the extremities. (Synopsis of the Golden Chamber, line 14.24)

【Key points for syndrome differentiation】 Edema of the whole body, severe swelling of the four limbs, slight twitching of the muscles and skin, difficulty urinating.

【Syndrome analysis】 Syndrome analysis of skin edema syndrome due to *qi* deficiency and depression of *yang* is shown in the table 11-2-13.

Table 11-2-13 Syndrome analysis of skin edema syndrome due to *qi* deficiency and depression of *yang*

Main symptoms	Pathogenesis
Swelling of the whole body, severe swelling of the four limbs	Impairment of the dispersing function of the lung, spleen fails to transport, external flow of retained water
Slight twitching of the muscles and skin	Obstruction of water, depression of *yang qi*, struggle between the water and *yang qi*
Difficulty urinating	Lung fails to regulate the water passages, spleen fails to transport

【Basic pathogenesis】 Retention of water, exterior *qi* deficiency with depression of *yang qi*.

【Therapeutic principle】 Activate *yang* and *qi*, induce diuresis to alleviate edema.

【Prescription】 *Fang Ji Fu Ling Tang*.

Fang Ji (Radix Stephaniae Tetrandrae)	3 *liang*
Huang Qi (Radix Astragali seu Hedysari)	3 *liang*

Gui Zhi (Ramulus Cinnamomi) 3 *liang*
Fu Ling (Poria) 6 *Liang*
Gan Cao (Radix Glycyrrhizae) 2 *liang*

【Differential diagnosis】 Differential diagnosis of skin edema syndrome due to *qi* deficiency and depression of *yang* and exterior deficiency wind edema syndrome is shown in the table 11-2-14.

Table 11-2-14 Differential diagnosis of skin edema syndrome due to *qi* deficiency and depression of *yang* and exterior deficiency wind edema syndrome

	Skin edema syndrome due to *qi* deficiency and depression of *yang*	Exterior deficiency with edema syndrome
Main symptoms	Severe swelling of the four limbs, muscle twitching, difficulty urinating	Floating pulse, heavy body, sweating and aversion to wind
Pathogenesis	Retention of water, depression of *yang qi*	Water flows to the exterior, defensive *qi* fails to protect the exterior
Treatment principles	Activate *yang* and *qi*, induce diuresis to alleviate edema	Replenish *qi* and strengthen the body surface, promote diuresis and eliminate dampness
Drugs	*Fang Ji* and *Huang Qi* 3 *liang* respectively, *Fu Ling* 6 *liang*, *Gui Zhi* 3 *liang*, *Gan Cao* 2 *liang*	*Fang Ji* 1 *liang*, *Huang Qi* 1.1 *liang*, *Da Zao* 1 piece, *Bai Zhu* 3 *fen*, *Sheng Jiang* 4 pieces, *Gan Cao* 0.5 *liang*

11.2.2.6 Exterior excess skin edema syndrome

【Original source material】 An interior edema syndrome can be treated with *Yue Bei Jia Zhu Tang*, or *Gan Cao Ma Huang Tang* (Gancao Mahuang Decoction). (Synopsis of the Golden Chamber, line 14.25)

【Key points for syndrome differentiation】 Edema, anhidrosis, with cough and shortness of breath, scanty urine.

【Syndrome analysis】 Syndrome analysis of exterior excess skin edema is shown in the table 11-2-15.

Table 11-2-15 Syndrome analysis of exterior excess skin edema

Main symptoms	Pathogenesis
Edema, anhidrosis	Impairment of the dispersing function of the lung, external flow of retained water
Cough and shortness of breath	Impairment of the dispersing and descending function of the lung
Scanty urine	Lung fails to regulate the water passages

【Basic pathogenesis】 Impairment of the dispersing function of lung, external flow of retained water.

【Therapeutic principle】 Ventilate lung and induce diaphoresis, eliminate water and dampness.

【Prescription】 *Gan Cao Ma Huang Tang.*

Gan Cao (*Radix Glycyrrhizae*) 2 *liang*

Ma Huang (*Herba Ephedrae*) 4 *liang*

11.2.2.7 Skin edema with damp-heat syndromes

【Original source material】 Skin edema with coldness in the extremities can be treated with *Pu Hui San* (Puhui Powder). (Synopsis of the Golden Chamber, line 14.27)

【Key points for syndrome differentiation】 Edema of the extremities, finger is submerged when pressing the affected area, cold hands and feet, scanty dark urine and difficulty urinating; perhaps yellow greasy tongue coating.

【Syndrome analysis】 Syndrome analysis of skin edema with damp-heat is shown in the table 11-2-16.

Table 11-2-16 Syndrome analysis of skin edema with damp-heat

Main symptoms	Pathogenesis
Edema of the extremities, finger is submerged when pressing the affected area	External excess of fluid retention, flows to the muscle and skin
Cold hands and feet	External excess of fluid retention, obstruction of *yang qi*
Scanty dark urine and difficulty urinating, yellow greasy tongue coating	External excess of fluid retention, internal obstruction of damp-heat

【Basic pathogenesis】 External excess of fluid retention, internal obstruction of damp-heat, depression of *yang qi*.

【Therapeutic principle】 Clear and eliminate dampness and heat, promote diuresis.

【Prescription】 *Pu hui San.*

See 9.13.2.

11.2.2.8 Yellow sweats

【Original source material】 Question: Yellow sweats are accompanied by the following symptoms and signs: swelling throughout the body, fever, perspiration and thirst. Symptoms similar to that of wind edema are also present. Sweat as yellow as the juice of *Huang Bai* (*Cortex Phellodendri*) permeates the patient's clothing. The pulse is sunken. What is the mechanism of this disease? Master: When the patient sweats all over, he may jump into the water for a bath, at which point water will invade the body through the pores. *Qi Shao Gui Jiu Tang* (Qi shao Gúijiu Decoction) is of use. (Synopsis of the Golden Chamber, line 14.28)

Yellow sweats are accompanied by coldness in both hips. If both hips are hot, it is a case of multiple arthralgia (*li jie*). If the patient perspires after a meal or experiences night sweats, the problem is a consumptive disease. In a case where the patient has fever following perspiration, scaly skin will be present. Continuous fever will lead to malignant boils.

The patient experiences heaviness of movement. After perspiring he may feel somewhat relaxed. If the case has lasted for a long time, he will experience body twitching which will lead to a chest pain. Other symptoms and signs include sweating above the waist with anhidrosis below the waist, and pain and limpness in the waist and hipbones as if something were stuck under the skin.

In acute cases, there will be anorexia, pain and heaviness throughout the body, restlessness, irritation and dysuria; Yellow sweats can be treated with *Gui Zhi Jia Huang Qi Tang* (Guizhi Jia Huangqi Decoction). (Synopsis of the Golden Chamber, line 14.29)

【Key points for syndrome differentiation】 Yellow sweats like cypress juice over the whole body, perhaps disturbed hidrosis; body swelling, fever, painful joints, no aversion to wind. Abscess and pus may be seen in chronic cases.

【Syndrome analysis】 Syndrome analysis of yellow sweats is shown in the table 11-2-17.

Table 11-2-17 Syndrome analysis of yellow sweats

Main symptoms	Pathogenesis
Body swelling, fever	Bathing after sweating, spreading of retained fluids and damp, nutrient and defense disharmony
Yellow sweat like cypress juice	Water retention in the muscle striae, obstruction of defensive *qi* and heat in the nutrient system
Disturbed hidrosis	Defensive *qi* fails to control the pores, incoordination between nutrient and defense
Painful joints, no aversion to wind	Internal retention of water, obstruction of meridians, without exterior syndrome
Abscess and pus may be seen in chronic cases	Retention and steaming of damp-heat in the nutrient system, pus formation due to rotted blood

【Basic pathogenesis】 Nutrient and defense disharmony, steaming damp and heat.

【Therapeutic principle】 Regulate nutrient and defense, consolidate the exterior and eliminate dampness, accompanied by clearing heat from the nutrient system.

【Prescription】 *Qi Shao Gui Jiu Tang* or *Gui Zhi Jia Huang Qi Tang*.

A. *Qi Shao Gui Jiu Tang*

Huang Qi (*Radix Astragali seu Hedysari*)	5 *liang*
Bai Shao (*Radix Paeoniae Alba*)	3 *liang*
Gui Zhi (*Ramulus Cinnamomi*)	3 *liang*
Ku Jiu (vinegar)	1 *sheng*

B. *Gui Zhi Jia Huang Qi Tang*: See 9.11.2.

【Differential Diagnosis】 Both *Gui Zhi Jia Huang Qi Tang* and *Qi Shao Gui Jiu Tang* can treat yellow sweats, and have the functions of circulating *yang qi*, dispersing water and eliminating dampness. Their differences are as table 11-2-18.

Table 11-2-18 Differentiation of *Qi Shao Gui Jiu Tang* and *Gui Zhi Jia Huang Qi Tang* treated syndromes

	Qi Shao Gui Jiu Tang treated syndrome	*Gui Zhi Jia Huang Qi Tang* treated syndrome
Main symptoms	Yellow sweat, body swelling, fever and thirst	Swelling of the muscle and skin, yellow sweat, disturbed hidrosis, slack and heavy waist and hips
Pathogenesis	Nutrient and defense disharmony, retention of heat and dampness	Nutrient and defense disharmony, stagnation of water and damp in the exterior
Treatment principles	Regulate nutrient and defense, disperse water and eliminate dampness, along with clearing the retained heat	Regulate nutrient and defense, consolidate the exterior and eliminate dampness
Drugs	*Huang Qi* 5 uncia, *Bai Shao* 3 *liang*, *Gui Zhi* 3 *liang*, *Ku Jiu* 1 liter	*Gui Zhi* and *Bai Shao* 3 *liang* respectively, *Gan Cao* 2 *liang*, *Sheng Jiang* 3 *liang*, *Da Zao* 12 pieces, *Huang Qi* 2 *liang*

11.2.2.9 *Qi* system syndrome

【Original source material】 Master: The pulse in the wrist is slow and choppy. A slow pulse signifies the presence of cold, whereas a choppy pulse indicates an insufficiency of blood. The anterior tibial pulse is weak and slow. A weak pulse indicates weak *qi*; a slow pulse reveals the prevalence of cold. Cold and insufficiency of *qi* bring about coldness in the extremities, resulting in nutrient and defense disharmony, which will bring about abdominal distention and running borborygmus. Pathogenetic cold will then move into the urinary bladder. Both nutritive and defensive *qi* are exhausted. When the *yang qi* fails to circulate normally, coldness and chills prevail in the body. When the *yin qi* fails to circulate normally, painful bones and numbness occur. Only when the *yin* and *yang* are in harmony, can the *qi* circulate and their interflow be strong enough to disperse the cold. In cases of a deficient nature, urinary incontinence will occur, while in cases of excess, breaking wind will occur. (Synopsis of the Golden Chamber, line 14.30)

Edema caused by a disorder of *qi* presents with a hardened mass in the epigastrium about the size of a plate with a round edge. This is caused by retained fluid. *Gui Zhi Qu Shao Yao Jia Ma Xi Fu Zi Tang* (Guizhi Qu Shaoyao Jia Maxi Fuzi Decoction) can be prescribed. (Synopsis of the Golden Chamber, line 14.31)

A hardened mass in the epigastrium the size of a plate and with a round edge is observed. This is caused by retained fluid. *Zhi Zhu Tang* (Zhizhu Decoction) will provide a cure. (Synopsis of the Golden Chamber, line 14.32)

【Key points for syndrome differentiation】 Hardness at the epigastrium the size of a plate and with a round edge, abdominal fullness, borborygmus and pain, perhaps aversion to cold, cold hands and feet, painful joints, numbness of the muscles and skin.

【Syndrome analysis】 Syndrome analysis of *qi* system syndrome is shown in the table 11-2-19.

Table 11 - 2 - 19 Syndrome analysis of *qi* system syndrome

Main symptoms	Syndromes
Hardness at the epigastrium with the size of a plate	Accumulation of cold resulting from *yang* deficiency, water retained at the epigastrium
Abdominal fullness, borborygmus and pain	Spleen deficiency and *qi* stagnation, spleen transportation and transformation dysfunction
Aversion to cold, cold hands and feet, painful joints	*Yang qi* deficiency, internal excess of *yin* cold
Numbness of the muscles and skin	Deficiency of both *qi* and blood, failure to nourish the muscles and skin

【Basic pathogenesis】 *Yin* accumulation due to *yang* deficiency, fluid retention with *qi* stagnation.

【Therapeutic principle】 Regulate *yin* and *yang*, warm and circulate *yang qi*.

【Prescription】 *Gui Zhi Qu Shao Yao Jia Ma Xi Fu Zi Tang* or *Zhi Zhu Tang*.

A. *Gui Zhi Qu Shao Yao Jia Ma Xi Fu Zi Tang*

Gui Zhi (*Ramulus Cinnamomi*)	3 *liang*
Sheng Jiang (*Rhizoma Zingiberis Recens*)	3 *liang*
Gan Cao (*Radix Glycyrrhizae*)	2 *liang*
Da Zao (*Fructus Jujubae*)	12 pcs.
Ma Huang (*Herba Ephedrae*)	2 *liang*
Xi Xin (*Herba Asari*)	2 *liang*
Zhi Fu Zi (*Radix Aconiti Preparata*)	1 pc.

B. *Zhi Zhu Tang*

Zhi Shi (*Fructus Aurantii Immaturus*)	7 pcs.
Bai Zhu (*Rhizoma Atractylodis Macrocephalae*)	2 *liang*

Summary

Summary of syndromes and treatment of edema is shown in the table 11 - 2 - 20.

Table 11 - 2 - 20 Summary of syndromes and treatment of edema

	Pathogenesis	Main symptoms	Treatment principles	Prescription
Exterior deficiency wind edema syndrome	Deficiency of defensive *qi*, further attack of exogenous wind, interaction of water and wind	Floating pulse, heavy body, sweating and aversion to wind, swelling of face, eyes and the whole body	Replenish *qi* and strengthen the body surface, promote diuresis and disperse wind	*Fang Ji Huang Qi Tang*

Continued

	Pathogenesis	Main symptoms	Treatment principles	Prescription
Wind edema with heat syndrome	Wind and water interact at the superficial level, with internal stagnant heat	Floating pulse, aversion to wind, body swelling and pain, thirst and sweating	Disperse retained water, clear accumulated heat	*Yue Bei Tang*
Typical edema syndrome	Insufficiency of kidney *yang*, *qi* transformation dysfunction	Swelling, abdominal fullness, rapid respiration, sunken and small pulse	Warm the meridians, reinforce *yang* and promote sweating	*Ma Huang Fu Zi Tang*
Skin edema with heat syndrome	Dysfunction of the dispersing and descending actions of the lung, spleen fails to transport, water which then flows to the exterior, internal heat	Sunken pulse, swelling of face, eyes and the whole body, especially below the waist, difficulty urinating, thirst and dry throat	Ventilate lung and eliminate water, remove dampness and clear heat	*Yue Bei Jia Zhu Tang*
Skin edema syndrome due to *qi* deficiency and depression of *yang*	Retention of water, exterior *qi* deficiency, depression of *yang qi*	Swelling of the whole body, severe swelling of the four limbs, slight twitching of muscle and skin, difficulty urinating	Activate *yang* and *qi*, induce diuresis to alleviate edema	*Fang Ji Fu Ling Tang*
Exterior excess skin edema syndrome	Dysfunction of dispersing actions of the lung, external flow of retained water	Swelling, anhidrosis, with cough and shortness of breath, scanty urine	Ventilate lung and induce sweating, eliminate water and dampness	*Gan Cao Ma Huang Tang*
Skin edema with damp-heat syndrome	External fluid retention excess, internal obstruction of damp-heat, depression of *yang qi*	Finger becomes submerged when pressing the affected area, cold limbs, scanty dark urine and difficulty urinating, yellow greasy tongue coating	Clear dampness and heat, promote diuresis	*Pu Hui San*
Yellow sweats syndrome	Nutrient and defense disharmony, retention of heat and dampness	Yellow sweat, swelling of body, fever and thirst	Replenish *qi*, eliminate water and dampness, clear heat from nutrient system	*Huang Qi Shao Yao Gui Zhi Ku Jiu Tang*
Yellow sweats syndrome	Nutrient and defense disharmony, stagnation of water and damp in the exterior	Swelling muscle and skin, yellow sweat with disturbed hidrosis, slack and heavy waist and hip	Regulate nutrient and defense, circulate *yang* and eliminate dampness	*Gui Zhi Jia Huang Qi Tang*

Continued

	Pathogenesis	Main symptoms	Treatment principles	Prescription
Qi system *yang* deficiency and *yin* accumulation syndrome	*Yang qi* deficiency, internal excess of *yin* cold	Hardness at the epigastrium with a size as a plate, aversion to cold, cold limbs, painful bones, numbness of the muscles and skin	Warm and circulate *yang qi*, dispel cold and resolve fluid retention	*Gui Zhi Qu Shao Yao Jia Ma Xi Fu Zi Tang*
Qi system spleen deficiency and *qi* stagnation syndrome	Spleen deficiency and *qi* stagnation, dysfunction of spleen transportation and transformation	Hardness at the epigastrium about the size of a plate, abdominal fullness, borborygmus and pain	Activate *qi* to eliminate stasis, invigorate spleen and eliminate dampness	*Zhi Zhu Tang*

11.3 Blood Diseases

Blood diseases mainly include blood loss and blood stasis syndromes. The clinical manifestations are various as there are numerous potential sites of bleeding areas and different pathogeneses, but syndrome differentiation of blood loss syndrome can still be generalized as cold, heat, deficiency and excess. Therefore, the treatment also does not go beyond the scope of warming, cooling, reinforcing and reducing. The therapeutic principles involved were all mentioned in principle by *Zhang Zhongjing* in the Synopsis of the Golden Chamber. In this section, not only are the key points of differentiation highlighted, but treatment principles and prescriptions are also richly provided.

11.3.1 Blood loss syndrome

11.3.1.1 Etiology

【Original source material】 Coughing in a patient who frequently drinks alcohol will lead to hematemesis, especially in those whose drinking is excessive. (Synopsis of the Golden Chamber, line 16.7)

In a *taiyang* disease, if scorching therapy cannot induce perspiration, it will lead to vexation and irritation in the patient. If the syndrome has transmitted throughout all the channels but still remains, the patient will have gastrointestinal bleeding. This is caused by pathogenetic fire. (Treatise on Cold-Induced Diseases, line 114)

A floating pulse and high fever are signs of an excess syndrome. If moxibustion therapy is adopted, a parched throat and hemoptysis will occur. As moxibustion therapy can only be adopted for a deficiency syndrome, when it is used in an excessive case, fire will stimulate the blood to move abnormally. (Treatise on Cold-Induced Diseases, line 115)

In a *yangming* disease, when the patient feels a parched throat and has a thirst for water, but in fact only holds the water in his mouth and does not want to swallow, he will suffer from epistaxis. (Treatise on Cold-Induced Diseases, line 202)

In a *shaoyin* disease, on the eighth or ninth day, the patient is feverish over the body, hands and feet. This is an indication of pathogenetic heat residing in the urinary bladder. There will necessarily be hematuria. (Treatise on Cold-Induced Diseases, line 293)

【Pathogenesis】 Pathogenesis of blood loss syndrome is shown in the table 11 - 3 - 1.

Table 11 - 3 - 1 Pathogenesis of blood loss syndrome

Causative	Pathogenesis
Overindulgence in alcohol	Internal retention of damp-heat in the stomach, heat injures the blood collaterals
Chronic cough	Impairment of the purifying and descending functions of the lung, lung collaterals are adversely affected
Mistreatment of exterior syndrome	Warm needle and moxibustion induce sweating, *yin* becomes impaired and blood is disturbed
Intense *yangming* heat	Damage to the blood collaterals results in extravasation of the blood
Hyperactive fire due to *yin* deficiency	Heat affecting the blood and damaging blood collaterals

11.3.1.2 Treatment contraindication and deteriorated syndrome

【Original source material】 Diaphoresis is not recommended for patients who suffer from frequent epistaxis. If adopted, the veins on the patient's forehead will become tense and protruding, his eyeballs will be motionless and he will suffer from insomnia. (Synopsis of the Golden Chamber, line 16.4)

Diaphoresis is not recommended for those who suffer from frequent hemorrhage. If it is adopted, there will be perspiration, trembling, shivering and chills. (Synopsis of the Golden Chamber, line 16.9)

【Analysis】 Analysis of treatment contraindication and deteriorated syndrome of blood loss is shown in the table 11 - 3 - 2.

Table 11 - 3 - 2 Analysis of treatment contraindication and deteriorated syndrome of blood loss

	Main points	Analysis
Contraindication	Prohibition of sweating	Misuse of diaphoresis damages *yin* and blood, or *qi* is lost along with loss of fluid
Deterioration syndrome	Depressed vessels on the forehead, straight staring of eyes, insomnia	Constitutional *yin* and blood deficiency, diaphoresis further impairs the *yin* and blood, malnourishment of the meridians, eyes and heart
	Chills and trembling, shivering	*Qi* is lost along with the sweat, muscle and skin lose warmth

11.3.1.3 Syndrome differentiation and treatment

11.3.1.3.1 Deficiency-cold hematemesis syndrome

【Original source material】 Repeated hematemesis can be treated with *Bai Ye Tang* (Baiye Decoction). (Synopsis of the Golden Chamber, line 16.14)

【Key points for syndrome differentiation】 Hematemesis with pale or dark red blood, sallow or pale complexion, mental and physical fatigue, pale tongue with white coating, weak pulse.

【Syndrome analysis】 Syndrome analysis of deficiency-cold hematemesis is shown in the table 11-3-3.

Table 11-3-3 Syndrome analysis of deficiency-cold hematemesis

Main symptoms	Pathogenesis
Hematemesis with pale or dark red blood	Middle-energizer *qi* deficiency and cold, loss of ability to control blood
Sallow or pale complexion, pale tongue and white coating	Middle-energizer *qi* deficiency, failure to produce *qi* and blood to nourish the upper
Mental and physical fatigue	Insufficiency of *qi* and blood results in an inability to nourish the mind
Weak pulse	Insufficiency of *qi* and blood results in an inability to fill the vessels

【Basic pathogenesis】 Middle energizer *qi* deficiency and cold, extravasation of blood from the vessels.

【Therapeutic principle】 Warm the middle energizer and stop bleeding.

【Prescription】 *Bai Ye Tang*.

Bai Ye (*Cacumen Biotae*)	3 *liang*
Gan Jiang (*Rhizoma Zingiberis*)	3 *liang*
Ai Ye (*Folium Artemisiae Argyi*)	3 bundles

11.3.1.3.2 Exuberant heat hematemesis and epistaxis syndrome

【Original source material】 *Xie Xin Tang* (Xiexin Decoction) is effective for the symptoms such as restlessness, hematemesis and epistaxis. (Synopsis of the Golden Chamber, line 16.17)

【Key Points for Syndrome Differentiation】 Hematemesis and epistaxis with bright red blood, restlessness, redness of the face and eyes, thirst, constipation, red tongue with yellow coating, surging rapid pulse.

【Syndrome analysis】 Syndrome analysis of exuberant heat hematemesis and epistaxis is shown in the table 11-3-4.

【Basic pathogenesis】 Heart fire hyperactivity forces the upward extravasation of blood.

【Therapeutic principle】 Clear heat and purge fire, cool blood to stop bleeding.

Table 11－3－4 Syndrome analysis of exuberant heat hematemesis and epistaxis

Main symptoms	Pathogenesis
Hematemesis and epistaxis with bright red blood	Heart fire hyperactivity forces the upward extravasation of blood
Redness of face and eyes, red tongue with yellow coating	Excess heat in the interior, flaring up of heart-fire
Restlessness	Excess heat disturbs the mind
Surging rapid pulse	Excess heat in the interior, dilation of the vessels, speeding up of blood circulation

【Prescription】*Xie Xin Tang*.

Da Huang (*Radix et Rhizoma Rhei*) 2 *liang*
Huang Lian (*Rhizoma Coptidis*) 1 *liang*
Huang Qin (*Radix Scutellariae*) 1 *liang*

11.3.1.3.3 Deficiency-cold hematochezia syndrome

【Original source material】In a case of hematochezia, blood is observed after the stool. This is called "distant bleeding" (*yuan xue*); *Huang Tu Tang* (Huangtu Decoction) is the remedy. (Synopsis of the Golden Chamber, line 16.15)

【Key points for syndrome differentiation】The blood is dark purple and thin, loose stools, abdominal pain, desire for warmth and pressure, lusterless complexion, mental fatigue and unwillingness to speak, cold limbs, pale tongue and thready pulse.

【Syndrome analysis】Syndrome analysis of deficiency-cold hematochezia is shown in the table 11－3－5.

Table 11－3－5 Syndrome analysis of deficiency-cold hematochezia

Main symptoms	Pathogenesis
Dark purple and thin blood	Spleen *qi* deficiency with cold, failure to control blood, downward draining of blood
Lusterless complexion, pale tongue	Middle energizer spleen deficiency, failure to produce *qi* and blood
Loose stools, abdominal pain, desire for warmth and pressure	Middle energizer *yang* deficiency, internal excess of *yin*-cold
Mental fatigue and unwillingness to speak, cold limbs, thready pulse	Malnutrition due to spleen deficiency

【Basic pathogenesis】Middle energizer spleen *qi* deficiency with cold, failure to control blood results in downward draining of blood.

【Therapeutic principle】Warm spleen to restore its ability to control blood.

【Prescription】*Huang Tu Tang*.

Gan Cao (*Radix Glycyrrhizae*)	3 *liang*
Sheng Di Huang (*Radix Rehmanniae*)	3 *liang*
Bia Zhu (*Rhizoma Atractylodis Macrocephalae*)	3 *liang*
Shu Fu Zi (*Radix Aconiti Lateralis Preparata*)	3 *liang*
E Jiao (*Colla Corii Asini*)	3 *liang*
Huang Qin (*Radix Scutellariae*)	3 *liang*
Zao Xin Tu (*Loess*) (take from an earthen stove)	0.5 *jin*

11.3.1.3.4 Damp-heat hematochezia syndrome

【Original source material】 In a case of hematochezia, blood is observed before the stool. This is called "near by bleeding" (*jin xue*). *Chi Xiao Dou Dang Gui San* (Chixiaodou Danggui Powder) is of use. (Synopsis of the Golden Chamber, line 16.16)

【Key points for syndrome differentiation】 Bloody stools with bright red blood, perhaps with mucus, accompanied by tenesmus, yellow slightly greasy tongue coating, slippery rapid pulse.

【Syndrome analysis】 Syndrome analysis of damp-heat hematochezia syndrome is shown in the table 11-3-6.

Table 11-3-6 Syndrome analysis of damp-heat hematochezia

Main symptoms	Pathogenesis
Bloody stools with bright red blood	Retention of damp-heat in the large intestine, *yin* collaterals are damaged forcing blood to go downward
Tenesmus, perhaps with mucus	Internal retention of damp-heat downward drains into the large intestine
Yellow slightly greasy tongue coating, slippery rapid pulse	Internal retention of damp-heat

【Basic pathogenesis】 Retention of damp-heat in the large intestine damages the *yin* collaterals and forces blood downward.

【Therapeutic principle】 Clear heat, eliminate dampness by promoting urination, eliminate toxins, activate blood and stop bleeding.

【Prescription】 *Chi Xiao Dou Dang Gui San*.

Chi Xiao Dou (*Semen Phaseoli*)	3 *sheng*
(soak in water until it sprouts, dry it in the open air)	
Dang Gui (*Radix Angelicae Sinensis*)	3 *liang*

11.3.2 Blood stasis syndrome

【Original source material】 The patient experiences a sense of fullness in the chest, has withered lips, a bluish tongue and parched mouth. He is thirsty but merely holds the water in his mouth with no intention of swallowing it. He has no fever or chills. He has no abdominal distention but claims to be suffering from this. His pulse is faint, large and slow. This is a case of blood stasis. (Synopsis of the Golden Chamber, line 16. 10)

Symptoms and signs are similar to those of a heat syndrome with restlessness, sensation of fullness, thirst and parched mouth. The pulse, however, does not suggest a case of heat. This is called "hidden *yin*" (*yin fu*), a disorder caused by blood stasis. A purgative which can remove the blood stasis should be adopted. (Synopsis of the Golden Chamber, line 16. 11)

【Key points for syndrome differentiation】 Fullness and pain in the chest, abdominal tenderness, withered lips, bluish tongue and dry mouth; thirst but patient merely holds the water in his mouth with no intention of swallowing it; choppy slow moderate or sunken knotted pulse.

【Syndrome analysis】 Syndrome analysis of blood stasis is shown in the table 11 - 3 - 7.

Table 11 - 3 - 7 Syndrome analysis of blood stasis

Main symptoms	Pathogenesis
Withered lips, bluish tongue	Internal blood stasis blockage, new blood fails to nourish the exterior
Fullness and pain in the chest and abdomen with tenderness	Blood stasis obstruction, *qi* flow obstruction
Thirst, but merely holds the water in his mouth with no intention of swallowing it	Blood stasis obstruction, fluids fail to nourish the upper part (of the body), no actual fluid deficiency
Choppy slow moderate or sunken knotted pulse	Signs of blood stasis obstruction

【Basic pathogenesis】 Internal blood stasis blockage, *qi* flow obstruction, new blood fails to nourish the exterior.

【Therapeutic principle】 Activate blood and transform stasis.

【Prescription】 For blood stasis syndromes, different prescriptions should be given based on whether it is a cold or heat syndrome, the severity and immediacy of the problem and the locus of the blood stasis. Many formulas that activate blood and transform stasis were created by Zhang Zhongjing, including *Di Dang Tang* (Didang Decoction), *Xia Yu Xue Tang* (Xiayuxue Decoction), *Gui Zhi Fu Ling Wan* (Guizhi Fuling Pills) and *Da Huang Zhe Chong Wan* (Dahuang Zhechong Pills).

Summary

Summary of blood diseases is shown in the table 11 - 3 - 8.

Table 11-3-8 Summary of blood diseases

	Basic pathogenesis	Main symptoms	Treatment principles	Prescription
Deficiency-cold hematemesis syndrome	Middle energizer *qi* deficiency with cold, extravasation of blood from the vessels	Hematemesis with pale or dark red blood, sallow or pale complexion, mental and physical fatigue, pale tongue, weak pulse	Warm the middle energizer and stop bleeding	*Bai Ye Tang*
Excess heat hematemesis and epistaxis syndrome	Hyperactivity of heart fire forces the upward extravasation of blood	Hematemesis and epistaxis with bright red blood, restlessness, red face, thirst, constipation, red tongue with yellow coating, surging rapid pulse	Clear heat and reduce fire, cool blood to stop bleeding	*Xie Xin Tang*
Deficiency-cold hematochezia syndrome	Middle energizer spleen *qi* deficiency with cold, fail to control blood leads to downward draining of blood	Dark purple and thin blood in the stools, loose stools, abdominal pain, desire for warmth and pressure, lusterless complexion, pale tongue and thready pulse	Warm spleen to restore the function of controlling blood	*Huang Tu Tang*
Damp-heat hematochezia syndrome	Retention of damp-heat in the large intestine damages the *yin* collaterals, forcing blood to go downward	Bloody stools with bright red blood, perhaps with mucus, accompanied by tenesmus, yellow and slight greasy tongue coating, slippery rapid pulse	Clear damp-heat and relieve toxins, activate blood and stop bleeding	*Chi Xiao Dou Dang Gui San*
Blood stasis syndrome	Internal blood stasis blockage, *qi* flow obstruction, new blood fails to nourish the exterior	Fullness and pain in the chest and abdomen with tenderness, withered lips, bluish tongue and dry mouth, thirst but the patient merely holds the water in his mouth with no intention of swallowing it, choppy slow moderate or sunken knotted pulse	Activate blood and eliminate blood stasis	*Xia Yu Xue Tang*, etc

11.4 Blood Impediment Disease

Blood impediment (*xue bi*) is a disease caused by an insufficiency of *qi* and blood, external attack of pathogens and sluggish blood circulation, It mainly manifests as localized numbness of the limbs though there is slight pain in severe cases. This disease is different from impediment syndrome caused by wind, cold and dampness, the locations of the latter are the joints and muscles, and its main symptom is pain in the muscles and joints of the extremities.

【Original source material】 Question: What is the cause of blood impediment disease? Master: Persons who live lives of leisure generally have weak bones and a richness of flesh and muscle. After working for a short period of time, they will feel tired and begin to sweat. When they lie in bed, they toss and turn frequently. If they are exposed to a breeze at this time, they will incur a blood impediment disease. The pulse will be faint and choppy. At the *cun* and *guan* pulse positions, it will be small and tense. Acupuncture therapy is of use to stimulate *yang*. When the tense pulse disappears and the pulse returns to normal, the patient has recovered. (Synopsis of the Golden Chamber, line 6.1)

Blood impediment disease with deficiency in both *yin* and *yang* has the following symptoms and signs: Pulse that is faint at the *cun* and *guan* pulse positions and small and tense at the *chi* pulse position. External symptoms include local numbness and it may seem like a wind impediment syndrome. *Huang Qi Gui Zhi Wu Wu Tang* (Huangqi Guizhi Wuwu Decoction) will provide a cure. (Synopsis of the Golden Chamber, line 6.2)

【Key points for syndrome differentiation】 Numbness of the muscles and skin, slight pain in severe cases, faint choppy pulse.

【Syndrome analysis】 Syndrome analysis of blood impediment disease is shown in the table 11-4-1.

Table 11-4-1 Syndrome analysis of blood impediment disease

Main symptoms	Syndrome
Numbness of the muscles and skin, slight pain	Blockage by pathogens, unsmooth circulation of *qi* and blood in the meridians
Faint choppy pulse	Insufficiency of *qi* and blood, external attack of pathogens, sluggish blood circulation

【Basic pathogenesis】 Insufficiency of *qi* and blood, external attack of pathogens, sluggish blood circulation.

【Therapeutic principle】 Replenish *qi*, activate *yang* and relieve obstruction.

【Prescription】

A. For mild cases, acupuncture therapy is of use.

B. For severe cases, *Huang Qi Gui Zhi Wu Wu Tang*.

Huang Qi (*Radix Astragali seu Hedysari*)	3 *liang*
Bai Shao (*Radix Paeoniae Alba*)	3 *liang*
Gui Zhi (*Ramulus Cinnamomi*)	3 *liang*
Sheng Jiang (*Rhizoma Zingiberis Recens*)	6 *liang*
Da Zao (*Fructus Jujubae*)	12 pcs.

【Differential diagnosis】 Differentiation of blood impediment, impediment syndrome, painful joints disease is shown in the table 11-4-2.

Table 11-4-2 Differentiation of blood impediment, impediment syndrome, painful joints

	Etiology and pathogenesis	Main symptoms	Locus of disease	Treatment principles
Blood impediment	Insufficiency of *qi* and blood, invasion of exogenous pathogens, sluggish blood circulation	Numbness of the muscles and skin, and slight pain in the severe patient	Muscle and skin	Replenish *qi* and activate *yang*, dispel pathogens and relieve obstruction by using acupuncture and herbs
Impediment syndrome	Attack of wind, cold and dampness	Soreness and pain, heaviness and numbness of the muscles and joints, perhaps even limited movement of the extremities	Muscle and joints	Dispel wind and disperse cold, eliminate dampness and relieve pain, protect *yang qi*
Multiple arthralgia	Insufficiency of liver and kidney *qi* and blood, external attack of wind, cold and dampness	Pain in all joints, swelling, stiff and limited movement of the extremities	Mostly in the tendons and bones	Dispel wind and disperse cold, eliminate dampness and relieve pain, tonify liver and kidney

Summary

Summary of syndrome and treatment of blood impediment diseases is shown in the table 11-4-3.

Table 11-4-3 Summary of syndrome and treatment of blood impediment diseases

	Etiology and pathogenesis	Key points of differentiation	Treatment principles	Prescription
Mild syndrome	Insufficiency of *qi* and blood, invasion of exogenous pathogens, and unsmooth circulation of blood	Numbness of the muscles and skin	Promote *yang qi* with acupuncture	Acupuncture
Severe syndrome	Invasion of pathogens due to deficiency of *qi*, blood, *yin* and *yang*, sluggish blood circulation	Numbness of the muscles and skin, with localized pain	Replenish *qi* and activate *yang*, dispel pathogens and relieve the obstruction	*Huang Qi Gui Zhi Wu Wu Tang*

11.5 Globus Hystericus

The clinical manifestations of globus hystericus (*mei he qi*) are various, though its main symptom is a subjective feeling of a foreign object in the throat which is difficult to either spit out or swallow. There is, however, normal swallowing of food and drink. This disease is more commonly seen in women than men. In the field of western medicine, it is sometimes seen with patients suffering from chronic pharyngitis or hysteria.

【Original source material】 The patient is suffocating as if there were a piece of roast meat stuck in her throat. *Ban Xia Hou Po Tang* (Banxia Houpo Decoction) can provide a cure. (Synopsis of the Golden Chamber, line 22.5)

【Key points for syndrome differentiation】

A. Main symptoms: Subjective feeling of a foreign object in the throat, which is difficult to both spit out or swallow; there is, however, normal swallowing of food and drink.

B. Secondary symptoms: Depression, upset and irritability, insomnia, feeling of oppression in chest, frequent sighing.

【Syndrome analysis】 Syndrome analysis of globus hystericus is shown in the table 11-5-1.

Table 11-5-1 Syndrome analysis of globus hystericus

Main symptoms	Pathogenesis
Subjective feeling of a foreign object in the throat, which is difficult to either spit out or swallow	*Qi* stagnation and generation of phlegm, phlegm blockage with *qi* counter-ascending to the throat
Depression, upset and irritability, feeling of oppression in chest, frequent sighing	Emotional upset causing depression of the *qi* and generating fire

【Basic pathogenesis】 Emotional upset causing *qi* stagnation which in turn results in the generation of phlegm, phlegm and *qi* blockage.

【Therapeutic principle】 Relieve depression and eliminate phlegm, reverse the upward counterflow of *qi*.

【Prescription】 *Ban Xia Hou Po Tang*.

Ban Xia (*Rhizoma Pinelliae*)	1 *sheng*
Hou Po (*Cortex Magnoliae Officinalis*)	3 *liang*
Fu Ling (*Poria*)	4 *liang*
Sheng Jiang (*Rhizoma Zingiberis Recens*)	5 *liang*
Zi Su Ye (*Folium Perillae*)	2 *liang*

Summary

Summary of syndrome and treatment of globus hystericus is shown in the table 11-5-2.

Table 11 - 5 - 2 Summary of syndrome and treatment of globus hystericus

Pathogenesis	Key points of differentiation	Therapeutic principles	Prescription
Emotional upset causing *qi* stagnation which in turn results in the generation of phlegm, phlegm and *qi* blockage	Subjective feeling of a foreign object in the throat, which is difficult to both spit out or swallow, accompanied by mental/emotional symptoms	Relieve *qi* depression and eliminate phlegm, rectify the upward counterflow of *qi*	*Ban Xia Hou Po Tang*

Chapter 12

Syndrome Differentiation and Treatment of Women's Diseases

This chapter discusses commonly seen diseases of women, including diseases of pregnancy, postpartum diseases and miscellaneous diseases.

12.1 Diseases of Pregnancy

In this section, the diseases of women during pregnancy, including the diagnosis and treatment of morning sickness (*ren shen e zu*), the differentiation of pregnancy and abdominal mass, edema of pregnancy (*ren shen shui zhong*), difficulty urinating in pregnancy (*ren shen xiao bian nan*) and threatened miscarriage (*tai dong bu an*), etcetera are discussed.

12.1.1 Morning sickness

Morning sickness, the body's reaction to early pregnancy, is characterized by vomiting during pregnancy, and is often seen in the second month of the first trimester of pregnancy. During this period, the fetus is just beginning to form and the *qi* of the thoroughfare vessel is flourishing as the menstrual blood is gradually accumulated without discharge. The thoroughfare vessel is regarded as the sea of blood and is related to *yangming*, which means that it can cause vomiting if it counterflows to attack the stomach. If the morning sickness is mild, it can be self-limited by regulating the diet and lifestyle and there will be no need to resort to medication. In severe cases or for patients with continuous vomiting, they should be treated by regulating *yin* and *yang*, harmonizing spleen and stomach, and reversing the counterflow of *qi*.

12.1.1.1 Mild morning sickness

【Original source material】 Master: The pulse of a women patient is moderate, but the pulse at the *chi* position is small and weak. She is also thirsty and has no appetite. No fever or chills are observed. This indicates a pregnancy. *Gui Zhi Tang* (Guizhi Decoction) is of use (see line 17.36). This syndrome generally appears on the sixtieth day of pregnancy. In the event that improper treatment is given, the syndrome will present with complications of vomiting and diarrhea at the end of the first month of pregnancy. At this point, *Gui Zhi Tang* is no longer suited to the case. (*Jin Kui Yao Lue*, Synopsis of the Golden Chamber, line 20. 1)

【Key points for syndrome differentiation】 Nausea, vomiting, poor appetite, mental and physical fatigue, no fever or chills, small weak *chi* position pulse.

【Syndrome analysis】 Syndrome analysis of mild morning sickness is shown in the table 12-1-1.

Table 12-1-1 Syndrome analysis of mild morning sickness

Main symptoms	Pathogenesis
Nausea, vomiting, no appetite	*Yin* blood is drawn to the uterus to nourish the fetus, *yin* and *yang* become imbalanced, adverse rising of stomach *qi*
Mental and physical fatigue, thirst	At the beginning of pregnancy *yin* blood is drawn to the uterus to nourish the fetus, relative insufficiency of *yin* blood
Small weak *chi* pulse	Fetal *qi* is not yet strong, relative insufficiency of *yin* blood
No fever or aversion to cold	No exterior syndrome

【Basic pathogenesis】 At the beginning of pregnancy *yin* blood is drawn to the uterus to nourish the fetus, *yin* and *yang* become imbalanced, adverse rising of stomach *qi*.

【Therapeutic principle】 Regulate *yin* and *yang*, harmonize stomach and reverse the upward counterflow of *qi*.

【Prescription】 *Gui Zhi Tang*.

See 5. 1. 1.

12. 1. 1. 2 Severe morning sickness

【Original source material】 A pregnant woman suffers from repeated nausea and vomiting. *Gan Jiang Ren Shen Ban Xia Wan* (Ganjiang Renshen Pills) is the remedy. (Synopsis of the Golden Chamber, line 20. 6)

【Key points for syndrome differentiation】

A. Main symptoms: Repeated vomiting, vomitus is clear water or saliva.

B. Secondary symptoms: Tastelessness in mouth, absence of thirst, poor appetite, lassitude and preference for lying down.

【Syndrome analysis】 Syndrome analysis of severe morning sickness is shown in the table 12-1-2.

Table 12-1-2 Syndrome analysis of severe morning sickness

Main symptoms	Pathogenesis
Repeated vomiting, vomitus is clear water or saliva	Middle energizer *yang* deficiency, cold fluids counterflow attack the stomach
Tastelessness in mouth, absence of thirst	Middle energizer *yang* deficiency, cold fluids obstruction
Poor appetite, lassitude, preference for lying down	Spleen and stomach deficiency, inadequate transformation of *qi* and blood

【Basic pathogenesis】 *Yang* deficiency of the middle energizer, cold fluids counterflow attack the stomach.

【Therapeutic principle】 Warm the middle energizer and dispel cold, resolve retained fluids and reverse the upward counterflow of *qi*.

【Prescription】 *Gan Jiang Ren Shen Ban Xia Wan*.

Gan Jiang (*Rhizoma Zingiberis*)	1 *liang*
Ren Shen (*Radix Ginseng*)	1 *liang*
Ban Xia (*Rhizoma Pinelliae*)	2 *liang*

【Summary】 Summary of the syndromes and treatment of morning sickness is shown in the table 12 - 1 - 3.

Table 12 - 1 - 3 Summary of the syndromes and treatment of morning sickness

	Pathogenesis	Main symptoms	Treatment principles	Prescription
Mild morning sickness	At the beginning of pregnancy, *yin* blood is drawn to the uterus to nourish the fetus, imbalance of *yin* and *yang*, adverse rising of stomach *qi*	Nausea, vomiting, no appetite, mental and physical fatigue, small weak *chi* position pulse	Regulate *yin* and *yang*, harmonize stomach and reverse the counterflow of *qi*	*Gui Zhi Tang*
Severe morning sickness	*Yang* deficiency of the middle energizer, cold fluids counterflow attack the stomach	Repeated vomiting, vomitus is clear water or saliva, fatigue	Warm the middle energizer and dispel cold, resolve the retained fluids and reverse the counterflow of *qi*	*Gan Jiang Ren Shen Ban Xia Wan*

12.1.2 Differential diagnosis of pregnancy and abdominal mass

【Original source material】 A woman patient who suffers from abdominal mass disease ceased menstruating for a period of less than three months, but continues to suffer from mild chronic bloody vaginal discharges. She also feels a quickening in the abdomen above the navel, which is caused by the abdominal mass disease. If menstruation was normal for three months prior to the menolipsis and if the patient feels the quickening during the sixth month following, it is a fetus. In the event that menstruation ceased for three months and is followed by mild chronic bloody vaginal discharge, this is blood stasis. The bloody discharge does not cease because the abdominal mass has not yet disappeared. The stasis should be removed with *Gui Zhi Fu Ling Wan* (Guizhi Fuling Pills). (Synopsis of the Golden Chamber, line 20.2)

【Differential diagnosis】 Differential diagnosis of pregnancy and abdominal mass should be made as they have some similarities (the table 12 - 1 - 4).

Table 12 - 1 - 4 Differential diagnosis of pregnancy and abdominal mass

	Pregnancy	Abdominal mass
Case history	No history of disease	Abdominal mass
Menstrual history	Normal menstruation 3 months before menolipsis	Abnormal menstruation 3 months before menolipsis
Time and position of fetal movement	5 to 6 months after occurrence of menolipsis and in accordance with the time of menolipsis	Apparent sensation of fetal movement, not in accordance with the timing of the menolipsis
Abdominal palpation	Uterus becomes more enlarged as the months pass, the lower abdomen is soft when pressed	Pressure produces pain in the lower abdomen and a mass can be felt, the size of the mass is not in accord with the timing of the menolipsis

Addition: Syndrome and treatment of vaginal bleeding due to abdominal mass

【Key points for syndrome differentiation】 Pain in the lateral lower abdomen perhaps with abdominal mass, continuous vaginal bleeding, dark blood with clots, purple dark tongue.

【Syndrome analysis】 Syndrome analysis of vaginal bleeding due to abdominal mass is shown in the table 12 - 1 - 5.

Table 12 - 1 - 5 Syndrome analysis of vaginal bleeding due to abdominal mass

Main symptoms	Pathogenesis
Pain in the lateral lower abdomen perhaps with abdominal mass	Prolonged retention of abdominal mass, *qi* stagnation and blood stasis
Continuous vaginal bleeding	Internal blood stasis obstruction and failure of the blood to circulate inside the vessels
Dark blood with clots, purple dark tongue	Signs of internal blood stasis obstruction

【Basic pathogenesis】 Prolonged retention of abdominal mass, *qi* stagnation and blood stasis.

【Therapeutic principle】 Eliminate blood stasis and resolve the mass.

【Prescription】 *Gui Zhi Fu Ling Wan*.

Gui Zhi (*Ramulus Cinnamomi*)

Fu Ling (*Poria*)

Mu Dan Pi (*Cortex Moutan Radicis*)

Tao Ren (*Semen Persicae*)

Bai Shao (*Radix Paeoniae Alba*)

12.1.3 Restless fetal movement

After pregnancy, vaginal bleeding occurs accompanied by a sore waist, abdominal distension and/or abdominal pain, there is a feeling that the fetus is pressing downward. This is called restless fetal movement.

12.1.3.1 *Yang* deficiency with excess cold syndrome

【Original source material】 During the sixth and seventh month of pregnancy, the patient has fever and the pulse is wiry. The abdomen is distended and becomes even more aggravated. She has abdominal pain and aversion to cold, and feels as if the lateral side(s) of her abdomen are being fanned. This indicates the uterus is opening. *Fu Zi Tang* (Fuzi Decoction) is the remedy to warm the uterus. (Synopsis of the Golden Chamber, line 20.3)

【Key points for syndrome differentiation】 Distension, fullness and cold pain of the lateral lower abdomen, perhaps fever, pale tongue, white moist coating, wiry forceless pulse.

【Syndrome analysis】 Syndrome analysis of restless fetal movement due to *yang* deficiency and excess cold is shown in the table 12-1-6.

Table 12-1-6 Syndrome analysis of restless fetal movement due to *yang* deficiency and excess cold

Main symptoms	Pathogenesis
Pregnancy for six to seven months, distension, fullness and cold pain in the lateral lower abdomen	Kidney *yang* deficiency, accumulation of *yin*-cold, failure to warm the uterus
Perhaps fever	Deficient *yang* "floats" to the exterior
Pale tongue, white moist coating, wiry forceless pulse	Signs of *yang* deficiency and excess cold

【Basic pathogenesis】 Kidney *yang* deficiency, accumulation of cold, failure to warm the uterus.

【Therapeutic principle】 Warm *yang* and dispel cold, warm the uterus and prevent abortion.

【Prescription】 *Fu Zi Tang*.

Fu Zi Tang See 5.5.1.

Be cautious when using *Fu Zi* during pregnancy: *Fu Zi* is acrid, hot and toxic; it has the toxic side effects of exhausting the fluids and impairing the fetus, and it is included among the prohibited herbs for pregnancy by the physicians of later ages. *Zhang Zhongjing* used it to treat *yang* deficiency *yin* excess abdominal pain. It is necessary that it be combined with *Ren Shen* or *Bai Zhu* which act to support healthy *qi* and prevent abortion.

12.1.3.2 Unconsolidation of the thoroughfare (*chong*) and conception (*ren*) channels syndrome

【Original source material】 Master: *Jiao Ai Tang* (Jiaoai Decoction) can be prescribed in the following cases: Bloody vaginal discharge; miscarriage followed by vaginal discharge; and bloody vaginal discharge during pregnancy with abdominal pain resulting from the retarded growth of the fetus. (Synopsis of the Golden Chamber, line 20.4)

【Key points for syndrome differentiation】 Abdominal pain and vaginal bleeding during pregnancy, pale thin bleeding, with dizziness, mental and physical fatigue, pale tongue, thready weak pulse.

【Syndrome analysis】 Syndrome analysis of restless fetal movement due to unconsolidation of the thoroughfare and conception vessels is shown in the table 12-1-7.

Table 12 - 1 - 7 Syndrome analysis of restless fetal movement due to unconsolidation of the thoroughfare and conception vessels

Main symptoms	Pathogenesis
Abdominal pain and vaginal bleeding during pregnancy, pale thin bleeding	Unconsolidation of the thoroughfare and conception vessels due to deficiency, failure to maintain the fetus and blood in their normal positions
Dizziness, mental and physical fatigue	Malnutrition of the brain marrow and mind due to blood deficiency
Pale tongue, thready and weak pulse	Signs of blood deficiency

【Basic pathogenesis】 Unconsolidation of the thoroughfare and conception vessels, failure to maintain the fetus and blood in their normal positions.

【Therapeutic principle】 Warm and replenish the thoroughfare and conception vessels, nourish blood and prevent abortion.

【Prescription】 *Xiong Gui Jiao Ai Tang* (Xionggui Jiaoai Decoction).

Chuan Xiong (*Rhizoma ligustici chuanxiong*) 2 *liang*
Gan Cao (*Radix Glycyrrhizae*) 2 *liang*
Ai Ye (*Folium Artemisiae Argyi*) 3 *liang*
Dang Gui (*Radix Angelicae Sinensis*) 3 *liang*
Bai Shao (*Radix Paeoniae Alba*) 4 *liang*
Gan Di Huang (*Radix Rehmanniae*) 6 *liang*
E Jiao (*Colla Corii Asini*) 2 *Liang*

Xiong Gui Jiao Ai Tang is used to treat vaginal bleeding during pregnancy caused by deficiency of the thoroughfare and conception vessels combined with blood deficiency cold. This prescription is also applicable to those with this syndrome who are not pregnant.

12.1.3.3 Disharmony of the liver and spleen syndrome

【Original source material】 *Dang Gui Shao Yao San* (Danggui Shaoyao Powder) can be prescribed for pregnant women with chronic abdominal pain and contractions. (Synopsis of the Golden Chamber, line 20.5)

【Key points for syndrome differentiation】

A. Main symptoms: Acute pain or dull lingering pain in the abdomen.

B. Accompanying symptoms: Dizziness, pale lips, tongue and nails, numbness of the limbs, difficulty urinating, swelling of the feet.

【Syndrome analysis】 Syndrome analysis of restless fetal movement due to disharmony of liver and spleen is shown in the table 12 - 1 - 8.

【Basic pathogenesis】 Disharmony of the liver and spleen, stagnation of *qi* and blood and obstruction by dampness.

【Therapeutic principle】 Nourish blood and soothe liver, invigorate spleen and eliminate dampness, treat water and blood simultaneously.

Table 12-1-8 Syndrome analysis of restless fetal movement due to disharmony of liver and spleen

Main symptoms	Pathogenesis
Acute pain or dull lingering pain in the abdomen	Liver blood deficiency, liver fails to regulate *qi*, stagnation of *qi* and blood
Dizziness, pale lips, tongue and nails, numbness of limbs	Liver blood deficiency results in a failure to nourish
Difficulty urinating, swelling of feet	Liver fails to regulate *qi*, wood fails to regulate earth, internal generation of dampness due to spleen deficiency

【Prescription】 *Dang Gui Shao Yao San.*

Dang Gui (*Radix Angelicae Sinensis*)	3 *liang*
Bai Shao (*Radix Paeoniae Alba*)	1 *jin*
Fu Ling (*Poria*)	4 *liang*
Bai Zhu (*Rhizoma Atractylodis Macrocephalae*)	4 *liang*
Ze Xie (*Rhizoma Alismatis*)	0.5 *jin*
Chuan Xiong (*Rhizoma Ligustici Chuan Xiong*)	0.5 *jin*

12.1.3.4 Blood deficiency with damp-heat syndrome

【Original source material】 *Dang Gui San* (Danggui Powder) can be frequently prescribed as a tonic for woman during pregnancy. (Synopsis of the Golden Chamber, line 20.9)

【Key points for syndrome differentiation】

A. Main symptoms: Vaginal bleeding during pregnancy, or abdominal pain.

B. Accompanying symptoms: Mental fatigue and lassitude, dry mouth with bitter taste, poor appetite, abnormal stools, red tongue tip, thin and yellow coating, thready and slippery pulse.

【Syndrome analysis】 Syndrome analysis of restless fetal movement due to blood deficiency with damp-heat is shown in the table 12-1-9.

Table 12-1-9 Syndrome analysis of restless fetal movement due to blood deficiency with damp-heat

Main symptoms	Pathogenesis
Vaginal bleeding during pregnancy, perhaps abdominal pain	Liver blood deficiency, spleen fails to properly transform, malnutrition of fetus
Mental fatigue and lassitude	Failure to nourish due to blood deficiency
Poor appetite, dry mouth with bitter taste, abnormal stools	Spleen fails to properly transform, dampness is generated and heat accumulates
Red tongue tip, thin and yellow coating, thready and slippery pulse	Tongue and pulse are reflective of the internal accumulation of damp-heat

【Basic pathogenesis】 Liver blood deficiency, spleen fails to properly transform, dampness is generated and heat accumulates.

【Therapeutic principle】 Nourish blood and invigorate spleen, clear heat, eliminate dampness and prevent abortion.

【Prescription】*Dang Gui San*.

Dang Gui (*Radix Angelicae Sinensis*)	1 *jin*
Huang Qin (*Radix Scutellariae*)	1 *jin*
Bai Shao (*Radix Paeoniae Alba*)	1 *jin*
Chuan Xiong (*Rhizoma Ligustici Chuanxiong*)	1 *jin*
Bai Zhu (*Rhizoma Atractylodis Macrocephalae*)	0.5 *jin*

If the prescription is taken frequently, delivery will be easy and the fetus will be born in healthy condition. This prescription is also effective for various postpartum diseases.

12.1.3.5 Spleen deficiency with cold-damp syndrome

【Original source material】*Bai Zhu San* (Baizhu Powder) is of use as a tonic to protect the fetus. (Synopsis of the Golden Chamber, line 20.10)

【Key points for syndrome differentiation】

A. Main symptoms: Abdominal pain or vaginal bleeding during pregnancy.

B. Accompanying symptoms: Anorexia, vomiting of clear saliva, leukorrhagia, pale tongue, white and slippery coating, slow slippery pulse.

【Syndrome analysis】Syndrome analysis of restless fetal movement due to spleen deficiency with cold-damp is shown in the table 12-1-10.

Table 12-1-10 Syndrome analysis of restless fetal movement due to spleen deficiency with cold-damp

Main symptoms	Pathogenesis
Vaginal bleeding during pregnancy, perhaps abdominal pain	Spleen unable to properly transport, insufficient *qi* and blood are generated, malnutrition of fetus
Anorexia, vomiting of clear saliva	Spleen unable to properly transport; upward attack of cold-damp from the middle energizer due to spleen deficiency
Leukorrhagia	Spleen deficiency results in downward flow of cold-damp
Pale tongue, white and slippery coating, or slow pulse	Signs of internal excess of cold-damp due to spleen deficiency

【Basic pathogenesis】Cold-damp obstruction in the middle energizer due to spleen deficiency.

【Therapeutic principle】Invigorate spleen and warm the middle energizer, dispel cold, eliminate dampness and prevent abortion.

【Prescription】*Bai Zhu San*.

Bai Zhu (*Rhizoma Atractylodis Macrocephalae*)	4 *fen*
Chuan Xiong (*Rhizoma Ligustici Chuanxiong*)	4 *fen*
Hua Jiao (*Pericarpium Zanthoxyli*)	3 *fen*
Mu Li (*Concha Ostreae*)	2 *fen*

When the patient feels pain (in the abdomen), add *Bai Shao*; when the patient has acute pain in the epigastrium, double the dosage of *Chuan Xiong*; if the patient has restlessness, nausea, vomiting, pain and anorexia, add one *liang* of *Xi Xin* (*Herba Asari*) and twenty large pieces of *Ban Xia*. Take the medicine with vinegar. If the patient continues to vomit, take vinegar. If still not efficacious, serve with wheat juice(*Fructus Tritici*). The patient will become thirst. Feed the patient barley porridge. When the syndrome subsides, continue serving barley porridge as a tonic.

Attention should be given to the treatment of the liver and spleen in nourishing the fetus. Both *Dang Gui San* and *Bai Zhu San* are formulas for regulating the liver and spleen and nourishing the fetus. The fetus is supported by maternal blood, and the liver stores and regulates the blood, while the spleen is the source of the production of *qi* and blood. The use of *Huang Qin* and *Bai Zhu* as the key drugs for preventing miscarriage in later ages was derived from these two formulas.

【Summary】

Summary of restless fetal movement is shown in the table 12-1-11.

Table 12-1-11 Summary of restless fetal movement

	Pathogenesis	Main symptoms	Treatment principles	Prescription
Yang deficiency with excess cold	Kidney *yang* deficiency, accumulation of cold *qi*, failure to warm in uterus	Distension, fullness and cold pain of the lateral lower abdomen, perhaps fever, pale tongue, white moist coating, wiry or sunken slow and forceless pulse	Warm *yang* and dispel cold, warm the uterus and prevent abortion	*Fu Zi Tang*
Unconsolidation of the thoroughfare and conception vessels	Unconsolidation of the thoroughfare and conception vessels due to deficiency, failure to maintain the fetus and blood in their normal positions	Abdominal pain, vaginal bleeding with pale and clear blood, dizziness, mental and physical fatigue, pale tongue and thready pulse	Regulate and replenish the thoroughfare and conception vessels, nourish blood and prevent abortion	*Xiong Gui Jiao Ai Tang*
Disharmony of the liver and spleen	Disharmony of liver and spleen, *qi* stagnation, blood stasis and dampness obstruction	Abdominal pain, dizziness, pale lips, tongue and nails, numbness of limbs, difficulty urinating, swelling of feet	Nourish blood and soothing liver, invigorate spleen and eliminate dampness	*Dang Gui Shao Yao San*
Blood deficiency with damp-heat	Liver blood deficiency, dysfunction of spleen is unable to properly transform, dampness is generated and heat accumulates	Abdominal pain, vaginal bleeding, fatigue, poor appetite, dry mouth with bitter taste, abnormal stools, red tongue tip, thin yellow coating, thready and slippery pulse	Nourish blood and invigorate spleen, clear heat, eliminate dampness and prevent abortion	*Dang Gui San*

Continued

	Pathogenesis	Main symptoms	Treatment principles	Prescription
Spleen deficiency with cold-damp	Cold-damp obstruction in the middle energizer due to spleen deficiency	Abdominal pain, vaginal bleeding, anorexia, vomiting of clear saliva, leukorrhagia, pale tongue, white and slippery coating, slow and slippery pulse	Invigorate spleen and warm the middle energizer, dispel cold and eliminate dampness, prevent abortion	*Bai Zhu San*

12. 1. 4 Difficulty urinating and edema during pregnancy

12. 1. 4. 1 Difficulty urinating during pregnancy

【Original source material】 A pregnant woman is eating normally but suffers from dysuria. *Dang Gui Bei Mu Ku Shen Wan* (Danggui Beimu Kushen Pills) is of use. (Synopsis of the Golden Chamber, line 20. 7)

【Key points for syndrome differentiation】 Scanty yellow urine, difficulty urinating, or perhaps frequent and urgent urination, dripping and pain during urination, accompanied by a burning sensation and distending pain of the lower abdomen.

【Syndrome analysis】 Syndrome analysis of difficulty urinating during pregnancy is shown in the table 12 - 1 - 12.

Table 12 - 1 - 12 Syndrome analysis of difficulty urinating during pregnancy

Main symptoms	Pathogenesis
Scanty and yellow urine, difficulty urinating, frequent urgent urination with dripping and pain	Blood deficiency with heat, depression of *qi* generates dryness, regulating passages are in disorder
Burning sensation during urination, distending pain of the lower abdomen	Depression of *qi* generates dryness, damp-heat accumulates in the bladder

【Basic pathogenesis】 Blood deficiency with heat, depression of *qi* generates dryness, damp-heat accumulates in the bladder.

【Therapeutic principle】 Nourish blood and alleviate *qi* depression, clear heat and eliminate dampness.

【Prescription】 *Dang Gui Bei Mu Ku Shen Wan*.

Dang Gui (*Radix Angelicae Sinensis*) 4 *liang*
Zhe Bei Mu (*Bulbus Fritillariae Thunbergii*) 4 *liang*
Ku Shen (*Radix Sophorae Flavescentis*) 4 *liang*

12. 1. 4. 2 Edema during pregnancy

【Original source material】 A pregnant woman is suffering fluid-retention syndrome with the symptoms heaviness of movement, dysuria, aversion to cold and dizziness which is aggravated when patient stands up. In such cases, *Kui Zi Fu Ling San* (Kuizi Fuling Powder) can be prescribed. (Synopsis of the Golden Chamber, line 20. 8)

【Key points for syndrome Differentiation】 Swelling and heaviness of the body, difficulty urinating, aversion to cold, dizziness while standing up.

【Syndrome analysis】 Syndrome analysis of edema during pregnancy is shown in the table 12-1-13.

Table 12-1-13 Syndrome analysis of edema during pregnancy

Main symptoms	Pathogenesis
Swelling and heaviness of body, difficulty urinating	Result of fetal *qi*, obstruction of the bladder's transformation function, accumulation of fluid
Aversion to cold	Internal fluids excess, depression of defensive *yang*
Dizziness while standing up	Internal obstruction due to retained fluids and damp, clear *yang* fails to ascend

【Basic pathogenesis】 Hyperactivity of fetal *qi*, obstruction of the bladder's transformation function, accumulation of fluid.

【Therapeutic principle】 Induce diuresis and activate *yang*.

【Prescription】 *Kui Zi Fu Ling San*.

Kui Zi (*Semen Malvae Verticillatae*) 1 *jin*

Fu Ling (*Poria*) 3 *liang*

The syndrome treated with *Kui Zi Fu Ling San* is caused by the obstruction of *qi* transformation. If *yang qi* is dispersed and regulated, the transformation of *qi* will return to normal, urination will be smooth, and all the symptoms will disappear. In treating damp-warm, Ye Tianshi stated that "activate *yang* does not depend on warming, but on inducing diuresis", and used this as validation of his statement.

The medicinal *Kui Zi* in this prescription is potent down draining in nature, and has been included among the herbs contraindicated during pregnancy by later generations. It should be used with caution in the clinic, and discontinued when there is an effect.

Summary

Summary of the syndrome and treatment of pregnant diseases is shown in the table 12-1-14.

Table 12-1-14 Summary of the syndrome and treatment of pregnant diseases

	Pathogenesis	Main symptoms	Therapeutic principles	Prescriptions
Morning sickness	When the fetus begins to form there can be excessive *qi* in the thoroughfare vessel which then results in an attack on the stomach by counterflow *qi*	Vomiting during pregnancy, no appetite	Harmonize stomach and lower the counterflow of *qi*	*Gui Zhi Tang*, *Gan Jiang Ren Shen Ban Xia Wan*

Continued

	Pathogenesis	Main symptoms	Therapeutic principles	Prescriptions
Restless fetal movement	Malnutrition of the uterus, fail to maintain the fetus and blood in their normal positions	During pregnancy, vaginal bleeding with sore waist, abdominal distention or pain, together with restless fetal movement	Nourish blood and eliminate pathogens, prevent abortion	*Fu Zi Tang Jiao Ai Tang*, *Dang Gui Shao Yao San*, *Dang Gui San*, *Bai Zhu San*
Difficulty urinating during pregnancy	Blood deficiency results in heat accumulating and transforming into dryness, damp-heat accumulates in the bladder	Scanty yellow urine, frequent and urgent urination, with dripping and pain	Nourish blood and alleviate *qi* depression, clear heat and dampness	*Dang Gui Bei Mu Ku Shen Wan*
Edema during pregnancy	Obstruction of the bladder's function of transformation, accumulation of water dampness	Body swelling and heaviness, difficulty urinating, aversion to cold, dizziness while standing up	Induce diuresis and activate *yang*	*Kui Zi Fu Ling San*

12.2 Postpartum Diseases

The syndromes and treatment of commonly seen postpartum diseases is discussed in this section; these include the "three kinds of disease seen immediately postpartum" (*xin chan san bing*), postpartum abdominal pain (*chan hou fu tong*), postpartum apoplexy (*chan hou zhong feng*), postpartum dysphoria and vomiting (*chan hou fan luan ou ni*) and postpartum diarrhea (*chan hou xia li*). When treating such disorders, emphasis is given to tonifying insufficiencies characteristic of the loss of blood and impairment of fluids as well as the deficiency of *qi* and blood seen after delivery. However, treatment based on syndrome differentiation is key when considering the postpartum condition.

12.2.1 Three kinds of diseases seen immediately postpartum

The "three kinds of diseases seen immediately postpartum" refers to convulsion, depression with dizziness/fainting and constipation, all of which are, for the most part, caused by the loss of blood and impairment of fluids after delivery combined with an attack of exogenous pathogens.

12.2.1.1 Pathogenesis and syndrome

【Original source material】 Question: Convulsive disease, depression with dizziness/fainting and constipation are the three principal postpartum diseases. Can the master explain them? Master: After delivery, a woman will suffer from blood deficiency. She will perspire a lot and is therefore easily affected by pathogenetic wind. Convulsive disease is a common ailment. Loss of blood and perspiration will allow pathogenetic cold in, resulting in depression with dizziness/fainting. Loss of body fluids will bring about dryness of the stomach, eventually resulting in constipation. (Synopsis of the Golden Chamber, line 21.1)

【Key points for syndrome differentiation】

A. Postpartum convulsion (*chan hou jing bing*): Stiffness of nape and back, lockjaw, perhaps even opisthotonos.

B. Postpartum depression with dizziness/fainting (*chan hou yu mao*): Dizziness and blurred vision, oppression and discomfort of heart and chest.

C. Postpartum constipation: Constipation perhaps accompanied by abdominal fullness and pain.

【Syndrome analysis】 Syndrome analysis of the three kinds of diseases seen immediately postpartum is shown in the table 12-2-1.

Table 12-2-1 Syndrome analysis of the three kinds of diseases seen immediately postpartum

	Main symptoms	Pathogenesis
Postpartum convulsion	Stiffness of nape and back, lockjaw, opisthotonos	Blood deficiency after new delivery, attack of exogenous pathogens, contraction of muscles and vessels
Postpartum depression with dizziness/fainting	Dizziness and blurred vision, oppression and discomfort of the heart and chest	Loss of blood with profuse sweating after delivery, attack of cold pathogens which remain in the interior
Postpartum constipation	Constipation perhaps accompanied by abdominal fullness and pain	Loss of blood with profuse sweating after delivery, exhaustion of large intestine fluids

【Basic pathogenesis】 Loss of blood and impairment of fluids after delivery.

12.2.1.2 Syndromes and treatment

12.2.1.2.1 Postpartum depression with dizziness/fainting

【Original source material】 Symptoms and signs of depression with dizziness/fainting in women after delivery include feeble-weak pulse, nausea and anorexia, constipation, sweat on the head, dizziness/fainting results from deficiency in the blood. Before the dizziness/fainting subsides, profuse perspiration will appear. When the blood is deficient, coldness in the extremities will occur and the solitary *yang* will ascend, causing perspiration on the head. This brings *yin* and *yang* back into harmony. Symptoms such as constipation, nausea and anorexia can be treated with *Xiao Chai Hu Tang* (Xiaochaihu Decoction). (Synopsis of the Golden Chamber, line 21.2)

【Key points for syndrome differentiation】 Dizziness, oppression and discomfort, sweating only on the head, anorexia due to vomiting, faintness, constipation and weak pulse.

【Syndrome analysis】 Syndrome analysis of postpartum depression with dizziness/fainting is shown in the table 12-2-2.

Table 12 - 2 - 2 Syndrome analysis of postpartum depression with dizziness/fainting

Main symptoms	Pathogenesis
Dizziness and blurred vision	Cold blocked in the interior, *yang qi* fails to extend to the exterior and counterflows upward
Oppression and discomfort of heart and chest	Loss of blood and profuse sweating after recent delivery, attack of cold pathogens which become depressed in the interior
Sweating only on the head	Deficiency of *yin*-blood leaves it unable to restrain *yang*, counterflow of excessive *yang qi* grasps on to *yin jin*-fluids and forces them outward
Anorexia due to vomiting	Depression of *qi* movement, loss of descending function of stomach
Hard stool	Loss of blood, deficiency of fluids and dryness of intestines after delivery
Feeble and weak pulse	Insufficiency of *qi* and blood

【Basic pathogenesis】 Loss of blood and impairment of fluids after delivery, attack of cold pathogens, internal blockage by pathogens, imbalance of *yin* and *yang*.

【Therapeutic principle】 Harmonize and facilitate the pivot function, support healthy *qi* to eliminate pathogens, regulate *yin* and *yang*.

【Prescription】 *Xiao Chai Hu Tang*.

See 5. 3. 1.

12. 2. 1. 2. 2 Postpartum stomach excess

【Original source material】 After a disorder subsides, the patient has an appetite. Seven or eight days later, fever recurs. This is a case of stomach excess. *Da Cheng Qi Tang* (Dachengqi Decoction) is the remedy. (Synopsis of the Golden Chamber, line 21. 3)

【Key points for syndrome differentiation】 Constipation, fever, abdominal fullness and pain, sunken forceful pulse, red tongue with yellow thick coating.

【Syndrome analysis】 Syndrome analysis of postpartum stomach excess is shown in the table 12 - 2 - 3.

Table 12 - 2 - 3 Syndrome analysis of postpartum stomach excess

Main symptoms	Pathogenesis
Fever, abdominal fullness and pain	Pathogens interact with retained food, transform into dryness and excess, *fu*-organ *qi* stagnates
Constipation	Exhaustion of fluids and dryness of intestines after delivery, pathogens interact with retained food, large intestine fails to properly transport
Sunken forceful pulse, red tongue, yellow thick coating	Signs of internal excess heat syndrome

【Basic pathogenesis】 Exhaustion of fluids and dryness of the intestines after delivery, pathogens interact with retained food, and transform into dryness and excess.

【Therapeutic principle】 Purge pathogenic heat and loosen the bowels.

【Prescription】*Da Cheng Qi Tang*.

See 5.2.2.

Postpartum constipation is often caused by blood deficiency and impairment of the fluids; the treatment should be to increase the body fluids, *Tiao Wei Cheng Qi Tang* (Tiaowei Chengqi Decoction) or *Zeng Ye Cheng Qi Tang* (Zengye Chengqi Decoction) is used. If it is dry and excess, *Da Cheng Qi Tang* can be used to clear stomach and intestines.

12.2.2 Postpartum abdominal pain

12.2.2.1 Blood deficiency with interior cold

【Original source material】Postpartum chronic abdominal pain and spasms can be treated with *Dang Gui Sheng Jiang Yang Rou Tang* (Danggui Shengjiang Yangrou Decoction). This prescription is also effective for abdominal pain caused by cold hernia and consumptive diseases. (Synopsis of the Golden Chamber, line 21.4)

【Key points for syndrome differentiation】Dull abdominal pain, desire for warmth and pressure, pale tongue, sunken and thready pulse.

【Syndrome analysis】Syndrome analysis of postpartum abdominal pain due to blood deficiency and interior cold is shown in the table 12-2-4.

Table 12-2-4 Syndrome analysis of postpartum abdominal pain due to blood deficiency and interior cold

Main symptoms	Pathogenesis
Dull abdominal pain, desire for warmth and pressure	Postpartum blood deficiency with cold, failure to warm and nourish abdomen
Pale tongue, sunken thready pulse	Postpartum blood deficiency with cold

【Basic pathogenesis】Postpartum blood deficiency with interior cold, failure to warm and nourish abdomen.

【Therapeutic principle】Nourish blood and replenishing deficiency, dispelling cold and relieve pain.

【Prescription】*Dang Gui Sheng Jiang Yang Rou Tang*.

See 9.7.2.

12.2.2.2 *Qi* stagnation and blood stasis

【Original source material】*Zhi Shi Shao Yao San* (Zhishi Shaoyao Powder) is of use in cases of postpartum abdominal pain with restlessness and a sensation of fullness that makes it difficult for the patient to lie quietly in bed. (Synopsis of the Golden Chamber, line 21.5)

【Key points for syndrome differentiation】Abdominal distension and pain, restlessness and a sensation of fullness that makes it difficult to lie quietly in bed.

【Syndrome analysis】Syndrome analysis of postpartum abdominal pain due to *qi* stagnation and blood stasis is shown in the table 12-2-5.

Table 12－2－5 Syndrome analysis of postpartum abdominal pain due to *qi* stagnation and blood stasis

Main symptoms	Pathogenesis
Abdominal distension and pain	Postpartum lochiostasis, obstruction of *qi*, with the pain arising from the obstruction
Restlessness and a sensation of fullness that makes it difficult to lie quietly in bed	Heat resulting from *qi* stagnation disturbs the mind

【Basic pathogenesis】 Postpartum lochiostasis, obstruction of *qi* movement, *qi* stagnation and blood stasis.

【Therapeutic principle】 Promote *qi* circulation and resolve the mass, regulate blood and relieve pain.

【Prescription】 *Zhi Shi Shao Yao San*.

Zhi Shi (*Fructus Aurantii Immaturus*)

(burn it until it turns black, but be careful not to go too far)

Bai Shao (*Radix Paeoniae Alba*)

12.2.2.3 Internal accumulation of blood stasis

【Original source material】 Master: Postpartum abdominal pain should be treated with *Zhi Shi Shao Yao San*. If the problem does not subside, it is a case caused by blood stasis in the region below the umbilicus. *Xia Yu Xue Tang* (Xiayuxue Decoction) is the remedy. This prescription is also effective in treating menstrual disorders. (Synopsis of the Golden Chamber, line 21.6)

【Key points for syndrome differentiation】 Stabbing fixed pain in the lower abdomen with sensitivity to pressure, palpable masses, mild lochia, purple dark tongue, perhaps with petechia and ecchymosis, sunken choppy pulse.

【Syndrome analysis】 Syndrome analysis of postpartum abdominal pain due to internal accumulation of blood stasis is shown in the table 12－2－6.

Table 12－2－6 Syndrome analysis of postpartum abdominal pain due to internal accumulation of blood stasis

Main symptoms	Pathogenesis
Stabbing fixed pain and masses in lower abdomen with sensitivity to pressure	Postpartum lochiostasis, blood stasis coagulates in the uterus
Mild lochia	Blood stasis coagulates in the uterus, unsmooth discharge of lochia
Purple dark tongue, perhaps with petechia and ecchymosis, sunken choppy pulse	Signs of internal accumulation of blood stasis

【Basic pathogenesis】 Postpartum lochiostasis, coagulation of blood stasis in uterus

【Therapeutic principle】 Break and expel blood stasis.

【Prescription】 *Xia Yu Xue Tang*.

Da Huang (*Radix et Rhizoma Rhei*)	2 *liang*
Tao Ren (*Semen Persicae*)	20 pcs.
Tu Bie Chong (*Eupolyphaga seu Steleophaga*)	20 pcs.

12.2.2.4 Internal blood stasis accumulation combined with internal *yangming* excess

【Original source material】 On the seventh or eighth day after delivery, the patient does not suffer *taiyang* syndrome but suffers lateral lower abdominal distention and pain. This is a case of profuse lochia. *Da Cheng Qi Tang* is of use when the following symptoms and signs are observed: constipation; fever with restlessness and irritability; slightly forceful pulse. The fever becomes aggravated in the afternoon and there is poor appetite. If food is taken, delirium will occur but the patient will quiet down at night. This is a case of pathogenetic heat accumulating in the urinary bladder. (Synopsis of the Golden Chamber, line 21.7)

【Key points for syndrome differentiation】 Lateral lower abdominal distention and pain, constipation, poor appetite, delirium after food intake, dysphoria and fever aggravated in the afternoon but relieved at night, slight forceful pulse.

【Syndrome analysis】 Syndrome analysis of postpartum abdominal pain due to internal blood stasis accumulation combined with internal *yangming* excess is shown in the table 12-2-7.

Table 12-2-7 Syndrome analysis of postpartum abdominal pain due to internal blood stasis accumulation combined with internal *yangming* excess

Main symptoms	Pathogenesis
Lateral lower abdominal distention and pain	Postpartum lochiostasis, coagulation of blood stasis in uterus
Constipation, no appetite	*Yangming* stomach excess, *fu*-organ *qi* obstruction
Delirium after food intake	Pathogenic heat increases after reluctant food intake, mental activity is disturbed by heat
Dysphoria and fever aggravated in the late afternoon	*Yangming* stomach excess, *yangming* meridian *qi* flourishes in late afternoon
Relieved at night	*Yin qi* recovers at night, while *yangming qi* is relatively weakened

【Basic pathogenesis】 Blood stasis coagulation in the uterus, accompanied by *yangming* stomach excess.

【Therapeutic principle】 Clear the excess heat, purge blood stasis.

【Prescription】 *Da Cheng Qi Tang*: followed by *Xia Yu Xue Tang* or other such formula.

A. Da Cheng Qi Tang see 5.2.1.

B. Xia Yu Xue Tang see above.

12.2.3 Postpartum wind attack

12.2.3.1 *Taiyang* wind stroke

【Original source material】 Postpartum disease caused by wind lasts for several dozen days. Symptoms and signs include slight headache, aversion to cold, sporadic fever, fullness in chest, perspiration, nausea and retching. Although the syndrome lasts for a long time, it is still classified as a *Yang Dan* treated syndrome. *Yang Dan Tang* (Yangdan Decoction) is of use. (Synopsis of the Golden Chamber, line 21.8)

【Key points for syndrome differentiation】

A. Main symptoms: Headache, aversion to cold, fever, spontaneous sweating.

B. Accompanying symptoms: Retching, epigastric stuffiness.

【Syndrome analysis】 Syndrome analysis of postpartum *taiyang* wind attack is shown in the table 12-2-8.

Table 12-2-8 Syndrome analysis of postpartum *Taiyang* wind attack

Main symptoms	Pathogenesis
Aversion to cold, fever	Deficiency of both nutrient and defense after delivery, susceptibility to wind pathogens, struggle between pathogens and the healthy *qi*
Headache, spontaneous sweating	Attack of exogenous wind, interstice become loose, disharmony between nutrient and defense
Retching, epigastric stuffiness	Exterior attack by wind pathogens, lung *qi* becomes dysfunction, stomach *qi* loses its ability to properly descend

【Basic pathogenesis】 Postpartum deficiency of both nutrient and defense, attack of wind pathogens, disharmony between nutrient and defense.

【Therapeutic principle】 Expel wind with diaphoresis, regulate nutrient and defense.

【Prescription】 *Yang Dan Tang* (namely *Gui Zhi Tang*, See 5.1.1).

12.2.3.2 *Yang* deficiency wind attack

【Original source material】 Postpartum wind attack presenting with fever, flushed face, wheezing and headache can be treated with *Zhu Ye Tang* (Zhuye Decoction). (Synopsis of the Golden Chamber, line 21.9)

【Key points for syndrome differentiation】 Fever, headache, red face, shortness of breath.

【Syndrome analysis】 Syndrome analysis of postpartum *yang* deficiency wind attack is shown in the table 12-2-9.

【Basic pathogenesis】 Severe *yang qi* deficiency postpartum, exterior attack by wind pathogens, deficient healthy *qi* and excessive pathogens.

【Therapeutic principle】 Induce diaphoresis to eliminate pathogens, warm *yang* and replenish *qi*.

Table 12-2-9 Syndrome analysis of postpartum *yang* deficiency wind attack

Main symptoms	Pathogenesis
Fever	Severe deficiency of healthy *qi* postpartum, insecurity of defensive *qi*, exterior attack by wind pathogens
Headache	Exterior attack by wind pathogens, *taiyang* meridian no longer flows smoothly
Red face, shortness of breath	*Yang qi* deficiency, floating of deficient *yang*

【Prescription】 *Zhu Ye Tang*.

Zhu Ye (*Bamboo Leaves*)	1 bundle
Ge Gen (*Radix Puerariae*)	3 *liang*
Fang Feng (*Radix Saposhnikoviae*)	1 *liang*
Jie Geng (*Radix Platycodonis*)	1 *liang*
Gui Zhi (*Ramulus Cinnamomi*)	1 *liang*
Ren Shen (*Radix Ginseng*)	1 *liang*
Gan Cao (*Radix Glycyrrhizae*)	1 *liang*
Sheng Jiang (*Rhizoma Zingiberis Recens*)	5 *liang*
Da Zao (*Fructus Jujubae*)	15 pcs.
Shu Fu Zi (*Radix Aconiti Lateralis Preparata*)	1 pc.

If the patient has a stiff neck, use one large piece of *Fu Zi* broken into pieces the size of soya beans. When stewing the medicine, skim off the foam. If the patient is nauseous and vomiting, add one half *sheng* of *Ban Xia*- washed.

12.2.4 Postpartum dysphoria and vomiting

【Original source material】 During lactation, a woman is weak and weary with restlessness, irritation, nausea and retching. *Zhu Pi Da Wan* (Zhupi Da Pills) can be prescribed to tranquillize the interior and tonify the *qi*. (Synopsis of the Golden Chamber, line 21.10)

【Key points for syndrome differentiation】 Dysphoria and vomiting during lactation.

【Syndrome analysis】 Syndrome analysis of postpartum dysphoria and vomiting is shown in the table 12-2-10.

Table 12-2-10 Syndrome analysis of postpartum dysphoria and vomiting

Main symptoms	Pathogenesis
Dysphoria	Internal generation of deficient heat due to deficiency of *yin*-blood, heat disturbs the mind
Vomiting	Deficient heat upwardly attacks the stomach

【Basic pathogenesis】 Postpartum *yin*-blood deficiency, internal disturbance arising from deficient heat.

【Therapeutic principle】 Clear heat and reverse the counterflow of *qi*, calm the middle energizer and replenish *qi*.

【Prescription】 *Zhu Pi Da Wan*.

Zhu Ru (*Caulis Bambusae in Taenia*)	2 *fen*
Shi Gao (*Gypsum Fibrosum*)	2 *fen*
Gui Zhi (*Ramulus Cinnamomi*)	1 *fen*
Gan Cao (*Radix Glycyrrhizae*)	7 *fen*
Bai Wei (*Radix Cynanchi Atrati*)	1 *fen*

When a heat syndrome is observed, double the dosage of *Bai Wei*. When restlessness and wheezing appear, add one *fen* of *Bai Shi* (*Semen Biotae*).

12.2.5 Postpartum diarrhea

【Original source material】 Postpartum diarrhea makes the patient extremely weak. *Bai Tou Weng Jia Gan Cao E Jiao Tang* (Baitouweng Jia Gancao Ejiao Decoction) is of use. (Synopsis of the Golden Chamber, line 21.11)

【Key points for syndrome differentiation】 Fever and abdominal pain, tenesmus, diarrhea with bloody pus and mucus, dry mouth with desire to drink, thready rapid pulse.

【Syndrome analysis】 Syndrome analysis of postpartum diarrhea is shown in the table 12-2-11.

Table 12-2-11 Syndrome analysis of postpartum diarrhea

Main symptoms	Pathogenesis
Tenesmus, diarrhea with bloody pus	Damp-heat stagnation in the intestines
Fever and abdominal pain, dry mouth with desire to drink	Postpartum *yin*-blood deficiency, fluids impairment due to diarrhea
Thready rapid pulse	*Yin* deficiency heat pulse

【Basic Pathogenesis】 Postpartum damp-heat stagnation in the intestines with *yin*-blood deficiency.

【Therapeutic principle】 Clear heat and relieve diarrhea, nourish blood and *yin*.

【Prescription】 *Bai Tou Weng Jia Gan Cao E Jiao Tang*.

Bai Tou Weng (*Radix Pulsatillae*) 2 *liang*
Qin Pi (*Cortex Fraxini*) 3 *liang*
Huang Lian (*Rhizoma Coptidis*) 3 *liang*
Huang Bai (*Cortex Phellodendri*) 3 *liang*
Gan Cao (*Radix Glycyrrhizae*) 2 *liang*
E Jiao (*Colla Corii Asini*) 2 *liang*

Summary

Summary of postpartum disease syndromes and their treatment is shown in the table 12-2-12.

Table 12-2-12 Summary of postpartum disease syndromes and their treatment

		Pathogenesis	Main symptoms	Therapeutic principles	Prescriptions
Postpartum convulsion		Blood deficiency and fluids impairment after delivery, attack of wind pathogens, malnutrition of tendons and vessels	Stiffness of nape and back, lockjaw, opisthotonos	Nourish blood and protect the fluids, disperse wind	
Postpartum depression with dizziness/fainting		Diaphoresis after loss of blood, attack of exogenous cold, depression of *yang qi* and counterflow of *qi*	Dizziness and blurred vision, oppression and discomfort of heart and chest	Harmonize and facilitate the pivoting functions, support healthy *qi* to eliminate pathogens	*Xiao Chai Hu Tang*
Postpartum constipation		Consumption of fluids and dry intestines, interaction between pathogens and retained food which transforms into dryness and excess	Fever, constipation accompanied by abdominal fullness and pain	Purge pathogenic heat and loosen the bowels	*Da Cheng Qi Tang*
	Blood deficiency and internal cold	Blood deficiency with cold after delivery, malnourishment of the abdomen	Dull pain in the abdomen, desire for warmth and pressure	Nourish blood and replenishing deficiency, dispelling cold and relieve pain	*Dang Gui Sheng Jiang Yang rou Tang*
	Qi stagnation and blood stasis	Postpartum lochiostasis, blood stasis causes obstruction of *qi* movement	Abdominal distension and pain, dysphoric fullness and inability to lie down	Promoting *qi* circulation, regulating blood and relieve pain	*Zhi Shi Shao Yao San*
Postpartum abdominal pain	Internal accumulation of blood stasis	Postpartum coagulation of blood stasis in uterus	Stabbing fixed pain in the lower abdomen with sensitivity to pressure, palpable masses, mild lochia	Break and expel blood stasis, relieve pain	*Xia Yu Xue Tang*
	Blood stasis complicated with internal *yangming* excess	Blood stasis complicated by *yangming* stomach excess	Hardness and pain of lateral lower abdomen, constipation, no appetite, delirium after food intake	Clear heat and remove blood stasis using purgation	*Da Cheng Qi Tang*, *Xia Yu Xue Tang*

Continued

		Pathogenesis	Main symptoms	Therapeutic principles	Prescriptions
Postpartum wind attack	*Taiyang* wind attack	Aversion to cold, fever, headache	Deficiency of the body, with attack of wind	Relieve muscles and induce diaphoresis	*Yang Dan Tang*
	Yang deficiency wind attack	Fever, headache, flushed face, shortness of breath	Unconsolidation due to deficiency of *yang*, with attack of wind. Deficiency of healthy *qi* with excess of pathogen	Support *yang* to dispel wind	*Zhu Ye Tang*
Postpartum dysphoria and vomiting		Deficiency of *yin* and blood, internal generation of deficient heat	Dysphoria, vomiting	Calm the middle energizer, warmer and replenish *qi*	*Zhu Pi Da Wan*
Postpartum diarrhea		Deficiency of *yin*-blood, internal accumulation of damp-heat	Abdominal pain, tenesmus, diarrhea with blood and pus, dry mouth with desire to drink	Clear heat and relieve diarrhea, nourish blood and *yin*	*Bai Tou Weng Jia Gan Cao E Jiao Tang*

12.3 Miscellaneous Gynecological Diseases

This section discusses the etiology, pathogenesis, syndromes and therapeutic treatment of miscellaneous gynecological disorders. Deficiency, cold accumulation and *qi* stagnation are main causes of menstrual disorder, leukorrhea and pudendum diseases. Therapeutic methods and prescriptions are provided, laying a good foundation for the syndrome differentiation and treatment of miscellaneous gynecological disorders for future generations.

12.3.1 Etiology and pathogenesis of miscellaneous gynecological diseases

【Original source material】 Deficiency, accumulation of pathogenetic cold and *qi* stagnation are the main causes of menolipsis, which may last as long as a year. Pathogenic cold intermingles with the blood, the uterus is damaged by cold, and the channels and collaterals become blocked. (Synopsis of the Golden Chamber, line 22.8)

【Analysis】 Analysis of the etiology and pathology of miscellaneous gynecological disorders is shown in the table 12-3-1.

Table 12-3-1 Analysis of the etiology and pathology of miscellaneous gynecological disorders

Causative	Pathogenesis
Deficiency	Deficiency of *qi* and blood, vacuity of the thoroughfare and conception vessels, malnutrition of the uterus
Cold accumulation	*Yang qi* deficiency, prolonged cold accumulation fails to warm the uterus
Qi stagnation	*Qi* movement stagnation results in causing unsmooth blood circulation and blockage in the meridians and collaterals

12.3.2 Menstrual disorders

Menstrual disorders refer to disorders of the menstrual period, including the volume, color and quality or symptoms accompanying the flow of the menses.

12.3.2.1 Metrorrhagia and metrostaxis

12.3.2.1.1 Deficiency-cold in the thoroughfare and conception vessels complicated by blood stagnation

【Original source material】 Question: A fifty-years-old woman patient has been suffering from vaginal bleeding for several dozen days. She also has tidal fever in the evening, with contractions and distention in the abdomen, restlessness, hot palms and a parched mouth and lips. Can master explain this? Master: This is a gynecological disease. The patient has had a miscarriage but blood stasis remains in the abdomen. How is this diagnosed? The parched mouth and lips are the relevant symptoms. *Wen Jing Tang* (Wenjing Decoction) is the remedy. (Synopsis of the Golden Chamber, line 22.9)

【Key points for syndrome differentiation】

A. Main symptoms: Female around 50 years old, with persistent dripping from the uterus for several dozen days, dark purple menses or menses with blood clots, lateral lower abdominal cramp, stabbing pain in abdominal or abdominal mass with tenderness.

B. Accompanying symptoms: Tidal fever in the evening, feverish sensation in the palms, dry mouth and tongue.

【Syndrome analysis】 Syndrome analysis of deficiency-cold in the thoroughfare and conception vessels complicated by blood stagnation is shown in the table 12－3－2.

Table 12－3－2 Syndrome analysis of deficiency-cold in the thoroughfare and conception vessels complicated by blood stagnation

Main symptoms	Pathogenesis
Female around 50 years old	Kidney-*qi* deficiency, exhaustion of sex-stimulating essence (sexual substance), vacuity of thoroughfare and conception vessels during menopause
Dark purple dripping blood from uterus or with blood clots	Deficiency cold in the thoroughfare and conception vessels, complicated by blood stagnation resulting in blood failing to circulate in the vessels
Lateral lower abdominal cramp and stabbing pain	Cold accumulation, *qi* and blood stagnation resulting in a failure to warm the lower abdomen
Tidal fever in the evening, feverish sensation in the palms	Persistent dripping of blood consumes *yin* and blood, *yin*-deficiency causes internal heat
Dry mouth and tongue	*Yin* and blood deficiency complicated by blood stagnation, body fluids are damaged and unable to moisten the upper reaches

【Basic pathogenesis】 Deficiency cold in the thoroughfare and conception vessels complicated by blood stagnation blocking the lateral lower abdomen.

【Therapeutic principle】 Warm and nourish the thoroughfare and conception vessels, nourish blood and eliminate stasis.

【Prescription】 *Wen Jing Tang*.

Wu Zhu Yu (*Fructus Evodiae*)	3 *liang*
Dang Gui (*Radix Angelicae Sinensis*)	2 *liang*
Chuan Xiong (*Rhizoma Ligustici Chuanxiong*)	2 *liang*
Bai Shao (*Radix Paeoniae Alba*)	2 *liang*
Ren Shen (*Radix Ginseng*)	2 *liang*
Gui Zhi (*Ramulus Cinnamomi*)	2 *liang*
E Jiao (*Colla Corii Asini*)	2 *liang*
Mu Dan Pi (*Cortex Moutan Radicis*)	2 *liang*
Sheng Jiang (*Rhizoma Zingiberis Recens*)	2 *liang*
Gan Cao (*Radix Glycyrrhizae*)	2 *liang*

Ban Xia (*Rhizoma Pinelliae*) 0.5 *sheng*

Mai Dong (*Radix Ophiopogonis*) 1 *sheng*

This prescription is also effective for syndromes of coldness in the abdomen and chronic infertility as well as for sudden profuse metrorrhagia and metrostaxis and menstrual disorders such as menorrhagia and delayed menstruation.

12.3.2.1.2 Deficiency cold of the thoroughfare and conception vessels

【Original source material】 Continuous metrorrhagia and metrostaxis with dark black blood can be treated with *Jiao Jiang Tang* (Jiaojiang Decoction). (Synopsis of the Golden Chamber, line 22.12)

【Key points for syndrome differentiation】

A. Main manifestations: Persistent spotting from the uterus, dark black or clear menorrhea.

B. Accompanying symptoms: Lateral lower abdominal pain with desire for warmth or pressure, mental fatigue and lassitude, pale tongue, thready and weak pulse.

【Syndrome analysis】 Syndrome analysis of deficiency-cold of the thoroughfare and conception vessels is shown in the table 12-3-3.

Table 12-3-3 Syndrome analysis of deficiency cold of the thoroughfare and conception vessels

Main symptoms	Pathogenesis
Persistent dripping from the uterus, dark black menorrhea	Deficiency cold in the thoroughfare and conception vessels, *qi* fails to control blood
Lower abdominal pain with desire for warmth or pressure	Deficient *yang qi* unable to warm the body
Mental fatigue and lassitude, pale tongue, thready and weak pulse	*Qi* and blood deficiency leave the mind malnourished

【Basic pathogenesis】 Deficiency cold in the thoroughfare and conception vessels, prolapse of meridian *qi*, *qi* fails to control blood.

【Therapeutic principle】 Warm and nourish the thoroughfare and conception vessels, nourish blood and stop bleeding.

【Prescription】 *Jiao Jiang Tang*.

12.3.2.2 Irregular menstruation

12.3.2.2.1 Blood stasis blockage

【Original source material】 Menstrual disorders are accompanied by lateral lower abdominal pain and fullness. Menses may occur twice a month. *Tu Gua Gen San* (Tuguagen Powder) is of use. (Synopsis of the Golden Chamber, line 22.10)

【Key points for syndrome differentiation】

A. Main symptoms: Unsmooth menstruation, perhaps twice a month, scanty menstruation, purple menorrhea with blood clots, lower abdominal fullness and pain.

B. Accompanying symptoms: Abdominal mass, perhaps dark purple tongue, choppy pulse.

【Syndrome analysis】 Syndrome analysis of internal blood stasis blockage in irregular menstruation is shown in the table 12 - 3 - 4.

Table 12 - 3 - 4 Syndrome analysis of internal blood stasis blockage in irregular menstruation

Main symptoms	Pathogenesis
Unsmooth menstruation, scanty menstruation, lower abdominal fullness and pain	Internal blood stasis blockage, disturbance of *qi* movement
Menstruation twice a month	Internal blood stasis blockage, blood fails to circulate in the vessels
Abdominal mass	Blood stasis obstruction to form masses
Purple clotted menstrual blood, dark purple tongue, choppy pulse	Internal blood stasis blockage

【Basic pathogenesis】 Blood stasis obstruction, disturbance of *qi* movement.

【Therapeutic principle】 Activate blood and promote *qi* circulation to remove blood stasis.

【Prescription】 *Tu Gua Gen San*.

Gua Lou Gen (*Radix Trichosanthis Cucumeroidis*) 3 *liang*
Bai Shao (*Radix Paeoniae Alba*) 3 *liang*
Gui Zhi (*Ramulus Cinnamomi*) 3 *liang*
Tu Bie Chong (*Eupolyphaga seu Steleophaga*) 3 *liang*

12.3.2.2.2 Blood stasis with mass formation

【Original source material】 *Di Dang Tang* (Didang Decoction) can be use to treat menstrual disorders. (Synopsis of the Golden Chamber, line 22.14)

【Key points for syndrome differentiation】 Unsmooth menstruation or menopause, fullness, hardness and pain of lateral lower abdomen with tenderness, sunken choppy pulse.

【Syndrome analysis】 Syndrome analysis of blood stasis with mass formation in irregular menstruation is shown in the table 12 - 3 - 5.

Table 12 - 3 - 5 Syndrome analysis of blood stasis with mass formation in irregular menstruation

Main symptoms	Pathogenesis
Unsmooth menstruation or menopause	Blood stasis obstruction, blood vessels become blocked
Fullness, hardness and pain in the lower abdomen with tenderness	Blood stasis obstruction transforms into heat and forms masses
Sunken choppy pulse	Pulse reflective of blood stasis obstruction

【Basic pathogenesis】 Blood stasis obstruction transforms into a mass, blood vessels become blocked.

【Therapeutic principle】 Eliminate blood stasis and unblock the blood vessels.

【Prescription】 *Di Dang Tang*.

See 7.3.2.

12.3.3 Retained fluids intermingled with blood stasis in the uterus

【Original source material】 A woman patient suffers from lateral lower abdominal distention and her abdomen is swollen. She also experiences slight dysuria though there is no thirst. If the syndrome appears postpartum, it has been caused by the intermingling of retained fluids and blood stasis in the uterus. *Da Huang Gan Sui Tang* (Dahuang Gansui Decoction) is of use. (Synopsis of the Golden Chamber, line 22.13)

【Key points for syndrome differentiation】

A. Main manifestations: Lateral lower abdominal distension, dysuria.

B. Accompanying symptoms: Scanty lochia, or amenorrhea.

【Syndrome analysis】 Syndrome analysis of retained fluids intermingled with blood stasis in the uterus is shown in the table 12-3-6.

Table 12-3-6 Syndrome analysis of retained fluids intermingled with blood stasis in the uterus

Main symptoms	Pathogenesis
Lower abdominal distension	Retained fluids blends with blood stasis in the lower energizer
Dysuria	Pathogenic fluids retained in the lower energizer causing disturbance in bladder *qi* transformation
Scanty lochia or amenorrhea	Blood stasis blockage in the uterus

【Basic pathogenesis】 Retained water mixes with blood stasis in the lower energizer.

【Therapeutic principle】 Resolve blood stasis and expel retained fluid, nourish blood as a adjunct.

【Prescription】 *Da Huang Gan Sui Tang*.

Da Huang (*Radix et Rhizoma Rhei*) 4 *liang*

Gan Sui (*Radix Euphorbiae Kansui*) 2 *liang*

E Jiao (*Colla Corii Asini*) 2 *liang*

12.3.4 Leukorrheal diseases

12.3.4.1 Downward draining of damp-heat

【Original source material】 Patient experiences menolipsis, scanty menstruation, and the formation of a hard mass in the uterus which remains there for a long time. Dry blood stasis is also present in the uterus. Leukorrhea is also present. *Fan Shi Wan* (Fanshi Pill) is of use. (Synopsis of the Golden Chamber, line 22.15)

【Key points for syndrome differentiation】

A. Main manifestation: Profuse yellow turbid and foul leukorrhea.

B. Accompanying symptoms: Menolipsis, scanty menstruation, scanty and yellow urine, red tongue with yellow coating, rapid slippery pulse.

【Syndrome analysis】 Syndrome analysis of downward draining of damp-heat in leukorrhea is shown in the table 12-3-7.

Table 12-3-7 Syndrome analysis of downward draining of damp-heat in leukorrhea

Main symptoms	Pathogenesis
Profuse yellow turbid and foul leucorrhea	Blood stasis obstruction, with formation of damp-heat and downward attack
Menolipsis, scanty menstruation	Blood stasis obstructing meridians
Scanty yellow urine	Downward draining of damp-heat, disturbance of bladder *qi* transformation
Red tongue with yellow coating, rapid slippery pulse	Signs of internal retention of damp-heat

【Basic pathogenesis】 Blood stasis obstruction, damp-heat pours downward.

【Therapeutic principle】 Clear heat, eliminate dampness and resolve the leukorrhagia.

【Prescription】 *Fan Shi Wan*.

Bai Fan (*Alumen*) (scorched) 3 *fen*

Xing Ren (*Semen Armeniacae Amarum*) 1 *fen*

12.3.4.2 Cold-damp in the lower energizer

【Original source material】 *She Chuang Zi San* (Shechuangzi Powder) is an effective suppository for relieving feelings of cold in the vagina. (Synopsis of the Golden Chamber, line 22.20)

【Key points for syndrome differentiation】

A. Main symptoms: Vaginal coldness, clear, white, thin and persistent leukorrhea.

B. Accompanying symptoms: Lassitude, coldness in the lateral sides of the lower abdomen, loose stools, pale tongue with white coating, sunken slow pulse.

【Syndrome analysis】 Syndrome analysis of cold-damp in the lower energizer in leukorrhea is shown in the table 12-3-8.

Table 12-3-8 Syndrome analysis of cold-damp in the lower energizer in leukorrhea

Main symptoms	Pathogenesis
Vaginal coldness	*Yang*-deficiency in the lower energizer results in coldness blocking the uterus
Clear white thin leukorrhea	*Yang*-deficiency results in coldness, cold-damp accumulates in the lower energizer
Lumbar heaviness, coldness in the lateral sides of the lower abdomen	*Yang*-deficiency in the lower energizer results in endogenous cold-damp

【Basic pathogenesis】 *Yang*-deficiency in the lower energizer results in cold-damp stasis in the uterus.

【Therapeutic principle】 Warm *yang* to disperse cold, resolve dampness and kill parasites.

【Prescription】 *She Chuang Zi San*.

She Chuang Zi (*Fructus Cnidii*)

Fan Shi Wan and *She Chuang Zi San* are external prescriptions used as vaginal suppositories. Clinically, internal therapies based on syndrome differentiations should also be combined.

12.3.5 Diseases of the external genitalia

12.3.5.1 Pudendal sore

【Original source material】 The *chi* position pulse is slippery and rapid. Ulcers (*yin chuang*) are found on the pudenda. *Lang Ya Tang* (Langya Decoction) can be used externally to cleanse the affected area. (Synopsis of the Golden Chamber, line 22.21)

【Key points for syndrome differentiation】 Erosive pudendal sore, itchiness and pain, persistent turbid leucorrhea.

【Syndrome analysis】 Syndrome analysis of pudendal sore is shown in the table 12－3－9.

Table 12－3－9 Syndrome analysis of pudendal sore

Main symptoms	Pathogenesis
Pudendal sore	Downward draining of damp-heat accumulates in the external genitalia
Vulval erosion, itchiness and pain, persistent turbid leucorrhea	Accumulation of damp-heat results in erosion

【Basic pathogenesis】 Downward draining of damp-heat in the external genitalia, intense heat results in erosion.

【Therapeutic principle】 Clear heat and resolve dampness to kill parasites.

【Prescription】 *Lang Ya Tang*.

Lang Ya 3 *liang*

It is difficult to find *Lang Ya* at present, *Lang Du* (*Radix Euphorbiae Fischerianae*) has been used instead.

Stew the drug in four *sheng* of water until half *sheng* remains. Make a ball of silk to resemble a silkworm cocoon. Soak this in the decoction and use it to wash the pudenda, four times a day. *Lang Du* should be used with caution as it is toxic, alternatively *She Chuang Zi*, *Ku Shen* (*Radix Sophorea Flavescentis*) etc., could be used externally as well.

12.3.5.2 Vaginal flatus

【Original source material】 When stomach *qi* descends to produce flatus, it is emitted from the vagina with an audible sound (*yin chui*). This is caused by an excess of grain *qi*. *Zhu Gao Fa Jian* (Zhugaofa Decoction) is of use. (Synopsis of the Golden Chamber, line 22.22)

【Key points for syndrome differentiation】

A. Main symptoms: Frequent gas expelled from vagina, much like breaking wind from the anus.

B. Accompanying symptoms: Constipation or prolapse of other internal organs.

【Syndrome analysis】 Syndrome analysis of vaginal flatus is shown in the table 12－3－10.

Table 12-3-10 Syndrome analysis of vaginal flatus

Main symptoms	Pathogenesis
Gas frequently expelled from the vagina	Dryness of the stomach and intestines, turbid *qi* interferes with the external genitalia, perhaps prolapse due to *qi* deficiency
Constipation	Stomach and intestinal fluids damage, *fu*-organ *qi* blockage
Organ prolapse	Sinking of middle energizer *qi*, unstable organs

【Basic pathogenesis】 Stomach and intestinal fluids damage, turbid *qi* interferes with the external genitalia, perhaps prolapse due to *qi* deficiency.

【Therapeutic principle】 Resolve blood stasis and moisten intestines to promote bowel movement, if necessary strengthen middle energizer *qi*.

【Prescription】 *Zhu Gao Fa Jian* or *Bu Zhong Yi Qi Tang* (Buzhong Yiqi Decoction).

Zhu Gao Fa Jian: See 9. 11. 2.

12. 3. 6 Shifting of bladder

【Original source material】 Question: The patient experiences restlessness and a fever that prevents her from lying quietly in bed. Patient must recline to breathe freely, but she is eating normally. Explain this. Master: This is a case of dysuria due to pressure exerted by the fetus (*zhuan bao*). The fetus is pressing the urinary bladder and the urethra, preventing them from voiding urine. A diuretic should be adopted. *Shen Qi Wan* (Shenqi Pills) can be used. (Synopsis of the Golden Chamber, line 22. 19)

【Key points for syndrome differentiation】

A. Main symptoms: Lower abdominal cramping and pain, dysuria.

B. Accompanying symptoms: Restlessness and a fever prevent the patient from lying quietly in bed, dyspnea.

【Syndrome analysis】 Syndrome analysis of shifting of bladder is shown in the table 12-3-11.

Table 12-3-11 Syndrome analysis of shifting of bladder

Main symptoms	Pathogenesis
Lower abdominal cramping and pain, dysuria	Kidney-*qi* deficiency results in disturbance of bladder qi transformation
Restlessness and a fever prevent the patient from lying quietly in bed, dyspnea	Disturbance of *qi* and fluids metabolism results in turbid *yin* ascending and the floating of deficient *yang*

【Basic pathogenesis】 Kidney-*qi* deficiency results in a disturbance of bladder *qi* transformation.

【Therapeutic principle】 Warm kidney and activate *qi* to induce diuresis.

【Prescription】 *Shen Qi Wan*.

See 9. 14. 4.

Summary

Summary of menstrual disorders is shown in the table 12 - 3 - 12.

Table 12 - 3 - 12 Summary of menstrual disorders

	Pathogenesis	Main symptoms	Therapeutic principles	Prescription
Deficiency-cold in the thoroughfare and conception vessels complicated by blood stagnation	Cold deficiency in the thoroughfare and conception vessels with blood stagnation in lower abdomen	Persistent uterine bleeding, lower abdominal cramp, stabbing pain or abdominal mass with tenderness	Warm the meridians, nourish blood and resolve blood stasis	*Wen Jing Tang*
Deficiency-cold of the thoroughfare and conception vessels	Deficiency-cold in the thoroughfare and conception vessels prolapse of meridian *qi*	Persistent uterine bleeding, dark black menorrhea, lower abdominal pain that refuses touch	Warm and tonify the thoroughfare and conception vessels, nourish blood and stop bleeding	*Jiao Jiang Tang*
Blood stasis obstruction	Blood stasis obstruction, disturbance of *qi* movement	Unsmooth menstruation, or twice a month, scanty purple menorrhea with blood clot, lower abdominal pain	Activate blood and move *qi* to remove blood stasis	*Tu Gua Gen San*
Blood stasis with mass Formation	Obstruction of *qi* and blood and blockage of the meridians and collaterals	Unsmooth menstruation or amenorrhea, hardness and abdominal fullness with tenderness, sunken choppy pulse	Remove obstruction and blood stasis, restoring menstrual flow	*Di Dang Tang*

Summary of leukorrheal diseases is shown in the table 12 - 3 - 13.

Table 12 - 3 - 13 Summary of leukorrheal diseases

	Pathogenesis	Main symptoms	Therapeutic principles	Prescription
Downward draining of damp-heat	Prolonged blood stasis obstruction, formation of damp-heat	Profuse yellow turbid and foul leukorrhea	Clear heat and eliminate dampness, relieve leukorrhea	*Fan Shi Wan*
Damp-cold in the lower energizer	*Yang*-deficiency in the lower energizer results in cold-damp stasis in the uterus	Vaginal coldness, clear, white, thin and persistent leucorrhea	Warm *yang*, disperse cold, resolve dampness and kill parasites	*She Chuang Zi San*

Summary of miscellaneous gynecological diseases is shown in the table 12 - 3 - 14.

Table 12-3-14 Summary of Miscellaneous Gynecological Diseases

	Pathogenesis	Main symptoms	Therapeutic principles	Prescription
Retained fluids blends with blood stasis in the uterus	Retained fluid blended with blood stasis in the lower energizer	Lower pear-shape abdominal distension, dysuria	Resolve blood stasis and expel retained water, nourish blood	*Da Huang Gan Sui Tang*
Pudendal sore	Downward draining of damp-heat in the external genitalia, intense heat results in erosion	Pudendal sore with erosion, itchiness and pain, persistent turbid leucorrhea	Clear heat, resolve dampness, exterminate parasites	*Lang Ya Tang* (external use)
Vaginal flatus	Consumption of stomach and intestinal fluids, turbid *qi* interferes with the external genitalia	Frequent gas expelled from vagina, much like breaking wind	Resolve blood stasis and moisten the intestines	*Zhu Gao Fa Jian*
Shifting of bladder	Kidney-*qi* deficiency results in a disturbance of bladder *qi* transformation	Lower abdominal cramping and pain, dysuria	Warm kidney and activate *qi* to induce diuresis	*Shen Qi Wan*

Appendix I Bibliography

C

Chong Ding Guang Wen Re Lun [Revised Treatise on General Warm Disease, He Lianchen(1861 - 1919)]

Chong Ding Tong Su Shang Han Lun [Revised Poplarily Circulating Treatise on Cold-Induced Diseases, Xu Rongzhai(1911 -)]

H

Huangdi Neijing (Huangdi's Canon of Medicine)

J

Ji Bu Wen Re Zheng Zhi Zhu Fang (Collected Warm Disease Prescriptions, Zhou Yuzai)

Jin Kui Yao Lue [Synopsis of the Golden Chamber, Zhang Zhongjing(150 - 219)]

L

Lin Zheng Zhi Nan Yi An [Medical Records as a Guide to Clinical Practice, Ye Tianshi(1667 - 1746)]

Liu Yin Tiao Bian [Analysis of the Six Pathogenic Factors, Lu Tingzhen(? - 1884)]

N

Nan Jing (Classics of Medical Problems)

Nan Yang Huo Ren Shu [Nanyang's Book for Saving Lives, Zhu Gong(1050 - 1125)]

Q

Qian Jin Yi Fang [Supplement to the Invaluable Prescriptions , Sun Simiao(581 - 682)]

Qian Jin Yao Fang [Invaluable Prescriptions for Emergencies, Sun Simiao(581 - 682)]

S

San Shi Fu Qi Wai Gan Pian [Paper on Latent Pathogens in the Three Seasons, Ye Tianshi(1667 - 1746)]

Shang Han Lun [Treatise on Cold-Induced Diseases, Zhang Zhongjing(150 - 219)]

Shang Han Za Bing Lun [Treatise on Cold-Induced and Miscellaneous Diseases, Zhang Zhongjing(150 - 219)]

Shang Han Fa Wei [Elaboration on the Treatise on Cold-Induced Diseases, Cao Yingfu(1866 - 1937)]

Shang Han Zong Bing Lun [General Treatise on Cold-Induced Diseases, Pang Anshi(1042 - 1099)]

Shen Nong Ben Cao Jing (Shennong's Herbal)

Shi Bing Lun [Treatise on Seasonal Diseases, Lei Shaoyi(1833 - 1888)]

Shi Bu Zhai Yi Shu (Shi Buzhai's Medical Text, Shi Buzhai)

Shi Re Bing Pian [paper on Damp-Heat Diseases, Xue Shengbai(1681 - 1770)]

T

Tai Ping Hui Min He Ji Ju Fang (Formularies of the Bureau of People's Welfare Pharmacy)

W

Wai Gan Wen Re Pian [Paper on Externally Contracted Warm Hot Diseases, Ye Tianshi(1667 - 1746)]
Wai Tai Mi Yao [Medical Secrets of an official, Wang Tao(670 - 755)]
Wei Sheng Bao Jian [Object Lessons for Medical and Health Services, Luo Tianyi(1220 - 1290)]
Wen Bing Tiao Bian [Analysis of Warm Diseases, Wu Jutong(1758 - 1836)]
Wen Bing Yi Fang Zuo Yao [Principle Prescriptions for Warm Diseases, Yang Lishan(1706 - 1795)]
Wen Re Jing Wei [Compendium on Warm Diseases, Wang Mengying(1808 - 1868)]
Wen Re Lun [Treatise on Warm Diseases, Ye Tianshi(1667 - 1746)]
Wen Re Lang Zhao [Clear Explanation of Warm Hot Diseases, Miu Zunyi(1710 - 1793)]
Wen Yi Lun [Treatise on Pestilence, Wu Youke(1580 - 1660)]

Y

Yi Deng Xu Yan [The Extension of Medicine, Wang Shaolong(1565 - 1624)]
Yi Men Fa Lv [Principles and Prohibitions of the Medical Profession, Yu Jiayan(1585 - 1664)]
Yi Xue Ru Men (Introduction to Medicine, Li Yan)
Yi Yuan [Causes of Disease, Shi Shoutang(19th century)]
Yi Zhen Yi De [An Insight into Pestilential Rashes, Yu Shiyu(1872 - ?)]

Z

Zhi Wen Chan Yao [Explaining Key Principles in Treating Warm Diseases, Ru Xichou(? - 1872)]
Zhu Bing Yuan Hou Lun [Treatise on Causes and Symptoms of Diseases, Chao Yuanfang(550 - 630)]
Zhou Hou Bei Ji Fang [A Handbook of Prescriptions for Emergencies, Ge Hong(282 - 343)]
Zhu Jie Shang Han Lun [Treatise on Cold-Induced Diseases with Explanatory Notes, Cheng Wuji(1052 - 1144)]

Appendix II Prescription Index